Angewandte Ethnologie

Sabine Klocke-Daffa
(Hrsg.)

Angewandte Ethnologie

Perspektiven einer anwendungsorientierten
Wissenschaft

 Springer VS

Hrsg.
Sabine Klocke-Daffa
Universität Tübingen
Tübingen, Deutschland

Alle Beiträge dieses Bandes sind einem peer-review-Verfahren unterzogen worden.

ISBN 978-3-658-25892-4   ISBN 978-3-658-25893-1   (eBook)
https://doi.org/10.1007/978-3-658-25893-1

Die Deutsche Nationalbibliothek verzeichnet diese Publikation in der Deutschen Nationalbibliografie; detaillierte bibliografische Daten sind im Internet über http://dnb.d-nb.de abrufbar.

Springer VS
Springer VS ist ein Imprint der eingetragenen Gesellschaft Springer Fachmedien Wiesbaden GmbH und ist ein Teil von Springer Nature.
Die Anschrift der Gesellschaft ist: Abraham-Lincoln-Str. 46, 65189 Wiesbaden, Germany

Vorwort der Herausgeberin

Sabine Klocke-Daffa

Auf die Frage, ob die Ethnologie heute noch einmal erfunden werden müsste, wenn es sie nicht gäbe, und wenn doch, ob sie dann dieselbe Ethnologie sei, antwortete der amerkanische Ethnologe Dell Hymes im Jahre 1969 in einer für die Angewandte Ethnologie auch in den USA schwierigen Zeit: „…to both questions, the answer, I think, is no." (Hymes 1969:3). Heute würde ich diese Frage mit „Zweimal JA" beantworten. Die Ethnologie wird derzeit so dringend gebraucht wie selten zuvor, und sie hat – nach vielen inneren Konflikten mit sich selbst – ihre Aufgaben und Ziele gefunden. Der Bedarf an ethnologischer Expertise ist nicht etwa durch einen Mangel an Interesse seitens anderer Fachrichtungen begründet, wie Franz Boas noch 1904 postulierte: „Ethnologie – das ist Arbeit, die wir jetzt tun, weil sich niemand sonst darum kümmert"[1](Boas 1904:523). Im Hinblick auf die anwendungsorientierte Ethnologie müsste es heute eher heißen: „Es ist Arbeit, die wir jetzt tun, weil sie niemand sonst *kann*" – die aber viele Praktiker ausüben, ohne die erforderlichen Qualifikationen vorweisen zu können.

Ethnologische Arbeit vollzieht sich derzeit in einem breiten Spektrum beruflicher Tätigkeiten. Doch zwischen akademisch-theoretischer Wissenschaft und praktizierter Ethnologie besteht noch immer eine relativ breite Kluft. Praktizierte Ethnologie außerhalb des akademischen Feldes hat nur einen mehr oder weniger großen Bezug zu Forschung und Lehre, vollzieht sich oftmals völlig getrennt von beidem und bleibt ohne nachhaltigen gegenseitigen Austausch. Im Vergleich mit der Situation in anderen europäischen Ländern kann diese Konstellation der getrennten Existenzen zwar nicht als singulär gelten, ist jedoch in ihrer Ausprägung auch dem spezifisch deutschen Weg geschuldet. Die gestiegenen Anforderungen an eine moderne Ethnologie und der gesellschaftlich ständig steigende Bedarf nach mehr Ethnolog*innen in immer mehr Berufsfeldern machen eine Neuausrichtung erforderlich, wie sie derzeit bereits an vielen Hochschulen sichtbar wird.

---

1 Wörtl. „Work that we are doing now because nobody else cares for it" (Boas 1904:523).

Erste Schritte sind getan, doch nach wie vor gibt es keine Lehrstühle für eine Allgemeine Angewandte Ethnologie und damit keine personelle oder finanzielle Ausstattung und keine dauerhafte strukturelle Anbindung an bestehende Studiengänge. Neben neuen Aufgabenbereichen der Ethnologie als einer interdisziplinär vernetzten Wissenschaft gehört auch die Neudefinition ihres Zuständigkeitsbereiches zu den vordringlichen Aufgaben: Nicht länger kann sie als „Wissenschaft vom kulturell Fremden" (Kohl 1993) in der Fremde gelten, sondern ist zunehmend als „anthropology at home" gefragt, die sich mit den nicht ganz so fremden Kulturen in unmittelbarer Nähe befasst und Verantwortung gegenüber der eigenen Gesellschaft wie auch anderen Gesellschaften und gesellschaftlichen Gruppen zu übernehmen hat. Damit findet sich die Ethnologie jedoch in einer ungewohnten Position wieder: Sie steht stärker als bisher im Rampenlicht, hat für Praxistauglichkeit ihrer Absolvent*innen zu sorgen und muss ihre Ergebnisse der Öffentlichkeit – oder konkreter: unterschiedlichen Öffentlichkeiten – präsentieren.

Diese Entwicklungen haben in den vergangenen Jahren an Tempo zugenommen und bewirken, dass zahlreiche ethnologische Institute den Praxisbezug in die Lehre eingeführt haben. Anwendungsorientierung findet auf drei unterschiedlichen Ebenen statt: (1) als „Übersetzung" wissenschaftlicher Ergebnisse zum Zwecke des Forschungstransfers in die Öffentlichkeit in Form von populärwissenschaftlichen Buchbeiträgen, Zeitungsartikeln und Vorträgen, die von vielen Ethnolog*innen – auch wenn sie nicht in der Angewandten Ethnologie tätig sind – relativ häufig übernommen werden; (2) als Angebote in der akademischen Lehre, die in Form von Orientierungsveranstaltungen oder problemorientierten Lehrprojekten realisiert werden; (3) als anwendungsorientierte Forschung incl. Auftragsforschung, die noch weitgehend ein Desiderat ist und erst ganz am Anfang steht.

Zielsetzung und Struktur des Buches

Dieses Buch versteht sich als ein Beitrag zur Schließung der Lücke zwischen Theorie und Praxis und möchte damit einen Diskurs zu einer verantwortlichen und gesellschaftlich relevanten Wissenschaft anregen. Die Beiträge des Buches zeigen *Perspektiven* für eine anwendungsorientierte Ethnologie auf, die sowohl den Anforderungen der *Praxis* als auch der *Wissenschaft* genügt – mit gesellschaftlich orientierten Themen, aus denen heraus eigene theoretische Ansätze und Methoden erwachsen können. Vier Aspekte waren für diesen Band vordringlich zu eruieren: (1) die konzeptionelle Ausgestaltung von Aufgaben, Inhalten und Zielen einer Angewandten Ethnologie; (2) die Vorstellung anwendungsorientierter Methodik und Analyseverfahren, (3) die Thematisierung der Lösungskompetenz Angewandter Ethnologie für praktische Anliegen und Probleme in unterschiedlichen Berufsfeldern, (4) die Rückbindung der Praxis an die akademische Ausbildung im Hinblick auf eine nachhaltige Verankerung in Forschung und Lehre.

Die 34 Beiträge des Bandes wurden von 44 Ethnolog*innen aus Deutschland, Österreich, der Schweiz und Dänemark verfasst. Sie ermutigen zu einer positiven Perspektive auf die weitere Entwicklung anwendungsorientierter Ethnologie. Rund 50 Prozent der

Autor*innen sind derzeit an Hochschulen oder Forschungseinrichtungen beschäftigt, etwa 25 Prozent arbeiten für NGOs oder Verbände, und ebenso viele sind als Freischaffende oder Angestellte in der freien Wirtschaft tätig. Da es vor allem um die Angewandte Ethnologie in Deutschland gehen soll, stammt der überwiegenden Teil aller Autor*innen aus Deutschland, ohne dass auf die wertvollen Erfahrungen der Kolleg*innen aus anderen deutschsprachigen und den skandinavischen Ländern gänzlich verzichtet werden sollte. Die dortigen hochschulpolitischen Voraussetzungen wären indes gesondert zu betrachten. Dazu ließ dieser Band keinen Raum. Ein einziger Beitrag ist in englischer Sprache verfasst worden (Noemie Hermeking), um damit auch sprachlich die Internationalität des Themas „intercultural competence" zu dokumentieren, wie es derzeit in einigen englischsprachigen Ethnologie-Studiengängen angeboten wird. Damit soll nicht die Exklusivität einzelner Teilbereiche der Angewandten Ethnologie demonstriert werden, sondern eher ihre Flexibilität. Ebenso gut hätten anderen Beiträge mit internationaler Ausrichtung in anderen Sprachen verfasst sein können (z. B. zum Thema Entwicklungsethnologie oder Tourismusethnologie).

Der Band untergliedert sich in drei Teile:

■ **Teil I – Anwendungsorientierte Ethnologie:** Die umfassende Einführung vermittelt einen Überblick der historischen Entwicklung Angewandter Ethnologie und stellt ein Modell zur akademischen Institutionalisierung der Angewandten Ethnologie für deutsche Hochschulen vor, das in Modellprojekten und Seminarreihen im Rahmen von Magister-, BA- und MA-Studiengängen entwickelt und getestet wurde (Beitrag von Sabine Klocke-Daffa). Andere Modelle sind jederzeit möglich und werden zweifellos folgen, wenn es gelingt, die Angewandte Ethnologie in der deutschen Hochschullandschaft nachhaltig zu positionieren.

Da Angewandte Ethnologie in potenziell stärkerem Maße als manch andere Form ethnologischen Arbeitens mit ethischen Herausforderungen konfrontiert sein kann, ist der Beitrag zu ethischen Reflexionen (Michael Schönhuth) allen weiteren Ausführungen vorangestellt. Dem folgt die Auseinandersetzung mit einigen zentralen Begriffen wie Anwendung, Praxis, Praxistheorie und Diversity (Beiträge von Christoph Antweiler, Martin Sökefeld und Margit Kaufmann). Ein weiteres Unterkapitel ist der Frage nach Methoden und Analyseverfahren in der Angewandten Ethnologie gewidmet (Beiträge von Ute Marie Metje, Stephanie Stocker und Nicole Häusler).

■ **Teil II – Themenfelder und Anwendungsbereiche:** In insgesamt zwölf Unterkapiteln werden mögliche Berufsfelder vorgestellt, die im Lehrangebot einiger ethnologischer Institute derzeit zu finden sind (in chronologischer Reihenfolge: Entwicklungsethnologie, Bildungsarbeit und Globales Lernen, Frühpädagogik und Schulbildung, Integration / Soziale Arbeit / Flüchtlingshilfe, Interkulturelle Trainings, Journalismus und Medienarbeit, Marketing, Medizinethnologie und Public Health, Museumsarbeit, Organisationsethnologie, Sportethnologie und Tourismus). Die Auswahl folgt jedoch weder einem impliziten Ranking, noch erhebt sie Anspruch auf Repräsentativität. Das Spektrum ließe sich beliebig ergänzen – wie auch einzelne Teilbereiche weiter ausdifferenziert werden können.

Alle Beitragenden sind in der einen oder anderen Weise sowohl in der Praxis als auch als Lehrende tätig. Ihrer jahrelangen Berufserfahrung in *beiden* Feldern ist es zu verdanken, dass die Frage nach einer möglichen Verbindung von Theorie und Praxis aufgegriffen werden konnte (Beiträge von Frank Bliss, Christian Johannsmann, Susanne Binder, Veronika Ederer, Verena Schneeweiß, Antonia Schneider/Johanna Abel, Anita Galuschek/Henrike Ott, Magnus Treiber, Simone Christ, Nora Braun, Noemie Hermeking, Alois Moosmüller, Frank Müller, Simone Salden/Inka Schmeling, Katharina Zühlke, Hansjörg Dilger/Christiane Falge, Verena Keck/Julia Thiesbonenkamp-Maag/Franziska Herbst, Elisabeth Thietmeyer/Iris Edenheiser, Frauke Mörike/Susanne Spülbeck, Laura Verweyen, Christian Ungruhe, Jara Schreiber/Jana Schrempp).

■ **Teil III – Anwendungsorientierte Ethnologie in der Hochschule:** Fünf Beiträge befassen sich explizit mit Studium und Beruf, der Verzahnung von akademischer und anwendungsorientierter Ethnologie innerhalb der Hochschule sowie den besonderen Herausforderungen für Ethnologieabsolvent*innen, die innerhalb oder aus der Hochschule heraus erstmals mit der Praxis konfrontiert sind (Beiträge von Annette Rein, Ursula Bertels, Nora Braun, Sebastian Nix/Frank Seeliger/Kerstin Schoof und Sabine Klocke-Daffa).

In einem Sammelwerk lassen sich Überschneidungen und gelegentliche thematische Redundanzen nicht vermeiden. Einige Beiträge könnten zudem unter einem anderen Teil des Bandes subsummiert sein. Ausschlaggebend für die Zuordnung war in jedem Falle die inhaltliche Fokussierung des jeweiligen Beitrages. Die Texte spiegeln in ihrer Diversität das wider, was Angewandte Ethnologie derzeit ausmacht: Wissenschaft und Praxis. Einige Beiträge gehen dezidiert auf Definitionen, Theorien und Konzepte ein, andere verzichten auf längere theoretische Einleitungen und liefern eher Berichte aus der Praxis, und eine dritte Gruppe geht stärker auf die Frage ein, wie der Rückbezug in die akademische Lehre als Voraussetzung für eine berufliche Qualifikation gelingen kann.

Gendergerechte Sprache

In der Entstehungsphase dieses Buches kamen unterschiedliche Handhabungen einer gendergerechten Sprache zum Tragen. Noch vor dem Verfassungsgerichtsentscheid von 2018 hinsichtlich der Anerkennung eines dritten Geschlechts fiel die Option zugunsten der Verwendung des Gendersternchens aus – eingedenk der Tatsache, dass die deutsche Sprache kein drittes Geschlecht vorsieht. Es wurde den Autor*innen daher freigestellt, alternativ ausschließlich die männliche Form zu verwenden und damit alle Geschlechter (m/w/d) einzuschließen.

Dank

Ich danke allen Kolleg*innen, die ihr Wissen, ihre vielfältigen Erfahrungen und Ideen für dieses Buch zur Verfügung gestellt haben. Ohne ihre Begeisterungsfähigkeit für das neue Arbeitsfeld der Angewandten Ethnologie wäre dieses Buch in Umfang und Themenvielfalt nicht möglich gewesen. Danken möchte ich auch den ca. 30 anonym bleibenden Reviewer*innen, die mit ihrer konstruktiven Kritik ganz erheblich zur Qualität des Buches beigetragen haben, die mir mit Rat und Tat zur Seite standen und sich ihrerseits für das Thema engagieren. Es zeigt mir, dass wir auf dem richtigen Weg sind, auch wenn noch viele Hürden überwunden werden müssen. Das wird auch in Zukunft für mich Ansporn und selbstgewählte Herausforderung sein, gemäß dem Leitspruch der Universität Tübingen, der ich seit 2008 verbunden bin: *Attempto!*

Mein besonderer Dank gilt Jeany Weisheit und Susanne Sprenger Thieme für die sorgfältige redaktionelle Bearbeitung der Texte, ihre Zuverlässigkeit und anhaltend gute Laune. Danken möchte ich auch Jörg Aufdemkamp, mit dem mich eine seit vielen Jahren produktive Zusammenarbeit verbindet. Er hat mit großer Professionalität und nie nachlassender Geduld für die typographische Gestaltung dieses Buches gesorgt. Dem Springer-Verlag danke ich für seine Bereitschaft, mir inhaltlich und formell weitgehende Freiheiten zu lassen.

Mein wärmster Dank gilt meiner Familie und meinen Freunden, die mich in meinem Vorhaben kontinuierlich bestärkt haben und mir in guten wie in schlechten Zeiten stets eine verlässliche Stütze sind. Danken möchte ich weiterhin einigen geschätzten Kolleg*innen der ethnologischen Institute Tübingen, Frankfurt und Münster für viele bereichernde Diskussionen.

Tübingen, im Frühjahr 2019
SABINE KLOCKE-DAFFA

Literatur

BOAS, Franz (1904): The History of Anthropology. In: Science, 20, S. 513–524.

HYMES, Dell (1969): The Use of Anthropology: Critical, Political, Personal. In: Hymes, Dell (Hg): Reinventing Anthropology. New York: Pantheon Books, S. 1–79.

KOHL, Karl-Heinz (1993): Ethnologie – die Wissenschaft vom kulturell Fremden. Eine Einführung. München: Beck.

Inhalt

TEIL I.   ANWENDUNGSORIENTIERTE ETHNOLOGIE

3   ÜBERBLICK: GENESE / AUFGABENFELDER / KRITIK

Sabine Klocke-Daffa

77   ETHISCHE REFLEXIONEN

Michael Schönhuth

99   THEORIE UND PRAXIS

Christoph Antweiler

Martin Sökefeld

Margrit E. Kaufmann

147   METHODEN UND ANALYSEVERFAHREN

Ute Marie Metje

XIV Anwendungsorientierte Ethnologie Inhalt

459 **MARKETING**

Katharina Zühlke
459–478 Ethnolog*innen als Marketer – von ethnologischen
Arbeitsbereichen im Marketing und ihrer Umsetzung in Seminaren
zur Angewandten Ethnologie

479 **MEDIZINETHNOLOGIE UND PUBLIC HEALTH**

Hansjörg Dilger / Christiane Falge
479–498 Kollaboratives Forschen und Öffentlichkeit:
Gesellschaftliche Interventionen der Medizinethnologie

Verena Keck / Julia Thiesbonenkamp-Maag / Franziska A. Herbst
499–514 Medizinethnologie als Praxisfeld

515 **MUSEUMSARBEIT**

Iris Edenheiser / Elisabeth Tietmeyer
515–536 Der „Klassiker": das Museum als Praxisfeld der ethnologischen
Wissenschaften

537 **ORGANISATIONSETHNOLOGIE**

Frauke Mörike / Susanne Spülbeck
537–558 Unternehmenskultur zwischen akademischer Welt
und betrieblicher Anwendungspraxis

559 **SPORTETHNOLOGIE**

Laura Verweyen
559–576 Ankommen im Sport: Integrationsarbeit mit Geflüchteten
und der Beitrag der Ethnologie

Christian Ungruhe
577–590 Sport und die Überwindung von Differenz.
Inszenierungen, Hemmnisse und ethnologische Potenziale
am Beispiel Fußball und Integration

Die Autor*innen

ABEL, Johanna, M. A., unterrichtet Deutsch als Fremdsprache und Linguistik im In- und Ausland, u.a. war sie nach Abschluss ihres Studiums (Ethnologie B. A. in München und kognitive Linguistik M. A. in München und Paris) bis 2018 als Lehrkraft in Berufsintegrationsklassen für die Stadt München tätig. Daneben engagiert sie ehrenamtlich in verschiedenen gesellschaftspolitischen Bildungsprojekten. Ihre Arbeitsschwerpunkte sind Ethnolinguistik, Inter/- transkulturelle Bildung und Globales Lernen mit besonderem Interesse für den arabisch-sprachigen Raum.

ANTWEILER, Christoph, Prof. Dr., ist Ethnologe und Professor für Südostasienwissenschaft an Institut für Orient- und Asienwissenschaften (IOA) der Universität Bonn. Seine Arbeits- und Forschungsschwerpunkte sind Urbanität, Ethnizität, Migration, Kognition, Entwicklung und kulturübergreifende Ähnlichkeiten (Universalien).

BERTELS, Ursula, Dr., arbeitet seit 1994 als interkulturelle Trainerin für den Verein „Ethnologie in Schule und Erwachsenenbildung" (ESE) e. V. mit Sitz am Institut für Ethnologie der Westfälischen Wilhelms-Universität (WWU) Münster; seit 2002 ist sie Vorstandsvorsitzende des Vereins. Regionaler Schwerpunkt ist Mexiko. Thematische Schwerpunkte sind Interkulturelle Kompetenz, Migration und Angewandte Ethnologie. Zu diesen Themen übernimmt sie seit 1998 Lehraufträge und Projektleitungen von Drittmittelprojekten u. a. am Institut für Ethnologie der WWU.

BINDER, Susanne, Mag. Dr., leitet seit 2010 das Projekt „Interkulturelles Mentoring für Schulen". Sie ist Lektorin an der Fachhochschule für Soziale Arbeit in St. Pölten/Österreich. An der Universität Wien hat sie sich am Institut für Kultur- und Sozialanthropologie zu den Themen Flüchtlingsforschung und Interkulturelle Bildung engagiert und war langjährig in der Lehrer*innen-Fortbildung an Pädagogischen Hochschulen in Wien und Niederösterreich tätig. Projekte wie „Bridging Gaps" oder „Vielfalt betrifft dich, mich ... uns!" sowie Workshops an Schulen, an der Kinderuni Wien und Steyr oder im Flüchtlingsbereich zählen zu ihren weiteren Tätigkeitsbereichen.

BLISS, Frank, Prof. Dr., ist Professor für Ethnologie mit dem Schwerpunkt Entwicklungs-ethnologie an der Universität Hamburg und Senior Research Fellow am Institut für Ent-wicklung und Frieden (INEF) der Universität Duisburg-Essen. Zurzeit ist er Koordinator des BMZ-INEF-Forschungsvorhabens „Wege aus extremer Armut, Vulnerabilität und Er-nährungsunsicherheit" (2015–2019). Von 2001 bis 2017 hat er in Zentralasien und Ost-afrika verantwortlich an der Umsetzung der Safeguards der Asiatischen Entwicklungs-bank (ADB) und der Weltbank in Infrastrukturprojekten mitgewirkt.

BRAUN, Nora-Christine, Dr., ist wissenschaftliche Mitarbeiterin am Asien-Orient-Insti-tut/Abt. Ethnologie der Universität Tübingen im Projekt „Angewandte Ethnologie und Service Learning". Daneben ist sie freiberuflich in der entwicklungspolitischen und inter-kulturellen Bildungsarbeit tätig. Ihre Arbeits- und Forschungsschwerpunkte sind Flucht und Flüchtlingshilfe, Konflikt, Gewalt und Frieden sowie Angewandte Ethnologie im Kontext von Migration und Integration. Regionale Schwerpunkte sind Südamerika (Ko-lumbien) und Deutschland.

CHRIST, Simone, Dr., ist wissenschaftliche Mitarbeiterin am Bonn International Cen-ter for Conversion (BICC), einem angewandten Forschungsinstitut der Friedens- und Konfliktforschung. Sie arbeitet dort im Projekt „Zwischen Bürgerkrieg und Integration: Die Aufnahme von Flüchtlingen als Chance und Herausforderung für den gesellschaft-lichen Wandel in Nordrhein-Westfalen". Weiterhin lehrt sie an der Universität Bonn im Fach Regionalwissenschaften Südostasien. Ihre Forschungsschwerpunkte sind Arbeits-migration und Flucht, ihre regionalen Schwerpunkte Südostasien, insbesondere die Phi-lippinen, und Deutschland.

DILGER, Hansjörg, Prof. Dr., ist Professor für Sozial- und Kulturanthropologie an der Freien Universität Berlin und leitet dort die Arbeitsstelle Medical Anthropology. Seine Schwerpunkte in Forschung und Lehre sind die Medizin- und Religionsethnologie sowie die Anthropologie der Bildung und globaler bzw. transnationaler Prozesse. Regionale Ver-tiefungen seiner Arbeit liegen im östlichen und südlichen Afrika sowie in Migrationszu-sammenhängen in Deutschland. 2017 wurde das studentisch initiierte – und von Hans-jörg Dilger und Kristina Dohrn betreute – kollaborative Forschungskollektiv „Frauen und Flucht" in Berlin mit dem Margherita-von-Brentano-Preis ausgezeichnet. Seit 2015 ist er Vorsitzender der Deutschen Gesellschaft für Sozial- und Kulturanthropologie e. V.

EDENHEISER, Iris, Dr., ist stellvertretende Direktorin des Museums Europäischer Kultu-ren an den Staatlichen Museen zu Berlin, Stiftung Preußischer Kulturbesitz. Ihre Arbeits- und Forschungsschwerpunkte sind Materielle Kultur, (Post-)Kolonialismus und ethno-graphische Museen und Sammlungen, Überschneidungen von Ethnologie und Kunst(-ge-schichte), Theorie und Praxis ethnologischer Ausstellungen. Regionale Schwerpunkte sind Die Amerikas – besonders Amazonien – und Europa.

EDERER, Veronika, Dr., ist Ethnologin und Dozentin für Begabungs-/Begabtenförderung im Universikum Zürich/Schweiz sowie Begabtenförderlehrperson an der Primarschule Aesch/BL. Seit 2003 ist sie außerdem als freiberufliche Ethnologin in Deutschland und der Schweiz mit Projekten in Kindergärten, Schulen sowie der Erwachsenenbildung tätig. Ihre Forschungsschwerpunkte sind indigene Gemeinschaften Nordamerikas, Ethnologie in der Schule und Rechtsethnologie. Zu diesen Themen lehrt sie an den Universitäten Frankfurt a. M., Heidelberg, München und Tübingen. Von 2007 bis 2015 leitete sie die wissenschaftliche Arbeitsgruppe AG Ethnologische Bildung im Rahmen der DGV.

FALGE, Christiane, Prof. Dr., ist Professorin für Gesundheit und Diversity an der Hochschule für Gesundheit Bochum. Ihre Arbeits- und Forschungsschwerpunkte sind Angewandte Medizinethnologie, (Transnationale) Migration und Gesundheit und kollaborative Stadtforschung. Das von ihr koordinierte Stadtteillabor wurde 2017 in die Landesinitiative Gesundes Nordrhein-Westfalen aufgenommen und als vorbildlich für die Weiterentwicklung des nordrhein-westfälischen Gesundheitswesens bewertet. Im Herbst 2018 hat sie gemeinsam mit Heike Köckler die wissenschaftliche Beratung des von ihr beantragten Projektes „HU – Gesund durch partizipative Prävention" übernommen, das durch die Vertreter*innen der Gesetzlichen Krankenversicherungen (GKV) in der Arbeitsgruppe Lebenswelten gefördert wird.

GALUSCHEK, Anita, Dr., ist Gastwissenschaftlerin am Institut für Ethnologie der Universität Heidelberg und bereitet ihr Post-Doc-Projekt zum Thema „Relationalität und soziale Anerkennung" vor. Zu ihren Arbeits- und Forschungsschwerpunkten zählen Interkulturalität und Diversität, Entwicklungspsychologie und Gedächtnisforschung, Narrativität, Personenkonzepte in Ethnologie und Philosophie sowie Phänomenologie der Anerkennung. Seit 2016 ist sie auch als Coach und Beraterin für Frauen in der Berufs- und Lebensweggestaltung bei einem sozialen Träger tätig.

HÄUSLER, Nicole, PhD, arbeitet seit über 20 Jahren als Beraterin für nachhaltigen Tourismus und systemische Organisationsentwicklung mit regionalem Schwerpunkt auf Südostasien. Als Honorarprofessorin an der Hochschule für nachhaltige Entwicklung in Eberswalde lehrt sie im Masterstudiengang „Nachhaltiger Tourismus". Sie ist Gründungsmitglied von GATE e. V. und des „Myanmar Responsible Tourism Institute – MRTI" in Yangon. Derzeit ist sie für die „Gesellschaft für internationale Zusammenarbeit – GIZ" im Shan State in Myanmar tätig.

HERBST, Franziska A., Dr., ist wissenschaftliche Mitarbeiterin in der Arbeitsgruppe Palliativversorgung am Institut für Allgemeinmedizin der Medizinischen Hochschule Hannover. Sie leitet das BMBF-geförderte Projekt „Dy@EoL – Interaktion am Lebensende in Dyaden von Eltern und erwachsenen Kindern." Im Rahmen ihrer Promotion (Universität Heidelberg) hat sie sich mit den vielfältigen Wegen befasst, auf denen Biomedizin mit lokaler Medizintradition in Papua-Neuguinea interagiert. Freiberuflich engagiert sie sich seit 2012 gemeinsam mit Verena Keck und Julia-Thiesbonenkamp-Maag in der Vermittlung von interkultureller Kompetenz im medizinischen und pflegerischen Berufsalltag.

HERMEKING, Noémie, Ph D in sozio-kultureller Anthropologie, ist Projetmanagerin für die Stiftung „Kick ins Leben", München. Außerdem ist sie Dozentin an verschiedenen Universitäten und Hochschulen und als interkulturelle Trainerin tätig. Ihre Arbeits- und Forschungsschwerpunkte sind Interkulturelle Bildung, Bildungsgerechtigkeit, Migrationspädagogik und Indigenes Nordamerika. Seit 2014 ist sie Mitglied bei ENIEDA (European Network for Intercultural Educational Activities).

JOHANNSMANN, Christian, M.A., Ethnologe und Kindheitspädagoge, ist Sprachkraft im Bundesprogramm „Sprach-Kitas. Weil Sprache der Schlüssel zur Welt ist" und Lehrbeauftragter an der Hochschule Fulda. Seine Arbeitsschwerpunkte sind Inklusion, Übergang, Repräsentation und der Reggio-Emilia-Ansatz. Sein regionaler Schwerpunkt ist Australien. Er ist Gründer und zweiter Vorsitzender des Vereins „Interkulturelles Lernen mit Ethnologie" (ikulE) in Heidelberg. Derzeit arbeitet er zum Transfer ethnologischer Themen in die pädagogische Praxis und hat hierzu vielfältige Projekte umgesetzt und begleitet.

KAUFMANN, Margit E., Dr., ist Bremer Senior Researcher am Institut für Ethnologie und Kulturforschung am Fachbereich Kulturwissenschaften der Universität Bremen. Als Wissenschaftliche Expertin für Diversity berät und begleitet sie die Universitätsleitung in den Diversity-Prozessen und leitet Pilotprojekte zum Forschenden Lernen und Umgang mit Diversität. Ihre Arbeits- und Forschungsschwerpunkte sind Organisations- und Bildungsforschung, Intersectionality und Critical Diversity Studies, transkulturelle Prozesse und Vermittlungsarbeit, Flucht & Asyl, qualitative Forschungsmethoden, Ethnographie in Theorie und Praxis.

KECK, Verena, Prof. apl. Dr., ist Professorin an der Goethe Universität in Frankfurt am Main. Sie studierte Ethnologie an der Universität Basel und hat langjährige interdisziplinäre Feldforschungen in Ozeanien und in Bali durchgeführt, welche die Grundlage umfangreicher (medizin-)ethnologischer Lehrtätigkeit an europäischen Universitäten und im Pazifik bilden. Ihre Arbeitsgebiete sind die Medizinethnologie, Identität, Personenkonzepte, Migration, Alter und Älterwerden sowie aktuelle Themen der Ethnologie Ozeaniens. Zusammen mit Franziska Herbst und Julia Thiesbonenkamp-Maag ist sie Gründerin des „Medizinethnologischen Teams", das medizinethnologisches Wissen in die Praxis umsetzt und Fortbildungen für Fachkräfte im Pflege- und Gesundheitswesen anbietet.

Klocke-Daffa, Sabine, PD Dr., ist wissenschaftliche Mitarbeiterin am Asien-Orient-Institut/Abt. Ethnologie der Universität Tübingen. Ihre Arbeits- und Forschungsschwerpunkte sind Angewandte Ethnologie, soziale Sicherungssysteme und Grundeinkommen, Austauschbeziehungen, Migration sowie kulturelle Dynamiken von Ressourcen. Regionale Schwerpunkte sind das Südliche Afrika einschl. Madagaskar und Iran. Seit 2013 ist sie Mitglied im DFG-geförderten Sonderforschungsbereich 1070 „RessourcenKulturen" und leitet Lehrprojekte im Programm „Wissenschaft lernen und lehren" des MWFK Baden-Württemberg.

Metje, Ute Marie, PD Dr., ist Ethnologin, Kulturwissenschaftlerin und Mediatorin, Privatdozentin an der Universität Bremen, Institut für Ethnologie und Kulturwissenschaft und lehrt zu den Themen Theorie und Praxis in der Evaluation, Evaluation im Themenfeld Migration und Integration und Entwicklungszusammenarbeit. Seit 2006 ist sie nach einer einjährigen Gastprofessur am Dickinson College PA/USA selbstständig tätig im Bereich „Evaluation und wissenschaftliche Beratung" mit den thematischen Schwerpunkten Kultur und Auswärtige Kulturpolitik, (Berufliche) Bildung und Interkultur.

Mörike, Frauke, Dr., ist wissenschaftliche Mitarbeiterin am Institut für Psychologie und Arbeitswissenschaft/Fachgebiet Arbeitswissenschaft der TU Berlin. Vor ihrer Promotion in Organisationsethnologie (Universität Heidelberg) war sie als Wirtschaftsinformatikerin über zehn Jahre in der Praxis tätig. Ihre Forschungsschwerpunkte sind im Bereich der Arbeits- und Organisationsethnologie, hier beschäftigt sie sich insbesondere mit Missverständnissen und Vorstellungen von Zusammenarbeit im Kontext von Digitalisierung und „Industrie 4.0".

Moosmüller, Alois, Prof. Dr., Habilitation in Ethnologie und Interkultureller Kommunikation, ist seit 1997 Professor für Interkulturelle Kommunikation an der Ludwig-Maximilians-Universität München. Von 1992 bis 1997 war er als Dozent an der Keio-Universität in Tokyo in der Forschung zur interkulturellen Zusammenarbeit in deutschen und US-amerikanischen Unternehmen in Japan tätig. Forschungsaufenthalte in Indonesien und USA, Tätigkeit als interkultureller Berater und Trainer in internationalen Organisationen. Forschungsschwerpunkte sind Diaspora, Organisationsethnologie, Migration Hochqualifizierter, Internationaler Personaltransfer, Akkulturation.

Müller, Frank, Dr., ist Lektor am Institut für Ethnologie und Kulturwissenschaft an der Universität Bremen. Seine Arbeits- und Forschungsschwerpunkte sind Angewandte Ethnologie, Diversity Studies, Organisationsethnografie, Polizei, Tourismus und Fußballfankultur. Regionale Schwerpunkte sind Italien und der Mittelmeerraum.

Nix, Sebastian, M. A, M. A (LIS) ist Sozialwissenschaftler und leitet den Bereich „Bibliothek und wissenschaftliche Information" am Max-Planck-Institut für Bildungsforschung in Berlin. Er beschäftigt sich bereits seit Jahren mit empirischen Methoden der Nutzerforschung für Bibliotheken und Informationseinrichtungen, u. a. als Mitglied der Fachkommission „Kundenorientierte Services" des Deutschen Bibliotheksverbands sowie als Co-Autor einer Praxiseinführung in Methoden der nutzerorientierten Marktforschung für Bibliotheken.

Ott, Henrike, M. A. ist Doktorandin am philosophischen Seminar der Universität Heidelberg mit einer Promotion zum Thema „Emotion und Rationalität". Ihre Arbeits- und Forschungsschwerpunkte sind Ontologie, Erkenntnistheorie, Skeptizismus, Subjektphilosophie, Phänomenologie, Emotionsphilosophie und Ethik. Seit 2000 arbeitet sie auch im Bereich graphische Darstellung und Illustration.

Rein, Anette, Dr. M. A., Erste Vorsitzende des Bundesverbandes freiberuflicher Ethnolog_innen e. V., 1988–2000 wiss. Mitarbeitern an den Universitäten Mainz und Leipzig, bis 2008 leitende Direktorin am Museum der Weltkulturen in Frankfurt am Main. Seit 2003 Lehrbeauftragte an verschiedenen Universitäten, Hochschulen und Akademien, u. a. zu „Berufsfeldern der Ethnologie" und Workshops zu „Kreativem Schreiben und wissenschaftlichem Denken". Regelmäßige Publikationen zu Themen der Museologie, Szenografie, Migration und (koloniale) Provenienzforschung. www.bundesverband-ethnologie.de/webvisitenkarte/15

Salden, Simone, M. A., hat Ethnologie und Germanistik an der Universität Heidelberg studiert und danach die Deutsche Journalistenschule in München absolviert. Schon in ihrer Magisterarbeit hat sie sich mit dem Spannungsfeld zwischen Ethnologie und Journalismus auseinandergesetzt („The Stern-Case" – ein australischer Medienskandal um den deutschen Ethnologen John T. Strehlow). Sie arbeitete zunächst als Online-Redakteurin bei der Frankfurter Allgemeinen Zeitung; seit 2006 ist sie Redakteurin beim Nachrichtenmagazin Der Spiegel, zuerst im Deutschland, aktuell im Wirtschaftsressort. Immer wieder hat sie auch längere Zeit aus dem Ausland berichtet, zuletzt aus Indien (2012) und Frankreich (2016). Seit vielen Jahren gibt sie regelmäßig Seminare zum Thema „Ethnologie in den Medien / Journalistisches Schreiben für Ethnologen", etwa an den Universitäten in Heidelberg, Mainz, Frankfurt am Main, Tübingen.

Schmeling, Inka, M. A., hat Ethnologie, Romanistik und Germanistik an der Universität Heidelberg studiert und danach die Henri-Nannen-Journalistenschule in Hamburg besucht. Sie arbeitet heute als Heftredakteurin bei der Reise- und Kulturzeitschrift Merian und als freie Autorin im Journalistenverbund Plan 17. Zwei Sachbücher hat sie bereits veröffentlicht: „Abenteuer Elternzeit. Ein Ratgeber über das Reisen mit Baby und Kleinkind" sowie „Erziehungsquatsch. Worauf Eltern Einfluss haben – und worauf nicht". Selbstverständlich kamen in beiden Büchern auch Ethnologen als Experten zu Wort. Seit vielen Jahren gibt sie regelmäßig Seminare zum Thema „Ethnologie in den Medien. Journalistisches Schreiben für Ethnologen", etwa an den Universitäten in Heidelberg, Mainz, Frankfurt am Main, Tübingen.

SCHNEEWEISS, Verena, M. A., studierte Ethnologie, Geschichte und Sprachwissenschaften in München und Honolulu (USA) mit den Schwerpunkten Bildung & Lernen, Gender, Migration sowie Ozeanien; in ihrer Magisterarbeit beschäftigte sie sich mit Globalpolitischer Bildungsarbeit & Perspektivenwechsel. Sie engagiert sich seit 2010 in der Konzeption und Durchführung von Workshops, Multiplikator*innen-Schulungen und Seminarwochen; zudem ist sie als Projektkoordinatorin und Referentin im Bildungsbereich tätig, v. a. zu globalpolitischen und transkulturellen Themen. Seit 2011 ist sie stellvertretende Sprecherin der Arbeitsgruppe Ethnologische Bildung der DGSKA.

SCHNEIDER, Antonia, Dr., ist als freiberufliche Ethnologin und Dozentin für Deutsch als Fremdsprache sowohl an Volkshochschulen als auch für andere Auftraggeber (u. a. Firmen) tätig. Am Institut für Ethnologie an der Ludwig-Maximilians-Universität in München übernimmt sie regelmäßig Lehraufträge u. a. im Bereich Ethnologie des Lernens. Weitere Forschungsschwerpunkte sind Ethnolinguistik und -pragmatik, Diskursanalyse, sowie Übersetzung und Kommunikation in Kontexten von Diversität. Regionale Schwerpunkte sind der zentrale Andenraum (Peru) sowie Orte internationaler Migration in Deutschland.

SCHÖNHUTH, Michael, Prof. Dr., ist ordentlicher Professor für Ethnologie an der Universität Trier. Seine Arbeitsschwerpunkte liegen in den Bereichen Migrations- und Netzwerkforschung, Organisationsethnologie, Kultur und Entwicklung [www.kulturglossar.de], Forschungsethik [www.dgska.de/wp-content/uploads/2016/07/DGV-Ethikerklaerung.pdf] und partizipative Methoden. Er berät seit 20 Jahren Institutionen der Kultur-, Integrations- und Entwicklungszusammenarbeit, ist Mitentwickler der Netzwerkvisualisierungssoftware VennMaker (www.vennmaker.com) und richtet seit mehr als zehn Jahren eine internationale Sommerschule zur Sozialen Netzwerkanalyse in Trier aus [www.sna-summerschool.de].

SCHOOF, Kerstin, M. A., M. A. (LIS) ist Kulturwissenschaftlerin und Soziologin und leitet die Bibliothek des Max-Planck-Instituts für empirische Ästhetik in Frankfurt am Main. Ein Schwerpunkt ihrer Tätigkeit liegt in der bibliothekarischen Nutzerforschung mit Fokus auf ethnografischen und qualitativen Herangehensweisen. Letztere vermittelt sie

u. a. als Gastdozentin an der FH Potsdam sowie in Workshops und Seminaren der bibliothekarischen und informationswissenschaftlichen Weiterbildung. Sie ist Vorstandsvorsitzende der Arbeitsgemeinschaft der Spezialbibliotheken (ASpB).

SEELIGER, Frank, Dr., ist seit 2006 Leiter der Hochschulbibliothek der TH Wildau (Bran-
denburg). Vordem erlernte er den Beruf des Elektromonteurs, studierte zwei Semester in
Leipzig Elektrotechnik, dem anschließend bis zur Jahrtausendwende der Magisterstudien-
gang Ethnologie mit dem Schwerpunkt Altamerikanistik und Geographie in Bonn folgte.
Er promovierte und war als wissenschaftlicher Mitarbeiter insgesamt sechs Jahre an der
Universität Ulm in der Abteilung Kulturanthropologie tätig. Die räumlichen Schwerpunkte lagen im Raum Westhimalaya und Bolivien. Seitdem ist er weiterhin ethnohistorisch
über die Rekonstruktion einer Missionarinnengeschichte (Maria Heyde) mit dem Raum
West-Tibet verbunden.

SCHREIBER, Jara, M.A., hat Kulturwissenschaften und Nachhaltiges Tourismusmanagement studiert. Sie arbeitet als Koordinatorin der internationalen Multi-Stakeholder-Ini-
tiative Roundtable Human Rights in Tourism. Der Verein versteht sich als Impulsgeber
und offene Plattform für Unternehmen, Organisationen und Institutionen, die sich für
die Einhaltung der Menschenrechte entsprechend der UN Leitprinzipien zu Wirtschaft
und Menschenrechten im Tourismus einsetzen. Seit 2012 ist sie Mitglied im Verein „GATE
– Netzwerk, Tourismus, Kultur" e. V., der sich für sozial- und umweltverträgliches Reisen
engagiert und sich dabei an ethnologischen Perspektiven orientiert.

SCHREMPP, Jana, M.A., Ethnologin, ist seit 2008 ist für die Kinderschutzorganisation
ECPAT (Arbeitsgemeinschaft zum Schutz der Kinder vor sexueller Ausbeutung) tätig. Als
Referentin leitet sie internationale Projekte, führt Studien durch, ist in der Schulungsar-
beit an Hochschulen und in Unternehmen aktiv, begleitet und berät politische Prozesse
im Bereich Kinderschutz und internationale Kooperation. Darüber hinaus ist sie Gründungsmitglied des Vereins „ebasa" e. V. (Bildung – Beratung – Ethnologie) sowie Mitglied
bei „GATE – Netzwerk, Tourismus, Kultur" e. V.

SÖKEFELD, Martin, Prof. Dr., ist Inhaber des Lehrstuhls am Institut für Ethnologie der
LMU München. Er hat in Deutschland, England, der Türkei und vor allem im nordpakis-
tanischen Hochgebirge zu Themen wie Migration, Diaspora und Transnationalismus,
Identität und Identitätspolitik sowie Naturkatastrophen und Politik gearbeitet.

SPÜLBECK, Susanne, PhD, Dr., ist geschäftsführende Inhaberin der blickwechsel GmbH,
Institut für Organisationsethnologie, Training und Beratung. Hier setzt sie mit ihrem
Team sowohl in Deutschland als auch international Forschungs- und Beratungsprojekte
im Bereich der Unternehmenskultur um, insbesondere bei Change Management Pro-

zessen und Veränderung der Führungskultur. Sie begleitet mit diesem Ansatz Führungskräfte und Manager als Coach und ist Dozentin für Organisations- und Führungskultur
an der Universität St. Gallen und am Institut für Ethnologie der Ludwig-Maximilians-
Universität München.

STOCKER, Stephanie, Dr., war wissenschaftliche Mitarbeiterin am Asien-Orient-Institut,
Abteilung für Ethnologie der Universität Tübingen. Ihre Arbeits- und Forschungsschwerpunkte umfassen Bildung, Modernität, Freundschafts- und Genderverhältnisse in Südindien. Nach ihrer Promotion zum Thema „Kaste und Egalität unter tamilischen Studenten" wurde sie in der Flüchtlingshilfe aktiv, wo sie die Umsetzung von Gewaltschutz-Kon-
zepten in Erstaufnahmeeinrichtungen begleitete. Seit 2017 organisiert sie für das Deutsche Rote Kreuz Bildungs- und Begegnungsprojekte zum Thema Gewalt für Frauen mit
Flucht- und Migrationshintergrund.

THIESBONENKAMP-MAAG, Julia, Dr., ist wissenschaftliche Mitarbeiterin der AG Lehrfor-
schung der Medizinischen Fakultät Mannheim der Universität Heidelberg. Ihre Arbeits-
und Forschungsschwerpunkte sind medical anthropology at home, Migration und die
Stadtethnologie mit einem Schwerpunkt auf religiösen Gemeinschaften.

TIETMEYER, Elisabeth, Prof. Dr., ist Direktorin des Museums Europäischer Kulturen
(MEK) der Staatlichen Museen zu Berlin. Sie führte ethnografische Feldforschungen in
Kenia und der Ukraine durch. Ihre Arbeits- und Forschungsschwerpunkte sind Mobilitä-
ten, Gender, Minderheiten in Europa sowie Im/materielle Kultur. Seit 2018 vertritt sie
das MEK in dem von der EU finanzierten interdisziplinären Forschungs- und Bildungs-
projekt „Participatory Memory Practices. Concepts, strategies, and media infrastructures
for envisioning socially inclusive potential futures of European Societies through culture"
(POEM).

TREIBER, Magnus, Prof. Dr., lehrt am Institut für Ethnologie der LMU München. Er interessiert sich für ethnologische Migrationsforschung, politische Kultur, Fragen der ethnographischen Methode und den Zusammenhang von Handeln und Existenz, aber auch
für Möglichkeiten der interdisziplinären Zusammenarbeit. Sein regionaler Schwerpunkt
ist das Horn von Afrika, seine Habilitationsschrift „Migration aus Eritrea" erschien 2017.

UNGRUHE, Christian, Dr., promovierte in Sozialanthropologie an der Bayreuth Inter-
national Graduate School of African Studies (BIGSAS) und ist derzeit Postdoc an der
Universität Aarhus, Dänemark. In seiner Forschung beschäftigt er sich mit Themen der
Migration und sozialer Mobilität im Kontext von Jugend, Arbeit und Sport in Westafrika.
Aktuell arbeitet er in einem Projekt zu Lebensverläufen und Fragen der sozialen Integra-
tion durch Sport am Beispiel afrikanischer Sportler in Europa nach ihrem Karriereende.

VERWEYEN, Laura, M.A., ist Doktorandin am Asien-Orient-Institut / Abt. Ethnologie der Universität Tübingen und Bildungsreferentin im Programm „Integration durch Sport" im Bayerischen Landes-Sportverband (BLSV). Ihr Forschungsschwerpunkt ist die Angewandte Ethnologie und dabei v. a. die Themen Sportethnologie sowie Ethnologie und Öffentlichkeit. Im Rahmen ihrer Dissertation konzipiert und begleitet sie seit 2016 das Projekt „Integration of Women in Sports" im Frauensportverein Münster.

ZÜHLKE, Katharina, M.A., studierte Ethnologie an der Westfälischen Wilhelms-Universität Münster. Sie arbeitet als Marketing Managerin in einem Wissenschaftsverlag und ist seit sieben Jahren im internationalen Eventmanagement tätig. Sie startete zunächst als Veranstalterin von internationalen Bildungsmessen, bevor sie zum Verlag wechselte. Hier ist sie schwerpunktmäßig für die Planung und Gestaltung von Messeständen auf weltweiten Wissenschaftskongressen zuständig. Zu ihren Aufgaben gehören neben den logistischen Aufgaben auch das Verfassen von Emailings und Werbetexten sowie die Entwicklung von Werbematerialien für ein internationales Publikum.

TEIL I.
ANWENDUNGSORIENTIERTE ETHNOLOGIE

Angewandte Ethnologie –
Zwischen anwendungsorientierter Wissenschaft und wissenschaftsorientierter Praxis*

Sabine Klocke-Daffa

ABSTRACT: Mit dem globalen Zusammenwachsen der Ökonomien, dem Entstehen transnationaler Communities und der Bereitstellung weltumspannender Kommunikationsnetzwerke haben sich nicht quasi automatisch auch mehr gegenseitiges Verständnis und mehr Einigkeit eingestellt. Das Gegenteil scheint der Fall zu sein, wie die Flüchtlingsbewegungen der Gegenwart zeigen: Das Fremde wirkt für Viele zunehmend bedrohlich, ganze Staaten verabschieden sich aus der internationalen Solidargemeinschaft und kulturelle Differenzen werden eher betont als minimiert. In dieser Zeit sollte die Ethnologie als die Wissenschaft vom kulturell Anderen, von gesellschaftlicher Diversität und transkulturellen Prozessen etwas zu sagen haben, sich einmischen und an Lösungsoptionen beteiligt sein. Der Beitrag gibt einen Überblick der Entstehungsgeschichte der Angewandten Ethnologie von der Frühphase über die Zeit der Kolonialimperien und der Kriege des 20. Jahrhunderts bis zum Neubeginn nach der „Krise der Repräsentation". Heute ist die Angewandte Ethnologie so gefragt wie selten zuvor, doch vor allem im deutschsprachigen Raum ist ihre Stellung nicht unumstritten. Sie steht zwischen akademisch-theoretischer Wissenschaft und ethnologischer Praxis – mit ganz eigenen Aufgaben, Funktionen und ethischen Herausforderungen, deren Profil noch zu schärfen ist und deren akademische Implementierung erst am Anfang steht.

1. Zur Aktualität einer Angewandten Ethnologie

Angewandte Ethnologie beinhaltet die Bereitstellung und Nutzung ethnologischer Theorien, Methoden und wissenschaftlicher Erkenntnisse zur Lösung praktischer Probleme und Anliegen. Das impliziert zweierlei: zum einen, dass die Allgemeine Ethnologie als *Wissenschaft* einen praktischen Anwendungsbezug haben kann, und zum anderen, dass Angewandte Ethnologie nicht grundsätzlich mit ethnologischer *Praxis* gleichzusetzen ist.

© Springer Fachmedien Wiesbaden GmbH, ein Teil von Springer Nature 2019
S. Klocke-Daffa (Hrsg.), *Angewandte Ethnologie*, https://doi.org/10.1007/978-3-658-25893-1_1

Diese Definition folgt somit nicht der einfachen Dichotomie von Allgemeiner und Praktischer Ethnologie. Die Angewandte Ethnologie wird vielmehr als eigenständiger Bereich auf einem Kontinuum *zwischen* akademisch-theoretischer Ethnologie auf der einen Seite und praktizierter Ethnologie auf der anderen Seite positioniert. Durch diese Zwischenstellung nimmt sie auch eine Funktion als *Mittler* ein, die sich inhaltlich und strukturell von den beiden Polen abhebt. Aufgaben und Ziele von universitär basierter, allgemeiner Ethnologie und ethnologischer Praxis sind im Grunde unstrittig, da sie derzeit zumindest in Deutschland relativ wenig miteinander zu tun haben. Eine Angewandte Ethnologie würde beide Seiten verbinden, ist aber weder ausschließlich der Wissenschaft zuzuordnen noch kontinuierlich in der Praxis einsetzbar. Als solche hat sie keinen leichten Stand, muss ihre Existenzberechtigung rechtfertigen und ihre Inhalte definieren. Mit der Aufforderung, „anthropologists only need apply" (Sillitoe 2007:147) ist es nicht getan.

Die Diskussion, ob ethnologisches Wissen *überhaupt* für die Praxis bereitgestellt und nutzbar gemacht werden sollte, hat eine lange Vorgeschichte und wird immer wieder neu entschieden. Jede Generation hat ihre eigenen Antworten zu finden – die auch die Negation jeglichen praktischen Nutzens implizieren können. Doch angesichts der Tatsache, dass in Zeiten des globalen Zusammenwachsens der Ökonomien und des Auseinanderdefinierens kultureller Identitäten der Bedarf an ethnologischer Expertise so groß ist wie nie zuvor, dürfte erneut eine Entscheidung anstehen. Um die Optionen und Perspektiven einer *Angewandten Ethnologie in Deutschland* zu entwickeln, sind ihre Besonderheiten und die strukturellen Rahmenbedingungen vor Ort zu berücksichtigen. Nur bei erklärter Bereitschaft, aus der Vergangenheit zu lernen, besteht Aussicht auf ein tragfähiges Modell für die Zukunft. Es bedarf also solider Kenntnisse ihrer historischen Genese, kritischer Reflexion der aktuellen Bedingungen und sorgfältiger Konzeptionierung, wenn es heute darum geht, die Angewandte Ethnologie stärker als bisher als wissenschaftliche Teildisziplin einer Allgemeinen Ethnologie zu etablieren. Im Fokus soll hier die als *Social and Cultural Anthropology* bezeichnete Ethnologie stehen, nicht die der Empirischen Kulturwissenschaft / Volkskunde angeschlossene Europäische Ethnologie, die in einer anderen Wissenschaftstradition steht.

Mit der Erweiterung um einen angewandten Teil übernimmt die Ethnologie in Deutschland keineswegs eine Vorreiterrolle, sondern zieht mit internationalen Wissenschaftsentwicklungen gleich. In Europa ist die Applied Anthropology auf universitärer Ebene in einer Reihe von Ländern vertreten, darunter in England, Frankreich, Österreich, der Schweiz, in Skandinavien und Spanien; sehr prominent ist sie in den USA, aber auch in Kanada, Australien, Mexiko, Lateinamerika, Indien und Japan.[1] Dort sind anwendungsorientiert arbeitende Ethnolog*innen[2] geübt darin, Position zu gesellschaftlich relevan-

---

* Dieser Text war Teil meiner Habilitationsschrift mit gleichem Titel wie der vorliegende Band, eingereicht an der Philosophischen Fakultät der Universität Tübingen im Winter 2015, abgeschlossen im Januar 2016. Für die Publikation in diesem Band wurde der Text hinsichtlich der herangezogenen Literatur und der rezenten Entwicklungen im Bereich der Angewandten Ethnologie aktualisiert.

ten Themen – auch ihrer eigenen Gesellschaft – zu beziehen und werden (vor allem deshalb) in der Öffentlichkeit wahrgenommen. Fachverbände, Zeitschriften und Schriftenreihen setzen sich mit praktisch umgesetztem ethnologischem Wissen auseinander. Ganze Reader sind zur Applied Anthropology publiziert worden (z. B. Ferraro / Andreatta 2017; Nahm / Hughes Rinker 2016; Nolan 2013; Podelefsky et al. 2013); einige Dutzend Universitäten haben Masterstudiengänge zur Angewandten Ethnologie eingeführt (wie Medical Anthropology and Public Health, Organisationsethnologie, Ernährung, Umwelt, Visual Anthropology oder Angewandte Kulturanalysen)[3], die New Yorker Columbia Universität auch einen strukturierten PhD-Studiengang zur Applied Anthropology. Selbst die nicht gerade als Speerspitze progressiver Ethnologie bekannte, renommierte London School of Economics hat einen spezialisierten Masterkurs in Entwicklungsethnologie im Programm.

In Deutschland dagegen findet die Angewandte Ethnologie selbst in einführenden Werken kaum Beachtung (Beer et al. 2017; Hahn 2013) oder sie wird auf die außeruniversitäre ethnologische Praxis beschränkt und als solche kritisch hinterfragt (z. B. Heidemann 2011:40-43). Als eigenständiger Schwerpunktbereich ist sie derzeit nur an einem einzigen ethnologischen Institut vertreten (Universität Tübingen, seit 2014). In der Regel taucht die Angewandte Ethnologie zumindest nicht unter dieser Bezeichnung auf. Lediglich eine Zeitschrift, *Entwicklungsethnologie,* befasst sich explizit mit Fragen der praktischen Umsetzung ethnologischen Wissens. Zahlreiche ethnologische Institute bieten jedoch spezifische Anwendungsbereiche oder praxisrelevante Themen im Rahmen ihrer Module in den BA-/MA-Studiengängen an und führen problem- und / oder anwendungsbezogene Forschungen durch. Vertreten sind etwa die praxisorientierte Ethnomedizin (Universitäten Münster, Heidelberg), die Entwicklungsethnologie (Universitäten Frankfurt/Main, Mainz, Trier), die Migrationsethnologie und Transnationalismusforschung

---

1 Aus der Vielzahl von Publikationen zur Angewandten Ethnologie in einzelnen Ländern und Regionen seien hier nur einige Überblickswerke genannt: Australien vgl. Strang 2009; Taylor / Toussaint 1999; Trigger 2011; zu Frankreich und Spanien vgl, Baré 1995; Traimond 2006; zu Indien vgl. Vidyathi [1968] 1984; zu Japan vgl. Kubota 2011; zu Kanada vgl. Ervin / Holyoak 2006; Hedican 2008; zu Lateinamerika allgem. vgl. Espina Barrio / Aguirre Baztán 2008; zu Lateinamerika mit besonderem Schwerpunkt auf Zentralamerika vgl. Guerrón-Montero 2002; zu Mexiko vgl. Nahmad 1997; zu UK vgl. McKeown, 1984: Pink 2006a; zu USA vgl. Ervin 2000; Kedia/ van Willigen 2005. Zur Lage der Angewandten Ethnologie in Österreich, den Niederlanden, der Schweiz und den skandinavischen Ländern liegen bisher keine Überblickspublikationen vor, doch werden an verschiedenen Universitäten Lehrveranstaltungen zu diversen Anwendungsbereichen angeboten und anwendungsorientierte Forschungen durchgeführt.

2 Sofern nicht explizit nur männliche oder nur weibliche Personen gemeint sind, ist eine gendergerechte Formulierung durch Verwendung des Gendersterns gewählt worden. Damit sollen alle Geschlechter einbezogen sein (m/w/d).

3 Die Universität Uppsala bietet seit dem WS 2014/15 einen Master-Studiengang in Cultural Anthropology mit Schwerpunkt auf Practical Anthropology an, die Universität Kopenhagen einen Master-Studiengang in Business and Organisational Anthropology, die schwedische Universität Lund einen Masterstudiengang in Applied Cultural Analysis. Die Universität Amsterdam bietet seit 2017 einen einjährigen Aufbau-Masterstudiengang in Applied Anthropology an, ein weiterer in Visual Anthropology ist in Planung.

(Universitäten Bremen, FU Berlin und Frankfurt/Oder), die Visuelle Anthropologie (Universitäten Berlin, München), die Museumsethnologie (Universität Leipzig) und die Umweltethnologie (Universität Köln) – um nur einige zu benennen.

Es stellt sich somit die Frage, ob in Deutschland kein Bedarf an einer breiter aufgestellten Angewandten Ethnologie besteht oder ob der Begriff selbst vermieden werden soll, der Vielen aufgrund negativer Vorbilder noch immer als etwas „anrüchig" (Antweiler 1998a:222) gilt. Dem steht allerdings entgegen, dass Institutsmitarbeitende auf vielfältige Weise (und nicht nur nebenberuflich) in außeruniversitäre Projekte eingebunden sind und ihre Erfahrungen in Lehre und Forschung einbringen, als Consultants tätig oder in lokalen, regionalen und nationalen Gremien von Städten und Gemeinden, gemeinnützigen Organisationen, Verbänden und Vereinen aktiv sind. Als Wissenschaft, die „eine Aufgabe in der Öffentlichkeit" hat (Schönhuth 2004b:95), ist die Angewandte Ethnologie in Deutschland präsent, aber sie ist noch immer relativ wenig bekannt, was ihrer gesellschaftlichen Bedeutung nicht gerecht wird.

Kooperationen zwischen Theoretikern und Praktikern sind häufig auf Einzelakteure begrenzt, aber nicht in größerem Umfang institutionalisiert. Vorbehalte bestehen zudem auf beiden Seiten: Praktiker und außeruniversitäre Auftraggeber bezeichnen die zeitaufwändigen Methoden und detailreichen Publikationen der Ethnologie als nicht zielführend und halten die Skepsis etablierter Ethnolog*innen gegenüber sozialen Interventionen geradezu für kontraproduktiv. Auf der anderen Seite erscheint die praktische Anwendung als zu simplifizierend – Wissenschaftler*innen ist die Praxis intellektuell zu undifferenziert oder schlicht zu uninteressant. Hinzu kommt, dass eine Angewandte Ethnologie zwischen allen Stühlen sitzen würde: unterschiedliche Auftraggeber, denen sie zur Loyalität verpflichtet ist, Kooperationspartner „im Feld", die oft aktive politische Unterstützung statt bloßer Wissensproduktion erwarten, andere Fachdisziplinen, die für die interdisziplinäre Arbeit nicht ignoriert werden können, aber zugleich als Konkurrenten auftreten. Sie alle haben Ansprüche und Erwartungen, die es zu erfüllen gilt. Die Angewandte Ethnologie hat viele (eigene) Probleme anzugehen, bevor sie mithelfen kann, die Probleme Anderer zu lösen. So gesehen ist sie nicht mit Praktischer Philosophie oder Angewandter Computerlinguistik zu vergleichen.

Gleichwohl hat sich die Angewandte Ethnologie weltweit zu einem boomenden Wissenschaftszweig entwickelt – wenn auch erst ansatzweise in Deutschland. Die bloße Imitation anderer Länder in ihrer längst vollzogenen Hinwendung zur Praxis reicht indes nicht aus. Angesichts der historischen Ereignisse des 20. Jahrhunderts und der anhaltenden Ethikdiskurse innerhalb des Faches ist gerade für die Ethnologie in Deutschland sorgsam abzuwägen, wie eine sozial verantwortliche und wissenschaftlich vertretbare Angewandte Ethnologie aussehen kann. Nur dann besteht die Chance, dass sie öffentlich präsenter und „relevanter werden" kann (Schönhuth 2000).

Es geht nicht darum, neue Berufsfelder für Ethnolog*innen ausfindig zu machen. Die Publikationen der letzten Jahre lassen erkennen, dass Ethnologieabsolvent*innen gute

Aussichten auf dem Arbeitsmarkt haben und in großer Zahl außerhalb des akademischen Umfeldes Beschäftigung finden (Barthel / Bierschenk 2013; Büro für Praktikum und Berufseinstieg 2013; Beer et al. 2009; Ferdaouss et al. 2015). Ferner hat sich gezeigt, dass gerade *ethnologisches* Wissen gebraucht wird: in Schulen wie im Gesundheitswesen, im Journalismus und in der Entwicklungszusammenarbeit, in Sozialprojekten für Jugendliche und in der Erwachsenenbildung, in Stadtverwaltungen, im Polizeiapparat und in der Bundeswehr. Selbst große Firmen, Banken, Versicherungen, Werbeagenturen und Internetfirmen beschäftigen Ethnolog*innen. Alle, die mit Menschen aus anderen kulturellen Kontexten zu tun haben, können von ethnologischer Expertise profitieren – also im Prinzip jede/r. Aber nicht jede/r „kann" Ethnologie – Ethnologie muss gelernt sein wie jeder andere Beruf auch. Diese Erkenntnis setzt sich allmählich durch, und heute arbeiten mehr Ethnolog*innen außerhalb als innerhalb der Universitäten, auch wenn das Berufsfeld sehr heterogen und unscharf definiert ist. Es nimmt jedoch langsam deutlichere Konturen an, und längst haben Wissenschaftler*innen dokumentiert, wie eine ethnologische Karriere außerhalb des universitären Bereiches systematisch anzugehen ist (Guerrón-Montero 2009; Nolan 2003, 2017; van Willigen 1987).

Umso erstaunlicher mutet es an, dass in Deutschland die Verbindung von Theorie und Praxis innerhalb des Wissenschaftsbetriebs noch relativ wenig ausdifferenziert ist. Diese *Schnittstelle* kann die Angewandte Ethnologie einnehmen. Ihre Notwendigkeit steigt in dem Maße, wie die Zahl praktizierender Ethnolog*innen außerhalb des universitären Feldes in immer neuen Berufsfeldern anwächst und der Ruf nach Rückbindung an die Theorie lauter wird. Es geht mithin um die Frage, wie *Wissensgenerierung* und *Wissensnutzung* innerhalb der akademisch verankerten Ethnologie miteinander verbunden werden können. Um diese Bezeichnung zu verdienen, muss dieser Teilbereich als neuer Arbeitsschwerpunkt mehr sein als ein Anhängsel der akademisch-theoretischen Ethnologie und sich dennoch deutlich von der außer-akademischen ethnologischen Praxis unterscheiden. Es gilt, ein *Profil* der Angewandten Ethnologie innerhalb der deutschen Ethnologie zu entwickeln und konzeptionell mit Inhalten zu füllen. Dazu berechtigt nicht nur die stetig steigende Nachfrage nach ethnologischer Expertise für konkrete Aufgaben in der Praxis und der Bedarf praktizierender Ethnolog*innen nach Austausch mit der akademisch-theoretischen Ethnologie, sondern auch die politische Notwendigkeit: Wie alle Wissenschaften muss auch die Ethnologie ihr Dasein gesellschaftlich legitimieren oder sie droht in anderen, erfolgreicheren Disziplinen auf- (und unter-) zugehen. James Peacock formulierte es bei seiner *Presidential Address* anlässlich der 94. Jahrestagung der American Anthropological Association (AAA) im Jahre 1995 mit diesen Worten: "What will happen to anthropology? That depends on what anthropology contributes, both to thought and to society" (Peacock 1997:9). Es gilt daher, verstärkt Synergien zu nutzen und an der Einheit der Ethnologie zu arbeiten, statt die Trennung von akademischer und außer-akademischer Ethnologie stetig zu forcieren.

Die Zusammenführung ist für beide Seiten nützlich und bietet beiden einen *Mehrwert* gegenüber der aktuellen Situation: Für die akademisch-theoretische Ethnologie bieten sich große neue Datenquellen in Form von NGO Special Editions, Reports oder Evaluationen, zusätzliche Möglichkeiten des Testens theoretischer Ansätze in der Praxis und die Entwicklung neuer theoretischer Ansätze aus der Praxis heraus; für die ethnologische Praxis bedeutet die Rückkoppelung die Chance auf Kennenlernen neuer Methoden, Theorien und Forschungsergebnisse sowie die Bereitstellung eigener Daten und Erfahrungen, zugleich wäre dies ein Garant für kontinuierliches Updaten ihres eigenen Wissens zugunsten eines höheren Maßes an Professionalisierung.

Um einen ersten Schritt in diese Richtung zu tun, erscheint es hilfreich, einen Blick zurück zu werfen: auf die Geschichte der Angewandten Ethnologie, die Ethikdiskussionen der vergangenen Jahre und die Aufgaben einer anwendungsorientierten Ethnologie heute, wie sie weltweit bereits erfolgreich wahrgenommen werden. Das Rad muss nicht neu erfunden werden. Viele Erfahrungen sind bereits gemacht, Methoden entwickelt, Analyseverfahren getestet und Einsatzmöglichkeiten erprobt worden. Darauf kann zurückgegriffen werden, wenn es darum geht, Perspektiven für eine Angewandte Ethnologie in Deutschland zu entwickeln.

2. Entwicklungsgeschichte

Für Satish Kedia und John van Willigen beginnt die Geschichte der Angewandten Ethnologie mit der Geschichte der Allgemeinen Ethnologie (2005:3). Beide Bereiche waren in den frühen Phasen der europäischen Völkerkunde nicht voneinander zu trennen, wie sie es auch heute in vielen Teilen der Welt nicht sind (s. o.). Unabhängig davon, wann der Beginn der Ethnologie datiert wird – ob bei den griechischen Ethnographen der Antike, den arabischen Reisenden des Mittelalters, den Entdeckern der frühen Neuzeit, den Weltumseglern des 17. und 18. Jahrhunderts, den wissenschaftlichen Gesellschaften und ethnologischen Museumsgründungen des frühen 19. Jahrhunderts oder erst mit der Etablierung der ersten anthropologischen Lehrstühle an Universitäten Ende des 19. Jahrhunderts: Der praktische Nutzen ethnologischen Wissens wurde selten in Frage gestellt und auch nicht das In-Dienst-Stellen von Ethnologen (in der Regel männliche) für die Interessen ihrer Auftraggeber. Die Trennung von Wissensgenerierung und Wissensumsetzung ist eine Entwicklung, die erst im späten 19. und beginnenden 20. Jahrhundert einsetzte. Verstärkt durch die Erfahrungen imperialer Expansionen, zweier verheerender Weltkriege und einer Reihe von militärischen und politischen Interventionen seitens der europäischen und amerikanischen Mächte, in denen Ethnolog*innen eine unrühmliche (wenn auch keine tragende) Rolle spielten, wird bis heute zwischen „the pure and the impure" (Myres 1931) unterschieden. Die „reine", theoriegeleitete, akademische Ethnologie tut sich vor allem in Deutschland bis heute schwer, die „unreine", praxisorientierte, außer-akademische Ethnologie zu integrieren oder in irgendeiner Art von Schnittmenge zusammenzuführen. Übernommen wurde die Entkoppelung auf globaler Ebene nicht (Roberts 2006). Das bedeutet allerdings nicht, dass die Angewandte Ethnologie in anderen Teilen der Welt in jedem Falle eine größere gesellschaftspolitische Rolle als in westlichen Gesellschaften spielt. Die Ethnologie hat ein Imageproblem, wie Robert Hinshaw 1980 feststellte (Hinshaw 1980:500). Daran ist seitdem gearbeitet worden, aber das Problem der mangelnden gesellschaftlichen Akzeptanz und politischen Relevanz liegt tiefer. Es ist teilweise selbst verschuldet, hat aber auch mit der schwierigen Vereinbarkeit von wissenschaftlichen Normen, praktischen Anforderungen und ethischer Verantwortung zu tun. Die von Studierenden des Faches häufig vorgetragene Forderung nach „mehr Praxis" im Studium ist nicht so einfach in die Tat umzusetzen, wenn mehr als nur ein Einblick dabei herauskommen soll. Sie erfordert strukturelle Innovationen, eine Neudefinition des Faches und seines Auftrags, vor allem aber eine Änderung des Selbstverständnisses von Ethnolog*innen. Warum sich das Verhältnis von Theorie und Praxis gerade in der Ethnologie so schwierig gestaltet, wird im Rückblick auf die Geschichte des Faches deutlich (für Kurzfassungen vgl. Baba / Hill 2006; Hahn 2013; Rylko-Bauer et al. 2006).

2.1. Die Frühphase

Schon der griechische Ethnograph Herodot (485–425 v. Chr.) versorgte seine Landsleute mit Informationen über die Völker des mediterranen Raumes und damit über potenzielle Freunde und Feinde in der den Griechen bekannten Oikumene (Müller 1997:98-130). Der arabische Ethnograph Ibn Khaldun (1332–1406) war aufgrund seiner exzellenten Kenntnisse über die nordafrikanischen nomadischen Berberstämme als politischer Berater geschätzt und stand bei verschiedenen Sultanen in Diensten, zeitweise in der Funktion eines Steuereintreibers (Simon 2002). Auch Marco Polo (ca. 1254–1324) verdankte seine detaillierten Kenntnisse des chinesischen Reiches in erster Linie seinen ausgedehnten Reisen im Dienste Kublai Khans (Vogel 2013:76; Harbsmeier 1994:41). Einige der größten ethnographischen Schätze zur Geschichte des präkolonialen Amerikas sind Amateurethnographen im Dienst der Kirche zu verdanken, wie etwa Bartolomé de Las Casas (1484–1566) oder Bernardino de Sahagún (1500–1590), die heute zu den „first anthropologists" gezählt werden (Clayton 2012; León Portilla 2002). Als einer der ersten Angewandten Ethnologen gilt aber auch der Jesuitenpater Joseph François Lafitau (1671–1746), der seine missionarische Arbeit bei den nordamerikanischen Irokesen dazu nutzte, deren matrilineares Deszendenzsystem zu dokumentieren (Starkloff 2002), das noch 150 Jahre später die moderne Verwandtschaftsethnologie beeinflussen sollte. Die Teilnahme von Reinhold Forster (1729–1798) als offizieller wissenschaftlicher Begleiter an James Cooks zweiter Weltumsegelung, die er zusammen mit seinem Sohn Georg (1754–1794) antrat, stand bereits im Zeichen des systematischen Sammelns von Informationen, von denen sich die Wissenschaft ebenso Vorteile versprach wie die britische Admiralität (Bödeker 2006).

Früh erkannten die europäischen Regierenden und die von Überseebeziehungen profitie-
renden Handelskompanien, dass die Kenntnis der Sprachen und Kulturen außereuropäischer Völker vorteilhaft für sie war. Dazu brauchte es ausgewiesene Spezialisten, die sich
als Universalgelehrte sowohl mit Wirtschaft und Geographie als auch mit Botanik und
Zoologie auskennen sollten. Zu ihnen gehörte etwa der schottische Arzt und Naturfor-
scher Francis Buchanan, der zwischen 1800 und 1814 im Bereich der britischen East India
Company die ersten Surveys zu Indien (Südindien und Bengalen) verfasste (Schendel
1992). Schon Jahrzehnte vor der Etablierung der Ethnologie als universitärer Disziplin
wurde in zahlreichen Artikeln auf den Wert einer anwendungsorientierten Ethnologie
hingewiesen – so etwa im Popular Magazine der Anthropological Society of London der
1860er Jahre –, deren Nützlichkeit darin gesehen wurde, "… that a more general study of
anthropological material would aid in the emancipation of the human mind from pre-
conceived notions" (Reining 1962:595).

   Informationen, die auf diese Weise zusammengetragen wurden und der „Verbesserung
des Kulturkontaktes" dienen sollten, hatten vor allem den europäischen Kolonialmächten nützlich zu sein. In ihrem Auftrag und zu ihrem Vorteil arbeiteten die vor Ort tätigen
Ethnographen. Nur selten wurde dieser Zweck hinterfragt und perspektivisch die Seite
gewechselt. Dass die gesammelten Informationen auch jenen zustehen (und verstehbar
gemacht werden) sollten, die ihr Zustandekommen erst ermöglicht hatten, stand nicht
zur Debatte. Dagegen spielte zunehmend die Frage ihrer Souveränität eine Rolle. Auch dafür waren ethnologisch versierte Wissenschaftler verantwortlich, die sich in den Dienst
der Sache stellten. Mit dem moralischen Imperativ, Forschung zum Schutz der Indigenen
zu betreiben, veröffentlichte etwa die 1837 gegründete Londoner Aborigines' Protection
Society (1909 mit der Anti-Slavery-Society zur Anti-Slavery and Aborigines' Protection Society verbunden, heute Anti-Slavery International) zahlreiche ethnologische Berichte. Zu
ihren Mitbegründern und Autoren gehörte Thomas Hodgkin, der 1843 zusammen mit
James Pritchard (ebenfalls Mitglied der Aborigines' Protection Society) auch die Ethnological Society of London mitbegründete (vgl. dazu Wolfers 2007) – für Myers der Beginn
der „organisierten Ethnologie" als einer angewandten Wissenschaft (Myers 1929:34). Sowohl Hodgkin als auch Pritchard waren Mitglieder des 1839 von der British Association
for the Advancement of Science eingerichteten Komitees für die Entwicklung eines wissenschaftlichen Fragebogens zur systematischen Kollektion von Daten über fremde Völker und Weltregionen, "… to be addressed to those who may travel or reside in parts of
the globe inhabited by threatened races" (zit. in Urry 1972:45). Die als Notes and Queries
bekannt gewordenen Anleitungen zur Aufnahme ethnographischer Daten, erstmals erschienen im Jahre 1850, hatten einen erheblichen Anteil an der Professionalisierung der
Ethnologie als wissenschaftlicher Disziplin und gehörten bis zu Malinowskis Forschungen während des Ersten Weltkrieges und in den 1920er Jahren zum Rüstzeug britischer
Ethnologen, aber auch all jener, die ihr Wissen für den praktischen Nutzen zur Verfügung stellten, wie Kolonialadministratoren, Missionare oder Händler (Urry 1972:54).

In der Frühphase ihrer Geschichte hatte die Ethnologie also eine wichtige und kaum je in Zweifel gezogene angewandte Komponente. John van Willigen kommt deshalb zu dem Ergebnis, dass die Ethnologie nicht aus der *Theorie*, sondern aus der *Praxis* entstanden und daher die Angewandte Ethnologie als eigentliche Grundlage des Faches zu betrachten ist[4] (van Willigen 1993:20). Das erscheint indes allzu pauschalisierend angesichts der großen Zahl von Welt-, Natur- und Völkerbeschreibungen mit eindeutig theoretisch-philosophischem Interesse, die zwischen dem 17. und dem 19. Jahrhundert als prä-wissenschaftliche Werke entstanden. Deren Verwendung nach ihrer Veröffentlichung mag pragmatischer Natur gewesen sein, aber sie wurden nicht primär zu utilitaristischen Zwecken verfasst (Überblick bei Petermann 2004:386-395).

Festzuhalten bleibt jedoch, dass anwendungsorientierte und wissenschaftsorientierte Ethnographie nebeneinander bestanden und nicht klar voneinander abgegrenzt waren. Die – anfangs noch nicht systematisch ausgebildeten – Ethnographen wechselten bisweilen die Seiten und damit auch Motive, Ziele und Ausrichtung ihrer Arbeit. Es scheint zudem immer Menschen gegeben zu haben, die aus reiner Lust am Wissen über den Menschen und seine Kultur ihre Arbeit betrieben. Andere sahen schon früh die Möglichkeit einer praktischen Anwendung des Wissens über andere Kulturen und verkauften es entsprechend – auch aus rein opportunistischen Gründen. Denn ethnographische Arbeit musste man sich leisten können, und nicht alle Forschenden besaßen dazu die Mittel. Um ihre Pläne realisieren zu können, trugen sie Informationen auch gegen Geld zusammen, wurden Berater und Mitarbeiter von Regierungsstellen oder kirchlichen Institutionen. Seltener traten sie auf eigene Kosten als Anwälte der Erforschten auf.

Mit unterschiedlichen Rollen waren auch unterschiedliche Werteinstellungen verbunden. Ethnologisches Wissen konnte und kann, wenn es anwendungsbezogen produziert wird, sowohl zum Wohle als auch zum Nachteil von Menschen eingesetzt werden. Darin unterscheiden sich praktizierende Ethnolog*innen ganz wesentlich von anderen Wissenschaftler*innen, etwa von praktizierenden Ärzt*innen. Die Ambivalenz von anwendungsorientierter ethnologischer Arbeit nahm im Verlauf der letzten Hälfte des 19. Jahrhunderts weiter zu, je mehr die Ethnographie für politische Zwecke nutzbar erschien.

2.2. Die imperiale Phase

Die imperiale Phase zwischen ca. 1880 und 1950 kann als Blütezeit der klassischen Angewandten Ethnologie gelten. Die USA, die keine außeramerikanischen Kolonialgebiete besaßen, werden hier mit einbezogen, da sie sich durch ihre Art der „internen Kolonisation" der indigenen Bevölkerung wenig von den europäischen Kolonialmächten unterschieden. Auch in den USA hat es schon früh eine Angewandte Ethnologie gegeben, deren Hochphase von Seithel etwas enger gefasst auf die 1930er und 1940er Jahre datiert wird (Seithel 2000:107). Aufgrund der besonderen Bedeutung gerade der Kriegszeit für die US-amerikanische Angewandte Ethnologie wird darauf noch gesondert eingegangen (s. u.).

---

4   In späteren Auflagen seines Buches findet sich diese Aussage nicht mehr.

Als deutlich wurde, dass Staaten und Regierungen schon im eigenen Interesse auf gesicherte Informationen über ihre fremden Untertanen angewiesen waren – ob im eigenen Land oder in fernen Regionen – stiegen die potenziellen Einsatzmöglichkeiten und damit auch die Erwerbschancen für Ethnographen. So etwa setzte die US-amerikanische Regierung schon früh auf ethnologische Informationen zu den Native Americans als Grundlage ihrer *Indian Policy*. Einer der ersten *Indian Agents* des 1824 gegründeten *Bureau of Indian Affairs* (BIA), der nicht Offizier, sondern Ethnograph war (das BIA unterstand zunächst dem Kriegsministerium), war Henry Schoolcraft (1793–1864). Zu seinen Schriften gehörte u. a. ein sechsbändiges, von der amerikanischen Regierung finanziertes Werk zu den *Indian Tribes of the United States*, das er zusammen mit dem Maler und Offizier Seth Eastman (Schoolcraft et al. 1851–1857) verfasste (Bremer 1987). Für das oftmals in der Kritik stehende BIA, das 1849 dem US-Innenministerium unterstellt wurde, arbeiteten auch in späterer Zeit immer wieder ethnographisch interessierte oder ausgebildete Personen, deren Expertise der US-Regierung von Nutzen war. Dazu gehörten u. a. Ely Parker (1828–1895), erster Native American Commissioner des BIA (einer der Hauptinformanten von Lewis Henry Morgan), und John Collier (1884–1968, von 1933–1945 Commissioner des BIA, später Direktor des National Indian Institute und Professor für Soziologie am College of the City of New York). Vor allem sein Einsatz für die Rechte der Native Americans und die unter ihm erfolgte Zusammenarbeit mit einer größeren Zahl von Ethnolog*innen (darunter Clyde Kluckhohn, Margaret Mead, Fred Eggan und Ruth Benedict im Rahmen des *Indian Personality and Administration Research Project* 1941–1947) rückte den praktischen Nutzen ethnologischer Daten verstärkt in den Blick, auch wenn sich die meisten der von Collier initiierten Forschungen und daraus hervorgegangenen Publikationen als wenig einflussreich für die amerikanische Indianerpolitik erwiesen (Hicks / Handler 1987:403; Fixico 2012; Kelly 1983; Überblick bei Seithel 2000:107–112).

Vom Nutzen einer *Angewandten Ethnologie* sprach auch eine andere US-Behörde, die mit indianischen Angelegenheiten befasst war und sich explizit für ethnologische Studien in Nordamerika zuständig erklärte: das 1879 gegründete US Bureau of Ethnology (ab 1897 Bureau of American Ethnology BAE, heute Department of Anthropology am National Museum of Natural History, Washington), das eine Reihe von Studien zu indianischen Gruppen in Auftrag gab. Zu den externen Kooperationspartnern des BAE gehörte etwa auch Franz Boas. In einem Report aus dem Jahre 1902, verfasst von James Mooney, einem langjährigen Mitarbeiter des BAE und Verfasser zahlreicher Schriften vor allem zu Cherokee und Sioux, war erstmals in einer *Publikation* die Rede von „applied ethnology" (Kedia / van Willigen 2005:5; van Willigen 1993:21).

Der Begriff *applied anthropology / ethnology* ist jedoch .. ist jedoch älter und war bei seiner Verwendung durch Mooney bereits etabliert. Als „applied *anthropology*" bezeichneten die Briten ethnologische Grundkurse zur Vorbereitung von Anwärtern auf den Kolonialdienst, erstmals verwendet 1881 bei einem Treffen des Royal Anthropological Institute (Bodley 1990, zit. in Rylko-Bauer et al. 2006:179). Ab 1883 wurden Trainingskurse in das

Programm der Universität Oxford aufgenommen (mit Edward B. Tylor, zunächst eingestellt als „Reader"). Die ersten Lehrstühle entstanden 1896 in Oxford (Tylor), 1900 in
Cambridge (Haddon), 1902 in London (Seligman) und 1907 in Liverpool (Frazer). Zu Beginn der 1920er Jahre boten elf britische Universitäten den Studiengang *Anthropology* an
(Myers 1929:43). Ab 1908 ernannte die britische Regierung *government anthropologists,* die
in erster Linie als Verwaltungsbeamte eingesetzt wurden – für Adiele Afigbo (1975) waren
sie eher „anthropological soldiers" (zit. in Falola 2005:357). Inwieweit sie dieser Bezeichnung entsprachen, ist nicht belegt. Ihre ethnologischen Arbeiten, die während dieser Zeit
entstanden, gehörten jedoch auch lange nach Ende der Kolonialzeit zur Ausstattung jeder
Afrika-Bibliothek, wie etwa die Werke von Robert S. Rattray, Charles K. Meek und Percy
A. Talbot, die alle drei in Westafrika im Einsatz waren (Kuper [1973] 2006:98-99).

Auch andere Kolonialmächte befürworteten ethnologische Trainings für ihr Verwal-
tungspersonal in den Kolonien – wie etwa Frankreich im Rahmen der Kurse in der *École
nationale de la France d'Outre-Mer*[5] (Bastide [1971] 1973:30) – oder beschäftigten ausgebildete Ethnologen, die als externe Berater und Ausbilder hinzugezogen wurden – bezahlt vom Mutterland oder direkt von den kolonialen Regierungen vor Ort – so etwa in
Indonesien (vgl. Held 1953:867), im südlichen Afrika und im Anglo-Ägyptischen Sudan
(vgl. Forde 1953), in Congo-Ruanda (vgl. Nicaise 1960) sowie in New Guinea (vgl. Kuper
1973:98). Deutschland scheint als aufstrebende Kolonialmacht eher zurückhaltend mit
der Ausbildung von Ethnologen für den Kolonialdienst gewesen zu sein, obwohl Adolf
Bastian schon 1869 den ersten Lehrstuhl für Ethnologie im Deutschen Reich erhielt und
sich als Mitglied des Deutschen Kolonialvereins vehement für die Verbindung von wissenschaftlicher Forschung und praktischen Handelsinteressen einsetzte (Bastian 1899:
39; vgl. auch Winkelmann 1966:30-52; Gothsch 1983:33-67).

Die Etablierung universitärer Lehrstühle und Institute schuf die institutionellen Voraussetzungen für eine wissenschaftlich betriebene Ethnologie, welche die Qualität der
ethnologischen Arbeiten, die nun nicht länger von Autodidakten betrieben werden musste, wesentlich verbesserte. Dies war jedoch auch der Beginn einer Spaltung zwischen akademischer und angewandter Ethnologie. Während Tylor in *Primitive Culture* noch darauf verwies, "... that the study of man and civilizations is not only a matter of scientific
interest, but enters into the practical business of life..." (Tylor 1881:439-440), hat Frazer
bereits wenig später in seinem epochalen Werk The *Golden Bough* (1. Aufl. 1890) den
praktischen Nutzen der Ethnologie rundweg abgelehnt (zit. in Reining 1962:598) – unter
Verkennung der Tatsache, dass er – ebenso wie Tylor – seine evolutionären Modelle zur
Geschichte der Menschheit vor allem der praktischen Arbeit von Amateurethnographen
verdankte.

---

5 Die seit 1888 bestehende *École Coloniale* wurde 1934 in *École nationale de la France d'Outre-Mer,* umbenannt.
   Sie diente bis 1959 der Ausbildung von Führungspersonal für den französischen Kolonialdienst und ist seit
   2002 Teil der nationalen Verwaltungsakademie École nationale d'administration (ENA).

Der Spalt zwischen akademischer und angewandter Ethnologie war zunächst noch nicht sehr offensichtlich, sollte sich jedoch im Laufe der folgenden Jahrzehnte wesentlich erweitern und zu einem kaum noch überbrückbaren tiefen Graben werden. Zunächst galt gerade die Angewandte Ethnologie als große *Chance* für die akademisch betriebene Wissenschaft. Das traf vor allem dort zu, wo der Umgang mit anderen Kulturen zum politischen Alltagsgeschäft gehörte: in den Kolonien. Da der Kolonialdienst nicht nur lukrativ, sondern auch prestigeträchtig war, stand er einer möglichen späteren Universitätskarriere nicht im Wege. Zur Gründung einer eigenständigen School of Applied Anthropology, wie sie von Sir Richard Temple, Mitglied des Royal Anthropological Institute, im Jahre 1913 für die Universität Birmingham vorgeschlagen wurde, ist es indes nicht gekommen. Sie sollte der „großen Zahl junger Männer" im Kolonialdienst brauchbare ethnographische Kenntnisse vermitteln, um sie mit den Gewohnheiten, Sitten, Vorstellungen und Lebensbedingungen der Menschen, über die sie die administrative, ökonomische und soziale Kontrolle auszuüben hatten, vertraut zu machen (Temple 1913:186). Unterstützt wurde er dabei sowohl von Wissenschaftlern wie Haddon und Seligman als auch von hohen Kolonialbeamten. Sir Everard im Thurn, High Commissioner im Pazifik, etwa hielt eine solche Schule für „a splendid thing for the empire" mit einem „great and urgent imperial purpose", wovon vor allem diejenigen profitieren würden, die mit dem „more primitive folk" zu tun hätten (Temple 1913:189). Es blieb jedoch bei einzelnen Kursen als Bestandteil des ethnologischen Gesamtprogramms.

Auch ohne ein eigenes Institut nutzten viele Anthropology-Absolventen dieser Zeit – ob in Oxford, Cambridge oder London ausgebildet – die Möglichkeit, in kolonialen Diensten eine Anstellung zu finden. Prinzipiell war unhinterfragt, wem ihre Loyalität gehörte. Manche ihrer Vorgesetzten waren allerdings der Meinung, dass die Beschränkung auf eine ethnologische *Fortbildung* ausreichen würde und ein Studium eher hinderlich sei. Kolonialbeamte mit ethnologischer Zusatzausbildung verbrachten zumeist weniger Zeit mit Forschungen (wenn überhaupt) und konnten schneller pragmatische Lösungen finden (Diskussionen im britischen Colonial Office, vgl. Lackner 1973). Hauptberufliche Ethnologen waren da eher störend. So wurde etwa Rattrays Stelle nach seinem Ausscheiden aus dem Dienst an der Goldküste 1930 nicht wieder mit einem Government Anthropologist besetzt, mit dem Argument, dass die Aufgaben ebenso von ausgewählten Kolonialoffizieren mit ethnologischem Training verrichten werden könnten, die zwar enthusiastisch in der (ethnologischen) Sache vorgingen, sie aber eher als angenehmen Zeitvertreib denn als Beruf ansähen (Governor Sir R. Slater 1930, zit. in Myers 1931:XXXXVIII).

Hier zeigte sich ein Problem der Angewandten Ethnologie, das sich in den Folgejahren weiter verstärken sollte: Je mehr sich Ethnolog*innen als *Wissenschaftler*innen* verstanden, die an theoretischen Paradigmen und methodologischen Fragen orientiert waren und sich daher nicht mehr mit Kompilation und Deskription zufriedengaben, desto weniger taugten sie für den aktiven Dienst und desto geringer war die praktische Wirkung ihrer Arbeiten.

Eine Möglichkeit, die sich auftuende Kluft zwischen Wissenschaft und Praxis zu überbrücken, waren *Auftragsforschungen* durch regierungseigene Institutionen, deren Zweck
vorgegeben und unhinterfragt war – die praktische Verwertung in politischen Entscheidungsprozessen –, deren administrative Umsetzung aber nicht von Ethnolog*innen selbst
zu organisieren war. Eine der Institutionen, die eine solche Angewandte Ethnologie ermöglichte, war das 1937 im damaligen Nordrhodesien (heutigen Sambia) gegründete Rho-
des-Livingstone-Institut (RLI). Finanziert mit öffentlichen Fördergeldern und anfangs
auch mit Mitteln kommerzieller Bergwerksgesellschaften im Copperbelt, sollten die dort
eingesetzten Wissenschaftler*innen zu sozio-ökonomischem Wandel, sozialen Krisen
und den Auswirkungen der Verstädterung arbeiten. Davon versprach sich die Kolonialadministration ein besseres Verständnis der Gegebenheiten vor Ort und eine effizientere
Verwaltung. Doch schon nach kurzer Zeit stießen die RLI-Mitarbeiter*innen mit ihrer
Methode der stationären Feldforschung auf Unverständnis seitens der Verwaltungsbe-
amten wie der Minengesellschaften, und die berufsbedingt engen Kontakte zur einheimischen Bevölkerung galten als Untergrabung der Stellung der Europäer im Lande. Godfrey Wilson wurde schließlich die Genehmigung zur Arbeit mit Minenarbeitern entzo-
gen. Nachdem er nach nur drei Jahren entnervt aufgegeben (Brown 1973:187) und Max
Gluckman den Posten übernommen hatte, beschränkten sich die für das Institut arbeitenden Wissenschaftler*innen zunehmend auf ihre akademischen Forschungsaufgaben.
Das sollte auch nach Gluckmans Ausscheiden aus dem aktiven Dienst für das RLI anhalten. Als er 1947 den Lehrstuhl für Social Anthropology an der Universität Manchester
übernahm, schickte er seine Student*innen (wie etwa John A. Barnes, Elizabeth Bott, Elizabeth Colson, Clyde Mitchell oder Victor Turner) auf Feldforschung nach Nordrhodesien. Ihnen gelang, was die „Manchester School" berühmt machen sollte: *die Verbindung
von Praxis und Theorie.* Aus der Auseinandersetzung mit den praktischen Gegebenheiten
vor Ort und politisch induzierten Themen wie Urbanisierung, Konflikt und Schlichtung,
rural-urbane Sozialnetze u. a. sind wesentliche Impulse für die Weiterentwicklung der
ethnologischen Theorie, insbesondere der Netzwerkanalyse, hervorgegangen (vgl. vor allem Mitchell 1969; Barnes 1972; s. auch Little 1960).

Die zur „Manchester School" gezählten Arbeiten gehören bis heute zu den Standard-
werken der Sozialanthropologie (vgl. Überblick von Evens / Handelman 2006). Ob die Bereitstellung der wissenschaftlichen Monographien tatsächlich jemals in praktisch-politi-
sche Handlungen mündete, ist nicht belegt, doch wurde den Mitwirkenden später
vorgeworfen, die Instrumentalisierung der Ethnologie und ihre Verstrickung in koloniale
Machtstrukturen kritiklos hingenommen zu haben (Magubane 1971). Ihr wissenschaftliches Interesse an den westlich orientierten afrikanischen Städtern hätte letztlich dazu gedient, "...to conceal an apology for the wretchedness of imperial exploitation imposed on
the African" (Magubane 1971:431).

Für die Ethnolog*innen der Zeit – ob sie nun eher akademisch oder eher angewandt
tätig waren – scheint sich dieses Problem nicht gestellt zu haben. Es wurde auch nicht als

solches öffentlich thematisiert, sondern war im Gegenteil so selbstverständlich, dass Fortes in seiner Antrittsvorlesung in Cambridge die Berücksichtigung des praktischen Wertes ethnologischer Forschungen gar als Charakteristikum der britischen Ethnologie bezeichnete (Fortes 1953:4). Diejenigen, die in kolonialen Diensten tätig waren – neben Fortes auch Evans-Pritchard, Beattie, Schapera, Leach, Mair, Nadel, Firth u. a. (vgl. Benedict 1967:584) – sahen ihre Aufgabe vor allem darin, als eine Art Kulturvermittelnde zwischen den *natives* und der Kolonialadministration tätig zu sein und ansonsten solide „objektive" ethnologische Daten zur Verfügung zu stellen. So begriff auch Evans-Pritchard seine Rolle als Tribal Affairs Officer in der britischen Militäradministration der Cyrenaika während des Zweiten Weltkrieges (Evans-Pritchard 1946:97). Seine erste Feldforschung bei den Azande führte er im Auftrag des Colonial Office des britischen Kolonialministeriums durch. Eine Diskrepanz zwischen Akademischer und Angewandter Ethnologie vermochte er vorerst nicht zu sehen, betrachtete beides sogar eher als komplementär sich ergänzende Teile eines Ganzen (Evans-Pritchard 1946:98) und verstand es, ähnlich den in Nordrhodesien arbeitenden Mitarbeiter*innen des Rhodes-Livingstone-Institutes, die Ergebnisse seiner praktischen Arbeit für seine theoretischen Interpretationsmodelle (etwa zur Funktion von Hexerei) fruchtbar zu machen.

Ähnlich wie Evans-Pritchard äußerte sich auch Malinowski bereits 1929 in einem Beitrag für das International African Institute[6], das er als Schnittstelle zwischen akademischer und praktischer Wissenschaft bezeichnete (Malinowski 1929:37-38). Für eine effiziente Verwaltung der Kolonien sei wissenschaftliche Expertise vonnöten: "This knowledge could be supplied by men trained in anthropological methods and possessing the anthropological outlook, provided that they also acquire a direct interest in the practical application of their work, and a keener sense of present-day realities" (Malinowski 1929: 23). Auch in späteren Jahren trat er stets für die praktische Verwendung ethnologischen Wissens ein (Malinowski 1938:X), wobei er jedoch die Aufgabe der Ethnolog*innen als angewandt arbeitenden Wissenschaftler*innen zunehmend auf die Grundlagenforschung, Kulturvermittlung und Beratung sowie das Erstellen von Prognosen beschränkt wissen wollte. Die Umsetzung sollte anderen überlassen bleiben: „Ein Ethnograph … hat das Recht und auch die Pflicht, seine Schlussfolgerungen so zu formulieren, daß sie ernstlich von denen in Erwägung gezogen werden können, die die Richtung einer Politik festlegen. Er hat auch die Pflicht, als Anwalt der Eingeborenen zu reden. Doch es ist ihm nicht gestattet, noch weiter zu gehen" (Malinowski [1946] 1951:308).[7] Um es in rezenter

---

6   Gegründet im Jahre 1926 als International Institute of African Languages and Cultures, später bekannt als International African Institute (IAI). Die Aufgabe des Instituts bestand darin „bringing about a closer association of scientific knowledge and research with pracitical affairs" (nach Lugard, zit. in Brown 1973:176). Erster Vorsitzender war Lord Lugard.

7   Das Werk wurde erst 1946 posthum von Phyllis M. Kaberry herausgegeben. Es enthält eine Reihe von Malinowskis bis dato unveröffentlichten Aufsätzen, die sich größtenteils mit dem Thema Kulturwandel befassen. Im Studium des Kulturwandels und der Auswirkungen des Kontaktes zwischen den damaligen Kolonialre-

Terminologie auszudrücken: Er sah praktisch arbeitende Ethnolog*innen als *policy researchers, impact assessors* oder *culture brokers,* aber weniger als *change agents* und schon gar nicht zuständig für *policy* und *action* (zu den Aufgaben der heutigen Angewandten Ethnologie vgl. van Willigen 1993:5-9).

Im Rückblick auf die politische Bedeutung der Angewandten Ethnologie während der imperialen Phase ist festzuhalten, dass ihre Wirkung insgesamt gesehen eher marginal war. Der viel beschworene und groß angekündigte praktische Nutzen ging im Alltagsgeschäft der Kolonien unter. Langwierige Bearbeitungszeiten und die an wissenschaftlichen Forschungsfragen ausgerichteten ethnologischen Arbeiten machten sie für den an handhabbaren Anleitungen interessierten Verwaltungsdienst weitgehend unbrauchbar. Zudem waren manche Kolonialbeamte von der Fraternisierung mit den Indigenen und dem Auftreten ihrer Ethnologie-Kollegen wenig begeistert. So bezeichnete ein Kolonialbeamter den ersten ethnologisch ausgebildeten britischen Regierungsethnologen in Nigeria, Northcote Thomas, als „maniac", der Sandalen trage, sich von Gemüse ernähre und durch seinen engen Kontakt zur einheimischen Bevölkerung überhaupt ein schlechtes Bild auf den weißen Mann werfe (nach Lackner 1973:135). Ethnolog*innen galten schon bald als „rather difficult folk to deal with" (Kolonialsekretär Malcolm MacDonald an Lord Hailey 1940, zit. in Brown 1973:176) – ein Image, das ihnen bis heute anhängt –, die endlos für ihre Arbeiten brauchten und wenig zur Lösung konkreter Probleme beizusteuern hatten. Erschwerend kam hinzu, dass niemand die komplexen ethnologischen Schriften lesen wollte, die zudem in manchen Fällen schon bei ihrem Erscheinen aus kolonialadministrativer Sicht Makulatur waren. Das war in Großbritannien nicht anders als in Deutschland. So wurden die Untersuchungen zu den „Rechtsgebräuchen der Einheimischen", explizit für die koloniale Praxis des Deutschen Reiches in Afrika zugeschnitten, erst 1929/30 publiziert – als Deutschland schon seit mehr als zehn Jahren keine Kolonien mehr besaß (Gothsch 1983:164-167).

Dass die Ethnologie ihre Existenz indes primär dem Kolonialismus zu verdanken habe, was ihr den Vorwurf einer Kolonialwissenschaft und „child of imperialism" eintrug (Gough 1968:12), erscheint im Rückblick auf die historische Entwicklung zwar verständlich, missachtet aber ihre historische Entwicklung und überschätzt ihre tatsächliche politische Signifikanz (zu den unterschiedlichen Bewertungen vgl. auch Schupp 1997). Die Geschichte der Ethnologie beginnt viel früher. Ethnographische Erkundungen, Kompilationen und Forschungen gab es lange vor den kolonialen Reichen der europäischen Mächte und auch dort, wo nie Kolonien existierten. Umgekehrt hat es Jahrhunderte lang Kolonien gegeben, ohne dass dies Anlass zur Gründung einer Ethnologie gewesen wäre (etwa in Lateinamerika). Dass jedoch ihre Etablierung als *akademische* Disziplin zur systematischen Untersuchung fremder Völker gerade in die Zeit der größten Expansion der Kolonien fiel, ist kein Zufall und wurde von vielen Wissenschaftlern der Zeit gar enthu-

---

gierungen und außereuropäischen Völkern sah Malinowski eine der wesentlichen Aufgaben der Angewandten Ethnologie.

siastisch begrüßt, war aber nicht singulär für die Ethnologie. Auch die Geographie etwa wurde in dieser Epoche in den Stand einer Universitätsdisziplin erhoben (1887). Als Illusion erwies sich indes die vermeintliche „wissenschaftliche Objektivität", durch die sich Ethnolog*innen von politischen Strukturen unabhängig wähnten und nur der „Wahrheit" verpflichtet zu sein glaubten (Lewis 1973:585). Auch als „Imperialisten wider Willen" (James 1973), was sie im besten Falle waren, blieben sie Repräsentant*innen der imperialistischen Großmächte ihrer Zeit, für die sie und in deren Auftrag sie arbeiteten. Die „koloniale Sünde" der Ethnologie und damit einhergehend ihr Ethnozentrismus bleibt ein „Stachel im Fleisch der Ethnologie", wie Richard Rottenburg es nennt. „Sie kann sich drehen und wenden, wie sie will, den Stachel wird sie durch keine Operation los" (Rottenburg 2008:402).

2.3. Die Kriegsphase des 20. Jahrhunderts

Das später so negativ gefärbte Image der Angewandten Ethnologie ist jedoch auf anderen als kolonialen Schauplätzen entstanden. So sehr auch die Verstrickung in den Kolonialismus dem Ansehen der Angewandten Ethnologie wie der Ethnologie insgesamt im Nachhinein geschadet hat, ist kein Einsatz von Ethnolog*innen international mit mehr Prestigeverlust verbunden gewesen als die Tätigkeit von US-Ethnolog*innen für Militär und Geheimdienste im und nach dem Zweiten Weltkrieg. Obwohl auch einige der damals führenden *deutschen* Ethnolog*innen versuchten, sich der nationalsozialistischen Regierung anzudienen und auf die praktische Bedeutung ihrer Wissenschaft hinwiesen, wie etwa Richard Thurnwald, Hugo Barnatzik, Emil Mühlmann oder Diedrich Westermann (Gothsch 1983), so beschränkte sich ihre Tätigkeit doch vor allem auf öffentliche Vorträge und Publikationen mit wenig praktisch verwertbaren Empfehlungen. Die von ihnen avisierten NS-Institutionen wie die Kolonialwissenschaftliche Abteilung des Reichsforschungsrates, das Kolonialpolitische Amt der NSDAP oder das „Amt Rosenberg" stellten keinen von ihnen in Dienst (Mosen 1991; Linimeyer 1994). Mit ihren langwierig erarbeiteten Forschungsergebnissen kamen sie zudem viel zu spät. Bernatziks Handbuch der Angewandten Völkerkunde Afrikas, das in den 30er Jahren als „Instruktionsbuch für die Wehrmacht" in Auftrag gegeben worden war, als die Nationalsozialisten noch von neuen deutschen Kolonien in Afrika träumten, erschien erst 1947 (Linimeyer 1994:138).

Auch in Österreich, Großbritannien, Australien und Frankreich waren ihre Fachkollegen insofern nicht kriegsrelevant, als sie nicht unmittelbar in militärischen Einrichtungen tätig waren. Für die Politik ihrer Regierungen spielten sie keine nennenswerte Rolle, auch wenn etliche von ihnen in der Heimat oder in überseeischen Gebieten Kriegsarbeit leisteten[8] (für UK vgl. Lackner 1973; Feuchtwang 1973; Kuper [1973] 2014; McFate 2018:

---

8   Ohne weiteren Nachweis heißt es bei van Willigen: „Clearly World War II dramatically changed applied anthropology. In both the United States and Britain, anthropologists were involved in the war effort" (van Willigen 1991:4). Es wird nicht deutlich, welche britischen Ethnolog*innen in welcher Art von Einsatz gemeint sind.

85-118; speziell zu Ursula Graham Bower und ihre Rolle im Guerillakrieg der Briten gegen die japanischen Truppen in Birma; für Frankreich vgl. Tai 2010; für Australien, Neuseeland, Neuguinea und den Pazifischen Raum vgl. Gray et al. 2012). Anders die amerikanischen Ethnolog*innen, die auf ihre eigene Weise den Dienst an der Heimatfront antraten, der ihnen „unprecedented opportunities ... to participate in effords related to war activities" (Partridge / Eddy 1978:27) bot. Margret Mead verteidigte diesen Einsatz später als Tätigkeit „under constraint", um einen Beitrag im Kampf gegen Nazi-Deutschland und damit „a substancial contribution to national policies" leisten zu können (Mead 1979:146). Laut Hinshaw (1980:499) arbeiteten während des Zweiten Weltkrieges rund 25 Prozent aller amerikanischen Ethnolog*innen in der einen oder anderen Weise in Regierungsdiensten[9], neben Mead selbst alle führenden Ethnolog*innen ihrer Zeit wie Gregory Bateson, Ruth Benedict, Elliot Chapple, Elizabeth Colson, Cora DuBois, Claude und Florence Kluckhohn, Ralf Linton, Rhoda Metraux, George Murdock, Edward S. Spicer, W. Lloyd Warner u. a. (Price 2002:15). Sie unterstützten die Kriegsanstrengungen ihrer Regierung in diversen Tätigkeiten und mit unterschiedlichen Aufträgen, ob für das *Office of War Information,* das privat initiierte *Committee for National Moral,* das *Office of Strategic Studies* (OSS, Vorläuferorganisation der CIA), Universitätseinrichtungen im Dienste der US Navy oder (ab 1942) die *War Relocation Authority* (Überblick bei Bräunlein 1995: 25-32; zur Rolle von Gregory Bateson vgl. McFate 2018:119-154). Ihr Auftrag lag vor allem in der Bereitstellung von kriegsrelevanten Informationen und in der Fortbildung von Militärangehörigen. Umstritten ist, ob ihre Tätigkeit eher als moralisch zu rechtfertigender, patriotischer Beitrag zum „good war" gegen den Feind oder als verantwortungsloser „Einsatz von Wissen als Waffe" zu werten ist. Aus heutiger Sicht ist beides ethisch höchst fragwürdig. Als kriegsrelevant galten auch die sog. Nationalcharakterstudien, vorzugsweise zu Deutschen und Japanern als damaligen Kriegsfeinden der USA (Mead 1979:148-153; Suzuki 1980), aber auch zu den „internally displaced persons" im eigenen Lande wie den mehr als 100.000 US-Bürgern japanischer Abstammung, die in zehn Internierungslagern zusammengezogen waren (Spicer 1979; Suzuki 1981; Starn 1986). Ab Ende 1942 befasste sich das Japanese American Evacuation and Resettlement Study Project mit den Auswirkungen der Deportationen auf US-japanische Familien. Auch an diesem Projekt, offiziell an der University of California at Berkeley angesiedelt, arbeiteten Ethnolog*innen mit, darunter Robert F. Spencer und Rosalie Hankey Wax (Suzuki 1981:23-24).

Die Beschäftigung von Ethnolog*innen in Regierungsämtern (auch ohne das Militär als Arbeitgeber zu benennen) hatte bereits vor Kriegsausbruch zu Kritik von Herskovitz geführt, der Angewandte Ethnolog*innen daran erinnerte, nicht nur eine Verpflichtung gegenüber ihrer eigenen Gesellschaft zu haben, sondern auch denen gegenüber, mit de-

---

9 Die Angaben in der Literatur variieren je nach Referenzgruppe. Nach Price waren rund die Hälfte aller amerikanischen Ethnolog*innen während des Zweiten Weltkrieges mit kriegsrelevanten Aufgaben betraut, Price 2000:3.

nen sie arbeiteten und denen sie die grundlegenden Informationen für ihre wissenschaftliche Arbeit verdankten (1936:217). Die Kritik der „pure anthropologists" gegenüber den Vertretern der Angewandten Ethnologie gipfelte im Verlaufe des Krieges in wüsten gegenseitigen Beschimpfungen von „Elfenbeinturm-Eskapismus" versus „wissenschaftlicher Prostitution" (Embree 1945:635, Fußnote 2) und ließ schließlich den Ruf nach verbindlichen Leitlinien für ethnologische Forschungen aufkommen (Embree 1945:636). Im *Statement on Problems of Anthropological Research and Ethics* an die AAA aus dem Jahre 1967 heißt es: „Constraint, deception and secrecy have no place in science" (Beals 1969:1). Die fachinterne Diskussion über den Einsatz von Ethnolog*innen für Militär und Sicherheitsdienste hält bis heute an.[10] Sie hat vor allem in den USA mit dem im Jahre 2001 ausgerufenen „war on terror" der Bush-Administration und die Einbeziehung von Ethnolog*innen in Forschungen zum islamistischen Terror neue Nahrung erhalten (Price 2002; Marrades Rodriguez 2008).

2.4. Die Krise der Ethnologie

Der Einsatz während des Zweiten Weltkrieges und die Kritik aus den eigenen Reihen war einer der Gründe für die Erstellung des ersten Ethikleitfadens im Jahre 1949. Verfasst wurde er von der 1941 u. a. von Margaret Mead mitbegründeten Society for Applied Anthropology[11] (Brown et al. 1949). Als hätte dieser Leitfaden nie existiert, arbeiteten in der Hochphase des Kalten Krieges wieder Ethnolog*innen für Militär und Geheimdienste. Bekannt geworden ist vor allem das *Camelot-Projekt* 1964 in Peru, wo Ethnolog*innen Informationen zu sozialen Bewegungen zusammentragen sollten. Das Projekt kam nicht zustande, weil vorab publik geworden war, dass das US-Verteidigungsministerium / Department of the Army der Finanzier des Projektes war, das sich davon Informationen über potenzielle sozialistische Umsturzversuche in Lateinamerika versprach (Beals 1969: 4-8; Deitchman 1976). Als wenig später Informationen an die Öffentlichkeit gelangten, dass auch in den an Laos und Kambodscha angrenzenden Regionen Thailands ähnliche Counterinsurgency-Projekte in Verbindung mit dem Vietnamkrieg und unter Beteiligung von Ethnolog*innen initiiert worden waren (Überblick bei Belshaw 1976:259-274; Wakin

---

10 Von diesem im und nach dem Zweiten Weltkrieg geprägten Negativimage hat sich die Angewandte Ethnologie bis heute nicht erholt. Das gilt umso mehr für die immer wieder aktuelle Beziehung zwischen Ethnologie und Militär. In Deutschland sind Ethnolog*innen im Rahmen von Interkulturellen Trainings der Truppe tätig, einige davon auch in Kriegsgebieten. Trotz engagierter Plädoyers für ihre integrative Wirkung (Tomforde 2009:159-169) gibt nicht zuletzt das Militär selbst dem schlechten Image der für diese Institution arbeitenden Ethnolog*innen stets neue Nahrung. Dazu zählt etwa ihr Einsatz im Rahmen der sog. Human Terrain Forces im Irak und in Afghanistan (Gusterson 2007, 2010; Gezari 2013). Die Vorbehalte gegenüber einer Verbindung von Ethnologie und Militär sind nach wie vor so gravierend, dass selbst die Organisation einer Lehrveranstaltung zu diesem Thema schwierig ist. So konnte am Asien-Orient-Institut / Abt. Ethnologie der Universität Tübingen im Sommersemester 2010 erst nach langen Diskussionen und öffentlichen Auseinandersetzungen ein Seminar zum Thema „Ethnologie und Militär" durchgeführt werden, obwohl es lediglich als Themenseminar und nicht als Praxisseminar konzipiert war.

11 Margaret Mead war von 1949–1950 auch Präsidentin der SfAA.

1992; vgl. auch Wittkuhn 1995), führte das die Ethnologie in ihren schwersten Konflikt. Die *American Anthropological Association*, weltweit größte Ethnolog*innenvereinigung, sah sich daraufhin veranlasst, 1969 ein Ethik-Komitee (nach ihrem Vorsitzenden Ralph Beals auch „Beals Commitee" genannt) einzurichten (Berreman 1993:102).[12] Im Jahre 1971 legte die AAA den ersten, detailliert ausgearbeiteten Ethikkodex auf, der für alle Ethnolog*innen – ob praktisch oder akademisch arbeitend – als bindend angesehen und später mehrfach überarbeitet wurde.

Die Krise der Ethnologie hat das Fach bis in die 1990er Jahre hinein geprägt, war aber nicht allein den ethisch fragwürdigen Einsätzen von anwendungsorientierten Ethnolog*innen geschuldet. Sie war auch von den politischen Ereignissen der 1960er Jahren beeinflusst. Im Zuge der postkolonialen Emanzipationsbestrebungen der jungen Staaten Afrikas und Asiens wurden erstmals Vorwürfe seitens der früheren „Forschungsobjekte" bezüglich der Involvierung der Angewandten Ethnologie in koloniale Expansions- und Ausbeutungsstrukturen laut (s. o. Magubane 1971; Ahmed 1973; Lewis 1973). Sie gingen einher mit einer kritischen Selbstreflexion des Faches seitens einer jüngeren Generation von Ethnolog*innen und der Frage nach der sozialen und moralischen Verantwortung von ethnologisch arbeitenden Wissenschaftler*innen (Diamond 1966; Berreman 1968). Die Veröffentlichung der Tagebücher von Bronislaw Malinowski (1967), dem vormals unantastbaren Gründungsahnen der modernen Ethnologie, tat ein Übriges, die Authentizität ethnologischer Analysen radikal in Frage zu stellen. Sie machte deutlich, wie sehr jeder einzelne Forscher von seinen eigenen Denk-, Verhaltens- und Wahrnehmungsmustern geprägt und in die ökonomisch-politischen Strukturen seiner Zeit gestellt ist. Die fachinterne Kritik gipfelte schließlich in der sog. *Writing-Culture-Debatte* der 80er Jahre (vgl. Aufsätze im Sammelband von Clifford / Markus 1986), die grundsätzliche Zweifel an der Autorität von Ethnolog*innen, ihrer vermeintlichen Wertneutralität und der Validität ihrer wissenschaftlichen Ergebnisse aufwarf. Das gesamte Fach stand auf dem Prüfstand – nicht nur in seinen theoretischen Annahmen und methodologischen Ausrichtungen, sondern in seiner Existenzberechtigung.

Die Praktische Ethnologie in Deutschland hat diese Turbulenzen zwar miterlebt, stand aber längst außerhalb der akademischen Debatten und war nicht einmal mehr als solche wahrnehmbar. Mit dem Ende des Krieges zog sich die universitäre Ethnologie hier vollends auf die akademisch-theoretische Forschung und Lehre zurück. Nach Kolonialismus, Kriegen und der nach und nach immer deutlicher werdenden Anbiederung von Ethnolog*innen bei den von den Nationalsozialisten begründeten Forschungen zu Rassenhygiene und Ariertum, „Raum im Osten" und neuen Kolonien im Süden mitzutun (vgl. Beiträge bei Hauschild 1995), war jegliche Art von angewandter, praktischer oder auch nur anwendungsorientierter Ethnologie auf Jahrzehnte aus dem akademischen Umfeld

---

12 Später sollte sich herausstellen, dass in den 1950er Jahren die AAA selbst mit der CIA zusammengearbeitet hatte, vgl. Price 2000:3.

verbannt. Alles „Praktische" wurde schlicht als nicht zur Akademia gehörig betrachtet. Dazu konnte man sich auf gewichtige Fürsprecher berufen. Evans-Pritchard, der lange Zeit keine grundsätzliche Diskrepanz zwischen angewandter und theoretischer Ethnologie sah und selbst aktiv in Kolonialdiensten gestanden hatte (s. o.), vertrat 1946 die Meinung, dass die *gleichzeitige* Tätigkeit in Wissenschaft und Praxis unmöglich sei. Praktische ethnologische Arbeit sei für Ethnolog*innen zwar lobenswert, aber damit agierten sie außerhalb der Wissenschaft[13] (Evans-Pritchard 1946:93). Auch Hermann Baumann, in den 1940er Jahren noch überzeugter Vertreter einer praktischen Anwendung der Ethnologie[14], warnte: „Ich meine, daß jede pragmatische Ethnologie in diesen Zeiten auf die schiefe Bahn kommen muß" (Baumann 1962:254) – als könne allein der Versuch einer Anwendungsorientierung (wieder) desaströs sein.

Während in den USA in den 1970er Jahren eine deutliche Aufwärtsbewegung der Applied Anthropology festzustellen war, ist in der deutschen Ethnologie die Trennung in „the pure and the impure" bestehen geblieben. Nolens volens wurde sie damit jedoch von den internationalen Entwicklungen abgekoppelt. Der Hauptteil aller praktischen ethnologischen Arbeit vollzog sich bis Ende des Jahrhunderts außerhalb der Universitäten und ohne Rückbezug auf die akademische Lehre und Forschung. Wenn Ethnolog*innen überhaupt wegen und nicht trotz ihrer Ausbildung praktisch arbeiteten, dann galten sie nicht als „richtige" Ethnolog*innen und nahmen sich selbst auch so wahr, wie die ersten Workshops zu Berufsperspektiven auf den Kongressen der Deutschen Gesellschaft für Völkerkunde deutlich machten. Etablierte Ethnolog*innen in ordentlich-öffentlichen Professuren waren dort zunächst selbst als Zuhörende kaum je zu finden. Einzige Ausnahme bildete die seit 1986 aktive AG Entwicklungsethnologie in der DGV.

2.5. Die Neue Angewandte Ethnologie

Schon 1945 hatte Sol Tax darauf hingewiesen, dass die glücklichen Zeiten, in denen die Ethnologie sich auf ihre ureigensten wissenschaftlichen Interessen „primarily concerned with the old and the distant" zurückziehen konnte, ein Ende hätten, seit „the far-off peoples became a problem of the world in which we live" (Tax 1945:25). Die entfernten ganz Anderen waren zu nahen Fremden in der eigenen Gesellschaft geworden und zwangen die Ethnologie zur Neuorientierung. Doch noch in den 1960er Jahren war die Applied Anthropology auch an den großen amerikanischen Universitäten ein eher ungeliebtes Teilgebiet, das man lieber nicht zu publik machte. Erst als es gelang, die akademische Ethnologie thematisch, theoretisch, methodisch und analytisch auszuweiten, erfuhr

---

13 Wörtlich heißt es: "It may be held that it is laudable for an anthropologist to investigate practical problems. Possibly it is, but if he does so he must realize that he is no longer acting within the anthropological field but in the non-scientific field of administration" (Evans-Pritchard 1946:93).

14 Zusammen mit Richard Thurnwald und Dietrich Westermann gab Hermann Baumann 1940 die „Völkerkunde von Afrika" heraus. Das Buch trug den Untertitel: „Mit besonderer Berücksichtigung der kolonialen Aufgaben", vgl. dazu Gothsch 1983:260.

sie mehr gesellschaftliche Anerkennung und eröffnete neue Perspektiven – auch für die Angewandte Ethnologie. Möglich wurde dies auch durch die sich abzeichnende Krise innerhalb der akademischen Ethnologie. Wie alle Krisen barg sie die Chance auf einen Neubeginn: weg von der klassisch-holistischen Untersuchung ganzer Gesellschaften hin zu Einzelaspekten; weg von den dominanten funktionalistischen und historischen Paradigmata hin zur Interpretation von Interaktionen und sozio-politischen Prozessen.

Ab den 1970er Jahre kamen neue theoretische Ansätze auf, die die ethnologische Analyse zu einem spannenden Unterfangen werden ließen: neo-strukturalistische, neo-marxistische, interpretative, symbolistische, konstruktivistische, feministische und akteurszentrierte Theorien eröffneten ganz neue Blickwinkel auf ethnologische Daten und ihren Anwendungsbezug. Mit dem Ende der großen Theorien entstanden in der postmodernen Ethnologie viele kleine Ansätze, die Raum gaben für wissenschaftsinterne Diskurse und wissenschaftsexterne Positionen, die der Vielstimmigkeit des Faches in stärkerem Maße als bisher Rechnung trugen. Durch diese Erweiterung änderte sich auch das methodische Instrumentarium. Das bisher eher gediegen-einfache wissenschaftliche Repertoire von teilnehmender Beobachtung, Standardinterviews und audio-visuellen Dokumentationen fächerte sich auf in eine breite Palette von Untersuchungsansätzen (s. u.).

Die veränderten weltpolitischen Entwicklungen taten ein Übriges, dass sich die Bedingungen für das Fach – auch der anwendungsorientierten Ethnologie – veränderten. Ethnologische Arbeit vollzieht sich heute nicht mehr in einem überschaubaren Kreis von Insidern, sondern vor einem zunehmend größeren, interdisziplinär zusammengesetzten und kritisch beobachtenden Publikum. Clifford Geertz hat diesen Prozess anschaulich charakterisiert: "Such work is now almost never undertaken in places where other scholars are not present, or at least nearby: historians, economists, philologists, political scientists, sociologists, psychologists, art financiers, filmmakers… And, journalists, of course, are everywhere. The day when ethnographers were intellectual masters of all they surveyed from child raising and trade to cosmology and house building, if only because they were about the only people who went to such places, are long ago. We work now under the critical gaze of … a wide range of other sorts of specialists" (Geertz 1995:132). Und angesichts der Tatsache, dass Ethnolog*innen heute selber aus den Ländern stammen, über die ihre Vorgänger*innen arbeiteten, heißt es weiter: "The critical gaze from neighboring disciplines is supplemented by a similar gaze, even more searching, from within our own" (Geertz 1995:132).

Der wachsende Bedarf an kultureller Expertise und interkultureller Erfahrung stellte sich den Ethnolog*innen ebenso wie anderen Kulturwissenschaftler*innen in immer dringlicherer Weise als Herausforderung dar – lange bevor von globalisierten Ökonomien, Umweltkrisen, Migrationsströmen und Empowerment lokaler Bevölkerungsgruppen als externen und internen Faktoren einer expandierenden Angewandten Ethnologie die Rede war (Kedia 2008:14-18). Schon Mitte der 1970er Jahre sprach Angrosino von der „New Applied Anthropology" (Angrosino 1975). Zur ihrer Institutionalisierung gehörten die Gründung von Fachgesellschaften, Publikationsorganen und die Einrichtung neuer Master-Studiengänge (vgl. Überblick Fiske / Chambers 1996:2-4; Kushner 1981 zu einem MA-Studiengang für Applied Anthropology an der Universität von South Florida). Zu den ersten lokalen Fachgesellschaften für praktizierende Ethnolog*innen (local practinioner organizations LPOs) gehörten die Fachverbände in Tucson (1973) und Washington (1976). Allein bis 1988 kamen 15 weitere hinzu (Bennett 1988; vgl. auch Kedia 2006). 1983 fand die Gründung der National Association for the Practice of Anthropology (NAPA) als Unterorganisation der AAA mit eigener Zeitschrift (NAPA Bulletin) statt. Die Society for Applied Anthropology sah sich veranlasst, mit *Practicing Anthropology* (erster Jahrgang 1978) eine weitere Fachzeitschrift zu begründen, die explizit als Forum für praktizierende Ethnolog*innen konzipiert ist. Um die gewachsene Bedeutung der Applied Anthropology zu unterstreichen und auch Europäer von deren Wachstumspotenzialen zu überzeugen, verlegte die Society for Applied Anthropology ihr Jahrestreffen 1981 in das schottische Edinburgh. Die Konferenz zum Thema „Rethinking Applied Anthropology" konnte mit mehr als 600 Teilnehmenden und über 100 Workshops einen Rekord verzeichnen (Eades / Turner 1981:10). Die Beiträge der Vortragenden machten deutlich, dass Ethnolog*innen in einer Vielzahl von Berufsfeldern wertvolle Arbeit leisteten und die Nachfrage nach Angewandter Ethnologie wesentlich größer war als das Angebot. Turner schloss sich daher zu Recht dem Aufruf der britischen Soziologin und Politikerin Dame Judith Hart an, weniger bescheiden zu sein (Eades / Turner 1981:12).

Diese Entwicklungen haben in Deutschland erst Jahre später eingesetzt. Einer der neuen Arbeitsschwerpunkte innerhalb der Angewandten Ethnologie – um nur einen exemplarisch herauszustellen –, war die Entwicklungsethnologie. Ihre Entstehungsgeschichte ist, wie die gesamte Geschichte der Angewandten Ethnologie, nicht außerhalb der politischen Prozesse zu verstehen: In Zeiten des Kalten Krieges galt es für die Großmächte in Ost und West, ihre Einflusszonen in den gerade unabhängig gewordenen Ländern neu abzustecken. Zur Förderung der wirtschaftlichen und politischen Lage der Länder des globalen Südens wurden Institutionen geschaffen, deren Aufgabe es sein sollte, „Hilfe" zu leisten – aber nicht unabhängig von den jeweils favorisierten politischen und ökonomischen Zielen ihrer Entsendungsländer. Schon bald stellte sich jedoch heraus, dass die erwarteten Entwicklungen ausblieben, Hilfe gar abgelehnt wurde, Widerstand gegen forcierte Innovationen aufkam. Es fehlte profundes Wissen über die jeweiligen Länder und ihre Bevölkerungen, in denen die neu geschaffenen Institutionen arbeiten sollten, so dass die US-amerikanische International Cooperation Administration (ICA, ab 1961 US Agency for International Development, kurz USAID) bereits kurz nach ihrer Gründung 1955 erstmals Ethnolog*innen hinzuzog (Schaedel 1964). Auch wenn ihre Arbeit nie unumstritten und mit vielen Frustrationen verbunden war, so gehörten Ethnolog*innen schon bald zu den regulären Einsatzkräften der amerikanischen Entwicklungsorganisationen (Hoben 1982:353). Im Jahre 1971 erschien Glynn Cochranes *Development Anthropology*, die damit den Begriff für einen neuen Arbeitsschwerpunkt innerhalb der Angewandten

Ethnologie kreierte. Zusätzlich hat die Krise der akademischen Ethnologie in den 1980er Jahren selbst dazu beigetragen, der Entwicklungsethnologie neuen Auftrieb zu verschaffen: Die Forderungen nach bottom-up-Studien und verstärkter Einbeziehung von *indigenous knowledge* als Grundlage von EZ-Projekten brachte den eingesetzten Ethnolog*innen stärkere Anerkennung, weil sie häufig die einzigen waren (und sind), die diese Aufgabe übernehmen können (Grenier 1998; Sillitoe 1998). In den 1980er Jahren waren Entwicklungsethnolog*innen in den USA ausreichend arriviert, so dass selbst die Weltbank Stellen für Ethnolog*innen schuf. Inzwischen ist die Entwicklungsethnologie so etabliert, dass sie zunehmend re-akademisiert wird und nicht länger in der EZ arbeitet, sondern *über* die EZ forscht und deren oftmals unreflektierte Postulate und politisch-ökonomische Verflechtungen kritisch hinterfragt (z. B. Bliss 2009; Crewe / Axelby 2013; Mosse 2005, 2011; Nolan 2002; vgl. auch de Sardan 2005).

Die britische Ethnologie, der Kuper noch für die frühen 1970er Jahre „intellektuelle Dumpfheit und institutionelle Stagnation" vorwarf (Kuper 1973:192, Übersetzung der Verf.), sah sich nach Jahren des Rückzugs gleich aus mehreren Gründen veranlasst, dem Thema der ethnologischen Praxis mehr Aufmerksamkeit zu widmen: Zum einen stellte die *British Overseas Development Administration* (ODA)[15] zunehmend Ethnolog*innen als Entwicklungsberater*innen ein (Grillo 1985). Zum anderen führte der Zuzug von Migrant*innen aus den ehemaligen Kolonien, die als britische Staatsangehörige nach England kamen, spätestens in der 1980er Jahren den politischen Zwängen folgend zur Entwicklung einer *Anthropology at home* (Jackson 1987). Im Jahre 1985 erschien die erste Ausgabe der Zeitschrift *Anthropology Today* des Royal Anthropological Institute im Verlag Wiley-Blackwell, die sich explizit mit der Verbindung von ethnologischem Wissen und praktischer Anwendung befasst; seit 1994 erscheint die Zeitschrift *Anthropology in Action. Journal for Applied Anthropology in Policy and Practice,* die von der Arbeitsgruppe *Apply Network* im britischen Ethnolog*innenverband *Association of Social Anthropologists* (ASA) und dem Berghahn-Verlag herausgegebenen wird. Seit 1998 vergibt das Royal Anthropological Institute in London alljährlich „The Lucy Mair & Marsh Prize for Applied Anthropology"[16] für Exzellenz in Angewandter Ethnologie. Im selben Jahr wurde von der BBC in Kooperation mit dem Britischen Soziologenverband der „Thinking Allowed Ethnography Award" vergeben. Die Forschungsergebnisse werden von professionellen Journalist*innen und Moderator*innen in der BBC-Radiosendung „Thinking Allowed" präsentiert. Innerhalb der European Association of Social Anthropologists (EASA) entstand 2011 das *Applied Anthropology Network,* das seit 2013 alljährlich ein Symposium unter dem Leitthema „Why the World Needs Anthropologists" veranstaltet.[17]

---

15 Daraus ist 1997 das Department for International Development – UK Aid hervorgegangen.

16 Der Preis in Höhe von 1.000 GBP wird vom Marsh Christian Trust, gegründet 1981 von Brian Marsh, gesponsert.

17 Das Symposium 2018 mit dem Titel „Designing the Future" fand in Lissabon statt.

Auch in Deutschland fanden erste Ansätze hin zu einer Professionalisierung der praktischen Ethnologie im Arbeitsbereich Entwicklungsethnologie statt, wenn auch vorerst nur außerakademisch. Erste Aufrufe in den 1950er und 60er Jahren, aus der Wissenschaft heraus in die Praxis zu gehen und einen wechselseitigen Dialog zu führen (Manndorf 1956; Schott 1962), waren noch weitgehend folgenlos geblieben, was darauf zurückzuführen war, dass das Thema keinen Eingang in die akademische Lehre fand, für Praktiker*innen kein Rückbezug zur Wissenschaft existierte und Wissenschaftler*innen außer einigen sporadischen Publikationen, öffentlichen Vorträgen oder Expertengesprächen nicht zur praktischen Arbeit bereit oder in der Lage waren. Das änderte sich auch nicht, als bei der DGV-Tagung 1981 erstmals das Thema Entwicklungsethnologie auf der Tagesordnung stand und erste Publikationen im deutschsprachigen Raum zum Einsatz von Ethnolog*innen in der Entwicklungszusammenarbeit erschienen (vgl. etwa Köhler 1981). Erst die 1986 gegründete Arbeitsgemeinschaft für Entwicklungsethnologie der Deutschen Gesellschaft für Völkerkunde (AGEE), seit 1991 als eingetragener Verein tätig und Herausgeber der (bis heute einzigen) anwendungsorientierten Zeitschrift *Entwicklungsethnologie*, setzte Maßstäbe für eine erfolgreiche Angewandte Ethnologie (vgl. Beiträge in Schönhuth 2004b). In den 1990er Jahren begann auf dem entwicklungspolitischen Sektor eine intensive Kooperation zwischen Angewandter Ethnologie und Politik, nachdem 1992 für die deutsche Entwicklungszusammenarbeit das „soziokulturelle Rahmenkonzept" verabschiedet wurde, das die Berücksichtigung der sozio-kulturellen Faktoren im Entwicklungsprozess als Querschnittsaufgabe aller entwicklungspolitischen Programme der öffentlichen Entwicklungszusammenarbeit verankerte (Schönhuth 1991). Dazu brauchte es wissenschaftliche Expertise zur Übersetzung und Umsetzung ethnologischen Wissens. Bei aller mit dem Konzept verbundenen Problematik, das schon bei seiner Verabschiedung als teilweise überholt galt (Kahrmann 1996), entstanden dazu in der Folgezeit eine Reihe von Publikationen (z. B. Beiträge in Bliss 1986; Kievelitz 1988; Bliss et al. 1997; Schönhuth 1991, 2004b; vgl. Überblick bei Prochnow 1996), die auch in der Lehre rezipiert wurden. Eine Bestandsaufnahme Ende der 1990er Jahre bei den damals 21 Instituten für Ethnologie in Deutschland ergab, dass etwa die Hälfte von ihnen (11 von 21) das Thema Entwicklungsethnologie im Angebot aufwies (Eichler et al. 1999:157-161) Im Jahre 2002 erschien der erste Ethik-Leitfaden für die Entwicklungsethnologie (AGEE 2002), der rund zehn Jahre später noch einmal aktualisiert wurde (Arbeitsgemeinschaft Entwicklungsethnologie 2013). Gleichwohl ist bis heute die Kooperation zwischen akademisch-theoretischer Ethnologie und praktischer Entwicklungsethnologie nicht selbstverständlich und stellt die Ethnologie zudem vor besondere Herausforderungen (Klocke-Daffa 2013).

Die politischen Veränderungen des Landes im Bereich der Migrations- und Integrationspolitik und in ihrem Gefolge die Einrichtung von Stellen für Integrationsbeauftragte in allen größeren Kommunen haben indes dazu beigetragen, dass mehr Ethnolog*innen – mit oder ohne universitäre Anbindung – bei der Ausarbeitung politischer Rahmenkonzepte hinzugezogen werden, z. B. in Migrationsbeiräten, bei der Ausarbeitung von Migrationsleitbildern oder Integrationsprogrammen für Flüchtlinge und Asylanten. Gerade in Projekten der Flüchtlingshilfe ist wissenschaftliche Begleitung durch die Ethnologie derzeit stark nachgefragt (Schiffauer et al. 2017). Hochschulabsolventen mit einem BA, MA oder Magister in Ethnologie sind auf dem Arbeitsmarkt gesucht, wenn auch oftmals für befristete oder Teilzeit-Stellen, als Werkverträgler, Honorarkräfte oder als mehr oder weniger schlecht entlohnte Freischaffende. Die Angewandte Ethnologie ist in Deutschland noch in den Anfängen, aber es gibt inzwischen eine große Zahl von Ethnolog*innen, die ihr Fach auch außerhalb der Akademia sehr selbstbewusst vertreten und in einer Vielzahl von Aufgabenfeldern tätig sind (Ferdaouss et al. 2015; Beer et al. 2009). Im Jahre 2012 wurde in Berlin der erste Fachverband selbstständiger Ethnolog*innen als Plattform für potenzielle Arbeitgeber mit besonderem Bedarf an ethnologsicher Fachkompetenz gegründet.[18]

Immerhin gelang es – vor allem auf Druck von Studierenden der Ethnologie, deren Zahl seit den 1970er Jahren kontinuierlich anstieg – innerhalb des Faches die Beschäftigung mit der ethnologischen Praxis zu erweitern. Das erfolgte seit den 1980er Jahren im Rahmen von Ethno-Treffs, Publikationen in alternativen Fach-Zeitschriften[19], Vortragsreihen, Intensivseminaren, Verbleibstudien[20], Pilotprojekten[21] und praxisorientierten Forschungs- und Ausstellungsprojekten mit Studierenden.[22] Nicht zuletzt aufgrund

---

18 www.bundesverband-ethnologie.de.

19 Vgl. dazu die Beiträge in (inzwischen teilweise wieder eingestellten) Zeitschriften wie Trickster (München), Cargo (wechselnde Erscheinungsorte), Ethno (Zürich), Ethnologische Absichten (Berlin) oder Entwicklungsethnologie (AGEE). Ethnologische Beiträge finden sich auch in Publikationsorganen anderer Institutionen wie in den Zeitschriften Entwicklung und Zusammenarbeit (BMZ) oder Afrika Spectrum (GIGA-Institut für Afrika-Studien Hamburg).

20 Vgl. Schierholz / Schwarzer 1991 für Berliner Ethnologie-Absolvent*innen; Bollig / Brumann 1997 für Köln; Luge-Ehrhardt et al. 2002 für Hamburg; Pein 2001 für Mainz; Oberson / Gfeller 2002 für Bern; Byll 2003 für München; Sachse / Bothe 2012 für Bonn.

21 Vgl. Universität Münster 2002–2007: Pilotprojekt „Ethnologie in der Praxis: Der Beitrag der Ethnologie zum Umgang mit Interkulturalität" (Leitung: S. Klocke-Daffa). Das vom Bundesministerium für Kultur und Wissenschaft NRW mitfinanzierte Projekt war Teil des Programms „Studium 2000 plus" und enthielt Seminare mit wissenschaftlichen und praktischen Anteilen wie Hospitationen in Schulen, Behörden und Migranten-Selbstorganisationen sowie das Projektmanagement von Vortragsreihen, Presse- und Öffentlichkeitsarbeit, Organisation einer Ausstellung u. a. An der Universität Tübingen wurde von 2016–2019 das Programm „Wissenschaft lernen und lehren (WILLE)" durchgeführt, finanziert vom Ministerium für Wissenschaft, Forschung und Kunst Baden-Württemberg. Pilotprojekte werden jedoch auch bei erfolgreicher Evaluierung in der Regel nach Auslaufen eingestellt, sofern die Universitäten nicht selbst aktiv werden, um deren strukturelle Implementierung zu gewährleisten.

22 Dazu gehörte etwa die 1997 im Rahmen eines Praxisseminars mit Studierenden erstellte Ausstellung „Kleines Korn ganz groß: Reis in seiner kulturellen und interkulturellen Bedeutung" (Leitung: Chr. Antweiler; vgl. Antweiler 1998b) oder die ebenfalls in einem Praxisseminar 2005 erarbeitete Ausstellung „15 Frauen und 8 Ahnen. Leben und Glauben der Bulsa in Nordghana" (Grabenheinrich / Klocke-Daffa 2005; Klocke-Daffa 2007). Die Organisation von Lehrforschungen mit Praxisbezug gehört mittlerweile zum Standardprogramm vieler ethnologischer Institute. An der Universität Freiburg lief von 2017 und 2019 das Projekt „Akademische Ethnologie und berufliche Praxis: Struktur- und Netzwerkbildung" (2017–2019), das explizit der Verzahnung von Theorie und-Praxis galt (Leitung: J. Schlehe).

von bildungspolitischen Vorgaben musste die Angewandte Ethnologie nach 2005 auch in den Studiengängen stärker berücksichtigt werden. Die im Zuge des Bologna-Prozesses umgesetzten Neustrukturierungen beinhalten explizit eine breitere Berufsorientierung für Studierende. Da die akademischen Fachvertreter*innen (vor allem in Deutschland) entsprechende praktische Qualifikationen kaum aufzuweisen haben, wird die Praktische Ethnologie mangels Personal und Finanzmitteln häufig den neugeschaffenen Career Services überlassen oder in Einzel-Gastvorträgen abgehandelt. An etlichen Instituten werden jedoch themenspezifische Seminare mit problemorientierten Lehrforschungen oder anwendungsorientierte Forschungsprojekte angeboten[23], seltener findet eine breiter aufgestellte Angewandte Ethnologie Eingang in die modularisierten Studiengänge als obligatorischer Bestandteil des Studiums.[24] Um eine wirkliche Verankerung in der Lehre zu bewerkstelligen, ist indes auch mehr als eine thematische Erweiterung des Curriculums erforderlich (s. u.).

3. Aufgabenfelder und berufsspezifische Rollenerwartungen

Aus dem historischen Überblick der Angewandten Ethnologie wird deutlich, dass sich mit der Ausdifferenzierung des Arbeitsbereiches auch die Aufgaben und Rollenerwartungen für Ethnolog*innen geändert haben. Lange Zeit mochten sie – auch solche, die sich als Angewandte Ethnolog*innen bezeichneten – viele Aufgaben aktiven Gestaltens nicht übernehmen, sahen sich vielmehr zuerst und vor allem als Forschende. Sie weigerten sich, bei der Umsetzung ethnologischen Wissens in konkrete Handlungsanweisungen (etwa im Rahmen administrativer Maßnahmen) aktiv mitzuarbeiten, überließen die programmatische Ausgestaltung lieber anderen, standen induzierten Wandlungsprozessen stets skeptisch gegenüber und hatten für offene Fragen, Probleme und Konflikte weder Lösungen noch Empfehlungen parat. Erst mit der Entstehung einer kritischen und engagierten Ethnologie im Gefolge der von Sol Tax begründeten *Action Anthropology* kam Bewegung in die Ethnologie – auch und gerade wegen der heftigen Kritik, die sein Ansatz in den eigenen Reihen hervorrief (zu Tax vgl. Blanchard 1979; Nash 1959; Polgar 1979; Überblick und Kritik bei Bennett 1996).

Das hatte zur Folge, dass sich seit den 1970er Jahren in den USA eine anwendungsorientierte Ethnologie entwickelte, die sich für John van Willigen von allen früheren Formen der Applied Anthropology durch drei Modifikationen hinsichtlich der *Rolle* der praktisch tätigen Ethnolog*innen unterscheidet (van Willigen 1993:28-29):

---

23 Vgl. etwa die Angebote der ethnologischen Institute an den Universitäten Mainz, Trier und Bremen (bik – Bremer Institut für Kulturforschung).

24 Im Jahre 2014 wurde die Angewandte Ethnologie erstmals von einem ethnologischen Institut in Deutschland – der Abteilung für Ethnologie am Asien-Orient-Institut der Universität Tübingen – zu einem Schwerpunktbereich ausgebaut.

■ *Rollenerweiterung:* Statt hauptsächlich eine akademische Kariere im Auge zu haben mit kurzfristigen praktischen Intermezzi, übernehmen Ethnolog*innen zunehmend langfristige berufliche Engagements außerhalb des akademischen Feldes, in denen ethnologische Theorien, Methoden und Erkenntnisse praktisch angewendet werden.

■ *Wertereflexion:* Statt sich auf den neutralen Boden wissenschaftlicher Objektivität zurückzuziehen, werden eigene Werte und Ziele verstärkt reflektiert und in den Arbeitsprozess eingebracht.

■ *Aktive Involvierung:* Statt lediglich Daten zur Verfügung zu stellen, engagieren sich kritische Ethnolog*innen sozial und politisch und partizipieren an der Erarbeitung von Problemlösungsstrategien für die Menschen, zu denen und mit denen sie arbeiteten.

Praktizierende Ethnolog*innen arbeiten seither in einer Vielzahl von *Aufgabenfeldern* und damit einhergehend in mehreren Rollen gleichzeitig. John van Willigen hat schon in den 1980er Jahren mehr als ein Dutzend Aufgabenbeschreibungen für anwendungsorientierte Ethnolog*innen zusammengestellt (van Willigen 1986:3-5, 1993:28-29) – vom *policy researcher* über den *needs assessor* bis hin zum *change agent*. Nicht alle kommen für die Angewandte Ethnologie als Teil der akademischen Ethnologie in Frage, doch die Grenzen können fließend sein. In der Reihenfolge des gewachsenen Spektrums gehören dazu:

■ *Grundlagenforschung:* Wie in den Anfängen der Ethnographie kann Angewandte Ethnologie auch heute Aufgaben im Bereich der Grundlagenforschung beinhalten und theoriegeleitet sein. Gefragt sind keine holistischen Monographien auf der Basis jahrelanger Feldforschungen (wenn auch nicht ausgeschlossen), sondern kurze Explorationen mit präzisen Forschungsfragen oder Arbeitshypothesen, die mit spezifischen Methoden für Kurzzeitforschungen verbunden sind. Die Daten werden lokalen, regionalen oder staatlichen Institutionen, kirchlichen Organisationen oder privaten und öffentlich-rechtlichen Einrichtungen als Basis anwendungsorientierter Programme zur Verfügung gestellt. Selten wird in diesen Reports ein Rückbezug auf die theoretische Ausgangslage eingefügt, da sich Auftraggeber dafür kaum interessieren. Erforderlich sind jedoch Empfehlungen für Lösungsmöglichkeiten oder Prognosen im Hinblick auf Entwicklungspotenziale.

■ *Informationsaufbereitung:* Auch dort, wo keine längere Forschung durchgeführt wird, geht es stets darum, themenbezogene Informationen bereitzustellen. In Deutschland noch wenig bekannt ist die professionelle Auswertung und Aufbereitung der vorhandenen wissenschaftlichen Literatur für Politik, Verwaltung und Unternehmen, obwohl gerade in diesem Bereich großer Bedarf besteht. Denn wie schon zur Blütezeit der klassischen Angewandten Ethnologie sind lange Abhandlungen für die Praktiker unzweckmäßig, weil die Zeit zur Einarbeitung nicht gegeben ist. Die Aufbereitung von Daten in kurzen, prägnanten Darstellungen sollte daher ein wichtiger Bestandteil der Informationsbeschaffung und -bereitstellung als Grundlage für Handlungsoptionen sein, auch wenn Ethnolog*innen an deren Konkretisierung nicht beteiligt sind. Das Aufgabenfeld eines *research analyst* (Kedia / van Willigen 2005:11) ist jedoch bisher kein anerkanntes Arbeitsfeld.

■ *Beratung:* Die als „Consultancy" bezeichnete Beratungstätigkeit von Ethnolog*innen ist eine der Aufgaben, die in allen Formen angewandter Ethnologie wahrgenommen wird. Sie ist zudem relativ leicht mit der akademisch-theoretischen Ethnologie zu verbinden, wenn es weniger um ganze Programmexpertisen als um einzelne Gutachten oder Empfehlungen geht. Für freiberufliche Consultants ist die Beratung in der Regel nur ein Teil des Gesamtpaketes.

■ *Training und Unterricht:* Das Training von Nicht-Ethnolog*innen für den Einsatz in plurikulturellen Arbeitsfeldern – und damit meist verbunden im außereuropäischen Ausland mit je spezifischen Anforderungsprofilen — kann nicht von Universitäten geleistet werden. Da die Nachfrage aber in Zeiten globalisierter Wirtschaft und internationaler Migrationsströme exponentiell angestiegen ist, übernehmen heute ethnologisch ausgebildete *Interkulturelle Trainer*innen* im Rahmen von Erwachsenenbildungsangeboten diese Aufgabe (Gratz 2005; Laviziano 2005; Spohn 2009). In Deutschland ist der Bedarf seit der interkulturellen Öffnung von Privatunternehmen und Einrichtungen des Öffentlichen Dienstes nach Verabschiedung der „Charta der Vielfalt" 2006 beständig gestiegen (Moosmüller 2007; Moosmüller / Möller-Kiero 2014). Ähnliches gilt für global agierende Unternehmen, deren Personal sowohl bei Entsendung ins Ausland als auch bei Unternehmenszusammenschlüssen – dem sog. „acquisition and merging" – mit besonderen ethischen Herausforderungen konfrontiert sein kann (De Waal Malefyt / Morais 2017; McCabe 2017).

In pädagogischen Berufsfeldern wie der *Museumspädagogik* sind Ethnolog*innen bereits seit den 1960er Jahren tätig (z. B. im Völkerkundemuseum Freiburg – heute Museum Natur und Mensch Freiburg). Die Museumspädagogik ist heute in allen großen ethnologischen Museen und Sammlungen selbstverständlicher Bestandteil der Öffentlichkeitsarbeit (vgl. Commandeur et al. 2016; Macdonald 2016; Überblick bei Weiß 2016), wie etwa in den Ethnologischen Museen in Bremen, Hamburg, Köln, Göttigen, Leipzig, Frankfurt / Main, Stuttgart, München u. a., wird aber im Unterschied zum Kuratieren der Ausstellungen seltener von Wissenschaftler*innen übernommen.

Auch der Einsatz von *Ethnolog*innen in der Schulbildung*, einhergehend mit der Bereitstellung von ethnologischen Texten und Materialien zum Einsatz im Schulunterricht im deutsch-sprachigen Raum, sind relativ etabliert. Doch obwohl das Interesse am globalen Lernen stetig steigt und mit der Flüchtlingskrise noch einmal besonders evident geworden ist, bleibt die Ethnologie als Schulfach außen vor. Ethnolog*innen können daher lediglich Teile der Aufgaben von regulär beschäftigten Lehrenden übernehmen – wie die

Entwicklung und Durchführung von Unterrichtseinheiten zu bestimmten Themen, die Moderation von Projekttagen und Seminarkursen oder die inhaltliche Gestaltung von Programmen für Jugendcamps[25] (vgl. Addicks / Lorke 2018; Bertels 2016; Bertels et al. 2016; Brünenberg / Eylert 2004; Ederer 2014; Lütkes / Klüter 1995). Erstmals erschien 2013 eine Interkulturelle Didaktik, die auf den Erfahrungen und Ergebnissen von ethnologischen Schulprojekten basiert und von zwei praktizierenden Ethnologinnen herausgegeben worden ist (Bertels / Bußmann 2013).[26] Bisher ist die Ethnologie in keinem deutschen Bundesland als Unterrichtsfach etabliert, auch nicht als affines Fach wie z. B. die „Ethnic Studies" an US-amerikanischen High Schools oder als Verbundfach wie in der gymnasialen Oberstufe an norwegischen Schulen (zusammen mit Soziologie). Eine Ausnahme bildet das private Robert Bosch United World College in Freiburg (eröffnet 2014). An dieser Schule steht auch Social and Cultural Anthropology auf dem Lehrplan.[27]

■ *Aufklärung durch Reflexion, Publizieren und Visualisieren:* Information und Aufklärung gehören zu den Aufgaben von praktisch wie auch akademisch arbeitender Ethnolog*innen. Das Bemühen, die Faszination der Kulturen deutlich zu machen und dabei zugleich für Toleranz gegenüber alternativen Lebensstilen, Wertesystemen, Religionen und Wirtschaftsformen zu plädieren, ist allen Fachvertretenden zu Eigen. Das Referieren vor einem nicht-wissenschaftlichen und ethnologisch nicht vorgebildeten Publikum aus Schulen und Kirchengemeinden, Pfadfindergruppen und Frauenorganisationen, Lions-Clubs, Volkshochschulen, Feuerwehren, Sanitäts- und Krankenpflegediensten, öffentlichen Verwaltungen und privaten Vereinen oder auch vor einem zufällig zusammengesetzten, interkulturell oder touristisch interessierten Publikum gehört zu den Standardaufgaben aller Ethnolog*innen. Vorträge vor Nicht-Wissenschaftler*innen erfordern jedoch eine entsprechende Aufbereitung der Redemanuskripte. Viele im akademischen Bereich tätige Wissenschaftler*innen sind hingegen nicht bereit, ihre ggf. zur Publikation oder Verbreitung im Internet anstehenden Texte den gleichen Erfordernissen zu unterziehen und liefern Dateien ab, die wissenschaftlichen Ansprüchen genügen, aber nicht das breite Publikum erreichen. Wenn es darum geht, „to put the anthropological message accross" (MacClancey 2002:4), müssen Abstriche vom wissenschaftlichen Anspruch an Komplexität und sprachliche Eleganz gemacht werden, in dem Wissen, dass wichtige Informationen immer dann am wirkungsvollsten sind, wenn sie einfach ausgedrückt werden:

---

25 Wegweisend für die Etablierung an Schulen ist die Arbeit des in Münster angesiedelten Vereins „Ethnologie in Schule und Erwachsenenbildung e. V.", der seit seiner Gründung 1992 eine Vielzahl von Schulprojekten zur Vermittlung von Ethnologie durchgeführt hat, vgl. Bertels 2004 und Homepage des Vereins: http://www.ese-web.de/. Einen ähnlichen Ansatz verfolgt der 2009 in Heidelberg gegründete Verein iKule – Interkulturelles Lernen mit Ethnologie e. V., vgl. Homepage: http://ikule.de/.

26 Beide sind Mitglieder von ESE e.V. und haben ihr Modell in ESE-Projekten entwickelt.

27 Weitere Details vgl. Homepage des UWC Robert Bosch College: http://www.uwcrobertboschcollege.de/en/all-students/faq-teachers.

"If an idea is worth expressing, the chances are it can be most powerfully expressed in a simple manner" (MacClancy 2002:4). Schreiben für die *Öffentlichkeit* bedeutet eben auch *Schreiben* für die Öffentlichkeit: kurz, übersichtlich, leicht verständlich und ohne lange theoretische oder methodologische Erörterungen. Ethnologische Texte, die in der Erwachsenenbildung eingesetzt werden (ebenso wie in Schulen, etwa als Grundlage für Unterrichtseinheiten), machen genau dies. Dasselbe gilt für Produkte der Visuellen Anthropologie. Ansätze zu einer Angewandten Visuellen Anthropologie sind in Deutschland erst in den Anfängen[28], international aber bereits weiter entwickelt (Pink 2009).

■ *Administration, Koordination und Management:* Praktisch arbeitende Ethnolog*innen, die für Verbände, Vereine, öffentlich-rechtliche Institutionen oder öffentliche Einrichtungen tätig werden, sind häufig mit Administrations-, Koordinations- und Managementaufgaben beschäftigt. Das gilt in zunehmendem Maße auch für Hochschulen, deren International Offices aufgrund der Internationalisierung wachsenden Bedarf an interkulturell kompetentem Personal haben. Das Studium der Ethnologie bietet für dieses Aufgabenspektrum ideale Voraussetzungen, da es neben dem fachspezifischen Sach- und Methodenwissen sowie Sprachkenntnissen eine Reihe von *soft skills* vermittelt, die gerade für die Koordination von Projekten erforderlich sind wie etwa die Bereitschaft zum Perspektivwechsel, die Fähigkeit zur schnellen Einarbeitung in neue Themenfelder, das Zurechtfinden in ungewohnten Situationen, interkulturelle Kompetenzen, Kommunikationsbereitschaft und „multi-tasking" in Stresssituationen (Klocke-Daffa 2009b). Noch relativ selten sind Ethnolog*innen in leitenden Funktionen des Managements zu finden, mit Ausnahme derjenigen, die eine weitere Ausbildung vorzuweisen haben. Von einer akademisch verankerten Angewandten Ethnologie ist dieser Bereich jedoch nicht kontinuierlich mit zu bearbeiten (abgesehen von den auch in der Ethologie immer anfallenden administrativen Aufgaben) und macht zudem Zusatzqualifikationen erforderlich. Doch die Beschäftigung von Ethnolog*innen in führenden Positionen großer internationaler Firmen ist inzwischen keine Ausnahme zur Bestätigung der Regel mehr: Der derzeitige Präsident der Weltbank, Jim Yong Kim, ist promovierter Arzt und Ethnologe. Auch große IT-Firmen wie Intel oder Google beschäftigen Absolvent*innen der Ethnologie. Weltweit größter Arbeitgeber für Ethnolog*innen ist Microsoft.[29]

■ *Projekt-Entwicklung und -Implementierung:* Eine Angewandte Ethnologie wird von externen Kooperationspartnern erst dann ernst genommen, wenn sie den vertrauten neutralen Grund des Nicht-Stellung-Beziehens verlässt und sich am Prozess anstehender

---

28 Im Jahre 2008 wurde am Institut für Ethnologie der Freien Universität Berlin ein Master-Studiengang zur Visual and Media Anthropology eingerichtet.

29 Diese Angabe beruht auf einer Angabe der Internetplattform Business Insider von 2014 und kann derzeit nicht weiter überprüft werden, vgl.: https://www.businessinsider.com/heres-why-companies-aredesperateto-hire-anthropologists-2014-3?IR=T.

Problemklärungen, Lösungsfindungen, Programmentwicklungen und Projektimplementierungen aktiv beteiligt. Dieser Schritt widerspricht jedoch teilweise den Prinzipien der
akademischen Ethnologie und ist deshalb schwer zu bewältigen. Noch schwieriger ist das
Mit-Tun, wie etwa von der Action Anthropology (s. u.) gefordert, weil sich zwei zentrale
Prinzipien damit diametral entgegenstehen: Die wissenschaftlich gebotene Objektivität,
Wertneutralität und persönliche Distanzierung zwingt zur Stimmenthaltung, die Involvierung erfordert dagegen aktives Eingreifen, Veränderung und persönliche Positionierung.

■ *Evaluation und Monitoring:* Die Evaluierung und Überprüfung von Projekten, Reform-
programmen und Initiativen, z. B. im Bereich der Entwicklungszusammenarbeit, wird
u. a. von externen ethnologischen Gutachter*innen und Consultants vorgenommen. In
den USA hat sich mit der gesetzlichen Vorgabe der Evaluierung aller staatlichen Programme hinsichtlich ihrer Effizienz und sozialen Wirksamkeit für das *social impact assessment*
ein großes Arbeitsfeld für die Angewandte Ethnologie eröffnet, das mit der akademischen
Ethnologie gut kompatibel ist, weil es geradezu zwingend die persönliche Distanzierung
vom einzelnen Projekt und den beteiligten Individuen voraussetzt. Zugleich können wissenschaftlich gesicherte Methoden wie Leitfadeninterviews, Fragebogenaktionen und statistische Auswertungen zum Einsatz kommen (Goldman 2000, Tremblay 1990).

■ *Politisches Engagement, Lobbyarbeit und Vermittlung:* Die schon in der Frühphase
der Angewandten Ethnologie für erforderlich gehaltene Fürsprache für indigene Völker
ist heute so dringend wie damals und gehört zu den von praktizierenden Ethnolog*innen
professionell ausgeübten Tätigkeiten. Dazu zählt vor allem die Arbeit für Menschenrechts-
organisationen wie Anti-Slavery International (hervorgegangen aus der 1837 gegründeten Londoner Aborigines' Protection Society, für die bereits damals engagierte Ethnographen arbeiteten, s. o.), Amnesty International, Terre des Hommes, Terre des Femmes, das
internationale Netzwerk End Child Prostitution, Child Pornography & Trafficking of
Children for Sexual Purposes (ECPAT) oder der World Wildlife Fund, in Deutschland
auch die Gesellschaft für Bedrohte Völker. Ethnolog*innen sind weiterhin in der Administration, Koordination und Projektorganisation zahlreicher Hilfsorganisationen wie
dem Roten Kreuz, den Institutionen der beiden großen Kirchen (Misereor, Caritas, Brot
für die Welt), in gemeinnützigen Vereinigungen wie World Vision, SOS Kinderdörfer,
Plan International oder staatlich geförderten entwicklungs- und friedenspolitischen Organisationen wie dem Zivilen Friedensdienst tätig. Die Aufgaben umfassen sowohl
Informationsbeschaffung, Organisation von Aufklärungskampagnen und öffentlichen
Aktionen, Lobbyarbeit durch Mailingaktionen und Presseauftritte, Erstellung von Info-
Broschüren und Artikeln für Zeitschriften bis hin zur Entwicklung und Organisation
konkreter Projekte. Für die Angewandte Ethnologie im universitären Rahmen stellt sich
hier – stärker noch als bei Projektentwicklungen und Projektimplementierungen – das
Problem wertexpliziter Aussagen (Amborn 2009; Beck 2013; Kirsch 2018; Sillitoe 2015).

■ *Advocacy und aktionsethnologischer Einsatz:* Nach wie vor relativ gering ist die Zahl praktisch arbeitender Ethnolog*innen, die anwaltschaftlich für Indigene arbeiten und auch von ihnen direkt beauftragt und finanziert werden. Größer dürfte die Zahl derer sein, die im Auftrag von Menschenrechts- und Eine-Welt-Gruppen tätig sind oder aktionsethnologische Arbeiten als Teil ihrer wissenschaftlichen Tätigkeit begreifen. Als Kulturvermittelnde, Kulturübersetzer*innen und Beratende (community advocacy anthropologists) übernehmen sie vor Ort Vermittlungsaufgaben in der Konfrontation mit Behörden, Schulen, Arbeitgebern, Landbesitzern, multinationalen Unternehmen, Gerichten und Sicherheitskräften, sind bei Anträgen behilflich, erarbeiten gemeinsam Sozial- und Gesundheitsprogramme, organisieren externe Unterstützung oder informieren Presse und Internetmedien. Vor allem im Gesundheitswesen sind Ethnolog*innen in diesem Bereich vertreten (vgl. z.B. Minkler 2012).

■ *Partizipative Aktionsforschung* (PAR): Die in den 1990er Jahren entwickelte Methode des PAR *(participatory action research)* kann als Kompromiss zwischen Aktionsethnologie und theoretischer Ethnologie betrachtet werden. Sie beinhaltet die aktive Kooperation von Ethnolog*innen und ihren Forschungspartner*innen in einem Verfahren, das ein konkretes Projekt zum Inhalt hat und auf die Lösung eines bestimmten Problems bzw. die Veränderung der gegebenen Situation abzielt (z.B. Entwicklung von Fürsorgemaßnahmen für sozial benachteiligte HIV-infizierte Schwangere). Die ethnologische Untersuchung bezieht dabei nicht nur die kulturellen Faktoren, sondern auch die Rolle des beteiligten Ethnolog*innen als Teil des Prozesses und Ergebnisses mit ein (Fals-Borda/ Rahman 1991). PAR-Untersuchungen setzen den Willen zur Veränderung seitens der Beteiligten, die Bereitschaft zu kontinuierlicher Mitarbeit und die Bereitstellung von Zeit voraus (Kemmis/McTaggart 2000). Da Forschungsprojekte jedoch meist zeitlich gebunden sind, ist diese Form der Angewandten Ethnologie mit erheblichen Risiken bzgl. des Outputs verbunden.

■ *Not- und Wiederaufbauhilfe:* Ähnlich der Action Anthropology sind Ethnolog*innen in einem akuten Fall von Nothilfe bei natürlichen oder durch Menschen gemachten Katastrophen (Dürre, Flut, Vulkanausbrüche, Erdbeben, Kriege, Flucht und Vertreibungen) aktiv vor Ort beteiligt und versuchen, zusammen mit den direkt Betroffenen durch schnelles Eingreifen die konkrete Situation zu meistern und die Not akut zu lindern. Im Unterschied zur Aktionsethnologie jedoch werden Lösungen nicht erst vor Ort entwickelt. Nothilfeeinsätze sind schon vor dem Notfall geplant und werden generalstabsmäßig durchgeführt, da im Chaos einer Natur- oder Kriegskatastrophe nicht erst über die beste Lösung debattiert werden kann. Organisationen wie das Rote Kreuz sind – ähnlich dem Militär, aus dem das IHK hervorgegangen ist – nahezu autarke Einheiten, die weltweit jederzeit auf- und wieder abgebaut werden können, sich selbst versorgen und auf alle administrativen, personellen und technischen Notwendigkeiten vorbereitet sind.

Umso wichtiger sind regelmäßige Trainings im Vorfeld der Einsätze. Dazu gehören Fortbildungen in interkultureller Kompetenz, die für spezifische Anforderungen sensibilisieren. Da Menschen auch in extremen Situationen nicht leichtfertig ihre kulturellen Prägungen aufgeben, hängt der Erfolg einer solchen Hilfsmission auch davon ab, inwieweit die Helfer darauf vorbereitet sind, religiöse Vorstellungen, kulturspezifische Werte, Verhaltensnormen und Ernährungsgewohnheiten, genderspezifische Vorgaben oder Fragen von Etikette als Grundlagen (und nicht als Störfaktoren) ihres Einsatzes mit zu berücksichtigen.[30] Seit Anfang der 2000er Jahre ist ein ganz neuer Arbeitsbereich – die Anthropology of disaster – entstanden, der sich dieser Thematik auch aus angewandter Perspektive annimmt (Hoffmann / Oliver-Smith 2002).

Mehr noch als in der Katastrophenhilfe kann die Angewandte Ethnologie in der Flüchtlings- und Aufbauhilfe zum Einsatz kommen, wenn ethnologisches Wissen sowohl bei der Rekonstruktion von Verwaltungseinrichtungen, Schulen und Gesundheitszentren als auch bei der Errichtung von Wohnhäusern erforderlich ist (z. B. Grabe / Schmidt 2009). Im Jahre 2014 konstituierte sich innerhalb der European Anthropological Society (EASA) das *Disaster and Crisis Anthropology Network* (DICAN), dessen Mitglieder zum Thema „living with disaster" in diversen Katastrophengebieten der Welt arbeiten (Hrdličková / Swee 2017).

Abhängig davon, wie etabliert die Angewandte Ethnologie als außerakademisches Tätigkeitsfeld heute ist, findet eine Ausdifferenzierung des Rollenspektrums und des Selbstverständnisses praktisch arbeitender Ethnolog*innen statt: von persönlich unbeteiligten Forschenden, Beratenden und Instrukteur*innen hin zu politisch engagierten und selbstkritischen Partizipierenden. Sie sind heute stärker als in früheren Phasen an Problemlösungen innerhalb und außerhalb der eigenen Gesellschaft beteiligt, reflektieren die eigenen Wertvorstellungen und forschungs-beeinflussende Faktoren wie Autorität, Macht oder Abhängigkeitsstrukturen und haben sich von der Illusion der wissenschaftlichen Objektivität verabschiedet. In der Angewandten Ethnologie sind nicht eigene Interessen und Fragestellungen, sondern die der Kooperationspartner gefragt, die es zu respektieren gilt. Anders als die im akademischen Feld Tätigen sind praktisch arbeitende Ethnolog*innen mehr oder weniger stark persönlich involviert, identifizieren sich mit den gestellten Aufgaben, spezifischen Problemen und Lebensumständen ihrer Klientel, nicht aber primär mit wissenschaftlichen Fragestellungen – ob sie nun als Consultants, Koordinator*innen, Anwälte oder *change agents* tätig sind (vgl. auch van Willigen 1993: 28-29). Gerade diese neue Selbst- und Fremdzuweisung an einzunehmenden Rollen macht die Angewandte Ethnologie für außerakademische Auftraggeber so interessant,

---

30 Vom Kompetenzzentrum Humanitäre Hilfe an der Fachhochschule Münster wurde 2004 eine Initiative gestartet, einen interdisziplinären Studiengang „Katastrophenhilfe", getragen von Universität und Fachhochschule, zu etablieren, in den auch die Ethnologie involviert werden sollte. Die Initiative scheiterte letztlich an finanziellen und organisatorischen Problemen, seitens der Ethnologie auch aufgrund des nicht vorhandenen Personals und des dadurch bedingten drohenden Abzugs von Lehrkapazität.

erschwert jedoch die Kooperation mit der Wissenschaft, der es explizit *nicht* um Stellung-nahmen und die Umsetzung von Problemlösungsoptionen geht.

Die *Arbeitsfelder,* in denen praktizierende Ethnolog*innen außerhalb des akademi-schen Umfeldes heute tätig sind, haben sich seit den 1970er Jahren kontinuierlich erwei-tert. Sie umfassen so unterschiedliche Bereiche wie Fischereiwirtschaft, Wasserressour-centwicklung und Ölgewinnung, Verwaltung, Journalismus, Gesundheitswesen und Stadtentwicklung, Unternehmensberatung und Militär, oder, wie Merrill Singer es aus-gedrückt hat: Von A wie Alter bis Z wie Zoo ist die Angewandte Ethnologie in allen öffent-lich relevanten Arbeitsbereichen vertreten (Singer 2000:6; s. auch Antweiler 2015b). Kon-tinuierlich erweitert sich das Spektrum der Berufe, in denen die Einsatzmöglichkeiten für Ethnolog*innen gerade „entdeckt" werden, wie die *Marktforschungen* zum kulturspe-zifischem Party-Alkoholkonsumverhalten bei jungen Arbeitnehmer*innen in New York (Wood 2013) und die IT-Branche und das, was uns dort erst noch erwartet – allen voran die Forschungen zu *Künstlicher Intelligenz* (Lenzen 2018). Ein zunehmend bedeutsamer werdendes Feld dürfte auch die Tourismusindustrie als der weltweit am schnellsten wach-sende Wirtschaftssektor sein (Wallace 2005). Eng damit verbunden ist der *Kultursektor,* der in den Tätigkeitsfeldern Kulturmanagement, Museen und Kulturerbe-Präsentation neue Beschäftigungsmöglichkeiten bietet (Klocke-Daffa 2009b; vgl. auch Strang 2009: Kap. 8).

Kedia und van Willigen (2005:2) führen neun große Bereiche auf, in denen nach ihrer Ansicht die Mehrheit aller praktizierenden Ethnolog*innen derzeit vertreten sind: Ent-wicklungszusammenarbeit, Landwirtschaft und Umwelt, Gesundheitswesen und Ernäh-rung, Umsiedlungs- und Flüchtlingsprogramme, Industrie und Handel, Erziehung und Bildung sowie der Sektor Senioren, Altenhilfe und Altersforschung (Kedia / van Willigen 2005: Kap. 2-10). Ähnliches gilt für die Praxis der Ethnologie in Deutschland, obwohl das *Berufsfeld Ethnologie* wesentlich unpräziser konturiert ist. Das liegt vor allem daran, dass die „Ethnologie zu Hause" wegen ihres Selbstverständnisses als einer „Wissenschaft vom kulturell Fremden" (Kohl 1993), die sich mit fremden Völkern in der Fremde befasst, lan-ge Zeit als nicht zuständig für die eigene Gesellschaft erklärte. Zudem hat die wissen-schaftsinterne Regelung, die *Europäische* Ethnologie der Volkskunde zu überlassen, u. a. dazu geführt, dass die Mehrheit der in Deutschland lebenden Migrant*innen gar nicht erst in das Blickfeld der Ethnologie gerückt ist.

Für die *Angewandte Ethnologie als Teil der akademischen Ethnologie* stehen jedoch nicht alle Arbeitsfelder in gleichem Maße offen, da sie weder personell noch organisatorisch noch zeitlich in der Lage ist, diese Arbeitsfelder kontinuierlich zu betreuen. Es ist auch nicht ihre Aufgabe. Als Schnittstelle zur Wissenschaft hat sie vielmehr die Themen auf-zugreifen, die solider wissenschaftlicher Forschung und Weiterentwicklung bedürfen – was die ethnologische Praxis nicht selbst leisten kann und für die Allgemeine Ethnolo-gie zu wenig relevant ist. Das Spektrum der zu bearbeitenden *Themen* reicht dabei von urbanem Drogenkonsum über Organhandel bis zur Organisation von Flüchtlingslagern, von der HIV-/AIDS-Prävention bis zu interkulturellen Problemen in multinationalen Unternehmen (vgl. z. B. die Beiträge in MacClancy 2002). Auch gesellschaftspolitisch brisante Themen wie ethnische und religiöse Identitäten, Flucht, Asyl und Diaspora, transnationale Netzwerke und Mensch-Umwelt-Beziehungen – die ja bereits in Lehre und Forschung bearbeitet werden – können in *praxisorientierten* Forschungen angegangen werden (vgl. auch Antweiler 1998 a:248, 2015 b:19), ebenso grundsätzliche Fragen zu Kultur, religiöser Orientierung, Entwicklung, Umwelt, Gender oder Menschenrechten (Goodale 2006; vgl. auch Beiträge in MacClancy 2002). Anbieten würden sich Kooperationsprojekte, in denen sowohl theoretisch wie praktisch gearbeitet wird.

Die Aufgabe der Angewandten Ethnologie besteht weiter darin, diese Erkenntnisse an die Praxis zu vermitteln, wie sie umgekehrt die Erfahrungen praktizierender Ethnolog*innen für die Wissenschaft nutzen sollte. Deren Erkenntnisse werden derzeit jedoch – wenn sie überhaupt veröffentlicht werden – in der Regel kaum innerhalb des akademischen Umfeldes wahrgenommen. John van Willigen hat daher an der University of Kentucky eine Datenbank erstellt, die vorwiegend graue Literatur zur Angewandten Ethnologie wie Projektdokumentationen, Konferenzpaper, Berichte, Proposals u. a. beinhaltet.[31] Mehrere seiner Publikation enthalten Sammlungen von Fallbeispielen zur Angewandten Ethnologie (van Willigen 1980, 1991, 1997).

4. Ausdifferenzierung der Angewandten Ethnologie

Mit der neuen Angewandten Ethnologie sind neue Begrifflichkeiten entstanden, die eine leichtere Zuordnung der in unterschiedlichen Berufsfeldern und in differenten Rollen agierenden Ethnolog*innen erlauben.

■ *Angewandte Ethnologie:* Wie eingangs ausgeführt, wird der Begriff Angewandte Ethnologie hier für eine akademisch verankerte Ethnologie mit praktischem Anwendungsbezug verwendet, die an der Schnittstelle von Wissenschaft und Praxis positioniert ist. Sie hebt sich damit bewusst von ethnologischen Tätigkeiten im außerakademischen Bereich ab. Diese Definition wird jedoch nicht einheitlich verwendet, zumal die Grenzen fließend sind und in vielen Fällen dieselben Personen beide Funktionen wahrnehmen. Da auch allgemein-theoretische Ethnologie potenziell einen Anwendungsbezug haben kann und in der außeruniversitären Praxis gelegentlich ebenfalls Forschungsarbeit geleistet wird, gilt der Begriff Angewandte Ethnologie *(Applied Anthropology)* derzeit noch vielfach als Oberbegriff. Dem entgegen steht die Definition von Angewandter Ethnologie,

---

31 Applied Anthropology Documentation Project at the University of Kentucky Library, 1978 von John van Willigen initiiert. Die Datenbank wird aus Mitteln der Society for Applied Anthropology, der Washington Association of Professional Anthropologists, Society of Applied Anthropology in Canada, National Association for the Practice of Anthropology und der Society for Medical Anthropology finanziert; vgl. van Willigen 1997.

die als praktische Tätigkeit für außeruniversitäre Organisationen mit dem Ziel der Wohl-
fahrtsförderung erfolgt (Bennett 1996:25). Andere Autoren beziehen den Begriff auf die
aus der Universität heraus erfolgenden anwendungsorientierten Forschungen, „die einen
potenziellen Beitrag zur Lösung spezifischer Probleme erwarten lassen ... also Grundlagenforschung, ... aber man strebt die Produktion von Wissen an, das potentiell praktisch
nützlich ist" (Antweiler 1998a:227). Das führt zwangsläufig zu einem verwirrenden Begriffskonglomerat, das dringend entwirrt werden müsste, wenn sich der praktische Teil
der Ethnologie als eigener akademischer Teilbereich etablieren soll. Es erscheint mir sinnvoll, für die akademische Ethnologie den Terminus *Angewandte Ethnologie* beizubehal-
ten und für das außerakademische Feld den Begriff *Ethnologische Praxis* zu favorisieren.
Damit würde schon terminologisch deutlich, dass die Angewandte Ethnologie – unabhängig von ihrer tatsächlichen oder potenziellen praktischen Nützlichkeit, von Auftraggebern, Fragestellungen, Inhalten und Zielen – der Wissenschaft *(logos)* näher steht als
der außerwissenschaftlichen Praxis, ohne diese grundsätzlich auszuschließen. Zur Angewandten Ethnologie würden dann diverse Subdisziplinen zählen, die heute bereits
teilweise an Universitäten unter eigenem Label vertreten sind (wie Medizinethnologie,
Entwicklungsethnologie, Visuelle Ethnologie, Organisationsethnologie). Wegen ihres un-
geklärten Status' ist in Deutschland jedoch derzeit eher ein Bemühen um Akademisie-
rung und Abgrenzung dieser Teilarbeitsbereiche von der Praxis zu beobachten, was die
Angewandte Ethnologie erneut schwächt und die Trennung in eine akademisch-theoretische Ethnologie und eine ethnologische Praxis weiter forciert.

■ *Praktische Ethnologie (Practicing Anthropology):* Die Definition ethnologischer Arbeit, die sich hauptsächlich außerhalb des akademischen Feldes vollzieht und nur gelegentlich die Bindung an die Allgemeine Ethnologie aufrechterhält, wäre dann mit dem
Begriff Praktische Ethnologie, besser noch als Ethnologische Praxis zu bezeichnen. Dies
würde deutlich zu erkennen geben, wo der Schwerpunkt der geleisteten Arbeit praktizierender Ethnolog*innen liegt. In der britischen Ethnologie werden *practicing anthropologists*
auch als *no longer anthropologists* bezeichnet, um die Trennung deutlicher hervorzuheben (Wright 1995:67). Die Kennzeichnung als *applied* oder als *practicing anthropologists*
sollte jedenfalls nach inhaltlichen Kriterien und nicht, wie für Baba (1994:176), vom
Arbeitsstatus abhängig gemacht werden. Gerade angesichts des in Deutschland stetig
angewachsenen wissenschaftlichen Präkariats mit unsicheren Stellen erscheint diese Zuordnung nicht gerechtfertigt. Auch die Unterscheidung in Wissenssammlung *(Applied
Anthropology)* und Wissensverwendung *(Practicing Anthropology)* (Antweiler 1998a:229)
erscheint angesichts der zunehmenden Verflechtung und gegenseitigen Inanspruchnahme der beiden Bereiche obsolet.

■ *Engagierte Ethnologie:* Ethnologische Praxis, die sich als politisch versteht, wird von
der praktischen Ethnologie definitorisch gelegentlich mit diesem Begriff unterschieden,

obwohl beide sich nicht gegenseitig ausschließen (vgl. Beiträge in Basch 1999). Jede engagierte Ethnologie tritt mit dem Anspruch auf, politisch zu sein. Sie tritt aktiv für diejenigen ein, mit denen sie arbeitet, ohne deshalb in deren Diensten zu stehen; sie ergreift
öffentlich Partei, arbeitet an Lösungen für soziale Probleme, reflektiert kritisch die Verantwortung der Ethnologie und versteht sich als Medium der sozialen Kritik (Johnston
2010; Skalnik/Brocki 2018; Spencer 2010). Als solche ist sie proaktiv. Für Peacock hat eine *proaktive Ethnologie* beides zu sein: kritisch und konstruktiv (Peacock 1999:21). Weil
ihre Loyalität aber nicht unilateral festgelegt ist, sondern alle Seiten im Interaktionspro-
zess berücksichtigt werden sollen – „… willing to engage with decision makers on both
sides of the aisle…" (Clarke 2010:310) – gerät eine proaktive, engagierte Ethnologie gelegentlich zwischen die Mühlen und damit in das Dilemma, weder als Angewandte noch
als Akademische Ethnologie ernstgenommen zu werden, weil sie sich nach beiden Seiten
hin rechtfertigen muss – gegenüber denjenigen, mit denen sie arbeitet, und denjenigen,
für die sie und in deren Auftrag sie arbeitet. Ethnolog*innen sollten daher stets kritisch
reflektieren, für was oder wen sie sich engagieren und in welchen Netzen von Machtbeziehungen sie agieren (vgl. Beiträge in Low 2010).

■ *Action Anthropology:* Die von Sol Tax Mitte der 1950er Jahre begründete Aktionsethnologie verpflichtet Ethnolog*innen zu aktivem gesellschaftspolitischem Engagement,
expliziter Stellungnahme zugunsten ihrer Kooperationspartner, intervenierendem Eingreifen und Gleichberechtigung von Forschern und Erforschten (Überblick bei Seithel
2000). Ethnolog*innen übernehmen dabei eine Doppelrolle als Wissenschaftler*innen
und Akteure im Prozess der Projektentwicklung und Projektdurchführung. Die Forderung
von Tax nach mehr Unabhängigkeit für Ethnolog*innen durch die direkte vertragliche
Anbindung an die von ihnen vertretenen Interessengruppen scheitert jedoch auch heute
meist an deren mangelnden finanziellen Möglichkeiten.

Darüber hinaus werden die Fragen von Loyalität und Abhängigkeit lediglich verlagert,
aber nicht grundsätzlich gelöst. Aktionsethnologische Untersuchungen, die den Anspruch
erheben, wissenschaftlich korrekt (d. h. jederzeit nachvollziehbar, solide recherchiert und
theoretisch fundiert) zu sein und gleichzeitig werteexplizite Beurteilungen enthalten,
kranken häufig an dem kaum zu bewältigenden Spagat zwischen professioneller Neutralität und engagierter Aktivität. Daher ist Hellands Meinung, dass auch Aktions-Ethno-
log*innen in erster Linie gute Ethnolog*innen zu sein haben (Helland 1985:30), zwar
zuzustimmen, doch die Praxis der Aktionsethnologie erfordert Intervention, Bewertung
und Kollaboration – was wissenschaftlich geradezu ausgeschlossen zu sein scheint. Hastrup und Elsass (1990) beantworten die Frage, ob *Advocacy Anthropology* nicht ein Widerspruch in sich selbst ist, im Prinzip positiv: Aktionsethnologie verfolge ihre eigenen
Ziele, die nicht von der Ethnologie legitimiert seien. Ethnolog*innen, die anwaltschaftlich
arbeiten, stehen für sie außerhalb ihrer Profession (Hastrup/Elsass 1990:301). Gleichwohl verweisen sie auf die Verantwortung der Ethnologie – die nicht nur gegenüber der

Wissenschaft gelte: "The anthropological interpretation cannot always be reserved for the scholarly community, important though this remains, but must be given voice and presented to others with the power to heed it … The lesson of anthropological involve-ment in a multivocal discourse is ultimately moral" (Hastrup / Elsass 1990:308). Dieses Statement ist Scheper-Hughes (1995:410) zu vage, die eine Ethnologie ohne dezidiert ethisch begründete Stellungnahme für schwach und nutzlos hält. Auch für Kellett ist es nicht ausreichend, wenn Ethnolog*innen lediglich „concerned" sind (Kellett 2009:29). Er stimmt daher Cohen zu: "… the issue for us [all] is how to translate concern into action; and an anthropologist without concern is no anthropologist at all" (Cohen o. A., zit. nach Kellett 2009:229).

■ *Militante Ethnologie:* Mehr noch als von der Aktionsethnologie verlangt die als *Militant Anthropology* oder *Partisan Anthropology* bekannt gewordene Form engagierter Eth-nologie[32] den persönlichen Einsatz gegen Ungerechtigkeit und Marginalisierung von eth-nischen, religiösen oder kulturellen Minderheiten. Hier stehen die politische Arbeit und die moralische Verpflichtung zur Parteilichkeit und nicht primär oder ausschließlich das Streben nach Erkenntnissen im Mittelpunkt. Das impliziert jedoch das nahezu vollstän-dige Abrücken von den Fundamenten des wissenschaftlichen Arbeitens wie theoretische Fragestellungen, Wertneutralität, Ergebnisoffenheit und persönliche Distanzierung, so dass ethnologische Forschung schwerlich realisierbar erscheint – aber nicht unmöglich ist (Scheper-Hughes 1995; Robins 1996). Für Scheper-Hughes sind es die zwei „heiligen Kühe" der Wissenschaft, die Ethnolog*innen davon abhalten, sich als Wissenschaft-ler*innen politisch zu engagieren: die gebotene Distanzierung von den Forschungspart-nern und das Festhalten am moralischen und kulturellen Relativismus. Sie hält das un-beteiligte „Abwarten"[33] im Falle von eklatanten Menschenrechtsverstößen als eine nicht zu rechtfertigende moralische Paralyse. Hier hat ihrer Meinung nach die ethische Ver-antwortung Vorrang vor der wissenschaftlichen Zurückhaltung und verlangt nach ein-deutiger Stellungnahme (Scheper-Hughes 1995:414, 418).

■ *Public Anthropology:* Die als Public Anthropology bezeichnete Kategorie Angewandter Ethnologie greift Themen der Wissenschaft auf und präsentiert sie einem breiten öffent-lichen Publikum. Thomas Hylland Eriksen beginnt sein Buch *Engaging Anthopology* zu Recht mit der Feststellung: "Anthropology should have changed the world, yet the sub-ject is almost invisible in the public sphere outside the academy" (Eriksen 2006:1). Es lie-ße sich hinzufügen: Ethnologie ist nicht nur unsichtbar, sie ist auch unbedeutend, weil sie sich selbst nicht wichtig genug macht. Die Ethnologie könnte viel bekannter sein

---

32 Der Begriff Militant Anthropology wurde von Nancy Scheper-Hughes geprägt und geht auf ihr Engagement für die Zuckerplantagenarbeiter in Bom-Jesus, Brasilien, zurück.

33 „Waiting" als schockstarres Verhalten: Von Crapanzano 1984 geprägter Begriff zur Beschreibung des Verhal-tens weißer Südafrikaner kurz vor dem Zusammenbruch des Apartheids-Regimes.

als sie es heute ist, denn im Prinzip hat sie den Medien viel zu bieten. Ethnologie und Medien – das ist jedoch zumindest in Deutschland eher eine „Nichtbeziehung" (Geyer 1999), die geprägt ist von gegenseitigen Vorwürfen: Ethnolog*innen fühlen sich von den Medien missverstanden, unseriös repräsentiert und in ihren Beiträgen auf unerträgliche Kürze getrimmt; Journalist*innen werfen ihnen „Faulheit oder das Unvermögen, sich auf die Knochenarbeit einzulassen, die zentrale Aussage zu finden und diese in verständliche Sprache zu gießen" vor (Probala 1999:39).

Was beinhaltet die Public Anthropology? Vor allem über die Medien Zeitung, Rundfunk, Fernsehen und das Internet werden gesellschaftspolitische Themen angesprochen. Es geht um "… broad critical concerns in ways that others beyond the discipline are able to understand what anthropologists can offer to the re-framing and easing … of present-day dilemmas" (Borowsky 2011a:Blog). Ob es sich bei der Public Anthropology tatsächlich um ein ganz neues Teilgebiet der Angewandten Ethnologie oder lediglich um ein neues Label für die medienwirksam agierenden intellektuellen Stars der Disziplin handelt (Singer 2000), ist bisher nicht ausgemacht. Inhaltlich, theoretisch und methodisch unterscheidet sich die *Public Anthropology* nicht von der Angewandten Ethnologie, da sie überwiegend aus den Universitäten heraus agiert, aber – und darin differiert sie ganz wesentlich von der akademischen Ethnologie –, sie greift offensiv in öffentliche Debatten ein, arbeitet aktuelle Themen (wie Menschenhandel, Drogen, soziale Brennpunkte) publikumsgerecht auf und geht direkt auf Personen aus Politik, Verwaltung, Wirtschaft oder Finanzmärkten (Hedican 2016). Sie scheut sich nicht, die Öffentlichkeit dort abzuholen, wo sie ist, d. h. große Themen vor einem großen Publikum so zu präsentieren, dass sie verständlich sind. Dies sei eine Form von Respekt gegenüber dem Publikum, formulierte es Fredrik Barth in einem Interview: „If you want to speak to the public effectively, you have to respect them" (zit. in Borowsky 2001b:3).

In den Medien präsent zu sein, erfordert proaktives Handeln statt Warten auf Anfragen, das Reduzieren komplexer wissenschaftlicher Daten auf kurze Informationen und den Bezug zu den Alltagsproblemen des Publikums – mithin das Aufgreifen relevanter Themen. Die Überwindung der „Relevanzschwelle", wie Sökefeld es nennt (2009:49), stellt jedoch ein erhebliches Problem für die Ethnologie dar, die grundsätzlich erst einmal alles für relevant hält und im Prinzip auch alles bereitstellt. Mit „relevanten Themen", die die Medien interessieren können, sind solche gemeint, die „ausdrückliches Bezugnehmen auf reale Lebensumstände von Menschen" beinhalten (Antweiler 1998a:216) und „eine Relevanz für die öffentliche Debatte haben" (ebd.:217). Nicht zuletzt sind Rhetorik- und Medientrainings erforderlich, denn *public anthropologists* müssen sich als öffentlich auftretende Personen „verkaufen" können. Das setzt allerdings voraus, dass öffentliche Auftritte in der eigenen Disziplin nicht mit Missachtung oder Herablassung betrachtet werden, sondern als *Auftrag* zu Aufklärung und Information, wie dies etwa in Norwegen seit langem als Selbstverständlichkeit gilt: "Norwegian journalists contact anthropologists for comments on current affairs every day of the week – be it a royal wedding, a sport scandal or recent political changes in a Third Word country – and the anthropologists play a not negligible part in public debate" (Eriksen 2006:27). In Deutschland wird die *public anthropology* in den Medien von etablierten Wissenschaftler*innen eher als „Minenfeld" gescheut, das ihnen zudem allzu flach erscheint: „Wenn schon Angewandte Ethnologie als problematisch empfunden wird, erscheint Popularisierung erst Recht als Sündenfall" (Antweiler 2015a:409).

Peacock sieht die Angewandte Ethnologie hingegen gar in der *Pflicht*, öffentlichkeitswirksam zu arbeiten, und das sowohl durch die Publikation ihrer Forschungsergebnisse, als auch durch Stellungnahmen zu Problemen, die Menschen bewegen – nicht allein die Wissenschaft. Nur dann hat eine Angewandte Ethnologie für ihn auch eine Existenzberechtigung: „public or perish" (Peacock 1997:25). Das erscheint indes etwas über-dramatisiert angesichts der vielfältigen Aufgaben und Berufssparten, in den Ethnolog*innen arbeiten, denn „Medien sind ... nur ein Mittel, die gesellschaftliche Relevanz von Ethnologie zu unterstreichen. Eine selbstbewusste Ethnologie will mehr: es geht zunehmend um neue gesellschaftliche Aufgaben und das Wahrnehmen einer neuen Verantwortung" (Kuba / Nadjmabadi 2010:5). Gerade die Sozialen Medien können hier erweiterte Chancen auf öffentliche Wahrnehmung für die Ethnologie bieten als je zuvor (Stoller 2018).

■ *Collaborative Anthropology:* Da der Begriff „Kollaboration" für die Ethnologie in Deutschland wie im ganzen europäischen Raum ein historisch vorbelasteter Begriff ist, hat sich dieser Terminus für die Ethnologie hier kaum durchsetzen können. In der amerikanischen Ethnologie wird damit zum einen die interdisziplinäre Kooperation der Ethnologie mit anderen Fachgebieten in gemeinsamen Projekten bezeichnet[34], zum anderen die Zusammenarbeit von Ethnolog*innen und Beforschten als gleichberechtigten Partnern im Forschungsprozess, beginnend beim Forschungsdesign über die Datengenerierung bis zur Produktion von Texten oder anderen zur Veröffentlichung vorgesehenen Medien. Hervorgegangen aus der *writing-culture-Debatte* der 1980er Jahre ist mit der kollaborativen Ethnologie auch eine dialogische Ethnologie entstanden. Nach der Definition der von der American Anthropological Association eingesetzten „El Dorado Task Force"[35] hat dieses Prinzip sowohl für die akademisch-theoretische wie für die Angewandte Ethnologie zu gelten, deren Ziel es sein soll, dem materiellen, sozialen und politischen Nutzen der Zielgruppe zu dienen (AAA 2002, zit. in Lassiter 2005:84). Zum Tragen kommt die kollaborative Ethnologie aber vor allem in Studien der Angewandten Ethnologie zu sozialen

---

34 In dieser Bedeutung wird der Begriff auch an deutschen Universitäten gelegentlich als Übersetzung für Sonderforschungsbereiche verwendet: SFB = CRC Collaborative Research Center.

35 Die El Dorado Task Force wurde von der AAA aufgrund einer Anschuldigung gegen James V. Neel wegen Verstoßes gegen den Ethikkodex der AAA einberufen, aufgeworfen in dem Buch von Patrick Tierney 2000: Darkness in El Dorado: How Scientists and Journalists devastated the Amazon. New York u. a.: Norton. Das Buch erschien 2002 in der deutschen Übersetzung unter dem Titel „Verrat im Paradies"; Zusammenfassung und kritische Würdigung bei Pels 2006.

Problemen innerhalb der eigenen Gesellschaft, wo Teams aus Ethnolog*innen und Informant*innen zur gemeinsamen Bearbeitung eines Themas gebildet werden können, die gemeinsam Lösungsvorschläge ausarbeiten und diese dann der eigenen Community, staatlichen Stellen und der breiteren Öffentlichkeit gemeinsam präsentieren (Stull/Schensul 1987; Lassiter 2005:95). Auch die PAR arbeitet mit diesem Ansatz.

5. Ethische Probleme

Aufgrund ihrer Geschichte, aber auch ihrer spezifischen Aufgaben, Inhalte und Ziele hat sich die Angewandte Ethnologie in besonderem Maße mit ethischen Fragen nach Verantwortung und Loyalität auseinanderzusetzen. Auch dort, wo die Angewandte Ethnologie heute bereits etabliert ist, stellt sich immer wieder die Frage: „Whose science, for whose benefit?" (Quinlan 2000:127). Das gilt umso mehr für die Ethnologien des globalen Südens, die nach dem Ende der Kolonialzeit ihr Fortbestehen insgesamt zu rechtfertigen hatten.

Kedia und van Willigen halten ethische Grundlagen für „absolut zentral für angewandte ethnologische Arbeit" (Kedia/van Willigen 2005:16) und schließen sich damit Erve Chambers an, der verbindliche Ethikstandards für praktisch arbeitende Ethnolog*innen forderte (Chambers 1989). Der aktuelle Diskurs um eine globale Ethik, die als „moralisches Regulativ ökonomischer Globalisierung fungiert" (Hornbacher 2006:Vorwort), stellt in der Tat ein ungelöstes Problem dar, wenn Ethnolog*innen sich nicht einmal auf eigene Standards einigen können. Das ist weniger auf die fehlende Verbindlichkeit ethischer Leitlinien oder auf die weltweit zu beobachtende Erosion normativer Ordnungen zurückzuführen (gegen die sich bekanntlich vielerorts Widerstand formiert), als auf konfligierende Werte, die gerade in der Angewandten Ethnologie evident sein können. Darin unterscheidet sich die Angewandte prinzipiell nicht von der Allgemeinen Ethnologie, ist aber häufiger in der Situation, offen Stellung beziehen zu müssen. Die Forderung nach Partizipation, politischem, werteexplizitem Engagement, anwendungsorientierter Forschung, praktikablen Lösungen oder sozialer Intervention zwingt schon im Vorfeld jedes Einsatzes und auch während des laufenden Arbeitsprozesses zur Beantwortung der Fragen: Wem dient die Arbeit? Wessen Werte zählen? Welchen Personen/Instanzen/Auftraggebern/Finanziers/Sponsoren gegenüber besteht eine geschäftliche Verpflichtung und wem gegenüber eine moralische Verantwortung? Wo liegen die Grenzen moralisch vertretbaren ethnologischen Handelns? Und wie ethnozentrisch sind unsere eigenen moralischen Modelle? Es sind keine im stillen Arbeitszimmer zu beantwortenden Fragen und auch keine, die ein für alle Mal entschieden werden könnten.

Gerade bei Auftragsproduktionen für öffentliche oder private Auftraggeber, Studien im Auftrag von indigenen Gruppen, Tätigkeiten für außeruniversitäre Arbeitgeber und – mehr als alles andere – im Dienst in Militäreinrichtungen können sich anwendungsori-

entierte Ethnolog*innen nicht immer auf den sicheren Boden wissenschaftlich gebotener Neutralität zurückziehen. Mit einer einfachen Dichotomie von Gut / Böse, unter-
stützenswerten vs. moralisch verwerflichen Zielen oder Unterdrückten / Ausbeutern ist es
nicht immer getan. Gut gemeinte Initiativen können das Gegenteil von gut gemachten
sein. Die Ziele der beteiligten Parteien können divergieren, die Mittel einiger Kooperationspartner fragwürdig erscheinen. Ethnologisches Wissen und Engagement lassen sich
schließlich von vielen Seiten gebrauchen und instrumentalisieren. Zudem stoßen praktizierende Ethnolog*innen bisweilen an ihre eigenen Grenzen, wenn sich im Prozess der
Arbeit herausstellt, dass manche Dinge nach ihren eigenen, kulturspezifischen Wertvorstellungen nicht hinnehmbar sind. Sie kommen nicht umhin, für bestimmte Grundsätze einzustehen – auch für ihre eigenen, selbst wenn sich diese letztlich wieder als ethnozentrisch herausstellen (D'Andrade 1995:407). Angewandte Ethnologie eignet sich
daher nur bedingt als „moralisches Korrektiv" (Pink 2006b:13). Dem ist nur durch einen
respektvollen Umgang miteinander und offengelegte Arbeitsziele für alle Beteiligten *(informed consent)* zu begegnen, aber verhindern lassen sich ethische Konflikte nicht. Das
Verlassen des wissenschaftlichen Elfenbeinturms bedeutet nicht grundsätzlich, sich an
fremde Interessen zu verkaufen (Bastide [1971] 1973:32), kann aber eine moralische Positionierung erforderlich machen.

Um zu vermeiden, „dass sich Dilemmata in Desaster verwandeln" (Elixhauser 2006:
32), können Ethikkodizes hilfreich sein (umfassender Überblick bei Neumann / Heinz
2013; Schönhuth in diesem Band). Der von der amerikanischen AAA mehrfach überarbeitete Ethikkodex geht relativ detailliert auf einzelne Punkte ein (AAA 2005), die vom
verbandseigenen Ethikkomitee überprüft werden (wie im Fall Tierney vs. Neel 2000).
Auch die Organisationen für Applied Anthropology haben Ethikkodizes erstellt (SfAA
1949, publiziert 1951; NAPA 1988). Die ethischen Leitlinien der Deutschen Gesellschaft für
Völkerkunde sind dagegen lediglich als Denkanregungen konzipiert (Frankfurter Erklärung 2009) und standen jahrelang in der Debatte (Amborn 1993). Wenige ethnologische
Institute in Deutschland haben eigene ethische Leitlinien ausgearbeitet.[36] Konkreter sind
die von der AGEE für den Bereich der Entwicklungsethnologie erstellten Leitlinien (AGEE
2002). Ein solcher arbeitsfeldspezifischer Kodex wäre auch für andere Teilbereiche der
Angewandten Ethnologie erforderlich (z. B. für die Bereiche Gesundheitswesen, Verwaltung, Schule, Unternehmen, Militär u. a.), da jeder einzelne Bereich mit spezifischen Herausforderungen verbunden ist. Vorteilhaft erscheint es, wenn solche Kodizes von akademisch und außerakademisch praktisch Tätigen *gemeinsam* ausgearbeitet werden würden,
da nur sie die besonderen Anforderungen ihres Bereiches kennen. Hier können praktisch
arbeitende Ethnolog*innen nicht nur im eigenen Interesse wichtige Grundlagenarbeit
leisten. Durch kritische Begleitung, konstruktive Anregungen und konkrete Lösungsvor-

---

36 Als eines der ersten stellte das Institut für Ethnologie in Münster im Jahre 2005 ethische Leitlinien auf (Lei-
     tung: S. Klocke-Daffa). Electronic source: http://www.uni-muenster.de/Ethnologie/institut/leitlinien. html.

schläge sind sie auch bei der Ausarbeitung ethischer Leitlinien für andere als die eigenen akademischen Institute und Verbände tätig (s. Beiträge in Bliss/Heinz 2013 für die deutsche staatliche Entwicklungszusammenarbeit s. auch Schönhuth 2013).

Engagement birgt jedoch Risiken – auch für Ethnolog*innen selbst und für diejenigen, mit denen sie zusammenarbeiten. Für manche kann dieses Engagement lebensgefährlich sein. Die Statuten eines Ethikkodex sind als *Verhaltens*-Leitlinien vorgesehen, nicht als Sicherheitsgarantie. Zu Recht weist Jonathan Spencer darauf hin, dass Engagement und kritische Recherche ein Privileg sind, das von vielen Ethnolog*innen leichtfertig für selbstverständlich gehalten wird (Spencer 2010:298).

6. Angewandte Ethnologie als Teil der Allgemeinen Ethnologie an deutschen Universitäten

6.1. Problemdarstellung

Robert Borofskys Klage, dass die akademische Ethnologie von der Gesellschaft isoliert sei und sich zu sehr nach innen gewandt mit sich selbst statt mit aktuellen sozialen Problemen beschäftige (Borofsky 2000:9), hat zumindest in den USA in den 2000er Jahren zu einigen Veränderungen im akademischen Bereich geführt. Inzwischen haben mehr als 40 Universitäten entsprechende Studiengänge zur Applied Anthropology implementiert[37], die das klassische Vier-Felder-Modell in der Ausbildung *(four-fields-approach)* aus *Cultural Anthropology, Linguistics, Archaeology* und *Biology* um ein fünftes Feld erweitern (Baba 1994).

Eher könnte Borofskys Vorwurf auf die Ethnologie in Deutschland zutreffen. Antweilers Feststellung trifft auch noch 20 Jahre nach Erscheinen seines Beitrages im Wesentlichen zu: „Mit Ausnahme einiger Museen ist die Ethnologie in Deutschland als Wissenschaft in den gesellschaftlichen Debatten nicht präsent. Einzelne Vertreter äußern sich zwar gelegentlich, aber als Fach schweigt die Ethnologie zu derzeit brisanten Themen. … Wenn überhaupt, dann wird praxisorientierte Ethnologie hierzulande meistens ohne Anbindung an die Universitätsinstitute oder Museen betrieben und ist zudem fast ausschließlich auf die Entwicklungsethnologie beschränkt" (Antweiler 1998a:218-219). Erste Ansätze sind jedoch sichtbar und nachhaltig (s. o. Kap. 3), die Anbindung an Museen wurde intensiviert, die berufliche Orientierung ist an vielen Instituten verbessert worden, der Kontakt zu den praktizierenden außerakademisch tätigen Ethnolog*innen wird gesucht, viele akademisch verankerte Wissenschaftler*innen sind zugleich in praktischen Projekten engagiert. Um die Angewandte Ethnologie an deutschen Universitäten als an-

---

37 Eine Liste der US-amerikanischen Universitäten mit Angeboten zur Applied Anthropology ist auf den Internetseiten der SfAA verzeichnet, vgl.: https://www.sfaa.net/resources/education/. Seit 2015 ist die Zahl um rund 10 Prozent gestiegen. Stand Januar 2019:47 Universitäten.

erkannten Teilbereich etablieren und personenunabhängig fortführen zu können, sind indes zwei grundlegende Probleme anzugehen:

1. Das Identifikationsproblem: Einer der Ursachen der geringen akademischen Präsenz der Angewandten Ethnologie ist die mangelnde Identifikation ihrer eigenen Fachvertreter*innen mit diesem Teilbereich der Ethnologie. Als theoretisch arbeitende Ethnolog*innen *müssen* sie nicht praktisch tätig und öffentlich sichtbar sein, und anwendungsorientierte Ethnolog*innen *wollen* viele von ihnen nicht sein. Elitärer Eskapismus in die höheren Regionen des wissenschaftlichen Elfenbeinturms wird einer intellektuell eher uninteressanten Praxis in der Außenwelt meist vorgezogen (und erweist sich karrierestrategisch in der Regel auch als vorteilhafter). Eher wird das Bild von der ganz anderen Welt aufrecht erhalten – auch wenn deren Produkte für kaum jemanden außerhalb der Akademia verstehbar sind, wie Eriksen moniert: "...in spite of its considerable growth, anthropology still cultivates its self-identity as a counter-culture, its members belonging to a kind of secret society whose initiates possess exclusive keys for understanding, indispensable for making sense of the world, but alas, largely inaccessible to outsiders" (Eriksen 2006:28).

Carole Hill spricht gar von zwei differenten Kulturen innerhalb ein und desselben Faches: Theorie und Praxis (Hill 2000:2). Weil die akademische Ethnologie im besten Fall über einige wenige Themen (Ethnomedizin, Entwicklungsethnologie, Medien), aber nicht prinzipiell mit der Angewandten Ethnologie als integralem Bestandteil ihres Faches zu kooperieren bereit ist, geht deren universitäre Etablierung vor allem in Deutschland bisher äußerst schleppend voran. Die Selbstbeschränkung auf die akademisch-theoretisch ausgerichtete Ethnologie dürfte u. a. von der britischen Social Anthropology mit forciert worden sein, die maßgeblich die Ausrichtung der Ethnologie im deutschsprachigen Raum nach 1945 geprägt hat. Ausgerechnet Evans-Pritchard, der seinen wissenschaftlichen Ruf vor allem den Ergebnissen seiner praktischen Tätigkeiten (u. a. für die britische Kolonialadministration, vgl. Kap. 2.2) verdankte, war an der Ausgrenzung der Angewandten Ethnologie nicht ganz unbeteiligt. Sein Statement „wer als Ethnologe in der Verwaltung arbeitet, der ist kein Ethnologe mehr" war für die ohnehin vorsichtig agierende deutsche Nachkriegs-Ethnologengeneration ein Grund mehr, sich aus der Praxis herauszuhalten. Schließlich wollte man kein Ethnologe zweiter Klasse sein. Was für die amerikanische Ethnologie in den 1960er Jahren zutraf, gilt in einigen Teilen der britischen und der deutschen Ethnologie bis heute: Anwendungsorientierte Forschung ist wenig prestigereich und gilt manchen als Kompromittierung der eigenen wissenschaftlichen Integrität (Foster 1952:5; Benedict 1967:584). Dagegen hat sich Max Drake, vor seiner universitären Laufbahn selbst viele Jahre als Medizinethnologe im Gesundheitswesen tätig, 1988 dezidiert ausgesprochen: "Another way to bring practice and academics together is to dispense with the notions such as to be an administrator is not to be an anthropologist... Instead, agree that anyone with a degree in anthropology... is an anthropologist. Anthropologists simply work in different settings using their skills to different ends. They can still benefit the profession as a whole. To define anthropology otherwise is to limit ourselves out of much of our future" (Drake 1988:49).

Für die Zukunft der Ethnologie halten Ahmed und Shore die Unterscheidung von „pure" und „applied" schon deshalb für obsolet, weil es keine wirklich freie Ethnologie gibt. Gefordert seien vielmehr ein engagierter Standpunkt (*committed stance*) und ein Konzept für die *Disziplin als Ganzes,* mit einer besseren institutionellen Verlinkung der Bereiche untereinander (Ahmed/Shore 1995:88). Diese inzwischen fast 20 Jahre alte Forderung erscheint gerade für die Ethnologie in Deutschland nach wie vor höchst aktuell zu sein.

2. Das strukturelle Problem: Das begrenzte Interesse an Angewandter Ethnologie in Deutschland innerhalb der eigenen Reihen ist auch auf strukturelle Unterschiede der Arbeitsbereiche zurückzuführen. In der Gegenüberstellung einiger wesentlicher Aspekte wie Ziele und Aufgaben, Positionierung, Methodik und Analyse sowie Ergebnispräsentation wird deutlich, dass jeder Bereich seine ganz eigenen Merkmale aufweist. Während die Divergenzen zwischen akademisch-theoretischer Ethnologie und ethnologischer Praxis offensichtlich und daher unstrittig sind, hat die Angewandte Ethnologie in der Mittelposition zwischen Wissenschaft und Praxis *wissenschaftsorientiert, forschungsbasiert und praxistauglich* zu sein. Die Übersicht lässt Folgendes deutlich werden → ■ Tab. 1.

■ *Aufgaben und Ziele: S*chon in der Aufgabenstellung nimmt die Angewandte Ethnologie eine Sonderposition ein und steht damit zwischen „the creation of knowledge" und „the use of knowledge" (Hastrup/Elsass 1990:302). Die *Akademische Ethnologie* geht von allgemeinen, *wissenschaftlichen Forschungsfragen* und Hypothesen aus, um eine Wissenslücke zu füllen. Aktuelle Fallbeispiele sind nur insoweit relevant, als sie dazu beitragen, Wissen zu schaffen, das sich wiederum auf andere Fälle übertragen lässt – aber nicht notwendigerweise in jedem konkreten Fall nutzbar gemacht werden kann. Die *Ethnologische Praxis* geht dagegen von konkreten Aufträgen mit konkreten *Untersuchungs*fragen aus, die auf bestimmte Anliegen beschränkt sind und praktikable Lösungen erforderlich machen (vgl. auch Hill 2000:7). Sie arbeitet für und an Einzelfällen und setzt Wissen in die Praxis um, unabhängig davon, ob dieses Wissen einen Rückbezug auf die Theorie hat und von Einzelfällen abstrahierbar ist. Die *Angewandte Ethnologie* hat beiden Seiten gerecht zu werden. Das impliziert, dass sie theoriebasierte Forschungen durchführt und Lösungsoptionen aufzeigt, aber nicht grundsätzlich deren Umsetzung zu verantworten hat. Ihre Aufgabe besteht weiter darin, Theorien auf ihren praktischen Erkenntnisnutzen hin zu testen, Prognosen zu überprüfen und Folgewirkungen nachzuhalten.

■ *Position:* Auch die professionelle Position zwischen der wissenschaftlich gebotenen Neutralität als Akademische Ethnolog*innen und aktivem Engagement als ethnologische Praktiker*innen muss sorgsam austariert werden. Angewandte Ethnolog*innen können sich nicht in jedem Fall auf die Position des neutralen Outsiders zurückziehen, haben aber weder als Sprachrohr ihrer Gesprächspartner*innen zu agieren noch müssen sie in jedem Falle entscheiden, welche Lösung zu wählen ist. Sie sind weder Outsider noch Insider, sondern eher kritisch engagierte Outsider, die Entscheidungen begleiten, aber nicht in jedem Falle selbst praktisch umzusetzen haben.

■ *Methodik und Analyseverfahren:* Auch in diesen beiden Bereichen können erhebliche Unterschiede bestehen. Die relativ kurzen Zeitvorgaben für anwendungsorientierte Forschungen machen eine Anpassung der Methoden und der Auswertung der erhobenen ethnographischen Daten erforderlich. Zeitaufwändige Methoden wie teilnehmende Beobachtungen, Interviews, Haushaltsanalysen und Surveys, die zum Standard-Methodenrepertoire der Ethnologie gehören, sind unter Zeitdruck nur in Ansätzen möglich und

Tab. 1: Akademisch-theoretische Ethnologie, Angewandte Ethnologie und Ethnologische Praxis im Überblick

ANGEWANDTE ETHNOLOGIE	AKAD.-THEORETISCHE ETHNOLOG	ETHNOLOGISCHE PRAXIS
Aufgaben und Ziele	**Aufgaben und Ziele**	**Aufgaben und Ziele**
Geht von wissenschaftlich begründeten Fragestellungen und Hypothesen aus	Geht von wissenschaftlich begründeten Fragestellungen und Hypothesen aus und testet sie in der Praxis	Geht von konkreten sozialen Problemen und Anliegen aus
Stellt allgemeine wissenschaftliche Forschungsfragen, die an Fallbeispielen präzisiert werden	Stellt allgemeine Forschungs- und konkrete Untersuchungsfragen	Stellt präzise Untersuchungsfragen für konkrete Fälle
Gibt theoretische Antworten	Gibt theoretische und praktische Antworten	Gibt praktische Antworten
Erklärt Zusammenhänge (Kontext)	Erklärt Zusammenhänge, erstellt Prognosen, zeigt Optionen auf	Findet Lösungen, erstellt Prognosen, erstellt praktische Handlungsanleitungen, handelt
Abstrahiert von Einzelfällen	Arbeitet an Einzelfällen und führt Ergebnisse in die Wissenschaft zurück	Arbeitet an Einzelfällen
Erzeugt Wissen	Erzeugt Wissen, zeigt Nutzen auf	Setzt Wissen in Praxis um

ANGEWANDTE ETHNOLOGIE	AKAD.-THEORETISCHE ETHNOLOG	ETHNOLOGISCHE PRAXIS
Position des/r Ethnolog*in	**Position des/r Ethnolog*in**	**Position des/r Ethnolog*in**
Versucht objektiv zu sein; ist der Wissenschaft verpflichtet	Ist Wissenschaft und Praxis zugleich verpflichtet	Ist loyal und parteiisch gegenüber Auftraggebenden
Reflektiert eigene Position	Reflektiert eigene Position und Interessen der beteiligten Parteien	Reflektiert eigenen Bias und handelt im Sinne des Auftraggebers
Werte-implizit	Werte-implizit, kann aber öffentlich Stellung beziehen	Werte-explizit, nimmt gegebenenfalls dezidiert öffentlich Stellung
Ist nicht aktiv in Problemfindungsprozesse involviert, interveniert nicht	Ist nicht aktiv in Problemfindungsprozesse involviert, zeigt aber Änderungsoptionen auf	Ist aktiv involviert, interveniert
Kritischer Outsider	Kritisch-engagierter Outsider	Engagierter Insider
Muss nichts entscheiden	Kann Entscheidungen begleiten	Muss Wahl aus verschiedenen Interessen treffen und entscheiden
Methodik und Analyse	**Methodik und Analyse**	**Methodik und Analyse**
Forschungsorientierte Methoden, gegebenenfalls zeitintensiv	Forschungs- und anwendungsorientierte Methoden, mittelgroßes Zeitfenster	Anwendungsorientierte Methoden, kurze Recherchen, kleines Zeitfenster
Wissenschaftliche Analyseverfahren	Wissenschaftliche und anwendungs-orientierte Analyseverfahren	Anwendungsorientierte Analysen
Ergebnispräsentation	**Ergebnispräsentation**	**Ergebnispräsentation**
Komplexe Darstellungen, wissenschaftliche Publikationen in Büchern und Zeitschriften, öffentlich	Wissenschaftlich basierte Publikationen für akademisch-interessiertes und nicht-akademisches Publikum, öffentlich	Kurze Reports, Empfehlungen, Evaluationen, graue Literatur, Internet; ggf. nicht für die Öffentlichkeit freigegeben
Wissenschaftliches Publikum	Akademisches und nicht-akademisches Publikum	Nicht-akademisches Publikum

müssen durch Methoden und Programme zur zeitnahen Datenaufnahme und -auswertung ergänzt – wenn nicht gar ersetzt – werden, die ein schnelles Ergebnis ermöglichen. Im Unterschied aber zur außeruniversitären praktischen Ethnologie kann auf wissenschaftlicher Sorgfalt bestanden werden. Zeitfenster von wenigen Tagen oder Wochen zur Erfassung komplexer Zusammenhänge müssen nicht zu Lasten der Ergebnisqualität hingenommen werden, nur, weil Auftraggebende ein straffes Zeitmanagement vor geben.

■ *Ergebnispräsentation*: Die wohl größte Herausforderung stellt die Präsentation der Ergebnisse dar. Kaum jemand außerhalb der Wissenschaft möchte sich mit langen ethnographischen Werken befassen. Gefragt sind kurze Reports (präferiert wird in der Regel eine Zusammenfassung der Ergebnisse auf der ersten Seite), Überblicksberichte und Internet-fähige Texte. Das zwingt bei den meisten Publikationen zu Komprimierung, Verzicht auf Ausführlichkeit und Konzentration auf das Wesentliche. Während ethnologische Praktiker*innen zumindest geübt darin sind, sich kurz zu fassen und den mehr oder weniger komplexen Kontext ihres jeweiligen Problemfalls auf die wesentlichen Punkte zu kondensieren, leiden wissenschaftliche Expertisen oftmals an informativer Überfrachtung, weil jedes Detail wichtig und wissenswert erscheint. Sich kurz zu fassen kann schwierig sein (Klocke-Daffa 2004:18). Eine noch größere Hürde stellt jede Form von medientauglicher Präsentation ethnologischer Ergebnisse vor einem nicht-wissenschaftlichen Publikum dar. Während Wissenschaftler*innen zwar geübt darin sind, vor Publikum aufzutreten und sich geschliffen auszudrücken, versagen in der Regel alle Erfahrungen, sobald Mikrophon und Kamera auftauchen. *Going public* muss gelernt sein und setzt einiges Talent voraus (McClancy 2013).

Die Angewandte Ethnologie hat somit beiden Seiten gerecht zu werden, was keine Reduktion, sondern eine *Extension* von Aufgaben, Ziele, Methoden, Analyseverfahren und Ergebnispräsentationen bedingt. Das sollte auch in der Lehre Berücksichtigung finden.

6.2. Konzeptionelle Ausrichtung einer integrierten Angewandten Ethnologie

Die Angewandte Ethnologie als Teil der Allgemeinen Ethnologie erfordert inhaltliche, personelle und organisatorische Anpassungen, um effizient und professionell arbeiten zu können. Zu ihren Besonderheiten zählt der Rückgriff auf einen Pool von außerakademischen Expert*innen, die – wenn sie längerfristig eingebunden werden sollen – nicht nur mit einer Aufwandsentschädigung entgolten werden können. Sofern anwendungsorientierte Arbeiten nicht aus eigener Initiative, sondern auf Anregung externer Auftraggeber initiiert werden, erscheint zudem ein neues Klientel auf der universitären Bildfläche, das als Finanziers fungiert und Mitsprache, ggf. auch Mitgestaltungsrechte, beansprucht. Unter dem Dach einer Angewandten Ethnologie können vier Aufgabenbereiche ausdifferenziert werden ■ Abb. 1.

■ *Berufsorientierende Veranstaltungen* sind unabdingbar, um Studierenden der Ethnologie einen Einblick in mögliche Berufsfelder zu vermitteln. Da es Ethnologie als Beruf bisher nicht gibt, sondern lediglich ein breit gefächertes Spektrum beruflicher Einsatzmöglichkeiten für Absolvent*innen der Ethnologie, sind erste Einblicke durch praktizierende Ethnolog*innen hilfreich. Dadurch können Berufswege besser überschaut, Einstiege in Praktika gefunden oder wichtige Hinweise für frühzeitig zu erlangende Zusatzqualifikationen eingeholt werden. Zugleich wäre es notwendig, in die Grundlagen der Angewandten Ethnologie einzuführen.

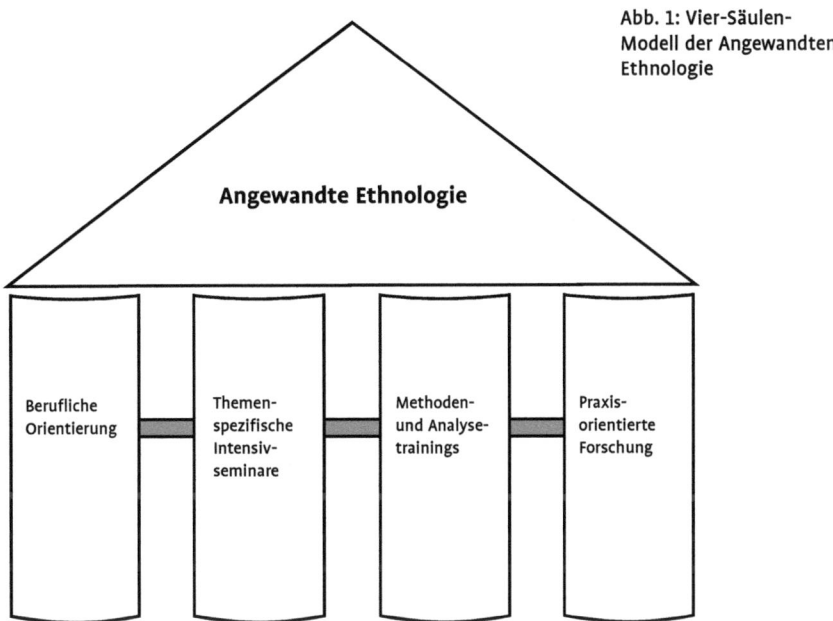

Abb. 1: Vier-Säulen-Modell der Angewandten Ethnologie

Angewandte Ethnologie

Berufliche Orientierung

Themenspezifische Intensivseminare

Methoden- und Analysetrainings

Praxisorientierte Forschung

■ *Themenspezifische Intensivseminare* sollten keine berufsorientierenden Veranstaltungen ersetzen, sondern eine sinnvolle Ergänzung dazu bilden, indem sie bestimmte Berufsfelder intensiv präsentieren. Hier werden konkrete Aufgaben gestellt, die von Studierenden unter professionller Anleitung innerhalb eines bestimmten Zeitraumes praktisch zu erledigen sind. Das Angebot hängt von der institutsspezifischen Priorisierung und Schwerpunktsetzung auf einzelne Berufsfelder ab (z. B. Journalismus, Medien, Schule, Integrationsarbeit, Erwachsenenbildung, Gesundheitswesen, Humanitäre Hilfe o. a.). Die Anforderungen sind jeweils den besonderen Bedingungen und Möglichkeiten des jeweiligen Studiengangs anzupassen.

■ *Methoden- und Analysetrainings* unterscheiden sich nicht grundsätzlich von der Allgemeinen Ethnologie, gehen aber in einigen Bereichen darüber hinaus. Da die Angewandte Ethnologie ein spezifisches methodisches Vorgehen erforderlich machen kann (s. u.), sind auch in diesem Bereich ggf. Expert*innen aus dem außeruniversitären Bereich oder interdisziplinär aus anderen wissenschaftlichen Disziplinen, Rechenzentren oder wissenschaftlichen Forschungseinrichtungen einzubeziehen.

■ *Praxisorientierte Forschung* kann unter Einbeziehung von Studierenden oder Doktoranden der Projektleitenden erfolgen. Sie kann auch auf eigene Initiative für bestimmte Formen von Abschlussarbeiten, als Teil eines Graduiertenkollegs, einer Forschergruppe oder als Auftragsproduktion durchgeführt werden. Praxisorientierte Forschung unterscheidet sich von anderen ethnologischen Forschungen zum einen durch ihren expliziten Anwendungsbezug, zum anderen durch die kürzeren Laufzeiten (mit Ausnahme von Promotionen). Das setzt nicht nur inhaltlich neue Maßstäbe, sondern bedingt auch ein effizientes *Management,* kurze bürokratische Wege, schnelle Bearbeitungsphasen und jederzeit bereitstehende Informationen für die Öffentlichkeit voraus. Erfolgversprechend wären sicherlich auch Re-Studies – wie schon Benedict (1967) herausstellte –, um ältere Forschungsergebnisse und Prognosen zu überprüfen sowie Projekte auf ihre sozialen Auswirkungen hin zu untersuchen, die heute mit dem Begriff *social impact analysis* bezeichnet werden, für die neue Erfassungsmethoden entwickelt wurden (Goldman 2000).

Da die deutschen Universitäten (mit Ausnahme der privaten Hochschulen) nicht als Wirtschaftsbetriebe konzipiert sind, ist die Durchführung von *entgeltlichen* Angeboten wie Sprachkursen, Erwachsenen-Fortbildungsseminaren für Personen aus der privaten Wirtschaft, Orientierungskurse für Flüchtlinge oder berufliche Qualifizierungsmaßnahmen in Kooperation mit Arbeitsagenturen mit organisatorischen und rechtlichen Problemen verbunden.[38] Dafür müsste die Angewandte Ethnologie im Rahmen eines rechtlich selbstständigen *An-Instituts* agieren, wie dies etwa im Bereich der Betriebswissenschaften praktiziert wird. Angesichts der geringen Umsätze in der Ethnologie und der enormen bürokratischen Hürden kommt dieses Modell derzeit kaum für die Angewandte Ethnologie in Deutschland in Frage.[39]

Als integrale Bestandteile universitärer Studiengänge ergänzt die Angewandte Ethnologie die theoriegeleitete Forschung und Lehre, hat aber auch ein eigenes Profil und bietet Studierenden wie Lehrenden zusätzliche Lehr- und Forschungsfelder ■ Abb. 2.

---

38 Dass dies nicht unmöglich ist, zeigt das Beispiel Angewandte Ethnologie in Dänemark: Am Department of Anthropology der Universität Kopenhagen werden anwendungsorientierte Lehrforschungen im Auftrag von lokalen Unternehmen oder öffentlichen Einrichtungen durchgeführt. Um den Wettbewerb nicht zu verzerren, haben Auftraggeber die ortsüblichen Preise zu bezahlen – erwarten dafür aber entsprechende Ergebnisse.

39 So hat z. B. das Institut für Ethnologie der Universität Münster im Jahre 2004/2005 prüfen lassen, inwieweit ein An-Institut als eigenständige Einrichtung mit der Aufgabe der Durchführung praktischer Aufträge aus Verwaltung und Wirtschaft mit gleichzeitig engem Kontakt zur Forschung in Frage kommt. Die Idee wurde letztlich aus finanziellen Überlegungen nicht umgesetzt – anders als etwa die an derselben Universität eingerichteten An-Institute für Manuelle Medizin, Krankenhausmanagement, Angewandte Informatik u. a.

Abb. 2: Einbindung der Angewandten Ethnologie
in Lehre und Forschung

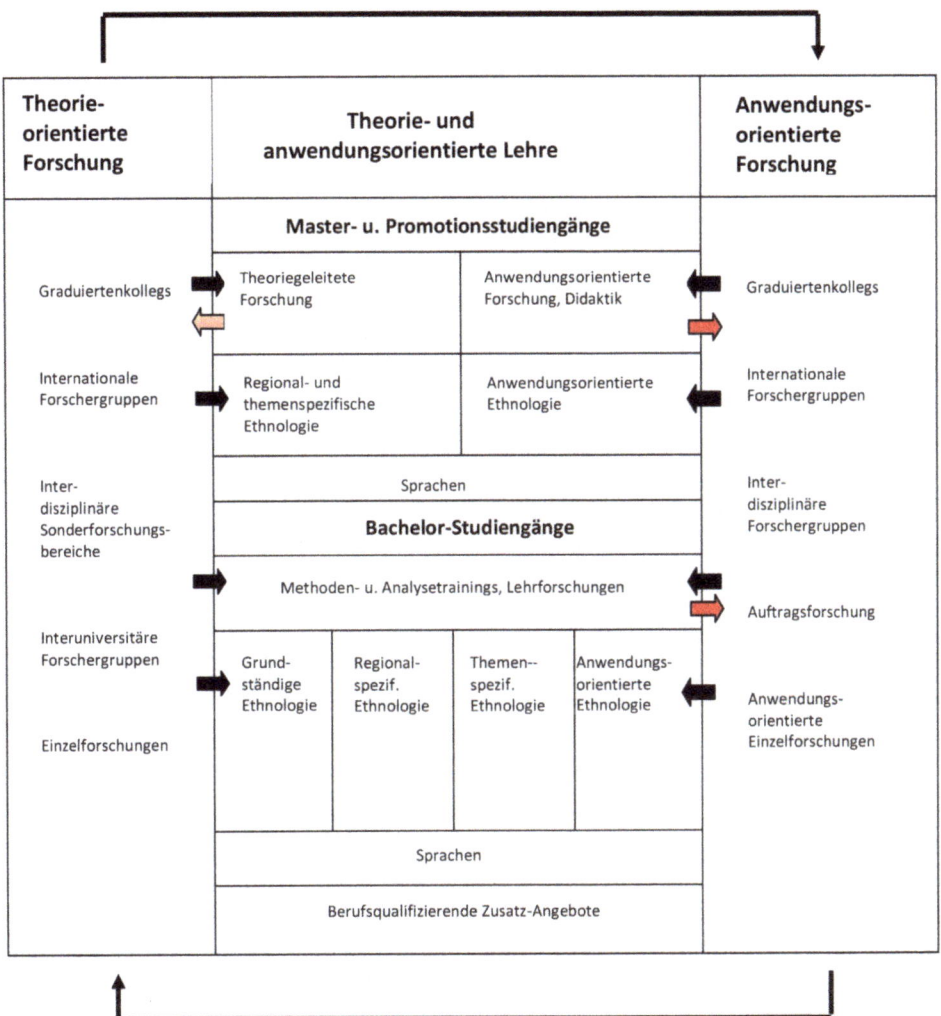

■ *Input der Forschung für die Lehre:* Sowohl in den Bachelorstudiengängen als auch in den weiterführenden Master- und Promotionsstudiengängen kann die Angewandte Ethnologie ihre Ergebnisse einbringen. Im Hinblick auf die *Organisation der Forschung* unterscheiden sich beide – theorieorientierte Forschung und anwendungsorientierte Forschung – nur wenig voneinander. Auch die Angewandte Ethnologie könnte Graduiertenkollegs ebenso wie internationale, interuniversitäre oder interdisziplinäre Forschergruppen und Forschungsverbünden aufstellen und deren Ergebnisse an die Lehre rückbinden: in den BA-Studiengängen in Lehrveranstaltungen zur anwendungsorientierten Ethnologie sowie Methoden- und Analysetrainings; in MA- und Promotionsstudiengängen in Seminare mit anwendungsorientierten Themen. Angewandte Ethnologie kann sich zudem der *Interkulturellen Didaktik* als Voraussetzung der Anwendung ethnologischen Wissens in Schule und Erwachsenenbildung (als einem möglichen Feld anwendungsbezogener Ethnologie) annehmen. In der theorieorientierten Ethnologie spielt die Didaktik der Ethnologie dagegen bisher keine Rolle

■ *Auftragsforschungen:* In einem Punkt unterscheidet sich die anwendungsorientierte Ethnologie jedoch von der theorieorientierten Ethnologie: *Auftragsforschungen* könnten zu einem Bestandteil von Lehre und Forschung werden. In der Bachelorausbildung kann anwendungsorientierte Forschung von den im Rahmen der Ausbildung möglichen kleineren *Lehr*-Projekten mit lokaler Reichweite zur Generierung empirischer Daten profitieren, die die Möglichkeit bieten, entsprechende Handlungsoptionen zu entwickeln und für interessierte Institutionen bereitzustellen (öffentliche Verwaltungen, Vereine, NGOs).[40]

Für die theoriegeleitete Ethnologie ist dies in der Regel nur in den Studiengängen für Graduierte aussichtsreich, da die Ergebnisse von Lehrforschungen auf BA-Ebene nicht in die universitäre Forschung zurückfließen.

6.3. Methodik und Datenauswertung

Die Angewandte Ethnologie macht aufgrund der besonderen Anforderungen und Ziele sowohl in der Forschung als auch in der Lehre und in der Kommunikation der Ergebnisse eine Erweiterung des Instrumentariums erforderlich.

■ *Feldforschung:* Forschungen zur Angewandten Ethnologie unterscheiden sich nicht grundsätzlich von klassischen Feldforschungen, erfordern aber mehr als nur eine graduelle Anpassung. Die teilnehmende Beobachtung, genuine Methode der Ethnologie seit den 1920er Jahren, ist auch für anwendungsorientierte Forschungen unentbehrlich. Für Jeremy MacClancy bleibt die Feldforschung – obgleich inzwischen auch von anderen wissenschaftlichen Disziplinen entdeckt – eine der wichtigsten Datenerhebungsinstrumente des Faches, „which continues to make it a distinctive discipline, with a distinctive contribution to the understanding of social concerns" (MacClancy 2002:7).

---

40 Ein Beispiel dafür ist das im Sommersemester 2015 in der Tübinger Ethnologie durchgeführte Lehrprojekt zur Angewandten Sportethnologie. Unter Mitwirkung von BA- und MA-Studierenden wurde eine Untersuchung zum Thema „Integration ethnischer Sportvereine in der Region Tübingen" durchgeführt, deren Ergebnisse den beteiligten Vereinen, den Sportdezernenten der Städte Tübingen und Reutlingen sowie dem Landessportbund Baden-Württemberg zur Verfügung stand. Die Ergebnisse wurden 2016 im Rat der Stadt Reutlingen vorgestellt. Das Engagement der Studierenden und die wissenschaftliche Begleitung durch zwei Sportethnologen hatte nachhaltige Wirkung und half mit, dass der begleitete Jugendsportverein 2017 zum Stützpunktverein im Programm „Integration durch Sport" des Bundesinnenministeriums wurde und damit Zugang zu spezieller Sportförderung erhielt.

Gleichwohl sind die üblichen stationären Feldforschungen von ein bis zwei Jahren Dauer nicht in jedem Falle zu realisieren, wenn seitens der Kooperationspartner*innen oder Auftraggebende gerade einmal einige Monate, vielleicht auch nur wenige Wochen Zeit zur Verfügung stehen und zu einem bestimmten Termin ein fertiges Produkt erwartet wird. Dafür muss die Forschung ggf. in Umfang und Dauer angepasst werden. Dies trifft insbesondere auf interdisziplinäre Teams zu. Umso wichtiger sind solide Methodentrainings als Teil des Studiums. Laurie Price plädiert daher dafür, alle Ethnologie-Studierenden in Graduiertenstudiengängen (MA und PhD) in irgendeiner Form mit anwendungsorientierten Methoden bekannt zu machen und nicht darauf zu setzten, dass sie eine akademische Karriere im Rahmen der klassischen, theoretischen Ethnologie verfolgen werden. Die meisten Absolvent*innen werden – ähnlich wie in Deutschland – letztlich in der außerakademischen Praxis berufstätig sein, wo sie diese Methoden möglicherweise gut gebrauchen können (Price 2001a). Ausbildung und Berufswege stünden daher in einem eklatanten Missverhältnis (Price 2001b).

Für die Angewandte Ethnologie stehen eigens entwickelte Methoden der *rapid ethnographic assessment procedures* (REAP) zur Verfügung. Das Repertoire ist in den vergangenen zehn Jahren kontinuierlich erweitert worden (vgl. dazu Trotter / Schensul 1998; zu einzelnen Methoden und Aufgabenfeldern vgl. Kemmis / McTaggart 2000; Roades 2005; Schönhuth 1993; Beiträge in van Willigen / Finan 1991). Dazu gehören:

- semistrukturierte Interviews

- Fragebogenaktionen zur Erhebung quantitativer Daten

- Bedarfs- und Effekt-Analysen (needs assessment, impact assessment)

- Fokusgruppen-Recherchen

- quantitative Netzwerkanalysen

- Participatory Action Research

- Rapid Assessment Procedures (RAP)

- Einsatz von Geo-Informationssystemen (GIS)

- Einbeziehung von internationalen Datenbanken wie z. B. von CDC (Centers of Disease Control) für medizinethnologische Forschungen oder CIP (International Potato Center) für landwirtschaftliche Forschungen oder UNDP (United Nations Development Program) für entwicklungsethnologische Arbeiten u. v. a.

- Audio-visuelle Dokumentation

Die für anwendungsorientierte Forschungen entwickelten Datenerhebungsverfahren haben zweifellos ihre Schwächen, wie Kedia unumwunden zugibt (Kedia 2008:22). Sie können durch einen Methodenmix zumindest abgemildert werden, fokussieren aber vor allem auf individuelle Akteure und kulturelle Variabilität zwischen *Individuen,* wie es in der Anleitung zur *Quick Ethnography* heißt (Handwerker 2001:7). Für mehr bleibt keine Zeit. Klassisch arbeitende Ethnolog*innen sind bei dieser Einschränkung skeptisch – *rapid assessment procedures* und *quick ethnography* hören sich nach *quick and dirty* an. Wenn nicht verzerrte und einseitige Ergebnisse hingenommen werden sollen, sind die zeitintensiven Standardmethoden der Ethnologie wie teilnehmende Beobachtung und qualitative Interviews unerlässlich – dazu gute Sprachkenntnisse, erfahrene Dolmetscher und vertrauenswürdige Gesprächspartner als unabdingbare Voraussetzungen, die schon vor Beginn der eigentlichen Forschung vorhanden sein müssen. Meine eigenen anwendungsorientierten Forschungen in Namibia (Klocke-Daffa 2012) mit quantitativen Erhebungsmethoden hätten zu vollkommen anderen Interpretationen der Daten geführt, wenn ihnen nicht langfristige Forschungen vorausgegangen wären (Klocke-Daffa 2001, 2008, 2009b). Als vorteilhaft haben sich jedoch ergänzende *Fragebogenaktionen* zur Erhebung quantitativer Daten erwiesen, die über einen begrenzten Zeitraum mit immer denselben Fragen bei immer denselben Interviewpartnern durchgeführt wurden. Bei kaum einer anderen Methode können in kurzer Zeit so viele *quantitative* Informationen zusätzlich zu den über Interviews generierten *qualitativen* Daten erhoben werden.

Dagegen erscheinen mir einige der oben angeführten, besonders arbeitsintensiven Methoden wie *participant action research* und die Netzwerkanalyse für die Angewandte Ethnologie nur bedingt brauchbar – im Gegensatz etwa zur RRA, bei der lokale Akteure direkt in die Lösungsfindung einbezogen werden. Paul Sillitoe hält die Weiterentwicklung partizipativer Methoden und die Einbeziehung von *indigenous knowledge* für eine wichtige Zukunftsaufgabe der Angewandten Ethnologie. Wenn diejenigen, um die es eigentlich geht, mitsprechen, mit beschließen und mittun könnten, weil sie in ihrem Wissen respektiert werden, wäre die Chance auf nachhaltige Veränderungen größer. „We need, not to speak for them, but to work with them. ...Much work is needed on participatory methods, offering an opportunity for anthropology to establish a professional presence (e. g. ensuring representations of different views, managing conflict when these clash, reducing outsider manipulation ...)" (Sillitoe 2007:158).

Ein weiterer Bereich, der in der Angewandten Ethnologie ausbaufähig wäre, ist die *Auswertung von Daten*. Sie kommt auch in der theoretischen Ethnologie häufig zu kurz, weil davon ausgegangen wird, dass die Interpretation der empirischen Daten durch die zugrundeliegenden theoretischen Ansätze bereits weitgehend vorgegeben ist. Die Strukturierung und Kategorisierung von Daten wird meist „irgendwie" gemacht, die Auswertung statistisch relevanter Daten erfolgt durch Auszählung. Auswertungsaufgaben lassen sich jedoch schneller und effizienter bewerkstelligen. Hilfreich ist die Bereitstellung von computergestützten Programmen zur Auswertung qualitativer und quantitativer Daten (wie atlas.ti, MAXQDA, MS Access, nur in Ausnahmenfällen und bei großen Datenmengen auch SAS), der Einsatz von Expert*innen, und PC-Pools sowie gezielte Auswertungstrainings der Mitwirkenden im Forschungsprozess (Beiträge in Flick 2014).

Die Einbeziehung in die *Lehre,* die in der Allgemeinen Ethnologie nur sporadisch erfolgt, bietet sich für die Angewandte Ethnologie als Voraussetzung und effektives Instrument an. Studierende lernen auf diese Weise nicht nur die Methoden, wissenschaftlichen Grundlagen und theoriegeleiteten Fragestellungen der Angewandten Ethnologie kennen, sondern sind selbst Teil des Forschungsprozesses und tragen durch ihren Einsatz wesentlich zum Ergebnis bei. Das erfordert jedoch – abhängig vom jeweiligen Thema – alternative Lehrmethoden: die Verabschiedung vom Prinzip des klassischen Frontalunterrichts mit Referatseinlagen durch Studierende hin zu gemeinsamen Arbeitsgruppen. Unter professioneller Anleitung von Dozent*innen und externen Expert*innen aus der praktischen Ethnologie wie auch aus der Wissenschaft (für Methodentrainings, Analysetrainings, Inputs aus anderen wissenschaftlichen Disziplinen) lassen sich im *Teamteaching* neue Wege beschreiten. Sie sind vorbereitungsintensiv, aber überzeugend im Ergebnis. Lehrveranstaltungen in der Angewandten Ethnologie sind damit zugleich Studieneinheiten, die an der Schnittstelle von Wissenschaft und Praxis der Ethnologie ansetzen. Den Studierenden werden Wege aufgezeigt, wie ethnologisches Wissen für die praktische ethnologische Arbeit zielorientiert erworben und praktisch umgesetzt werden kann. Als erfolgreich und zielführend haben sich vor allem Studienprojekte erwiesen, wie z.B. Ausstellungen (Arbeitsbereich Museum Studies), Videoclips (Visuelle Anthropologie), Produktion von journalistischen Texten, Radio-Podcasts und Webdesign (Bereich Medienethnologie) oder Schul-Projekttage. Auch neue Angebote zum Forschenden Lernen im Rahmen des Service-Learning (SL) haben sich für anwendungsorientierte Lehrveranstaltungen als gut geeignet verwiesen (zum Konzept des SL vgl. Gelmon et al. 2018; Müller-Naevecke / Naevecke 2018).

Die in den USA üblichen begleiteten Field Schools, die im Rahmen der Applied Anthropology angeboten werden (vgl. etwa Roberts 2004; van Arsdale 2008) gehören an vielen deutschen Universitäten auch ohne Angewandte Ethnologie zur Standardausbildung. Sie würden sich gut mit anwendungsbezogenen Themen verbinden lassen.

Auch die *Kommunikation* der Ergebnisse kann sich von den etablierten Publikationsstrategien der Ethnologie unterscheiden. Während in Deutschland nach wie vor Druckmedien bevorzugt werden, ist die Angewandte Ethnologie auf schnellere Veröffentlichung angewiesen. Online-Publikationen sind ein Weg, Forschungsergebnisse schnell, kostengünstig und für die Allgemeinheit frei zugänglich zu machen. Nicht in jedem Fall jedoch sind Auftraggebende (auch nicht alle öffentlichen Auftraggeber) daran interessiert, Ergebnisse unbesehen der Öffentlichkeit zur Verfügung zu stellen. Die als Ergebnis von Projekten der Angewandten Ethnologie fälligen Reports, Expertisen, Gerichtsgutachten, Evaluationen, Bulletins, Vortragspublikationen, Unterrichtsmaterialien, Dokumentationen und Reportagen unterscheiden sich von den klassischen Veröffentlichungen der Wissenschaft dadurch, dass sie nicht immer in etablierten Verlagen oder als open-source-Daten erscheinen, sondern auch als print-on-demand-Publikationen, in Selbstverlagen, in der grauen Literatur oder nur als DVDs für einen begrenzten Anwenderkreis zur Verfügung stehen (vgl. auch Pink 2006b:14). Für die Angewandte Ethnologie sind neue Formate der Präsentation erforderlich, aber auch neue Wege der Selbstdarstellung. Ob in Radiospots, TV- und Internetclips, in Pressegesprächen oder öffentlichen Ausstellungen und Vortragsreihen: Die Präsentation in der Öffentlichkeit ist durchweg mit großem Aufwand verbunden und setzt Medienkompetenz voraus. Auch dieser Bestandteil der Angewandten Ethnologie sollte Teil der Lehre sein.

6.4. Theorieorientierung: Theorie der Praxis und Praxistheorie

Unzweifelhaft muss die Angewandte Ethnologie als Bestandteil der Allgemeinen Ethnologie *Theorie-geleitet* sein, weil sie sich andernfalls von der Wissenschaft verabschiedet und damit keine Berechtigung als universitär basierter Teilbereich der Ethnologie hat. Auch wenn in ihren Publikationen in der Regel wenig auf theoretische Hintergründe eingegangen wird, für die sich Auftraggeber und die breite Öffentlichkeit im Allgemeinen kaum interessieren, kann das nicht den Verzicht auf theoretische Fragestellungen bedeuten – ebenso wenig wie die Abkehr von solider ethnologischer Forschung. Für die Angewandte Ethnologie sind Theorien immer Bestandteil ihres wissenschaftlichen Handwerkzeugs, d. h. Instrumente der Interpretation und Analyse von Daten. Ihre auf ein konkretes Projekt bezogenen Anforderungen können sich im Einzelfall auf *Untersuchungsfragen* beschränken, müssen aber grundsätzlich darüber hinausgehen. Durch die Formulierung von *wissenschaftlichen Forschungsfragen* und *Hypothesen* liefert die Angewandte Ethnologie Antworten auf allgemeine theoretische Fragestellungen und damit die Grundlage für ähnlich gelagerte Projekte: „Academic research is often a prerequisite for flourishing applied work" (Sillitoe 2007:161). Viele theoretische Ansätze bieten sich an, erkenntnisleitend in die Praxis übertragen zu werden, die ihrerseits zu weiterführenden Erkenntnissen beitragen kann. Dazu gehören etwa, um nur einige Beispiele zu nennen, Raumtheorien im Zusammenhang mit dem *spatial turn* in Projekten zur Gestaltung öffentlicher Räume und *gated communities,* die Ethnologie der Educational Gouvernance zur Untersuchung alternativer Bildungsmodelle, Theorien zu Austausch und Gabe in Untersuchungen zu sozialen Sicherungsmechanismen, Diversitätsansätze der Medizinethnologie für Studien zum Gesundheitsmanagement oder wissenschaftliche Diskurse um Identität und Ethnizität in Projekten zur sozialen Integration plurikultureller Nachbarschaften bis hin zur Relevanz der Netnography für die Untersuchung der Nutzerkulturen in Bibliotheken.

Die Diskussion über die Kluft zwischen Theorie und Praxis wird vor allem in der nordamerikanischen Ethnologie seit Jahrzehnten geführt. Lange Zeit wurden zwei Positionen vertreten: Aufgabe der akademischen Ethnologie sollte es sein, theoretische Ansätze zu liefern, die von der Angewandten Ethnologie in der Praxis überprüft werden, wie Foster (1969) in seiner Analyse der Applied Anthropology beschreibt („application is the testing of theory"). Umgekehrt sollte die genuine Aufgabe der Applied Anthropology darin bestehen, empirische Daten für die akademisch-theoretische Ethnologie zur Formulierung neuer Theorien zu liefern (so etwa Hill-Burnett 1987). Die Dichotomie von Theorie-produzierender und Theorie-überprüfender Ethnologie hatte jedoch schon Sol Tax in dem von ihm initiierten Projekt zur Action Anthropology abgelehnt, als er postulierte: „... that the first thing to make clear is that we are theoretical anthropologists" (Tax 1975:172).

Dennoch gilt die Angewandte Ethnologie bis heute als theoriefern, wenn nicht gar als a-theoretisch. In den USA hat die Diskussion darüber, wie „the great devide" überbrückt werden kann, in den 1990er Jahren an Fahrt aufgenommen, als die Applied Anthropology bereits an vielen Universitäten etabliert war (Baba 2000; Bernard 1998; Hill 2000). Um zu vermeiden, dass auch in Deutschland die anwendungsorientierte Ethnologie und die theoretische Ethnologie innerhalb desselben akademischen Umfeldes in Parallelwelten existieren, ist in der Tat ein Konzept auszuarbeiten, dass die Grundlagen des Bereiches Angewandter Ethnologie als Teil der Allgemeinen Ethnologie und die Grundlagen der Arbeit praktischer Ethnolog*innen definiert. Baba (2000:12) unterscheidet zwischen der *Theorie der Praxis* und der *Praxistheorie*.

Die Theorie der Praxis definiert die Rolle der anwendungsorientierten Ethnologie innerhalb und außerhalb der wissenschaftlichen Disziplin, unabhängig von Berufsfeldern, Aufgaben und Verantwortlichkeiten. Unter Bezugnahme auf Partridge (1986) formuliert Baba sechs Punkte, die es zu definieren gilt. Sie entsprechen in vieler Hinsicht den oben vorgeschlagenen Schritten: 1) Interdependenz von Theorie und Praxis, 2) Bedingungen der Bereitstellung praktisch generierter Daten für die theoretische Ethnologie (z. B. verwendete Methoden, Nachweis theoretischer Grundlagen), 3) Anforderungen an Ausbildung und Training, 4) Ethische Leitlinien, 5) Institutionelle Verankerung, 6) Legitimität der Praxis als Teil der Allgemeinen Ethnologie (Baba 2000:3-5). Für die Angewandte Ethnologie wäre die inhaltliche Ausgestaltung dieser sechs Punkte wichtig und notwendig, um ihre Position innerhalb und außerhalb des akademischen Umfeldes zu festigen.

Die *Praxistheorie* bezieht sich dagegen auf die Verbindung von Theorie und Praxis. Baba kritisiert die gängige Form des gegenseitigen Ignorierens der beiden Teile und plädiert für eine Neukonzeptionierung der Angewandten Ethnologie als wissensgenerierende ethnologische Tätigkeit. Zu deren Aufgabe gehört es, die theoretischen Grundannahmen ihres Faches immer wieder zu testen, nachzubessern und durch eigene Erkenntnisse zu erweitern: „Practice can be viewed as a kind of ultimate test of theory through empirical research" (Hill 2000:4). Hill weist zudem auf einen weiteren signifikanten Faktor hin: Da Theorie und Methode oftmals zusammengehören oder sich gegenseitig bedingen, sind auch die *methodischen* Erfahrungen der Praxis von unschätzbarem Wert für die akademische Ethnologie. Damit stellen beide Autorinnen das Vorurteil von der Theorieferne der Angewandten Ethnologie radikal in Frage. Nicht nur arbeitet die Angewandte Ethnologie mit den theoretischen Paradigmen der akademischen Ethnologie und überprüft ihre Tauglichkeit in verschiedenen Zusammenhängen des Alltags, sie trägt auch zur Konstruk-

tion neuer Theorien bei. Das trifft etwa auf die Organisationsethnologie, die Entwicklungsethnologie, die Medizinethnologie, die Visuelle Anthropologie und die Ethnopädagogik zu.

Auch wenn es der Angewandten Ethnologie primär darum geht, praktische Lösungen
für praktische Anliegen und Probleme zu finden, tut sie gut daran, sich immer wieder
auch theoretisch einzubinden und umgekehrt ihre Erkenntnisse zur Verfügung zu stellen,
damit neue theoretische Ansätze entwickelt werden können. Ohne Theorie-Orientierung
bleibt sie notgedrungen auf singuläre Fallstudien beschränkt und damit wenig aussagekräftig. Wenn demgegenüber die theoretische, auf allgemeine Aussagen fokussierte Ethnologie die Erfahrungen der Praktiker nicht heranzieht, beraubt sie sich damit einzigar-
tiger Quellen. Diese werden bisher zu wenig genutzt, obgleich sie in den meisten Fällen
frei verfügbar sind (außer bei explizit nicht für die Öffentlichkeit freigegebenen Daten).
Cernea hat anlässlich seiner Malinowski Award Lecture im Jahre 1996 bereits darauf hingewiesen: „No tribal taboo forbids the access of non-applied academic anthropologists to
the empirical treasure reported in applied studies" (Cernea 1996:348).

Gerade wegen der potenziell engen Verbindung von Akademischer, Angewandter und
Praktizierter Ethnologie sollte langfristig ein gemeinsames Ganzes unter dem Dach der
Ethnologie angestrebt werden. Ich schließe mich daher *nicht* Babas Vorschlag zur Konzeptionierung von drei getrennten Bereichen an, die lediglich Schnittstellen definieren,
im Prinzip aber unabhängig voneinander agieren (Baba 1994:175). Es geht um „bridging
the gap", um die Ethnologie neu zu aufzustellen und ihr damit auch ein größeres gesellschaftliches Gewicht zu verleihen. Dazu braucht es theoretischer und praktischer Arbeiten. Dialog und Schnittstellendefinitionen allein genügen nicht, erforderlich sind vielmehr institutionalisierte Interaktionen, wie sie von Walter Goldschmidt schon Ende der
1970er Jahre eingefordert wurden (Goldschmidt 1979:11). Sicherlich zutreffend ist Carole
Hills Feststellung, dass eine solchermaßen neu definierte „holistisch" ausgerichtete Ethnologie in beiderseitigem Interesse liegen sollte. Gefördert wird dies durch die Tatsache,
dass einige Ethnolog*innen (in den USA und anderen Ländern mehr noch als in Deutschland) sowohl in der akademischen als auch in der praktischen Ethnologie gleichzeitig
tätig sind oder die Lager auch wechseln können (Hill 2000:14; Strang 2009:158 für Australien). Für Hill haben Ethnolog*innen gleich welcher Richtung eine gemeinsame Verantwortung gegenüber ihrem Fach. Dazu bedarf es keiner Vollzeit-Praktiker*innen, die als
broker den Austausch von Theorie und Praxis in Gang bringen, wie Hinshaw noch 1980
vorschlug (Hinshaw 1980:517); erforderlich sind vielmehr *strukturelle* Anpassungen:
durch integrierte Studienmodule und anwendungsorientierte Forschungen auf der einen
Seite sowie institutionalisierte Weiterqualifizierungen als Instrumente der Zertifizierung
auf der Praktiker-Seite.

Es kann also nicht darum gehen, welches die beste, wahre und „reine" Ethnologie ist,
sondern um die Frage, wie eine sich selbst in allen ihren Teilen respektierende Ethnologie
sich den neuen Herausforderungen stellt.

6.5. Dialog – Austausch – Kooperation

Wie können sich akademisch-theoretische und praktische Ethnologie ergänzen? Solange das oben angeschnittene Bild einer holistisch angelegten Ethnologie weit entfernt davon ist, Realität zu werden, müssen andere Formen der Kooperation und des gegenseitigen Austausches gewählt werden. Die Wissenschaft würde auf diese Weise in erheblichem Maße vom Input aus der Praxis profitieren können, weil nur dort die Umsetzung und Anwendung theoretischen Wissens erfolgen kann. Dazu gehören auch neue Praxismethoden, die in anderen Feldern entwickelt wurden, sich aber als vorteilhaft für anwendungsorientiertes ethnologisches Arbeiten erweisen. Profitieren kann die Ethnologie auch von der Auswertung der grauen Literatur, in der sich wertvolle Ergebnisse und Erfahrungsberichte zur Umsetzung ethnologischer Expertise finden lassen. Umgekehrt profitiert die Praxis von einem solchen Austausch – wenn er institutionalisiert wird und keine singuläres Ereignis bleibt – vor allem durch ein regelmäßiges Updaten ihrer theoretischen Kenntnisse, die von vielen Auftraggebern als Qualifikationsnachweis eingefordert werden.

Der Rückfluss aus der Wissenschaft in die Praxis in Form von neuen theoretischen Modellen, Methoden und interdisziplinären Forschungsansätzen im Austausch für Erfahrungen mit der Anwendung in konkreten Alltagssituationen wäre die Voraussetzung für die Konzeptionierung gemeinsam betreuter anwendungsorientierter Forschungen und Methodenseminare. Dazu gehören:

- Aufbau von Kommunikationsstrukturen zur Förderung des Dialogs von Wissenschaft und Praxis

- Definition des Selbstverständnisses der Ethnologie: Worin sieht das Fach seine gesellschaftliche Relevanz und Verantwortung? Welches Selbstverständnis wird Studierenden der Ethnologie vermittelt? Was haben Ethnolog*innen im politischen Kontext zum Thema „Kultur" zu sagen? Was ist unser „claim", den wir uns nicht nehmen lassen?

- Verbesserung der Transparenz: Vorstellung der Tätigkeitsprofile für Ethnolog*innen in unterschiedlichen Berufsfeldern

- Einbeziehen der Publikationen von Praktizierenden in die Lehre

- Gründung einer online-Zeitschrift für Angewandte Ethnologie

- Durchführung von länder- oder themenspezifischen gemeinsamen Workshops in bestimmten Praxisfeldern (Organisation durch ein externes Gremium)

- Definierung gemeinsamer Aufgabenfelder (z. B. Kooperationen bei anwendungsorientierten Forschungen, Entwicklung von Ethikleitfäden für bestimmte Praxisfelder, Fortschreibung von Qualifikationsanforderungen für die Praxis etc.)

Abzuwarten bleibt, ob es dafür einer strukturellen Neuausrichtung des Faches bedarf, oder ob die Anbindung der ethnologischen Praxis an die akademische Ethnologie auch ohne substanzielle Veränderungen innerhalb der Ethnologie erfolgen kann. Die Entscheidung darüber wird wesentlich vom Wissenschaftsmanagement der einzelnen Institute abhängen.

6.6. Interdisziplinarität

Eine effizient arbeitende Angewandte Wissenschaft setzt den Willen zu Interdisziplinarität und Kooperation voraus – Kooperation nicht nur mit anderen Wissenschaften, sondern auch mit außeruniversitären Partnern und Partnerinstitutionen. Die Ethnologie bietet sich aufgrund ihres breitgefächerten Themenspektrums per se für interdisziplinäre Projekte an – ob es dabei um entwicklungspolitische Maßnahmen in Indonesien, Gesundheitsprojekte in Indien, agrarwirtschaftliches Wissen in Lateinamerika, neue Heilsbewegungen in Zentralasien, Landbesitzprozesse in Afrika oder Integrationskonzepte für die Jugendhilfe in Deutschland handelt. Ihre Partner können aus den Gesellschaftswissenschaften wie aus der Medizin, aus der Agrarwirtschaft, aus der Geographie, den Wirtschaftswissenschaften oder den Altertumswissenschaften kommen. Gerade die Vielfalt der potenziellen Einsatzmöglichkeiten kann aber auch als Schwäche gedeutet werden: Wenn die Ethnologie alles macht, dann macht sie offenbar nichts „richtig", was ein Grund dafür sein könnte, dass andere Disziplinen sich neuerdings verstärkt ethnologischer Methoden und Theorien bedienen. Dem wäre entgegenzuhalten, dass die Ethnologie zwar die Expertise anderer Disziplinen braucht, es aber nicht nötig hat, ihr Licht unter den Scheffel zu stellen. Der ethnologisch geschulte Blick für kulturelle Zusammenhänge stellt sich nicht von selbst ein und muss erlernt sein. „Kultur" ist keine zu vernachlässigende Randerscheinung – Kultur ist der entscheidende Faktor für alle individuellen und kollektiven Prozesse, Probleme und Anliegen, die es erst einmal zu erfassen gilt, bevor wissenschaftliche Expertise aus anderen Bereichen zur Anwendung kommt. Dazu braucht es die Angewandte Ethnologie. Daher sollten Ethnolog*innen in allen interdisziplinären Projekten stets deutlich machen, dass sie nicht nur etwas (von anderen) lernen können, sondern auch etwas zu geben haben.

7. Fazit: Ein Plädoyer

Die Angewandte Ethnologie als Teil der Ethnologie in Deutschland muss von dem ausgehen, was unter den gegebenen Bedingungen machbar ist, sollte aber auch berücksichtigen, was derzeit *nicht* machbar ist. Im Rückblick auf die historischen Entwicklungen und ethischen Dilemmata sollte sie Lehren ziehen: Sie hat sich stets der Gefahr der Instrumentalisierung bewusst zu sein und das eigene Vorgehen kritisch zu reflektieren. Nicht für jeden kommt sie als Kooperationspartner in Frage. Mehr als für andere ethnologische Arbeiten werden ethische Kodizes für einzelne Tätigkeitsbereiche gebraucht, aber auch die können letztlich nur Leitlinien sein – weder nehmen sie Entscheidungen ab noch bieten sie den Akteuren im Ernstfall Schutz. Oftmals ist es schwierig, zwischen wissenschaftlicher Distanz und beruflich (und menschlich) gebotener Nähe zu unterscheiden, weil Angewandte Ethnologie dazu zwingt, dass sich Ethnolog*innen von derselben Arbeit kritisch distanzieren, in die sie sich selbst eingebracht haben. Sie müssen aufgrund des spezifischen Zuschnitts ihres Aufgabenfeldes das Recht haben, Stellung zu beziehen (auch politisch), öffentlich aufzutreten, Entscheidungen zu treffen und intervenierend tätig zu werden – aber auch ein Recht auf Freiheit in Forschung und Lehre behalten. So gesehen haben sie doppelte Loyalitäten zu beachten und doppelte Pflichten zu erfüllen. In Methoden, Theorien und Analysen unterscheidet sich die Angewandte Ethnologie nicht von der theoretischen Ethnologie, aber sie hat ein zusätzliches Ziel und zusätzliche Aufgaben zu übernehmen. Als „anthropology in use", die den „ultimativen Test der Theorie durch die Empirie" übernimmt (Rylko-Bauer et al. 2006:185), hat sie immer einen Schritt weiter zu gehen als die theoretische Ethnologie.

Ich plädiere daher für die Einrichtung einer Angewandten Ethnologie als *dritte Säule* der Ethnologie – ein Schwerpunktbereich, der sich selbstbewusst als Mittler versteht und auch so auftritt, der sich weder zu rechtfertigen hat, „doch noch" Wissenschaft zu sein, noch „nicht genug" praktisch zu arbeiten, ein Bereich, der seinen fachlichen Auftrag in der Fremde wie zu Hause ernst nimmt und ethisch verantwortlich handelt, ohne sich von allen Seiten vereinnahmen zu lassen, ein Bereich, der sich selbst als gesellschaftlich relevant betrachtet und etwas zu sagen hat. Vielleicht gelingt dann auch der Schritt in die Öffentlichkeit – aber dies wäre nur eine von mehreren Möglichkeiten, präsent zu sein.

Als Teil der universitär-institutionalisierten Ethnologie kann die Angewandte Ethnologie anwendungsbezogene Forschung leisten, kann praxisrelevante Lösungsstrategien ausarbeiten, Expertisen liefern, Empfehlungen aussprechen, Dokumentationen erstellen und Studierende auf außeruniversitäre Arbeitsfelder vorbereiten. Damit würde sie in ihrem Aufgabenspektrum wesentlich über die Allgemeine Ethnologie hinausgehen, ohne sich grundsätzlich von der Wissenschaft zu verabschieden. Für die *kontinuierliche* Umsetzung in die Praxis ist sie jedoch nicht verantwortlich. Sie *kann nicht* dauerhaft in Schulen, Entwicklungsprojekten, Sozial- und Gesundheitseinrichtungen, Jugendhilfeeinrichtungen oder Gerichten, in Verwaltungen, Museen, für Zeitungsredaktionen oder bei TV-Sendern arbeiten. So betrachtet, ist sie immer noch ein Teil der Ethno-Logie, der Wissenschaft vom Menschen, und hat ihre *wissenschaftliche* Arbeit ernst zu nehmen. Sie muss daher auch zu *allgemeinen,* über Einzelstudien hinausgehenden Fragen Stellung beziehen, empirisch solide arbeiten und sich von theoretischen Ansätzen zur Analyse ihrer Daten leiten lassen.

Das kann bedeuten, dass sie nicht in jedem Falle Entscheidungen zu treffen gewillt ist, dass sie keine *Action* betreibt, nicht ständig in den Medien präsent ist und ihre eigenen Empfehlungen nicht selbst umsetzt. Die Freiheit der Wissenschaft erlaubt es, nur der Wissenschaft verantwortlich zu bleiben und sich bei der praktischen Realisation zurückzuhalten. *Umsetzen* müssen es dann Andere. Das lässt die Angewandte Ethnologie für ihre Kooperationspartner im außerakademischen Feld bisweilen zu langsam, zu umständlich, zu wenig engagiert und zu theorieorientiert erscheinen. Manche mögen enttäuscht sein. Dennoch sollte eines nach diesem Überblick deutlich geworden sein: Es ist nicht Aufgabe der Angewandten Ethnologie, der Welt zu zeigen, dass es doch irgendwie einfache Lösungen für komplexe menschliche Probleme gibt. Im Gegenteil: Die Angewandte Ethnologie zeigt mehr Probleme auf als sie Lösungen anzubieten hat. So gesehen bleibt sie das, was auch der Ethnologie insgesamt nachgesagt wird: eine „ungemütliche Wissenschaft" (Firth 1981:200) – ungemütlich für andere und für sich selbst (s. auch Wright 1995).

Literatur

ADDICKS, Elisabeth / Lorke Mariya (2018): Das neue Kind. Interkulturelle Begegnungen in der Schule. In: Bertels, Ursula / Claudia Bußmann (Hg.): Neue Nachbarn. Die Welt in Bewegung. Flucht und Migration aus unterschiedlichen Perspektiven. Münster: Waxmann, S. 120–129.

AFIGBO, Adiele E. (1975): Anthropology and Colonial Administration in South-Eastern Nigeria. 1891–1939. In: Journal of the Historical Society of Nigeria, 8 (1), S. 19–35.

AGEE – Arbeitsgemeinschaft Entwicklungsethnologie (2002): Ethische Leitlinien der Arbeitsgemeinschaft Entwicklungsethnologie e. V. Erläuterungen und Praxishinweise. Zusammengestellt von Michael Schönhuth und Frank Bliss. Electronic source: http://entwicklungsethnologie.org/wp-content/uploads/2010/09/Ethische-Leitlinien-der-AGEE-Kurzversion.pdf

AHMED, Abdel Ghaffar A. (1973): Some Remarks from the third World on Anthropology and Colonialism. In: Asad, Talal (Hg.): Anthropology and the colonial Encounter. London: Ithaca Press, S. 259–272.

AHMED, Akbar S. / Shore, Chris N. (1995): Introduction: Is Anthropology Relevant to the Contemporary World? In: Ahmed, Akbar S. / Shore, Chris N. (Hg.): The Future of Anthropology. Its Relevance to the Contemporary World. London: Athlone, S. 12-45.

AMBORN, Hermann (Hg.) (1993): Unbequeme Ethik. Überlegungen zu einer verantwortlichen Ethnologie. Berlin: Reimer.

AMBORN, Hermann (2009): Veröffentlichung zum Diskussionsforum der DGV. In: Texte zu Ethnolog*innen in Krisen- und Kriegsgebieten. Ethische Aspekte eines neuen Berufsfeldes. Frankfurt / Main. Electronic source: http://presse.dgv-net.de/tl_files/dokumente/Textee_Veranstaltung3.pdf, S. 3–5.

ANGROSINO, Michael V. (1976): The Evolution of the New Applied Anthropology. In: Angrosino, Michael V. (Hg.): Do Applied Anthropologists Apply Anthropology? Athens: Southern Anthropological Society.

ANTWEILER, Christoph (1998a): Ethnologie als gesellschaftlich relevante Humanwissenschaft. In: Zeitschrift für Ethnologie, 123 (2), S. 215–255.

ANTWEILER, Christoph (1998b): Kleines Korn – ganz groß. Praxisorientiertes Ethnologiestudium am Beispiel einer Ausstellung zu Reis. In: Entwicklungsethnologie, 7 (2), S. 74–91.

ANTWEILER, Christoph (1999): Engagierte Ethnologie in Deutschland. Neuralgische Punkte der aktuellen Diskussion. In: Ethnologische Beiträge zur Entwicklungspolitik, 3, S. 215–235.

ANTWEILER, Christoph (2015a): Verständliche Wissenschaft Ethnologie: Populärwissenschaftliches Schreiben für ein Breites Publikum. In: Bender, Cora / Zillinger, Martin (Hg.): Handbuch der Medienethnographie. Berlin: Reimer, S. 405–424.

ANTWEILER, Christoph (2015b): Erkundung ethnologischer Arbeitsfelder. In: EthnoScripts, 17 (2), S. 11–39.

Arbeitsgemeinschaft Entwicklungsethnologie (2013): Ethische Leitlinien der Arbeitsgemeinschaft Entwicklungsethnologie e. V. (AGEE). Trier: Universität Trier.

ASAD, Talal (Hg.) (1973): Anthropology and the colonial Encounter. London: Ithaca Press.

BABA, Marietta (1994): The fifth Subdiscipline. Anthropological practice and the future of Anthropology. In: Human Organization, 53, S. 174–185.

BABA, Marietta L. (2000): Theories of Practice in Anthropology. A Critical Appraisal. In: NAPA Bulletin (AAA), 18 (1), S. 17–44.

BABA, Marietta L. / Hill, Carole E. (2006): What's in the Name of 'Applied Anthropology'? An Encounter with Global Practice. In: NAPA Bulletin (AAA), 25, S. 176–207.

BARÉ, Jean-François (1995): Les applications de l'anthropologie. Un essai de réflexion collective depuis la France. Paris: Karthala.

BARNES, John A. (1972): Social Networks. Reading, Mass.: Addison-Wesley.

BARTHEL, Janine / Bierschenk, Thomas (2013): Ethnologie und außerakademische Praxis. Eine Bibliographie der deutschsprachigen Literatur. Arbeitspapiere des Instituts für Ethnologie und Afrikastudien, 142. Mainz: Universität Mainz. Electronic source: http://www.ifeas.uni-mainz.de/Dateien/AP_142.pdf

BASCH, Linda (1999): Anthropology in a Changing Academy. Crisis or Opportunity? In: Basch, Linda/Wood Saunders, Lucie/Wojcicka Sharff, Jagna/Peacock, James (Hg.): Transforming Academia. Challenges and Opportunities for an Engaged Anthropology. Arlington: American Anthropological Association, S. 3–20.

BASTIAN, Adolf (1899): Zur heutigen Sachlage der Ethnologie in nationaler und sozialer Bedeutung. Berlin: de Gruyter.

BASTIDE, Roger ([1971] 1973): Applied Anthropology. London: Croom Helm.

BAUMANN, Hermann (1962): Grundeinsichten der Ethnologie in die neuen afrikanischen Entwicklungen. In: Zeitschrift für Ethnologie, 87, S. 251–263.

BEALS, Ralph L. (1969): Politics of Social Research. Chicago: Aldine.

BECK, Sam (Hg.) (2013): Toward Engaged Anthropology. New York: Berghahn.

BEER, Bettina / Fischer, Hans / Pauli, Julia (Hg.) (2017): Ethnologie. Einführung in die Erforschung kultureller Vielfalt. 9. Aufl. Berlin: Reimer.

BEER, Bettina / Klocke-Daffa, Sabine / Lütkes, Christiana (Hg.) (2009): Berufsorientierung für Kulturwissenschaftler. Erfahrungsberichte und Zukunftsperspektiven. Berlin: Reimer.

BELSHAW, C. S. (1976): The Sorcerer's Apprentice. An Anthropology of Public Policy. New York: Pergamon.

BENEDICT, Burton (1967): The Significance of Applied Anthropology for Anthropological Theory. In: Man, n. s., 2 (4), S. 584–592.

BENNETT, John W. (1996): Applied and Action Anthropology. Ideological and Conceptual Aspects. In: Current Anthropology, 37 (1), Suppl., S. 23–53.

BENNETT, Linda A. (1988): Bridges for Changing Times. Local Practitioner Organizations in American Anthropology. Washington: National Association for the Practice of Anthropology.

BERNARD, H. Russell (Hg.) (1998): Handbook of Methods in Cultural Anthropology. Lanham: Altamira.

BERREMAN, Gerald (1968): Is anthropology alive? Social responsibility in social Anthropology. In: Current Anthropology, 9 (5), S. 391–396.

BERREMAN, Gerald (1993): Ethics and Realpolitik in the American Anthropological Association, 1919-1991. In: Amborn, Hermann (Hg.): Unbequeme Ethik. Überlegungen zu einer verantwortlichen Ethnologie. Berlin: Reimer, S. 101–124.

BERTELS, Ursula (2004): Ethnologie in der Schule. Eine Studie zur Vermittlung interkultureller Kompetenz. Münster: Waxmann.

BERTELS, Ursula (2016): The Mediation of Intercultural Competence as a Form of Applied Anthropology. In: Prager, Laila / Prager, Michael / Sprenger, Guido (Hg.): Parts and Wholes. Essays on Social Morphology, Cosmology, and Exchange in Honour of J. D. M. Platenkamp. Zürich: Lit-Verlag, S. 487–498.

BERTELS, Ursula / Bußmann, Claudia (Hg.) (2013): Handbuch interkulturelle Didaktik. Münster: Waxmann.

BERTELS, Ursula / Krüsmann, Tania / Norrie, Katharina (Hg.) (2016): Vielfalt unterstützen – Vielfalt leben. Kulturelle Identitätsförderung in inklusiven Klassen. Münster: Waxmann.

BLANCHARD, David (1979): Beyond Empathy. The Emergence of an Action Anthropology in the Life of Sol Tax. In: Hinshaw, Robert (Hg.): Currents in Anthropology. Essays in Honor of Sol Tax. The Hague: Mouton, S. 419–444.

BLISS, Frank (Hg.) (1986): Sozio-kulturelle Faktoren der Entwicklungszusammenarbeit und der Beitrag der Eth-
    nologie. Bonn: PAS.

BLISS, Frank (2009): Entwicklung, Ökonomie und die Rolle der Ethnologie. Saarbrücken: Verlag für Entwick-
    lungspolitik.

BLISS, Frank / Gaesing, Karin / Neumann, Stefan (1997): Die sozio-kulturellen Schlusselfaktoren in Theorie
    und Praxis der deutschen staatlichen Entwicklungszusammenarbeit. Munchen: Weltforum-Verlag.

BLISS, Frank / Heinz, Marco (Hg.) (2013): Ethik in der Praxis der Entwicklungszusammenarbeit. Bonn: Politi-
    scher Arbeitskreis Schulen.

BÖDEKER, Hans Erich (2006): „Die ‚Natur' des Menschen so viel wie möglich in mehreres …Licht setzen".
    Ethnologische Praxis bei Johann Reinhold und Georg Forster. In: Garber, Jörn (Hg.): Natur – Mensch –
    Kultur im Wissenschaftsfeld seiner Zeit. Hannover-Laatzen: Wehrhan, S. 143–170.

BODLEY, John (1990): Victims of Progress. 3. Aufl., Mountain View, C. A.: Mayfield.

BOLLIG, Michael / Brumann, Christoph (1997): Ethnologen im Beruf. Eine Untersuchung des Kölner Instituts
    für Völkerkunde. Köln: Institut für Völkerkunde, Universität Köln. Electronic source: http://www. bundes-
    verband-ethnologie.de/kunde/pdf/24/Verbleibstudie-Ethnologie-Koeln-1997.pdf

BOROFSKY, Robert (2000): Public Anthropology. Where to? What Next? In: Anthropology News, 41 (5), S.
    9–10.

BOROFSKY, Robert (2011a): Defining Public Anthropology. A Personal Perspective. Electronic sorce: www.pu-
    blicanthropology.org/public-anthropology/

BOROWSKY, Robert (2011b): Envisioning a more Public Anthropology. Interview with Fredrik Barth. Electronic
    source: www.publicanthropology.org/interview-with-fredrik-barth/

BRÄUNLEIN, Peter (1995): Ethnologie an der Heimatfront. Zwischen Heilslehre, Kriegswissenschaft und Pro-
    paganda. Margaret Mead, die amerikanische Cultural Anthropology und der II. Weltkrieg. In: Bräunlein,
    Peter / Lauser, Andrea (Hg.): Krieg und Frieden. Ethnologische Perspektiven. In: kea. Zeitschrift für Kultur-
    wissenschaften, 2, S. 11–64.

BREMER, Richard G. (1987): Indian Agent & Wilderness Scholar. The Life of Henry Rowe Schoolcraft. Mount
    Pleasant: Clarke Historical Library, Central Michigan University.

BROWN, Gordon G. / Chapple, Elliot D. / Mead, Margaret (1949): Report of the Committee of Ethics. In:
    Human Organization, 8, S. 20–21.

BROWN, Richard (1973): Anthropology and Colonial Rule. The Case of Godfrey Wilson and the Rhodes-Li-
    vingstone-Institute, Northern Rhodesia. In: Asad, Talal (Hg.): Anthropology and the Colonial Encounter.
    London: Ithaca Press, S. 173–198.

BRÜNENBERG, Kerstin / Eylert, Sabine (2004): „Hast du schon geduscht?" Wie Ethnologen interkulturelles
    Lernen in der Schule umsetzen. In: EthnoScripts, 6, S. 108–124.

Büro für Praktikum und Berufseinstieg (2013): Mögliche Berufsfelder Ethnologie. Sozialwissenschaftliche Fa-
    kultät der Universität Göttingen. Electronic source: www.sowi.uni-goettingen.de/berufseinstieg

BYLL, Petra (2003): Quo vadis EthnologiestudentInnen? Eine qualitative Untersuchung über Studienerfahrun-
    gen und Beschäftigungssituationen Münchner Ethnologie-AbsolventInnen der Abschluß-Jahrgänge 1990–
    2001. Magisterhausarbeit. München: Institut für Ethnologie und Afrikanistik. Electronic source https://
    nwww.ethnologie.uni-muenchen.de/studium/wozu-ethnologie/byll_2003.pdf

CERNEA, Michael M (1996): Social Organization and Development Anthropology: the 1995 Malinowski Award
    Lecture. Washington: World Bank.

CHAMBERS, Erve (1989): Applied Anthropology. A Practical Guide. 2. Aufl. Prospect Hights, Ill.: Waveland Press.

CLARKE, Kamari M. (2010): Engaged Ethnographic Practice. In: Current Anthropology, 51 (2), Suppl. 2, S. 301–
    312.

CLAYTON, Lawrence Anthony (2012): Bartolomé de las Casas: A Biography. Cambridge, NY: Cambridge Uni-
    versity Press.

CLIFFORD, James / Markus, George E. (Hg.) (1986): Writing Culture. The Poetics and Politics of Ethnography.
    A School of American Research advanced seminar. Berkeley, Calif.: University of California Press.

COCHRANE, Glynn (1971): Development Anthropology. New York: Oxford University Press.

COMMANDEUR, Beatrix / Kunz-Ott, Hannelore / Schad, Karin (Hg.) (2016): Handbuch Museumspädagogik. Kulturelle Bildung in Museen. München: kopaed.

CRAPANZANO, Vincent (1985): Waiting: The Whites of South Africa. New York: Vintage.

CREWE, Emma / Axelby, Richard (2013): Anthropology and Development. Culture, Morality and Politics in a Globalised World. Cambridge: Cambridge University Press.

D'ANDRADE, Roy (1995): Moral Models in Anthropology. In: Current Anthropology, 36 (3), S. 339–408.

DE SARDAN, Olivier (2005): Anthropology and Development. Understanding contemporary Social Change. London: Zed Books.

DE WAAL Malefyt, Timothy / Morais, Robert J. (Hg.) (2017): Ethics in the Anthropology of Business. Explorations in Theory, Practice, and Pedagogy. London: Routledge.

DEITCHMAN, Seymour J. (1976): The Best-Laid Schemes. A Tale of Social Research and Bureaucracy. Cambridge: MIT Press.

DIAMOND, Stanley (1966): The Transformation of East Africa. Studies in Political Anthropology. New York: Basic Books.

DRAKE, H. Max (1988): Being a Bureaucrat. Is it the Same as being an Anthropologist? In: Hansen, Karen (Hg.): Mainstreaming Anthropology. Experiences in Government Employment. In: NAPA Bulletin (AAA), 5, S. 40–50.

EADES, Jeremy S. / Turner, Bob (1981): Society for Applied Anthropology, 41th Annual Meeting. Rethinking Applied Anthropology. In: RAIN, 44, S. 10–12.

EDERER, Veronika (2014): Kleine Schritte. Die Versuche, für andere Kulturen zu sensibilisieren. Ein Plädoyer für die Entwicklung einer Didaktik der Ethnologie. In: Bertels, Ursula (Hg.): Einwanderungsland Deutschland. Wie kann Integration aus ethnologischer Sicht gelingen? Münster: Waxmann, S. 177–186.

EICHLER, Katja / Meinerzag, Angela / Nadjmabadi, Shahnaz (1999): Aufbau, Struktur und Inhalt des Ethnologiestudiums an deutschsprachigen Universitäten. In: Pressereferat der Deutschen Gesellschaft für Völkerkunde (Hg.): Die Media-morphose der Ethnologie. Heidelberg: Waghäusel, S. 123–164.

ELIXHAUSER, Sophie (2006): Ethik in der angewandten Ethnologie. Eine Feldforschung zum Tourismus auf den Philippinen. Trier: Books on Demand.

EMBREE, John F. (1945): Applied Anthropology and Its Relationship to Anthropology. In: American Anthropologist, n. s., 47 (4), S. 635–637.

ERIKSEN, Thomas Hylland (2006): Engaging Anthropology. The Case for a Public Presence. Oxford: Berg.

ERVIN, Alexander M. / Holyoak, Lorne (2006): Applied Anthropology in Canada. Historical Foundations, Contemporary Practice and Policy Potentials. In: NAPA Bulletin (AAA), 25 (1), S. 134–155.

ERVIN, Alexander M. (2000): Applied Anthropology. Tools and Perspectives for Contemporary Practice. Boston: Allyn and Bacon.

ESPINA Barrio, Angel / Aguirre Baztán, Angel (2008): Antropología aplicada en Iberoamérica. Recife: Fundacao Joaquim Nabuco.

EVANS-PRITCHARD, Edward E. (1946): Applied Anthropology. In: Africa – Journal of the International African Institute, 16 (2), S. 92–98.

EVENS, Terence M. S. / Handelman, Don (Hg.) (2006): The Manchester School. Practice and Ethnographic Praxis in Anthropology. New York: Berghahn.

FALOLA, Toyin (Hg.) (2005): Nigerian History, Politics and Affairs. The Collected Essays of Adiele Afigbo. Trenton, NJ: Africa World.

FALS-BORDA, Orlando / Rahman, Mohammed Anisur (1991): Action and Knowledge. Breaking the Monopoly with Participatory Action-Research. New York: Apex Press.

FERDAOUSS, Adda / Klasing, Korinna / Münzel, Mark (Hg.) (2015): Ethnologen zwischen Beruf und Berufung. Tätigkeitsfelder und praktische Tipps zur Orientierung. Marburg: Curupira Workshop.

FERRARO, Garry P. / Briody, Elizabeth K. (Hg) (2017): The Cultural Dimensions of Global Business. 8. Aufl. London: Routledge.

FERRARO, Gary / Andreatta, Susan (2018): Cultural Anthropology. An Applied Perspective. 11. Aufl. Boston: Cengage Learning.

FEUCHTWANG, Stephan (1973): The Colonial Formation of British Social Anthropology. In: Asad, Talal (Hg.): Anthropology and the Colonial Encounter. London: Ithaca Press, S. 71 – 100.

FIRTH, Raymond (1981): Engagement and Detachment. Reflections on Applying Social Anthropology to Social Affairs. In: Human Organization, 40, S. 193 – 201.

FISKE, Shirley / Chambers, Erve (1996): The Invention of Practice. In: Human Organization, 51 (1), S. 1 – 12.

FIXICO, Donald (2012): Bureau of Indian Affairs. Santa Barbara: ABC-CLIO.

FLICK, Uwe (Hg.) (2014): The Sage Handbook of Qualitative Data Analysis. London: Sage.

FORDE, Daryll (1953): Applied Anthropology in Government. British Africa. In: Kroeber, Alfred L. (Hg.): Anthropology Today. An Encyclopedic Inventory. Chicago: The University of Chicago Press, S. 841 – 865.

FORTES, Meyer (1953): Social Anthropology at Cambridge since 1900. An Inaugural Lecture. Cambridge: Cambridge University Press.

FOSTER, George (1969): Applied Anthropology. Boston: Little, Brown and Company.

FOSTER, George M. (1952): Relationship Between Theoretical and Applied Anthropology. In: Human Organization, 11, S. 5 – 16.

GEERTZ, Clifford (1995): After the Fact. Two Countries, Four Decades, One Anthropologist. Cambridge, Mass.: Harvard University Press.

GELMON, Sherril B. / Holland, Barbara A. / Driscoll, Amy Driscoll / Spring, Amy / Kerrigan, Seanna (2018): Assessing Service Learning and Civic Engagement. Principles and Techniques. Bloomfield: Campus Compact.

GEYER, Anja (1999): Ethnologie und Journalismus – eine Nichtbeziehung? In: Pressereferat der Deutschen Gesellschaft für Völkerkunde (Hg.): Die Media-morphose der Ethnologie. Heidelberg: Waghäusel, S. 17 – 28.

GEZARI, Vanessa M. (2013): When the Eggheads Went to War. An innovative program sought to transform the Army from within. Then reality intervened. In: Newsweek, 16.8.2013. Electronic source: http://www.the-dailybeast.com/newsweek/2013/08/16/the-human-terrain-system-sought-to-transform-the-army-from-within.html

GOLDMAN, Laurence R. (2000): Social Impact Analysis. An Applied Anthropology Manual. Oxford: Berg.

GOLDSCHMIDT, Walter (1979): Introduction: On the Interdependence between Utility and Theory. In: Goldschmidt, Walter (Hg.): The Uses of Anthropology. Special Publication of the American Anthropological Association. Washington: AAA.

GOODALE, Mark (2006): Toward a Critical Anthropology of Human Rights. In: Current Anthropology, 47 (3), S. 485 – 511.

GOTHSCH, Manfred (1983): Die deutsche Völkerkunde und ihr Verhältnis zum Kolonialismus. Ein Beitrag zur kolonialideologischen und kolonialpraktischen Bedeutung der deutschen Völkerkunde in der Zeit von 1870 bis 1945. Baden-Baden: Nomos.

GOUGH, Kathleen (1968): Anthropology and Imperialism. In: Monthly Review Press, 19 (11), S. 12 – 21.

GRABE, Rosa / Schmidt, Axel (2009): Humanitäre Hilfe, oder: Das NGO-Business. In: Beer, Bettina / Klocke-Daffa, Sabine / Lütkes, Christina (Hg.): Berufsorientierung für Kulturwissenschaftler. Erfahrungsberichte und Zukunftsperspektiven. Berlin: Reimer, S. 255 – 269.

GRABENHEINRICH, Miriam / Klocke-Daffa, Sabine (Hg.) (2005): 15 Frauen und 8 Ahnen. Leben und Glauben der Bulsa in Nordghana. Münster: Universität Münster.

GRATZ, Katrin (2005): Arbeiten als interkulturelle Trainerin. In: EthnoScripts, Bd. 7, S. 153 – 160.

GRAY, Geoffrey / Munro, Doug / Winter, Christine (Hg.) (2012): Scholars at War. Australian Social Scientists, 1939 – 1945. Acton, A. C. T.: ANUE Press.

GRENIER, Louise (1998): Working with Indigenous Knowledge. Ottawa.: International Development Research Centre.

GRILLO, Ralph (1985): Applied Anthropology in the 80s. Retrospect and Prospect. In: Grillo, Ralph / Rew, Allan (Hg.): Social Anthropology and Development Politics. London: Tavistoke, S. 1 – 36.

GUERRÓN-MONTERO, Carla (Hg.) (2002): Introduction: Practicing Anthropology in Latin America. In: Practicing Anthropology, 24 (4), special issue.

GUERRÓN-MONTERO, Carla (Hg.) (2009): Careers in 21st Century Applied Anthropology. Perspectives from Academics and Practitioners. In: NAPA Bulletin (AAA), 29 (1).

GUSTERSON, Hugh (2007): Anthropology and Militarism. In: Annual Review of Anthropology, 36 (1), S. 155–175.

GUSTERSON, Hugh (2010): Do Professional Ethics Matter in War? In: The Bulletin Online. http://www.the-bulletin.org/web-edition/columnists/hugh-gusterson/do-professional-ethics-matter-war [Zugriff am 04.03. 2010].

HAHN, Hans-Peter (2013): Ethnologie. Eine Einführung. Berlin: Suhrkamp.

HANDWERKER, W. Penn (2001): Quick Ethnography. A Guide to Rapid Multi-Method Research. Walnut Creek, Cal.: Altamira.

HARBSMEIER, Michael (1994): Wilde Völkerkunde. Andere Welten in deutschen Reiseberichten der Frühen Neuzeit. Frankfurt / Main: Campus.

HASTRUP, Kirsten / Paine, Robert / Mathiesen, Per / Grillo, Ralph / Elsass, Peter (1990): Anthropological Advocacy. A Contradiction in Terms. In: Current Anthropology, 31 (3), S. 301–311.

HAUSCHILD, Thomas (Hg.) (1995): Lebenslust und Fremdenfurcht. Ethnologie im Dritten Reich. Frankfurt / Main: Suhrkamp.

HEDICAN, Edward J. (2008): Applied Anthropology in Canada. Understanding Aboriginal Issues. 2. Aufl. Toronto: University of Toronto Press.

HEDICAN, Edward (2016): Public Anthropology: Engaging Social Issues in the Modern World. Toronto: University of Toronto Press.

HEIDEMANN, Frank (2011): Ethnologie – eine Einführung. Göttingen: Vandenhoeck & Ruprecht.

HELD, Jan (1953): Applied Anthropology in Government: The Netherlands. In: Kroeber, Alfred L. (Hg.): Anthropology Today. An Encyclopedic Inventory. Chicago: The University of Chicago Press, S. 866–879.

HELLAND, John (1985): Development Agencies and Anthropology. In: Paine, Robert (Hg.): Advocacy and Anthropology: First Encounters. St. John's: Institute of Social and Economic Research.

HERSKOVITS, Melville (1936): Applied Anthropology and the American Anthropologists. In: Science, 83 (2149), S. 215–222.

HICKS, George L. / Handler, Mark J. (1987): Ethnicity, Public Policy and Anthropologists. In: Eddy, Elizabeth M. / Partridge, William L. (Hg.): Applied Anthropology in America. 2. Aufl. New York: Columbia University, S. 398–432.

HILL, Carole E. (2000): Strategic Issues for Rebuilding a Theory and Practice Synthesis. In: NAPA Bulletin (AAA), 18 (1), S. 1–16.

HILL-BURNETT, Jacquetta (1987): Developing Anthropological Knowledge through Application. In: Eddy, Elizabeth M. / Partridge, William L. (Hg.): Applied Anthropology in America. 2. Aufl. New York: Columbia University, S. 123–139.

Hinshaw, Robert H. (1980): Anthropology, Administration, and Public Policy. In: Annual Review of Anthropology, 9, S. 497–545.

HOBEN, Allan (1982): Anthropologists and Development. In: Annual Review of Anthropology, 11, S. 349–375.

HOFFMANN, Susanna M. / Oliver-Smith, Anthony (Hg.) (2002): Catastrophe and Culture: The Anthropology of Disaster. Santa Fe, NM: School of American Research Press.

HORNBACHER, Annette (Hg.) (2006): Ethik, Ethos, Ethnos. Aspekte und Probleme interkultureller Ethik. Festschrift für Prof. Dr. Hermann Amborn. Bielefeld: Transcript.

HRDLIXXKOVÁ, Zuzana / Swee, Hannah (Hg.) (2017): Living with Disasters. (Re-)Production of Knowledge. In: Nature and Culture, 12 (1), Special Symposium.

HYMES, Dell (Hg.) (1969): Reinventing Anthropology. New York: Pantheon Books.

JACKSON, Anthony (1987): Anthropology at Home. A Selection of Papers Presented at the ASA Conference, held at the University of Keele, England in March 1985. London: Tavistock.

JAMES, Wendy (1973): The Anthropologist as Reluctant Imperialist. In: Asad, Talal (Hg.): Anthropology and the Colonial Encounter. London: Ithaca Press, S. 41–69.

JOHNSTON, Barbara Rose (2010): Social Responsibility and the Anthropological Citizen. In: Current Anthropology, 51, Suppl. 2, S. 235–247.

KAHRMANN, Christiane (1996): Kultur steht hoch im Kurs. In: E + Z, 37 (4), S. 108–110.

KEDIA, Satish / van Willigen, John (2005): Applied Anthropology. Context for Domains of Application. In: Kedia, Satish / van Willigen, John (Hg.): Applied Anthropology: Domains of Application. Westpoint: Praeger, S. 1–32.

KEDIA, Satish (2006): Anthropology, Practicing. In: Birx, H. James (Hg.): Encyclopedia of Anthropology, 1. Thousand Oaks, Cal.: Sage Publications, S. 176–180.

KEDIA, Satish (2008): Recent Changes and Trends in the Practice of Applied Anthroplogy. In: NAPA Bulletin (AAA), 29 (1), S. 14–28.

KELLETT, Peter (2009): Advocacy in Anthropology. Active Engagement or Passive Scholarship? In: Durham Anthropology Journal, 16 (1), S. 22–31. Electronic source: http://community.dur.ac.uk/anthropology.journal/vol16/iss1/kellett.pdf

KELLY, Lawrence C. (1983): The Assault on Assimilation. John Collier and the Origins of Indian Policy Reform. Albuquerque: University of New Mexico Press.

KEMMIS, Stephan / McTaggart, Robin (2000): Participatory Action Research. In: Denzin, N. / Lincoln; Y. (Hg.): Handbook of Qualitative Research. Thousand Oaks: Sage Publications, S. 567–605.

KIEVELITZ, Uwe (1988): Kultur, Entwicklung und die Rolle der Ethnologie. Bonn: Politischer Arbeitskreis Schulen.

KIRSCH, Stuart (2018): Engaged Anthropology. Politics beyond the Text. Oakland, Cal.: University of California Press

KLOCKE-DAFFA, Sabine (2001): „Wenn du hast, mußt du geben". Soziale Sicherheit im Ritus und im Alltag bei den Nama von Berseba / Namibia. Münster: LIT.

KLOCKE-DAFFA, Sabine (2004): Ethnologie – Was ist das denn? In: Bertels, Ursula / Baumann, Birgit / Dinkel, Silke / Hellmann, Irmgard (Hg.): Aus der Ferne in die Nähe. Neue Wege der Ethnologie in die Öffentlichkeit. Münster: Waxmann, S. 13–20.

KLOCKE-DAFFA, Sabine (2007): Interkulturelles Lernen in Deutschland aus der Sicht der Ethnologie. In: Bertels, Ursula / de Vries, Sandra / Nolte, Nina (Hg.): Fremdes Lernen. Aspekte interkulturellen Lernens im internationalen Dialog. Münster: Waxmann, S. 13–30.

KLOCKE-DAFFA, Sabine (2008): The Modernity of Traditionalists. Culture Change, Identity and the Impact of the State among the Namibian Khoekhoen. In: Limpricht, Cornelia / Biesele, Megan (Hg.): Heritage and Cultures in Modern Namibia. In-depth Views of the Country. Windhoek: Klaus Hess Publishers, S. 174–182.

KLOCKE-DAFFA, Sabine (2009b): „Kunst ist schön, macht aber viel Arbeit". Kulturmanagement als Beruf und Herausforderung. In: Beer, Bettina / Klocke-Daffa, Sabine / Lütkes, Christiana (Hg.): Berufsorientierung für Kulturwissenschaftler. Erfahrungsberichte und Zukunftsperspektiven. Berlin: Reimer, S. 83–102.

KLOCKE-DAFFA, Sabine (2012): Is BIG big enough? Basic Income Grant in Namibia. An Anthropological Inquiry. Report. Tübingen: Unversity of Tübingen. Electronic source: https://publikationen.uni-tuebingen.de/xmlui/bitstream/handle/10900/46965/pdf/Rport_2012_Is_BIG_big_enough_ end.pdf?sequence=1&isAllowed=y

KLOCKE-DAFFA, Sabine (2013): Ethik in der Praxis der entwicklungspolitischen Zusammenarbeit: ethnologische Perspektiven. In: Entwicklungsethnologie, 20 (1,2), S. 196–208.

KOHL, Karl-Heinz (1993): Ethnologie – die Wissenschaft vom kulturell Fremden. Eine Einführung. München: Beck.

KÖHLER, Ulrich (1981): Beiträge von Ethnologen zur Gestaltung von Entwicklungsprojekten in Übersee. In: Zeitschrift für Ethnologie, 100, S. 75–150.

KUBA, Richard / Nadjmabadi, Shahnaz R. (2010): Vorwort: Ethnologie und Öffentlichkeit. In: Pressereferat der Deutschen Gesellschaft für Völkerkunde (Hg.): Ethnologie und Öffentlichkeit. Deutsche Gesellschaft für Völkerkunde, S. 4–10.

KUBOTA, Sachito (2011): From Applied Anthropology to an Anthropology of Engagement. Japanese Anthropology and Australianist studies. In: Musharbash, Yasmine / Barber, Marcus (Hg.): Ethnography and the Production of Anthropological Knowledge. Essays in Honour of Nicolas Peterson. Canberra: Australian National University Press.

KUPER, Adam ([1973] 2006): Anthropology and Anthropologists. The Modern British School. 3. Aufl., Neuaufl. London: Routledge.

KUSHNER, Gilbert (1981): Training Programs in Applied Anthropology. In: RAIN, 45, S. 9–11.

LACKNER, Helen (1973): Social Anthropology and Indirect Rule. The Colonial Administration and Anthropology in Eastern Nigeria: 1920–1940. In: Asad, Talal (Hg.): Anthropology and the Colonial Encounter. London: Ithaca Press, S. 123–151.

LASSITER, Luc Eric (2005): Collaborative Ethnography and Public Anthropology. In: Current Anthropology, 46 (1), S. 83–106.

LAVIZIANO, Alexander (2005): Ethnologie und interkulturelle Kommunikation. In: EthnoScripts, 7, S. 6–32.

LENZEN, Manuela (2018): Künstliche Intelligenz. Was sie kann & was uns erwartet. München: C. H. Beck.

LEÓN Portilla, Miguel (2002): Bernardino de Sahagún, First anthropologist. Norman, Okl.: University of Oklahoma Press.

LEWIS, Diane (1973): Anthropology and Colonialism. In: Current Anthropology, 14 (5), S. 581–602.

LINIMAYR, Peter (1994): Wiener Völkerkunde im Nationalsozialismus. Ansätze zu einer NS-Wissenschaft. Frankfurt / Main: Peter Lang.

LITTLE, Kenneth (1960): Applied Anthropology and Social Change in the Teaching of Anthropology. In: British Journal of Sociology, 11 (4), S. 332–347.

Low, Setha (Hg.) (2010): Engaged Anthropology. Diversity and Dilemmas. In: Current Anthropology, 51, Suppl. 2, S. 201–330.

LUGE-EHRHARDT, Birgit / Itter, Mark von / Sökefeld, Martin (2002): Vom Studium in den Beruf. Ergebnisse einer Befragung der Absolventen des Studiums der Ethnologie an der Universität Hamburg. In: EthnoScripts, 2, S. 16–33.

LÜTKES, Christiana / Klüter, Monika (1995): Der Blick auf fremde Kulturen. Ein Plädoyer für völkerkundliche Themen im Schulunterricht. Münster: Waxmann.

MAC CLANCY, Jeremy (2002): Introduction: Taking People Seriously. In: MacClancy, James (Hg.): Exotic no more. Anthropology on the Front Line. Chicago: University of Chicago Press, S. 1–14.

MAC CLANCY (2013): Anthropology in the Public Arena. Historical and Contemporary Contexts. Malden, MA: Wiley-Blackwell.

MAC DONALD, Sharon (2016): Revolutions, Turns and Developments in Museum Education. In: Commandeur, Beatrix / Kunz-Ott, Hannelore / Schad, Karin (Hg.): Handbuch Museumspädagogik. Kulturelle Bildung in Museen. München: kopaed, S. 99–108.

MAGUBANE, Richard (1971): A Critical Look at Indices Used in the Study of Social Change in Colonial Africa. In: Current Anthropology, 12 (4/5), S. 419–445.

MALINOWSKI, Bronislaw (1929): Practical Anthropology. In: Journal of the International African Institute, 2 (1), S. 22–38.

MALINOWSKI, Bronislaw (1938): Methods of the Study of Culture Contact in Africa. London: Oxford University Press.

MALINOWSKI, Bronislaw ([1946] 1951): Die Dynamik des Kulturwandels. Wien: Humboldt.

MANNDORF, Hans (1956): Angewandte Völkerkunde im Dienste der Bevölkerung unterentwickelter Gebiete. In: Haekel, J. / Hohenwart-Gerlachstein, A. / Slawik, A. (Hg.): Die Wiener Schule der Völkerkunde. Festschrift anläßlich des 25-jährigen Bestandes des Instituts für Völkerkunde der Universität Wien (1929–1954). Horn: Berger, S. 125–143.

MARRADES Rodriguez, Addaia (2008): Anthropology and the 'War on Terror'. Analysis of a Complex Relationship. In: Periferia. Revista de recerca i formació en antropologia, 8 (1).

MARS, Gerald (2004): Refocusing with Applied Anthropology. In: Anthropology Today, 20 (1), S. 1–2.

MC CABE, Maryann (Hg.) (2017): Collaborative Ethnography in Business Environments. London: Routledge.

MC FATE, Montgomery (2018): Military Anthropology. Soldiers, Scholars and Subjects. London: Hurst & Company.

McKeown, C. Timothy (1984): The Pattern of Applied Anthropology in Britain. o. O.

Mead, Margaret (1979): The Uses of Anthropology in World War II and After. In: Goldsmith, Walter (Hg.): The Uses Of Anthropology. Special Publication of the American Anthropological Association, 11. Washington: AAA, S. 145–157.

Minkler, Meredith (2012): Community Organizing and Community Building for Health and Welfare. New Brunswick, NJ: Rutgers University Press.

Mitchell, J. Clyde (1969): Social Networks in Urban Situations. Analyses of Personal Relationships in Central African Towns. Manchester: Manchester University Press.

Moosmüller, Alois (2007): Interkulturelle Kommunikation. Konturen einer wissenschaftlichen Disziplin. Münster: Waxmann.

Moosmüller, Alois / Möller-Kiero, Jana (Hg.) (2014): Interkulturalität und interkulturelle Diversität. Münster: Waxmann.

Mosen, Markus (1991): Der koloniale Traum. Angewandte Ethnologie im Nationalsozialismus. Bonn: Holos.

Mosse, David (2005): Cultivating Development. An Ethnography of Aid Policy and Practice. London: Pluto Press.

Mosse, David (2011): Adventures in Aidland. The Anthropology of Professionals in International Development. New York: Berghahn.

Müller, Klaus E. (1997): Geschichte der antiken Ethnologie. Reinbek bei Hamburg: Rowohlt.

Müller-Naevecke, Christina / Naevecke, Stefan (2018): Forschendes Lernen und Service Learning. Das Humboldt'sche Bildungsideal in modularisierten Studiengängen. In: Hericks, Nicola (Hg.): Hochschulen im Spannungsfeld der Bologna-Reform. Erfolge und ungewollte Nebenfolgen aus interdisziplinärer Perspektive. Wiesbaden: Springer, S. 119–143.

Myres, John L. (1929): Presidential Address. The Science of Man in the Service of the State. In: The Journal of the Royal Anthropological Institute of Great Britain and Ireland, 59, S. 19–52.

Myres, John (1931): Anthropology, Pure and Applied. In: The Journal of the Royal Anthropological Institute, 61, S. 25–41.

Nahm, Sheena / Hughes Rinker, Cortney (Hg.) (2016): Applied Anthropology. Unexpected Spaces, Topics, methods. London: Routledge.

Nahmad, Solomon (1997): Mexican Applied Anthropology. From Founder Mario Gamio to Contemporary Movements. In: Baba, Marietta / Hill, Carole E. (Hg.): The Global Practice of Anthropology. Williamsburg, VA: College of William and Mary Press, S. 229–244.

Nash, Manning (1959): Applied and Action Anthropology in the Understanding of Man. In: Anthropological Quarterly, 32 (1), S. 67–81.

NAPA – National Association for the Practice of Anthropology (1988): NAPA Ethical Guidelines for Practitioners. Electronic source: http://practicinganthropology.org/about/ethical-guidelines/

Neumann, Stefan / Heinz, Marco (2013): Ethische Leitlinien und Kodizes in ethnologischer und entwicklungsbezogener Forschung und Projektarbeit. In: Bliss, Frank / Heinz, Marco (Hg.): Ethik in der Praxis der Entwicklungszusammenarbeit. Entwicklungsethnologie, 20 (1/2), S. 303–517.

Nicaise, Joseph (1960): Applied Anthropology in the Congo and Ruanda-Urundi. In: Human Organization, 19, S. 112–117.

Nolan, Riall (2002): Development Anthropology. Encounters in the Real World. Boulder: Westview Press.

Nolan, Riall W. (2003): Anthropology in Practice. Building a Career Outside the Academy. Boulder: Lynne Rienner Publishers.

Nolan, Riall W. (2013): A Handbook of Practicing Anthropology. Hoboken, NJ: Wiley.

Nolan, Riall W. (2017): Using Anthropology in the world. A Guide to Becoming an Anthropologist Practitioner. London: Routledge.

Oberson, José / Gfeller, Nicole (2002): Ethnologie und berufliche Praxis. Arbeitsblatt Nr. 20 des Instituts für Ethnologie. Bern: Universität Bern. Electronic source: http://en.booksee.org/book/763753 (pdf, 653 kb)

Partridge, William (1986): Toward a Theory of Practice. In: American Behavioral Scientists, 29 (2), S. 139–163.

PARTRIDGE, William L. / Eddy, Elizabeth M. (1978): The Development of Applied Anthropology in America. In: Eddy, Elizabeth M. / Partridge, William L. (Hg.): Applied Anthropology in America. New York: Columbia University Press, S. 3–48.

PEACOCK, James L. (1997): The Future of Anthropology. In: American Anthropologist, 99 (1), S. 9–17.

PEACOCK, James L. (1999): Towards a Proactive Anthropology. In: Basch, Linda et al. (Hg.): Transforming Academia: Challenges and Opportunities for an Engaged Anthropology. Arlington: American Anthropological Association, S. 21–31.

PEIN, Friederike (2001): Eine empirische Untersuchung über Studienerfahrungen, Berufseinstieg und -verbleib Mainzer Ethnologie-AbsolventInnen der Jahrgänge 1992 bis 1999. Mainz: Johannes Gutenberg-Universität.

PELS, Peter (2006): „Wo's keine Zehn Gebote gibt." Eine Revision des Verständnisses von Ethik anlässlich des Darkness-in-El-Dorado-Skandals. In: Hornbacher, Annette (Hg.): Ethik, Ethos, Ethnos: Aspekte und Probleme interkultureller Ethik. Festschrift für Prof. Dr. Hermann Amborn. Bielefeld: Transcript, S. 37–73.

PETERMANN, Werner (2004): Die Geschichte der Ethnologie. Wuppertal: Hammer-Verlag.

PINK, Sarah (2006a): The Practice of Anthropology in Great Britain. In: NAPA Bulletin (AAA), 25 (1), S. 123–133.

PINK, Sarah (2006b): Introduction: Applications of Anthropology. In: Pink, Sarah (Hg.): Applications of Anthropology. Professional Anthropology in the Twenty-First Century. New York: Berghahn, S. 3–26.

PINK, Sarah (2009): Visual Interventions. Applied Visual Anthropology. New York: Berghahn.

PODELEFSKY, Aaron / Brown, Peter J. / Lacy, Scott M. (2013): Applying Cultural Anthropology. An Introductory Reader. 9. Aufl. New York: McGraw Hill.

POLGAR, Steven (1979): Applied, Action, Radical and Committed Anthropology. In: Hinshaw, Robert (Hg.): Currents in Anthropology. Essays in Honor of Sol Tax. The Hague: Mouton, S. 409–418.

Pressereferat der Deutschen Gesellschaft für Völkerkunde (Hg.) (1999): Die Media-morphose der Ethnologie. Heidelberg: Waghäusel.

PRICE, David (2000): Anthropology as Spies. In: The Nation, 20. November.

PRICE, David (2002): Lessons from Second World War Anthropology: Peripheral, Persuasive and Ignored Contributions. In: Anthropology Today, 18, S. 14–20.

PRICE, Laurie J. (2001a): How good is Graduate Training in Anthropology? In: Anthropology News, S. 5–6.

PRICE, Laurie J. (2001b): The Mismatch Between Anthropology Graduate Training and the Work Lives of Graduates. In: Practicing Anthropology, 23 (1), S. 55–57.

PROBALA, Rolf (1999): Malinowski im Studio, oder: Wie kommt die Ethnologie in die Newssendung? Gedanken zu Ethnologie und Fernsehnachrichten. In: Pressereferat der Deutschen Gesellschaft für Völkerkunde (Hg.): Die Media-morphose der Ethnologie. Heidelberg: Waghäusel, S. 37–39.

PROCHNOW, Martina (1996): Entwicklungsethnologie. Ansätze und Probleme einer Verknüpfung von Ethnologie und Entwicklungshilfe. Zur Diskussion in der deutschsprachigen Ethnologie. Hamburg: LIT.

QUINLAN, Tim (2000): 'Anthropologies of the South'. The Practice of Anthropology. In: Critique of Anthropology, 20, S. 135–136.

REINING, Conrad C. (1962): A lost Period of Applied Anthropology. In: American Anthropologist, n. s., 64 (3), S. 593–600.

RHOADES, Robert E. (2005): Agricultural Anthropology. In: Kedia, Satish / van Willigen, John (Hg.): Applied Anthropology. Domains of Application. Westpoint: Praeger, S. 61–85.

ROTTENBURG, Richard (2008): Übersetzung und ihre Dementierung. In: Kneer, Georg / Schroer, Markus / Schüttpelz, Erhard (Hg.): Bruno Latours Kollektive. Kontroversen zur Entgrenzung des Sozialen. Frankfurt / Main: Suhrkamp, S. 401–423.

ROBERTS, Bill (2004): Learning to Put Ethnography to Good Use. The Gambia, West Africa Field Study Program. In: NAPA Bulletin (AAA), 22, S. 87–105.

ROBERTS, Simon (2006): The Pure and the Impure? Reflections on Applying Anthropology and Doing Ethnography. In: Pink, Sarah (Hg.): Applications of Anthropology. Professional Anthropology in the Twenty-First Century. New York: Berghahn, S. 72–89.

ROBINS, Steven (1996): On the Call for a Militant Anthropology. The Complexity of "Doing the Right Thing". In: Current Anthropology, 37, S. 341–343.

RYLKO-BAUER, Barbara / Singer, Merrill / van Willigen, John (2006): Reclaiming Applied Anthropology. Its Past, Present, and Future. In: American Anthropologist, 108 (1), S. 178–190.

SACHSE, Frauke / Bothe, Dirk (2012): Studie zum beruflichen Verbleib von Absolvent/innen der „Abteilung für Altamerikanistik und Ethnologie". Rheinische Friedrich-Wilhelms-Universität zu Bonn. Bonn. Electronic source: http://www.iae.uni-bonn.de/fach/verbleibstudie-1

SCHAEDEL, Richard P. (1964): Anthropology in AID Oversees Missions. Its Practical and Theoretical Implications. In: Human Organization, 23, S. 190–192.

SCHENDEL, Willem van (1992): Francis Buchanan in Southeast Bengal (1798). New Delhi: Manohar.

SCHEPER-HUGHES, Nancy (1995): The Primacy of the Ethical. Propositions for a Militant Anthropology. In: Current Anthropology, 36 (3), S. 409–440.

SCHIERHOLZ, Petra / Schwarzer, Elisabeth (1991): Ethnologie zwischen Bildung und Beschäftigung. Zur Berufstätigkeit Berliner EthnologInnen der Absolventenjahrgänge 1977 bis 1988. Berlin: Das Arabische Buch.

SCHIFFAUER, Werner / Eilert, Anne / Rudloff, Marlene (Hg.) (2017): So schaffen wir das. Eine Zivilgesellschaft im Aufbruch. 90 wegweisende Projekte mit Geflüchteten. Bielefeld: Transcript.

SCHÖNHUTH, Michael (1991): The Socio-Cultural Dimension in Development. The Contribution of Sociologists and Social Anthropologists to the Work of Development Agencies. Workshop Proceedings. Rossdorf: TZ-Verlags-Gesellschaft.

SCHÖNHUTH, Michael (1993): Partizipative Erhebungs- und Planungsmethoden in der Entwicklungszusammenarbeit: rapid rural appraisal; participatory appraisal. Eine kommentierte Einführung. Rossdorf: TZ-Verlags-Gesellschaft.

SCHÖNHUTH, Michael (2000): Relevanter werden. Zum Verhältnis zwischen Ethnologie und Öffentlichkeit. Standortbestimmung und Perspektiven. In: EthnoScripts, 11 (2), S. 12–38.

SCHÖNHUTH, Michael (Hg.) (2004a): Culture for Development – Cultures of Development. 20 Years of Development Anthropology in Germany. In: Entwicklungsethnologie, 13 (1/2), S. 6–246.

SCHÖNHUTH, Michael (2004b): Ist da wer? Strategien und Fallstricke einer populären Ethnologie. In: Bertels, Ursula / Baumann, Birgit / Dinkel, Silke Dinkel (Hg.): Aus der Ferne in die Nähe. Neue Wege der Ethnologie in die Öffentlichkeit. Münster: Waxmann, S. 77–104.

SCHÖNHUTH, Michael (2013): Von einer entwicklungsethnologischen Ethik zu einer gemeinsamen ethnologischen Ethik. Ein Blick zurück und nach vorn. In: EthnoScripts, 15 (2), S. 20–32.

SCHOOLCRAFT, Henry Rowe / Eastman, Seth / Bureau of Indian Affairs (1851–1857): Historical and Statistical Information Respecting the History, Condition, and Prospects of the Indian Tribes of the United State. 6 Bde. Philadelphia: Lippincott, Grambo.

SCHOTT, Rüdiger (1962): Beiträge der Ethnologie zur Entwicklungsländerforschung. In: Kindermann, Gottfried-Karl (Hg.): Kulturen im Umbruch. Studien zur Problematik und Analyse des Kulturwandels in Entwicklungsländern. Freiburg: Rombach, S. 9–28.

SCHUPP, Sabine (1997): Die Ethnologie und ihr koloniales Erbe. Ältere und neuere Debatten um die Entkolonialisierung einer Wissenschaft. Hamburg: LIT.

SEITHEL, Friderike (2000): Von der Kolonialethnologie zur Advocacy Anthropology. Zur Entwicklung einer kooperativen Forschung und Praxis von EthnologInnen und indigenen Völkern. Münster: Lit.

SILLITOE, Paul (1998): The Development of Indigenous Knowledge. A new Applied Anthropology. In: Current Anthropology, 39 (2), S. 223–252.

SILLITOE, Paul (2007): Anthropologists only need Apply. Challenges of Applied Anthropology. In: Journal of the Royal Anthropological Institute, 13, S. 147–165.

SILLITOE, Paul (Hg.) (2015): Indigenous Studies and Engaged Anthropology. Farnham, Surrey: Ashgate.

SIMON, Róbert (2002): Ibn Khald n. History as Science and the Patrimonial Empire. Budapest: Akadémiai Kiadó.

SINGER, Merrill (2000): Why I am not a Public Anthropologist. In: Anthropology News, 41 (6), S. 6–7.

SKALNIK, Petr / Brocki, Marcin (2018): Anthropology as Social Critique. Its Public Role in the globalized world. Kraków: Jagiellonian University Press.

Society for Applied Anthropology (1951): Code of Ethics of the Society for Applied Anthropology. In: Human Organization, 10 (2), S.30–32.

SÖKEFELD, Martin (2009): Ethnologie der Öffentlichkeit und die Öffentlichkeit der Ethnologie. In: Ethno Scripts, 11 (2), S. 39–52.

SPENCER, Jonathan (2010): The Perils of Engagement. A Space for Anthropology in the Age of Security? In: Current Anthropology, 51, Suppl. 2, S. 289–299.

SPICER, Edward H. (1979): Anthropologists and the War Relocation Authority. In: Goldsmith, Walter (Hg.): The Uses of Anthropology. Special Publication of the American Anthropological Association, 11. Washington: AAA, S. 217–237

SPOHN, Margret (2009): Berufsorientierung in den Kulturwissenschaften. Schwerpunkt: Integration und Interkulturelle Kommunikation. In: Beer, Bettina / Klocke-Daffa, Sabine / Lütkes, Christiana (Hg.): Berufsorientierung für Kulturwissenschaftler. Erfahrungsberichte und Zukunftsperspektiven. Berlin: Reimer, S. 47–158.

STARKLOFF, Carl F (2002): Common Testimony, Ethnology and Theology in the "Customs" of Joseph Lafitau. St. Louis: Institute of Jesuit Sources.

STARN, Orin (1986): Engineering Internment. Anthropologists and the War Relocation Authority. In: American Ethnologist, 13 (4), S. 700–720.

STOLLER, Paul (2018): Adventures in Blogging. Public Anthropology and Popular Media. Toronto: University of Totonto Press.

STRANG, Veronica (2009): What Anthropologists Do. Oxford: Berg.

STULL, Donald D. / Schensul, Jean (Hg.) (1987): Collaborative Research and Social Change. Applied Anthropology in Action. Boulder, Col.: Westview Press.

SUZUKI, Peter T. (1980): A Case Study. A Restrospective of a Wartime "National Character" Study. In: Dialectical Anthropology, 5, S. 33–46.

SUZUKI, Peter T. (1981): Anthropologists in the Wartime Camps for Japanese Americans. A Documentary Study. In: Dialectical Anthropology, 6, S. 23–60.

TAI, Li-Chuan (2010): L'anthropologie française entre sciences coloniales et décolonisation, 1880–1960. Paris: Société française d' histoire d' outre-mer.

TAX, Sol (1945): Anthropology and Administration. In: América Indígena, 5 (1), S. 21–33.

TAX, Sol (1975): Action Anthropology. In: Current Anthropology, 16, S. 171–177.

TAYLOR, Jim / Toussaint, Sandy (Hg.) (1999): Applied Anthropology in Australasia. Nedlands: University of Western Australia Press.

TEMPLE, Richard (1913): Suggestions for a School of Applied Anthropology. In: Man, 13, S. 185–192.

TOMFORDE, Maren (2009): Ethnologie und Militär: Ein Widerspruch? In: Beer, Bettina / Klocke-Daffa, Sabine / Lütkes, Christiana (Hg.): Berufsorientierung für Kulturwissenschaftler. Erfahrungsberichte und Zukunftsperspektiven. Berlin: Reimer, S. 159–169.

TRAIMOND, Bernard (Hg.) (2006): L' anthropologie appliquee aujourd' hui. 8e congres de la Sociedad Espanola de Antropologia Aplicada, Bordeaux, 24–26 mars 2004, organise par la Societe d'ethnologie francaise et la Sociedad Espanola de Antropologia Aplicada. Pessac: Presses universitaires de Bordeaux.

TREMBLAY, Marc-Adélard (1990): Social Status of Researchers and Professional Practices in the Field of Research Aimed at Social Intervention in France. In: Culture, 10 (1), S. 35–47.

TRIGGER, Davis (2011): Anthropology Pure and Profane. The Politics of Applied Research in Aboriginal Australia. London: Routledge.

TROTTER, Robert / Schensul, Jean (1998): Methods in Applied Anthropology. In: Barnard, Russell (Hg.): Handbook of Methods in Cultural Anthropology. Walnut Creek: Alta Mira Press, S. 691–736.

TYLOR, Edward Burnett (1871): Primitive Culture: Researches into the Development of Mythology, Religion, Language, Art, and Custom. London: Murray.

URRY, James (1972): "Notes and Queries on Anthropology" and the Development of Field Methods in British Anthropology, 1870–1920. In: Proceedings of the Royal Anthropological Institute of Great Britain and Ireland, S. 45–57.

VAN ARSDALE, Peter W. (2008): Learning Applied Anthropology in Field Schools. Lessons from Bosnia und Romania. In: NAPA Bulletin (AAA), 29, S. 99–109.

VAN WILLIGEN, John (1980): Anthropology in Use. A Bibliographic Chronology of the Development of Applied Anthropology. New York: Redgrave.

VAN WILLIGEN (1986): Applied Anthropology. An Introduction: South Hadley, Mass.: Birgin & Garvey.

VAN WILLIGEN (1987): Becoming a Practicing Anthropologist. A Guide to Careers and Training Programs in Applied Anthropology. In: NAPA Bulletin (AAA), 3.

VAN WILLIGEN, John (1991): Anthropology in Use. A Source Book on Anthropological Practice. Bolder: Westview Press.

VAN WILLIGEN, John (1993): Applied Anthropology. 2. Aufl. Westpoint: Bergin & Garvey.

VAN WILLIGEN, John (Hg.) (1997): Sources. An Archive Collection of Applied Anthropology Materials. In: Practicing Anthropology, 19 (3), S. 42–43.

VAN WILLIGEN, John (2002): Applied Anthropology. 3. Aufl. Westpoint: Bergin & Garvey.

VAN WILLIGEN, John / Finan, Timothy J. (Hg.) (1991): Soundings: Rapid and Reliable Research Methods for Practicing Anthropologists. In: NAPA Bulletin (AAA), 10, Themenausgabe.

VIDYARTHI, Lalita Prasad ([1968] 1984): Applied Anthropology in India: Principles, Problems, and Case Studies. 2. Aufl. Allahabad: Kitab Mahal.

VOGEL, Hans Ulrich (2013): Marco Polo was in China. New Evidence from Currencies, Salts and Revenues. Leiden: Brill.

WAKIN, Eric (1992): Anthropology goes to War. Professional Ethics and Counterinsurgency in Thailand. Madison: University of Wisconsin Press.

WALLACE, Tim (2005): Tourism and Applied Anthropologists. Linking Theory and Practice. Berkeley: National Association for the Practice of Anthropology.

WEISS, Gisela (2016): Museumspädagogik in der Bundesrepublik Deutschland bis 1990. In: Commandeur, Beatrix / Kunz-Ott, Hannelore / Schad, Karin (Hg.) (2016): Handbuch Museumspädagogik. Kulturelle Bildung in Museen. München: kopaed, S. 76–83.

WINKELMANN, Ingeborg (1966): Die bürgerliche Ethnographie im Dienste der Kolonialpolitik des Deutschen Reiches. Phil. Dissertation. Berlin: Humboldt Universität.

WITTKUHN, Lars (1995): Das Gewissen der Ethnologen. Der Vietnamkrieg und die Ethik-Debatte in der amerikanischen Ethnologie. In: Bräunlein, Peter / Lauser, Andrea (Hg.): Krieg und Frieden. Ethnologische Perspektiven. In: kea. Zeitschrift für Kulturwissenschaften, 2, S. 65–78.

WOLFERS, Michael (2007): Thomas Hodgkin: Wandering Scholar. London: Merlin.

WOOD, Gaeme (2013): Anthropology Inc. In: The Atlantic, 3. Electronic source: www.theatlantic.com/magazine/print/2013/03/anthopology-inc/309218

WRIGHT, Susan (1995): Anthropology: Still the Uncomfortable Discipline? In: Ahmed, Akbar S. / Shore, Chris N. (Hg.): The Future of Anthropology. Its Relevance to the Contemporary World. London: Athlone, S. 65–93.

Ethik zwischen akademischer und anwendungsorientierter Ethnologie – Ein Vergleich von Kodizes

MICHAEL SCHÖNHUTH

> *"Once upon a time, anthropologists where of a single mind.*
> *They came together in harmony, and agreed on most of the essential points*
> *of their profession, including how they should behave in public.*
> *This era lasted until quite recently, when there were no longer enough jobs in universities*
> *to employ all of our students. These students had to do other things.*
> *As we are now struggle to accommodate the career needs of these students*
> *and former students, we are in danger jeopardizing the harmony*
> *we once enjoyed, even to the point of compromising our ethics"*
>
> ERVE CHAMBERS 1981 zit. in Nolan 2003:169

ABSTRACT: Ethische und praxisbezogene Fragen haben die Ethnologie schon seit ihrer Gründungsphase im 19. Jahrhundert begleitet. Während sich das Fach in den folgenden Jahrzehnten als Universitätsdisziplin etablierte, waren es anwendungsorientierte Ethnolog*innen, die nach dem Zweiten Weltkrieg erste ethische Selbstverpflichtungen formulierten. Der Beitrag beleuchtet Entwicklungslinien einer ethnologischen Ethik zwischen erkenntnis- und anwendungsorientierter Ethnologie. Er deckt Leerstellen in bisherigen Leitlinien / Kodizes auf und schließt mit einem Plädoyer für eine Zusammenführung beider Ethikstränge.

1. Gegenstand und Fokus

Der Beitrag verfolgt in systematisch-vergleichender Absicht Entwicklungslinien von Kodizes im anglophonen und deutschsprachigen Bereich – mit einem spezifischen Fokus auf eine Ethnologie, die sich mit der Anwendung von Prinzipien menschlichen Verhaltens auf praktische Gegenwartsprobleme beschäftigt.[1] Diese Definition umfasst akademisch

---

1 Die Debatte um Ethik in der Ethnologie allgemein lässt sich in zahlreichen Veröffentlichungen nachvollziehen; als Auswahl: Rynkiewich / Spradley 1976; Appell 1978; Chambers 1985; Cassell / Jacobs 1987; Pels 1999; Caplan 2003; Fluehr-Lobban 2003; Meskell/Pels 2005; Faubion 2011; Fluehr-Lobban 1991, Fluehr-Lobban 2013 oder Plemmons/Barker 2016. In diesen Publikationen finden sich auch zahlreiche Beispiele ethischer Dilemmata in der feldforschenden ethnologischen Praxis.

arbeitende Ethnolog*innen, die sich in ihrer Arbeit mit Anwendungsfragen konfrontiert sehen, wie solche, die außerhalb des akademischen Feldes im Profit- oder Nonprofit-Bereich als Angestellte oder Berater*innen im öffentlichen oder privaten Sektor oder für Nichtregierungsorganisationen tätig sind. Sie umfasst drittens auch Aktions- oder „Advocacy"-Ethnolog*innen (Seithel 2000), die ihre ethnologische Expertise in den Dienst von (ethnischen) Minderheiten, bzw. benachteiligten sozialen Gruppen stellen, deren Interessen sie gegenüber der Mehrheitsgesellschaft vertreten.

Steht bei der akademischen Beschäftigung mit Anwendungsfragen die wissenschaftliche Erkenntnisorientierung im Vordergrund, so geht es den „praktizierenden" Ethnolog*innen explizit um die Veränderung von Daseinszuständen, an denen sie direkt oder indirekt mitwirken, allerdings im Dienste von – bezogen auf Machtkonstellationen – ganz unterschiedlich ausgestatteten „Auftraggeber*innen".

Die Arbeitsgruppe „Medical Anthropology" der Deutschen Gesellschaft für Sozial- und Kulturanthropologie (http://www.medicalanthropology.de/) wäre ein Beispiel für die erste Gruppe, die Arbeitsgemeinschaft Entwicklungsethnologie (AGEE) e. V. (http://entwicklungsethnologie.org/) oder der 2012 gegründete Bundesverband freiberuflicher Ethnolog_innen e. V. (bfe) (http://www.bundesverband-ethnologie.de/) Beispiele für die zweite Gruppe in Deutschland. Mit einem aktions-ethnologischen Ansatz verbindet sich z. B. die Arbeit der Nichtregierungsorganisation infoe e. V. (www.infoe.de).

Auf einer systematischen Ebene sind diese Unterscheidungen wichtig, haben sie doch direkte Auswirkungen auf damit verbundene Prozesse der Rechenschaftslegung für das eigene professionelle Handeln. In der Praxis lassen sich die Stränge nicht immer so leicht auseinanderhalten. Ich komme darauf am Ende des Beitrages zurück.

2. Zur Geschichte anwendungsorientierter Ethik international

Ethische wie praxisbezogene Fragen haben die Ethnologie seit ihren Wurzeln in philanthropischen Gesellschaften Anfang des 19. Jahrhunderts beschäftigt. So lautete das Gründungsmotto der Aborigines Protection Society (APS), einer Vorläuferorganisation der Royal Ethnological Society 1837: „Protecting the defenceless, and promoting the advancement of uncivilised tribes" (Stocking 1971:369) und offenbarte damit innerhalb des kolonialen Subtexts auch eine entwicklungsorientierte und verantwortungsethische Seite. Während sich das Fach in den nächsten Jahrzehnten als Universitätsdisziplin etablierte, geriet der humanistische Auftrag – und damit verbunden Fragen einer möglichen ethischen Verantwortung gegenüber beforschten Gruppen – zunehmend in den Hintergrund (Hahn 2013: 73-74).

In der frühen Phase der feldforschenden Ethnologie Anfang des 20. Jahrhunderts gab es dann einen ersten Eklat wegen politischer Verwicklungen von Ethnologen: Franz Boas, der „Vater" der amerikanischen Kulturanthropologie, wurde 1919 aus der „American An-

thropological Association (AAA)" ausgeschlossen, weil er in einem offenen Brief an die Wochenzeitschrift *The Nation* unter dem Titel *„Scientists as Spies"* – wie sich später herausstellte, zurecht – vier namentlich nicht genannte Kollegen beschuldigte, in Zentralamerika während des Ersten Weltkriegs ihre beruflichen Forschungspositionen zu Spionagezwecken für die amerikanische Regierung genutzt zu haben (Price 2000). Schon zuvor waren Ethnologen ganz offiziell im Rahmen kolonialer Expansions- und Gouvernementalitätspolitik im Auftrag von Regierungen tätig gewesen, wie der Afrikanist R. S. Rattray, der seit 1906 in Diensten der englischen Kolonialverwaltung an der Goldküste stand, maßgebliche Ethnographien zur Religion und Kunst verfasste und 1921 zum Leiter der Anthropologischen Abteilung der Region Aschanti ernannt wurde (von Laue 1976).

Der „Begründer" ethnologischer Feldforschung, Bronislaw Malinowski, plädierte schon seit Mitte der 1920er Jahre für eine Ethnologie, die sich forscherisch den praktischen Problemen der unter der Kolonialverwaltung stehenden indigenen Gruppen öffnet und zu politischen Fragen – wie den Folgen direkter oder indirekter Herrschaft – Stellung bezieht und auch Fragen des rapiden Kulturwandels in den Blick nimmt (Malinowski 1929). Der Zweite Weltkrieg sah dann viele amerikanische Anthropologen in der Rolle patriotischer Politikberater. Geschätzt wegen ihrer „interkulturellen Kompetenz", wurden sie während des Kriegs vom militärischen Geheimdienst und dem Office of Strategic Services, einem Voräufer der CIA, eingestellt. Andere arbeiteten ganz offiziell als Offiziere im Militär (Asad 1973; Pels 1997; Price 2000).

Nach dem Zweiten Weltkrieg begann eine Spaltung zwischen der Schule „kriegserfahrener" Anthropologen und einer neuen Generation junger Anthropologen, die die postkolonialen Auswirkungen fortwährender Unterdrückung während ihrer Feldforschungen nachhaltig beeindruckte. Ethik bedeutete jetzt für viele: keinerlei Engagement für imperialistische Bestrebungen der amerikanischen Regierung. Innerhalb der akademischen Ethnologie war ein politisches Ereignis – angeblich verdeckte Forschung für amerikanische Geheimdienste und Militärs – in den 1960er Jahren der Auslöser für die Entwicklung ethischer Berufsstandards. Der Fokus der Ethikdiskussion auf akademischer Seite verschob sich nach dem Ende des Vietnamkrieges 1972. Ethisches Verhalten wurde nun vor allem auf den verantwortungsvollen Umgang mit besuchten/untersuchten Gruppen bezogen. Schlagworte wie „informierte Zustimmung" (durch die Betroffenen) oder „Folgenabschätzung der Forschungstätigkeit" rückten in den Mittelpunkt ethischer Debatten. Vielsagend ist auch ein Blick auf die „Hitliste" der Eingaben an das Ethik-Komitee der AAA: Nach 1972 wird diese Liste vom „Plagiatsvorwurf unter Kollegen" angeführt, gefolgt von Studentenklagen über die Ausbeutung eigener wissenschaftlicher Leistungen durch wissenschaftliche Betreuer sowie Klärungsfragen bezüglich der Eigentümerschaft an Forschungsergebnissen bei Tätigkeiten für nicht-akademische Auftraggeber*innen. Erst dann folgen Beschwerden, die durch Dritte über den Umgang mit beforschten Gruppen ruchbar wurden (Hill 1997). Diese Themen spiegeln sich dann auch in den ersten ethischen Kodizes der AAA in den USA an prominenter Stelle wider.

Bezeichnenderweise war es jedoch eine anwendungsorientierte ethnologische Gesellschaft, die nach dem Zweiten Weltkrieg eine erste ethische Selbstverpflichtung formulierte: Die 1941 gegründete *Society for Applied Anthropology* (SfAA) widmete sich der „Untersuchung der Prinzipien menschlichen Verhaltens und deren Anwendung auf Gegenwartsfragen". 1946 gab es erste Überlegungen, einen Ethikcode für angewandte Ethnologen zu entwickeln. 1949 wurde er schließlich gefasst und 1951 in *Human Organization* – dem von 1942 bis heute fortlaufend weitergeführten Publikationsorgan der Gesellschaft – veröffentlicht (SfAA 1951). Während *Human Organization* mit seinen *Peer-Review*-Artikeln von Beginn an eine Brücke zur akademischen Ethnologie schlug, sieht sich die von der SfAA 1979 erstmals aufgelegte Zeitschrift *Practicing Anthropology* in erster Linie als ein auf die außerakademische Praxis gerichtetes Publikationsorgan. Etliche Ausgaben beider Zeitschriften beschäftigen sich im Lauf der Jahre mit Ethikfragen. Der Code wurde mehrmals überarbeitet und zeichnet heute als *„Statement of Ethics and Professional Responsibilities"* in sechs Paragraphen Verantwortlichkeiten seiner inzwischen über 2.000 Mitglieder gegenüber unterschiedlichen Stakeholdern nach (SfAA online). 1984 wurde innerhalb der AAA unter der Leitung der Business-Anthropologin Marietta Baba eine *„Practicing Anthropology Unit"* gegründet und ein Jahr später als *„National Association for the Practice of Anthropology* (NAPA) etabliert. Auch sie gab sich vier Jahre nach Gründung eigene *„Ethical Guidelines for Practioners"* und veröffentlichte sie in ihrem NAPA-Newsletter.

Europa tat sich mit der Anwendung ethnologischer Erkenntnisse auf die Praxis weitaus schwerer als die USA. Podjed et al. machen dafür in einer rückblickenden Bestandsaufnahme drei mögliche Gründe fest: „the ‘colonial hangover’ marked by anthropologists’ moral and ethical crisis, different national traditions and language barriers, and disagreement on the meaning of the term ‘applied anthropology‘" (2016:54). Das zeigt sich auch in Großbritannien, wo zu Beginn der 1980er Jahre eine Gruppe um den Entwicklungsethnologen Alan Rew – in ausdrücklicher Vermeidung des unter akademischen Kollegen verpönten Begriffes „applied" – eine praxisorientierte *„Group for Anthropology in Policy and Practice* (GAPP) gründete. Trotzdem blieb das Verhältnis zur *Association of Social Anthropologists of the UK and the Commonwealth* (ASA) schwierig (Wright 2006). Dies änderte sich erst mit der Etablierung als *„Network of Applied Anthropologists"* innerhalb der ASA 2004, mit der zusammen sie auch *„Anthropology in Action"*, ein Journal für angewandte Ethnologie diesseits und jenseits der Akademie, herausbringt. Die ASA-*„Ethical Guidelines for Good Research Practice"* (ASA 1999) gelten seither für beide Gruppen.

3. Zur kurzen Geschichte anwendungsorientierter Ethik in Deutschland

In Deutschland thematisierten kolonialkundlich orientierte Arbeiten renommierter Fachvertreter, wie Thurnwald, Westermann oder Mühlmann zwar schon vor dem Zweiten Weltkrieg die praktische Anwendbarkeit der Ethnologie, allerdings taten sie dies mit paternalistischen, und – vor allem nach 1933 – mit teils rassistischen Untertönen (Hauschild 1995). Wohl unter anderem aufgrund dieser Erfahrungen war die Zeit nach 1945 zunächst einmal von einer kulturhistorischen Rückbesinnung im Fach geprägt. Der Fachverband DGV ließ sich mit der Verabschiedung einer eigenen „Ethikerklärung" jedenfalls bis zum Jahr 2009 Zeit. Die wenigen etablierten Fachvertreter, die sich bis dahin zum Thema äußerten, hatten sich gegen eine Festlegung auf „ein für alle Mal gültige Werte" ausgesprochen (Koepping 1981), oder mutmaßten, wie Münzel (1997), das Wirken eines „protestantischen Erbes" im Entwurf einer Gruppe Göttinger Ethnologen für ein Ethik-Curriculum in der Ethnologie.

Auch in Deutschland kam der erste Anstoß zur Formulierung ethischer Leitlinien aus dem anwendungsorientierten Feld. Eine Initiative zur Gründung einer explizit anwendungsbezogenen „Arbeitsgemeinschaft Entwicklungsethnologie" auf der Lübecker DGV-Tagung 1985 stieß dabei auf mehr oder weniger offene Ablehnung – allerdings mit einander teils widersprechenden Begründungen. Die einen befürchteten bei einer praxisorientierten Ethnologie eine zu große Abhängigkeit von durch Eigeninteressen motivierten Auftraggeber*innen sowie den Verlust notwendiger Distanz gegenüber den beforschten Gruppen – nach dem Motto: Man verändert nicht den Gegenstand, den man untersucht. Die anderen begründeten ihre ablehnende Haltung mit der notwendigen Trennung zwischen Wissenschaft und Politik. Demokratisch nicht legitimiert, stehe es dem Wissenschaftler nicht zu, sich ins Geschäft gewählter Politiker einzumischen. Eine dritte Gruppe argumentierte explizit politisch. Die Beteiligung von Ethnologen innerhalb der Entwicklungshilfe diene der Aufrechterhaltung ausbeuterischer postkolonialer Verhältnisse. Ein Andienen als Erfüllungsgehilfe der gängigen Entwicklungspraxis sei deshalb grundsätzlich abzulehnen – so der Tenor der Debatte in der Zeitschrift Trickster und der AG Ethik der DGV um Herrmann Amborn (Amborn 1993). Zwar befürworteten auch sie ein Einmischen, aber nur auf der ethisch „richtigen" Seite, als Mandatsträger der Betroffenen im Sinne einer *Action Anthropology*.

1989 legte die Arbeitsgruppe Entwicklungsethnologie einen ersten Entwurf ethischer Leitlinien vor (AGEE 1989). Im Jahr 2000 erfolgte dann eine Handreichung für praktizierende Entwicklungsethnolog*innen mit Positionierungen, die von Respekt über Partizipation und Offenlegung bis zum Informantenschutz und Grenzen der Schweigepflicht reichen. Erläuterungen und Praxisbeispiele ethischer Dilemmata runden die Broschüre ab (vgl. Schönhuth / Bliss 2000). 2005 verabschiedete die Arbeitsgruppe *Medical Anthropology* der DGV – als zweite mit Praxisfragen konfrontierte Gruppe, und noch vor dem

Fachverband selbst – „Leitlinien zur ethischen Selbstreflexion" (AG Medical Anthropology 2005). Ihre Entwicklung ist vor dem Hintergrund gewachsener Anforderungen an medizinethnologische Forschungen innerhalb von Kontexten zu sehen, „die auf eine aktive und geplante Veränderung der Lebenswelt anderer Menschen zielen" (AG Medical Anthropology 2005). Die Leitlinien haben vor allem Sensibilisierungscharakter.

4. Ethik für akademische und für praktizierende Ethnologen: Ein Vergleich von Leitlinien/Kodizes

Im Folgenden unternehme ich einen kursorischen, nichtrepräsentativen Vergleich zwischen der jüngsten Version der *„Principles of Responsibility"* der AAA und zwei weiterer Fachgesellschaften (ASA in Großbritannien und DGV in Deutschland) auf der einen und ausgewählten Ethikerklärungen anwendungsorientierter Gesellschaften/Arbeitsgruppen, bezogen auf die Adressaten der Rechenschaftslegung sowie die behandelten Verpflichtungen, auf der anderen Seite. Dabei sollen Schnittmengen und unterschiedliche Schwerpunkte sichtbar werden.

Die AAA-*Principles of Professional Responsibility* aus dem Jahr 2012 benennen Berufskollegen und Studierende, Forschungsteilnehmer, Auftrag-/Arbeitgeber*innen, Klient*innen, sowie forschungsfördernde Institutionen, Gruppen und Individuen als Hauptadressaten ihrer ethischen Überlegungen, wobei die Verpflichtungen gegenüber Forschungsteilnehmer*innen im Mittelpunkt stehen (AAA 2012). Zentral ist das Prinzip des *„Do-no-harm"*, d. h. der Verpflichtung, weder die Menschenwürde, noch die körperliche oder materielle Integrität der Forschungspartner*innen zu beeinträchtigen. Dabei wird die besondere Verantwortung gegenüber vulnerablen Gruppen betont. Ein zweites zentrales Prinzip betrifft die informierte Zustimmung *(informed consent)*[2] – das heißt die Aufklärung über die Forschungsziele und -inhalte und die freiwillige Zustimmung von Gesprächspartnern, an der Forschung teilzunehmen – die nicht in jedem Fall schriftlich, aber in der Regel vor Eintritt in den Forschungsprozess gegeben werden soll. Damit verbunden ist die unmissverständliche Forderung nach Transparenz des eigenen Tuns gegenüber den Forschungspartner*innen:

"Researchers who mislead participants about the nature of the research and/or its sponsors; who omit significant information that might bear on a participant's decision to engage in the research; or who otherwise engage in clandestine or secretive research that manipulates or deceives research participants about the sponsorship, purpose, goals or implications of the research, do not satisfy ethical requirements for openness, honesty, transparency and fully informed consent" (AAA 2012).

2   Zur Geschichte der „Informed Consent"-Idee vgl. Fluehr-Lobban 1994.

Dieses Bekenntnis zur Offenlegung der Forschungsziele ist vor dem Hintergrund des Ausschlusses von Franz Boas aus der AAA 1919 und der Tatsache, dass noch bis in die 1990er Jahre in Kodizes verdeckte Forschung nicht explizit abgelehnt wurde (Price 2000), bemerkenswert. Weitere Punkte betreffen das Aushandeln von ethnologischen Verbindlichkeiten Rechnung tragenden Vertragsbedingungen *(Terms of Reference)* mit Auftraggeber*innen, die Eigentümerschaft an und den Schutz von Primärdaten, den Umgang mit das *Do-No-Harm*-Prinzip beeinträchtigenden Forschungsergebnissen sowie den Respekt gegenüber Kolleg*innen, Studierenden bzw. abhängig Beschäftigten und deren Eigentumsrechten.

Die Ethical Guidelines for Good Research Practice der Association of Social Anthropologists (ASA 1999) sind von vornherein entlang der von der ethnologischen Forschung betroffenen Interessengruppen aufgebaut:

■ Beziehungen zu und Verantwortlichkeiten („responsibilities") gegenüber Forschungsteilnehmer*innen
■ Beziehungen zu und Verantwortlichkeiten gegenüber Sponsoren, Geldgeber*innen und Arbeitgeber*innen
■ Beziehungen zu und Verantwortlichkeiten gegenüber Kolleg*innen und der eigenen Disziplin
■ Beziehungen zur eigenen Regierung und zu Regierungen des Gastlandes
■ Verpflichtungen gegenüber der Öffentlichkeit

Auch der ASA-Code stellt die primäre Verantwortung gegenüber den Forschungsteilnehmer*innen in den Mittelpunkt und begründet dies mit der besonderen, auf wechselseitiges Vertrauen angewiesenen, Forschungssituation.

Neben dem „*Do-No-Harm*-Prinzip" und einem auszuhandelnden „*Informed Consent*" betont der ASA-Code auch das intrusive Potential ethnologischer Methoden. Neben das Recht auf Vertraulichkeit und Anonymität treten hier noch faire Gegenleistungen für die Arbeit und Zeit von Informant*innen und im Projekt Beschäftigten. Bemerkenswert ist, dass im ASA-Code den Beziehungen und Verantwortlichkeiten gegenüber den anderen Stakeholdern wesentlich mehr Raum eingeräumt wird. Neben den professionellen Verpflichtungen gegenüber Arbeit-/Auftraggeber*innen oder Sponsoren gilt dabei ein besonderes Augenmerk der Sensibilisierung für die besonderen Bedingungen ethnologischer Erkenntnisgewinnung und der Notwendigkeit, Vertragsbedingungen im Sinne einer grundlegenden Verantwortung gegenüber Forschungsteilnehmer*innen auszuhandeln.

Im revidierten ASA-Code von 2011 sind mehrere neue Absätze in der Präambel eingeschoben, die sich mit der aus der Methode der teilnehmenden Beobachtung ergebenden Konsequenzen für die Forschung befassen. Im Hinblick auf die in Großbritannien zu der Zeit schon etablierten *Ethical-Review-Boards* mit ihrer in der Regel engen Auslegung eines „*free, prior and written consent*" und vor dem Hintergrund vermachteter Feldkonstellationen und teils nicht-literater Gesprächspartner*innen wird für ein flexibles, prozesshaftes und in der Regel mündliches Zustimmungsverfahren plädiert. Auch wird die ambivalente Rolle von Gatekeepern im Feld angesprochen sowie die Eigentümerschaft und absolute Schutzwürdigkeit der Feldnotizen des Ethnolog*innen betont (ASA 2011).

Ganz anders aufgebaut als die englischsprachigen Kodizes ist die Frankfurter Erklärung zur Ethik in der Ethnologie von 2009. Ihr primäres Ziel macht sie schon in der Präambel deutlich:

> „Die vorliegende Erklärung der Deutschen Gesellschaft für Völkerkunde (DGV) ist primär dazu bestimmt, die ethische Urteilskraft anzuregen und zu einer kritischen Reflexion professionellen Handelns beizutragen" (DGV 2008).

Der Fachverband versteht sich in dieser Erklärung in erster Linie als Forum für die Diskussion von ethischen Problemen, die sich aus ethnologischer Arbeit ergeben. Hintergrund dieser Haltung ist, dass die konkreten Kontexte, in denen sich ethische Fragen für Ethnolog*innen ergeben, so unterschiedlich eingeschätzt werden, dass eine einheitliche, für alle Situationen geltende Erklärung zu ethnologisch ethischem Verhalten als nicht leistbar und praktikabel erachtet wird. Entsprechend erkennt die Frankfurter Erklärung auch an, „dass die ethische Gestaltung ethnologischer Forschung und Berufspraxis prinzipiell in individueller Verantwortung wahrgenommen wird" (DGV 2008), bekennt sich zum Vorrang individueller Würde und Verantwortung gegenüber kollektiven Interessen und orientiert sich an der allgemeinen Menschenrechtserklärung der Vereinten Nationen. Im Grunde folgt sie damit den Vorbehalten, die aus dem Fach gegenüber den „ausbuchstabierten" Leitlinien der Arbeitsgemeinschaft Entwicklungsethnologie schon in den 1980ern und 1990ern geäußert wurden (Koepping 1981; Amborn 1993).

Inwieweit ändern sich Schwerpunktsetzungen bezüglich Gegenständen und Adressat*innen in angewandten Kodizes? Am auffälligsten ist die unterschiedliche Länge praxisorientierter ethischer Selbstverpflichtungen. Sie sind im Gegensatz zu den in der Regel sehr ausführlichen akademischen oft nur eine Seite lang und komprimieren Inhalte dementsprechend. Ein Grund dafür dürfte sein, dass sich die Kodizes viel stärker nach außen wenden – an potentielle Auftraggeber*innen und Sponsoren und deren limitierte Bereitschaft, sich mit den Feinheiten ethnologischer Forschungsethik auseinanderzusetzen.

Eine bemerkenswerte Gemeinsamkeit mit akademischen Kodizes betrifft die primäre Verantwortung gegenüber den beforschten Gruppen. So adressiert die SfAA in ihrem „Statement on Ethics and Professional Responsibilities" zunächst ihre Rechenschaftspflicht gegenüber direkt beforschten und indirekt von den Folgen der Forschung betroffenen Gruppen. Transparenz der Forschungsziele, der eingesetzten Methoden und Freiwilligkeit der Teilnahme sowie Schutz vertraulicher Daten stehen dabei im Mittelpunkt. Allerdings schränkt die SfAA an dieser Stelle ein:

"The people we study must be made aware of the likely limits of confidentiality and must not be promised a greater degree of confidentiality than can be realistically expected under current legal circumstances in our respective nations" (SfAA online).

Im SfAA Kodex folgen Paragraphen zur Verantwortung gegenüber Forscherkolleg*innen, Studierenden und Trainees, gegenüber Auftraggeber*innen und Sponsoren sowie gegenüber der Gesellschaft als Ganzes. Auffällig ist, dass der bei den akademischen Kodizes so betonte notwendige Aushandlungsaspekt („negotiation") gegenüber Auftraggeber*innen bis auf die Forderung nach weitreichenden Veröffentlichungsoptionen von Forschungsergebnissen weitestgehend entfällt. Das Statement ist, dem Selbstverständnis der SfAA entsprechend, nicht nur an Ethnolog*innen, sondern an alle Sozialwissenschaftler*innen gerichtet, die im weitesten Sinne ethnographisch arbeiten.

Auch die NAPA-Guidelines for Practitioners sehen ihre primäre Verantwortung darin, „... to respect and consider the welfare and human rights of all categories of people affected by decisions, programs or research in which we take part" (NAPA 1988). Die Verpflichtungen gegenüber Auftraggeber*innen werden hier – wegen der reinen Ausrichtung auf die Praxis wenig überraschend – allerdings stärker betont als bei der SfAA. Überraschend ist, dass sich die NAPA Guidelines am ausführlichsten von allen hier betrachteten Kodizes mit dem Aushandlungscharakter von Vertragsbedingungen befasst:

"As practicing anthropologists, we are frequently involved with employers or clients in legally contracted arrangements. It is our responsibility to carefully review contracts prior to signing and be willing to execute the terms and conditions stipulated in the contract once it has been signed. At the outset of a relationship or contract with an employer or client, we have an obligation to determine whether or not the work we are requested to perform is consistent with our commitment to deal fairly with the rights and welfare of persons affected by our work, recognizing that different constituencies may be affected in different ways. [...] We will not undertake activities which compromise our ethical responsibilities. We will carry out our work in such a manner that the employer fully understands our ethical priorities, commitments and responsibilities" (NAPA 1988).

In Deutschland gibt es derzeit mindestens zwei anwendungsorientierte ethnologische Gruppierungen, die sich ethische Leitlinien gegeben haben. Die Arbeitsgruppe Medical Anthropology der DGV sieht sich in ihrer Arbeit auch in ihrer Forscherrolle zunehmend mit Fragen der lebensweltlichen Problemlösung konfrontiert und positioniert sich in ihren „Leitlinien zur ethischen Selbstreflexion" dementsprechend:

„Jede Art von ethnologischer Forschung über Gesundheit, Krankheit und Heilung wirft komplexe ethische Probleme auf. Durch ihre transkulturelle sowie ihre transdisziplinäre Problemstellung bewegt sich die Medizinethnologie in einem Feld, in

dem ethische Maßstäbe für „gute" und „schlechte" Praktiken teilweise offen oder
unklar erscheinen und oftmals neu definiert werden müssen. Im Kontext einer zunehmenden Teilnahme von Ethnolog*innen an Forschungen, die auf eine aktive
und geplante Veränderung der Lebenswelt anderer Menschen zielen, haben sich die
Anforderungen an die ethische Selbstreflexion von Medizinethnolog*innen deutlich erhöht. [...] Ziel dieser Ethikerklärung ist es, Ethnolog*innen, die in akademischen, außerakademischen und angewandten Bereichen über Gesundheit, Krankheit
und Heilung forschen, Leitlinien der ethischen Selbstreflexion anzubieten. Diese
sollen helfen, die spezifischen Umstände ethnologischer Forschung – im Gegensatz
zu medizinischen Forschungen – zu reflektieren" (AG Medical Anthropology 2005).

Die Zwitterposition zwischen Erkenntnis- und Anwendungsorientierung ist den Leitlini-
en anzumerken, ebenso ihr in erster Linie selbstreflexiver Charakter. Auch hier werden
Verantwortlichkeiten gegenüber diversen Stakeholdern (an der Forschung beteiligten Per-
sonen, Mitarbeiter*innen, gegenüber der Forschungsgemeinschaft, der Öffentlichkeit,
Auftraggeber*innen und nicht zuletzt gegenüber sich selbst) benannt und eingefordert.
Letztere Verantwortlichkeit wird wie folgt begründet:

„Sich selbst gegenüber besteht die Verantwortung, keine Forschungen durchzuführen, welche die eigene physische und psychische Gesundheit gravierend beeinträchtigen. Sollte sich im Forschungsverlauf herausstellen, dass es zu solch ernsthaften
Gefährdungen kommen könnte, kann die Verantwortlichkeit sich selbst gegenüber
ein ernst zu nehmender Grund dafür sein, die Forschung abzubrechen (AG Medical
Anthropology 2005).

Sieht man sich die Präambel der Leitlinien der Arbeitsgemeinschaft Entwicklungsethnologie an, so trägt diese schon fast aktionsethnologische Züge:

„Die höchste Verantwortung jedes Entwicklungsethnologen besteht gegenüber den
betroffenen Gruppen ... Er soll diese ..., die zugleich Auftraggeber sein können, in
ihrer selbstgewählten Lebensform respektieren und unterstützen. Er soll seine Kenntnisse, Fähigkeiten und sein Handeln in ihren Dienst stellen, um ihr physisches, soziales, psychisches Wohlergehen zu sichern. Dabei sollen die Rechte und Interessen
der betroffenen Gruppen, ihre Würde sowie ihre Privatsphäre gewahrt werden"
(AGEE 1989).

Auf der anderen Seite soll die Broschüre praktizierenden Ethnolog*innen einen Orientierungsrahmen bieten, wenn es darum geht, „...vor einem Auftrag berufsethische Mindeststandards mit Auftraggebern auszuhandeln, während eines Auftrages mit den unterschiedlichen Akteuren einen Maßstab zu haben für ethisch bewusste und begründete
Entscheidungen oder darum, Handlungsweisen nach dem Auftrag anhand der vorliegenden Leitlinien messen zu lassen" (AGEE 1989). Die gegenüber der AG Medical Anthropo-

logy veränderte Orientierung – hin zur Verantwortung gegenüber Auftraggebern und damit ein eindeutiger Anwendungsbezug – wird sinnfällig. Gleichzeitig wird hier stärker als bei anderen Kodizes die ethische Verantwortung vor, während und nach der Forschung angesprochen.

Eine Zwischenstellung nimmt auch das ethnologische Institut der Universität Münster ein, das sich schon 2005 als erstes Universitätsinstitut eigene ethische Leitlinien gegeben hat (Institut für Ethnologie der Universität Münster 2005). Diese sollen vor allem der kritischen Auseinandersetzung in individuellen Entscheidungsprozessen dienen, lehnen sich inhaltlich ansonsten deutlich an die Leitlinien der AGEE an.

Die Aufzählung wäre unvollständig, würde man nicht noch den *Bundesverband freiberuflicher Ethnolog_innen e.V.* (bfe) erwähnen, der 2012 in Berlin gegründet wurde. Er sieht seine Aufgabe in erster Linie darin,

> „… durch Lobbyarbeit spezifische Kompetenzen von Ethnologen national und international bekannt zu machen, Ethnologen über die Möglichkeiten ihrer Selbstständigkeit zu informieren, ihnen Lohn- und Arbeitsbedingungen transparent aufzulisten und darüber hinaus als eine Plattform für potentielle Arbeitgeber zu dienen" (BFE online).

Der Verband ist für seine Mitglieder und in der Außendarstellung sehr aktiv und tritt auch auf Tagungen des Fachverbandes auf. Allerdings gibt es (bisher noch) keine ethische Positionierung.

5. Ethische Herausforderungen einer praktizierenden Ethnologie – Erträge

Im akademischen wie im praktizierenden Kontext gilt: Als Ethnolog*innen werden wir in Lebenszusammenhängen von anderen Menschen professionell „wirksam" und hinterlassen Spuren. Wir erwirtschaften in diesen Kontexten Wissen, das wir in andere Kapitalsorten transformieren und für unsere Zwecke weiterverwerten. Ein wesentlicher Teil dieser Wissensgenerierung geschieht in lokal „eingebetteten" Zusammenhängen, die durch ein hohes Maß an Informalität gekennzeichnet sind. Aus dem notwendigen wechselseitigen Vertrauen in ethnographischen Forschungsprozessen entstehen gegenüber beforschten Gruppen oder Forschungsteilnehmer*innen besondere „berufsbedingte" Verantwortlichkeiten und Dilemmata, die erkenntnis- wie anwendungsorientierte Ethnolog*innen miteinander teilen. Es ist deshalb nicht verwunderlich, dass akademische und anwendungsbezogene Kodizes in ihrer Primärverantwortung gegenüber beforschten Gruppen übereinstimmen. Auch der eigenen Fachgemeinschaft (den Fachkolleg*innen, der Fachorganisationen, dem Nachwuchs) und der Öffentlichkeit gegenüber werden – allerdings unterschiedlich nuanciert – ähnliche ethische Ziele verfolgt.

An anderer Stelle gibt es deutliche Unterschiede: Eine „problemlösende" Ethnologie greift in beratender oder anderer aktiver Form professionell in Lebenszusammenhänge ein, mit dem Ziel der Veränderung von Daseinszuständen – sei dies im Sinne der Betroffenen selbst (z. B. im Sinne der *Action* oder *Advocacy Anthropology*) oder im Sinne von Arbeit- bzw. Auftraggeber*innen, an die sich der/die Ethnolog*in vertraglich gebunden hat. Steht die Forschung in einem Beratungskontext Dritter, so muss eine Abwägung zwischen den Interessen der von der Intervention Betroffenen und dem/der Auftraggeber*in stattfinden.[3] Die Freiheit der Wissenschaft wird in jedem Fall eingehegt durch die vertraglich festgelegten Rahmenbedingungen der Forschung oder Beratung und durch das Verwertungsinteresse der beauftragenden Institution nach Beendigung des Auftrags. Nach Lieferung oder Abgabe gehört das Werk in der Regel ihr. Sie entscheidet über die Form der Verwendung (oder Nichtverwendung!) der Ergebnisse. Es war eine ganz wesentliche Erfahrung der Arbeit mit den ethischen Leitlinien der AGEE, dass der wirksamste Ort und Zeitpunkt ihrer Einforderung die *„Terms of Reference"*, die gemeinsam vereinbarte Leistungsbeschreibung war. Was dort nicht an Liefer- oder Leistungsgrenzen durch die Ethnolog*innen durchgesetzt wird, kann erfahrungsgemäß im Streitfall hinterher auch nicht zurückgehalten (z. B. sensible Information) bzw. eingefordert werden (z. B. Schutz von Informant*innen). Es ist deshalb nicht verwunderlich, dass dieses Dilemma auch in den anwendungsorientierten Kodizes zur Sprache kommt – nirgends deutlicher als bei den Leitlinien der NAPA, die auch die notwendigen Konsequenzen ansprechen:

> "When, at any time during the course of work performance, the demands of the employer require or appear to require us to violate the ethical standards of our profession, we have the responsibility to clarify the nature of the conflict [...]. If such a conflict cannot be resolved, we should terminate the relationship" (NAPA 1988).

Das ist leicht gesagt, in der Praxis aber nicht immer leicht getan. Der drohende Verlust eines Kunden, von dem man sich unter Umständen Anschlussaufträge erhofft, setzt hier – je nach Lebens- und Arbeitssituation – Hürden. Die Business-Anthropologin Marietta Baba bringt dieses Dilemma praktizierender Anthropologen auf den Punkt:

> "Anthropologists have ethical obligations to their employers or clients as well as to their informants. Hired to discover information, they cannot simply conceal what they have learned [...] Nor can they simply run away from an ethical conflict without running the risk of damaging their careers" (Baba 1998:B5 zit. in Nolan 2003: 163).

Auf der anderen Seite zwingt die Schweigepflicht gegenüber dem/der Auftraggeber*in nicht nur unter Umständen dazu, über erfahrene Missstände nicht berichten zu dürfen:

---

3 Zur Problematik des Loyalitätskonflikts zwischen Auftraggeber*innen und Gruppen, für deren Lebensverbesserung der/die angewandte Ethnolog*in arbeitet, vgl. Lempert 1997.

Die Beratertätigkeit kann, solange auch noch ein akademisches Interesse besteht, die wissenschaftliche Karriere nachhaltig beeinträchtigen, weil relevante Erkenntnisse nicht ohne Zustimmung des Auftraggebers weiterverwertet werden dürfen. Status und Reputation im Fach hängen in nicht unerheblichem Maß vom wissenschaftlichen Output (*„publish or perish"*) und natürlich von der Offenlegung des Forschungskontextes und der eingesetzten Methoden ab. Auftragsforschung ist ganz überwiegend *„quick-and-dirty"*-Forschung. Dies steht den Standards zeitlich länger und intensiver angelegter ethnologischer Feldforschung diametral entgegen. Gleichzeitig hält das Fach für die große Zahl an Ausgebildeten nur eine überschaubare Menge an Stellen für eine wissenschaftliche Karriere bereit. Der Anspruch, sich als Ethnolog*in nicht „verwenden" oder wissenschaftliche Erkenntnisse von Dritten verwerten zu lassen, geht besonders denen leicht von den Lippen, die auf etatisierten Stellen im Wissenschaftsbetrieb sitzen.

Eine karriererelevante Frage für diejenigen, die einerseits mit einer Karriere als praktizierende Ethnolog*innen liebäugeln, andererseits den Anschluss an die Akademie aber nicht verlieren wollen, betrifft die dem Anwendungsfeld häufig abgesprochener Wissenschaftsfähigkeit bzw. der damit verbundene ethische Hautgout. In Deutschland ist – ganz im Gegensatz zu skandinavischen Ländern oder Großbritannien, wo es teilweise institutionalisierte und karrierekompatible Querverbindungen zwischen Akademie und Praxis gibt – eine Rückkehr in die Akademie nach einer mehrjährigen Vollerwerbstätigkeit in der Praxis selten. Aussichtsreicher ist eine Tätigkeit an meist interdisziplinär ausgestalteten Institutionen, die wissenschaftlich ausgeflaggt sind, aber auch wissenschaftliche Beratungstätigkeit für die Praxis anbieten. Auch die Option „Standbein in der Wissenschaft (Haupterwerb), Spielbein (Nebentätigkeit) in der Praxis" hat sich für viele zumindest als individuelle Möglichkeit bewährt.

Ansonsten hängt es stark von der Wahl des Anwendungsfeldes und von Zeitläuften ab, wie sich die beiden Bereiche verbinden lassen. Vor 20 Jahren war eine Tätigkeit im Rahmen der Entwicklungszusammenarbeit noch eine sichere Form, sich eine wissenschaftliche Karriere gründlich zu verbauen (zu möglichen Gründen, Schönhuth 1998). Die Zeiten, als „Entwicklung" noch als böser Zwilling der Ethnologie gehandelt wurde (Ferguson 1997), sind auch durch die semantische Einbindung in das Feld „Internationale Zusammenarbeit" – in dem es zahlreiche Masterstudiengänge gibt – vorbei. Hier entsteht seit einigen Jahren auch Bedarf in Forschung und Lehre. Ein Praxisschwerpunkt in Interkultureller Kommunikation / Interkulturelles Training – ein Feld, in dem es in Deutschland zahlreiche Forschungsstandorte und etliche (nichtethnologische) Lehrstühle gibt[4] – führt innerhalb der akademischen Ethnologie mit großer Wahrscheinlichkeit nach wie vor ins Seitenaus.[5] Allerdings gibt es mit dem Verein „Ethnologie in Schule

---

4   Eine Ausnahme bildet Alois Moosmüllers „Institut für Interkulturelle Kommunikation" an der LMU in München, das aber nach seiner Emeritierung kaum mehr von einem ausgebildeten Ethnologen besetzt werden dürfte.

5   Zu möglichen Gründen: Schönhuth 2018.

und Erwachsenenbildung" (ESE) e. V. in Münster eine erfolgreiche anwendungsorientierte Gruppierung, die explizit mit dem interkulturellen Kompetenzansatz wirbt, Trainerausbildungen anbietet und mit dem dortigen ethnologischen Institut kooperiert (ESE online).

Ähnliches gilt für Sport-, Tourismus- oder Organisationsethnologie, für die es in Deutschland (außerhalb von Lehraufträgen) keine entsprechende Kapazität an Lehrstühlen oder Studienstandorten gibt. Anders sieht es für die Medizinethnologie, die Rechtsethnologie (zu der ein Forschungsschwerpunkt am Max-Planck-Institut für Ethnologie in Halle existiert) bedingt auch für die Medien-/Visuelle Ethnologie und für die Museumsethnologie aus. Hier gibt es entweder eigene Karrierewege oder aber diesen Feldern gewidmete Lehrstühle, Masterprogramme und dementsprechend immer wieder auch Stellen im Mittelbau- oder Drittmittelbereich. Ein Feld, in dem zumindest im Drittmittelforschungsbereich derzeit Stellen aus dem Boden sprießen, ist die Migrationsforschung. Voraussetzung eines „Switchens" zwischen Akademie und Anwendung ist aber immer eine möglichst wenige Lücken aufweisende wissenschaftliche Publikationstätigkeit – auch während der Zeit der Praxis.[6]

Mit am schwersten tut sich die deutschsprachige Ethnologie nach wie vor mit der Akzeptanz einer Verwendung ethnologischer Expertise beim Militär, wo sich durch die Zunahme von Auslandseinsätzen in den letzten zehn Jahren ein wachsender Bedarf an ethnologischer Hintergrundexpertise, verbunden mit entsprechenden Arbeitsplatzangeboten als „Interkulturelle Einsatzberater", aufgetan hat (Mück 2008). Von Gegnern wird auf mögliche unethische Folgen dieser Tätigkeit verwiesen. So war ein am Tübinger Ethnologieinstitut vergebener Lehrauftrag an eine Bundeswehrethnologin hoch umstritten (vgl. dazu anthropologi.info 2010; Tomforde 2011). Die AAA verhielt sich lange Zeit weniger zurückhaltend. So gab es in den USA zwischen 2006 und 2014 im Rahmen des sogenannten „*Human Terrain Systems*"[7] vor allem im Irak- und Afghanistankrieg direkt in Kampfeinsätze eingebundene Ethnolog*innen *(embedded anthropologists)* (Kipp et al. 2006). Die zuständige Kommission der AAA, die 2007 über den Einsatz von Ethnolog*innen in nationalen Sicherheitsorganen wie den *Human Terrain Systems (HTS)* befinden sollte, empfahl ihren Mitgliedern damals noch ohne eindeutige Positionierung dazu:

"Use the AAA CoE as your guide [...] Work transparently: Everyone involved needs to know who you are, what you are doing, what your goals are, and who will have access and when to the information you are given (and what form this information

---

6   Für eine Einschätzung der Kombinierbarkeit von Karrieren in den USA, vgl. Young 2008.

7   Das Human Terrain System war ein die amerikanischen Streitkräfte unterstützendes Programm, das Sozialwissenschaftler*innen und insbesondere Anthropolog*innen rekrutierte, um die Militärführung für ihre Kriegs- und friedenssichernden Operationen mit soziokulturellem Hintergrundwissen über die Lokalbevölkerung, bzw. „lokale Kulturen" zu versorgen. 2014 wurde es – auch aufgrund massiver Kritik aus wissenschaftlichen Fachverbänden – wieder aufgelöst.

will be in) [...] Do no harm: Take the actions you need to take to make sure your work harms no one directly and, to the extent possible, indirectly. Be clear about your responsibilities: Work through and communicate to all involved to whom you are primarily responsible, and for what. Publish your work" (AAA Commission 2007:27).

Zwei Jahre später zog der Fachverband nach heftigen verbandsinternen Debatten und unter Einbezug von Kritikern (Price 2009) in einer weiteren Erklärung eine klarere Linie und erklärte zwar nicht allgemein eine Mitarbeit beim Militär, aber zumindest die in HTS-Prozessen für mit den ethischen Grundsätzen der AAA nicht vereinbar.[8]

Ein Widerspruch, dem sich zumindest freiberufliche Ethnolog*innen ausgesetzt sehen, betrifft ein eigentliches „Kapital" des Faches. Cassis Killian spricht von der Ethnologie als einer „Störwissenschaft", und meint damit die Fähigkeit, eurozentrische Wissenschaftslogiken zu unterminieren (Killian 2013). Diese ethnologische Fähigkeit zur Perspektivenerweiterung durch die Einbettung von Beratungsgegenständen in ihren soziokulturellen Kontext bedeutet in der Praxis, Zusammenhänge manchmal komplexer zeichnen zu müssen, als sie vorher erschienen. Die Logik von Auftraggeber*innen ist aber fast immer eine der Komplexitätsreduktion. Professionelle Komplexitätsvermehrer sind in diesem Milieu nicht lange gefragt.[9]

6. Ausblick: From „Do-No-Harm" to „Do Some Good"

Im Eingangszitat dieses Artikels trauert Erve Chambers augenzwinkernd der Zeit nach, in der es noch kein Schisma zwischen ethisch „sauberer" akademischer und ethisch „befleckter" angewandter Ethnologie gab. Wie geht die Geschichte weiter, mehr als 30 Jahre danach? Zumindest für die USA hält Riall Nolan fest, dass die Zeiten der Geringschätzung – dass nur diejenigen in die Praxis gehen, die für wissenschaftlicher Karrieren nicht gut genug sind – anscheinend vorbei sind (2013:394). Die Tatsache, dass innerhalb des deutschen Fachverbandes (DGV/DGSKA) immer mehr ständige Arbeitsgruppen zwischen Akademie und Praxis angesiedelt sind, und sich auch Panels auf Fachtagungen vermehrt Anwendungsfragen widmen (wie im Migrationsbereich), aber auch immer mehr

---

8 "In summary, while we stress that constructive engagement between anthropology and the military is possible, CEAUSSIC suggests that the AAA emphasize the incompatibility of HTS with disciplinary ethics and practice for job seekers and that it further recognize the problem of allowing HTS to define the meaning of 'anthropology' within the Department of Defence)" (AAA 2009: Executive Summary: 1).

9 Ich erinnere mich noch gut an ein Gespräch mit einem hochrangigen Ministerialbeamten, der dem Ethnologen Ende der 1990er frank und frei erklärte, dass sie wissenschaftliche Beratung zukauften, um Projekte einfacher steuerbar zu machen, nicht um zu erfahren, dass der Programmansatz am Zielgruppenbedarf vorbeigeplant war und womöglich von Grund auf restrukturiert werden müsste.

Ethnologinnen und Ethnologen nach dem Bachelorstudium Berufslaufbahnen außerhalb der Akademie einschlagen, ist ein Zeichen für einen vergleichbaren Trend in Deutschland. Passen die bisherigen Berufsverbandskodizes oder ethischen Leitlinien noch in diese veränderte Forschungs-/Praxislandschaft? 2014 machten sich Elizabeth Briody und Tracey Meerwarth, Unternehmensanthropologinnen bei General Motors und gleichzeitig verdiente aktive AAA-Mitglieder daran, den aktuellen *Code of Ethics* auf seine Verwendbarkeit für Praxisanthropologen hin abzuklopfen. Sie kamen zu einem niederschmetternden Ergebnis: Der Code ist fast ausschließlich auf eine Forschungsperspektive fokussiert, die allein 65 mal im Text Erwähnung findet. Für Praxisanthropolog*innen zentrale Konzepte, wie „Problemlösung"„Wandel"„Intervention", „Implementierung", „Management" „Empfehlungen", Tools", „Anwendung" oder „Training" kommen im Code nicht vor. Auch das Problem doppelter ethischer Loyalitäten, die von für Institutionen arbeitende Ethnolog*innen mit den dort gültigen internen „Code of Conducts" in Einklang gebracht werden müssen, wird im AAA-Code nicht reflektiert.

Am meisten verwundert die Autorinnen, dass es zur intensiven Beschäftigung mit dem Konzept des „*Do-No-Harm*", das ein Credo aller Fachkodizes darstellt, kein entsprechendes Gegenstück des „Hilfreich"-Seins gibt:

> "Why doesn't the code value the use of anthropological theories and methods to help improve the human condition? How can anthropologists adhere to an ethical code if it ignores the prospects of change as well as the role of professional anthropologists in that process?" (Briody/Meerwarth 2015:2)

Sie fordern, neben das Konzept des „*Do-No-Harm*" eines des „*Do-Some-Good*" zu stellen, das sich der durchaus normativen Frage widmet, wie aus der ethnologischen Forschungsarbeit positive Wirkungen für die beforschten Gruppen entstehen könnten.

Angesichts der Anzahl der Programme zu Angewandter Ethnologie an US-amerikanischen Universitäten[10] und der immer weiter wachsenden Anzahl an Studierenden, die nach Studienabschluss keinen akademischen Karriereweg verfolgen, empfehlen Briody/ Meerwarth, dass die Fachorganisation Arbeitsgruppen aus in der Akademie und in der Praxis verankerten Ethnolog*innen bildet, die zunächst getrennt und dann gemeinsam die ethischen Dimensionen beider Perspektiven zu einem dann wohl grundlegend neu zu formulierenden Code zusammenfügen (Briody/Meerwarth 2015:3).

In seiner jüngsten Publikation mit dem programmatischen Titel *"Using Anthropology in the Real World. A Guide to Becoming an Anthropologist Practitioner"* hält Riall W. Nolan einstweilen sehr simple, aber dafür pointierte Ethikempfehlungen für praktizierende Ethnolog*innen bereit:

---

10 allein in einem interuniversitären Zusammenschluss 30: http://www.copaa.info/programs_in_aa/list.htm.

- Be proactive. Before you take an assignment, make yourself aware of the ethical implications of why you and others will be doing.
- Negotiate. If you are uneasy with any of the ethical implications of what you and others will be doing [...] negotiate a better situation.
- Share. If you find yourself in an ethical quandary, remind yourself that this situation is very unlikely to be unique. Sharing information and ideas is a good way to get perspective on what is happening.
- Study. You have an obligation to be as well-informed as possible. There may be complex legal and procedural ramifications to the situation you are dealing with, as well as jurisdictional ones.
- Document. Keep a detailed record of everything you do. Should things get legal, you will need this record to protect yourself and to make your case.
- Walk away. If all else fails, and you feel strongly about the issues involved, then be prepared to step back. This may involve declining an offer – or in extreme cases – quitting assignment (Nolan 2017:178-179, gekürzt).

In der deutschen Ethnologie steht die Debatte für einen Dialog zwischen akademischer und praxisorientierter Ethik noch aus. Allerdings haben die Bemühungen zur praktischen Umsetzung der „Frankfurter Erklärung" auf der Ebene des Vorstandes der Fachorganisation in den letzten Jahren an Dynamik gewonnen. So wurde auf der Mitgliederversammlung der Deutschen Gesellschaft für Sozial- und Kulturanthropologie (bisher DGV) in Berlin 2017 ein Arbeitskreis „Ethikbegutachtungen" eingesetzt, der eine Handreichung vorbereitet, die Förderinstitutionen und Ethikkommissionen mit den spezifischen ethischen Voraussetzungen und Arbeitsweisen ethnologischer Feldforschung vertraut machen soll (DGSKA 2018). Ziel ist es, Begutachtungsprozesse näher an die ethnologische Forschungspraxis heranzuführen. Eine solche Handreichung wird auch für praktizierende Ethnolog*innen in ihrem Dialog mit Auftraggeber*innen eine argumentative Hilfestellung darstellen.[11]

---

11 Für alle diejenigen, die in EU-Zusammenhängen Forschungsgelder beantragen wollen, ist ein von der Europäischen Kommission selbst in Auftrag gegebenes Hintergrundpapier zu „Research Ethics in Ethnography / Anthropology" relevant, das die besonderen ethischen Bedingungen ethnologischer Feldforschung herausstreicht, explizit zur Sensibilisierung von Ethical Review Commitees verfasst wurde (Iphofen 2015), und auf die in EU-Kontexten zu beantwortenden Ethikfragen sinnvoll referenziert werden kann: "In section 4 those general ethical principles are applied to the 'special consideration' that needs to be given to ethnographic and anthropological research, given the nature of its theoretical assumptions and primary research methods" (Iphofen 2015:5).

Literatur

AAA – Commission on the Engagement of Anthropology with the US Security and Intelligence Communities (2007): Final Report. November 4: http://s3.amazonaws.com/rdcms-aaa/files/production/public/File-Downloads/pdfs/pdf/FINAL_Report_Complete.pdf [Zugriff am 28.01.2018].

AAA – Commission on the Engagement of Anthropology with the US Security and Intelligence Communities (CEAUSSIC) (2009): Final Report on The Army's Human Terrain System Proof of Concept Program. Submitted to the Executive Board of the American Anthropological Association, 14. Oktober 2009.

AAA – American Anthropological Association (2012): Principles of Professional Responsibility. 1. November 2012: http://ethics.americananthro.org/category/statement/ [Zugriff am 28.01.2018].

AG Medical Anthropology in der Deutschen Gesellschaft für Völkerkunde (DGV e. V.) (2005): Leitlinien zur ethischen Selbstreflexion. Ethikerklärung der AG Medical Anthropology der DGV im Bereich Medizinethnologie. Basel: VWB, S. 159 – 160. Auch online: http://www.medicalanthropology.de/ethikerklaerung/ [Zugriff am 27.01.2018].

AGEE – Arbeitsgemeinschaft Entwicklungsethnologie e. V. (1989): Ethische Grundsätze. Unveröffentlichtes Manuskript.

AMBORN, Hermann (Hg.) (1993): Unbequeme Ethik. Überlegungen zu einer verantwortlichen Ethnologie. Berlin: Reimer.

APPELL, George N. (1978): Ethical Dilemmas in Anthropological Inquiry. A Case Book. Waltham, MA: Crossroads Press.

ASA – Association of Social Anthropologists of the UK and the Commonwealth (1999): Ethical Guidelines for Good Research and Practice: https://www.theasa.org/downloads/ethics/Ethical_guidelines.pdf [Zugriff am 29.01.2018].

ASA – Association of Social Anthropologists of the UK and the Commonwealth (2011): Ethical Guidelines for good Research Practice: https://www.theasa.org/downloads/ASA%20ethics%20guidelines%202011.pdf [Zugriff am 29.01.2018].

ASAD, Talal (Hg.) (1973): Anthropology and the Colonial Encounter. London: Ithaca Press.

BRIODY, Elizabeth K. / Meerwarth Pester, Tracy (2014): The Coming of Age of the Anthropological Practice and Ethics. In: Journal for Business Anthropology, Special Issue 1, S. 11 – 37.

BRIODY, Elizabeth K. / Meerwarth Pester, Tracy (2015): Do some Good and other Lessons from the Practice for a New AAA Code of Ethics. In: AAA Ethics Blog (02.02.2015): http://ethics.americananthro.org/do-some-good-and-other-lessons-from-practice-for-a-new-aaa-code-of-ethics/ [Zugriff am 28.01.2018].

CAPLAN, Pat (Hg.) (2003): The Ethics of Anthropology. Debates and Dilemmas. New York: Routledge.

Cassell, Joan / Jacobs, Ellen (Hg.) (1987): Handbook on Ethical Issues in Anthropology. A special Publication of the American Anthropological Association, 23: http://www.americananthro.org/LearnAndTeach/Content.aspx?ItemNumber=1942 [Zugriff am 28.01.2018].

CHAMBERS, Erve (1985): Applied Anthropology. A practical Guide. Englewood Cliffs, New Jersey: Prentice-Hall, Inc.

DGV – Deutsche Gesellschaft für Völkerkunde e. V. (2008): „Frankfurter Erklärung" zur Ethik in der Ethnologie. Hans Peter Hahn, Annette Hornbacher, Michael Schönhuth (compil.): https://www.dgska.de/wp-content/uploads/2016/07/DGV-Ethikerklaerung.pdf. [Zugriff am 24.05.2018].

DGSKA – Deutsche Gesellschaft für Sozial- und Kulturanthropologie (Hg.) (2018): Mitteilungen der Deutschen Gesellschaft für Sozial- und Kulturanthropologie e. V., 50 (Februar), S. 3.

FAUBION, James (2011): An Anthropology of Ethics. Cambridge: Cambridge University Press.

FERGUSON, James (1997): Anthropology and its evil Twin. ‹Development› in the Constitution of a Discipline. In: Cooper, Frederick / Packard, Randall (Hg.): International Development and the Social Sciences. Essays in the History and Politics of Knowledge. Berkeley: University of California Press, S. 150 – 175.

FLUEHR-LOBBAN, Carolyn (Hg.) (1991): Ethics and the Profession of Anthropology. Dialogue for a new Era. Philadelphia: University of Pennsylvania Press.

FLUEHR-LOBBAN, Carolyn (1994): Informed Consent in Anthropological Research. We are not Exempt. In: Human Organization, 53 (1), S. 1 – 10.

FLUEHR-LOBBAN, Carolyn (2013): Ethics and Anthropology. Ideas and Practice. Lanham, MD: AltaMira Press.

FLUEHR-LOBBAN, Carolyn (Hg.) (2003): Ethics and the Profession of Anthropology. Dialogue for Ethical Conscious Practice. Thousand Oaks: Ca, AltaMira Press.

HAHN, Hans Peter (2013): Ethik und Ethnologie. Auf dem Weg zu einer Ethikerklärung in der Deutschen Gesellschaft für Völkerkunde (DGV). In: Entwicklungsethnologie, 20 (1+2), S. 73–90.

HAUSCHILD, Thomas (Hg.) (1995): Lebenslust und Fremdenfurcht. Ethnologie im Dritten Reich. Frankfurt am Main: Suhrkamp.

HILL, James N. (1997): The Committee on Ethics. Past, Present, and Future. In: Cassell, Joan / Jacobs, Sue-Ellen (Hg.): Handbook on Ethical Issues in Anthropology. A special Publication of the American Anthropological Association, 23.

Institut für Ethnologie der Universität Münster (2005): Ethische Leitlinien des Instituts für Ethnologie; verabschiedet von den Teilnehmerinnen und Teilnehmern des Seminars „The Value of Life" – Ethnologie und die Ethikdebatte, im WS 2004/2005 (Leitung: Dr. Sabine Klocke-Daffa), angenommen vom Vorstand des Instituts für Ethnologie am 6.5.2005: http://www.uni-muenster.de/Ethnologie/institut/leitlinien.html [Zugriff am 29.01.2018].

IPHOFEN, Ron (2015): Research Ethics in Ethnography / Anthropology. European Commission, DG Research and Innovation (Hg.): https://ec.europa.eu/research/participants/data/ref/h2020/other/hi/ethics-guide-ethnog-anthrop_en.pdf [Zugriff am 07.02.2018].

KILLIAN, Cassis (2013): Empört euch, aber bitte öffentlich! Ethnologie als Störwissenschaft. Panel auf der Tagung der Deutschen Gesellschaft für Völkerkunde: „Verortungen: Ethnologie in Wissenschaft, Arbeitswelt und Öffentlichkeit", Universität Mainz.

KIPP, Jacob / Grau, Lester / Prinslow, Karl / Smith, Don (2006): The Human Terrain System. A CORDS for the 21st Century. In: Military Review, September-Oktober, S. 1–15.

KOEPPING, Klaus-Peter (1981): Probleme der Ethik der Ethnographie in Theorie und Methode. In: Schmied-Kowarzik, Wolfgang / Stagl, Justin (Hg.): Grundfragen der Ethnologie. Berlin: Reimer, S. 93–106.

LEMPERT, David (1997): Commentary. Accountability in Anthropological Ethics. Protecting our Integrity and the People we Serve. In: Practicing Anthropology, 19 (2), S. 36–39.

MALINOWSKI, Bronislaw (1929): Practical Anthropology. In: Africa. Journal of the International African Institute, 2 (1), S. 22–38.

MESKELL, Lynn / Pels, Peter (Hg.) (2005): Embedding Ethics. Wenner Grenn Foundation for Anthropological Research. Oxford: Berg.

MÜCK, Barbara (2008): Erfahrungen einer Ethnologin der Bundeswehr im EUFOR-Einsatz. Möglichkeiten und Grenzen ethnologischer Beratung in Auslandseinsätzen. In: Schulz, Manfred (Hg.): Entwicklungsträger in der DR Kongo. Entwicklungen in Politik, Wirtschaft, Religion, Zivilgesellschaft und Kultur, Berlin: Lit., S. 558–568.

MÜNZEL, Mark (1997): Zum Vorschlag der Einrichtung eines Ethik-Curriculums in der Ethnologie. In: DGV-Mitteilungen, 26, S. 63–64.

NAPA – National Association for the Practice of Anthropology (1988): Ethical Guidelines for Practitioners: http://www.wipo.int/export/sites/www/tk/en/databases/creative_heritage/docs/napa_guidelines.pdf [Zugriff am 28.01.2018].

NAPA – National Association for the Practice of Anthropology (2018): Guidelines for Ethical Practice 2018. https://www.practicinganthropology.org/practice/ethics/ [Zugriff am 11.02.2019].

NOLAN, Riall W. (2003): Anthropology in Practice. Building a Career Outside the Academy. Boulder Col.: Lynne Rienner Publ.

NOLAN, Riall W. (Hg.) (2013): A Handbook of Practicing Anthropology. Chichester: Wiley & Sons.

NOLAN, Riall W. (2017): Using Anthropology in the World. A Guide to Becoming an Anthropologist Practitioner. New York: Taylor and Francis.

PELS, Peter (1997): The Anthropology of Colonialism. Culture, History, and the Emergence of Western Governmentality. In: Annual Review of Anthropology, 26, S. 163–183.

PELS, Peter (1999): Professions of Duplexity. A Prehistory of Ethical Codes in Anthropology. In: Current Anthropology, 40 (2), S. 101–136.

PLEMMONS, Dena / Barker, Alex W. (Hg.) (2016): Anthropological Ethics in Context. An Ongoing Dialogue. Walnut Creek, CA: Left Coast Press.

PODJED Dan / Gorup, Meta / Bezjak Mlakar, Alenka (2016): Applied Anthropology in Europe. Historical Obstacles, Current Situation, Future Challenges. In: Anthropology in Action, 23 (2), S. 53–63.

PRICE, David (2000): Anthropologists as Spies. Collaboration occurred in the Past, and there's no professional Bar to it Today. In: The Nation, 2. November: https://www.thenation.com/article/anthropologists-spies/ [Zugriff am: 28.01.2018].

PRICE, David (2009): From 'Gentle Persuasion' to 'Better Killing'. Anthropology, Human Terrain's Prehistory, and the Role of Culture in Wars waged by Robots. In: CounterPunch, Oktober, 16 (17): 1, S. 4–6.

RYNKIEIWICH, Michael A. / Spradley, James P. (1976): Ethics and Anthropology. Dilemmas in Fieldwork. New York: Wiley.

SCHÖNHUTH, Michael (1998): Entwicklungsethnologie in Deutschland. Eine Bestandsaufnahme aus Sicht der Arbeitsgemeinschaft Entwicklungsethnologie und ein Vergleich mit internationalen Entwicklungen. In: Zeitschrift für Entwicklungsethnologie, 7 (1), S. 11–39.

SCHÖNHUTH, Michael (2018): Ethnologie und Interkulturalität. Bruchlinien und Schnittmengen. In: Gogolin, Ingrid / Georgi, Viola B. / Krüger-Potratz, Marianne / Lengyel, Drorit / Sandfuchs, Uwe (Hg.): Handbuch Interkulturelle Pädagogik. Bad Heilbrunn: Julius Klinkhardt, im Erscheinen).

SCHÖNHUTH, Michael / Bliss, Frank (2000): Ethische Leitlinien der Arbeitsgemeinschaft Entwicklungsethnologie (AGEE) e. V.. Erläuterungen und Praxishinweise. o. O. (Trier). Auch online: http://entwicklungsethnologie.org/wp-content/uploads/2010/09/Ethische-Leitlinien-der-AGEE-Langversion.pdf [Zugriff am 27.01.2018].

SEITHEL, Friderike (2000): Von der Kolonialethnologie zur Advocacy Anthropology. Zur Entwicklung einer kooperativen Forschung und Praxis von Ethnologen und indigenen Völkern. Münster: Lit.

SfAA – Society for Applied Anthropology (1951): Code of Ethics of the Society for Applied Anthropology. In: Human Organization, 10 (2), S. 32–32.

STOCKING, George W. (1971): What's in a Name. The Origins of the Royal Anthropological Institute (1837–71). In: MAN, NewSeries, 6 (3), S. 369–390.

TOMFORDE, Maren (2011): Should Anthropologists Provide their Knowledge to the Military? An Ethical Discourse Taking Germany as an Example. In: McNamara, Laura / Rubinstein, Robert (Hg.): Dangerous Liaisons. Anthropologists and the National Security State. Santa Fé: School for Advanced Research Press, S. 77–100.

VON LAUE, Theodore H. (1976): Anthropology and Power. R. S. Rattray among the Ashanti. In: African Affairs, 75 (298), S. 33–54.

WRIGHT, Susan (2006): Anthropology in Policy and Practice, 1981–2000. In: Pink, Sarah (Hg.), Applications of Anthropology. Professional Anthropology in the Twenty-First Century. New York: Berghahn, S. 27–54.

YOUNG, Philip D. (2008): Practicing Anthropology from Within the Academy. Combining Careers. In: ANPA Bulletin, 29, S. 56–68.

Undatierte Quellen

Anthropologi.info – Ethnologie / Sozialanthropologie Blog: Bundeswehr-Werbung im Ethnologie-Seminar? Quellensammlung: https://www.antropologi.info/blog/ethnologie/2010/bundeswehr-werbung-im-ethnologieseminar [Zugriff am 28.01.2018].

BFE – Bundesverband freiberuflicher Ethnolog_innen e. V.: http://www.bundesverband-ethnologie.de/ [Zugriff am 28.01.2018].

Consortium of Practicing and Applied Anthropology Programs: Programs in Applied Anthropology (COPAA Members) [2014]: http://www.copaa.info/programs_in_aa/list.htm [Zugriff am 24.05.2018].

ESE – Ethnologie in Schule und Erwachsenenbildung e. V.: http://www.ese-web.de/ [Zugriff am 28.01.2018].

INFOE – Institut für Ökologie und Aktions-Ethnologie: https://www.infoe.de/ [Zugriff am 24.05.2018].

SfAA – Society for Applied Anthropology: Statement of Ethics and Professional Responsibilities: https://www.sfaa.net/about/ethics/ [Zugriff am 27.01.2018].

Ethnologie braucht die Praxis.
Der Beitrag der angewandten Ethnologie für die akademische Ethnologie

CHRISTOPH ANTWEILER

> *"For our discipline today, practice is one of the most important*
> *sources of new ideas, new approaches, and better ways of working in the world"*
> (Riall W. Nolan 2017:99)

ABSTRACT: Wirtschaft, Politik und Gesellschaft können von angewandter Ethnologie profitieren. Man kann sogar argumentieren: Moderne Gesellschaften benötigen Ethnologie. Umgekehrt kann aber auch das Fach von einer kontinuierlichen Befassung mit Anwendungsfragen profitieren. Wir können sogar argumentieren: Das Fach braucht die Praxis. Der Teil menschengemachten Wandels, der im Rahmen ausdrücklicher gesellschaftlicher oder politischer Ziele stattfindet, ist ein „normaler" Teil dieser sozialen Realität, also mitnichten eine externe Störung von Kultur.

In der Erforschung von Kulturwandel bieten neu eingeführte politische Maßnahmen oder etwa zeitweilige Änderungen von Normen oder Standards — methodisch gesehen — eine Chance für verallgemeinernde Erkenntnisse: für Theoriebildung. Indem solche Fälle mit anderen verglichen werden, in denen keine solchen Änderungen erfolgten, können sie als „natürliche Experimente" genutzt werden. Ein besonders erhellendes Fenster zu sozialer Dynamik wird geöffnet, wenn gesellschaftlicher Wandel durch gezielte Maßnahmen erzeugt, beeinflusst oder gesteuert wird. Beispiele sind etwa Entwicklungsaktivitäten hierzulande oder in anderen Regionen. Solche Phänomene bewussten und oft extern bestimmten Eingriffs eröffnen ein „Labor" von räumlichen Variationen und zeitlichen Veränderungen, das allgemeinethnologische Erkenntnisse ermöglicht. Anwendungsorientierte Ethnologie hat damit eine prinzipielle Bedeutung für das Fach selbst. So wie effiziente und verantwortliche Praxis politisch zu setzende Ziele und fachbezogene Ethik braucht, benötigt ethnologisches Engagement außerhalb der Akademie neben gesellschaftlichen Zielen auch Theorie. Umgekehrt sollte die Rückkoppelung von Entdeckungen und Erfahrungen aus der Praxis in die Akademie für die Ethnologie nicht Kür bleiben, sondern Pflicht werden.

© Springer Fachmedien Wiesbaden GmbH, ein Teil von Springer Nature 2019
S. Klocke-Daffa (Hrsg.), *Angewandte Ethnologie*, https://doi.org/10.1007/978-3-658-25893-1_3

1. Fachlicher Beitrag: Ethnologische Expertise
im Nexus von Theorie und Praxis

Was macht Ethnologie zu einem nicht nur wissenschaftlich wichtigen, sondern praktisch relevanten, nützlichen, ja sogar gesellschaftlich notwendigem Fach?[1] Die besondere Stärke der Ethnologie ist die induktive Untersuchung allgemein für Menschen wichtiger und global relevanter Themen anhand intensiver und erfahrungsnaher Detailstudien. Ethnologen erforschen „large issues in small places", um es mit Eriksens treffendem Titel zu sagen (Eriksen 2015). Die zentralen Methoden sind Feldforschung als lokaler und dabei erfahrungsnaher Zugang sowie Kulturvergleich. Insbesondere in der teilnehmenden Beobachtung als Kern von Feldarbeit verbinden Ethnolog*innen eine wissenschaftlich distanzierte Außensicht mit der Offenheit für Innensichten bei Mitgliedern der Gemeinschaft. Unsere Perspektive ist kulturrelativistisch, nicht wertend, und wir versuchen, nicht ethnozentrisch zu agieren. Ethnolog*innen haben damit nicht nur intensive Lokalkenntnisse, sondern verfügen auch über eigene interkulturelle Erfahrungen über längere Zeiträume. Die Ethnologie ermittelt Unterschiede zwischen Gesellschaften, sucht aber auch Gemeinsamkeiten bis hin zu weltweit geteilten Mustern. Wir sind trainiert im Perspektivenwechsel und in der Zusammenarbeit mit anderen Menschen. In einer Welt großer Maßstäbe, globaler Lösungen und der Herrschaft der Durchschnittswerte kann die Ethnologie der „Anwalt kleiner Maßstäbe" sein.

Ethnologie ist gesellschaftlich wichtig, aber hierzulande zu wenig bekannt und präsent. Ethnolog*innen können durch Sachwissen, Methoden und auch durch praktisch nützliche Theorien soziale Problemlagen klären und bei der Lösung mitwirken. Wir müssen die Ethnologie so einbringen, als wäre sie gesellschaftlich gefragt (Nolan 1998). Dazu braucht man Fachwissen, Kenntnisse anderer Wissenschaften und praktische Fähigkeiten sowie zusätzlich das Vermögen, klar zu kommunizieren und schnell zu entscheiden. Das Einlassen auf gesellschaftlich relevante Themen und das praktische Engagement von Ethnolog*innen bereichert die Ethnologie auch in ihren genuinen, nicht angewandten Anliegen. Jede gesellschaftlich relevante Ethnologie sollte mehr als ein Appendix der universitären Ethnologie sein, aber sie sollte auch nie den Bezug zu akademischer Forschung und Lehre verlieren. Gerade die praxisrelevanten Stärken der Ethnologie ergeben sich aus ihrem theoretischen Kern, dem spezifischen Kulturkonzept und ihrem besonderen methodischen Herangehen ■ Abb. 1.

Im Mittelpunkt anwendungsorientierter Ethnologie stehen Fragestellungen und Lebensprobleme von Klienten oder Kunden, nicht dagegen disziplinär erdachte ethnologische „Probleme". Es geht darum, menschliche und kollektive Probleme anzugehen und die Lage von Menschen zu verbessern. Ethnologische Praxis in diesem Sinn dreht sich damit um gewollten Wandel, sei er gesellschaftlich, wirtschaftlich oder politisch.

---

1   Ich danke Anette Rein und anonymen Gutachter*innen für sehr gute Verbesserungsvorschläge.

Im Fokus stehen, um die zentralen Formulierungen aus umfangreichen angloamerikanischen Praxiserfahrung zu nennen, *people's real-world problems;* Ziele sind *benefit for people / for humankind;* das Mittel ist positive change (Willigen 2002:xi-xii; Nolan 2013:3; Beck / Maida 2013). Vor allem diese Orientierung an *angestrebtem* Wandel unterscheidet angewandte Ethnologie von traditioneller akademischer Ethnologie. Praktizierende Ethnologie steht damit von Grund auf in einem normativen und politischen Kontext, der immer Konfliktstoff beinhaltet: Ethnologie quasi als „Kontaktsport" (als aktuelle Übersicht Antweiler 2015a).

THEMEN

■ Gesellschaften, Gruppen, Netzwerke auf der ganzen Welt, nicht nur „fremde Völker"
■ Kulturelle Besonderheiten und weltweite kulturelle Vielfalt,
  aber auch Vielfalt innerhalb von Gesellschaften
■ Kulturelle Gemeinsamkeiten
■ Alltagsfragen, die für Menschen weltweit existenziell relevant sind

THEORIE

■ Kultur als kollektive Daseinsgestaltung (way of life)
■ Kultur umfassend aufgefasst, aber nicht einfach alles, sondern mit Fokus auf
  systemischen Verknüpfungen, z. B. Religion und Wirtschaft, Politik und Identität

PERSPEKTIVEN

■ Kulturrelativistisch, d. h. nicht wertend und ausdrücklich nicht ethnozentrisch
■ Kombination von wissenschaftlich distanzierten Außensichten und Innensichten

METHODIK

■ Feldforschung: lokale Lebensweise und dabei erfahrungsnaher Zugang;
  „Anwältin" kleiner Maßstäbe.
■ Kulturvergleich: Unterschiede zwischen Kollektiven, aber auch Gemeinsamkeiten
  bis hin zu weltweiten Mustern (Universalien)

BEZUG FORSCHER(IN) ZUM GEGENSTAND

■ eigene interkulturelle Erfahrung über längeren Zeitraum
■ intensive Sprach- und Lokalkenntnisse

PROFIL

■ Die besondere Stärke der Ethnologie ist die Untersuchung allgemein für Menschen
  wichtiger und global relevanter Themen anhand intensiver und erfahrungsnaher
  Detailstudien: „Large issues in small places".

Abb. 1: Stärken der Ethnologie als praxisorientierter Wissenschaft
(nach Antweiler 2001, verändert)

2. Gesellschaftsbezogenes Ziel: Die Anthropologisierung von Debatten, Maßnahmen und *Policies*

Wie in akademisch orientierter Ethnologie geht es auch bei praxisorientierter Ethnologie im Kern um die Schaffung von Wissen. Für die Feststellung, ob etwa Armut, Unterdrückung oder Sklaverei vorliegt oder nicht, braucht man – sicherlich nur politisch zu findende – Setzungen und Werte, aber eben auch empirische Informationen, etwa um ein Problem überhaupt zu sehen oder es klar zu sehen (*problem of identification,* D'Andrade 1995:400-405). Aktionsforschung beispielsweise ist mehr als Aktion. Von einer Action Anthropology kann nur sinnvoll gesprochen werden, wenn für die Lösung eines Problems nicht nur Engagement und Parteinahme wichtig sind, sondern auch *Wissen* gefragt ist: Wissensarbeit. Die praktischen Probleme, zu denen dieses Wissen gebraucht wird, sind nicht nur Entwicklungsprobleme oder Überlebensprobleme kleiner Gemeinschaften (Antweiler 2013). Sie stellen sich z.B. auch im interkulturellen Umgang, zu kollektiver Identität ("Wir"-Gruppen, Ethnizität), bezüglich Ethnozentrismus, bei der zunehmenden Vernetzung der Welt und der damit einhergehenden globalen Verallgemeinerung von Strukturen der Ungleichheit und Prekarisierung sowie hinsichtlich kultureller Vielfalt einerseits und kultureller Hegemonie ("Monokultur") andererseits.

Diese Probleme sollten m.E. nicht nur in der armen Welt oder außerhalb Europas, aber auch nicht nur in unserer Gesellschaft ethnologisch angegangen werden, etwa, weil „wir hier zu Hause anfangen sollten" und „dort eigentlich nichts zu suchen haben". Dies bedeutete eine überzogene Eigenbeschuldigung (und damit Selbstüberschätzung) und würde die heute faktischen Verknüpfungen in der Welt übersehen. Kulturelle Probleme sind nicht immer auf abgegrenzte Gruppen – etwa Minderheiten – bezogen, sondern bestehen oft in der Beziehung, wie beispielsweise zwischen Minderheiten, zu den sie dominierenden Gruppen. Für etliche Probleme von Menschen bildet nicht ihre Gruppe die fruchtbare Einheit zum Ansatz, sondern oft einzelne Akteure, Institutionen, Vernetzungen, Beziehungen oder kulturelle Bewegungen. Daher ist das Netz als Metapher sinnvoller als das Bild des „kulturelles Mosaiks", wo eher Grenzen betont werden.

Zur Konkretisierung des Anliegens einer Anthropologisierung der gesellschaftlichen Debatten nenne ich im Folgenden einige Brennpunkte, auf die sich eine so verstandene Ethnologie konzentrieren könnte. Ich nenne mehrere Foci, die sich nicht ausschließen, sondern einander vielfach ergänzen:

■ Fundamentale soziale Prozesse (Benthall 1985:18) und Betonung soziozentrischer statt ökono-, techno- und kommodozentrischer Modelle (Cernea 1995:344, 346-347); Fokus auf universale Grundprobleme und existentielle Dilemmata – also Probleme, mit denen alle Gesellschaften leben müssen. Dazu gehören z.B. Machtbeziehungen, Aggressivität, Geschlechtsasymmetrien und das Problem, dass sich individuelle Ziele und Gruppenziele nicht decken (*common-property problem, tragedy of the commons*);

■ Fehlanpassungen der Gesellschaft, die besonders in Großgesellschaften auftreten, wie Überzentralisierung, Überspezialisierung von Subsystemen, Hyperkohärenzen und Verletzung von Bedeutungshierarchien (*violation of contingency relations*, Rappaport 1993: 300–301);

■ Bedürfnisse von Menschen als Organismen in der Umwelt. Dadurch, dass Menschen Organismen sind, sind kulturelle Systeme mit der Lebenswelt verknüpft. Menschen haben bestimmte Bedürfnisse an Raum, Identität, und einen Bedarf nach Kontakt mit einer Vielfalt von Materialien aus einer Vielzahl von Quellen. Die Befriedigung einiger der wichtigen Bedürfnisse durch bestimmte Qualitäten ist nicht beliebig austauschbar. Diese sind essentiell und damit nicht in geldliche Größen konvertierbar, wie es die dominierende monetäre Logik annimmt, deshalb sind sie in Kosten-Nutzen-Analysen kaum fassbar (Rappaport 1993:298, 299, Antweiler 2013);

■ Kulturelle Universalien, also Phänomene, die in allen oder fast allen Gesellschaften zu finden sind und nicht offensichtlich aus Speziesmerkmalen des Homo sapiens resultieren. Entgegen der verbreiteten Annahme existieren nicht nur sehr abstrakte oder aber triviale Universalien. In den letzten Jahren konnten viele sehr spezifische Universalien im Handeln und auch in der Kognition nachgewiesen werden (Brown 1991; Antweiler 2018) und schließlich – trotz der Universalien und der gegebenen Begrenzungen – Vielfalt.

■ Variation und Kontingenz als grundlegende Charakteristika menschlicher Systeme und damit die Einsicht in eine (weitgehende) Wählbarkeit kultureller Lösungen. Damit ist gegen die Alltagsannahme der selbstverständlichen „Natürlichkeit" von Problemen und Lösungen zu argumentieren. In Zusammenhang mit diesem Punkt und zur Verhinderung von Essentialisierung hilft es methodisch, *prinzipiell* nach Variationen zu suchen (Agar 1996), ja mehr noch, Diversität selbst zum Thema zu machen (Vayda 1994:322-324; Borowsky 2011; vgl. Rodseth 1998 *variation-minded anthropology*).

■ Suche nach Verallgemeinerungen und Mustern und auch quantitativen Aussagen, aber eine Kritik an deren totalisierender Nutzung im Sinne eines Fokus auf Aussagen über Kollektive, und Durchschnittsaussagen (Rappaport 1993:297, 301).

Meine These ist: Die Ethnologie muss als Fach auf öffentliche Belange eingehen, und sie braucht die Beschäftigung mit Praxisfragen auch für die Theorieentwicklung. Entgegen gängigen Annahmen würde die Ausbildung durch mehr Praxisbezug gerade nicht zu einer „lean education" (Antweiler 1994). Die gegenwärtige Krise der Ethnologie ist weniger eine Krise der Repräsentation als eine der Relevanz (Ahmed / Shore 1995:15; Antweiler 1999).

   Die Unterscheidung zwischen allgemeiner und angewandter Ethnologie, obwohl ich sie hier benutze, ist keine fundamentale – etwa in der Art, dass Theorie in der praxisorientierten Ethnologie per se eine geringe Rolle spiele oder dass umgekehrt solche Forschung für das Ziel reiner Erkenntnis nichts hergebe. Dies zeigt schon der Blick in die Wissenschaftsgeschichte der Ethnologie. Praktisch ausgerichtete Forschung war konstitutiv für die allgemeine Ethnologie, was Personen, Institutionen und Problemstellungen bei der Herausbildung der allgemeinen Ethnologie anbelangt. Die ersten bezahlten Ethnologen arbeiteten für angewandte Forschung in den USA ab 1879 für das *Bureau of American Ethnology*. In England wurde die Einrichtung der ersten Departments für Ethnologie mit der Ausbildung für Kolonialverwalter gerechtfertigt. Etliche der Teilgebiete, die grundlegende Beiträge zum Kern der heutigen allgemeinen Ethnologie liefern, entstanden aus praxisorientierter Forschung. Hier sind z. B. die Stadtethnologie, die Medizinethnologie und die Rechtsethnologie zu nennen.

Praktische Probleme liefern oft theorierelevante Daten einer Art, die sonst in rein akademischer Forschung überhaupt nicht generiert würden (Baba 1994:180-181). Viele Annahmen der theoretischen Ethnologie, z. B. etliche Details der Kulturwandeltheorie, sind in angewandten Kontexten getestet und modifiziert worden, auch wenn die akademische Ethnologie davon kaum Kenntnis genommen hat (Bennett 1996:30; vgl. Naylor 1996). Chambers sagt zu Recht: „It is likely that subsequent generations of anthropologists will have to be taught that there was a time in the history of the discipline in which practice outside academia was not generally recognized or encouraged" (Chambers 1996:1012-1013). Ein Beispiel für grundlegend relevante Erkenntnisse, die überhaupt nur durch Involvierung der Ethnologie in Praxismaßnahmen gewonnen werden können, sind die detaillierten Resultate von Langzeit-Feldforschungen zu sozialen Folgen von Staudammbauprojekten (Foster et al. 1979). Hier konnte etwa gezeigt werden, dass solche Projekte zwar den allgemeinen Wohlstand fördern, typischerweise aber sozioökonomische und Gender-Ungleichheiten intensivieren.

Zumindest erwähnen möchte ich, dass praktisches Engagement nicht nur gesellschaftsbezogen, sondern auch fachpolitisch wichtig ist. Das gilt auch für die öffentliche Präsentation der Ethnologie. Hier gilt: Wer nicht mit der *Zeit* geht, muss mit der Zeit gehen. Im Kontext des neoliberalen Umbaus unserer Universitäten geht der wissenschaftspolitische Trend in den Geistes-, Kultur- und Sozialwissenschaften dahin, rein erkenntnisbezogene Wissenschaft nur noch wenig zu fördern. Im Rahmen der heutigen Kultur- und Wissenschaftsförderung ist die öffentliche Präsenz, der gesellschaftliche Stellenwert und damit auch die Finanzierung von Wissenschaften zunehmend an als gesellschaftlich relevant erachtetem Wissen orientiert. Für die Ethnologie als Fach wird es deshalb mittelfristig überlebenswichtig, mehr als nur distanzierte kritische Analysen zu liefern, so wichtig diese auch sind. Wir müssen auch Projekte jenseits der Akademie angehen und unsere fachlichen Inhalte, Methoden und Resultate klar kommunizieren (Eriksen 2006; MacClancy 2013; Beck/Maida 2015; Sanday 2015; Antweiler 2015b; für deutschsprachige Beiträge vgl. Barthel/Bierschenk 2013). Wissenschaften müssen sich heute gesellschaftlich zeigen, um zu bleiben.

3. Praxisprobleme fördern die Theoriebildung:
Entwicklung, „natürliche Experimente" und Rechtspluralismus

Einen wichtigen Theoriebeitrag für die allgemeine Ethnologie ergeben Studien, die selbst nicht explizit anwendungsbezogen sind, aber mittels klassischer Feldforschung praktische Maßnahmen und Politiken zum Gegenstand haben. Ein Beispiel sind Untersuchungen zu Entwicklungsmaßnahmen, wobei nicht selbst an diesen Maßnahmen mitgewirkt wird („Ethnologie der Entwicklung"). Methodisch gesehen können etwa (zeitweilige) staatliche Maßnahmen oder gelenkte Diskurse als „natürliche Experimente" analysiert werden. Ein Beispiel hierfür ist Fergusons Studie dazu, wie das positiv konnotierte Label „Entwicklung" in der Umsetzung eines Projekts in Lesotho zur bürokratischen Entpolitisierung von Interessen und Konflikten genutzt wurde (Ferguson 1994). Ein anderes Beispiel ist Fergusons Analyse der de-politisierenden Wirkung der Rede von „Modernisierung" bei Globalisierungsprozessen im städtischen Zentralafrika (Ferguson 1999). Solche Studien bringen nicht nur Kenntnisse zur Dynamik von Entwicklung als staatlich dominiertem Kulturwandel, sondern auch Erkenntnisse zu allgemeinen Theoriethemen, wie hier im ersten Fall zum weltweiten Phänomen der Kulturalisierung, im zweiten zu Ungleichheit als Kernmerkmal von Globalisierungsprozessen. Jean-Pierre Olivier de Sardan (2005) untersuchte Interessenkonflikte unter verschiedenen Beteiligten an Entwicklungsprojekten oder -programmen und demonstrierte dabei überzeugend, wie produktiv das Themenfeld Entwicklung z. B. für Handlungstheorie sowie für Sozialstruktur- und Ideologietheorien ist (Olivier de Sardan 2005). Richard Rottenburg machte die Planung in der Entwicklungszusammenarbeit zum Thema einer Ethnographie der Entwicklung. Dabei zeigte sich der Widerspruch zwischen dem Bedürfnis nach Planung und Erfolgskontrolle einerseits und dem Ziel, eigenverantwortliche Entwicklung zuzulassen andererseits. Dieser Widerspruch und das Ausklammern kultureller Unterschiede erweisen sich als prinzipielle Ursachen des Scheiterns von Projekten (Rottenburg 2002).

Neben solchen Studien, welche die Entwicklungszusammenarbeit aus distanzierter Perspektive analysieren, gibt es Untersuchungen, die das eigene Engagement in Entwicklungsmaßnahmen zur theoriegenerierender Forschung nutzen. In einer bahnbrechenden Studie machte Roland Robertson die Entwicklungsplanung selbst zum Gegenstand teilnehmender ethnologischer Forschung (Robertson 1984). David Mosse analysierte in einem mit „Cultivating Development" treffend betitelten Buch auf der Basis vor allem von Erfahrungen in partizipativ orientierten Projekten und einer Langzeitstudie in Südasien detailliert die soziopolitischen Kontexte der Produktion entwicklungsrelevanten Wissens und Handelns. Im Ergebnis zeigte sich ein deutliches Auseinanderklaffen von ergebnisorientierter Rhetorik und Policy-Orientierung, einer Selbsteinengung durch organisationale Muster und faktischem routinebasierten Durchwursteln (Mosse 2005). Solche Studien liefern nicht nur praxisrelevantes Wissen zu Entwicklungsmaßnahmen, sondern erbringen einen empirisch grundlegenden wie theoretisch anregenden Beitrag zur allgemeinen Organisationsethnologie. Weitere Beispiele aus der Ethnologie der Entwicklung bzw. der i. e. S. praxisinvolvierten Entwicklungsethnologie, die Themenfelder der allgemeinen Ethnologie verdichten oder Theorie generieren, erläutert Schönhuth (2017:362-365).

Auch in anderen explizit praxisorientierten Tätigkeiten – beispielsweise der Minderheitenunterstützung – wird Theorie vielfach benötigt, so etwa um den inhaltlichen Fokus einer Maßnahme in komplexen Kontexten zu bestimmen, für Entscheidungen über Handeln, zur Einschätzung des Problemumfangs, bei der Interpretation von Resultaten und für Verbindungen zur Praxisarbeit anderer (Nolan 2017:94-95). Ein Thema, wozu praxisbezogene Studien besonders stark theoriegenerierend sind, ist handlungsorientiertes Wissen (Performanzwissen). Unter dem Label „lokales Wissen" werden hier aufeinandertreffende Wissensakteure und Wissensformen in anwendungsorientiertem Kontext untersucht, z. B. für die Nutzung von Heilpflanzen zur Pharmaka-Entwicklung. Dabei ergeben sich – neben vielen Einsichten zur angewandten Ethik! – verallgemeinerbare Erkenntnisse zur Genese und Dynamik informellen Wissens (vgl. als Systematisierung Antweiler 1998, als Konkretisierung Antweiler 2016).

Praxismaßnahmen benötigen einerseits ethnologische Theorie und andererseits kann das Praxisengagement ethnologische Theoriebildung fördern. Das zeige ich jetzt an einem Beispiel aus der entwicklungsbezogenen Rechtsethnologie. Es geht dabei um das Wechselverhältnis zwischen Recht als Konfliktregelung und Entwicklung als sozialem Wandel. Recht kann das Verständnis von Prozessen sozialen Wandels ganz allgemein fördern, denn Akteure handeln nicht immer nur innerhalb eines sozialen, wirtschaftlichen und politischen Kontextes; sie agieren auch in einem formellen oder informellen rechtlichen Rahmen. Die explizite Gestaltung von Recht kann die Situation von Menschen verbessern – vor allem dadurch, dass Sicherheit, Verbindlichkeit und Vertrauen entstehen. Recht kann zum Motor von Entwicklung etwa dadurch werden, dass das Spektrum der Handlungsoptionen von Menschen und Gruppen erweitert wird. Recht kann Entwicklung aber auch hemmen, wenn es Menschen in ihren Möglichkeiten beschränkt, z. B. durch unnötige Formalisierung (Benda-Beckmann 2005). Das Wissen von Recht ist also genauso wichtig für die Erkenntnis von gesellschaftlichem Wandel im Allgemeinen, wie es praktisch relevant ist für Entwicklung als angestrebtem, beeinflusstem oder gelenktem Wandel.

Bei Recht geht es in allgemeiner Sicht um Regeln und Prozeduren, um Standards und um Verbindlichkeit. In sehr weitem – m. E. zu weitem Sinn – besteht Recht in irgendwelchen Formen sozialer Kontrolle, sozialer Konfliktregelung bzw. Sanktionen. Recht ist aber in aller Regel zumindest ansatzweise formalisiert. Die Regeln bilden ein Regelwerk, auch wenn das oft nicht schriftlich vorliegt – und dies gilt auch für Gewohnheitsrecht. Recht baut auf Normen sozialen Verhaltens, ethischen Idealen, kulturspezifischen Werten und gesellschaftlichen Zielen auf. Rechtsideale müssen z. B. auf Ideen der Gerechtigkeit zu der Rahmen normativer Strukturierung überhaupt. Gewohnheitsrecht beispielsweise ist mehr als die Summe der Gewohnheiten bzw. Traditionen. Innerhalb der Ethnologie hat das Thema vor allem Bezüge zur politischen Ethnologie (Legitimität, Macht, Einfluss in öffentlichen Entscheidungen), zur Religionsethnologie (Werte, Ideale, Menschenbilder, Ideen von Ehre und Gerechtigkeit) und zur Wirtschaftsethnologie (Nutzungsrechte, Zugangsrechte, *entitlements*).

In der Entwicklungszusammenarbeit tritt Recht in vielerlei Formen und Facetten auf. Direkt sichtbar wird Recht in Projekten, Programmen und Policies. Programme und Projekte stehen in meist mehreren rechtlichen Kontexten, aber sie schaffen auch selbst neues Recht. Sie setzen oft neue formale Rechte (Projektrecht, Programmrecht) und sie schaffen informelles Recht – oft ungewollt und zunächst unbemerkt. Rechtliche Verhältnisse werden im Entwicklungskontext in der Regel in einer lokalen und vielfach vorstrukturierten Arena ausgehandelt, aber die Interessenvertreter stehen im regionalen, nationalen und globalen Rahmen.

Einer der wichtigen Entdeckungen der Rechtsethnologie war der Befund, dass es in einer Gesellschaft in aller Regel mehrere Rechte oder Rechtsinstanzen gibt. Dabei existieren mehrere gültige Systeme der Streitschlichtung nebeneinander, auch wenn sie vielleicht nur teilweise formalisiert sind. Dieses Phänomen des Rechtspluralismus (*legal pluralism*) erinnert an die Vielfalt der Diagnoseformen und Therapieformen, die in der Ethnologie als Medizinpluralismus bekannt ist. Beide Pluralismen sind in so vielen Gesellschaften zu finden, dass man fast davon ausgehen kann, dass sie den Normalfall vieler lokaler Lebenswelten darstellen. Beide Formen der Vielfalt sind von hoher Relevanz für Programme, Projekte und Maßnahmen der Entwicklungszusammenarbeit. Rechtspluralismus besteht nicht einfach in einem „Haufen" von Rechten oder einer bloßen Ansammlung von Instanzen der Konfliktregelung. Nein, die rechtliche Vielfalt ist vielmehr strukturiert, und sie besteht oft als eigener gesellschaftlicher Bereich, als Teil einer Rechtskultur. Recht ist vielfach de facto institutionell von anderen Bereichen der Gesellschaft abgehoben oder wird von den Menschen selbst als besondere Sphäre gesehen, die häufig in sich plural ist. Das Konzept des Rechtspluralismus kann innerhalb der Entwicklungszusammenarbeit als ein *sensitising concept* fungieren, dass nicht nur für den Rechtsbereich relevant ist, sondern darüber hinaus auch für andere Aspekte kultureller Vielfalt – und die damit gegebenen Relativierungen von Legitimität – die Augen öffnet (Benda-Beckmann 2008; Zips / Weilenmann 2011).

Entwicklungsmaßnahmen können verbessert und humanisiert werden, wenn dabei rechtsethnologische Theorien, Methoden und Befunde herangezogen werden. Die Rechtsethnologie wiederum kann vom Engagement in der Entwicklungszusammenarbeit profitieren, sowohl im Hinblick auf praxisrelevante Theorie als auch durch Methodenentwicklung. Beides soll die folgende Tabelle (■ Abb. 2) deutlich machen (für Beispiele vgl. Benda-Beckmann et al. 2005). Die Rechtswirklichkeit in armen Ländern oder Regionen ist komplex, und Entwicklungsmaßnahmen sind ein Teil der sozialen Realität. Entwicklung im rechtspluralistischen Kontext stellt ein reichhaltiges „Labor" für die ethnologische Forschung dar. Versuche in diesem Labor sollten allerdings nicht zu Lasten der Menschen gehen!

THEMEN	PRAXISRELEVANZ	THEORIEBEZUG	METHODEN
Veröffentlichtes Recht	Begrenzte Bekanntheit von Recht, *biases* in der Presse	Schriftkultur vs. mündliche Tradition	Rechtsberichte in Presse, Inhaltsanalyse
Wissen von Recht	Mangelndes Wissen vermindert den Rechtszugang; Rechtswissen fördert *empowerment*	Kognitionsethnologie: implizites Wissen, Performanzwissen vs. formales Wissen	Interviews, strukturierte Interviews, spielerische kognitive Methoden
Faktischer Gebrauch von Recht (*using law*)	Recht bleibt faktisch oft ungenutzt; also sind Rechtsbedürfnisse und Rechtslücken zu eruieren	Kognitionsethnologie: Alltagsdrehbücher, (*scripts*), Praxisorientierte Handlungstheorien (*practice approach*), Versuch-und-Irrtum, Durchwursteln (*muddling through*)	Beobachtung, teilnehmende Beobachtung, Befragung, Aktionsforschung
Grad normativer Strukturierung	Enorme Unterschiede schon auf regionaler Ebene, z.B. in sozialer Kontrolle	Politische Ethnologie: Lose strukturierte Gesellschaften (*loosely structured social systems*) vs. strikte Systeme	Systematischer Vergleich von Kulturen/ Subkulturen (*cross-cultural comparison*)
Gewohnheiten der strukturierten Rechtsverletzung	Behinderung der Rechtseinhaltung; *free rider problem*,; andererseits evtl. unnötige Formalisierung	Politische Ethnologie: etablierte Regeln für Normenbruch (*rules for braking rules*)	Interviews, Analyse natürlicher Entscheidungen (*natural decision-making*)
Verrechtlichung	Vergrößerung des formalen Rechtsraums kann Entwicklung ermöglichen und behindern	retrospektive Kriminalisierung; Staatsbildung (*Nation Building*)	Dokumentenanalyse, Top-Down-Fluss
„Karriere" von Rechtsdokumenten	Ungewollte Transformation der Inhalte kann Entwicklung hemmen	Biographie kultureller Dinge (*social life of things, of symbols*)	Inhaltsanalyse
Rechtsförmiger Diskurs	Rechtsrelevanz des nicht i.e.S. juristischen Kontexts,	Politische Kultur (*political culture*); Sonderdiskurse (*discursive regimes*)	Tonbandaufnahme, Diskursanalyse
Rechtspluralismus	Flexibilität durch Optionen (*forum shopping*) vs. Überkomplexität; Verzahnung von Rechten, Kohärenz, Genderbezug	Kulturelle Vielfalt (*cultural diversity, intracultural diversity*), politischer Pluralismus Medizinpluralismus	Dokumentenanalyse, Interviews, Beobachtung
Ethik, Konzepte von „Gerechtigkeit", „Verantwortung", „Schuld"	Ethische Werte legitimieren Recht und erleichtern Durchsetzung	Legitimität ungleich Legalität; indigene „Theorien des guten Lebens"	Dokumentenforschung Befragung, Ritualanalyse
„Karriere" zentraler Termini (*key terms*), wie „Vertrauen", „Ehre"; „Recht"	Kanalisierung der Aufmerksamkeit in der Entwicklungszusammenarbeit; negative Folgen der „Dokumentitis"	Emische Perspektive, Religionsethnologie und Weltbild (*world view*); Soziopolitische Theorien zu *trust*	Strukturierte Befragung: Ranking, kognitive Methoden, z.B. Kartenstapelsortierung (*sorting tasks*)
Ethnisierung von Recht	Fremd- und Selbstzuschreibung von Recht zu Gruppen, bzw. Subgruppen torpediert Universalanspruch	Kulturalisierung, Ethnisierung, *corporate identity*, Menschenrechtsdiskurs	Methodenmix aus Gesprächen und Beobachtung
„lokales Recht", „nationales Recht", „Westliches Recht"	Evtl. lokalspezifisches Verständnis bzw. Missverständnis,, Bezüge zu *global governance*	„Veranderung" (*othering*), Okzidentalisierung, strategische Konzeptwahl (*discourse shopping*), Transnationalisierung von Recht (*transnational law*)	Befragung, Diskursanalyse

THEMEN	PRAXISRELEVANZ	THEORIEBEZUG	METHODEN
Transfer von Recht	Verbreitung, Lernen, Kostensenkung	Interkulturelles Lernen	Kurzforschungen, *collaborative research*
Projektrecht, Programmrecht	Gesetzes Recht; Projektdesign muss das beachten; Bezug zu nationalem Recht	Implizite Wirkungen, nichtbeabsichtigte Folgen, , *creation of structures of decision-making*	Dokumentenanalyse, teilnehmende Beobachtung; Explizieren des „heimlichen Lehrplans"
Wirkungen von Maßnahmen	Zielbezug und Zielgruppenbezug der Entwicklungszusammenarbeit	Wirkungen aus Innensicht, *putting peoples first*	Prozeß-Montoring, *impact analysis*, evtl. Aktionsforschung

Abb. 2: Theorie-Aspekte moderner
Rechtsethnologie, angeregt durch das Engagement
mit Entwicklungsproblemen

4. Wissensarbeit fördert Begriffsreflektion: Diversität in einer Behindertenwerkstatt als Beispiel

Das folgende kurze Beispiel einer explizit am Bedarf von Klienten orientierten Studie soll zeigen, wie das Engagement im Praxiskontext zum vertieften Verständnis gesellschaftlicher Entwicklung, aber auch zu begrifflicher Reflexion in einer Weise beiträgt, wie es eine nichtpraxisbezogene Studie nicht könnte. In einer Studie in der Stadt X ging es um die Bestandsaufnahme der personalen Vielfalt in einer Behindertenwerkstatt (Vedder et al. 2006). Es handelte sich um einen großen Betrieb, in dem eine große Bandbreite an Produkten hergestellt wurde. Im Fokus der Forschung stand Diversität im Rahmen der gesamten personalen Heterogenität. Zunächst war an eine Pilotstudie zur Eruierung von kultureller Vielfalt als betriebswirtschaftlicher Ressource gedacht. Das ist ein Thema, welches in der Betriebswirtschaftslehre seit längerem verfolgt wird.

Studierende sollten die Möglichkeit bekommen, forschend zu lernen und durch Zusammenarbeit mit Dozenten und Angehörigen der Einrichtung Kenntnisse zu sammeln, die der Einrichtung nützlich sind. Die allgemeine Themenstellung war akademisch motiviert, die konkrete Forschung war dann stark durch Umstände und Bedarfe aus der Organisation geleitet. Die Geschäftsleitung der Einrichtung war sich der Vielfältigkeit im Betrieb wohl bewusst, wollte aber wissen, wie sie konkret ausgestaltet war. Es ging zunächst um eine Bestandsaufnahme der betrieblichen Bandbreite. Weiterhin sah die Leitung keinen Ansatzpunkt, wie diese Vielfalt als Stärke explizit nützlich gemacht werden könnte.
Wir haben vorwiegend mit qualitativen Verfahren gearbeitet (Vedder et al. 2006:4). Eingesetzt wurden Dokumentenanalyse (z. B. Organigramme, Werbebroschüren), teilstrukturierte Interviews, teilnehmende Beobachtung (Arbeitsprozesse der Werkzeugherstellung,

Personalsitzungen) und partizipative Verfahren (z. B. soziale Karten, Venn-Diagramm, Transsekte). Die Laufzeit betrug insgesamt ein Jahr (1.04.2005 bis 31.03.2006), wobei wegen anderer laufender Verpflichtungen der Studierenden und Arbeitsabläufen in der Einrichtung in verschiedenen Phasen unterschiedlich intensiv gearbeitet wurde.

Entsprechend der Ausrichtung des Betriebs wurde die Diversitätskategorie der Behinderung in den Fokus gestellt. Ausgerichtet an der Expertise der Studierenden und der Dozent*innen wurde diese Form der Vielfalt aber explizit im Rahmen kultureller Vielfalt gesehen. Behinderung wurde – was Herangehensweise und Theorienutzung und -bildung betraf – insbesondere mit „kultureller Brille" gesehen. Im Ergebnis zeigte sich eine Bandbreite der Vielfalt, die deutlich über die fünf bis sechs Vielfaltsdimensionen hinausging, die in der betriebswissenschaftlichen Diversitätsforschung üblicherweise unterschieden werden. Dies betraf 25 Ausprägungen der Vielfalt, die teilweise stark spezifisch für diese Werkstatt für behinderte Menschen sind. Dazu gehörten etwa Personal, Arbeitsbeziehungen, Beschäftigungsweisen, Behinderungsformen, Finanzierungmodi, Fertigungsweisen und die Produktpalette (Vedder et al. 2006:30-31).

Diese Vielfalt der Vielfalt wurde in Beziehung zur Organisationskultur des Betriebes, den Außenbeziehungen (Lieferanten, Kunden etc.) und auch zum Normalitäts-Diskurs im Betrieb analysiert. Die praktisch motivierte Verlagerung unseres Fokus von kultureller Diversität im Allgemeinen auf die Dimension „Vielfalt bezüglich Behinderung" führte dazu, dass wir Konzepte von Vielfalt, Diversität und Differenz präziser charakterisierten mussten. Menschen sind unterschiedlich verschieden.

5. *Practising Anthropologists*: Ethnologie als praxisorientierte Profession

Im deutschsprachigen Raum gibt es viele Menschen, die einen Abschluss in Ethnologie gemacht haben und außerhalb der Universitäten und Museen in dauerhaft prekärer Situation tätig sind. Für sie existiert bislang kein klares Berufsbild. Außer dem Berufsverband freiberuflicher Ethnolog_innen e.V. (http://www.bundesverband-ethnologie.de) gibt es für diese vielen Wissensarbeiter keinerlei institutionalisierte Heimat. In den USA dagegen wird seit längerem über einen breiten praxisorientierten Bereich diskutiert: Practising Anthropology. Die dortigen Erfahrungen können uns Möglichkeiten aufzeigen; sie zeigen aber auch etliche Probleme auf – m. E. vor allem die Abkopplung von den Universitäten. Practising Anthropology ergänzt sämtliche vier traditionellen Felder der Anthropologie (Physische Anthropologie, Archäologische Anthropologie, Linguistische Anthropologie und Kulturanthropologie). Practising Anthropology ist also nicht etwa angewandte Kulturanthropologie, sondern die Anwendung *jeglicher* anthropologischer Kenntnisse und Fähigkeiten, die für die Lösung von Problemen von und mit Menschen nützlich sind, also auch Erkenntnisse der physischen Anthropologie oder der anthropologischen Archäologie.

Innerhalb der Practicing Anthropology bestehen durchaus unterschiedliche Betonun
gen. Für die einen sind Practising Anthropologists einfach alle Anthropologen, die von
außerakademischen Vollzeittätigkeiten leben. Hier liegt der Schwerpunkt darauf, dass
es nicht mehr eine Rolle ist, die Ethnolog*innen spielen, wie in Fosters (1969) Verständnis von angewandter Ethnologie, sondern um einen Beruf. Der Unterschied zwischen
Disziplin und Profession ist hier entscheidend (Nolan 1998:41, 2017). Universitätsethno-
log*-innen, die nur zeitweise praktisch tätig sind, stehen zwar auch in mehr Abhängigkeiten als „reine" Forscher, aber sie können ins akademische Leben zurückkehren. Diese
Sicherheit des Rückzuges haben *Anthropological Practitioners* nicht (Baba 1994:176; Beispiele in Hill/Baba 2006). Gewollte akademische Unabhängigkeit und unvermeidliche
Abhängigkeit von Arbeitgebern sind schwer vereinbar: ein grundsätzliches Dilemma ohne einfache Lösungen. Man kämpft sich durch und bewegt sich dabei in einem Gewebe
von Kompromissen.

Eine andere Auffassung der Practising Anthropology stellt die Zusammenarbeit mit
anderen Wissenschaftlern und Praktikern (collaborative inquiry) in den Mittelpunkt.
Schließlich gibt es Stimmen, die diese Richtung ausdrücklich als neues fünftes Feld in
Ergänzung der amerikanischen Four-Field-Anthropology sehen. So charakterisiert Chambers "practice as a distinct orientation or subfield of anthropology…" (1996:1010; im Tenor ähnlich Nolan 2017). Dies wäre ein Praxisbereich, der in erster Linie durch den Status als Angestellter außerhalb der Akademie definiert ist und damit nicht neben den
anderen Bereichen steht, sondern die vier „intellektuellen" Bereiche der Anthropologie
kreuzt (Baba 1994:176). In der Practising Anthropology geht es im Kern um Zusammenarbeit auf unterschiedlichsten Ebenen, den effizienten Transfer und Nutzung von Wissen
und ethnologischer Beiträge zu Prozessen der gesellschaftlichen Entscheidungsfindung.
Als Erfolgskriterien der Arbeit im Rahmen der Practising Anthropology gelten Effizienz in
der Formulierung von Leitlinien der Politik (*policies*), in der Planung, in der Verwaltung
und enge Zusammenarbeit mit anderen Professionen in der Forschung. Eine wichtige
theoretische Annahme ist, dass es keine direkte Verbindung zwischen Wissen und Nutzen gibt. Die praktische Bedeutung (*significance*) der Forschung hängt von einer Bewertung der Ressourcen und den Handlungen von Partnern bzw. Klienten ab. Ein zweites
theoretisches Postulat ist, dass Konflikte immer von zentraler Relevanz sind. Hinsichtlich
der Rolle des Wissens sind weniger die Erkenntnisse selbst als deren Transfer wichtig. Im
Unterschied zur Applied Anthropology verlagert sich der Schwerpunkt von der Wissenssammlung zur Wissensverwendung sowie zur Präsentation und Weitergabe der Ergebnisse. Für die hiesige anwendungsbezogene Ethnologie ist die Erfahrung aus den USA
wichtig, dass es die Institutionalisierung am außerakademischen Arbeitsplatz ist, die für
eine allgemeine Etablierung der praxisorientierten Ethnologie entscheidend war (Chambers 1996:1010-1011). Eine solche externe Institutionalisierung kann nur gelingen, wenn
die Disziplin auch selbst Praxisprofile entwickelt und die Ethnologie ihre Stärken von
sich aus außerakademisch zeigt.

6. Zur Relevanz praxisethnologischer Wissensarbeit

Ethnologie hat an begrifflichem Werkzeug mehr zu bieten als nur das Kulturkonzept. Das Fach entwickelte weitere Theorien, die praktisch fruchtbar sind, und sie erschöpfen sich nicht in Theorien zu Fremden, zu kollektiver Identität, Ethnisierung und sozialer Konstruktion. Sie gehen auch über Theorien zu spezifischen Sachbereichen wie Religion, Ritual, Verwandtschaft oder Wirtschaft hinaus. Nein, wir bieten ein ganzes Arsenal an mittleren Theorien (Trotter II et al. 2015:667-672). So hat die neuere Ethnologie praxistaugliche soziokognitive Theorien entwickelt, wie etwa – um Beispiele aus der Kognitionsethnologie zu nennen – die Theorie der kulturellen Modelle, die Script-Theorie, Konsensus-Theorien und Theorien realweltlicher Entscheidungen (natural decision-making).

Die Ethnologie verfügt außerdem über Kontexttheorien, wie z. B. die an Anpassungspotentialen und Resilienz ausgerichtete kulturökologische Theorie und die an Interessenkonflikten orientierte ethnologische Variante der Politischen Ökologie. Bezüglich Kontexten und Verflechtung hat die Ethnologie ältere Theorien zu bieten, deren Potential vergessen wurde, wie die Theorie der Innovation sowie Diffusionstheorien und Theorien kultureller Evolution. Ferner verfügen wir über die Theorie sozialer Netzwerke als Alternative zu Gruppen- oder Klassentheorien, die etwa für Unterstützungsnetzwerke zentral ist und – last but not least – kritische Theorien, die Ungleichheit thematisieren und an Widerstand orientiert sind. Viele dieser mittleren ethnologischen Theorien haben auch spezielle Herangehensweisen und Verfahren hervorgebracht, die praktisch nützlich sein können.

Ich möchte abschließend mit einem aktuellen Beispiel zeigen, wie konkrete Problemlagen zu Theoriebildung beitragen können. Das Beispiel trifft den klassischen Kern unseres Fachs: Kultur und Fremdheit. Innerhalb der deutschsprachigen Sozialwissenschaft haben m. E. erst die gesellschaftlichen Folgen und politischen Maßnahmen nach der Gewalt in der Kölner Silvesternacht die Problematik eines kulturalistischen Umgangs mit Minderheiten scharf konturiert. Ungewollte Effekte des unbedachten Vorgehens der Kölner Polizei haben klar gemacht, dass wir die gesellschaftliche Organisation kultureller Vielfalt nicht nur praktisch regeln, sondern auch theoretisch genauer reflektieren müssen. Die letztlich theoretischen, aber impliziten Annahmen der Entscheidungsträger müssen expliziert werden, damit im öffentlichen Raum klar über verschiedene Optionen diskutiert werden kann. Was ist mit „Integration" und „Anpassung" gemeint? Als Ethnolog*innen müssen wir in der Gesellschaft mehr denn je klar machen, dass Kulturen nicht mit Nationen gleichzusetzen sind. Zu sagen, die „Herkunft" eines Menschen sei Syrien, mag sachlich richtig sein. Es ist aber kaum eine informative Aussage und sie ist gerade durch die Selektivität der herangezogenen Fakten diskriminierend (woher aus Syrien, Christ oder Moslem, arm oder wohlhabend etc. etc.?). Wir brauchen präzisere Formulierungen dessen, was „ethnisch" und „fremdkulturell" bedeutet und was „Multikulturalismus" genannt werden soll. Dazu müssen wir uns mit der Frage befassen, was Fremdheit ist und was Kultur begrifflich ausmacht, vor allem, wenn man im Plural von ihr spricht.

Gerade dann, wenn wir von „der Praxis" oder „der Politik" angefragt werden, müssen wir uns als Ethnolog*innen fragen, ob wir unser Fach tatsächlich als Wissenschaft vom „kulturell Fremden" auffassen wollen (Kohl 2012) und wenn ja, ob wir dies immer wieder genau bestimmen.

7. Coda: Kosmopolitismus versus Multikulturalismus

Eine genauere Konzeptualisierung von Vielfalt und Multikulturalismus ergibt dann auch klarere persönliche Positionen, die dabei aber praxisethnologisch informiert sind. Gegenüber der Fokussierung auf Kultur betone ich jetzt – etwa gegenüber Medienvertretern – mehr denn je, dass Kulturen aus unterschiedlichsten Individuen bestehen: Kulturen sprechen nicht (Radtke 2011; vgl. Antweiler 2012, 2018). Das ist auch gegen die gut gemeinte Rede vom „kulturellem Dialog" einzuwenden. Gegenüber der Differenzobsession, die immer nur Unterschiede sieht, stelle ich solche Gemeinsamkeiten zwischen Menschen verschiedener Kultur in den Mittelpunkt, die empirisch gezeigt werden können. Das Befassen mit gesellschaftlichen Problemlagen fördert so auch anthropologische Theoriearbeit. Wenn die friedensorientierte Behauptung von verbindenden Gemeinsamkeiten kein Wunschdenken bleiben soll, fordert dies eine genaue Präzisierung dessen, welche Gemeinsamkeiten nachweisbar sind (Universalien) und worauf die empirisch gefundenen Gemeinsamkeiten kausal beruhen. Was trifft für alle gesunden Menschen auf diesem Planeten zu (z. B. Furcht vor Körperverletzung, Wunsch nach Anerkennung, Tendenz zu Nepotismus) und was sind dagegen Universalien auf der Ebene von Kollektiven (z. B. Normen des Umgangs mit Gästen, aber auch Ethnozentrismus)?

Ein kosmopolitisches Zusammenleben vielfältig verschiedener Menschen – also gelebte Multikultur – ist eine Sache. Die differenzbetonte und kategoriale Markierung von Minderheiten und vor allem deren Institutionalisierung im derzeit gängigen politischen Multikulturalismus ist eine ganz andere (vgl. Malik 2017 am Beispiel englischer Städte). Angesichts der zunehmenden partikularistischen „Versäulung" unserer Gesellschaft entlang kultureller Segmente vertrete ich das Prinzip der Gleichbehandlung, wie es bis in die 1980er Jahre etwa in England betont wurde. Gelebte Vielfalt bildet die Basis zukunftsfähiger Großgesellschaften, aber Diversität darf weder auf Kultur reduziert noch institutionell verfestigt werden. Mit Menschen und Kulturen sollte trotz ihrer Unterschiede gleichheitsorientiert umgegangen werden, statt sie wegen ihrer Unterschiede verschieden zu behandeln.

Literatur

AGAR, Michael H. (1996): Ethnography Reconstructed. The Professional Stranger at Fifteen. In: Agar, Michael H.: The Professional Stranger. An Informal Introduction to Ethnography. 2nd ed., San Diego: Academic Press, S. 1–51.

AHMED, Akbar S. / Shore, Cris N. (1995): Introduction. Is Anthropology Relevant to the Contemporary World? In: Ahmed, Akbar S. / Shore, Cris N. (Hg.): The Future of Anthropology. Its Relevance to the Contemporary World. London: Athlone Press, S.12–45.

ANTWEILER, Christoph (1994): Für ein praxisorientiertes Ethnologiestudium in Deutschland ... aber gegen eine „lean education". In: Entwicklungsethnologie, 3 (1), S. 90–103.

ANTWEILER, Christoph (1998): Local Knowledge and Local Knowing. An Anthropological Analysis of Contested „Cultural Products" in the Context of Development. In: Anthropos, 93 (4–6), S. 469–494.

ANTWEILER, Christoph (1999): Ethnologie als gesellschaftlich relevante Humanwissenschaft. Systematisierung praxisorientierter Richtungen und eine Position. In: Zeitschrift für Ethnologie, 123 (2), S. 215–255.

ANTWEILER, Christoph (2001): Ethnologie jenseits der Akademie, aber nicht ohne sie. Praxisrelevante Ethnologie und mögliche Wege der Ethnopädagogik. In: Unger-Heitsch, Helga (Hg.): Das Fremde verstehen. Ethnopädagogik als konkrete Hilfe in Schule und Gesellschaft. Grundlagen und Beispiele. Erschienen in der Reihe: Interethnische Beziehungen und Kulturwandel, 48. Münster: Lit Verlag, S. 1–27.

ANTWEILER, Christoph (2012): Inclusive Humanism. Anthropological Basics for a Realistic Cosmopolitanism. Erschienen in der Reihe: Reflections on (In) Humanity, 4. Göttingen: V+R Unipress.

ANTWEILER, Christoph (2013): Entwicklungsethik auf kosmopolitischem Fundament. In: Bliss, Frank / Heinz, Marco (Hg.): Ethik in der Praxis der Entwicklungszusammenarbeit. Themenheft von Entwicklungsethnologie, 20 (1–2), Bonn, S. 44–72.

ANTWEILER, Christoph (2015a): Angewandte Ethnologie heute. Arbeits- und Minenfelder jenseits des Kokons. In: Ethnoscripts, 17 (2), S.11–39. Auch als electronic source: https://journals.sub.uni-hamburg.de/ethnoscripts/article/view/895/861

ANTWEILER, Christoph (2015b): Verständliche Wissenschaft Ethnologie. Populärwissen-schaftliches Schreiben für ein breiteres Publikum. In: Bender, Cora / Zillinger, Martin (Hg.): Handbuch der Medienethnographie. Berlin: Dietrich Reimer, S. 405–442.

ANTWEILER, Christoph (2016): Local Knowing as a Universal Social Product. A Model and a Case from Southeast Asia. In: Meusburger, Peter / Suarsana, Laura (Hg.): Ethnic and Cultural Dimensions of Knowledge. Erschienen in der Reihe: Knowledge and Space, 8. Berlin: Springer, S.165–190.

ANTWEILER, Christoph (2018): Our Common Denominator. Human Universals Revisited. Oxford: Berghahn Books.

BABA, Marietta L. (1994): The Fifth Subdiscipline. Anthropological Practice and the Future of Anthropology. In: Human Organization, 53 (2), S.174–186.

BARTHEL, Janine / Bierschenk, Thomas (2013): Ethnologie und außerakademische Praxis. Eine Bibliographie der deutsch-sprachigen Literatur. Zusammengestellt von Janine Barthel, eingeführt von Thomas Bierschenk und Janine Barthel. Mainz: Johannes-Gutenberg-Universität, Arbeitspapiere des Instituts für Ethnologie und Afrikastudien, 142. Electronic source: http://www.ifeas.uni-mainz.de/Dateien/AP142.pdf [Zugriff am 15.12.2017].

BECK, Sam / Maida, Carl A. (Hg.) (2013): Toward Engaged Anthropology. New York: Berghahn Books.

BECK, Sam / Maida, Carl A. (Hg.) (2015): Public Anthropology in a Borderless World. Erschienen in der Reihe: Studies in Public and Applied Anthropology. Oxford: Berghahn Books.

BENDA-BECKMANN, Franz von (2005): Recht und Entwicklung zwischen Forschung und Entwicklungspraxis. In: Entwicklungsethnologie, 14 (1+2), S. 39–57.

BENDA-BECKMANN, Franz von (2008): Pluralismus von Recht und Ordnung. In: Behemoth. A Journal on Civilisation, 1, S.58–67.

BENDA-BECKMANN, Franz von / Benda-Beckmann, Keebet von / Heise, Wolfram / Schönhuth, Michael (Hg.) (2005): Recht und Entwicklung. Law and Development. Saarbrücken: Verlag für Entwicklungspolitik.

BENNETT, John W. (1996): Applied and Action Anthropology. Ideological and Conceptual Aspects. In: Current Anthropology 36, Suppl.: S23–S53.

BENTHALL, Jonathan (1985): The Utility of Anthropology. An Exchange with Norman Tebbit. In: Anthropology Today, 1 (2), S. 18–20.

BOROWSKY, Robert ([2007] 2011): Defining Public Anthropology. A Personal Perspective. Electronic source: http://www.publicanthropology.org/public-anthropology/ [Zugriff am 18.07.2017].

BROWN, Donald E. (1991): Human Universals. New York: McGrawHill.

CERNEA, Michael M. (1995): Social Organization and Development Anthropology (Malinowski Award Lecture). In: Human Organization, 54 (3), S. 340–352.

CHAMBERS, Erve (1996): Practicing Anthropology. In: Levinson, David / Ember, Melvin (Hg.): Encyclopedia of Cultural Anthropology. New York: Henry Holt & Company, S. 1009–1014.

D'Andrade, Roy (1995): Moral Models in Anthropology. In: Current Anthropology, 36 (3), S. 399–408.

ERIKSEN, Thomas Hylland (2006): Engaging Anthropology. The Case for a Public Presence. Oxford: Berg.

ERIKSEN, Thomas Hylland (2015): Small Places, Large Issues. An Introduction to Social and Cultural Anthropology. 4. Auflage. London: Pluto Press (Anthropology, Culture and Society).

FERGUSON, James (1994): The Anti-Politics Machine. „Development", Depoliticization and Bureaucratic Power in Lesotho. Minneapolis: University of Minnesota Press.

FERGUSON, James (1999): Expectations of Modernity. Myths and Meanings of Urban Life on the Zambian Copperbelt. Erschienen in der Reihe: Perspectives on Southern Africa, 57. Berkeley: University of California Press.

FOSTER, George (1969): Applied Anthropology. Boston: Little, Brown & Company.

FOSTER, George M. / Scudder, Thayer / Colson, Elizabeth / Kemper, Robert V. (Hg.) (1979): Long-Term Research in Social Anthropology. New York: Academic Press.

HILL, Carole E. / Baba, Marietta (2006): The Globalization of Anthropology. Erschienen in der Reihe: Napa Bulletin, 25. Washington, D.C.: American Anthropological Association.

KOHL, Karl-Heinz (2012): Ethnologie. Die Wissenschaft vom kulturell Fremden. Eine Einführung. 3. Auflage. München: C.H. Beck Studium.

MacCLANCY, Jeremy (2013): Anthropology in the Public Arena. Historical and Contemporary Contexts. Chichester: John Wiley & Sons.

MALIK, Kenan (2017): Das Unbehagen in den Kulturen. Eine Kritik des Multikulturalismus und seiner Gegner. Frankfurt am Main: Edition Novo. Original: Malik, Kenan (2014): Multiculturalism and Its Discontents. Rethinking Diversity after 9/11. Manifestos for the 21st Century. Calcutta: Seagull Books.

MOSSE, David (2005): Cultivating Development. An Ethnography of Aid Policy and Practice. London: Pluto Presss (Anthropology, Culture and Society).

NAYLOR, Larry L. (1996): Culture and Change. An Introduction. Westport, Conn.: Greenwood Press.

NOLAN, Riall W. (1998): Teaching Anthropology as if It Mattered. A Curriculum for 21st Century Practitioners. In: Practising Anthropology, 20 (4), S. 39–44.

NOLAN, Riall W. (Hg.) (2013): A Handbook of Practicing Anthropology. Chichester: John Wiley & Sons.

NOLAN, Riall W. (2017): Using Anthropology in the World. A Guide to Becoming an Anthropologist Practitioner. New York: Routledge.

OLIVIER DE SARDAN, Jean-Pierre (2005): Anthropology and Development. Understanding Contemporary Social Change. London: Zed Books. Original: Olivier de Sardan, Jean-Pierre (1995): Anthropologie et développement. Essai en socio-anthropologie du changement social. Paris: Apad, Editions Karthala.

RADTKE, Frank-Olaf (2011): Kulturen sprechen nicht. Die Politik grenzüberschreitender Dialoge. Hamburg: Hamburger Edition.

RAPPAPORT, Roy A. (1993): Distinguished Lecture in General Anthropology. The Anthropology of Trouble. In: American Anthropologist, 95, S. 295–303.

ROBERTSON, Alexander Foster (1984): People and the State. An Anthropology of Planned Development. Cambridge: Cambridge University Press.

Rodseth, Lars (1998): Distributive Models of Culture. A Sapirian Alternative to Essentialism. In: American Anthropologist, 100 (1), S. 55–69.

Rottenburg, Richard (2002): Weit hergeholte Fakten. Eine Parabel der Entwicklungshilfe. Erschienen in der Reihe: Qualitative Soziologie, 2. Stuttgart: Lucius & Lucius.

Sanday, Peggy Reeves (2015): Public Interest Anthropology. A Model for Engaged Social Science. Prepared for SAR Workshop, Chicago, 2003, Electronic source: http://www.sas.upenn.edu/~psanday/discussion%20 paper.65.html [Zugriff am 12. 07. 2015].

Schönhuth, Michael (2017): Entwicklungsethnologie. In: Beer, Bettina / Fischer, Hans / Pauli, Julia (Hg.): Ethnologie. Einführung in die Erforschung kultureller Vielfalt. Erschienen in der Reihe: Ethnologische Paperbacks. Berlin: Dietrich Reimer, S. 317–333.

Trotter, Robert T. II / Schensul, Jean / Kostick, Kristin M. (2015): Theories and Methods in Applied Anthropology. In: Bernard, H. Russell / Gravlee, Clarence C. (Hg.): Handbook of Methods in Cultural Anthropology. 2. Auflage. Lanham: Rowman und Littlefield, S. 661–693.

Willigen, John van (2002): Applied Anthropology. An Introduction. 3. Auflage. South Hadley, Mass.: Bergin und Garvey.

Vayda, Andrew P. (1994): Actions, Variations, Change. The Emerging Anti-Essentialist View in Anthropology. In: Borowsky, Robert (Hg.): Assessing Cultural Anthropology. New York: McGraw-Hill, S. 320–330.

Vedder, Günther / Antweiler, Christoph / Schönhuth, Michael / gem. mit den Studierenden Backes, Christaina / Dehmel, Christian / Christ, Simone / Düppers, Montserrat / Dohn, Nicole / Drafta, Cristina (2006): Gelebte Diversität als Organisationsressource. Eine ethnologisch-betriebswirtschaftliche Pilotstudie – am Beispiel der Diversity-Kategorie „Behinderung" in der Lebenshilfe-Werkstatt Trier. Universität Trier: Eigendruck.

Zips, Werner / Weilenmann, Markus (Hg.) (2011): The Governance of Legal Pluralism. Empirical Studies from Africa and Beyond. Erschienen in der Reihe: Ethnologie: Forschung und Wissenschaft. Münster: Lit Verlag.

Praxistheorie und ethnologische Praxis
Überlegungen zu Anwendungsfeldern der Ethnologie

MARTIN SÖKEFELD

ABSTRACT: Die herkömmliche Gegenüberstellung von praktischer/angewandter Ethnologie und wissenschaftlicher/theoretischer Ethnologie verkennt, dass Praxis auch für die „wissenschaftliche" (universitäre) Ethnologie seit langem eine ganz zentrale Kategorie ist (z. B. Ortner 1984). Universitäre Ethnologie ist keineswegs nur „theoretisch". Dies gilt in zweifacher Hinsicht: Zum einen ist die universitäre Ethnologie selbst ein Komplex von Praktiken, zum anderen ist Praxis ein unverzichtbares Konzept ethnologischer Analyse. Der Beitrag versucht, die Differenz von universitärer und außeruniversitärer Praxis der Ethnologie mit Rückgriff auf Bourdieus praxistheoretische Konzepte Habitus und Feld zu verstehen: Im Feld der universitären Ethnologie erwerben Ethnolog*innen einen Habitus (eine verkörperlichte Praxis), der oft nur mit Reibungen in außeruniversitäre Anwendungsfelder übertragen werden kann, in denen andere „praktische Logiken" gelten. Hier werden von Ethnolog*innen zum Beispiel häufig Wissensformen und -praktiken erwartet, die in der universitären Praxis der Ethnologie kritisch reflektiert und hinterfragt werden. Dies soll insbesondere an einem Feld außeruniversitärer Praxis untersucht werden, das Ethnolog*innen erst seit kurzem offen steht: die Arbeit mit Flüchtlingen.

1. Einleitung

Praxis ist ein schillernder und vieldeutiger Begriff, der „in der Praxis" ebenso eine zentrale Rolle spielt wie „in der Theorie". Manchmal hat er eine wertende Konnotation, wenn etwa die Praxis der „bloßen Theorie" gegenübergestellt wird. Die Gegenüberstellung von „Wissenschaft" und „Praxis" droht manchmal vergessen zu lassen, dass Wissenschaft selbst in erster Linie eine Praxis ist – selbst Naturwissenschaft, wie die Wissenschaftsforschung etwa Bruno Latours gezeigt hat. Verschiedene wissenschaftliche Disziplinen unterscheiden sich nicht nur durch ihre Gegenstände, sondern – vielleicht noch mehr – durch ihre Praxisformen. So ist für die Ethnologie die Praxis der Feldforschung zentral.

Für die Ethnologie ist aber Praxis auch ein ganz zentraler *theoretischer* Begriff. Die Theorieentwicklung der Ethnologie der letzten vier oder fünf Jahrzehnte lässt sich ohne einen Praxisbegriff, wie ihn etwa Sherry Ortner schon in den 1980er Jahren nachgezeichnet hat, nicht verstehen (Ortner 1984).

Was die „Theorie der Praxis" – um mit Bourdieu (1979) zu sprechen – für das Verhältnis von universitärer und „praxisorientierter" Ethnologie bedeutet, ist das Thema dieses Beitrags. Ich versuche, die Differenz von universitärer und außeruniversitärer Praxis der Ethnologie mit Rückgriff auf Bourdieus praxistheoretische Konzepte Habitus und Feld zu verstehen. Kurz gesagt: Im Feld der universitären Ethnologie erwerben Studierende der Ethnologie einen Habitus (eine verkörperlichte Praxis), der oft nur mit Reibungen in außeruniversitäre Anwendungsfelder übertragen werden kann, in denen andere Habitusformen vorherrschen. Praxistheoretisch betrachtet ist es meines Erachtens zu kurz gegriffen, hier einfach nur wissenschaftliche Theorie und außerwissenschaftliche Praxis einander gegenüberzustellen. Tatsächlich sind die außerwissenschaftlichen Praxisformen mit spezifischen (theoretischen) Wissensformen verknüpft. Hier werden von Ethnolog*innen zum Beispiel häufig Wissensformen und -praktiken erwartet, die in der universitären Praxis der Ethnologie sehr kritisch reflektiert und hinterfragt werden. Ich werde dies an einem Feld außeruniversitärer Praxis diskutieren, das Ethnologinnen und Ethnologen zumindest in Bayern erst seit kurzem offensteht: dem Feld der Arbeit mit Geflüchteten.

2. Theorie und Praxis

Auch wenn die Unterscheidung „Wissenschaft" und „Anwendung" nicht einfach (in quasi-strukturalistischer Manier) äquivalent zur Unterscheidung „Theorie" und „Praxis" gesetzt werden kann, ist es hilfreich, von Bourdieus Konzeptualisierung von Theorie und Praxis auszugehen. Bourdieu entwickelt seinen Praxisbegriff als Kritik an einer theoretischen Vernunft, die in objektivistischer Weise ihre theoretischen Modelle als Grundlage für die außerwissenschaftliche und alltagsweltliche Praxis versteht. Dass diese Form des Objektivismus problematisch ist, weiß jeder, der einmal versucht hat, eine Sprache allein durch das Studium ihrer Grammatik sprechen zu lernen. Die Grammatik ist eine theoretische Objektivierung, die das Sprechen, die Kommunikation ebenso wenig leitet wie tatsächliche Heiratsbeziehungen auf der Basis von theoretischen Verwandtschaftsregeln geschlossen werden. In beiden Fällen ist die Praxis nicht einfach eine „Anwendung" der Theorie, sondern ein eigenständiger Bereich, der nicht durch die theoretische Logik des Modells erklärt werden kann. Nach Bourdieu folgt die Logik der Praxis Erwägungen, die außerhalb des theoretischen Modells liegen – „praktischen" Erwägungen eben. Jemand, der etwas sagt, will nicht die Grammatik der Linguisten befolgen, sondern einen Sinn ausdrücken und damit etwas erreichen. Genauso wollen Eltern, die die Ehen ihrer Kinder arrangieren, nicht ethnologische Modelle von Heiratsregeln umsetzen, sondern für ihre Familien möglichst „gute" Beziehungen eingehen (siehe z. B. Bourdieu 1993:65-66). Theorie mit ihren Konzepten objektiviert und verdinglicht – sie essentialisiert (Bourdieu 1993: 71). Konzepte werden dabei mit der „Realität" verwechselt (Bourdieu 1979: 159). Der *sense pratique*, der praktische Sinn (so der der Originaltitel von Bourdieus Werk „Sozialer Sinn") kann all das missachten, was für die Theorie entscheidend ist: Logik, Widerspruchsfreiheit, Eindeutigkeit. Praxis ist gegenüber der Theorie autonom; sie lässt sich nie ganz theoretisch beschreiben oder anleiten. Praxis folgt nicht den Regeln der Theorie, sondern wird von den ihr eigenen Regeln, den *Habitusformen* strukturiert. Dies sind dauerhafte Dispositionen (Bourdieu 1993:98), die überwiegend unbewusst sind und den Erfordernissen des jeweiligen sozialen Feldes folgen. Sie sind damit ein „Produkt der Geschichte" (Bourdieu 1993: 101), ein Ergebnis der Erfahrung, die Bourdieu zufolge nicht notwendigerweise bewusst reflektiert wird. Der Habitus impliziert damit Wissensformen, die Michael Polanyis *implizitem Wissen* ähneln (Polanyi 1985), das weniger bewusst gelernt als durch ständige Wiederholung eingeübt wird. In diesem Sinn ist der Habitus inkorporiert, verkörperlicht – man kann nicht, oder nur sehr unbeholfen und vielleicht widerwillig, anders handeln. Bourdieu zufolge ist der Habitus verinnerlichte Struktur – er bildet gewissermaßen die strukturellen Bedingungen eines Feldes im individuellen Akteur ab, der damit die Struktur reproduziert, ohne dies als „Befolgen" wahrzunehmen. Dieses Verhältnis von Habitus und Struktur verleiht dem Habitus in Bourdieus Konzeption eine gewisse Starrheit, weil er betont, dass der Habitus weitgehend unbewusst und unreflektiert bleibt. Dies muss jedoch nicht notwendigerweise so sein. Weiter unten werde ich postulieren, dass die Reflexion selbst zum Habitus werden kann.

In den Jahrzehnten seit Bourdieus Analyse hat sich das (ethnologische) Verständnis von Wissenschaft stark gewandelt. Ich möchte hier zwei Aspekte betonen: Erstens wissen wir nun, dass Wissenschaft selbst durch Habitusformen geprägt ist, und zwar nicht nur in dem Sinne, dass die Wissenschaft als Institution ein soziales Feld bildet, das im Hinblick auf Habitusformen untersucht werden kann, wie es etwa Bourdieu in *Homo Academicus* getan hat (Bourdieu 1988). Nein, auch die zentralen wissenschaftlichen Tätigkeiten der verschiedenen Disziplinen sind stark habituell geprägt. Latour hat das etwa für die Bodenkunde aufgezeigt (Latour 2002). Für die Ethnologie gilt dies besonders für die Feldforschung, die mindestens ebenso sehr *impliziter* Habitus wie *explizite* Methodologie ist. Dies wird besonders deutlich, wenn man Feldforschung unterrichtet (Sökefeld 2008). Der „Kern" der Feldforschung kann nämlich nur sehr eingeschränkt formell, im Seminarraum, gelehrt werden. Es erfordert *Übung im Feld,* um einen *sense pratique* für die Feldforschung zu erlernen, der letztlich den produktiven Umgang mit unseren Interaktionspartnern in der Forschung ermöglicht – ganz wie bei anderen Formen sozialer Interaktion auch.

Zweitens hat die Ethnologie Bourdieus Kritik des Objektivismus – die sich in erster Linie gegen den Strukturalismus richtete – in der Kritik des Essentialismus weitgehend in ihre Theorie übernommen und seine Forderung, all die Theorien aufzugeben, „die explizit oder implizit die Praxis zu einer mechanischen, durch die vorhergehenden Bedingungen unmittelbar determinierten Reaktionsformen stempeln" (Bourdieu 1979:169) in vieler Hinsicht umgesetzt. Verwandtschaftsethnologie erschöpft sich zum Beispiel nicht mehr in der Ausarbeitung von Regeln und Modellen, die davon ausgehen, dass ihnen die konkreten Verwandtschaftsbeziehungen folgen, sondern stellt die Frage, wie und in welchem Kontext Beziehungen und Verbundenheit, *relatedness* (Carsten 2000), hergestellt werden. Für die Politikethnologie ist schon seit den 1950er Jahren die Untersuchung von politischen *Prozessen,* d. h. von praktischem politischen Handeln, wichtiger als die zuvor dominante Definition und Analyse von Strukturen und Typologien (Kurtz 2001, Kap. 7). Gleiches gilt für Konzepte von Kultur oder Identität. Konstruktivistische Konzepte von Identität etwa haben längst die praktische Unschärfe und Vieldeutigkeit von Identitätszuschreibungen und Ethnonymen in die Theorie inkorporiert (Finke / Sökefeld, 2018). Eine Theorie der Ethnizität zum Beispiel, der es vor allem darum ginge, ein widerspruchsfreies Modell eindeutig abgegrenzter Ethnonyme zu entwickeln, würde wohl heute von keiner ethnologischen Fachzeitschrift zur Publikation angenommen.

In der Ethnologie hat sich ein anti-essentialistischer Habitus entwickelt. Dies ist sehr gut an Studierenden im Bachelor zu beobachten, die anfangs unbekümmert essentialistische Zuschreibungen verwenden, im Laufe des Studiums jedoch die anti-essentialistische Kritik übernehmen, und zwar nicht nur intellektuell, sondern durchaus auch „verkörperlicht": Sie *können* einfach nicht mehr in essentialistischen Begriffen reden – auch außerhalb der Universität, etwa in ihren Familien oder Freundeskreisen. Der Anti-Essentialismus ist tatsächlich eine „einverleibte Objektivität" (Bourdieu 1979:170), denn im Feld der universitären Ethnologie ist Essentialismus objektiv unhaltbar: Wer etwa in Hausarbeiten essentialistische Positionen vertritt, wird per schlechter Bewertung abgestraft. Die Konfrontation mit Essentialismen außerhalb dieses Feldes verursacht dann fast eine Art körperliches Unwohlsein. Allerdings ist dieser Habitus eben nicht vor-reflexiv und unbewusst, sondern eher ein inkorporierter „Drang zur Reflexion".

3. Ethnologie und ihre Anwendungsfelder

Wie können wir vor diesem Hintergrund das Verhältnis der Ethnologie zu ihren Anwendungsfeldern denken? Gemäß Bourdieus Kritik des Objektivismus ist dieses Verhältnis nicht eins, in dem (ethnologische) Theorie auf ein „Praxisfeld" angewendet wird; denn die Praxis ist keine Umsetzung oder Anwendung der Theorie, sondern folgt ihren eigenen Logiken, die durch Habitusformen strukturiert sind. Darüber hinaus ist Ethnologie eben selbst nicht nur Theorie, sondern auch Praxis. Und genauso erschöpfen sich die Anwendungsfelder keineswegs nur in Praktiken, sondern sind auch durch eigene Formen und Annahmen von Wissensproduktion bestimmt, also auch durch Theorie. Bourdieu betont, dass Habitusformen in spezifischen Feldern entstehen und auch nur dort „passen", dass also ein dem Habitus entsprechendes Handeln von Interaktionspartnern nur innerhalb des spezifischen Feldes problemlos verstanden und passend erwidert wird (Bourdieu 1993: 107-108). Außerhalb des Feldes der Ethnologie eckt Handeln, das dem ethnologischen Habitus folgt, plötzlich an – die nicht-ethnologischen Habitus-Formen eines Anwendungsfeldes und die damit verbundenen Erwartungen produzieren Friktionen.

Diese Reibungen sind auch bei einem Anwendungsfeld deutlich, das auf den ersten Blick besonders geeignet für die Anwendung ethnologischen Wissens erscheint: bei der Interkulturellen Kommunikation. Kulturelle Unterschiede aufzuzeigen, sie zu deuten und damit verstehbar zu machen, ist ein zentrales Anliegen der akademischen Ethnologie. Dennoch lässt sich ethnologisches Wissen nicht einfach und ungebrochen ins Praxisfeld der Interkulturellen Kommunikation übertragen. Man kann zwei Kategorien ethnologischen Wissens über Kultur unterscheiden: *Kulturwissen* und *Metawissen* (Sökefeld 2009). Kulturwissen meint Wissen über kulturelle Vorstellungen, Praktiken, Diskurse, Institutionen etc. Kulturwissen hat eine gewisse Tendenz zur Essentialisierung, vor allem dadurch, dass seine Elemente gerne gewissen Kollektiven – ethnischen Gruppen, Nationen – zugeschrieben werden. Metawissen bezieht sich dagegen auf Wissen über Prozesse der sozialen Produktion von Kultur und kultureller Differenz, über den (identitäts-)politischen Gebrauch von Kultur, über Dynamiken von *othering*, das Verhältnis von Kultur und Macht usw. Kulturelles Metawissen resultiert aus der Analyse der Produktion von Differenz in einer Welt miteinander verknüpfter und interdependenter kultureller, sozialer, wirtschaftlicher und politischer Räume, die Akhil Gupta und James Ferguson vor zwanzig Jahren anmahnten, um die gängige und scheinbar so selbstevidente Zuschreibung von Differenz zu als räumlich voneinander getrennt vorgestellten „Kulturen" aufzubrechen (Gupta und Ferguson 1997:43). Obwohl beides letztlich nicht voneinander zu trennen ist, ist das Metawissen für die Ethnologie fundamentaler, da Metawissen über die Prozesse der Produktion von Kultur die Grundlage für die Einordnung und Gültigkeit des Kulturwissens ist (Sökefeld 2009:27). Der anti-essentialistische ethnologische Habitus ist vor allem mit dem Metawissen über Kultur verknüpft – das Metawissen bricht den potentiellen Essentialismus des Kulturwissens auf.

Was aber im Praxisfeld interkultureller Trainings von Ethnologinnen und Ethnologen in erster Linie erwartet wird, ist die Vermittlung von Kulturwissen. Gibt man einem Japaner zur Begrüßung die Hand? Wie sehen die Verhandlungsstrategien chinesischer Geschäftspartner aus? Sind französische Unternehmen eher hierarchieorientiert? Schon der „methodologische Nationalkulturalismus" solcher Fragen stößt dem anti-essentialistischen Habitus der Ethnologie massiv auf. Wer aber als (ethnologischer) interkulteller Trainer versucht, erst einmal die Idee einer japanischen Nationalkultur zu dekonstruieren, kommt bei den Teilnehmer*innen des Trainings überwiegend nicht gut an. Ethnologische Trainer*innen können versuchen, sich dahin zu retten, zunächst einmal die eigenen kulturellen Erwartungen und Konstruktionen zu thematisieren. Letztlich werden sie sich aber damit auseinandersetzen müssen, dass die Teilnehmer*innen und Auftraggeber*innen interkultureller Trainings die Vermittlung klarer Regeln und Handlungsanweisungen in Bezug auf „andere Kulturen" erwarten. Sie erwarten eine Art „Grammatik" des Handelns, obwohl der sozial kompetente Umgang mit kulturellen Unterschieden ebenfalls eher einen *sens pratique* erfordert, den man aber nicht einfach in einem Seminar lehren kann.

4. Ethnolog*innen in der Sozialen Arbeit mit Flüchtlingen – Reflektionen und Erfahrungen aus Bayern

Bis zum Frühjahr 2015 waren Ethnolog*innen in Bayern von Stellen in der Asylsozialberatung und anderen Feldern der Arbeit mit Flüchtlingen bei Trägern der Freien Wohlfahrtspflege – vom Freistaat Bayern finanziert – ausgeschlossen. Sie verfügten nicht über das Qualifikationsprofil, das für diese Stellen von den Trägern genauso wie vom Bayerischen Sozialministerium vorausgesetzt wurde, nämlich Abschlüsse in Sozialpädagogik, Sozialarbeit oder Pädagogik. Anfang 2015 waren jedoch auf dem Arbeitsmarkt aufgrund des schnellen Wachsens der Flüchtlingszahlen und des steigenden Bedarfs kaum noch Menschen mit entsprechender Qualifikation, die im Asylbereich arbeiten wollten, verfügbar. Eine Absolventin des Instituts für Ethnologie der LMU – ich nenne sie Anna[1] – bewarb sich Anfang 2015 auf eine Stelle in der Asylsozialberatung bei einem konfessionellen Träger im Umland von München. Der Träger wollte Anna einstellen, bekam dafür jedoch keine Genehmigung, da sie eben keine (Sozial-)Pädagogin war. Andere geeignete Bewerber*innen gab es jedoch nicht. Anna fand heraus, dass das Bayerische Sozialministerium die Einstellung aufgrund ihrer „falschen" Qualifikation blockierte. Daraufhin schrieb ich an die entsprechende Stelle im Ministerium einen Brief, in dem ich für den Einsatz von Ethnologinnen und Ethnologen in der Arbeit mit Flüchtlingen warb und ihre Qualifikationen erklärte. Auf diesen Brief bekam ich nie eine Antwort, allerdings gab das Ministerium den Widerstand gegen Annas Einstellung auf, wohl auch, weil inzwischen klargeworden war, dass der Bedarf der Asylberatung und der Betreuung von Flüchtlingen nur mit ausgebildeten Sozialpädagog*innen[2] schon damals nicht mehr zu decken war. Später erfuhr ich, dass mein Brief an die Landesarbeitsgemeinschaft der Freien Wohlfahrtspflege Bayern zur Stellungnahme weitergeleitet worden war. In ihrer Antwort an das Ministerium, die mir vorliegt, betont die Landesarbeitsgemeinschaft, dass nur Menschen mit einem sozialpädagogischen Abschluss in vollem Umfang über die für eine Tätigkeit in der Asylsozialberatung erforderlichen Qualifikationen verfügten. Dabei wurde besonders auf Kenntnisse des Rechts, aber auch auf Techniken der Gesprächsführung verwiesen. Angesichts der Situation auf dem Arbeitsmarkt war die Landesarbeitsgemeinschaft jedoch bereit, Ausnahmegenehmigungen für Menschen ohne die klassischen Ab-

---

1   Alle Namen sind Pseudonyme.

2   Der Einfachheit halber fasse ich im Weiteren in dieser Kategorie alle entsprechenden Qualifikationen (auch Sozialarbeiter*innen und Pädagog*innen) zusammen.

schlüsse zuzulassen – auch für Ethnolog*innen, sofern sie an Fortbildungen teilnehmen. Ethnolog*innen wurden also nur als „zweite Wahl" betrachtet und später auch tatsächlich oft so behandelt: Sie wurden tariflich schlechter eingruppiert, nur befristet beschäftigt, und wenn Stellen zur Verlängerung oder Entfristung anstanden, wurden meist Sozialpädagog*innen bevorzugt. Aber die Flüchtlingszahlen stiegen weiter und so wurden immer mehr Ethnolog*innen in diesem Arbeitsfeld eingestellt. Inzwischen haben nach meiner Kenntnis etwa zwanzig Absolvent*innen des Münchner Instituts – mit Bachelor-, Master- und Magisterabschluss Ethnologie – Stellen in verschiedenen Bereichen der Beratung und Betreuung von Flüchtlingen gefunden, sei es in der direkten Asylsozialberatung, in der Betreuung in Unterkünften, in der Freizeitarbeit mit Kindern und Jugendlichen, in der Bildungsförderung oder in der Koordination von Ehrenamtlichen. Seit Herbst 2015 gibt es am Münchner Institut einen regelmäßigen Erfahrungsaustausch über die Arbeit in diesen Tätigkeitsfeldern. Auf dieser Basis und auf der Grundlage einiger weiterer Gespräche mit Ethnologinnen in der Flüchtlingsarbeit möchte ich im Folgenden über die Arbeit von Ethnologinnen in diesem Bereich reflektieren.[3]

Bei den ersten Gesprächsrunden des Erfahrungsaustauschs fiel auf, dass die Arbeit im sozialpädagogischen Kontext ständig thematisiert wurde. Diskussionswürdig war den Ethnologinnen[4] weniger der Umgang mit den Geflüchteten als die Interaktion mit Sozialpädagog*innen. Sie erschienen den Ethnologinnen weit „fremder" als Menschen aus Syrien, Eritrea oder Afghanistan. Besser gesagt, gab es gegenüber den Sozialpädagog*innen vielleicht eine andere Art von Fremdheit, auf die die Ethnologinnen viel weniger vorbereitet waren als auf die klassische „kulturelle Differenz" zu Menschen aus anderen Herkunftsländern, mit der sie sich im Studium auseinandergesetzt haben. Problematisch erschien ihnen vor allem der in ihrer Wahrnehmung vergleichsweise unreflektierte Umgang mit zentralen Konzepten, zum Beispiel mit „Integration" und natürlich auch mit „Kultur". Hier war die Kernkompetenz der Ethnologie und damit auch der ethnologische Habitus berührt. Im sozialpädagogischen Kontext war die „Integration" von Geflüchteten eine „normale" Forderung, ein (politisch) vorgegebenes Ziel, das man mit bestimmten Maßnahmen versuchte zu erreichen, das an sich aber kaum thematisiert und auch nicht hinterfragt wurde. Das aber stieß den Ethnologinnen auf: Für sie war „Integration" problematisch, weil der Begriff in Beziehungen von Ungleichheit eingeschrieben ist und Machtverhältnisse zementiert. Im Rahmen des Integrationsparadigmas der deutschen Migrationspolitik ist klar, wer sich integrieren muss. Integration ist eine Forderung, die an „die anderen", an Flüchtlinge und Migranten, gerichtet ist. Noch dazu ist „Integration" ein normativer Begriff, der Migranten in „gute" (=„Integrationswillige") und „schlechte" (=„Integrationsverweigerer") einteilte. Obwohl im politischen Diskurs

---

3   Ich danke den Teilnehmer*innen der Gesprächsrunden ganz herzlich für ihre Erfahrungsberichte – insbesondere den drei Ethnologinnen, die ich auch noch separat interviewen konnte.

4   Bis auf eine Ausnahme handelt es sich tatsächlich um Frauen.

durchaus hin und wieder betont wird, dass Integration ein „beiderseitiger" Prozess und daher nicht mit Assimilation gleichzusetzen sei, bleiben Integrationsforderungen und Integrationspolitik in der Praxis einseitig an „die anderen" gerichtet; im Kern wird von Migranten letztlich doch Assimilation erwartet. Noch dazu reproduziert die an Migranten gerichtete Integrationsforderung ständig die Grenze zwischen „uns" (den Deutschen) und „den anderen" (den Migranten) und verhindert durch diese ständige Ausgrenzung letztlich das Ziel der „Integration" (Sökefeld 2007).

Das Integrationsparadigma einfach zu akzeptieren und in ihren Einrichtungen entsprechend zu handeln, war für die Ethnologinnen schwierig. Meine Gesprächspartnerinnen betonten mehrfach, dass es nicht darum ging, zu behaupten, dass alle Sozialpädagog*innen „Integration" unhinterfragt akzeptierten, aber dass doch deutlich wurde, dass die skeptische Reflexion nicht unmittelbar zum Umgang mit dem Begriff dazu gehörte. Ähnlich war der Umgang mit dem Begriff „Kultur". Sozialpädagog*innen hatten kaum genaue Vorstellungen über Ethnologie, wussten aber schon, dass Ethnologie mit „Kultur" zu tun hat. Und so wurden die Ethnologinnen als „Expertinnen für Kultur" betrachtet, wobei Kultur eindeutig im Sinn (nationaler) Herkunftskultur verstanden wurde. Von Ethnolog*innen wurde erwartet, kulturelle Erklärungen für alle möglichen Probleme zu liefern – also Kulturwissen. Als sich zum Beispiel in einer Unterkunft mehrere afghanische Jugendliche ritzten, wurde die Frage gestellt: Warum ritzen sich afghanische Jugendliche? Kann man das mit afghanischer Kultur erklären? Die Ethnologin erklärte zuerst, dass man angesichts der kulturellen Diversität Afghanistans kaum von einer „afghanischen" Kultur sprechen kann und gab dann den Rat, mit den Jugendlichen selbst darüber zu sprechen. Sie vermutete, dass einer mit dem Ritzen angefangen hatte und die anderen es nachmachten, weil sie alle in einer sehr belasteten Situation steckten. Der Aufenthalt der Jugendlichen war nicht gesichert, möglicherweise stand ihre Abschiebung bevor. Die Ethnologin gab also auf eine „theoretische", objektivierende Frage interessanterweise eine „praktische" Antwort: Redet mit den Jugendlichen!

Eng verbunden mit der Erwartung kultureller Erklärungen ist eine gewisse Fixierung auf die Herkunft von Menschen. Manche Einrichtungen führen Statistiken, die die Herkunft ihrer „Klienten" festhalten. Oft werden „Kultur" und nationale „Herkunft" – afghanische Kultur und Afghanistan – gleichgesetzt und auch nicht selten mit körperlichen Merkmalen assoziiert. Nach Augenschein wird entschieden, wer „fremd" ist und wer nicht. Dies gilt nicht nur in Bezug auf Geflüchtete. Die Ethnologin Martha erzählte von den Erfahrungen einer Sozialpädagogin, deren Eltern nach Deutschland eingewandert waren, und deren Aussehen nicht dem „herkunftsdeutschen" Stereotyp entsprach. Bei Netzwerktreffen und ähnlichen Gelegenheiten wurde sie von anderen Sozialpädagog*innen, die sie noch nicht kannten, in der Regel nicht als Kollegin, sondern als Klientin identifiziert, die, wenn sich herausstellte, dass sie doch Sozialpädagogin war, sofort nach ihrer „Herkunft" gefragt wurde. Dies ist natürliche eine gängige Ausgrenzungserfahrung von „Menschen mit Migrationshintergrund" (auch dies ein tendenziell ausgrenzender

Begriff) in Deutschland, die keineswegs auf das „sozialpädagogische Milieu" beschränkt ist. Das Beispiel zeigt aber, dass in diesem Milieu die gängigen Zuschreibungen und Normalitätserwartungen auch nicht besonders hinterfragt und aufgebrochen werden.

Insgesamt war die Wahrnehmung der Ethnologinnen, dass Soziale Arbeit mit eher starren Kategorien operiert. Ein Beispiel dafür waren auch die „Hilfeplangespräche", die mit minderjährigen Geflüchteten geführt werden müssen. Hilfeplangespräche sind ein gesetzlich vorgeschriebenes Verfahren der Kinder- und Jugendhilfe, bei dem Entwicklungsziele für die betroffenen Jugendlichen individuell festgelegt und anhand eines Fragenkatalogs regelmäßig überprüft und beurteilt werden. Dabei wird ein Fragenkatalog verwendet, der nicht immer spezifisch an die Situation minderjähriger Flüchtlinge angepasst ist, der nach Meinung der Ethnologinnen häufig nicht passt und auch für die betroffenen Jugendlichen selbst nicht immer einen Sinn ergibt. Nach Einschätzung der Ethnologinnen können sie die gesetzten Ziele in vielen Fällen gar nicht erreichen, obwohl die Beurteilung für die Jugendlichen essentiell ist, da z. B. die Art ihrer Unterbringung und der Grad ihrer Betreuung davon abhängig gemacht werden können.

An den Hilfeplangesprächen wird auch eine weitere Problematik deutlich: Die Sozialpädagog*innen wissen immer schon, „wo es hingehen soll", wie das eine der Ethnologinnen – ich nenne sie Maria – ausdrückte. Die Schwierigkeit besteht dabei für sie nicht in der Handlungsperspektive der Sozialen Arbeit an sich, sondern in der *Normativität*, die in diese Handlungsperspektive immer schon eingeschrieben ist und die sich mit der für die Ethnologie doch immer noch eher relativistischen Haltung reibt. Man weiß, wo es hingehen soll und was z. B. für die betroffenen Jugendlichen gut ist. In der Wahrnehmung der Ethnologinnen orientiert sich dieses Wissen aber weniger an den Wünschen und Zielen der Jugendlichen – und wird auch nicht in Auseinandersetzung mit ihnen erarbeitet – als an den vorgegebenen Zielen der Sozialen Arbeit – wie zum Beispiel dem Ziel der „Integration". Es geht darum, die Jugendlichen „passend zu machen", sagte eine meiner Gesprächspartnerinnen. Mit Michel Foucault (1994) gesprochen geht es hier um Disziplinarpraktiken, die im sozialpädagogischen Kontext oft nicht hinterfragt, sondern einfach umgesetzt werden.

Diese Beispiele machen deutlich, dass es hier nicht um einen Gegensatz von Theorie (= Ethnologie) und Praxis (= Soziale Arbeit) geht, sondern um verschiedene Ausrichtungen der Praxis, bzw. um verschiedene Habitusformen, die die Praxis leiten und die mit verschiedenen Wissenspraktiken verknüpft sind. Obwohl die Ethnolog*innen als Expert*innen für das Kollektive („Kultur") gelten, betonen sie interessanterweise in der Regel die Notwendigkeit des genauen Blicks auf das Individuum und seinen Kontext, die Bedeutung der biographischen Perspektive[5], und stellen die Kollektivierungen der Sozial-

---

5 Man kann hier durchaus Anklänge an Lila Abu-Lughods „ethnography of the particular" sehen, die sie in ihrem vielgelesenen Artikel *Writing Against Culture* als Strategie gegen Essentialisierungen vorschlägt (Abu-Lughod 1991).

pädagog*innen – sei es in der Form von Herkunftszuschreibungen oder normativen Handlungsperspektiven – in Frage. Anstatt kritische Situationen etwa per Anrufung von Kulturwissen zu erklären, fordern sie gewissermaßen auf, eine kleine Feldforschung zu machen: Geht hin, schaut hin, fragt nach!

Das Feld der Sozialen Arbeit mit Flüchtlingen ist jedoch nicht einheitlich. Die hier genannten Erfahrungen beziehen sich in erster Linie auf das Sub-Feld der Betreuung von Geflüchteten, sei es in Unterkünften oder Freizeiteinrichtungen, und zwar besonders von Minderjährigen oder jungen Erwachsenen. Das Handeln der Betreuer*innen ist hier stark durch gesetzliche und administrative Vorgaben eingeschränkt und die Normativität – wie das Ziel der „Integration" – ist in diese Vorgaben eingeschrieben. Die sozialpädagogische Handlungsperspektive der Betreuung findet innerhalb des vorgegebenen Systems statt. Sie ist affirmativ; die kritische Reflexion dieses Rahmens wäre schon subversiv. Und diese Subversion, die viel von dem in Frage stellen würde, was sie während ihres Studiums gelernt haben, liegt vielen Sozialpädagog*innen offensichtlich weniger nahe als den Ethnolog*innen, die im Studium immer wieder mit der kritische Analyse von Machtverhältnissen zu tun haben.

Die Ethnologin Hanna, die im Sub-Feld der Asylsozialberatung arbeitet, hat dagegen andere Erfahrungen in ihrem Team gemacht. Asylsozialberatung findet zumindest teilweise auch gegen das System statt, denn es geht darum, für die Asylbewerber angesichts der massiven rechtlichen und administrativen Einschränkungen möglichst viele Ressourcen und Optionen herauszuholen.[6] Hanna erzählte, dass sie vor Beginn ihrer Tätigkeit in der Beratungsstelle die Befürchtung hatte, im sozialpädagogischen Umfeld dort mit stark „erzieherischen" Ansätzen und Perspektiven konfrontiert zu werden. Diese Befürchtung bewahrheitete sich jedoch nicht: Die Berater*innen – gleich welche Ausbildung sie mitbrachten – waren ganz überwiegend darauf aus, die Autonomie der Asylsuchenden zu unterstützen und ihnen Handlungsmöglichkeiten trotz aller Einschränkungen zu eröffnen. Starre Konzepte, Kulturwissen oder Normativität spielen hier kaum eine Rolle. Stattdessen geht es darum, im sich ständig ändernden Gewirr rechtlicher und administrativer Regeln und Prozeduren Strategien für das Handeln zu entwickeln, also – in Bourdieus Sinn – um die Logik der Praxis.

Auf meine Frage, welche der Fähigkeiten und Kenntnisse, die sie im Ethnologiestudium erworben hat, für ihre Beratungstätigkeit am wichtigsten ist, nannte Hanna die Fähigkeit zum Perspektivwechsel: das Bemühen, sich in die Position der anderen – in diesem Fall der Flüchtlinge – hineinzuversetzen, im Versuch, ihre Situation, ihre Erfahrungen, aber auch ihre Ziele und Ambitionen zu verstehen und zu respektieren. Sie betonte, dass ihre sozialpädagogischen Kolleg*innen diese Haltung teilten, die vom Feld der Beratungs-

---

6 Der subversive Charakter der Asylsozialberatung wurde offensichtlich, als im März 2017 das Bayerische Sozialministerium Trägern der Beratung damit drohte, die finanzielle Förderung einzustellen, sollten sie Asylbewerbern auch darin beraten, wie Abschiebungen verhindert werden können. Siehe dazu Süddeutsche Zeitung 2017 und Münchner Merkur 2017.

arbeit gefordert wird, in dem es tatsächlich kaum festgelegte Handlungsanweisungen gibt, die einfach „in die Praxis" umgesetzt werden könnten. Dies ist im Feld der Betreuungsarbeit jedoch anders. Hier geht es weniger darum, sich in die Perspektive der geflüchteten Jugendlichen hineinzuversetzen, als die Geflüchteten in das System der Jugendarbeit zu versetzen. Die Vorgaben sind klar und müssen umgesetzt werden, sonst fallen die Jugendlichen aus dem System heraus. Der ethnologische Habitus der Reflexion, des Hinterfragens und des Perspektivwechsels wirft in diesem Feld eher Probleme auf.[7]

5. Schluss

Die Erfahrungen von Ethnolog*innen in der Arbeit mit Flüchtlingen machen deutlich, dass das Verhältnis von Ethnologie und ihrer Anwendung komplexer ist, als landläufig gedacht. Es geht nicht einfach um die Anwendung von (ethnologischer) „Theorie" in der „Praxis", sondern um das Zusammentreffen von zwei (oder mehr) Praxisformen mit ihrem jeweiligen Habitus in spezifischen Berufsfeldern. Der Habitus, den Ethnologinnen und Ethnologen durch ihr Studium erwerben, ist heute eindeutig von anti-essenzialistischer Reflexion geprägt. Anti-Essenzialismus ist nicht nur eine theoretische Perspektive, sondern mindestens ebenso sehr eine Wissens*praxis*, die zur ständigen Reflexion – einer Tätigkeit – aufruft.

Dies war vermutlich nicht immer so: Der Habitus kann sich verändern. Eine meiner Gesprächspartner*innen arbeitet auch mit einer Ethnologin zusammen, die ihr Studium gut zwanzig Jahre früher abgeschlossen hat und häufig kollektive, essentialisierende Zuschreibungen verwendet, die damals in der Ethnologie als weit weniger problematisch galten. Damals herrschte als Habitus vermutlich noch die Objektivierung vor, die Bourdieu anprangert.[8] Außerhalb der Ethnologie ist das Bild der Ethnologie als Wissenschaft der Kulturen immer noch dominant – wie die Erwartungen, die an Ethnolog*innen auch im Feld der Arbeit mit Flüchtlingen gerichtet werden, zeigen. Diese Erwartungen reproduzieren allgemeine gesellschaftliche Wissensformen und diskursive Praktiken, die zum Beispiel Menschen nach „Herkunft" kategorisieren und ihnen auf dieser Basis bestimmte Eigenschaften und Handlungsweisen zuschreiben.

Ich denke, die komplexere Analyse des Verhältnisses der Ethnologie zu ihren Anwendungsfeldern, die das Verhältnis nicht zu einem von „Theorie" zu „Praxis" reduziert, ist in mehrfacher Hinsicht sinnvoll. Zum einen verhindert sie die Entwertung der Ethnologie

---

7 Interessanterweise äußerten einige der Ethnologinnen im Feld der Betreuung den Verdacht, dass geflüchtete Jugendliche sich manchmal nur strategisch zu den Vorgaben der Jugendarbeit verhalten, sich die implizierte Normativität aber nicht tatsächlich zu eigen machen.

8 Ich bin mir bewusst, dass ich mit diesem Satz den Objektivismus – anders als Bourdieu – vom Bereich der Theorie in die Praxis ausdehne. Tatsächlich folgen aus dem theoretischen Ziel des Objektivismus bestimmte Wissenschaftspraktiken, wie zum Beispiel die schematischen Darstellungsweisen, die Bourdieu erwähnt und kritisiert.

aus der Perspektive des Anwendungsfelds als „bloße Theorie", die im Anwendungsfeld „der Praxis" untergeordnet werden muss.[9] Zum anderen ermöglicht uns das Aufgaben der simplifizierenden Vorstellung, Ethnologie sei Theorie, die in der Praxis angewendet werden kann (oder muss), eine bessere, realistischere Vorbereitung der Studierenden auf die verschiedenen Anwendungsbereiche, die zu erwartende Schwierigkeiten in verschiedenen Anwendungsfeldern – nicht nur in der Arbeit mit Flüchtlingen – klarer benennen kann. Letztlich kann daraus, hoffentlich, ein größeres Selbstbewusstsein von Ethnologinnen und Ethnologen resultieren, dass angesichts der „Zwänge der Praxis" ethnologische Perspektiven nicht überwiegend über Bord geworfen werden müssen, sondern dass sie tatsächlich wichtige Beiträge zu Anwendungsfeldern leisten können.

Literatur

ABU-LUGHOD, Lila (1991): Writing against Culture. In: Fox, Richard G. (Hg.): Recapturing Anthropology. Working in the Present. Santa Fe: School of American Research Press, S. 137–162.

BOURDIEU, Pierre (1979): Entwurf einer Theorie der Praxis. Frankfurt: Suhrkamp.

BOURDIEU, Pierre (1988): Homo Academicus. Frankfurt: Suhrkamp.

BOURDIEU, Pierre (1993): Sozialer Sinn. Kritik der theoretischen Vernunft. Frankfurt: Suhrkamp.

CARSTEN, Janet (Hg.) (2000): Cultures of Relatedness. New Approaches to the Study of Kinship. Cambridge: Cambridge University Press.

FINKE, Peter / Sökefeld, Martin (2018): Identity in Anthropology. In: Callan, Hillary (Hg.): The International Encyclopedia of Anthropology. Wiley & Sons. https://doi.org/10.1002/9781118924396.wbiea2142.

GUPTA, Akhil / Ferguson, James (1997): Beyond 'Culture'. Space, Identity, and the Politics of Difference. In: Gupta, Akhil / Ferguson, James (Hg.): Culture Power Place. Explorations in Critical Anthropology. Durham: Duke University Press, S. 33–51.

KURTZ, Donald V. (2001): Political Anthropology. Paradigms and Power. Boulder: Westview Press.

LATOUR, Bruno (2002): Die Hoffnung der Pandora. Frankfurt: Suhrkamp.

MÜNCHNER Merkur (2017): Tipps gegen Abschiebung. Ministerium droht Flüchtlingshelfern. 17.05.2017: https://www.merkur.de/lokales/muenchen/stadt-muenchen/fluechtlinge-verbaende-wehren-sich-gegen-einschuechterung-durch-staatsregierung-8315686.html [Zugriff am 27.10.2017].

ORTNER, Sherry B. (1984): Theory in Anthropology since the Sixties. In: Comparative Studies in Society and History, 26, S. 126–166.

POLANYI, Michael. 1985. Implizites Wissen. Frankfurt: Suhrkamp.

SÖKEFELD, Martin (2007): Zum Paradigma kultureller Differenz. In: Johler, Reinhard / Thiel, Ansgar / Schmid, Josef / Treptow, Rainer (Hg.): Europa und seine Fremden. Die Gestaltung kultureller Vielfalt als Herausforderung. Bielefeld: transcript Verlag, S. 41–57.

SÖKEFELD, Martin (2008): Zur Theorie und Praxis der Feldforschungsausbildung in der Ethnologie. In: Ethnoscripts, 10 (2), S. 114–133.

SÖKEFELD, Martin (2009): Ethnologie und interkulturelle Kommunikation. In: Koch, Gertraud / Franke, Amelie (Hg.): Kulturelle Vielfalt als Gestaltungsaufgabe. St. Ingbert: Röhrig Universitätsverlag, S. 23–31.

SÜDDEUTSCHE ZEITUNG (2017): Empörung über Sozialministerium. Wohlfahrtsverbände warnen vor Eingriff in Flüchtlingsberatung. 8.3.2017: http://www.sueddeutsche.de/bayern/asylpolitik-empoerung-ueber-sozialministerium-1.3410753 [Zugriff am 27.10.2017].

---

9 Sie schärft letztlich auch den Blick auf Machtpraktiken, mit denen die in einem Feld etablierten Disziplinen Ethnolog*innen zum Beispiel mit Verweis auf mangelnde oder „falsche" Qualifikationen auszugrenzen versuchen.

Diversity als ethnologisches Forschungs- und Arbeitsfeld

MARGRIT E. KAUFMANN

ABSTRACT: Den „Hype um Diversity" machtkritisch lesend, geht dieser Beitrag auf das ethnologische Arbeiten als „*Diversity-Expertin*" innerhalb von Organisationen ein. Er thematisiert ethnologische Theoriezugänge zu *Diversity* und stellt im Anschluss daran Forschungs- und Arbeitsfelder der Autorin vor. Dabei bezieht er sich auf Verbindungen zwischen Forschungsperspektiven, Organisationsentwicklung und dem Theorie-Praxis-Transfer in Hochschulen, KMU und der berufsbegleitenden Fortbildung „Managing Diversity" im *BremerForum:Diversity*. Konzeptionell grundlegend sind Ansätze der Organisationskulturforschung und der *Critical Diversity Studies;* methodologisch geht es um Vermittlungsformen und eine ethnographisch basierte Prozess-(Mit-) Gestaltung. Der Beitrag beschreibt zum einen Möglichkeiten und Grenzen des anwendungsorientierten Forschens in diesen Feldern, wie z. B. kreative oder verkürzende Anpassungen ethnographischer Praktiken an die kontextuellen Gegebenheiten und Ressourcen. Zum anderen wird verdeutlicht, wie Theorien und Methoden im Praxistransfer vermittelt, erprobt und modifiziert werden. Darüber hinaus zeigt er mögliche Arbeitsfelder und -weisen für Ethnolog*innen auf.

1. Einleitung

Vor dem Hintergrund des derzeitigen „Hype um Diversity" (Kaufmann 2016), und diesen machtkritisch lesend, nimmt der Beitrag Bezug auf das ethnologische Arbeiten als *Diversity*-Expertin innerhalb von Organisationen. Er zeigt anhand aktueller Beispiele aus Forschungs- und Arbeitsfeldern der Autorin Verbindungen auf zwischen Forschungsperspektiven, Beratung, Schulung und Organisationsentwicklung. Beschrieben werden Wissenschafts-Praxis-Verbindungen zu *Diversity,* bezogen auf kleine und mittlere Unternehmen, Hochschulen und eine berufsbegleitende Fortbildung. Denn in der Wirtschaft wie auch in Verwaltungs-, Gesundheits-, Kultur- und Bildungsinstitutionen besteht derzeit ein hoher Bedarf an *Diversity*-Grundlagenforschungen und wissenschaftlicher Expertise.

Anhand der Beispiele soll veranschaulicht werden, dass sich die ethnologischen Theorie- und Methoden-Grundlagen für diese Anwendungsfelder besonders gut eignen. Im Sinne einer *Public* und *Engaged Anthropology* (z. B. Rappaport 2008; Low / Merry 2010; Besteman 2013) bestehen am Bremer Institut für Kulturforschung, bik (und am später gegründeten Institut für Ethnologie und Kulturwissenschaft, IfEK)[1] zahlreiche, langjährige Praxiskooperationen, durch die der Wissenschafts-Praxis-Transfer in beide Richtungen fließt. Hier hat sowohl das Forschende Lernen in Studienforschungsprojekten, die sich an aktuellen Problemstellungen in den Praxisfeldern orientieren, eine lange Tradition, als auch damit verbunden die Zusammenarbeit in größeren Kooperationsprojekten im Bundesland Bremen (Dulko et al. 2013; Kaufmann 2010). Wir arbeiten als *Communities of Practice* (Lave / Wenger 1991) angewandt und kollaborativ mit den Beteiligten und erkunden deren Perspektiven. Über das Forschende Lernen in Forschungs- und/oder Praxisprojekten verbinden sich Studierende, Lehrende und Forschungspartner*innen (Kaufmann 2015, 2018a).

Konzeptionell grundlegend für diesen Beitrag sind Ansätze der Organisationskulturforschung und der *Critical Diversity Studies* und *Praxen*. Methodologisch geht es um Praxeographie und wechselseitige Vermittlungsformen sowie um ethnographisch basierte Prozess-(Mit-)Gestaltungen. Gezeigt werden zum einen Möglichkeiten und Grenzen des anwendungsorientierten Forschens und Arbeitens zu *Diversity*, wie z. B. kreative, verkürzende Anpassungen ethnographischer Praktiken an die konkreten Gegebenheiten und Ressourcen. Zum anderen wird beschrieben, wie Konzepte und Methoden im Praxistransfer vermittelt, erprobt und modifiziert werden. Darüber hinaus verweist der Beitrag auf mögliche Arbeitsfelder und -weisen für Ethnolog*innen. Damit möchte er die berufliche Identität von Ethnolog*innen über die Akademie hinaus stärken (Pink 2006).

Zuerst werden *Diversity* und *diversity* / Diversität als Praxis- und Wissenschaftsbegriffe näher erläutert. Dem folgen Ausführungen zu ethnologischen Forschungs- und Arbeitszugängen zu *Diversity* bzw. Diversität. Kollaborative ethnographische Praxisbegleitungen verdeutlichen, wie sich der Zugang und die Fragestellungen den Partner*innen und den Bedingungen des Arbeitsfeldes anpassen. Abschließend werden Problematiken und Möglichkeiten des Transfers sowohl für die Wissenschaft als auch für die Praxis diskutiert.

---

1 An der Universität Bremen sind Ethnologie und Kulturwissenschaft eng verbunden (vgl. bspw. Kaufmann 2018).

2. *Diversity* – ein Praxis- und Wissenschaftsbegriff

Diversity ist zum Zeitgeist-Begriff geworden (Appadurai 2009; Wimmer 2009[2]). Zu dem aktuellen Hype kommt es durch die kulturellen und demographischen Transformationen und die zunehmende sozioökonomische Ungleichheit im Zusammenhang mit Prozessen der Globalisierung, Pluralisierung und Diversifizierung. Appadurai (2009) zufolge ist *diversity* als grundlegendes Charakteristikum menschlicher Gesellschaften ein zentraler anthropologischer und soziologischer Begriff, der Fragen der kulturellen Differenz und der Komplexität sozialer Dynamiken betrifft und damit Fragen der Toleranz und des Umgangs mit Differenzen. *Diversität* (als dt. Übersetzung von *diversity*) bezeichnet zum einen Vielfalt als Phänomen auf einer deskriptiven Ebene. Bezogen auf menschliche Diversität geht es hierbei vor allem um zugeschriebene, meist essentialisierend verwendete Identitäts- und Differenzbezeichnungen wie Gender / Desire, Ethnicity / Race, Nationality, Class, Dis- / Ability, Age, Religion und Legal Status (auf dieses Begriffsverständnis rekurriert v. a. das *Diversity Management*). *Diversity* ist aber zum anderen auch ein Analysebegriff (als Oberbegriff der *Diversity Studies*). Diversitätsforschungen erkunden v. a. die Bedeutung von Diversität und Diversifizierungsprozessen in Organisationen. *Critical Diversity Studies*, die im nächsten Teil näher beschrieben werden, analysieren intersektionell verwobene Ungleichheitsverhältnisse.

Im deutschsprachigen Kontext kam der US-amerikanisch geprägte Begriff *Diversity* zuerst als Praxisbegriff von Unternehmen im Zusammenhang mit der Internationalisierung des Managements „in Mode" (Krell et al. 2007:9), wobei es hier effizienz- und nutzenorientiert vor allem um Diversität als Potential und Ressource geht. Doch konzeptionell wurde der Begriff als Zusammenführung verschiedener Identitäts- und Differenzkategorien durch die Bürgerrechtsbewegungen in den USA in den 1960er-/70er-Jahren geprägt, mit ihren Kämpfen um mehr Gerechtigkeit für unterschiedliche unterprivilegierte Gesellschaftsgruppen und der Frage nach solidarischen Verbindungen unter diesen (Young 1990). Wenn es nun um Praxen des Umgangs mit Diversität als Phänomen geht, sind im organisationalen Kontext sowohl der *Business Case* als auch der *Equity Case* als Orientierungen zu nennen. Letzterem ordnet sich das deutsche *Allgemeine Gleichbehandlungsgesetz (AGG)* zu. Dieses regelt den Diskriminierungsschutz aufgrund von „Rasse"/ethnischer Herkunft, Geschlecht, Religion / Weltanschauung, Behinderung, Alter oder sexueller Identität für die Arbeitswelt und den Zivilverkehr. Der effizienz- und ressourcenorientierte Wirtschaftlichkeitsansatz nimmt oftmals die vier Dimensionen von *diversity* nach Gardenswartz / Rowe (2002) zur Grundlage von *Diversity Management* in Organisationen. Nach deren bekanntem Kreismodell (ebd.: 33) wird Diversität eingeteilt nach der Persönlichkeit im Inneren sowie den internen, externen und organisationalen Dimensionen.

---

[2] Beide bestätigen diese Aussage in Interviews zu *Diversity*, die im Rahmen des Göttinger *Max Planck Institute for the Study of Religious and Ethnic Diversity* geführt wurden.

Beide Praxisansätze zu *Diversity* gehen meist von essentiellen, klar voneinander abgrenz-baren Diversitätskategorien aus. Aus kulturwissenschaftlicher Perspektive ist dies proble-matisch, insbesondere weil es Identitätspolitiken befördert und Grenzziehungen zwischen sozialen Gruppen untermauert. Dies wird in den nächsten Teilen verdeutlicht.

3. Ethnologische Theoriezugänge zu *Diversity*

In der Ethnologie wird *Diversity* sowohl deskriptiv als Praxis- und Zeitgeistbegriff als auch als analytischer Begriff verwendet. Im Folgenden werden exemplarisch einige recht unter-schiedliche ethnologische Theoriezugänge vorgestellt, um danach auf Forschungsansätze, Praxiszugänge und Arbeitsfelder einzugehen.

3.1 Diversität als Ergebnis von Differenzhandlungen

Im Rahmen eines Ansatzes von „Diversity Studies als integrierende Forschungsrichtung – oder auch Forschungsprogramm" (Krell et al. 2007:7), das verschiedene Disziplinen ver-bindet, befasst sich der Ethnologe Fuchs konzeptionell mit den Begriffen *Diversity* und Differenz und stellt dabei heraus, dass soziale Diversität das Resultat von Differenzhand-lungen ist (Fuchs 2007:17). Er betont hiermit, dass Diversität nicht einfach als gegeben angenommen werden kann, sondern als Faktum, nämlich Ergebnis von Prozessen und (interpretativen) Handlungen, das ständig neu bestimmt wird. Dieser sozialkonstrukti-vistische ethnologische Zugang widerspricht also den häufigen Essentialisierungen der *Diversity*-Praxis.

3.2 *Cultural Diversity* als Mittel gegen Ethnozentrismus

Ethnolog*innen fassen *Diversity* oftmals als *Cultural Diversity* auf. Hannerz bspw. ver-bindet *Diversity* mit *Cultural Complexity* (Hannerz 1992:10-13). Er erachtet *Diversity* als Gegenbegriff zu moderner *Uniformity* und unter dem Titel „Diversity is our Business" (Hannerz 2010:38-58) als Markenzeichen einer kulturkritischen Anthropologie, die Eth-nozentrismen widerspricht:

> "Probably we can agree that diversity is a notion that now figures much more pro-minently in public discourse that it did, say, a couple of decades ago. The fact that this idea has such a wide resonance is on the whole, I think, one reason for pushing it as brand keyword" (Hannerz 2010:50-51).

Wie Appadurai und Wimmer (vgl. Anm. 1) beobachtet Hannerz, dass *Diversity* zum attrak-tiven Praxisbegriff geworden ist und plädiert dafür, Diversität nicht nur zu erforschen, sondern im Sinne der Menschenrechte zu respektieren. Denn gegenüber simplifizierenden Narrativen einer globalen Homogenisierung gehe es darum, auf „diversity in modernity"

(Hannerz 2010:55) zu insistieren. Da *diversity* auch Missverständnisse und Konflikte beinhaltet, erachtet er Interkulturelle Kommunikation und *Diversity Management* im Sinne der „culture shock prevention industry" (Hannerz 2010:52) als Arbeitsfelder von Anthropolog*innen. Somit symbolisiert *Diversity* hier eine Praxishinwendung der Ethnologie.

3.3 *Super-Diversity* als Diversifizierung von Diversität

Vertovecs Ansatz einer *Super-Diversity* (2007), als Erweiterung und Vermischung, fokussiert, bezogen auf urbane Zentren in Britannien und hier auf die Komplexität der Migrationsbewegungen, die politische und rechtliche Gestaltung neuer Formen des Zusammenlebens. Er thematisiert darunter neue Problemstellungen hinsichtlich Grenzziehungen und Aufnahmeregelungen (Vertovec 2007:1040), bspw. Fragen nach der Länge der Aufenthaltsberechtigung einer Person, nach dem Grad ihrer Autonomie auch gegenüber ihren Arbeitgebenden, Möglichkeiten der Familienzusammenführung oder Zugang zu Bildung und Gesundheit. Für solche „neuen" Variablen, die das Zusammenleben bestimmen, verwendet Vertovec (2007:1025) mit Bezug auf Hollinger (1995) den Terminus „*diversification of diversity*". In dem von ihm herausgegebenen Handbuch führt Vertovec (2015) unter dem Titel „*Diversity Studies*" Konzepte im Umgang mit historischen und gegenwärtigen sozialen Differenzen und den sie betreffenden gesellschaftlichen und politischen Dynamiken zusammen.

3.4 *Doing Gender – Doing Diversity*

Seitens der ethnologischen Geschlechterforschung ging es stets um die soziale Konstruktion und kulturelle Kontextualisierung von Gender in Verbindung mit weiteren Differenzkategorien und um Fragen nach der Bedeutung von Kategorisierungen (vgl. Kaufmann 2002, 2004, 2013 a, b). Die feministische Ethnologie hat bereits in den 1980er Jahren auf vielfältige Lebensformen und Bedeutungen von Sex, Gender und Desire Bezug genommen und sowohl Hierarchien, Differenzen und Gemeinsamkeiten *zwischen* den Geschlechtern als auch *unter* Frauen untersucht (Moore 1994). Dabei verfolgt die Geschlechterforschung einen inter- bzw. transdisziplinären Ansatz. Unter einer ethnomethodologischen Perspektive lässt sich die alltägliche, interaktive und situative Produktion von Identität und Differenz genauer erkunden. Den Blick auf das *Doing Gender* (West/Zimmermann 1987) erweiterten Fenstermaker/West (2002) zum *Doing Identity* und *Doing Difference*. Ebenso geht es bei *Doing Diversity* (Kaufmann 2013 a) um situative, interaktive Selbst- und Fremdbeschreibungen, Orientierung und Zuweisung, Ausgrenzung und Verwerfung hinsichtlich Geschlecht und anderen Identitäts- und Differenz-Kategorien.

3.5 *Intersectional Critical Diversity Studies & Practice*

Unter den *Kritischen Diversity Studies* verbinden sich dekonstruktive Theorien und Forschungen zu (Hetero-)Sexismus, Dekolonisierung, Rassismus, Critical Whiteness, Dis-/ Ability, Ethnizismus und Nationalismus, Diskriminierung aufgrund von anderer Religion, Bodyism, Altersdiskriminierung u. a. Sie befassen sich, gemeinsam mit dem Projekt *Social Justice* (Young 1990), meist aus subalternen Positionen mit sozialer Ungleichheit und Diskriminierung. Dies sind also Forschungsrichtungen, die eng mit sozialen Praxen zusammenhängen, auf gesellschaftlichen Wandel zielen und quer zu den Disziplinen liegen. Die einzelnen Identitäts- und Differenzkategorien und die sie fokussierenden Studien sind demnach weder für sich zu denken (sondern als miteinander verwoben), noch als statisch (sondern ständig unter bestimmten Verhältnissen produziert).

Intersectional Critical Diversity Studies (Kaufmann 2016, 2018 b) setzen sich mit ineinander verschränkten Formen von *Othering* und *Sameing* bezogen auf Fragen der Anerkennungs- und Verteilungsgerechtigkeit auseinander. Der Begriff der Intersektionalität kommt aus den *Black Feminist Studies*. Geprägt hat ihn die Juristin Crenshaw (1989), indem sie aufzeigte, dass und inwiefern die bestehenden Antidiskriminierungsrechte den Erfahrungen Schwarzer[3] Frauen nicht gerecht werden, da diese von beidem zugleich betroffen sind: von Rassismus und Sexismus. Ihr Konzept der Intersektionalität bezieht sich somit auf die Analyse der Erfahrungen von mehrfachdiskriminierten, marginalisierten Subjekten. Für die *Diversity* Praxis bedeutet dies, dass sich durch eine intersektionelle Perspektive soziale Öffnungsprozesse von Organisationen wie Chancengerechtigkeit, Antidiskriminierung, Inklusion, Dekolonisierung und Demokratisierung in ihren Verbindungen konzipieren und ohne Fixierung auf einzelne Kategorien (Kaufmann / Satilmis 2018) umsetzen lassen. Bezogen auf Subjekte geht es hierbei um Partizipation, reflektierte Positionalität und Empowerment. Für die *Diversity*-Forschungen beinhaltet ein intersektioneller Ansatz nicht nur, Essentialisierungen zu dekonstruieren, sondern auch das Aneinanderreihen, Gleichsetzen, Hierarchisieren und Ausblenden von Kategorien infrage zu stellen (Kaufmann 2002:112-115). Diesen Ansatz, der komplexe Ungleichheitsverhältnisse in ihren Wechselwirkungen auf verschiedenen Analyseebenen zu ergründen versucht, verfolge ich sowohl in meinen Forschungen als auch bei den Praxisumsetzungen, die ich nun näher beschreiben werde.

---

3   Mit *»weiß«* (kursiv-) und »Schwarz« (großgeschrieben) hebe ich im Text, angelehnt an die deutsche kritische Rassismus- und Weißseinsforschung (Eggers et al. 2009: 13), hervor, dass es sich dabei um soziale und politische Kategorien handelt.

4. Ethnologische Forschungs- und Arbeitszugänge zu *Diversity*

Im Folgenden werden verschiedene mögliche Formen des Forschens und Arbeitens zu *Diversity* vorgestellt, Organisationskulturforschungen und verschiedene praktische Anwendungsfelder. Zudem wird das Beispiel einer Praxisbegleitung mittels ethnographischer Methoden näher erläutert.

4.1 Organisationskulturforschungen zu *Diversity*

Eine intersektionelle Perspektive fordert von den Forschenden, verschiedene Diversitäts-Dimensionen zugleich in den Blick zu nehmen und in ihren Wechselwirkungen zu analysieren (Hess et al. 2011; Kaufmann 2013a). Für solche Forschungen eignen sich Ansätze einer kritischen, (selbst-)reflexiven, multi-sited Ethnographie (Madison 2012; Abu-Lughod 1993; Marcus 1998). Wie für das Forschen in kulturellen Feldern üblich, wird *Diversity* im Hinblick auf Subjekte und Interaktionen, symbolische Repräsentationsformen, gesellschaftliche und globale Strukturen sowie Institutionen und Organisationen untersucht. Anhand von Einblicken in praxeographische Organisationskulturforschungen zu *Diversity* werden im Folgenden intersektionelle Verwebungen veranschaulicht. Dabei handelt es sich um Grundlagenforschungen für die wissenschaftliche Begleitung von Organisationen bei *Diversity* (*Management*) Prozessen.

Die großen Unternehmen, besonders die *Global Player*, profilieren sich insbesondere mit der „Charta der Vielfalt" für den bewussten Umgang mit *Diversity*. Viele haben auf Leitungsebene ein *Diversity Management* (DiM) etabliert. Wie gehen aber Organisationen im Bildungs- und Gesundheitsbereich, in der Verwaltung oder in kleinen und mittleren Unternehmen (KMU) mit Diversität um? Im Rahmen des vom Europäischen Sozialfonds, ESF, geförderten Kooperationsprojekts *BremerForum:Diversity*, einem Motor für die *Diversity*-Prozesse im Land Bremen, wurden zu dieser Frage mit einem Team[4] ethnographisch angelegte explorative Studien in KMU durchgeführt, die kein explizites DiM hatten (Kaufmann 2010[5]). Geforscht haben wir in einem Technologieunternehmen des Mittelstands, einer Pflegeeinrichtung und einem multikulturellen Lebensmitteldiscounter. Der Zugang erfolgte über die Unternehmensleitungen, denen es wichtig war, dass sie nicht nur Zeit investierten und uns Einblicke ermöglichten, sondern, dass ihr KMU von unserer Forschung profitieren sollte. Je etablierter das KMU, desto eingegrenzter war unsere Forschungsfreiheit.

---

4 Mit dem Kulturwissenschaftler Dr. Frank Müller und Jana Grebe, zu der Zeit Studentin im BA Kulturwissenschaft.

5 Dies ist die Projektpräsentation für die breite Öffentlichkeit und die Kooperationspartner*innen. Wie bei anderen angewandt Forschenden habe ich je nach Rezipient*innen verschiedene Textversionen zum Projekt erstellt.

Methodisch haben wir uns hier an ethnologischen Unternehmenskulturforschungen orientiert (z. B. Götz / Wittel 2000). Wir haben Dokumente analysiert und, soweit wir zugelassen wurden und uns dies in dem durch das Projekt begrenzten Zeitrahmen möglich war, den Arbeitsalltag teilnehmend beobachtet. Darüber hinaus haben wir Gespräche und qualitative Interviews mit den Leitenden und Mitarbeitenden geführt. Daraus ließen sich drei Fallstudien erstellen und hinsichtlich Organisationskulturen, Relevanz spezifischer *Diversity*-Dimensionen sowie jeweiligem Umgang mit Diversität unter Leitenden und Mitarbeitenden miteinander vergleichen. Die Bedeutung von Diversität in den KMU wurde – soweit möglich – induktiv erschlossen. Denn je nach KMU waren bspw. Ausbildung, Berufsstatus, soziale Herkunft, Kultur- und Sprachkompetenzen, Wohlbefinden, Ernährung, Umwelt, Wohnformen, Familie und/oder Selbständigkeit relevant. Auch unterschied sich das Sprechen über Diversitätskategorien und das Repräsentieren in den Außendarstellungen von der gelebten Diversität. Beim ethnographischen Beobachten des alltäglichen, situativen und kontextabhängen *Doing Diversity* und betrieblichen *Managing Diversity* (als bewusstem, gestaltendem Umgang mit Diversität im Unternehmen) nahmen wir einzelne Diversitätskategorien stets als mit anderen verwoben wahr: Altern und der Generationswandel beispielsweise haben mit den gesellschaftlichen und kulturellen Transformationen zu tun und sind in allen drei KMU Thema. Wenn es um Alter geht, ist dies unterschiedlich konnotiert und kontextualisiert, doch stets verwoben mit Gender und Internationalisierung bzw. kultureller Diversifizierung (Kaufmann 2013 a).

Eine alternde Leitung in einem wachsenden, sich internationalisierenden Unternehmen gestaltet den Generationswandel bspw., indem junge Frauen mit Auslandserfahrungen und guten Englischkenntnissen ins Management geholt werden. Darüber ergeben sich für das Unternehmen neue Aufgabenstellungen betreffs Vereinbarkeit von Familie und Beruf, die in der Folge zu *Gender Mainstreaming*-Maßnahmen führen. In der Pflegeeinrichtung sind Alter und Generationswandel zentrale Themen, dies besonders hinsichtlich des Mangels an Pflegekräften angesichts einer zunehmend alternden Bevölkerung. Deshalb wird in der Pflegeeinrichtung die kulturelle Diversifizierung des Personals, das sind hier v. a. Frauen, vorangetrieben. Das Lebensmittelgeschäft, ein türkisch-deutsches Familienunternehmen, macht durch die transgenerationale Weitergabe des Unternehmens vom Vater an den Sohn einen Modernisierungsschritt zum multikulturellen Discounter; und dies in Konkurrenz gegenüber den kleinen türkischen Lebensmittellädchen. Gemäß der engen Zusammenarbeit mit den Leitenden wurden die Forschungsergebnisse mit ihnen rückgekoppelt. Auch die ersten Texte zur Veröffentlichung wurden in Abstimmung mit ihnen verfasst. Der Austausch regte die Leitenden dazu an, sich expliziter mit Diversität zu befassen bzw. ein DiM für ihr KMU zu entwickeln. Für uns Forschende zeigten die Einblicke Limitationen des Forschens in Organisationen auf, zugleich ergaben sich über die Forschungsbeziehungen Möglichkeiten der direkten Einflussnahme auf den Umgang mit Diversität in den Organisationen.

4.2 Praktische Arbeitsfelder zu *Diversity*

Basierend auf den eigenen Erfahrungen werden nun a) evaluierende Begleitforschungen, b) Beratungen und Prozessbegleitungen sowie c) Schulungen als Beispiele für praktische Arbeitsfelder vorgestellt. In der Umsetzung ergänzen und bereichern sich diese Felder. Die Komplexität meiner Arbeitsbereiche lässt sich hier nur verkürzt darstellen.

a) Evaluierende Begleitforschungen am Beispiel *Diversity @ Uni Bremen*

Die *Diversity*-Expertise lässt sich über Forschendes Lernen transgenerieren und für evaluierende Begleitforschungen zu den Prozessen einsetzen. In einem ethnographisch angelegten Studienforschungsprojekt im Rahmen der Methodenlehre haben wir bspw. unter dem Thema „Vereinbarkeit von Studium und…" zur Diversität der Studierenden geforscht. Hierbei hat die forschende Studierendengruppe ethnographisch induktiv studien- und persönlichkeitsrelevante Diversitätsthemen erschlossen, wie z. B. soziales Engagement, Betreuungsaufgaben, Internationalisierung (Kaufmann 2013 b). Die qualitativen, explorativen Mikrostudien kontrastierten wir mit der zeitgleich stattfindenden anonymisierten, breit angelegten quantitativen *Diversity*-Studierendenbefragung *Quest* des „Centrums für Hochschulentwicklung"(CHE). Unsere Ergebnisse flossen dann in die zentralen *Diversity*-Prozesse der Universität ein. Auch zum Umgang mit Diversität in Lehre und Studium führten wir kollaborativ mit Studierenden und Lehrenden Begleitforschungen durch (bspw. im Projekt „Forschendes Lernen und Umgang mit Heterogenität im Bachelorstudiengang Kulturwissenschaft" (Kaufmann / Koch 2018)).

b) Beratungen und Prozessbegleitungen zu *Diversity* im Hochschulkontext

Die forschungsbasierte ethnologische *Diversity*-Expertise eignet sich für die Beratung sowie die *Diversity*-Prozessgestaltung und -begleitung (Organisationsentwicklung), die derzeit von Bildungsinstitutionen nachgefragt wird. Seit beispielsweise die Universität Bremen über unser *Diversity*-Kooperationsprojekt 2009 die „Charta der Vielfalt" unterzeichnet und dadurch ihre *Diversity*-Prozesse initiiert hat, berate und begleitete ich als wissenschaftliche Expertin für *Diversity* auch die Universitätsleitung. An den Hochschulen sind diese Prozesse leitungsabhängig und stark außengesteuert durch das hochschulübergreifende Management. Die Universität Bremen wurde demnach 2012 vom „Stifterverband für die Deutsche Wissenschaft" als eine der ersten zur *Diversity Universität* auditiert. Die *Diversity*-Prozesse an den Hochschulen verlaufen als Gratwanderungen, insbesondere zwischen einer *Diversity*-Öffnung im Sinne von Bildungsgerechtigkeit und dem zunehmenden Ranking unter den Hochschulen zu Zeiten einer Neoliberalisierung des Bildungswesens, das sich wieder verstärkt an Elitenbildung orientiert (Kaufmann / Satilmis 2018). In der eigenen Institution ist es besonders schwierig, die kritischen Wissenschaftsperspektiven in die Praxis zu transferieren (Kaufmann et al. 2015; Kaufmann 2016). Zwar gibt es den Vorteil meines Insider*innenwissens und der Erfahrungen; auch verdeutlichen sich über die Nähe zu den Beteiligten die unterschiedlichen Interessenslagen. Doch stellt sich die Frage, wieweit Taktiken des Silencing angewandt werden bzw. die Expertise Gehör findet, Veränderungen erwünscht sind und sich Ideen breiter umsetzen lassen – oder ob es bei Lippenbekenntnissen und Repräsentationspolitiken bleibt (Ahmed 2011).

c) Außeruniversitäre Schulungen zu *Managing Diversity*

Meine *Diversity*-Forschungsexpertise fließt auch in das Arbeitsfeld außeruniversitärer Schulungen zur *Diversity*-Qualifizierung und -Sensibilisierung (Personalentwicklung) ein, an der sich jeweils im Sinne der *Communities of Practice* Studierende, Promovierende und Kolleg*innen beteiligen. Im Rahmen des ESF-Kooperationsprojekts des Bremer Instituts für Kulturforschung mit dem Paritätischen Bildungswerk Bremen e. V. haben wir beispielsweise von 2004 bis 2013 in sieben Zyklen die berufsbegleitende Fortbildung „Managing Diversity – Potenziale der Vielfalt entdecken und gestalten" als Qualifizierungsmaßnahme konzipiert, durchgeführt und wissenschaftlich begleitet. Wir haben diese Fortbildung „*Managing Diversity*" benannt, da einen (bewusst) gestaltenden Umgang im Grunde jede Person in ihrem Arbeitsalltag umsetzen kann, wohingegen *Diversity Management* Leitungssache ist (Kaufmann 2010). Insgesamt haben im Verlauf rund 130 Personen aus fast ebenso vielen Organisationen daran teilgenommen. Auch wenn wir die Fortbildung ursprünglich für Personen in Leitungspositionen geplant hatten, waren Angestellte und Auszubildende ebenso daran interessiert und wurden teilweise auch von den Leitenden ihrer Organisation entsandt. Zu der in Bremen stattfindenden Fortbildung kamen bundesweit Teilnehmende aus KMU, Bildungsinstitutionen – aus der Lehre und Verwaltung von Hochschulen und Berufsschulen sowie Erzieher*innen und Lehrende aus der Erwachsenenbildung, aus der Gewerkschaft, Politik und Verwaltung[6], aus sozialen Bereichen, dem Wohnbau- und dem Gesundheitswesen. Außerdem nahmen auch Selbstständige, Organisationsberater*innen und Trainer*innen teil. Manche hatten ein konkretes Ziel vor Augen, andere waren einfach neugierig und wollten sich hinsichtlich *Diversity*-Konzepten und deren Anwendungsmöglichkeiten weiterentwickeln. Ein Zyklus der Fortbildung, in der unter anderem ausgehend von der diversen Gruppe der Teilnehmenden der Umgang mit Vielfalt geübt werden konnte, verlief über ein Jahr und bestand aus zwei großen Modulen – einem Grundlagen- und Sensibilisierungs- sowie einem Methoden- und Transfermodul mit je vier Einheiten. Über die grundlegenden Einheiten, die durch die Projektverantwortlichen vermittelt und begleitet wurden, hinaus, beteiligten sich zahlreiche *Diversity*-Expert*innen verschiedener Disziplinen aus dem Bundesgebiet als Referent*innen an der Fortbildung – bspw. Hubertus Schröer, Lawrence Oduro-Sapong, Angelika Plett, Gülcan Yoksulabakan und Gudrun Perko.

Bei der Fortbildung kam sowohl den Kritischen Diversity Studies als auch ethnographischen Methoden eine tragende Rolle zu. Konzepte der Interkulturellen Kommunikati-

---

6   In der Bremer Verwaltung bspw. können Personen nicht in höhere Positionen aufsteigen, ohne eine mindestens dreitägige Diversity-Schulung absolviert zu haben.

on bspw. wurden zwar vermittelt, aber eben der Kritik unterzogen und Richtung Transkulturalität und *Diversity* geöffnet. Die *Diversity*-Konzepte wurden für die Bereiche Soziales, Bildung, Gesundheit, Wirtschaft, Politik und Verwaltung zugänglich gemacht und
(selbst-)kritisch reflektiert. Dabei befasste sich die Fortbildung v. a. mit *Diversity* als Ge-
rechtigkeitskonzept. Im Sensibilisierungsmodul, das in manchen Jahren Nikita Dhawan
und María Do Mar Castro Varela durchführten, ging es um Bezüge zu den postkolonialen
und Gender-/Queer Theorien und dabei um die eigenen Positionierungen hinsichtlich
Rassismus, *weißen* Privilegien und intersektionellen Verbindungen mit weiteren Dimensionen.

4.3 Transfer durch ethnographische Praxisbegleitung im Rahmen der Schulungen

Die Anwendung ethnologischer Konzepte und Methoden beim Transfer möchte ich anhand der Praxisbegleitungen im Rahmen der beschriebenen Fortbildung „Managing Diversity" veranschaulichen. Grundfragen für *Managing Diversity* im Arbeitsalltag sind (Kaufmann 2010:49):

- Wie taucht Diversität im Arbeitsalltag auf? (Ist-Zustand)
- Wie wird damit umgegangen? (Analyse)
- Was möchte ich verändern? (Soll-Zustand)
- Wie kann ich dies erreichen? (Leitziele für Umsetzung festlegen)

Um sich mit diesen Fragen auseinanderzusetzen, haben die Kulturwissenschaftlerin
Nadine Beaumart und ich – parallel zu den Seminareinheiten in der zweiten Hälfte der
Fortbildung, die sich der Vertiefung und dem Transfer der Erkenntnisse widmete, zwei
Formen der Praxisbegleitung etabliert: die kollegiale Beratung in Form von Intervisions-
gruppen und die individuelle Praxisbegleitung, verbunden mit Formen von Coaching.
Für diese Praxisbegleitung nutzten wir ethnographische Methoden, die wir allerdings für
den Transfer in die Praxisfelder auf wesentliche Elemente reduzierten. Als Grundidee
gingen wir davon aus, dass die Wissens- und Methodenaneignung in der Fortbildung bei
den Teilnehmenden den Wunsch nach Neuerungen anregte, doch stellte sich ihnen wie
uns Fortbildenden nun umso brennender die Frage, wie sich diese in den Arbeitsalltag
einbringen und aus welcher Position heraus sich welche Veränderungen anregen und
umsetzen lassen. Mit dem Ziel einer Schärfung der Wahrnehmung und Bewusstseiner-
weiterung bezüglich Diversität im Arbeitsalltag haben wir deshalb Exkursionen in Organisationen, die sich bewusst mit Diversität befassen, durchgeführt. Hierdurch ließ sich
bereits die Methode der teilnehmenden Beobachtung in klein einführen (das Führen eines Fortbildungstagebuchs durch die Teilnehmenden, um sich und ihre Arbeit im Verlauf
der Fortbildung zu reflektieren und in Richtung Praxistransfer zu arbeiten, hatten wir
bereits zu Beginn der Fortbildung angeleitet). Danach haben wir die Teilnehmenden in
ihren jeweiligen Arbeitsfeldern teilnehmend begleitet und beobachtet. Dies war ein frei-

williges Angebot im Rahmen der Fortbildung, das jedoch von allen in Anspruch genommen wurde. Unterstützt durch einen Fragebogen und das Organigramm haben wir mit einer gemeinsamen Reflexion zu Diversität im Berufsalltag und in der Organisation begonnen. Wir haben Absprachen dazu getroffen, wie wir als Außenstehende in die Organisation eingeführt werden, welche Rollen uns vermutlich zukommen und worauf wir unsere Beobachtungen fokussieren.

Wie aber lässt sich mit einem geringen Stundenkontingent von zehn Unterrichtsstunden pro Person Ethnographie betreiben? Dazu haben wir ein Konzept erarbeitet, das die Methoden für diese Praxisanwendungen herunterbricht: Wir haben Diversität bezogen auf das Arbeitsfeld (Institution, Organisationsstruktur, Tätigkeiten), die spezifische Arbeitssituation (Position, Gestaltungsräume, Besonderheiten) und die sozialen Beziehungen und Verhaltensweisen (Team, Prozesse, Hierarchien) betrachtet. Dies fand in ein bis zwei Sequenzen statt, in denen wir Situationen und Prozesse beobachten und protokollieren konnten (wir haben handschriftlich protokolliert und Skizzen zum Beobachteten erstellt, auch zu Reflexionen und Strukturierungen auf der Metaebene zum Beschriebenen). Als zentrales Element haben wir mit der Außensicht auf Selbstverständliches gearbeitet. Besonderes Augenmerk richteten wir, soweit möglich, über Manifestes hinaus auf Nicht-Offensichtliches, Latentes. Dabei gingen wir davon aus, dass beim ersten Besuch bereits zentrale Themen anklingen (die bei einer längeren Feldforschung genauer ergründet werden könnten). Ethische Grundregel der Methodenanwendung war auch hier der abgesicherte vertrauliche Umgang mit den Informationen.

Begleitet bzw. beobachtet haben wir beispielsweise die Ankunft bei der Arbeit und die Tages-/Wochenplanung im Kollegium, den Arbeitsalltag, Teamsitzungen zur Besprechung laufender Projekte, die Auseinandersetzung mit Zukunftsplanungen, Supervisionssitzungen oder auch Betriebsbesichtigungen. Kleine situative Szenen, wie das Ankommen in einem Empfangsraum, in dem die Sekretärinnen sich gegenübersitzen und die Eintretenden gar nicht im Blickfeld haben, wurden zum Anlass genommen, um über Diskrepanzen zwischen Anspruch und Wirklichkeit einer organisationalen Willkommenskultur als Grundlage einer *diversity*-sensiblen Organisation nachzudenken. Über wahrgenommene Sitzordnungen, Gesprächsgestaltungen und -verhalten, wie Zu- bzw. Abwendungen, Gesprächsführung, Sprecher*innenpositionen und Sprechlängen, reflektierten wir gemeinsam Machtstrukturen und die Bedeutung von Diversität und Intersektionalität. Nachbereitet haben wir, angepasst an die zeitliche Verkürzung – anstelle des Verfassens von Texten – mit Mindmaps, auf denen wir den verschiedenen Ebenen des Erfahrenen eine Struktur gaben und Dynamiken, Problemstellungen sowie Gestaltungsspielräume hervorhoben. Diese Form der Verdichtung von Forschungsbeobachtungen, ersten Erkenntnissen und zahlreichen Fragen diente beim Nachgespräch als Vorlage einer gemeinsamen Diskussion und Reflexion. Die Teilnehmenden gingen daraufhin ihren Fragen gezielter nach: Was halte ich für wichtig? Worauf möchte ich besonders achten? Wo finde ich Unterstützung? Und genereller: Wie beziehe ich die Fortbildung auf meinen Arbeitsalltag? Was bringe ich an meinen Arbeitsplatz zurück? Welche Möglichkeiten und Begrenzungen des Transfers der Konzepte bieten sich mir in meiner Position an?

Diese Fragen haben sie auch in ihren Abschlussarbeiten aufgegriffen. Ein Teilnehmer hat z. B. als Mitarbeiter in der Verwaltung einer Gemeinde – angeleitet durch uns Ethnolog*innen – mittels ethnographischer Methoden im Rathaus einer Nachbargemeinde zum Umgang mit sozialer Diversität geforscht, um daraus praktische und konzeptionelle Schlüsse für die eigene Verwaltung ziehen zu können. Führungspersonen haben, basierend auf den Rückmeldungen durch unsere teilnehmenden Beobachtungen, für sich erarbeitet, wie sie beteiligend und mit entsprechenden Stakeholdern eine zu ihrer Organisation passende Strategie entwickeln und umsetzen können. Dabei ging es auch um die Frage, welche Diversitätsebenen für welchen Kontext besonders relevant sind bzw., wie sich diese erschließen lassen. Oftmals haben Organisationen bereits *Gender Mainstreaming*-Maßnahmen implementiert und können diese mit Maßnahmen zur interkulturellen Öffnung und Inklusion verknüpfen. Mit einer Diversifizierung des Personals, entsprechend der gesellschaftlichen Vielfalt – so wird angenommen –, kann eine Organisation besser eine breite Kund*innenschaft adressieren. Ebenso kann das Arbeiten in diversen Teams für Betriebe und Institutionen fruchtbar gemacht werden. Unterstützt durch die Begleitung eruierte eine Teilnehmerin in ihrem Arbeitsfeld Gründe für die Implementierung von *Diversity Management* im Gesundheitswesen mit der Absicht, sich damit bei anderen Gesundheitsinstitutionen für eine Anstellung zu bewerben. Einem Selbstständigen ging es um die Unterstützung beim Erarbeiten eines Konzeptes zu der Fragestellung, wie Betriebe für *Diversity Management* und Interkulturelle Öffnung zu gewinnen sind – auch bei ihm mit dem Ziel, sich für diesen Bereich zu qualifizieren und sich zu bewerben. Die Trainerinnen verfassten zum Abschluss Trainings- und Workshop-Konzepte, die wir teilweise gemeinsam erprobten.

Deutlich wurde beim Transfer, dass nicht nur Leitungspersonen Gestaltungsmöglichkeiten im Umgang mit Diversität haben, sondern auch Angestellte viele Möglichkeiten haben, ihre Arbeitssituation und ihre Umgebungen zu verändern, indem sie im Kleinen anfangen und bspw. auf Beteiligungen, das Arbeitsklima, Privilegien und Benachteiligungen achten, Dinge ansprechen und sich dafür einsetzen. Die Leitungspersonen von Organisationen wollen sich im Sinne der Antidiskriminierungsrichtlinien mit Diversität befassen. Sie bekamen darüber hinaus durch die Fortbildung Konzepte an die Hand, um mit den Mitarbeitenden gemeinsam ihre Organisationskulturen im Umgang mit Diversität so zu verändern, dass dies möglichst allen zugutekommt. Begrenzungen in der Umsetzung zeigten sich v. a. dort, wo sich entscheidende Personen im Betrieb gegen Veränderungen sträubten, wo Partizipation unerwünscht war und wo keine finanziellen und personellen Ressourcen für Umsetzungen zur Verfügung gestellt wurden. Bei vielen Personen verbesserte die Fortbildung ihre persönliche Arbeitssituation, denn durch unsere Praxisbegleitung haben sowohl die Teilnehmenden als auch das Thema Diversität in der jeweiligen Organisation mehr Beachtung erfahren. Einzelne wurden nach der Fortbildung zu *Diversity* Expert*innen für ihre Organisation und können diese nun mit- und umgestalten, z. B. in Richtung Inklusion als zentrales Thema einer Volkshochschule. Andere fanden Arbeit als *Diversity*-Referent*innen – z. B. an Hochschulen und in der öffentlichen Verwaltung – oder machten sich selbstständig.

Die ethnologische Praxisbegleitung erwies sich in vielerlei Hinsicht als fruchtbar: Sie sicherte den Transfer, indem sich die Themen der Fortbildung im konkreten Arbeitsalltag der Teilnehmenden niederschlugen. Die Art des Spiegelns der ethnographischen Einblicke in den Alltag an die Teilnehmenden – und dies unter der Perspektive ihrer Fragestellungen – unterstützte deren Tätigkeiten, Selbstwertgefühl und die *Diversity*-Anwendungen. Es wurde zudem ein gemeinsamer Reflexionsraum geschaffen, der weit über das Arbeiten mit und zu Diversität hinausging. In diesem Sinne konnte die Begleitung Impulse setzen, die sich weiterverfolgen ließen.

Die Rolle als Ethnolog*innen in den Fortbildungen war durchaus fordernd und verantwortungsvoll, zum einen durch die theoretischen und methodischen Impulse die wir setzen konnten, zum anderen durch das Arbeiten mit den Gruppen und Einzelpersonen und die personenbezogenen, ethnographisch orientierten Praxisbegleitungen. Vor allem beim kontinuierlichen Arbeiten mit den Gruppen im Verlauf eines Jahres kam es auch zu Dynamiken, die zu halten und auszuhalten waren. Dafür war es wichtig, auch für uns selbst Reflexionsräume zu schaffen, stets zu zweit in den Gruppen zu arbeiten und sich miteinander zu den Gruppenprozessen, den eigenen Rollen und den sich abspielenden Psychodynamiken austauschen zu können.[7]

5. Abschließende und weiterführende Gedanken zur Bedeutung des Wissenschafts-Praxis-Transfers im Feld *Diversity*

Die Beispiele zum aktuellen Arbeitsfeld *Diversity* zeigen Möglichkeiten und Grenzen des Transfers ethnologischer Konzepte und Methoden in Praxisfelder auf. Es handelt sich dabei, gegenüber sogenannt freier Forschung (die allerdings meist drittmittelabhängig ist und daher auch unter bestimmten Rahmenbedingungen stattfindet), um Reduktionen.

Weder lässt sich die Komplexität eines Feldes durch Kurzforschungen verstehen, noch lassen sich daraus auf die Schnelle dichte Beschreibungen erstellen. Dennoch zeigen die Beispiele, dass sich Konzepte und Methoden der Ethnologie, im Sinne von *Public Anthropology* und *Communities of Practice*, für *Diversity* Forschungs- und Arbeitsfelder hervorragend eignen. Wie die Kolleg*innen konnten auch Studierende in den Projekten mitar-

---

7   Hierfür waren sicherlich meine Ausbildung durch die Zürcher Schule der Ethnopsychoanalyse sowie die langjährigen Erfahrungen im Umgang mit den ethnopsychoanalytischen Methoden, aber auch die vielen Praxiserfahrungen im Feld von Inter-/Transkulturellen Schulungen und rassismuskritischem Arbeiten besonders hilfreich.

beiten bzw. mitforschen und sich auf diese Weise mit Praxisfeldern und entsprechenden Personenkreisen vertraut machen, was teilweise auch Berufseinstiege ermöglichte.

Die Forschungsbezüge sind für die *Diversity*-Praxis wichtig, weil sich damit simplifizierende, essentialisierende Vorstellungen von Diversität hinterfragen lassen. Die Praxisbezüge wiederum ermöglichen das direkte, kreative Erproben von Theorien und Methoden vor Ort und in Kollaboration. Dabei entstehen für die Wissenschaft innovative Methodologien (Pink 2006:5) und modifizierte Theorien (Rappaport 2008:4-9). Für Wissenschaftler*innen ermöglichen die Kooperationen, sich gesellschaftlich einzumischen, zu intervenieren und Impulse zu geben. Wie mit den *Intersectional Critical Diversity Studies* angestrebt und mit dem Ansatz der *Communities of Practice* umgesetzt, hebt sich hier die Trennung zwischen Wissenschaft, Praxis und sozialen Bewegungen auf. Die Beispiele sprechen für die Zusammenarbeit mit Praxisfeldern zum Erproben und Modifizieren von Konzepten, zur Konkretisierung der Diversitätsthemen und im Fall von *Diversity Management* zur Erarbeitung von Strategien, die keinen von außen dirigierten Neuanfang beinhalten, sondern sich aus dem spezifischen Organisationskontext entwickeln. Die wissenschaftlichen Begleitforschungen, Evaluationen, Beratungen und Schulungen fördern angemessene, nachhaltige Umsetzungen gerade auch durch das ethnologische Sich-Einlassen und das Zusammenspiel von etischen und emischen Perspektiven (Außen- und Innensichten). Ethnolog*innen sind es gewohnt, mit Menschen Kontakt zu haben und Prozesse zu verfolgen. Wir sind geübt darin, die konkreten Handlungen der Subjekte wahrzunehmen und hierbei auf das *Doing* und *Undoing Diversity* zu achten. Das wird zwar geschätzt, aber wenn machtkritische, intersektionelle Analysen Spannungsfelder und Widersprüchlichkeiten hinterfragen, ist dies nicht in jedem Praxisfeld erwünscht.

Auch gibt es durchaus Probleme mit unserer Rolle als Akademiker*innen in der Praxis. Manchmal haben wir es mit Formen des Studying Up zu tun und müssen unsere Expertise z. B. in etablierten Unternehmen erst unter Beweis stellen. Meist jedoch bekommen wir als akademisch Ausgebildete die Definitionsmacht zugeschrieben bzw. üben diese – meist unbewusst – aus, was sowohl Momente der Achtung als auch Abwehrhaltungen erzeugt. Deshalb ist beim Transfer die Reflexion der eigenen Rollen als Ethnolog*innen und Wissenschaftler*innen einzeln und im Team besonders wichtig. Auffällig ist für mich als Person, die sich bei ihrer Arbeit zwischen Wissenschaft und Praxis bewegt, dass der angewandten Ethnologie und Kulturwissenschaft in außeruniversitären Feldern viel mehr Anerkennung zukommt als an den Hochschulen. Vermutlich wird sich dies in den nächsten Jahren ändern, denn noch gilt die Besserstellung der akademischen Ethnolog*innen als Mainstream (Pink 2006:5); doch nimmt die Relevanz an Praxisbezügen für Akademiker*innen zu und stehen die Hochschulen entsprechend in der Pflicht, den Transfer zur Praxis zu fördern. Auch von daher sehe ich gute Chancen für Ethnolog*innen und Kulturwissenschaftler*innen, das hier zum Bereich von Evaluationen, Beratung und Begleitung sowie Schulungen vorgestellte Wissenschafts-Praxis-Feld *Diversity* weiterzuentwickeln.

Literatur

ABU-LUGHOD, L. (1993): Writing Women's Worlds. Bedouin Stories. Berkeley: University of California Press.

Ahmed, S. (2011): „You end up doing the Document rather than doing the doing". Diversity, Race Equality und Dokumentationspolitiken (engl. Orig.). In: Castro Varela, M. / Dhawan, N. (Hg.): Soziale (Un)Gerechtigkeit. Kritische Perspektiven auf Diversity, Intersektionalität und Antidiskriminierung. Berlin: Lit, S. 118–137.

APPADURAI, A. (2009): Interview on 'Diversity'. Electronic source: http://www.mmg.mpg.de/en/diversity-interviews/appadurai/ [Zugriff am 18.09.2017].

BESTEMAN, C. (2013): Three Reflections on Public Anthropology. In: Anthropology Today, 29 (6), S. 3–6.

CRENSHAW, K. (1989): Demarginalizing the Intersection of Race and Sex. A Black Feminist Critique of Antidiscrimination Doctrine. In: The University of Chicago Legal Forum, S. 139–167. Electronic source: https://chicagounbound.uchicago.edu/cgi/viewcontent.cgi?referer=https://www.google.com/&https-redir=1&article=1052&context=uclf [Zugriff am 20.04.2018].

DULKO, E. / Kaufmann, M. E. / Weule, M. / Jansen, L. (Hg.) (2013): Afrikabilder. Dokumentation einer Tagungsreihe zum Afrika-Diskurs in den Medien und zum Alltagsrassismus in Deutschland. Bremen: Bundesarbeitskreis Arbeit und Leben & Bremer Institut für Kulturforschung (bik).

EGGERS, M. M. / Kilomba, G. / Piesche, P. / Arndt, S. (Hg.) (2009): Konzeptionelle Überlegungen. In: Dies. (Hg.) Mythen, Masken und Subjekte. Kritische Weißseinsforschung in Deutschland. Münster: Unrast, S. 11–13.

FENSTERMAKER, S. / West, C. (Hg.) (2002): Doing Gender, Doing Difference. Inequality, Power, and Institutional Change. London: Routledge.

FUCHS, M. (2007): Diversity und Differenz – Konzeptionelle Überlegungen. In: Krell, G. / Riedmüller, B. / Sieben, B. / Vinz, D. (Hg.): Diversity Studies. Frankfurt am Main: Campus, S. 17–34.

GARDENSWARTZ, L. / Rowe, A. (2002): Managing Diversity. A complete Desk Reference and Planning Guide. New York: McGraw-Hill.

GÖTZ, I. / Wittel, A. (Hg.) (2000): Arbeitskulturen im Umbruch. Zur Ethnographie von Arbeit und Organisation. Münster: Waxmann.

HANNERZ, U. (2010): Anthropology's World. Life in a Twenty-First-Century Discipline. New York: Pluto.

HANNERZ, U. (1992): Cultural Complexity. Studies in the Social Organization of Meaning. New York: Columbia University Press.

HESS, S. / Langheiter, N. / Timm, E. (Hg.) (2011): Intersektionalität Revisited. Enpirische, theoretische und methodische Erkundungen. Bielefeld: transkript.

HOLLINGER, D. (1995): Postethnic America. Beyond Multiculturalism. New York: Basic Books.

KAUFMANN, M. E. (2002): Kulturpolitik – Körperpolitik – Gebären. Opladen: Leske + Budrich.

KAUFMANN, M. E. (2004): Geschlecht thematisieren. Feministische Ansätze in der Ethnologie. In: journal-ethnologie.de, Schwerpunktthema 2004. Electronic source: http://www.journal-ethnologie.de/Deutsch/Schwerpunktthemen/Schwerpunktthemen_2004/Ethnologische_Geschlechterforschung/Geschlecht_thematisieren/index.phtml [Zugriff am 20.09.2017].

KAUFMANN, M. E. (2010): Der Praxis-Transfer. Diversity Management für kleine und mittelständische Unternehmen. In: Kaufmann, M. E. (Hg.): BremerForum: Diversity. Dokumentation des Projekts. Bremen: Bundesarbeitskreis Arbeit und Leben & Bremer Institut für Kulturforschung (bik), S. 28–51.

KAUFMANN, M. E. (2013a): Diversifizierung von Kultur. Intersektionelle Diversity Studies als Herausforderung. In: Hepp, A. / Lehmann-Wermser, A. (Hg.): Transformationen des Kulturellen. Wiesbaden: Springer VS, S. 19–31.

KAUFMANN, M. E. (2013b): „Wir haben selbst neue Wissenszusammenhänge geschaffen!" Forschendes Lernen zu „Diversity" in einer Großveranstaltung zur Methodenlehre im BA-Studiengang Kulturwissenschaft. In: Huber, L. / Schelhowe, H. / Kröger, M. (Hg.): Forschendes Lernen als Profilmerkmal einer Universität. Bielefeld: Universitätsverlag Webler, S. 123–142.

KAUFMANN, M. E. (2015): Forschendes Lernen als Bindeglied zwischen Forschungs- und Berufsorientierung in geisteswissenschaftlichen Studiengängen. In: Tremp, P. (Hg.): Forschungsorientierung und Berufsbezug im Studium. Bielefeld: Bertelsmann, S. 151–70.

KAUFMANN, M. E. (2016): Hype um Diversity – cui bono? Diversity in Unternehmen und an Hochschulen – aus der Perspektive intersektioneller Diversity Studies. In: Pohl, P. / Siebenpfeiffer, H. (Hg.): Diversity Trouble. Vielfalt – Gender – Gegenwartskultur. Berlin: Kadmos, S. 83–101.

KAUFMANN, M. E. (2018a): Communities of Practice. Forschendes Lernen in Ethnologie und Kulturwissenschaft. In: Kaufmann, M. E. / Satilmis, A. / Mieg, H. A. (Hg.): Forschendes Lernen in den Geisteswissenschaften. Konzepte, Praktiken und Perspektiven. Wiesbaden: Springer VS, S. 169–190.

Kaufmann, Margrit E. (2018b): Mind the Gaps – Diversity als spannungsgeladenes Zeitgeistdispositiv. In: Florin, M. / Gutsche, V. / Krenz, N. (Hg.): Diversität historisch. Repräsentationen und Praktiken gesellschaftlicher Differenzierung im Wandel. Bielefeld: transcript, S. 212–231.

KAUFMANN, M. E. / Ghaffarizad, K. / Hoffmann, F. / Suckut, F. (Hg.) (2015): Diversity @ Uni Bremen. Exzellent und chancengerecht?! Dokumentation. Bremen: Bundesarbeitskreis Arbeit und Leben & Bremer Institut für Kulturforschung (bik).

KAUFMANN, M. E. / Koch, H. (2018): Curriculumentwicklung zum Forschenden Lernen. In: Kaufmann, M. E. / Satilmis, A. / Mieg, H. A. (Hg.): Forschendes Lernen in den Geisteswissenschaften. Konzepte, Praktiken und Perspektiven hermeneutischer Fächer. Wiesbaden: Springer VS, S. 79–102.

KAUFMANN, M. E. / Satilmis, A. (2018): Hochschulöffnung intersektionell?! Konzeptionelle Überlegungen zur Gestaltung von diversitäts- und ungleichheitssensiblen Lehr- und Lernräumen. In: Buß, H. / Pohlenz, P. / Rahn, P. / Erbsland, M. (Hg.): Öffnung von Hochschulen. Impulse für die Weiterentwicklung von Studienangeboten. Wiesbaden: Springer VS, S. 215–232.

KRELL, G. / Riedmüller, B. / Sieben, B. / Vinz, D. (Hg.) (2007): Diversity Studies. Grundlagen und disziplinäre Ansätze. Frankfurt am Main: Campus.

LAVE, J. / Wenger, E. (1991): Situated Learning. Legitimate peripheral Participation. Cambridge: Cambridge University Press.

LOW, S. M. / Merry, S. E. (2010): Engaged Anthropology. Diversity and Dilemmas. In: Current Anthropology, 51 (2), S. 203–226.

MADISON, D. S. (2012): Critical Ethnography. Method, Ethics, and Performance. Los Angeles: Sage.

MARCUS, G. (1998): Ethnography Through Thick and Thin. Princeton: Princeton University Press.

MOORE, H. L. (1994): A Passion for Difference. Cambridge: Polity Press.

PINK, S. (2006): Introduction. Applications of Anthropology. In: Pink, S. (Hg.): Applications of Anthropology. Professional Anthropology in the Twenty-first Century. New York: Berghahn, S. 3–26.

RAPPAPORT, J. (2008): Beyond Participant Observation. Collaborative Ethnography as Theoretical Innovation. In: Collaborative Anthropologies, 1, S. 1–31.

VERTOVEC, S. (2007): Super-diversity and its Implications. In: Ethnic and Racial Studies, 30 (6), S. 1024–1054.

VERTOVEC, S. (Hg.) (2015): Routledge International Handbook of Diversity Studies. London/New York: Routledge.

WEST, C. / Zimmermann, D. H. (1987): Doing Gender. In: Gender and Society, 1 (2), S. 125–151.

WIMMER, A. (2009): Interview on 'Diversity'. Electronic source: http://www.mmg.mpg.de/diversity-interviews/wimmer/ [Zugriff am 28.03.2017].

YOUNG, I. M. (1990): Justice and the Politics of Difference. Princeton: Princeton University Press.

Ethnographie in der Evaluation –
Mögliche Anknüpfungspunkte und Differenzen

Ute Marie Metje

ABSTRACT: Der Soziologe Ian Shaw nennt schon 1999 in seiner Abhandlung über „Qualitative Evaluation" die Praxis der Feldforschung als gute Voraussetzung für Evaluationen, und zitiert Lee Cronbachs Forderung von vor 40 Jahren: „What the evaluation field needs is a good social anthropologist" (Shaw 1999:1). Vor diesem Hintergrund gehe ich der Frage nach, ob die Ethnographie und ethnologische Kompetenzen und Perspektiven stärker in Evaluationen eingebracht werden können. Dabei lege ich den Fokus auf die produktiven Spannungen zwischen Ethnographie und Evaluation und damit auf sich gegenseitig beeinflussende, aber auch differierende Aspekte beider Verfahren. Zwar unterscheiden sich die Rahmenbedingungen der akademischen ethnologischen Forschung von denen der Evaluation, trotzdem lassen sich einzelne Elemente und methodische Ansätze aus der Ethnologie in der Evaluation einsetzen. Insbesondere der ethnographische Zugang birgt Potential, um die verschiedenen Parteien zu Wort kommen zu lassen, um ggf. über die Fragen der Auftraggebenden hinauszudenken und mittels der Außensicht entdeckend und explorativ vorzugehen, abgegrenzte Entitäten, bspw. Projekte, Programme oder Organisationen, detailliert zu erfassen.

1. Einleitung

In diesem Beitrag richte ich meinen Blick auf Evaluation und damit auf die Auftragsforschung, die sowohl wissenschaftlichen Ansprüchen gerecht werden muss, als auch besonderen Herausforderungen in der Praxis gegenübersteht. Bis heute stellt Evaluation kein ausgewiesenes Berufsfeld mit festgelegten Anforderungen an die Aus- und Weiterbildung dar. Vielmehr handelt es sich um eine Querschnittswissenschaft, die Anforderungen unterschiedlicher Fachdisziplinen genügen muss (DeGEval 2008:7).

Der Soziologe Ian Shaw beschreibt in seiner Abhandlung über „Qualitative Evaluation" (1999) die Praxis der Feldforschung als gute Voraussetzung für Evaluation, und zitiert Lee Cronbachs Forderung von 1982: *„What the evaluation field needs is a good social an-*

thropologist" (Shaw 1999:1). Unter Rückgriff insbesondere auf Clifford Geertz' „Dichte Beschreibung" (1987) stellt er die methodologischen Grundlagen der Ethnologie als die ideale Haltung und Perspektive zur Durchführung qualitativer Evaluationen dar.

Vor diesem Hintergrund gehe ich der Frage nach, ob die Ethnographie auch im Rahmen von Evaluationen sinnvoll eingesetzt werden kann. Es geht mir nicht darum, methodologische Neuformulierungen anzubieten – vielmehr soll dieser Beitrag ein Plädoyer dafür sein, sich mit Auftragsforschung auseinanderzusetzen und ethnologische Kompetenzen und Perspektiven stärker in Evaluationen einfließen zu lassen. Dabei lege ich den Fokus auf die produktiven Spannungen zwischen Ethnographie und Evaluation und damit auf sich gegenseitig beeinflussende, aber auch differierende Aspekte beider Verfahren.

Nach einer kurzen Skizzierung der Praxis der Feldforschung wird die Entwicklung der Evaluation in Deutschland geschildert. Es wird geklärt, was unter Evaluation zu verstehen ist, welche Funktion sie einnehmen kann und welche Kompetenzen Evaluator*innen benötigen. Abschließend werden die Anforderungen in der Evaluation im Vergleich zur ethnographischen Feldforschungspraxis dargelegt und aufgezeigt, worin produktive Spannungen bestehen, welche Aspekte Anknüpfungspunkte bieten und worin Differenzen liegen.[1]

2. Praxis der ethnografischen Feldforschung

Ethnografische Feldforschung ist die zentrale Forschungsstrategie in der Ethnologie, sich sozialen Phänomenen und Praktiken empirisch zu nähern, um sie in ihrer Vielfältigkeit, Vielschichtigkeit und Widersprüchlichkeit zu verstehen. Ein wichtiges Charakteristikum der Feldforschung ist das persönliche Aufsuchen von fremden Lebensräumen. Das heißt, die Forschenden nehmen über einen längeren Zeitraum an ausgewählten Lebenswelten teil, mit dem Ziel, Daten zu erheben und Beschreibungen anzufertigen, die als Grundlage für Analysen dienen (vgl. auch Breidenstein et al. 2015:33-36). Dabei setzen sie verschiedene Erhebungsmethoden ein, wie die teilnehmende Beobachtung, Dokumentenanalyse, Interviews und informelle Gespräche und fertigen unterschiedliche Datentypen an, wie Beobachtungs- oder Gesprächsprotokolle, Tonaufzeichnungen, Transkripte, Tagebuchaufzeichnungen, Fotomaterial etc. Die Besonderheit der teilnehmenden Beobachtung als ein *Markenzeichen* der ethnographischen Feldforschung ermöglicht eine emische Zugangsweise, wonach sich die Forschenden *von außen kommend* auf die fremde Lebenswelt einlassen, um sie *von innen heraus* aus der Perspektive der Mitglieder der jeweiligen Milieus oder Szenen zu verstehen und zu erfahren versuchen. Eine der Herausforderungen besteht in dem kontinuierlichen Oszillieren zwischen Teilnahme (Nähe) und Beobachtung

---

1   Für konstruktive Kritik und Anregungen zu diesen Überlegungen danke ich Andrea Lauser, Universität Göttingen und Marina Richter, Universität Fribourg, Schweiz.

(Distanz) (Breidenstein et al. 2015:42-44). Ein weiteres Merkmal der ethnographischen Forschung ist die kontextualisierte Perspektive: *Warum* sagt mir eine Person etwas, in *welchem* Kontext, in *welcher* Situation und mit *welcher* Intention etc.? Clifford (1986) fordert in seinen Ausführungen zur Produktion ethnographischer Texte daher, den Kontext darzustellen, die Situation zu benennen, die sprachlichen Stilmittel sowie institutionelle, politische und historische Bedingungen zu berücksichtigen. Die komplexe und auf das Ganze gerichtete Zugangsweise ermöglicht im Laufe des unmittelbaren Begegnungs- und Verstehensprozesses, auch unerwartete Zusammenhänge und Einflüsse wahrzunehmen.

Mit Breidenstein et al. (2015:31-36) resümiere ich die charakteristischen Markenzeichen der ethnographischen Forschung als 1.) kontextualisiertes Verstehen sozialer Praktiken, das 2.) auf unmittelbarer Erfahrung beruht ebenso wie 3.) durch eine der Situation angemessene zirkulär angelegte Methodenvielfalt geleitet ist und 4.) auch *schweigsames Wissen* – also auch das Unaussprechliche des Sozialen – versprachlichen kann.

3. Entwicklung der Evaluation

Die Evaluationspraxis ist eine recht junge Disziplin der empirischen Forschung, deren Wurzeln in der Sozialpolitik der 1930er Jahre in den USA liegen (Stockmann / Meyer 2010:24-27).[2] Die Entwicklung der Evaluation in Deutschland setzte in den 1970er Jahren ein. Während sich in den USA ab den 1970er bis Mitte der 1980er Jahre Interessensverbände gründeten und es zur regelmäßigen Herausgabe von Fachzeitschriften kam, wurde der Berufs- und Interessensverband – die Gesellschaft für Evaluation e. V. (DeGEval)[3] – in Deutschland erst 1997 gegründet. Die Mitglieder setzen sich aus drei interdisziplinär ausgerichteten Interessensgruppen zusammen: Wissenschaftler*innen, die an Universitäten mit Evaluationsforschung und der Durchführung von Evaluationen beschäftigt sind. Mitarbeiter*innen von Institutionen, Organisationen und Behörden, die sowohl Evaluationen extern beauftragen, als auch über eigene Evaluationsabteilungen verfügen – zumeist im Rahmen der Qualitätsentwicklung –, und die zum Teil interne Evaluationen durchführen oder für die Ausschreibung von Evaluationen zuständig sind. Und schließlich gehören Praktiker*innen verschiedener wissenschaftlicher Disziplinen dazu, die als Auftragnehmer*innen Evaluationen durchführen. Auf der einmal jährlich stattfindenden Jahrestagung haben diese verschiedenen Interessensgruppen die Möglichkeit, sich intensiv auszutauschen und aktuelle Themen zu diskutieren, wodurch Wissenschaft und Praxis permanent ineinandergreifen und in einem ständigen Dialog stehen. Seit

---

2 Ausführlicher zur Geschichte der Evaluation in den USA, Europa und Deutschland s. Stockmann, Reinhard und Wolfgang Meyer (2010).

3 Die Abkürzung „DeGEval" geht ursprünglich auf die Bezeichnung „Deutsche Gesellschaft für Evaluation" zurück. Später fand ein Zusammenschluss mit Österreich statt, weshalb „Deutsche" gestrichen wurde und das „De" lediglich in der Abkürzung erhalten blieb.

2002 erscheint zweimal jährlich die Zeitschrift für Evaluation (ZfE), die sich zum Ziel gesetzt hat „zu einem Brennpunkt für Evaluation zu werden, in dem Fachkenntnisse interdisziplinär gebündelt, ein wechselseitiger Transfer zwischen Wissenschaft und Praxis unterstützt und theoretische Konzeptionen und methodische Evaluationsverfahren vermittelt und diskutiert werden" (Stockmann 2002:2).

Seit Gründung der DeGEval im Jahr 1997 sind immer mehr themenspezifische Arbeitskreise entstanden, die aktuelle Diskussionen aufgreifen und spezifische Herausforderungen von Evaluationen diskutieren. Gegenwärtig gibt es 17 Arbeitskreise, wie bspw. Aus- und Weiterbildung, Entwicklungspolitik und humanitäre Hilfe, Gesundheitswesen, Struktur- und Umweltpolitik, Berufliche Bildung, Soziale Arbeit, Wirtschaft und Kultur und Kulturpolitik, sowie weitere stärker querschnittsbezogene Arbeitskreise, wie Gender Mainstreaming und Methoden. Positiv betrachtet eröffnet diese Segmentierung die Möglichkeit einer intensiven fachbezogenen Auseinandersetzung mit den jeweiligen Anforderungen an Evaluationen in den spezifischen Themenfeldern. Zugleich verweisen Stockmann und Meyer auch auf deren Nachteil, wonach ein „die sektoralen Politikfelder übergreifender, die verschiedenen Fachdisziplinen integrierender Fokus" (2010:40) in Deutschland bisher fehle. Ein weiteres Hemmnis, in Deutschland eine ausgeprägte Evaluationskultur zu implementieren, liege in der Sonderstellung, die die Evaluationsforschung in der Wissenschaft einnehme, da diese sich zum überwiegenden Teil auf Auftragsforschung stützen müsse und es an einer auf Grundlagenforschung gerichteten universitären Forschungslandschaft noch mangele, so die Autoren.

Das Centrum für Evaluation (CEval) an der Universität des Saarlandes bietet als einziges universitäres Institut in Deutschland berufsbegleitend einen viersemestrigen (120 ECTS Credits) vollwertigen und interdisziplinär ausgerichteten Studiengang „Master of Evaluation" in Kooperation mit der Hochschule für Technik und Wirtschaft in Saarbrücken an. — Was steht hinter dem Begriff Evaluation und welche Funktion wird ihr zugeschrieben?

3.1 Begriffsbestimmung und Funktion von Evaluation

Der Begriff Evaluation oder Evaluierung[4] stammt vom lateinischen Wort *valor* ab, was *Wert* bedeutet und von der Vorsilbe *e/ex,* was *aus* bedeutet (Meyer 2002:2). Daraus ergibt sich die Bedeutung *einen Wert aus etwas* ziehen. Bewertet werden Strukturen, Programme, Projekte, Themen, Politiken oder Prozesse, wie z. B. in der Entwicklungspolitik, im Gesundheits- und Bildungswesen oder im Kultursektor. Innerhalb Deutschlands ist die Evaluationskultur in den verschiedenen gesellschaftlichen Sektoren unterschiedlich stark ausgeprägt. Vor allem in den Bereichen der Entwicklungszusammenarbeit sowie in der Bildungs- und Arbeitsmarktpolitik ist die Akzeptanz sehr hoch. Auch in der deut-

---

4   Die Begriffe haben dieselbe Bedeutung, sie werden im allgemeinen synonym verwendet, in der Entwicklungs-
      zusammenarbeit wird jedoch der Ausdruck Evaluierung favorisiert.

schen Auswärtigen Kulturpolitik sind Evaluierungen stark verbreitet, u. a. bedingt durch die thematische Nähezur Entwicklungszusammenarbeit und zur Bildungs- und Hochschulforschung (Engin et al. 2014:73-75).

Evaluationen werden unterschiedliche Funktionen zugeschrieben. Sie können sowohl Kontroll- und Legitimationsfunktion einnehmen, zugleich aber auch zur Sicherung und Entwicklung der Arbeitsqualität oder zum institutionellen Lernen eingesetzt werden. Letzterem Verständnis nach kann Evaluation ein Reflexionsinstrument sein, das den Dialog der Akteure befördert und Erkenntnisse ermöglicht, die zur Weiterentwicklung von Projekten oder Programmen beitragen. Gleichwohl bietet sich Evaluation auch als Steuerungsinstrument an, das spezifische Prozesse gezielt zu beeinflussen hilft.

In der Evaluationsforschung wird zwischen verschiedenen Konzepten unterschieden: die per-formative, die formative und die summative Herangehensweise. Die per-formative Evaluation, die bereits in der Programm- oder Projektentwicklungsphase beginnt, findet bis heute eher selten Anwendung. Formativ meint die prozessbegleitende Untersuchung, die noch während der Projektlaufzeit einsetzt, und summativ ist die rückblickende bilanzierende Evaluation, die nach Abschluss eines Programms oder Projekts startet (Böttcher et al. 2006:11-12). Je nach favorisiertem Konzept der Evaluation unterscheidet sich die Analyseperspektive.

Die Verbreitung von Evaluation in Deutschland ist geprägt von Boom- und Stagnationsphasen – häufig eine Folge politischer Weichenstellungen. Während in den Anfängen, also den 1960er und 1970er Jahren, Erfolg und Zielerreichung groß angelegter Reformprogramme überprüft wurden, wechselte das Evaluationsthema in den 1980er Jahren – und damit den Sparjahren – hin zu Fragen der Kosteneffizienz. In den 1990er Jahren schließlich rückte die immer stärker werdende Wirkungsdiskussion in den Vordergrund. Demnach ist Evaluation in hohem Maße politikbestimmt und immer auch Ausdruck eines politischen Prozesses (Stockmann/Meyer 2010:43-52). Mehr und mehr gewinnen partizipative und systemische Ansätze in der Evaluation an Bedeutung, worauf im Abschnitt 4.5 näher eingegangen wird.

4. Kompetenzanforderungen in der Evaluation

Welche Kompetenzen sind nötig, um Evaluationen professionell und entsprechend wissenschaftlicher Standards durchführen zu können? Anhaltspunkte dazu liefert die Professionalisierungsdebatte innerhalb der DeGEval.[5] Die Diskussion mündete 2008 in eine Publikation, in der Empfehlungen für die Aus- und Weiterbildung formuliert sind mit dem Ziel, einen Beitrag zur Qualitätsentwicklung und Professionalisierung von Evaluationen zu liefern. Diese Diskussion wurde aktuell wieder aufgegriffen, und die Empfehlungen für die Aus- und Weiterbildung werden innerhalb des Arbeitskreises Professionalisierung der DeGEval gegenwärtig einer Revision unterzogen. – Den Empfehlungen zufolge sind fünf Kompetenzfelder auszumachen, die es abzudecken gilt: ▪ Abb. 1

Kompetenzfelder in der Aus- und Weiterbildung in der Evaluation

Abb. 1: Kompetenzfelder in der Evaluation
(Quelle: DeGEval 2008:9)

4.1 Theorie und Geschichte in der Evaluation

Das erste Kompetenzfeld betrifft Kenntnisse über zentrale Evaluationsbegriffe und Definitionen, die grundlegende Voraussetzung zur professionellen Durchführung von Evaluationen sind. Ebenso wichtig sind Kenntnisse in Bezug auf die Geschichte der Evaluation sowie ein konzeptionelles Verständnis theoretischer und methodischer Ansätze, um Evaluationsfragestellungen zu präzisieren sowie Möglichkeiten und Grenzen einer Evaluation abschätzen zu können. Zur Erarbeitung komplexer Evaluationsstudien bieten sich verschiedene in den vergangenen Jahren entwickelte theoretische Modelle an, wie das organisationstheoretische Modell des CEval oder der Programmbaum von Univation.[6] Der Einsatz solcher Modelle bzw. Analyseinstrumente strukturiert die Evaluation und ermöglicht den Evaluierenden die Beschreibung des Gegenstands, die Entwicklung des Evaluationsdesigns sowie die Analyse des Kontexts. Zudem werden damit die Struktur von Programmen oder Projekten sowie mögliche Wechselwirkungen zwischen den einzelnen Komponenten sichtbar ▪ Abb. 2 ▪ Abb. 3.

---

5 Insbesondere der Arbeitskreis „Professionalisierung", vormals „Aus- und Weiterbildung" in der DeGEval hat diese Diskussion vorangebracht und zeichnet sich für die Publikation verantwortlich (2008).

6 Univation Institut für Evaluation Dr. Beywl & Associates GmbH, Köln.

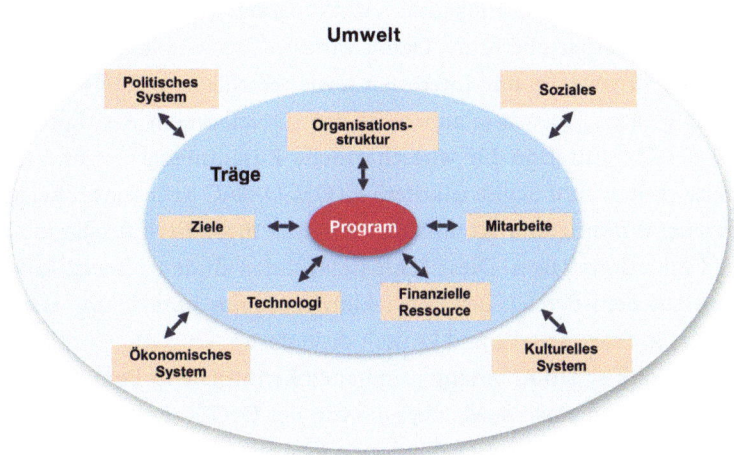

Abb. 2: Organisationstheoretisches Wirkungsmodell
(Quelle: Stockmann, Reinhard 2007 : S. 5)

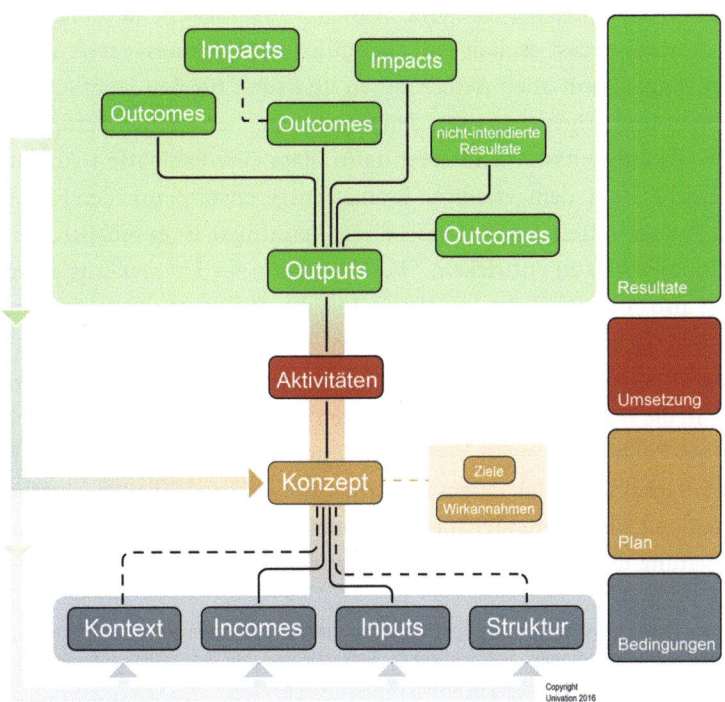

Abb. 3: Programmbaum als logisches Modell
(Quelle: http://www.univation.org/index.php?class=Calimero_Webpage&id=12712)

Im Zuge der Professionalisierung sind weitere Wirkungsmodelle für Evaluierungen entwickelt worden. So hat auch die Deutsche Gesellschaft für internationale Zusammenarbeit (GIZ)[7] ihr vormaliges monokausales Wirkungskettenmodell in ein systemisch angelehntes Wirkungsgefüge überführt. Damit wird der Tatsache Rechnung getragen, dass unterschiedliche Sichtweisen und Interessen sowie verschiedene politische Ebenen nicht aus dem Blick geraten. Ebenso erlauben die vom Development Assistance Committee (DAC) und der Organisation für wirtschaftliche Zusammenarbeit und Entwicklung (OECD) entwickelten fünf Schlüsselkriterien (OECD-DAC Kriterien) – Relevanz, Effektivität, Effizienz, Wirkung und Nachhaltigkeit – eine theoretisch fundierte Ausdifferenzierung der Evaluationsfragen. Diese Schlüsselkriterien finden zumeist Anwendung in Evaluationen aus dem Bereich der Entwicklungszusammenarbeit und werden aktuell zum ersten Mal in Frage gestellt und kritisch diskutiert.[8]

Neben der theoretischen Anbindung sind auch Kenntnisse in Bezug auf verschiedene methodologische Paradigmen sowie über die von der DeGEval erstellten Qualitätsstandards notwendig. Danach sollen Evaluationen vier Eigenschaften aufweisen, und zwar Nützlichkeit, Durchführbarkeit, Fairness und Genauigkeit. Der Nützlichkeitsstandard stellt sicher, dass Evaluation auf die geklärten Evaluationszwecke sowie am Informationsbedarf bzw. den Bedarfen der beteiligten Akteur*innen ausgerichtet ist. Der Durchführbarkeitsstandard gewährleistet, dass eine Evaluation realistisch, gut durchdacht, diplomatisch und kostenbewusst geplant und ausgeführt wird. Fairness regelt den fairen und respektvollen Umgang mit allen Akteur*innen und sorgt für den rechtlich und ethisch korrekten Ablauf und schenkt den von den Ergebnissen betroffenen Personen Aufmerksamkeit. Der Genauigkeitsstandard sorgt dafür, dass eine Evaluation gültige Informationen und Ergebnisse zu dem jeweiligen Evaluationsgegenstand und den Fragestellungen hervorbringt und vermittelt. Erst auf Basis dieser Kenntnisse ist es möglich, ein angemessenes Evaluationsdesign zu entwickeln.[9] Voraussetzung zur Entwicklung eines Evaluationsdesigns ist also ein grundlegendes Verständnis der Zusammenhänge zwischen Gegenstand, Fragestellung, Konzeption und Methoden.

Dieses erste Kompetenzfeld von Theorie und Geschichte in der Evaluation sind Anforderungen, in die sich jede und jeder einarbeiten kann. Dafür stehen zahlreiche Grundlagenwerke und Publikationen zur Verfügung. Auch die Teilnahme an den Jahrestagungen und die Entscheidung, sich einem der Arbeitskreise anzuschließen, verschaffen viele Informationen und einen guten Einstieg in Evaluation. Diejenigen, die eine ethnographische Feldforschung durchgeführt haben, sind zudem bewandert in der Konzeption des

---

7   Eine Abbildung dieses Wirkungsgefüges findet sich bei Neubert, Susanne u.a. (2014): Vom Methodenstreit zum Methodenmix – Chronologie und Stand der Entwicklungsevaluierung." In: Böttcher, Wolfgang et al: Evaluation in Deutschland und Österreich. Münster: Waxmann, S. 61-72.

8   Erläuterung dazu Link: https://ieg.worldbankgroup.org/blog/rethinking-evaluation [Zugriff am 11.07.2017].

9   Ausführlicher dazu siehe Webseite der DeGEval, Link: http://www.degeval.de/fileadmin/Publikationen/DeGEval_Standards_fuer_Evaluation_-_Erste_Revision__2016_.pdf [Zugriff am 10.07.2017].

Forschungsdesigns, der Vorbereitung, Datenerhebung, Auswertung und Dokumentation der Erkenntnisse – Arbeitsschritte, die bei der Durchführung von Evaluationen ebenso anfallen.

4.2 Methodenkompetenz

Das zweite Kompetenzfeld umfasst Methodenkompetenzen, worunter vor allem Kenntnisse der Grundzüge empirischer Sozialforschung, die Planung von Evaluationsstudien sowie Kenntnisse von Theorie und empirischer Forschungspraxis mit Bezug zum thematischen Feld der Evaluation fallen. Hier geht es in erster Linie um methodologische Kenntnisse und damit um Fertigkeiten, qualitative und quantitative Datenerhebungsverfahren anwenden zu können. Für die Praxis bedeutet dies die Fähigkeit, ein angemessenes Untersuchungsdesign zu entwickeln und Fragen nach der feldspezifischen Angemessenheit abzuwägen. Neben den Datenerhebungskompetenzen spielt jedoch auch die Datenverarbeitung, -aufbereitung und -interpretation eine zentrale Rolle, sowie Kenntnisse der entsprechenden Software, wie bspw. MS-Excel, SPSS, Stata oder die Auswertungssoftware MAXQDA zur Verarbeitung umfangreicher qualitativ gewonnener Daten.

Hilfreich ist zudem, über ein Grundwissen in der Projektdurchführung, der Antragstellung und Auftragsabwicklung zu verfügen, da Kosten kalkuliert und Angebote formuliert werden müssen.

Dieses zweite Kompetenzfeld macht die Verbindung zur ethnologischen/ethnographischen Methodenexpertise besonders deutlich. Evaluator*innen sind häufig entweder auf qualitative oder quantitative Verfahren der empirischen Sozialforschung spezialisiert, weshalb zumeist Teams, in denen beide Kompetenzen vorhanden sind, zur Erarbeitung von Evaluationsstudien gebildet werden. Das betrifft auch Auswertungsverfahren, die in der Ethnologie erlernt werden. Die aufgezählten Softwarekenntnisse – sowohl zur Datenverwaltung als auch ggf. als Unterstützung zur Datenauswertung – können, soweit nicht vorhanden und je nach Bedarf, gezielt durch Fortbildungsangebote erlernt werden.

Neben den methodischen Kompetenzen ist aber vor allem die Forschungs-Haltung interessant, die in der Ethnologie im Rahmen der Feldforschung vermittelt wird. Insbesondere die eingangs erwähnte emische Zugangsweise, die ganzheitliche kontextualisierte Perspektive auf die sozialen Praktiken, Neugierde, Empathie und die Fähigkeit zum Perspektivwechsel sind Potenziale, die in Evaluationen erkenntniserweiternd eingebracht werden können.

Ein Beispiel aus der Praxis: In den Jahren 2013 bis 2016 hat das Goethe-Institut, das im Rahmen der Auswärtigen Kultur- und Bildungspolitik weltweit tätig ist, ein wirkungsorientiertes dynamisches Evaluationsmodell entwickelt: „Kultur wirkt. Mit Evaluation Außenbeziehungen nachhaltiger gestalten". Ziel war es, ein auf die Arbeit des Goethe-Instituts zugeschnittenes Wirkungsmodell zu erarbeiten, das der Komplexität seiner kulturellen Aktivitäten gerecht wird. Neben der Legitimationspflicht legt das Goethe-Institut in Evaluationen Wert auf die Aspekte Entwicklung und Erkenntnis. „Wir betrachten Evaluation dabei nicht nur als ein Hilfsmittel zur Legitimation unserer Arbeit, sondern als Möglichkeit, Wirkungen einzuschätzen, strategische Entscheidungen zu treffen, Lernprozesse anzustoßen und unsere Arbeit weiterzuentwickeln" (Goethe-Institut 2016:1). Wie aber lässt sich die Kulturarbeit des Goethe-Instituts messen? ▪ Abb. 4.

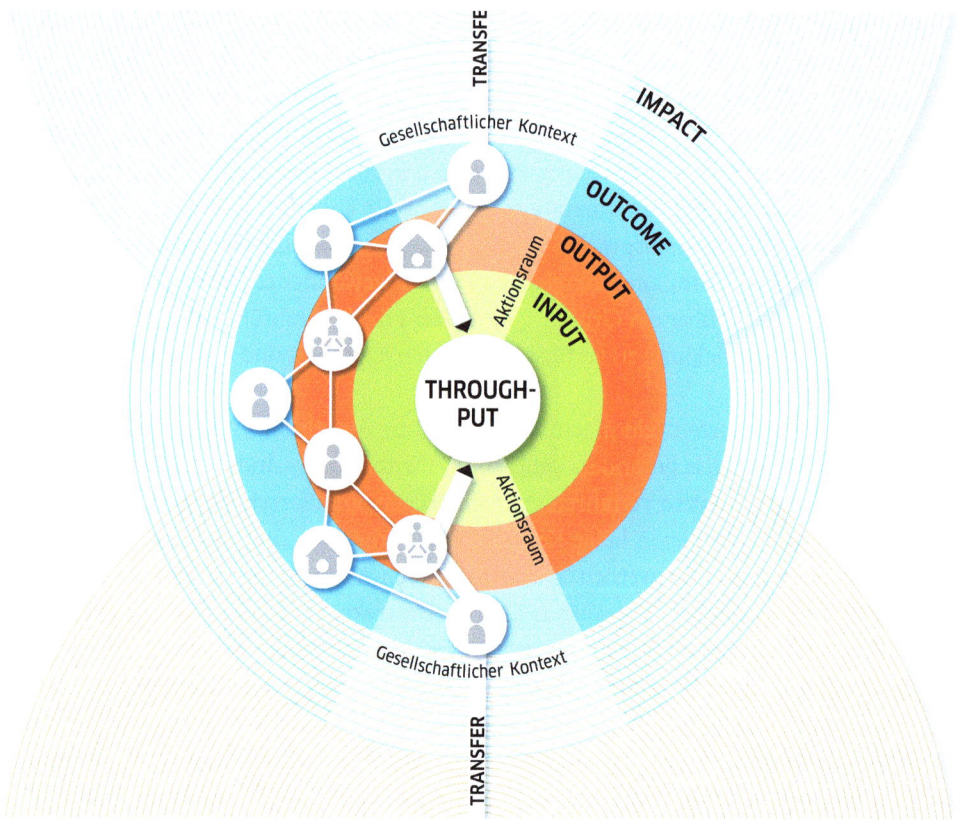

Abb. 4: Wirkungsmodell der Evaluation
(Quelle: Goethe-Institut 2016: S. 12)

In den Entwicklungsprozess wurden zahlreiche Goethe-Instituts-interne und -externe Kultur- und Evaluationsexpert*innen – u. a. auch Ethnolog*innen – eingebunden, da die Öffnung hin zur Anwendung bisher wenig verwendeter Methoden explizit gewünscht war. Im Verlaufe des Prozesses beauftragte das Goethe-Institut vier Pilotevaluationen, in denen das neu entwickelte Wirkungsmodell getestet und die Methoden auf ihre Eignung in Evaluationen erprobt wurden.

Das Wirkungsmodell umfasst neben den etablierten OECD/DAC-Kriterien (s. im Abschnitt 4.1) zwei weitere Dimensionen (vgl. Lierheimer/Schad 2017:179):

1. *Throughput* bzw. wertebasierte Arbeitsweise: Die Betrachtung dieser Dimension gibt Antworten auf die Frage, inwieweit die an die Arbeitsweise des Goethe-Instituts gestellten Ansprüche erfüllt werden.

2. *Transfer* als Grundlage für Nachhaltigkeit: Hier geht es um die Frage, inwieweit durch die Kulturarbeit die Grundlage für Langzeit- und Übertragungseffekte geschaffen wird, sodass sich vor Ort Konzepte, Aktivitäten und Strukturen unabhängig von ursprünglich fördernden Institutionen entwickeln können – also, inwieweit die erreichten Wirkungen über die Förderung hinaus bzw. unabhängig davon Bestand haben.

Zu den auf ihre Eignung hin erprobten Methoden gehörten die Dichte Beschreibung als Dokumentationsform, biografisch-narrative Interviews in Kombination mit *Mental Mapping*,[10] die *Soziale Netzwerkanalyse*,[11] mittels derer das Sozialkapital eines Instituts oder eines Programms sichtbar gemacht werden sollte sowie die *Akteur-Netzwerk-Theorie*,[12] die Akteure und nicht-menschliche Einflussfaktoren (sog. Aktanten) in den Phasen der Netzwerkbildung in den Blick nimmt.

Im Folgenden wird beispielhaft auf die Anwendung biografisch-narrativer Interviews in Ergänzung mit Mental Mapping eingegangen.[13] Gesprächspartner*innen waren Künstler*innen, die für einen dreimonatigen Residenzaufenthalt zur Villa Kamogawa in Kyoto reisen konnten. Das Programm unterstützt die Künstler*innen darin, sich vor Ort mit lokalen Künstler*innen und der kulturellen Szene des Gastlandes zu vernetzen und eigene Projekte, häufig mit Japan-Bezug, zu entwickeln oder weiterzuverfolgen. Biografisch-narrative Interviews machen Sinnkonstruktionen und Handlungen aus Perspektive der handelnden Individuen deutlich. Sie beginnen mit einer erzählgenerierenden Frage, regen die Gesprächspartner*innen zu Narrationen an und dienen dem Gewinn von zusätzlichen, umfassenden Informationen, die bei der Konzeption der Evaluation nicht mitgedacht werden. Dadurch werden die Befragten zu Informationsträger*innen, die über spezifische Informationen verfügen, die auf anderem Wege nur schwer oder gar nicht zu gewinnen wären.

In Ergänzung dazu wurde das Mental Mapping eingesetzt. Dieser Methode liegt die wahrnehmungsgeografische Annahme zugrunde, dass Menschen raumbezogene Information bildhaft speichern, ordnen, abrufen und verarbeiten. Jeder Mensch hat eine an-

---

10 Klassische Arbeiten dazu s. Kevin Lynch [1960] (1989); Roger M. Downs/Stea, David (1982).

11 Vgl. Schönhuth, Michael/Gamper, Markus/Kronenwett, Michael/Stark, Martin (2013).

12 Vgl. Callon (2006) und Latour (2007).

13 Diese Evaluation wurde von der Autorin in Kooperation mit Michael Schönhuth und Kerstin Eckstein durchgeführt.

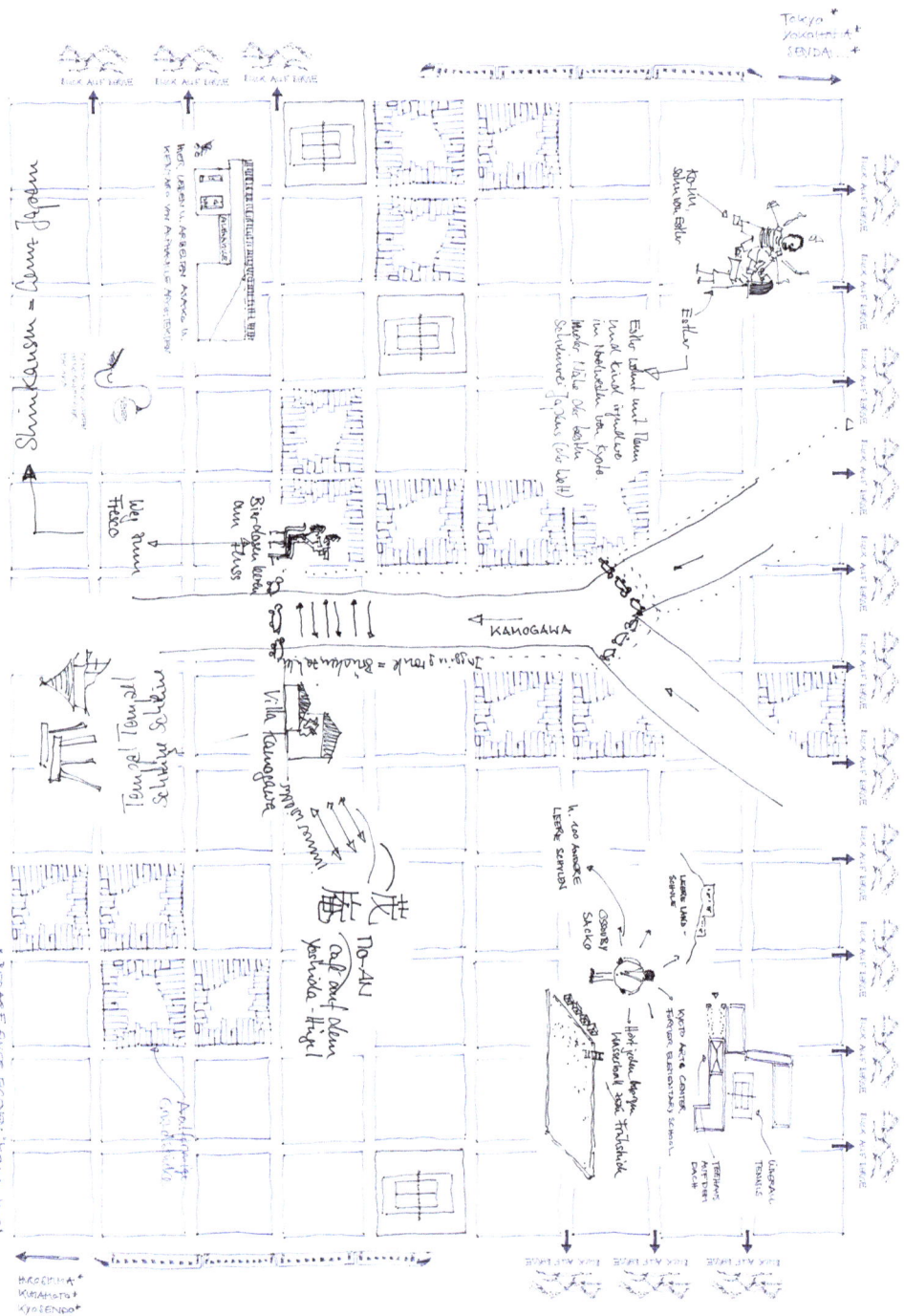

Abb. 5: Mental Map.
Annika Gründer, Florian Kirfel, Stipendiat/in Residenzprogramm Villa Kamogawa (2013)

dere kognitive Karte eines Raumes, in der sich die individuellen Wahrnehmungen, Erfahrungen, die persönliche Verfassung und Raumaneignungsprozesse widerspiegeln. Im Kontext des Residenzprogramms diente die Anfertigung dieser narrativen Landkarten der Gewinnung von Informationen zur aktiven Raumaneignung der Residenzteilnehmer*innen und der Gewinnung von Informationen über den Prozess des sich Einrichtens in die räumlichen Gegebenheiten.

Die Befragten wurden gebeten, sich an ihren Aufenthalt in der Villa Kamogawa in Kyoto zu erinnern und den Ort mit Wegen, Grenzlinien, bedeutsamen Bereichen sowie Merk- und Wahrzeichen aufzuzeichnen. So konnten Erinnerungen und besonders bedeutsame Momente, sogenannte *rich points* im Rahmen der Interviews ausgewertet werden. Dies ist ein Vorteil der Methode, da Interviewer*in und Befragte gemeinsam über die erstellte Gedächtniskarte navigieren können, was Rückfragen in einer ganz anderen Intensität als beim klassischen Interview erlaubt. Dabei werden nicht die Zeichnungen an sich ausgewertet, sondern sie sind vor allem ein Mittel zur Bereicherung der Interviews.

Fragestellungen, die den Resident*innen mit auf den *Zeichen-Weg* gegeben wurden, lauteten: Wo und mit wem haben (berührende) Begegnungen stattgefunden? Was waren soziale / kulturelle / künstlerische / persönliche Bezugspunkte, Momente des Austausches? ■ Abb. 5.

Das Goethe-Institut muss als Vorreiter gelten, das (neben dem Einsatz von quantitativen Methoden) mit großer Offenheit für qualitative und kreative Methoden eine intensive Auseinandersetzung um die Wirkungen seiner kulturellen Arbeit sucht. Auch wenn gegenwärtig im Evaluationsbereich eine sukzessive Bedeutungszunahme qualitativer und systemischer Verfahren in Evaluationen spürbar ist, stellt dieses Beispiel in der allgemeinen Evaluationslandschaft bisher noch einen Einzelfall dar.

4.3 Organisations- und Feldkenntnisse

Während sich Organisationskenntnisse auf Strukturen und Handlungsprogramme sowie spezifische Formen der Interaktion und Kommunikation beziehen, werden Feldkenntnisse in allgemeine und spezifische Kenntnisse unterschieden. Allgemeine Kenntnisse umfassen vor allem Rechts- und Verwaltungskenntnisse; bei den spezifischen Kenntnissen handelt es sich um Fachkenntnisse des jeweiligen thematischen Schwerpunktes, also bspw. Kenntnisse im Bereich der Entwicklungszusammenarbeit oder aber in der Kultur und Kulturpolitik.

Auch in diesem Kompetenzfeld lässt sich eine Verbindung zur Ethnologie herstellen, da Feldkenntnisse, in Form von Länder- und / oder Sprachkenntnissen in der Ethnologie selbstverständliche Anforderung sind. Wer im Verlaufe des Studiums einen Studienaufenthalt, ein Praktikum oder bereits eine Forschung im Ausland absolviert hat, kann an diese Erfahrung anknüpfen und sie für Evaluationen nutzbar machen. Wie in vielen anderen Berufsfeldern, sind Länder- und Sprachkenntnisse zur Durchführung von Evaluationen von hohem Wert. Im Bereich der Entwicklungszusammenarbeit und der deutschen

Auswärtigen Kulturpolitik werden Programme oder Projekte in verschiedenen Partnerländern implementiert, sodass ein Austausch mit Projektverantwortlichen und Zielgruppen für die Evaluierung zumeist nur mit Aufenthalten vor Ort und den entsprechenden Sprachkenntnissen möglich ist, bzw. diese sehr befördert. In manchen Fällen wird auch mit Dolmetscher*innen gearbeitet; gleichwohl ist der direkte Dialog sehr wertvoll.

4.4 Sozial- und Selbstkompetenzen

Ein weiteres Anforderungsfeld sind Sozial- und Selbstkompetenzen, wobei es sich hier um persönliche Fähigkeiten handelt, die nur bedingt erlernbar, dafür aber erfahrbar (Berufserfahrung) sind. Es geht um Selbstmanagement, die Verständigung und Zusammenarbeit mit allen Akteur*innen im Evaluationsprozess, wie Kolleg*innen, Auftraggebende und Zielgruppen sowie Problemlösungskenntnisse. Diese Fertigkeiten sind notwendige Erfolgsbedingungen für die Entsprechung der von der DeGEval formulierten bereits erwähnten Standards.

Dieses (persönliche) Kompetenzfeld ist mit der Fähigkeit verbunden, sich auf unterschiedliche Akteursgruppen einzustellen, ihre Perspektiven auf den Evaluationsgegenstand wahrzunehmen und zu respektieren sowie offen und empathisch auf diese verschiedenen Gruppen zuzugehen.

4.5 Praxis der Evaluation

Und schließlich vereint das letzte Kompetenzfeld – die Praxis der Evaluation – Wissen und Können im Sinne der Anwendungsfähigkeit. Dies ist insofern zentral, als Evaluation sich dadurch auszeichnet, dass in der praktischen Durchführung die Gleichzeitigkeit unterschiedlicher Kompetenzen erforderlich ist.

Wie schon oben angedeutet, ist Methodenmix/Methodenvielfalt in den vergangenen Jahren zum Qualitätsstandard geworden. Gleichzeitig nimmt die Bedeutung von qualitativen Methoden in einigen Feldern stark zu, indem zunehmend partizipative und systemische Ansätze zum Einsatz kommen. Evaluation, die einer systemischen Perspektive[14] folgt, ist

- multiperspektivisch ausgerichtet, d. h., möglichst viele Sichtweisen von Akteuren eines Systems und relevanter Kontexte werden eingeholt;

- sucht nicht nach Kausalbeziehungen, sondern nach Mustern, die auf zirkuläre Verknüpfungen hindeuten;

- berücksichtigt die Dynamik des Systems, z. B. indem Perspektiven zu verschiedenen Zeitpunkten eingeholt oder Akteure um ihre Beschreibung der Dynamik gebeten werden;

---

14 Zitiert nach Niestroy, Melanie / Orban, Rainer (2017): „Evaluation eines partizipativen Veränderungsprozesses aus systemischer Perspektive." Vortrag auf der Frühjahrstagung der Arbeitskreise Professionalisierung sowie Kultur und Kulturpolitik, April 2017, Saarbrücken. http://www.degeval.de/fileadmin/users/Arbeitskreise/AK_Kultur/Orban_Niestroj_201704_Systemisch_evaluieren_ppt.pdf [Zugriff am 11.07.2017].

- basiert auf der Annahme, dass Interventionen nicht-intendierte Resultate hervorbringen, die sich in den Wirkannahmen des Projektkonzepts nicht finden, da sie nicht vorauszusehen sind, und legt den Fokus auf ihre Erkundung (sie sind erst in der Rückschau als erwünscht oder unerwünscht bewertbar);

- erkennt an, dass die Evaluierenden selbst Sichtweisen auf ihren Gegenstand haben, und problematisiert daher eine objektive bzw. neutrale Haltung gegenüber dem Gegenstand und reflektiert vielmehr ihre Haltung und ihre Erkenntnismöglichkeiten;

- erkennt den Interventions-Charakter an, den die Evaluation selbst hat, und sucht, Risiken und Chancen ihres Einflusses abzuschätzen;

- nutzt ihre Ergebnisse, um auf deren Basis gemeinsam mit Akteuren des Systems zu einem breiteren, tieferen Verständnis zu kommen und das System zu befähigen, seine Problemlösungsfähigkeiten zu erweitern.

Dieser Ansatz von Evaluation lässt eine Annäherung an die vier zuvor genannten Markenzeichen der ethnografischen Forschung erkennen, durch 1.) die kontextualisierte und multiperspektivische Ausrichtung der Evaluation, 2.) die Berücksichtigung der Dynamik des Gegenstandes und Einholung der Akteursperspektiven zu verschiedenen Zeitpunkten, 3.) den Verzicht auf kausale Wirkannahmen zugunsten der Suche nach zirkulären Verknüpfungen und 4.) die Spurensuche und Versprachlichung nicht-intendierter Wirkungen.

5. Praxis der Ethnographie und Evaluation – produktive Spannungen

Die Ausgangsfrage lautete, ob Ethnographie in der Evaluation fruchtbar eingesetzt werden kann und worin produktive Spannungen zwischen beiden Verfahren bestehen. Da beide Herangehensweisen sehr unterschiedlich ausgerichtet und methodisch konzipiert sein können, abhängig von der Fragestellung und vom Ziel, beziehe ich mich im Folgenden auf die formative, d. h. die prozessbegleitende und methodisch überwiegend qualitativ ausgerichtete Evaluation, wie am Beispiel des Goethe-Instituts skizziert. Diese Vorgehensweise stellt, wie bereits erwähnt, innerhalb der Evaluationslandschaft aber eher noch einen Einzelfall dar.

Zunächst wird auf die Aspekte eingegangen, die Anknüpfungspunkte von Ethnographie und Evaluation bieten. Beide Datenerhebungsverfahren machen es erforderlich, ein Design- und Methodentool zu entwickeln, das dem jeweiligen Thema und der Situation angepasst ist. Keine ethnographische Forschung gleicht der anderen, keine Evaluation ist mit einer anderen identisch. In beiden Fällen wird der Gegenstand aus externer Perspektive betrachtet, und es kommt eine Kombination aus verschiedenen Methoden – also ein Methodenmix – zur Anwendung. Bei beiden Vorgehensweisen führt der Verstehensprozess vom Einarbeiten und Einlassen auf das Feld hin zur Datenerhebung mit Rückkoppelungsgesprächen zur Auswertung und Verschriftlichung der Erkenntnisse. Handelt es sich um eine vorwiegend qualitativ ausgerichtete systemische Evaluation, dann decken sich beide methodischen Herangehensweisen auf bemerkenswerte Weise, da nicht nach Kausalbeziehungen gesucht wird, sondern nach sich zirkulär beeinflussenden Mustern, die Dynamik des Systems anerkannt wird, der Fokus auch auf nicht-intendierten Wirkungen und deren Erkundung liegt, der Einfluss der Evaluator*innen auf den Gegenstand anerkannt und reflektiert wird und die Erkenntnisse unter Einbindung aller Akteursgruppen laufend in die Praxis zurückgemeldet werden.

Gleichzeitig ist es überraschend festzustellen, wie weit entfernt die Disziplinen voneinander in ihren Anwendungsfeldern noch sind. Dies mag einmal mit den unterschiedlichen Perspektiven zusammenhängen, die Ethnolog*innen und Evaluator*innen einnehmen: Während sich die Ethnographie durch eine explorative und ergebnisoffene Perspektive auszeichnet, gehen Evaluator*innen mit einer hypothesenprüfenden Perspektive in die Untersuchung. Und auch die Zielsetzungen unterscheiden sich: Die einen forschen, um kulturelle Verhältnisse und soziale Phänomene zu dokumentieren, zu verstehen und zu analysieren, die anderen untersuchen und überprüfen Prozesse und Strukturen, um deren Funktionieren zu optimieren. Die einen bewegen sich im akademischen Feld der Wissenschaft, die anderen bewegen sich zumeist im anwendungsorientierten Feld der Wirtschaft, der Politik oder der Ökonomie.

Daraus folgt, dass beide Verfahren vor allem unterschiedlichen ökonomischen und zeitlichen Bedingungen unterliegen, was die ethnographische Herangehensweise in der Evaluation erschwert. Von Anfang an stehen in der Evaluation Ergebnisse im Mittelpunkt des Interesses, damit Veränderungen – meistens Verbesserungen – eingeleitet werden können. Akademische ethnologische Forschung ist von ihrem Selbstverständnis her sehr viel überraschungs- und ergebnisoffener und nicht auf konkrete Handlungsanweisungen oder Empfehlungen ausgerichtet – und das macht einen weiteren gravierenden Unterschied aus.

6. Fazit

Meine Fragestellung lautete, inwieweit die ethnographische Herangehensweise in Evaluationen eingesetzt werden kann, welche Anknüpfungspunkte, aber auch Differenzen zwischen beiden Verfahren bestehen und welche Expertise Ethnolog*innen aufgrund ihrer Ausbildung mitbringen, die für eine solche Arbeit qualifizieren. Gleichzeitig sollte deutlich werden, welche Kompetenzanforderungen nötig sind, um Evaluationen entsprechend wissenschaftlicher Standards professionell durchführen zu können.

Auch wenn sich vor allem die Rahmenbedingungen der akademischen ethnologischen Forschung von denen der Evaluation unterscheiden, lassen sich einzelne Elemente und methodische Ansätze aus der Ethnologie in der Evaluation einsetzen. Insbesondere der ethnographische Zugang birgt Potenzial, um die verschiedenen Parteien zu Wort kommen zu lassen, um ggf. über die Fragen der Auftraggebenden hinauszudenken und mittels der Außensicht entdeckend und explorativ vorzugehen. Ethnographie in der Evaluation ist besonders für systemisch ausgerichtete Evaluationen geeignet und dafür, räumlich oder organisatorisch abgegrenzte Entitäten – bspw. Projekte, Programme oder Organisationen – detailliert zu erfassen.

Während in der ethnologischen Forschung eher der Verstehensprozess im Vordergrund steht, ist es in der Evaluation der Veränderungsprozess. Neben der Methodenkompetenz und der emischen Zugangsweise, die Ethnolog*innen mitbringen sowie idealerweise Länder- und Sprachkenntnisse, bewegt sich Evaluation durch die zunehmende Bedeutung partizipativer und systemischer Ansätze sukzessive in Richtung des ethnologischen Forschungsverständnisses. In diesem Sinne durchgeführte Evaluationen beziehen alle Akteur*innen aktiv in die Untersuchung ein und der gesamte Kontext, in den ein Programm oder Projekt eingebettet ist, wird mit berücksichtigt. Hierin liegen die Schnittstellen zur Ethnologie, die eine kontextualisierte und emische Zugangsweise favorisiert und eine zirkulär angelegte Forschungspraxis (eingebettet in eine zeitlich andauernde teilnehmende Beobachtung) und Methodenvielfalt zur Verfügung stellt. Ethnologie vermittelt nicht nur Methodenkompetenz, sondern auch eine (Forschungs-)Haltung, die auf dem Dialog auf Augenhöhe (nicht forschen über, sondern forschen mit), auf Perspektivwechsel, Offenheit, Empathie und Neugierde beruht. Das alles sind wesentliche Aspekte, die für eine ethnographische Herangehensweise in der Evaluation sprechen.

Literatur

Böttcher, Wolfgang / Kerlen, Christiane / Maats, Peter / Schwab, Oliver / Sheikh, Sonja (Hg.) (2014): Evaluation in Deutschland und Österreich. Stand und Entwicklungsperspektiven in den Arbeitsfeldern der DeGEval – Gesellschaft für Evaluation. Münster: Waxmann.

Böttcher, Wolfgang / Holtappels, Heinz Günter / Brohm, Michaela (Hg.) (2006): Evaluation im Bildungswesen. Eine Einführung in Grundlagen und Praxisbeispiele. (Grundlagentexte Pädagogik). Weinheim: Juventa.

Breidenstein, Georg / Hirschauer, Stefan / Kalthoff, Herbert / Nieswand, Boris (2015): Ethnographie. Die Praxis der Feldforschung. 2. überarb. Aufl., Konstanz: UVK Verlagsgesellschaft.

Callon, Michael (2006): Einige Elemente einer Soziologie der Übersetzung. Die Domestikation der Kammmuscheln und der Fischer der St. Brieuc-Bucht. In: Belliger, Andréa / Krieger, David J. (Hg.): ANThology. Ein einführendes Handbuch zur Akteur-Netzwerk-Theorie. Science Studies, Bielefeld: Transcript, S. 135–174.

Clifford, James / Marcus, George E. (Hg.) (1986): Writing Culture. The Poetics and Politics of Ethnography. Berkeley: University of California Press.

DeGEval – Deutsche Gesellschaft für Evaluation e. V. (2008): Empfehlungen für die Aus- und Weiterbildung in der Evaluation. Anforderungsprofile für Evaluatorinnen und Evaluatoren. 2. unveränderte Auflage, Mainz: DeGEval – Gesellschaft für Evaluation e. V.. Electronic source: http://www.degeval.de/images/stories/Arbeitskreise/AK_AUWE/DeGEval_Empfehlungen_Aus-_und_Weiterbildung.pdf

Roger M. Downs/Stea, David (1982): Kognitive Karten. Die Welt in unseren Köpfen. UTB für Wissenschaft, New York: Harper & Row.

Engin, Tülin / Hennefeld, Vera / Metje, Ute Marie / Nagel, Tanja (2014): Zur Evaluationskultur in Kultur und Kulturpolitik. In: Böttcher, Wolfgang / Kerlen, Christiane / Maats, Peter / Schwab, Oliver / Sheikh, Sonja (Hg.): Evaluation in Deutschland und Österreich. Stand und Entwicklungsperspektiven in den Arbeitsfeldern der DeGEval – Gesellschaft für Evaluation. Münster: Waxmann, S. 73–87.

Geertz, Clifford (1987): Dichte Beschreibung. Beiträge zum Verstehen kultureller Systeme. Stw 696, Frankfurt am Main: Suhrkamp.

Goethe-Institut (2016): Kultur wirkt. Mit Evaluation Außenbeziehungen nachhaltig gestalten. Berlin: Ruksaldruck.

Latour, Bruno (2007): Eine neue Soziologie für eine neue Gesellschaft. Eine Einführung in die Akteur-Netzwerk-Theorie. Frankfurt am Main: Suhrkamp.

Lierheimer, Tina / Schad, Anke (2017): (Wie) Kultur wirkt. Wirkungsorientierte Evaluation von Kulturarbeit und kultureller Bildungsarbeit am Goethe-Institut. In: Zeitschrift für Kulturmanagement: Kunst, Politik, Wirtschaft und Gesellschaft. Evaluation im Kulturbereich, 3 (1), S. 175–195.

Lynch, Kevin (1989): Das Bild der Stadt. Braunschweig: Birkhäuser.

Meyer, Wolfgang (2002): Was ist Evaluation? (CEval Arbeitspapiere, 5), Saarbrücken: Centrum für Evaluation. Electronic Source: http://www.ceval.de/modx/fileadmin/user_upload/PDFs/workpaper5.pdf

Neubert, Susanne / Mack, Dorothee / Roxin, Helge (2014): Vom Methodenstreit zum Methodenmix – Chronologie und Stand der Entwicklungsevaluierung. In: Böttcher, Wolfgang / Kerlen, Christiane / Maats, Peter / Schwab, Oliver / Sheikh, Sonja (Hg.): Evaluation in Deutschland und Österreich. Stand und Entwicklungsperspektiven in den Arbeitsfeldern der DeGEval – Gesellschaft für Evaluation. Münster: Waxmann, S. 61–72.

Schönhuth, Michael / Gamper, Markus / Kronenwett, Michael / Stark, Martin (2013): Visuelle Netzwerkforschung. Bielefeld: transcript.

Shaw, Ian (1999): Qualitative Evaluation. London: Sage Publications.

Stockmann, Reinhard / Meyer, Wolfgang (2010): Evaluation. Eine Einführung. UTB 8337, Köln: Barbara Budrich.

Stockmann, Reinhard (2002): Evaluation als integriertes Lehr- und Forschungsprogramm. CEval Arbeitspapiere, 1, Saarbrücken: Centrum für Evaluation. Electronic Source: http://www.ceval.de/modx/fileadmin/user_upload/PDFs/workpaper1.pdf

Websites

CEval – Centrum für Evaluation: Arbeitspapiere und Handreichungen 2002–2015. http://www.ceval.de/modx/webindex.php?id=50 [Zugriff am 20.07.2017].

DeGEval – Gesellschaft für Evaluation: Evaluation eines partizipativen Prozesses aus systemischer Perspektive 2017. http://www.degeval.de/fileadmin/users/Arbeitskreise/AK_Kultur/Orban_Niestroj_201704_Systemisch_evaluieren_ppt.pdf [Zugriff am 11.07.2017].

DeGEval – Gesellschaft für Evaluation: Standards für Evaluation 2016. http://www.degeval.de/fileadmin/Publikationen/DeGEval_Standards_fuer_Evaluation_-_Erste_Revision__2016_.pdf [Zugriff am 10.07.2017].

Univation Institut für Evaluation Dr. Beywl & Associates GmbH: Programmbaum 2016. http://www.univation.org/programmbaum [Zugriff am 20.07.2017].

World Bank Group: Rethinking Evaluation – Had we have enough R/E/I/S? 2017. https://ieg.worldbankgroup.org/blog/rethinking-evaluation [Zugriff am 11.07.2017]

Partizipative Risikoanalyse als Einsatzbereich der anwendungsorientierten Ethnologie

Stephanie Stocker

ABSTRACT: Unter Bewohnern von Flüchtlings-Erstaufnahmeeinrichtungen gelten Frauen, Kinder und Jugendliche als besonders schutzbedürftige Personengruppen. Fehlende Privatsphäre, Respektlosigkeit oder gar sexuelle Übergriffe verschärfen ihre instabile psychosoziale Situation. Auf einer Liegenschaft im Rhein-Neckar-Kreis (Baden-Württemberg) möchten die örtlichen Sozialverbände daher ein einrichtungsinternes Schutzkonzept schaffen. Für Ethnolog*innen bietet dieses Vorhaben einen vielfältigen Anwendungsbereich, da das Projekt zugleich teilnehmende, analytische und konzeptionelle Methoden verbindet: Durch partizipative Risikoanalyse werden zunächst die Bedarfe von Frauen, Kindern und Jugendlichen erfasst. Nach dieser Bestandsaufnahme entwickeln die zuständigen Teams Strategien zur Etablierung sogenannter Schutzräume. Im Stil eines Monitoringsystems sollen die erarbeiteten Maßnahmen schließlich eingeführt, beobachtet und überprüft werden. In allen Phasen steht die regelmäßige Sensibilisierung der Akteure auf der Liegenschaft im Vordergrund. Aus Perspektive der Verbände sowie der Bewohner*innen stellt der folgende Artikel die einzelnen Stationen, Probleme und Erfolge des Schutzkonzept-Programms dar und untersucht damit ein anschauliches und aktuelles Arbeitsfeld der anwendungsorientierten Ethnologie. Ferner wird diskutiert, welchen Beitrag die Einsichten in das Projekt für die Theorienbildung des Faches liefern.

1. Gewalt – ein Thema für die anwendungsorientierte Ethnologie?

Ob Terror, sexuelle Übergriffe oder Stalking – Gewalt hat viele Facetten und tritt in unterschiedlichen Kontexten auf. Sie ist ein dauerhaftes Phänomen und ihre Erforschung ist längst nicht mehr bloß der Psychologie, Soziologie oder Pädagogik vorbehalten. Bereits seit den 1940er Jahren hat sich das Thema Gewalt auch in der Ethnologie als fester Forschungsbereich etabliert (Aijmer/Abbink 2000). Aufgrund des großen Interesses in der Öffentlichkeit und der zahlreichen Anknüpfungsmöglichkeiten an andere Disziplinen ist die „Ethnologie der Gewalt" bis heute ein zunehmend beachteter aber auch umstrittener Arbeitsbereich.

Bei der Erforschung von Gewalt grenzt sich die Ethnologie durch eine eigenständige Sichtweise ab: Während sich politik- oder sozialwissenschaftliche Studien häufig auf die Bekämpfung von Gewalt konzentrieren, betrachtet die Ethnologie das Thema primär als Bereich menschlicher Erfahrungen. Dabei konzentriert sie sich auf Fragen wie: Wie wird Gewalt in einzelnen Kulturen angesehen und verwendet? Warum greift man zu Gewaltakten, insbesondere wenn es Alternativen gibt? Gibt es eine generelle Theorie der Gewalt oder für gewalttätiges Verhalten (Aijmer/Abbink 2000; Riches 1986)? So abstrakt diese Fragen klingen mögen, so sind sie für den hier vorgestellten Arbeitsbereich der anwendungsorientierten Ethnologie höchst relevant.

Im Folgenden wird die Erarbeitung eines Schutzkonzepts für geflüchtete Menschen beschrieben – ein bundesweites Vorhaben, das die Sicherheit und das Wohlbefinden der Bewohner in deutschen Flüchtlingsunterkünften fördern und das Zusammenleben erleichtern soll. Bei der Umsetzung stoßen die Vertreter*innen des Konzepts jedoch auf vielfältige Wahrnehmungen von Gewalt unter den Zielgruppen, die sich dem Thema auf ganz unterschiedliche Weise stellen. Dieser Artikel zeigt daher die Dringlichkeit auf, den unmittelbaren Kontext von Gewalterfahrung zu berücksichtigen sowie anzuerkennen, dass es verschiedene, kulturell geprägte Formen und Erfahrungen von Gewalt gibt.

Um die Relevanz der anwendungsorientierten Ethnologie beim Thema Gewaltschutz herauszustellen, werde ich zunächst auf ihre spezifische Herangehensweise bei der Erforschung von Gewalt eingehen. Statt den Gewaltakt mit „Aggression", „tierhaftem Trieb" (Riches 1986:25) oder einem „Wettbewerb für Überleben und Status" zu verbinden, wie etwa die Evolutionsbiologie (Aijmer/Abbink 2000:xv), erweitert die Ethnologie den Blick auf die menschlichen Bedingungen und Faktoren für gewalttätiges Verhalten. Gewalt existiert demnach nicht aus sich selbst heraus, sondern findet in einem bestimmten Beziehungsgeflecht statt. Auch ist ihre Ausübung nicht frei von Sinn oder Bedeutung, sondern erfährt eine kommunikative Funktion (Schmitt/Schröder 2001:4). Die Ausübung von Gewalt ruft also ein gemeinsames Verständnis hervor, sie kreiert eine soziale Welt (Riches 1986:25; Aijmer/Abbink 2000:xv). Mit diesem Ansatz lehnt die Ethnologie die Vorstellung von Gewalt als „menschliche Prä-Disposition" ab und überwindet den Neo-Darwinismus (Aijmer/Abbink 2000:xv).

Im Zuge fortschreitender Entwicklungen, Formen und Technologien von Gewalt hat sich der Untersuchungsschwerpunkt der Ethnologie seit Beginn ihrer Erforschung zu dem Thema gewandelt. Die Vertreter klassischer Ansätze wie David Riches untersuchten Gewalt vorrangig als soziale Aktion. Mitte bis Ende des vergangenen Jahrhunderts reichten die Forschungsschwerpunkte zu Ursprung und Formen von Gewalt von der Gesellschaftsstruktur, wie Ungleichheiten, Machtverteilung oder Genderbeziehungen über geschichtliche Hintergründe wie Feindschaften, Kolonialismus bis hin zu rituellen Aspekten, verschiedene Ausformungen, Repräsentation und Mechanismen der Reproduktion (Riches

1986; Schmitt / Schröder 2001:4). Auch die Wahrnehmung, Empfindung und Erfahrung rückte zu dieser Zeit ins Zentrum des Interesses. Wichtige Faktoren dieser Analyse sind die Miteinbeziehung verschiedener Akteur*innen, der Perspektivenwechsel durch die Darstellung subjektiver Empfindungen sowie die Untersuchung, inwiefern Gewalt zur Kulturbildung und Lebensform einer Gesellschaft beiträgt (Schmitt / Schröder 2001:1,17).

Zusammengefasst: Für die Vertreter*innen der klassischen Ethnologie beginnt und endet Gewalt mit Menschen, die eine Gesellschaft bilden. Ihre Ausübung ist ein Produkt, eine Manifestation von Kultur (Nordstrom / Martin 1992:7): Denn Gewalt folgt kulturellen Modellen – es wird sozusagen eine Welt geschaffen, in der Gewalt legitimiert ist[1] (Schmitt / Schröder 2001:8). Neuere Ansätze hingegen verschieben den Fokus der Untersuchung von umgrenzten Gesellschaften zu komplexeren Domänen: Beispiele sind staatlich legitimierte Gewalt, Sanktionen gegenüber kriminellen Handlungen oder Hinwegsetzen über Gesundheitsvorschriften (Whitehead 2004; Bowman 2001). Überdies geht dieser Forschungsbereich Fragen nach wie etwa: Warum werden bestimmte Ereignisse plötzlich zu internationalen Angelegenheiten gemacht? Welche Politiken werden bestätigt? Warum können sich manche Stimmen Gehör verschaffen, andere nicht? (Roychowdhury 2013).

So unterschiedlich die Forschungsströmungen sind, sie führen in das gleiche Dilemma: Mit der Einsicht, dass Gewalt kontextbezogen und regelbestimmt ist, gestehen Ethnolog*innen der Gewalttat eine kreative, konstituierende Kraft zu. Damit geraten sie in einen methodischen und moralischen Konflikt, der sich bereits in der Forschungssituation abzeichnet. Zwar handelt es sich bei Gewaltakten häufig um besondere und damit gut zu dokumentierende Ereignisse, die auch im Nachhinein erforschbar sind. Im Gegensatz zu Hilfsorganisationen, Journalist*innen oder Staatsmännern sollte der/die Ethnolog*in nicht von medialen, politischen, ökonomischen Interessen geleitet sein – ein direkter Austausch und die Alltagsbeobachtung erleichtern die Forschungssituation (Nordstrom 1995:11-16). Die komplexen Ausprägungen von Gewalt sowie die Konfrontation mit unterschiedlichen Perspektiven, wie etwa die von Täter und Opfer, können die Untersuchung und Dokumentation von Gewalt jedoch erheblich erschweren. (Schmitt / Schröder 2001:12). Als noch gravierender erweisen sich die Schwierigkeiten, die über den wissenschaftlichen Bereich hinausgehen. In „*Fieldwork under fire*: contemporary studies of violence and survival" veröffentlichte Carolyn Nordstrom eine Anthologie über Feldsituationen, in denen der/die Forscher*in plötzlichen Einschränkungen oder persönlicher Gefahr ausgesetzt ist. Die Beiträge behandeln auch innere Konflikte, vor allem ethische Bedenken wie etwa nach der eigenen Haltung und Konsequenzen der Forschung. Handlungen wie Überfälle, Verletzungen oder Unterdrückung im Feld stoßen auf Ablehnung seitens der Forscher*innen, die folglich Hemmungen verspüren, solchen Taten wissenschaftliche Bedeutung beizumessen (Nordstrom 1995).

---

1   Allerdings weisen die aufgeführten Ethnographien in dem Band darauf hin, dass diese Legitimität auch innerhalb der Gruppe angefochten werden kann.

Ohne diese Ambivalenzen von der Hand weisen zu wollen, soll dieser Artikel zeigen, welchen Beitrag die Ethnologie für den Umgang mit dem Thema Gewalt leisten kann. Sie berücksichtigt unterschiedliche Perspektiven, sowohl auf der Seite der Opfer als auch der Täter, aber auch kulturell abweichende Interpretationen ein und derselben Aktion.[2] Methodisch zeichnet sich die Disziplin durch ihren direkten Austausch mit den Akteuren im Alltag aus. Solch eine Herangehensweise erhöht das Verständnis und die Aussicht auf einen genaueren Einblick in die Erlebniswelt der Betroffenen (Nordstrom 1995).

Mit der Einsicht, dass Gewalt unterschiedlich empfunden und bewertet werden kann und überdies kulturell geprägt ist, erweist sich der ethnologische Ansatz als hilfreich bei der Konzipierung und Umsetzung von Gewaltschutzprogrammen, insbesondere in der Flüchtlingsarbeit. Diese Relevanz werde ich nun am Beispiel der Gewaltprävention unter schutzbedürftigen Gruppen in einer Erstaufnahmeeinrichtung darstellen. Um ein Schutzkonzept zu entwickeln, wurde eine partizipative Risikoanalyse durchgeführt, um die Bedarfe der Bewohner*innen zu erfassen. Diese Methode hat jedoch ganz unterschiedliche Auffassungen von Gewalt ans Licht gefördert und stellt damit einen bedeutsamen Einsatzbereich für die anwendungsorientierte Ethnologie dar.

2. Das Gewaltschutzkonzept

Fehlende Privatsphäre, enge Räumlichkeiten mit behelfsmäßiger Ausstattung und mangelnde Hygiene gelten als besonders prekäre Lebensbedingungen für die Bewohner*innen deutscher Flüchtlingsunterkünfte. Im Gegensatz zu etablierten Unterbringungsmodellen, wie im Falle von Kinder, Senioren- oder Behindertenheimen, sind sie geprägt von ständiger Fluktuation der Bewohner und Improvisationsarbeit des Personals. Auf dem Höhepunkt des großen Flüchtlingszustroms in die Bundesrepublik Ende 2015 wurden häufig mehrere tausend Personen in einer Einrichtung untergebracht. Sie schliefen Matratze an Matratze und mussten schnellstmöglich mit Decken, Essen und Trinkwasser versorgt werden – abschließbare Duschkabinen mit Sichtschutz hatten weniger Priorität. Diese Notsituation hat jedoch dazu geführt, dass sowohl Erstaufnahmeeinrichtungen als auch kommunale Unterbringungen wie etwa Container in vielen Fällen auch langfristig weder sicher noch kind- und behindertengerecht sind. Besonders schwer trifft dies Frauen, die sich ungenügend vor gewalttätigen oder sexuellen Übergriffen schützen können, Kinder, Jugendliche und Menschen mit Behinderungen, die aufgrund mangelnder Betreuungsmöglichkeiten und Sicherheitsvorkehrungen einem erhöhtem Gefährdungs-

---

2   Zur Veranschaulichung dient die Jagd: Während sie in den Niederlanden für den Naturschutz durch Artenkontrolle steht, stellt sie in Deutschland – symbolisiert durch die Kleidung des Jägers – einen Gewaltakt dar, der mit einem natürlichen Trieb in Verbindung gebracht wird. Die britische Fuchsjagd wiederum gilt als kultivierte und sozial kontrollierte Gewalt, begleitet von Jagdhunden als ästhetischer Komponente (Aijmer/Abbink 2000).

risiko ausgesetzt sind sowie LSBTI[3], die in diesen beengten Verhältnissen der Ablehnung oder Feindseligkeit ihrer Mitbewohner*innen kaum entfliehen können. Heute sind diese Unterkünfte als kurzfristige und provisorische Unterbringung vorgesehen, in der die Bewohner maximal sechs Monate[4] leben sollten. In der Realität erstreckt sich der Aufenthalt jedoch auf bis zu zwei Jahren.

Im Frühjahr 2016 starteten UNICEF und das Bundesfamilienministerium deshalb mit 17 Partner-Institutionen[5] die Bundesinitiative „Schutz von geflüchteten Menschen in Flüchtlingsunterkünften", um die Sicherheit und das Wohlergehen der Personen in Not- und Gemeinschaftsunterkünften zu verbessern.[6] Das Programm zur Gewaltschutzprävention wurde im Jahr 2016 an 25 Pilotstandorten umgesetzt und mittlerweile um 75 neue Standorten erweitert. Für eine adäquate Umsetzung richtet sich das Programm gegen vielerlei Formen von Gewalt: Physische Gewalt (etwa Verletzung durch Schubsen, Schlagen oder Behinderung), psychische Gewalt (Demütigung, Beleidigung, Isolierung, Bedrohung, die die emotionale Gesundheit und Entwicklung des Menschen beeinträchtigen), sexualisierte Gewalt (sexuelle Handlungen ohne Einverständnis), Vernachlässigung von Kindern (aktive oder passive Nichtversorgung, mangelnde Fürsorge, die das psychische und physische Wohlergehen beeinträchtigt), Gewalt in Paarbeziehungen (sämtliche Gewalthandlungen in der Familie, Beziehung oder zwischen Eheleuten), geschlechtsspezifische Gewalt (Gewalthandlungen gegenüber einer Person aufgrund des Geschlechts oder sexueller Orientierung), Zwangsheirat, Stalking, weibliche Genitalverstümmelung, Gewalt unter Kindern sowie Menschenhandel (Anwerbung, Beförderung, Verbringung, Beherbergung oder Aufnahme von Personen mit dem Ziel der Ausbeutung).[7]

2.1. Ziele und Richtlinien

Wie lässt sich angesichts dieser breiten Gewaltdefinition, aber auch der großen Unterschiede zwischen Unterbringungssituation, Bewohnerstruktur und Zustand der Gebäude, ein Maßstab für ein bundesweit einheitliches Schutzkonzept aufstellen? Um dieser Aufgabe gerecht zu werden, konzentriert sich die Initiative auf drei Maßnahmen, die in den 100 Standorten angewendet werden.

---

3   Lesben, Schwule, Bisexuelle, Transsexuelle, Transgender und Intersexuelle.

4   Diese Frist wurde in diesem Jahr auf zwei Jahre ausgeweitet.

5   Dazu zählen die Bundesarbeitsgemeinschaft der Freien Wohlfahrtspflege (BAGFW), Save the Children Deutschland e. V. und Plan International Deutschland.

6   Da die meisten der Partner-Institutionen mit der Unterstützung von Frauen, Kindern und Familien beauftragt sind, werden sie bei der Formulierung der Zielsetzung des Programms besonders hervorgehoben. Das soll aber nicht über die Tatsache hinwegtäuschen, dass auch Männer in Flüchtlingsunterkünften Gewalt ausgesetzt sind. Bei der Umsetzung des Programms werden sie daher mitberücksichtigt (vgl. Kapitel 3).

7   Nähere Details in der Broschüre „Mindeststandards zum Schutz von geflüchteten Menschen in Flüchtlingsunterkünften" des Bundesministerium für Familie, Senioren, Frauen und Jugend, Stabsstelle Flüchtlingspolitik, und UNICEF, herunterzuladen auf der Homepage der Bundesinitiative: http://www.gewaltschutz-gu.de/.

Als ersten Schritt veröffentlichten UNICEF, das Bundesfamilienministerium und weitere Partner im Juli 2016 die sogenannten „Mindeststandards zum Schutz von geflüchteten Menschen in Flüchtlingsunterkünften". Dabei handelt es sich um Richtlinien zur Erstellung und Umsetzung einrichtungsinterner Schutzkonzepte.[8] Als zentrale Empfehlungen sind folgende Punkte aufgeführt:

■ **Etablierung eines einrichtungsspezifischen Schutzkonzepts:** Ziel ist es, dass dieses Konzept sowohl für die Bewohner*innen als auch für das Personal gültig und verbindlich bleibt und durch eine partizipative, offene und transparente Risikoanalyse erarbeitet wird.

■ **Personal und Personalmanagement:** Verantwortlichkeiten werden festgelegt, Mitarbeiter*innen, Ehrenamtliche und Dienstleister*innen sensibilisiert und weitergebildet.

■ **Interne Strukturen und externe Kooperationen:** Strukturen und Maßnahmen sollen geschaffen werden – etwa eine Hausregelung, feste Ansprechpersonen, Informations- und Beratungsangebote – sowohl durch ein Beschwerdemanagement als auch in Form einer externen, betreiberunabhängigen Anlaufstelle und durch die Zusammenarbeit mit Kooperationspartnern wie Schule, Kinder-Tagesstätten, Nachbarschaft oder Vereine.

■ **Umgang mit Gewalt- und Gefährdungssituationen/Risikomanagement:** Schwerpunkt ist die Prävention und standardisierte Verfahrensweise bei Verdacht auf Gewaltsituationen. Zuständige sollen einschätzen können, wann die Polizei hinzugezogen werden muss und Betroffene über Rechte und Ansprüche aufklären.

■ **Menschenwürdige, schützende und fördernde Rahmenbedingungen** (einschließlich kinderfreundlicher Räume): Bauliche Maßnahmen werden überprüft, um Hygienestandards zu verbessern sowie Rückzugsorte und Privatsphäre zu schaffen. Ein verbreitetes Manko besteht zum Beispiel darin, dass Duschen häufig für männliche Bewohner oder Personal, insbesondere Sicherheitsmitarbeiter, zugänglich sind.

■ **Monitoring der erzielten Fortschritte:** Zuständigkeiten und Vorgehensweise des Konzepts soll in mehreren Entwicklungsschritten festgehalten werden. Notwendig ist die regelmäßige Datenerhebung, Dokumentation und Überprüfung sowie die Einbindung sämtlicher Akteur*innen – von Dienstleistern bis hin zu Ehrenamtlichen.

Ein zweiter Schritt, der zugleich einen Teilbereich der zu etablierenden Mindeststandards bildet, ist die Förderung kinderfreundlicher Orte – der Bundesinitiative zufolge ein notwendiger Bestandteil eines umfassenden Schutzkonzepts (www.gewaltschutz-gu.de). Ein stabiles Umfeld sowie Spiel- und Lernangebote sollen eine freie körperliche und geistige Entwicklung des Kindes ermöglichen. Gestaltung von Räumlichkeiten, Erholung, Bildung

---

8 Für dieses Konzept gibt es noch einmal gesonderte Richtlinien für LSBTI und Menschen mit Behinderungen.

und psychosozialer Unterstützung orientieren sich an den Leitlinien für kinderfreundliche Orte in Krisensituationen von UNICEF.[9]

Das Programm richtet sich an geflüchtete Kinder und Jugendliche bis zu 18 Jahren, die in vier verschiedene Altersgruppen eingeteilt werden. Als hilfreich hat sich das Buddy-System erwiesen, bei dem ältere Jugendliche die jüngeren begleiten und unterstützen (www. gewaltschutz-gu.de). In Zusammenarbeit mit externen Institutionen wie Kommunen, Gemeinden und anderen Akteuren der Zivilgesellschaft ist eine Integration der Kinder auch außerhalb der Liegenschaft vorgesehen. Solche Angebote dienen den Eltern bei der Kinderbetreuung als Unterstützung und als Anregung zu einem Informationsaustausch über Erziehung in Deutschland und anderen Ländern.

Eine dritte Maßnahme, ebenfalls Bestandteil der Mindeststandards, richtet sich auf junge Frauen und Mädchen, die rund ein Drittel der Geflüchteten ausmachen. Diese Gruppe wird sowohl als besonders benachteiligt als auch von Gewalt gefährdet eingestuft (www.gewaltschutz-gu.de). In Kooperation mit dem bestehenden Hilfesystem von rund 500 Frauenhäusern, 40 Schutzwohnungen und Fachberatungsstellen in Deutschland möchte die Initiative ein schützendes Umfeld vor geschlechtsspezifischer Gewalt schaffen. Außerdem soll eine eigenständige Existenzsicherung gefördert werden, da sich die meisten berufsqualifizierenden Maßnahmen für Flüchtlinge vorwiegend an Männer richten.

Um diese Richtlinien systematisch an allen Standorten umzusetzen, hat die Initiative aufeinander abgestimmte Methoden festgelegt. Die partizipative Risikoanalyse, die zentrale Form der Bedarfserfassung, stellt dabei einen wichtigen Arbeitsbereich der anwendungsorientierten Ethnologie dar und wird im folgenden Abschnitt genauer erläutert.

2.2. Methode zur Einschätzung des Gewaltpotentials:
Die partizipative Risikoanalyse

Zur Umsetzung des Gewaltschutzkonzepts werden in jeder der vorgesehenen Standorte sogenannte Gewaltschutzkoordinatoren eingesetzt. Diese sind dafür zuständig, das Gewalt- und Gefährdungspotential vor Ort zu erfassen und die notwendigen Sicherheitsstandards durchzusetzen. Sie führen die einrichtungsinterne partizipative Risikoanalyse durch, um Klarheit über folgende Gebieten zu erlangen: (1) Worin bestehenden Risiken für Kinder, Jugendliche und Frauen und andere schutzbedürftige Menschen? (2) Wie hoch ist die Wahrscheinlichkeit, dass sie eintreffen? (3) Welche Auswirkung hätten sie auf die betroffenen Personen?

Für einen möglichst lückenlosen Einblick wird diese Methode bei einem repräsentativen Teil der Bewohner*innen angewandt – unter Berücksichtigung aller Alters- und Geschlechtsgruppen, Ethnien, Religionen und sexuellen Orientierungen. Ebenso befragt

---

9   Die vollständige Fassung ist unter https://www.unicef.org/protection/Child_Friendly_Spaces_Guidelines_for_Field_Testing.pdf abrufbar. Ich danke der Servicestelle für die Bereitstellung der Materialien.

werden sämtliche Akteur*innen wie Vertreter*innen des Regierungspräsidiums, Mitarbeiter*innen der Sozial- und Verfahrensberatung, Sicherheits- und Sozialdienst der Betreiber, Kantinenpersonal sowie Ärzte, Krankenschwestern und Hebammen. Zu den Umfragemethoden zählen Befragungen von Fokusgruppen, bilaterale Interviews, offene Diskussionen mit verschiedenen Akteuren, interne Besprechungen, aber auch gezielte Strategien, wie zum Beispiel Malen und Zeichnen mit Kindern. Abschließend werden die Ergebnisse in einem Risikomanagementplan zusammengefasst, der „Risiken, die entsprechenden Präventions- und Verhinderungsmaßnahmen sowie die Verantwortlichkeit, Ressourcen und de(n) Zeitplan für die Umsetzung der Maßnahmen erfasst" (www.gewaltschutz-gu.de). In Bezug auf die oben gestellten Leitfragen wird das weitere Vorgehen in mehrere Etappen eingeteilt:

Im ersten Schritt werden unterschiedliche Zielgruppen erfasst, die nach individuell bestehenden Risiken identifiziert werden, zum Beispiel Kinder zwischen null und drei Jahren, allein reisende Frauen oder Menschen mit Behinderungen. Die potentiellen Risiken werden nach unterschiedlichen Bereichen gruppiert, die unten aufgeführt sind. Gewalt durch das Personal etwa bezieht sich auf Übergriffe von Mitarbeiter*innen des Sicherheits- oder Catererdienstes in Form von Beleidigungen, Rassismus oder körperlichen Übergriffen. Einen weiteren Risikobereich stellt das private Umfeld dar oder Dienstleistungen. Bei Letzteren wurde überprüft, ob die Aktivitäten auch den Bedarfen der schutzbedürftigen Gruppen gerecht werden. Können diese teilnehmen oder werden weitere Leistungen benötigt? Beispielsweise gehört hierzu auch, dass der Camp-Arzt keine qualifizierten Dolmetscher*innen zur Verfügung stellen kann und Menschen mit Folter- und Trauma-Erfahrung sich kaum äußern können. Der Risikobereich „physisches Umfeld" umfasst wiederum bauliche Gegebenheiten: keine abschließbaren Sanitäranlagen oder barrierefreien Zugänge.

Tabelle 1[10]: Beispiel Zielgruppen, Risikobereiche[11]

Zielgruppe Für die Zielgruppen Kinder und andere Schutzbedürftige Bewohner/-innen: ergänzen Sie das Risiko mit dem Symbol ♂ oder ♀, wenn eine geschlechtsspezifische Unterscheidung notwendig ist.	Risikobe-reich 1 Personal	Risikobe-reich 2 Privates Umfeld	Risikobe-reich 3 Dienstleis-tungen und Aktivitäten	Risikobe-reich 4 Physisches Umfeld	Risikobe-reich 5 Dokumen-tation und Datenschutz	Risikobe-reich 6 Organisa-tionskultur
allgemein						
Kinder 0 – 3						
Kinder 3 – 6						
Kinder 6 – 10						
Kinder 10 – 14						
Kinder 14 – 18						
alleinreisende Frauen mit Kindern						
alleinreisende Männer mit Kindern						
junge Frauen: 18 – 24 Jahre						
Frauen: 24 – 49 Jahre						
Frauen: 49 – 60 Jahre						
Frauen: 60 + Jahre						
andere schutzbedürftige Bewohner/-innen: ▪ Menschen mit Behinder-ungen ▪ LSBTIQ-Personen ▪ religiöse Minderheiten ▪ ethnische Minderheiten ▪ etc.						

10 Alle Tabellen sind unter http://www.gewaltschutz-gu.de/content/e4858/e4860/e4899/Risikoanalyse_eine-Orientierung_170307.pdf abrufbar.

11 Im später geschilderten Fallbeispiel wurden diese Materialien abgewandelt. Dabei wurden die Angaben nicht nach den Stufen leicht – mittel – hoch untergliedert, sondern nach den Maßstäben der Mindeststandards (vgl. Kapitel 3).

Der zweite Schritt sieht nun eine Priorisierung der Risiken vor, die nach den Graden niedrig, mittel oder hoch eingestuft werden. Die Grade orientieren sich zum einen nach der Wahrscheinlichkeit, dass das Risiko eintritt und zum anderen nach der Auswirkung auf die betroffene Person. In der Realität hängen das Gewaltpotential unter den Anwesenden auf der Liegenschaft und die konkrete Gefahr, Opfer von Übergriffen zu werden, von unterschiedlichen äußeren Umständen ab. Wichtige Einflussfaktoren sind zum Beispiel bauliche Maßnahmen. Wenn beispielsweise zentrale Anlaufstellen in so großer Distanz liegen, dass die Bewohnerinnen auf dem Weg alleine in der Dunkelheit laufen müssen, stellt in diesem Falle das physische Umfeld (Punkt 4) für die Allgemeinheit, besonders jedoch für Frauen, ein relevantes Risikofeld da.

Tabelle 2 und 3: Orientierung der Einschätzung von Risikobereichen

Risikostufe	Wahrscheinlichkeit, mit der das Risiko eintrifft	Auswirkung auf die betroffene Person
1 niedrig	gering	gering
2 mittel	hoch	gering
2 mittel	gering	hoch
3 hoch	hoch	hoch

Risikobereich	niedriges Risiko	mittleres Risiko	hohes Risiko
Personal			
privates Umfeld der Bewohner/-innen			
Dienstleistungen und Aktivitäten			
physisches Umfeld			
Dokumentation und Datenschutz			
Organisationskultur			

In einem dritten Schritt sollen nun konkrete Präventions- und Verminderungsmaßnahmen erarbeitet werden. Zunächst werden einrichtungsinterne Arbeitsprozesse, Abläufe und Ressourcen überprüft und so gestaltet, dass sie den Mindeststandards gerecht werden. Überdies wird auch untersucht, ob es weiterer Systeme und Praxishilfen bedarf. Die Herangehensweise an die einzelnen Risiken wird in folgender Tabelle festgehalten:

Tabelle 4: Benennung der Maßnahmen

Risiko	Bewertung	Verminde-rungsstrate-gie	Aktivität	Bis wann?	Ressourcen benötigt/ vorhanden	Verantwort-lichkeit

Der vierte Schritt fokussiert auf die Kommunikation. Wem wird der Risikomanagement-plan mitgeteilt und in welcher Form? Damit sollen alle notwendigen Ansprechpartner*in-nen und Anlaufstellen erreicht werden, um sicherzugehen, dass das Konzept stringent und lückenlos umgesetzt werden kann.

In diesem Abschnitt habe ich vorgestellt, wie die Vorgehensweise der partizipativen Risikoanalyse auf zentraler Ebene konzipiert wurde. Wie lässt sie sich vor Ort umsetzen? Anhand eines Fallbeispiels aus Baden-Württemberg beschreibe ich im nächsten Ab-schnitt, welche Ziele mit dieser Methode erreicht wurden und auf welche Schwierigkeiten die Gewaltschutzkoordinator*innen bei der Anwendung stießen.

3. Fallbeispiel: Anwendung der Risikoanalyse

Die folgenden Beobachtungen wurden in einer Erstaufnahmeeinrichtung in Baden-Würt-temberg, Bezirk Karlsruhe, festgehalten.[12] Ursprünglich diente das 80,9 Hektar große ehe-malige Militärgelände als Pionierkaserne für die US-Besatzungstruppen und wurde als Depot- und Lagereinrichtung für Waren und Nachschubgüter des täglichen Bedarfs ge-nutzt. Seit Oktober 2015 stehen über 20 ha davon als Erstaufnahmeeinrichtung (EA) in Baden-Württemberg zur Verfügung. Bei EAs handelt es sich um erste Anlaufstellen für Geflüchtete, nachdem sie über die Grenze in der Bundesrepublik eingetroffen sind. Als maximale Aufenthaltsdauer sind sechs Monate vorgesehen; in der Realität leben viele Flüchtlinge je nach Verfahrensdauer sehr viel länger dort. Anschließend werden sie auf die kommunalen Unterbringungen der Gemeinden verteilt.

Das Gelände ist eingezäunt; der Sicherheitsdienst der von der Regierung beauftragten Betreiberfirma bewacht den Eingang, die Unterkünfte und alle Gebäude, die für die Einrichtung genutzt werden. Zum Zeitpunkt der Datenerhebung lebten dort etwa 600 Menschen. Diese sind in drei Häusern untergebracht, die sich um einen Innenhof her-um gruppieren. Im Gebäude nahe dem Eingang haben Vertreter*innen des Regierungs-präsidiums im Erdgeschoss ihre Büroräume eingerichtet. Außerdem bieten drei Sozial-verbände dort die Asyl- und Verfahrensberatung an. Auf der anderen Seite des Eingangs,

---

12 Ich danke dem Regierungspräsidium Karlsruhe und der Arbeiterwohlfahrt, Kreisverband Mannheim e. V. für die Kooperationsbereitschaft und die Erlaubnis, die Ergebnisse zu dokumentieren und zu veröffentlichen.

im Erdgeschoss einer der Unterkünfte, befindet sich die Praxis des Camp-Arztes, daneben die Räume der Hebammen und Notfall-Sanitäter. Für Angelegenheiten, die die Unterkunft betreffen – wie der Wunsch nach einem Zimmerwechsel, Bettwäsche oder Post – suchen die Bewohner den Sozialdienst der Betreiberfirma auf. Dieser liegt, etwa einen Kilometer entfernt, in einer großen Halle auf der anderen Seite der Liegenschaft. Dort können die Bewohner auch zwei- bis dreimal täglich ihr Essen holen und in der „U-Halle", ein Häuserverbund, das den Namen seiner Form verdankt, die Angebote des ehrenamtlichen Helferkreises wie Deutschkurse, Spieltreffs oder Bibliotheken wahrnehmen. Zwischen diesen Punkten befindet sich ein Gebäude, das in der Presse als „Schmuckstück" (www.mannheim24.de) oder „kleines Wunder" (www.pinterest.de) bezeichnet wurde: Ein Holzbau, gemeinsam errichtet von Bewohner*innen und Architekturstudent*innen der technischen Universität Kaiserslautern – so raffiniert konstruiert, dass er als Rückzug, Veranda und Veranstaltungsort genutzt werden kann. In der Realität dient das Haus eher als Versteck für geheime Aktivitäten, da es unbewacht zwischen den Unterkünften und dem Büro des Betreibers liegt und damit für die Umsetzung des Gewaltschutzkonzepts einen erheblichen Stolperstein darstellt.

3.1. Die Befragung

Initiator des Gewaltschutzkonzepts auf dem Gelände ist das Regierungspräsidium Karlsruhe, das die AWO beauftragt hat, eine Gewaltschutzkoordinatorin (GSK) einzustellen. Um das Gefahrenpotential und die Bedarfe der schutzbedürftigen Gruppen einzuschätzen, führte die GSK die oben beschriebene partizipative Risikoanalyse durch. Hauptbestandteil bildeten die Befragungen der Bewohner in Form von Einzel- und Gruppengesprächen sowie Interviews mit weiteren Akteur*innen. Dazu entwickelte die GSK eigenständig Fragebögen. Die Interviews wurden, bis auf eines, mit externen Übersetzern und Kulturdolmetschern[13] umgesetzt.

---

13 Zertifizierte Sprach- und Kulturmittler (www.caritas-mannheim.de).

BEISPIELE FRAGEBOGEN

Interview Bewohnerinnen   Bestandsaufnahme BEA:

Nationalität: Ankunft:

Alter: Untergebracht in Haus:

1. Sicherheitsgefühl auf dem Gelände

- Wie sicher fühlen Sie sich in Ihrem Zimmer?
- Wie sicher fühlen Sie sich, wenn Sie auf dem Gelände unterwegs sind?
- Wenn unsicher: Warum? Was würde helfen?
- Gibt es Orte auf dem Gelände, die Sie meiden, wo Sie nicht
  bzw. ungern hingehen? — Auf Plan einzeichnen
- Gibt es Zeiten, an denen Sie sich auf dem Gelände unwohler fühlen als zu anderen?
- Was brauchen Sie, um sich hier sicherer und wohler zu fühlen?

2. Sicherheit im Umgang mit Menschen auf dem Gelände

- Gibt es Personen, vor denen Sie Angst haben?
- Familie / Zimmerkollegin / Andere Bewohner?
- Mitarbeiter / Security / Sozialdienst / Polizei / Arzt?
- Aus welchen Gründen?
- Was würde Ihnen helfen, sich vor diesen Menschen sicherer zu fühlen?

3. Sicherheit im Umgang mit Regeln und Angeboten

- Wenn Sie Fragen haben oder Informationen benötigen, wissen Sie, wo Sie diese bekommen?
- Wenn Sie Angst haben, suchen Sie sich Hilfe bei Mitarbeiter*innen auf dem Gelände?
- Bei wem?
- Kennen Sie die Regeln und Abläufe auf dem Gelände?
- Hausordnung / Essenszeiten / Arztbesuche / Taschengeld
- Wer darf in welches Haus?
- Welche Erfahrungen haben Sie bezüglich Einhaltung der Regeln?
- Wo können Sie sich beschweren?
- Welche Hilfe steht Ihnen durch die Sozial-Mitarbeiter*innen zu Verfügung?
- Welche Angebote für Frauen würden Sie sich wünschen?
- Welche Angebote für Frauen würden Ihnen beim Ankommen helfen?
- Welche Form der Unterstützung brauchen Sie?
- Welche Regeln/Abläufe sind für Sie unlogisch, typisch deutsch, schwer nachzuvollziehen?
- …

4. Sicherheit in Bezug auf räumliche Aspekte

- Sind Sie zufrieden mit Ihrem Zimmer? Was fehlt, was bräuchten Sie?
- Wie laufen Zimmerkontrollen ab?
- Gibt es Orte oder Möglichkeiten, sich zurückzuziehen / Ruhe zu haben?
- Ist das seitens der Bewohnerinnen gewünscht?
- Frauenräume: was für Programm könnte hier noch mehr stattfinden für Frauen?

5. Gewalterfahrungen

- Was ist für Sie Gewalt? Ab wann sprechen Sie von Gewalt / welche Formen von Gewalt?
- Durch wen auf der Liegenschaft wird Gewalt ausgeübt?
- Waren Sie schon einmal betroffen?
- Wie schützen Sie sich davor?
- Was würde Ihnen helfen, sich sicherer zu fühlen?

Ergänzungen, Erfahrungen, Erlebnisse:

- Zusätzlich organisierte die GSK eine „Konferenz" in der Sporthalle, in der die Bewohner sich zu größeren Gruppen zusammenschließen und bei der Argumentation bestärken konnten. Dabei zeigte sie einige Symbole, woraufhin die Bewohner*innen ihrer Meinung kollektiv Ausdruck verliehen.

Zuletzt befragte sie die Einzel-Akteur*innen, die auf dem Gelände tätig sind: Betreiberfirma (Sicherheits- und Sozialdienst), Vertreter*innen des Regierungspräsidiums und der Unabhängigen Sozial- und Verfahrensberatung, den Beauftragten der Kleiderkammer, ehrenamtliche Helfer*innen, Kantinenpersonal, Arzt, Hebamme und auch Vertreter*innen der Stadt. So unterschiedlich der Aufgabenbereich der Befragten war, so folgten diese Gespräche einem gemeinsamen Schema: Die Gewaltschutzkoordinatorin forderte dazu auf, das Gewalt- und Gefahrenpotential einzuschätzen und erkundigte sich nach den Maßnahmen vonseiten des jeweiligen Akteurs, diese zu mindern. Auch hier stieß sie auf unterschiedliche Reaktionen und Grenzen: Während Sozialarbeiter*innen bereitwillig auf vorhandene Sicherheitsmängel hinwiesen, unterstrichen die Vorgesetzten der Betreiberfirma zwar ihre deeskalierende Herangehensweise, zeigten jedoch keine größeren Anstrengungen, die Befragung weiterer Mitarbeiter*innen zu unterstützen – zumindest erhielt die GSK keinen der Fragebögen, die sie ihnen für die Angestellten übergab, ausgefüllt zurück.

3.2 Ergebnisse der Befragung und Bewertung

Welche Ergebnisse brachte die hier vorgestellte Risikoanalyse? Tatsächlich führte die Befragung zu unerwarteten Erkenntnissen. In diesem Teil möchte ich daher sowohl den Inhalt der Antworten als auch die Reaktionen auf die Fragen beleuchten. Hierbei zeichneten sich deutliche Tendenzen und Abweichungen zwischen den Geschlechtern und unterschiedlichen Nationalitäten ab. Für ein genaueres Verständnis fasste die Gewaltschutzkoordinatorin deshalb die Resultate der Analyse bei Frauen und Männern unter Berücksichtigung der einzelnen Herkunftsländer zusammen.

Gemeinsam mit einer Kollegin interviewte sie Frauen in kleineren Gruppen von zwei bis drei Personen. Dabei stellte sie direkte Fragen und führte darüber hinaus zwanglose Gespräche. Die Befragten zeigten zunächst Hemmungen, von Gewaltfällen zu berichten oder eine Einschätzung über das Gefährdungspotential abzugeben. In den Fokusgruppen-Gesprächen bestätigten sie, dass sie sich durchaus sicher fühlen. Der Gewaltschutzkoordinatorin fiel allerdings auf, dass sie dabei mehrfach betonten, wie dankbar sie seien, in Deutschland sein zu dürfen. Offensichtlich bestand die Sorge, ihre Angaben könnten als Beschwerde ausgelegt werden und sich negativ auf das Asylverfahren auswirken. Erst nach genauerem Nachhaken stieß sie auf etwas differenziertere Auffassungen von Gewalt, die sich wiederum bei den verschiedenen Nationalitäten unterschieden:

Frauen aus *arabischen* Ländern zufolge bestand generell kein hohes Gefährdungsrisiko. Sie bezeichneten die Mitarbeiter des Sicherheitsdienstes, die rund um die Uhr sowohl innerhalb aller Gebäude als auch auf dem Gelände präsent sind, als rücksichtsvoll und hilfsbereit. Syrerinnen, die in größeren Familien reisen und eine starke Geschlechtertrennung einhalten, fühlten sich jedoch durch die strenge Zimmerzuweisung[14] unter Druck gesetzt. *West-Afrikanerinnen (Gambia, Nigeria, Togo, Kamerun, Benin)* dagegen gaben an, aufgrund ihrer Hautfarbe diskriminiert zu werden. Bewohnerinnen aus dem *Osten Afrikas (Eritrea und Somalia)* empfanden wiederum eine subtilere Form der Ausgrenzung, da sie sich aufgrund ihrer verhältnismäßig geringen Sprachkenntnisse nicht ausreichend artikulieren können. Tatsächlich herrscht in vielen Flüchtlingsunterkünften ein Mangel an *Tigrinja und Somali*[15]-Übersetzern. Bei der Einweisung der neu angekommenen Bewohner werden sie daher häufig vom Personal übergangen, das ihre Nachfragen nicht beantworten kann. Auch die Hausordnung wird in dieser Sprache nicht übersetzt. Hier besteht also eine indirekte Form der Diskriminierung: Während Somalierinnen zumindest teilweise arabisch verstehen, werden Eritreerinnen mehr als andere Bewohner in Unkenntnis gelassen werden, welche Ansprüche sie haben und wo sie sich Hilfe holen können.

---

14 Alle Bewohner werden in 4- oder 6-Bettzimmern untergebracht, die Zimmernummer wird ihnen bei Ankunft zugewiesen. Sofern ausreichend Platz vorhanden ist, erhalten Familien einen eigenen Raum und Alleinreisende teilen sich ihr Zimmer mit Mitbewohnern aus gleichen Herkunftsländern. Ein Zimmerwechsel ist nur unter bestimmten Umständen, etwa im Falle einer Krankheit, möglich. Hierfür muss ein begründeter Antrag beim Sozialdienst gestellt werden.

15 Das ist Muttersprache der meisten Eritreerinnen.

Georgische Frauen äußerten vor allem Anliegen, die ihre Angehörigen betreffen und begründeten ihre Argumente mit einem sehr ausgeprägten Familiensinn und einer engen Mutter-Kind-Beziehung. Obwohl die Fragen auf unmittelbare Erfahrungen von Gewalt abzielten, beschwerten sie sich über mangelnde Hygiene und über die kümmerliche Ausstattung. Sie fühlten sich regelrecht „überfahren", dass sie keine neuen Möbel ins Zimmer nehmen dürften – eine Anordnung des Sicherheitsdienstes, Eine Bewohnerin merkte an, dass mehr Betten im Wohnzimmer vorhanden seien als Personen. Dies nehme Platz weg und töte die Atmosphäre. Überdies fragte sie, ob es bei all den Regeln in Deutschland auch nötig sei, „einen Antrag zu stellen", um einen Teppich auslegen zu dürfen – dieses Beispiel unterstreicht nicht nur das mangelnde Wohlbefinden der Bewohnerin, sondern auch ihre Ohnmacht gegenüber der deutschen Bürokratie. Allgemein wünschten sie sich etwas liebevollere Dekoration, wie etwa einen Weihnachtsbaum, damit sich die Kinder wohler fühlten.

Während Frauen sich lieber in kleineren Gruppen und an ungestörten Orten unterhielten, bevorzugten die männlichen Bewohner größere Veranstaltungen, um ihrer Meinung in Anwesenheit ihrer Mitbewohner und Freunde Ausdruck zu verleihen. Da eine große Anzahl Menschen angesprochen werden sollte, organisierte die Gewaltschutzbeauftragte eine Konferenz von bis zu zwanzig Teilnehmern, die nach Sprachen aufgeteilt wurden. Gezielte Gewaltthemen und Rückmeldungen zu Gewalterfahrungen kamen hierbei weniger zur Sprache. Vielmehr lag der Schwerpunkt auf dem Austausch zu Alltagserleben mit den Akteuren, den Regeln und der Liegenschaft. So stellte die GSK drei potentielle Lebensbereiche zur Diskussion, in denen Gewalt auftreten kann. Als Anregung zeigte sie die oben aufgeführten Symbole, auf welche die Anwesenden verbal oder gestikulierend reagierten:

1. Bereich: Tägliche Leben: Unterbringung, Angebote, Dienstleistungen, Regeln und Sicherheitsgefühl. Zur Veranschaulichung zeigte sie ihnen das Haus-Symbol, das jedoch kaum für Diskussionsstoff sorgte. Die Anwesenden berichteten weder über stattgefundene Gewaltfälle noch über Bedrohungen.

2. Bereich: Die Angestellten auf dem Gelände: RP, Betreiber, Security, Arzt, Caterer, Hebammen, Beratungsteam, Kleiderkammer. Dieses Thema löste dagegen eine unerwartet heftige Reaktion aus; die Versammlung geriet zeitweilig fast außer Kontrolle. Ihre Idee, die verschiedenen Inputs in Kleingruppen vorzubereiten und später zusammenzutragen, musste die Moderatorin sogleich wieder verwerfen. Vor allem die englischsprachigen Afrikaner ließ sich nicht in kleinere Runden aufspalten; stattdessen schlossen sie sich zu einem Pulk zusammen, um ihren Unmut gegenüber den Sicherheitsmitarbeitern Luft zu machen. Während sie sich gegenseitig anstachelten, entstand eine Art Sog, den die Moderatorin als „skurril", aber durchaus „produktiv" bezeichnet. Das Treffen wurde dazu genutzt, um sich angestauten Ärger von der Seele zu reden und mit anderen zu teilen – damit nahm die Veranstaltung die Funktion eines Austauschs an.

Dennoch wurden durchaus Inhalte vermittelt. So brachten englischsprachige *West-afrikaner (Gambia, Nigeria)* ein starkes Empfinden der Diskriminierung zum Ausdruck, das sie insbesondere gegenüber den arabisch sprechenden Bewohnern empfanden. Die Tatsache, dass mehr Mitarbeiter des Sicherheits- und Sozialdienstes aus arabisch sprechenden Herkunftsländern stammen, löste bei ihnen ein dauerhaftes Gefühl einer Ungleichbehandlung aus und verlagerte sich auf Bereiche außerhalb des Geländes. So waren sie fest davon überzeugt, dass weiße Bewohner*innen beim Einsteigen in den Bus und auch beim Eingangscheck auf die Liegenschaft vorgelassen werden. Außerdem behaupteten sie, dass weiße, in diesem Fall nicht-afrikanische, Geflüchtete komfortableren Unterkünften zugewiesen würden. Letzteres Argument konnte leicht überprüft und widerlegt werden – ein Zeichen dafür, dass einzelne Erfahrungen von Diskriminierung schnell das Gefühl eines umfassenden Rassismus auslösen können. Dennoch registrierte die Gewaltschutzbeauftragte den Unmut über das ständige „Zu kurz kommen". Zudem stellte sie fest, Bewohner*innen aus nordafrikanischen Ländern der Veranstaltung mit dem Kommentar fernblieben: „Das brauchen wir nicht." Dieses vorgebliche Desinteresse mag daher herrühren, dass viele unter ihnen in Konflikte auf der Liegenschaft involviert und teilweise auch an Strafprozessen außerhalb der Liegenschaft beteiligt sind. Bereich Wünsche: „Was brauchen sie?". Dieses Thema sollte den Bewohner*innen Gelegenheit bieten, konstruktive Ideen zu entwickeln und sinnvolle Anregungen zu äußern, wie man Diskriminierungen und Gewaltfälle mindern kann. Hierbei traten *französischsprachige Afrikaner* in den Vordergrund, wenn sie sich auch wesentlich zurückhaltender artikulierten als ihre englischsprachigen Mitbewohner. Nüchtern und sachlich versuchten sie, ihre missliche Lage zu erklären. Vor allem die Zugewanderten aus Guinea fühlten sich isoliert durch fehlende Sprachkenntnisse. Sie schlugen daher vor, mehr Mitarbeiter*innen einzustellen, die auch die wenig vertretenen Sprachen beherrschen.

Aus all den Datenmengen lassen sich drei unvorhergesehene Aspekte festhalten, die die Befragung verkomplizierten und damit die Umsetzung eines universalen Schutzkonzepts erschweren:

Einen ersten Stolperstein bildete das unterschiedliche *Empfinden von Gewalt:* Die Vorstellung von Gewalt bei der Schutzkoordinatorin unterschied sich massiv von denen vieler Befragter. Verbale oder körperliche Angriffe wurden von den Befragten nicht immer als Gewalt bezeichnet. Gegenseitiges Anschreien untereinander oder zwischen Bewohner*innen und Sicherheitsmitarbeitern – selbst Ohrfeigen – beschrieben sie als unangenehme Alltagssituation, keinesfalls jedoch ein Gewaltakt. Als überraschend für die Koordinatorin erwies sich auch die Toleranz gegenüber der Tatsache, dass die Zimmertür sich nicht abschließen lässt – eine feuerschutzpolizeiliche notwendige Maßnahme. Während diese Einschränkung aus Sicht der Mitarbeiter*innen auf dem Camp – die von den Bewohnern regelmäßig mit Diebstahlfällen konfrontiert werden – eine Zumutung darstellt, störten sich die Befragten selbst kaum daran. Die Tatsache, dass viele unter ihnen in Großfamilien leben oder unangekündigt bei den Nachbarn ein- und ausgehen, mag der Grund dafür sein, dass sie dem Wunsch nach Privatsphäre keinen großen Nachdruck verliehen. Betrat der Hausmeister jedoch das Badezimmer von Frauen, um einen Abfluss zu reparieren, konnte dieses Eindringen als Übergriff oder Respektlosigkeit gegenüber dem Rückzugrecht von Frau und Familie ausgelegt werden. So empfanden die Gesprächs-partner*innen eher eine subtile Form von Gewalt, etwa bei aufgezwungenen Zimmer-nachbarn und Möbeln, Ignoranz oder Ungleichbehandlung.

Ein zweiter entscheidender Aspekt der Analyse bildete die *Situation der Flucht* an sich. Nicht selten erduldeten die Teilnehmer auf dem Weg nach Europa physische, psychische und sexuelle Übergriffe – tragische Erlebnisse, die nicht nur Traumata verursacht haben, sondern das Thema Gewalt noch einmal neu definieren und stark von den Maßstäben des Gewaltschutzprogramms abweichen. Auf der Liegenschaft verharren die Geflüchteten nach wie vor in einem Zustand der Unsicherheit und Abhängigkeit, was sich hinderlich auf die Interviewsituation auswirkte. Denn obwohl die Gewaltschutzkoordinatorin die Hintergründe der Befragung genau erklärte und betonte, dass sie als unabhängige Kraft mit dem Entscheidungsprozess über das Asylverfahren nichts zu tun habe, löste die Befra-gung immer wieder Unbehagen über die Verwendung der Angaben aus. Folglich hatten die Bewohnerinnen Scheu davor, ihren Unmut über mangelnde Sicherheitsvorkehrungen aus-zudrücken. Diese Hemmungen zeigen, dass der Status als Geflüchteter und Asylsuchender die Konversation über das Thema Gewalt in eine nicht vorgesehene Richtung lenkt und eine systematische Befragung erheblich erschwert. Eine der Befragten etwa weigerte sich, ihren Namen und Zimmernummer zu verraten; später fand die Gewaltschutzkoordinato-rin den Grund dafür heraus: Die Betreffende hatte heimlich Unterschlupf bei einer Be-kannten gesucht, da sie sich in dem ihr zugewiesenen Zimmer das Bad mit einem Mann hätte teilen müssen. Auf Nachfrage, warum sie sich mit diesem Anliegen nicht an den Be-treiber gewendet hatte, zuckte sie nur mit den Schultern und sagte: „Ist halt so".

Diese Reaktion führt mich zum dritten verbreiteten Phänomen, das die Erstellung eines einheitlichen Schutzkonzepts zu einer komplexen Angelegenheit gestaltet: Der Umgang mit Gewalt durch eigenständige Unterwanderung: Statt Ungerechtigkeit, Diskriminie-rung oder körperliche Übergriffe an den vorgesehenen Anlaufstellen, etwa dem örtlichen Beschwerdemanagement oder Beratungszentren anzusprechen, reagieren viele Bewoh-ner*innen auf zweierlei Arten. Entweder sie akzeptieren bzw. ignorieren die Umstände, da sie ihre Situation ohnehin als vorübergehend betrachten oder sie finden Alternativlösun-gen, die den Sozialverbänden oder Personal verborgen bleiben.[16] Solch eigene Strategien sollten in einem überregional verbindlichen Handlungsschema, wie es das Schutzkonzept

---

[16] Drastischere Beispiele sind Menschenhandel, Zwangsprostitution, Prostitution gegenüber Personal zur Be-schleunigung des Transfers, Drogenhandel-Netzwerke. Da die Opfer darüber jedoch nicht sprechen, können GSK nur Vermutungen über solche Fälle anstellen und ihnen nicht weiter nachgehen.

vorsieht, unbedingt berücksichtigt werden. Nachdem ich die Erfolge, aber auch Barrieren in der Praxis dargestellt habe, möchte ich das Projekt abschließend aus ethnologischer Sicht einschätzen.

4. Fazit

Kehren wir zur Ethnologie der Gewalt zurück. Eingangs habe ich erläutert, inwiefern sich die Disziplin von anderen wissenschaftlichen Ansätzen abgrenzt. Ihre besondere Herangehensweise besteht darin, Gewalt nicht als universalen, feststehenden Akt zu betrachten; vielmehr berücksichtigt die ethnologische Wissenschaft kulturell geprägte Vorstellungen und Anwendungen von Gewalt sowie unterschiedliche Schutzstrategien. Ist solch ein Ansatz methodisch und moralisch zulässig? Sicher bietet der Vorsatz, Gewalt in Bezug auf Kultur und Kontext zu erforschen, eine ohnehin beliebte Angriffsfläche für die Kritik, die Ethnologie würde Übergriffe, Diskriminierung und weitere Ungerechtigkeiten verharmlosen oder gar rechtfertigen. In der Tat zeigt jedoch gerade der hier vorgestellte Arbeitsbereich der anwendungsorientierten Ethnologie, wie relevant und aktuell eine differenzierte Sicht auf das Thema ist.

Mit der Etablierung eines Gewaltschutzkonzepts sollen sich schutzbedürftige Gruppen, die in Flüchtlingsunterkünften leben, dort sicherer fühlen und bewegen können. Dafür werden bundesweit allgemeingültige Mindeststandards entwickelt und dann in den einzelnen Orten umgesetzt. Die partizipative Risikoanalyse, die zentrale Methode zur Bedarfserfassung unter den betroffenen Personen, brachte jedoch Haltungen gegenüber dem Thema Gewalt zum Vorschein, die sich nicht immer mit den Punkten des Mindeststandards vereinen lassen. Ungenügend erfasst wurden alternative Vorstellungen von Gewalt, der Fluchtkontext, der sowohl neue Dimensionen von Gewalt mit sich bringt, sowie der Status als Asylbewerber*in, der die Befragten hemmt, ihre Ansichten offen zu vertreten. Überdies haben die Handlungen der Bewohner*innen gezeigt, dass sie durchaus eigene Abwehrmöglichkeiten gegenüber Formen der Gewalt und Diskriminierung finden.

Damit stellt sich die Frage, ob ein festgeschriebenes Modell von Gewaltformen- und fällen geeignet ist, die Sicherheitsbedingungen zu verbessern oder ob es nicht sinnvoller ist, individuelle Formen und Ausübung von Gewalt zu berücksichtigen. Ein einheitliches Konzept zur Kategorisierung und Bekämpfung von Gewalt durchzusetzen ist aus meiner Sicht nicht unbedingt effizient. Die Vorgehensweise der partizipativen Risikoanalyse bietet allerdings insbesondere für praktizierende Ethnolog*innen einen zentralen Einsatzbereich, um die Lücke zwischen den Vorgaben der Regierung mit den Ansichten der Zielgruppen zu überbrücken.

Literatur

AIJMER, Göran / Abbink, Jon (2000): Meanings of Violence. A Cross-Cultural Perspective. Oxford: Berg.

BOWMAN, Glenn (2001): The Violence in Identity. In: Schmidt, Bettina E. / Schröder, Ingo W. (Hg.): Anthropology of Violence and Conflict. London: Routledge, S. 25–46.

NORDSTROM, Carolyn / Martin, JoAnn (1992): The Paths to Domination, Resistance and Terror. Berkeley: University of California Press.

NORDSTROM, Carolyn (1995): Fieldwork under Fire. Contemporary Studies of Violence and Survival. Berkeley: University of California Press.

RICHES, David (1986): The Anthropology of Violence. Oxford: Blackwell.

ROYCHOWDHURY, Poulami (2013): "The Delhi Gang Rape". The Making of International Causes. In: Feminist Studies, 39 (1), S. 282–292.

SCHMIDT, Bettina E. / Schröder, Ingo W. (2001): Anthropology of Violence and Conflict. London: Routledge.

WHITEHEAD, Neil L. (2004): Rethinking Anthropology of Violence. In: Anthropology Today, 20 (5), S. 1–2.

Websites

Bundesinitiative „Schutz von geflüchteten Menschen in Flüchtlingsunterkünften": http://www.gewaltschutz-gu.de/ [Zugriff am 19.02.2018].

Bundesinitiative „Schutz von geflüchteten Menschen in Flüchtlingsunterkünften". Electronic source: http://www.gewaltschutz-gu.de/content/e4858/e4860/e4899/Risikoanalyse_eineOrientierung_170307.pdf [Zugriff am 19.02.2018].

Bundesinitiative „Schutz von geflüchteten Menschen in Flüchtlingsunterkünften": https://www.gewaltschutz-gu.de/themen/kinderfreundliche_orte/ [Zugriff am 19.02.2018].

Bundesministerium für Familie, Senioren, Frauen und Jugend – BMFSFJ: https://www.bmfsfj.de/bmfsfj/aktuelles/presse/pressemitteilungen/mehr-sicherheit-und-unterstuetzung-fuer-besonders-schutzbeduerftige-fluechtlinge/116912 [Zugriff am 19.02.2018].

Caritasverband Mannheim: https://www.caritas-mannheim.de/hilfe-und-beratung/fluechtlinge-und-migranten/kulturdolmetscher/kulturdolmetscher [Zugriff am 19.02.2018].

Mannheim 24: „Tag der offenen Tür". Spinelli: So leben die Flüchtlinge in Mannheim (15. Juli 2017): https://www.mannheim24.de/mannheim/mannheim-feudenheim-kaefertal-offenen-spinelli-8488266.html [Zugriff am 19.02.2018].

Pinterest: https://www.pinterest.de/pin/389350330274736923/ [Zugriff am 19.02.2018].

Unicef – Guidelines for Child friendly Spaces in Emergencies. Electronic source: https://www.unicef.org/protection/Child_Friendly_Spaces_Guidelines_for_Field_Testing.pdf [Zugriff am 19.02.2018].

Quick and not dirty:
reflexive ethnologische Kurzrecherche im Tourismus und anderswo

Nicole Häusler

ABSTRACT: Die Methodik „Reflexive Organisational Cultural Appraisal", kurz ROCA, ist ein Verfahren, um in einem Zeitraum von vier Wochen eine Kultur- und Organisationsanalyse bei lokalen Gemeinden und Privatunternehmen durchzuführen. Die Autorin – Ethnologin und Tourismusberaterin – hat im Rahmen ihrer Doktorarbeit diese Methode entwickelt, um eine Cultural Due Dilligence zwischen einer lokalen Gemeinde und einem Reiseveranstalter in Thailand durchzuführen, die gemeinsam seit über zehn Jahren eine Lodge managen. Sie ist dabei der Frage nachgegangen, wie es zu einem „Cultural Fit" dieser beiden Institutionen kommen konnte, da die Hauptakteure vier verschiedenen ethnischen Gruppen angehören. ROCA kann vor allem von Ethnolog*innen angewendet werden, die im Tourismusbereich, aber auch in anderen Bereichen der Entwicklungszusammenarbeit und der Organisationsberatung als Kurzzeitexperten arbeiten. ROCA ist eine anwendungsorientierte Methodik, deren konzeptionelle Ausgestaltung auf wissenschaftlicher Kenntnis beruht. Es beinhaltet nicht nur die klassischen Instrumente der ethnologischen Feldforschung, sondern integriert auch ethische und Fragen der Selbstreflexion in sein Modell.

1. Einleitung

Die Methodik „Reflexive Organisational Cultural Appraisal" – kurz ROCA – ist ein Verfahren, um in einem Zeitraum von ca. vier Wochen eine Kultur- und Organisationsanalyse in kleinen Gemeinden und Unternehmen durchzuführen. Da sie eng verbunden ist mit meiner Biographie, werde ich in diesem Artikel zunächst meine Erfahrungen der vergangenen 25 Jahre als „Pracademic" (eine Mischung zwischen Praktikerin und Akademikerin im Berufsleben) beschreiben und dann in Abschnitt 3 auf die theoretischen Grundlagen eingehen, auf denen ROCA aufgebaut ist. In Abschnitt 4 werde ich meine Erkenntnisse aus der Pilotstudie in einem Dorf in Nordthailand beschreiben, die dann in Abschnitt 5 zu der „Reise hin zur Selbstreflexion" führten. Diese Ergebnisse hatten erheblichen Einfluss auf die endgültige Fassung der Methodik, da sie als zentrales Element die Reflexion der Kurzzeitforschung durch den/die Forscher*in beinhaltet (Abschnitt 6). Da die Methodik im Rahmen einer englischsprachigen Doktorarbeit veröffentlicht wurde, werden Abbildungen und einige Fachbegriffe in englischer Sprache verwendet.

2. The Pracademic

Für meine Magisterarbeit in Ethnologie an der Universität in Göttingen führte ich eine sechsmonatige Feldforschung zu den „Auswirkungen des Tourismus in Goa" durch. Es war damals (1989) schwierig, einen Betreuer zu finden, da die Ethnolog*innen das Thema Tourismus nur mit spitzen Fingern anfassten – und dies zum Teil heute auch noch tun. Dabei gibt es zahlreiche Verbindungen zwischen der Ethnologie und dem Tourismus (siehe Beitrag von Schreiber und Schrempp in diesem Band).

Nach ein paar beruflichen Umwegen und einer Zusatzausbildung als systemische Organisationsberaterin lebte ich sechs Jahre in Thailand, wo ich zunächst als Reiseleiterin für TUI arbeitete (40 Touristen in einem Bus mit Besuchen in ethnischen Dörfern – das ist angewandte Ethnologie pur…). Über das Programm CIM der GTZ (Gesellschaft für Technische Zusammenarbeit; heute Gesellschaft für Internationale Zusammenarbeit – GIZ) begann ich 1995 als Beraterin für Nachhaltigen Tourismus zu arbeiten mit Schwerpunkt auf „Community-based Tourism" (CBT), gemeindebasiertem Tourismus, eine Form des Tourismus, die Anfang der 1990er Jahre in Südostasien aufkam und als Konzept rasch weltweit in Asien, Afrika, und Südamerika aufgegriffen wurde. Damit wurde die Hoffnung verbunden, dass vor allem kleine Gemeinden in den Destinationen sowohl finanziell als auch planerisch stärker in die Tourismusentwicklung ihrer Region eingebunden werden können.

Nach zwei weiteren Jahren in Bolivien als Tourismusberaterin für Schutzgebiete, baute ich mit einem Kollegen eine Beratungsfirma für nachhaltigen Tourismus in Berlin auf. Parallel begann ich an zahlreichen Hochschulen als Referentin in Tourismusstudiengängen zu lehren. Diese Lehre basierte vor allem auf dem praktischen Wissen und meinen Erfahrungen als Tourismusberaterin im Feld. Ich bekam aber zunehmend das Gefühl, dass ich viele Fragen aufgrund eines mangelnden theoretischen Hintergrunds nicht gut genug beantworten und bewerten konnte. Als Konsequenz begann ich berufsbegleitend meine Doktorarbeit in Großbritannien zu schreiben – mein Leben als „Pracademic" begann.

Die Wahl des Schwerpunktthemas meiner Doktorarbeit basierte auf den Erfahrungen meiner Arbeit als Kurzzeitberaterin in der Entwicklungszusammenarbeit in den 1990er Jahren. Der Wirtschaftssektor „Tourismus" wurde in der Entwicklungszusammenarbeit populär und neben der Förderung von CBT-Projekten wurde die Förderung von Tourismusprojekten bevorzugt, die gemeinsam von einem lokalen Unternehmen und einer – meist einer ethnischen Minderheit angehörigen – Dorfgemeinschaft durchgeführt wurden. Hier wurde insbesondere das gemeinsame Management einer Lodge gefördert. Als Kurzzeitberaterin sollte ich hier nun technisches Fachwissen an die beiden Hauptakteure weitergeben. Hierzu erhält man in den meisten Fällen einen Vertrag von ungefähr zehn Arbeitstagen, die die Vorbereitung, An-und Abreise, Report schreiben und Aufenthalt „im Feld" (drei Tage) einschließen.

Diese Aufträge waren für mich extrem unbefriedigend, da die „verdrängte" Ethnologin immer mehr zum Vorschein kam. Diese fragte sich unter anderem, ob und wie solch eine Zusammenarbeit grundsätzlich gut funktionieren kann, wenn beide Akteure einen kulturell verschiedenen Hintergrund haben. In der Wirtschaft sind viele Fusionen daran gescheitert, dass zwei Firmen mit zwei völlig unterschiedlichen Organisationskulturen zusammengeführt wurden. Wie also sollen solche Projekte gut funktionieren, wenn das Unternehmen eine Organisationskultur besitzt, die sich von der Kultur der Dorfgemeinschaft stark unterscheidet? Um dieses Problem zu lösen, sollte eine Cultural Due Diligence, also eine Art „kulturelles Überprüfungsverfahren" durchgeführt werden, durch die auf potentiell problematische Aspekte in der künftigen Zusammenarbeit hingewiesen wird. Anschließend sollen dann Gegenmaßnahmen ergriffen werden, um ein „Cultural Fit" zu erreichen.

Nach intensiver Literaturrecherche stellte ich fest, dass es keine qualitative Methodik gab, die diese Cultural Due Diligence durchführt – und vor allem keine, die auf einer Kurzzeitrecherche basiert. Da Entwicklungsorganisationen für solch eine Recherche niemals mehr als zwei bis vier Wochen an bezahlter Auftragsarbeit ausgeben würden, entwickelte ich, der „Pracademic", die Idee, solch eine Methodik zu erarbeiten. Ich nannte sie zunächst Coca: „Creative Organisational Cultural Appraisal". Im nächsten Kapitel werden die theoretischen Grundlagen dazu näher erläutert.

3. Theoretische Grundlagen einer Cultural Due Diligence zwischen einer lokalen Gemeinde und Unternehmen

Bei der Entwicklung einer Coca-Methodik empfahl es sich zunächst herauszufinden, welche Methoden bereits in ähnlichen Kontexten angewandt worden sind, da es nicht notwendig ist, das Rad immer wieder neu zu erfinden, oder wie es die Tourismusforscherin A. A. Lew ausdrückt: „Research produced by others using the same or similar conceptual frameworks can be borrowed, adapted, and applied to the new research project" (2011:32). Daher wurden qualitative Kurzzeit-Forschungsmethoden aus folgenden Themenbereichen identifiziert bzw. übernommen: (i) Community Research / Gemeindeforschungen; (ii) Erforschung von Kulturen oder Organisationskulturen (im Hotel- und Gastgewerbe) im Besonderen; (iii) Tourismusforschung; (iv) vergleichende Kulturforschung; (v) quali-

tative Short-Cut- oder Rapid-Methodiken; (vi) Ansätze unter Einbeziehung der lokalen Bevölkerung; oder (vii) Ansätze, bei denen Elemente von Flexibilität und Kreativität eine
Rolle spielen.

Rapid Rural Appraisal (RRA) wurde dabei als Schmelztiegel von früheren Methoden
wie Rapid Ethnography oder Farming Research System identifiziert. Als Ende der 1970er-
und Anfang der 1980er-Jahre eine Methode für Rapid Assessments im größeren Zusammenhang der ländlichen Entwicklung benötigt wurde, wurden Ethnografie und Organisationsanalyse, Rapid Rural Appraisals (RRA), Rapid Organisational Appraisals (ROA)
und Rapid bzw. Compressed Ethnography[1] entwickelt, die alle ähnliche Methoden verwendeten. Im Zuge der Weiterentwicklung dieser Methoden wurde von Berater*innen
eine höhere Partizipation der lokalen Bevölkerung an „ihrer" Forschung eingefordert. In
der Folge wurden weitere Methoden entwickelt, darunter das Participatory Rural Appraisal (PRA) und das Participatory Organisational Appraisal (POA). Die jeweilige Art und
Weise der Einbeziehung der lokalen Bevölkerung wurde dabei von Längsschnittmethoden
wie der angewandten Ethnografie und der Aktionsforschung beeinflusst. ■ Abbildung 1
zeigt auf, dass diese Methoden zum Teil aufeinander aufbauen und miteinander verbun-

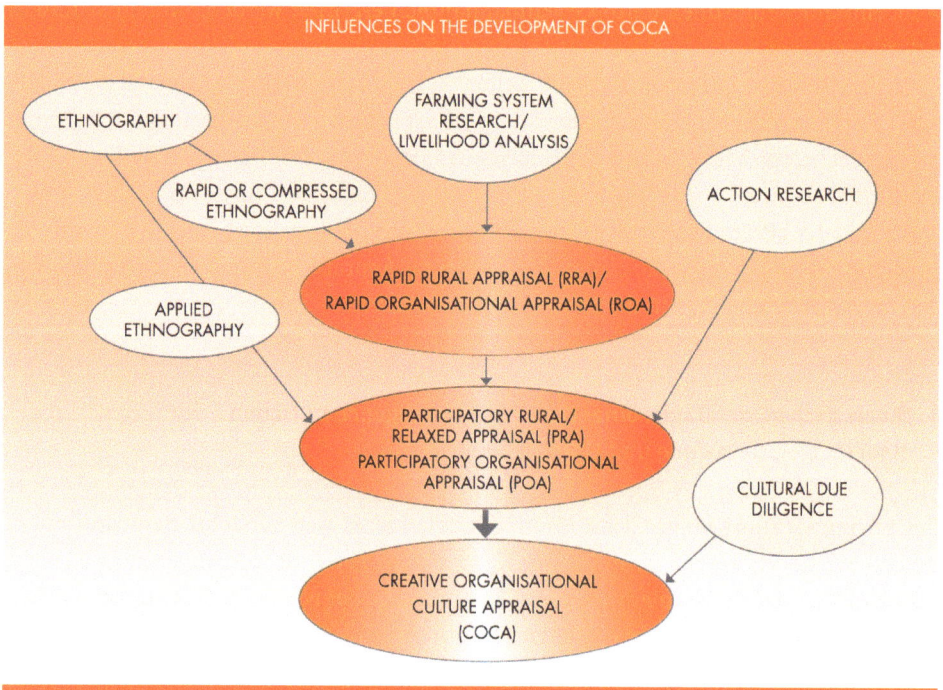

Abb. 1: Einfluss verschiedener Methoden auf die konzeptionelle Entwicklung von COCA.

---

1   Siehe auch Handwerker 2001.

den sind.[2] ■ Tabelle 1 bietet eine Übersicht über die Kernpunkte von Rapid Appraisals (RA) und ähnlichen Ansätzen (siehe oben), die in die vorläufige COCA-Methodik integriert wurden.

Tabelle 1: Übersicht über die Kernpunkte von Rapid Appraisal (RA) und ähnlichen Ansätzen.
Quelle: Eigene Darstellung auf Grundlage der Literaturauswertung.

KERNPRINZIPIEN	Qualitative Fallstudie unter Vermeidung elitärer, westlicher, männlicher, saisonaler Verzerrungen; umgekehrte Lernrichtung: Wissen der lokalen Bevölkerung nutzen, „non-engineering blueprints", nicht das Nichtsichtbare übersehen, mehrere Sichtweisen akzeptieren, zentrales Ziel ist Empowerment durch Bewertung und somit Veränderung, Schwerpunkt auf Stärken der Gemeinde
TECHNISCHE ASPEKTE	
Forschungsdauer und -struktur	Einige Tage bis zwei Monate; gut vorbereitet („klare Vision, wohin es gehen soll, ohne die Orientierung zu verlieren"); Empfehlung: Beurteilung in zwei oder drei Phasen einteilen, inklusive Pause(n) zum Reflektieren und Umdisponieren; hohes Maß an Flexibilität
Team	Empfehlung: Projektleiter*in und wissenschaftliche(r) Mitarbeiter*in(nen) mit unterschiedlichem beruflichen Hintergrund, ausgewogene Geschlechterverteilung; möglichst Perspektiven von Insidern und Outsidern, d.h., mindestens ein Teammitglied sollte ein Insider sein; vorzugsweise Teammitglieder mit kritischer Selbstreflexion
Datenerhebung	Anwendung mehrerer Methoden wie Beobachtung, offene/ Tiefeninterviews, Transekte, visuelle Medien, Karten und Storytelling
Datenextraktion und Datenanalyse für Kurzzeitanalyse	Zweck ist nicht das Sammeln detaillierter Informationen; „optimales Nichtwissen" ist akzeptabel; Vor-Ort-Analyse, vorzugsweise reflexives/gemeinsames Auswerten mit Dorfbewohnern unter Anwendung von Clustering-Methoden; am Ende Validierungsworkshop mit allen Stakeholdern; Triangulation

---

2 Eine ausführliche Erläuterung hierzu unter Häusler 2017:67–95.

Insbesondere die RA-Kernprinzipien zeigen, dass die COCA-Methodik über technische Fragen hinausgehen musste, etwa die, welche Methoden in welchem Kontext zu verwenden sind. Die Basis von COCA war eine starke Strukturierung mit einem großen Schuss Flexibilität und Kreativität: Um erstere Bedingung zu erfüllen, bedarf es vorausschauender Planung; gleichzeitig muss COCA flexibel und kreativ genug sein, um auf lokale Bedingungen und unvorhergesehene Umstände reagieren zu können.

Basierend auf dieser Analyse wurden in einem nächsten Schritt die Rollen und Aufgaben der Hauptakteure, die Struktur während der Untersuchungszeit und die Fragestellungen definiert, ebenso die Art der Datensammlung und die Datenanalyse. Diese werden in der ■ Abbildung 2 visuell zusammengefasst.

Bezüglich des Akteursumfeldes zeigte die Literaturrecherche eindeutig, dass der Begriff „Gemeinde / Community" schwer zu definieren ist und die häufige Idealisierung einer homogenen, konfliktfreien Gruppe bei einer Cultural Due Diligence nicht standhält.[3] Der Privatsektor, der vor allem im Rahmen von CSR-Maßnahmen solche Projekte unterstützt, ist in den meisten Fällen nicht vorbereitet auf die Komplexität dieser Aufgabe, vor allem hinsichtlich unterschiedlicher Vorstellungen bezüglich a) Hierarchien im Arbeitsverhältnis zueinander, b) dem Aushandeln von Konflikten, c) dem Aufbau von Beziehungen sowie d) der Arbeitsmoral.[4]

Zu meinen Berufserfahrungen gehört, dass Kollegen häufig nicht bereit waren, im Dorf zu übernachten, sondern eher jeden Tag die mühevolle Hin- und Rückfahrt bevorzugten, um in einem komfortablen Hotel übernachten zu können. Daher ist ein wichtiges Merkmal beim COCA-Team: „willingness to stay in a remote area". Die Untersuchung wurde in drei Hauptphasen mit zwölf Unterphasen (= Steps) aufgeteilt, die in einem Zeitraum von 32 bis 53 Tagen durchgeführt werden sollten – plus einer Pause von ca. einer Woche, die Zeit gibt, um die intensive erste Recherchephase zu reflektieren, bevor die zweite Feldphase beginnt.

4. Feldforschung – nichts war so, wie es hätte sein sollen

Um COCA zu testen, wählte ich ein Dorf in Nordthailand aus, in dem seit 17 Jahren eine Lodge von der lokalen ethnischen Gemeinde und einem thailändischen Unternehmen gemanagt wurde. Die Lodge hatte bereits mehrere Preise für diese Kooperation erhalten und erschien mir daher als sehr gutes Beispiel für einen „Cultural Fit" zwischen zwei unterschiedlichen Kulturen. Sechs Monate vor Feldforschungsbeginn hatte ich ein Treffen mit dem Ältestenrat des Dorfes und dem Reiseveranstalter und erhielt von beiden Seiten die Genehmigung für diese Untersuchung (Step 1). Anschließend (Step 3, siehe ■ Abb. 2)

---

3   Siehe Häusler 2017:55–56.

4   Häusler 2017:37–42.

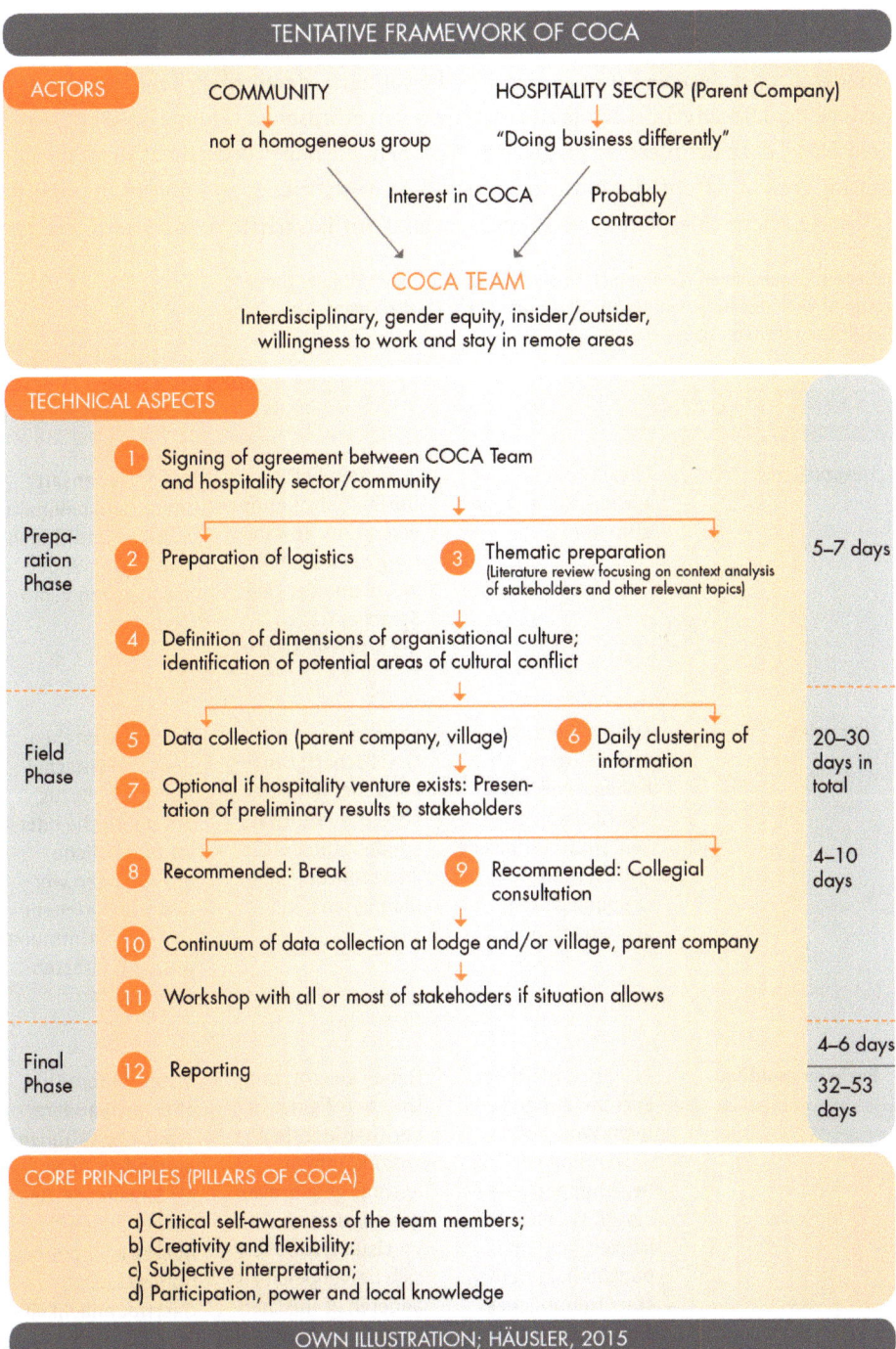

Abb. 2: Entwurf für das Rahmenkonzept von COCA.
Quelle: Häusler 2017: 98; Fig. 5.1.

unternahm ich eine Literaturrecherche zu der Organisationskultur des Reiseveranstalters (thailändischer Besitzer) und zu den Dorfbewohnern, deren Mehrheit der ethnischen Gruppe der Lisu angehört sowie zu einer kleineren ethnischen Gruppe im Dorf, den Akha. Parallel dazu definierte ich sechs Dimensionen, die näher untersucht werden sollten, um im Vorfeld potentielle kulturelle Konflikte identifizieren zu können, namentlich: Leitwerte, Hierarchie, Aufbau von Beziehungen, Konfliktverhalten, Arbeitsstil, Religion.[5]

Tabelle 2: Dimensionen für die Analyse der Organisationskultur in der Lodge, getrennt nach den Kulturen der Thai, Lisu und Akha. Quelle: Eigene Darstellung auf Grundlage der Literaturauswertung.

VARIABLEN	THAI	LISU	AKHA
Leitprinzipien	Loyalität zur Nation, Religion und zum König	„Lisu sein heißt flexibel sein": Ahnenverehrung, Bewahrung der kulturellen Werte und der Lisu-Sprache; Tragen der Lisu-Volkstracht	„Akha-Lebensart" (Akha zan) beinhaltet alle ihre Traditionen und Feiern; Widerstand gegen Veränderung
Hierarchie	Starres hierarchisches System mit hohem Maß an Machtdistanz; Seniorität; ethnische „Minderheiten"-Gruppen gelten als tieferstehend	Egalitäre Gesellschaft; Dorfvorsteher hat keine absolute Autorität, sondern fungiert als Vermittler; keine Clanhierarchie	Kein höherstehender Clan; Entscheidungen in Bezug auf politische oder wirtschaftliche Beziehungen werden auf Dorfebene und in Abstimmung mit dem Ältestenrat getroffen
Beziehungsaufbau	Bei geschäftlichen Entscheidungen wird mehr Wert auf die Bewahrung sozialer Beziehungen gelegt als auf Wirtschaftlichkeit (auf Thai: *bunkhun*); äußerlich stets freundliches, einträchtiges Verhalten	Haben gelernt, ohne Unterwürfigkeit mit der Thai-Mehrheit auszukommen; leichtes gegenseitiges Misstrauen (Thai vs. Lisu); Lisu sehen sich im Vergleich zu anderen ethnischen Gruppen der Region an der Spitze der Hierarchiepyramide	Insbesondere Thai, aber auch andere ethnische Gruppen behandeln Akha als Subalterne; Besucher*innen sind höchst willkommen; hohes Maß an Gastfreundlichkeit

---

5   Häusler 2017:37–42.

VARIABLEN	THAI	LISU	AKHA
Konfliktverhalten	Etabliertes System von Konfliktvermeidungsmechanismen (Gesicht-Bewahren, gegenseitiges Anlächeln, auf Thai: *jai yen*)	Mit Eltern oder älteren Haushaltsmitgliedern zu streiten ist ein Tabu; Konflikte auf Dorfebene werden von Dorfvorsteher und Dorfrat geregelt; bei Konflikten mit anderen (Mehrheits-) Gruppen wird Auseinandersetzung durch „Verschwinden" vermieden oder minimiert (hohes Maß an Migration)	„Weg zur Harmonie" essenzielles Element von *Akha zan* auf allen Ebenen; reagieren entsetzt, wenn konfrontiert mit Konflikten; unvermeidbare Konflikte werden auf Dorfebene mit Dorfältesten und religiösem Führer besprochen
Arbeitsmoral	Durch harte Arbeit Erreichtes gilt als weniger wertvoll als soziale Beziehungen; Spaß miteinander haben (auf Thai: *sanuk*) hat Priorität; hohes Maß an Flexibilität, Improvisation und Kreativität; Untergebenen wird nur begrenzt Verantwortung übertragen	Arbeit gilt nicht als Wert an sich, dient lediglich der Absicherung; verschiedene berufliche Aktivitäten werden gegenüber Lohnarbeit bevorzugt; Frauen scheinen härter zu arbeiten als Männer; Lisu haben ein ausgeprägtes Arbeitsethos	Keine Informationen gefunden
Religion	Buddhismus mit animistischen (Geisterglaube) sowie brahmanisch-hinduistischen Elementen	Geisterglaube und Ahnenkult; buddhistische Glaubensrichtungen weithin akzeptiert; einige Lisu haben sich zum (evangelikalen) Christentum bekehrt	Teil der Vorstellung von der „Akha-Lebensart" (*Akha zan*); stark ausgeprägter Geisterglaube; die Mehrheit der Akha hat sich aus pragmatischen Gründen in Thailand zum Christentum bekehrt (u.a. um sich von den Thai abzugrenzen)

VARIABLEN	THAI	LISU	AKHA
Andere wichtige Aspekte, die bei der Analyse der Organisationskultur in diesem Kontext eine Rolle spielen können	Loyalität zur Nation, Religion und zum König	Starkes Bedürfnis nach Unabhängigkeit und Freiheit; Misstrauen gegenüber anderen Clans, insbesondere aus anderen Dörfern; Lisu-Männer heiraten häufiger Frauen aus anderen ethnischen Gruppen, die dann Lisu-Identität annehmen	Akha wechseln ihre ethnische Selbstbezeichnung aus strategischen Gründen; Akha werden häufig als billige Arbeiter von den Thais, aber auch von den anderen ethnischen Gruppen, insbesondere Lisu ausgebeutet

Basierend auf der Literaturrecherche (■ Tab. 2) habe ich die unterschiedlichen Vorstellungen von Hierarchien als einen potentiellen Konfliktbereich innerhalb der drei Kulturen identifiziert. Unterschiede zwischen Glaubensrichtungen bargen möglicherweise ebenfalls Konfliktpotenzial, doch war zu diesem Zeitpunkt unklar, ob dies in der Lodge tatsächlich der Fall war, und wenn ja, inwiefern solche Unterschiede das Arbeitsumfeld verändert haben könnten (siehe Tabelle 3).[6]

Tabelle 3: Wichtige Bereiche mit Konfliktpotential innerhalb des multiethnischen Arbeitsumfelds der Lodge.

BEREICHE MIT KONFLIKT-POTENZIAL	THAI	LISU	AKHA
Andere wichtige Aspekte, die bei der Analyse der Organisationskultur in diesem Kontext eine Rolle spielen können	Festes hierarchisches System Ansicht, ethnische Gruppen seien tieferstehend	Überaus egalitäre Gesellschaft; betrachten sich als an der Spitze der Hierarchie ethnischer Gruppen in der Region stehend	Überaus egalitäre Gesellschaft; Akha werden von Thai und Lisu wie Untergebene behandelt
Religion	Buddhismus	Traditioneller Glaube; wenige zum Christentum bekehrt	Christentum

---

6   Siehe Häusler 2017:129–169.

Nach Durchführung der Schritte 1 bis 4 kam die Datenerhebung (Step 5). Es wurden 39 Personen interviewt, davon die Mehrheit Dorfbewohner und Angestellte der Lodge sowie Mitarbeiter des Unternehmens. Die Instrumente zum Sammeln der Daten und ihre Effektivität werden in ▪ Tabelle 4 erläutert:

Tabelle 4: Verwendete Methoden und Ergebnisse auf Grundlage
der Erfahrungen während der Feldforschung. Quelle: eigene Zusammenstellung

METHODEN	ERGEBNISSE AUF GRUNDLAGE DER ERFAHRUNGEN WÄHREND DER FELDFORSCHUNG
Beobachtungen und Transekte	Hintergrundinformationen
Leitfadengesteuerte Interviews	Umfangreichste Datenquelle
Offene Interviews	Zusätzliche Hintergrundinformationen
Fotos	Untermauerung der Argumente für bestimmte Ergebnisse
Zielgruppentreffen	Teilnehmer tendierten zu Konformität – nur bedingt empfehlenswert
Ranking- und Bewertungs-karten; Venn-Diagramme usw.	Wurden wegen des geringen Bildungsgrads der Dorfbewohner*innen nur ein Mal verwendet
Tagebuch	Wichtig für den Reflexionsprozess während und nach dem Feldaufenthalt

Nach intensiven 14 Tagen im Feld nahm ich mir eine zweiwöchige Pause (siehe Abb. 1, Step 8), die bei Beratungsaufträgen nur in seltenen Fällen genehmigt wird. Nach dieser Pause kehrte ich nicht nur körperlich erholt und voller Energie zurück, sondern ich hatte in der Zwischenzeit auch Fragen bezüglich fehlender Daten und empirischer Lücken entwickelt. Somit konnte ich während der zweiten Interviewrunde einige der alten Fragen durch neue ersetzen, die den Realitäten vor Ort eher entsprachen.

Für das Berichten (Abb. 1, Step 12) bekommt man normalerweise nicht mehr als zwei bis drei bezahlte Arbeitstage, die aber in der Realität meist vielfach so viel an (unbezahlter) Arbeit bedeuten. Dennoch ist es für mich bei einem „normalen" Auftrag als Tourismusberaterin kein Problem, einen passablen Report in diesem Zeitraum zu schreiben. Bei der Analyse dieser Feldforschung war dies jedoch anders – und das hing damit zusammen, dass im Dorf und in der Lodge (fast) nichts so war, wie es nach außen dargestellt wurde. Es kann an dieser Stelle nicht im Detail darauf eingegangen werden[7], aber ein paar wichtige Punkte seien hier genannt:

---

7   Mehr dazu unter Häusler 2017:171–204.

- Die Lodge wird nicht von der Gemeinde in Kooperation mit dem thailändischen Unternehmen gemanagt, sondern durch einen Clanchef im Dorf[8], der fast ausschließlich finanziell von der Lodge profitiert und auch den Souvenirverkauf in der Lodge sowie die allabendliche „traditionelle" Tanzvorstellung in der Lodge kontrolliert;

- Es gibt keinerlei Belege oder klare Aussagen darüber, für was und von wem die „Spende an die Gemeinde" von 1,5 US-Dollar, die jeder Gast zu entrichten hat, verwendet wird;

- Der Lisu-Bürgermeister bestätigte mehrmals, dass es keinerlei Bindung zwischen dem Dorf und der Lodge gebe und man auch keinerlei Einfluss auf Managemententscheidungen hätte, die die Lodge betreffen.

Die Kernergebnisse sind dargestellt in ■ Abb. 3, mit einer unsichtbaren Mauer zwischen der Organisationskultur der „Mutterfirma" und der „Gemeindekultur". Als bereits existierende Konflikte der Hauptakteure wurden folgende Aspekte identifiziert:

Organisationskultur der thailändischen Mutterfirma:

- Mission und Vision sind nicht konsistent und führen daher zu Verwirrungen bzgl. der Firmenidentität intern und auch nach außen hin.

Dorfkultur:

- Externe Faktoren wie Drogenhandel führen zu sozialem und kulturellem Wandel im Dorf.

- Gute Beziehungen zwischen Lisu und Akha, nicht aber zu dem thailändischen Nachbardorf und den Firmenbesitzern der Lodge.

Organisationskultur der Lodge:

- Die beiden westlichen Firmengründer verfolgten unterschiedliche Konzepte bei der Firmengründung. Während für den einen die Lodge ein erfolgreiches Geschäftsmodell werden sollte, verfolgte der andere eher idealistische Ziele, d. h. Gewinnmargen spielten für ihn keine wichtige Rolle. Ferner gab es Drogen- und Alkoholprobleme bei einigen der ersten Mitarbeiter der Lodge – dieser „stock of memory" (Sülzer/Zimmermann 1996:53) hat die Organisationskultur stark geprägt.

- Beziehungsaufbau: Eine stabile, auf Vertrauen beruhende Beziehung zwischen dem thailändischem Besitzer und den Lisu-Dorfbewohnern bestand nicht; eine Ausnahme bildete hier der Clanchef, auf dessen Boden die Lodge gebaut wurde und der finanziell erheblich von dieser profitierte.

---

8   Es gibt vier Lisu-Clans im Dorf.

- Mission und Vision hinsichtlich eines Community-based Tourism war inkonsistent in der Umsetzung.

- Hierarchie: Die Mitarbeiter orientierten sich in erster Linie an den Anweisungen des Lisu-Clanchefs und nicht an denen des thailändischen Managements.

- Arbeitseinstellung: Weder Lisu noch Akha haben eine ausgeprägte Gastkultur, was zu einem durchschnittlichen Service in der Lodge führte.

- Religion: Die Lisu zeigen sich tolerant und offen gegenüber anderen Religionen; als jedoch an einer wichtigen buddhistischen Zeremonie in der Lodge keiner der nicht-buddhistischen Dorfbewohner teilnimmt, kann dies wieder als ein Zeichen für die unsichtbare Mauer zwischen Lisu-Akha-Dorfbewohnern, der Lodge und den thailändischen Besitzern gedeutet werden.

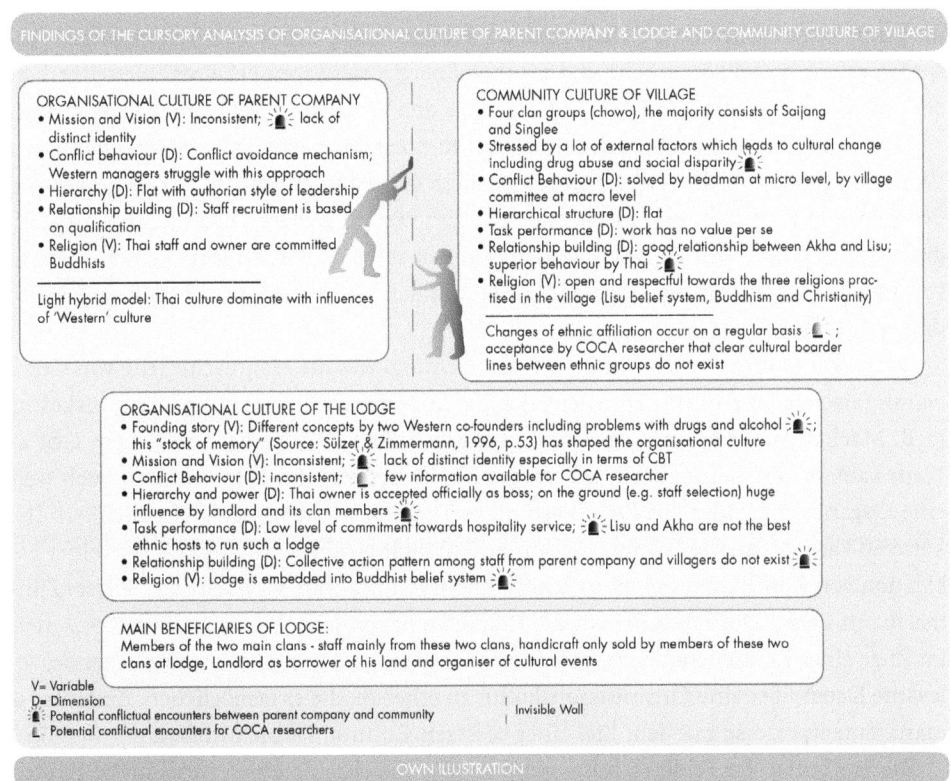

Abb. 3: Darstellung der Resultate der kursorischen Analyse zwischen Lodge, Dorfbewohnern und thailändischer Mutterfirma. Quelle: Häusler 2017:199; Fig. 7.2.

Das ca. 40 Jahre alte Dorf, gegründet von Lisu-Migranten, die sich von ihrem Mutterdorf an der Grenze zu Myanmar abgespalten hatten, schien nicht arm zu sein. So sah man u. a. zahlreiche Lisu-Dorfbewohner gut ausgestattete Autos fahren. Nachdem mir bewusst wurde, dass der finanzielle Wohlstand im Dorf nicht durch die Lodge generiert wurde, stellte sich mir die Frage, woher das Geld stammt. Der Bürgermeister selbst bot mir an, in das Mutterdorf zu fahren, um meine Frage zu beantworten – was wir auch taten. Nach einer vierstündigen Fahrt erreichten wir ein isoliertes Dorf in den Bergen an der Grenze zu Myanmar, das immer noch ausschließlich vom Drogenanbau lebte. Schließlich verstand ich und erkannte, dass das romantische Lisu-Lodge-Dorf als Zwischenstation für Drogen- und eventuell auch Menschenhandel genutzt wurde. Der Zugang zu diesem Mutterdorf und auch die Teilnahme an einer religiösen Zeremonie, an der Außenstehende normalerweise nicht teilnehmen dürfen, gaben mir neue, erkenntnisreiche Einblicke in den Kontext des Dorfes. Dieser vertrauliche Umgang wurde wohl relativ schnell aufgebaut, weil ich im Dorf übernachtete, abends Gespräche am Lagerfeuer führte, an Hochzeiten und Beerdigungen teilnahm und somit recht schnell ein Vertrauensverhältnis aufbauen konnte, das „Hotelübernachtungsberater" nie erzielen können – eine Erkenntnis, die Ethnologen nicht neu ist, vielen meiner Berater-Kolleg*innen aber schon. Dieser Anspruch erfordert viel körperliche und mentale Energie, weswegen bei einer Kurzzeitrecherche eine Pause von wenigen Tagen nach zwei bis drei Wochen im Feld empfehlenswert ist.

Zum Abschluss der Feldforschung war im Kontext der partizipativen Beteiligung ein Workshop geplant (siehe Abb. 1, Step 11), bei dem die ersten Ergebnisse der Feldforschung den Akteuren vorgestellt und mit ihnen diskutiert werden sollten. Dieser fand dann allerdings nur in einem sehr eingeschränkten Rahmen statt, da ich schlichtweg wenig Positives über das Verhältnis zwischen der Lodge und den Dorfbewohnern berichten konnte und wollte.

Darüber hinaus hatte ich nach der Feldforschung, was die technische Seite von COCA betraf, folgende Erkenntnis: Die nicht sichtbaren Bestandteile einer Organisationskultur (z. B. Machtstrukturen, interne Netzwerke, Rivalitäten und Neid) sind für ein COCA-Team kaum zu erfassen – nicht nur wegen der kurzen Zeit im Feld, sondern auch weil eine Organisation oder ein Dorf bestimmte Themen nicht in der Öffentlichkeit diskutieren kann, denn dies könnte die innere Stabilität gefährden und das Risiko einer Eskalation von Konflikten und eines Legitimationsverlusts wäre zu hoch (vgl. Sülzer/Zimmermann 1996). Die Ergebnisse dieser Fallstudie haben jedoch gezeigt, dass COCA sich im Zuge einer Kurzzeitstudie effektiv anwenden lässt und geeignet ist, ausreichende, relevante Daten über eine Organisationskultur zu erheben, die es ermöglichen, Änderungsmanagementprozesse mit dem Ziel eines besseren Cultural Fit anzustoßen.

Die Ergebnisse der Feldforschung nahmen aber gleichzeitig einen zunehmend reflexiven Charakter an. Mir wurde bewusst, dass meine Forschungen zu einer ethnischen Minderheitengruppe gewisse Gefahren und Risiken bargen, insofern, als ich „Wissen" über „sozial unerwünschte Themen" erwarb (siehe die historische Darstellung von Drogenproblemen), die diese ethnische Gruppe in Thailand und den Nachbarländern unter Umständen zusätzlich hätte marginalisieren können. Ich musste mir eine Reihe von Fragen stellen: Wen würde ich durch meine Forschungen Gefahren aussetzen? Wie kontextualisiere ich „heikle Geschichten"? Wie kontextualisiere ich „schlechtes Wissen"? Wie weit sollte ich gehen, um das Unsichtbare sichtbar zu machen? Mir wurde bewusst, in welche Dilemmata ich bei der Interpretation „multipler Realitäten" geraten würde – zum Beispiel hinsichtlich des überaus ethischen Charakters meiner Forschung und meiner Rolle als „Pracademic", aber auch als Beschützerin der beteiligten Akteur*innen, indem meine Schlussfolgerungen zu Missverständnissen und Fehlinterpretationen führen könnten, insbesondere was die derzeitigen Lebensbedingungen der Lisu betrifft. Aus diesen Gründen dauerte es sehr lange, bis ich über die Ergebnisse meiner Feldforschungen schreiben konnte. Zunächst musste ich einen „Loslösungs"-Prozess durchlaufen.

5. Eine Reise hin zur Selbstreflexion

In der Literatur zu Rapid Appraisals (RA) wird argumentiert, dass Selbsterkenntnis eine wichtige Rolle spiele; allerdings finden sich kaum Anleitungen, wie man dieses Ziel in der Praxis erreichen kann. Die vorläufige COCA-Methodik (Abb. 2, Step 9) empfiehlt „kollegiale Beratung" mit Kolleg*innen; doch mir wurde auch bewusst, dass es notwendig war, eine Methode zu entwickeln, die Selbstreflexivität berücksichtigt – was über kollegiale Beratung hinausgeht.

Insbesondere einige Berichte über Aspekte poststrukturalistischer oder postmoderner und/oder reflexiver feministischer Forschung halfen mir, Antworten auf diese Fragen zu finden (z. B. Alvesson/Sköldberg 2000; Ateljevic et al. 2005; Chang 2008; Davies 1992; Duncan 2004; Ellis et al. 2011; Hopkins 2007; Lawson 1985; Metta 2010; Schmid/Gérard 2012; Sparkes 2000; Sultana 2007; Wall 2006). Der Effekt dieser Lektüre auf mich spiegelt sich in Hopkins Zitat wieder, denn er

"highlighted the importance of reflecting critically upon the multiple positionalities of the researcher (...) and thinking through the ways in which various identities may influence and shape research encounters, processes and outcomes" (Hopkins 2007:386-387).

Dieser Begriff der Selbstreflexivität ist insbesondere von Positivist*innen kritisiert worden, die der Ansicht sind, dass Forscher*innen sich von ihren Studien und den „Objekten" ihrer Untersuchungen abgrenzen sollten, da die Gefahr bestehe, dass etwaige persönliche oder emotionale Verstrickungen ihre Ergebnisse beeinflussen oder verzerren könnten (Dupuis 1999, zit. in Ateljevic et al. 2005:9). Kritiker*innen des Positivismus wiederum behaupten, positivistisch ausgerichtete Forscher*innen seien „faceless, sexless" (Ateljevic et al. 2005:17) oder verkörperten ein „gender-neutral or (masculine) self within a realistic story about the ‚other'" (Trinh 1992:140 zit. in Denzin 1997:xiv). Aus meiner Sicht beruht diese Kritik oft auf einem Missverständnis hinsichtlich der Definitionen von Selbstreflexivität und Positionalität, wie die folgende Anmerkung von Denzin (1997:15) zeigt:

> "In order to minimise especially the criticism of positivist tourism academics, it is necessary to balance between the ability of self-reflection without giving the reader the impression that the pracademic is embedded in self-love and self-importance by presenting the own biography as a centre stage of the research outcomes."

Meine Feldforschung hat mir bestätigt, dass die meisten Studien zum Tourismus (und anderen Gebieten) wahrscheinlich in hohem Maße von den Beziehungen zwischen Forscher*innen, den „anderen" (d. h. dem privaten Tourismussektor und der untersuchten Gemeinde) sowie der lokalen Kultur und dem lokalen Kontext beeinflusst werden. Ateljevic et al. (2005) und Denzin und Lincoln (2005) zufolge ist Forschung ein interaktiver Prozess, der sich zwischen den untersuchten Menschen und den (nie neutralen) (Feld-) Forscher*innen vollzieht, d. h., dass a) Forscher*innen immer ein gewisses kulturelles und biografisches „Gepäck" mit sich tragen, das ihre Arbeit beeinflusst und dazu führt, dass sie sich selbst reflektieren (Positionalität), und dass b) Forscher*innen eine Verantwortung gegenüber den Menschen haben, die sie erforschen. Eine Diskussion, die Ethnolog*innen weitestgehend bekannt ist, die aber nach meinen Erfahrungen unter Beratern der Entwicklungszusammenarbeit nicht geführt wird.

In Häusler (2017) werden ausführlich die Schritte hin zu einer Selbstreflexion beschrieben, beginnend mit einer Analyse der eigenen und der Fremderwartungen, dem Aufzählen von problematischen Aspekten während der Feldforschung und der Identifikation der Auswirkungen, die diese auf das Forschungsteam während und nach der Forschung hatte. Dabei gewann ich eine wichtige Erkenntnis: Trotz all der Kritikpunkte, die mir aufgefallen waren, war das Forschungsteam durchaus motiviert gewesen – mehr noch: Unsere Arbeit hatte uns großen Spaß gemacht. Indem ich mich an diese monatelang vergessenen positiven Gefühle erinnerte, konnte ich mich Fragen widmen wie: Waren diese Feldforschungen gute Forschungen oder eher nicht? Waren sie vielleicht sogar richtig schlecht? Es gab Momente, da erwog ich, in einer anderen Lodge eine zweite Feldstudie durchzuführen, in der Hoffnung, eine positivere und bessere Beziehung zwischen den dortigen Dorfbewohnern und dem privaten Sektor vorzufinden. Doch dann sah ich ein, dass dies ein falscher Gedanke war. Zum einen gibt es so etwas wie „die beste Fallstudie" zu geschäftlichen Unternehmungen von lokalen Gemeinden und dem privaten Sektor wahrscheinlich gar nicht, weil Konflikte zwischen den Akteuren wohl unvermeidlich sind und sich lediglich die Frage stellt, wie sie diese Konflikte bewältigen. Zum anderen muss sich jede Gemeinde, egal wo auf der Welt, gewissen, in ihrer Geschichte begründeten sozialen, kulturellen und ökonomischen Herausforderungen stellen. Ob eine Forschung diesen Prozess aber sichtbar und klar benennen sollte, muss von Fall zu

Fall entschieden werden. Aufgrund der sensiblen Themen, die ich während der Feldforschung für mich aufdeckte, nahm ich davon Abstand. Eine öffentliche Benennung dieser Themen ist aus meiner Sicht nur gerechtfertigt, wenn anschließend eine Aufarbeitung (oder neudeutsch: Coaching) mit dem Dorf möglich ist.

Ein weiterer Anhaltspunkt bezüglich der Selbstreflexion bei der Ausarbeitung der Ergebnisse der Feldforschung war der Artikel von Ateljevic et al. (2005). Die Autor*innen identifizierten vier wichtige, eng miteinander verbundene Aspekte der Reflexivität, die sich auf ihre Forschungsentscheidungen und auf ihre Reflexionsfreiheit auswirkten. Diese Aspekte wurden „Entanglements / Verstrickungen" genannt und als „forces that influence, constrain, and shape our complex and dynamic act of producing and reproducing knowledge" definiert (Ateljevic et al. 2005:15). Den Autor*innen zufolge können solche Mikro- und Makrokräfte einen nützlichen „Wissens-Praxis-Nexus" für das Organisieren reflexiven Denkens in der (Tourismus-) Forschung darstellen. Die „Entanglements / Ver-

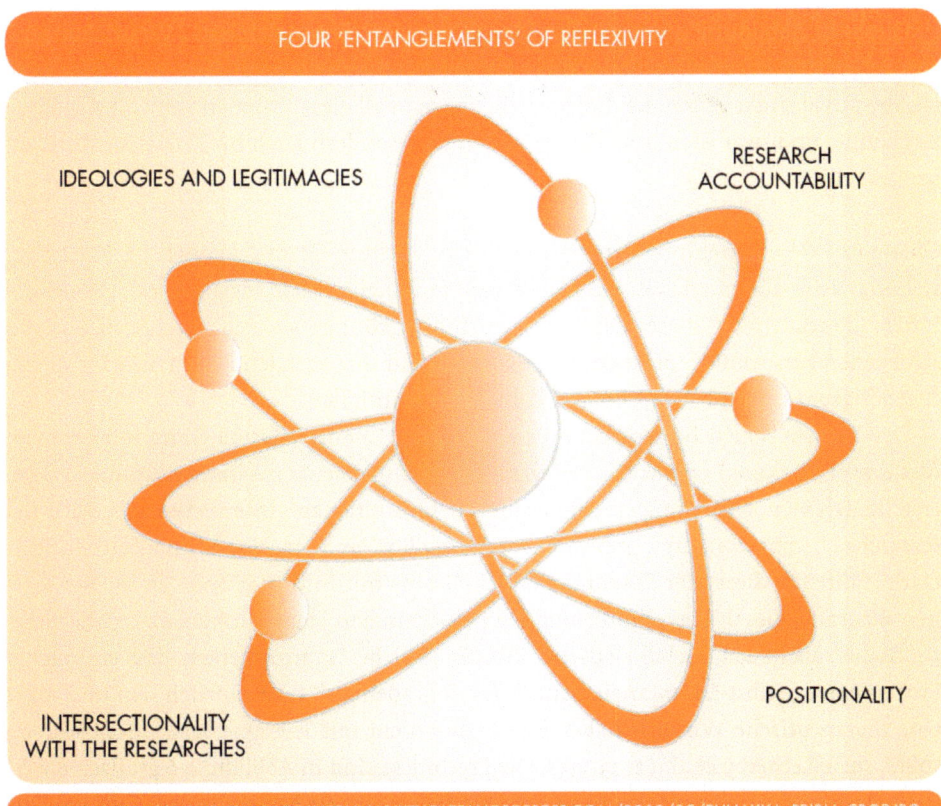

Abb. 4: Die vier „Entanglements / Verstrickungen" der Reflexivität.
Quelle: Häusler 2017:215; basierend auf Ateljevic et al. 2005:15.

strickungen" werden in Form eines Atoms dargestellt, und obwohl sie als separate Einheiten konfiguriert sind, sind sie doch alle untereinander verbunden und beeinflussen jeweils auf ihre Weise den Forschungsprozess und dessen Ergebnisse (Ateljevic et al. 2005: 15). Auf der Mikroebene gibt es das Entanglement/die Verstrickung „Positionalität", die sich auf die von Forscher*innen verkörperten Bedingungen bezieht, die von den Autor*innen mit Bezug auf Eigenschaften wie Hautfarbe, Geschlecht und Klasse definiert werden.

Ateljevic et al. führen weitere Entanglement-Kriterien an, die auf der Mikroebene alle miteinander verbunden sind, darunter „intersectionality with the researched", d. h. Überschneidungen, die sich auf das Verhältnis zwischen Forscher*in und Beforschten beziehen und sich sowohl in den Erfahrungen mit Letzteren als auch in den Pflichten der Forscher*innen gegenüber ihnen äußern. Auf der Makroebene wiederum gibt es zwei zueinander in enger Beziehung stehende Kräfte: zum einen „ideologies and legitimacies", die Forschungen regulieren und lenken, und zum anderen „research accountability" – also das Umfeld, das bestimmt, welche Forschungen vertretbar sind.

Dieses in Abbildung 4 dargestellte Modell der vier „Entanglements/Verstrickungen" von Reflexivität hat die Diskussion über Reflexivität durchaus bereichert, kann aber auch als überaus abstrakt gelten. Ich fragte mich, wie man all diese Kriterien sinnvoll visualisieren könne, und zwar nicht nur für „Pracademics", sondern auch für klassische Kurzzeitberater*innen.

Chang (2008) empfiehlt die Verwendung eines „Culture-Grams" (■ Abb. 5), einer Darstellungsweise, die es erlaubt, „to help people to visualize their social selves" (2008:97). Indem „Pracademics" dieses Diagramm ausfüllen, können sie sich gleichzeitig aus verschiedenen Perspektiven präsentieren: mit Bezug auf ihre sozialen Rollen, ihre Gruppenzugehörigkeit(en) und ihre primären kulturellen Identitäten.

Der nächste Schritt bestand nun für mich darin, Changs Culture-Gram mit dem von Ateljevic et al. (2005) entwickelten Begriff des Entanglements zusammenzuführen. Dazu erstellte ich vier „Disentanglement-Grams", d. h. je eines zu „intersectionality with the researched", „positionality", „research accountability" und „ideologies and legitimacies". Dann füllte ich diese vier Disentanglement-Grams mit Informationen zu meiner eigenen Biografie, Geschichte, Kultur und meinen ethischen Standpunkten aus – ein therapeutischer, aber auch hochanalytischer Prozess. (Hierbei ist anzumerken, dass ein solcher Prozess eines „Selbst-Disentanglements" für „Pracademics" zwar nützlich sein und sogar eine therapeutische Wirkung haben kann, aber nicht mit Therapie verwechselt werden sollte; siehe Letherby et al. (2013:133). Die Ergebnisse sind in Abbildung 6 grafisch dargestellt. Basierend auf dieser Erkenntnis entschied ich mich, die Methodik der „Cultural Due Dilligence" nun nicht mehr „Creative Organisational Cultural Appraisal – COCA" zu nennen, sondern „Reflexive Organisational Cultural Appraisal – ROCA ■ Abb. 7.

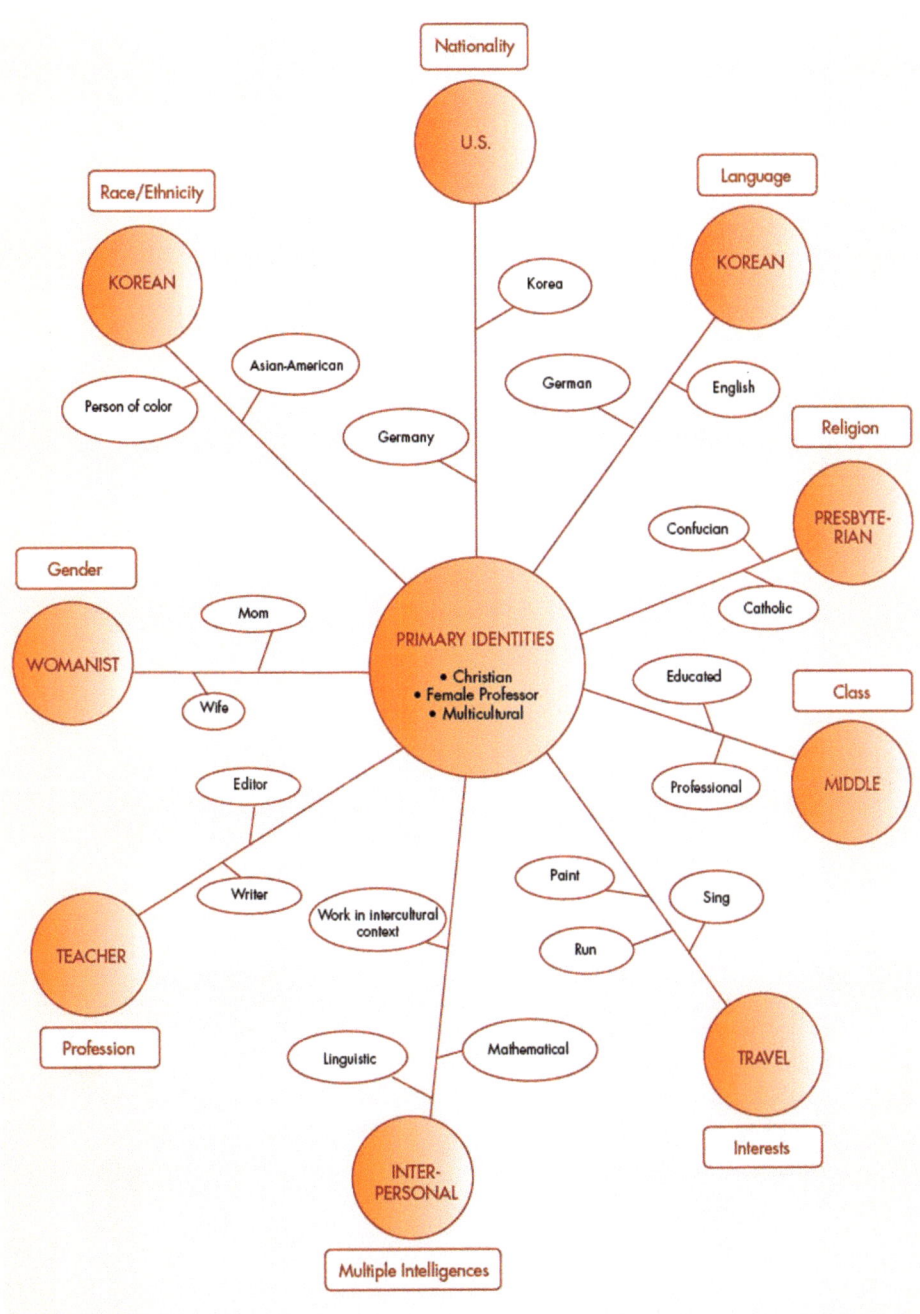

Abb. 5: Culture Gram.
Quelle: Häusler 2017:217; basierend auf Chang 2008:98.

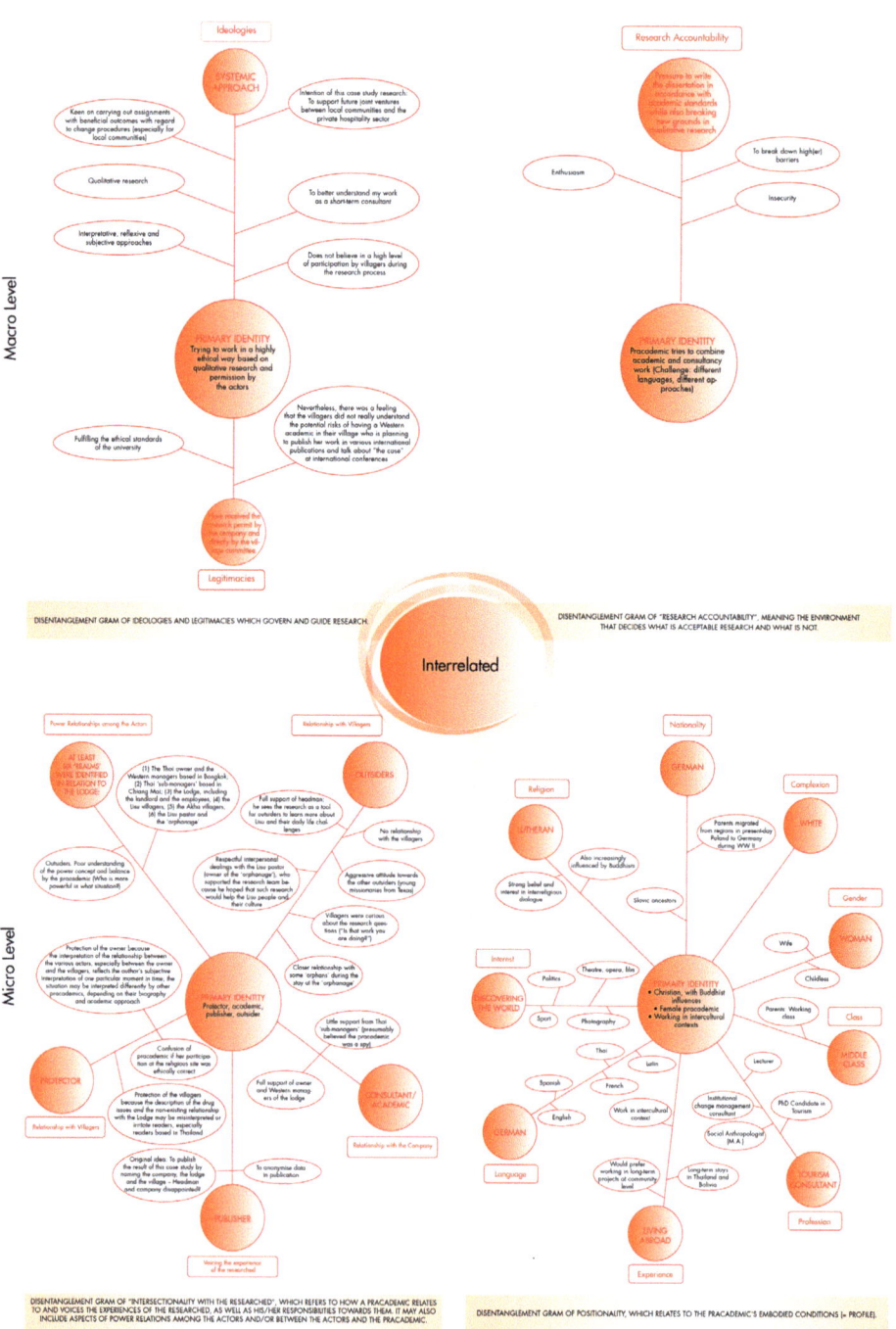

Abb. 6 : Vier Roca-Selbst-Disentanglement-Grams.
Quelle: Häusler 2017:220; Fig. 8.5; basierend auf Ateljevic et al. (2005) und Chang (2008).

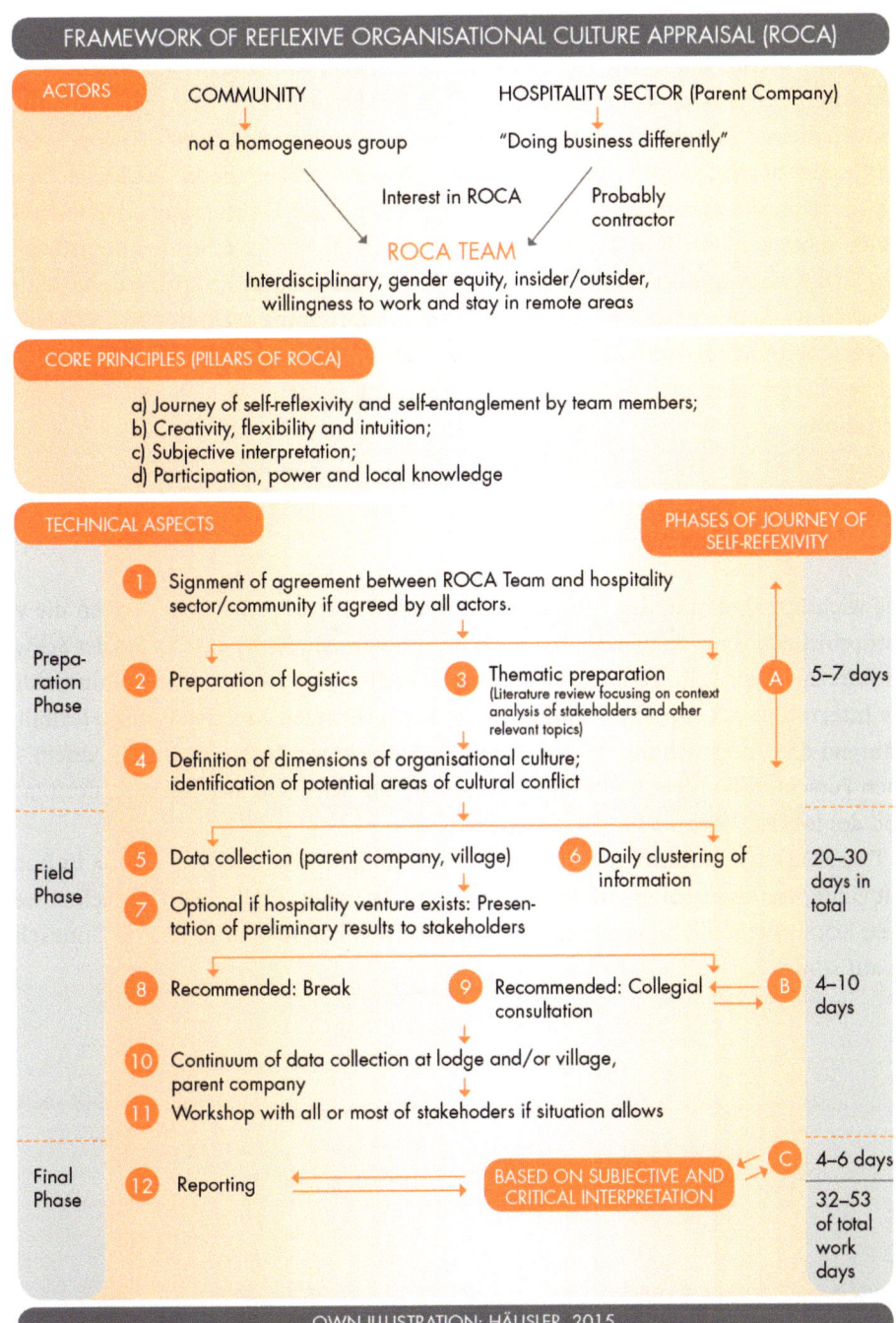

Abb. 7: Roca-Methodik (im Vergleich zu Coca in Abb. 2).
Quelle: Häusler 2017:237; Fig. 8.10.

An dieser Stelle kann nicht detailliert darauf eingegangen werden, wie sich jedes einzelne dieser Kriterien auf meine Forschung auswirkte, aber ich habe für die folgenden Ausführungen einige ausgewählt. Mein facettenreicher beruflicher Hintergrund zeugt nicht nur von meiner Fähigkeit, verschiedene Ansätze zu verfolgen und in beruflichen Kontexten flexibel zu sein, sondern auch davon, dass „Nicole" ein komplexes Ganzes ist. Nicole die Tourismusberaterin ist nicht dasselbe wie Nicole die Doktorandin. Diese beiden Rollen schreiben jeweils anders, und agieren anders im Feld bzw. bei Beratungstätigkeiten. Gleichwohl sind sie nicht völlig voneinander verschieden, da erstere Rolle Teil der letzteren ist. Somit hatte ich während meiner Feldforschung mehrere wechselnde und teilweise miteinander verbundene Identitäten, die mir zwar Erkenntnisse verschiedener Art bescherten, aber auch für eine Menge Verwirrung sorgten – bei den Akteuren und bei mir selbst.

6. Fazit

Die wichtigste Veränderung – basierend auf dem Pilottest von Coca – haben die vier Kernprinzipien von Coca erfahren. Dies gilt insbesondere für a) das Prinzip der Schwerpunktsetzung auf Selbstreflexivität in der Vorbereitungsphase der Untersuchung durch die Integration des Aspekts Intuition in die Kernprinzipien Kreativität und Flexibilität während der Untersuchung, b) den Aspekt der subjektiven Interpretation in einem solchen Forschungskontext und c) die Diskussion auf der Ebene der Teilhabe, der Macht und des lokalen Wissens für den Schritt 11.[9]

Diese Diskussion führte zudem zur Umbenennung der Methodik von Coca in Roca, mit einem stärkeren Fokus auf dem Element der Reflexivität. Allgemein betrachtet weist diese Roca-Methodik im Vergleich zur Coca-Methodik in Abb. 1 nur geringe Unterschiede auf ■ Abb. 8.

---

9 Siehe Häusler 2017:221–230.

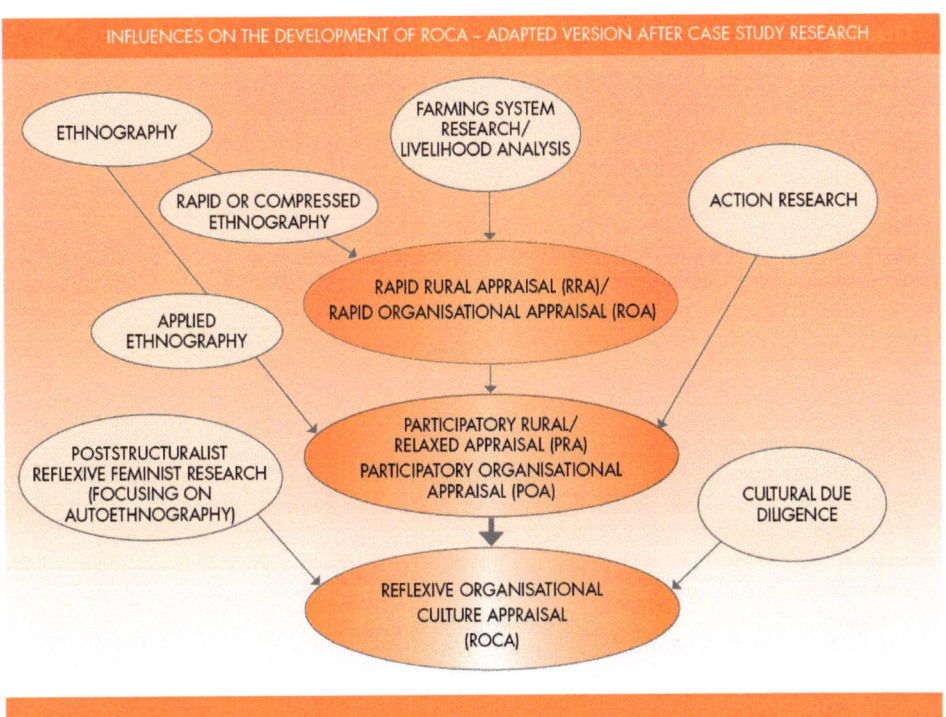

Abb. 8: Abwandlung von Abbildung 1; Einfluss verschiedener Methoden auf Roca.
Quelle: Häusler 2017:236; Fig. 8.9.

Poststrukturalistische, reflexive feministische Forschung wurde als wichtiges neues Element bei der Methodenentwicklung integriert.

Diese Forschung hat jedoch gezeigt, dass sich die Organisationskultur und Gemeindekultur in Joint Ventures im Zuge einer kursorischen Analyse mit einer Dauer von 30 bis 50 Tagen (einschließlich einer Forschungspause) – „quick and not dirty" – ganz oder teilweise herausarbeiten lassen. ROCA sollte dabei lediglich als Bezugspunkt und weniger als Leitfaden verwendet werden. Dennoch hoffe ich, dass ROCA als Grundlage für anwendungsorientierte Ethnologen*innen bei Kurzzeitrecherchen im Kontext einer Cultural Due Diligence oder ähnlichem durchgeführt wird, um diese Methodik unter „Pracademics" zu diskutieren und weiterzuentwickeln.

Allerdings überwiegt hier die Skepsis. Mittlerweile arbeite ich als Mitarbeiterin in der größten deutschen Entwicklungshilfeorganisation und muss feststellen, dass Projektlaufzeiten immer kürzer werden und Machbarkeitsstudien, egal welcher Art, häufig in einem sehr knappen Zeitrahmen fertiggestellt werden müssen. ROCA mit seiner Dauer von 30 bis 50 Tagen wird daher nicht als „quick and not dirty" sondern eher als „too long and not efficient" bewertet.

Literatur

ALVESSON, M. and Sköldberg, K. 2000. Reflexive Methodology: New Vistas for Qualitative Research. London: Sage.

ATELJEVIC, I. / Harris, C. / Wilson, E. / Collins, F. L. (2005): Getting 'Entangled'. Reflexivity and the 'Critical Turn' in Tourism Studies. In: Tourism Recreation Research, 30 (2), S. 5–18.

CHANG, H. (2008): Autoethnography as Method. Walnut Creek: Left Coast.

DAVIES, B. (1992): Women's Subjectivity and Feminist Stories. In: Ellis, C. S. / Flaherty, M. G. (Hg.): Investigating Subjectivity. Research on Lived Experience. Newbury Park: Sage, S. 53–78.

DENZIN, N. K. 1997. Interpretive Ethnography: Ethnographic Practices for the 21st Century. Thousand Oaks: Sage.

DENZIN, N. K. / Lincoln, Y. S. (2005): Introduction. The Discipline and Practice of Qualitative Research. In: Denzin, N. K. / Lincoln, Y. S. (Hg.): The SAGE Handbook of Qualitative Research. 3. Auflage. Thousand Oaks: Sage, S. 1–19.

DUNCAN, M. (2004): Autoethnography. Critical Appreciation of an Emerging Art. In: International Journal of Qualitative Methods, 3 (4), S. 28–39.

Ellis, C. et al. 2011. Autoethnography: an Overview. [Online]. FQS: Forum: Qualitative Social Research / Sozialforschung. 12 (1), Art. 10. [Accessed 1 February 2015]. Available from: http://www.qualitative-research.net/index.php/fqs/article/view/1589/3095

HÄUSLER, Nicole (2017): Cultural Due Diligence in Hospitality Ventures. A Methodological Approach for Joint Ventures of Local Communities and Companies. Cham: Springer.

HANDWERKER, W. P. (2001): Quick Ethnography. Lanham: AltaMira.

HOPKINS, P. E. (2007): Positionalities and Knowledge. Negotiating Ethics in Practice. In: ACME: An International E-Journal for Critical Geographies, 6 (3), S. 386–394.

LAWSON, H. (1985): Reflexivity. The Post-Modern Predicament. London: Hutchinson.

LETHERBY, G. et al. 2013. Objectivity and Subjectivity in Social Research. London: Sage.

LEW, A. A. (2011): Defining and Redefining Conceptual Frameworks for Social Science Field Research. In: Hall, C. M. (Hg.): Fieldwork in Tourism. Methods, Issues and Reflections. Abingdon: Routledge, S. 19–34.

METTA, M. (2010): Writing Against, Alongside and Beyond Memory. Lifewriting as Reflexive, Poststructuralist Feminist Research Practice. Bern: Lang.

SCHMID, B. / Gérard, C. (2012): Systemische Beratung jenseits von Tools und Methoden. Mein Beruf, meine Organisation und ich. Bergisch Gladbach: EHP.

SPARKES, A. C. (2000): Autoethnography and Narratives of Self. Reflections on Criteria in Action. In: Sociology of Sport Journal, 17 (1), S. 21–43.

SÜLZER, R. / Zimmermann, A. (1996): Organisieren und Organisationen verstehen. Wege der internationalen Zusammenarbeit. Opladen: Westdeutscher Verlag.

SULTANA, F. (2007): Reflexivity, Positionality and Participatory Ethics. Negotiating Fieldwork Dilemmas in International Research. In: ACME: An International E-Journal for Critical Geographies, 6 (3), S. 374–385.

WALL, S. (2006): An Autoethnography on Learning about Autoethnography. In: International Journal of Qualitative Methods, 5 (2), S. 146–160.

TEIL II.
THEMENFELDER
UND ANWENDUNGS-
BEREICHE

Ethnologische Beiträge zu Infrastrukturprojekten: Die Umsetzung der Safeguards von Weltbank und Asiatischer Entwicklungsbank in Theorie und Praxis

FRANK BLISS

ABSTRACT: Vor rund 20 Jahren hat die Weltbank angesichts erheblicher Kritik an den sozialen Folgen von Umsiedlungsmaßnahmen vor allem beim Bau von großen Staudämmen ein Paket von Schutzmaßnahmen erlassen, ohne deren Berücksichtigung Infrastrukturprojekte nicht mehr geplant und durchgeführt werden dürfen. Mit Blick auf soziale und ökonomische Auswirkungen sind diese „Safeguards" vor allem in den drei Bereichen "Involuntary Resettlement", „Indigenous People" und „Cultural Property" relevant, weswegen sie mehrfach angepasst und auch von den anderen (regionalen) Entwicklungsbanken, allen voran der Asiatischen Entwicklungsbank (ADB) weitestgehend übernommen wurden. In dem Beitrag werden die Safeguards von Weltbank und ADB kurz vorgestellt (Ausgangssituation, Ziele, Inhalte, Vorgaben zur Umsetzung) und anschließend anhand von Fallbeispielen Fragen der praktischen Umsetzung diskutiert sowie Empfehlungen für die Fortentwicklung der Safeguards vorgestellt. Die Darstellung erfolgt aus ethnologischer Sicht, bei der (möglicherweise) mehr als bei anderen fachlichen Hintergründen Empathie für die Betroffenen von Infrastrukturprojekten und ethische Aspekte eine besondere Rolle spielen.

1. Einführung

Großprojekte mögen vielfach einen erheblichen volkswirtschaftlichen Nutzen haben, wenn damit eine Steigerung von Bruttoinlandsprodukt, Beschäftigung und vielleicht sogar des Einkommens breiter Bevölkerungsgruppen gemeint ist. Vielgeschmähte Vorhaben wie die im Rahmen des Mahaweli-Projektes in Sri Lanka errichteten Staudämme zur Wasserspeicherung und zur Stromproduktion dürften auch betriebswirtschaftlich rentabel sein. Mit Blick auf lokale Verwerfungen, angefangen von Zwangsumsiedlungen bis hin zur Vernichtung des kulturellen Erbes indigener Bevölkerungsgruppen, haben sie jedoch nicht nur in Ausnahmefällen schwere bis verheerende (Neben-)Wirkungen.

© Springer Fachmedien Wiesbaden GmbH, ein Teil von Springer Nature 2019
S. Klocke-Daffa (Hrsg.), *Angewandte Ethnologie*, https://doi.org/10.1007/978-3-658-25893-1_9

Sowohl die multilaterale Entwicklungszusammenarbeit (EZ) durch Weltbank oder UN-Organisationen wie auch die bilaterale (z. B. deutsche) Kooperation führen schon aus Imagegründen kaum noch Großvorhaben im alten Stil durch. Aber auch bei mittelgroßen Vorhaben etwa zur Verbesserung der vor allem wirtschaftlichen Infrastruktur wird heute mit Blick auf Mensch und Umwelt sehr viel sensibler geplant und implementiert als dies vor noch zwei oder drei Dekaden der Fall war. Das *Environmental and Social Impact Assessment* (ESIA) in der internationalen EZ oder die Zielgruppen- und Wirkungsanalyse und die Vorgaben, die die internationalen Entwicklungsbanken zwischenzeitlich verpflichtend eingeführt haben, bemühen sich grundsätzlich um jegliche Vermeidung von negativen sozialen und Umweltwirkungen bzw. versuchen diese, wenn nicht vermeidbar, so doch auszugleichen oder sogar überzukompensieren. Dies gelingt in beiden Fällen nicht immer, aber wenn etwas wegen Nichtbeachtung der Vorgaben schiefläuft, wie in Kambodscha 2015 bei der verfehlten Umsiedlung von Armenbehausungen bei der Wiederinbetriebnahme einer Eisenbahnstrecke, dann laufen sowohl beteiligte Nichtregierungsorgansiationen (NRO) Sturm, wie auch interne Compliance-Mechanismen durchaus reagieren und teilweise sehr strikte Abhilfe schaffen.

Der Verfasser hat Ende der 1990er Jahre am deutschen Beitrag für die Arbeit der internationalen *Commission on Dams* mitgewirkt, deren (wenig erfreuliche) Ergebnisse wiederum mit dazu führten, dass die Weltbank u. a. ihre Safeguards zur Minderung der Auswirkungen von Zwangsumsiedlung erstellten. Hierbei handelt es sich um konkrete Handlungsanweisungen, wie deren Folgen auf die lokale Bevölkerung zu kompensieren sind. Er war ebenfalls am Revisionsprozess der ersten Weltbank-Safeguards beteiligt (2001a, 2001b) und hat zuletzt (2017) im Auftrag der *Asiatischen Entwicklungsbank* (ADB) einen kurzen Erfahrungsbericht zum Umgang mit den Safeguards der Bank (ADB 2009) bei der Landakquisition für Stromleitungsprojekte in Zentralasien erstellt, der neben Usbekistan, Kirgistan und Tadschikistan auch Turkmenistan berücksichtigt.

Der vorliegende Beitrag fasst die neueren Entwicklungen hinsichtlich der Anwendung von Safeguards zusammen und beleuchtet die praktische Rolle, die Ethnolog*innen in diesem Kontext spielen können.

2. Die Safeguards der Weltbank und der Asiatischen Entwicklungsbank zu Indigenen Gruppen, Zwangsumsiedlungen und Kulturellem Erbe

Die Finanzierung des Baus großer Staudämme führte bis in die 1990er Jahre in vielen Ländern fast immer zu tausendfacher Vertreibung gerade armer Menschen, die dadurch vollends verarmten und bei Auseinandersetzungen um die Zwangsumsiedlung sogar zu Tode kamen. Für indigene Gruppen bedeutete die Vertreibung aus ihrem angestammten Lebensraum aufgrund eines Dammbaus nicht nur in Ausnahmefällen den kulturellen Völkermord – und sehr viele Dämme weltweit wurden gerade in solchen Gebieten errichtet, die mehrheitlich von Indigenen bewohnt waren (vgl. McCully 1996). Vereinzelt in den 1970er Jahren, als lokale, regionale und auch nationale Bewegungen sich zu organisieren begannen, spätestens in den 1990er Jahren dann mit breiter internationaler NRO-Vernetzung, wurde der Dammbau allerdings von zivilgesellschaftlichen Organisationen zunehmend kritisch beobachtet. Überall auf der Welt bildeten sich Aktionsbündnisse gegen neue Großdämme, für die Menschen zwangsumgesiedelt werden sollten (vgl. McCully 1996). Prominent wurde z. B. die Bewegung *Narmada Bachao Andolan*, deren Mitglieder oft unter Einsatz ihres Lebens das indische Großprojekt des *Sardar Sarovar Dammes* bekämpften.

Als auch die internationalen Geber vieler Dammprojekte endlich aufwachten und ihre Mitverantwortung an Umsiedlung und Vertreibung zumindest intern erkannten[1], wurde von den dem *Development Assistance Committee* (DAC) angehörigen wichtigsten Industrieländern eine Reihe von Evaluationen durchgeführt, um den tatsächlichen Umfang von Umsiedlung und Vertreibung sowie deren Wirkungen auf die Betroffenen genauer zu untersuchen und Maßnahmen einzuleiten, Umsiedlungen sozialverträglicher zu gestalten. Parallel wurde eine internationale Arbeitsgruppe gegründet, die *World Commission on Dams*, die in einem Bericht im Jahre 2000 ethische und entwicklungsverträgliche Regeln für die Planung und den Bau von Dämmen vorschlugen (vgl. World Commission on Dams 2000). ■ Abb. 1.

Erste Safeguards wurden schon einige Jahre zuvor seitens der Weltbank erarbeitet, wobei die *Operation Policies* und *Operation Procedures zu Involuntary Resettlement* (2001a, 2001b, 2013b) die bekanntesten und am meisten verwendeten wurden. Ähnliche Safeguards wurden zu *Indigenous People* (2005, 2013a) und zu *Cultural Property* bzw. *Cultural Heritage* (1999, 2012) vorgelegt. Die Safeguards wurden mehrfach (zuletzt 2015–2016) einem Revisionsprozess unterzogen und jeweils verfeinert. Dabei wurden allerdings die früheren Regelungen insofern aufgeweicht, als sie fortan in einigen Punkten nur dann zum Tragen kommen sollen, wenn die nationalen Regeln im jeweiligen Kontext nicht ausreichen. In weiteren Fällen soll entgegen früheren Regelungen allein nationales Recht gelten (vgl. World Bank 2015, 2016b). Dies erfolgt in Umkehr des bisherigen Prinzips, dass die

---

1 Zur Ehrenrettung einiger älterer Projekte ist anzuführen, dass z. B. im Zuge der Umsiedlung der Tonga aus dem Gebiet des späteren Kariba-Damms zwischen Sambia (damals Süd-Rhodesien) und Simbabwe (Nord-Rhodesien) bereits 1954 — ein Jahr vor Baubeginn und fünf Jahre vor der geplanten Umsiedlung von bis zu 30.000 Menschen — umfassende ethnologische Untersuchungen durchgeführt wurden (vgl. Colson 1960, Colson 1971, Reynolds 1968, Scudder 1962), deren Ergebnisse im Sinne einer zumindest teilweise sozialverträglichen Umsiedlung verwendet wurden. Die Durchführenden der Studie gründeten später das Institute for Development Anthropology, angebunden an die State University of New York, das in der Folge zahlreiche anwendungsorientierte entwicklungsethnologische Studien lieferte, z. B. zu den Auswirkungen des Manantali-Damms, der auch mit deutschen Mitteln zwischen Mauretanien und Mali gebaut wurde (vgl. Horowitz/ Salem Murdock et al. 1990, Horowitz/Salem-Murdock 1993, World Bank 1991). Allerdings konnte der Verfasser noch 1995 im Rahmen einer Evaluation feststellen, dass Teile der vormaligen Vorschläge und Versprechungen in Kariba bis dahin nicht erfüllt worden waren — etwa die Rodung der Bäume in den Ufergewässern, was den Fischfang und die Seewasserqualität durch Sauerstoffentzug erheblich beeinträchtigte.

Weltbank-Safegards stets als Norm vorsah und nur dann die nationalen Vorgaben anzuwenden gebot, wenn diese über die (strengen) Regelungen in den Weltbank-Verfahren hinausgingen, also eine noch bessere Schadensvermeidung oder Kompensation vorsahen.

Abb. 1: Rusumo-Falls an der Grenze zwischen Ruanda und Tanzania; hier soll eine zwölf Meter hohe Staumauer für ein Laufwasserkraftwerk gebaut werden (siehe Abschnitt 3. 1).

Die „sozialen" Safeguards der Weltbank

Um negative Auswirkungen von Großprojekten auf lokale Bevölkerungsgruppen zu kompensieren bzw. dort, wo es möglich ist, den Betroffenen sogar noch einen Entwicklungsvorteil durch die Maßnahmen zu verschaffen, wurden von der Weltbank sogenannte „Safeguards" erlassen, die verbindlich bei allen von der Bank finanzierten Maßnahmen anzuwenden sind. Insgesamt beziehen sich zehn verschiedene Safeguards auf soziale Fragen und Umweltaspekte (vgl. u. a. World Bank 1999, 2001 a, 2001 b, 2005, 2012, 2013 a, 2013 b). Jedes dieser Safeguard-Papiere wie z. B. das für Zwangsumsiedlungen Involuntary Resettlement) beschreibt ein dazugehöriges Oberziel wie "Involuntary resettlement should be avoided where feasible, or minimized …", geht auf mögliche negative Wirkungen durch die Umsiedlung ein und listet notwendige Maßnahmen auf, um diese Wirkungen zu mindern bzw. ganz auszugleichen ("… resettlement activities should be conceived and executed as sustainable development programs …"). Wichtig ist, dass stets die Weltbank-Vorgaben anzuwenden sind und nicht ggf. weniger rigorose Ausgleichsregelungen in den beteiligten Ländern selbst.

Im Jahr 2009 hat auch die ADB eigene Safeguards erarbeitet und für alle Finanzierungs-vorhaben verbindlich festgeschrieben. Im Wesentlichen werden in dem Papier die Vor-gaben der Weltbank aufgegriffen und teilweise verfeinert. Wie bei der Weltbank gibt es auch bei der ADB eine Beschwerdestelle, die hochrangig von einem *Chair Compliance Review Panel* geleitet wird, dessen Rang dem eines Direktors oder Gouverneurs der ADB vergleichbar ist. Da die Bearbeitung der Safeguards durch die ADB-Richtlinien sehr for-mell geregelt wird, geht der Panel-Direktor davon aus, dass sie im Tagesgeschäft noch intensiver als bei der Weltbank Beachtung finden.[2] Dies kann zumindest teilweise aus der Praxis bestätigt werden, wobei von der Bank natürlich nicht immer alle Details von Entschädigungsverfahren registriert werden können. Hinzu kommt allerdings, dass die ADB eng mit Nichtregierungsorganisationen (NRO) zusammenarbeitet, die bei den wei-terhin bestehenden größeren Investitionen sogar formell beteiligt werden. Hierbei er-geben sich durchaus auch weiterhin Probleme bei der Umsetzung, da nicht alle Staaten in gleichem Umfang kooperieren und einige den Spielraum zivilgesellschaftlicher Orga-nisationen zuletzt einzuschränken versuchen (siehe Abschnitt 3).

Innerhalb der deutschen EZ diente die *Zielgruppenanalyse* lange Zeit als Beitrag zur Erfassung der sozio-kulturellen und sozio-ökonomischen Bedingungen im Umfeld von Projekten und zur Vermeidung von negativen vermeidbaren Wirkungen (vgl. Bliss / König 2003). Bei Umsiedlungen werden seitens der *Kreditanstalt für Wiederaufbau,* der deut-schen staatlichen Entwicklungsbank, die Safeguards der Weltbank zusätzlich herange-zogen. Neuerdings wird die Zielgruppenanalyse in die *Environment and Social Impact Ana-lysis* (ESIA) integriert, die nach dem Leitfaden (KfW 2016) Bestandteil des Prüfungsver-fahrens ist und eine um Umweltaspekte erweiterte und damit deutlich umfassendere Zielgruppen- und Wirkungsanalyse darstellt[3].

3. Ethnologische Beiträge zur Umsetzung der Safeguards

Anhand von drei Beispielen aus dem Energiesektor sowie Stromleitungsplanungen in Ost-afrika, Tadschikistan und Turkmenistan / Afghanistan soll im Folgenden gezeigt werden, wie die Safeguards von Weltbank und ADB in der Praxis von Infrastrukturprojekten bei deren Planung und Implementierung berücksichtigt werden und welche Vorteile sich da-raus für die Betroffenen im Vergleich mit den meisten nationalen Richtlinien ergeben bzw. welche Probleme offenbleiben. Dies erfolgt aus Sicht des Verfassers, der als Ethnolo-ge federführend an der Berücksichtigung des jeweiligen Safeguard-Prozesses beteiligt war.

---

2   Gespräch des Verfassers mit dem Direktor des Compliance Mechanism im Februar 2016 in Manila.

3   Der Integrierte Analyserahmen der KfW zur Untersuchung von Zielgruppen und Betroffenen in Vorhaben der Finanziellen Zusammenarbeit (KfW 2012) als sehr detaillierte Arbeitshilfe mit Leitfragen auch zu vielen sozio-kulturell relevanten Aspekten ist darüber hinaus weiterhin gültig.

Im ersten Fall (Ostafrika) betraf dies nur die Planung der Stromleitungen in den drei Ländern, ebenso im zweiten Fall (Turkmenistan/Afghanistan), während bei dem dritten Beispiel (Tadschikistan) der gesamte Prozess von der Identifikation des Leitungskorridors bis zum Compliance-Schlussbericht nach Beendigung und Abnahme der Bauarbeiten begleitet wurde.

3.1 Das Rusumo-Hydropower-Project (Weltbank und Afrikanische Entwicklungsbank) im Grenzgebiet von Burundi, Ruanda und Tanzania

Das Rusumo-Stromprojekt ist ein Gemeinschaftsvorhaben von den drei beteiligten Ländern Ruanda und Tanzania – die sich den relativ kleinen zu bauenden Staudamm von Rusumo auf dem gleichnamigen Grenzfluss teilen würden – sowie von Burundi, das durch die Stromproduktion des Laufwasserkraftwerks anteilig mit versorgt werden soll. Das Projekt besteht aus zwei Komponenten, (I.) dem Damm mit Kraftwerk und (II.) drei 220-kV-Stromleitungen von jeweils rund 110 bis 140 Kilometer Länge. Beide Komponenten wurden auf der Grundlage von Safeguards geplant, jedoch von verschiedenen internationalen – darunter auch deutschen – Consulting-Firmen. Auftraggeber dieser Planungen war stellvertretend für alle drei Länder Ruanda und die dort ansässige *Nile Bassin Initiative* (NELSAP), der auch noch andere Länder wie die DR Kongo oder Uganda angehören. Vorgestellt wird in diesem Beitrag lediglich die unter Federführung des Verfassers durchgeführte Safeguard-Umsetzung bei der Stromleitungsplanung in den Jahren 2008 bis 2010 (vgl. AfDB 2013, NELSAP 2013, NELSAP 2017, World Bank 2011).

Die Leitung vom Rusumo-Damm nach Tanzania stellte die geringsten Herausforderungen an die Identifikation eines geeigneten Korridors und die Landakquisition dar, da es sich bei den meisten überspannten Zonen um absolut unbewohntes Buschland handelte. Lediglich im Kagera-Distrikt gab es einige neu gerodete Gebiete und ein paar Straßensiedlungen, an denen die Masten leicht vorbeigeführt werden konnten. Problematisch war in Tanzania allerdings das Ziel des hiesigen Leitungsprojekts, nämlich die prioritäre Versorgung von Bergbaustätten und weniger die der lokalen Bevölkerung. Dieses Ziel spielte indes beim Auftrag zur Safeguard-Umsetzung bei den Planungen zunächst keine Rolle.

Ganz anders sahen die Herausforderungen in Ruanda und Burundi aus, wo die meisten Streckenführungen durch dicht besiedeltes Hügelland gehen sollten, zu denen es nur sehr begrenzte und stets dann auch aufwändige Alternativen gab. Um allein in Ruanda die Zahl der Umsiedlungen von fast 1.000 Haushalten deutlich zu reduzieren, wurde die Leitungstrasse in einigen Abschnitten durch ein Sumpfgebiet gelegt, dies unter gewaltigen Mehrkosten und zu Lasten des Naturschutzes. Kernproblem war vor allem in Ruan< da die absolut gleichmäßige Streuung der Wohnhäuser in der Landschaft, die kaum jemals in Siedlungen (die man hätte umgehen können) zusammen standen, sondern stets irgendwo auf dem Ackergrundstück ihrer Eigentümer ■ Abb. 2. Um die Häuser nicht zu

Abb. 2: Einfaches bäuerliches Haus in Ruanda; wie fast immer im Land liegt das Gebäude mitten in der landwirtschaftlich genutzten Fläche.

gefährden, wären Hunderte zusätzlicher Masten notwendig gewesen, die die Landschaft in einem Zickzack durchzogen hätten. Einer einvernehmlichen Regelung entgegenkommend war allerdings in 90 Prozent und mehr der Fälle die Möglichkeit, ein Wohnhaus auf dem eigenen Grundstück abbauen und (bei einem Leitungskorridor von 50 Meter Breite) maximal 25 Meter an eine andere Stelle verlegen zu können.

Sehr motivierend für die Eigentümer*innen mussten die Festlegungen der Entschädigungsprinzipien sein, zu denen gehörte, alle Häuser durch die Eigentümer selbst abbauen zu lassen, was diesen ermöglichte, alles, was – wie in Afghanistan (Abschnitt 3.2) – wiederverwertet werden konnte, auch für das neue Haus zu nutzen. Entschädigt wurden Dächer, Fenster und Türen dennoch zum Neupreis. Hinzu kam, dass eine Mindestentschädigung für Dächer auf der Basis von verzinktem Wellblech gezahlt wurde, was den Wert der noch vorhandenen Stroh- oder Blätterdächer um ein Vielfaches überstieg.

Die Vorstudie zu den Umsiedlungen *(Pre-Feasibility-Study)* wies allerdings trotzdem die hohe Zahl von betroffenen Haushalten aus. Relativ früh wurde von der Weltbank deshalb auf Anregung des Verfassers im Rahmen der konkreten Stromleitungsplanungen *(Feasibility-Study)* die Idee eingebracht, eine sozio-ökonomische Untersuchung auch mit Blick auf die wirtschaftliche Entwicklung entlang der Stromtrassen durchzuführen. Dieser Schritt basierte auf der Erkenntnis, dass auch bei noch so guter Umsiedlungs- und Kompensationsplanung für die Stromleitungen die ansässige, zumeist arme Bevölkerung von den neuen Leitungen absolut keinen Nutzen haben würde, da die Verbrauchszonen für den Strom weitab liegen würden.

Abb. 3: Gespräch mit den Bewohner*innen eines Hauses, das unter
Umständen versetzt werden sollte (Ruanda).

So wurde die Vorgabe gemacht, alle ländlichen Zentren in einem Radius von 30 Kilometern, die mindestens 300 bis 400 Haushalte in möglichst verdichteter Wohnweise umfassten, auf ihre Entwicklungsmöglichkeiten zu untersuchen und die Rolle, die dabei eine Stromversorgung spielen könnte. Hierbei sollte das Wollen der überwiegenden Zahl der Haushaltsvertreter*innen, einen Stromanschluss zu erhalten, sowie die Möglichkeit, später Stromgebühren bezahlen zu können *(Willingness and Ability to Pay)*, erfragt werden ■ Abb. 3. Bei einem positiven Ergebnis, d. h. großer Nachfrage nach einem Anschluss und zumindest mittlerer Zahlungsbefähigung für Stromtarife, würden entlang der Hauptleitungen kleine Umspannstationen errichtet werden, von denen Mittelspannungsleitungen in die Dörfer und dort Niedrigspannungsleitungen zu den interessierten Gehöften bzw. Werkstätten und Läden gelegt würden.

Dieser entwicklungsbezogene Teil der Untersuchungen war relativ aufwändig, mussten doch alle klassifizierten vielleicht 50 ländlichen Zentren in einem Korridor von 60 Kilometer Breite entlang der fast 400 Kilometer Stromleitungen in den drei Ländern vom Untersuchungsteam abgefahren werden. In jeder der am Ende rund 30 als hinreichend groß identifizierten Ortschaften wurden öffentliche Versammlungen sowie Fokusgruppendiskussionen abgehalten und die Meinung der Anwesenden erkundet. Die Ergebnisse waren überall positiv mit Blick auf eine Projektbeteiligung, wobei sich allerdings Anschlusskosten von 150 US-Dollar als Problem für die meisten privaten (weniger die gewerbetreibenden) Interessent*innen herausstellten. Würde dagegen das in Ruanda bereits praktizierten Modell, die Anschlusskosten gestreckt über mehrere Jahre mit den Verbrauchskosten zusammen abzurechnen, praktiziert, so zeigten sich fast alle Beteiligten hochgradig am einem Anschluss interessiert.

Die Untersuchungen zeigten auch die wirtschaftlichen und sozialen Chancen einer Erschließung der 30 Gemeinden mit elektrischem Strom auf. So würden für die ansässigen Handwerksbetriebe, die es in den ländlichen Zentren vor allem Ruandas bereits in größerer Zahl gab, Stromkosten sehr stark gesenkt werden können und zwar von derzeit rund 0,5 bis 0,75 US-Dollar je kWh auf rund 0,20 US-Dollar, was wiederum Einfluss auf die Preise für Schreiner- und Metallarbeiten (vor allem landwirtschaftliches Gerät) haben würde. Im sozialen Bereich ergab die Studie, dass Strom im privaten Haushalt die Abwanderung aus den ländlichen Gebieten deutlich reduzieren helfen würde, da sich durch Licht, die Möglichkeit, Unterhaltungselektronik nutzen zu können, Kühlschränke einzusetzen usw. die Lebensbedingungen erheblich verbessern würden. Studien u. a. aus Kambodscha und Marokko des Verfassers haben gezeigt, dass Stromverfügbarkeit neben der erstmaligen verkehrsmäßigen Erschließung eines Gebietes und noch vor der Bereitstellung von hygienisch einwandfreiem Trinkwasser sowie Bildungs- und Gesundheitsdienstleistungen das beste Mittel gegen Abwanderung aus dem ländlichen Raum darstellt.

3.2 Regional Power Connection Project (ADB und Weltbank): Gaskraftwerk bei Turkmenabad (Turkmenistan) und Stromleitung von Seberghan (Turkmenistan) nach Mazar Ash-Sharif (Afghanistan)

Die Planung des Gaskraftwerks von Turkmenabad unter Anwendung der Safeguards der *Asian Development Bank* erwies sich als absolut unkompliziert, weil sich die vom Maßnahmenträger ausgewählte Fläche auf einem Stück Wüste befand und sowohl Zuwegungen wie die benötigten Korridore für diverse Leitungssysteme (Gas, Wasser für die Kühlung usw.) Siedlungen allenfalls am Rande berührten. Nicht ein einziges Stück privat genutzten Landes wurde benötigt, und der wichtigste Gegenstand der Abarbeitung der Safeguards bestand in der Schaffung von Voraussetzungen für Verkehrssicherheit während des Baues und der zahlreichen LKW-Bewegungen in der Region sowie der Absicherung der Baustelle – beides nach internationalen Vorbildern –, die auch für das autoritäre turkmenische Regime absolut unproblematisch waren und sofort akzeptiert wurden. Hier hätte anstelle des Sozialwissenschaftlers bzw. Ethnologen auch durchaus ein Ingenieur die Erfordernisse der Safeguards erfüllen können.

Anders sah es bei der zweiten Komponente des Projekts aus, der Stromleitung von Turkmenistan nach Mazar ash-Sharif im nördlichen Afghanistan. Hierfür sollte aufgrund der ADB-Finanzierung des Projekts ein Land Acquisition and Resettlement Plan (LARP) zur Umsetzung der Safeguards für Umsiedlungen erarbeitet werden. Eine Freigabe für den Einsatz ausländischer Fachkräfte vor Ort in drei als extrem gefährlich eingestufen Landkreisen Afghanistans war allerdings absolut nicht zu erhalten und wohl auch nicht verantwortbar[4]. Beschlossen wurde daher der Einsatz eines nationalen Fachkräfteteams aus Kabul und eine „Fernsteuerung" der Arbeiten aus dem benachbarten Tadschikistan bzw. vom Sitz des Verfassers in Deutschland als Gesamtverantwortlichem für den LARP.

Die wichtigste Voraussetzung für dieses absolute Ausnahmemodell bei Safeguard-Planungen – neben der Tätigkeit eines auch in der Anwendung sozialwissenschaftlicher Methoden professionellen und motivierten Teams auf dem afghanischen Territorium des geplanten Leitungskorridors – war die Tatsache, dass für Afghanistan nur wenige Wochen alte Google-Earth-Daten mit sehr guter bis vorzüglicher Bildauflösung vorlagen. Dies ermöglichte, die Leitungstrasse auf wenige Meter genau zu erkunden und provisorisch auf Grundlage von GPS-Daten festzulegen. Das „Bodenteam" fuhr die etwa 230 Kilometer des identifizierten Korridors zwischen Andkhoy und Mazar ash-Sharif in rund zwei Wochen ab, um die Vorgaben des vom Verfasser auf der Basis der ADB-Safeguards erarbeiteten Untersuchungsdesigns umzusetzen. Dabei wurden mehrere heikle Abschnitte identifiziert (zwei Friedhöfe und eine archäologisch relevante Stelle), die aus der Luft (d. h. via Google-Earth) hinsichtlich ihrer Nutzung so nicht zu bestimmen waren, sowie an mehreren Orten bauliche Engpässe, bei denen eine Verlegung der Route ohne großen Mehraufwand nicht möglich schien. Insgesamt wurden so rund zehn Gebäude bzw. Teile derselben als abzubrechen und entsprechend zu kompensieren identifiziert, im Vergleich zu der geschilderten ostafrikanischen Planung bei gerechter Entschädigung nahezu vernachlässigbar.

Abb. 4: Treffen des Untersuchungsteams mit den Dorfältesten einer betroffenen Siedlung in der Region von Mazar ash-Sharif, Afghanistan.

---

4   Dies zeigten spätere Nachrichten über den Beschuss des stattdessen tätig gewordenen einheimischen Untersuchungsteams mit Handfeuerwaffen, obwohl sich dieses im Bewusstsein der schlechten Sicherheitslage bereits von Anfang an teure „Bewacher" aus den tonangebende Klans der Region besorgt hatte.

Angesichts der Sensibilität des Projektes in einem Land voller Konflikte wurden die Problemfälle partizipativ und mit größtmöglicher Transparenz behandelt: Zunächst wurden einer jeweils einberufenen Versammlung *(Jirga)* die Ziele der Untersuchung – d. h. der geplante Bau der 220-kV-Stromleitung – auch dort, wo keinerlei zu kompensierenden Schäden entstehen würden[5], vorgestellt ■ Abb. 4. Bei der Frage der Kompensation wurde in den drei oder vier notwendigen Fällen im Rahmen der *Jirga* des betroffenen Dorfes der Wert der Gebäude durch die Versammlung selbst festgestellt, nachdem die Bereitschaft der Eigentümer eingeholt worden war, eine Entschädigung prinzipiell akzeptieren zu wollen. Die festgelegten Zahlungen lagen dabei mit größter Sicherheit stets deutlich über dem Wert der Gebäude bzw. deren Wiederherstellungskosten – wenn bedacht wird, dass sich die Lehmhäuser auch in Afghanistan zu geringen Kosten an anderer Stelle schnell wieder errichten lassen, zudem üblicherweise das gesamte theoretisch auf dem Markt zu erwerbende Material (Dachbalken, Fenster, Türen usw.) bei der Verlegung eines Hauses (wie in Ruanda gezeigt) komplett ausgebaut und wieder im Neubau verwendet wird, wodurch die Entschädigung den Charakter eines Nettogewinns bekommt.

In den Fällen der beiden Friedhöfe bzw. des archäologischen Areals, das sich als *Mazar* (Grabstelle eines islamischen Heiligen) herausstellte, wurde in Abstimmung mit der *Jirga* der Anwohner ein Abstand festgelegt, in dem die betreffende Stelle durch den Bau von jeweils zwei zusätzlichen Strommasten umgangen wurde. Es entstanden hierbei Mehrkosten von jeweils rund 30.000 EUR, aber hierdurch erfolgte in allen Fällen die einhellige Einwilligung hinsichtlich des Leitungsbaus durch die Anwohnerschaft.

Die Berichte der Untersuchung nebst Fotodokumentation, die täglich über Satellitentelephon per Email an den Verfasser geschickt wurden, zeigten denn auch sehr freundliche und offenbar zufriedene Männer auf ihrer *Jirga* und bei anschließenden reichlichen Gastessen, zu denen das LARP-Team von den „Betroffenen" jeweils eingeladen wurde. Spätere Probleme beim Bau der Stromleitung resultierten denn auch nicht aus der Planung, sondern waren unschönes Resultat zwischenzeitlicher Machtverschiebungen in den Landkreisen durch Taliban-Infiltration und verschiedene Frontenwechsel lokaler Warlords.

3.3 Central Asian Regional Economic Co-Operation (CAREC): Stromleitungen in den Provinzen Khatlon und Sughd (Tadschikistan)

Im Rahmen von CAREC wurden zwischen 2012 und 2017 in Tadschikistan alleine drei wichtige 220-kV-Starkstromleitungen in den beiden Provinzen von Khatlon und Sughd geplant und gebaut. Das Gesamtvorhaben wurde von der *Asian Development Bank* auf Kreditbasis finanziert. Die Kosten für die Planungen der Linien und damit auch die Umsetzung der Safeguards der Bank sowie die in diesem Zusammenhang vorgesehenen Kom-

---

5   Etwa durch die Planung von ein, zwei oder drei zusätzlichen Strommasten zur Umgehung eines Hindernisses, immerhin jeweils Kosten von 10 – 20.000 EUR pro Mast.

pensationszahlungen an geschädigte Landbesitzer*innen wurden dabei über einen Zuschuss finanziert, um dadurch die Motivation auf der Partnerseite hinsichtlich eines sozialverträglichen Vorgehens zu erhöhen. Der Zuschuss wurde vermutlich auch deswegen gewährt, weil durch die Berücksichtigung der Safeguards für die Kompensation von Schäden durch das Projekt, vor allem die Landenteignungen, viel Zeit bei der Umsetzung der Projekte „verloren" ging, was wiederum dem tadschikischen Präsidenten wenig gefiel. Denn der geplante Leitungsbau erfolgte in einer Situation, in der die schnelle Verbesserung der Stromversorgung oberste Priorität in der tadschikischen Entwicklungsplanung (GoT 2007, 2010) hatte und sogar das dringlichste nationale Entwicklungsziel darstellte. Der Ausbau der Stromversorgung wurde entsprechend auch vom Staatspräsidenten selbst akribisch verfolgt, was für das deutsch-tadschikische Planungsteam einen erheblichen permanenten Druck bedeutete.

Grundlagen für die vom Verfasser koordinierte Festlegung aller drei Linienkorridore und den jeweils benötigten und von ihm zu erstellenden *Land Acquisition and Resettlement Plan* (LARP) waren sowjetische Planungen der 1970er Jahre, die zwischenzeitlich durch die bauliche Entwicklung völlig obsolet geworden waren. Im Falle der Linie in der Khatlon-Provinz, die auf knapp 75 Kilometer zwischen den Umspannstationen von Geran und Rumi geführt werden sollte (■ Abb. 6 a – b), lagen rund 150 Wohnhäuser, deren Kompensation alleine rund drei Millionen US-Dollar gekostet und trotz des autoritären Systems im Land möglicherweise zu Protesten geführt hätte.

Durch sehr intensive Suche (Streckenbefahrung und teilweise sogar -begehung) nach einer Alternative wurde am Ende ein geeigneter Korridor identifiziert, der mit Einschub einiger zusätzlicher Masten bis auf den Abriss von zwei Nebengebäuden und einer Gartenmauer keinerlei bauliche Veränderungen und nicht eine einzige Umsiedlung erforderlich machte.

Abb. 5: Treffen mit einer Fokusgruppe in einem Dorf, das von der Leitungsplanung in der tadschikischen Khatlon-Provinz betroffen ist.

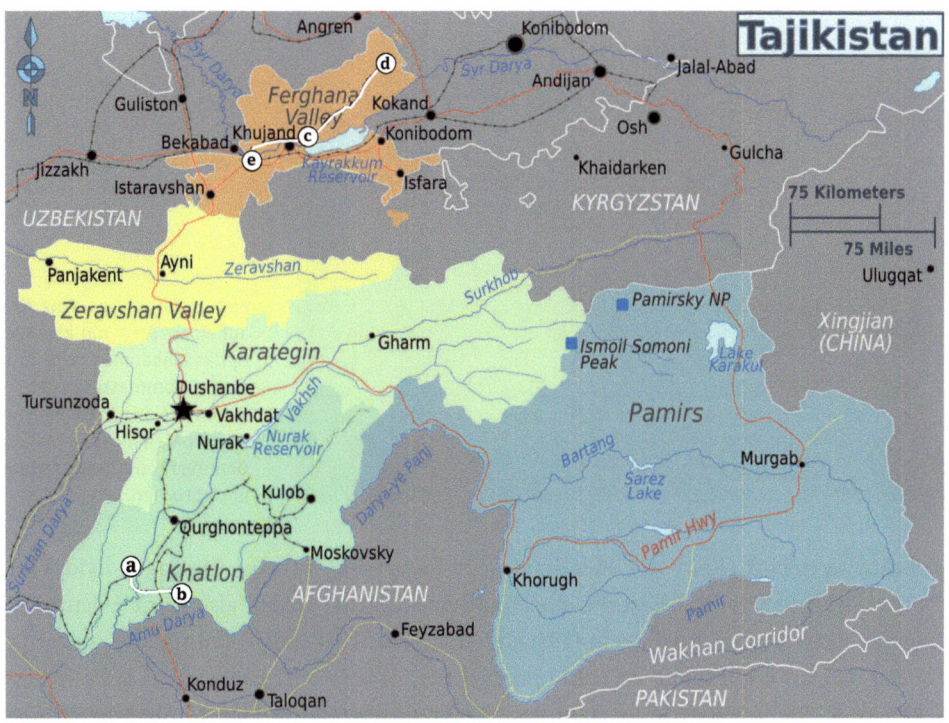

Abb. 6: Übersichtskarte der Provinzen (Oblasts) von Tadschikistan mit den drei geplanten Stromleitungen (Quelle: Wikimedia Commons: https://commons.wikimedia.org wiki/File:Tajikistan_regions_map.png).

Bei allerdings insgesamt rund 220 benötigten Strommasten gab es keine Möglichkeit, weniger als 120 der Masten auf landwirtschaftlich genutzten Flächen zu errichten, was jeweils zwischen gut 50 und 225 Quadratmeter an permanenter Landenteignung erforderlich machte ■ Abb. 7. Um den Prozess so transparent wie möglich zu gestalten und einen fairen Preis für das Land festzulegen, wurden zahlreiche Besuche seitens des LARP-Teams bei den betroffenen Bauernhaushalten durchgeführt, öffentliche Versammlungen abgehal-ten und alles LARP dokumentiert und veröffentlicht ■ Abb. 5 + 8. Als Leiter des LARP-Teams hat der Verfasser an zahlreichen dieser Treffen teilgenommen, insbesondere, wo es um kompliziertere Entschädigungsfragen ging bzw. Probleme erkennbar waren. Die wichtigsten Feststellungen des LARP, vor allem auch die Möglichkeiten der Beschwerde mit genauen Kontaktdaten, wurden in allen betroffenen Landgemeinden *(Jamoat)* mittels Flugblättern in russischer und tadschikischer Sprache breit gestreut verteilt.

Vielleicht das im Interesse der Betroffenen wichtigste des LARP war die Tatsache, dass überhaupt Entschädigungen für Land gezahlt werden sollten, das nach nationalem Recht allein dem Staat gehört und den Bauern nur zur langfristigen Nutzung übertragen wird – oder sich sogar teilweise noch in einem Transformationsprozess weg von der sowjetischen

Abb. 7: Vorsichtiger Eingriff auf einem Areal mit kleinen Aprikosenbäumen beim Bau eines Strommastes in der Sughd-Provinz, Tadschikistan. Hier wurden nicht einmal die Gerinne für die Bewässerung unterbrochen.

Kollektivwirtschaft *(Kolchose)* oder Staatsfarm *(Sowchose)* hin zum Eintrag individueller Nutzungsrechte befand. Selbst die eingetragenen Landtitel stellen also keine Eigentumstitel dar, weswegen nach gültigem tadschikischem Recht eigentlich Entschädigungen nur für Verluste an Fruchtbäumen und Feldfrüchten, nicht aber für das Land selbst vorgesehen sind. Die Safeguards der ADB und der Kreditvertrag für die Stromleitung ermöglichten jedoch eine Abweichung von dieser Einschränkung.

Die Festlegungen der Höhe der Entschädigungen erfolgten auf der Basis des LARP in je Distrikt *(Rayon)* gebildeten Komitees zusammen mit Bauernvertretern und den Landwirtschaftsämtern der *Rayons,* wobei — sehr zum Unwillen der staatlichen Repräsentanten in den Gremien — als besonders motivierend für die Geschädigten die Marktpreise für Agrarprodukte und nicht die sehr viel niedrigeren On-Farmpreise vereinbart wurden.

Auf der Basis der ADB-Safeguards wurden neben den allgemein Geschädigten auch solche Haushalte unter diesen identifiziert, die als besonders vulnerabel galten. Hierzu gehörten Familien, die nur aus alten Menschen bestanden sowie Haushalte, die von einer Witwe oder einer verlassenen Frau geführt wurden. In diesen Fällen gab es einen Zuschlag von 20 Prozent auf die jeweils festgelegte Entschädigungssumme. Ferner wurde vulnerablen Haushalten die Möglichkeit angeboten, einen Beistand seitens des Projektteams während der Komiteesitzungen zur Feststellung der Schäden und der Höhe der Entschädigungszahlungen gestellt zu bekommen. Dank des trotz Armut auf dem Land hier weit verbreiteten Handys konnte auf dieses Angebot in einer Reihe von Fällen unkompliziert zurückgegriffen werden.

In gleicher Weise wie in Khatlon wurden in der Sughd-Provinz zwei Starkstromlinien (220 kV) in etwa gleicher Länge zwischen dem Laufwasserkraftwerk von Kairakum am Syr-Darya-Fluss und den Rayon-Zentren von Asht und Sarband geplant und gebaut (siehe ■ Abb. 6 c – d und c – e). Im Fall von Asht, das sehr isoliert in einem Dreiländereck zwischen Usbekistan und Kirgistan liegt und vor allem während des kontinentalen Winters völlig ohne Stromversorgung war, scheuten sich während der ersten Gespräche die Vertreter der damals noch kollektiven Farmen, überhaupt eine Kompensation zu verlangen, dies u. a. bedingt durch die Angst, das für ihre Region extrem wichtige Projekt dadurch zu verzögern. Auch im Fall geplanter Landenteignungen im Umfang von zehn Hektar, die für ein neues Umspannwerk in der Khatlon-Provinz geplant waren, wurde zu Beginn der Planungen eine Abtretungserklärung mit Verzicht auf jegliche Entschädigung vorgelegt – „wegen der Bedeutung des Projektes für unsere Nation als Geschenk an den Staat", wie es in einem dem Verfasser präsentierten Dokument hiess.

Nach der Logik der ADB-Safeguards, die im LARP Eingang fanden, wurde das Entgegenkommen, das sich im zweiten Fall später als Resultat erheblichen Drucks auf die Landbesitzer durch den *Rayon*-Chef erwies, nicht akzeptiert. In beiden Fällen wurde eine Entschädigung auf der Basis der angeführten Logik gezahlt. Zudem zeigte eine genauere Prüfung, dass statt der zehn Hektar lediglich sieben wirklich benötigt wurden, so dass

Abb. 8: Kulturell angepasste „gemeinsame" Diskussion mit Männern und Frauen in einem extrem konservativen Dorf in Tadschikistan, wobei ein Vorhang die beiden Geschlechter trennen musste. Foto: Alexander Erich.

die Verluste um 30 Prozent reduziert werden konnten. Statt des Geschenks an den Staat wurden den mehreren Dutzend geschädigten Bauern für die sieben Hektar am Ende rund 65.000 US-Dollar ausgezahlt, was eine sehr große Summe in dem ärmsten Land Zentralasiens darstellt.

Zu einem Zwischenfall kam es vor dem Hintergrund des sehr komplexen Transformationsprozesses der Landtitel in Tadschikstan bei einer der drei Stromlinien. Hier versuchten in einem Rayon statt der geschädigten Bauern von mehreren noch kollektiv betriebenen Farmen deren gewählte Vertreter – unter Vorlage der russischsprachigen Landzertifikate – glaubhaft zu machen, dass sie und nicht die Gemeinschaft der Farmer die auch hier beachtlichen Entschädigungszahlungen von jeweils mehreren Tausend US-Dollar zu erhalten hätten. Das zuständige Komitee für die Erfassung der Schäden und Festsetzung der Zahlungen ließ sich zunächst hinters Licht führen, und die nationale Stromgesellschaft als Bauträger überwies die Gelder auf fünf Privatkonten, obwohl das Geld von Rechts wegen an ca. 50 Bauernfamilien hätte ausgezahlt werden müssen.

Zum Glück für die geschädigten Bauern waren dem LARP-Consulting-Team die sehr komplexen Besitzverhältnisse in der Region bestens vertraut[6], so dass das Manöver schnell entlarvt werden konnte. Die Reaktion der ADB auf die anschließende Intervention des Verfassers als Verantwortlichem für die Umsetzung des LARP war heftig: Es erfolgte die Verhängung eines sofortigen Auszahlungs- und damit eines unbefristeten Baustopps für das Gesamtprojekt. In einem *Due Diligence*-Einsatz wurden die tatsächlich Geschädigten identifiziert und benannt, auf Anordnung „von ganz oben" die Gelder dann innerhalb von zwei Tagen von den Betrügern zurückgezahlt und innerhalb einer gleichen Frist an die tatsächlich Geschädigten überwiesen. Wenig Freunde im Staatsapparat machten sich die fünf Täter dadurch, dass die ADB diese Affäre als Änderung am LARP einstufte und in ein internes Änderungsverfahren eintrat, was zu einigen Wochen Verzögerung bei Planungen und dadurch auch am Bau führte.

4. Schlussfolgerungen und Empfehlungen zum Umgang mit Safeguards bei Landenteignungen

Alle drei Beispiele zeigen, dass die Berücksichtigung der Safeguards der jeweiligen Geber für die Betroffenen erhebliche Vorteile hatte bzw. haben müsste, wenn die Planungen und konkreten Vorgaben minutiös umgesetzt werden. Im tadschikischen Fall ist seinerzeit versucht worden, die Entschädigungsgelder „umzuleiten", was sofort revidiert werden konnte, so dass nach Abschluss der Bauarbeiten eine vollständige Berücksichtigung der Safeguard-Vorgaben nachgewiesen wurden.

---

6   So hatte sich der Verfasser bereits seit 1995, also mit Beginn der postsowjetischen Gesetzgebung, im Kontext anderer EZ-Maßnahmen mit Landrechtsfragen beschäftigt (vgl. Bliss 2006).

Das ostafrikanische Gemeinschaftsprojekt der drei Staaten weist die schwersten Eingriffe auf, wobei die Kompensation hinreichend ist, um alle Betroffenen materiell mindestens auf den Stand von vor dem Projekt zu bringen. Durch die Festlegung der Kompensation (Neubau von Häusern) zu Tagespreisen ohne Berücksichtigung des Wertes der versetzten Häuser (deren Material für den Neubau oft nahezu ausreicht) können die meisten Betroffenen sogar einen erheblichen Gewinn erzielen. Ein direkter Schaden entsteht bis auf die Überspannung ihres Grundstückes für sie nicht. Allerdings mag in einigen Fällen der Verlust der Fläche für die Strommasten schwer wiegen, auch wenn in der Regel – wo immer es ging – ein Stück Ödland, eine öffentliche Fläche oder das Randstück eines Ackers gewählt wurde.

Besonderheit der Safeguard-Maßnahmen auf Anregung des Verfassers in der *Pre-Feasibility-Study* ist die zusätzliche Förderung der regionalen Wirtschaft durch Investitionshilfen für Kleinbetriebe, die den Strom nutzen werden – und natürlich der Anschluss von bis zu 30 ländlichen Zentren an das Stromnetz mit den sich daraus ergebenden positiven Wirkungen auch für die Lebensqualität.

Für das Turkmenistan-Afghanistan-Teilprojekt Gaskraftwerk in Turkmenabad ergeben sich nach Abschluss der Planung kaum soziale oder ökonomische Negativwirkungen für die Bevölkerung. Um überhaupt einen mehrseitigen Bericht zustande zu bringen, wurden alle denkbaren Wirkungskontexte angeführt und sämtlich als im konkreten Fall irrelevant eingestuft.

Für den Stromleitungsteil in Afghanistan wurden durch den erheblichen Mehraufwand alle möglicherweise sensiblen Gebiete (Friedhöfe und eine archäologische Fundstätte) umgangen. Die wenigen Wohnhäuser, die der Leitung weichen müssen, sollten in einer Höhe kompensiert werden, die von den Betroffenen selbst – zusammen mit der jeweiligen lokalen *Jirga* – festgelegt und akzeptiert wurde. Hierbei dürften sich erhebliche materielle Gewinne ergeben. So lässt sich die Umsetzung von Safeguards also auch dann überwachen, wenn die Sicherheitslage wie in Somalia oder Teilen Afghanistans für externe Fachleute nicht gewährleistet ist. In Afghanistan war es mit Hilfe von Google Earth und täglicher Abstimmung möglich, auch ohne Präsenz vor Ort jeden Schritt mitzuverfolgen und abzustimmen: auf der Basis täglicher Berichte zur Vorgehensweise und zu den Verhandlungsergebnissen in den per Ferndiagnose festgestellten Problemfällen sowie bei weiteren, aus der Fernerkundung zunächst nicht ersichtlichen Herausforderungen, zudem ebenfalls täglich Vorlage von Fotos, die detailliert die vorgeschlagene Linienführung und z. B. die dann vor Ort besprochenen Hindernisse beleuchteten usw.

Auch bei dem tadschikischen Beispiel zeigten sich alle geschädigten Haushalte sowohl hinsichtlich des LARP-Prozesses (Informationsdichte, Transparenz) und der Höhe der Entschädigungszahlungen zufrieden. Die Erfahrungen bei dem Safeguard-Umsetzungsprozess lassen jedoch Zweifel aufkommen, ob die Verfahren der ADB ausreichen, um auch in Ländern mit zweifelhafter Regierungsführung die wirklich Betroffenen zu identifizieren und ihnen zu den ihnen zustehenden Kompensationsgeldern zu verhelfen.

Entsprechend fokussierten sich die Empfehlungen im Schlussbericht zum CAREC-Projekt (d. h. zu allen drei Teilmaßnahmen) auf die Umsetzung der Safeguards in Ländern mit „schwieriger" (d. h. realiter schlechter) Regierungsführung („poor governance").[7]

Für diese Länder sind für Infrastrukturvorhaben, die Landenteignungen vorsehen, soziokulturelle Grundlagenstudien notwendig, die sich insbesondere mit lokalen Machtstrukturen beschäftigen sowie detailliert Auskunft über die Eigentums-, Besitz- und Nutzungsverhältnisse an Land geben. Besonders relevant ist diese Forderung für die ehemaligen Sowjetrepubliken in Zentralasien mit ihren oft wenig transparenten Transformationsprozessen hinsichtlich des Zugriffs auf Land, aber auch für alle Staaten, in denen traditionelles Landrecht durch staatliche Regelungen überlagert wird oder diese ganz ersetzt. Gerade hier, wo es um eine sehr genaue Beobachtung der oft bewusst von nationalen Interessenvertretern verschleierten Realitäten geht, bietet sich der Einsatz ethnologischen Fachwissens an. Intensivinterviews, Fokusgruppendiskussionen, Triangulation der Daten und vor allem Empathie für die im Verfahren besonders benachteiligten Personengruppen sind hier nur einige Stichworte. Für den Methodeneinsatz ist es allerdings notwendig, die soziokulturellen Bedingungen und unter diesen die lokalen Machtstrukturen und üblichen Einflussnahmen sehr genau zu kennen.

In Ländern, deren politische Systeme die Bürgerrechte missachten und in denen die Tradition des „freien Wortes" nicht besteht oder zunehmend eingeschränkt wird, dürfen die meisten Kommunikationsprozesse mit von Projekten negativ Betroffenen ausschließlich bilateral erfolgen. Gruppengespräche können die Informationssituation verbessern, sie können aber kaum Auskunft über die Zustimmung der Teilnehmer*innen zu einer Maßnahme und der Höhe von Entschädigungen geben. Diesbezügliche Erhebungen müssen hier zwingend unter Ausschluss der Öffentlichkeit und in jedem Fall anonym durchgeführt werden (wie nach den Ethischen Leitlinien der Arbeitsgemeinschaft Entwicklungsethnologie eigentlich immer; vgl. AGEE 2013), was auch bei Widerstand der staatlichen Partnerseite durch ADB oder Weltbank unbedingt garantiert werden muss.

Die stets konsilianten Kommunikationstraditionen – etwa in Kambodscha – stellen eine weitere Herausforderung dar, vor allem, wenn sie mit einem repressiven System zusammenfallen, das Kritik ungern und Widerspruch gegen Verwaltungsentscheidungen überhaupt nicht goutiert. Hier können ehrliche Meinungen und Zustimmungen z. B. zu Kompensationszahlungen nur durch unabhängige externe Moderator*innen eingeholt und damit den Vorgaben von Safeguards Genüge getan werden.

Entsprechend wichtig ist in solchen keineswegs seltenen Fällen nicht nur die formelle Abarbeitung der Safeguards, sondern ihre von Empathie getragene fachlich adäquate Umsetzung, was durch ethnologische Vorbildung erheblich erleichtert wird. Hier spielt erneut bei der Methodenauswahl nicht nur deren Beherrschung auf der Grundlage umfassender beruflicher Praxis eine Rolle, sondern die Bereitschaft, die Perspektive der

---

7   So auch in einem Memorandum den zuständigen Fachleuten der ADB kommuniziert.

(negativ) Betroffenen einzunehmen. Während letzteres in der Ethnologie vorausgesetzt werden sollte, kommt der Erwerb methodischer Kenntnisse an den Universitäten oft weiterhin zu kurz, geschweige die Frage ihres Einsatzes unter konkreten Machtbedingungen.

5. Die Rolle des Ethnologen im Safeguard-Umsetzungsprozess

Was war nun die besondere „ethnologische" Rolle des Verfassers bei den Studien bzw. den Baubegleitungen? Für einen Vertreter der Arbeitsgemeinschaft Entwicklungsethnologie, die mit ihren Ethischen Leitlinien in Deutschland im entwicklungsbezogenen sozialwissenschaftlichen Bereich Maßstäbe gesetzt hat (vgl. AGEE 2013, Bliss/Heinz 2013), ist es zunächst die „Strenge" der Umsetzung der Safeguards der ADB und der Weltbank, die in diesem Kontext anzuführen ist. So wurden die Forderungen der AGEE nach frühzeitiger Information (als *Free Prior Informed Consent* international durchaus bei allen kritischen EZ-Organisationen verbreitet), Transparenz und Offenlegung umfassend umgesetzt. Das Prinzip des „*Do-no-harm*", in den ADB- und Weltbank-Safeguards ebenfalls gefordert, wurde peinlich genau berücksichtigt – mit der Konsequenz zum Teil erheblicher Mehrkosten beim Bau der Stromleitungen sowie im Falle Tadschikistans substantieller Verzögerungen in der Ablaufplanung. Die Forderungen der Weltbank nach der Vorlage eines Entwicklungskonzeptes, wenn 200 und mehr Personen von Umsiedlungen betroffen werden, wurde im Falle der Rusumo-Stromleitungen ebenfalls und ebenfalls mit erheblichen Mehrkosten umgesetzt, indem eine Mittelspannungsleitung in 30 ländliche Zentren vorgesehen wurde. Diese „Pflichtaufgabe" wurde allerdings ergänzt durch die betont armutsorientierte Ausrichtung der Tarife, deren Aushandlung durchaus vom Auftraggeber nicht eingeplant war.

Aufgrund der allgemeinen Landeskenntnisse und der besonderen Kenntnis der soziokulturellen Bedingungen und – besonders im Falle der Stromleitungen bzw. der Umspannstation in dem tadschikischen CAREC-Projekten – des Bodenrechts sowie des Transformationsprozesses wurde erreicht, dass die Versuche, die tatsächlich durch Landenteig- nungen betroffenen Bauern bei den Entschädigungszahlungen zu übergehen, ausgebremst werden konnten. In beiden geschilderten Fällen erhielten die Geschädigten am Ende für die lokalen Verhältnisse doch sehr hohe Kompensationsbeträge ausgezahlt, die sonst hätten eingespart werden können bzw. in falsche Hände gelangt wären. In einer weiteren Reihe von Fällen konnten die Landbesitzverhältnisse lange vor solchen Betrugs- bzw. Einflussnahmeversuchen im Interesse der Geschädigten abgeklärt werden.

Bei allen Vorhaben konnte der Verfasser – bei allerdings erheblicher Geduld seitens der auftraggebenden ADB und des projektbegleitenden deutschen Consulting-Unternehmens – die methodischen Grundlagen für die vorbereitenden bzw. begleitenden Untersuchungen selbst bestimmen, so dass es zu überdurchschnittlich großem Zeit- und Personaleinsatz kam. Dabei wurden neben den Haushaltsbefragungen mittels standardisierter Fragebögen zahlreiche Fokusgruppendiskussionen, Einzelgespräche und vor allem sehr viele Ortstermine mit gemeinsamer Festlegung der Linienführung durchgeführt. Im Falle der tadschikischen Stromleitungen konnte sogar ausnahmsweise erreicht werden, dass die entwicklungsethnologische Beteiligung nicht mit der Vorlage des LARP endete, sondern bei allen drei Teilmaßnahmen während der Bauphase anhielt, so dass kleinere Probleme stets schnell gelöst werden konnten und nicht in einem einzigen Fall das für Konflikte vorgesehene Verfahren *(Grievance Redress Mechanism)* greifen musste. Die erheblichen Mehrkosten des Leitungsbaus durch zusätzliche Strommasten als Ergebnis einer konsensualen Lösung wurden bereits mehrfach angeführt.

Ein wichtiger ethnologischer Beitrag neben dem steten Bemühen um holistische, also nicht nur rein ökonomische oder allenfalls sozio-ökonomische Landeskenntnis bzw. um das Wissen hinsichtlich relevanter sozio-kultureller Bedingungen ist die interne Advocacy-Funktion, die Ethnologen bei der Umsetzung von Safeguards einnehmen können bzw. sollten. Als unmittelbarer „Anwalt der Betroffenen" im Falle von negativen Auswirkungen von Entwicklungsvorhaben unmittelbar in Entscheidungsprozessen agieren zu können, ist sicher mindestens so wichtig und im Interesse der Menschen zielführend, als lediglich in der Rolle eines Vertreters einer NRO die Maßnahmen von Außen zu kritisieren, auch wenn Letzteres – massenhaft und an der richtige Stelle vorgetragen – die Position des Anwaltes sicher stärken kann. Hier löst sich auch der scheinbare Gegensatz von Entwicklungsethnologie und Ethnologie der Entwicklung auf, denn das eine wäre ohne das andere erheblich weniger wirksam. Ohne die Kritik aus Zivilgesellschaft und Wissenschaft, aber auch ohne die Erkenntnisse der im Dienste der EZ beteiligten, oft ethnologisch geschulten Fachleute, die im Falle von Kariba, Manantali oder Mahaweli die Detailinformationen zu den negativen Wirkungen von Umsiedlung auf die betroffenen Anrainer erst geliefert haben, wären die heutigen Safeguards der großen Entwicklungsbanken kaum denkbar.

Literatur

ADB – Asian Development Bank (2009): Safeguard Policy Statement. Manila.

AfDB – African Development Bank Group / Nigeria Trust Fund (2013): Regional Rusumo Falls Hydropower. Project Appraisal Report. Tunis.

AGEE – Arbeitsgemeinschaft Entwicklungsethnologie (2013): Ethische Leitlinien der Arbeitsgemeinschaft Entwicklungsethnologie e. V. (AGEE). Trierer Materialien zur Ethnologie No. 6. Trier.

Bliss, Frank / König, Eva (2003): Zielgruppen- und Beteiligtenanalyse in der Finanziellen Zusammenarbeit. KfW Diskussionsbeiträge 31. Frankfurt.

Bliss, Frank (2006): Social and Economic Change in the Pamirs (Gorno-Badakhshan, Tajikistan). London: Routledge.

Bliss, Frank / Heinz, Marco (2013): Ethik in der Praxis der Entwicklungszusammenarbeit. Entwicklungsethnologie 20. Jg., Heft 1 + 2.

CAREC – Central Asia Regional Economic Cooperation (o. D.): https://www.carecprogram.org/?page_id=16 [Zugriff am 15.6.2018]

COLSON, Elizabeth (1960): Kariba Studies. The Social Organization of the Gwembe Tonga. Manchester: Manchester University Press.

ELIZABETH Colson (1971): Kariba Studies IV. The social consequences of resettlement. The Impact of the Kariba Resettlement upon the Gwembe Tonga. Manchester: Manchester University Press.

GoT – Government of the Republic of Tajikistan (2007): National Development Strategy of the Republic of Tajikistan for the Period to 2015. Dushanbe.

GoT – Government of the Republic of Tajikistan (2010): Poverty Reduction Strategy for the Republic of Tajikistan for 2010 –2012. Dushanbe (unofficial translation).

HOROWITZ, Michael M./Salem-Murdock, Muneera et al. (1990): Suivi des activités du bassin du Fleuve Sénégal (SRBMA). Rapport final intégré. Institute for Development Anthropology. Binghamton, NY. Neuausgabe (1994): Les barrages de la controverse: le cas de la Vallée du Fleuve Sénégal. Paris: L' Harmattan.

HOROWITZ, Michael M./Salem-Murdock, Muneera (1993): Development-Induced Food Insecurity in the Middle Senegal Valley. In: GeoJournal, 30 (2): Vulnerability, Hunger and Famine, S.179–184.

KfW – Kreditanstalt für Wiederaufbau (2012): Integrierter Analyserahmen zur Untersuchung von Zielgruppen und Betroffenen in Vorhaben der Finanziellen Zusammenarbeit. Fachinformation Nr. 217. Frankfurt.

KfW – Kreditanstalt für Wiederaufbau (2016): Sustainability Guideline. Assessment of Environmental, Social, and Climate Performance: Principles and Process. Frankfurt.

Mc CULLY, Patrick (1996): Silenced Rivers. The Ecology and Politics of Large Dams. London: Zed Books.

NELSAP – Nile Basin Initiative. Nile Equatorial Lakes Subsidiary Action Programme (2013): Study on the Power Transmission Lines Linked to the Rusumo Falls Hydro-Electric Generation Plant. Volume IV & Volume V: Environmental and Social Impact Assessment (ESIA). Final Report. Stuttgart.

REYNOLD, Barrie (1968): Kariba Studies III. The Material Culture of the Peoples of the Gwembe Valley. New York: Praeger.

SCUDDER, Thayer (1962): Kariba Studies II. The Ecology of the Gwembe Tonga. Manchester: Manchester University Press.

World Bank (1991): The Senegal River Basin Monitoring Activity, Phase I. Final Report May 1991 (revised). IDA Working Paper No. 55. Washington (by: Michael M Horowitz / John Magistro /Muneera Salem-Murdock et al.).

World Bank (1999): Operation Manual. Operation Policies OP 4.11. Cultural Property. Washington.

World Bank (2001 a): Operation Manual. Operation Policies OP 4.12. Involuntary Resettlement. Washington.

World Bank (2001 b): Operation Manual. Operation Procedures OP 4.12. Involuntary Resettlement. Washington.

World Bank (2005): Operational Manual. Operational Policies OP 4.10. Indigenous Peoples. Washington.

World Bank (2011): Project Information Document (PID) Concept Stage. Regional Rusumo Falls Hydroelectric and Multipurpose Project. Washington (Report No. 59451).

World Bank (2012): Performance Standard 8. Cultural Heritage. Washington.

World Bank (2013 a): Operational Manual OP 4.10. Indigenous Peoples. Washington.

World Bank (2013 b): Operational Manual OP 4.12. Involuntary Resettlement. Washington.

World Bank (2015): Review and Update of the World Bank's Safeguard Policies. Environmental and Social Framework (Proposed Second Draft). Washington.

World Bank (2016 a): Review and Update of the World Bank's Safeguard Policies. Environmental and Social Framework (Proposed Third Draft). Washington.

World Bank (2016 b): The World Bank Environmental and Social Framework. Washington.

World Bank (2017): Environmental and Social Framework. Washington, D. C.: World Bank Group.

World Commission on Dams (2000): Dams and Development. A New Framework for Decision-Making. London: Earthscan.

Ethnologische Bildungsarbeit:
globalpolitische und diversitätsbewusste Ansätze

VERENA SCHNEEWEISS

ABSTRACT: Ethnologische Bildungsarbeit ist globalpolitisch und diversitätsbewusst ausgerichtet, indem sie weltweite Verflechtungen und gesamtgesellschaftliche Zusammenhänge thematisiert und auf globale Gerechtigkeit hinwirkt. Dabei ist das Ziel nicht nur Erkennen (Wissen & Sensibilisierung) und Bewerten (Meinungsbildung), sondern auch Handeln, d. h. die Teilnehmenden zu Handlungsfähigkeit in ihrem Alltag und Umfeld zu ermächtigen. Lernprozesse über Vorurteile und gesellschaftliche bzw. globale Machtverhältnisse, die eine Auseinandersetzung mit diversen (kulturellen) Lebensrealitäten, Praktiken und Überzeugungen beinhalten, stärken Kompetenzen im aktiven Umgang mit gesellschaftlicher Vielfalt. Gesellschafts- und herrschaftskritische Bildungsformate, insbesondere im informellen Rahmen, können Othering durch kulturalisierende Defizitzuschreibungen überwinden. In Verbindung mit (sozial-)pädagogischen Ansätzen wie Subjektorientierung und Identitätsarbeit können hier ethnologische Konzepte wie Perspektivenwechsel und Zugehörigkeiten handlungsorientiert für gesellschaftlichen Wandel eingesetzt werden, gerade in Zeiten von Globalisierung und Migrationsgesellschaft: Vielfältige Lebensentwürfe kennenzulernen, erweitert den Horizont und lässt gesellschaftliches Zusammenleben entsprechend gestalten. Somit hat ethnologische Bildungsarbeit unmittelbare gesellschaftliche Auswirkungen durch das Reflektieren, Hinterfragen und Verändern bestehender Normen, Strukturen und Rahmenbedingungen gesellschaftlichen Alltagslebens.

1. Ethnologie & Bildung

Angewandte Ethnologie findet auch im Bildungsbereich statt: Ethnologische Themen und Erkenntnisse können in verschiedenen Bildungsformaten im außeruniversitären Kontext vermittelt werden. An der Schnittstelle von Ethnologie und Pädagogik ergeben sich in Form von Bildungsarbeit Möglichkeiten zur fundierten und reflektierten Vermittlung von ethnologischen Kenntnissen an eine breite Öffentlichkeit. Diese spricht po-

tenziell alle Altersgruppen und verschiedene Zielgruppen an, von Schulen über Jugendgruppen bis zu Erwachsenen und Multiplikator*innen; ebenso erfolgt eine Verbreitung
von Wissen durch Medien, Projekte, Publikationen und Museen. Wichtig sind dabei die
Rückkopplung an die Universität bzw. die Verzahnung von Theorie und Praxis – nicht nur
für den Anschluss an aktuelle fachliche Diskurse, sondern auch, um diesen Tätigkeitsbereich als mögliches Berufsfeld von Ethnolog*innen bekanntzumachen (vgl. AG Ethnologische Bildung der DGSKA).

Die Implementierung ethnologischer Inhalte und Perspektiven im Bildungsbereich
bedeutet Vermittlung von Wissen, aber vor allem Aufbau von Kompetenzen. Dabei geht
es nicht so sehr um die ethnographische Untersuchung von Lernprozessen (wie es bspw.
der Begriff Bildungsethnologie suggerieren würde), sondern um die Nutzung ethnologischer Theorien und Erkenntnisse, insbesondere des ethnologischen Blicks und der damit verbundenen Haltung wie Perspektivenwechsel und Selbstreflexion. Grundsätzlich
gilt bei Ansätzen Ethnologischer Bildung Ethnologie als Grundlagenwissen für orientierte
Lebensgestaltung und bildet somit die Ausgangsposition für zukünftiges, informiertes
Handeln (vgl. Mühleisen 2005).

Ethnologische Bildungsarbeit ist globalpolitisch und diversitätsbewusst ausgerichtet,
indem sie weltweite Verflechtungen und gesamtgesellschaftliche Zusammenhänge thematisiert und auf globale Gerechtigkeit hinwirkt. Dabei ist das Ziel nicht nur Erkennen
(Wissen & Sensibilisierung) und Bewerten (Meinungsbildung), sondern auch Handeln
(Aktionsorientierung). Dies bedeutet, Lernprozesse über Vorurteile und gesellschaftliche
bzw. globale Machtverhältnisse anzustoßen und zu begleiten, um Kompetenzen im aktiven Umgang mit gesellschaftlicher Vielfalt zu stärken.

Bildungsarbeit beschäftigt sich häufig mit Themen sowie Fragestellungen, die sich auch
in der Ethnologie wiederfinden, aber nicht unbedingt im öffentlichen Diskurs prominent
sind. Das anwendungsorientierte Aufbereiten globalpolitisch relevanter Themen verdeutlicht komplexe Zusammenhänge und birgt als Konzept vielfältige Potenziale. Durch den
Bezug zur persönlichen Lebenswelt und das Aufzeigen von Handlungsmöglichkeiten im
eigenen Umfeld werden globale Strukturen auf eine lokale Ebene heruntergebrochen und
somit gewissermaßen „glokalisiert".

Neben der Thematisierung globaler Phänomene beinhaltet Ethnologische Bildung
auch Aspekte interkulturellen Lernens. So kann das in der Bildungsarbeit vermittelte
Wissen zu kultureller Sensibilisierung beitragen, gerade wenn fremdkulturelle Lebenswelten thematisiert werden. Denn trotz globalisiertem Alltag und interkulturellen Begegnungen besteht oft lediglich eine oberflächliche Beschäftigung mit kulturellen Themen und
Begriffen. Daraus ergibt sich ein ganzer Komplex an unreflektierten Vorstellungen, der
auch unsere Einschätzung interkultureller Situationen, unser Handeln sowie unser Bild
von „den Anderen" prägt. Durch die Vermittlung von Wissen über fremde Kulturen und
über kulturelle Differenz im Allgemeinen sowie durch Übungen, die interkulturelles Verstehen anregen, entsteht eine Gegenposition zu evolutionistischen Grundannahmen.

Dies ermöglicht eine wirkliche Wertschätzung fremder Kulturen sowie transkultureller Strukturen und Prozesse (vgl. Schneeweiß 2013:3).

2. Bildungsarbeit als angewandte Ethnologie

2.1. Anwendungsorientierung von ethnologischer Bildungsarbeit

Die Anwendungsbezüge von Ethnologischer Bildung liegen in der Handlungsorientierung der verwendeten Methoden. Auch der für Bildungsarbeit essenzielle Realitätsbezug wird immer wieder zirkelartig durch die Evaluation von Praxiserfahrungen und die Weiterentwicklung von Herangehensweisen gestärkt. Gleichzeitig soll der wechselseitige Austausch mit ethnologischer Theorie und Wissenschaft kritische Analysen sicherstellen. Einerseits gilt es also „wissenschaftliche Objektivität" zu wahren, und andererseits erfordert ethnologisches Engagement, gerade in Form von Bildungsarbeit, Stellung zu beziehen. Zudem beinhaltet kritische Bildungsarbeit immer Gesellschaftsanalyse – Wissenschaftler*innen sind in diesem Sinne nicht Außenstehende, sondern Betrachtende (bzw. teilnehmende Beobachter*innen), die ihre Erkenntnisse teilen und in das Feld bzw. die Praxis zurücktragen. Insgesamt wird aus der Wechselseitigkeit von Theorie und Praxis ersichtlich, dass auch in der Ethnologie die Dichotomie zwischen Beobachtung und Partizipation sowie zwischen dem Erwerb und der Vermittlung von Wissen aufgehoben werden muss (Unger-Heitsch 2003:xv-xvii; Ingold 2018; vgl. auch LpB 2017).

Somit wird nicht nur analysiert, sondern agiert, sodass sich Schnittstellen von kritischer Bildungsarbeit und *action anthropology* abzeichnen sowie ethnologische Erkenntnisse genutzt werden, um Reflexions- und Veränderungsprozesse anzustoßen. Transformation ist ein aktueller, aber auch grundlegender Schlüsselbegriff der Ethnologischen Bildung. Diese Umgestaltungsprozesse sind Argument für ein Engagement der Ethnologie in Bezug auf gesellschaftlich relevante Themen, im Sinne einer Bezugnahme auf eigene sowie fremde Lebensrealitäten – beispielsweise in Formaten Ethnologischer Bildung (Schensul 2011:112-113; Antweiler 2003:5).

Diese spezielle Angewandtheit von Ethnologie – zugleich *practising* und *political* – ist zudem eine Chance für die konkrete Mitwirkung in Bildungsprozessen, z. B. bezüglich der sozialen Dimensionen von Lernprozessen oder der Rollenverteilung zwischen Lehrenden und Lernenden. Bildung wird in diesem Kontext verstanden als Handreichung für die Lebensführung inmitten sozialer und kultureller Komplexität (Wolcott 1982:87; Allemann-Ghionda 2003:161-162; vgl. Schneeweiß 2013:33, 64-70).

2.2. Interdisziplinäre Schnittstellen

(Globalpolitische) Bildungsarbeit ermöglicht mittels pädagogischen Ansätzen eine Vermittlung von Themen, die weltweite Verflechtungen und gesamtgesellschaftliche Zusammenhänge aufzeigen; Bildungsziel ist dabei die Mitgestaltung globaler Gerechtigkeit. Mögliche Themen sind Weltbilder, Postkolonialismus, Welthandel oder auch Nachhaltigkeit, Klimawandel und Kritischer Konsum. Häufig spiegeln sich in diesen Inhalten und Zugängen ethnologische Grundüberlegungen, weshalb diese Art der Bildungsarbeit eine Form der angewandten Ethnologie darstellt.

Auch wenn sich das Erkenntnisinteresse der Ethnologie als beschreibender Wissenschaft zunächst nicht mit den Fragestellungen und Zielsetzungen der Pädagogik zu decken scheint, ist es von zentraler Bedeutung, Ethnologie selbst als Bildung („Anthropology as Education") zu verstehen und „ethnologische" Beobachtung nicht mehr im Gegensatz zu „pädagogischer" Partizipation zu sehen (Ingold 2018).

In Verbindung mit (sozial-)pädagogischen Ansätzen wie Subjektorientierung und Identitätsarbeit[1] können ethnologische Konzepte wie Perspektivenwechsel und Zugehörigkeiten genutzt werden – gerade in Zeiten von Globalisierung und Migrationsgesellschaft: Vielfältige Lebensentwürfe kennenzulernen erweitert den Horizont und erleichtert dadurch gesellschaftliches Zusammenleben. Somit hat ethnologische Bildungsarbeit unmittelbare gesellschaftliche Auswirkungen durch das Reflektieren, Hinterfragen und Verändern bestehender Normen, Strukturen und Rahmenbedingungen gesellschaftlichen Alltagslebens. Schließlich ist Bildung nicht nur Wissensakkumulation, sondern immer an Subjektherstellung gebunden (vgl. Castro Varela 2017).

Im Vergleich zu (sozial-)pädagogischen Bereichen, in denen Handeln als Auftrag verstanden wird, gilt in der Ethnologie Handeln lediglich als Option. Wenn allerdings aktionsethnologische Ansätze herangezogen werden, lassen sich Aspekte der Veränderung und des Handelns als Teil des Verständnisprozesses aufzeigen. Neben ethischen Fragen werden dabei auch Bedingungen von Solidarität verhandelt, um im Rahmen von Selbstreflexion verantwortungsbewusst handeln zu können (vgl. Treiber et al. 2015).

So ist ein ethnologisches Thema, das aber zugleich (sozial-)pädagogisch genutzt werden kann, z. B. der Umgang mit Zugehörigkeitskonzepten – sowohl potenzielle Einschluss- und Ausschlusskriterien als auch ein Bewusstsein über (konstruierte) Zugehörigkeiten im „Einwanderungsland Deutschland". Das hier vorhandene ethnologische Wissen über

---

1   Der pädagogische Identitätsbegriff umfasst psychologische Identitätsentwicklung, berücksichtigt im Verständnis von Bildung als Subjekt-Bildung aber auch soziale Subjektivität (vgl. Lösch/Thimmel 2011). Ebenso steht für die Ethnologie die soziale Bedingtheit, Kontextualisierung und Konstruktion von Identität im Vordergrund, also die Einbindung des Subjekts in das gesellschaftliche Umfeld und die Wechselwirkungen zwischen Subjekt und Gesellschaft. „Identität ist immer sozial, und zwar im doppelten Sinn: Die individuelle Identität eines Menschen entwickelt sich im gesellschaftlichen Zusammenhang, und diese Identität ist wiederum entscheidend für die Positionierung des Individuums in der Gesellschaft" (Sökefeld 2012:40). Gleichzeitig wird Identität als Voraussetzung für Handlungsfähigkeit und auch als Machtfaktor betrachtet.

die Konstruktion von Zugehörigkeiten allgemein und die konkreten kulturellen Mechanismen und gesellschaftlichen Auswirkungen kann für Anerkennung und Gerechtigkeit eingesetzt werden – schließlich sind Zugehörigkeiten nicht nur ideell, sondern auch sozial gelebt.

Hier kann auch der Ansatz des Empowerment herangezogen werden, der in verschiedenen Kontexten unterschiedlich genutzt wird: In der Sozialen Arbeit gilt Empowerment als ressourcenorientierte Intervention, in Politischer Bildung hingegen geht es bei Empowerment auch um die Erhöhung der Mündigkeit der Bürger*innen und zudem um die Förderung von Partizipation und bürgerschaftlichem Engagement. In allen Bereichen jedoch verweist dieser Ansatz auf die Verschiebung von defizitorientierter hin zu stärkenorientierter Wahrnehmung (vgl. Herriger 2014).

Wenn Menschen durch Partizipation ihre Erfahrungen und Wertvorstellungen einbringen, übernehmen sie Ownership – sie machen sich das Vorhaben und dessen Ergebnisse zu Eigen. Dies ermöglicht wiederum Agency (Handlungsfähigkeit). Bildungsarbeit soll befähigen – zu eigener Meinungsbildung, zu engagiertem Handeln, zur gesellschaftlichen Partizipation im täglichen Miteinander und auf bürgerschaftlicher Ebene.

Ähnlich wie der holistisch orientierte ethnologische Blick bedeutet Soziale Bildung, Bildung im Kontext zu sehen, also Bildungsperspektiven und die jeweilige „Subjekt-Welt-Relation" in Relation zu den spezifischen Lebensumständen zu betrachten und zu gestalten. In diesem Sinne sind auch „Bildungsbestrebungen, die Selbstentfaltung und soziale Integration, das Bedürfnis nach gesellschaftlicher Teilhabe, miteinander verbinden" (Sting 2010:17) unterschiedlich bezüglich der Bildungssubjekte, aber auch bezüglich der sozialen Kontexte, in denen sich Bildung vollzieht. Der professionelle Umgang mit dieser Heterogenität erfordert ein entsprechendes Bewusstsein und Reflexivität im Hinblick auf soziale Voraussetzungen und Rahmenbedingungen.

Mit dem auf Vielfalt und Wechselseitigkeit bedachten ethnologischen Blick kann auch die sogenannte pädagogische Reflexivität nachvollzogen und umgesetzt werden, die mit einem machtkritischen Ansatz auf das Prinzip der Wechselseitigkeit im pädagogischen Verhältnis verweist. Dieses wechselseitige Verhältnis umfasst lehrende Lernende und lernende Lehrende und wurde bereits von Paulo Freire und Antonio Gramsci beschrieben (vgl. Kollektiv 2017:4). Allerdings befinden sich trotz dieser Wechselseitigkeit Lehrende und Lernende nicht unbedingt auf Augenhöhe, sondern epistemologische Unterschiede und hegemonial legitimiertes Wissen dienen als Rechtfertigung pädagogischen Handelns. Um dieses Machtgefälle zu durchbrechen, liegt die Aufgabe der Lehrenden nicht nur in der Wissensvermittlung, sondern vielmehr in der Strukturierung und Begleitung des Prozesses der Wissensproduktion. „Gegenstand pädagogischer Reflexivität ist primär [...] das im pädagogischen Handeln und Deuten maskierte erziehungswissenschaftliche, kulturelle und alltagsweltliche Wissen" (Mecheril et al. 2010:191); beispielsweise kann die Funktion von explizitem/implizitem Wissen über Migrant*innen bezüglich Othering reflektiert werden, um eine kritische pädagogische Praxis in der Migrationsgesellschaft zu gestalten und schließlich nicht nur scheinbares, (un-)bewusstes, sondern auch abwesendes Wissen zu berücksichtigen (vgl. „privilegierte Distanz" bzw. „gestattete Ignoranz" nach Spivak[2]).

Dabei soll Partizipation nicht als Einfügen in dominante gesellschaftliche Verhältnisse verstanden werden, sondern als Möglichkeit zur Beteiligung an gesellschaftlichen Aushandlungsprozessen und Diskursen. Im Dialog werden unterschiedliches Wissen sowie verschiedene Perspektiven und Realitäten (mit-)geteilt, um gemeinsam neues Wissen herzustellen – somit impliziert Dialog gesellschaftliches Handeln.

In kritischer, demokratischer Bildungsarbeit geht es auch um die Anerkennung von Heterogenität und Differenzierung, um ungleiche Bedingungen angemessen zu berücksichtigen; andererseits soll Othering als Argumentation für Unterscheidungen, Diskriminierungen und Ausschlüsse vermieden werden. Dies verweist auf ethische Fragen im pädagogisch-ethnologischen Handeln.

Im Sinne von migrationspädagogischen Ansätzen erfolgt eine dekonstruktive Verschiebung: Anschließend an alltagsweltliche Praxen und Wahrnehmungen, in denen (sprachliche, kulturelle, körperliche) Zugehörigkeiten überschritten werden, kann eine Perspektive gewonnen werden, „die das einteilende, das vereindeutigende, das klassifizierende und das fixierende Denken und Handeln schwächt und unterläuft" (Mecheril et al. 2010:189-190). Durch diese alternative Perspektive, abseits von Klassifikationen, ist kritische Bildungsarbeit also nicht (kapitalistischem) Leistungsdenken unterworfen, sondern ist vielmehr ein „Ort der Erweiterung widerständiger Handlungsfähigkeit (der Lernenden und der Lehrenden), [d. h.] sich zu den Verhältnissen zu verhalten und diese nicht nur zu reproduzieren" (Kollektiv 2017:8). So führt Bildungsarbeit über die Enthüllung der Realität zu veränderter Praxis und fordert auch zu Strukturveränderungen heraus.

In derart moralisch-normativ besetzten und politisierten Feldern gilt es, durch das Einbringen ethnologischer Ansätze und Erkenntnisse in Bildungsarbeit und Gesellschaft, vielfältige Perspektiven aufzuzeigen. Im Sinne von Aktionsethnologie und Handlungsorientierung erfolgt so eine Positionierung, um ethnologische Konzepte handlungsorientiert und machtkritisch für gesellschaftlichen Wandel einzusetzen.

---

2 Ignoranz als andere Seite des Wissens: Spivak spricht von einer gestatteten Ignoranz, die die eigene Position der Macht stabilisiert. „In Anbetracht der vorherrschenden Ignoranz kann Lernen nur die Dialektik von Lernen und Verlernen bedeuten. Während klassische Pädagogikvorstellungen versuchen, Ignoranz zu bekämpfen, adressiert eine postkoloniale Pädagogik offensiv die gestattete und bewusst durch Bildung produzierte Ignoranz" (Castro Varela 2007).

3. Ethnologische Bildungsarbeit

3.1. Themen & Aspekte Ethnologischer Bildungsarbeit

Ethnologische Bildung bedeutet die praktische Anwendung von Erkenntnissen, die auf ethnologischen Theorien und Methoden basieren, um interkulturelles Lernen und Verstehen zu bereichern. Häufig geht es um Prozesse interkulturellen Wahrnehmens, bei denen ethnologisch informierte Kulturbeispiele hilfreich sein können. Die Schwerpunkte Ethnologischer Bildung liegen auf Identitätsbildung und globalem Miteinander; Identität spielt eine zentrale Rolle, da Lernen und Bildung immer auch Sozialisation implizieren (vgl. Unger-Heitsch 2003:x-xii).

Ein zentrales Anliegen Ethnologischer Bildung ist das Fremdverstehen. Fremdheit soll den Teilnehmenden als Alltagserfahrung nähergebracht werden. Indem man fremdkulturelle Kategorien und Perspektiven kennenlernt, erfährt die eigene bisherige Sichtweise eine Erweiterung. Dies ist ein Anstoß dafür, die Welt anders zu betrachten als gewohnt und dadurch die eigene Wahrnehmung zu schärfen. Der damit transportierte Relativismus ist essenzieller Bestandteil ethnologischer Bildungsarbeit, denn er stellt sich gegen schematisches Lernen – das heißt, gegen absolute Wahrheiten, das Anhäufen von Informationen und Anweisungen. Somit vertritt der Relativismus Ethnologischer Bildung vielmehr Bildungskonzepte, die Kreativität, Neugier, Reflexion und Veränderungsprozesse umfassen. Diese dynamischen Lernformen sollen zugleich auf ein Leben in der komplexen, sich wandelnden Welt vorbereiten. Derartige Lernprozesse müssen aber auch durch Kommunikation und Kontextualisierung begleitet werden (Unger-Heitsch 2003:vii-viii, xviii; Schensul 2011:118).

Ethnologisch fundierte Bildungsarbeit und Intervention kann im Idealfall auf mehreren Ebenen (individuell, schulisch, systemisch, politisch) umgesetzt werden. Durch ihre alternative Herangehensweise vermag Ethnologische Bildung herkömmliche Bildungsansätze – mit ihrer schematischen Gleichförmigkeit und ihrem rassistisch-kolonialistischem Ballast – aufzubrechen und interdisziplinär zu ergänzen bzw. weiterzuentwickeln (Schensul 2011:130; vgl. Schneeweiß 2013:33-34).

Das Ziel ethnologischer Bildungsarbeit, die Teilnehmenden kulturell zu sensibilisieren, wird durch eine Gegenüberstellung kultureller Gegebenheiten und einer daraus resultierenden Auseinandersetzung mit der eigenen Lebenswelt umgesetzt. Damit erfolgt ein Perspektivenwechsel, der am eigenkulturellen Punkt ansetzt und die Wechselwirkung zwischen „eigen" und „fremd" nachvollziehen lässt. Ethnologie ist dabei Quelle und Methode für einen Erkenntnisgewinn, der als Anfangspunkt für reflektierte Wahrnehmung und der Relativierung des eigenen Weltbilds – und damit der Überwindung von Ethnozentrismus – dient. Somit geht ethnologische Bildungsarbeit über die reine Wissensvermittlung hinaus und zielt auf die Änderung der Einstellungen, hin zu einem offeneren Weltbild und einem breiteren Horizont. Ethnologie wird in diesem Sinne als Impuls, als Gesellschaftskritik und als Reflexionsmethode verstanden (vgl. Schneeweiß 2013:72).

3.2. Ethnologische Beiträge & transkulturelle Ansätze

In ethnologischer Bildungsarbeit können wir dazu beitragen, öffentlich diskutierte einseitige Kulturbegriffe zu dekonstruieren und ein ethnologisch geprägtes dynamisches Verständnis von Kultur zu vermitteln. Dabei hilft eine konkrete Subjektorientierung, die auch die Mikro-Ebene betrachtet und Identitätsarbeit nutzt, um kulturell konstruierte Differenzen überwinden.

Auf struktureller Ebene verwendet globalpolitische Bildungsarbeit einen vertieften Bildungsbegriff, der die eigene, direkte, kritische Auseinandersetzung mit ethnologisch-globalpolitischen Themen, von Identität über Gesellschaft bis hin zu Globalisierungsprozessen, beinhaltet. Dies ermöglicht es, aktuelle globalpolitische und gesellschaftliche Entwicklungen zu thematisieren und Diskriminierungen zu reflektieren. Schließlich soll Bildungsarbeit nicht nur zum Erkennen und Bewerten beitragen, sondern auch den Schritt Richtung Handeln vollziehen und die Teilnehmenden zu Handlungsfähigkeit in ihrem Alltag und Umfeld ermächtigen. So werden im Hinterfragen eigener Sichtweisen und globaler Machtverhältnisse die Komplexität sozialer und gesellschaftlicher Phänomene sowie globale Auswirkungen von lokalen Handlungen greifbar.

Ethnologisch informierte, transkulturelle Ansätze[3] integrieren ein Kulturverständnis jenseits des Gegensatzes von Eigen- und Fremdkultur in die Bildungsarbeit und tragen zur Auflösung der Kategorien von „eigen" und „fremd" bei. So prägt transkulturelle Bildungsarbeit Wahrnehmung und Wertschätzung kultureller Vielfalt und beinhaltet die kritische Reflexion essenzialistischer Kulturkonzepte sowie die Anerkennung von Diversität (vgl. Welsch 2010:14; vgl. auch Schneeweiß 2013:41-42, 67). Damit erfolgt – über Differenzdenken hinaus – eine Weiterentwicklung des Kulturbegriffs, der einer vernetzten Gesellschaft entspricht und auf die Anerkennung unterschiedlicher Identitätsformen sowie die Auseinandersetzung mit kultureller Hybridität und kulturellen Kontaktzonen abzielt. Gleichzeitig müssen neben solchen theoretischen Grundlagen auch aktuelle Verständigungs- und Aushandlungsprozesse in der Praxis – mit vielfältigen Akteuren und Perspektiven – berücksichtigt werden.

Schließlich gilt es, beobachtete Unterschiede und Gemeinsamkeiten nicht nur als Beleg für kulturelle Relativität zu verwenden, sondern sie zur Annäherung an „Kultur im Singular, Kultur als Universalie menschlichen Lebens" (Sökefeld 2009:30) und damit auch an universelle oder kulturspezifische Konzepte und Handlungsfelder zu nutzen.

Indem die o. g. Ansätze, die durchaus als ethnologisch gelten können, auf die Vielfalt kultureller Bezugspunkte verweisen und diese in subjektorientierten Methoden der Identitätsarbeit verdeutlichen, können kulturell konstruierte Differenzen überwunden werden.

---

3 Der Begriff Transkulturalität, geprägt von Fernando Ortiz 1940 und aufgegriffen von Wolfgang Welsch in den 1990er Jahren, beschreibt, dass „die kulturellen Determinanten heute quer durch die Kulturen hindurchgehen, so dass diese nicht mehr durch klare Abgrenzung, sondern durch Verflechtungen und Gemeinsamkeiten gekennzeichnet sind" (Welsch 2010:3; vgl. auch Welsch 1995).

In einer derartig ausgerichteten Bildungsarbeit werden Kulturen als Prägungen und Orientierungssysteme verstanden, die aber nicht das einzige sind, das uns prägt.

Hierbei hilft der ethnologisch informierte, holistische Blick, der die Menschen in ihrer Gesamtheit, mit ihren vielfältigen Identitätsaspekten sieht, sodass im Vordergrund der Bildungsarbeit auch Gemeinsamkeiten bzw. das gemeinsame Mensch-Sein stehen können. Dies vermittelt Vielfalt als Chance für die Gesellschaft, die allerdings auch aktiv gelebt und gestaltet werden will. Praktisch greifbar und auch einübbar wird (der Umgang mit) Vielfalt durch die Auseinandersetzung und den Umgang mit diversen (kulturellen) Lebensrealitäten, Praktiken und Überzeugungen. Dies geschieht im Idealfall nicht nur auf theoretischer Ebene, durch die Darstellung fremdkultureller Weltbilder und Praktiken (z. B. beim Drittkultur-Ansatz von ESE, vgl. Lütkes / Klüter 1995) oder die Verdeutlichung transkultureller Phänomene im Alltag, sondern v. a. auch durch die konkrete Begegnung mit vermeintlich „Anderen" in entsprechenden Formaten. Dabei liegt der Fokus nicht auf der Problematisierung eines „Clash of Cultures", sondern vielmehr auf der Bereicherung und den Potenzialen, die Begegnungen mit Menschen mit unterschiedlichen Erfahrungen, Identitäten und Überzeugungen mit sich bringen können. Eine solche Herangehensweise ermöglicht Verstehen und Einüben von (globaler) Vielfalt auf Wissens- und Handlungsebene, verändert langfristig Haltungen und vermittelt Kompetenzen für die Gestaltung der Weltgesellschaft.

Das Potenzial von Bildungsarbeit liegt in einer Handreichung zur Lebensgestaltung, die den Umgang mit der Gesellschaft, mit sozio-kultureller Komplexität sowie mit zunehmenden globalen Prozessen erleichtert. Die Fähigkeit zum Perspektivenwechsel gilt dabei als essenzielle Kompetenz für die individuelle wie kollektive Zukunftsfähigkeit, insbesondere was den Umgang mit Globalisierungs- und Othering-Prozessen betrifft (vgl. Schneeweiß 2013:73; vgl. auch Messerschmidt 2009).

In ethnologischer Bildungsarbeit erweist sich Perspektivenwechsel als kontinuierliches Motiv. Ethnologische Bildung bezieht sich dabei auf den kulturrelativistischen Ansatz, der von der Einzigartigkeit und vor allem der relativen Gleichwertigkeit aller Kulturen ausgeht. In der Beschäftigung mit Perspektivenwechsel geht es aber nicht nur um Relativierung des „Eigenen" und Toleranz gegenüber dem „Fremden", sondern vielmehr um die Auflösung der Grenze zwischen „eigen" und „fremd". So wird der dynamische Aspekt von Kultur betont, denn weder das Eigene noch das Fremde sind feststehende Einheiten, sondern sind permanentem Wandel unterworfen und äußern sich situationsbedingt. Interkulturalität ist daher nicht so sehr Verständigung über kulturelle Grenzen hinweg, sondern muss zunehmend im Sinne von Interperspektivität gedacht und verstanden werden. Interperspektivität bedeutet – analog zur Interkulturalität – das Verstehen und Bewegen zwischen verschiedenen Perspektiven und die Auseinandersetzung mit dem Raum und der Kommunikation zwischen den Perspektiven. Dieses Konzept begrenzt den Perspektivenwechsel nicht auf fremdkulturelle Kontexte, sondern legt das Augenmerk auf die Vielfalt von Betrachtungsweisen, unabhängig von starren kulturellen Grenzen. Interperspektivität ermöglicht ganzheitliches Verstehen auf kognitiver wie emotionaler Ebene. Globales Denken und interkulturelle Verständigung benötigen somit zwangsweise einen Wechsel der eigenen Perspektive (Erny / Rothe 1996:119; Wulf 2001:182; Kordes / Nicklas 2006:77; vgl. Schneeweiß 2013:62).

In solchen Bildungsformaten werden auch Zugehörigkeiten thematisiert und neu ausgehandelt. Sie nehmen Bezug auf die unterschiedlichen Lebenswelten und die komplexen Dynamiken der Identitätsprozesse. Bildungsarbeit ist also letztlich eine Möglichkeit, in politisierten gesellschaftlichen Feldern – wie Migration und Integration bzw. Inklusion – einen ethnologischen Einsatz für Anerkennung und Gerechtigkeit zu leisten.

4. Globalpolitische & diversitätsbewusste Bildungsarbeit

4.1. Globalpolitische Bildungsarbeit (Globales Lernen)

Globalpolitische Bildungsarbeit, wie bspw. im Konzept „Globales Lernen", wird verstanden als dynamischer, ganzheitlicher und interaktiver Lernprozess, der darauf zielt, angesichts einer zunehmend globalisierten Welt das Bewusstsein von Bürger*innen zu schärfen, damit sie handlungsfähig für positive und gerechte Veränderungen werden oder bleiben. Globales Lernen will Menschen befähigen und ermutigen, „soziale, kulturelle, politische und ökonomische Strukturen und Zusammenhänge, die unser aller Leben beeinflussen, zu erkennen, zu hinterfragen und als verantwortungsbewusste (Welt)Bürger*innen aktiv zu verändern" (VEN 2014:17). Durch Perspektivenwechsel gestaltet Globales Lernen die Bildungsarbeit als Anregung zur Selbstreflexion und Handlungsorientierung und lädt damit ein, eigene Fähigkeiten sowie eigene Positionen und Rollen in einer globalisierten Welt zu entdecken und zu erproben.

Dabei wird insbesondere der didaktische Dreischritt Erkennen – Bewerten – Handeln angewandt, der die kognitive, emotionale und sozial-interaktive Ebene gleichermaßen anspricht und somit nachhaltig Veränderungen im Denken und Handeln bewirkt.

Zentrale Themen Globalen Lernens sind die Wechselwirkungen zwischen lokaler und globaler Ebene sowie zwischen Globalem Norden und Globalem Süden. Dabei bezieht man sich auf alle drei Nachhaltigkeitsdimensionen – Wirtschaft, Gesellschaft, Umwelt – und betrachtet die jeweilige Fragestellung auf individueller, struktureller wie gesellschaftlicher Ebene. Gleichzeitig werden im Fokus auf Weltgesellschaft und unter der Zielsetzung sozialer Gerechtigkeit „Lebenssituationen und explizit marginalisierte Perspektiven von Menschen in Ländern des Globalen Südens differenziert einbezogen. [...] In diesem Zusammenhang hat die Auseinandersetzung mit Rassismus einen besonderen Stellenwert" (EPIZ 2015:7).

Globales Lernen versteht sich als Reaktion auf globale Herausforderungen. Denn der vielschichtige und tiefgreifende Entgrenzungsprozess der Globalisierung macht es erforderlich, durch Bildungsarbeit neue Verstehenshorizonte, neuartige Beurteilungsmaßstäbe und Handlungsperspektiven zu eröffnen. Die Aspekte der Komplexität, also das vernetzte System mit all seinen Wechselwirkungen zu begreifen, ist ein zentrales Anliegen Globalen Lernens – das Ferne, das in die Nähe rückt, und die systemischen Verknüpfungen quer über den Globus, bei denen lineares Denken und vereinfachte Rückschlüsse bzw. Argumentationslinien zunehmend unbrauchbar scheinen.

Dafür fördert Globales Lernen Kernkompetenzen, um die Komplexitätssteigerung durch Globalisierung kritisch zu reflektieren und aktiv zu gestalten: So fördert *Anschlussfähigkeit* den Umgang mit Widersprüchen, das Erkennen von komplexen Zusammenhängen, das Hinterfragen von Sachverhalten sowie das Ausloten und Ausnutzen eigener Handlungsspielräume; *Gestaltungskompetenz* befähigt zu Kommunikation und Kooperation im komplexen, dynamischen Umfeld der Gesellschaft. Somit lässt sich als zentrales Ziel Globalen Lernens formulieren, die Entwicklung einer Handlungskompetenz aus der kritischen Reflexion globaler Umstände und Zusammenhänge anzuregen.

Aus dieser Kompetenzerweiterung heraus ermöglicht Globales Lernen globale Solidarität durch ein weltgemeinschaftliches Zugehörigkeitsgefühl, zumal die Grenzen zwischen „uns" und „den Anderen" verwischen, nicht nur durch Globalisierung, sondern auch durch die Dekonstruktion von Gruppengrenzen. Somit entsteht eine neue Form globaler Identifikation, die verantwortungsbewusstes Handeln fördert.

ist ein zentrales Anliegen Globalen Lernens - das Ferne, das in die Nähe rückt,

4.2. Diversitätsbewusste Bildungsarbeit

In ethnologischer Bildungsarbeit kann ein Bild von Diversität vermittelt werden, das Vielfalt als Normalfall in der Gesellschaft betrachtet, aber gleichzeitig auf gesellschaftliche und politische Machtverhältnisse hinweist und somit implizit Gerechtigkeit thematisiert. Lernziel ist in diesem Sinne, vielfältige Lebensentwürfe und -stile kennenzulernen, um den eigenen Horizont zu erweitern und gesellschaftliches Zusammenleben gestalten zu können. Damit werden Lernprozesse über Vorurteile und gesellschaftliche bzw. globale Machtverhältnisse angestoßen und begleitet sowie auf Perspektivenwechsel hingewirkt, um die Kompetenzen im aktiven Umgang mit gesellschaftlicher Vielfalt zu stärken. Eine ethnologisch-diversitätsbewusst ausgerichtete Bildungsarbeit ist somit ein Beitrag zu gesellschaftlicher Partizipation und Chancengleichheit durch die Wertschätzung anderer, vielfältiger Lebensformen und das Hinterfragen eigener Normalitätsvorstellungen und auch damit einhergehender Diskriminierungen (vgl. Drücker et al. 2015; Benbrahim 2012; transfer 2017).

Nachdem Teilhabe und Diversität in einer zukunftsfähigen Gesellschaft immer stärkere Bedeutung erfahren, kann Ethnologische Bildung an diversitätsbewusste Ansätze anknüpfen, um vielfältige Perspektiven, lokal wie global, aufzuzeigen.

4.3. Ethnologische Aspekte in globalpolitischer und diversitätsbewusster Bildungsarbeit

Aus ethnologischer Sicht sind globalpolitische und diversitätsbewusste Bildungsansätze geeignet, um auf gesellschaftliche wie globale Machtverhältnisse und Hierarchien hinzuweisen. Ebenso kann die kulturwissenschaftliche Expertise genutzt werden, um die Teilhabe von verschiedenen, auch „benachteiligten" bzw. marginalisierten Gruppen zu fördern; neben der Identifikation und Analyse von „Benachteiligung" in der Gesellschaft besteht hier auch die Frage nach politischer Fürsprache.

Der ethnologische Blick begünstigt Multi-Perspektivität und die Betrachtung auf verschiedenen Ebenen *(multi-levels)*; ebenso kann ein Perspektivenwechsel bezüglich Ressourcenorientierung stattfinden, um die Partizipation, z. B. von jungen Geflüchteten, in außerschulischen Bildungs- und Begegnungsformaten zu fördern. Anstatt also systematisch über geflüchtete bzw. migrierte Personen zu sprechen, kann hier eine direkte Beteiligung angestrebt werden. Zudem geht es darum, Beteiligte in Bildungsprozessen als Individuen und „nicht vorwiegend als Angehörige von (kulturellen, religiösen, nationalen) Gruppen" zu sehen, sondern vielmehr einen Austausch über eigene Deutungen und Erfahrungen von (Mehrfach-)Zugehörigkeiten, Diskriminierung und Entfaltung zu ermöglichen (vgl. LpB 2017; vgl. auch IJAB 2016). Somit fördert ethnologische Bildungsarbeit auf individueller Ebene Kompetenzen, auf kollektiver Ebene Solidarität.

Zudem kann ethnologische Bildungsarbeit Rassismuskritik einfließen lassen, indem Gesellschaft als Raum von Machtverhältnissen betrachtet wird. Da sich Kritik nicht außerhalb der Gesellschaftsverhältnisse verorten kann, beinhaltet dies immer eine (ethnologisch-soziologische) Gesellschaftsanalyse. Fragen nach Diskriminierung sind maßgeblich für Bildungs- und Soziale Arbeit; hier kann man mit ethnologischem Blick darauf achten, inwiefern Relikte von alten Abwertungskonstruktionen (wie Kolonialgeschichte, Antisemitismus, Nationalsozialismus), die alle auf Othering basieren, und insgesamt rassistische Denk- und Handlungsmuster die Gesellschaft beeinflussen. Gerade bei solchen gesellschaftlichen Konstruktionsprozessen kann ethnologische Expertise eingebracht werden, z. B. beim Konzept der Gruppenbezogenen Menschenfeindlichkeit, d. h. die „Konstruktion und feindliche Ablehnung verschiedener sozialer Gruppen nach unterschiedlichen Kriterien, die sich auf ethnische und religiöse sowie soziale und sexuelle Differenzen beziehen" (vgl. Groß et al. 2012, zitiert nach LpB 2017:41).

Rassismuskritische Bildungsarbeit „begreift Bildung als sozialen Lernprozess, in dessen Rahmen individuelle Einstellungen, wie gesellschaftlich verfestigte Stereotypen, aufgespürt und hinterfragt werden und die Gesellschaft so verändert werden kann" (vgl. Scharathow / Leiprecht 2009, zitiert nach LpB 2017:43). Somit hinterfragt sie auch Othering im Sinne einer wertenden Herstellung von Gruppen. Eine solche Bildungsarbeit betrachtet Rassismus als „Strukturprinzip sozialer Wirklichkeit [...], das individuelles Handeln und Denken prägt" (LpB 2017:43) und zeigt somit die Verbindung von Subjekt- und Strukturebene auf, auch für Lösungsansätze.

In dieser strukturellen Perspektive dient das Konzept der Intersektionalität dazu, die Wechselverhältnisse zwischen verschiedenen Normsetzungen und Dominanzverhältnissen zu ergründen. Gleichzeitig gilt es, Möglichkeiten verändernden Handelns und positive Visionen wie Gleichheit und Menschenwürde in die Bildungsarbeit einzubringen, um schlussendlich visionäre Bildungsarbeit zu gestalten (vgl. LpB 2017).

5. Pädagogisch-didaktische Herangehensweise

5.1. Politische Bildung

Grundlagen für die pädagogisch-didaktische Herangehensweise bei ethnologischer Bildungsarbeit finden sich in der Politischen Bildung: So beschreibt der sog. Beutelsbacher Konsens von 1976[4] das Überwältigungsverbot (keine Indoktrination, sondern selbstständige Urteilsbildung), das Kontroversitätsgebot (unterschiedliche Standpunkte und Alternativen benennen und diskutieren) sowie die Befähigung zur eigenen kritischen Analyse in Hinblick auf verschiedene Interessenslagen und im Sinne von Problemlösung und Mitverantwortung. (Dies beinhaltet das Abwägen eigener Bedürfnisse gegenüber anderen Anliegen sowie eine Systemreflexion – vgl. hierzu auch spezifische Ansätze zum Demokratielernen wie Betzavta.[5])

Darauf aufbauend wurden in der Frankfurter Erklärung 2015 Prinzipien für die Bildungsarbeit festgehalten, die nicht nur Kontroversität und eigene Urteilsbildung berücksichtigen, sondern auch auf aktuellere Diskurse wie Machtkritik und Reflexivität verweisen. Zudem werden explizit globalpolitische Themen wie sozial-ökologische Transformation und vor allem die gesamtgesellschaftliche Handlungsorientierung aufgegriffen.[6]

---

4   Der Beutelsbacher Konsens entstand aus der Tagungsdokumentation einer Fachkonferenz im schwäbischen Beutelsbach im Jahr 1976, als Minimalkonsens zwischen Vertreter*innen der Politischen Bildung über Ziele und Aufgaben der Politischen Bildung (vgl. auch Widmaier/Zorn 2016).

5   Betzavta/Miteinander ist ein Programm zur Demokratie-, Toleranz- und Menschenrechtserziehung, entwickelt 1988 am Adam Institute for Democracy and Peace in Jerusalem; es wurde Mitte der 1990er Jahre vom Centrum für angewandte Politikforschung an der LMU München mit Unterstützung der Bertelsmann Stiftung für die Bildungsarbeit in Deutschland adaptiert. Betzavta macht demokratische Wege der Entscheidungsfindung erlebbar und möchte angesichts einer zunehmend vielfältigeren Gesellschaft diversitätsbewusste Anerkennungskultur schaffen (vgl. CAP LMU). Bei Betzavta geht es um das Erfahren, Erlernen und Begreifen eines demokratischen Miteinanders im Kontext des persönlichen Umgangs, als Bestandteil einer Organisation und der Gesellschaft.

6   Die Frankfurter Erklärung versteht sich als Erneuerung oder Korrektur des Beutelsbacher Konsens, der seit den 1970er Jahren politische Bildungsarbeit in Deutschland maßgeblich geprägt hat. In der Frankfurter Erklärung 2015, die eine Positionierung der politischen Bildungsarbeit und die Zielsetzung gleicher Teilhabe- und Beteiligungschancen fordert, wird Bildungsarbeit um eine wichtige (politisch-aktivistische) Komponente erweitert, indem Bestehendes nicht nur mitgestaltet, sondern individuell und kollektiv handelnd verändert werden soll.

Schlussendlich entsprechen einige der dort formulierten Thesen auch aktions- und bildungsethnologischen Ideen – sei es die Thematisierung der Produktion von Ausschlüssen und Grenzziehungen, das Sichtbarmachen und Infragestellen von Normsetzungen und Konstruktionen oder die Gestaltung gesellschaftlicher Gegenwarts- und Zukunftsfragen. Zentral ist auch der Aspekt von Ermutigung und Veränderung, im Sinne von Empowerment-Räumen und Gestaltbarkeit des Systems von innen heraus. Diese „praktizierte Mündigkeit" erweitert Denkweisen und Handlungsräume (vgl. Lösch / Thimmel 2011; Beutelsbacher Konsens 1976; Frankfurter Erklärung 2015).

Politische Bildung „soll die wachsende Vielfalt gesellschaftlicher Positionen abbilden [und] gesellschaftliche Transformationsprozesse reflektieren" (Lotter 2018); dabei geht es um die Aushandlung, Interpretation und Vermittlung von Werten sowie die stetige Verständigung über die Grundlagen unseres Zusammenlebens.

Formate der Bildungsarbeit dienen auch als Aushandlungsarena und Übungsfläche, abseits von Leistungsorientierung und gesellschaftlichem Druck, um soziales und solidarisches Miteinander zu vermitteln und einzuüben. Dies ist der Vorteil gerade von nonformalen Settings, die auf Freiwilligkeit beruhen und neue Erfahrungsräume abseits des Alltags öffnen (vgl. Drücker et al. 2015:24). Zudem begegnen sich Teilnehmende in den Seminaren als Menschen mit ähnlichen Fragestellungen, aber auch unterschiedlichen Bezügen, Positionierungen, Interessen, Lebensrealitäten etc. und können diese gemeinsam erkunden.

Dies ist nicht nur relevant für jugendliche Teilnehmende in identitätsformenden Phasen, sondern betrifft im Sinne lebenslangen Lernens gleichermaßen Erwachsenenbildung, da demokratisch-gesellschaftliche Aushandlungsprozesse alle Gesellschaftsgruppen einbeziehen; hierbei gibt es aber natürlich zielgruppenspezifische Themen, je nach persönlichem Hintergrund und Erfahrungen.[7]

5.2. Haltung & Methodik

Ethnologische Bildung ist relativistisch, weil sie verschiedene Perspektiven und emische Sichtweisen berücksichtigt und alle als gleichermaßen valide betrachtet. Ethnologische Bildung ist aktivistisch, weil sie bestehende Machtverhältnisse und Ungleichheiten benennt und mittels Bildungsarbeit darauf einwirken möchte. Aus diesem relativistischen Aktivismus bzw. aktivistischem Relativismus entsteht eine gewisse Solidarität durch das Verstehen und Nachvollziehen unterschiedlicher Perspektiven.

So kann ethnologische Bildungsarbeit – globalpolitisch und diversitätsbewusst inspiriert – als transformatorisches bzw. „kulturelles" Lernen fungieren, um auf persönliche wie gesellschaftliche Veränderungen zu reagieren, Identitätsfindungsprozesse zu reflektieren, strukturelle Asymmetrien zu thematisieren und individuelle Hintergründe anzuerkennen (vgl. VENRO 2014). Zentrale Methoden, die in verschiedenen Übungen umge-

---

7   Vgl. auch Hufer 2017.

setzt werden können, sind dabei Selbstreflexion, Perspektivenwechsel und Identitätsbildung. Zudem ermöglichen gesellschafts- und herrschaftskritische Bildungsformate – insbesondere im informellen Rahmen – Teilhabe und Diversität in einer zukunftsfähigen Gesellschaft und fördern Persönlichkeitsentfaltung, gerade bei marginalisierten Gruppen. Dabei verhindern subjektorientierte Ansätze das Othering durch kulturalisierende Defizitzuschreibungen.

Da globale, gesellschaftliche Machtverhältnisse unser Handeln beeinflussen, gilt es in der Bildungsarbeit die eigene Subjektivität und Positionierung anzuerkennen und transparent zu machen, bspw. auch durch die Kontextualisierung der eigenen Biografie oder eigener Erlebnisse. Dabei ist die Rolle der Teamenden in der Bildungsarbeit, vielleicht ähnlich wie in ethnologischer Feldforschung, geprägt von Respekt für andere Positionen sowie Zugang zu verschiedenen Lebensrealitäten. Sie beinhaltet das Eröffnen von Dialogräumen sowie die Dekonstruktion von Selbstverständlichkeiten und Stereotypen.[8] Während man einerseits Kontakt aufbaut und sich auf Teilnehmenden-Ebene begibt (im Sinne von Hierarchieabbau), betrachtet und analysiert man andererseits auch das Geschehen auf Meta-Ebene, was gegebenenfalls für einen gewissen Abstand sorgt.

Bildungsarbeit ist ein gemeinsamer und gegenseitiger Lernprozess für alle Beteiligten, ein Raum, in dem Teilnehmende wie Teamende voneinander und übereinander lernen. Dies bewirkt eine Stärkung des Individuums und eine Demokratisierung des Raumes, in dem alle Beiträge gleichermaßen gültig sind. Eine entsprechende Gestaltung von Bildungsarbeit erleichtert den Zugang zu Themen durch die Reduktion von Komplexität, bedient unterschiedliche Lernniveaus und -stile und bietet damit unterschiedliche Lernmöglichkeiten.

Essenziell für Lernprozesse und gleichberechtigte Teilhabe sind eine diversitätsbewusste Haltung, ein mehrdimensionaler Blick und das Hinterfragen von Normalitäten und Selbstverständlichkeiten.

Situativ berücksichtigt Bildungsarbeit Macht- und Herrschaftsbeziehungen und beinhaltet eine Reflexion über die eigene Rolle, verweist auf die Vielfalt kultureller Bezugspunkte und versucht durch Subjektorientierung und Identitätsarbeit kulturell konstruierte Differenzen zu überwinden. So verweist ethnologische Bildungsarbeit darauf, dass Kultur nur eine von vielen Prägungen bzw. Orientierungssystemen darstellt. Dies birgt wiederum Potenziale für „kulturelles" Lernen, also der Sichtbarmachung und Anerkennung individueller Biografien und Hintergründe. Schließlich sollen auf struktureller Ebene bestehende gesellschaftliche Rahmenbedingungen hinterfragt werden, die durch Menschen selbst geschaffen und somit auch veränderbar sind.

---

8   „Ein Verlernen bei sich und anderen zu initiieren, erfordert deswegen auch immer eine Art Experimentierfreudigkeit und Räume, die Experimente zulassen. Was dann entstehen kann, sind Funken ‚gewaltfreier Vermittlung', bei der Dissens konstruktiv wahrgenommen wird und nicht Konsens die Erwartung darstellt" (Castro Varela 2007).

Durch Bildungsarbeit werden quasi „interkulturelle Begegnungsräume" geschaffen und deren Potenziale genutzt, im Sinne einer Begegnung von Menschen mit unterschiedlichen Erfahrungen, Identitäten und Überzeugungen. Gerade in offenen Angeboten der Bildungsarbeit erfahren Mehrsprachigkeit sowie Erfahrungen und Kompetenzen der Teilnehmenden eine Wertschätzung und somit Anerkennung. Mittels Peer-to-Peer-Ansätzen[9] lernen die Teilnehmenden voneinander, und es entsteht ein unmittelbarer gesellschaftlicher Impact, indem egalitäre Praxen eingeübt werden. Gleichzeitig gilt es, sozio-ökonomische Ausschlussmechanismen berücksichtigen, um das Miteinander von gesellschaftlichen Gruppen zu ermöglichen und gezielt zu unterstützen.

In Bildungsformaten lernt man mehr über sich selbst und über die Welt, in der man lebt, über die Beziehung zu den Mitmenschen und eigene Gestaltungsmöglichkeiten. Dies ermöglicht nicht nur Perspektivenvielfalt (Diversität), sondern befähigt auch zu konkretem Handeln und aktiver Teilhabe an der Weltgesellschaft (Empowerment).

6. Praxisbeispiele

6.1. Workshops

Verschiedene Akteure widmen sich der Bildungsarbeit in Form von Workshops, sodass eine Vielzahl von Bildungseinrichtungen, sowohl staatlich (Bundeszentrale und Landeszentralen für politische Bildung) als auch nicht-staatlich (Vereine/NGOs), entsprechende Angebote gestalten – meist ohne expliziten Verweis auf eine Fachdisziplin (wie Ethnologie), sondern vielmehr mit Bezug auf die zugrundeliegenden pädagogischen Ansätze (vgl. Kapitel 4) oder die zentralen Themen. Entsprechend divers sind daher die Teilnehmenden der Workshops (z. B. Schulklassen, Jugendgruppen, Erwachsene, Multiplikator*innen) sowie die Teamenden, die ihre Tätigkeit als haupt- oder freiberufliche Bildungsreferent*innen, Honorarkräfte oder Ehrenamtliche ausüben. Meist finden die Workshops als non-formales Lernen statt, d. h. in einem angeleiteten Rahmen außerhalb von abschlussorientierten Institutionen (wie Schulen oder Universitäten) – diese Bildungsarbeit abseits von Lehrplänen ermöglicht Gestaltungsfreiheiten und beruht oftmals auf freiwilliger Teilnahme.

Als ethische Implikationen ergeben sich in diesem Kontext bestimmte Anforderungen an Teamende (vgl. Kapitel 5.2) – seien es Fragen der pädagogischen Haltung, die Selbstreflexion des eigenen Vorverständnisses und der eigenen Rolle, die Dekonstruktion und Vervielfältigung von Weltbildern, die Herausforderungen didaktischer Reduktion oder die Notwendigkeit einer politischen Positionierung ohne zu indoktrinieren. Schlussendlich

---

9   Im Sinne von Partizipation und Peer Education wird eine andere Rollenverteilung zwischen Lehrenden und Lernenden nicht nur zugelassen, sondern aktiv gefördert, damit ein kooperatives Miteinander in einem gemeinsam gestalteten Setting entstehen kann (vgl. AdB 2016; Kollektiv 2017).

gilt es in Workshops als klassischen Formaten der Bildungsarbeit stets, gemeinsame Lernprozesse anzustoßen.

Globalpolitische und diversitätsbewusste Methoden nutzen den Dreischritt Erkennen – Bewerten – Handeln und möchten Transformation bewirken. Ausgehend von der Beschäftigung mit der eigenen Lebenswelt (Bedürfnisse, Aussichten, Anliegen) ermöglichen interaktive Methoden einen gleichberechtigten Austausch. Zudem fördern partizipative Methoden aktive Teilhabe und sensibilisieren für einen empathischen Umgang miteinander. Interaktiv und partizipativ bedeutet in diesem Kontext, über die reine Informationsvermittlung hinauszugehen und Wissen unmittelbar erfahrbar zu machen mittels der verwendeten Methoden, die die Teilnehmenden mit ihren Erfahrungen und Positionen, ihren Assoziationen und Meinungen direkt einbeziehen, sodass durch gezielte Impulse ein persönlicher Austausch entsteht. Somit wird ein Erkenntnisprozess angestoßen, der aus den Teilnehmenden selbst kommt und dadurch einen nachhaltigen Lerneffekt besitzt. Dazu gehören handlungsorientierte Methoden wie Rollen- und Planspiele, Theater, Medien, Projektarbeit, Open Space[10] oder Zukunftswerkstatt[11], die selbstständiges Erarbeiten der jeweiligen Thematik fördern und eigene Gestaltungsräume zulassen. Oft werden eher kognitive Übungen auch mit visuellen oder körperlichen Elementen kombiniert, um das Lernen abwechslungsreich zu gestalten.

Neben einem passenden Workshop-Ablauf, der immer eine Hinführung zum Thema zu Beginn (bspw. mit Assoziationsübung oder Erwartungsabfrage), eine Erarbeitungs- und Vertiefungsphase als Hauptteil und einen handlungsbezogenen Abschluss als Transfer in den Alltag beinhaltet, sind zielgruppen- und themengerecht gewählte Methoden und Übungen essenziell.

Jeder Ansatz verfügt über ein anderes Methodenrepertoire, das die jeweiligen Ziele und Schwerpunkte widerspiegelt. So setzen globalpolitische Methoden auf systemisches Verstehen, sodass z. B. in der Übung „Welt stellen" globale Ungleichheiten im Raum verdeutlicht werden. In diversitätsbewussten Übungen wie dem Identitätsmolekül[12] oder

---

10 Open Space (auch Open Space Technology) ist eine Methode zur Großgruppenmoderation, bei der Anliegen und Themenwünsche aus der Gruppe gesammelt und anschließend gemeinsam in einen zeitlichen und räumlichen Rahmen gebracht werden. Jedes Thema wird in einem Zeitslot bearbeitet, wobei die Teilnehmenden selbst Angebote durchführen sowie ihre Arbeit in den Kleingruppen selbstbestimmt und spontan gestalten können – dafür sorgen die zugrundeliegenden Prinzipien und das „Gesetz der zwei Füße" (vgl. Reich: Methodenpool). Die Methode des Open Space (Open Space Technology) kann als zentrale Methode zur Beteiligung angewendet werden, um (demokratische) Strukturen gemeinsam zu gestalten. Hierbei werden Teilnehmende zu Wissensgeber*innen und lassen neues Wissen im Austausch gemeinsam entstehen. Sie teilen Fähigkeiten und übernehmen Verantwortung. Dies fördert nicht nur die Neugier aufeinander, sondern lässt auch andere Teilnehmende multidimensional wahrnehmen, mit vielfältigen Interessen und Talenten. Es stärkt das Selbstbewusstsein, sich in einem Zeitfenster als Lehrende*r oder Expert*in zu positionieren.

11 In einer Zukunftswerkstatt sollen in drei Phasen (Kritik, Fantasie, Umsetzung) Lösungen für gemeinsam festgelegte Probleme oder Herausforderungen entwickelt werden (vgl. Reich: Methodenpool).

12 Vgl. Winkelmann 2014:66-69.

der Migrationsbiografie[13] werden vielfältige Aspekte und Bezugspunkte der eigenen Persönlichkeit dargestellt, um eindimensionale Stereotypen aufzubrechen und auch eigene Diskriminierungserfahrungen zu reflektieren. Dies erfährt auch besondere Beachtung bei macht- und rassismuskritischen Methoden wie der Power Flower, in der die eigene Position bzgl. verschiedener Machtverhältnisse erfasst wird. Außerdem gibt es zunehmend Handreichungen, die auch aus ethnologisch-sozialwissenschaftlicher Sicht vorhandene Methoden analysieren und neue Methoden entwerfen, die globalpolitisch und diversitätsbewusst sensibilisieren und Kulturalisierung vermeiden bzw. entgegenwirken sollen. Diese verweisen als Blickwinkel und Haltungsfrage bspw. auf ungleiche Strukturen, vielfältige kausale Zusammenhänge sowie globale Verbindungen und Verantwortlichkeiten, indem sie die o. g. machtkritischen und transkulturellen Perspektiven aufgreifen und berücksichtigen, entsprechende Methoden anpassen oder weiterentwickeln sowie die pädagogische Haltung der Teamenden reflektieren und schulen (vgl. EPIZ 2015; Lösch / Thimmel 2011; Bertels / Bußmann 2013; Ebasa 2013; Ebasa 2015; Reindlmeier 2010; Winkelmann 2014; polis 2016; BBW 2014; DW 2015).

6.2. bpb-Modellprojekt „Perspektiven verbinden"

Begegnungen zwischen Menschen, die in Deutschland sozialisiert wurden, und geflüchteten Menschen bewegen sich häufig in Hierarchiegefällen, die die Hilfsbedürftigkeit der ankommenden Menschen in den Vordergrund rücken. Handlungsfähigkeit, Selbstbewusstsein, Bildung und Sprachkenntnisse außerhalb der definierten Werte und Anforderungen in der Aufnahmegesellschaft werden oft ausgeblendet. Somit erfolgt oft eine getrennte Behandlung von Zielgruppen und damit auch eine künstliche Trennung von geflüchteten und „deutschen" jungen Menschen, obwohl diese durchaus ähnliche Fragestellungen, Ziele, Träume haben – aufgrund ihres Alters und ihrer allgemeinen Lebenssituation in einer Orientierungsphase.

In dieser Orientierungsphase bietet Bildungsarbeit einen Rahmen, um persönlichen wie gesellschaftlichen Fragestellungen nachzugehen, sich eine Meinung zu bilden und konkrete Handlungsmöglichkeiten zu entwickeln. Dies befähigt nicht nur zur Selbstreflexion der eigenen Rolle in der Gesellschaft, sondern auch zur Partizipation auf lokaler wie globaler Ebene und zur Teilhabe an gesellschaftlichen, wissenschaftlichen, globalpolitischen Diskursen.

Das Projekt „Perspektiven verbinden" von Commit e. V. München, 2017–2019 gefördert von der Bundeszentrale für politische Bildung (bpb) als Modellprojekt im Bereich „Flucht-Migration-Integration", widmet sich der gemeinsamen Planung, Konzeption und

---

13 Bei dieser Methode werden eigene geografische Bezugspunkte dargestellt, bewegt im Raum oder auf einer Weltkarte; wichtig ist, dass diese Bezugspunkte nicht begrenzt sind auf eine eigene Migrationsgeschichte, sondern familiär und soziokulturell ausgedehnt werden können (Geburtsort der Großeltern, temporärer Wohnort von Bezugspersonen, Lieblingsorte, Sehnsuchtsorte), sodass deutlich wird, dass jede*r vielfältige Bezugspunkte hat.

Umsetzung von wöchentlichen ca. zweistündigen Seminaren und jährlichen Seminar-wochen sowie der Organisation eines Tandem-Programms. Die Maßnahmen richten sich an junge Erwachsene mit und ohne Fluchthintergrund.

Die Reihe von Seminar- und Begegnungsformaten fördert integrative Begegnungen auf Augenhöhe und die Stärkung eigener (Zukunfts-)Kompetenzen, die Hierarchien zwischen in Deutschland sozialisierten und geflüchteten jungen Menschen abbauen, indem die allgemeine Lebenssituation und gemeinsame Bezugspunkte der Teilnehmenden in den Vordergrund gerückt werden. Jugendliche in Orientierungsphasen werden bestärkt, sich über ähnliche Fragestellungen angesichts verschiedener Lebensentwürfe und gesellschaft-licher Erwartungen auszutauschen und zukünftige Handlungsmöglichkeiten zu erarbei-ten. Die Seminarformate wollen zu selbstbestimmter Lebensweise anregen und ermuti-gen sowie Selbstreflexion und Perspektivenwechsel fördern.

Ausgehend von der eigenen Lebenswelt erfolgt durch interaktive Methoden ein Dialog auf Augenhöhe; dabei liegt der Fokus auf gemeinschaftlichen Aktivitäten, die Gemein-samkeiten entdecken und voneinander lernen lassen. So entsteht ein buntes Bild aus viel-fältigen Lebensweisen und verschiedensten Praktiken; Sprachbarrieren werden überwun-den durch bildliche Darstellungen, praktisches Interagieren und gegenseitige Offenheit.

Durch die individuelle Ansprache und den Fokus auf Ressourcen und Identitäten wird ein Raum geschaffen, in dem Empowerment als Selbst-Ermächtigung stattfindet, sodass die Teilnehmenden eigene Ressourcen mobilisieren und Handlungsspielräume ausweiten können. Begegnungen mit Referent*innen und Gästen bieten Möglichkeiten für Identifikation und Auseinandersetzung und fördern (Selbst-)Bewusstsein über eige-ne Stärken sowie Möglichkeiten der Lebensgestaltung. In diesem Umfeld werden die Ju-gendlichen ermutigt und begleitet, innerhalb meist begrenzter (struktureller) Realitäten nach Spielräumen zu suchen, und bekommen mögliche Wege aufgezeigt, eigenen Träu-men und Wünschen nachzugehen.

Bildungsarbeit kann somit nicht nur Entfaltungsmöglichkeiten bieten, sondern auch zum Abbau gesellschaftlicher Ausgrenzung beitragen. So werden schlussendlich Hand-lungsstrategien für einen gleichberechtigten Umgang miteinander entwickelt, wenn im Austausch über gemeinsame Wertvorstellungen das Verständnis füreinander, für das ge-meinsame Zusammenleben und das Gestalten demokratischer Strukturen wächst. Damit kann eine Gesellschaft geschaffen werden, die Integration als wechselseitigen Prozess des Aufeinanderzugehens versteht und in der sich junge Menschen zwischen verschiedenen Kulturen bewegen und auch konträre Ansichten verstehen und akzeptieren können.

Um diese Gestaltungskompetenz anzuregen, wird Eigenverantwortung und Selbstorga-nisation gefördert: Teilnehmende können explizit eigene Angebote und Ideen verwirkli-chen und sich somit in den Prozess einzubringen, z. B. im Rahmen der Methode Open Space.

Zudem erfolgt die Organisation der Seminarformate durch ehrenamtliche Projekt-teams, in denen sich Menschen mit verschiedenen Hintergründen engagieren. Da die

Inhalte und die Durchführung der Seminare von den Team-Mitgliedern bestimmt werden, bieten sich vielfältige Möglichkeiten zu Engagement und direkter Mitbestimmung in einem interessensbasierten und selbstgewählten Umfeld; durch die eigene aktive Rolle wird Selbstwirksamkeit erfahren und eine Art Multiplikator*innen-Funktion erworben. Auf diese Weise soll Powersharing praktisch umgesetzt werden, entgegen der Reproduktion von Kulturalisierung und Objektivierung.

7. Ausblick

Zusammenfassend lässt sich feststellen, dass es vielfältige Schnittstellen von Ethnologie und Bildungsarbeit gibt, die in der Praxis bereits erprobt und ausgefüllt werden, sodass eine zunehmende interdisziplinäre Verzahnung ratsam erscheint, um verschiedene Kompetenzen und Perspektiven zu nutzen. Zudem ist der Bildungsbereich ein potenzielles Berufsfeld für Ethnolog*innen; er bietet die unmittelbare Möglichkeit, die Welt nicht nur zu erforschen, sondern aktiv zu gestalten. Um Teilhabe und Partizipation zu ermöglichen und gesellschaftliche Diskurse anzustoßen und zu begleiten, sollten Ethnolog*innen die Verantwortung und Aufgabe wahrnehmen, ethnologisches Wissen und Erkenntnisse zu teilen und verständlich zu machen. Konkret kann das bedeuten, in öffentlichen Diskursen vorherrschende Essenzialisierungen und Differenzkonstruktionen zu kritisieren und vielmehr vielfältige Stimmen einzubringen und Perspektiven aufzuzeigen.

Ethnologisch erweitertes Wissen und eigenes Bewerten ermöglicht allen Beteiligten Handeln im Sinne des gemeinsamen Zusammenlebens und der aktiven Gestaltung der Welt. So kann Bildung als sozialer Transformationsmotor dienen und eine Strategie zur zwangsfreien Neuordnung von Begehren darstellen; in Bildungsprozessen liegt ein utopisches Moment, wenn das bestehende System in Frage gestellt wird, ohne ein anderes, besseres System zu propagieren (vgl. Castro Varela 2017; Castro Varela 2007). Schließlich hat die Ethnologie das Potenzial, einer möglichst breiten Zielgruppe komplexe „glokale" Zusammenhänge zu erschließen und somit Weltbürger*innen auszubilden, die vorhandenes Wissen und neue Erkenntnisse nutzen, um Alternativen aus der Praxis entstehen zu lassen.

Literatur

ALLEMANN-GHIONDA, Cristina (2003): Zum Problem der Bildung in kulturell pluraler Gesellschaft. In: Unger-Heitsch, Helga (Hg.): Das Fremde verstehen. Ethnopädagogik als konkrete Hilfe in Schule und Gesellschaft. Grundlagen und Beispiele. Hamburg: Lit, S. 145–166.

ANTWEILER, Christoph (2003): Ethnologie jenseits der Akademie, aber nicht ohne sie! Praxisrelevante Ethnologie und mögliche Wege der Ethnopädagogik. In: Unger-Heitsch, Helga (Hg.): Das Fremde verstehen. Ethnopädagogik als konkrete Hilfe in Schule und Gesellschaft. Grundlagen und Beispiele. Hamburg: Lit, S. 5–31.

Arbeitskreis deutscher Bildungsstätten e. V. (AdB) (2016): Auf Augenhöhe. Peer Education in der politischen Jugendbildung. Arbeitshilfe. Electronic Source: https://www.adb.de/download/publikationen/2016_Peer_Education_WEB.pdf

BENBRAHIM, Karima (Hg.) (2012): Diversität bewusst wahrnehmen und mitdenken, aber wie? Düsseldorf: [o.V.]. Electronic Source: https://www.idaev.de/fileadmin/user_upload/pdf/publikationen/Reader/2012_IDA_Diversitaet.pdf

BERTELS, Ursula / Bußmann, Claudia (2013): Handbuch interkulturelle Didaktik. Münster: Waxmann.

Berufsbildungswerk Waiblingen (BBW) (Hg.) (2014): LIWING Methodenkompass: wahrnehmen – sensibilisieren – wertschätzen. Ein Handbuch für interkulturelle Trainings mit Jugendgruppen. Electronic Source: http://berufsbildungswerk.diakonie-stetten.de/fileadmin/diakonie-stetten/Einrichtungen/BBW_gGmbH/BBW_WN/Projekte/LIWING/Methodenkompass_LIWING.pdf

CASTRO Varela, María do Mar (2007): Verlernen und die Strategie des unsichtbaren Ausbesserns. Bildung und Postkoloniale Kritik. In: Bildpunkt 2007 (Herbst). Electronic Source: http://www.igbildendekunst.at/bildpunkt/2007/widerstand-macht-wissen/varela.htm

CASTRO Varela, María do Mar (2017): (Un-)Wissen. Verlernen als komplexer Lernprozess. In: Migrazine, 1/2017. Electronic Source: http://migrazine.at/artikel/un-wissen-verlernen-als-komplexer-lernprozess

Diakonisches Werk (DW) Württemberg e. V. (Hg.) (2015): Woher komme ich? Reflexive und methodische Anregungen für eine rassismuskritische Bildungsarbeit. Electronic Source: https://www.diakonie-wuerttemberg.de/fileadmin/Medien/Pdf/Mg_Rassismuskritische_Broschuere_vollstaendig.pdf

DRÜCKER, Ansgar / Reindlmeier, Karin / Sinoplu, Ahmet / Totter, Eike (Hg.) (2015): Diversitätsbewusste (internationale) Jugendarbeit. Eine Handreichung. Düsseldorf: [o.V.]. Electronic Source: http://www2.transfer-ev.de/uploads/handreichnung_dive.pdf

ebasa e. V. (2013): Kultur Global Lernen. Ideen und Methoden für kultursensibles Globales Lernen. Mainz. Electronic Source: http://www.ebasa.org/fileadmin/files_redaktion/doc/ebasa-FINAL_Einzelseiten.pdf

ebasa e. V. (2015): Solidarität Global Lernen. Anregungen für eine rassismuskritische Bildungsarbeit zu globalen Themen. Mainz. Electronic Source: http://www.ebasa.org/fileadmin/files_redaktion/doc/Solidaritaet_Global_Lernen_sw_ebasa_broschuere.pdf

EPIZ e. V. (Zentrum für Globales Lernen in Berlin) (2015): Handbuch für Referent_innen. Konzeption, Durchführung und Auswertung von Veranstaltungen des Globalen Lernens. Berlin. Electronic Source: http://www.epiz-berlin.de/wp-content/uploads/EPZ_Handbuch2016_W.pdf

ERNY, Pierre / Rothe, Friedrich Karl (1996): Ethnopädagogik. Systematische Annäherung. In: Müller, Klaus E. / Treml, Alfred K. (Hg.): Ethnopädagogik. Sozialisation und Erziehung in traditionellen Gesellschaften. Eine Einführung. Berlin: Reimer, S. 113–125.

GROSS, Eva Maria / Zick, Andreas / Krause, Daniela (2012): Von der Ungleichwertigkeit zur Ungleichheit. Gruppenbezogene Menschenfeindlichkeit. In: Aus Politik und Zeitgeschichte (APuZ), 16–17/2012 (Ungleichheit, Ungleichwertigkeit), S. 11–18.

HERRIGER, Norbert (2014): Empowerment-Landkarte. Diskurse, normative Rahmung, Kritik. In: Aus Politik und Zeitgeschichte (APuZ), 13–14/2014 (Rassismus und Diskriminierung). Electronic Source: http://www.bpb.de/apuz/180866/empowerment-landkarte

HUFER, Klaus-Peter (2017): Politische Erwachsenenbildung. Plädoyer für eine vernachlässigte Disziplin. Bonn: bpb.

IJAB (Hg.) (2016): Methoden der Internationalen Jugendarbeit für Projekte mit Geflüchteten. Köln: [o.V.]. Electronic Source: https://www.ijab.de/uploads/tx_ttproducts/datasheet/jive-kgi-gefluechtete_20161216-3_01.pdf

INGOLD, Tim (2018): Anthropology and/as Education. London: Taylor & Francis.

Kollektiv, das (Hg.) (2017): Pädagogische Reflexivität in der Basisbildung. Wien: [o. V.].

KORDES, Hagen / Nicklas, Hans (2006): Der interkulturelle Blick als Perspektivenumkehrung. In: Nicklas, Hans (Hg.): Interkulturell denken und handeln. Theoretische Grundlagen und gesellschaftliche Praxis. Frankfurt am Main: Campus-Verlag, S. 77–82.

Landeszentrale für politische Bildung (LpB) Baden-Württemberg (Hg.) (2017): Dokumentation. Gruppenbezogene Menschenfeindlichkeit und Rassismuskritik. Stuttgart: [o. V.].

LÖSCH, Bettina / Thimmel, Andreas (Hg.) (2011): Kritische politische Bildung. Ein Handbuch. Bonn: Bundeszentrale für Politische Bildung.

LOTTER, Christina (2018): Editorial. In: Aus Politik und Zeitgeschichte (ApuZ), 13–14/2018 (politische Bildung), S. 3.

LÜTKES, Christiana / Klüter, Monika (1995): Der Blick auf fremde Kulturen. Ein Plädoyer für völkerkundliche Themen im Schulunterricht. Münster: Waxmann.

MECHERIL, Paul / Castro Varela, María do Mar / Dirim, Inci / Kalpaka, Annita / Melter, Claus (2010): Migrationspädagogik. Weinheim: Beltz.

MESSERSCHMIDT, Astrid (2009): Weltbilder und Selbstbilder. Bildungsprozesse im Umgang mit Globalisierung, Migration und Zeitgeschichte. Frankfurt a. M.: Brandes & Apsel.

MÜHLEISEN, Hans-Otto (Hg.) (2005): Anthropologie und kulturelle Identität. Lindenberg: Fink.

polis aktuell (2016): Transkulturelles und Interkulturelles Lernen. 2/2016. Electronic Source: http://www.politik-lernen.at/dl/qOlNJMJKomLNlJqx4KJK/pa_2016_2_trans_interkulturelles_lernen_web.pdf

REINDLMEIER, Karin (2010): Create Your Space. Impulse für eine diversitätsbewusste internationale Jugendarbeit. Eine Handreichung für Teamer/innen der internationalen Jugendarbeit. Electronic Source: http://www2.transfer-ev.de/uploads/create_your_space.pdf

SCHARATHOW, Wiebke / Leiprecht, Rudolf (2009): Rassismuskritik. Band 2: Rassismuskritische Bildungsarbeit. Schwalbach / Ts.: Wochenschau Verlag.

SCHENSUL, Jean J. (2011): Building an Applied Educational Anthropology beyond the Academy. In: Levinson, Bradley A. (Hg.): A Companion to the Anthropology of Education. Chichester: Wiley-Blackwell, S. 112–134.

SCHNEEWEISS, Verena (2013): Perspektivenwechsel in der Bildungsethnologie. Ansätze und Ziele globalpolitischer Bildungsarbeit. München. Electronic Source: http://www.ethnologie.uni-muenchen.de/forschung/publikationen/studien/6_schneeweiss.pdf

SÖKEFELD, Martin (2009): Ethnologie und Interkulturelle Kommunikation. In: Koch, Gertraud/Franke, Amelie (Hg.): Kulturelle Vielfalt als Gestaltungsaufgabe. Ethnologische Beiträge aus diversen Praxisfeldern. St. Ingbert: Universitätsverlag, S. 23–32.

SÖKEFELD, Martin (2012): Identität. Ethnologische Perspektiven. In: Petzold, Hilarion G. (Hg): Identität. Ein Kernthema moderner Psychotherapie. Interdisziplinäre Perspektiven. Wiesbaden: VS Verlag, S. 39–56.

STING, Stephan (2010): Soziale Bildung. In: Enzyklopädie Erziehungswissenschaft Online. Weinheim: Juventa.

transfer e. V. (Hg.) (2017): Diversitätsbewusste Perspektiven im Kontext von Flucht und Asyl. (Abschlussdokumentation der Fortbildungsreihe „DIVErsität – Flucht und Asyl"). Köln: [o. V.]. Electronic Source: https://docs.wixstatic.com/ugd/342593_96db467bb7c246f493c405227e10dfeb.pdf

TREIBER, Magnus / Grießmeier, Nicolas / Heider, Christian (Hg.) (2015): Ethnologie und Soziale Arbeit. Fremde Disziplinen, gemeinsame Fragen? Opladen: Budrich UniPress.

UNGER-HEITSCH, Helga (2003): Einführung. Ein interdisziplinäres Fach stellt sich vor. In: Unger-Heitsch, Helga (Hg.): Das Fremde verstehen. Ethnopädagogik als konkrete Hilfe in Schule und Gesellschaft. Grundlagen und Beispiele. Hamburg: Lit, S. ix–xxi.

Verband Entwicklungspolitik Niedersachsen e. V. (VEN) (2014): Voll Global! Ein Comic zum Globalen Lernen. Hannover. Electronic Source: http://www.ven-nds.de/images/ven/projekte/globales_lernen/ven_vollglobal_web_neu.pdf

Verband Entwicklungspolitik deutscher Nichtregierungsorganisationen e. V. (VENRO) (Hg.) (2014): Globales Lernen als transformative Bildung für eine zukunftsfähige Entwicklung. Berlin. Electronic Source: http://venro.org/uploads/tx_igpublikationen/2014-Diskussionspapier_Globales_Lernen.pdf

WELSCH, Wolfgang (1995): Transkulturalität. Zur veränderten Verfasstheit heutiger Kulturen. In: Zeitschrift für Kulturaustausch, 45 (1) (Migration und Kultureller Wandel), S. 39 – 44. Electronic Source: https://www.kultur-vermittlung.ch/zeit-fuer-vermittlung/download/materialpool/MFV0104.pdf

WELSCH, Wolfgang (2010): Was ist eigentlich Transkulturalität? In: Darowska, Lucyna / Lüttenberg, Thomas / Machold, Claudia (Hg.): Hochschule als transkultureller Raum? Kultur, Bildung und Differenz in der Universität. Bielefeld: Transkript, S. 39 – 66. Electronic Source: http://www2.uni-jena.de/welsch/papers/W_Welsch_Was_ist_Transkulturalität.pdf

WIDMAIER, Benedikt / Zorn, Peter (Hg.) (2016): Brauchen wir den Beutelsbacher Konsens? Eine Debatte der politischen Bildung. Bonn: bpb.

WINKELMANN, Anne Sophie (2014): More than Culture. Diversitätsbewusste Bildung in der internationalen Jugendarbeit. Eine Handreichung für die Praxis. Bonn. Electronic Source: https://www.jugendpolitikineuropa.de/downloads/4-20-3627/jfe_divhandreichung_gold.pdf

WOLCOTT, Harry F. (1982): The Anthropology of Learning. In: Anthropology and Education Quarterly, 13 (2), S. 83 – 108.

WULF, Christoph (2001): Einführung in die Anthropologie der Erziehung. Weinheim: Beltz.

Websites

AG Ethnologische Bildung der DGSKA (Deutsche Gesellschaft für Sozial- und Kulturanthropologie): Selbstverständnis. Electronic Source: https://ethnologiebildung.wordpress.com [Zugriff am 10.03.2018].

Beutelsbacher Konsens (1976). Electronic Source: http://www.didactics.eu/fileadmin/pdf/beutelsbacherkonsens.pdf [Zugriff am 10.03.2018].

CAP (Centrum für angewandte Politikforschung) LMU: Seminarkonzept „Betzavta/Miteinander". Electronic Source: https://www.cap-lmu.de/akademie/download/betzavta.pdf [Zugriff am 17.09.2018].

Frankfurter Erklärung (2015): Für eine kritisch-emanzipatorische Politische Bildung. Electronic Source: https://www.uni-oldenburg.de/fileadmin/user_upload/sowi/ag/politische_bildung/Frankfurter_Erklaerung_aktualisiert27.07.15.pdf [Zugriff am 10.03.2018].

REICH, Kersten (Hg.): Methodenpool. Electronic Source: http://methodenpool.uni-koeln.de [Zugriff am 17.09.2018].

„Im stillen Wasser verbergen sich die Teufel." Dimensionen und Dynamiken (inter-)kulturellen Lernens im Kurs Deutsch als Fremdsprache

ANTONIA SCHNEIDER / JOHANNA ABEL

ABSTRACT: In diesem Artikel wird anhand von Kursen für Deutsch als Fremdsprache (Rieser Volkshochschule in Nördlingen/Deutschland) erörtert, welchen Beitrag eine anwendungsorientierte Ethnologie in von kultureller Vielfalt geprägten Bildungskontexten leisten kann. Ausgehend von einer Diskussion des in den USA entwickelten *Funds of Knowledge*-Ansatz wird aufgezeigt, wie nicht nur bereits vorhandene kulturelle Kontexte und Erfahrungswelten von Teilnehmenden und Lehrenden unterschiedlicher Herkunft eingebracht werden, sondern durch Interaktion im Kursraum selbst und darüber hinaus neue, unvorhergesehene Perspektiven, Dynamiken und kreative Interpretationen entstehen, die es in einem flexiblen Feld zusammenzubringen und für eine ethnologische Sichtweise auf inter- bzw. transkulturelles Lernen fruchtbar zu machen gilt.

Durch die Berücksichtigung (meta-)pragmatischer Kompetenzen der Kursteilnehmer*innen – etwa in Bezug auf Redewendungen, Metaphern und andere Aspekte interkultureller Semiotik – ergibt sich neues methodisches und theoretisches Potential für einen interdisziplinären Ansatz, der insofern über eine unidirektionale Anwendung ethnologischen Wissens hinausgeht, als in der Praxis gemeinsam mit den Akteur*innen gewonnene Perspektiven und Einsichten neue Forschungsfelder erschließen und ethnologische Fragestellungen inspirieren.

1. Einleitung

Die durch Migration neu entstandene kulturelle Vielfalt in deutschen Bildungseinrichtungen lässt zunehmend die Frage aufkommen, welche Herausforderungen in Zukunft nicht nur in Bezug auf die Vermittlung von Wissen, sondern auch auf kommunikative Praktiken und das Zusammenleben zu bewältigen sein werden und welchen Beitrag die Ethnologie als forschende Disziplin dazu leisten kann. Aus der Sicht einer anwendungsorientierten Ethnologie sollte sich diese große Aufgabe „nicht in Defizitbehebung und Toleranztraining erschöpfen, sondern könnte etwas ganz Neues beinhalten – eine Aufgabe, die Wissen und Kreativität voraussetzt (Sökefeld 2009)" (Klocke-Daffa 2010:186).

Doch welches Wissen ist hier gemeint? Geht es dabei nur um Wissen über Kulturen und gesellschaftliche Zusammenhänge? Oder auch um Arten und Dynamiken des Wissens, das kreativ erschlossen und genutzt werden kann und darum, wie dieses in unterschiedlichen Kontexten zustande kommt?

In diesem Beitrag soll – anhand von unseren gemeinsamen Unterrichts- und Forschungserfahrungen mit Kursteilnehmer*innen in Deutschkursen an einer Volkshochschule – diskutiert werden, welche Implikationen ein ethnologischer Ansatz für die Bildungspraxis beinhalten kann. Zunächst geht es darum, welche Chancen der in den USA von Lehrer*innen und Ethnolog*innen gemeinsam entwickelte Funds of Knowledge-Ansatz (u. a. González et al. 2005) bietet, wie man diesen methodisch erweitern und sowohl für aktuelle Bildungsaufgaben in Deutschland als auch den ethnologischen Erkenntnisprozess fruchtbar machen könnte. Am Beispiel von Redewendungen, metaphorischem Sprechen und anderen Aspekten interkulturellen Lernens wird anschließend aufgezeigt, wie Wissen durch Interaktion im Kontext entsteht und welche Dynamiken dadurch in Gang gesetzt werden. Dies beinhaltet nicht nur die Berücksichtigung der reziproken – teils wechselnden – Rollen der Lehrenden und Lernenden vor dem Hintergrund der jeweiligen kulturellen Kontexte, sondern es geht auch um Ambivalenzen und Mehrdimensionalität, die sichtbar werden, wenn die Kurssituation selbst aus unterschiedlichen Perspektiven als flexibles Feld und mehrsprachiger Interaktionsraum betrachtet wird. Gleichzeitig verweisen unsere Beispiele auch auf methodische Herausforderungen (vgl. Faubion / Marcus 2009), denen sich die Ethnologie in Zukunft vor dem Hintergrund sprachlicher und kultureller Diversität vermehrt stellen muss. Über statische Auffassungen von einfach zu erschließenden „Quellen" kulturellen Wissens hinausgehend, wird aufgezeigt, welche Dynamiken durch Indexikalität und die metapragmatischen Kompetenzen der Teilnehmer entstehen und welche Prozesse des inter- bzw. transkulturellen Lernens dabei in Gang kommen. Wenn unterschiedlichen Epistemologien Raum gegeben wird, ergibt sich darüber hinaus neues theoretisches Potential für einen interdisziplinär orientierten Ansatz, der über die rein inhaltliche und unidirektionale Anwendung „ethnologischen Wissens" oder ethnologisch inspirierter Unterrichtsmethoden hinausgeht. Vielmehr können die aus einem Praxisfeld gewonnenen Erkenntnisse auch ethnologische Theorien und Methoden beeinflussen und neue Fragestellungen inspirieren.

2. Ein ethnologischer Ansatz für die Bildungspraxis?

Das Konzept der „(Super-)Diversität" (Vertovec 2012) ist durch eine immer stärker werdende Mobilität von Waren und Menschen und dem damit einhergehenden Anstieg der Migration in aller Munde. Es zeichne sich v. a. dadurch aus, dass Migranten nicht nur in Bezug auf Nationalität, Ethnizität und Sprache, sondern auch in Hinblick auf ihre Motivationen und Wege zunehmend unterschiedlich seien (Blommaert / Rampton 2011:1).

Auch Bildungsdiskurse werden dadurch herausgefordert (Vertovec 2012:294) und so führen neue soziale Phänomene zu Konstellationen, die neue, ethnologisch inspirierte Methoden im Bereich der Bildungsforschung erfordern. Obwohl Sprachkenntnisse und interkulturelle Sensibilität als Schlüsselkompetenzen betrachtet werden, existiert auf gesellschaftlicher Ebene bisher noch kaum eine tiefergehende Zusammenarbeit zwischen Ethnologie als akademischer Disziplin und Bildungseinrichtungen. Einerseits werden ethnologische Kompetenzen von den Verantwortlichen erst zögerlich angefragt, andererseits tut sich die Ethnologie als forschende Disziplin schwer damit, ihre Methoden, Forschungsergebnisse und Ideen in entsprechende Praxisfelder einzubringen, die sich im Rahmen der aktuellen Migrationsbewegungen ergeben haben (vgl. Klocke-Daffa 2014:44-45). Das Thema „Bildung" und „(interkulturelles) Lernen" wird nach wie vor in erster Linie der Pädagogik bzw. der jeweiligen (interkulturellen) Sprachdidaktik (z. B. Deutsch als Fremd- bzw. Zweitsprache) (vgl. Roche 2001) zugeordnet oder der Disziplin „Interkultrelle Kommunikation" überlassen. Innerhalb dieser (Teil-)Disziplinen existieren zwar Ansätze, die sich mit Fragen der Inter- / bzw. Transkulturalität in einem bestimmten Lernumfeld oder machtkritisch und diskursanalytisch mit bildungspolitischen Diskursen auseinandersetzen (u. a. Yildiz 2009); auf deren Kulturbegriff nimmt aber die aktuelle ethnologische Forschung kaum Einfluss.[1] Allein in praxisorientierten Ansätzen und Arbeitsgruppen wird versucht, sich den Themen Bildung und Integration aus kulturwissenschaftlicher Sicht zu nähern oder ethnologisch inspirierte, pädagogische Konzepte zu entwickeln bzw. in Schulen oder in der Museumspädagogik für fremde Kulturen – bzw. die durch Migration entstandenen Vielfalt – zu sensibilisieren (Ederer 2014).[2] Eine systematische Reflexion und Würdigung dessen, was Zuwanderer an Sichtweisen, Praktiken und Perspektiven mit- und in die neuen Kontexte einbringen und welche Prozesse und Dynamiken damit verbunden sind, steht jedoch noch aus.

Demgegenüber wird in der amerikanischen „Anthropology of Education" seit Franz Boas und Margaret Mead Bildung bzw. Lernen als elementarer Teil des ethnologischen Forschungsinteresses betrachtet (Pellissier 1991, Levinson 1999, Cherneff et al. 2006, Levinson / Pollock 2011). Bereits im amerikanischen Kulturrelativismus ging es nicht nur um die Frage nach dem Umgang mit unterschiedlichen kulturellen Möglichkeiten im Bereich der Sozialisation (Mead 1970), sondern auch um das Hinterfragen von scheinbar selbstverständlichen Grundannahmen in Bezug auf Bildung und Bildungssysteme, bis hin zu Überlegungen zum Verhältnis von Individuum und Gesellschaft sowie von geistiger Freiheit und Erziehung (Boas 1982:187-88). Mit Gene Weltfish waren in diesen ersten

---

[1] Zur Diskussion des Kulturbegriffs in der DaF-Didaktik vgl. Gehrmann (2017).

[2] Z. B. AG Ethnologische Bildung, ESE – Ethnologie in Schule und Erwachsenenbildung. Vgl. Klocke-Daffa (2007), die Beiträge in Bertels / de Vries / Nolte (2007), Bertels (2014) und Schneeweiß / Abel / Reiser (2017). Praxisbeispiele, bei denen interkulturelles Lernen aus ethnologischer Sicht betrachtet wird, kommen vor allem aus Österreich und den Niederlanden (vgl. Fillitz 2007, Binder 2014), wobei es meist um Themen wie Ethnizität, Identität oder schulische Sozialisation geht und pädagogische Fragestellungen im Vordergrund stehen.

Ansätzen ethnologisch orientierter Bildungsforschung sogar der Praxisbezug sowie die Verbindung von Lernen und Leben in einer Gesellschaft bereits angelegt. Lernen wurde als soziale Aktivität, kultureller Prozess, soziale Institution und problemlösende Strategie verstanden, wobei der es nicht nur darum gehe, was, sondern v. a. auch wie gelernt werde und wie verschiedene Aspekte des kulturellen Lebens sich auf Lernprozesse auswirkten (Niehaus 2006:114-115).

Doch auch in den USA hätten sich – nach Levinson (1999) – die anwendungsorientierte Ethnologie im Bildungsbereich und die Ethnologie als wissenschaftliche Disziplin voneinander entfernt. Während sich die akademisch orientierte Ethnologie eher mit Medien und anderen Orten der kulturellen Produktion beschäftigt hätte, werde den „Anthropologists of Education" vorgeworfen, sie konzentrierten sich zu sehr auf die sozialisierende Funktion der Schulen als Institutionen und vergäßen dabei andere Orte der Kultur(re)produktion und Identitätsbildung (Levinson 1999:594-599). Demgegenüber forschten Ethnolog*innen traditionell an Orten der Welt, wo institutionalisierte Formen der Schulbildung eher marginal anzutreffen seien und würden annehmen, dass sich (westlich geprägte) Schulbildung überall auf die gleiche Weise auswirke und als globalisiertes Produkt der Moderne andere Formen der Wissensweitergabe verdränge (Levinson 1999:598). Prozesse der Kultur- und Wissensvermittlung und -produktion seien jedoch über die Grenze staatlicher Bildungseinrichtungen hinaus zu untersuchen und immer im gesamtgesellschaftlichen Zusammenhang zu denken (Levinson 1999:594-595). Daher müssten sie über akademische Fragestellungen und Motivationen hinaus von einer anwendungsorientierten Ethnologie aufgegriffen werden, die Auswirkungen ethnologischer Einsichten für das „reale Leben" thematisiere. Dabei gehe es nicht nur um Gesetzgebung und Einfluss auf die Bildungspolitik auf lokaler, nationaler und globaler Ebene, sondern vor allem auch um den alltäglichen Umgang mit Sprache, Kultur und Erziehung (González 2010:253), etwa im Klassenzimmer, auf Behörden oder in den Medien – also überall dort, wo bestimmte Sprachen gelehrt, gelernt und verwendet werden, bzw. dort, wo kulturelle Praktiken und Konventionen einen Raum bekommen, toleriert, gefördert bzw. marginalisiert, eingeschränkt oder gar verboten werden. Aufgrund ihrer institutionellen Einbindung und des Vorhandenseins von sog. „gatekeepern", die Außenstehenden nicht ohne weiteres Zugang zu ihren Tätigkeitsbereichen bieten, seien Schulen für Ethnolog*innen nicht gerade einfache Forschungsfelder (Levinson 1999:599), vor allem auch, weil sich das Erkenntnisinteresse der Ethnologie als beschreibender Wissenschaft zunächst nicht mit den Fragestellungen und Zielsetzungen pädagogischer Interessen decke. Nach Ingold (2018) könne dieser Widerspruch nur aufgelöst werden, wenn Ethnologie als Bildung („Anthropology as Education") verstanden und Beobachtung nicht mehr als Gegensatz zu Partizipation verstanden werde.

Im Spannungsfeld zwischen Anwendung und ethnologischer Forschung hatte sich im Umfeld einer „Engaged Educational Anthropology" oder auch „Advocacy Anthropology" (González 2010) in den USA ein interdisziplinärer Ansatz entwickelt, der als Funds of knowledge-Ansatz bekannt wurde (u. a. González et al. 2005). Die zentrale Grundannahme war, dass in jedem Haushalt, dem die Schüler einer Klasse angehören, „Schätze" von Wissen und Fertigkeiten *(„funds of knowledge")* vorhanden sind, die es mit ethnographischen Methoden zu erschließen gilt, um diese anschließend theoretisch aufzuarbeiten und in die Unterrichtspraxis einzubinden. In einem Team aus Ethnolog*innen und Lehrer*innen werden ethnologische Feldstudien durchgeführt, auf die u. a. durch Lektüre ethnologischer Literatur und eine Schulung des „ethnologischen Blicks" vorbereitet wird (Moll / González 2004:702-704). Dahinter stand zunächst das Ziel, Stereotypen über Minderheiten und bestimmte soziale Gruppen – wie sie auch in der Pädagogik existieren – zu dekonstruieren und in Opposition zu defizitorientierten Modellen und Theorien zu treten, wobei das Lernen der Lehrer*innen über den Hintergrund ihrer Schüler*innen als ebenso wichtig erachtet wird wie die Vermittlung schulischer Inhalte im Klassenzimmer (González et al. 2011:481-483). Durch den Aufbau vertrauensvoller Beziehungen zu den Familien würden emanzipatorische Prozesse in Gang gesetzt, die einen fruchtbringenden Dialog ermöglichten (González 2005:42). Anstatt Schüler*innen auf eine Rolle als passive Empfänger von Wissen zu reduzieren, wird die Vielschichtigkeit der Haushalte als von Reziprozität gekennzeichnete soziale Netzwerke betont, für deren Funktionieren jeder einzelne wichtig sei (vgl. Moll et al. 1992:134). Somit liege dem Ansatz ein „tiefer Respekt und Wertschätzung der Muttersprache und Kultur der Lernenden zugrunde" (Haneda 2006:343, Übersetzung aus dem Englischen). Diese empathische Grundhaltung solle zu einer neuen Rolle der Lehrer*innen führen: weg von der des Vermittlers etablierten Wissens mit bestimmten didaktischen Methoden, hin zu einer Forscherrolle in ihren jeweiligen Lernergruppen, die eigenes Wissen generierten (González et al. 2011:482).

Der *Funds of Knowledge*-Ansatz stellt auch über die USA hinaus eine wichtige Inspirationsquelle für eine anwendungsorientierte Ethnologie im Bereich der Bildungspraxis dar, bringt aber auch Herausforderungen und Widersprüche mit sich. Erstens eröffnet der Ansatz Wege, Wissensquellen zu erschließen, die ansonsten im Bildungssystem nicht wahrgenommen werden würden. Die qualitativen Methoden und deskriptive Herangehensweise sind besonders geeignet, unabhängig von politischen Bildungszielen und vorgegebenen Lehrplänen auch marginalisierte Wissensformen und kulturelle Praktiken sichtbar zu machen und zu beschreiben. Für eine entsprechende tiefergehende ethnologische Analyse bzw. einen echten Austausch von Wissen wäre jedoch eine längerfristige Zusammenarbeit zwischen Ethnologie und Schule nötig, die auf entsprechende Kooperationen und Finanzierungsmöglichkeiten angewiesen wäre. Umfassende ethnographische Studien über bestimmte Migrantengruppen und deren Kontakt mit dem deutschen Schulsystem gibt es bisher nur vereinzelt.[3] Darüber hinaus ist die Situation an deutschen

---

3   Vgl. die ethnographische Studie von Beuchling (2003) über Bildungserfahrungen von Schüler*innen aus vietnamesischen Flüchtlingsfamilien, in der Integration und Partizipation aus der Sicht der Familien in einer norddeutschen Großstadt beschrieben wird.

Bildungseinrichtungen gerade auch durch die aktuelle „Flüchtlingskrise" mehr noch als in den USA von Diversität und Unvorhersehbarkeit geprägt – nicht nur in Hinblick auf die Herkunft und die kulturellen Lebenswelten der Migranten selbst, sondern auch in Bezug auf den sich schnell verändernden politischen Willen, die Integration von Zuwanderern in Bildungssystem und Arbeitsmarkt zu unterstützen. Abhängig von nationalstaatlichen Identitätsdiskursen werden in der politischen Diskussion um Integration einerseits die damit verbundenen Herausforderungen und die Überforderung des Bildungssystems betont, andererseits wird vermehrt auch das volkswirtschaftliche Potential durch Zuwanderung thematisiert. Entsprechend unterschiedlich sind die administrativen Vorgaben, Finanzierungsmöglichkeiten und Zielsetzungen der Kurse. Der beschriebene Ansatz müsste also auch auf andere Lernkontexte erweitert und die Rolle ethnologischer Forschung in diesen Konstellationen neu definiert werden – wofür es bereits theoretische und methodische Perspektiven aus verschiedenen Richtungen gibt.[4]

Zweitens bietet die methodisch innovative Herangehensweise des *Funds of Knowledge*-Ansatzes – indem er nicht nur die Interaktion im Klassenzimmer beleuchtet, sondern sich v. a. auf den *Kontext* bezieht – die Chance, ein umfassenderes Bild vom Wissenserwerb der Lernenden zu bekommen. Es geht nicht mehr in erster Linie um Lehrpläne, Lerninhalte, Diskurse oder Machtstrukturen (Heller / Martin-Jones 2001), sondern darum, woraus die Schüler *insgesamt* ihr Wissen beziehen und was sie und ihre Lehrer*innen daraus im Unterricht entwickeln. Nichtsdestotrotz ist das Konzept des „Haushalts" als Analyseeinheit, obwohl er bzgl. der Sozialisation von Individuen eine zentrale Rolle spielt, für die gegenwärtige Situation an deutschen Bildungseinrichtungen zu statisch. Während eine Anwendung des Konzepts vielleicht noch im Rahmen von längerfristigen Projekten an Schulen mit einer relativ homogenen Zusammensetzung sinnvoll wäre – gerade auch als Gegenpol zu Orten des institutionalisierten Lernens –, ist die damit verbundene Vorstellung von Wissen, das man als „Schatz"(*„fund"*) nur noch zu „heben" und im Unterricht „anzuwenden" brauche, auch aus ethnologischer Sicht fragwürdig und muss in der Praxis noch weitergedacht werden. In den meisten Fällen gibt es nicht nur *einen* „kulturellen Kontext" oder *die* Familie, die für eine „Minderheitenkultur" (als Kontrast zur Mehrheitsgesellschaft) steht, sondern ein komplexes Zusammenspiel von Identitäten, Praktiken, (kulturellen, sprachlichen, beruflichen und anderen) Kontexten und mehrsprachigen Interaktionsräumen (vgl. Blommaert et al. 2005), die sich über-

---

4   Zu einer ethnographischen Sichtweise auf Bildungspolitik vgl. McCarty (2011) und zu verschiedenen Aspekten der Integrationsdebatte aus ethnologischer Sicht – auch im Bereich der Bildung – die Beiträge in Bertels (2014), v. a. Klocke-Daffa (2014). Inwieweit sich Lernprozesse und Bildungssysteme weltweit annähern oder regional differenzieren, zeigt Anderson-Levitt (2012). Mit dem kulturellen Erfahrungsschatz von Studierenden, der als „Ressource" betrachtet wird, beschäftigen sich Marquez Kimaya / Rios-Aguilar (2017) und Darowska / Lüttenberg / Machold (2010) mit transkulturellem Lernen im universitären Kontext. In der Erwachsenenbildung wurde das Konzept bisher noch nicht wissenschaftlich untersucht, es gibt jedoch seit Ende 2017 Beträge aus Österreich (Schindler / Sieder 2017), in denen es nicht nur um politische Aspekte, sondern auch um „transdisziplinäre Lernerfahrungen" (Wlasak 2017) geht.

schneiden und zum Teil auch widersprechen. In diesem Zusammenhang wäre es auch angebracht, aktuelle Debatten und Ansätze zum „inter- bzw. transkulturellen Lernen", die bisher nur wenig von der akademischen Ethnologie aufgegriffen werden, kritisch zu rezipieren. Die nach wie vor essentialistische Grundhaltung bestimmter Ansätze zu Interkulturalität, die Differenzen und Verständigungsschwierigkeiten zwischen Angehörigen verschiedener Kulturen betonen, sowie die auf Angleichung und auf effiziente Kommunikation abzielenden Konzepte „interkultureller Trainings" erschweren jedoch nach wie vor die interdisziplinäre Zusammenarbeit, auch wenn inzwischen vermehrt von einem „ganzheitlichen Prozess", der Einnahme verschiedener Perspektiven, Empathie und Toleranz gesprochen sowie „kulturtheoretisches bzw. länderspezifisches Wissen" miteinbezogen wird.[5] Zudem bleibt das vorrangige Ziel entsprechender Ansätze das Entwickeln von Trainingsmethoden zur Aneignung „kultureller Skripte" und zur schrittweisen Verbesserung interkultureller Verständigung. (vgl. Erll / Gymnich 2017). Insbesondere bei den neueren Ansätzen zum „transkulturellen Lernen" wird allerdings mittlerweile über ein Differenzdenken oder einer Gegenüberstellung von Eigen- und Fremdkultur hinaus die Weiterentwicklung des Kulturbegriffs in einer von Migration geprägten, vernetzten Gesellschaft in Hinblick auf die „Anerkennung unterschiedlicher Identitätsformen"[6] sowie die „Auseinandersetzung mit kultureller Hybridität und kulturellen Kontaktzonen (*contact zones*") (Matz / Rogge / Siepmann 2014:8) angestrebt, weshalb eine interdisziplinäre Auseinandersetzung mit entsprechenden Praxisansätzen auch für die Ethnologie unumgänglich wird.

Wenn man den Grundgedanken des *Funds of Knowledge*-Ansatzes auf weitere Bereiche der Bildungslandschaft ausweiten möchte, muss man zudem von einer dynamischeren Interpretation des Wissensbegriffs ausgehen, die noch stärker die Interaktion zwischen Lehrenden und Lernenden und die daraus resultierende Vernetzung von Wissen im Blick hat. Die zunehmende Komplexität und Vielfalt erfordert darüber hinaus neue Herangehensweisen an Sprache und Bedeutung, die den aktuellen, von neuen Medien und Kommunikationsmitteln geprägten, kommunikativen Situationen gerecht werden. Beispielsweise unterscheiden diese sich von früheren Konstellationen in der Hinsicht, dass Migration keine endgültige Trennung mehr von der Herkunftsfamilie und -region bedeutet, sondern dass ein kontinuierlicher Informationsaustausch stattfinden kann, der neue Formen von sozialem Leben in neuen Kontexten ermöglicht (Blommaert / Rampton 2011:3). Diesen Veränderungen könne man nach Blommaert / Rampton (2011:6-9) nur mit einer neuen semiotischen Perspektive begegnen, die nicht mehr von geteiltem Wissen, sondern von pluralen, indexikalischen Interpretationen ausgehe und u. a. Ideologien, Asymmetrie und metapragmatische Reflexivität mit einschließe.

---

5 Vgl. die Zusammenfassung aktueller Ansätze in https://www.ikud.de/glossar/interkulturelles-lernen-definition.html.

6 Vgl. Welsch (1995:43). Zu einer aktuellen Begriffsdiskussion vgl. Delanoy (2014), die Beiträge in Matz / Rogge / Siepmann (2014), sowie den Überblick in http://wwwuser.gwdg.de/~kflechs/iikdiaps9-96.htm.

Drittens eröffnet der *Funds-of-Knowledge*-Ansatz Chancen für einen echten Perspektivenwechsel und damit emanzipatorisches *Potential* für innovative Strategien einer anwendungsbezogenen Ethnologie. Es werden nicht nur institutionelle Hierarchien aufgebrochen, indem sich der/die Lehrer*in durch die neu gewonnene ethnologische Perspektive in Bezug auf das Wissen der Schüler*innen und ihrer Familien ebenfalls als „Neuling" und Lernende*r versteht (vgl. Moll/González 2004:703), sondern auch die Rolle der Ethnologie in der Praxis, insbesondere auch in kollaborativen Forschungen, wird neu definiert. Nicht der/die Wissenschaftler*in allein präsentiert sich als „Experte*in" einer bestimmten Sprache oder Kultur, der/die die Akteure in der Praxis über kulturelle Besonderheiten und Zusammenhänge informiert bzw. dafür sensibilisiert (vgl. Ederer 2014), sondern er arbeitet mit diesen zusammen (vgl. Ingold 2018) – wobei es um das Wissen und die Interessen *aller* Beteiligten geht. Dabei kann es nicht nur um eine komplementäre Zusammenarbeit gehen, in der jede*r seine institutionell vorgegebene Rolle (als Wissenschaftler*in, Schüler*in oder Lehrer*in) einnimmt. Innovative Praktiken (im Bildungsbereich wie auch in anderen praxisrelevanten Kontexten) entstehen oft ohnehin aus der Notwendigkeit heraus, kreativ mit neuen Herausforderungen und unerwarteten Situationen umzugehen, ohne dass sie in groß angelegte, staatliche Projekte oder institutionenübergreifende Kooperationen eingebettet wären. Entscheidend ist jedoch, ob eine solche Zusammenarbeit wirklich immer auf Augenhöhe stattfindet oder ob es nur um Inhalte geht, die den „eigentlichen" Unterricht ergänzen sollen:

> "As discourses come to recognize the situated nature of knowledge and the partiality of all knowledge claims, the metaphor of borders has been foregrounded. However the ultimate border – the border between knowledge and power – can be crossed only when educational institutions no longer reify culture, when lived experiences become validated as a source of knowledge and when the process of how knowledge is constructed and translated between groups located within nonsymmetrical relations of power is questioned" (González 2005:42).

Das mit ethnologischen Methoden erarbeitete Wissen über fremde Lebenswelten und Wissensformen allerdings wirklich als gleichwertig, relevant oder gar als Inspiration für kritische Reflexion über eigene Grundannahmen, Stereotype oder das eigene Bildungssystem zu behandeln, ist ein weiterer Schritt, der ein grundlegendes Umdenken sowie eine Veränderung bestehender Machtstrukturen erfordern würde. Das würde für die Ethnologie als Wissenschaft nicht nur bedeuten, Wissen und Erfahrungen von Kolleg*innen und Akteur*innen aus der Praxis, die nur einen sporadischen Kontakt zur aktuellen akademischen Welt haben, als solche zu akzeptieren und aufzugreifen, sondern auch, die Dichotomie zwischen dem Erwerb und der Vermittlung von Wissen in der eigenen Disziplin grundsätzlich aufzuheben:

"What makes anthropology educational rather than ethnographic; I contend, is that we don't so much study others as study *with* them. And having studied with others – or even while doing so – others come to study *with us*" (Ingold 2018:IX)

Das kann nur gelingen, wenn nicht nur inhaltliche Beiträge, sondern auch metapragmatische, interpretative und kreative Kompetenzen der Beteiligten – u. a. bei Übersetzungsprozessen zwischen Sprachen – ernstgenommen und davon ausgehend auch die eigenen Analysekategorien zur Disposition gestellt werden (vgl. Schneider 2015:248-251). Der Fokus läge dann nicht in erster Linie darauf, vorhandene Wissenseinheiten mit ethnologischen Methoden systematisch herauszuarbeiten und didaktisch nützlich zu machen, sondern in der praktischen Arbeit immer wieder zufällig auftretende Momente, in denen Wissen sich manifestiert oder auch neu entsteht, ethnographisch zu beschreiben. Dabei geht es nicht um einen „ethnologischen" Blick, eine besondere „Haltung" oder eine spezielle Herangehensweise im Unterricht. Vielmehr gilt es, in dem jeweiligen Praxiskontext scheinbar unzusammenhängenden, fragmentarischen Beobachtungen und Erkenntnissen, die sich an unterschiedlichen Punkten manifestieren können, Aufmerksamkeit entgegenzubringen. Das langfristige Ziel dabei ist, diese zusammenzubringen, aufzugreifen und für den Lernprozess im Kursraum sowie für die akademische Erkenntnisgewinnung fruchtbar zu machen. Dabei schließt das eine das andere nicht aus, sondern entspringt aus dem jeweils anderen. Ob und auf welche Weise kommunikative Prozesse, Äußerungen oder Beobachtungen für spätere Situationen oder die ethnographische Erkenntnisgewinnung relevant werden, ist gerade in anwendungsorientierten Kontexten oft unvorhersehbar. Ethnographie und teilnehmende Beobachtung müssen daher als „latent" stattfindende Prozesse oder Strategien betrachtet werden, die ihre wissens- und erkenntnisstiftende Funktion immer wieder in besonderen Momenten und aus verschiedenen Perspektiven heraus entfalten. Im folgenden Kapitel wird versucht, am Beispiel von Begegnungen, Beobachtungen und Diskussionen in Sprachkursen für „Deutsch als Fremdsprache" an der Volkshochschule einige dieser Zusammenhänge aufzuzeigen und daraus weiterführende Implikationen für eine angewandte Ethnologie herauszuarbeiten.

3. Dimensionen und Konstellationen des Deutschlernens an der Volkshochschule

Die Notwendigkeit, die deutsche Sprache zu lernen, wird häufig in einem Atemzug mit Integration in Deutschland genannt. Damit verbunden ist auch oft die Erwartung an die Migrant*innen, sich neue „kulturelle Werte" und organisatorisches Wissen anzueignen. Des Weiteren wird gerade auch in Bezug auf die Eingliederung in den Arbeitsmarkt, die Anerkennung von Abschlüssen oder den Zugang zu höherer Bildung ein bestimmtes Sprachniveau vorausgesetzt. Oft wird dabei gerade in der öffentlichen Debatte übersehen, dass es allein in Deutschland nicht nur eine Vielzahl an verschiedenen Kursangeboten mit unterschiedlichen Lernzielen gibt,[7] sondern auch die Teilnehmer*innen verschiedene (berufliche) Hintergründe mitbringen und mit dem Lernen der deutschen Sprache unterschiedliche Zielsetzungen verbinden. Insbesondere in ländlichen Regionen, wie beispielsweise an der Rieser Volkshochschule in Nördlingen, an der die Beobachtungen zu diesem Artikel stattgefunden haben und an der eine der Autorinnen (Antonia Schneider) seit mehreren Jahren Deutsch als Fremdsprache unterrichtet, ist die Zusammensetzung in einem allgemeinsprachlichen Kurs äußerst heterogen. So sitzen in einer Gruppe beispielsweise ein Maurerlehrling aus Afghanistan neben Hausfrauen aus Marokko und Thailand, ein Mechaniker aus Polen trifft seine Landsmännin, die im fürstlichen Hause die Speisen serviert, ein Ingenieur aus Nepal lernt mit einem Au-Pair-Mädchen aus Peru, ein Apotheker aus Spanien diskutiert mit einer serbischen Profi-Basketballspielerin und eine Friseurin aus Brasilien trifft auf einen Übersetzer, der bereits in Afghanistan für die Kommunikation zwischen deutschen Truppen und afghanischen Behörden gesorgt hatte. Die Motivation für den Kursbesuch kann sehr unterschiedlich sein. Einige können (aus zeitlichen oder finanziellen Gründen) keinen längerfristigen Integrationskurs besuchen, möchten aber eine Prüfung ablegen, die Kommunikation am Arbeitsplatz verbessern oder sich auf ein Studium vorbereiten. Andere suchen nach Möglichkeiten, ihre Freizeit sinnvoll zu gestalten und Kontakte zu knüpfen. Allein diese Vielfalt und das unterschiedliche Eingebundensein in soziale Netzwerke (sowohl in der regionalen und „Herkunfts"-Gesellschaft als auch in den neuen Medien) sorgt für einen mannigfaltigen „Schatz" an kulturellem Wissen und interessante, von Diversität geprägte Dynamiken im Kursraum. Wie aber können diese ethnologisch erforscht und im Sinne einer angewandten Ethnologie den Lernprozess der Beteiligten bereichern?

Zunächst ging es bei unserer Forschung gar nicht um eine ethnologische Perspektive, sondern um eine linguistisch-didaktische Fragestellung im Rahmen einer Masterarbeit – nämlich um „Strategien der Vermittlung metaphorischer Kompetenz" im Deutschunterricht.[8] Während der ersten Unterrichtsbesuche von Johanna Abel – die u. a. bei der Kursleiterin Ethnologie studiert hatte[9] – an der Rieser Volkshochschule in Nördlingen (von März bis Juli 2017), entwickelte sich eine besondere Lehr- und Forschungssituation, die über linguistisch-didaktische Themen hinaus zu neuen interdisziplinären Fragestellungen und zu einer kritischen Reflexion ethnographischer Methoden im Unterricht führte,

---

7   Neben den staatlich finanzierten Integrationskursen, in denen neben der Sprachvermittlung auch im anschließenden „Orientierungskurs" geschichtliches Wissen, Rechte und Pflichten der Bürger*innen vermittelt werden sollen, gibt es berufsorientierende Kurse, Übergangs- bzw. Willkommensklassen an Schulen, Kurse für bestimmte Zielgruppen (Alphabetisierungs-, Frauenkurse), vgl. www.bamf.de, www.make-it-in-germany. com.

8   Zum Konzept der metaphorischen, symbolischen oder konzeptuellen Kompetenz innerhalb der interkulturellen Sprachdidaktik vgl. Roche / Suñer (2016), Koch (2014) und Kramsch (2006).

9   Im Seminar „Lehren und Lernen in neuen Kontexten" (Wintersemester 2013/14, Institut für Ethnologie, LMU München), wurde der hier behandelte *Funds of Knowledge*-Ansatz bereits diskutiert.

denn das „klassische" ethnologische Vorgehen, ein „Feld" festzulegen, erwies sich in vielerlei Hinsicht als Herausforderung. Während im *Funds of Knowledge*-Ansatz die „Haushalte" der Schüler*innen als Analyseeinheiten systematisch ethnographisch untersucht werden, ist die Situation, mit der man es in einem Volkshochschulkurs zu tun hat, weniger objektivierbar, da Personen sehr verschiedener Herkunft gemeinsam lernen und sich die Zusammensetzung im Kurs ständig ändert. Nur vereinzelt ist es möglich, längerfristige Kontakte zu Teilnehmer*innen außerhalb des Kurses aufzubauen, und wenn, dann geschieht dies häufig auf persönlicher Ebene, unabhängig von Forschungsinteressen und regionalen Schwerpunkten und oft über die neuen Medien. Interessante Dynamiken, die auf kulturellen Unterschieden und Wissensformen, aber auch auf gemeinsamen Erfahrungen beruhen, entwickeln sich meist spontan im Kurs bzw. außerhalb des Unterrichts in der Pause oder bei gemeinsamen Aktivitäten, und es ist selten vorhersehbar, wann und auf welche Weise sich diese manifestieren. Ob und in welchem Umfang das sprachliche oder kulturelle Wissen einer bestimmten Person überhaupt gefordert wird und welche Dynamik es im Kursraum und darüber hinaus (z. B. bei privaten Treffen der Teilnehmer*innen, am Arbeitsplatz oder in den eigenen Lebenswelten) entfaltet, hängt immer von verschiedenen Faktoren ab. Nicht nur die Kurszusammensetzung als solche kann dann darüber entscheiden, welche Personen mit ihren verschiedenen kulturellen und beruflichen Hintergründen und Erfahrungen aufeinandertreffen und welche Sprachen zur Verfügung stehen, sondern auch die von dem/der Kursleiter*in vorbereiteten Themen, Konstellationen in der Gruppenarbeit oder Situationen und Fragen, die in einem bestimmten Kontext auftauchen und für die sich die Lernenden interessieren (vgl. Wei 2014).

Der Kursraum selbst wird somit zu einem mehrsprachigen Interaktionsraum (Blommaert et al. 2005), in dem nicht nur eine bestimmte Sprache (in diesem Fall Deutsch als Fremdsprache) unterrichtet wird, sondern auch verschiedene Individuen mit ihren Sprachen, Lebenswelten und Sichtweisen aufeinandertreffen. In diesem flexiblen Feld ist der Anteil des von vielen geteilten gemeinsamen Wissens begrenzt, und Sichtweisen und Kontexte unterscheiden sich in hohem Maße voneinander.[10] Um diesen komplexen Zusammenhängen in den neu entstandenen „Feldern" entgegenzukommen, müssen neue Formen ethnographischer Kontextualisierung gefunden werden. Denn ethnographische Forschungsfelder der Gegenwart – insbesondere solche, die sich mit Wissenschaft und

---

10 Nach Blommaert/Rampton (2011:6) gehe es in aktuellen kulturellen Kontaktsituationen vor allem um Wissen, das nicht mit anderen geteilt wird („non-shared-knowledge"). Zu aktuellen soziolinguistischen Konzepten, die Sprachkontaktphänomene und kommunikative Prozesse in Kontexten der Globalisierung beschreiben, vgl. auch die Beiträge in Collins et al. (2009). Auch im Bereich der „Linguistic Anthropology of Education" gibt es Forschungen, die u. a. heterogene Kontexte, Indexikalität und Ideologie im Bereich der Bildung berücksichtigen (vgl. die Beiträge in Wortham/Rymes 2003), sowie Kramschs Konzept des Klassenzimmers als „dritter Ort" (1993), in dem ein subversives Moment vorhanden sei. Die Lernenden würden eine eigene „Lernkultur" erschaffen, dadurch, dass sie sich Sprache für praktische Zwecke aneigneten (1993:240).

Technik oder mit komplexen Netzwerken beschäftigen – sind immer häufiger mit den Lebensbereichen der Forschenden selbst verbunden (vgl. Knecht 2013:90-91, bezugnehmend auf Hess 2001:90), sowohl in Bezug auf den Raum als auch auf die Zeit. An die Stelle einer langfristigen Forschung in einem abgegrenzten, vorher festgelegten Raum und mit einzelnen Gruppen, die man über einen längeren Zeitraum begleitet,[11] treten einzelne ethnographische Erfahrungen, die bestimmten unvorhersehbaren Situationen und Begegnungen (zwischen Menschen unterschiedlicher Herkunft und Migrationsgeschichte) entspringen. Das verbindende Element zwischen einzelnen, oft zeitlich auseinanderliegenden Beobachtungen, ist die langfristige Unterrichtstätigkeit, die es ermöglicht, Teilnehmer*innen auch außerhalb des Unterrichts näher kennenzulernen und mehr über verschiedene kulturelle Traditionen, Praktiken und Hintergründe zu erfahren. Im Unterschied zum *Funds of Knowledge*-Ansatz, bei dem dies ganz gezielt in Hinblick auf bestimmte „Haushalte", Familiengeschichten oder verwertbare Wissenseinheiten geschieht, speist sich das relevante ethnographische Material in unserem Fall jedoch zum einen meist aus unvorhergesehenen Situationen und mehrdimensionalen Kontexten, zum anderen fügt es sich auch in einer neuartigen Weise zu einem Gesamtbild, das stets veränderbar bleibt. In einer so verstandenen Ethnographie manifestiert sich das kulturelle Wissen nicht klar abgegrenzt, sondern oft subtil in einzelnen Äußerungen, Begegnungen oder Diskussionen und muss durch kontinuierliche, als Partizipation verstandene Teilnahme (vgl. Ingold 2018) im Sinne einer Vernetzung (vgl. Faubion 2009) zusammengeführt und für den ethnologischen Erkenntnisprozess fruchtbar gemacht werden.

Dass eine der Autorinnen in erster Linie selbst im „Feld" als Lehrerin für Deutsch als Fremdsprache tätig war, während die zweite Autorin zwar als Beobachterin zu Forschungszwecken, aber nur für kurze Zeit und für eine linguistische Fragestellung zu Besuch war, erscheint aus ethnologischer Sicht zunächst einschränkend. Die institutionelle Einbindung, pädagogische Zielsetzungen, die Interessen der Teilnehmer*innen sowie die fachfremde Perspektive einer anderen Disziplin scheinen andere Prioritäten zu schaffen, die einer deskriptiv orientierten teilnehmenden Beobachtung im Wege stehen könnten. Doch wie in den folgenden Kapiteln gezeigt werden wird, sind in der beschriebenen Forschungssituation die damit verbundenen Doppelrollen nicht nur mit möglicherweise problematischen Interessenkonflikten verbunden, sondern bieten auch die Chance, eine neue Form der multidimensional angelegten Forschung in flexiblen Feldern zu erproben und sich für „neue Formen der Kollaboration zu öffnen und mit diesen zu experimentieren" (Knecht 2013:96). Da wir als Ethnologinnen nicht auf eine vorgegebene Fragestellung

---

11 Vgl. Beuchling (2003) und (2015) zu einer methodischen Reflexion über das Potential der teilnehmenden Beobachtung für erziehungswissenschaftliche Fragestellungen. Es geht dem Autor nicht nur um eine Anwendung ethnographischer Methoden in einer Unterrichtsbeobachtung, sondern um eine langfristige, forschungsgeleitete Begleitung der in Bildungskontexten involvierten Personen und Institutionen in ihrem Alltag, u. a. auch um nichtsprachliche Prozesse und die soziale Einbettung von Aktivitäten, was dem *Funds of Knowledge*-Ansatz sehr nahe kommt, jedoch allgemeiner auf das wissenschaftliche Erkenntnispotenzial abzielt.

festgelegt, aber auch die institutionellen Vorgaben der Lehre flexibel waren, erwies sich gerade das sich verändernde Feld als Chance, das Potential eines anwendungsorientierten ethnologischen Ansatzes weiter auszuloten. Das eröffnete Wege, einerseits den Beiträgen der Teilnehmer*innen und damit verbundenen inter- und transkulturellen Lernprozessen, die sich spontan oder kontinuierlich entwickeln, Raum zu geben und andererseits linguistische und ethnologische Zusammenhänge aus einer interdisziplinären Perspektive zu diskutieren und neue Fragestellungen gemeinsam weiterzuentwickeln.

3.1 Redewendungen, Ko(n)text(e) und Indexikalität

„Stille Wasser sind tief": Die Bedeutung dieses Sprichworts ist den meisten Muttersprachler*innen geläufig. Dass neben der wörtlichen auch eine übertragene Bedeutung dahintersteht, der eine gewisse Lebensweisheit und Erfahrung zugrunde liegt, scheint selbstverständlich und erschließt sich auch fortgeschrittenen Deutschlernenden, ohne dass man sie näher erläutern müsste. Bei genauerem Hinsehen und Nachfragen jedoch divergieren sowohl Interpretationen und Übersetzungsversuche, bei denen uns die Teilnehmer*innen in unterschiedliche semantische Felder und metaphorische Räume im Deutschen und in ihren Muttersprachen führten.

Bereits das Lexem „tief" scheint je nach sprachlichem und situativem Kontext eine andere Bedeutung zu entfalten. Z. B. wurde der Ausdruck „in die Tiefe gehen" – im Sinne von „etwas vertiefen" oder genauer betrachten – in einer Kursstunde von Vielen nicht sofort verstanden und zunächst mit der Bedeutung von „untertauchen", „abtauchen" oder mit der Redewendung „Etwas geht den Bach runter" verwechselt.[12] Erst mit weiteren Beispielen und der Einbettung in Situationen konnte verständlich gemacht werden, was mit dem Ausdruck eigentlich gemeint ist. Dabei konnten sowohl Teilnehmer*innen als auch die Lehrenden erfahren, wie universelle Erfahrungen (hier: die Tiefe) nicht nur in unterschiedliche sprachliche Formen gegossen werden, sondern sich auch auf möglicherweise kulturspezifische konzeptuelle Räume mit ihren jeweiligen Möglichkeiten metaphorischen Sprechens beziehen. Diese wiederum werden durch Erfahrungen und Erfahrungswelten gespeist, die sich aber in konkreten Situationen oft nur implizit und fragmentarisch manifestieren. Ein kleiner Unterschied in der Formulierung oder die Schwierigkeit, ein Äquivalent zu finden, können, wenn man der Sache weiter „auf den Grund" geht, interessante Aspekte sprachspezifischer Metaphorik zutage fördern, wobei das Potential darin besteht, Redewendungen oder Sprichwörter nicht lediglich sinngemäß oder wört-

---

12 Unter Sprichwörtern und Redewendungen (alternative Begriffe: Idiom, idiomatische Wendung, Phraseologismus) versteht man feste, mehrgliedrige Wortgruppen, dessen Bedeutung sich nur durch die Summe ihrer Einzelteile erschließt (vgl. Bußmann 2008:530). Eine eindeutige Unterscheidung der Termini gibt es zwar (noch) nicht (Burger 2015:11), jedoch kann man in der Unterrichtspraxis beobachten, dass Redewendungen für Nicht-Muttersprachler*innen oft dadurch schwer verstehbar sind, dass sie sich an den Ko(n)text anpassen, in einen (sprachlichen bzw. syntaktischen) Zusammenhang eingebettet werden und oft metaphorischer Natur sind, während Sprichwörter unveränderbar und eindeutiger sind und als ganzer Satz für sich stehen.

lich zu übersetzen, also einfach die Bedeutung zu (er-)klären, sondern Möglichkeiten des kreativen Umgangs mit Sprache auszuloten – also sprichwörtlich „in die Tiefe zu gehen" – und dabei neues sprachliches und (inter-)kulturelles Wissen entstehen zu lassen. So übersetzten beispielsweise russische Muttersprachlerinnen (Anastasia E. und Vera F.) das oben genannte Sprichwort mit „Im stillen Wasser verbergen sich die Teufel". („В тихом омуте черти водятся", „V tihom omute tscherti vodjatsja").[13] Das Wort „черт", das hier als Äquivalent für „Teufel" herangezogen wurde, löste bei der Übersetzung ins Deutsche bei den Anwesenden – auch bei der Muttersprachlerin selbst – zunächst Erstaunen aus. Möglicherweise beruht es auf altslawischen Vorstellungen von Geistern und Dämonen, die in Gewässern leben. Ein solcher Ausdruck in diesem Kontext macht Ethnolog*innen auf jeden Fall neugierig, der Etymologie des Wortes durch Recherchen weiter nachzugehen, auch wenn es sich in diesem Fall nicht um ihren regionalen Schwerpunkt handelt. Welche Ambivalenzen und Bedeutungsveränderungen bereits bei der Übersetzung einzelner Wörter entstehen können, wenn sie mit kulturellen (Re-)Kontextualisierungsprozessen und Ideologien verbunden sind, ist den beiden Ethnologinnen durch Beispiele aus ihren Erfahrungen in anderen Teilen der Welt bekannt.[14] Wie Silverstein (2003:76) anmerkt, liegt die rätselhafte „Bedeutung" solcher Übersetzungen daran, dass bei einer reinen Betrachtung der *denotationalen* Bedeutung auf Textebene der Kontext ausgeblendet würde, in dem ein bestimmtes Wort oder eine Äußerung verwendet werde:

> "There are other kinds of meaning communicated by words and expression in co(n)text, and therefore to the extent that these are systematic, there are distinct principles of meaningfulness that organize their systematicity. Here, we must leave the plane of grammar-and-lexicon – [...] in relation to text in co(n)text. We move to the plane of principles of cotextuality and contextuality for words and expressions only as they occur in discursive realtime, generally known as culture. This is how we capture the indexical and iconic modalities through which word and expressions are endowed with significances in their co(n)textual matrix" (Silverstein 2003:81-82).

Dass auch bei diesem einen Wort mit dem russischen Sprichwort als Kotext keine eindeutige Zuordnung von Äquivalenten möglich ist, sondern Indexikalität – also Bedeutungshaftigkeit, die auf einen spezifischen Kontext verweist – eine Rolle spielt, zeigt der Kommentar einer weiteren Muttersprachlerin: „Demons not devil (...) But we use diffe-

---

13   Das Sprichwort konnte auch in Duden (2014:70) und Pawlowski (1972:900) unter dem Eintrag „омут" nachgewiesen werden. Darüber hinaus kann man es in Sprichwortsammlungen im Internet nachlesen, beispielsweise von Tatjana Balzer: http://www.sibiria.beryosa.net/rusprichwort/Sprichwort.html.

14   Zu Übersetzung als kultureller Praxis vgl. Schneider (2007). Kolonialzeitliche Quellen und Forschungen zeigen beispielsweise auch, dass sich das Wort „supay" im Quechua, das ursprünglich keineswegs ausschließlich negativ gebraucht wurde, im Zuge der Kolonialisierung als Äquivalent für das Konzept „Teufel" herangezogen wurde, das im Christentum für das Böse steht (Schneider 2007: 197, siehe auch MacCormack 1991:254).

rent word that demons, чеrт is lower than demon" (Dina K.). Jede Suche nach einem Äquivalent im Deutschen oder in anderen Sprachen kann dann zu neuen Fragen, Ambivalenzen und interkulturellen Vergleichen führen. So stellte sich in der weiteren Diskussion um das russische Sprichwort heraus, dass auch das Wort „омут" nicht einfach mit „Wasser" gleichzusetzen sei, sondern eher mit der Vorstellung einer ruhigen, glatten Wasseroberfläche, einem „Baggersee" (Vera F.), einem „Bach" (Anastasia S.), einem „Sumpfloch" (Anastasia E., auch www.leo.org) oder „Untiefen"[15]. Wie schnell die Bedeutung sich je nach Kontext ändern kann, zeigt auch die Übersetzung von Google mit „whirlpool"[16] Das gleiche Lexem werde aber auch in einer anderen Redewendung („Mit dem Kopf ins Wasser") verwendet, mit der eine Situation beschrieben werde, in der man „zu stark verliebt ist und dabei nichts merkt, nichts sieht, nichts hört und nur in seinen Gedanken steckenbleibt" (Anastasia E.). Ebenso könne es Augen einer Person bezeichnen, in denen man sich „verliert" (Katja V.). Allein in diesen einzelnen Wörtern stecken komplexe kulturspezifische Bedeutungszusammenhänge, die auf Indexikalität beruhen. Dabei geht es auch um die Etymologie und die Herkunft der entsprechenden Begriffe und Sprichwörter, d. h. der Kontext, in dem sie entstanden sind. Dieser ist auch für Muttersprachler*innen nicht immer unmittelbar nachvollziehbar. Redewendungen, Sprichwörter und Metaphern sind – so verstanden – nicht für sich genommen „Vermittler von kulturellen Werten", sondern Teil narrativer Traditionen und (universeller wie kulturspezifischer) Erfahrungswelten. Sie entspringen beispielsweise bekannten Legenden, Geschichte(n) und Märchen, auf die man sich beim Sprechen als gemeinsame Basis bezieht, z. B., wenn man „in einen Dornröschenschlaf fällt" oder aus ihm „erwacht." Im Falle der russischen Redewendung konnten die Kursteilnehmer uns zunächst keine weiteren Hinweise geben, welche konkreten Erzählungen den „Dämonen im Wasser" zugrunde liegen. Später verwies uns zwar ein ehemaliger Teilnehmer (Roman B.) auf ein Gedicht des bekannten russischen Schriftstellers Alexander Puschkin (1799–1837) mit dem Titel „омут", aber der literarische bzw. narrative Kontext des Sprichworts blieb für uns ohne Russischkenntnisse weitgehend unzugänglich. Auch durch Internetrecherchen kann dieser nur teilweise erfasst und durch die flüchtigen Begegnungen mit Muttersprachler*innen lediglich erahnt werden.[17]

---

15 Pawlowski (1972:900). Auch auf der Seite http://www.sibiria.beryosa.net/rusprichwort/Sprichwort.html wird als Übersetzung „Untiefen" angegeben.

16 Oft greifen die Kursteilnehmer*innen für die Verständigung im Alltag – aber auch im Kurs – auf kostenlose Übersetzungsprogramme und Wörterbücher aus dem Internet zurück, in denen eine Übersetzung unabhängig vom Kontext angeboten wird, was oft zu Ambivalenzen und Missverständnissen führt.

17 Welche Rolle persönliche Erfahrungen von Kontaktpersonen und Kenntnisse der eigenen narrativen Traditionen bei der ethnologischen Feldforschung spielen, zeigt ein ähnliches Beispiel aus Zentralperu. So werden mit dem Quechua-Wort „warichaka" (wörtlich: „Brücke"), das in einer Erzählung vorkam, besondere Orte am Wasser beschrieben, die – laut einer zweisprachigen Übersetzerin – mit dort wohnenden gefährlichen Wesen in Verbindung gebracht würden. Ohne diese Erklärung wären nicht nur das Wort selbst, sondern auch die damit verbundenen Zusammenhänge in der Erzählung unklar geblieben (vgl. Schneider 2015:240).

Ähnliches gilt für die Deutschlernenden, denen die unmittelbaren Kontexte und authentischen Situationen, in denen eine Äußerung verwendet wird, im Kursraum nur sehr
eingeschränkt zur Verfügung stehen. Möglicherweise kommen unbekannte Formulierungen in einem Lese- oder Hörtext vor, wecken Interesse und Neugierde und provozieren
Nachfragen. Für ein genaueres Verständnis müssen die Situationen dann mit Beispielen
simuliert werden. Auf die gleiche Weise können auch indexikalische Bedeutungen und
Assoziationsketten, die mit metaphorischer Sprache verbunden und in der wörtlichen
Übersetzung selbst nicht erkennbar sind, durch Beispiele gewissermaßen in den Kursraum geholt werden, doch können dabei nicht immer alle Verwendungskontexte mit
ihren jeweiligen Konnotationen abgedeckt werden. An dieser Stelle kommen die Möglichkeiten der Metapragmatik ins Spiel. Dabei geht es darum, über die angemessene Verwendung eines Wortes, einer Konstruktion oder einer grammatischen Struktur in einer
bestimmten Situation zu sprechen (vgl. Silverstein 1993). Entsprechend den darin enthal-
tenen Wörtern erwies sich auch die Interpretation der oben genannten Redewendung in
Bezug auf Charaktereigenschaften von Personen als ambivalent. Während eine Kursteilnehmerin (Anastasia E.) die Assoziationen in Bezug auf die Eigenschaften einer Person,
um die es geht, als eindeutig negativ beschrieb, seien diese nach Meinung einer anderen
russischsprachigen Teilnehmerin (Vera F.) eher überraschend und unerwartet. Als Beispiel brachte sie eine Kollegin oder eine Mitschülerin, die in der Arbeit oder ihm Kurs
eher ruhig sei, dann aber auf einer Tanzveranstaltung, nachdem sie viel getrunken habe,
ihr „wahres Gesicht" zeige. Außerdem könne черт auch einen äußerst attraktiven Mann
bezeichnen. Zwei weitere Muttersprachlerinnen assoziierten damit sogar sexuelle Aspekte und (verborgene) Leidenschaften: "Sexual maniacs. They're usually not behaving like
maniacs in their social lives" (Elena T.) und es symbolisiere Leidenschaften, die hinter einem bescheidenen Gesicht verborgen seien (Rosa A.). Für den Psychologen Roman B. hingegen sei die Redewendung sogar ziemlich eindeutig im positiven Sinne zu interpretieren.

Überraschende Formulierungen und indexikalische Bedeutungen in den eigenen und
anderen Sprachen inspirierten die Teilnehmer*innen darüber hinaus, über sprachliche
Formen und Übersetzungen nachzudenken und diese mit der deutschen Version zu vergleichen. Durch die Diskussionen und Erklärungsversuche erfahren sie, dass es bei der
Verständigung nicht immer um eine möglichst wörtliche Übersetzung oder eine korrekte Anwendung von Grammatikregeln geht, sondern um zugrundeliegende Erfahrungen,
die oft ähnlich, manchmal aber auch sehr unterschiedlich versprachlicht werden. So sage man in Syrien in ähnlichen Situationen „Vor ruhigem Wasser soll man Angst haben."
(„lā ṯāf ʾilā mi-l-māʾ r-rākidā") (Hassan A.) und in Tunesien „Nähere dich bewegten Wadis, bleibe ruhigen Wadis fern" („tʿadda ʿalā wād harhar wa mā tʿaddāš ʿalā wād sākit")
(Johanna A.). Auf Spanisch sei die Übersetzung „Guárdate de las aguas mansas"(„Hüte
dich vor stillen Gewässern") (Cesar C.), während in Rumänien neben dem Sprichwort
„Stilles Wasser ist oft trügerisch" („Apa stătătoare e des înşelătoare") auch das der deut-

schen Variante ähnliche *„Stille Gewässer sind tief"* („Apele lini ţite sunt adâncii") (Iosefina V.) existiere, oder eine andere lexikalische Realisierung innerhalb des gleichen Bildfeldes im tunesischen Arabisch *„Sein Brunnen ist tief"* („bīrū ġāriq"). Auf Dari werde die Erfahrung, dass sich hinter einer ruhigen Fassade ein Mensch mit gefährlichen Eigenschaften verbergen kann, mit drei unterschiedlichen Lexemen ausgedrückt. Zum Beispiel gebe es Menschen, die ganz ruhig, aber gefährlich seien: „Man glaubt nicht, ob der sowas machen kann. Wir rufen ihn ‚marmos'. Und der ist wirklich gefährlich." (Nasim S.). Vor allem in der Politik seien viele solcher Menschen zu finden. „Chalak" hingegen seien Personen, die nicht unbedingt ruhig, aber schneller als die anderen seien. Sie könnten gefährlich, aber auch gut und freundlich sein. „Khapak" wiederum könnte sich auf einen gefährlichen, aber auch intelligenten Menschen beziehen, der aber nach außen hin eher unscheinbar sei. Als Beispiel nannte Nasim S. einen Bekannten, der als Verheirateter nebenher eine Freundin habe, dem man das aber niemals zugetraut hätte. Eine Erläuterung und Definition einzelner Wörter ohne jegliche Einbettung in den „ursprünglichen" Kontext erscheint aus ethnologischer Sicht zwar zunächst fragwürdig, zeigt aber auch das kreative Potential von Sprache und Metapragmatik, die als Ressourcen für interkulturelle Verständigungsprozesse betrachtet werden können. Durch das konkrete Beispiel wurde das entsprechende Konzept in dem „neuen" Kontext (außerhalb Afghanistans) gewissermaßen durch den Muttersprachler und Übersetzer (re-)kontextualisiert und verstehbar gemacht.

In ähnlicher Weise gibt es in jeder Sprache ein ganzes Universum von Formulierungen, über die man sprechen oder deren Bedeutung und bildhafte Sprache man im Einzelnen analysieren kann. Wie weit man dabei „in die Tiefe" geht, weitere Nachforschungen anstellt und auf frühere Erfahrungen und Kontexte zurückgreifen kann, erscheint zunächst zufällig und beliebig. Durch die Nennung der verschiedenen Beispiele in einem Deutschkurs werden diese aus ihrem Kontext gewissermaßen herausgenommen: sie werden dekontextualisiert. Nicht immer ist es möglich, die dahinterliegenden Kontexte zu rekonstruieren. Vieles bleibt fragmentarisch, unzusammenhängend oder sogar unzugänglich, etwa, wenn es sich um eine dem/der Ethnologen*in unbekannte Sprache handelt. Man muss sich in vielen Fällen gewissermaßen auf die metapragmatischen Fähigkeiten der Teilnehmer*innen verlassen, ohne dass jedes Detail durch eigene Beobachtungen bestätigt oder verifiziert werden könnte. Man kann allein aus Zeitgründen nicht alle interessanten Beispiele selbst ethnographisch durch teilnehmende Beobachtung erforschen, um – wie von Malinowski (1946:306) gefordert – die Funktion eines Wortes in seinem ursprünglichen Kontext (*„context of situation"*) zu verstehen. Es gibt auch nicht zu jedem Thema, Wort oder zu jeder Frage bereits vorhandene ethnologische Forschungen, mit denen man das entstandene Bild vervollständigen könnte, auch wenn hier sicherlich noch großes Potential bestehen würde, wenn wertvolle langfristige Beobachtungen oder konkrete Erkenntnisse noch stärker in Hinblick auf ihren Bezug zu aktuellen Phänomenen in der Migrationsgesellschaft fruchtbar gemacht werden könnten (vgl. Klocke-Daffa 2007).

Ohnehin kann man nicht einfach von bereits vorhandenen, unveränderten Kontexten ausgehen, sondern muss vielmehr versuchen, Prozesse der De- und (Re-)Kontextualisierung zu beschreiben (vgl. Silverstein / Urban 1996, Blommaert / Rampton 2011:9). Im Kursraum sind die verschiedenen Personen auch nicht einfach nur Vertreter*innen einer bestimmten Lebenswelt, Kultur oder Sprache, die (in unterschiedlichem Maße) auf entsprechendes „gemeinsames Wissen" zurückgreifen könnten. Sie kommen aus unterschiedlichsten Verhältnissen, Regionen und leben in von Pluralität gekennzeichneten Welten. Sie üben verschiedene berufliche Tätigkeiten aus und haben selten die gleichen Interessen, auch wenn sie aus dem gleichen Land kommen. Hinzu kommt, dass durch die neuen – auch sozialen – Medien, weitere Möglichkeiten der Interaktion und des Schaffens von Kontexten gegeben ist. So können die Teilnehmer*innen auch während des Kurses im Internet schnell ein Wort in Online-Wörterbüchern (z. B. Google-Translate oder LEO) nachschlagen oder nach bestimmten Informationen suchen, was wiederum neue Netzwerke und Ebenen schafft, die als Referenz dienen. Auch für die Ethnolog*innen besteht dadurch die Möglichkeit, Kontexte auszuweiten, indem man beispielsweise ehemalige Kursteilnehmer*innen aus bestimmten Regionen kontaktiert, um offene Fragen zu klären oder weitere Informationen zu einem Thema zu erhalten. Dennoch bleibt auch bei diesen erweiterten Möglichkeiten Vieles fragmentarisch, rätselhaft und kann mehrere (semiotische) Ebenen und hybride Kontexte beinhalten. Die Beispiele zeigen aber auch, dass es trotz unterschiedlicher Bilder, Metaphern und Kategorisierungen auch allgemein menschliche Erfahrungsbereiche (etwa die Erfahrung, dass es eine Diskrepanz zwischen dem Augenscheinlichen und dem, was dahinter verborgen ist) gibt, auf die man in einer Kontaktsituationen als eine Art gemeinsamen Kontext bei der Verständigung zurückgreifen kann.[18] Umgekehrt kann auch das, was *nicht* einer gemeinsamen Erfahrung oder geteiltem Wissen entspringt, gemeinsame oder ähnliche Aspekte enthalten, die jeweils unterschiedlich gedeutet werden, oder je nach Situation einen anderen Stellenwert haben, sich nicht nur auf ihr spontan abrufbares sprachliches Wissen, sondern in steigendem Maße darauf beziehen, was sie selbst (z. B. auf Seiten, die sich auf die eigenen kulturellen Traditionen beziehen) im Internet gelesen haben.[19]

Welche Dynamiken bereits wenige Motive bzw. Symbole, die in einem Märchen oder einer Geschichte vorkommen, entfalten können, zeigt folgende Situation, in der die Teilnehmer*innen eine Rose und damit verbundene Ideen und Vorstellungen beschreiben sollten. Dass es dabei nicht nur um botanische Begrifflichkeiten (Dorn, Blüte, Stängel

---

18 Koch (2014) verweist in diesem Zusammenhang nicht nur auf Aspekte einer gemeinsame Geschichte (u. a. im Bereich der Religion) – beispielsweise zwischen den Sprachen Europas – sondern auch darauf, dass metaphorische Kompetenz an sich eine „transkulturelle Kompetenz" sei, wobei die Grundprinzipien und Funktionen der Metapher in allen Sprachen und Kulturen gleich sei. Zudem sorge das Internet für neue Formen des Sprachkontakts, der auch Einfluss auf die Metaphorik habe.

19 Um diesen neuen Formen der Interaktion und den entsprechenden Kontexten gerecht zu werden, müssten die damit verbunden Dynamiken systematisch erforscht werden, was im Rahmen dieses Artikels nicht weiter ausgeführt werden kann.

etc.), sondern auch um Kommunikation, Metaphorik und kulturelle Konnotationen geht, die indexikalisch mit dem Bild einer Rose verbunden sind, zeigte sich bereits in den ersten Kommentaren der Teilnehmer*innen. So wurde die Rose zwar, wie erwartet, auf den ersten Blick von den meisten als Symbol für Liebe und Schönheit betrachtet, es wurden jedoch schnell Unterschiede bei der Interpretation von Farbe und Anzahl ins Spiel gebracht. So merkten insbesondere polnische Teilnehmer*innen an, dass eine gelbe Rose mit Situationen in Verbindung gebracht werde, in denen Eifersucht, Verrat, Betrug oder Untreue eine Rolle spielten (Renata U.). Da den Lernenden die entsprechenden Begrifflichkeiten auf Deutsch nicht immer sofort zur Verfügung stehen, entwickeln sich gerade beim Versuch, das richtige Wort für eine bestimmte Konstellation zu finden, Anlässe, relevante Situationen, kommunikative Strategien und mögliche kulturelle Unterschiede metapragmatisch zu beschreiben. Tschechische Kursteilnehmer*innen machten darauf aufmerksam, dass das Verschenken einer geraden Anzahl von Rosen ein Fauxpas sei, da es mit dem Kontext eines Begräbnisses verbunden werde, was später auch von mehreren Teilnehmer*innen aus verschiedenen osteuropäischen Ländern bestätigt wurde, u. a. von einer Teilnehmerin aus Rumänien, die selbst erst vor einigen Wochen in Deutschland geheiratet und durchaus auf die Anzahl der Rosen in ihrem Bouquet geachtet hatte. Während einige (verbale wie nonverbale) Zeichen überregional und international ähnlich oder weit verbreitet sind, können andere Ausdrucksformen in diesem Themenfeld hingegen regional sehr begrenzt und auch Landsleuten fremd sein.[20] Objekte, wie hier die Rose, dienen allerdings im Kurs nicht lediglich dazu, Unterschiede in kulturspezifischer Semiotik festzustellen und greifbar zu machen, sondern dazu, sich abstrakten Konzepten nonverbal anzunähern, für deren Beschreibung den Kursteilnehmer*innen (noch) wenige sprachliche Begrifflichkeiten auf Deutsch zur Verfügung stehen, und dadurch (auch mit anderen Lernenden) Sprechanlässe für neue Zusammenhänge zu schaffen. Dabei geht es nicht in erster Linie darum, kulturellen Missverständnissen auch auf nonverbaler Ebene vorzubeugen oder kulturspezifische Bedeutungsmuster zu kontrastieren, sondern darum, wie verschiedene Zeichensysteme und Bedeutungsebenen bei der Verständigung miteinander interagieren. Im Iran beispielsweise könne der Geliebten auch ein Granatapfel oder ein roter Apfel überreicht werden, was ohne Worte Zuneigung signalisiere. Ein ehemaliger Kursteilnehmer erzählte uns von einer narrativen Tradition anlässlich des Sonnenwendfests im Iran:

„Alles sitzen um [den] Tisch, so dass ist warm und gemütlich und die [Alten] schenken was von Weisheit, erzählen Geschichten, Gedichte zum Beispiel über Liebe. Am Ende gibt [es] rote Apfel oder Rose. Wir haben mehrere Symbole für Liebe [...] Aber [die] Frau gibt nicht, nur die Männer. Die können dann mit Worten antworten. Aber [der] Mann muss anfangen" (Alireza S., eigene Transkription).

---

20 So werde in einer Gegend Polens (Masuren, Nordpolen) einem unerwünschten Verehrer eine „schwarze Suppe" aus Entenblut serviert (Mariusz K.), ein Brauch, der einem anderen polnischen Teilnehmer (Peter B.) aus einer anderen Region unbekannt war.

Nach Silverstein (1976, 1997:268-271) beruhe das Wissen um die Bedeutung indexikalischer Zeichen einerseits auf kulturell vorgegeben, impliziten Vorannahmen („Präsupposition" – engl. *„presupposition"*) und bereits existierenden Kontexten; andererseits trügen indexikalische Zeichen immer auch das Potential in sich, kreativ umgedeutet zu werden, wobei neue Kontexte und „Implikationen" geschaffen würden *(„entailment")* (vgl. Silverstein 2003:82 und Rymes 2003:125). Gerade in einem Sprachkurs entsteht Raum für performative Möglichkeiten, mit Indexikalität zu spielen und sich über kulturelle Konventionen hinwegzusetzen, bzw. ein bestehendes kommunikatives Repertoire kreativ in neuen Zusammenhängen zu verwenden. Im Kurs wurde beispielsweise eine (künstliche) Rose für eine Übung genutzt, in der die Lernenden (zum Abschluss eines Kursabschnitts) den anderen Anwesenden gute Wünsche aussprechen, und dabei die Rose weiterreichen sollten. Die Funktion, in der Gruppe das „Rederecht" weiterzugeben – also die Reihenfolge der Sprecher festzulegen – wurde ihr spontan neben der Rolle als „Überbringerin" von guten Wünschen zugesprochen, was in dem speziellen Kontext eine Umdeutung oder Erweiterung ihrer semiotischen Funktion bedeutete, während gleichzeitig Teile der bekannten kulturellen Konventionen, indexikalischen Bedeutungen und Assoziationen erhalten blieben, was nach Silverstein typisch für indexikalische Bedeutung sei: "Empirically, any indexical sign-form is always balanced at a borderland between presupposition and entailment; [...]" (1997:271). Genau in dieser Eigenschaft von Indexikalität steckt ihre Dynamik und kreatives Potential, denn das Beispiel der Rose kann für viele weitere Aspekte interkultureller Semiotik und Kommunikation stehen, die sowohl im Alltag der Migrant*innen als auch im Kursraum selbst entstehen. Nicht nur sprachliche Zeichen, sondern auch Objekte, Farben, Gesten oder andere nonverbale Zeichen können in vielen Fällen durchaus ambivalent verwendet werden und können unterschiedliche indexikalische Qualitäten haben oder annehmen.[21] Auch wenn im oben genannten Beispiel das kreative Moment in der Interpretation der Rose von der Kursleiterin ausging, bedeutet das nicht, dass Kontextualisierung immer von dem/der Kursleiter*in oder dem/der Ethnologen*in gesteuert werden muss. Wie Rymes (2003:139-149) betont, bringen Schüler*innen mögliche Kontexte von Wörtern, die sie in einem Text lesen, oft von selbst und nicht immer in der von dem/der Lehrer*in vorgesehenen Weise in das Unterrichtsgeschehen ein. Darauf einzugehen sei ein komplexer Prozess, der situationsspezifische Aspekte einschließe.

Der Kontext, in dem die Redewendung *„Stille Wasser sind tief"* im Kurs überhaupt aufkam, war das Thema „Bionik", in dem es um die Übertragung von Phänomenen und Eigenschaften aus der Natur auf die Technik ging. Bei der Suche nach Beispielen fiel der russischsprachigen Teilnehmerin (Anastasia E.) ein, dass eine glatte Wasseroberfläche wie ein „Spiegel" sei und daher sicherlich als Vorbild gedient habe, was anschließend zum

---

21 Dass auch scheinbar „eindeutige", nonverbale Symbole anders interpretiert werden kann als vorgesehen, zeigt das Beispiel von Linda R. aus Bulgarien, die das Vorhandensein von „Frauenparkplätzen" in Deutschland so gedeutet hatte, dass sie Frauen das Einparken erleichtern sollten.

Verständnis entsprechender bildhafter Redewendungen und metaphorischen Übertragungen im Deutschen („Wasserspiegel", „widerspiegeln", „jemandem den Spiegel vorhalten", „Augen als Spiegel der Seele" und anderen Bedeutungen) führte. An diesem Beispiel aus der Naturwissenschaft konnte aber auch das Prinzip von metaphorischem Sprechen veranschaulicht werden: So wie die Natur für technische Erfindungen Vorbild war, ist sie es im Falle vieler metaphorischer Wendungen auch für sprachlichen Ausdruck, wenn Bedeutung ausgeweitet und auf andere Bereiche übertragen wird. Die Unterschiedlichkeit im Bereich der Metaphorik könnte Sprach- und Kulturwissenschaftler zwar dazu verleiten, Sprache als „Spiegel der Kultur" zu betrachten und vorschnelle Schlüsse über die sprachliche und kulturelle Relativität zu ziehen – etwa in dem Sinne, dass ein bestimmtes Sprichwort für eine bestimmte, kulturspezifische Herangehensweise an die Realität stehe oder umgekehrt das Vorhandensein ähnlicher Redewendungen und metaphorischer Ausdrücke indexikalisch auf universelle Erfahrungen oder besondere Gemeinsamkeiten zwischen Kulturen schließen ließe (vgl. Koch 2014). Inwiefern diese sprachlichen Konstruktionen aber genau kulturelle Lebenswelten „widerspiegeln", lässt sich nicht ohne Weiteres definieren.[22] In der kognitiven Linguistik herrscht die Bemühung vor, unterschiedliche „konzeptuelle Räume" als Analyseeinheiten in ihrer Komplexität und sprach- bzw. kulturspezifischen Gebundenheit zu untersuchen (Lakoff/Johnson 1980), was von Ethnolog*innen wiederum teilweise als zu „sprachzentriert" kritisiert wird, da sie erstens den Akteurstatus des/der Sprecher*in vernachlässige und zweitens die Wirkmacht von Sprache auf Realitäten neben anderen Handlungsformen überbetone (Quinn 1991:90).

Doch wie können die in der Praxis gesammelten Erfahrungen mit metaphorischem Sprechen dann überhaupt etwas zur ethnologischen Theorienbildung und zum Verständnis von inter-/bzw. transkulturellem Lernen im Migrationskontext beitragen? Anstatt die beobachteten Unterschiede und Gemeinsamkeiten lediglich als Beleg für kulturelle Relativität zu verwenden oder als „Gebrauchsanleitung" für gelingende Kommunikation zwischen „Kulturen" zu sehen, können sie zum einen als Ausgangspunkt für ein Annähern an „Kultur im Singular, Kultur als Universalie menschlichen Lebens" (Sökefeld 2009:30) und damit auch an die Semiotik bestimmter universeller oder kulturspezifischer Konzepte und Handlungsfelder dienen. Zum anderen können sie – indem verschiedene Perspektiven mit einbezogen werden – neue Dimensionen ethnologischen Forschens in hybriden, praxisorientierten Kontexten des Lernens erschließen, wie im folgenden Kapitel dargestellt wird.

---

22 In der kontrastiven Idiomdidaktik und interkulturellen Sprachdidaktik dienen Redewendungen teilweise lediglich dazu, Differenzen festzustellen, in denen kulturspezifische Verhaltensregeln und Normen transportiert würden. So wird das Sprichwort „Zuerst die Arbeit, dann das Vergnügen" beispielsweise in einem Lehrwerk des BAMF mit der deutschen Mentalität in Verbindung gebracht und als Handlungsanweisung im Sinne von interkulturellem Lernen verstanden: „So zeigt manchmal auch die Sprache selbst, wie man sich verhalten soll" (Schote 2014:87).

3.2 (Deutsch-)Lernen, Lehren und ethnologisches Forschen als (inter-)kulturelle Praktiken

Nicht nur das, was die Deutschlernenden aus ihren Herkunftsländern und Familien an sprachlichem und kulturellem Wissen und Erfahrung mitbringen, sondern auch, was sie in ihrem aktuellen beruflichen und familiären Umfeld erfahren, trägt als *„fund of knowledge"* zu einer ethnologischen Perspektive bei. Dazu gehören Begegnungen mit der lokalen Bevölkerung, mit Arbeitskolleg*innen, dem regionalen Dialekt, aber auch mit Menschen aus unterschiedlichen Ländern, beispielsweise in einem Sprachkurs. Einige verstehen sich sogar selbst als „Ethnographen", indem sie sich Mühe geben, die Lebensweise und Mentalität der regionalen, meist ländlichen Bevölkerung aus einer Außenperspektive heraus zu verstehen. Ein polnischer Tierarzt beispielsweise „interviewe" gerne alte Bauern, höre sich ihre Geschichten an und beobachte Unterschiede zwischen der Region, in der er lebt, – dem Ries – und anderen Regionen Deutschlands, vergleicht aber auch mit den Traditionen seines Heimatlandes und mit dem, was er bisher (z. B. in Kursen) über Deutschland und Bayern gelernt hat. Er respektiere dabei die Perspektiven, Eigenheiten und lokales Wissen der Einheimischen: „Wenn ein Bauer was sagt, kann ich nicht fragen, dann ist [das] heilig." (Peter B.) Dabei habe er auch bemerkt, dass nicht – wie vorher angenommen – überall in Deutschland bei der Begrüßung die Hand gegeben werde. Vor allem auf dem Land begrüße man sich eher informell, ohne Händeschütteln und „mit verschränkten Armen." Dass viele traditionell gewachsene kommunikative Praktiken auf Informationsaustausch über konkrete, alltägliche Tätigkeiten beruhen, konnte auch Johanna Abel bei einer ähnlichen Situation in einem Dorf erleben, als sie bereits bei der zweiten Begegnung mit einer Bäuerin, vor der Dorfkirche, nicht mit „Guten Tag, wie geht es?", sondern „Ich hole noch die Tomaten für den Erntedankaltar" begrüßt wurde.

Die regional starke Präsenz des Rieser Dialekts wird individuell sehr unterschiedlich wahrgenommen. Während auf eine Teilnehmerin (Bianca C.) die Verwendung des Dialekts unhöflich wirkte, da er die Kommunikation erschwere, sahen andere gerade bei Dialektsprecher*innen eine besondere Herzlichkeit und ein Entgegenkommen bei der Verständigung (Peter B.). Relevant ist für die Deutschlernenden sicherlich, dass in der Region nicht nur das Erlernen von „Hochdeutsch" notwendig ist, um sich in allen, teilweise auch beruflichen, Situationen zurechtzufinden. Gerade regionalspezifische, teils dialektale Begrüßungsformen und Register, die nicht im Lehrbuch stehen, sind den Teilnehmer*innen sehr wichtig. Ein Beispiel hierfür ist das Wort „Mahlzeit", das vor allem in der Arbeitswelt verwendet wird, wenn jemand begrüßt wird, der gerade beim Essen sitzt, was vielen Deutschlernenden oft zunächst überraschend erscheint. Im Unterschied zu einigen Ansätzen des „interkulturellen Lernens" geht es an dieser Stelle jedoch nicht (nur) darum, regionaltypische, durchaus auch kulturspezifische, Gewohnheiten, als „critical incidents" (vgl. Erll / Gymnich 2017:119-142) zu behandeln, die aufgearbeitet werden, um Wissen über angemessene Umgangsformen in Firmen der Region zu vermitteln,

Verständigungsschwierigkeiten zuvorzukommen und entsprechende Situationen künftig richtig einzuschätzen. Vielmehr ist aus ethnologischer Sicht entscheidend, dass diese seltsam erscheinende Begrüßungsformel den Kursteilnehmer*innen, die in einer Firma in der Region arbeiten, selbst aufgefallen ist und sie ihre Beobachtung mit den Kurskolleg*innen, die an entsprechenden kommunikativen Sphären nicht teilhaben (können), (mit-)teilen. Zwar können Fragen zur „korrekten" Anwendung der Formel von der Kursleiterin – auch in ihrer Rolle als Ethnologin – aufgrund der regionalen Verwurzelung und muttersprachlichen Kompetenzen teilweise geklärt und diskutiert werden, aber auch andere Kursteilnehmer*innen, die dem Grußwort in einem anderen Kontext bereits begegnet sind, tragen zur Kontextualisierung und (meta-)pragmatischen Einordnung bei, wobei die damit verbundenen Einschätzungen durchaus widersprüchlich sein können. Durch das Miteinbeziehen regionaler Phänomene werden nicht nur – wie bei bisherigen Ansätzen zum inter-/und transkulturellen Lernen bereits beabsichtigt – Stereotype bzgl. Deutschland/der Deutschen relativiert und der Kulturbegriff differenziert, sondern es kommen auch Phänomene zur Sprache, die Einheimischen, zu denen auch die Dozentin (und Ethnologin) gehört, mitunter nicht bewusst oder bekannt sind oder für unwichtig und selbstverständlich erachtet wurden. Gerade auch scheinbar unbedeutende Beobachtungen über Grußverhalten, Kleidung oder kulinarische Gewohnheiten können je nach Zusammensetzung und Interessen der Gruppe zu interessanten, möglicherweise auch konfliktbehafteten Diskussionen führen, bei der Tradition und Geschichte, aber auch Klischees, (z. B. religiöse) Identität und Ideologien eine Rolle spielen.

In diesem Sinne kann etwa ein Begriff, der im Deutschkurs in einem Text vorkommt, für verschiedene Personen je nach Hintergrund und Erfahrungen andere indexikalische Qualitäten haben. So haben Teilnehmer das Wort „Anerkennung" auf der Basis ihrer Lebenswirklichkeit interpretiert. In einem Lehrbuchtext ging es um Identität und Gruppenzugehörigkeit (Kuhn et al. 2015:26). Eine Teilnehmerin (Vera F.) assoziierte mit dem Wort jedoch sofort die Formalitäten, die in Deutschland für die berufliche Anerkennung von Abschlüssen notwendig sind: „Das ist das, was für *uns* wichtig ist". Mit „uns" nahm sie Bezug auf die spezielle Situation der Migrant*innen, die sich in Deutschland um ihre berufliche Anerkennung bemühen, für die in der Regel auch ein Nachweis über bestimmte Sprachkenntnisse erforderlich ist. Nicht alle sind jedoch in gleicher Weise mit diesem Thema konfrontiert. Während in einigen Branchen, in denen Fachkräfte gesucht werden, die Anerkennung von Abschlüssen, die sprachliche Qualifikation und Weiterbildung erleichtert wird, gibt es immer noch viele Situationen, in denen in ihrem Heimatland qualifizierte Personen nicht in ihrem Beruf arbeiten können oder aufwendige bürokratische Hürden zu bewältigen haben. Andere wiederum benötigen nur wenige Unterlagen oder brauchen gar keine offizielle Anerkennung, etwa, wenn sie mit neuen Medien länderübergreifend arbeiten können. Aber auch mit der weiter gefassten Bedeutung des Begriffes als gesellschaftliche Anerkennung verbanden die Kursteilnehmer in der Diskussion unterschiedliche, auch interkulturelle, Erfahrungen. So bemerkten gerade Hausfrauen oder in der Pflege tätige Teilnehmer*innen eine fehlende Wertschätzung ihrer Arbeit, obwohl sie ungeachtet ihrer akademischer Qualifikation und beruflicher Tätigkeiten im Heimatland in Deutschland geradezu in die entsprechenden Rollen gedrängt worden seien (z. B. Anastasia V.), ohne dass ihr Wissen und ihre Erfahrung wahrgenommen worden sei. Dass Frauen in Berufen arbeiten, in denen weniger verdient wird, oder für die gleiche Leistung weniger Lohn erhalten, wird von den Migrant*innen ebenso in ihrem Alltag wahrgenommen wie andere Formen der Ungleichbehandlung, Geringschätzung von Kompetenzen aufgrund mangelnder Sprachkenntnisse (bis hin zum Stellenwert von Sprachkursen, in denen die Tätigkeit der Dozent*innen nicht als die eines/r Lehrers*in an staatlichen Schulen ebenbürtig eingestuft wird). Nicht nur die Lehrbuchbeispiele, sondern v. a. auch die vielfältigen persönlichen Erfahrungen der Kursteilnehmer*innen und die Möglichkeit, sich mit den anderen darüber auszutauschen, geben den Inhalten, interkulturellen Themen und entsprechenden Begrifflichkeiten wie Gleichberechtigung, berufliche Anerkennung oder Höflichkeit – die auch als gesellschaftliche Themen im Raum stehen – erst ihren Sinn.

Allerdings werden im Kurs selten *alle* relevanten Beziehungen und Kontexte von den Teilnehmer*innen eingebracht, die für ein umfassendes, ethnographisch fundiertes Verständnis von Wörtern, Konzepten und Themen notwendig wären. Filme, Geschichten oder Märchen (auch im internationalen Vergleich), in denen ein Thema oder ein Motiv (vielleicht unerwartet) auftaucht, können jedoch Anknüpfungspunkte für weiterführende Erklärungen und die Auseinandersetzung mit interkulturell interessanten Themenkomplexen sowie mit sozio-historischen und regionalen Gegebenheiten sein. Terminologien, Bilder und Begriffe wie „Prinz" oder „Prinzessin", die u. a. in Märchen vorkommen, sind nur auf den ersten Blick Teil von weit in der Vergangenheit liegenden Welten, sondern beeinflussen auch aktuelle Diskurse über Männer- und Frauenrollen sowie historische gewachsene Hierarchien und politische und soziokulturelle Zusammenhänge in der Gesellschaft, mit denen auch die Migrant*innen in Kontakt kommen.[23] So sind zwei Kursteilnehmerinnen aus Polen und Rumänien als Bedienstete bei Adligen in der Region beschäftigt und konnten ihr Wissen über entsprechende – den anderen z. T. sehr fremd erscheinende – Lebenswelten und Begriffe mit den anderen teilen. In Bezug auf die Region, in der die Migrant*innen ankommen, werden die Deutschlernenden selbst zu Beobachter*innen und Kenner*innen der lokalen Kultur, die – indem sie an verschiedensten Lebenswelten teilhaben – mehr über ihre neue Heimat, deren Sprache und Traditionen wissen als beispielsweise die Besucherin aus München. Auf diese Weise füllen sich

---

23 Anhand des Märchenfilms „Wie man Dornröschen wachküsst" („Jak se budí princezny") (Václav Vorlíček. CSSR 1977) lassen sich nicht nur kulturspezifische Unterschiede und Varianten aufzeigen, sondern auch (u. a. in den Entstehungsgeschichten der Filme) Aspekte europäischer Geschichte. Darüber hinaus bieten sie Anlass, über Rollenbilder (z. B. von Männlichkeit und Tapferkeit) oder etc. zu diskutieren. Auf der Seite www.maerchen-im-film.de (Autor: Ron Schlesinger) findet man weitere Interpretationsbeispiele von Märchenfilmen in ihren sozio-historischen Kontexten.

Begriffe, Konzepte oder Symbole nicht nur mit *abstrakter* Bedeutung (im Sinne einer Definition oder eines fiktiven Beispiels), sondern sie bekommen „ein Gesicht" durch die jeweiligen konkreten Geschichten und Erfahrungen der Teilnehmer*innen, wenn sie sich über ein Thema austauschen. Ganz nebenbei erfahren etwa junge Leute von ihren Kolleg*innen aus Indien und Afghanistan, dass deren Partner*innen von den Eltern ausgewählt wurde oder dass sie vor einer Zwangsheirat geflohen seien. Durch den Austausch ihrer Erfahrungen vermitteln sich die Teilnehmer*innen nicht nur gegenseitig neues Wissen, Vokabular und Einblicke in fachspezifische Bereiche, sondern sie lernen auch alternative Lebensentwürfe und Migrationsgeschichten kennen. Gleichzeitig verweisen die genannten Beispiele darauf, dass die Wertschätzung von Wissen und Erfahrung nicht nur in der Schule oder im Bereich der Bildung relevant ist, sondern eine gesamtgesellschaftliche Aufgabe, die sich auch auf die Wissenschaft und die Arbeitswelt erstreckt. Dabei sollten Deutschkurse nicht nur dazu dienen, die Interessen des Staates oder von Wirtschaftsunternehmen zu erfüllen. Weltfish warnt davor, Bildung (und damit auch das Sprachenlernen) lediglich als Vorbereitung auf bestimmte berufliche Tätigkeiten zu betrachten und dabei andere Aspekte des Lebens und lebenslangen Lernens außer Acht zu lassen:

> "However, Weltfish does not advocate occupational preparation as the only goal of education. Education should prepare students to live a ‚fulfilled life' [...] To separate education from other domains of culture would have been an artificial abstraction to her – a reduction of the very complex process of human cultural life and a failure to see the multidimensionality of what is involved in becoming a participating member of any social group" (Niehaus 2006:113-115).

Während des Besuchs von Johanna Abel aus München konnten die Teilnehmer*innen somit eine weitere Art von „Anerkennung" erfahren. Durch die Wertschätzung und die Aufmerksamkeit, die ihrem (mutter-)sprachlichen Wissen, aber auch ihren vergangenen und aktuellen Lebenswelten entgegengebracht wurde, konnten Begegnungen und (unvorhergesehene) Verständigungsprozesse jenseits akademischer, kultureller und hierarchischer Grenzen stattfinden. Dabei wurden auch Diskussionen und Überlegungen eingebracht (z. B. zu Metaphorik in unterschiedlichen Sprachsystemen), die ansonsten im Deutschunterricht möglicherweise keinen Platz gefunden hätten oder nur gestreift worden wären. Darüber hinaus wurde Johanna Abels linguistisch-pädagogisches Erkenntnisinteresse zum Anlass, mit ethnographischen Methoden zu experimentieren. Die Besuche in Nördlingen sollten zunächst lediglich der Erprobung von Unterrichtsmodellen zur „Vermittlung metaphorischer Kompetenz" dienen, die aufgrund von teilnehmender Beobachtung in einem anderen Kurs erarbeitet worden waren. Die teilweise unerwarteten Beiträge und Reaktionen der Kursteilnehmer*innen, aber auch Diskussionen und wiederholte Begegnungen über einen längeren Zeitraum führten zu einer schrittweisen Weiterentwicklung interdisziplinären Arbeitens sowie einer Verflechtung von ethnographischen Methoden und Beteiligung am Unterricht aus verschiedenen Perspektiven heraus (als Zuhörerin, Lehrerin Lernbegleiterin, Beobachterin, Gesprächspartnerin – insbesondere auch aufgrund ihrer Sprachkenntnisse für arabischsprachige Teilnehmer*innen – und Freundin).

Es ist durchaus nachvollziehbar, dass die Lehrerrolle bei den Teilnehmer*innen unter Umständen zu einer gewissen Erwartungshaltung führt, die ethnographischem Forschen hinderlich sein könnte. Beispielsweise erlaubt es die Unterrichtsgestaltung nicht immer, ethnologisch interessante Aspekte beliebig zu vertiefen, da das spezielle Interesse an einem Thema möglicherweise nicht von allen geteilt wird. Auch das Durchführen von Interviews mit einzelnen Teilnehmer*innen im Umfeld eines Kurses ist für die Lehrperson selbst nicht immer möglich bzw. würde mit dem „Abfragen" von Wissen oder auch Bevorzugung bestimmter Personen assoziiert werden. Hinzu kommen die Lernerfahrungen und -biografien, die die Teilnehmer*innen aus ihren Herkunftsländern mitbringen und die in ihre Motivationen, einen Kurs zu besuchen, einfließen. Zudem könnten feste Unterrichtsziele (z. B. Prüfungen) und Vorgaben von (staatlichen) Auftraggebern (wie z. B. in Integrationskursen) eine bestimmte Richtung in Bezug auf interkulturelles Lernen vorgeben. Andererseits gestaltet sich der Unterricht in den Volkshochschulen vergleichsweise frei; der Unterrichtende gilt vielmehr als „Kursleiter*in" und kann individuell auf die Teilnehmer*innen und Themen eingehen. In jedem Fall nehmen die Lernenden Deutschlehrer*innen in gewisser Weise als Expert*innen oder Repräsentant*innen der deutschen Sprache oder regionalen Kultur wahr, in Einzelfällen – v. a. in staatlich organisierten Kursen – sogar der deutschen Behörden oder Politik. Sie erwarten unter Umständen von dem/der Lehrer*in eine zuverlässige Übersetzung von Begriffen, alltagstaugliche Anweisungen oder Interpretationen verschiedenster Sprechsituationen. Gerade hier kann jedoch die Ethnologie mit ihrem Interesse an verschiedenen Perspektiven dazu beitragen, dass die Lernenden verstehen, dass es oft keine einfache Antworten auf Fragen nach (kultureller) Bedeutung gibt und dass es bei (inter-)kulturellem Lernen nicht auf Hierarchien und „Belehrung von oben" ankommt, sondern auf Erfahrungen und Perspektivenvielfalt. Denn in Bezug auf die Lebenswelten der Teilnehmer sind die Lehrenden/Ethnolog*innen ebenfalls Lernende. Und umgekehrt wird durch ihre Rolle als „Native" in der Region die Ethnologin gewissermaßen selbst Teil einer „erforschten Lebenswelt". Dadurch werden Rollenzuschreibungen (Linguistin, Ethnographin, Lehrerin, Lerner*in, Informant*in) zumindest zeitweise irrelevant und überschneiden sich. Unsere Begegnungen mit den Teilnehmer*innen mündeten somit in „transdisziplinären Lernerfahrungen" (vgl. Wlasak 2017), wobei nicht nur die akademischen Disziplinen der beiden Autorinnen (Angewandte Linguistik, Ethnologie, Deutsch als Fremdsprache) involviert waren, sondern auch andere Fächer und Spezialgebiete, mit denen sich die Kursteilnehmer*innen beschäftigt und in denen sie bereits (interkulturelle) Erfahrungen gesammelt haben – etwa Medizin, (Wirtschafts-)Psychologie, Pharmazie oder Theologie. Es kann hier durchaus eine wichtige Aufgabe der Ethnologie sein, durch teilnehmende Beobachtung „hinter die Kulissen zu blicken" und durch „ethnographische Tiefe" Aspekte einzubringen, die in einer rein linguistischen, textwissenschaftlichen oder einer für pädagogische Zwecken vereinfachten Sicht auf Kultur und kulturelle Differenz nicht sichtbar wären, wobei auf eine Vielzahl an bereits erbrachten Forschungen mit regionaler Spezialisierung zurückgegriffen werden kann.[24]

Doch wie kann die Rolle der Ethnologie speziell in der Sprachdidaktik und in Kontexten sprachlicher und kultureller Diversität beschrieben werden, wo selten eine klassische (ethnologische) Forschung möglich ist und wo es um interdisziplinäre Zusammenarbeit und verschiedene Interessen in den jeweiligen Praxisfeldern geht? Im Gegensatz zu pädagogischen und sprachdidaktischen Ansätzen ergibt sich aus ethnologischer Sicht auf jeden Fall nicht die Notwendigkeit, Äußerungen von Kursteilnehmern nach normativen Gesichtspunkten wie sprachlicher Korrektheit, Kohärenz und Stimmigkeit in Bezug auf ein Thema oder Lernziel zu beurteilen. Auch die interessengeleitete Hinführung an „metaphorische oder interkulturelle Kompetenzen" in Bezug auf bestimmte Regionen oder Situationen, wie es bei bestimmten Ansätze des interkulturellen Lernen oft der Fall ist, kann nur zweitrangig sein. Vielmehr geht der Zusammenhang von Sprach- und Kulturvermittlung im Unterricht weit über das Konzept der „Landeskunde" (vgl. Gnutzmann / Königs 2006), aber auch des „inter- und oder transkulturellen Lernens" – wie es bisher be- schrieben wurde – hinaus. Das Konzept des transkulturellen Lernens (vgl. Welsch 1995, 2010; Delanoy 2014) geht bereits auf komplexe Formen kultureller „Hybridität" ein und stellt einen statischen Kulturbegriff in Frage, wobei „kulturelle Skripte", kommunikative Strategien und *„critical incidents"* sicherlich für die Kursteilnehmer*innen als Grundlage dienen können, ihre eigenen Vorurteile in einem Prozess des inter- bzw. transkulturellen Lernens zu reflektieren. Dennoch muss es einer ethnologischen Perspektive um mehr gehen als nur um einen „dynamischen Kulturbegriff", „Identität", „hybride Kontexte" oder einen „dritten Ort", der jenseits von kulturellen Zuschreibungen liegt (vgl. Kramsch 1993), nämlich um die aktuellen Verständigungsprozesse in der Praxis, in denen verschiedene Akteure, Perspektiven, aber auch Ambivalenzen und Ideologien eine Rolle spielen. Durch die teilweise sehr unterschiedlichen Perspektiven dreht sich der ethnologische Blick nicht nur um oder erweitert sich auf verschiedene Praxisfelder, sondern erhält mehrere Dimensionen. Verständigungsschwierigkeiten, Differenzerfahrungen und Gemeinsamkeiten werden nicht nur *thematisiert,* sondern auch von den Teilnehmer*innen selbst *reflektiert* und prägen ihr Verständnis von zwischenmenschlichen Beziehungen, Identität und Kultur. So berichtet Anastasia V. von großen Ähnlichkeiten zwischen ihrer Heimatregion in Rumänien und der neuen Umgebung im Ries, auch in der Architektur und Landschaft, was bei ihr ein Gefühl der Vertrautheit und

---

24 Vgl. Klocke-Daffa (2007:13). Jede beliebige Ethnographie kann dabei prinzipiell als Wissensgrundlage dienen, mehr aber noch die Ethnographien, in denen Strategien und Lernprozesse in Kontexten der Migration (Treiber 2017) oder Migration in Bezug auf Bildungspartizipation (Beuchling 2003) beschrieben werden.

Zugehörigkeit ausgelöst habe. Andere wiederum (v. a. aus städtisch geprägten Regionen) empfänden gerade das Leben auf dem Land nicht nur sprachlich (da Dialekt gesprochen wird), sondern auch in Bezug auf kulturelle Konventionen und Lebensentwürfe als Herausforderung. Einige Frauen wie Gisele S. aus Brasilien etwa beobachten in ihrem Umfeld eine sehr traditionelle, aus ihrer Sicht geradezu „altmodische" Rollenverteilung zwischen den Geschlechtern, die sie so von Deutschland nicht erwartet hätten, da sie es für ein sehr „fortschrittliches" Land gehalten hätten. Gleichzeitig habe ihr die aus ihrer Sicht häufige „Direktheit" der Deutschen erst bewusst gemacht, wie „indirekt" in ihrer eigenen Sprache und Gesellschaft Wünsche artikuliert würden. Die neuen Erfahrungen mit kommunikativen Strategien hätten sie zwar anfangs vor den Kopf gestoßen, mit der Zeit habe sie jedoch erkannt, dass alles eine Frage der Ausdrucksweise sei, die man interpretieren müsse. Diese Momente hätten ihr gewissermaßen „den Spiegel vorgehalten", sodass sie nicht nur fremde kommunikative Konventionen anzuwenden gelernt hätte, sondern sich auch der eigenen, meist unbewussten und oder ritualisierten kommunikativen Strategien und sprachlichen Ideologien teilweise bewusst geworden sei. Hingegen habe Jessica B., die ebenfalls aus Brasilien kommt und ähnliche Erfahrungen in Deutschland gemacht hat, sich noch nicht an die ihr fremden kommunikativen Formen gewöhnt. Allerdings muss aus ethnologischer Sicht beachtet werden, dass Ideologien sich nicht nur in expliziten Äußerungen manifestieren, sondern auch in impliziten Verhaltensweisen im Rahmen einer „ideologisch geprägten Praxis" (Blommaert / Rampton 2011:11).

Die Ethnologie als akademische Disziplin kann an dieser Stelle ansetzen und versuchen, ihr Wissen über menschliches Handeln und kulturelle Praktiken mit den Perspektiven, Interessen und metapragmatischen Einschätzungen der an der Situation beteiligten Individuen in Verbindung zu bringen, wobei nicht nur die Ideologien in gesellschaftlichen Diskursen und in der Interpretation der verschiedenen Akteure zur Disposition stehen, sondern ggf. auch etablierte Analysekriterien und Ideologien in wissenschaftlichen Forschungen, die sich damit beschäftigen (einschließlich der eigenen Fachrichtung). Somit erwachsen beispielsweise aus den Diskussionen um die Bedeutung des Wortes „Anerkennung", aber auch um die Symbolik der Rose eine Reihe an möglichen zukünftigen ethnologischen Forschungsfragen rund um das Thema Selbstverständnis von Männern und Frauen, die weder von einer staatlichen Institution noch von akademischen Interessen vorgegeben sind, sondern von Themen, auf die die Konstellationen im Kurs gewissermaßen „indexikalisch" verweisen, bzw. die diese „implizieren". Beispielsweise könnte aufgrund der Beiträge von Gisele S., Vera F. oder Anastasia V. vertieft untersucht werden, wie rumänische, brasilianische oder russische Frauen ihre akademischen Qualifikationen (z. B. als Psychologin), Sprachkenntnisse oder auch praktischen Fähigkeiten (als Tänzerin, Nageldesignerin) als Ressourcen nutzen und wie sie sich in der Migrationssituation zwischen Hausfrauen- und Berufstätigkeit neu orientieren müssen. Welche Dynamiken entstehen, wenn Migrant*innen im Deutschkurs auf ihnen bisher fremde „Kulturen" und Lebensentwürfe treffen? Und inwiefern können sich die Erfahrungen beim Sprachenlernen und in der Arbeitswelt selbst auf die Lernbiographien auswirken? So tauschten sich im Kurs beispielsweise Anastasia V. und David B., der bereits bei einer internationalen Firme in Rumänien tätig war, aus sehr verschiedenen Perspektiven über Unterschiede zwischen Arbeitswelten in Deutschland und Rumänien aus. Auch im Bereich der Heil- und Pflegeberufe, in denen Ärzte, Apotheker und Pflegekräfte aus Rumänien und Polen tätig sind, sind nicht nur terminologische sowie pragmatisch-kommunikative Besonderheiten (z. B. Dialekte, Metaphorik, Fachsprachen, Höflichkeit), sondern auch interkulturelle Aspekte der Wissensorganisation (Hierarchie, Identitäten und kulturelles Wissen über medizinische Zusammenhänge, und Heilmethoden) relevant. In allen Bereichen gibt es Fragestellungen, in denen inter-/transkulturelle Erfahrungen durch Migration (aber auch konkret im Sprachkurs) im Dialog mit ethnologischen Perspektiven zumindest langfristig zu interessanten – wenn auch noch nicht auf akademischer Ebene etablierten – interdisziplinären Austauschprozessen führen können (und sollten).[25] Die Chance der „Erwachsenenbildung in all ihren unterschiedlichen Formaten" liege nach Wlasak (2017:7) vor allem darin, „neue Perspektiven einzunehmen, noch nicht Erprobtes auszuprobieren und es zu wagen zu experimentieren", wobei eine gleichberechtigte Teilnahme angestrebt und Bevormundung vermieden werden solle, um gemeinsam aus Fehlern zu lernen.

Eine weitere für die ethnologische Forschung interessante Dimension interkulturellen Lernens, auf die Erfahrungen, Begegnungen und Netzwerke im Unterricht Deutsch als Fremdsprache verweisen, sind Konstellationen, in denen (ehemalige) Deutschlernende selbst als interkulturelle Vermittler tätig werden. Nasim S. beispielsweise, der in Afghanistan Lehrer, Übersetzer und kulturelle (Ver-)Mittler war, hat eigene Vorstellungen von interkulturellem Lernen und Erfahrungen mit potentiellen Konfliktsituationen aus seiner Arbeit mit internationalen Truppen (u. a. auch aus Deutschland).[26] Wie er bringen auch andere Migranten aus der Region (Alireza S. oder Amin E.) oder auch Buchautoren (Djan 2015) ihre Geschichte, Sprachkenntnisse (u. a. Englisch, Deutsch) und Wissen ein, um zum einen ihren eigenen Landsleuten die Situation in Deutschland zu beschreiben und zum anderen die hiesige Bevölkerung über politische und kulturelle Aspekte ihres Herkunftslandes zu informieren. Ihre metapragmatischen Kompetenzen als Ressource zu sehen, und zu erforschen, wie interkulturelle Lernerfahrungen im eigenen Land und

---

25 Beispielsweise diskutierten ein Tierarzt (Peter B.) und ein Apotheker, der im Labor arbeitet (Cesar C.), über künstliche Ernährung bei Tieren. Einige Teilnehmer*innen erwarten in einem Sprachkurs auch Informationen über Studien- und Ausbildungsmöglichkeiten in Deutschland (u. a. Katja V.) oder sehen ihre eigene akademische Ausbildung im Licht eines teilweise neuen Systems, in dem nicht nur andere Inhalte vermittelt, sondern auch andere Prioritäten – auch in Bezug auf den Arbeitsmarkt – gesetzt werden. Andere arbeiten über das Internet für ausländische Institutionen, z. B. für die neurologische Abteilung der Universität Oxford (u. a. Yvette S.) Auch Ethnolog*innen und Linguist*innen (Agnesa S.) zählten bereits zu den Kursteilnehmern.

26 Bereits in Kundus / Afghanistan war Nasim S. als „Medienkoordinator", Übersetzer und „kultureller Mittler" zwischen internationalen (auch deutschen) Truppen und Einheimischen tätig und ist auch in Deutschland aktuell im Bereich der interkulturellen sozialen Arbeit aktiv (u. a. in Vorträgen für Ehrenamtliche zu länderspezifischen Themen, z. B. am 18. 05. 2018 in München, https://www.arrivalaid.org/akademie).

individuelle Migrationserfahrungen nicht nur Identität und Zugehörigkeit, sondern auch Praktiken und Strategien inter-/transkulturellen Handelns – z. B. im Kontakt mit politischen Akteuren, ehrenamtlichen Helfern und anderen Migranten – beeinflusst, wäre ein Beispiel für weiterführende ethnologische Fragestellungen, die aus Gesprächen und Begegnungen (die durchaus über einen längeren Zeitraum hinweg stattgefunden haben) entstanden sind – wobei metapragmatische Kompetenzen, Beobachtungen und Reflexionen direkt in einen Dialog zwischen Akteuren in der Bildungspraxis und Ethnologie einfließen könnten.

Nicht nur der Kursraum und der Bildungskontext selbst, sondern auch die Region, in der Deutschlernen stattfindet, mit ihren eigenen kulturellen und geschichtlichen Besonderheiten[27], erhält neue Aufmerksamkeit in dem multidimensional verstandenen ethnologischen Projekt. Der Blick der Deutschlernenden auf regionale Phänomene, auf Unterschiede, Gemeinsamkeiten, interkulturelle und sprachliche Schwierigkeiten (z. B. in Bezug auf den Dialekt) können auch den Blick der Ethnologie neu ausrichten. Bereits kleine Beobachtungen oder Kommentare – etwa bei einem Museumsbesuch – über vielleicht längst vergangene kulturelle Zuschreibungen von Zugehörigkeiten (z. B. in Bezug auf Religion und Konfession) verweisen auf (trans-)kulturelle und transdiziplinäre Beziehungen zwischen Themen, die bis heute (nicht nur im politischen Diskurs) eine Rolle spielen. Auf diese Weise können die Perspektiven der Migranten auf die Region und ihre Bewohner, aber auch ihr Umgang mit dem, was sie im Alltag vorfinden, was sie daraus machen und wie sie lokale Kontakte und Gegebenheiten nutzen, interdisziplinäre Fragestellungen inspirieren, die über folkloristische, historische und regional begrenzte Studien hinausgehen. Diese Forschungen bewegen sich auch über die sich immer mehr auflösenden Grenzen zwischen „europäischer Ethnologie" und einer Ethnologie, die sich mit „fremden" Kulturen beschäftigt, denn es geht vielmehr um Perspektivenvielfalt und Relationalität (Knecht 2013:89).

So berechtigt die Forderung nach einer ethnographischen Kontextualisierung von einzelnen Äußerungen, kulturspezifischen Begriffen oder Redewendungen im Einzelfall auch sein kann, so kann die Ethnologie nicht dabei stehen bleiben. Vielmehr muss der Umgang mit Daten und deren Relevanz in Situationen, die von Hybridität und Flüchtigkeit gekennzeichnet sind, neu überdacht werden. Anstatt gezielt nach ethnographischen Daten zu einer bestimmten Forschungsfrage zu suchen, um eine wissenschaftliche Grundlage zu erhalten und Aussagen zu stützen, kann Ethnographie als kontinuierliches – zwar

---

27 Der Heimatdichter und Philosoph Melchior Meyr hat bereits1863 in seinem Artikel „Ethnographie des Rieses" die Region und ihre Traditionen beschrieben, u. a. in Bezug auf Kleidung, Unterschiede zwischen Konfessionen etc. Vieles von ihm Beobachtete ist aus dem Alltagsleben der Gegenwart bereits verschwunden; sein Werk verweist jedoch mit seiner dichten Beschreibung darauf, wie auch zeitlich Zurückliegendes in Beziehung mit der Gegenwart treten (z. B. in Form von Objekten im Museum, Fotos, Gebäuden oder Geschichten) und interkulturelles Lernen anstoßen kann. (vgl. http://www.heimatmuseum-oettingen.de/ oder http://www.museum-kulturlandries.de/startseite/).

„latentes", aber mehrdimensionales – Vorgehen verstanden werden, das Einzelinforma-
tionen zu kulturellen Praktiken zusammenbringen und sich dabei grundlegenden ethnologischen Erkenntnisinteressen nähern kann. Dieses Vorgehen wäre analog zu Silver-
steins (1993) zweiteiliger Auffassung von Indexikalität zu konzeptualisieren, wobei es
nicht nur auf die Bezugnahme auf bereits *vorhandene* Kontexte *(„presupposition")* bzw.
wissenschaftliche Erkenntnisse oder ethnographische Forschungen ankommt, sondern
auch auf das, was als „neuer Kontext", bzw. – im übertragenen Sinn – als neue Forschungsfrage auftaucht *(„entailment")*. Es geht also nicht darum, einer Einzelsprache oder (Her-
kunfts-)Region besondere Relevanz beizumessen oder sich bestimmte inter- oder transkulturelle Handlungsfelder zu erschließen, sondern dem zu folgen, was aus dem Kontext
entsteht (vgl. Faubion 2009:154). Dabei muss akzeptiert werden, dass verschiedene Wahrnehmungen oder Sinnzuschreibungen nebeneinander existieren können, auch wenn sich
deren Zusammenhang und das didaktische Ziel nicht sofort erschließt, wie etwas, was
als Idee auftaucht, dann aber wieder verworfen oder vergessen wird beziehungsweise irrelevant erscheint. Unabhängig von einer unmittelbaren „Verwertbarkeit", Interpretier-
barkeit oder Relevanz von Wissen (sei es für den Unterricht oder in Hinblick auf eine wissenschaftliche Fragestellung) und davon, wie explizit etwas artikuliert oder beschrieben
wird, trägt bereits die kleinste Reaktion[28] zu Prozessen der Verständigung und des Ver-
stehens bei. Die Resonanz, die in solchen Situationen entsteht, ist nicht unbedingt an explizite sprachliche Äußerungen gebunden (vgl. Wikan 1992). „Theorien" über das, was jemand mit einem anderen kulturellen Hintergrund sagen möchte, können nur vorläufig
sein (Wikan 1992:468), denn auch vergangene Erfahrungen im Herkunftsland und aktuellen Lebenswelten, die Erinnerung an ehemalige Teilnehmer*innen und immer neue
Konstellationen bringen nicht nur unvorhergesehene Themen und Fragen auf, sondern
lassen bereits Bekanntes in neuem Licht erscheinen. Somit erweist sich auch das Konzept
des „ethnologischen Blicks" des in bestimmten Institutionen als Kursleiter*in, Lehrer*in
oder auch als Wissenschaftler*in einer anderen Disziplin tätigen Forschers gerade in Kursen für Deutsch als Fremdsprache oft als zu statisch, objektivierend und unidirektional.
Anstatt als Spezialist für eine bestimmte Region den kulturellen Kontext bereitzustellen
oder kulturelle Gemeinsamkeiten und Unterschiede strukturalistisch in ein Raster einzuordnen, geht es in unserem Beispiel vielmehr darum, der Wissens- und Erfahrungstiefe
aller Beteiligten Raum zu geben und dabei unterschiedliche Blickweisen zuzulassen.
Selbstverständlich muss man sich immer darüber im Klaren sein, dass die im Kurs spontan festgehaltenen Übersetzungen, Vergleiche, Assoziationen und Redewendungen immer
nur sehr kleine Ausschnitte verschiedener mündlicher Traditionen und Erfahrungswelten
sind, die im Rahmen eines Kurses nie erschöpfend erforscht, geschweige denn, ausführlich behandelt werden können. Wenn jedoch der Kontext des Kursraums selbst, vergan-

---

28 Z. B. das überraschte Lächeln eines slowakischen Kursteilnehmers angesichts eines Ausschnitts aus dem
   oben erwähnten Film „Jak se budí princezny" (CSSR 1977), der in seiner Muttersprache abgespielt wurde.

gene Kurse, längerfristige Bekanntschaften, aber auch Ideen und Perspektiven von Kolleg*innen miteinbezogen und alle Beteiligten an der Bedeutungsfindung beteiligt werden, verbinden sich – ähnlich wie in einer (linguistischen) Feldforschung – Wörter und Begriffe jenseits aller Theorie und abstrakten Erklärungsversuchen mit aktuellen „Lebensmomenten" und -situationen.

> "The field researcher has to remain aware that all utterances are such unique life-moments. The vocabulary of single groups or speakers, the interplay of language and other codes, the openness of texts and some grammatical principles are instances of such life-moments. Linguist and ethnologist alike as translators realize mediation between remote or irrelevant theory and dominant practice in the field as they systematize such life-moments and work toward dealienation or 'cultural translation'" (Heeschen 2003:121).

Wenn man als Kursleiter*in oder Ethnolog*in selbst die Sprachen nicht spricht, ist man umso mehr auf die Übersetzungen, Erläuterungen und metapragmatischen Kompetenzen der jeweiligen Muttersprachler*innen, ggf. auch außerhalb des Kursraums angewiesen.[29] Während des Unterrichts hingegen hängt es sowohl vom Wissen der Sprecher*innen über ihre eigenen sprachlichen und kulturellen Traditionen als auch vom Interesse der Zuhörer*innen ab, ob die entsprechenden Aspekte weiter vertieft, nur angerissen, wieder vergessen oder miteinander verbunden werden. Es kommt immer darauf an, welches Vokabular und welche sprachlichen Mittel den Sprecher*innen als Metasprache zur Verfügung stehen und wie sie es für die anderen Teilnehmer*innen (re-)kontextualisieren können. Schließlich existieren auch individuelle Unterschiede zwischen den Teilnehmer*innen in ihren Möglichkeiten, Kommentare, Übersetzungen, narrative Traditionen oder Erfahrungen beizusteuern oder sogar komplexe Zusammenhänge bzw. sprachliche Ideologien explizit zu machen. Viele kulturelle Ausdrucksformen sind unbewusst, nonverbal, unterliegen Tabus oder werden einfach nicht thematisiert bzw. aufgegriffen. Wenn jemand z. B. sagt, er kenne keine Geschichten, Sprichwörter oder Beispiele zu einem Thema, kann das unterschiedliche Gründe haben. Möglicherweise wird der Kontext eines Sprachkurses nicht als der richtige Ort angesehen, sich in der eigenen Sprache auf eine gewisse Art auszudrücken, v. a., wenn die anderen Teilnehmer und/oder der/die Lehrer*in die Muttersprache nicht verstehen oder andere Personen, sich und damit auch ihre Sichtweise und kulturelles Wissen mehr in den Mittelpunkt stellen. Oder es existieren ganz einfach andere diskursive Konventionen, grammatische oder lexikalische Möglichkeiten (z. B. im Bereich der Metaphorik), einen bestimmten Gedanken auszudrücken bzw. in Worte zu fassen.

---

29 Nach Marcus werden die Beteiligten, wenn sie in dieser Form in den Erkenntnisprozess eingebunden werden zu „epistemic partners" (2009:30), die als solche von Ethnolog*innen im wissenschaftlichen Rahmen ernst genommen werden sollten.

Dennoch können – wie die Beispiele gezeigt haben – das Bewusstsein über metaphorische Zusammenhänge, Textsorten, dialektale Varianten und Besonderheiten der eigenen Sprache bzw. die Möglichkeit, eigene Gedanken über Kultur und Sprache auch vor Anderen zu äußern, helfen, sich eben nicht nur der Fallstricke und Schwierigkeiten, sondern v. a. der Vielfalt und der kreativen Möglichkeiten einer Sprache, in denen auch manipulatives Potential liegt, bewusst zu werden (vgl. Schneider 2015). Die Erfahrung der eigenen und fremden metapragmatischen Kompetenz kann alle Beteiligten befähigen, in mehrerlei Hinsicht „über den Tellerrand zu blicken." Zum einen, indem eventuelle feststehende sprachliche Ideologien oder Stereotype herausgefordert oder zumindest relativiert werden, zum anderen, indem durch die Bezugnahme auf gemeinsame oder ähnliche Erfahrungen eine Diskussionsgrundlage für das Erarbeiten von *neuen* Bedeutungszusammenhängen geschaffen wird. Die deutsche Sprache bleibt dann nicht vorrangig eine „Zielsprache" mit kulturellen Inhalten, auf die sich die Lernenden zubewegen sollen, sondern wird immer mehr zu einer gemeinsamen Bezugsebene, die jenseits der kulturellen Unterschiede aller Beteiligten liegt und auf der Sprechanlässe entstehen, die sowohl dem Lernprozess der Teilnehmer als auch der ethnologischen Erkenntnisgewinnung zugutekommen können, sofern sich die akademische Ethnologie für neue Konstellationen, methodische Innovation und interdisziplinäre Perspektiven öffnet. Dann kann das (Experten-)Wissen der Ethnolog*innen eben nicht nur *inhaltlich* bzw. thematisch und regional begrenzt zum Verständnis kultureller Besonderheiten beitragen, sondern auch neue anthropologische Dimensionen annehmen. Dabei werden emanzipatorische Prozesse angestoßen, in denen erstens Gemeinsamkeiten als Anknüpfungspunkte interkultureller Verständigung dazu führen, die Frage nach Kultur im Singular zu stellen, und zweitens Wissen zu vernetzen, um sich von neuen Perspektiven der Lernenden inspirieren zu lassen. (Verständigungs-) Prozesse, die dabei entstehen, können von ethnologischer Seite aufgegriffen, reflektiert und als kulturelle Praktiken behandelt werden, die in unerwarteter Weise neue Fragestellungen und Forschungskonstellationen entstehen lassen.

4. Schlussfolgerungen

„Im stillen Wasser verbergen sich die Teufel": Wie anhand unserer Beispiele gezeigt werden konnte, könnte man das russische Sprichwort „В тихом омуте черти водятся" („V tihom omute tscherti vodjatsja") zwar einfach als Entsprechung für das deutsche Sprichwort „*Stille Wasser sind tief*" behandeln, da es allem Anschein nach sinngemäß (fast) das Gleiche bedeutet. Damit würden jedoch nicht nur interessante sprach- und kulturspezifische Details und metaphorische Formulierungen unkenntlich gemacht, sondern ganze Dimensionen inter- und transkulturellen Erkenntnispotentials ignoriert werden. Die mit dem Sprichwort verbundene Botschaft kann nämlich etwas weiter gefasst auch in Bezug auf die aktuellen gesellschaftlichen Herausforderungen und die speziellen Aufgaben einer angewandten Ethnologie interpretiert werden.

Auf gesellschaftlicher Ebene warten in Zukunft aufgrund zunehmender Migrationsbewegungen unvorhersehbare Aufgaben. Auch wenn politische Ziele wie „Integration durch Bildung" und Diskurse wie „Sprache als Schlüssel zur Integration" scheinbar Konsens sind, brodelt es doch unter der Oberfläche. Die neu entstandene Vielfalt bringt auch neue sprachliche Realitäten und kommunikative Situationen hervor. Diese erfordern, über vereinheitlichende Strategien, Zielvorgaben und entsprechende herkömmliche Auffassungen von „Integration" oder „Anerkennung" hinauszugehen. Die Aufgabe einer angewandten Ethnologie kann hier zum einen darin bestehen, ambivalente Strukturen und Entwicklungen in politischen und gesellschaftlichen Diskursen zu erkennen und bei der Beschreibung von inter- bzw. transkulturellem Lernen oberflächliche Darstellungen, Essentialisierungen und die Konstruktion von Differenz, aber auch von trügerischen Gemeinsamkeiten oder assimilatorischen Tendenzen, zu vermeiden. Zum anderen kann sie dazu beitragen, dass verschiedene Stimmen, Perspektiven und bisher unbekannte Erfahrungswelten auch in öffentliche Diskurse und Projekte mit einfließen und nicht nur entweder als irrelevant, problematisch, oder gar beängstigend wahrgenommen werden. Besonders im Kontext Deutsch als Fremdsprache wird Bildung oft einseitig als Mittel zum Zweck der Eingliederung in den Arbeitsmarkt betrachtet. Wenn es in einem nationalstaatlichen Gemeinwesen aber nur um (aus einer bestimmten Perspektive) verwertbares, einheitliches Wissen geht, tritt das Individuum mit seinen Erfahrungen und seiner Kreativität in den Hintergrund. Ein ethnologischer, von Boas (1982:188) inspirierter Bildungsbegriff würde das Individuum mit seiner autonomen Freiheit des Denkens in den Mittelpunkt stellen. Erst so kann das innovative Potential, das mehrsprachige Interaktionsräume wie Volkshochschulkurse in sich tragen, zur Geltung kommen.

Der zweite Aspekt, auf den man das Sprichwort beziehen kann, ist erkenntnistheoretischer Natur. Wie im Unterricht Deutsch als Fremdsprache auf den ersten Blick unspektakuläre, eindeutige Situationen, scheinbar Bekanntes und sprachliche Äußerungen von Kursteilnehmer*innen eine Reihe von indexikalischen Assoziationen und Ambivalenzen beinhalten können, denen man mit ethnologischem Interesse weiter nachgehen kann, so können auch damit verbundene Beobachtungen und (Differenz-)Erfahrungen als *„funds of knowledge"* – als Forschungsinspiration – für Ethnolog*innen dienen. Dabei besteht die Chance, den Horizont insofern zu erweitern, als man die Teilnehmer*innen nicht nur (aus ethnologischer Sicht) als „Informant*innen" oder (aus pädagogischer Sicht) als „Lernende" betrachtet, sondern als Individuen, die mit ihren metapragmatischen Kompetenzen zur Verständigung und zum Lernen im Kursraum beitragen. Das geschieht nicht nur, wenn es um Vergleiche zwischen einzelnen Sprachen und Kulturen geht, sondern v. a. auch dann, wenn ihre Sichtweisen und Epistemologien tatsächlich ethnologische und andere wissenschaftliche Fragestellungen inspirieren (vgl. Schneider 2015:251). Wo allerdings ein zusammenhängender ethnographischer Kontext, entsprechendes Vorwissen des des Ethnologen/der Ethnologin über die involvierten kulturellen Praktiken, ja sogar unter Umständen eine konkrete ethnologische Fragestellung fehlt (an deren Stelle oft eine praktische Aufgabe tritt), bleiben Erkenntnisse und Beobachtungen notwendigerweise zunächst fragmentarisch und dekontextualisiert. Sie „zerrinnen zwischen den Fingern", „versickern" oder „gehen" buchstäblich „unter", da sie dem Anspruch von Kohärenz und ethnographischer Vollständigkeit und Kontextualisierung nicht genügen und daher im wissenschaftlichen Diskurs nicht aufgegriffen werden. Auch der Versuch (wie im *Funds of knowledge*-Ansatz), neue Analyseeinheiten wie „Haushalte" abzustecken und einzubeziehen (vgl. Abschnitt 2), würde wie „stilles Wasser" eine trügerische Homogenität und unidirektionale wissenschaftliche Erfassbarkeit suggerieren, die das komplexe Zusammenspiel von unterschiedlichen Perspektiven in neuen Kontaktsituationen außer Acht ließe. Diese sind in ihrer Ambivalenz wissenschaftlich zwar schwer zu (be-)greifen, verweisen aber gerade auch in ihrer Widersprüchlichkeit und Fremdheit nicht nur auf Probleme interkultureller Kommunikation, sondern auch auf unerwartete Kreativität und „sprudelnde" Quellen, die im Austausch mit Anderen ihre eigene Dynamik entfalten.

Allerdings müssen angesichts der Zufälligkeit von Begegnungen neue Wege gefunden werden, von der Tiefe und besonderen Sensibilität ethnographischer Kontextualisierung zu profitieren und ethnologische Erkenntnisse für die Praxis fruchtbar zu machen. In den von Diversität, Hybridität und Veränderungen geprägten Interaktionsräumen entstehen stets neue Kontexte und relevantes Wissen, das eben *nicht* von einer bestimmten Gruppe geteilt wird (vgl. Blommaert et al. 2005), aber auch neues, „geteiltes" Wissen, das aus dem gemeinsamen Praxisfeld entstanden ist. Diesen Gegebenheiten in einem flexiblen Feld muss sich die ethnologische Forschung anpassen. Dabei liegt es nicht in der Verantwortung ethnologischer Arbeit, den ethnographischen Kontext vollständig abzudecken oder möglichst *alle* vorhandenen Zusammenhänge darzulegen, sondern den entstandenen Ausschnitt als solchen anzuerkennen (vgl. Marcus 2009:28-29) und in seinem Entstehen und seiner Beschaffenheit zu beschreiben. Auch über eine „multisited ethnography" hinaus könnte teilnehmende Beobachtung – multidimensional gedacht – ermöglichen, die epistemische Kontrolle loszulassen und die Zufälligkeit der Informationen als selbstverständlichen Teil einer kontinuierlichen, „latenten" Ethnographie zu verstehen und diese (wie Fäden) fruchtbar zusammenführen. Wenn man diese neuen Perspektiven langfristig zulässt, können sich Wissensfragmente und einzelne, scheinbar unbedeutende, Erfahrungen im Sinne Faubions „Ethik der Konnektivität" (2009:145-164) zu einem „Netz" verbinden, das immer weitergesponnen wird, etwa in der längerfristigen Begleitung von und Begegnung mit Kursteilnehmer*innen auch außerhalb des Kurses in neuen Kontexten. Dabei können Erkenntnisse und Beobachtungen aus früheren bzw. zukünftigen (Feld-)Forschungen oder auch Beiträge der Lernenden und anderer Beteiligter – wie Dynamiken des Wissens – als natürlicher Bestandteil eines allgemeineren „ethnologischen Projekts" (vgl. Faubion 2009:163) gelten. Entscheidend ist dabei nach Ingold (2018), dass auch in der Ethnologie die Dichotomie zwischen Beobachtung und Teilnahme („Partizipation"), sowie zwischen dem Erwerb und der Vermittlung von Wissen aufgehoben wird (wie es beispielsweise in anwendungsorientierten Ansätzen der Fall ist, die zuerst Daten mit einem bestimmten Erkenntnisziel erheben, Schlussfolgerungen daraus ziehen und dann die Ergebnisse in die Praxis einfließen lassen). So können die Kursteilnehmer*innen schon während der Feldforschung an dem Erkenntnisprozess und der Produktion des Wissens beteiligt sein, das ihnen zugutekommen soll.

Darüber hinaus können sie langfristig auch auf die Theorienbildung und Paradigmen in der akademischen Ethnologie einwirken, wenn Erkenntnisse und Beobachtungen aus der Praxis nicht mehr einfach ignoriert, vergessen bzw. als „unwissenschaftlich" oder „irrelevant" abgetan werden, sondern als Momente der Inspiration einem Gegenüber *mitgeteilt,* von diesem aufgegriffen und weitergedacht werden. Erst wenn das, was die Menschen – seien es Kursteilnehmer*innen oder auch Kolleg*innen – bewegt, wirklich ernst genommen wird, wenn man ihnen „in die Augen blickt" und sich von deren „Tiefe" inspirieren lässt, können Fragestellungen (auch für längerfristige ethnologische Forschungen) entstehen, die nicht an der (abstrakten) Oberfläche bleiben, sondern Theorie und Praxis wirklich eng miteinander verbinden. Dann zerrinnt auch aus wissenschaftlicher Sicht nicht mehr alles zwischen den Fingern, sondern es kristallisieren sich Erkenntnisse und Phänomene heraus, die in ihrer Komplexität aber immer noch verschiedene Perspektiven zulassen, da sie nicht in *einem* vorgegebenen theoretischen Raster entstanden sind, sondern sich aus verschiedenen Epistemologien und Interpretationen herausgebildet haben. Die Chance und Verantwortung kann dann gerade darin bestehen, nicht „im Sumpf starrer Konzepte" festzustecken oder dem „stillen Wasser" scheinbar allgemein bekannter Gewissheiten zu vertrauen, sondern durch neue Herangehensweisen, interdisziplinäre Zusammenarbeit und Empathie mit verschiedenen Sichtweisen im Laufe der Zeit „festgefrorene", scheinbar unveränderliche Paradigmen und Analysekategorien zum Schmelzen zu bringen. Denn auch eine klassische ethnologische Forschung bildet notwendigerweise nur die „Spitze des Eisbergs" ab, die indexikalisch auf unterschiedlich große, vielleicht noch unbekannte Kontexte verweist. Eine so verstandene angewandte Ethnologie bewegt sich – auch semiotisch – auf „dünnem Eis" (vgl. Silverstein 2003). Immer neue Bedeutungsebenen, die sich durch Indexikalität, Metapragmatik und Mehrdimensionalität auftun, eröffnen auch immer neue „Untiefen" des Nicht-Verstehens, der Ideologie und Spekulation. Selbst in der Sprache, die wir verwenden, um abstrakte Zusammenhänge zu beschreiben, greifen wir auf Bilder und Metaphern zurück, die subtil auf zugrundeliegende Paradigmen, aber auch auf noch nicht Festgeschriebenes, Mögliches und Zukünftiges verweisen. Dies birgt einerseits die Gefahr von Manipulation in sich, beinhaltet andererseits aber auch die Freiheit, auf Bekanntes ein neues Licht zu werfen, es gegebenenfalls kreativ umzudeuten und eine Sprache für neu entstandene Zusammenhänge, Interaktionsräume und Dynamiken zu finden.

Literatur

ABEL, Johanna (2017): Strategien der Vermittlung metaphorischer Kompetenz aus kognitiv-linguisitscher Sicht. Unveröffentlichte Masterarbeit. München: Ludwig Maximilians Universität.

ANDERSON-LEVITT, Katheryn (Hg.) (2012): Anthropologies of Education. A Global Guide to Ethnographic Studies of Learning and Schooling. New York: Berghahn.

BERTELS, Ursula / de Vries, Sandra / Nolte, Nina (Hg.) (2007): Fremdes Lernen. Aspekte interkulturellen Lernens im internationalen Diskurs. Münster: Waxmann.

BERTELS, Ursula (Hg.) (2014): Einwanderungsland Deutschland. Wie kann Integration aus ethnologischer Sicht gelingen? Münster: Waxmann.

BEUCHLING, Olaf (2003): Vom Bootsflüchtling zum Bundesbürger. Migration, Integration und schulischer Erfolg in einer vietnamesischen Exilgemeinschaft. Münster: Waxmann.

BEUCHLING, Olaf (2015): Partizipation als Forschungsmodus. Aus der Praxis des teilnehmenden Beobachtens. In: International Dialogues on Education, Bd. 2 (1), S. 6–25.

BINDER, Susanne (2014): Interkulturelles Lernen aus ethnologischer Perspektive. Konzepte, Ansichten und Praxisbeispiele aus Österreich und den Niederlanden. Wien: LIT.

BLOMMAERT, Jan / Collins, James / Slembrouck, Stef (2005): Spaces of Multilingualism. In: Language and Communication, Bd. 25, S. 197–216.

BLOMMAERT, Jan / Rampton, Ben (2011): Language and Superdiversity. In: Diversities, Bd. 13 (2), S. 1–21.

BOAS, Franz [1928] (1982): Anthropology and Modern Life. New York: W. W. Norton and Company.

BURGER, Harald (2015): Phraseologie: eine Einführung am Beispiel des Deutschen. Berlin: Erich Schmidt.

BUSSMANN, Hadumod (2008): Lexikon der Sprachwissenschaft. 4., durchgesehene und bibliographisch ergänzte Auflage unter Mitarbeit von Hartmut Lauffer. Stuttgart: Kröner.

CHERNEFF, Jill B. R. / Hochwald, Eve / Silverman, Sydel (Hg.) (2006): Visionary Observers. Anthropological Inquiry and Education. Lincoln: Univ. of Nebraska Press.

COLLINS, James / Slembrouck, Stef / Bynham, Mike (Hg.) (2009): Globalization and Language in Contact. Scale, Migration and Communicative Practices. London: Continuum.

DAROWSKA, Lucyna / Lüttenberg, Thomas / Machold, Claudia (Hg.) (2010): Hochschule als transkultureller Raum? Kultur, Bildung und Differenz in der Universität. Bielefeld: transcript.

DELANOY, Werner (2014): Transkulturalität als begriffliche und konzeptuelle Herausforderung an die Fremdsprachendidaktik. In: Matz, Frauke / Rogge, Michael / Siepmann, Philipp (Hg.): Transkulturelles Lernen im Fremdsprachenunterricht. Theorie und Praxis. Frankfurt am Main: Peter Lang GmbH, S. 19–36.

DJAN, Hassan Ali (2015): Afghanistan. München. Ich. Meine Flucht in ein besseres Leben. Freiburg: Herder.

DUDEN (2014): Sprichwörter und Redewendungen aus aller Welt. Wo es Katzen und Hunde regnet. Berlin: Dudenverlag.

EDERER, Veronika (2014): Kleine Schritte – die Versuche, für andere Kulturen zu sensibilisieren. Oder: Ein Plädoyer für die Entwicklung einer Didaktik der Ethnologie. In: Bertels, Ursula (Hg.): Einwanderungsland Deutschland. Wie kann Integration aus ethnologischer Sicht gelingen? Münster: Waxmann, S. 177–186.

ERLL, Astrid / Gymnich, Marion [2003] (2017): Interkulturelle Kompetenzen. Erfolgreich kommunizieren zwischen den Kulturen. Stuttgart: Klett.

FAUBION, James (2009): The Ethics of Fieldwork as an Ethics of Connectivity, or the good Anthropologist (isn't what she used to be). In: Faubion, James / Marcus, George (Hg.): Fieldwork is not what it used to be. Learning Anthropology's Method in a Time of Transition. Ithaca, NY: Cornell University Press, S. 145–164.

FAUBION, James / Marcus, George (Hg.) (2009): Fieldwork is not what it used to be. Learning Anthropology's Method in a Time of Transition. Ithaca, NY: Cornell University Press.

FILLITZ, Thomas (2007): Vertrauen, kritisches Bewusstsein und Festigung der Identität. Interkulturelles Lernen in Österreich. In: Bertels, Ursula / de Vries, Sandra / Nolte, Nina (Hg.): Fremdes Lernen. Aspekte interkulturellen Lernens im internationalen Diskurs. Münster: Waxmann, S. 63–86.

GEHRMANN, Siegfried (2017): Wir und die Anderen oder warum Kultur zugleich heterogen und nicht heterogen ist. Fragen an den Kulturbegriff und die Kulturvermittlung im DaF- Unterricht. In: Zeitschrift für Interkulturellen Fremdsprachenunterricht, Bd. 22 (1), S. 83–106, electronic source: http://tujournals.ulb.tu-darmstadt.de/index.php/zif/article/view/839/840 [Zugriff am 1.6.2018].

GNUTZMANN, Claus / Königs, Frank (2006): "A long and winding road …" – Von der Landeskunde' zur interkulturellen Sprachdidaktik. Überlegungen zur Einführung in die Thematik und eine Einleitung zu einem
Themenheft. In: Fremdsprachen lehren und lernen, Bd. 35, S. 3–27.

GONZÁLEZ, Norma / Moll, Luis / Amanti, Cathy (2005): Funds of Knowledge. Theorizing Practices in Households, Communities, and Classrooms. Theorizing Practices in Households and Classrooms. Mahwan, NJ:
Lawrence Erlbaum Assoc Inc.

GONZÁLEZ, Norma (2005): The Hybridity of Funds of Knowledge. In: González, Norma / Moll, Luis / Amanti,
Cathy (Hg): Funds of Knowledge. Theorizing Practices in Households, Communities, and Classrooms.
Theorizing Practices in Households and Classrooms. Mahwan, NJ: Lawrence Erlbaum Assoc Inc, S. 25–46.

GONZÁLEZ, Norma (2010): Advocacy Anthropology and Education. Working through the Binaries. In: Current Anthropology, Bd. 51 (2), S. 249–258.

GONZÁLEZ, Norma / Wyman, Leisy / O'Connor, Brendan (2011): The Past, Present and Future of Funds of
Knowledge. In: Levinson, Bradley / Pollock, Micka (Hg.): A Companion to the Anthropology of Education.
Oxford: Blackwell Publishing, S. 481–494.

HANEDA, Mari (2006): Becoming Literate in a Second Language. Connecting Home, Community and School
Literacy Practices. In: Theory into Practice, Bd. 45 (4), S. 337–345.

HEESCHEN, Volker (2003): Linguist and Anthropologist as Translators. In: Maranhão, Tullio / Streck, Bernhard (Hg.): Translation and Ethnography. Tucson: University of Arizona Press, S. 115–134.

HELLER, Monica / Martin-Jones, Marilyn (Hg.) (2001): Voices of Authority. Education and Linguistic Difference. London: Ablex.

HESS, David (2001): Ethnography and the Development of Science and Technology Studies. In: Atkinson,
Paul et al. (Hg.): Handbook of Ethnography. Thousand Oaks, CA: Sage, S. 233–245.

INGOLD, Tim (2018): Anthropology and/as Education. London: Taylor & Francis.

KLOCKE-DAFFA, Sabine (2007): Interkulturelles Lernen in Deutschland aus der Sicht der Ethnologie. In: Bertels, Ursula / de Vries, Sandra / Nolte, Nina (Hg.): Fremdes Lernen. Aspekte interkulturellen Lernens im
internationalen Diskurs. Münster: Waxmann, S. 13–30.

KLOCKE-DAFFA, Sabine (2010): Das Eigene, das Fremde und das Gemeinsame. Pro Kooperation von Interkultureller Pädagogik und Ethnologie. In: Erwägen Wissen Ethik, Bd. 21 (2), S. 184–186.

KLOCKE-DAFFA, Sabine (2014): Migration als Thema und Herausforderung der Ethnologie. In: Bertels, Ursula (Hg.): Einwanderungsland Deutschland. Wie kann Integration aus ethnologischer Sicht gelingen?
Münster: Waxmann, S. 31–52.

KOCH, Corinna (2014): Alle Sprachen nutzen Metaphern! Die transkulturelle Komponente alltagssprachli-
cher Metaphern und ihre Relevanz für den Fremdsprachenunterricht. In: Matz, Frauke / Rogge, Michael /
Siepmann, Philipp (Hg.): Transkulturelles Lernen im Fremdsprachenunterricht. Theorie und Praxis. Frankfurt am Main: Peter Lang GmbH, S.123–132.

KNECHT, Michi (2013): Nach Writing Culture, mit Actor-Network: Ethnographie / Praxeografie im Feld der
Wissenschafts-, Medizin- und Technikanthropologie. In: Hess, Sabine / Schwertl, Maria / Moser, Hannes
(Hg.): Europäisch-ethnologisches Forschen. Neue Methoden und Konzepte. Berlin: Reimer, S. 79–106.

KRAMSCH, Claire (1993): Context and Culture in Language Teaching. Oxford: Oxford University Press.

KRAMSCH, Claire (2006): From Communicative Competence to Symbolic Competence. In: The Modern
Language Journal, Bd. 90, S. 249–252.

KUHN, Christian et al. (2015): Studio d Deutsch als Fremdsprache. Die Mittelstufe C1 Kursbuch. Berlin: Cornelsen.

LAKOFF, George / Johnson, Mark (1980): Metaphors we live by. Chicago: University of Chicago Press.

LEVINSON, Bradley (1999): Resituating the Place of Educational Discourse in Anthropology. In: American
Anthropologist, Bd. 101 (3), S. 594–604.

LEVINSON, Bradley / Pollock, Mica (2011): A Companion to the Anthropology of Education (Blackwell Com-
panions to Anthropology). Chichester: Wiley-Blackwell.

MACCORMACK, Sabine (1991): Religion in the Andes. Vision and Imagination in Early Colonial Peru. Princeton: Princeton University Press.

MALINOWSKI, Bronislaw [1923] (1946): The Problem of Meaning in Primitive Languages. In: Ogden, Charles
K. / Richards, Ivor A. (Hg.): The Meaning of Meaning. A Study of the Influence of Language upon Thought
and of the Science of Symbolism. New York: Harcourt, Brace World, S. 296–336.

MARCUS, George (2009): Introduction. Notes Towards an Ethnographic Memoir of Supervising Graduate
Research through Anthropology's Decades of Transformation. In: Faubion, James / Marcus, George (Hg.):
Fieldwork is not what it used to be. Learning Anthropology's Method in a Time of Transition. Ithaca, NY:
Cornell University Press, S. 1–32.

MARQUEZ Kimaya, Judy / Rios-Aguilar, Cécilia (2017): Funds of Knowledge in Higher Education. Honoring
Students' Cultural Experience as Strength. New York: Routledge.

MATZ, Frauke / Rogge, Michael / Siepmann, Philipp (Hg.) (2014): Transkulturelles Lernen im Fremdsprachenunterricht. Theorie und Praxis. Frankfurt am Main: Peter Lang GmbH.

MEAD, Margaret [1942–43] (1970): Our Educational Emphases in Primitive Perspective. In: Middleton, John
(Hg.): From Child to Adult. Studies in the Anthropology of Education. New York: Natural History P;
S. 1–13; Reprint aus: American Journal of Sociology, Bd. 48, S. 633–639.

MEYR, Melchior [1863] (1983): Ethnographie des Rieses. Neu herausgegeben mit Vorwort und ergänzenden
Erläuterungen von Albert Schlagbauer. Nördlingen: Steinmeier.

McCARTY, Teresa (2011): Ethnography and Language Policy. London: Routledge.

MOLL, Luis / Amanti, Cathy / Neff, Deborah / González, Norma (1992): Funds of Knowledge for Teaching.
Using a Qualitative Approach to Connect Homes and Classrooms. In: Theory Into Practice, Bd. 31 (2),
S. 34–54.

MOLL, Luis / González, Norma (2004): Engaging life. A funds-of-knowledge approach to multicultural education. In: Banks, James A. / McGee Banks, Cherry A. (Hg.): Handbook of Research on Multicultural Education, 2. Auflage. San Francisco: Josey-Bass, S. 699–715.

NIEHAUS, Juliet (2006): Education and Democracy in the Anthropology of Gene Weltfish. In: Cherneff, Jill
B.R. / Hochwald, Eve / Silverman, Sydel (Hg.): Visionary Observers. Anthropological Inquiry and Education (Critical Studies in the History of Anthropology). Lincoln: Univ. of Nebraska Press, S. 87–118.

PAWLOWSKI, Ivan (1972): Russisch-Deutsches Wörterbuch, Teil 1, 3. Auflage. Leipzig: Zentralantiquariat der
Deutschen Demokratischen Republik.

PELISSIER, Catherine (1991): The Anthropology of Teaching and Learning. In: Annual Review of Anthropology,
Bd. 20, S. 75–95.

QUINN, Naomi (1991): The Cultural Basis of Metaphor. In: Fernandez, James (Hg.): Beyond Metaphor. The
Theory of Tropes in Anthropology. Stanford: Stanford University Press, S. 57–93.

ROCHE, Jörg (2001): Interkulturelle Sprachdidaktik. Eine Einführung. Tübingen: Narr Francke Attempto.

ROCHE, Jörg / Suñer, Ferran (2016): Das innere Auge. Zur Rolle der Metaphern im Fremdsprachenunterricht.
In: Michler, Christine / Reimann, Daniel (Hg.): Sehverstehen im Fremdsprachenunterricht. Romanistische
Fremdsprachenforschung und Unterrichtsentwicklung. Tübingen: Narr Francke Attempto, S. 379–395.

RYMES, Betsy (2003): Relating Word to World. Indexicality During Literacy Events. In: Wortham, Stanton /
Rymes, Betsy (Hg.): Linguistic Anthropology of Education. Westport, Connecticut: Praeger, S. 121–150.

SCHINDLER, Julia / Sieder, Christa (Hg.) (2017): Erwachsenenbildung und Migration. Ankommen. Weiterkommen? Flucht, Asyl und Bildung. In: Magazin erwachsenenbildung.at, Bd. 31, Norderstedt: Books on
Demand. Electronic Source: https://erwachsenenbildung.at/magazin/17-31/meb17-31.pdf [Zugriff am
26.05.2018].

SCHNEEWEISS, Verena / Abel, Johanna / Reiser, Veronika (2017): Diversität & Empowerment im Rahmen des
Projekts „Perspektiven bilden" (Commit e. V., München). In: transfer e. V. Diversitätsbewusste Perspektiven
im Kontext von Flucht und Asyl, S. 48–52. Electronic Source: https://docs.wixstatic.com/ugd/342593_
96db467bb7c246f493c405227e10dfeb.pdf [Zugriff am 01.06.2018].

SCHNEIDER, Antonia (2007): Übersetzen als kulturelle Praxis. Pragmatik und Meta-Pragmatik des Übersetzens
in institutionellen und ethnologischen Kontexten am Beispiel von Quechua und Spanisch in Huancave-
lica, Peru. Dissertation. Ludwig Maximilians Universität München. Electronic Source: https://edoc.ub.uni-
muenchen.de/11755/1/Schneider_Antonia.pdf [Zugriff am 26.05.2018].

SCHNEIDER, Antonia (2015): „Translating Women". Gender and Translation as Cultural Practice in Huanca-
velica / Peru. In: Köhler, Romy / Ebert, Anne (Hg.): Las agencias de lo indígena en la larga era de globali-
zación. Microperspectivas de su producción y representación desde la época colonial temprana hasta el
presente. Estudios Indiana 7. Berlin: Gebr. Mann, S. 235–256.

SILVERSTEIN, Michael (1976): Shifters, Linguistic Categories, and Cultural Description. In: Basso, Keith / Shel-
by, Henry (Hg.): Meaning in Anthropology. Albuquerque: University of New Mexico Press, S. 11–55.

SCHOTE, Joachim (2014): Orientierungskurs. Grundwissen Politik, Geschichte und Gesellschaft in Deutschland. Berlin: Cornelsen.

SILVERSTEIN, Michael (1993): Metapragmatic Discourse and Metapragmatic Function. In: Lucy, John (Hg.):
Reflexive Language. Reported Speech and Metapragmatics. Cambridge: Cambridge University Press,
S. 33–58.

SILVERSTEIN, Michael (1997): The Improvisational Performance of Culture in Realtime Discursive Practice. In:
Sawyer, Keith (Hg.): Creativity in Performance. London: Ablex, S. 265–311.

SILVERSTEIN, Michael (2003): Translation, Transduction, Transformation. Skating „glossando" on thin Semio-
tic Ice. In: Rubel, Paula / Rosman, Abraham (Hg.): Translating Cultures. Perspectives on Translation and
Anthropology. Oxford: Berg, S. 75–105.

SILVERSTEIN, Michael / Urban, Greg (1996): The Natural History of Discourse. In: Silverstein, Michael / Urban,
Greg (Hg.): Natural Histories of Discourse. Chicago: University of Chicago Press, S. 1–17.

SÖKEFELD, Martin (2009): Ethnologie und Interkulturelle Kommunikation. In: Koch, Gertraud / Franke,
Amelie (Hg.): Kulturelle Vielfalt als Gestaltungsaufgabe. Ethnologische Beiträge aus diversen Praxisfeldern. St. Ingbert: Universitätsverlag, S. 23–32.

TREIBER, Magnus (2017): Migration aus Eritrea. Wege, Stationen, informelles Handeln. Berlin: Reimer.

VERTOVEC, Steven (2012): „Diversity" and the Social Imaginary. In: European Journal of Sociology, Bd. 53,
S. 287–312.

WEI, Li (2014): Negotiating Funds of Knowledge and Symbolic Competence in the Complementary School
Classrooms. In: Language and Education, Bd. 28 (2), S. 161–180.

WIKAN, Unni (1992): Beyond the Words. The Power of Resonance. In: American Ethnologist, Bd. 19 (3), S.
460–482.

WELSCH, Wolfgang (1995): Transkulturalität. Zur veränderten Verfasstheit heutiger Kulturen. In: Zeitschrift
für Kulturaustausch, S. 39–44.

WELSCH, Wolfgang (2010): Was ist eigentlich Transkulturalität? In: Darowska, Lucyna / Lüttenberg, Thomas / Machold, Claudia (Hg.): Hochschule als transkultureller Raum? Kultur, Bildung und Differenz in
der Universität. Bielefeld: transcript, S. 39–66.

WLASAK, Petra (2017): Flucht und Asyl. Transdisziplinäre Lernerfahrungen von Studierenden, Geflüchteten
und Freiwilligen. In: Schindler, Julia / Sieder, Christa (Hg.): Erwachsenenbildung und Migration. Ankommen. Weiterkommen? Flucht, Asyl und Bildung. Magazin erwachsenenbildung.at, Bd. 31, Norderstedt:
Books on Demand. Electronic Source: https://erwachsenenbildung.at/magazin/17-31/meb17-31.pdf [Zu-
griff am 26.05.2018].

WORTHAM, Stanton / Rymes, Betsy (Hg.) (2003): Linguistic Anthropology of Education. Westport, Connecticut: Praeger.

YILDIZ, Safiye (2009): Interkulturelle Erziehung und Pädagogik. Subjektivierung und Macht in den Ordnungen des nationalen Diskurses. Wiesbaden: VS-Verlag.

Websites

ArrivalAid – Akademie, 16. Mai 2018: Für Geflüchtete und Helfer/-innen: Interkulturelles Training mit Schwerpunkt Afghanistan (Referent: Sayed Nasim Sadat): https://www.arrivalaid.org/akademie [Zugriff am 05.04.2018].

BAMF – Bundesministerium für Migration und Flüchtlinge: Integrationskurse. http://www.bamf.de/DE/Willkommen/DeutschLernen/Integrationskurse/integrationskurse-node.htm [Zugriff am 3.4.2018].

Bundesministerium für Wirtschaft und Energie/Bundesministerium für Arbeit und Soziales/Bundesagentur für Arbeit: Die Deutsche Sprache: http://www.make-it-in-germany.com/de/fuer-fachkraefte/ausbildung-lernen/die-deutsche-sprache [Zugriff am 03.04.2018]

IKUD-Seminare: Interkulturelles Lernen: Überblick: https:/s/www.ikud.de/glossar/interkulturelles-lernen-definition.html [Zugriff am 03.04.2018].

Kulturelles, interkulturelles und transkulturelles Lernen als Aneignung kultureller Skripte: http://wwwuser.gwdg.de/~kflechs/iikdiaps9-96.htm [Zugriff am 10.04.2018].

Heimatmuseum Oettingen: http://www.heimatmuseum-oettingen.de/ [Zugriff am 13.04.2018].

Museum Kulturland Ries: http://www.museumkulturlandries.de/startseite/ [Zugriff am 13.04.2018].

Märchen im Film: Kritiken. Analysen. Interviews: http://maerchen-im-film.de/ [Zugriff am 03.04.2018].

Sprichwörter und Redewendungen aus Russland und Deutschland. http://www.sibiria.beryosa.net/rusprichwort/Sprichwort.html [Zugriff am 10.06.2018].

Online-Wörterbuch „LEO": www.leo.org [Zugriff am 03.04.2018].

Übersetzungsprogramm Google Translate: https://translate.google.com/ [Zugriff am 03.04.2018].

Übergangsrituale beim Übergang von der Kindertageseinrichtung in die Grundschule – Ethnologische Anwendungsperspektiven in der Frühpädagogik durch einen „ethnologischen Klassiker"?

CHRISTIAN JOHANNSMANN

ABSTRACT: In der Frühpädagogik gibt es einen großen Forschungszweig zum Übergang von Kindertageseinrichtung zur Schule. Dabei wird u. a. auf van Genneps Übergangsrituale rekurriert, aber mehr als eine historische Grundlage denn ein aktuelles Forschungsfeld. Könnte dieser „ethnologische Klassiker" sowie rezente Ansätze, die andere Verläufe zu van Genneps Dreiphasenmodell aufzeigen, aber auch neue Anwendungsperspektiven für den frühpädagogischen Übergang aufzeigen? In einer frühkindlichen Fallstudie sollten Eltern ein Tagebuch (bzw. „Monatsbuch") vom letzten halben Kindergartenjahr bis zum ersten Schulhalbjahr führen. Damit sollte exploriert werden, was für Wahrnehmungsweisen der Eltern bestehen und ob oder wie diese sich voneinander unterscheiden. Die Rolle der Eltern ist in diesem Forschungsbereich bislang weniger im Fokus, sie hat aber eine sehr wichtige Bedeutung für Bildungsprozesse. Die Wahrnehmungsweisen in den Monatsbüchern haben u. a. aufgezeigt, dass Eltern bestehende Kommunikations- und Veranstaltungsarten annehmen, aber auch, dass sie mehr in einem Bruch dazu stehen. Der Bezug der Übergangsrituale auf die pädagogische Übergangsforschung eröffnet somit neue Perspektiven für Bildungsprozesse und zeigt verschiedene Zugänge für die pädagogische Übergangsgestaltung auf. Angewandte Ethnologie sollte deshalb auch versuchen, „ethnologische Klassiker" auf aktuelle Fragen zu beziehen und diese kritisch am Material weiterzuentwickeln.

1. Einleitung

In der Frühpädagogik gibt es einen großen Forschungszweig zum Übergang zwischen Kindertageseinrichtung und Schule. Dieser hat interdisziplinäre Grundlagen in Fächern wie Psychologie, Soziologie und Ethnologie (vgl. Griebel / Niesel 2011:14-16; Griebel 2011: 36-37). Bei den ethnologischen Wurzeln taucht v. a. der Name van Genneps und dessen *rites de passage* auf. Darauf wird aber insbesondere im deutschsprachigen Raum mehr als eine historische Grundlage denn als ein aktuelles Forschungsfeld rekurriert. Wie verhält es sich aber konkret: Könnte es lohnenswert und erkenntnisbringend sein, einen „ethno-logischen Klassiker" in diesem Forschungsfeld der Frühpädagogik heranzuziehen, könnte das neue pädagogische Anwendungsperspektiven aufzeigen? Schließlich gibt es auch im-mer wieder rezente Studien wie aus Ethnologie und aus Literatur- und Filmwissenschaf-ten zu Übergangsritualen, die andere bzw. weitere Varianten davon dartun. Sie zeigen z. B., dass ein Statuswechsel auch ohne ein bestimmtes Übergangsritual bzw. mit alltäglichen und zeitlich unbestimmten Ritualen geschehen kann sowie das Jugendliche beim Erwach-senwerden Übergänge häufiger selbst gestalten oder keinen klaren Übergang erleben und eher in einer liminalen Phase verbleiben.

Der Übergang zwischen Bildungsinstitutionen hat in der Frühpädagogik in den letz-ten rund zehn Jahren an großer Bedeutung gewonnen. Das zeigt sich zum einen ganz praktisch: die rituelle Handlung um die Einschulung hat sich in den letzten Jahrzehnten ausgeweitet, Erstklässler bekommen eine Schultüte und es gibt Einschulungsfeiern mit den Generationen der Familien[1] – dieser Akt wird so erheblich aufgeladen und kann von Kindern als bedeutende Zäsur erlebt werden (vgl. Däschler-Seiler 2004:22). ■ Abb. 1.

Welche Macht haben **Rituale?**

Abb. 1: Titelbild
einer Geo-Umfrage, 2015.
© Shutterstock

---

1   So titelt die Welt am Sonntag am 19. 08. 2018 auf der ersten Seite „Einschulung ist die neue Weihnacht" und
     das Museum Viadrina in Frankfurt (Oder) geht in der Sonderausstellung „Von ABC-Schützen und Zuckertüten
     – Rund um den 1. Schultag" historischen Entwicklungen dazu nach.

Zum anderen ist eines der zentralen Forschungsergebnisse der Forschung zu Bildungs-
übergängen, dass der Übergang vom Kindergartenkind zum Schulkind bis zu zwei Jahre
– das letzte Kindergartenjahr und das erste Schuljahr – in Anspruch nehmen kann und
sehr unterschiedlich bewältigt wird (vgl. Griebel / Niesel 2011:118; Lingenauber / Niebelschütz 2012:138; Buse 2017:478). Das Thema Übergang hängt somit auch mit Ungleichheit zusammen. International gibt es aktuelle Ansätze und Studien, die sich mit Fragen
zu Übergangsritualen beschäftigen. Dabei sind insbesondere Garpelin (2014) und Peters /
Sandberg (2017) zu nennen. Sie beschäftigen sich z. B. damit, ob mehr Rituale für den
Übergang hilfreich wären oder diskutieren analoge Metaphern und Theorien wie Grenz-
bereich oder Brücke. Der Fokus liegt dabei v. a. auf der Ebene der Kinder. In einer explorativen Fallstudie, deren Erkenntnisse ich hier vorstellen werde, lag der Fokus demgegenüber
auf der Ebene der Eltern und ihrer möglichen oder spezifischen Wahrnehmung einer
Übergangsritualisierung beim Übergang von der Kindertageseinrichtung in die Grundschule. Eltern werden in den letzten Jahren zunehmend als zentrale Akteure in Bildungsinstitutionen thematisiert (vgl. Buse 2017:15), sie „haben einen entscheidenden Einfluss
auf die Bildung und Entwicklung des Kindes sowie auf dessen Übergang" (Wildgruber /
Griebel 2016:59). Deshalb wurde in der Fallstudie untersucht und analysiert, wie acht Eltern aus Baden-Württemberg und Schleswig-Holstein den Übergang unter Fragestellungen
zu Übergangsritualen über ein Jahr wahrnehmen (zur genaueren methodischen Durchführung vgl. 4.) und ob dabei bestimmte Wahrnehmungsweisen bestehen, die Eltern voneinander unterscheiden. Zudem sollte gefragt werden, was sich daraus für Folgerungen für
die Gestaltung des Übergangs ergeben. Aus Perspektive von Inklusion geht es dabei darum,
die mögliche Heterogenität von Eltern zu ermitteln, um danach in der pädagogischen Praxis entsprechend handeln zu können und verschiedene Zugänge zu ermöglichen.

2. Varianten von Übergangsritualen: van Genneps „Klassiker" und rezente Studien

Die *rites de passage* von van Gennep werden hier nur in Grundzügen für den Rahmen der
Fallstudie skizziert. Sie beschreiben „den Übergang des Menschen von einem Daseins-
zustand, Status oder Lebensabschnitt zum anderen – etwa bei Geburt, Namengebung,
Beschneidung, Initiation, Heirat, Ordination, Inthronisation und Tod" (Schoenfelder
1999:389) und können als intrinsischer Teil des Lebens gesehen werden (vgl. Peters /
Sandberg 2017:232). Van Gennep unterscheidet dabei drei Phasen, das Strukturschema
der Übergangsriten: eine Trennungsphase („preliminal"), eine Schwellen- bzw. Umwand-
lungsphase („liminal") und eine Eingliederungsphase („postliminal")[2] (vgl. van Gennep

---

2   Der deutsche Begriff Eingliederung ist aus inklusiver Perspektive fragwürdig, da er ein eher statisches Ver-
    ständnis solcher Prozesse ausdrückt. Das zeigt sich auch in den Ausführungen von Herche und den Auswer-
    tungen der Monatsbücher (s. u.). Der englische Begriff „postliminal" ist demgegenüber neutraler.

1999:183; Garpelin 2014:119). In ersterer legt eine Person ihre frühere gesellschaftliche Rolle bzw. ihren früheren gesellschaftlichen Status ab, darauf steht ihr, i. d. R. von der sozialen Umgebung isoliert, die Annahme der neuen Rolle bevor und in letzterer nimmt sie schließlich eine andere Position in der Gesellschaft ein (vgl. Schoenfelder 1999:389). Als problematisch an van Genneps Theorie gilt aus heutiger Sicht sein Gesellschaftsmodell. Demnach ist jede Gesellschaft wie ein übersichtliches Haus strukturiert, wobei die Dynamik des sozialen Lebens ständige Grenzüberschreitungen mit sich bringt, die die Ordnung des Soziallebens gefährden. Diese entsprechenden Veränderungen sollen durch die Übergangsrituale in immer gleicher Funktion, der Kontrolle der Dynamik des sozialen Lebens, und in immer gleicher Form, der Dreiphasenstruktur, mögliche Störungen der Sozialordnung durch eine Steuerung der Veränderungsprozesse abschwächen (vgl. Schomburg-Scherff 1997:228). Solche fest definierten Zustände oder Situationen, zwischen denen Individuen wechseln, sind aber nicht mehr im selben Maße gegeben (vgl. Griebel 2011:36). Van Gennep geht also von einem eher statischen Gesellschaftsmodell aus, das nicht per se übertragen werden kann. Die Übergangsrituale sind dennoch „bis heute ein grundlegendes Reflexionsthema geblieben" (Schomburg-Scherff 1997:228), und in der Wahrnehmung von Eltern können solche gesellschaftlichen Vorstellungen dennoch präsent sein.

Relevant ist auch die soziologische Perspektive. Hier sah Bourdieu „im Gegensatz zu van Gennep und Turner nicht die Trennung aus vorangegangenen Situationen als Wirkung des Rituals, sondern die Unterscheidung zwischen Personengruppen". (...) „Mit der sozialen Definition werden Verhaltenserwartungen an das Individuum gerichtet, die es in der neuen Gemeinschaft zukünftig erfüllen solle. Wenn diese verinnerlicht werden, erwerbe der Einzelne den Habitus in einem neuen Status" (Griebel 2011:37). Bourdieus Perspektive zeigt somit deutlich, dass die Kinder beim Übergang zu Schulkindern und die Eltern zu Grundschulkindeltern werden können, dass sie groß werden (vgl. Griebel / Niesel 2011:115,161; Dockett / Perry zit. in Dockett 2015:52), also v. a. eine Statusveränderung erleben. Die drei Phasen können vom Ablauf her relativ direkt auf den Übergang Kindertageseinrichtung − Schule übertragen werden. Das Kind wird von seiner bisherigen Institution getrennt und in eine neue Institution aufgenommen. Die mittlere Phase kann aber für Kinder gemäß ihres Alters schon alleine aus rechtlichen Gründen natürlich nicht isoliert stattfinden. Bei direkter zeitlicher Übertragung kann man die mittlere Phase auch auf die Sommerferien beziehen, in denen die Kinder für eine bestimmte Zeit lang keiner Institution angehören und sich für Eltern z. B. erste Veränderungen in der Alltagsorganisation einstellen können. In der Fallstudie sollten Übergangsrituale aber institutionell und zeitlich nicht so direkt übertragen werden, sondern eher als eine Art Hintergrundfolie für die Wahrnehmung des Übergangs von Eltern gesehen werden. Griebel / Niesel und Buse zeigen, wie oben schon angedeutet, dass der Übergang zeitlich sehr unterschiedlich verlaufen kann: für manche beginnt er sehr früh im letzten Jahr des Kindergartens, für andere später. Für manche geschieht das Ankommen in der Schule sehr unmittelbar, für andere ist es ein längerer Prozess, und teilweise werden Veränderungen und Schwierigkeiten erst im Nachhinein gesehen (vgl. Griebel / Niesel 2011:18; Buse 2017:407).

Ein zentrales Merkmal von Übergangsritualen ist, wie sich in diesem Abschnitt gezeigt hat, die Statusveränderung. Eine Statusveränderung kann jedoch, wie sich bei Althans (2004) zeigt, auch ohne bestimmte Übergangsrituale stattfinden. In einer Studie mit muslimischen Jugendlichen in Berlin, die innerhalb der ethnographischen Studien von Wulf et al. zu Bildung und Ritual durchgeführt wurde, wurde untersucht, wie die Jugendlichen „den Übergang ins Erwachsenenalter bewältigen – ohne große kollektive Aufführungen der Aufnahme in die Gemeinde oder die Gesellschaft wie Kommunion, Konfirmation oder Jugendweihe" (Althans 2004:241). Denn ein fest bestimmtes Übergangsritual gibt es so im Islam nicht, was zudem die Bindung an die religiöse Tradition nicht einschränkt (vgl. Althans 2004:245). Demgegenüber zeigt die Studie aber auf, dass es individuelle Transformationsrituale gibt, die keinen direkten Verweis auf das Erwachsenenwerden beinhalten (vgl. Althans 2004:246). Das sind Wasch- und Gebetsrituale als praktische, körperliche und rituelle Handlungen sowie Beschneidung und Kopftuch als Rituale und Zeichen der Geschlechtszugehörigkeit (vgl. Althans 2004:247-263). Letztere sind auch nach außen deutliche Zeichen einer Transformation, sie sind aber zeitlich nicht eindeutig festgelegt und werden, wie die Studie zeigt, von den verschiedenen Jugendlichen auch nicht einheitlich mit den gleichen Bedeutungen belegt. Es gibt an dieser Stelle im Islam somit kein klar festgelegtes und zeitlich bestimmtes Übergangsritual; es gibt aber dennoch eine rituelle Transformation, die Statusveränderungen bewirkt. Der Übergang scheint dabei fast nahtlos zu verlaufen. Übertragen auf den Übergang Kindertageseinrichtung – Grundschule wäre also ein Wandel zum Schulkind und zu Schulkindeltern ohne ein bestimmtes Übergangsritual möglich, es würden aber wohl bestimmte rituelle Transformationen beobachtbar sein.

Herche, Literatur- und Filmwissenschaftlerin, kommt in ihrer Analyse von Übergangsritualen in zwei Filmen zu Indigenous Australians, *Samson and Delilah* von Warwick Thornton und *Toomelah* von Ivan Sen, zu dem Ergebnis, dass die Protagonisten der beiden Filme zunächst die ersten beiden Phasen wie bei van Gennep erleben, doch dann gewissermaßen in der zweiten Phase verbleiben. Diese Phase wird für sie mehr oder weniger permanent, sie erleben nicht die Eingliederung der dritten Phase. So sind die Handlungsverläufe der Filme für Herche nach klassischer Lesart des Übergangsrituals ein Scheitern, da z. B. Samson und Delilah weder in ihrer community noch in der weißen Mehrheitsgesellschaft die Eingliederung der dritten Phase erfahren und so gewissermaßen in einer liminalen Position verbleiben (vgl. Herche 2016:157). Das sieht sie auch als eine Herausforderung für die universale anthropologische Theorie von Liminalität als einem Prozess, der notwendigerweise durchschritten werden müsste (vgl. Herche 2016:160). Demgegenüber sieht sie im Ende der Filme emanzipatorische und hoffnungsvolle Momente, indem die Charaktere Verantwortung und Sorge füreinander tragen sowie eigene Entscheidungen für ihren künftigen Lebensweg und zu ihrer kulturellen Tradition treffen, was erst durch die liminale Position ermöglicht wird (vgl. Herche 2016:157-160). Herche greift in ihrer Analyse in diesem Zusammenhang auch ein Wortspiel von Leane auf und entwickelt es weiter. Leane formuliert aus „rites de passage" bzw. englisch „rites of passage" zu „rights of passage". Daraus formuliert Herche wiederum „passage to rights": die Selbstbestimmung der Protagonisten in den beiden Filmen, also das sie statt der Eingliederung Verantwortung füreinander tragen und Entscheidungen zu ihrer kulturellen Tradition treffen, sieht sie als eine passage to rights (vgl. Herche 2016:160).[3] Diese drei Varianten von Übergangsritualen lassen sich wie folgt zusammenfassen:

Drei Varianten von Übergangsritualen	
van Gennep	Klar strukturiert und vorgegeben
Althans	Nahtlos und alltägliche Rituale
Herche	Liminal verbleibend und mehr selbst gestaltet

Tabelle 1: Drei Varianten von Übergangsritualen

3. Zur Bedeutung und zur Heterogenität von Eltern beim Übergang

Von Eltern hängt zum einen „nicht unerheblich ab, wie der Übergang ihrer Kinder in die Grundschule glückt" (LISUM 2007:21). Zum anderen verfügen sie über Kompetenzen, ihre Kinder „im Übergangsprozess zu begleiten und zu unterstützen" (Lingenauber / Niebelschütz 2012:141). Ihre Bedeutung für den Übergang wird aber nur selten berücksichtigt (vgl. Griebel / Niesel 2011:161). Griebel und Niesel haben die Bedeutung von Eltern innerhalb ihres Transitionsansatzes, ihrer richtungsweisenden Studien zum Übergang, systematisch gezeigt. Darin nehmen Eltern eine Position neben ihren Kindern ein, in der sie entwickeln und fördern können (vgl. Griebel / Niesel 2011:116). Zudem müssen sie auch ihren eigenen Übergang, den Übergang von Eltern eines Kindergartenkindes zu Eltern eines Schulkindes, aktiv bewältigen (vgl. Griebel / Niesel 2011:117-124). Quantitative Studien zu Eltern haben u. a. ergeben, „dass der Großteil aller Eltern sich deutlich durch die Kindertageseinrichtungen unterstützt und im Übergangsprozess beteiligt fühlt", anderer-

---

3   Vergleichbare Ergebnisse finden sich in Studien des Sozial- und Integrationspädagogen Sting bei Übergangsritualen von Jugendlichen zum Erwachsenwerden z. B. bei LAN-Partys. Die Wiedereingliederung der Jugendlichen in stabile gesellschaftliche Positionen steht in modernen Gesellschaften nicht mehr fest, Übergänge sind in ihnen offener geworden, deshalb sieht Sting den Übergang zum Erwachsenwerden hin zu einer zeitlich ausgedehnten und selbstgestalteten Übergangsarbeit transformiert, der sich tendenziell auf Dauer stellen kann (vgl. Sting 2013:473). Sozialpädagogische Bildungsarbeit sollte das nicht als abweichend oder problematisch sehen, wenn sie integrativ wirken will (vgl. Sting 2013:483).

seits bestehen genauso „Alarmzeichen, dem Kitas und Schulen weiter nachgehen sollten" (Wildgruber et al. 2015:164) – in inklusiver Perspektive geht es entsprechend darum, letztere zu unterstützen und einzubeziehen. Aktuelle qualitative Studien haben ergeben, dass sich als subjektive Herausforderung von Eltern z. B. zeigt, „dass der Schulanfang für viele Familien offenbar mit bestimmten Riten und Symbolen verbunden ist und vor allem in Form einer rituellen Vorbereitung auf die Schule präsent zu sein scheint. Der Übergang stellt insofern auch eine innerfamiliale Ritualisierung dar, die unabhängig von dessen Gestaltung durch Kindergarten und Grundschule ist" (Graßhoff et al. 2013:118). Dazu gehören auch Dinge wie Schulranzen und Schultüte, Kauf eines Schreibtisches oder Veränderung des Kinderzimmers (vgl. Graßhoff et al. 2013:118). Somit könnte für Eltern auch eine Wahrnehmung und Gestaltung einer Übergangsritualisierung präsent sein.

Bildungsbiographische Erfahrungen können sich gewissermaßen in verschiedene Richtungen auswirken. So sprechen Eltern mit negativen Schulerfahrungen signifikant häufiger davon, „sie würden sich (eher) nicht auf die Schulzeit ihrer Kinder freuen" und „geben ein Jahr später signifikant häufiger an, ihrem Kind mache das Lernen in der Schule wenig Freude und es komme nicht so gut in der Schule zurecht" (Lorenz / Winterhalter-Salvatore 2015:176). Die Forschungen im Projekt EDUCARE haben ergeben, dass auf politisch-diskursiver Ebene bestimmte Vorstellungen wie Durchsetzungen eines Leitbilds sog. „guter Elternschaft" bestehen, die Druck auf bestimmte Eltern erzeugen, da nicht alle Elterngruppen die Möglichkeiten haben, dies zu erfüllen (vgl. Betz et al. 2013:73; Bischoff / Betz 2015:264). Es besteht also eine Heterogenität der Eltern in Bezug auf das Gelingen des Übergangs. Graßhoff et al. sehen damit verbunden „eine Ernüchterung für weitreichende Hoffnungen auf Relativierung der sozialen Herkunft durch Übergangsmanagement", zusammengehend mit „Blockierungen der Elternorientierung" und setzen deshalb den Blick auf „Eltern als Akteure im Übergangsprozess (...) und deren subjektives Erleben" (Graßhoff et al. 2013:20). Eine weitere Heterogenität von Eltern zeigt Buse in Bezug auf die konkrete Bewältigung des Übergangs. Ein zentrales Ergebnis ihrer Übergangsrekonstruktionen in ihrer kürzlich erschienen Dissertation ist, dass Bewältigungsprozesse von Eltern beim Übergang nicht gleichförmig verlaufen (vgl. Buse 2017:479). Buse rekonstruiert unterschiedliche Bedürfnisse und Orientierungen von Eltern im Übergang und stellt diese in einer Matrix dar. Dabei stehen auf der x-Achse zum Thema Kommunikation und Verständigung ein beziehungsorientiert-involvierter Typus sowie ein funktional-pragmatischer Typus und auf der y-Achse zum Thema Bewältigung des Übergangs ein unsicher-ambivalenter Typus sowie ein zuversichtlicher Typus (vgl. Buse 2017:432). So wurden dem zuversichtlichen Typus Übergangsschwierigkeiten z. B. erst im Nachhinein bewusst, der ambivalent-unsichere Typus nimmt diese dagegen direkt beim Schuleintritt wahr (vgl. Buse 2017:426). Buse folgert daraus, „dass es den einen Zugang zu Eltern nicht geben kann" und das „spezifische Angebote nicht für die Zielgruppe Eltern, sondern für ganz unterschiedliche Eltern entwickelt werden können" (Buse 2017:474). In Fortführung des Transitionsansatzes (s. o.) sieht sie das als „passgenaue Übergangsbegleitung" (Buse

2017:477). Albers und Lichtblau halten in diesem Zusammenhang fest, dass nationale wie internationale Forschungsergebnisse übereinstimmend darauf hinweisen, „dass es von herausgehobener Bedeutung ist, die Familie in die Gestaltung der Transition einzubeziehen" (Albers / Lichtblau 2014:27). Und: „Nicht jede Familie braucht jede Form der Unterstützung, aber unterschiedliche Eltern erleben Unterschiedliches als besonders hilfreich in ihrer Lebenslage" (Wildgruber et al. 2015:163). Eltern haben also eine zentrale Bedeutung für den Übergang, dabei gibt es nicht *die* Eltern und nicht *den* Übergangsverlauf, sondern unterschiedliche Eltern bzw. elterliche Wahrnehmungen und Handlungen und somit unterschiedliche Übergangsverläufe.

4. Wahrnehmungsweisen der Eltern

In der Fallstudie haben acht Eltern über ein Jahr lang ein Tagebuch bzw. ein „Monatsbuch" geführt. Sie sollten einmal pro Monat fünf offene Fragen, z. B. zu dem, was sie und ihr Kind aktuell bewegt und was sich verändert sowie zu zentralen Ereignissen oder Objekten des Übergangs beantworten. Dies sollte von den Eltern über ein Jahr lang verfasst werden, da der Übergangsprozess einen sehr langen und individuell unterschiedlichen Zeitraum vor und nach der Einschulung umfassen kann (s.o.).[4] Die Idee für das Monatsbuch ist angelehnt an das Kompetenztagebuch nach Lingenauber, Tures und Niebelschütz (vgl. 2016:50). Durch die regelmäßigen Einträge können zudem eher kleinere Entwicklungen erkannt werden, als wenn die Eltern z. B. „nur" zwei- oder dreimal in dem Gesamtzeitraum interviewt werden. Die Monatsbücher wurden mittels der Dokumentarischen Methode nach Bohnsack ausgewertet. So sollte der individuelle Orientierungsrahmen der verschiedenen Eltern in Bezug auf ihre Wahrnehmung des Übergangserlebens nach Übergangsritualen rekonstruiert und dessen Eigenheiten wie auch seine Abgrenzungen erfasst werden[5]. Es geht hier also v. a. darum, den Orientierungsrahmen der Eltern anhand der sinngenetischen Typenbildung zu rekonstruieren und wie sich die verschiedenen beteiligten Eltern voneinander unterscheiden[6]. Sechs der acht beteiligten Eltern sind mit ihren Kindern in einer privaten Einrichtung in Baden-Württemberg und zwei in einer kommunalen Einrichtung in Schleswig-Holstein. Sieben der acht Eltern haben einen akademischen Abschluss (bei dem Elternteil ohne akademischen Abschluss

---

4   Dieser Zeitraum hätte auch noch länger sein können, wurde aber etwas pragmatisch gesetzt, damit der hohe zusätzliche Aufwand für die Eltern noch überschaubar bleibt. Zufälligerweise deckt sich das auch mit dem klassischen Feldforschungszeitraum von einem Jahr.

5   Die Dokumentarische Methode wird typischerweise für Gruppendiskussionen und narrative Interviews verwendet (vgl. Buse 2017:121). Die Tagebuchform entspricht dem nicht ganz, ist aber mit den wiederkehrenden Fragen, zu denen die Eltern offen antworten können, ähnlich wie ein narratives Interview zu sehen und somit eine Narration, eine Erzählung und Beschreibung (vgl. Buse 2017:117).

6   Eine soziogenetische Typenbildung konnte im Rahmen der Fallstudie nicht erfolgen.

hat aber der Partner einen solchen Abschluss). Die Ergebnisse der Fallstudie könnten also darauf eingeschränkt sein. Weiterhin wechselte ein größerer Teil der Kinder der beteiligten Eltern einzeln bzw. ohne andere bekannte oder befreundete Kinder aus ihren Kindertageseinrichtungen in ihre jeweilige Grundschule. Das könnte sich ebenfalls auf die Übergangswahrnehmung ausgewirkt haben. Die Hälfte der Eltern hatte durch ältere Kinder bereits Übergangserfahrung, für die andere Hälfte war es die erste Übergangserfahrung. Sie wurden also auch zum ersten Mal zu Schulkindeltern. Die folgende Tabelle fasst die Auswertung kurz zusammen:

	GROß WERDEN van Gennep	HARMONIE Herche	UNABHÄNGIGKEIT (ERMÖGLICHEN) Althans
Bedeutung Rituale	hoch	persönlich	gering, zweckmäßig
Blick auf Entwicklung	kognitive Fähigkeiten und Entwicklungen	emotionales Wohlergehen	Selbständigkeit
Zeitliches Erleben	linear [7]	biographische Bezüge der Eltern	gegenwartsbezogen

Tabelle 2: Zusammenfassende Darstellung der sinngenetischen Typenbildung mit den Varianten der Übergangsrituale

In den drei Bereichen der linken Spalte unterscheiden sich die Eltern also. In diesem Artikel liegt der Fokus auf dem erstem Bereich, „Bedeutung Rituale", der im Folgenden für alle drei ermittelten sinngenetischen Typen genauer vorgestellt wird (4.1 bis 4.3, die Zitate in den Überschriften sind besonders prägnante Zitate für den jeweiligen Typ). Vorab ist wichtig zu wissen: Die offenen Fragen zu Übergangsritualen wurden von den Eltern sehr unterschiedlich beantwortet und die Eltern haben es sehr unterschiedlich gesehen, was für sie als Ritual gilt. Während manche Eltern kontinuierlich verschiedene Ereignisse wie bestimmte Ausflüge oder die Schuluntersuchung als rituelle Ereignisse des Übergangs deuten, nimmt demgegenüber ein Elternteil nur die Abschiedsfeier und Übernachtung in der Kindertageseinrichtung als rituelle Ereignisse des Übergangs wahr. Zur besseren Einordnung der folgenden Zitate: die Einschulung der Kinder fand im Sep. 2016 statt.

---

7   Der Begriff „linear" ist aus inklusiver Perspektive fragwürdig, er drückt ebenfalls ein eher statisches Verständnis solcher Prozesse aus (s. Fußnote 2). Er bezieht sich aber auf die elterliche Wahrnehmung, die sehr linear gesehen werden kann.

4.1 Groß werden: „Für meinen Sohn war die Vorstellung des Ranzens im Kiga sehr wichtig. Er war sehr stolz, ihn zu präsentieren und fühlte sich sehr groß!"

Fr. K. hat einen intensiven und vielfältigen Blick auf Rituale und Objekte. Sie beschreibt den Kauf des Schulranzens wie folgt:

> „Das war ein besonderes Ereignis!! Es war schön zu sehen, wie stolz unser Sohn ist. Für ihn ist es ein sehr wichtiger Schritt, es macht den Schulanfang greifbarer" (Feb. 2016).

Mit den zwei Ausrufezeichen und dem Begriff „stolz" wertet sie den Kauf sehr positiv. Mit der Bezeichnung „Schritt" ordnet sie ihn in eine Abfolge ein und mit „greifbar" gibt sie diesem Objekt einen Sinn. Zwei Monate später stellt das Kind den Ranzen im Kindergarten vor:

> „Für meinen Sohn war die Vorstellung des Ranzens im Kiga sehr wichtig. Er war sehr stolz, ihn zu präsentieren und fühlte sich sehr groß!" (April 2016)

Auch hier setzt die Mutter wieder Ausrufezeichen und verwendet den Begriff „stolz". Zweimal schreibt sie auch, dass sie stolz auf ihr Kind ist (Dez. 2015 und Sep. 2016). Durch „groß fühlen" erfährt die Abfolge eine zielgerichtete Wertung. Die Identität als künftiges Schulkind wird Teil der gemeinsamen Interaktion:

> „Bei meinem Sohn fällt ein Zahn nach dem anderen aus. Er freut sich sehr auf das ‚groß sein' und wächst mehrere Zentimeter, wenn man ihn als Schulkind anspricht." (April 2016)

Zu der zielgerichteten Wertung passt auch die Bewertung der Sommerereignisse von Kindergarten und Schule: Letzteres nimmt die Mutter sehr positiv wahr; Mutter und Kind machen dabei u. a. neue Freundschaften und Bekanntschaften und das Kind lässt sich auf Tänze ein (vgl. Juni 2016). Die Gestaltung des Abschieds vom Kindergarten empfindet sie dagegen sehr trocken und hebt nur ein von der Elterninitiative gedrucktes T-Shirt mit der Aufschrift „endlich Schulkind" positiv hervor (vgl. Juli 2016). Am Ende sieht sie im Laternenumzug der ersten Klasse gegenüber dem Vorjahr den Beweis, dass ihr Kind „ein Schulkind ist" (Nov. 2016). Auch sonst beschreibt sie viele Ereignisse wie Ausflüge, Schuleingangsuntersuchung, Anmeldegespräch, Einschulungsfeier oder die Nutzung des Übergangsbuches (vgl. Lingenauber / Niebelschütz 2012:138-139) und konstruiert an diesen eine Entwicklung zu einem Größer werden.

Fr. F. konstruiert schulische Bezüge an den Beziehungen zur Oma und zur Tante, die ehemalige Lehrerinnen sind: Ihr Kind lässt sich z. B. von der „Tante „Hausaufgaben" schicken, die nach Erledigung auch zur Korrektur zurückgeschickt werden müssen. Die Aufgaben (Ausmalen etc.) müssen auch von ihrer Tante kommen, da diese sich als Lehrerin auskennt" (Jan. 2016). Auch an privaten Aktivitäten wie Logopädie und Skiurlaub konstruiert sie schulische Bezüge: Nach Abholung von der Skischule „ist sie unsere Skilehrerin und wir müssen ihr hinterherfahren" (Dez. 2015). Fr. C. sieht ihr Kind als „stolz auf die Aktivitäten, die nur mit den Schulkindern gemacht werden" und bezeichnet es deshalb bereits als „Schulkind" (Juni 2016). Auch Hr. R. beschreibt beim Übergang besonders Veränderungen und sieht bei seinem Kind z. B. das Gefühl „stolz, dass er zu den Größten gehört" (erster Eintrag).

4.2 Harmonie: „Omi bringt Mamas Einschulungskleid mit, das J. freudestrahlend anprobiert und gleich zur Einschulung anziehen möchte (...). Interessiert schaut sie die Fotos von Mamas Einschulung an."

Fr. S. und Fr. P. haben ebenfalls einen intensiven Blick auf Rituale. Fr. S. sind dabei z. B. jahreszeitliche Ereignisse oder auch Ausflüge wichtig:

> „Im November wurde J. (und mir) glaube ich das erste Mal bewusst, dass das letzte Kita-Jahr begonnen hat und ein neuer Abschnitt beginnen wird. Das lag vor allem daran, dass St. Martin war und klar war, dass das die letzte St. Martins-Feier [in der Kita] sein würde. Das war für J. fast ein bisschen ein Schock. (...) Alle Laternen hängen an der Decke in Ihrem Zimmer und bedeuten ihr viel." (Nov. 2015)

Fr. P. nimmt z. B. einen sehr positiven Theaterbesuch der Vorschulkinder wahr, bei dem die Kinder hinter die Kulissen schauen durften: „Wir füllen das Übergangsbuch aus der KiTa bis auf die letzte Zeile mit ihren Erzählungen" (Jan. 2016). Bei den schulischen Bezügen markiert Fr. S. Kontraste zu den gängigen Gegebenheiten. So haben Objekte wie der Ranzen für Fr. S. nicht die gleiche Bedeutung wie die obigen Rituale:

> „Der ganze Hype um die Einschulung erscheint mir befremdlich, aber ich bin ‚gewarnt', dass ich mich rechtzeitig um einen Ranzen kümmern muss, um noch Auswahl zu haben." (Feb. 2016)

Ihr sind wohl möglicherweise eigene vertraute Objekte bzw. persönliche biographische Bezüge wichtiger:

> „Omi bringt Mamas Einschulungskleid mit, das J. freudestrahlend anprobiert und gleich zur Einschulung anziehen möchte (...). Interessiert schaut sie die Fotos von Mamas Einschulung an." (Mai 2016)

Die Tatsache, dass das Einschulungskleid – ein im Grunde einmaliger Gegenstand – aufbewahrt wurde, zeigt die Bedeutung dieser Bezüge für die Familie. Fr. P. stellt ebenfalls sehr persönliche Bezüge hervor. Für den Ranzen sucht sich ihr Kind „gleich ihr Lieblingsmotiv aus – die Kirschen. Das Bildzeichen, das sie auch im Kindergarten an ihrem Platz hat" (Dez. 2015). Später entscheidet sich das Kind zwar für ein anderes Motiv, aber „der Schulranzen wird die ersten Tage zum ständigen Begleiter, wird ein- und ausgeräumt und muss am ersten Abend vor dem Bett stehen – am liebsten hätte sie ihn mit ins Bett genommen" (April 2016).

4.3 Unabhängigkeit (ermöglichen): „Es ist sicher sehr wichtig, optimistische Stimmung zu verbreiten (...). Das ist für jemanden, der oftmals so kritisch eingestellt ist, wie ich es bin, manchmal eine ganz schöne Herausforderung."

Fr. E. und Hr. L. haben einen ganz anderen Blick auf Rituale und Objekte. Hr. L. achtet so gut wie gar nicht darauf. Er beschreibt lediglich Übernachtung und Abschiedsfeier und die im Grunde auch nur als eine Art kurzes Zeichen des Übergangs:

> *„Mit der Abschiedsfeier und der Übernachtung im Kindergarten ist es, als sei ein Schalter umgelegt worden. Plötzlich will A. nicht mehr in den Kindergarten gehen. Er behauptet, alles dort wäre langweilig und doof und er will jetzt sofort in die Schule gehen."* (Juli 2016)

Für Fr. E. spielen Rituale und Objekte demgegenüber zwar eine wichtigere Rolle. Die Schultüte gehört für sie „natürlich ganz klar dazu, als Versinnbildlichung der Einschulung sozusagen" (Juni 2016). Die Bedeutung sieht sie aber mehr aus Sicht ihres Kindes:

> *„Es ist sicher sehr wichtig, optimistische Stimmung zu verbreiten, dem Kind Ängste zu nehmen und Freude am neuen Lebensabschnitt zu wecken. Das ist für jemanden, der oftmals so kritisch eingestellt ist, wie ich es bin, manchmal eine ganz schöne Herausforderung."* (Juli 2016)

Sie beschreibt das Gefühl von Stolzsein bei ihrem Kind, schreibt aber in Bezug auf die Rituale nicht, das sie selbst stolz auf ihr Kind ist (das beschreibt demgegenüber Fr. K. (s. 4.1) mehrmals). Auf Objekte des Übergangs hat sie eine sehr eigenständige Sicht; für sie gehört auch der „Badeanzug für den Schwimmunterricht" dazu, da sie beim gemeinsamen Schwimmbadbesuch beobachten konnte, wie ihr Kind über die einzelnen Details dabei „bereits selbst genau Bescheid weiß" (April 2016). Ein ÖPNV-Ticket ordnet sie ebenfalls als Objekts des Übergangs ein: „Eigenes ÖPNV-Ticket seit sie 6 Jahre alt ist, das sie immer mit sich führen muss (Brustbeutel). Auch schon was für ‚große Kinder' ;)" (Nov. 2015). Auch das Gucken des Films *Star Wars Episode IV* zählt sie dazu (Dez. 2015). Die gewissermaßen dahinterstehende Annahme ihrer Sichtweise zeigt sich in folgendem Zitat:

> *„Ich behaupte jetzt mal: Das Schulkind sein knüpft sich weniger an greifbaren Objekten als an neuem Können. Sich in der Ortschaft zurechtfinden, den Schulweg kennen, wissen wo man im Notfall klingeln oder Hilfe holen kann."* (März 2016)

Ihre zweckmäßige Sicht und ihre Position, dass sie keine gewissermaßen vorbereitenden Rituale benötigt, zeigt sich auch in dem folgenden Zitat:

„Und „I make it up as I go along" … wir werden schon merken, wie die Schule tickt, wenn wir eingebunden sind. Und es reicht, es erst dann zu wissen. Und dann werden wir uns da auch zurechtfinden. Ich muss vorher nicht ‚gewarnt', gecoacht oder eingewiesen werden. Ich bin schon selber groß :D" (Jan. 2016)

4.4 Folgerungen

Die sinngenetische Typenbildung hat deutlich gezeigt, dass bei den acht Eltern sehr unterschiedliche Wahrnehmungen bzw. Wahrnehmungsweisen von Übergangsritualen bestehen. Für eine mögliche praktische und inklusive Gestaltung von Übergangsritualen hat das zur Konsequenz, dass ein einheitliches Programm nicht der angemessene Ansatz ist – „school transition is not a 'one size fits all' program" (Kraft-Sayre / Pianta zit. in Graßhoff et al. 2013:28).

Für den sinngenetischen Typ „Groß werden" scheinen Rituale bzw. rituelle Elemente des Übergangs sehr wichtig. Die Eltern konstruieren anhand verschiedener ritueller Elemente wie Feiern, Schulbesuche, Schulanmeldung, Ausflüge usw. das „Groß werden" ihres Kindes und erkennen darin eine Statusveränderung. An ihren Einträgen lässt sich erkennen, dass auch ihnen persönlich diese rituellen Elemente viel bedeuten. Hier kann der klassische dreiphasige Verlauf nach van Gennep gesehen werden, der sich in ihren Monatsbüchern wiederfinden lässt. Insofern wäre es für den sinngenetischen Typ „Groß werden" bei einem Übergangsritual sinnvoll, die Phasen des Übergangs hervorzuheben, Statusveränderungen deutlich zu markieren und einzelne Rituale sehr feierlich zu gestalten. Beispiele für ersteres könnten sein, sichtbare Schulkindgruppen in der Kindertageseinrichtung zu bilden und Patenbeziehungen zwischen Kindergarten- und Schulkindern zu gestalten. Für letzteres kann auch die Elternbeteiligung sehr wichtig sein.

Demgegenüber ist beim sinngenetischen Typ „Harmonie" auffällig, dass die dritte Phase nach van Gennep, die Eingliederung, nicht wirklich stattfindet. Eltern wie Kinder kommen gewissermaßen nicht richtig an (das konnte im Rahmen dieses Artikels nicht ausführlicher dargestellt werden). Insofern passen hier die Verläufe von Übergangsritualen nach Herche hier viel treffender zu. Nach diesen kann die liminale Phase auf Dauer gestellt sein, was nicht als abweichend gesehen werden sollte. Bei diesen Eltern lässt sich auch der Phasenverlauf nach van Gennep nicht so erkennen, denn sie markieren viel stärker persönliche Bezüge zur bisherigen denn zur kommenden Institution. Viel wichtiger sind für sie wohl Kontinuität und Beziehungen zu und zwischen den Institutionen. Insofern wäre es für den sinngenetischen Typ „Harmonie" bei einem Übergangsritual sinnvoll, Bezüge und Teilhabe zwischen den Institutionen herstellen zu können, in dem die Familien Themen einbringen können, und Kommunikation zu gewährleisten, z. B. durch Absprachen zwischen den beteiligten Institutionen und Transparenz.

Beim sinngenetischen Typ „Unabhängigkeit (ermöglichen)" fällt auf, dass die Kinder ein positives Ankommen in der Schule erleben, dies für die Eltern aber im Grunde keine große Veränderung markiert. Hier sind demnach Parallelen mit dem Verlauf von Übergangsritualen nach Althans gegeben, nach der es Statusveränderungen auch ohne bestimmte Übergangsrituale bzw. mit bestimmten rituellen Transformationen gibt. Die Phasen nach van Gennep finden sich nur teilweise wieder. Insofern wäre es für den sinngenetischen Typ „Unabhängigkeit (ermöglichen)" bei einem Übergangsritual sinnvoll, dass dies nicht zu zwanghaft ist, sondern auf Freiwilligkeit beruht und ein eigenes Tempo beim Übergang gehen zu können. Mit dem Wortspiel rights of passage lässt sich zudem folgern, dass Eltern bestimmte Rechte beim Übergang zukommen könnten, z. B. angemessen gestaltete Rituale, Kommunikation oder ein eigenes Tempo.

5. Fazit

Die explorative Fallstudie hat zunächst mehrere frühpädagogische Erkenntnisse hervorgebracht. Zunächst konnten bei den Eltern verschiedene Wahrnehmungsweisen von Übergangsritualisierung beim Übergang von der Kindertageseinrichtung in die Grundschule aufgezeigt werden. Weiterhin konnte, wie auch in anderen Studien, eine Heterogenität von Eltern beim Übergang herausgearbeitet werden. Für die pädagogische und inklusive Übergangsgestaltung bedeutet dies, dass auf diese intensiver eingegangen werden sollte, um einen gelungenen Übergang für die Kinder und Eltern zu ermöglichen. Dies ist auch wichtig vor dem Hintergrund, dass Forschungen zur Wahrnehmung von Eltern gezeigt haben, dass gewissermaßen standardisierte Kommunikations- und Veranstaltungsarten in Kindertageseinrichtung und Schule bestimmte Elterngruppen nicht ansprechen. In den Monatsbüchern konnten zwar auch Wahrnehmungsweisen bestimmt werden, bei denen die Eltern die vorgegebenen Kommunikations- und Veranstaltungsarten annehmen, aber auch genauso welche, die mehr in einem Bruch dazu stehen. Übergangsrituale sollten demnach immer verschiedene bzw. individuelle Zugänge ermöglichen. Angelehnt an Ahtola (Ahtola zit. in Peters / Sandberg 2017:234) könnten Übergangsrituale dann auch Zeichen einer kooperativen Kultur zwischen den Institutionen sein, die über Leistung oder kognitive Fragen hinausgeht. Weiterhin hat es sich als sinnvoll erwiesen, zu Übergangsritualen nicht nur den klassischen Ansatz von van Gennep heranzuziehen, sondern auch interdisziplinär vorzugehen und die Verläufe von Übergangsritualen nach Althans und Herche heranzuziehen, da diese die Perspektiven auf Übergangsrituale erweitern und die drei sinngenetischen Typen jeweils mit einem der drei Verläufe der Übergangsrituale in Bezug gesetzt werden konnten. Mit dem Ansatz von van Gennep allein hätten die spezifischen Perspektiven der sinngenetischen Typen „Harmonie" und „Unabhängigkeit (ermöglichen)" nicht so erkannt werden können bzw. sie wären eine Abweichung von van Genneps Modell.

Die Anwendung des „ethnologischen Klassikers" – der rites de passage von van Gennep – auf aktuelle frühpädagogische Fragestellungen hat sich somit als erkenntnisbringend erwiesen; daraus konnten gezielte praktische Perspektiven und Folgerungen gezogen werden. Der Bezug der Übergangsrituale auf die pädagogische Übergangsforschung kann also neue Perspektiven auf Bildungsthemen eröffnen. Angewandte Ethnologie könnte deshalb auch versuchen, klassische ethnologische Theorien und Themen auf aktuelle Fragen zu beziehen sowie diese interdisziplinär und kritisch am Material weiterzuentwickeln. Solche Klassiker könnten (neben den größeren ethnologischen Forschungssträngen zu Kindheit und zu Bildung in verschiedenen Kulturen) z. B. die Gabe bzw. die Untersuchungen zum Gabentausch von Marcel Mauss, Theorien zu Verwandtschaft- und Sozialbeziehungen oder Theorien zu Grundlegungen von Feldforschung wie die von Malinowski sein. Als nächster Schritt aus der Fallstudie könnte beobachtet und erfasst werden, wie weitere Eltern die hier ermittelten Folgerungen aufnehmen, wie also eine angewandte Ethnologie in einem pädagogischen Feld wirksam sein kann.

Literatur

ALBERS, Timm / Lichtblau, Michael (2014): Inklusion und Übergang von der Kita in die Grundschule. Kompetenzen pädagogischer Fachkräfte. München: WiFF Expertisen.

ALTHANS, Birgit (2004): Fehlende Übergangsrituale im Islam. Die produktive Leerstelle des Anderen. In: Wulf, Christoph / Althans, Birgit / Audehm, Kathrin / Bausch, Constanze / Jörissen, Benjamin / Göhlich, Michael / Mattig, Ruprecht / Tervooren, Anja / Wagner-Willi, Monika / Zirfas, Jörg (Hg.): Bildung im Ritual. Schule, Familie, Jugend, Medien. Wiesbaden: VS Verlag für Sozialwissenschaften, S. 241–268.

BETZ, Tanja / Moll, Frederick de / Bischoff, Stefanie (2013): Gute Eltern – schlechte Eltern. Politische Konstruktionen von Elternschaft. In: Corell, Lena / Lepperhoff, Julia (Hg.): Frühe Bildung in der Familie. Perspektiven der Familienbildung. Weinheim: Beltz Juventa, S. 69–80.

BISCHOFF, Stefanie / Betz, Tanja (2015): „Denn Bildung und Erziehung der Kinder sind in erster Linie auf die Unterstützung der Eltern angewiesen". Eine diskursanalytische Rekonstruktion legitimer Vorstellungen ‚guter Elternschaft' in politischen Dokumenten. In: Fegter, Susann / Kessl, Fabian / Langer, Antje / Ott, Marion / Rothe, Daniela / Wrana, Daniel (Hg.): Erziehungswissenschaftliche Diskursforschung. Empirische Analysen zu Bildungs- und Erziehungsverhältnissen. Wiesbaden: Springer VS, S. 263–282.

BUSE, Miriam (2017): Eltern zwischen Kindertageseinrichtung und Grundschule. Rekonstruktion interaktionaler Prozesse und transitionstheoretische Reflexionen. Wiesbaden: Springer VS.

DÄSCHLER-SEILER, Siegfried (2004): Übergänge. Zur Kontinuität und Diskontinuität im Erziehungsprozess unter anthropologischen Gesichtspunkten. In: Denner, Liselotte / Schumacher, Eva (Hg.): Übergänge im Elementar- und Primarbereich reflektieren und gestalten. Beiträge zu einer grundlegenden Bildung. Bad Heilbrunn: Klinkhardt, S. 15–29.

DOCKETT, Sue (2015): Starting School. A Time of Transitions for Families. In: Urban, Michael / Schulz, Marc / Meser, Kapriel / Thoms, Sören (Hg.): Inklusion und Übergang. Perspektiven der Vernetzung von Kindertageseinrichtungen und Grundschulen. Bad Heilbrunn: Klinkhardt, S. 51–62.

GARPELIN, Anders (2014): Transition to School. A Rite of Passage in Life. In: Perry, Bob / Dockett, Sue / Petriwskyj (Hg.): Transitions to School. International Research, Policy and Practice. Dordrecht: Springer, S. 117–128.

GRASSHOFF, Gunther / Ullrich, Heiner / Binz, Christine / Pfaff, Annika / Schmenger, Sarah (2013): Eltern als Akteure im Prozess des Übergangs vom Kindergarten in die Grundschule. Wiesbaden: Springer VS.

GRIEBEL, Wilfried (2011): Allgemeine Übergangstheorien und Transitionsansätze. In: Oehlmann, Sylvia / Manning-Chlechowitz, Yvonne / Sitter, Miriam (Hg.): Frühpädagogische Übergangsforschung. Von der Kindertageseinrichtung in die Grundschule. Weinheim: Beltz Juventa, S. 35–48.

GRIEBEL, Wilfried / Niesel, Renate (2011): Übergänge verstehen und begleiten. Transitionen in der Bildungs-
    laufbahn von Kindern. Berlin: Cornelsen.

HERCHE, Victoria (2016): 'Rights of Passage'. Exploring the Liminal Position of Indigenous Youth in Warwick
    Thornton's Samson and Delilah (2009) and Ivan Sen's Toomelah (2011). In: Adair, Gigi / Schwarz, Anja
    (Hg.): Postcolonial Justice in Australia. Reassessing the 'Fair Go'. Trier: WVT, S. 151–162.

LINGENAUBER, Sabine / Niebelschütz, Janina von (2012): Eltern als Gestalter des Übergangs Kindertages-
    einrichtung – Grundschule. In: Hess, Simone (Hg.): Grundwissen Zusammenarbeit mit Eltern in Kinder-
    tageseinrichtungen und Familienzentren. Berlin: Cornelsen, S. 133–141.

LINGENAUBER, Sabine / Tures, Andrea / Niebelschütz, Janina von (2016): Inklusive Kulturen entfalten. Quali-
    fizierungskonzept für die inklusive Weiterentwicklung frühpädagogischer Regeleinrichtungen. In: klein &
    groß, 1, S. 48–51.

LISUM (Landesinstitut für Schule und Medien Berlin-Brandenburg) (2007): Kurzfassung zum Zwischenbe-
    richt TransKiGs. Ludwigsfelde-Struveshof: Landesinstitut für Schule und Medien Berlin-Brandenburg.

LORENZ, Sigrid / Winterhalter-Salvatore, Dagmar (2015): Ein umfassendes Konzept von gelebter Bildungspart-
    nerschaft zwischen Eltern, Kindertageseinrichtung und Schule im Landkreis Mühldorf. In: Reichert-
    Garschhammer, Eva / Kieferle, Christa / Wertfein, Monika / Becker-Stoll, Fabienne (Hg.): Inklusion und
    Partizipation. Vielfalt als Chance und Anspruch. Göttingen: Vandenhoeck & Ruprecht, S. 166–180.

PETERS, Sally / Sandberg, Gunilla (2017): Borderlands, Bridges and Rites of Passage. In: Ballam, Nadine / Perry,
    Bob / Garpelin, Anders (Hg.): Pedagogies of Educational Transitions. European and Antipodean Research.
    Schweiz: Springer, S. 223–237.

SCHOENFELDER, Maren (1999): Übergangsriten, Rites de passage. In: Hirschberg, Walter (Begr.): Wörterbuch
    der Völkerkunde. Berlin: Dietrich Reimer, S. 389.

SCHOMBURG-SCHERFF, Sylvia M. (1997): Arnold van Gennep. In: Michaels, Axel (Hg.): Klassiker der Religions-
    wissenschaft. München: C. H. Beck, S. 222–233.

STING, Stephan (2013): Rituale und Ritualisierungen in Übergängen des Jugendalters. In: Schröer, Wolfgang /
    Stauber, Barbara / Walther, Andreas / Böhnisch, Lothar / Lenz, Karl (Hg.): Handbuch Übergänge. Wein-
    heim: Beltz Juventa, S. 471–485.

VAN GENNEP, Arnold (1999): Übergangsriten (Les rites de passage). Frankfurt / Main: Campus.

WILDGRUBER, Andreas / Griebel, Wilfried / Schuster, Andrea / Held, Julia / Nagel, Bernhard (2015): Auch El-
    tern kommen in die Schule. Unterstützung und Beteiligung unter dem Blickwinkel der Heterogenität von
    Eltern. In: Reichert-Garschhammer, Eva / Kieferle, Christa / Wertfein, Monika / Becker-Stoll, Fabienne
    (Hg.): Inklusion und Partizipation. Vielfalt als Chance und Anspruch. Göttingen: Vandenhoeck & Ru-
    precht, S. 157–165.

WILDGRUBER, Andreas / Griebel, Wilfried (2016): Erfolgreicher Übergang vom Elementar- in den Primarbe-
    reich. Empirische und curriculare Analysen. München: WiFF Expertisen.

Diversität selbstverständlich(er)leben: Interkulturelles Mentoring in Schulen

Susanne Binder

ABSTRACT: Das Konzept „Interkulturelles Mentoring" ist aus der Beschäftigung der Autorin mit den Herausforderungen im österreichischen Schulbetrieb erwachsen, die sich aus der zunehmenden Diversität der Schüler*innenschaft ergeben. „Interkulturellen Mentor*innen" bieten eine Möglichkeit, Diversität in der Schule positiv(er) erlebbar zu machen – sowohl für Schulkinder als auch für Lehrpersonen. Die Mentor*innen sind Studierende, die mehrsprachig sind und Migrations- oder Fluchterfahrungen mitbringen. Im Frühjahr 2017 begleiten 35 Mentor*innen an 25 Pflichtschulen Schüler*innen auf ihrer Schullaufbahn. Sie besuchen einmal pro Woche eine Klasse, lernen mit den Kindern (manchmal in deren Sprache), sind ihnen Ansprechpersonen und in erster Linie Vorbilder. Für die Kinder, die ähnliche Erfahrungen machen, bedeutet dies eine willkommene Zuwendung und stärkt ihr Selbstbewusstsein. Für Lehrpersonen ist es eine Unterstützung im Schulalltag sowie in der Elternzusammenarbeit – oft sogar ein erster intensiver Kontakt zu (gebildeten) Personen mit Migrations- oder Fluchterfahrung. Seit den rezenten Fluchtbewegungen arbeiten wir verstärkt mit arabisch-sprachigen Mentor*innen zusammen, die ebenfalls geflüchtet sind, sich jetzt in der Gesellschaft engagieren und ihre Integration durch Kontakte und Deutschlernen voranbringen möchten. Aspekte aus interkultureller Pädagogik sowie den Refugee Studies finden im Konzept und in der Umsetzung Anwendung und werden bedürfnis- wie praxisorientiert eingebracht.

1. Einleitend

Flucht und Migration sind längst in der Schule angekommen. Wenn auch kein neues Phänomen, so wächst Migration doch stetig in einer globalisierten Welt mit neuen Transportwegen und Kommunikationsmöglichkeiten (siehe Appadurai 1989); es gibt demnach immer mehr „people on the move" (vgl. Morokvasić 2003). Politische Entwicklungen in vielen Teilen der Welt tragen zudem dazu bei, Fluchtbewegungen in immer größerem Ausmaß entstehen zu lassen: Laut UNHCR-Schätzungen befanden sich im Jahr 2016 ca. 65,5 Millionen Menschen weltweit auf der Flucht (vgl. UNHCR o.J.).

© Springer Fachmedien Wiesbaden GmbH, ein Teil von Springer Nature 2019
S. Klocke-Daffa (Hrsg.), *Angewandte Ethnologie*, https://doi.org/10.1007/978-3-658-25893-1_13

Flucht und Migration bringen zusätzlich Diversität in alle gesellschaftlichen Bereiche. Bildungsinstitutionen wie etwa Schulen kommen in diesem Feld eine besondere Aufgabe zu, denn hier finden (inter-)kulturelle Begegnungen täglich statt, hier können Schüler*innen wie Lehrer*innen lernen, mit Vielfalt, mit Mehrsprachigkeit, mit Interkulturalität umzugehen und sie als Selbstverständlichkeit in einer modernen Gesellschaft zu (er)achten.

Wird dieses Potenzial des (gemeinsamen) Lernens durch die Begegnung genutzt? Wird Diversität im Klassenzimmer als selbstverständlich erlebt? Oder trägt Schule nach wie vor reproduzierend dazu bei, dass sich Stereotype und ethnisch-nationale Zuschreibungen halten (vgl. Mecheril et al. 2010; Derman-Sparks 1989; Preissing/Wagner 2003)?

Im Projekt „Interkulturelles Mentoring" wird kulturelle und sprachliche Diversität in der Schule als Selbstverständlichkeit angenommen. Einmal in der Woche besucht ein*e Mentor*in eine Schulklasse in einer Volksschule (VS) oder Neuen Mittelschule (NMS) in Österreich, um mit den Kindern zu lernen, sie zu unterstützen, ihnen Vertraute*r, Freund*in oder Vorbild zu sein. Die meisten der Mentor*innen haben selbst die Erfahrung gemacht, als Zugewanderte oder als „Flüchtlingskind", eine österreichische Schule zu besuchen. Sie haben jedoch auch die Erfahrung gemacht, dass sie ihre Schullaufbahn, die oft mit Hürden und besonderen Anstrengungen verbunden war, gut gemeistert haben und ein Hochschulstudium beginnen konnten. Diese besonderen Erfahrungen möchten sie jetzt weitergeben an Schüler*innen, die in ähnlichen Situationen sind. Ein anderer Teil der Mitarbeiter*innen im Projekt ist zu einem späteren Zeitpunkt nach Österreich migriert oder geflohen – ihre Erfahrungen beziehen sich vor allem auf die Herausforderung, sich in einer neuen, unbekannten Gesellschaft zurechtfinden zu müssen. Auch in dieser Hinsicht begegnen sie Kindern mit ähnlichen Erlebnissen, vor allem den Kindern aus Flüchtlingsfamilien, die mit den rezenten Fluchtbewegungen (2015, 2016) nach Österreich gekommen sind.

Gemeinsam ist allen Mentor*innen, dass sie eine Hochschulbildung haben, sei es das Studium in Wien oder ein Studium im Herkunftsland. Dies hat Vorbildwirkung für alle Kinder, Jugendlichen und Lehrpersonen in den Schulen.

Ins Konzept des Interkulturellen Mentorings fließen Ansätze aus der Migrationspädagogik, dem Interkulturellem Lernen oder der vorurteilsbewussten Bildung und Erziehung ebenso ein wie Ergebnisse aus der Flüchtlingsforschung. Zugrunde liegt die Überlegung, dass Diversität in der Gesellschaft im Sinne eines Paradigmenwechsels positiv und als „normal" anerkannt wird und durch Beziehungen und Kontakt beim Mentoring der Umgang mit dieser Vielfalt sowie interkulturelle plurale Kompetenzen – und letztlich auch Integration – ermöglicht werden können.

1. Einleitend: Zum Projekt Interkulturelles Mentoring für Schulen

2.1 Entstehungsgeschichte und Rahmenbedingungen

Die Projektidee wurde 2009 von der Autorin gemeinsam mit Elif Öztürk, einer Ethnologie-Studentin türkischer Herkunft konzipiert und umgesetzt[1]. Das Konzept wurde in Anlehnung an ein Niederländisches Mentoringprojekt (Crul 2001) entwickelt, das in einer meiner Lehrveranstaltungen zum Thema Migration und Schule vorgestellt wurde. Maurice Crul beschreibt, wie jüngere Schüler*innen an einer Niederländischen Schule von der Unterstützung älterer Schüler*innen gleicher ethnischer Herkunft profitierten. Konkret wurden Mentoringteams mit marokkanischem oder türkischem Hintergrund gebildet, und es waren vor allem die ähnlichen Erfahrungen, die Wirksamkeit zeigten. Die „marokkanischen" und „türkischen" Jugendlichen konnten Verständnis für die Situation jüngerer Kolleg*innen aufbringen, weil sie die kulturellen Familiensettings und Erwartungshaltungen kannten, weil sie die sprachlichen Stolpersteine im Niederländischen selbst „durchstolpert" haben und weil sie die Diskriminierungen bereits erfahren haben, denen ihre Mentees ebenso ausgesetzt waren. Erfahrungen teilen stand im Vordergrund – und dadurch auf einem anderen Level unterstützen zu können, als es mehrheitsangehörige Mentor*innen könnten (vgl. Crul 2001).

Schon im Frühjahr 2010 konnten die ersten zehn Mentor*innen an Wiener Schulen mit ihrer Tätigkeit beginnen. Gefördert wurde das damals von der Magistratsabteilung 17 der Stadt Wien für Integration und Diversität. Nach zwei Jahren ohne finanzielle Unterstützung, in der das Projekt fast wieder zum Erliegen kam und die Arbeit rein ehrenamtlich geleistet wurde, gelang es 2012, über verschiedene Stellen (z. B. BMEIA, Vielfalter, Büro für Diversität St. Pöllen, Anerkennungsfonds) jährlich öffentliche Fördergelder zu bekommen. Um auch den Mentor*innen eine finanzielle Anerkennung anbieten zu können, ist es Aufgabe des dreiköpfigen Organisationsteams (Susanne Binder, Ilija Kugler und Lena Weiderbauer), Finanzierungsmöglichkeiten zu finden und mit unterschiedlichen Schwerpunktsetzungen Anträge bei diversen Stellen einzubringen oder das Projekt für Preise zu bewerben. Wertschätzung erhält das Projektteam durch die zahlreichen Preise, die bereits verliehen wurden und auch gute Öffentlichkeitswirksamkeit gebracht haben[2].

Im Projekt Interkulturelles Mentoring für Schulen sind zum Zeitpunkt des Verfassens dieses Artikels 36 Mentor*innen an 25 Schulen in Wien und St. Pölten (Niederösterreich) tätig. Die Sprachkenntnisse der Mentor*innen umfassen 20 verschiedene Sprachen, wobei der Großteil Türkisch, Bosnisch-Kroatisch-Serbisch oder Arabisch als Erstsprache angibt. Sie kommen aus elf unterschiedlichen Studienrichtungen – mehrheitlich

---

[1] Informationen zum Projekt finden sich im Internet unter: https://www.univie.ac.at/alumni.ksa/iku-mentoring/

[2] Preise: Wiener Mut 2014, Ö1 Hörsaal 2015, Löwenherzpreis 2015, Orte des Respekts 2016, Sustainability Award 2016, Sozialmarie 2017

Lehramtsstudierende der Universität Wien, die den Praxisbezug sehr schätzen – ebenso der Bildungswissenschaft sowie Kultur- und Sozialanthropologie (an deren Institut das Projekt angesiedelt ist).

Die Partnerschulen sind in erster Linie Volksschulen und Neue Mittelschulen (aber auch ein Zentrum für Inklusion und Sonderpädagogik, eine Handelakademie und Handelsschule, ehemals eine Allgemein Bildende Höhere Schule), in denen der Anteil der Schüler*innen mit Migrationserfahrung relativ hoch ist. Nachdem im Pflichtschulbereich die Anzahl der Schüler*innen mit einer anderen Erstsprache als Deutsch an Wiener Schulen im Schuljahr 2016/17 bei 61,8 % liegt (BMB 2017:23), gibt es zahlreiche Schulen, die mehrheitlich von einem Klientel besucht werden, das sprachlich, kulturell und religiös sehr heterogen ist. Dieser Heterogenität im Schulalltag gerecht zu werden und die Schulkinder in ihrer individuellen Entwicklung zu unterstützen erachten viele Lehrer*innen als große Herausforderung. Begleitung durch Mentor*innen, die selbst einschlägige Erfahrungen in Bezug auf kulturelles „Anders-Sein" mitbringen (siehe oben) kann hier entlastend für das gesamte Klassensetting wirken. Die Suche nach interessierten Schulen übernimmt die Projektleiterin, die über ein wirksames Netzwerk verfügt und dadurch Kontakte zu Schulleitungen und Lehrpersonen herstellen kann. Durch verstärkte Öffentlichkeitswirkung (Preise, Medienberichte, Präsentationen) erlangt das Projekt mehr Aufmerksamkeit; Lehrer*innen und Direktionen fragen daher gelegentlich an, ob ein*e Mentor*in vermittelt werden kann.

2.2 Ablauf und konkrete Umsetzung des Interkulturellen Mentorings

Mehrsprachige Student*innen mit Migrations- oder Fluchthintergrund gehen einmal pro Woche[3] an Schulen in Wien und St. Pölten und unterstützen Schüler*innen mit Migrations- oder Fluchthintergrund auf ihrem Bildungsweg. Durch ihre (Migrations- oder Flucht-)Biographie verfügen sie über wertvolle Erfahrungen, die beim Mentoring genutzt und weitergegeben werden. Denn durch ihre – oft ähnlichen – Erfahrungen bringen sie nicht nur (mehr) Verständnis auf für diese Schüler*innen und deren Eltern, sondern sie haben auch das Vermögen, eine Art Vermittler*innenrolle zwischen Schüler*innen, Lehrer*innen, Schule und Eltern einzunehmen.

Die Mentor*innen sind in vielerlei Hinsicht Vorbilder. Viele sind selbst in Österreich zur Schule gegangen, einige sind für das Studium gekommen und wiederum ein Teil ist in den letzten Jahren hierher geflüchtet. Alle haben Hochschulbildung – entweder im Herkunftsland (begonnen und/oder abgeschlossen) oder in Österreich. Durch ihre zeitliche Nähe zur eigenen Ausbildung sind sie den Kindern meist auch näher als die Lehrpersonen – eine freundschaftliche, oft geschwisterliche Beziehung ist möglich. Denn die

---

[3] Die Mentor*innen sind angehalten, mindestens ein Schuljahr mitzuarbeiten. Die Fluktuation im Projekt ist jedoch relativ hoch, weil Studierende oft nicht langfristig planen können (Jobangebote, Auslandsaufenthalte, Studienabschluss u.a.).

Schüler*innen trauen sich meist sehr schnell auf die Mentor*innen zuzugehen und sehen sie als Vertraute, manchmal Freund*innen oder wie ältere Geschwister, die sie unterstützen, an die sie sich mit – schulischen wie privaten – Anliegen wenden können und von denen sie gerne Ratschläge einholen.

> „Die Schüler*innen sind viel lockerer, wenn sie mich etwas fragen oder wenn wir gemeinsam arbeiten; sie haben keine Angst davor, etwas falsch zu machen." (Dokumentation, Mentorin F., VS Wien 2, SS 2015)

Interessierte Bewerber*innen werden von der Projektleiterin zu einem persönlichen Bewerbungsgespräch eingeladen. Dabei wird auf Kommunikationsfähigkeit und pädagogische Erfahrungen geachtet, soziale Kompetenzen und die Motivation der potenziellen Mentor*innen besprochen. Die Rahmenbedingungen für eine Mitarbeit werden genau erläutert und es gibt die Möglichkeit, sich bei einem „Schnuppertermin" bei einem*r Kollegen*in ein Bild vom Mentoring zu machen. Da laufend Bewerbungen eintreffen und Vermittlungen an Schulen stattfinden, gibt es keine vorbereitende Einschulung. Über monatliche Reflexionstreffen erhalten die Mentor*innen weiterführende Fortbildung, die sich konkret an die Bedürfnisse im Team richtet. Hier erhalten sie Inputs rund um die Themen Interkulturalität im Bildungssystem, Mehrsprachigkeit, Flucht und Asyl, Umgang mit Traumata und vieles andere – je nach Bedarf, der geäußert wird oder dem Organisationsteam passend erscheint. Ebenso finden Teambuilding und didaktische Übungen in diese Treffen Eingang. Es gibt Gelegenheit, um auftretende Fragen und Problemstellungen mit Kolleg*innen zu besprechen, darüber zu reflektieren und Lösungsstrategien auszutauschen.

Wenn der/die Bewerber*in von der Projektleiterin für geeignet erachtet wird, wird ein Ersttermin an einer Schule vereinbart. In der Regel gibt es eine Warteliste von interessierten Schulen, oder die Projektleiterin kontaktiert sogenannte „Schwerpunkt-Schulen" mit einem höheren Migrationsanteil im örtlichen Umfeld der Bewerber*innen und bietet das Projekt an. Beim Erstgespräch an der Schule wird mit der Lehrkraft besprochen, in welcher Form die Tätigkeit an der jeweiligen Schule konkret umgesetzt werden kann (z. B. während des Unterrichts, in Kleingruppenarbeit, bei Stationentagen, in Form von Projekten, bei der Nachmittags- oder Hausübungsbetreuung und vermehrt auch im Förderunterricht für Deutsch, u. v. m.). Denn jede Schulklasse, jede Lehrperson, jede Schule hat unterschiedliche Bedürfnisse und Vorstellungen, wie die Mentor*innen wirken sollen. Aus den Berichten der Mentor*innen geht hervor, dass die Tätigkeitsbereiche sehr vielfältig sind und sich oft während der Projektzeit ändern – je nach Bedarf und vorhandenen Ressourcen. Diese Flexibilität und Anpassungsfähigkeit seitens der Mentor*innen ist dem Projekt eigen und dem interkulturellen Lernen zuträglich, das auch erfordert, situativ mit sich ständig ändernden Gegebenheiten umzugehen (vgl. Fillitz 2003).

So findet das Mentoring manchmal im Klassenverband statt, manchmal wird in Kleingruppen oder sogar einzeln mit einem*r Schüler*in gearbeitet. Die individuelle Unterstützung beim Erfassen des Unterrichtsstoffes erfolgt in manchen Settings in der Sprache der Mentees, oder die Mentor*innen erklären auf Deutsch noch einmal im benötigten Tempo und in geeigneten Worten den relevanten Unterrichtsstoff. Diese Hilfestellung beim Lösen von schulischen Aufgaben ist der erste Schritt zum Aufbau einer Beziehung. In weiterer Instanz wird bei den Kindern und Jugendlichen mehr Selbstvertrauen aufgebaut, weil sie sich durch die Begleitung in der Lage sehen, den Leistungsanforderungen gerecht zu werden. Letztlich sind durch das gemeinsame Lernen und Arbeiten auch Gespräche möglich, und oft wird ein*e Mentor*in über die Zeit zur Vertrauensperson, mit der über Anliegen, Sorgen, Ängste und Probleme geredet werden kann.

Bei Beendigung des Mentorings wird es für wichtig erachtet, sich liebevoll von den Schüler*innen zu verabschieden und klar zu vermitteln, warum der/die Mentor*in künftig nicht mehr zu ihnen kommen kann. Wir empfehlen, den Abschied mit Fotos, einem Brief an die Klasse oder einer gemeinsamen Abschlussfeier vorzubereiten. Viele Mentor*-innen haben berührende Abschiedsbriefe und Zeichnungen von den Kindern erhalten.

Zweimal jährlich wird die Tätigkeit der Mentor*innen anhand eines einheitlichen Leitfadens dokumentiert und im Anschluss vom Organisationsteam analysiert und für Berichte (z. B. für Fördergeber) aufbereitet.

2.3 Ziele, theoretische Konzeptionen und Ansätze

Übergeordnetes Ziel des Projekts ist, Kinder und Jugendliche mit Migrations- oder Fluchtbiographie und einer anderen Erstsprache als Deutsch bei ihrer Bildungslaufbahn in Österreich zu unterstützen, damit sie das Angebot an Ausbildungsmöglichkeiten im österreichischen Schulsystem und die damit verbundenen Chancen zur erfolgreichen gesellschaftlichen Teilhabe ergreifen können. Diese Zielsetzung orientiert sich an der Migrationspädagogik wie sie von Paul Mecheril u. a. (2010) ausgearbeitet wurde. Im Schulsystem greifen Machtverhältnisse, wie sie in der Gesellschaft gelebt werden, beispielsweise in der Form einer Dichotomisierung zwischen Mehrheitsangehörigen und Mindeheitenangehörigen. Schüler*innen mit einer anderen Erstsprache als Deutsch werden im Schulsystem meist immer noch als defizitär wahrgenommen und als problematische Herausforderung gesehen. Beim Interkulturellen Mentoring wird – so wie in der Migrationspädagogik gefordert – ein Perspektivenwechsel angestrebt, indem mehr Vielfalt in die Klasse geholt wird, um der Vielfalt selbstverständlicher zu begegnen. Dies ermöglicht jenen Schüler*innen, die sich nicht der Mehrheitsgesellschaft zuordnen, sich angenommen und zugehörig zu fühlen, weil jemand mit ähnlichem Background und ähnlichen Erfahrungen ihren Schulalltag begleitet. Und diese Person ist Teil der Gesellschaft, wird geschätzt und gebraucht, hat einen (ihren) Platz in der Schule, im Klassenzimmer. Auch für Lehrpersonen öffnen sich unter Umständen neue Wahrnehmungsmuster, wenn sie mit gebildeten, gut integrierten und motivierten Personen mit Migrations- oder Fluchterfahrung zusammenarbeiten und von deren Unterstützung profitieren. Denn nur allzu oft befinden sich die Kontakte in einer Schieflage, wenn sie mit

Eltern aus Migrationskontexten in Kombination mit Bildungsbenachteiligung zu tun haben und ihre Vorstellungen für die elterliche Begleitung der Kinder sich nicht so gestalten, wie sie das wünschen. Dies trägt wiederum zu negativer Vorurteilsbildung bei, die im Schulalltag stets reproduziert wird (vgl. Mecheril et al. 2010; Fachstelle Kinderwelten o. J.).

Interkulturelles Mentoring kann die pädagogische Praxis mitgestalten, indem die Mentor*innen im Unterricht anwesend sind, die Kinder und Jugendlichen beim Lernen unterstützen, Beziehungen mit ihnen aufbauen und als role models fungieren, die letztlich Schüler*innen sogar zum Lernen motivieren können. Zentral steht die empathische Zuwendung und Aufwertung der kulturellen und sprachlichen Lebenswelt, das Stärken des Selbstvertrauens und Selbstwertgefühls von Schüler*innen, die im Schulsystem mit schlechteren Bedingungen konfrontiert sind.

Die oben angesprochene „Schieflage" in der Elternarbeit, die Machtverhältnisse zwischen Mehrheitsgesellschaftsangehörigen und Minderheitenangehörigen werden auch im „Anti-Bias-Approach" thematisiert. Die vorurteilsbewusste Bildung und Erziehung geht davon aus, dass niemand frei von Vorurteilen ist, es jedoch in Bildungsinstitutionen notwendig ist, sich mit diesen Vorurteilen bewusst und aktiv auseinanderzusetzen (vgl. Derman-Sparks 1989; Preissing / Wagner 2003). So bietet diese Form der Erziehung für Kinder und Pädagog*innen, die eigene Haltung und Position(ierung) zu reflektieren und gegebenenfalls auch umzugestalten. Aus dem Anti-Bias-Approach wissen wir, dass Zugehörigkeiten Kindern von Anfang an bewusstgemacht werden, spätestens, wenn sie in eine Bildungseinrichtung eintreten. Hier zeigt sich rasch, ob sie als selbstverständlicher Teil der Institution und Gesellschaft wahrgenommen werden oder ob sie als „die anderen" stigmatisiert werden. Wenn sie wesentliche Aspekte ihrer persönlichen Lebensumgebung in der Bildungsinstitution nicht wiederfinden, – wie etwa ihre Sprache, ihre kulturell-traditionelle Lebenswelt, religiöse Symbole – so positioniert sie das als „nicht-zugehörig". Als Stichwort könnte hier das „Kreuz im Klassenzimmer"[4] angeführt werden, das klar signalisiert, dass die christlich-katholische Symbolik als „normal" betrachtet wird, andere religiöse Symboliken wie beispielsweise das Kopftuch jedoch ständig diskussionswürdig bleiben und Rechtfertigung erfordern. Mit einer Mentorin im Klassenzimmer, die Kopftuch trägt, aber entgegen gängiger Vorurteile keine „unterdrückte Muslimin" ist, selbstbewusst auftritt und gut gebildet ist, werden Bezugsgruppen der Kinder in die Bildungsinstitution hereingeholt. Ein*e Mentor*in mit Fluchterfahrung, der/die selbst noch die deutsche Sprache erlernt, sich sein Leben im Exil erst neugestalten und aufbauen muss, schwierige Erlebnisse auf der Flucht hatte, kann für Kinder aus Flüchtlingsfamilien ein*e wertvolle*r Beziehungspartner*in werden, mit

---

4   Ein Beispiel für die Debatte, ob es verpflichtend für öffentliche Schulen ist, ein Kreuz im Klassenzimmer anzubringen findet sich unter: http://diepresse.com/home/bildung/schule/5108753/Kreuze-im-Klassenzimmer_Alles-bleibt-wie-es-ist

der/dem über das Leben vor der Flucht, traumatisierende Erlebnisse oder Ängste und Sorgen gut gesprochen werden kann, weil gewisse Erfahrungen geteilt sowie Empathie und Verständnis vorausgesetzt werden können. Darüber hinaus können die Kinder in ihrer eigenen Sprache mit ihnen reden, was die Kommunikation auf Vertrauensebene maßgeblich erleichtert beziehungsweise überhaupt erst anregt.

Bildungseinrichtungen spiegeln die Verhältnisse in der Gesellschaft wider, sie reproduzieren Ungleichheiten, Ungerechtigkeiten, Vorurteile und Machtverhältnisse. Wenn nun Mentor*innen als Minderheitenangehörige – oft auch aus bildungsbenachteiligten Familien – als role models in den Klassenzimmern agieren, bieten sie einen anderen Blick auf die Gesellschaft. Durch ihr Agieren und die Zusammenarbeit mit Kindern und Lehrer*innen können Stereotype durchbrochen und die Reproduktion von bestimmten Mustern aufgeweicht werden. In diesem Zusammenhang spielt das Verhalten der Pädagog*innen eine maßgebliche Rolle, denn ihre Reaktion auf Ungleichheiten, Diskriminierungen, Konflikte und andere Situationen im Schulalltag wird von den Kindern und Jugendlichen wahrgenommen. Dazu zählen auch „Nicht-Reaktionen", beispielsweise wenn verletzende, diskriminierende Aussagen in der Schule nicht kommentiert werden. Oft sind es die Mentor*innen, die mehr Sensibilität hinsichtlich Diskriminierung mitbringen, weil sie selbst diese Erfahrungen kennen. Wie sie dann mit bestimmten Situationen umgehen, Konfliktlösungsstrategien anbieten, vielleicht einen anderen Blickwinkel einbringen, kann Wahrnehmungsmuster beeinflussen – nicht nur von den Schüler*innen, auch von den Lehrer*innen. Eine Lehrerin aus einer NMS in Wien bestätigt dies in einem Interview:

> „Während des Unterrichts gibt es dann kleinere Diskussionen, Streitereien, Auseinandersetzungen, und da hat sie [die Mentorin] sich um die Kinder gekümmert. [...] Das waren Themen, mit denen ich nicht so bekannt war. Einmal ist es gegangen ums Kopftuch-Tragen, also religiöse Dinge. Und sie hat mit den Kindern gesprochen, vor allem mit den Mädchen, aber auch mit den Burschen. Da ist es um Freundschaft gegangen. Durch ihren Hintergrund hat sie einen ganz anderen Zugang gehabt zu den Kindern als ich." (Interview mit Lehrerin M., NMS Wien 5, 29.4.2014)

Im Sinne von kultur- und sozialanthropologischen Inhalten zielt die Arbeit der Mentor*innen unter anderem darauf ab, im gesamten Klassenverband verstärkt auf Diversität in der Gesellschaft vorzubereiten, tiefsitzende Vorurteile abzubauen, gegen diskriminierende Einstellungen zu wirken. Den Schüler*innen werden Vorteile und Möglichkeiten einer vielfältigen, bunten Gesellschaft – wie etwa Mehrsprachigkeit oder interkulturelle Kompetenzen – nähergebracht. Ich gehe dabei von einem dynamischen, kontextbezogenen Kultur-Verständnis aus, das davon Abstand nimmt, nationale Herkunft festzuschreiben (vgl. Gupta / Ferguson 1997; Fog Olwig / Hastrup 1997). Vielmehr sehen wir die Relevanz von Migrations- und Fluchterfahrungen für kulturelle Lebenswelten, die sich in diesen Kontexten durchaus verändern und neugestalten können (vgl. Baumann 2000). Kultur- und Sozialanthropologische Ansätze und Inhalte (beispielsweise über Änderung von familiären Rollenbildern von Flüchtlingen und damit spezielle Belastungen für Kinder mit Fluchterfahrung) fließen in den regelmäßig stattfindenden Reflexionstreffen für die Mentor*innen ein. Dies ist auch die Gelegenheit, um bei den Mentor*innen einerseits eine Betrachtung ihrer eigenen kulturell geprägten Lebenswelten zu initiieren, aber auch ihre Schulerfahrungen Revue passieren zu lassen, um ihren eigenen Bezug zum Thema Schule zu analysieren. Durch die unterschiedlichen Schulerfahrungen findet zudem Austausch über Schulsysteme aus anderen Ländern statt. Didaktische Anregungen in Form von Spielen und Übungen rund um Interkulturalität, Vielfalt, Diversität, Selbstbewusstsein, Mehrsprachigkeit, Zuhören, kulturelle und sprachliche Ressourcen u. v. m. werden angeboten, die dann in den Mentoring-Einheiten zur Anwendung kommen können.

Viele Mentor*innen nutzen die Zeit mit den Mentees für gruppendynamische Spiele und Übungen, die Selbstreflexion und gegenseitige Akzeptanz anregen. Beispielsweise arbeitete Mentor R. mit seiner Klasse in Kleingruppen zum Thema „Klassengemeinschaft". Die Schüler*innen sollten zeichnerisch darstellen, wie sie ihre Klassengemeinschaft sehen und wo sie sich selbst positionieren. Diese Übung und die anschließende gemeinsame Reflexion darüber brachten neue Einblicke für die Klassenkolleg*innen, wie sie von anderen gesehen werden oder wie sie selbst auf andere blicken. Darüber zu kommunizieren, Probleme zu beschreiben, Bedürfnisse und Gefühle zu äußern, brachte die Schüler*innen wieder näher zusammen und stärkte das Gemeinschaftsgefühl (vgl. Dokumentation, Mentor R., NMS Wien 23, WS 2016). Ein anderer, Mentor S., berichtet darüber, wie er in Absprache mit der Lehrerin eine Diskussionsrunde zum Thema „Islamistischer Terror" initiierte, weil er merkte, wie sehr die Jugendlichen damit beschäftigt sind, besorgt sind, und sich muslimische Schüler*innen mit Vorurteilen bis hin zu kollektiven Beschuldigungen konfrontiert sahen. Aus seiner Position heraus – als deutsch-türkischsprachiger, muslimischer Student – konnte er sich dem Thema auf einer bestimmten Ebene mehr annähern, als es der (mehrheitsangehörigen) Lehrerin möglich gewesen wäre. Für die Schüler*innen bot es Raum, über ihre Ängste zu reden, mehr über Islamismus zu erfahren und über die Weltgeschehnisse in geschütztem Rahmen nachzudenken und zu reflektieren. Muslimische Jugendliche konnten ihren Frust darüber loswerden, wie sie verletzende Anschuldigungen von Lehrpersonen oder Mitschüler*innen erfahren mussten, weil sie „dem Islam" angehören (Dokumentation, Mentor S., NMS Wien 15, WS 2016).

Dies entspricht auch Ansätzen aus der Vorurteilsbewussten Bildung und Erziehung (vgl. Fachstelle Kinderwelten o. J.), weil es in solchen Diskussionsrunden und Übungen immer auch um die Selbstreflexion der eigenen Person mit ihren kulturell-ethnischen und sprachlichen Identitätsanteilen geht. Hierbei wird ebenso die Bedeutung von Zugehörigkeit zu kulturell-ethnischen Gruppen bearbeitet. Dies geschieht über eine Auseinandersetzung mit Norm- und Wertvorstellungen im eigenen Umfeld sowie die Auseinandersetzung mit anderen (Wert-)Vorstellungen. Aktueller denn je sind Werte-Diskussionen in der Gesellschaft, die als Antwort auf rezente und verstärkte Fluchtbewegungen allgegenwärtig sind. Medial ausgeschlachtet bieten sie letztlich mehr Verunsicherung als Orientierung und tragen zu einer Zweiteilung der Gesellschaft bei – wiederum die Dichotomisierung in jene, die „unsere" (?) Werte teilen und jene, die „unsere" Werte erst erlernen müssen ... Hier greift der Defizitansatz, der lange die Auseinandersetzung mit kultureller und sprachlicher Diversität im Schulwesen geprägt hat (und aus den Köpfen immer noch nicht verschwunden ist; vgl. Binder 2004).

Mit dem Unterrichtsprinzip Interkulturelles Lernen, das seit Beginn der 1990er Jahre in den Lehrplänen österreichischer Pflichtschulen verankert ist, wurde versucht, genau diesen Defizitansatz der Ausländerpädagogik der 1980er Jahre zu überwinden (siehe BMB o.J.). Nachdem aber ein ausgereiftes Konzept fehlt und die Auseinandersetzung mit Interkulturellem Lernen in der Lehrer*innen-Ausbildung nach wie vor nicht an allen Pädagogischen Hochschulen verpflichtend ist, kann nicht von einer flächendeckenden Umsetzung des Unterrichtsprinzips gesprochen werden (vgl. Fillitz 2003). Viele „Junglehrer*innen" haben das Gefühl, auf die Herausforderungen beim Unterrichten einer kulturell und sprachlich diversen Klasse nicht ausreichend vorbereitet zu sein (vgl. Jungmann 2015). Interkulturalität wird oft als Problembereich wahrgenommen, dem dann mit gesonderten Maßnahmen und zusätzlichem Aufwand begegnet werden muss. Der Fokus liegt nach wie vor auf dem Erlernen der Unterrichtssprache Deutsch, dafür werden Deutschförderklassen und Alphabetisierungskurse angeboten. Zentrale Ansätze wie Thematisierung von gesellschaftlicher, kultureller und sprachlicher Vielfalt im Unterricht, das Einbeziehen der unterschiedlichen Kulturen und Sprachen der Schüler*innen oder Kultur als Alltagskultur und als Lebenswelten der Schüler*innen jenseits von national-ethnischen Festschreibungen in den Vordergrund zu stellen, finden in der Unterrichtspraxis wenig Berücksichtigung (vgl. Fillitz 2003; Jungmann 2015). Wenn Lehrpersonen aufgrund ihres persönlichen Hintergrundes eine offene Haltung gegenüber kultureller und sprachlicher Verschiedenheit mitbringen und dies auch im Unterricht kompetent einzusetzen wissen, orientiert sich dies selten an den Grundsätzen Interkulturellen Lernens, sondern ist auf die ideologisch-politisch-persönliche Bildung dieser zurückzuführen (vgl. Binder/Daryabegi 2003). Interkulturelles Lernen erfordert gewisse „Kompetenzen", z.B. Perspektivenwechsel auf Basis von Selbstreflexion, Dialogförderung und Wissen, das hilft, Angst vor „dem Fremden" und damit verbundene Irrationalität zu mindern (vgl. Luciak/Binder 2010). Des Weiteren sollte eine Auseinandersetzung mit Rassismus, Diskriminierungsstrukturen und Vorurteilen gemeinsam mit Schüler*innen stattfinden. Das Ziel ist eine positive Identitätsentwicklung der Schüler*innen durch Stärkung des Selbstwertgefühls – besonders von jenen, die öfter mit Diskriminierung konfrontiert sind. Dies kann bewirkt werden, indem ihnen ihre Kenntnisse und Fähigkeiten bewusstgemacht und aufgewertet werden, etwa Mehrsprachigkeit betonen anstatt auf nicht vorhandene Deutschkenntnisse zu verweisen („du sprichst zwei Sprachen" versus „du kannst nicht gut Deutsch").

Aus der Beschreibung von Interkulturellem Lernen wird ersichtlich, dass im Projekt genau jene Ziele verfolgt und umgesetzt werden, indem Mentor*innen diese Haltung und Praxis mitbringen und ins Klassenzimmer einbringen. Denn die Unterstützung durch das Mentoring erfolgt auf unterschiedlichen Ebenen (nämlich Schüler*innen, Lehrer*innen, Eltern). Besonders in der Schule wird die Bedeutung des Erlernens und Beherrschens der deutschen Sprache für zukünftige Berufs- und Ausbildungswege verdeutlicht. Anders als gezielte Sprachinitiativen zum Deutscherwerb setzt das Interkulturelle Mentoring durchaus breiter an. Neben dem Mehrwert von Mehrsprachigkeit wird auf (inter-)kulturelles Wissen und wertvolle Erfahrungen von Studierenden mit Migrationshintergrund oder Geflüchteten mit Hochschulbildung zurückgegriffen. Durch die zusätzliche Aufmerksamkeit und Begleitung in ihrem Schulalltag bekommen die Mentees nicht nur Unterstützung beim Erlernen der deutschen Sprache oder beim Erledigen von Schulaufgaben, sie erfahren einen erweiterten Raum zur (Selbst-)Entfaltung, zur Stärkung ihres Selbstwertgefühls sowie zur Ausbildung sozialer Kompetenzen.

Die Ansiedlung des Mentorings in der Schule bietet die Möglichkeit, gezielt jene Kinder zu erreichen, die am stärksten von den Problemen und Herausforderungen einer raschen Integration – nämlich sich in einem „neuen" Bildungssystem und in der „neuen" Gesellschaft zurechtzufinden – betroffen sind. Verstärkt werden in den letzten Jahren im Projekt Kinder aus Flüchtlingsfamilien betreut, häufig sind sie „Seiteneinsteigende", die während des laufenden Schuljahres eingeschult werden. Dieser relativ neuen Anforderung im Projekt versuchten wir durch gezielte Anwerbung von Mentor*innen mit Fluchtbiographie und Sprachkenntnissen wie Arabisch oder Dari zu begegnen. Die erweiterte Ausrichtung wurde begleitet von inhaltlichen Beiträgen zum Thema Flucht im Kontext Schule, die wir in monatlichen Reflexionstreffen mit den Mentor*innen bearbeitet haben. Hier gilt es vor allem, sich mit dem Stigma „Flüchtlingskind" auseinanderzusetzen und gleichzeitig die besonders schwierige Situation, in denen sich Kinder mit Fluchterfahrung befinden, zu begreifen. Denn sie sind nicht nur in den meisten Fällen auf der Flucht mit traumatisierenden Erlebnissen konfrontiert gewesen, sondern finden sich nun in ihrer neuen Umgebung an den Rand gedrängt wieder, müssen ihre Bildungslaufbahn neu beginnen, können ihr mitgebrachtes Wissen kaum anwenden, es ist quasi für den österreichischen Schulbetrieb „wie wertlos" geworden. Verlusterfahrungen in vielen Facetten – sei es von Familienangehörigen wie die Trennung von Großeltern, von Freund*innen, von der Schule, von Haustieren, von der gewohnten Umgebung oder einfach dem gewohnten Alltag – prägen den Alltag. Darüber hinaus müssen sie oft erleben, wie ihre Eltern ebenso hilfsbedürftig und mit Schwierigkeiten bis hin zur Verzweiflung konfrontiert ihre Elternkompetenzen nicht immer wahrnehmen können. Kindern in diesen Situationen und Lebensanforderungen zur Seite zu stehen, ihnen vertrauensvoll und gefühlvoll zu begegnen, ihnen die nötige Zeit zum Lernen und Verstehen zu verschaffen – dazu können unsere Mentor*innen beitragen (vgl. Binder 2017; Schaffler et al. 2017).

Für die Mentor*innen mit Fluchtbiographie bietet die Mitarbeit im Projekt – meistens erstmals – die Möglichkeit, sich aktiv an der österreichischen Gesellschaft zu beteiligen. Dadurch können sie aus ihrem Status als Hilfsempfänger*innen heraustreten und selbst zu Unterstützenden werden. Damit wird dem herkömmlichen „Bild des Flüchtlings" als ärmlich, hilfsbedürftig, passiv, als Opfer, entgegengewirkt. Darüber hinaus prägt die aktive Teilhabe am gesellschaftlichen Leben ihre Identität dahingehend, als sie aus der ihnen „übergestülpten" Flüchtlingsidentität heraustreten können (vgl. Malkki 1997). Sie erfahren Anerkennung für ihre Tätigkeit, sie können neue Netzwerke aufbauen, in der Schule wie an der Universität oder zu anderen Mentor*innen, und ebenso hilft es beim besseren Erlernen der deutschen Sprache. Gerade für jene, die im Schulsystem als Lehrer*in (wieder) Fuß fassen möchten, bietet es einen wichtigen ersten Einblick in das System Schule. Durch Kooperationen mit anderen Institutionen werden sie häufig für andere Tätigkeiten angefragt; ihre Kompetenzen durch Zweisprachigkeit und pädagogische Vorbildung sind sehr gefragt (z. B. Kooperation mit UniClub, einem Lernangebot des Kinderbüros der Universität Wien für Jugendliche aus Flüchtlingsfamilien oder mit einem Outdoor-Trainer für Schulklassen u. v. m.).

2.4 Zur Wirkung des Interkulturellen Mentorings

Wie oben bereits ausgeführt, werden in Bildungsinstitutionen gesellschaftliche Verhältnisse reproduziert. Somit finden sich auch dort jene Probleme und Ungleichheiten wieder, die in der Gesellschaft Herausforderungen darstellen – etwa die Schwierigkeit, sozioökonomische Grenzen zu überwinden, um einen sozialen Aufstieg zu schaffen. Aber auch Vorurteile, Stereotypen und Diskriminierung gegenüber (migrierten) Minderheiten gehören zum Schulalltag, zwischen Schüler*innen sowie von Lehrpersonen gegenüber ihren Schüler*innen (vgl. Herzog-Punzenberger 2014). Interkulturelles Mentoring kann hier ansetzen und wirken: Durch ihre gelebte Mehrsprachigkeit, ihr interkulturelles Wissen und Verständnis der besonderen Situation von Kindern mit Migrationshintergrund oder Fluchterfahrungen schaffen die Mentor*innen durch ihre Begleitung von Schulklassen im Schulalltag niederschwellig Raum für einen interkulturellen Austausch und Dialog. Somit wirkt das Projekt bereichernd für alle beteiligten Gruppen (Schüler*innen, Mentor*innen, Lehrer*innen, Eltern) und liefert darüber hinaus auf vielen Ebenen einen wertvollen Beitrag für gesellschaftliches Zusammenleben im Sinne von Erlernen interkultureller Kompetenzen und Umgang mit Pluralität. Denn die Vorbildwirkung beschränkt sich nicht nur auf Kinder und Jugendliche mit Migrationserfahrung, sondern wird auch von mehrheitsangehörigen Schüler*innen sowie von den – meist mehrheitsangehörigen – Lehrer*innen wahrgenommen. Die gute Bildung, das soziale Engagement, die Mehrsprachenkenntnisse, die Empathie den Kindern gegenüber stehen mehr im Vordergrund als der Migrationsbezug. Dies kann zur Dekonstruktion von Stereotypen und Vorurteilen führen.

Ebenso zeigt das Mentoring auf unterschiedlichen Ebenen Wirkung: für Mentees, für Lehrpersonen, für Eltern und für Mentor*innen selbst. Die Mentees, also Schüler*innen an Volks- und Mittelschulen, erfahren eine Stärkung des Selbstbewusstseins durch die individuelle empathische Zuwendung, und manchmal können sie ihre Leistungen verbessern.

> „Eine Schülerin sagte zu mir: ‚Wenn Du da bist, kann ich alles viel besser machen. Warum kommst du nicht jeden Tag?'" (Dokumentation, Mentorin D., VS Wien 2, SS 2010)

Neben dem schulischen Support setzen sich die Mentor*innen auch für soziales Lernen in den Klassenzimmern ein und können hier spezielle interkulturelle Kompetenzen einbringen. Oft liegt der Schlüssel zum Erfolg in der Aufmerksamkeit, dem Zuhören und dem Raum schaffen für (interkulturellen) Austausch sowie das Erarbeiten von Konfliktlösungsansätzen.

> „Am Anfang der Stunde machen wir immer einen Sitzkreis und jede*r darf erzählen, was er/sie in der Pause gemacht hat und was er/sie positiv oder negativ fand. Hier findet sich auch der Raum, um Streitereien zu schlichten und Konflikte zu lösen." (Dokumentation, Mentorin F., VS Wien 2, SS 2015)

Die Lehrer*innen schätzen die personelle Ressource und den Austausch mit den Mentor*innen über den Schulalltag.

> „Die Lehrerinnen schätzen meine Sicht auf die Schule, die Klasse und die einzelnen Kinder, da ich so gesehen nicht Teil des schulischen ‚Systems' bin und dadurch einen anderen Zugang habe." (Dokumentation, Mentor I., VS Wien 16, SS 2015)

In der Zusammenarbeit mit Eltern kann durch Übersetzungen (sprachlich und/oder kulturell) mehr Verständnis auf beiden Seiten erwirkt werden.

> „Klassenvorstand E. war sehr dankbar, dass ich an dem Gespräch teilnahm. […] Ich habe versucht, die Situation und den Stand der Dinge gut auszudrücken. Ich habe eher übersetzt, was E. erklärt hat und auch was die Mutter gesagt hat. Somit hat sich eine bessere und klare Kommunikationsmöglichkeit angeboten. Ich habe auch versucht, im Nachhinein der Mutter Klarheit zu verschaffen." (Persönliche Dokumentation, Mentorin M., VS Wien 16, SS 2015)

Und letztlich hat die Projektmitarbeit auch für die Mentor*innen selbst einen wesentlichen Nutzen: Ihre Migrations- oder Fluchterfahrungen werden hier gebraucht, sind essenziell für die Mitarbeit, werden als Bereicherung wahrgenommen und als Ressource genutzt. Speziell jene Mentor*innen mit Fluchtbiografie betonen, wie sehr sie schätzen, Hilfe „zurückgeben" zu können, Kontakte zu Österreicher*innen aufbauen und Netzwerke knüpfen zu können.

„Als ich nach Österreich kam, haben mich viele Menschen unterstützt. Diese Hilfs-
bereitschaft, die ich erlebt habe, möchte ich nun an die Schüler*innen in der Klasse
weitergeben und sie so gut wie möglich unterstützen." (Dokumentation, Mentor B.,
NMS Wien 2, WS 2016)

Die Mentor*innen stärken durch ihre Tätigkeit an den Schulen ihre pädagogischen,
didaktischen und sozialen Kompetenzen. Von den Kindern und Lehrkräften wird ihre
Anwesenheit geschätzt, sie bringen ihnen Dankbarkeit und Wertschätzung entgegen.

„Ich betrete wie jedes Mal voller Freude die Schule. Es ist ein unbeschreiblich gutes
Gefühl, die Stimmung aller Schüler*innen mit einem Lächeln im Gesicht zu spüren, wenn sie sagen: ‚Oh er ist da!' Ich habe immer das Gefühl, dass sie sich freuen,
mich zu sehen." (Dokumentation, Mentor K., NMS Wien 20, SS 2015)

3. Zusammenarbeit im Kontext Flucht

An österreichischen Schulen sind mit Stand Oktober 2016 insgesamt 16.009 Kinder mit
Fluchterfahrung (unveröffentlichte Statistik des BMB) – die Tendenz bleibt steigend, da
immer noch Familien (vor allem aus Syrien, Irak und Afghanistan) im Rahmen der Familienzusammenführung nach Österreich kommen. Dementsprechend ist anzunehmen,
dass der Großteil dieses neuen Schüler*innenklientels über nur geringe Deutschkenntnisse verfügt und sich im österreichischen Schulsystem eventuell noch nicht gut zurechtfin-
det. Zudem müssen Kinder wie Erwachsene nach einer Flucht häufig traumatisierende
Erlebnisse verarbeiten.
    Viele Mentor*innen arbeiten gezielt mit Kindern aus Flüchtlingsfamilien, weil diese
spezielle Begleitung und zusätzliche Unterstützung benötigen. Vor allem jene Mentor*innen mit Fluchterfahrung werden für die Betreuung von arabisch- oder darisprachigen
Kindern eingesetzt und helfen dort, wo sich Lehrkräfte manchmal mit großen Herausforderungen konfrontiert sehen.

„Ich wollte mich schon so lange melden, um Ihnen für die Vermittlung von O. zu
danken. Er hat sich sehr schnell in unsere Schule eingefügt, seine Unterstützung ist
so wertvoll! Da laufend neue Flüchtlinge an unsere Schule kommen, wird die Lage nicht einfacher, und wir sind wirklich dankbar für O.'s Unterstützung!" (E-mail
einer VS-Lehrerin aus Wien 8, WS 2016)

Neben den gemeinsamen Sprachkenntnissen Arabisch und Farsi (für Dari) können sich
türkischsprachige Mentor*innen meistens mit jenen Schüler*innen unterhalten, die
auf ihrem Fluchtweg auch einige Zeit in der Türkei verbracht haben.
    Besonders geschätzt wird die Anwesenheit von Mentor*innen in Alphabetisierungs-
und Deutschförderkursen, denn hier ist die Herausforderung, Kinder unterschiedlicher

Sprachkenntnis-Niveaus, Leistungsmöglichkeiten und Altersstufen gemeinsam zu unterrichten. Ebenso gibt es in diesen Kursen eine stärkere Fluktuation von Schüler*innen, was bedeutet, dass sich die Lehrperson jeweils neu auf die Gruppe einstellen muss. Individuelle Lernunterstützung hilft hier:

> „Wenn wir zu zweit [Lehrerin und Mentorin] sind, dann merke ich, dass wir weiterkommen und alle beschäftigt sind. Ansonsten warten die Schüler*innen die ganze Stunde, um einmal vorlesen zu können. Weil alle auf unterschiedlichen Stufen sind, kann die Lehrerin auch nicht einen gemeinsamen Stoff vorbereiten, muss einzeln arbeiten. [...] S. ist 14 Jahre alt [...]. Er hat in Syrien eine Schule besucht und kann lesen und schreiben. Ich arbeite mit ihm einzeln; das heißt, wir machen die Übungen, die alle in dem Kurs machen, in einem langsamen Tempo und sprechen dabei auch mehr. Ich habe gemerkt, dass er viel versteht und auch die Übungen immer gut lösen kann." (Dokumentation, Mentorin M., NMS Wien 15, WS 2016)

Manche Schüler*innen – selbstverständlich nicht nur jene mit Fluchterfahrung – können durch die Empathie und zusätzliche Zuwendung der Mentor*innen ihr Selbstwertgefühl weiterentwickeln. Die Mentorin K. kannte das Gefühl der Scham, nicht gut Deutsch zu können, aus ihrer eigenen Kindheit. Dies hat sie bei einem ihrer Mentees beobachtet. Daher wollte sie sich speziell mit ihm befassen, weil sie bemerkt hat, dass er sehr leise sprach und verschlossen war, weil er sich schämte und sich daher beim Reden zurückhielt. Nach einigen Monaten beschreibt sie seine weitere Entwicklung:

> „O. (aus Kuwait) hat sich mit der Zeit positiv persönlich verändert. Er traut sich mehr, etwas zu äußern und Fragen zu stellen. Er ist offener gegenüber anderen Mitschülern und schämt sich nicht, wenn er etwas sagen muss. Meiner Meinung nach hängt das damit zusammen, dass ich Interesse an seiner Person und Nationalität gezeigt habe. Er hat nun das Gefühl, dass ihm jemand beiseite steht, wenn er Hilfe braucht. Ich habe sein Vertrauen gewonnen – dies alles spielt eine sehr wichtige Rolle bei seiner positiven Entwicklung." (Dokumentation, Mentorin K., VS Wien 2, SS 2017)

Gespräche mit den Mentor*innen können für die Kinder entlastend wirken, wenn sie sich ihnen anvertrauen und ihre Sorgen mitteilen können, gerade wenn es um Erfahrungen im Zusammenhang mit Flucht geht.

> „Einige suchen immer das Einzelgespräch und verraten mir ihre Sorgen, die bei den zarten Neunjährigen teilweise wirklich groß und erschreckend sind. Bei meinem letzten Besuch in der Klasse hat mich ein Mädchen zur Seite genommen, um mir zu sagen, dass sei nicht mehr in das Heimatland der Eltern zurückgehen werden, weil das nicht möglich sein wird, weil sie auf facebook gesehen hat, wie dort Kinder getötet werden." (Dokumentation, Mentorin T., VS Wien 19, WS 2016)

Zwar steht im gesamten Projekt nicht zentral, dass Mentor*in und Mentee dieselbe Sprache sprechen und ähnlicher Herkunft sind, weil ja – wie bereits ausgeführt – die geteilte Migrationserfahrung wesentlich ist. Dennoch wirkt es verbindend, wenn der/die Mentor*in beispielsweise aus demselben Ort in Syrien kommt, wie eine syrische Mentorin berichtet:

> „S. erzählt mir gerne private Dinge aus ihrem Leben. So erzählte sie mir beispielsweise, wie ihr Leben in Syrien aussah und wie sehr sie Aleppo vermisst. Sie hat mir einmal eine Zeichnung gebracht. Sie malte mich mit einem Herz." (Dokumentation, Mentorin H., VS Wien 11, SS 2017)

Die Haltung der Mentor*innen gegenüber Kindern, die aufgrund ihres Fluchtkontextes spezielle Förderung und Begleitung brauchen, kann zudem auf die Einstellung von Lehrkräften positiv wirken.

> „Ich habe von Anfang an gemerkt, dass die Lehrer*innen den Schulerfolg von Flüchtlingskindern für hoffnungslos halten. Ich hoffe, dass ich gegen diese Überzeugung etwas bewirken konnte." (Dokumentation, Mentor B., NMS Wien 2, WS 2016)

4. Abschließend

Das Interkulturelle Mentoring versucht, der kulturellen, sprachlichen und religiösen Diversität in der Schule aktiv zu begegnen. Denn die Begegnung an sich, die in den Schulklassen ja ohnehin stattfindet, führt noch nicht dazu, dass gegenseitige Annäherung, Kennenlernen und gleichberechtigte Teilhabe am Bildungswesen entstehen können. Anerkennung ist wichtig, um eine positive Identitätsentwicklung zu ermöglichen. Die Anerkennung bezieht sich nicht nur auf schulische Leistungen, sondern auf die Person als Ganzes. Kulturelle und sprachliche Identität sind ein prägender Teil eines Menschen. Aus ethnologischer Sicht werden diese Identitätsanteile stark betont – jedoch nicht im Sinne einer starren „Herkunftskultur", sondern vielmehr eines dynamischen Prozesses. Gerade im Migrations- und Fluchtkontext zeigt sich kulturelle Identität flexibel und veränderlich. Die in der Kultur- und Sozialanthropologie übliche Haltung des „sowohl-als auch" bietet Möglichkeiten, die in einer starren „entweder-oder"-Haltung nicht möglich sind. Etwa eine Festschreibung und Reduktion von Kindern mit Migrationsbiographie auf eine national-gedachte Kultur (z. B. türkisch) bringt interkulturellen Dialog eher zum Erliegen, als dass er weiterführend gestaltet werden könnte. Wenn etwa Kinder und Jugendliche mit anderen Erstsprachen als Deutsch als „defizitär" betrachtet werden, wenn deren eigene Sprache im Schulhaus nicht gern gehört oder gar verboten wird, wenn die islamische Religion zunehmend als bedrohlich erachtet wird, dann findet (manchmal unbewusst) eine Diskriminierung statt, die einer positiven Identitätsentwicklung entgegenwirkt. So wird auf Identitätsanteile „reduziert" und festgeschrieben – häufig mit nationaler Kultur in Verbindung gebracht –, die eher stigmatisierend und negativ behaftet sind.

Das Projekt basiert auf einem pluralen Ansatz, der verschiedene Identitätsanteile im jeweiligen Kontext und in ihren Relationen betrachtet. Dadurch kann identitätsstärkend und motivierend mit Kindern und Jugendlichen gearbeitet werden. Dabei stehen die Stärken, persönlichen Interessen und Potenziale im Vordergrund – so beispielsweise bei einer jugendlichen Muslimin, die sich für Rap interessiert, sich gut durch Gesang und in zwei Sprachen ausdrücken kann.

Die Zusammenarbeit in der Schule mit Mentor*innen, die Migrations- oder Fluchthintergrund haben, öffnet Türen. Der persönliche Kontakt und Austausch ermöglicht gegenseitige Einblicke in unterschiedliche Lebenswelten. Die Mentor*innen erhalten einen Einblick in das System Schule, in die Herausforderungen von Lehrer*innen und in die Anforderungen der Schulkinder. Die Lehrer*innen schätzen die Unterstützung und lernen Migrant*innen und Flüchtlinge in einem neuen Kontext kennen, der ihnen unter Umständen bislang nicht bekannt war, weil sie durch ihre Arbeit an einer Schwerpunktschule häufig mit sozial und bildungsbenachteiligten Migrationsfamilien konfrontiert sind. Den Schüler*innen kommt die zusätzliche Zuwendung und empathische Stärkung ihres Selbstwertgefühls zugute; für sie sind die Mentor*innen zusätzliche Identifikationspersonen, die sie in ihrem eigenen familiären Umfeld vielleicht nicht kennengelernt haben. Sie erfahren, dass Lernen wichtig ist, dass Mehrsprachigkeit von Vorteil ist, und dass Migrationshintergrund kein Stigma sein muss.

Letztlich bietet für die Mentor*innen selbst die Mitarbeit im Projekt eine Aufwertung ihrer Migrationsbiographie, die sie ebenfalls oft als stigmatisierend und benachteiligend erlebt haben. Ihre Erfahrungen stehen hier zentral, sind sogar Bedingung für die Mitarbeit im Projekt, sie werden genutzt und weitergegeben. Ein Mentor berichtete bei einer Projektpräsentation davon, wie er erst durch die Mitarbeit an einer Schule seinen eigenen türkischen Hintergrund schätzen lernte, weil der plötzlich aufgewertet wurde und ihm einen speziellen Zugang zu den türkischsprachigen Schüler*innen eröffnete.

Aus kultur- und sozialanthropologischer Perspektive bietet das Projekt Einsichten in die Konstruktion von Identitäten im Migrationskontext. Kulturelle Identitäten als Lebenswelten zu begreifen und als veränderbar und dynamisch zu erachten, ist dafür grundlegend. Es zeigt sich, dass durch die positive Anerkennung von kultureller, sprachlicher und religiöser Heterogenität das Selbstbewusstsein der Schüler*innen und der Mentor*innen gestärkt wird. Diversität in Gesellschaft und Schule wird als Selbstverständlichkeit angenommen; kulturelle Unterschiede sind Gegebenheiten, die jedoch nicht trennend wirken müss(t)en. Diese Haltung wird in der Ethnologie als grundlegend erachtet und auch im Projekt vermittelt – den teilnehmenden Schulen, den mitarbeitenden Studierenden und letztlich auch den Mentees.

Das Interkulturelle Mentoring ist ein kleines Projekt, jedoch mit weitreichender Wirkung für einzelne. Und sei es nur, dass sich in einigen Jahren eine Schülerin daran erinnert, dass „da einmal jemand war", der an sie geglaubt hat und ihr vermittelt hat, dass die Schule zu schaffen ist. Oder ein Schüler, der durch die Mentorin gelernt hat, wie er sich bei seiner Lehrerin für sein Fehlverhalten entschuldigen kann. Oder ein Kind, das durch die zusätzliche Erklärung in der eigenen Sprache seines Mentors das Bruchrechnen verstanden hat. Oder ein Jugendlicher, der seine Ängste mit dem Mentor teilen kann, weil er aus demselben Ort im Kriegsgebiet kommt wie er selbst. Oder ein syrisches Mädchen, das sich freut, weil die irakische Mentorin mit ihm arabisch spricht.

Die Anwesenheit einer/s interkulturellen Mentors*in in der Klasse vermittelt Selbstverständlichkeit von Diversität und Bereitschaft zur Integration – im Sinne einer gegenseitigen Annäherung und gegenseitigen Anerkennung.

Literatur

Appadurai, Arjun (1989): Global Ethnoscapes. Notes and Queries for a Transnational Anthropology. In: Public Culture. Migration, Diaspora and Transnationalism, 2 (1), S. 463–483.

Baumann, Gerd (2000): Das Rätsel der multikulturellen Gesellschaft. In: Schomburg-Scherff, Sylvia M. / Heintze, Beatrix (Hg.): Die offenen Grenzen der Ethnologie. Schlaglichter auf ein sich wandelndes Fach. Frankfurt/Main: Verlag Otto Lembeck, S. 157–169.

Binder, Susanne (2004): Interkulturelles Lernen aus ethnologischer Perspektive. Konzepte, Ansichten und Praxisbeispiele aus Österreich und den Niederlanden. Münster: LIT Verlag.

Binder, Susanne (2017): Sozialanthropologische Flüchtlingsforschung. Begriffsbestimmungen, Konzepte und theoretische Perspektiven. In: Binder, Susanne / Fartacek, Gebhard (Hg.): Facetten von Flucht aus dem Nahen und Mittleren Osten. Wien: Facultas, S. 123–149.

Binder, Susanne / Daryabegi, Aryane (2003): Interkulturelles Lernen. Beispiele aus der schulischen Praxis. In: Fillitz, Thomas (Hg.): Interkulturelles Lernen. Zwischen institutionellem Rahmen, schulischer Praxis und als gesellschaftliches Kommunikationsprinzip. Reihe Bildungsforschung des BMBWK. Innsbruck: Studienverlag, S. 33–84.

Binder, Susanne / Kössner, Eva (Hg.) (2015): Erfahrungen teilen – Vielfalt erleben. Interkulturelles Mentoring und Mehrsprachigkeit an österreichischen Schulen. Münster: LIT Verlag.

BMB (o. J.): https://www.bmb.gv.at/schulen/unterricht/uek/interkulturalitaet.html [Zugriff am 10.7.2017].

BMB (2017): Informationsblätter zum Thema Migration und Schule, Nr. 2/2016–17. SchülerInnen mit anderen Erstsprachen als Deutsch. Download unter: http://www.schule-mehrsprachig.at/fileadmin/schule_mehrsprachig/redaktion/hintergrundinfo/info2-16-17.pdf

Crul, Maurice (2001): Success maakt succesvol. Leerlingbegeleiding door Turkse en Marokkaanse studenten in het voortgezet onderwijs. Amsterdam: Het Spinhuis.

Derman-Sparks, Louise / ABC Task Force (1989): Anti-Bias Curriculum. Tools for Empowering Young Children. Washington D.C.: NAEYC.

Fachstelle Kinderwelten (o. J.): http://www.situationsansatz.de/fachstelle-kinderwelten.html [Zugriff am 10.7.2017].

Fillitz, Thomas (Hg.) (2003): Interkulturelles Lernen. Zwischen institutionellem Rahmen, schulischer Praxis und als gesellschaftliches Kommunikationsprinzip. Reihe Bildungsforschung des BMBWK. Innsbruck: Studienverlag.

Fog Olwig, Karen / Hastrup, Kirsten (Hg.) (1997): Siting Culture. The Shifting Anthropological Object. London: Routledge.

GUPTA, Akhil / Ferguson, James (Hg.) (1997): Culture, Power, Place. Explorations in Critical Anthropology. London: Duke University Press.

HERZOG-PUNZENBERGER, Barbara (2014): Migration, Hintergrund und Schule. Intersektionalitätsforschung – warum und wie? In: Erziehung & Unterricht, 1–2, S. 129–139.

JUNGMANN, Nicole (2015): Multikulturelle Klasse – was nun? Kultur- und sozialanthropologische Betrachtungen der Lehramtsausbildung für Mittelschulen. Masterarbeit Universität Wien.

LUCIAK, Mikael / Binder, Susanne (2010): Informationen und Anregungen zur Umsetzung des Unterrichtsprinzips „Interkulturelles Lernen". Ein Handbuch für den Bereich allgemeinbildende Pflichtschulen und allgemeinbildende höhere Schulen, ASSA Sondernummer 1/2010. Download unter: http://www.univie.ac.at/alumni.ethnologie/journal/abstract/IKL_Handbuch.html

MALKKI, Liisa (1997): Speechless Emmisaries. Refugees, Humanitarianism and Dehistoricization. In: Fog Olwig, Karen / Hastrup Kirsten (Hg.): Siting Culture. The Shifting Anthropological Object. London: Routledge, S. 223–251.

MECHERIL, Paul / Castro Varela, María do Mar / Dirim, Înci / Kalpaka, Annita / Melter, Claus (2010): Migrations-pädagogik. Basel: Weinheim.

MOROKVASIĆ, Mirjana (2003): Transnational Mobility and Gender. A view from post-wall Europe. In: Morokvasić, Mirjana / Erel, Umut / Shinozaki, Kyoko (Hg.): Crossing Borders and Shifting Boundaries. Gender on the Move. Opladen: Leske + Budrich, S. 101–136.

PREISSING, Christa / Wagner, Petra (Hg.) (2003): Kleine Kinder, keine Vorurteile? Interkulturelle und vorurteilsbewusste Arbeit in Kitas. Freiburg: Herder.

SCHAFFLER, Yvonne / Ramirez Castillo, Nora / Jirovsky, Elena (2017): „Das Warten bringt uns wirklich um!" Gesundheitliche und psychologische Aspekte von Krieg, Flucht und Leben im Exil. In: Binder, Susanne / Fartacek, Gebhard (Hg.): Facetten von Flucht aus dem Nahen und Mittleren Osten. Wien: Facultas, S. 228–250.

UNHCR: http://www.unhcr.org/dach/at/ [Zugriff am 12.7.2017].

Ethnologie in der Begabtenförderung

Veronika Ederer

ABSTRACT: Die Begabten- und Begabungsförderung ist ein stetig wachsender Zweig der Sonderpädagogik, der den Fokus auf leistungsstarke Kinder legt. Neben schul-interner Begabtenförderung gibt es Möglichkeiten der außerschulische Begabtenförderung. Das Universikum der Stadt Zürich fördert die Kinder, die über den Regelunterricht hinaus Unterstützung brauchen, in Interessenskursen als Alternativunterricht zeitgleich zum Regelunterricht. Die Themen der Kurse behandeln ausschließlich Gebiete, die im Regelunterricht nicht (so ausführlich) behandelt werden. Seit März 2013 bin ich Dozentin im Universikum und habe seitdem insgesamt 15 Kurse zu ethnologischen Themen angeboten. Ethnologie als die Wissenschaft von Kulturen in Zusammenhängen wird traditionell ausschließlich an Universitäten gelehrt und im außeruniversitären Kontext selten an interessierte Laien weitergegeben. Ich sehe deshalb eine große Chance für die Ethnologie in der Begabtenförderung. Das Fach bietet eine hohe Bandbreite an kritischen, reflexiven Themen, die sowohl in Zusammenhängen dargestellt als auch in der Lebenswelt der Kinder verankert werden. Viele (hoch-)begabte Kinder sind sehr empathisch, manchmal übersensibel und können mit Ungerechtigkeiten schwer umgehen. Bestimmte ethnologische Themen reizen besonders, um eine Diskussion über Recht und Unrecht auszulösen. Im Universikum-Kurs „Eine Reise um die Welt" führe ich sehr gerne einen Vormittag zum Thema „NACIREMA" durch, basierend auf dem Aufsatz von H. Miner, um über Verfremdung und Vorurteile zu sprechen.

1. Begabten- und Begabungsförderung

Die Begabten- beziehungsweise Begabungsförderung ist ein stetig wachsender Zweig der Sonderpädagogik, der den Fokus auf leistungsstarke Kinder legt. Er hat im schulischen Kontext zum Ziel, das Potential von Lernenden zu erkennen, anzuregen und zu begleiten. Ganz grundlegend gilt:

- Alle Schülerinnen und Schüler sind mit Begabungen ausgestattet.
- Etwa 15 bis 20 Prozent der Schüler*innen verfügen über besondere Begabungen.
- Zwei bis drei Prozent der Schüler*innen weisen eine universelle Hochbegabung auf.
- Bei der Normalverteilung des Intelligenzquotienten in der Bevölkerung anhand der Gaus'schen Verteilungskurve beschäftigt sich die Begabtenförderung mit den etwa 15 bis 20 Prozent der Kinder, die besondere Begabungen oder Hochbegabung aufweisen. Darin enthalten sind die zwei bis drei Prozent Hochbegabten.

Hochbegabung wird sehr oft verknüpft mit Hochleistungsverhalten. Bildlich dargestellt wird dies mit dem „Drei-Ringe-Modell" von Renzulli (Renzulli 2005). Bei Hochleistungs-verhalten sind nicht nur überdurchschnittliche Fähigkeiten (oft falsch mit Intelligenz übersetzt), die Aufgabenverpflichtung und kreatives, flexibles Vorgehen entscheidend, sondern auch das persönliche Umfeld wie Schule, Familie und Freundeskreis – in vielen Abbildungen durch ein schwarz-weißes Rautenmuster im Hintergrund dargestellt. Persönliche Voraussetzungen und das Umfeld machen jeweils etwa 50 Prozent aus und beeinflussen und perpetuieren sich gegenseitig.

Es gibt eine Vielzahl von Theorien und Checklisten, wie Begabungen erkannt und definiert werden können, woran verschiedene diagnostische Methoden und Screenings scheitern und Kinder durch das Raster fallen (Huser 1999:6; Hoyer/Weigand/Müller-Opplige 2013:65; Mähler/Hofmann 2005:11). In vielen Fällen wird eine multiple und mehrfaktorielle Identifikation verlangt, bestehend aus IQ-Test, Abklärung von Persönlichkeitsfaktoren sowie Datenerhebung durch Fragebögen, Screening und kultur- und sprachfreie Testverfahren.

Es muss im Folgenden zwischen Begabungs- und Begabtenförderung unterschieden werden. Dabei wird in der Begabungsförderung Wert darauf gelegt, einzelne Begabungen bei Schüler*innen zu finden und zu fördern. Die Begabtenförderung zeichnet sich durch Exzellenzförderung und Aufbrechen der Leistungsgrenzen aus. Dabei sollen Kinder vor allem lernen, sich wieder anstrengen zu müssen, was für sie im Regelunterricht oft nicht notwendig ist. Zu den Möglichkeiten der Begabten- und Begabungförderung im schulischen Kontext gehören:

- Verdichtung des Lernstoffes (Compacting)
- Anreicherung des Lernstoffs (Enrichment)
- Akzeleration mit dem Ziel des Klassensprungs
- Binnendifferenzierung (individualisieren)
- Kreativität leben
- Divergente Denkaufträge (Fragen mit mehreren richtigen Antworten)
- Berücksichtigung der unterschiedlichen Intelligenzen nach H. Gardener (1991)
- Aufträge im Sinn der Bloom'schen Taxonomie – Lernziele (Beispiele unter 3.5) ■ Abb. 1.

Lernzielpyramide
(Clark, 1992)

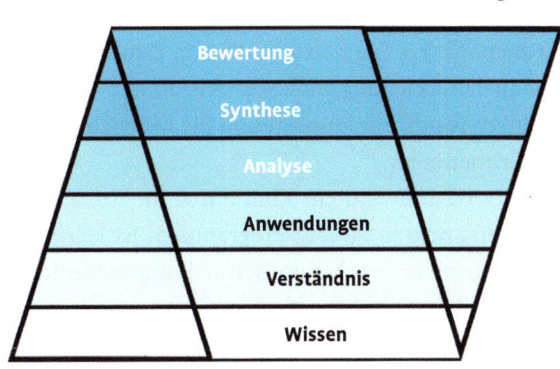

Besonders Begabte

Abb. 1:
Lernziele nach Bloom.
Nach: K. Schmidt 2012
aus Clark 1992

„Normal" Begabte

Eine weitere Möglichkeit der Förderung ist die außerschulische Begabtenförderung, sogenannte Pullout-Kurse. Auf ein spezielles Pullout-Programm im Rahmen der Volksschule Zürich wird im Folgenden näher eingegangen

2. Das Universikum

An vielen städtischen Schulen in Zürich gibt es eine schulhauseigene Begabten- und Begabungsförderung. Das Universikum der Fachstelle für Begabten- und Begabungsförderung fördert die Kinder, die darüber hinaus Unterstützung brauchen und ist ein Beispiel für die außerschulische Begabtenförderung. Das Universikum existiert seit über 15 Jahren in der Stadt Zürich und wählt als Fördermethode das sogenannte Grouping.

> „Unter Grouping sind Maßnahmen zu verstehen, bei denen die Schülerinnen und Schüler in unterschiedlichen Klein-, Arbeits-, Forschungs- und Präsentationsgruppen aufgegliedert werden. Die unterschiedlichen Kommunikationsnetze und divergenten Denk- und Arbeitsformen befördern eigene Überlegungsqualitäten" (Trautmann 2016:158).

Die Interessenskurse sind Alternativunterricht zeitgleich zum Regelunterricht. Jedes Jahr wird zu Schuljahresende ein Programm mit Jahreskursen für das nächste Schuljahr herausgegeben, dazu finden in den Sport- und Frühlingsferien Kurse und in den Sommerferien das Universicamp statt. Etwa 20 Dozent*innen unterrichten als Experten in ihrem jeweiligen Gebiet jedes Jahr über 400 Kinder vom ersten bis sechsten Schuljahr. Für die Familien ist dieses Zusatzangebot kostenlos, sie müssen nur die Schulwege und manchmal Betreuung organisieren. Damit ist das Angebot unabhängig vom wirtschaftlichen Status der Familien – für viele die einzige Möglichkeit zur Förderung ihrer Kinder.

Die Themen der Kurse behandeln ausschließlich Gebiete, die im Regelunterricht nicht (so ausführlich) behandelt werden und gehen von Comic-Zeichnen über Roboter bauen, Kunst, Mathematik bis Tiere beobachten im Zoo und Umweltschutz. Jede/r Dozent*in erhält individuelles Coaching, eine Supervision mit Rückmeldung; dazu gibt es außerdem jährlich mehrere Teamfortbildungen und die Möglichkeit, kostenlos an Fortbildungen im Schulamt teilzunehmen.

Für das Universikum wird ein Kind durch die Klassenlehrperson angemeldet. Im Gegensatz zu vielen anderen Pullout-Programmen ist keine spezielle Abklärung nötig. Fällt ein Kind im Unterricht durch zum Beispiel ungewöhnlich reife Fragen, Verstehen komplexer Zusammenhänge, kreative Problemlösungen oder überdurchschnittliches Interesse auf, so kann das Kind sich für drei Kurse aus dem Jahresprogramm anmelden. Bedingung ist, dass das Kind den verpassten Unterrichtsstoff selbständig nachlernt. Eine gewisse soziale Reife sowie das Sich-Einlassen auf eine neue Gruppe gehören dazu.

Während der Sommerferien werden die Kinder einem der drei Kurse zugeteilt; etwa 60 bis 100 Kinder erhalten jährlich keinen Kursplatz und können sich zum Halbjahr nochmals anmelden. Start ist jeweils zu Schuljahres- und Halbjahresbeginn zwei Wochen nach den Ferien. Der Kurs findet mit drei Unterrichtseinheiten wöchentlich statt, dauert das ganze Schuljahr und endet mit der Fertigstellung eines eigenen Projekts im Rahmen des Kursthemas. Am Ende des Kursjahres verfasst die Kursleitung einen Lernbericht an die Fachstelle, die Klassenlehrperson und die Eltern, in dem sie eine Fortführung der Förderung im Universikum empfiehlt oder ablehnt. Die endgültige Entscheidung treffen Eltern, Lehrer*innen und Kinder gemeinsam. Auch die Kinder beurteilen den Kurs in einem anonymen Fragebogen. Zum Ende jedes Schuljahres erschien in den letzten Jahren auch eine kleine Zeitschrift mit dem Namen „Panorama", in der über die Kurse berichtet wurde – das Erscheinen wurde mit dem Schuljahr 2016/17 eingestellt.

3. Ethnologie in der Begabtenförderung

3.1 Grundannahmen

„Obwohl Ethnologen fest davon überzeugt sind, daß (sic) die von ihnen gewonnenen Erkenntnisse von großem Wert und von Wichtigkeit für die eigene Gesellschaft sind, hat unser Fach keine nennenswerten Erfolge beim Transport dieser Erkenntnisse in die zentralen Institutionen unserer Gesellschaft gehabt. Trotz gelegentlicher Proteste und kleinerer Verbesserungen ist eine ethnologische Perspektive in unseren Schulen und ihren Lehrbüchern so gut wie nicht zu erkennen" (Feest 1997:126).

Ethnologie als die Wissenschaft von Kulturen in Zusammenhängen oder vergleichende Kulturwissenschaft wird traditionell ausschließlich an Universitäten und Hochschulen gelehrt und im außeruniversitären Kontext höchstens in Museen an interessierte Laien weitergegeben. Bisher ist die Bereitschaft der wissenschaftlichen Elite, sich auf eine unwissenschaftliche Öffentlichkeit, auf Lehrpersonen oder gar Kindergartenkinder einzulassen, mäßig. Dem Vorwurf, dies sei keine Ethnologie mehr, bin ich des Öfteren begegnet. Die Anerkennung von Personen innerhalb der Ethnologie, die nicht im traditionelle Berufsfeld arbeiten (Museum, Universitäten, andere wissenschaftlichen Einrichtungen),ist sehr gering. Und dennoch ist Ethnologie ein Fach, das in vielen außeruniversitären Feldern gefragt wäre. Kindergärten, Horteinrichtungen, Schulprojekte – sie alle behandeln immer wieder ethnologische Themenbereiche, in denen eine vermittelnde Fachperson eine Bereicherung wäre. In der Erwachsenenbildung oder Lehrerfortbildung werden zu Fragen der interkulturellen Kompetenz lieber Spezialisten der Gewaltprävention als Kulturwissenschaftler eingeladen. Viele Kinder-, Koch- oder Lehrbücher, die ethnologische Themen behandeln, werden von interessierten Laien geschrieben und zementieren mehr Klischees als sie auflösen.

Meiner Erfahrung nach ist es bisher am einfachsten, als Ethnologin selbst tätig zu werden. Ich arbeite seit 2003 als freiberufliche Ethnologin in Schulen, Kindergärten und in der Erwachsenenbildung und bin zusätzlich sowohl als Museumspädagogin als auch an Universitäten tätig. Seit März 2013 bin ich Dozentin im Universikum und habe seitdem insgesamt 15 Kurse zu den Themen „Auf großer Entdeckungsfahrt", „Reise um die Welt", „Abenteuer Archäologie", „Eine Reise zu den Indianern Nordamerikas", „Rätsel der Welt", „Entstehung der Erde" und „Zeitreise" angeboten. Wichtig ist, dass ich aufgrund meiner Ausbildung im Universikum angehalten bin, ausschliesslich die Themen anzugeben, die ich meiner Ausbildung entsprechend fundiert vermitteln kann. Die Kurse sind für Kinder der ersten bis dritten, zweiten bis vierten und vierten bis sechsten Klasse ausgeschrieben und verlangen außer Interesse am Kursthema Freude am Knobeln, Lesen, Schreiben, Diskutieren, Basteln oder Forschen.

Die Begabungs- und Begabtenförderung der Stadt Zürich legt einen großen Wert auf die Förderung des Lernverhaltens. Es geht bei den Kursen darum, die Kinder in verschiedene Lern- und Arbeitstechniken einzuführen, Recherchetechniken zu üben oder freie Arbeit zu fördern. Es soll außerdem ein Reflexionsprozess gefördert werden, in dem in einem Lernjournal festgehalten wird, welche Fortschritte jedes Kind gemacht hat. Die Kinder schreiben selbst Rückmeldungen und neue Erkenntnisse in das Heft und zeichnen dazu.

In der außerschulischen Begabtenförderung sollen von den Schüler*innen nicht nur Inhalte, sondern auch Lernkompetenzen erworben werden, die über den Regelunterricht hinausgehen. Es soll das Lernen erlernt werden, dazu auch viele verschiedene Arbeitstechniken wie ein Mindmap erstellen, Skizzieren, Stichworte mitschreiben, Zeitungsartikel formulieren, ein Interview halten, eine Lügengeschichte erfinden oder Anleitungen schreiben. In der Begabtenförderung dürfen kreative Arbeitsaufträge gerne eng gestellt werden, denn die Phantasie der Kinder öffnet andere Türen.

■ Erstellung eines Brettspieles mit allen notwendigen Zutaten und mit schriftlicher Spielanleitung zum Thema: „Die Suche nach El Dorado".

- Gestalten eines Schattentheaters mit Figuren in einer Schuhschachtel in der Klein-gruppe, mit anschließender Vorführung und schriftlicher Rückmeldung des Publikums.

- Erfindung eines Fabeltieres, das beschrieben und als Mini-Modell in eine Schachtel von Postkartengröße passen musste, wobei der Teil des Fabelwesens durch ein Fenster sicht-bar sein musste, den man bei der ersten Sichtung gesehen hatte.

Dabei wird innerhalb des begabtenfördernden Unterrichts – bezugnehmend auf die Bloom'sche Lernzieltaxonomie – ein großer Schwerpunkt auf selbständige Wissensaneig-nung, auf Diskussion, Analyse, Meinungsbildung und auf Kreativität gelegt. Begabte Kinder benötigen weniger Anregung im Bereich Wissenserwerb, sondern mehr Möglich-keiten, ihren eigenem Gedanken freien Lauf zu lassen. Hier sehe ich eine große Chance für die Ethnologie. Das Fach bietet eine hohe Bandbreite an kritischen, reflexiven The-men, die sowohl in Zusammenhängen dargestellt als auch in der Lebenswelt der Kinder verankert werden können, und ist nicht Stoff des Regelunterrichts.

3.2 Warum Ethnologie in der Begabtenförderung?

Viele (hoch-)begabte Kinder sind sehr empathisch, manchmal übersensibel und können mit Ungerechtigkeiten schwer umgehen (vgl. Trautmann 2016:95). Bestimmte ethnologi-sche Themen reizen deshalb besonders, um eine Diskussion über Recht und Unrecht aus-zulösen. Im Kurs „Auf großer Entdeckungsfahrt" ging es immer wieder um die Sicht der „Entdeckten": In einer Stunde des Kurses „Eine Reise um die Welt" thematisierten wir Menschen- und Kinderrechte, und bei einer Stunde im Kurs „Eine Reise zu den Indianern Nordamerikas" zur Eroberung Nordamerikas durch die Europäer fragte mich eine Schü-lerin ganz verzweifelt, ob es nicht auch schöne Geschichten in dem Zusammenhang gä-be. Immer wieder möchten Kinder freiwillig an den Kursthemen zu Hause weiterarbeiten, obwohl es im Universikum keine Hausaufgaben gibt.

Wie auch andere Schulkinder verfügen begabte Kinder entwicklungsbedingt über ver-inseltes Wissen, das sie durch Informationen und eigene Recherche in einen Zusammen-hang bringen können. Dadurch eignen sich viele ethnologische Themen sehr gut, da sie nicht nur den Bezug zur Fremde, sondern auch zum eigenen Land herstellen. Schöne Bei-spiele sind Forschen zum eigenen Namen, verschiedene Sprachen bzw. Schriftsysteme oder ungewöhnliche Nahrungsmittel, da die Kinder tagtäglich damit konfrontiert sind und jeder etwas dazu weiß und sagen kann.

Anspruchsvolle Themen – wie der Blick von außen – sind mit begabten Kindern eben-falls möglich. Comics und Trickfilme, die den Kindern bekannt sind, eignen sich gut, um auf Übertreibungen und Klischees aufmerksam zu machen. Viele Kinder testen und „be-kehren" anschließend zu Hause sofort ihre Eltern.

Da man als Ethnolog*in je nach Schwerpunkt und Erfahrung Zugang zu ungewöhn-lichem Material hat, ist man für die Kinder eine Brücke zu einer neuen Welt. Wer hat schon Obsidianpfeilspitzen, Bisonknochen, Fischleder oder eingelegten Kaktus zu Hause?

Die Schilderung eigener Erlebnisse oder das Zeigen von Reiseandenken erhöht die Spannung unglaublich und schafft Authentizität. Ethnologische Kurse geben den Kindern einen Einblick in fremde Lebenswelten. Dies reizt zum Vergleich, zur Diskussion, zum Weiterforschen. Ob es um fremde Essgewohnheiten, Kleidung oder Körperschmuck geht, spielt keine Rolle: Der Horizont – die Perspektive – erweitert sich.

3.3 Exkurs: Begabung und Migration

In der Stadt Zürich gibt es sehr viele Schulkinder mit Migrationshintergrund, aber der Anteil von diesen Kindern in der Begabtenförderung ist noch recht gering. Unkenntnis und kulturelle Voreingenommenheit des Schulsystems spielen immer noch eine große Rolle.

Ist Hochbegabung bei Kindern und Jugendlichen schon grundsätzlich nicht problemlos zu erkennen (Huser 1999:6; Hoyer / Weigand / Müller-Oppliger 2013:65; Mähler / Hofmann 2005:11), so ist die Identifikation von hoch begabten Kindern und Jugendlichen mit Migrationshintergrund entsprechend schwieriger. Das liegt einerseits daran, dass sich Fähigkeiten und Begabungen kulturspezifisch ausdrücken (Rawlinson 1999 in Tan 2005:13) und auch kulturspezifisch erkannt werden. Sowohl für die Kinder und Jugendlichen als auch für die verantwortlichen Lehrpersonen bildet das kulturelle Umfeld, in dem jede Person sozialisiert wurde, den Rahmen, durch den Begabung überhaupt erst sichtbar wird oder unsichtbar bleibt. Hochbegabung gilt andererseits als abhängig von der jeweiligen Definition der vorherrschenden Kultur (Sternberg 2007 in Kolcava / Schönenberger-Hofmann / Schmitt-Bosslet o. J.). Auch für Begabungen existiert ein kultureller Filter, der alle nicht bekannten Ausdrucksformen ausblendet. Für das Unvertraute und Fremde existieren keine Maßstäbe, weshalb es oft nicht entdeckt wird (Sternberg 2007 in Kolcava / Schönenberger-Hofmann / Schmitt-Bosslet o. J.).

Ein weiteres Problem der Erkennung von Hochbegabten mit Migrationshintergrund liegt in den Stereotypen, mit denen die umgebende Gesellschaft sie belegt. Im Gegensatz zum Klischee sind Stereotype rein auf Personen(-gruppen) bezogen. Und im Gegensatz zum Vorurteil, das eine generelle Haltung ausdrückt, sind Stereotype Teil einer unbewussten und teils sogar automatischen kognitiven Zuordnung (Aronson et al. 2014).

Die Sprachbarriere kann zusätzlich das Erkennen von Hochbegabung behindern. Beherrscht ein Kind mit Migrationshintergrund die Sprache des Gastlandes nur unzureichend, wird es möglicherweise im Unterricht eher zurückhaltend sein und sein Wissen weniger auffällig anbringen können. Muss ein Kind oder ein/e Jugendliche*r in einer Fremdsprache denken, so ist sein IQ um etwa 15 IQ-Punkte reduziert, bis sie/er die Fremdsprache genügend beherrscht (Reutlinger / Leana-Taşçilar / Ziegler 2015:19-20).

Betont werden soll, dass es bei der Förderung von Hochbegabten mit Migrationshintergrund nicht nur um das typische Lernen von Inhalten, sondern um das Finden kreativer Denkansätze und Lösungen geht. Nicht nur kreative Angebote, sondern auch außerschulische Lernorte wie Bibliotheken oder Museen können sehr anregend wirken (Reutlinger / Leana-Taşçilar / Ziegler 2015:21-22).

Wie auf dem Kongress Begabungs- und Begabtenförderung 2014 in einem Vortrag (Keller-Koller 2014) erwähnt, finden begabte Kinder mit Migrationshintergrund ihre Lebenssituation besonders gut in Kursen mit kulturellen Themen wieder. Das erklärte mir, weshalb in meinen ethnologischen Kursen eine hohe Anzahl von Nicht-Schweizer Kindern, bzw. Kindern mit mindestens einem Elternteil Nicht-Schweizer Herkunft teilnehmen. In diesem Fall sind sie und ihre oftmals sehr interessierten und engagierten Familien eine große Bereicherung des Kurses, wenn es um Feiertage, Religion oder abstrakte Diskussionen wie „Das Fremde" geht. In meinen Kursen hatte ich bisher Kinder mit Hintergrund unter anderem aus Deutschland, England, Irland, Norwegen, Holland, Luxemburg, Frankreich, Spanien, Italien, Ungarn, Russland, Kroatien, Griechenland, Türkei, Israel, Ägypten, Sudan, Nigeria, Somalia, Uganda, Kenia, Iran, Tamil Nadu, Indien, China, Korea, Philippinen, Kolumbien, Ecuador und Kanada.

3.4. Kursüberblick „Eine Reise um die Welt"[1]

Mein Universikum-Jahreskurs „Eine Reise um die Welt" bietet kulturell interessierten Kindern eine gute Möglichkeit, erste ethnologische Kenntnisse zu erwerben. Der Ausschreibungstext im Jahresprogramm ist so gewählt, dass er in erster Linie die Kinder und ihre Eltern ansprechen soll:

> „Hast Du Deinen Rucksack gepackt? Sonnencreme und warme Socken dabei? In diesem Kurs unternehmen wir eine weite Reise, rund um die Welt, ohne dass wir das Klassenzimmer verlassen müssen. (...).

> Viele Länder warten darauf, von uns bereist zu werden. Wir kommen als freundliche Forscher, lernen andere Sprachen und Geschichten kennen und schreiben unsere Erlebnisse in ein Tagebuch. Vielleicht können wir auch das ein oder andere Reiseandenken oder Foto mitnehmen.

> Welches Land gefällt Dir am besten? Das wird das Land sein, über das Du im zweiten Teil des Kurses ganz ausführlich forschen kannst. Wenn Du schon einmal dort warst, kannst Du Bilder mitbringen, vielleicht sogar Lebensmittel oder Musik, und dies alles im Kurs vorzeigen. Wir lernen, dass man sich keine voreilige Meinung über andere Kulturen machen sollte, und dass unser Land nur eines von ganz vielen auf der Welt ist!" (verkürzte Kursauschreibung Universikum Jahreskurse 2013/14, 2015/16, 2017/18).

---

1   Im Schuljahr 2013/14 und 2017/18 führ(t)e ich den Kurs alleine durch, im Schuljahr 2015/16 gemeinsam mit meiner Universikum-Kollegin Lydia Derungs-Lechner, mit der ich seit drei Jahren mit Teamteaching im Austausch stehe.

Die Schüler*innen entdecken im Kurs anhand von Objekten, Bildern, Büchern, Musik und Lebensmitteln viele Länder und verschiedene Kulturen. Mit einem Forscherpass, einem Tagebuch (Lernjournal) und einem Reiseführer (Lesetextmappe) ausgerüstet „reisen" wir als Gruppe von Europa aus nach Afrika, Asien, Amerika und Australien. An jeder Station wird ein besonderes Thema gewählt: Nahrungsmittel, Kinder und Schule, Musik, Sprache, Schmuck, etc. Auch abstrakte Themen wie Klischees und Stereotypen, Menschenrechte und Klimaveränderung werden eingeflochten. Eine besondere Kursstunde ist die Stunde zu den NACIREMA, die ich im nächsten Kapitel exemplarisch vorstellen möchte. Kreative Aufträge mit Naturmaterialien und landestypische Nahrungsmittel regen zum Lernen mit allen Sinnen an. Im Rahmen des Kurses werden mehrere passende Ausflüge in Museen oder spezielle Lebensmittelgeschäfte durchgeführt sowie Experten eingeladen.

Die Kinder erlangen durch die altersgemäße Vermittlung von ethnologischem Wissen grundlegende Fähigkeiten der interkulturellen Kompetenz. Sie erkennen Vorurteile sowie Eurozentrismus. Am Ende des Kurses, so ist die Hoffnung, stehen sie anderen Weltanschauungen aufgeschlossener gegenüber und sind fähig zur Perspektivenerweiterung.

Im zweiten Teil des Kurses erforschen die Kinder vertieft selbst ein Land, dass sie gerne besuchen möchten, in dem sie möglicherweise schon einmal (im Urlaub?) gewesen sind, oder ein Thema im weiten Zusammenhang mit dem Kursinhalt (Lebensmittel, Reisen). Sie überlegen, welches Spezialthema sie der Gruppe präsentieren möchten und recherchieren in Büchern und im Internet. Jedes Kind fertigt über sein Land entweder einen kleinen Bericht mit kurzen Texten und Bildern an oder ein Spiel, ein Quiz, ein Modell, ein Büchlein, ganz nach Wunsch und Möglichkeiten. Die Ergebnisse werden am Ende des Kurses Eltern, Geschwistern und Freunden präsentiert. Die Freiarbeit gibt ihnen die Möglichkeit, einerseits Grundlagen der Recherche zu erlernen (vergleiche IIM von Doris Müller-Hostettler 2001), andererseits sich in ein Thema ihrer Wahl zu vertiefen, was im dichtgepackten Regelunterricht oft nicht möglich ist.

3.5. Beispielstunde – Die Körperrituale der „Nacirema"

Im Jahr 1956 veröffentlichte der amerikanische Soziologe und Ethnologe Horace Miner (1912–1980) in der ethnologischen Fachzeitschrift „American Anthropologist" den Artikel „Body Ritual among the Nacirema". Dabei ist „Nacirema" – rückwärts gelesen – „American". Miner erzeugte so eine künstliche Distanz und scheinbare Exotik. Er beschrieb dabei das Verhalten der US-Amerikaner in ihren Badezimmern, beim Friseur, Zahnarzt oder Psychiater und verwendete dabei Fachtermini, die Ethnolog*innen üblicherweise gebrauchen, um (andere) Kulturen zu beschreiben. Ein Kernthema seines Textes war dabei die Magie, da er die *Nacirema* als „magicridden people" (Miner 1956:507) bezeichnete (Hildebrandt 1996:208). Seine Kritik richtete sich dabei vor allem an die angeblich objektive ethnologische Beschreibung anderer Kulturen. Seine Aussage war einfach und doch problematisch: Wenn Ethnolog*innen Facetten anderer Kulturen mit diesen Begriffen beschreiben, die uns veranlassen, nicht einmal Bestandteile unserer eigenen (in dem Fall die US-amerikanische) Kultur zu erkennen, wie sehr verfremden wir dann die uns unbekannten Kulturen? Die wissenschaftlichen Interpretationen zu Miner führen noch sehr viel weiter – für eine Unterrichtseinheit im Rahmen des Jahreskurses genügt dieser eine Aspekt allerdings völlig.

Der Text und seine Intention erschienen mir hervorragend geeignet, um den Kindern die Möglichkeit zu geben, ihre eigene Kultur von außen zu betrachten – so, wie wir „fremde" Kulturen betrachten und manchmal missverstehen. Die Beispiel-Stunde zu den Körperritualen der *Nacirema* habe ich bereits mehrfach auf der „Reise um die Welt" und „Auf großer Entdeckungsfahrt" durchgeführt, um über Verfremdung und Vorurteile zu sprechen.

Die Unterrichtseinheit zu den *Nacirema* umfasst drei Lektionen und findet etwa im zweiten Drittel des Kurses „Eine Reise um die Welt" statt, wenn die Kinder der zweiten bis vierten Klasse schon einige unbekannte Gesellschaften und deren Lebensweise kennengelernt haben. Benötigt wird der auf Deutsch übersetzte und stark verkürzte Text, ein Anagramm mit den Buchstaben *Nacirema* sowie die Aufgabenblätter für die Schüler*innen.

Abb. 2: Material der Nacirema-Stunde
(Foto: V. Ederer 2014).

Für die Einführung in den Text kommen die Kinder in einem Kissensitzkreis zusammen. Sie werden darauf vorbereitet, dass heute ein ganz besonderes Thema behandelt wird. Das Anagramm *Nacirema* wird auf den Boden in die Mitte gelegt. Die Schüler*innen werden gebeten, gut zuzuhören und sich kritische Gedanken zu dem Text zu machen. Als Lehrperson lese ich den Text langsam vor und erläutere, falls nötig, ganz kurz Worte, die nicht verstanden werden. ■ Abb.2.

Im Anschluss wird über den Text gesprochen und die Kinder mit folgenden möglichen Fragen im Sinne der Bloom'schen Taxonomiestufen zum Nachdenken angeregt:

- Was ist euch von dem Text in Erinnerung geblieben? (Abfrage von Wissen)
- Was könnt ihr mit eigenen Worten wiedergeben? (Verständnis)
- Könnt ihr euch vorstellen, was mit den Beschreibungen gemeint ist? (Analyse)
- Könnt ihr einige Beschreibungen übersetzen? (Synthese)
- Warum hat der Autor wohl so einen Text verfasst? (Beurteilung)

Wenn die Schüler*innen verstanden haben, dass es sich um die Beschreibung der Amerikaner handelt, kann das Anagramm umgelegt werden. In der Gruppe wird noch abschließend erläutert, dass die Beschreibung der Amerikaner uns sensibel dafür machen soll, mit welchen Worten wir andere Kulturen beschreiben und sie unter Umständen verfremden. Kernidee ist, dass es problematisch ist, kulturelle Praktiken vorschnell mit Begriffen wie „Ritual", „magisch", „Aberglaube", etc. zu beschreiben, da diese dann aus der eurozentrischen Sichtweise automatisch als primitiv und unterentwickelt gesehen wird.

Um den Kindern diesen entfernten Blickwinkel auf ihre eigene Kultur zu geben, werden die Kinder im Anschluss an diesen Input mit einem einfachen Losverfahren in Zweiergruppen eingeteilt. Jeweils zwei Kinder erhalten ein Aufgabenblatt, das sie vor den anderen Mitschüler*innen verdeckt halten müssen, und einen Stift. Mit einem Beispiel-Aufgabenblatt, das nicht vergeben wurde, erläutere ich den Auftrag für alle. Im Zentrum des Auftrags steht ein gängiger Begriff wie „Buch", den die Schüler*innen so beschreiben sollen, als ob sie ihn nicht kennen und nun zum ersten Mal sehen würden. Dabei dürfen bestimmte naheliegende Worte nicht verwendet werden, da sie eine Kenntnis des Begriffs voraussetzen. Die Zweiergruppen ziehen sich an einen ruhigen Ort zurück und bearbeiten den Auftrag. Nach einer festgesetzten Zeit (15 bis 20 Minuten) kommen alle wieder im Sitzkreis zusammen und beschreiben den Gegenstand für die anderen Kurskolleg*innen, die ihn erraten müssen.

Den Abschluss der Lektion bildet ein reflektierender Eintrag ins Lernjournal, der die Inhalte zusammenfasst und den Schüler*innen deutlich machen soll, was sie aus dieser Einheit gelernt haben. Die ausgefüllten Aufgabenblätter werden nach der Besprechung kopiert, damit beide Kinder jeweils ein Exemplar für die Reflexion in ihr Lernjournal kleben können. ■ Abb. 3.1. / 3.2.

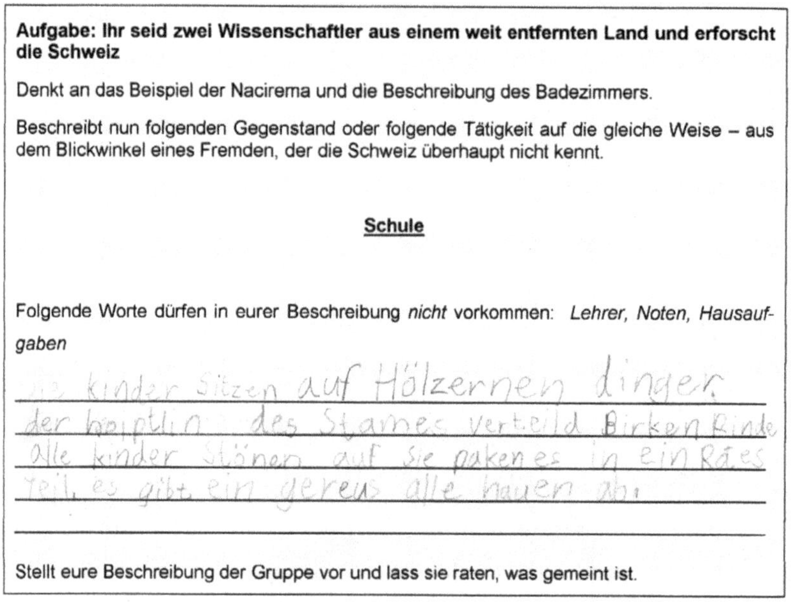

Aufgabe: Ihr seid zwei Wissenschaftler aus einem weit entfernten Land und erforscht die Schweiz

Denkt an das Beispiel der Nacirema und die Beschreibung des Badezimmers.

Beschreibt nun folgenden Gegenstand oder folgende Tätigkeit auf die gleiche Weise – aus dem Blickwinkel eines Fremden, der die Schweiz überhaupt nicht kennt.

Schule

Folgende Worte dürfen in eurer Beschreibung *nicht* vorkommen: *Lehrer, Noten, Hausaufgaben*

Die kinder sitzen auf Hölzernen dinger. der haiptlin des Stames verteild Birken Rinde. Alle kinder stünen auf sie paken es in ein Räes Teil. es gibt ein gereis alle hauen ab.

Stellt eure Beschreibung der Gruppe vor und lass sie raten, was gemeint ist.

Abb. 3.1: Beispiel: Schule (Foto: V. Ederer 2014).

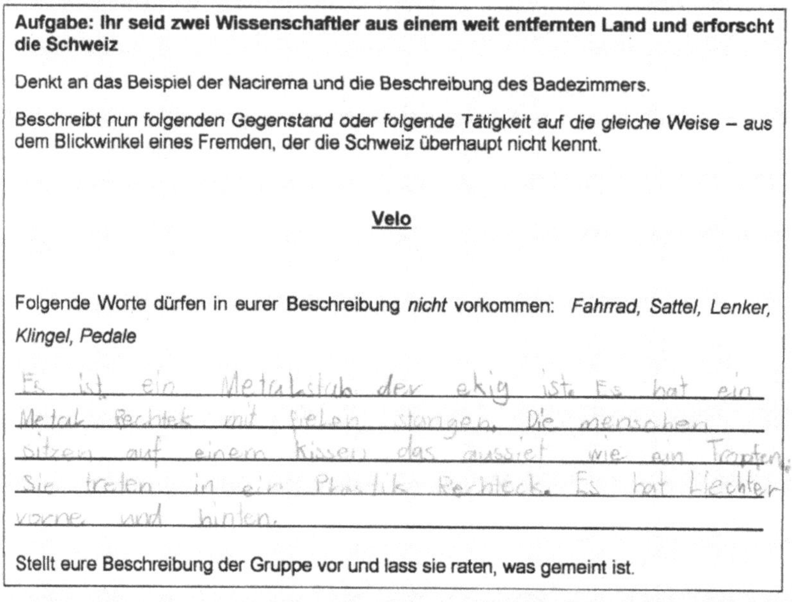

Aufgabe: Ihr seid zwei Wissenschaftler aus einem weit entfernten Land und erforscht die Schweiz

Denkt an das Beispiel der Nacirema und die Beschreibung des Badezimmers.

Beschreibt nun folgenden Gegenstand oder folgende Tätigkeit auf die gleiche Weise – aus dem Blickwinkel eines Fremden, der die Schweiz überhaupt nicht kennt.

Velo

Folgende Worte dürfen in eurer Beschreibung *nicht* vorkommen: *Fahrrad, Sattel, Lenker, Klingel, Pedale*

Es ist ein Metalstub der ekig ist. Es hat ein Metal Rechtek mit tielen stangen. Die menschen sitzen auf einem kissen das aussiet wie ein Tropfen. Sie treten in ein Plastik Rechteck. Es hat Liechter vorne und hinten.

Stellt eure Beschreibung der Gruppe vor und lass sie raten, was gemeint ist.

Abb. 3.2: Beispiel: Fahrrad (Foto: V. Ederer 2014).

4. Schlussbemerkung

Als Ethnologin in der Begabtenförderung habe ich die Chance und die Möglichkeit, Schüler*innen mit anspruchsvollen Themen zu konfrontieren. Gerade Kinder, die nach den multiplen Intelligenzen von Howard Gardener (1991) Stärken im sozio-emotionalen Bereich aufweisen, finden in bestimmten ethnologischen Themen Anregung zum Denken, Diskutieren und Analysieren.

Kinder mit intra- und interpersoneller Intelligenz können Aufgaben zum Themenbereich „interkulturelles Miteinander" erhalten, Konfliktlotsen werden und Projekte in dem Zusammenhang planen. Auch Schüler*innen mit einem Schwerpunkt in existenzieller Intelligenz finden Möglichkeiten, darüber nachzudenken, warum Gesellschaften gewertet werden, warum es immer wieder Eroberungen, Flucht und kulturelle Umwälzungen gibt und ob es überhaupt jemals eine einheitliche menschliche Kultur gegeben hat. Dies führt immer wieder auch zur Reflexion über die eigene Gesellschaft, wie der Inhalt der *Nacirema*-Stunde verdeutlichen soll.

Die Themenvielfalt innerhalb der Ethnologie ist dabei sehr groß, oft sehr aktuell und in der Lebenswirklichkeit der Kinder verankert. Dadurch hoffe ich natürlich, dass ethnologische Themen sowohl in der Begabtenförderung als letztlich auch im Regelunterricht ihren Platz finden werden.

Literatur

Aronson, Elliot/Wilson, Timothy D./Akert, Robin M. (2014): Sozialpsychologie. München: Pearson.

Auernheimer, Georg (1995): Einführung in die Interkulturelle Pädagogik. Darmstadt: WBG – Wissen verbindet.

Bloom, Benjamin S. (Hg.) (1972): Taxonomie von Lernzielen im kognitiven Bereich. 4. Auflage, Weinheim: Beltz Verlag.

Brünenberg, Kerstin/Eylert, Sabine (2004): „Hast Du schon geduscht?" Wie Ethnologen Interkulturelles Lernen in der Schule umsetzen. In: EthnoScripts, Bd. 6 (2), Ethnologie Lehren – Ethnologie lernen, S. 108–124.

Ederer, Veronika (2008): Kolumbus, Marco Polo & Co. Mit Kindern berühmte Entdeckungsreisen nacherleben. Donauwörth: Auer Verlag.

Feest, Christian (1997): Die Grenze als Standort der Ethnologie. In: Zeitschrift f. Ethnologie, Bd. 122, S. 121–130.

Gardener, Howard (1991): Abschied vom IQ. Die Rahmen-Theorie der vielfachen Intelligenzen. Stuttgart: Klett-Cotta.

Harms, Volker (2000): Ethnologie – Museum – Schule. Wünsche und Realitäten. In: Kraus, Michael/Münzel, Mark (Hg.): Zur Beziehung zwischen Universität und Museum in der Ethnologie. Marburg: Philipps-Universität: Marburg, S. 155–170.

Hildebrand, Hans-Jürgen (1996): Körperrituale, Magie und Rationalität bei den Nacirema. Eine ethnologische Untersuchung und ihre Relevanz für eine allgemeine Theorie der Gesellschaft. In: Hildebrand, Hans-Jürgen: Selbstwahrnehmung und Fremdwahrnehmung. Ethnologisch-soziologische Beiträge zur Wissenschaftsgeschichte und Theorienbildung. Mammendorf: Septem artes Verlag, S. 207–231.

Hoyer, Timo/Weigand, Gabriele/Müller-Oppliger, Victor (2013): Begabung. Eine Einführung. Darmstadt: WBG – Wissen verbindet

HUSER, Joëlle (1999): Lichtblick für helle Köpfe. Ein Wegweiser zur Erkennung und Förderung von hohen Fähigkeiten bei Kindern und Jugendlichen auf allen Schulstufen. Zürich: ILZ.

KELLER-KOLLER, Isabella (2014): Begabte mit Migrationshintergrund. Erkennen und Fördern. Vortrag gehalten auf dem Kongress Begabungs- und Begabtenförderung, 4.–6. Sept. 2014, FHNW, Brugg / Windisch.

KOLCAVA, Martina / Schönenberger-Hofmann, Trudi (überarbeitet von Schmitt-Bosslet, Stephanie) (o. J.): Erkennen von Begabungen bei Underachievement und bei Genderfragen. O. O.

MÄHLER, Bettina / Hofmann, Gerlinde (2005): Ist mein Kind hochbegabt? Besondere Fähigkeiten erkennen, akzeptieren und fördern. Reinbek: Rowohlt Taschenbuch Verlag.

MINER, Horace M. (1956): Body Ritual among the Nacirema. In: American Anthropologist, Bd. 58, S. 503–507.

MÜLLER-HOSTETTLER, Doris (Übers. von) (2001): Individuelle Interessenforschungsmethode. Electronic Source: www.iimresearch.ch [Zugriff am 30.04.2018]

REEKEN, Dietmar von (1999): Historisches Lernen im Sachunterricht. Didaktische Grundlegungen und unterrichtspraktische Hinweise. Seelze: Kallmeyer

RENZULLI, Joseph (2005): The three-ring Conception of Giftedness. A Developmental Model for Creative Productivity. In: Sternberg, Robert J. / Davidson, Janet E. (Hg.): Conceptions of Giftedness. 2. Auflage, Cambridge: Cambridge University Press, S. 246–279.

REUTLINGER, Marold / Leana-Tasçilar, Marilena / Ziegler, Albert (2015): Hochbegabt und Migrationshintergrund. Informationen für Eltern und Pädagogen von Kindern mit Migrationshintergrund. Nürnberg. http://www.psycho.ewf.uni-erlangen.de/hotm/ebook.pdf [Zugriff 30.04.2018]

SCHMID, Karin (2012): Schulische Förderung für Kinder mit besonderem Potential. Vortrag vom 31.05.2012. Fortbildung Universikum, Zürich.

TAN, Dursun (2005): Migrant und missverstanden. Sichtbarmachen von Hochbegabung bei Migrantenkindern. In: Labyrinth – Zeitschrift der DGhK, Bd. 85, S. 13–18.

TRAUTMANN, Thomas (2016): Einführung in die Hochbegabtenpädagogik. Grundlagen der Sonderpädagogik. Bd. 53. Baltmannsweiler: Schneider Verlag Hohengehren.

UNGER-HEITSCH, Helga (2001): Das Fremde verstehen. Ethnopädagogik als konkrete Hilfe in Schule und Gesellschaft. Grundlagen & Beispiele. Münster: LIT.

Perspektiven-Wechsel – Wechsel-Perspektiven
Von wissenschaftlicher Theorie
zum pädagogischen „Comic"

Anita Galuschek / Henrike Ott

ABSTRACT: In unserem Beitrag beschreiben wir den Prozess, die Hürden und die Meilensteine, die eine Transferleistung vom Medium „Wissenschaftliche Arbeit" zur Reduktion der komplexen wissenschaftlichen Inhalte auf das Medium „Comic" zur Verwendung im Schulunterricht mit sich bringt. Ziel dieses Transferprojektes, das im Rahmen des PLACE-Programms der Heidelberg School of Education verwirklicht wird, ist es, im Schulunterricht einen Perspektivenwechsel in der Wahrnehmung der persönlichen Lebenswelt zu ermöglichen. Dabei schafft ein praktisch aufbereiteter relationaler Ansatz ein Bewusstsein dafür, wie der Umgang mit Bezugssystemen, seien diese nun Kultur, Religion oder Lebensraum, im Alltag vollzogen wird. Ein solches multiperspektivisches Verstehen von Relationalität im Alltag gründet sich auf nicht-westlichen (südostasiatischen) Ansätzen von Selbstsein und Person-Sein. Auf diese Weise wird vor einem postkolonialem Hintergrund eine Reflexion der eigenen „Ich-Wahrnehmung" geschaffen. Dazu werden Brücken zwischen ethnologischen und philosophischen Fragestellungen geschlagen, didaktisch reduziert und in einer graphischen Erzählung verarbeitet. In der Lehrer*innen-Bildung und im Schulunterricht wird durch diese visuelle Darstellungen und deren Reflexion Relationalität nicht nur im eigenen Selbst, sondern auch im Mitmenschen erfahren. Der Comic wird unter der Zuhilfenahme von eigens dafür konzipierten Arbeitsblättern mit offenen Fragestellungen und einer Orientierung für Lehrer im Schulunterricht angewendet.

1. Einleitung

In unserem Beitrag beschreiben wir den Prozess des Transfers vom Medium „wissenschaftliche Arbeit" und der damit einhergehenden „Vereinfachung" der komplexen, stark theoretischen wissenschaftlichen Inhalte zum Medium „grafisches Narrativ" bzw. „pädagogisches Comic" zur Anwendung im Schulunterricht.

© Springer Fachmedien Wiesbaden GmbH, ein Teil von Springer Nature 2019
S. Klocke-Daffa (Hrsg.), *Angewandte Ethnologie*, https://doi.org/10.1007/978-3-658-25893-1_15

Ziel eines solchen Transferprojektes, das im Rahmen des Programms PLACE aktuell – einem Projekt der Heidelberg School of Education – verwirklicht wird, ist es, einen Perspektivenwechsel in der Wahrnehmung der persönlichen Lebenswelt im Schulunterricht zu ermöglichen.

Das Programm PLACE aktuell selbst dient der Erstellung von Fortbildungs- und Unterrichtsmaterialien sowie deren Erprobung in der Lehrer*innenbildung. Damit lautet die gemeinsame Fragestellung, die im Rahmen von PLACE aktuell im Transferprojektes verfolgt wird: Wie können transkulturelle Studien und postkoloniale Reflexionen in den kulturwissenschaftlichen Unterrichtsbereichen berücksichtigt und umgesetzt werden?

Dabei werden zwei besondere Schwerpunkte der Kulturwissenschaften aufgegriffen: Die Art und Weise der „Erzeugung" von Wissen über „Andere" und wie dieses Wissen in global ungleiche Verhältnisse eingebettet ist, sind ein zentrales Interesse transkultureller Studien. In diesem Rahmen ist postkoloniale Reflexion ein besonderes Merkmal kulturwissenschaftlicher Forschung.

Werden hierbei Kulturalismen hinterfragt, so halten sich in manchen Lern- und Bildungsangeboten Reflexionsweisen, mit denen vereinfachte Erklärungen menschlichen Verhaltens durch den Rekurs auf den Kulturbegriff entstehen (Jammal 2009). Hierunter können sowohl Romantisierungen als auch Differenzierungen des „Fremden" fallen. Aus dem Blickwinkel des Transfers (kultur-)wissenschaftlicher Inhalte in Bildungskontexte betrachtet spricht Jammal (2009:61) deswegen von einem „interkulturellen Karl-May-Effekt". Dem entgegen entwickelt sich eine kritische Pädagogik, die die Begegnung mit der „fremden Kultur" eher als „Geschichte der Bemächtigung" bespricht (Messerschmidt 2009:79). Das bedeutet, dass in einer macht- und selbstkritischen Betrachtung Repräsentationen „fremder Kulturen" hinterfragt, kolonial geprägte Wissensbestände dezentralisiert und Forschungsmethoden dekolonialisiert werden (vgl. Fuchs / Berg 1993).

Wird in der gegenwärtigen trans- und interkulturellen Forschung mit kulturalisierenden Mustern gebrochen, sind sie in interkulturellen Lern- und Bildungsangeboten allerdings weiterhin präsent. So wird auch in der pädagogischen Forschung der Ruf nach einer kritischen Reflexion von Kultur und Kolonialisierung laut. Das Transferprojekt schließt hieran an und führt einen kultur- und bildungswissenschaftlichen Dialog zu der Frage, wie mit Schüler*innen über „Kultur" gesprochen werden kann, fachdidaktisch fort. Die Aktivitäten der Arbeitsgruppe orientieren sich am didaktischen Prinzip der Multiperspektivität (u. a. Brieske 2004), durch das eine fachdidaktische Aufbereitung von Wissen sowohl soziale, kulturelle und politische Perspektiven verschränkt als auch ihre kontroverse Deutung hervorhebt. Denn bislang finden die immer wieder aufkommenden Forderungen nach multiperspektivischen Lern- und Bildungsangeboten nur selten Gehör – geschweige denn, sie werden in der Praxis realisiert. Vor allem im Sprechen über „Kultur" tendieren Unterrichtsmaterialien eher zu einem substanzialistischen Verständnis, anstatt mit Schüler*innen den Gebrauch der Kulturkategorie zu hinterfragen und den Fragen „Wer spricht (nicht)?", „Wer schreibt (nicht)?" und „Wer findet (kein) Gehör?" nachzugehen.

Wer in der post-migrantischen Gesellschaft als „zugehörig" oder „fremd" betrachtet wird, scheint heute zunehmend wieder zur umkämpften Frage zu werden. Rassistischen Vorstellungen, die präzisierte Vorschläge machen, wie mit Differenz umzugehen sei, wären sowohl im Inhalt als auch im Hinblick auf die fundamental-oppositionellen und antidemokratischen Positionen zu hinterfragen. Lern- und Bildungsprozesse, die Kindern und Jugendlichen helfen, sich das „Kulturelle" im Rückblick auf eine durch Imperialismus und Kolonialismus geschürte Geschichte der Bemächtigung vorzustellen, lernen die potenzielle Instrumentalisierung der Kulturkategorie zu begreifen. Sie können das Sprechen über Differenz, Andersheit und Ungleichheit beobachten und auch im Alltag einen Umgang mit rassistischer und „post-faktischer" Rede entwickeln.

Dabei helfen Lern- und Bildungsangebote, die es den Schüler*innen ermöglichen, sich das „Kulturelle" im Rückblick auf vielfältige globale Zusammenhänge vorzustellen, eben weil sie auch die Instrumentalisierung der Kulturkategorie aufzeigen können. Die Schüler*innen lernen, das gesellschaftliche Sprechen über Differenz und Ungleichheit zu beobachten und im Alltag einen reflexiven Umgang mit rassistischer Rede zu entwickeln. Dabei steht eine komplexe Frage im Fokus: Wie nehmen wir andere Menschen wahr und welche Bilder von uns selbst kommen zum Vorschein?

Um diese Frage beantworten bzw. mit ihr arbeiten zu können, werden in dem hier vorgestellten Projekt Unterrichts- und Fortbildungsmaterialien aufbereitet, die verdeutlichen, wie „Relationalität" in den alltäglichen Beziehungen einer global-vernetzten Gesellschaft gedacht werden kann. Denn ein praktisch aufbereiteter relationaler Ansatz schafft ein Bewusstsein dafür, wie der Umgang mit Bezugssystemen – seien diese nun Kultur, Religion oder Lebensraum – im Alltag vollzogen wird. Ein solches multiperspektivisches Verstehen von Relationalität im Alltag gründet sich auf nicht-kontinentalen (südost-asiatischen) Ansätzen von Selbstsein und Personsein (Galuschek 2015, 2018). Auf diese Weise wird vor einem postkolonialen Hintergrund eine Reflexion der eigenen „Ich-Wahrnehmung" geschaffen. In der Lehrer*innenbildung und im Schulunterricht wird dafür mit einem medialen Zugang gearbeitet, indem durch visuelle Darstellungen und deren Reflexion Relationalität nicht nur im eigenen Selbst, sondern auch im Mitmenschen erfahren wird. Auf diese Weise wird Multiperspektivität im Alltag ermöglicht. Dazu werden Brücken zwischen ethnologischen und philosophischen Fragestellungen geschlagen, didaktisch aufbereitet und in ein grafisches Narrativ umgemünzt. Diese „(D)Ein-Blick-(M)Ein-Blick"-Hefte können unter der Zuhilfenahme von einer eigens dafür konzipierten „Grammatik für Lehrerinnen und Lehrer" im Schulunterricht angewendet werden. Diese Grammatik dient als Arbeitsorientierung mit offenen Arbeitsvorschlägen und beinhaltet Empfehlungen zur Herangehensweise im Schulunterricht.

Im Folgenden wird zunächst die wissenschaftstheoretische Grundlage des grafischen Narrativs beschrieben, indem die Relationalität von Lebenswelt und Selbstsein kurz dargelegt wird. Der Prozess der Kreation eines grafischen Narrativs wird wie folgt dargestellt: Komplexe wissenschaftliche Inhalte müssen durch verständliche Alltagssprache und klare

Darstellungen vereinfacht werden, ohne den Sinn der eigentlichen Sache zu verklären, so dass Schüler*innen diese verstehen.

2. Die Relationalität von Lebenswelt und Selbstsein

Die Grundlage eines grafischen Narrativs zur Darstellung von Lebenswelt und Relationalität bildet die neu entwickelte Theorie des lebensweltlich relationalen Selbst (Galuschek 2015, 2018). Dieser Theorie liegt zu Grunde, dass Erinnerungen und Erfahrungen von uns in Narrativen, also Erzählungen, Geschichten und biographischen Darstellungen, erfasst werden. Diese Narrative können autobiographisch oder fantastisch und episodisch oder kohärent sein, doch als Erinnerungen und Erfahrungen bilden sie immer eine Erzählung. Ein solcher Erzählstrang, sei er nun episodisch oder kohärent, kann sich nicht unter Ausschluss unserer alltäglichen Lebenswelt entwickeln; vielmehr werden unsere Erlebnisse immer in und mit Bezug auf andere erzählt. Denn andere wirken durch ihre bloße Präsenz als Mitmenschen wie auch durch ihre Interaktion mit uns auf unsere Erinnerungen und Erfahrungen. Im Gegenzug wirken wir auf die Erinnerungen und Erzählungen von anderen, da wir ebenso Teil ihrer Erlebnisse sind. Somit hat unser Handeln einen direkten Effekt auf das Leben anderer, genauso wie andere auf unser eigenes Leben. Eine solche Interaktion bedeutet immer eine Reaktion auf eine Aktion: Wir agieren auf eine bestimmte Art und Weise, was eine bestimmte Reaktion provoziert. Diese können wir zum Beispiel in einem trial-and-error Verfahren auswerten und unser Verhalten entsprechend anpassen. So lernen wir, uns in sozialen Beziehungen zu bewegen (Josephides 2008:78). Durch die Evaluierung der Reaktionen anderer bewerten wir uns selbst und bilden auf diese Weise unsere Selbstwahrnehmung aus. Deswegen leben wir nicht nur in Beziehungen zu anderen, sondern stehen mit uns selbst in einer bestimmten Beziehung. Eine solche soziale Wahrnehmung des eigenen Selbst scheint auf den ersten Blick nicht in das traditionell kontinentale Individualitäts- und Subjektivitätsdenken zu passen.

Innerhalb unserer Selbst-Wahrnehmung zeichnen wir ein bestimmtes Bild von uns, in welchem sich unsere Wünsche, Bedürfnisse und Erwartungen widerspiegeln. Genau das macht uns zu individuellen Persönlichkeiten, die sich von anderen individuellen Persönlichkeiten unterscheiden. Jedoch streben wir nicht nur nach Verschiedenheit von anderen, sondern auch nach sozialem Anschluss und damit nach Anerkennung der Selbigkeit innerhalb einer sozialen Gemeinschaft, aber auch nach Anerkennung unserer Andersheit als Individuum und Selbst-Sein. Somit ist unser Streben nach Anerkennung verwoben in Anerkennung sozialer Zugehörigkeit und Gleichheit und gleichzeitig in Anerkennung der eigenen Individualität, Fähigkeiten und des eigenen Charakters, die uns von anderen unterscheiden. Damit ist impliziert, dass Anerkennung kein immer-positiver Prozess ist; vielmehr haben viele von uns auch negative Erfahrungen mit sozialen Anerkennungsprozessen gemacht, indem bestimmte Anerkennungsbestrebungen nicht erfüllt wurden. Eine solche missglückte Anerkennung vollzieht sich jedoch in jedem Anerkennungsprozess. Lediglich wird dieses Beiwerk der Anerkennung uns nicht bewusst, wenn die eigentliche Anerkennungsbestrebung geglückt ist. Zwar besteht jeder von uns aus einer „vollen" Persönlichkeit, von der wir behaupten, sie gänzlich zu kennen, jedoch ist es dem Anderen nahezu unmöglich, innerhalb einer einzigen Situation alle Facetten unserer Persönlichkeit zu erfassen. Wir haben immer nur ein bestimmtes Verhalten, zeigen also nur einen bestimmten Auszug unserer individuellen Persönlichkeit in einem bestimmten sozialen Feld (Bourdieu 1987). Deshalb ist es durchaus möglich, dass die Wahrnehmung anderer von uns nicht derjenigen entspricht, die wir von uns haben, da der Andere bestimmte Teile unserer Persönlichkeit nicht erkennt. Denn wir werden von anderen nur in ihrem subjektiv-relationalen Kontext wahrgenommen und sind somit immer an Vorgaben und Regeln eines bestimmten sozialen Feldes gebunden. Hinzu kommt, dass wir selbst manchmal „als ein Anderer" agieren müssen, um unsere Ziele zu erreichen (Galuschek 2015, 2018). Im Regelfall hat ein solches Verhalten keine weiteren Auswirkungen auf unsere Selbst-Wahrnehmung, da wir trotz des abweichenden Verhaltens immer noch wissen, wer wir sind. Daher ist es nicht wichtig, ob wir uns als „echt" ausgeben oder als eine Fiktion. Jedes dieser Selbst gehört zu uns (Gallagher / Zahavi 2008:213). Denn das Selbst ist eng verwoben mit Erfahrungen, Individualität, Persönlichkeit, Sozialität, Andersheit, Handlungsvermögen (agency), Gefühlen und je nach wissenschaftlicher Schwerpunktsetzung noch vielem anderen, was in Relation zum Menschen betrachtet wird.

Die in der Ethnologie bereits sehr gut untersuchte melanesische Sichtweise auf die Person erlaubt es, zu Gunsten einer Wahrnehmung der Lebenswelt als Welt von belebten Wesen die kontinentale Subjekt-Objekt-Dichotomie durch eine lebensweltliche Relationalität zu überwinden. Dem liegt zu Grunde, dass die Person in erster Linie als Mitglied einer Gemeinschaft begriffen wird und erst sekundär als Individuum. Das hat zur Folge, dass in der Wahrnehmung von Lebenswelt und Mensch nicht zwei Dinge separat betrachtet werden und dann erst miteinander verbunden werden, sondern Mensch und Lebenswelt von Grund auf eins sind.

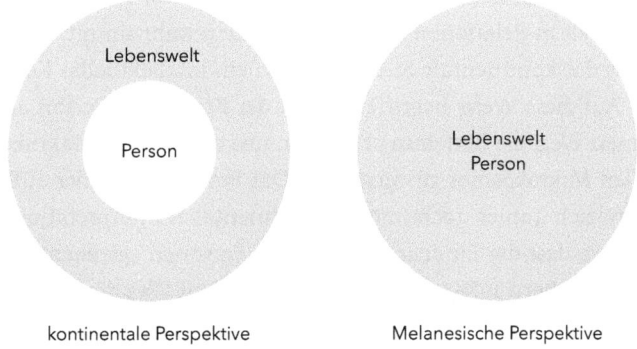

Abb. 1: Vergleich der kontinentalen und der melanesischen Perspektive auf den Menschen.

Lebenswelt

Person

kontinentale Perspektive

Lebenswelt
Person

Melanesische Perspektive

Denn pragmatisch betrachtet ist die Lebenswelt mit all ihren Wesen Teil unseres Selbst. Die Lebenswelt wird somit zu unserem „Haus" (Galuschek 2014), das mit persönlichen Erinnerungen angereichert ist und mit über die Lebenszeit gesammelten Erinnerungsstücken dekoriert wird. So wird die Lebenswelt in verschiedene Wohn- und Lebensbereiche unterteilt, indem wir unsere Erinnerungen ordnen und zum Beispiel im Wohnzimmer oder Arbeitszimmer platzieren. Wir leben also nicht in einer individuellen Welt, sondern in einer dividuellen (Strathern 1988). Denn gerade die bereits wissenschaftlich erschlossene melanesische Wahrnehmung der Person geht davon aus, dass wir holistisch relationale Dividuen sind. Andere Menschen sind genauso Teil unserer Lebenswelt, wie wir selbst es sind, mehr noch: Sie nehmen an unserer Lebenswelt und unserem Leben teil. Die Lebenswelt wird damit zu einem sozialen Ort der Zusammenkunft und des Austauschs: Andere haben bestimmte Rollen in unserem Leben inne, genauso wie wir solche Rollen in ihrem Leben innehaben. Denn unsere Beziehung zu anderen ist immer auf bestimmte gesellschaftliche, persönliche, private und öffentliche Aufgaben bezogen, die wiederum unsere soziale Rolle definieren. Auf diesen Aufgaben und Rollen gründet sich die Wahrnehmung unserer Personalität und unseres Charakters.

Hier wird die Relationalität zwischen uns selbst und anderen, wie sie der Begriff der „Person" aus der melanesischen Sichtweise definiert, deutlich (LiPuma 2000:136). Dieses Konzept der Person fand bisher große Verbreitung in der zeitgenössischen ethnologischen Forschung (u.a. Strathern 1988; Stewart / Strathern 2002; Wagner 1991; LiPuma 2000; Stewart / Strathern 2000; Strathern / Stewart 2000; Rumsey / Weiner 2001; Mosko 2010). All diese Versuche, nicht-kontinentale Konzepte der „Person" zu fassen, stehen hier als bloße Beispiele der Vielzahl der tatsächlichen Konzepte, die weder universal noch homogen sind (Poser / Wassmann 2012:19). Genauso wie sich solche Konzepte in ihrem Aufbau unterscheiden, unterscheiden sie sich in ihrer gesellschaftlichen und wissenschaftlichen Schwerpunktsetzung. Sogar der in der ethnologischen Forschung so populäre Ausdruck „die Melanesier" ist ein intellektuelles Konstrukt, das in der Realität nicht existiert. „Der Melanesier" ist „a manner of speaking, or more precisely the site of certain problems of expression and understanding, peculiar to the cultural problems of anthropology, which is (almost) exclusively a ‚western' project" (Gell 1999:34). Genauso, wie sich die Ethnologie in einem intellektuellen Konstrukt des idealisierten Melanesiers, der die Welt in Relationen und sozialen Teilen wahrnimmt, verliert, kann abgeleitet werden, dass das kontinentale Subjekt ebenso ein intellektuelles Konstrukt ist.

Auf diese Weise begriffen, bietet der Begriff der Person als ein holistisches Dividuum einen Weg, die Beziehung zwischen uns als sozialen Makrokosmos und uns als individuellen Mikrokosmos zu verstehen. Das Problem, das hier aufkommt, ist, dass ein solcher Vergleich immer noch in einer kontinentalen Interpretationstradition verbleibt. Dies bedeutet, dass der Eindruck, dass wir zu Personen „gemacht werden", immer noch präsent ist (Strathern 1988:13). Doch folgen wir dem Weg der melanesischen Wahrnehmung der Person, so muss ein solcher logischer und attributiver Umweg nicht gegangen werden.

Der Mensch als Person ist seit jeher ein sozialer Mikrokosmos und damit kosmomorph (Strathern 1988:268). Denn wie Marcel Mauss (1985:3) bereits sagte: „the ‚self' (moi) is everywhere present, but is not expressed by ‚me' (moi) or ‚I' (je)". Damit geht das Selbst in der Lebenswelt auf, was das Selbst selbst zur Lebenswelt macht. So wendet auch Edward LiPuma ein, dass „[i]n all cultures [...] there exist both individual and dividual modalities or aspects of personhood" (2000:131).

Auch in der Tradition der Entwicklung des Selbst existieren viele philosophische und psychologische Zugänge – um einige zu nennen: „[a]utobiographical self, cognitive self, contextualized self, core self, dialogical self, embodied self, empirical self, fictional self, minimal self, neural self [...]" (Gallagher / Zahavi 2008:197). Zwar existieren noch mehr solcher Ansätze, doch werden hier vor allem das narrative Selbst, das diachrone Selbst, das Kernselbst und das autobiographische Selbst in den Fokus genommen.

Die autobiographische Reflexion des Selbst lässt sich im Konzept der narrativen Identität fassen. Zugleich umgeht Paul Ricœurs (2005) berühmtes Konzept das Zeitproblem im klassischen Subjektdenken. Obwohl Ricœurs Ansatz, Identität innerhalb ihrer narrativen und kulturellen Verankerung zu untersuchen, sich näher im Umfeld der menschlichen Wahrnehmung von Zeit und der eigenen biographischen Existenz bewegt als andere philosophische Ansätze, behauptet Ricœur selbst, dass er nur das Problem benennt, es jedoch nicht lösen kann (Ricœur 1991:432). Trotzdem bietet seine Untersuchung des philosophischen Problems der menschlichen Identität eine Art Lösung im Vergleich zu einer bloßen cartesianischen Permamenz in der Zeit und einer nietzscheanischen Negation der Identität. Dieses philosophische Dilemma kann mit dem Konzept der narrativen Identität umgangen werden. Denn narrative Identität sichert Konfigurationen, Veränderungen und Mutationen in der eigenen Lebenszeit (Zahavi 2007:182). Genau hier korreliert narrative Identität mit personaler Identität, indem die Lebenserzählung die personale Identität sichert und bestätigt. Unser Selbst führt hermeneutische Reflektionen aus, indem es uns sowohl unser Handeln als auch die Verantwortung für andere, die in diesem Handeln liegt, bewusst macht.

Jedoch passieren Wahrnehmungen und andere Erfahrungen nicht nur im Gehirn. Sie sind also nicht rein kognitive Prozesse. Sie sind intrinsisch erfahrene Wahrnehmungen, die durch den Körper gehen. „The typical cognitive scientist [...] takes a third-person approach, that is, an approach from the perspective of the scientist as external observer rather than from the perspective of the experiencing subject" (Gallagher / Zahavi 2008:7). In einem solchen Fall ist die Perspektive objektiv wie auch das Untersuchungsziel, das nur „objective (and usually sub-personal) processes like brain states or functional mechanisms" darstellt (Gallagher / Zahavi 2008:7). Aus diesem Grund verfolgt Galuschek (2015) einen intrinsischen Aktionismus, der die verkörperten Erfahrungen berücksichtigt und damit auch die intrinsische Motivation von Handlungen und Anerkennung in der Lebenswelt. Aber gleichzeitig beinhaltet die Lebenswelt einen extrinsischen Aktionismus, welcher unsere Wahrnehmung und unser Handeln in jedem Aspekt unseres Lebens widerspiegelt. Dies führt zu einer Relationalität innerhalb der eigenen Lebenswelt, wie auch einer Multiperspektivität – auf das eigene Selbstsein, die eigene Relationalität in der Lebenswelt wie auch die Wahrnehmung der Mitmenschen.

Zusammenfassend gesagt, dienen die hier nur grob und oberflächlich angerissenen philosophischen und ethnologischen Ansätze dazu, eine Theorie des lebensweltlich relationalen Selbst zu zeichnen, die den Menschen in seiner Lebenswelt symbiotisch darstellt.

Die Relationalität und Multiperspektivität dieser Symbiose von Mensch und Lebenswelt soll im grafischen Narrativ pädagogisch aufbereitet werden. Dabei liegt der Fokus sowohl auf der Relationalität der Betrachter*innen in Hinblick auf ihre eigenen Biographien als auch auf der Multiperspektivität der einzelnen Kurzgeschichten des grafischen Narrativs.

3. Von wissenschaftlicher Theorie zum pädagogischen „Comic"

Ziel des hier vorgestellten grafischen Narrativs ist es, die Perspektivenwechsel in der Wahrnehmung der persönlichen Lebenswelt zu ermöglichen. Um dieses Ziel zu erreichen, wird dem Paradigma der Multiperspektivität gefolgt, durch das eine fachdidaktische Aufbereitung von Wissen sowohl soziale, kulturelle und politische Perspektiven verschränkt als auch ihre kontroverse Deutung hervorhebt. Dadurch entsteht ein relationaler Ansatz, der ein Bewusstsein dafür schafft, wie der Umgang mit Bezugssystemen, seien diese nun Kultur, Religion oder Lebensraum, im Alltag vollzogen wird. Ein solches multiperspektivisches Verstehen von Relationalität im Alltag gründet sich auf nicht-kontinentalen (südost-asiatischen) Ansätzen von Selbstsein und Personsein. Auf diese Weise wird von einem postkolonialem Hintergrund eine Reflexion der eigenen ,,„Ich-Wahrnehmung" und der Wahrnehmung von anderen geschaffen. Multiperspektivität wird im Alltag so ermöglicht. Hierzu liegt der Fokus auf der Beobachterin bzw. dem Beobachter des grafischen Narrativs.

Grundlegend besteht das hier vorgestellte grafische Narrativ aus fünf Kurzgeschichten mit den Protagonist*innen Christopher, Lari, Amelie, Jane und Harald. Christopher ist ein europäischer Junge aus der Vorstadt; Lari ein Mädchen mit ostasiatischen Wurzeln; Amelie eine Teenagerin auf Reisen; Jane eine Lehrerin und Harald findet einen neuen Job und beginnt einen neuen Lebensabschnitt. Jede dieser für sich gefassten Kurzgeschichten zeigt die Protagonist*innen in ihrer Lebenswelt über drei Seiten. Die Beobachter*innen haben einen kurzen Einblick in eine andere Lebenswelt und werden dazu eingeladen, das Wahrgenommene zu reflektieren.

Eine grafische Erzählung muss per se kein abgeschlossenes Werk sein, doch für diesen Zweck ist — ähnlich einer Kurzgeschichte — ein unvermittelter Beginn und ein offenes Ende von geradezu höchster Relevanz. Die Beobachter*innen sollen – und müssen sich auch auf Grund eben dieser Struktur – selbst Gedanken machen, warum eine Geschichte genau diesen Verlauf nimmt bzw. wie sie wohl weitergehen wird. Die erzählerische Komplexität bleibt dabei rein subjektiv, ebenso die Signifikanz, die den einzelnen Szenen, Handlungen und Gegenständen von den Beobachter*innen zugesprochen wird.

In unserem grafischen Narrativ ergänzen wir die lose sequentielle Folge an Bildern durch nur sehr wenig Text – eben gerade nicht wie bei einer illustrierten Bildergeschichte. Denn dies sollte nicht den Imaginationen der Beobachter*innen im Weg stehen. Auch die Sequenz ist recht weit gewählt, um Raum für eigene Reflexion zu geben.

Dabei nehmen die Beobachter*innen zum einen den Gesamteindruck und die Gesamtwirkung der einzelnen Seiten als Einheit wahr, aber auch die Bilder in ihrer Singularität. Die Wahrnehmung gestaltet sich in der Regel aufeinander aufbauend, aber auch zugleich simultan, anschaulich und abstrakt. Die Interpretation des grafischen Narrativs erfolgt im Normalfall zunächst präreflexiv, und auch die Einbindung in den Kontext ist in einem phänomenologischen Sinne von der Vorprägung und der Haltung der Beobachter*innen abhängig. Denn die Beobachter*innen setzen automatisch — auf den eigenen Erfahrungen und Erinnerungen basierend – das Dargestellte in einen Zusammenhang und leiten daraus aktiv eine für sie bestimmte Bedeutung ab. Je mehr Raum Darstellung und Erzählung lassen, desto mehr Raum bleibt für Interpretation, aber auch für die Konstruktion dieser „Realität" durch die Beobachter*innen. Wird zu wenig dargestellt und durch zu wenig Text verdeutlicht, kann der Inhalt nicht transportiert werden, und die Transferleistung des pädagogischen Comics ist nicht erfolgt. Im Falle des hier vorgestellten grafischen Narrativs ist aber eben diese durchaus auch individuelle Interpretation essentiell. Aus den inhaltlichen „Lücken" zwischen aufeinanderfolgenden Darstellungen schließen die Beobachter*innen durch Induktion auf die Geschehnisse dazwischen, die Hintergründe und Stimmungen, die nicht explizit dargestellt werden, ohne dass diese eben dargestellt werden müssen. Dabei bringen die Beobachter*innen auch immer etwas von sich selbst mit ein, von ihren Erinnerungen und Erfahrungen: Die Interpretation nährt sich aus der eigenen biographischen Geschichte.

Der Interpretationsspielraum richtet sich also nach inhaltlicher Nähe bzw. Ferne der einzelnen Darstellungen. Jedoch schafft die Interpretation auf diese Weise immer einen gewissen Selbstbezug. Gerade weil sich die Interpretation der Geschichte aus den persönlichen Erinnerungen und Erfahrungen konstruiert, schwingen hier Stereotype, Vorurteile und Wertsetzungen und -schätzungen mit, die bewusst und/oder unbewusst sein können. Diese Perspektiven auf die Welt bzw. die im Alltagsjargon so genannten „Weltanschauungen" zeigen gerade, was als „zugehörig" (nah) oder „fremd" (fern) betrachtet wird, und wie Differenz wahrgenommen wird.

Ziel des grafischen Narrativs ist es, diese „Weltanschauungen" mittels Reflexion ins Bewusstsein kommen zu lassen, und die eigenen Perspektiven auf die Welt zu hinterfragen und zu ergänzen. In diesem Zuge können auch im post-migrantischen Kontext kulturelle Schemata und historische Determinanten aus anderen Perspektiven betrachtet werden. Dies bedeutet auch, dass die europäische Perspektive auf die Welt, wie sie sich im Imperialismus und Kolonialismus als Geschichte der Bemächtigung auftut, aus einer neuen Perspektive reflektiert wird. Denn im Austausch der verschiedenen Interpretationen der Kurzgeschichten kommen Themen wie Differenz, Andersheit und Ungleichheit zu Sprache und können in einem konstruktiven pädagogischen Rahmen diskutiert werden.

Um diese didaktische Leistung zu erbringen, sind sowohl die ikonografische also auch die ikonologische Ebene der Bildgeschichte ausschlaggebend (Grünewald 2000:16-45). Das separierende Prinzip, das vorwiegend die Darstellung und Struktur moderner Comics prägt, teilt die dargestellten Vorgänge in nacheinander folgende Bilder (Sackmann 2009).

Wesentlich ist neben der direkten Darstellung die indirekte Vermittlung von Inhalten und emotionalen Stimmungen. Dabei sind vor allem die Farbstimmung, die Kontinuität der Person wie auch die Komposition bzw. der bildliche Kontext ausschlaggebend.

Abb. 2: Farbstimmungen – Christopher verabschiedet sich von seinen Freunden.

Wie man an obiger Darstellung verdeutlicht sehen kann, kann ein und dieselbe Bildkomposition je nach Farbstimmung unterschiedlich auf die Betrachter*innen wirken. Eben diese Wirkungsleistung ist wesentlich für die Vermittlung von Emotionen und Stimmungen durch die betrachteten Bilder und die emotionale Färbung der Handlung, die durch sie vermittelt werden soll. So wird die Komposition durch den gezielten Einsatz von Farben und Farbfiltern für das Verstehen des Narrativs und die Wirkung des Dargestellten von größter Bedeutung (McCloud 1994). Warme Farbgebung und -filter wirken dabei eher positiv, warm, sommerlich, glücklich; kalte dagegen eher trist, traurig, negativ, kalt, winterlich. Bestimmte Farben transportieren auch in bestimmten Zusammenhängen bestimmte Emotionen, wie beispielsweise im westlich europäischen Raum Rot leicht Aggressivität vermittelt; warmes Gelb dagegen Geborgenheit, Zufriedenheit und Klarheit. Dies kann man an diesen beiden Seiten des Narrativs deutlich erkennen, auch ohne die jeweilige „Geschichte" zu kennen.

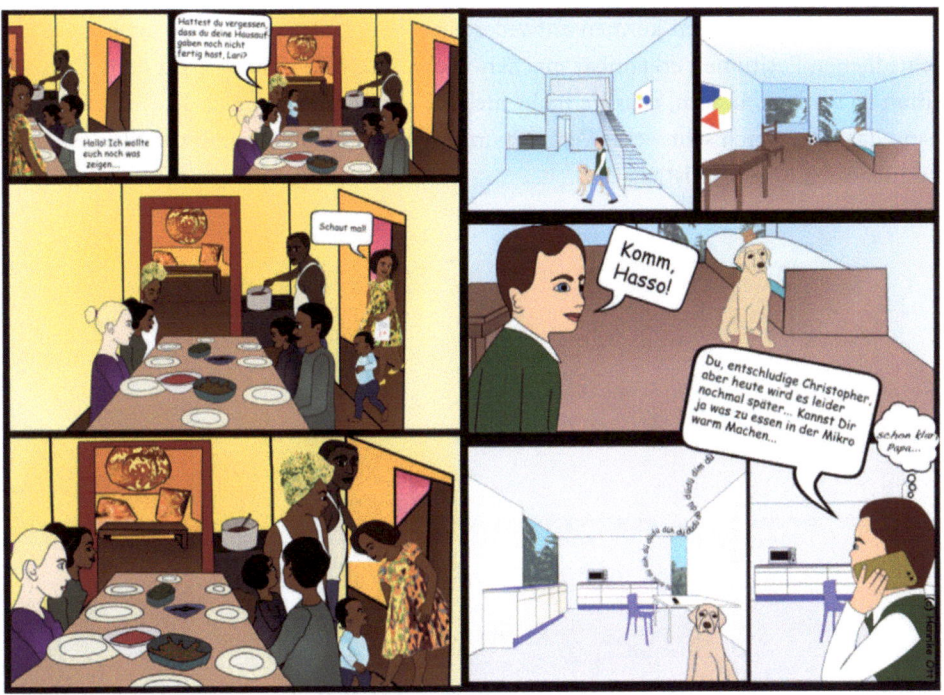

Abb. 3: Handlungen – Essen bei Lari. Christopher geht durch die Wohnung.

Die eindeutige Darstellung der handelnden Personen, aber auch spezifischer Objekte, ist wesentlich, da dies nicht nur der einfacheren Identifikation der Person im grafischen Narrativ dient, sondern auch der einfacheren Identifikation mit der handelnden Person. Dabei spielt die Kontinuität der Person in mehrfacher Hinsicht eine wichtige Rolle. Zunächst ist sie notwendig für eine problemlose und eindeutige Identifikation der Akteure über den Verlauf der Handlung hinweg, aber sie ist auch notwendig um Abweichungen von eben dieser Kontinuität als signifikant für die Handlung ebenso wie die eigene Erkenntnis eben dieser relevanten Veränderung und deren Bedeutung aufzuzeigen.

**Abb. 4: Kontinuität –
Das Aussehen von Lari.**

A   B   C   D

Minimale Abweichungen können entweder eine Person als eben selbige auch in unterschiedlichen Positionen erkennbar machen (siehe A und B) oder sie trotz der selben Position so stark verändern, dass sie nicht mehr als sie selbst erkennbar ist. Beispielsweise kann das Alter durch sehr wenig Veränderung an einer Person verändert werden (siehe C und D, wobei C jünger ist als D).

Abb. 5: Umgebung – Amelie zieht um.

Die Vermittlung von Inhalten geschieht dabei auch nicht nur über das Dargestellte direkt, sondern auch indirekt über die Art, welche Ausschnitte gezeigt und welche Perspektiven gewählt werden. Auch die Umgebung prägt das Empfinden der Hauptperson. Dabei spielen wiederum Farben eine große Rolle, aber auch Position, relative Position, Weite/ Nähe, Größe, Raum, Offenheit / Geschlossenheit usw.

Die „(D)Ein-Blick-(M)Ein-Blick"-Hefte werden von einer „Grammatik für Lehrerinnen und Lehrer" begleitet. Auf zehn Seiten werden die wichtigsten Arbeitsmittel vorgestellt. Der Aufbau dieser Grammatik ist sehr einfach gehalten. Es gibt eine „Einleitung", in der kurz und prägnant die Zielsetzung der Unterrichtseinheiten und die zu erlernenden Kompetenzen der Schüler*innen erklärt werden. So lernen Schüler*innen

- anhand des grafischen Narrativs sich selbst in Hinblick (nicht im Gegensatz!) auf andere zu reflektieren;
- Widersprüche in der eigenen und der Fremdwahrnehmung zu reflektieren und damit umzugehen;
- sich selbst und andere aus dem Blickwinkel der Fremdwahrnehmung zu differenzieren;
- die Subjektivität von Interpretationen einzuschätzen;
- die Wahrnehmung von Emotionen einzuschätzen;
- Regeln wertschätzender Kommunikation praktisch anzuwenden;
- den Begriff „Empathie" anzuwenden;
- die eigene und eine fremde Lebenswelt reflektiert zu differenzieren.

Des Weiteren gibt es eine Einführung in „Wertschätzende Kommunikation" und in die „Grundlegende Methodik" der „(D)Ein-Blick-(M)Ein-Blick"-Hefte sowie Methodenvorschläge und Tipps für den Umgang mit Bewertungen.

Die Methodenvorschläge beinhalten offene Fragestellungen zu den einzelnen Kurzgeschichten, die nach Altersstufen geordnet sind. Die Fragen beschäftigen sich mit der Darstellung der Protagonist*innen, aber auch mit Vergleichen verschiedener Geschichten und der Selbstreflexion im Ausgang der Geschichten. Die Grammatik für Lehrer*innen legt besonderen Wert darauf, den Lehrer*innen zu vermitteln, dass es in der Beantwortung der offenen Fragen kein „Richtig" oder „Falsch" gibt. Schüler*innen werden ermutigt und eingeladen, ihre eigenen Gedankengänge zu äußern. Die Lehrer*innen erfüllen dabei die Rolle einer Moderatorin bzw. eines Moderators. Um bei diesem eher experimentellen Aufbau der Unterrichtseinheit negativem Feedback wie auch Stereotypisierungen begegnen zu können, beinhaltet die Grammatik für Lehrer*innen hier ebenso Hilfestellungen. Grundsätzlich ist das grafische Narrativ so aufgebaut, dass weitere Hefte mit anderen Kurzgeschichten veröffentlicht werden können, die auch besondere Thematiken wie „Macht", „Diskriminierung", „Natur" usw. abdecken können.

4. Conclusio

Unter der Zielsetzung, ein grafisches Narrativ für den Schulunterricht zu entwickeln, das ein wissenschaftstheoretisches Thema so darstellt, das Lehrer*innen wie auch Schüler*innen es verstehen und anwenden können, sind – wie oben dargestellt – viele Aspekte zu beachten.

Hierunter fällt vor allem die Vereinfachung des wissenschaftlichen Hintergrundes: So sind einige Aspekte der wissenschaftlichen Ausarbeitungen des Selbst in der Lebenswelt im grafischen Narrativ erhalten geblieben, wie der rote Faden und der Erzählstrang in der eigenen Lebensgeschichte (Ricœur 1991, 2005), wie sie in den Kurzgeschichten als Lebensausschnitte der Protagonist*innen dargestellt werden. Jedoch mussten andere wissenschaftliche Inhalte zu Gunsten der Lesbarkeit des grafischen Narrativs in den Hintergrund treten. Dies beginnt ganz offensichtlich bei der Autorennennung und Zitation, jedoch auch in Aspekten wie wissenschafts-theoretischen Konstrukten (Subjekt, Objekt, Dividuum, Lebenswelt).

So ist es nicht möglich, die tatsächliche Tiefe des wissenschaftlichen Ansatzes mit allen wissenschaftlichen Details darzustellen; vielmehr muss dem Paradigma der Veranschaulichung von wissenschaftlicher Komplexität gefolgt werden. Um diese Entwicklung des grafischen Narrativs zu gewährleisten, wird das Projekt angehenden Lehrer*innen an Universität und Pädagogischer Hochschule immer wieder vorgestellt und mit diesen reflektiert. Diese angehenden Lehrer*innen bewerten ebenso die Umsetzung des grafischen Narrativs wie auch die Grammatik für Lehrer*innen. Das „Feedback" fließt somit direkt in die weitere Ausarbeitung der Unterrichtsmaterialien mit ein und soll die Arbeitsweise der Lehrer*innen im Schulunterricht unterstützen. Der Diskurs und die Reflexion aus den Projektpräsentationen unterstützen zwar den Transformationsprozess, doch zeigt schlussendlich die Anwendung in der Praxis, ob die entwickelten Materialien im Schulunterricht anwendbar sind.

Durch dieses Prinzip wird das vorrangige Ziel der Multiperspektivität in der Aufbereitung des grafischen Narrativs selbst immer wieder reflektiert und durch neue Perspektiven erweitert. Somit können im Schulunterricht immer wieder neue Themen aus Politik und Weltgeschehen gezielt angewendet werden. Auf diese Weise gibt es keinen Stillstand der Reflexion, sondern ein stetes Erweitern der eigenen und fremden Perspektive.

Um diesem Anspruch von Beginn an zu genügen, werden die fertigen Unterrichtsmaterialien in einem nächsten Schritt noch vor ihrer Publikation im Schulunterricht erprobt. Von dieser Erprobung in der Lehrpraxis erwarten wir uns konkrete Rückmeldungen von Lehrer*innen wie auch von den Schüler*innen. So können noch vor der Publikation der Unterrichtsmaterialien eventuelle Korrekturen, Vertiefungen und Konkretisierungen vorgenommen werden.

Literatur

BOURDIEU, Pierre (1987): Die feinen Unterschiede. Kritik der gesellschaftlichen Urteilskraft. Frankfurt a. M.: Suhrkamp.

BRIESKE, Rainer (2004): Multiperspektivität – Kontroversität – Pluralität. Die Vielfalt der Geschichte(n) als Unterrichtsprinzip. In: Praxis Geschichte, 5, S. 29–32.

FUCHS, Martin / Berg, Eberhard (1993): Phänomenologie der Differenz. Reflexionsstufen ethnographischer Repräsentation. In: Fuchs, Martin / Berg, Eberhard (Hg.): Kultur, soziale Praxis, Text. Die Krise der ethnographischen Repräsentation. Frankfurt a. M.: Suhrkamp, S. 11–108.

GALLAGHER, Shaun / Zahavi, Dan (2008): The Phenomenological Mind. An Introduction to Philosophy of Mind and Cognitive Science. London: Routledge.

GALUSCHEK, Anita (2014): Selbst-Verstehen in der Welt. Zur Pluralität der Lebenswelt. In: Perspektiven der Philosophie, 40, S. 343–380.

Galuschek, Anita (2015): Me, Myself and the Other. Melanesian and Western Ideas on Selfhood and Recognition. Dissertation, Universität Heidelberg, Fakultät für Verhaltens- und Empirische Kulturwissenschaften.

Galuschek, Anita (2018): Selfhood and Recognition. Melanesian and Western Ideas of Relationality. New York: Berghahn.

Gell, Alfred (1999): The Art of Anthropology. Essays and Diagrams. London: Athlone Press.

Grünewald, Dietrich (2000): Comics. Tübingen: De Gruyter.

Jammal, Elias (2009): Der Interkulturelle Karl May-Effekt. In: Interculture Journal, 8 (7), S. 51–65.

Josephides, Lisette (2008): Melanesian Odysseys. Negotiating the Self, Narrative, and Modernity. New York: Berghahn.

LiPuma, Edward (2000): Encompassing Others. The Magic of Modernity in Melanesia. Ann Arbor: University of Michigan Press.

Mauss, Marcel (1985): A Category of the Human Mind; the Notion of the Person; the Notion of the Self. In: Carrithers, Michael / Collins, Steven / Lukes, Steven (Hg.): The Category of the Person. Anthropology, Philosophy, History. Cambridge: Cambridge University Press, S. 1–25.

McCloud, Scott (1994): Comics Richtig Lesen. Hamburg: Carlsen.

Messerschmidt, Astrid (2009): Weltbilder und Selbstbilder. Bildungsprozesse im Umgang mit Globalisierung, Migration und Zeitgeschichte. Frankfurt a. M.: Brandes & Apsel.

Mosko, Mark (2010): Partible Penitents. In: Dividual Personhood and Christian Practice in Melanesia and the West. Journal of the Royal Anthropological Institute, 16, S. 215–240.

von Poser, Alexis Themo / Wassmann, Jürg (2012): Formen Menschlicher Personalität. Eine Einführung in Ethnologische Ansätze. In: von Poser, Alex Themo / Fuchs, Thomas / Wassmann, Jürg (Hg.): Formen Menschlicher Personalität. Eine Interdisziplinäre Gegenüberstellung. Heidelberg: Winter, S. 11–35.

Ricœur, Paul (1991): Zeit und Erzählung. Bd. III. Die erzählte Zeit. München: Fink.

Ricœur, Paul (2005): Das Selbst als ein Anderer. München: Fink.

Rumsey, Alan / Weiner, James F. (Hg.) (2001): Emplaced Myth: Space, Narrative, and Knowledge in Aboriginal Australia and Papua New Guinea. Honolulu: University of Hawaii Press.

Sackmann, Eckart (2009): Comic. In: Sackmann, Eckart (Hg.): Kommentierte Definition in Deutsche Comicforschung 2010. Hildesheim: Sackmann und Hörndl, S. 6–9.

Stewart, Pamela J. / Strathern, Andrew (Hg.) (2000): Identity Works. Constructing Pacific Lives. Pittsburgh: University of Pittsburgh Press.

Stewart, Pamela J. / Strathern, Andrew (2002): Remaking the World: Myth, Mining, and Ritual Change among the Duna of Papua New Guinea. Washington: Smithsonian Institution Press.

Strathern, Marilyn (1988): The Gender of the Gift. Problems with Women and Problems with Society in Melanesia. Berkley: University of California Press.

Strathern, Andrew / Stewart, Pamela J. (2000): Arrow Talk. Transaction, Transition, and Contradiction in New Guinea Highlands History. Kent: Kent State University Press.

Wagner, Roy (1991): The Fractal Person. In: Godelier, Maurice / Strathern, Marilyn (Hg.): Big Men and Great Men. Personifications of Power in Melanesia. Cambridge: Cambridge University Press, S. 159–173.

Zahavi, Dan (2007): Self and Other: The Limits of Narrative Understanding. In: Hutto, Daniel D. (Hg.): Narrative and Understanding Persons. Cambridge: Cambridge University Press, S. 179–201.

Ethnologie und Flüchtlingsarbeit
soft skills, hard facts und das Ding mit der Kultur

Magnus Treiber

ABSTRACT: Das verschlafene Verhältnis von Sozialer Arbeit und Ethnologie hat infolge der sogenannten Flüchtlingskrise der letzten Jahre deutlich an Dynamik, Gesprächsbereitschaft und gegenseitigem Interesse gewonnen. So hat sich der Arbeitsmarkt im weiteren Flüchtlingsbereich geöffnet
und eine größere Anzahl an Ethnologie-Absolvent*innen aufgenommen, die dort auch eigene, bereichernde Qualitäten mit in den neuen Berufsalltag einbringen. Darüberhinaus fragen Institutionen und Träger inzwischen immer wieder Ethnolog*innen um weiterführende Fortbildungen oder
konkreten Rat zu bestimmten Herkunftsregionen von Flüchtlingen oder Diasporagemeinschaften
an. Hier treffen dann nicht nur Sozialarbeiter*innen aus der Praxis auf Wissenschaftler*innen aus
der Akademie, sondern auch verschiedene Ansprüche, Verständnisse und Begriffe aufeinander.
Häufig bleibt der Begriff der Kultur im beruflichen Alltag auf Annahmen zur jeweiligen Herkunfts-
nation beschränkt und wird mitunter als zivilisatorische Unterentwicklung verstanden, die Menschen an einer wie auch immer vorgestellten Integration hindert. Ethnolog*innen sollten dies nicht
belächeln, sondern der Einladung zum Diskurs folgen – denn auch sie können dabei lernen: Zum
einen verfügt die Soziale Arbeit über unschätzbare Erfahrung im ganz persönlichen Kontakt mit
Menschen aus verschiedenen Herkunftsländern, zum anderen lässt sich erkennen und mitgestalten, wie kulturelles Wissen über andere entsteht. Der Beitrag versucht dies über ausgewählte Beispiele aus der ethnologischen Fortbildungs- und Beratungsarbeit zu erschließen.

1. Einleitung

Die sogenannte „Flüchtlingskrise" des Jahres 2015 erwies sich als ungeahnte Chance der
Ethnologie in Deutschland – auch wenn das Schlagwort nicht die Krise der Flüchtlinge
bezeichnete, sondern den Sachzwang eines Aufnahmelandes, dem die Zelte ausgingen.
Anders als etwa in der Schweiz galt ein Abschluss in Ethnologie hierzulande bis dahin
nicht unbedingt als berufsqualifizierend. Dringend waren nun allerlei Positionen im
weiteren Bereich der Flüchtlingsbetreuung zu besetzen – zumeist in der Sozialen Arbeit,

© Springer Fachmedien Wiesbaden GmbH, ein Teil von Springer Nature 2019
S. Klocke-Daffa (Hrsg.), *Angewandte Ethnologie*, https://doi.org/10.1007/978-3-658-25893-1_16

also in der Erstaufnahme, in Wohngruppen für unbegleitete Minderjährige, in der Asylberatung und eilig ausgeweiteten Integrationsangeboten, nicht zuletzt beim Bundesamt für Migration und Flüchtlinge, aber auch im DaF / DaZ-Bildungsbereich, wo auf allen Niveau-Ebenen von der Alphabetisierung bis hin zum berufsorientierten B2-Sprachkurs Lehrkräfte fehlten.

Der Arbeitsmarkt für qualifizierte Fachkräfte war leergefegt, und neben einer Reihe benachbarter sozial- und geisteswissenschaftlicher Fächer kamen Absolvent*innen der Ethnologie bei der Stellenvergabe zum Zuge. Freilich fehlte häufig das notwendige rechtliche Wissen zu Asyl- und Sozialgesetzgebung, die genaue Kenntnis amtlicher Verfahren, die Praxis im professionellen Umgang mit Klient*innen – etwa in Sachen Gesprächsführung –, oder eben eine formale Qualifikation als Sprachlehrer*in. Während seriöse und langfristig interessierte Träger der Sozialen Arbeit mit eigenen Fortbildungen und qualifizierten Ansprechpartner*innen Abhilfe boten, gerieten manche Unterkünfte aber auch zur bloßen Verwahrstelle mit hohem Personaldurchlauf. Die meisten Arbeitsverhältnisse waren befristet, Sprachlehrer*innen konnten häufig nur auf Honorarbasis tätig werden. Immerhin aber haben sich in den letzten Jahren Ethnologie-Absolvent*innen als solche (und nicht etwa trotz ihres Studiums) auf dem Arbeitsmarkt bewährt. Ethnologie wird heute anders wahrgenommen als vor der „Flüchtlingskrise" und ist nicht länger Orchideenfach. Insbesondere das lange verschlafene Verhältnis von Sozialer Arbeit und Ethnologie hat inzwischen deutlich an Dynamik, Gesprächsbereitschaft und gegenseitigem Interesse zugenommen. Zweierlei scheint die Ethnologie anbieten zu können: die im Studium vermittelte Fähigkeit zu Perspektivenwechsel und kritischer Selbstanschauung einerseits sowie detaillierte Kenntnisse zu Herkunftsländern und Migrationskontexten andererseits – sozusagen soft skills und hard facts. Werden diese Fähigkeiten auch oft getrennt angefragt, so lassen sie sich – und das wissen wir natürlich längst – kaum voneinander trennen.

2. Ethnologische soft skills in der Flüchtlingsarbeit

Ich selbst unterrichtete im Winter 2015/16 auf verschiedenen Niveaus (zwischen Alphabetisierung in der Sofortbeschulung und B2 in der Berufsschulvorbereitung) unbegleitete Minderjährige in der deutschen Sprache. Dies verdankte ich indes weniger der Ethnologie als vielmehr meinem Magisterabschluss in der Germanistik und zeitweiliger Lehrertätigkeit. Den Vorbereitungsaufwand meiner Kollegin im Alphabetisierungskurs – einer Grundschullehrerin, die zusätzlich ein DaF/DaZ-Studium absolvierte – betrachtete ich allerdings mit einiger Bewunderung. Sie malte farbige Tafelbilder und ließ großformatige Themenposter basteln; zweifellos verstand sie von praktischer Sprachdidaktik ungleich mehr als ich. Die Ethnologie hingegen beruft sich ganz generell auf ihre spezifische Perspektive, „den ethnologischen Blick", der sich der Relationalität von Fremdheit wohl bewusst ist (Heidemann 2011:10-15). Sie erlaubt grundsätzliche Einblicke in das menschliche Sein (Eriksen 2009:3, Jackson 2005), denn gerade in der Diversität von Lebenswelten und Lebenslagen lassen sich durch vorsichtigen Vergleich anthropologische Konstanten erkennen, die über das ethnographische Beispiel hinausreichen. Zudem eignet sich ethnologisches Wissen und Verstehen in besonderer Weise dazu, in andere Tätigkeitsfelder überführt zu werden (Strang 2009:159), während die ureigene Erfahrung der Ethnologie – neu zu sein und immer wieder von vorn mit dem Lernen beginnen zu müssen – den Wechsel ins Berufsleben erleichtert (Nolan 2017:168). Über diese Grundannahmen hinaus aber kann ich kaum im Detail festmachen, was mir meine ethnologische Ausbildung in der Sprachlehre half – von einer gewissen Unverstelltheit gegenüber den Schüler*innen aus Eritrea, Somalia, Syrien und Afghanistan vielleicht einmal abgesehen. Allerdings hatte mir meine Feldforschung zur Flucht aus Eritrea eine solide Lektion zu existenzieller Anspannung und Zerrissenheit in der Migration nach Europa vermittelt. „Migration" war mir keine Black Box, sondern zumindest teilweise bekannter Kontext, der half, Handeln und Emotionen der Schüler*innen einzuordnen und damit umzugehen – ohne sie auf Fluchterfahrung oder gar Herkunft zu reduzieren, denn manchmal waren sie eben Jugendliche wie andere auch. Mitunter kannten wir die gleichen Orte in Nord- und Nordostafrika oder im Nahen Osten und aus zwangloser Pausen-Konversation wurde zusehends interessierte Kommunikation. Selbst über die wirkmächtige Lehrer-Schüler-Grenze waren Dialog und Austausch möglich. Auf diese Weise wurde mir die tägliche Nähe und Auseinandersetzung im Schulalltag zu einer unschätzbaren Nachbereitung, wenn nicht zur Fortführung meiner eigenen Forschung in einem institutionalisierten Ankunftskontext. In ehrlicher Einschätzung lernte ich selbst mehr, als ich vermitteln konnte.

Auch andere Ethnolog*innen sind vorsichtig, eindeutige professionelle Kompetenzen zu benennen, die aus der Ethnologie in die Flüchtlingsarbeit mitgebracht werden können. Ihre positiven Einschätzungen stammen vorrangig aus dem konkreten Arbeitsalltag selbst: Mirka Jöllenbeck fällt in der Sozialen Arbeit mit Flüchtlingen die Überbeanspruchung von Kultur auf, um Problemstellungen und Klientenhandeln zu erklären, ein Kulturalismus also, der selten dem Verständnis dient und viel eher eine Leerstelle benennt – und abschirmt (2015:159-160). Kulturelle Fremdheit dient dann einer tatsächlichen Distanzierung, mit der sich im Arbeitsalltag pragmatisch umgehen lässt. Stattdessen, so Jöllenbeck, hätte eine bessere Kenntnis kommunikativer Formen eine Verständigung ermöglichen können, die ohne kulturelle Essentialisierung ausgekommen wäre.

Julia Störkle befragte für ihre BA-Arbeit „Fremde verstehen in der Asylsozialarbeit" (2017) auch eine Ethnologie-Absolventin in der Sozialen Arbeit. Die Informantin tut sich schwer, überhaupt Fremdes in ihrer Arbeit zu sehen. Störkle führt dies auf grundsätzliche Offenheit zurück, auf kontextuelles Vorwissen und größere Zusammenhänge, in denen beobachtetes Handeln nachvollziehbar erscheint. Zumindest wird dies zugebilligt. Klientenhandeln, das eine kulturalistische Erklärung als nicht nachvollziehbar und aus der Eigenperspektive als irrational beschreibt, wird hier von Anfang an als sinnhaftes Handeln anerkannt – auch wenn ein näheres Verständnis noch aussteht. Störkle illustriert dies anhand situativer Gegenbeispiele, in denen studierte Sozialarbeiter*innen emotional ablehnend und moralisch aburteilend reagierten – etwa auf den strengen Umgang einer nigerianischen Mutter mit ihrem Kind. Für Störkle könnten Gründe hierfür in der durchlaufenen Migration zu finden sein – und nicht notwendigerweise im dinglich-kulturellen „Gepäck" einer mitgebrachten, scheinbar zeitlosen Herkunftskultur (2017:27). Auch Grießmeier erhofft sich von der Ethnologie einen Hintergrund, der das situative Handeln von Klient*innen – etwa unbegleiteten Minderjährigen – in ein größeres Bild setzt und kulturalistischen Vereinfachungen entgegenwirkt (2015:102-104).

Zwar gibt es natürlich ebenso weltoffene und welterfahrene Sozialarbeiter*innen wie unsensible Ethnolog*innen – man sollte mit Generalisierungen vorsichtig sein – , doch lässt sich schon auf unterschiedliche Studienausrichtungen und -inhalte verweisen. Die Ethnologie „zweifelt am Tchibo-Standard", wie es Klaus Raab (2017:35) formuliert, und bietet Kontext durch Vergleich. Darüber hinaus wird die Vorsicht im Umgang mit kulturellen Zuschreibungen aber auch in der Auseinandersetzung mit Kulturtheorie vermittelt, die in vielen sozialwissenschaftlichen Fächern zu kurz kommt (Goebel 2015). Die Ethnologie ist freilich in erster Linie eine universitäre Wissenschaft. Versuche ihrer unmittelbaren Anwendung – im kolonialen Kontext, in der Entwicklungspolitik oder in der militärischen Verwendung – blieben stets umstritten und wurden nie zur Generallinie des Faches (Field / Fox 2007:2; Treiber 2015:189-191). Nicht zuletzt aufgrund der fachinternen Diskussion über die politische und wissenschaftliche Ausrichtung im Zuge der Dekolonisierung und der „writing culture"-Debatte besitzt die Ethnologie heute einen weit weniger normativen Charakter als etwa die Soziale Arbeit, die sich von Haus aus an einem gegebenen politischen und rechtlichen Rahmen orientieren muss.

Geprägt zwar durch verschiedene Fachtraditionen gibt es doch in beiden Wissenschaften ein grundsätzliches gemeinsames Interesse daran, gesellschaftliche Nachteile zu benennen, Veränderung anzustreben und ausgleichende Ressourcen einzufordern (Staub-Bernasconi 2018; Treiber 2015:191-194). Und natürlich berufen sich auch Sprach- und Erziehungswissenschaften auf ein zugrundeliegendes humanistisches Ideal. Kurzum, Absolvent*innen der Ethnologie finden Anschluss an Erwartungen und Aufgaben verwandter Tätigkeitsfelder und tragen Eigenes bei. Allerdings werden Ethnolog*innen in der Sozialen Arbeit oder der Bildungsarbeit mit Flüchtlingen nicht länger für Ethnologie im engeren Sinne bezahlt, mag man diese gedanklich auch weiter betreiben: „Simply put, this means doing the job they hired you to do" (Nolan 2017:168). Ethnologie-Absolvent*innen haben sich dann als Sozialarbeiter*in oder Sprachlehrer*in zu beweisen.

3. Hard facts: Geschichte, Politik, Kultur –
Länderkunde zwischen regionalwissenschaftlicher Informationsabfrage
und ethnologischer Fachberatung

Lässt sich ein ethnologisches Grundverständnis in der spezifischen Auseinandersetzung mit Regionen, Themen oder Theorien erarbeiten und auf neue Inhalte übertragen und erweitern, so ist detailliertes Hintergrundwissen zu bestimmten Fluchtherkunftsländern angesichts der Diversität der Neuankömmlinge der letzten Jahre eher die Ausnahme.

Der plötzliche Bedarf an länderkundlichem Hintergrund in der weiteren Flüchtlingsarbeit führte zu unverhofft zahlreichen Anfragen nach Vorträgen oder Beratungen bei Ethnolog*innen, die sich schon einige Zeit mit bis dahin abgeschiedenen Weltgegenden und deren abseitigen kulturellen Phänomenen befasst hatten. Das länderkundliche Interesse, das auf ein besseres Verständnis von Klient*innen oder Schüler*innen und eine im besten Sinne effektivere Betreuungsarbeit abzielt, fragt zentrale Aspekte aus Geschichte und Politik an – und natürlich nach Kultur, heruntergebrochen auf die durchaus berechtigte, pragmatische und gleichwohl schwierige Frage: „Wie ticken die denn so?" Und während es ein Leichtes ist, interessierten Zuhörer*innen von faszinierenden fremden Welten zu erzählen, so besteht auch hier die eigentliche Herausforderung darin, verschiedene Kulturverständnisse zusammenzubringen: das oft dinglich-essentialistische der Alltagswelt, auch der beruflichen, und das komplexe diskursive, immer wieder neu zu begründende der ethnologischen Wissenschaft, das unsereins fesselt und antreibt, das sich aber eben auch gegen allzu leichte Erklärung und Vermittlung sperrt. Gerade dann, wenn die Ethnologie endlich einmal gefragt wird, weiß sie sich wieder nicht auszudrücken, zumindest nicht ohne Skrupel – ein bekanntes Dilemma (Raab 2017:37-38; Eriksen 2006). Will die Ethnologie ihre Chance nicht verpassen, dann muss sie sich stellen, denn auch andere Wissenschaften – Geographie, Politikwissenschaften, regionale Sprach- und Kulturwissenschaften – bieten länderkundliche Expertise an. Für Interessent*innen aus der Flüchtlingsarbeit steht ein anerkannter Regionalbezug im Vordergrund, weniger die disziplinäre Herkunft. Schließlich bestimmen ganz wesentlich gesellschaftliche Anerkennung und Institutionalisierung, wer Expert*in ist und glaubhaftes Sonderwissen besitzt (Knoblauch 2010:294-300). Unterwerfen sich Berufsanfänger*innen in der Betreuungs- oder Bildungsarbeit letztlich den dort gegebenen Bedingungen und Anforderungen, so scheint mir doch wichtig, dass die Vermittlung spezifischen Hintergrundwissens durch Ethnolog*innen Ethnologie bleibt – zumindest in diesem Zusammenhang. Als Regionalexperte für Entwicklungsprojekte und NGO-Einsatz, aber auch in der konkreten Begutachtung einzelner Asylfälle, wird dies anders zu bewerten sein (vgl. Berger et al. 2015).

Wird man als Ethnolog*in zur länderkundlichen Expertise herangezogen, so kommen Fragen und Interessen aus der praktischen Berufswelt und ethnologische Verstehensangebote zusammen und treten in einen Dialog. Auch dies ist eine Form kollaborativer Ethnologie (Field / Fox 2007:7-12). Idealerweise gewinnt die Ethnologie dabei nicht nur

Anerkennung, sondern auch anregende Einsicht und Erkenntnis aus einem alltäglichen Miteinander, zu dem sie selbst kaum Zugang hat. Allerdings werden die angefragten hard facts – Geschichte, Politik, Kultur – dann eben doch wieder zu einem Problem der soft skills: Das eine lässt sich vom anderen nicht trennen. In der Diskussion um ethnologische Öffentlichkeitsarbeit und berufsorientierte Anwendbarkeit des Faches (letzteres eine Forderung, der ich mich so unmittelbar kaum anschließen würde) wird gerne dazu aufgerufen, das Komplexe zu vereinfachen – und tatsächlich wirkt es wie eine Ausrede, wenn man ausschließlich die Komplexität eines Sachverhaltes vorschützt und eine Interpretation verweigert. Ich würde das – mit Eriksen (2006) und Sökefeld (2007, 2009) – gerade andersherum verstehen wollen: Keine Angst vor Komplexität in der ethnologischen Vermittlungsarbeit, insbesondere dann nicht, wenn nach der Rolle von Kultur gefragt wird. Versuchen wir dieses Thema außen vor zu lassen, dann vermitteln wir eben ein bisschen Geschichte und politische Situation. Das mag sicherlich interessant sein. Offen oder versteckt vorgebrachte Fragen nach kultureller Praxis und Essenz scheinen mir aber oft drängender, da Kultur als Schlüssel zum Menschen selbst verstanden wird. Kultur aber würde man von den ersten beiden der üblichen länderkundlichen Ingredienzen gar nicht trennen können, wie uns Eric Wolf (1982) und Sidney Mintz (1985) gelehrt haben. Über die Auslegung von Geschichte und Politik mag man streiten können; auf die Begriffe als solche kann man sich pragmatisch verständigen, selbst wenn man es gern etwas komplexer hat und die Schlagwörter Geschichte und Politik nicht als Aufzählung von Fakten verstehen will, sondern – vielleicht mit Foucault (etwa 1973:9-30) – ihrem Wesen nach als diskursive Prozesse und Konstrukte, die die Bedingungen ihres Werdens in sich tragen.

Kultur – und auch das ist ein altes Leiden unseres Faches – ist ein Begriff, gegen den sich die wenigsten sperren. Kultur ist dabei nicht nur ein Begriff der Alltagssprache, sondern auch der Politik, des Feuilletons und zahlreicher Nachbarwissenschaften. Jeder Mensch hat ein expliziteres oder impliziteres Verständnis davon, was Kultur ist und bedeutet. Aus dieser Warte nachzuvollziehen, dass wir Ethnolog*innen eben dies gar nicht so genau wissen und den Begriff immer erst – meist aus einer untersuchten Empirie heraus – herstellen müssen, bevor wir ihn verwenden, ist nicht ganz einfach. Ethnologie bedeutet eben auch, sich über einen Alltagsgebrauch von „Kultur" zu erheben und diesen zum Gegenstand zu machen (Sökefeld 2007). Nach außen allerdings droht sprachliche Verwirrung. Diese kann jedoch auch produktiv sein, insbesondere, wenn es gelingt, allzu festgefahrene und zu umfassende Vorverständnisse zu erschüttern. Vielleicht ist manches Missverständnis im beruflichen Alltag eben einfach mangelnder Kommunikation geschuldet, vielleicht hat manche kulturelle Praxis viel eher mit Migration, Lebensalter, Aufenthaltstitel und Wohnsituation zu tun als mit kultureller Herkunft. Christoph Brumann und andere Ethnolog*innen wiesen zudem bereits Mitte/Ende der 1990er Jahren daraufhin, dass der damaligen „Neuen Rechten", der Gebrauch des Wortes Kultur nicht kampflos überlassen werden dürfe (1999). Die „Flüchtlingskrise" beflügelt rechte, dezidiert politische Kulturkonzeptionen nach wie vor und transportiert Vorstellungen von

Fremdheit, Unzugänglichkeit und Unveränderbarkeit auch im Alltagsgebrauch. Das macht ethnologische Vermittlung zu einer heiklen politischen Bildungsarbeit. Es ist an uns, Kommunikation überhaupt erst zu ermöglichen und so zu gegenseitigen Verstehensprozessen beizutragen.

4. Unzugängliche Flüchtlinge –
Beispiele aus der länderkundlichen Praxis

Zur Illustration möchte ich ein paar thematisch verwobene Beispiele aus der eigenen ethnologischen Vermittlungsarbeit – in länderkundlichen Vorträgen und Beratungen – der letzten Jahre anbringen. Bei der Betreuung neueingereister, teils minderjähriger Flüchtlinge aus Eritrea stellten Sozialarbeiter*innen in Einrichtungen in der Schweiz und in Deutschland fest, dass sich ihre Klientel einem strengen, in der Eigenwahrnehmung einem unangemessen strengen Fasten unterzogen. Den ersten Fall brachten beteiligte Sozialarbeiter*innen wie folgt vor:

„Im Jugendprogramm [der Einrichtung E] wohnen im Moment circa 70 Jugendliche. Ungefähr Zweidrittel davon sind aus Eritrea und gehören dem christlich orthodoxen Glauben an. Einige dieser Jugendlichen besuchen regelmäßig die orthodoxe, eritreische Kirche [in der Stadt S]. Immer wieder wird vom Betreuungs- und Küchenpersonal beobachtet, wie Jugendliche fasten. Die Regeln der Fastenzeit und auch die Regeln des Fastens an sich scheinen sich immer wieder zu ändern. Manchmal essen sie keine tierischen Produkte und zu anderen Zeiten essen sie den ganzen Tag nichts. Für die Angestellten ist es ziemlich schwierig, die Regeln nachzuvollziehen. Auch unter den Jugendlichen sieht es so aus, als wären sie sich nicht immer einig. Das Fasten fällt teilweise so extrem aus, dass in der Schule starke Konzentrationslücken den Unterricht erschweren. Die Jugendlichen sind sehr müde und haben keine Energie.

Einige der Jugendlichen wurden, wie sie sagen, bereits in Eritrea religiös erzogen. Andere waren noch nie in der Kirche und sind durch eritreische Kollegen [im Aufnahmeland] zur kirchlichen Gemeinschaft gestoßen. Es scheint so, als würde ein Leader von der Gruppe [in E.] bestimmt und dann von allen anerkannt werden. Dieser scheint immer mehr Jugendliche dafür gewinnen zu wollen, dass sie den orthodoxen Glauben so praktizieren, wie es die Kirche [in S] vorgibt.

Im Austausch mit einem Kulturvermittler aus Eritrea wurde uns kommuniziert, dass Personen unter 18 Jahren vom Fasten ausgeschlossen sind und auch Personen in schwierigen Lebenssituationen oder in anspruchsvollen Bildungssituationen darauf verzichten können. Viele der gläubigen Jugendlichen unterbrachen das Fasten trotz einem Gespräch mit dem Kulturvermittler und diversen Dialogen mit dem Betreuungspersonal nicht. Das Fasten schien ihnen wichtiger zu sein als die Bildung."

Die Perspektive der Betreuer*innen drückt gleichermaßen berufliche Erfahrung wie Empathie für die Jugendlichen aus: Die minderjährigen Flüchtlinge sollen nach Kräften unterstützt werden, im erfolgreich erreichten Aufnahmeland auch ein zufriedenstellendes Leben führen zu können. Dies soll über den Zugang zu qualifizierender Schulbildung ermöglicht werden, dem vorerst einzig möglichen, gesellschaftlich zugestandenen Kapitalerwerb (Bourdieu 1989). Für Lernerfolg und Abschluss bleiben aber die Klient*innen selbst verantwortlich – was dem erzieherischen Anspruch der Sozialen Arbeit entspricht und lebenslange Abhängigkeiten vermeiden soll (etwa Thiersch/Grunwald/Köngeter 2012). Hierzu werden gemeinsame Interessen beider Seiten vorausgesetzt – und eben hier tritt ein gegenseitiges Unverständnis auf, das sich mit bekannten Mitteln nicht beheben lässt. Es muss sich also um ein kulturelles Problem handeln und vieles spricht auch aus ethnologischer Sicht dafür; nur bringt auch der beauftragte externe „Kulturvermittler" nicht den erhofften Durchbruch. Ohne ersichtlichen Grund riskieren die jungen Leute ihren zugestandenen, in gewisser Weise privilegierten Weg in ein erfolgreiches, gesellschaftlich respektiertes Leben im Aufnahmeland – in den Worten der Politik: sie verweigern ihre Integration. Mehr noch, sie brüskieren eine Soziale Arbeit, die sie menschlich wie fachlich gegen eben diesen Vorwurf verteidigen möchte.

Mit entsprechendem Hintergrund liegt eine tragfähige Interpretation der geschilderten Situation nahe. Das Fasten ist eine kulturell bekannte Form der moralischen Selbstreinigung und Selbstdisziplinierung in Zeiten von Krise und Selbstbesinnung. Im orthodoxen (wie prinzipiell auch im katholischen) Kirchenjahr gehen Fastenzeiten großen religiösen Festen voraus, die dann geläutert und bewusst begangen werden können. Die orthodoxen Kirchen sind Staatskirchen, die gesellschaftliche Hierarchie und institutionelle Autorität anerkennen und ausdrücken (Munro-Hay 2003); die äthiopisch-orthodoxe Kirche und die in ihrer Tradition stehende eritreisch-orthodoxe Kirche war aber nie unumstrittene Amtskirche. Die gleichermaßen persönlichen wie politischen Intrigen, Rivalitäten und Konflikte des äthiopischen Feudalismus spiegeln sich auch in der Kirchengeschichte, in der es immer auch Konkurrenz und Abspaltung gab – etwa der Beta Israel, die sich im 4. Jahrhundert gegen das christliche Feudalreich auflehnten (Kaplan 2003). Im unabhängigen Eritrea wurde 2007 der amtierende Patriarch Abune Antonios unter Hausarrest gestellt und durch einen regimetreuen Nachfolger ersetzt, was auch hier zu Konflikt und Spaltung führte. Der offizielle Name der äthiopisch-eritreischen Orthodoxie „tewadho", Einheit, ist also vielmehr Programm als Beschreibung. Wiewohl sich die Orthodoxie weit über die Zahl ihrer Anhängerschaft im äthiopischen und eritreischen Hochland in Geschichte und Gesellschaft der Region eingeschrieben hat (Tanetti 2003), so erscheinen die Kirchenoffiziellen vor diesem Hintergrund immer auch als politische Akteure. Ebenso gehören aber auch nahezu unzugängliche Bergklöster und weltabgewandte Eremiten zur orthodoxen Kirchengeschichte. Die Vorstellung einer letztlich persönlichen Bindung zu Gott hat sich im Selbstverständnis orthodoxer Christen gehalten. Fastenzeiten werden also durchaus vom Kirchenjahr bestimmt, sind aber weder darauf beschränkt, noch fühlen sich – vor allem in der Stadt – immer alle Gläubigen zu jeder Zeit an diese Vorgaben gebunden. Umgekehrt kann aber auch zu persönlichen Krisen- oder Bewährungszeiten in unterschiedlicher Intensität gefastet werden, ohne dass es dazu im Detail pastorale Vorschriften gäbe.

Die Sozialarbeiter*innen der Einrichtung hatten eine klar gesatzte Schriftreligion erwartet und sich vermutlich an Erfahrungen mit dem muslimischen Ramadan orientiert, der Kranke und Reisende sowie Kinder und Schwangere nominell vom Fasten ausnimmt (Berg 1997:94-95; vgl. Quehl / El-Berr 1998:59-73). Diese Annahme scheint durch den Kulturvermittler, der selbst der eritreischen Diaspora angehört, bestätigt – offensichtlich aber nicht im Verständnis und Handeln der Fastenden, die sich sogar in einer Art Wettbewerb um die strengste Auslegung befinden. Der Anführer nimmt im Zwischenraum zwischen Schriftreligion und diasporischer Amtskirche (die im Übrigen außen vor bleibt) den doppelläufigen Charakter des religiösen Propheten und des politischen Rebellen an; auch diese Rollen sind in der Geschichte der Region wohlbekannt. Beide Figuren ziehen sich zumindest zeitweise aus einem gewöhnlichen Alltag und seinen sozialen Verflechtungen zurück, Askese und körperliche Erscheinung (z. B. wildwachsendes Kopf- und Barthaar) verleihen dem Ernst ihrer Sache Nachdruck (Smidt 2007; Quehl 2005; Volker-Saad 2004; Krug 2000).

Die fastenden Flüchtlinge bedienen sich bekannter Formen und Techniken; allerdings schließen diese nicht nur an das überlieferte kulturelle Wissen der Region an, sondern viel eher an die unabgeschlossene Migrationserfahrung, die nach allen Unwägbarkeiten und Risiken zwar in ein Wunschzielland, aber dennoch in neue Frustrationen geführt hat. Die Radikalisierung von Identitäten, auch das konservative Aushärten religiöser Selbstverständnisse in Migration und Diaspora, ist in der Ethnologie ein vielfach beschriebenes Phänomen (etwa Malkki 1995, Collyer 2005, Levitt 2007). Vergleichsfälle aus dem geschilderten Berufsalltag, aus der eigenen Forschung und der wissenschaftlichen Literatur lassen erkennen, wie schwierig das Wiederankommen in einer Gegenwart ist, die für die Zeitdauer der Migration, zugunsten einer besseren Zukunft anderenorts, aufgegeben wurde. Nun entspringt das Morgen nicht mehr unsteter, unsicherer, aber unbedingt hoffnungsvoller Ausmalung, die eine abgelehnte Gegenwart ins Positive wendet, sondern wieder einem konkreten, erfahrungsbasierten Jetzt und Hier. Die Existenz selbst wird in dieser Konstellation in Frage gestellt, der abgerungene Migrationserfolg in Zweifel gezogen (Treiber 2017:166-175).

Eine Sozialarbeiterin berichtet von einem jungen Mann, der sich aus einer evangelikalen Glaubensrichtung heraus radikalisiert und zu einem schließlich für Arbeitsmarkt wie Bildungsmaßnahme unvermittelbaren Fall entwickelt, da er überall Homosexualität und damit das Böse selbst wittert. Die Sozialarbeiterin verliert zunehmend Zugang und Kontakt und gibt ihn praktisch auf, nachdem er im Zwiegespräch mit gesenktem Blick eingesteht, auch in ihr den Teufel auszumachen. Die Sozialarbeiterin ist eine fachkundige und engagierte Frau, in der professionell-distanzierten Einschätzung ihres Betreuungsverhältnisses übersieht sie jedoch die eigene Rolle – die wir heute aus der Feldforschung heraus immer mitdenken (sollten). Jung, attraktiv und weltoffen, bis ins Dekolleté reich mit Tätowierungen geschmückt, und dem jungen Mann persönlich zugeteilt: Diese Zeichen waren für ihn zu deutlich, um nicht als Versuchung verstanden zu werden (vgl. etwa Eco 1992). Auch hier kann das eigene Handeln eigentlich nur auf sozialen Rückbau und disziplinierende Katharsis abzielen.

Anders als in anderen Teilen Nordafrikas ist Homosexualität in Eritrea und in Äthiopien nicht nur nominell verboten, sondern gesellschaftlich vollkommen ausgeschlossen und daher weithin unsichtbar. Homosexualität wird als triebgesteuert und tierisch wahrgenommen, als Angriff auf Anstand und Moral, die die Menschen zu ihrem eigenen Besten einschnüren. Homosexualität gilt im lokalen Verständnis also durchaus als unzivilisiert.[1] Den Vorwurf aber, Hinterwäldler der Globalisierung zu sein, muss man als Eritreer*in zurückweisen. Das Selbstverständnis einer eritreischen Nation ist dezidiert modernistisch, wozu Benito Mussolinis Technologietransfer in die italienische Kolonie Eritrea ganz wesentlich beitrug (Mattioli 2009). Die eritreische Nation als Idee durchlief eine wechselhafte Geschichte und radikalisierte sich in den militanten 1970er und 80er Jahren (Makki 2002); die Selbstwahrnehmung als „modern" gehörte immer dazu und lässt sich in meinem ethnographischen Material noch im Selbstverständnis eritreischer Flüchtlinge nachweisen. Schließlich ist damit auch die Hoffnung verbunden, in der Ersten Welt zurechtzukommen; Hollywood-Filme bestärken dies, allein es fehlt die empirische Erfahrung. Dass die tatsächlich erreichte Welt dann doch weitgehend unbekannt erscheint und subjektive Handlungserfolge ausbleiben, ist enttäuschend. Sie dann als Sündenpfuhl zu verstehen, wertet die kulturelle Herkunft auf und stabilisiert das eigene Sein in einer feindlichen Umwelt – der gleiche Umstand wirkt aus der Perspektive sozialarbeiterischer Betreuung im Aufnahmeland eher als Destabilisierung und professioneller Misserfolg. Dies macht gegenseitiges Verstehen und erst recht gemeinsames Handeln nicht einfacher – und verbietet der Ethnologie jegliche Überheblichkeit. Vielmehr als gegenseitige Handlungsverständnisse und -perspektiven zu vermitteln helfen, kann sie als Wissenschaft kaum beitragen.

5. Das ethnologische Projekt – ein notwendiges Bohren dicker Bretter

Und doch halte ich es für eine unverzichtbare Leistung, dort zu einem Verständnis beizutragen, wo ausgerechnet der Rückgriff auf „Kultur" ein solches verhindert. Vom Kontext gelöste Kennenlernspiele im Weiterbildungsmodul werden dies kaum ermöglichen. Die

---

1   Nicht nur werden Homosexuelle wesentlich für die Verbreitung des HI-Virus verantwortlich gemacht, es hält sich auch die Vorstellung, dass Homosexualität durch Vergewaltigung übertragen wird – eine Art soziale Tollwut also.

Ethnologie muss sich als Studienfach und Wissenschaft bewähren; sie muss zeigen, dass ihre Absolvent*innen mit Diversität und Relationalität umgehen können, ohne kulturalistischen Vereinfachungen aufzusitzen. Die „Flüchtlingskrise" bot dazu konkreten Anlass, sie öffnete den Arbeitsmarkt und fragte länderkundliches Hintergrundwissen nach – doch war sie eher Ausdruck als Auslöser eines breiteren paradigmatischen Wandels. Neben Umweltverschmutzung, Erderwärmung und Zukunftstechnologien ist kulturelle Diversität eine der globalen Herausforderungen unserer Ära. Nicht, dass die Ethnologie alle Antworten besäße, aber verstecken muss sie sich nicht – weder im Bewerbungs- oder Teamgespräch noch in der länderkundlichen oder im eigentlichen Sinne ethnologischen Expertise und auch nicht im größeren gesellschaftlichen Diskurs.

Freilich stoßen wir dabei nicht überall auf offene Ohren – wie in diesem letzten Beispiel: Eine kirchliche Jugendhilfeeinrichtung bittet um Rat: Wieder fastet eine junge, christlich-orthodoxe Frau aus Eritrea exzessiv. Diesmal kennen wir nicht nur die kulturelle Form und Technik, sondern auch eine Begründung. Die junge Frau erklärt, sie sei nach einem Schlangenbiss in ihrer Kindheit besessen und würde ihre Familie unweigerlich ins Unglück stürzen. Der soziale Druck, ja die anzunehmende finanzielle Verschuldung der Frau und ihre Unfähigkeit als offensichtlich erfolgreich angekommene Migrantin nun alle an sie herangetragenen materiellen Ansprüche erfüllen zu können, sind zum Greifen nah. Dem Fragesteller aber kommen sie nicht in den Sinn. Er bittet um Auskunft, inwieweit solcher „Aberglaube" verbreitet sei und ob es Bezüge zum Phänomen „nigerianischer Hexenkinder" gebe. Ethnologische Kulturwissenschaft, mag man seufzend bekennen, ist bei allen „soft skills" und „hard facts" eben auch mühsame Arbeit.

Literatur

BERG, C.C. (1997): SAWM. In: Bosworth, Clifford et al. (Hg.): The Encyclopaedia of Islam. Bd. 9, Leiden: Brill, S. 94–95.

BERGER, Iris / Redeker Hepner, Tricia / Lawrance, Benjamin N. / Tague, Joanna T. / Terretta, Meredith (Hg.) (2015): African Asylum at a Crossroads. Activism, Expert Testimony, and Refugee Rights. Athens, Ohio: Ohio University Press.

BOURDIEU, Pierre (1989): Social Space and Symbolic Power. In: Sociological Theory, Vol. 7 (1), S. 14–25.

BRUMANN, Christoph (1999): Writing for Culture. Why a Successful Concept should not be Discarded. In: Current Anthropology, Vol. 40, Supplement, S. 1–27.

COLLYER, Michael (2005): When do Social Networks fail to Explain Migration? Accounting for the Movement of Algerian Asylum-Seekers to the UK. In: Journal of Ethnic and Migration Studies, 31 (4), S. 699–718.

ECO, Umberto (1992): Die Grenzen der Interpretation. München: Hanser.

ERIKSEN, Thomas H. (2006): Engaging Anthropology. The Case for a Public Presence. Oxford: Berg.

ERIKSEN, Thomas H. (2009): What is Anthropology? London: Pluto Press.

FIELD, Les / Fox, Richard G. (2007): Introduction. How does Anthropology Work Today? In: Field, Les / Fox, Richard G. (Hg.): Anthropology put to Work. Oxford: Berg.

FOUCAULT, Michel (1973): Archäologie des Wissens. Frankfurt am Main: Suhrkamp.

GOEBEL, Simon (2015): „Der Deutsche ist pünktlich und trinkt Bier". Über eine ethnologische Intervention in den Kulturbegriff der Sozialen Arbeit. In: Treiber, Magnus / Grießmeier, Nicolas / Heider, Christian (Hg.): Ethnologie und Soziale Arbeit. Fremde Disziplinen, gemeinsame Fragen? Opladen: Budrich Uni-Press, S. 133–157.

GRIESSMEIER, Nicolas (2015): Soziale Arbeit mit unbegleiteten minderjährigen Flüchtlingen im Rahmen der Jugendhilfe. In: Treiber, Magnus / Grießmeier, Nicolas / Heider, Christian (Hg.): Ethnologie und Soziale Arbeit. Fremde Disziplinen, gemeinsame Fragen? Opladen: Budrich UniPress, S. 93–106.

HEIDEMANN, Frank (2011): Ethnologie. Eine Einführung. Göttingen: Vandenhoeck & Ruprecht.

JACKSON, Michael (2005): Existential Anthropology. Events, Exigencies and Effects. New York, Oxford: Berghahn.

JÖLLENBECK, Mirka (2015): Kommentar. Wie können ethnologische Kulturkonzepte die Soziale Arbeit mit Unbegleiteten Minderjährigen Flüchtlingen bereichern? Schlussfolgerungen für die ethnologische Lehre in der Sozialen Arbeit. In: Treiber, Magnus / Grießmeier, Nicolas / Heider, Christian (Hg.): Ethnologie und Soziale Arbeit. Fremde Disziplinen, gemeinsame Fragen? Opladen: Budrich UniPress, S. 159–164.

KAPLAN, Steven (2003): Beta Israel. In: Uhlig, Siegbert (Hg.): Encyclopaedia Aethiopica. Bd. 1. Wiesbaden: Harrassowitz, S. 552–559.

KNOBLAUCH, Hubert (2010): Wissenssoziologie. Konstanz: UVK.

KRUG, Stefanie (2000): Anthropologie der Kriegs- und Nachkriegszeit in Äthiopien. Hamburg: LIT-Verlag.

LEVITT, Peggy (2007): God needs no Passport. Immigrants and the Changing American Religious Landscape. New York: New Press.

MAKKI, Fouad (2002): The Aporias of Radical Nationalism. Political Culture, Ideology, and Democracy in Eritrea. In: Quehl, Hartmut (Hg.): Living in Wartimes – Living in Post Wartimes. Felsberg: edition eins, S. 201–226.

MALKKI, Liisa (1995): Purity and Exile. Violence, Memory, and National Cosmology among Hutu Refugees in Tanzania. Chicago: University of Chicago Press.

MATTIOLI, Aram (2009): Unterwegs zu einer imperialen Raumordnung in Italienisch-Ostafrika. In: Mattioli, Aram / Steinacher, Gerald (Hg.): Für den Faschismus bauen. Architektur und Städtebau im Italien Mussolinis. Zürich: Orell Füssli, S. 327–352.

MINTZ, Sidney (1985): Die süße Macht. Kulturgeschichte des Zuckers. Frankfurt am Main: Campus.

MUNRO-HAY, Stuart (2003): Christianity. In: Uhlig, Siegbert (Hg.): Encyclopaedia Aethiopica. Bd. 1. Wiesbaden: Harrassowitz, S. 717–723.

NOLAN, Riall W. (2017): Using Anthropology in the World. A Guide to Becoming an Anthropologist Practitioner. New York: Routledge.

QUEHL, Hartmut / El-Berr, Aziz (1998): Neun Essays zum Islam. Gemeinsame Überlegungen zu einem kontroversen Thema. Perspektiven für einen kritischen Dialog. Felsberg: edition eins.

QUEHL, Hartmut (2005): Kämpferinnen und Kämpfer im eritreischen Unabhängigkeitskrieg 1961–1991. Faktoren der Diversität und der Koherenz. Eine historische Untersuchung zur Alltagsgeschichte des Krieges. Bde. 1–2. Felsberg: edition eins.

RAAB, Klaus (2017): Mikronesien und Makronesien. In: Verne, Markus / Ivanov, Paola / Treiber, Magnus (Hg.): Körper Technik Wissen. Kreativität und Aneignungsprozesse in Afrika. In den Spuren Kurt Becks. Berlin: LIT-Verlag, S. 33–39.

SMIDT, Wolbert (2007): A War-song on Yohannes IV against the Egyptians. Recited by Ləǧ Täfäri in Aksum, 1906. In: Studies of the Department of African Languages and Cultures, University of Warsaw, 41, S. 105–128.

SÖKEFELD, Martin (2007): Problematische Begriffe: „Ethnizität", „Rasse", „Kultur", „Minderheit". In: Schmidt-Lauber, Brigitta (Hg.): Ethnizität und Migration. Berlin: Reimer, S. 31–50.

SÖKEFELD, Martin (2009): Ethnologie der Öffentlichkeit und die Öffentlichkeit der Ethnologie. In: Ethno-Skripts, 11 (2), S. 39–52.

STAUB-BERNASCONI, Silvia (2018): Soziale Arbeit und Menschenrechte. Vom beruflichen Doppelmandat zum professionellen Tripelmandat. Leverkusen: Barbara Budrich.

STRANG, Veronica (2009): What Anthropologists do. Oxford: Berg.

STÖRKLE, Julia (2017): Fremde verstehen in der Asylsozialarbeit. Bachelorarbeit im Studiengang Ethnologie. Universität München. Unveröffentlichtes Manuskript.

TANETTI, Ugo (2003): Christianity in the Ethiopian Society. In: Uhlig, Siegbert (Hg.): Encyclopaedia Aethiopica. Bd. 1. Wiesbaden: Harrassowitz, S. 723–728.

THIERSCH, Hans / Grunwald, Klaus / Köngeter, Stefan (2012): Lebensweltorientierte Soziale Arbeit. In: Thole, Werner (Hg.): Grundriss Soziale Arbeit. Ein einführendes Handbuch. 4. Aufl., Wiesbaden: VS-Verlag, S. 175–196.

TREIBER, Magnus (2017): Migration aus Eritrea. Wege, Stationen, informelles Handeln. Berlin: Reimer.

TREIBER, Magnus (2015): Ethnologie als Bezugswissenschaft der Sozialen Arbeit. Über Kartographie, Freiraum und das Unmittelbare in Stadt und Welt. In: Treiber, Magnus / Grießmeier, Nicolas / Heider, Christian (Hg.): Ethnologie und Soziale Arbeit. Fremde Disziplinen, gemeinsame Fragen? Opladen: Budrich Uni-Press, S. 181–198.

VOLKER-SAAD, Kerstin (2004): Zivilistinnen und Kämpferinnen in Eritrea. Berlin: Weißensee-Verlag.

WOLF, Eric R. (1982): Europe and the People without History. Berkeley, CA: University of California Press.

Relevante Ethnologie im institutionell gerahmten Interaktionsfeld Geflüchteter

SIMONE CHRIST

ABSTRACT: Der Beitrag basiert auf meinen Erfahrungen als Ethnologin in einem angewandten Forschungsprojekt zu geflüchteten Menschen in NRW und fokussiert auf zwei Fragestellungen: Erstens diskutiere ich ethische Herausforderungen, denen ich in meiner Forschung begegne. So müssen schnelle Antworten für aktuelle gesellschaftliche Fragen gefunden werden, die Forschungen finden in einem von starken Machtasymmetrien geprägten Feld statt und die Erwartungen der verschiedenen Akteure – geflüchtete Menschen, kommunale Verwaltung und Öffentlichkeit – an die Forscher sind divergierend. Zweitens lege ich dar, was zum einen ein spezifisch ethnologischer Beitrag für die Flüchtlingsarbeit sein kann und was zum anderen aus der praktischen Arbeit für die theoretische Diskussion einer Ethnologie der Flucht gewonnen werden kann. So hat gerade die Ethnologie mit ihrem Blick auf kulturelle und soziale Differenz und ihrem methodischem Zugang auf die Mikroperspektive das Potential, den divergenten Perspektiven geflüchteter Menschen, deren Leben durch Migrationsregime strengstens kanalisiert wird, Raum zu geben. Durch dichte Beschreibung und methodischen Kulturrelativismus kann sie Alltagsrealitäten geflüchteter Menschen abseits dominierender Diskurse aufzeigen. Andererseits bietet die praktische Arbeit die Möglichkeit zu einer Reflexion ethnologischer Kernbegriffe wie Kultur und Ethnizität.

1. Einleitung

Die Themen Migration und Flucht dominierten das TV-Duell im Vorfeld der Bundestagswahl 2017 zwischen Bundeskanzlerin Merkel und ihrem Herausforderer Martin Schulz. Die Verlängerung der Aussetzung des Familiennachzugs für subsidiär Schutzberechtigte war in den anschließenden Koalitionsverhandlungen ein zentraler Streitpunkt zwischen CDU/CSU, FDP und den Grünen. Zwar sind schon drei Jahre seit dem sogenannten „langen Sommer der Migration" vergangen, doch immer noch stehen die Themen Flucht und Migration im Rampenlicht wie selten zuvor. Auf offene Grenzen und „Willkommens-

© Springer Fachmedien Wiesbaden GmbH, ein Teil von Springer Nature 2019
S. Klocke-Daffa (Hrsg.), *Angewandte Ethnologie*, https://doi.org/10.1007/978-3-658-25893-1_17

kultur" folgte Abschottung, wie der EU-Flüchtlingsdeal mit der Türkei, die Verschärfung der Asylgesetzgebung und auch die geplante bzw. bereits existierende Zusammenarbeit der EU mit Ländern wie Libyen oder dem Sudan zeigen. Auf lokaler Ebene in Deutschland sind Kommunen mit praktischen Themen wie der Unterbringung, der Sprachvermittlung, Bereitstellung von Kindergarten- oder Schulplätzen oder der Vermittlung in den Arbeitsmarkt beschäftigt. Innerhalb des breiten Themenspektrums von Flucht und Migration gibt es für die Ethnologie, insbesondere für eine angewandte Ethnologie, zahlreiche Anknüpfungspunkte. Ethnologische Expertise kann bei der Bewältigung dieser sozialpolitischen Aufgaben helfen. In meinem Beitrag möchte ich folgende Fragen diskutieren:

- Welchen ethischen Herausforderungen begegne ich als Ethnologin in einem anwendungsorientierten Forschungsprojekt zu geflüchteten Menschen in NRW?
- Welchen Beitrag kann die Ethnologie für anwendungsorientierte Forschung im Themenfeld Flucht leisten? Welchen Beitrag kann die Praxis für eine Ethnologie der Flucht liefern?

Hierfür möchte ich meine Erfahrungen in einem anwendungsorientierten Forschungsprojekt zu geflüchteten Menschen in NRW reflektieren. Am Bonn International Center for Conversion (BICC), einem Friedens- und Konfliktforschungsinstitut, das sich am transdisziplinären Wissenskreislauf orientiert (BICC 2017), arbeite ich als Teil eines interdisziplinären Teams im Projekt „Zwischen Bürgerkrieg und Integration: Die Aufnahme von Flüchtlingen als Chance und Herausforderung für den gesellschaftlichen Wandel in Nordrhein-Westfalen". In einem Teilprojekt befassten wir uns mit Konfliktprävention in Unterbringungen für geflüchtete Menschen in NRW. Die Ergebnisse unserer Studie zu Konfliktursachen (Christ/Meininghaus/Röing 2017a) sowie die darauf aufbauenden Handlungsempfehlungen zur Konfliktprävention (Christ/Meininghaus/Röing 2017b) basierten auf einer qualitativen Datenerhebung unter Einbeziehung der Perspektiven von Geflüchteten und Mitarbeiten in Unterkünften und Verwaltung in 33 Unterkünften in NRW und transdisziplinären Workshops. In einem weiteren Teilprojekt vergleiche ich Integrationspfade von Menschen, die schon vor mehreren Jahren nach Deutschland geflohen sind, mit denen von geflüchteten Menschen, die innerhalb der letzten ca. drei Jahre nach Deutschland gekommen sind. Methodisch verknüpfe ich in diesem Projekt biographische Interviews mit teilnehmender Beobachtung in einer Flüchtlingsunterkunft.

2. Ethische Herausforderungen in der angewandten Forschung zum Thema Flucht

Auch wenn sich ethische Herausforderungen in jeder Forschung stellen (zur Diskussion in der Ethnologie vgl. Fluehr-Lobban 2015), sind sie sowohl in der angewandten Ethnologie (z. B. AGEE 2013, Ervin 2005) wie erst recht beim Thema Flucht zentral. Forschungen zum Thema Flucht finden in einem asymmetrischen Machtkontext statt. Geflüchtete Menschen brauchen besonderen Schutz angesichts der Erfahrung traumatischer Erlebnisse während der Konfliktsituation und der Flucht (Krause 2017:3).

2.1 Schnelle Lösungsansätze für aktuelle gesellschaftliche Fragen

In anwendungsorientierter Forschung stehen im Gegensatz zu Grundlagenforschung konkrete Lösungen und Handlungsempfehlungen zu aktuellen gesellschaftlichen Problemen im Fokus. In unserem ersten Teilprojekt befassten wir uns mit dem in Zeitungen viel diskutierten Punkt, ob geflüchtete Menschen nach ethnischer Herkunft oder Religion in den Unterkünften getrennt werden sollten (Spiegel Online 2015). Dem stellten wir entgegen, dass Konflikten in Unterbringungen für geflüchtete Menschen strukturelle Ursachen zugrunde liegen (Christ/Meininghaus/Röing 2017a). Auch die Erkenntnisse aus der ethnologischen Ethnizitätsforschung sprechen gegen die Trennung der Bewohner nach ethnischen Kriterien.

In einem anderen Teilprojekt beschäftige ich mich nun mit Integrationsprozessen. Hierfür beteilige ich mich einerseits im Rahmen meiner teilnehmenden Beobachtung an der Praxis der Integration: Ich begleite geflüchtete Menschen zum Jobcenter, helfe bei der Suche nach Kindergartenplätzen oder schreibe Bewerbungen. Andererseits beinhaltet ein ethnologischer Zugang eine kritische Auseinandersetzung mit diesem Begriff. Nicht nur im medialen und im Alltagsdiskurs sowie in zahlreichen integrationspolitischen Maßnahmen, sondern auch in der wissenschaftlichen Debatte mit den auf die Chicago School zurückgehenden Sequenzmodellen (Esser 2009, Alba 2008, Portes/Zhou 1993) wird erfolgreiche Integration als eine ausschließlich von Migranten zu leistende Anpassungsleistung verstanden (Scherr 2017:24, Mecheril 2011:50). Dagegen argumentiert Mecheril, dass der Diskurs über Integration eigentlich von der eigenen Zugehörigkeit, vom Wissen über das Wir, handelt, welches sich in einer Krise befindet. Der Diskurs über Integration

> „bestätigt die Zuschreibung von Fremdheit, da die Vokabel [Integration] nahezu ausschließlich benutzt wird, um über sogenannte Menschen mit Migrationshintergrund (MmM) zu sprechen. Indem sie als MmM bezeichnet werden, werden sie – selbst wenn sie in Deutschland geboren und aufgewachsen sind und hier ihren Lebensmittelpunkt haben – als ‚fremde Elemente‘, die zu integrieren seien, konstruiert" (Mecheril 2011:51).

Dies zeige sich auch darin, dass etwa kriminelle Deutsche nicht in ihrer Integrationsfähigkeit hinterfragt werden. Sollen sich Ethnologen daher aus der Praxis der Integration heraushalten und den Integrationsbegriff ablehnen? Diese Frage möchte ich verneinen. Der Beitrag der Ethnologie kann genau darin liegen, diese Widersprüche offen zu legen. Als Mittelweg zwischen Assimilations-Theorien und der Abschaffung des Integrationsbegriffs bietet sich der der Integrationsbegriff nach Pries an, der Integration als interaktionistisch und chancengerechte Teilhabe aller Menschen versteht (Pries 2015:24). Integration wird so nicht als Differenz zwischen ethnischen Minderheiten und einer ‚deutschen‘ Mehrheit begriffen. Integrationsmaßnahmen wie die Unterstützung beim Zugang zum Arbeitsmarkt entsprechen auch der emischen Perspektive der Menschen, denen ich in meiner Forschung begegnet bin. Diese möchten ein selbstbestimmtes Leben, wozu auch ein Beruf mit eigenem Einkommen, und nicht etwa die Abhängigkeit von Sozialleistungen, gehört.

2.2 Forschen innerhalb von Machtasymmetrien

Forschungen im Kontext von Flucht sind durch Machtasymmetrien geprägt. Das Asylregime setzt den strukturellen Kontext, innerhalb welcher die Machtasymmetrien verlaufen. Die Machtverhältnisse wirken sich nicht nur auf die Beziehungen zwischen mir und den Forschungssubjekten aus, sondern beeinflusst auch die Interaktionen zwischen geflüchteten Menschen selbst.

Die bürokratische Kategorisierung als Asylbewerber ist verantwortlich dafür, dass Menschen, die einen Asylantrag gestellt haben, bis zu sechs Monate in einer Aufnahmeeinrichtung untergebracht werden. Nach Ablauf der sechs Monate oder ggf. auch früher werden Asylbewerber an die Kommunen verteilt; die Unterbringung erfolgt auch in den Kommunen in der Regel in Gemeinschaftsunterkünften, nur in seltenen Fällen in Wohnungen (§53 AsylG). Vielfach wird aus dem eigentlich kurzfristigen Provisorium der Gemeinschaftsunterkunft eine längere Zwangslösung, bei der die Bewohner auf engstem Raum ohne ausreichende Privatsphäre mit ihnen fremden Menschen auskommen müssen. Die Möglichkeit, ein eigenständiges Leben zu führen, ist stark eingeschränkt (Christ / Meininghaus / Röing 2017a).

Die Reflektion dieser Machtverhältnisse führt zum Dilemma, dass ich vom Verwaltet-Sein der Flüchtlinge profitiere. Für meine teilnehmende Beobachtung kann ich problemlos von Zimmer zu Zimmer gehen und dort klopfen, Familien oder Einzelpersonen besuchen oder im Flur oder im Außengelände mich mit den Bewohnern unterhalten. Auch wenn ich manchmal befürchte, ich könne stören, freuen sich die Bewohner in der Regel über meinen Besuch, was indirekt auch eine Folge des Asylsystems ist: Abhängig vom Herkunftsland und damit verbunden dem rechtlichem Status, aber auch von anderen Faktoren, etwa Kinderbetreuungsmöglichkeiten, verbringen die Menschen viel Zeit auf ihren Zimmern. Als Forscherin habe ich so ein übersichtliches Feld und Menschen, die sich über Kontakt und die Möglichkeit, etwas deutsch sprechen zu üben, freuen.

Die bürokratische Kategorisierung als „sicheres Herkunftsland" und damit verknüpft die Unterscheidung von Asylbewerbern aus Ländern mit einer „sicheren" vs. einer „schlechten" Bleibeperspektive hat weitreichende Auswirkungen in erster Linie auf die Chancen für Anerkennung, aber auch auf das Zusammenleben in den Unterkünften. In den von uns besuchten Unterkünften sorgte diese Einteilung für großen Unmut zwischen den Bewohnern. In einer Unterkunft trafen wir auf einen sehr bedrückten jungen Mann aus Afghanistan, der sehr geschockt war von dem Bericht über eine Sammelabschiebung nach Afghanistan am Tag zuvor. Es gebe so viele Tote in Afghanistan, Afghanistan sei nicht sicher. In seiner Herkunftsprovinz sei Daesh aktiv. Warum bekämen Afghanen kein Asyl, obwohl sie doch seit über 30 Jahren Krieg haben? Warum bekämen stattdessen Syrer den Flüchtlingsstatus, obwohl doch im Vergleich zu Afghanistan erst seit wenigen Jahren Krieg herrsche? Während des Gesprächs versuchte er seine Tränen zurück zu halten (131). Die aus seiner Sicht ungerechte Behandlung setzt sich im Zugang zu den Sprachkursen fort. Im ersten Jahr seines Aufenthalts in Deutschland bestand sein Leben nur aus „schlafen, essen, schlafen, essen" (131). Erst im zweiten Jahr konnte er dann einen Deutschkurs besuchen, was er sehr begrüßte. Auch Mitarbeiter in den Flüchtlingsunterkünften berichteten uns von Gefühlen wie Neid und Benachteiligung zwischen Gruppen mit unterschiedlichem Rechtsstatus (107; 144; 167; 187). So führen Hierarchisierungen aufgrund des Asylregimes zu Gruppenbildungsprozessen zwischen Bewohnern und verschärfen Abgrenzungen zwischen diesen Gruppen (Christ/Meininghaus/Röing 2017a: 26).

Eine andere Hierarchisierung, die auch Menschen aus dem gleichen Herkunftsland betreffen kann, ergibt sich durch die Art der Gewährung von Schutz. Während Menschen aus Syrien in den ersten Jahren des Krieges in Deutschland Flüchtlingsschutz (§3 AsylG) im Sinne der Genfer Flüchtlingskonvention (GFK) gewährt bekamen, erhalten sie nun häufig nur noch subsidiären Schutz (§4 AsylG). Dieser wird gewährt, wenn im Herkunftsland ernsthafter Schaden drohen könnte, aber sie sich nicht für andere Schutzformen (Flüchtlingsschutz nach §3 AsylG oder Asyl nach Art. 16a GG) qualifizieren. Es gibt Fälle, bei denen selbst Familienmitglieder einen unterschiedlichen Schutzstatus gewährt bekommen. Mit der Gewährung des Schutzstatus ist ebenfalls ein unterschiedlicher Zugang zu weiteren Rechten verbunden. Im Asylpaket II von März 2016 wurde u. a. der Familiennachzug für subsidiär Schutzberechtigte für die Dauer von zwei Jahren ausgesetzt. Außerdem gilt die Aufenthaltsdauer nur für ein Jahr, im Gegensatz zu drei Jahren beim Flüchtlingsschutz. Subsidiär Schutzberechtigte können zwar eine Arbeit aufnehmen und eine Wohnung mieten, jedoch führt der unsichere Rechtsstatus auch zu Unsicherheit auf Seiten potentieller Vermieter oder potentieller Arbeitgeber. Im Zweifelsfall wird die Stelle oder die Wohnung lieber an eine Person mit einer längerfristigen Perspektive vergeben. Syrer mit einem subsidiären Schutzstatus erzählten uns, dass sie zum Nichtstun gezwungen seien; sie würden keine Arbeit, Wohnung oder Ausbildungsstellen finden (105). Durch diese asylrechtlichen Entscheidungen werden also Hierarchisierungen innerhalb von Menschen gleicher Herkunftsländer, ja sogar innerhalb von Familien geschaffen. Die durch die asylrechtlichen Vorgaben geschaffenen Machtkontexte beeinflussen nicht nur die Interaktionen Geflüchteter, sondern auch die Erwartungen an mich.

2.3 Im Spannungsfeld zwischen Erwartungen verschiedener Akteure

Wissenschaftler, die in einem angewandten Kontext forschen, befinden sich in einem Spannungsfeld zwischen verschiedenen Akteuren, die unterschiedlichen Erwartungen an sie stellen. Klassischerweise sind das die lokale Bevölkerung, der Auftraggeber, die Akademie und die Öffentlichkeit (Ervin 2005: 30-33); ich möchte für unsere Forschungen die Erwartungen von Geflüchteten, der Öffentlichkeit und der kommunalen Verwaltung diskutieren.

"Most anthropologists would agree that the host community [...] should come first in any ethical considerations" (Ervin 2005:30). Ervin weist darauf hin, dass selbst in den dörflichen Strukturen der ‚klassischen' Feldforschung Heterogenität herrscht; um sehr viel mehr gilt dies natürlich für Flüchtlingsunterkünfte, die von sehr großer Diversität geprägt sind. Die Bewohner erwarten von mir Hilfe und Unterstützung. Nicht selten übersteigen ihre Erwartungen das, was ich leisten kann, etwa die in einem umkämpften Wohnungsmarkt schwierige Wohnungssuche. Einige Bitten können in konkrete ethische Dilemmata resultieren und eine persönliche politische Positionierung erfordern. So bat mich eine verzweifelte Frau, bei der wenige Tage vor meinem Besuch morgens um fünf Uhr die Polizei klingelte und die es zu diesem Zeitpunkt nur einem Zufall verdankte, dass sie nicht abgeschoben wurde, für sie und ihren Mann eine Petition zu verfassen, um ihre Abschiebung zu verhindern. Auch ihr schwer kranker Sohn musste seine Abschiebung befürchten und die Mutter war verzweifelt, weil er nach einer Rückkehr nicht mehr ausreichend medizinisch versorgt werden könnte. Durch solche Erlebnisse wird man als Forscher dazu gezwungen, sich damit auseinander zu setzen, wie man selbst zu strittigen Themen wie Abschiebung steht und ob und wie man handelt.

Auch wenn die Ethnologie in der Öffentlichkeit eher marginal vertreten ist (vgl. etwa das Tagungsthema der DGV 2013), ist das Thema Flucht in Deutschland in der Öffentlichkeit seit dem Spätsommer 2015 bis heute immer noch eines der am emotionalsten und intensivsten diskutierten Themen. Somit finden alle Forschungen zum Thema Flucht in Deutschland im Spannungsfeld einer gesellschaftlich hochpolitisierten Debatte statt. Im Vorfeld unserer Veröffentlichungen zum Thema Konflikte in Unterbringungen diskutierten wir ebenfalls, wie wohl unsere Ergebnisse in der Öffentlichkeit aufgenommen werden könnten und ob wir eine Instrumentalisierung unserer Ergebnisse befürchten müssen. Innerhalb dieses hochpolitisierten Diskurses sehe ich die Aufgabe von Wissenschaftlern darin – und gerade Ethnologen mit ihrem Blick auf die Mikroperspektive können dazu viel beitragen – Alltagsrealitäten geflüchteter Menschen jenseits der dominanten Diskurse aufzuzeigen.

Um Zugang zu den kommunalen Unterkünften zu bekommen, brauchen wir die Zustimmung der kommunalen Verwaltung. Während manche Kommunen die Forschung begrüßten, stießen wir in anderen auf größeren Widerstand. Für die Forschung zur Konfliktprävention war es daher ein Muss, nicht nur sämtliche teilnehmenden Personen, sondern auch die Unterkünfte und die Namen der Kommunen zu anonymisieren. Einige Kommunen waren an unserer Arbeit interessiert. Hier bestand die Herausforderung, ihnen praktische Lösungen anzubieten, die sie in ihrem Alltag umsetzen können. Auch wenn wir in unserer Studie die strukturellen Ursachen für Konflikte betonen, darunter das Asylregime mit der Verpflichtung zur Unterbringung in Gemeinschaftsunterkünften, ist dies für kommunale Verwaltungen zu unkonkret. Sie brauchen praktische und alltagsnahe Empfehlungen, die schnell und unkompliziert umzusetzen sind. Zudem müssen die präsentierten Lösungen die knappen Kassen der Kommunen berücksichtigen.

3. Wie können sich Ethnologie und Praxis gegenseitig befruchten?

Im Folgenden möchte ich diskutieren, was erstens ein spezifisch ethnologischer Beitrag für die Flüchtlingsarbeit sein kann und was zweitens aus der praktischen Arbeit für die theoretische Diskussion einer Ethnologie der Flucht gewonnen werden kann.

Für die Beantwortung der ersten Frage möchte ich auf ethnologische Prinzipien, Theorien und Methoden eingehen. Der wichtigste Beitrag der Ethnologie besteht für mich darin, in einem Perspektivwechsel die Perspektive der Geflüchteten in den Fokus zu rücken und Flüchtlingen ein Gesicht zu geben. Die Ethnologie blickt auf die Mikroebene und damit auf den Menschen und seine Bedürfnisse im Gegensatz zum öffentlichen Diskurs, in dem die Massen, die zu uns kommen, beschworen werden. Beispiele für letzteres sind die Bilder von überfüllten Booten im Mittelmeer oder Berichte über Massenschlägereien in großen Gemeinschaftsunterkünften. Ich möchte mich Antweiler anschließen, der fordert, die Ethnologie müsse ein „Anwalt der kleinen Maßstäbe" (Antweiler 2015:29) sein. Eine solche Perspektive kann zu einer sachlichen Debatte innerhalb des hochpolitisierten Diskurses beitragen, indem sie auf Dilemma, Widersprüche oder gegensätzliche Erwartungen hinweisen kann, innerhalb derer sich Personen – egal ob geflüchtete Menschen, Mitarbeiter in der Flüchtlingsarbeit, Ehrenamtliche oder Anwohner – befinden. Die Ethnologie kann durch dichte Beschreibungen Alltagsrealitäten abseits dominierender Diskurse aufzeigen. Sie kann den Menschen in den Vordergrund rücken, der eben nicht nur „Flüchtling", sondern in erster Linie Vater, ehemaliger LKW-Fahrer oder Sportler ist. Ethnologen haben durch teilnehmende Beobachtungen in der Regel einen intensiven Kontakt zu den Menschen und kennen ihre Perspektiven gut. Durch ihre alltagsnahen Kenntnisse können und müssen sie auf die inhärenten Widersprüche des Asylregimes hinweisen. Wie soll etwa ein Mann aus Syrien, der mit vier Kindern in Deutschland lebt, die von der Politik geforderten Integrationsleistungen erfüllen, wenn er ständig mit Sorgen an seine Frau und die weiteren Kinder, die in Flüchtlingslagern im Libanon leben und die er aufgrund seines subsidiären Schutzstatus nicht nachholen kann, denkt (Feldtagebuch 18.07.17)?

Weiterhin hat die Ethnologie das Potential, Kultur als Perspektive (Antweiler 2015: 22) in die öffentliche Debatte einzubringen, ohne dabei zu kulturalisieren. Kultur ist gerade in der öffentlichen Auseinandersetzung mit Flüchtlingen ein zentrales Motiv, mit der die Verschiedenheit der „anderen" von uns erklärt wird. Ein Beispiel sind die zahlreichen Einladungen zu interkulturellen Trainings, die ich über diverse E-Mail-Verteiler zugeschickt bekomme. So gibt es Ehrenamtliche, die sich nicht trauen, sich im direkten Kontakt mit geflüchteten Menschen zu engagieren, aus Angst, sie könnten etwas falsch machen und kulturelle Grenzen verletzen (Feldtagebuch 15.07.17). Auch wenn Ethnologen Diversität betonen, ist es ebenfalls sinnvoll, auf Verbindendes hinzuweisen, beispielsweise auf die gemeinsame Lebenssituation, die Studierende, egal ob sie aus Syrien oder aus Deutschland kommen, teilen.

Anstelle einer Kulturalisierung können Ethnologen auf andere soziale Kategorien wie soziale Klasse oder Gender hinweisen. Ethnologen sind es gewohnt zu kontextualisieren und holistisch zu denken. Bei Fällen von häuslicher Gewalt in einer Flüchtlingsunterkunft etwa können sie darauf aufmerksam machen, dass diese Gewaltform bei „uns" ebenso vorkommt, wie auch, dass dies in Verbindung mit Traumafolgereaktionen stehen kann. Dabei muss betont werden, dass eine Kontextualisierung nicht gleichbedeutend mit einem alles entschuldigenden Kulturrelativismus ist. Das ethnologische Grundprinzip des Kulturrelativismus, verstanden als ein methodischer Kulturrelativismus und nicht als ein totaler Wertrelativismus, kann wichtige Orientierungshilfe geben. Ein methodisch verstandener Kulturrelativismus versucht, Praktiken in ihren kulturellen Kontext einzuordnen und sie hieraus zu verstehen, ohne dass man als Forscher mit ihnen einverstanden sein muss (Antweiler 2016).

Weiterhin gibt es viele Theorien aus der Ethnologie, die helfen können, gegenwärtige Entwicklungen zu verstehen und einen anderen Blick auf gegenwärtige Probleme zu werfen. So hilft zum Beispiel bei oben genannter Frage, ob Menschen verschiedener Nationalität getrennt oder zusammen untergebracht werden sollen, ein Blick auf Ethnizitätstheorien. Während im öffentlichen Diskurs ethnische Identität als primordial charakterisiert wird, betont das in der Sozialwissenschaft dominante Paradigma des Konstruktivismus konstruktivistische und situative Ethnizitätstheorien, die von einer permanenten Aushandlung ethnischer Zugehörigkeit ausgehen. Sprache, Religionszugehörigkeit oder Abstammung sind dann als Grenzmarker zu verstehen, die individuell und situationsbedingt aktiviert werden. Ethnien werden als Produkte menschlichen Handelns verstanden, die nur durch die Abgrenzung zu anderen Gruppen entstehen (Feischmidt 2007, Comaroff/Comaroff 2011:70). Dementsprechend zeigte sich auch in unserer Forschung zum Thema Konflikt, dass die Belegungskriterien nicht einheitlich waren und sich ethnische, nationale, sprachliche oder religiöse Zuschreibungen vermischten, während andere Trennlinien, etwa soziale oder politische, nicht berücksichtigt wurden (Christ/Meininghaus/Röing 2017a:26). Die Belegungskriterien spiegelten eher das vermeintliche Vorwissen der Mitarbeiter über die „anderen" wieder als tatsächliche Gruppenzugehörigkeiten. Die Bildung von Gruppen in Unterkünften kann aber dann problematisch werden, wenn Zugleich der Zugang zu Gütern oder Ressourcen eingeschränkt und sich die Gruppen im Wettbewerb zueinander finden, etwa durch den eingeschränkten Zugang zu Sprachkursen oder Bedarfsgütern. Dies entspricht der Instrumentalisierungsthese, nach der „Zusammengehörigkeitsgefühle und Gemeinschaftsvorstellungen der Menschen im Dienst politischer oder materieller Interessen instrumentalisiert werden können" (Feischmidt 2007: 57).

Eine andere theoretische Perspektive, die für ein Verständnis der Lebenssituation geflüchteter Menschen hilfreich ist und ebenfalls ein Gegenentwurf zum dominanten medialen Diskurs bildet, sind Theorien zu Transnationalismus oder Translokalität, die auf die drei Ethnologinnen Glick Schiller, Basch und Szanton Blanc (1995) zurückgehen. Der Blick im öffentlichen Diskurs auf die von Flüchtlingen zu erbringende Integrationsleistungen lenkt davon ab, dass die Lebenszusammenhänge geflüchteter Menschen multilokal verortet sind. So lebt eine Frau aus Eritrea in Deutschland mit ihrem Baby und ihrem ertreischen Lebensgefährten zusammen. Zusammen mit ihrem verstorbenen Mann hat sie zwei weitere Kinder, die in Äthiopien bei ihrer Mutter leben. Die meisten Geschwister und die Eltern ihres Lebensgefährten sind in Eritrea, während ein Onkel inzwischen in Dänemark und eine Schwester in England wohnen. In Deutschland haben sie dagegen keine weiteren Verwandten. Mit allen oben genannten Verwandten steht das Paar in regelmäßigen Kontakt. Das Paar fühlt sich Menschen in sehr unterschiedlichen Ländern verbunden und hat auch in Deutschland schon ein beachtliches Netzwerk an Freunden und Bekannten aufgebaut (Feldtagebuch 01.08.17). In den letzten Jahren wurde in der Migrationswissenschaft die gegenseitige Beeinflussung von Integration und Transnationalismus diskutiert. Die Forschungen zeigen, dass Integrationsprozesse und Transnationalisierungsprozesse sich nicht gegenseitig ausschließen, sondern in enger Beziehung zueinander stehen. Die Verwobenheit beider Prozesse kann in manchen Fällen zu sozialem oder wirtschaftlichem Erfolg, in anderen Fällen aber auch zu Marginalisierung führen (Faist/Fauser/Reisenauer 2013:111). Erdal und Oeppen entwickelten eine Typologie der Interaktionen zwischen Integration und Transnationalismus, die sich an den Lebenswelten von Migranten orientiert und damit ohne die normativen Erwartungen der geforderten Integrationsleistung auskommt (Erdal/Oeppen 2013:878).

Auch in methodischer Hinsicht kann die Ethnologie viel zu einer praktischen Arbeit mit Flüchtlingen beitragen. Die im Rahmen von teilnehmender Beobachtung und dichten Beschreibungen gewonnenen Forschungsergebnisse können durch ihre Erfahrungsnähe dominante Diskurse über Flüchtlinge aufbrechen. Die für die Entwicklungszusammenarbeit entwickelten ethnologienahen partizipativen Methoden (Schönhuth/Kievelitz 1994) bieten ebenfalls Potential für die Arbeit mit Flüchtlingen. Ethnologen könnten zum Beispiel mit der Hilfe verschiedener Rankingmethoden (z. B. dem Ranking von Präferenzen, vgl. Schönhuth/Kievelitz 1994:97) die inzwischen zahlreichen Ehrenamtskoordinatoren dahingehend beraten, wie ehrenamtliche Angebote stärker an den tatsächlichen Bedürfnissen geflüchteter Menschen ausgerichtet werden und nicht etwa nur den Wünschen von Ehrenamtlichen entsprechen. Andere von Ethnologen entwickelte tools wie das Softwareprogramm vennmaker (VennMaker 2017) zur Visualisierung von Venn-Diagrammen könnten nützlich sein, um Kommunen zu beraten, wie sie ihre Netzwerkstrukturen verbessern und etwa die Zusammenarbeit mit anderen Organisationen in der Flüchtlingshilfe, z. B. Caritas oder Diakonie, ausbauen können. Gleichzeitig können angewandte Ethnologen mit ihrem Wissen aus Aufnahmeländern für Flüchtlinge im Globalen Süden oder ihrem Wissen aus der Entwicklungszusammenarbeit darauf hinweisen, dass Angebote nicht nur für geflüchtete Menschen konzipiert werden sollen (Rudolf 2017:5), sondern auch die Bedarfe der lokalen Bevölkerung berücksichtigen und im besten Falle Angebote für beide Gruppen zusammen anbieten sollten. Partizipation sollte im Idealfall die Selbstverantwortung geflüchteter Menschen stärken, gleichzeitig sollte sich Partizipation auch auf die Einbindung aller beteiligter stakeholder beziehen.

Kann umgekehrt auch aus der praktischen Arbeit ein sinnvoller Beitrag zur ethnologischen Wissensproduktion gewonnen werden? Zum einen kann die praktische Arbeit in eine Reflexion ethnologischer Kernbegriffe wie Kultur und Ethnizität resultieren. Flüchtlingsunterkünfte sind Orte extremer Diversität, in denen Menschen mit den unterschiedlichsten kulturellen, ethnischen, religiösen, soziale und politischen Hintergründen und mit unterschiedlichsten persönlichen Charaktereigenschaften auf engstem Raum zusammen leben und auskommen müssen. Hier setzt der Begriff der „Diversität" an, bei dem „Verweise auf ‚Kultur', ‚Ethnizität' und ‚Religion' hier nicht länger als allumfassende Erklärungsansätze gewählt, sondern zu anderen, quergelagerten sozialen Prozessen in Beziehung gesetzt werden" (Dilger 2009:2). Vertovec at al. in ihrer Studie zu Diversität in Flüchtlingsunterkünften führen auf, dass selbst Personen, die auf den ersten Blick ähnliche Charakteristika haben, sich trotzdem sehr stark voneinander unterscheiden können. So können zwei Frauen zwar beide aus Syrien kommen, ein ähnliches Alter haben, einen guten Gesundheitsstatus und eine Anerkennung als Flüchtling. Gleichzeitig ist die eine Frau Kurdin, Akademikerin, politisch engagiert und konnte direkt nach Deutschland einreisen, während die andere Türkin ist, nur die Grundschule abgeschlossen hat, über Landbesitz in Syrien verfügt, sich nicht politisch positioniert und eine schwierige Flucht bewältigte (Vertovec at al. 2017:30). Es ist keine neue soziologische Erkenntnis, dass Menschen in verschiedenen Rollen (Dahrendorf 2006) oder sozialen Kreisen (Simmel 1992) interagieren, trotzdem erscheint es mir gerade heute wichtig, genau darauf in der Öffentlichkeit hinzuweisen.

Weitere Überlegungen können bei der Frage ansetzen, in welcher Beziehung soziale Rollen zu Machtstrukturen stehen und sich auf die Individuen auswirken. In diesem Fall ist dies die rechtliche Kategorie „Flüchtling", die wie keine der anderen sozialen Kategorien oder Charakteristika bestimmend für die weiteren Lebenschancen der Individuen ist. Das Beispiel der Sammelabschiebungen Anfang 2017 nach Afghanistan ist dabei besonders eindrücklich. Die verschiedenen Rollen können nicht gleichermaßen ausgelebt werden, sondern sind von strukturellen Mechanismen abhängig. Sie können auch in bestimmte Diskriminierungspraktiken resultieren. Eine den Hijab tragende Frau wird vermutlich vor größeren Schwierigkeiten auf dem Wohnungsmarkt stehen als eine ohne. Bei diesen Analysen ist das aus der Genderforschung stammende Konzept der Intersektionalität hilfreich, das die Überschneidung verschiedener Diskriminierungsformen untersucht. Die Erkenntnisse aus der praktischen Arbeit können auch hier hilfreich sein, das Konzept, das in erster Linie die Überschneidung der drei Kategorien Klasse, Geschlecht und Ethnizität untersucht, um weitere Kategorien zu erweitern, etwa um Alter bzw. Generation oder rechtlichen Status (Fresnoza-Flot/Shinozaki 2017:868).

4. Fazit

In unserem Forschungsprojekt begegne ich Herausforderungen, die auch für andere Teilgebiete der angewandten Ethnologie beschrieben werden. Erwartet werden schnelle Lösungsansätze für aktuelle gesellschaftliche Probleme, die am besten aber auch möglichst kostenneutral sein sollten. (Angewandte) Ethnologen müssen meiner Meinung nach gesellschaftliche Machtverhältnisse, innerhalb derer sie forschen, reflektieren und sich während des gesamten Forschungsprozesses mit ethischen Fragestellungen auseinandersetzen, um die Teilnehmer ihrer Forschung, aber auch sich selbst, keinen Gefahren auszusetzen. Weiterhin sehen sie sich mit unterschiedlichsten Erwartungen konfrontiert, die ich hier exemplarisch anhand der Erwartungen von Kommunen, der geflüchteten Menschen selbst und der Öffentlichkeit verdeutlicht habe.

Beim Einbringen ethnologischer Expertise müssen Ethnologen den Blick auf die Mikroperspektive mit der Analyse gesellschaftlicher und politischer Strukturen, etwa dem Asylregime, kombinieren. Das Beispiel sich verändernder asylrechtlicher Bestimmungen zeigt, wie sehr sich staatliche Klassifikationen auf Zugehörigkeiten und Abgrenzungen zwischen Gruppen auswirken können. Die wirkmächtigste Klassifikation ist die rechtliche Kategorie des „Flüchtlings", deren Gewährung Lebenschancen gibt oder verhindert und von deren Klassifizierung die tatsächliche Lebensgestaltung abhängt. Weitere Klassifikationen wie die der „schlechten" oder „guten" Bleibeperspektive oder der „sicheren Herkunftsstaaten" haben nicht nur Auswirkungen auf die von den Klassifikationen betroffenen Individuen selbst – in erster Linie auf ihre Lebenschancen – sondern auch auf die Interaktionen von geflüchteten Menschen untereinander und den Prozess der Gruppenbildung. Zudem erfordern sie häufig eine politische Positionierung und Handeln für Forscher, Mitarbeiter in der Flüchtlingsarbeit und Ehrenamtliche.

Es zeigt sich, dass die Ethnologie für die sozialpolitische Praxis viel zu bieten hat. Insbesondere ihre Grundprinzipien wie ein methodischer Kulturrelativismus, der Perspektivwechsel und die Betonung der Mikroperspektive können Anknüpfungspunkte für die Arbeit mit geflüchteten Menschen generell bieten. Ziel soll immer das Verstehen der Perspektiven der beteiligten Menschen selbst sein. Auch ethnologische Theorien können helfen, praktische Probleme zu lösen oder dominante öffentliche Debatten zu hinterfragen, wie am Beispiel von Theorien zu Ethnizität und Transnationalität gezeigt. Methodisch können teilnehmende Beobachtung und dichte Beschreibung dazu beitragen, Alltagsrealitäten geflüchteter Menschen jenseits dominierender Diskurse in einem hochpolitisierten Kontext aufzeigen.

Umgekehrt können aus der Praxis wichtige Impulse für die ethnologische Theoriebildung ausgehen. Ein wesentlicher Aspekt erscheint mir hierbei das Konzept der Diversität, das auch bisherige ethnologische Kernkonzepte wie Kultur und Ethnizität herausfordert.

Literatur

Arbeitsgemeinschaft Entwicklungsethnologie e. V. (AGEE) (2013): Ethische Leitlinien der Arbeitsgemeinschaft Entwicklungsethnologie e.V. (AGEE). Trierer Materialien zur Ethnologie Heft 6. http://entwicklungseth-nologie.org/wp-content/uploads/2013/04/Ethische-Leitlinen-AGEE-deutsch-6-9-2013.pdf [Zugriff am 14.09.2017].

ALBA, Richard (2008): Why we still need a theory of mainstream Assimilation. In: Kalter, Frank (Hg.): Migration und Integration. Wiesbaden: VS Verlag für Sozialwissenschaften (Kölner Zeitschrift für Soziologie und Sozialpsychologie. Sonderheft, 48/2008), S. 37–56.

ANTWEILER, Christoph (2016): Relativismus relativiert. Für einen moderaten Kulturrelativismus. In: Global South Studies Center: Blog Kulturrelativismus und Aufklärung. Eine Debatte über den Umgang mit Fremdem. http://gssc.uni-koeln.de/node/1368 [Zugriff am 06.09.2017].

ANTWEILER, Christoph (2015): Angewandte Ethnologie heute. Arbeits- und Minenfelder jenseits des Kokons. In: Ethnoscripts. Zeitschrift für aktuelle ethnologische Studien. 17(2), S. 11–39.

Art. 16a GG: Grundgesetz für die Bundesrepublik Deutschland Art 16a, vom Bundesministerium der Justiz und für Verbraucherschutz. https://www.gesetze-im-internet.de/gg/art_16a.html [Zugriff am 04.05.2017].

AsylG (Asylgesetz): vom Bundesministerium der Justiz und für Verbraucherschutz. https://www.gesetze-im-internet.de/asylvfg_1992/ [Zugriff am 13.09.2017].

Bayerischer Rundfunk; Der Spiegel (2017): Wir müssen draußen bleiben. Warum Hanna zur Besichtigung eingeladen wird und Ismail nicht, https://www.hanna-und-ismail.de. [Zugriff am 13.09.2017].

Bonn International Center for Conversion (BICC) (2017): Conversion studies for a more peaceful world. https://www.bicc.de/about/about-us/ [Zugriff am 14.09.2017].

CHRIST, Simone / Meininghaus, Esther / Röing, Tim (2017a): „All day waiting". Konflikte in Unterkünften für Geflüchtete in NRW. BICC Working Paper 3/2017. https://www.bicc.de/uploads/tx_bicctools/BICC_WP_3_2017_web.pdf [Zugriff am 04.08.2017].

CHRIST, Simone / Meininghaus, Esther / Röing, Tim (2017b): Konfliktprävention in Unterkünften – Selbstverantwortung geflüchteter Menschen stärken. BICC Policy Brief 3/2017. https://www.bicc.de/uploads/tx_bicctools/BICC_PB_Flucht_NRW_2017_06_19.pdf, zuletzt geprüft am 14.09.2017.

COMAROFF, John L. / Comaroff, Jean (2011): Ethnizität. In: Kreff, Fernand, Eva-Maria Knoll, Andre Gingrich (Hg.): Lexikon der Globalisierung. Bielefeld: transcript, S. 68–72.

DAHRENDORF, Ralf (2006): Homo Sociologicus. Wiesbaden: VS-Verlag.

Deutsche Gesellschaft für Völkerkunde (DGV) (2013): DGV-Tagung 2013. Tagungsthema. Verortungen. Ethnologie in Wissenschaft, Arbeitswelt und Öffentlichkeit. https://www.dgv-net.de/tagungen/dgv-tagung-2013/tagungsthema/ [Zugriff am 13.09.2017].

DILGER, Hansjörg (2009): Migration, Diversität, Ethnologie. In: Staatliche Institutionen und Integration: Ethnologische Perspektiven. 30. Juni 2009 im Haus der Kulturen der Welt/Berlin. https://www.dgv-net.de/wp-content/uploads/2016/07/2009_06_Staatliche-Institutionen-und-Integration_Ethnologische-Perspektiven.pdf [Zugriff am 06.09.2017].

ERDAL, Marta Bivand / Oeppen, Ceri (2013): Migrant Balancing Acts. Understanding the Interactions Between Integration and Transnationalism. In: Journal of Ethnic and Migration Studies 39 (6), S. 867–884.

ERVIN, Alexander M. (²2005): Applied Anthropology. Tools and Perspectives for Contemporary Practice. Boston: Pearson Education.

ESSER, Hartmut (2009): Pluralisierung oder Assimilation? Effekte der multiplen Inklusion auf die Integration von Migranten. In: Zeitschrift für Soziologie 38(5): S. 358–378.

FLUEHR-LOBBAN, Carolyn (²2015): Ethics. In: Bernard, H. Russell (Hg.): Handbook of methods in cultural anthropology. Lanham Md. u. a.: Rowman & Littlefield, S. 131–150.

FAIST, Thomas / Fauser, Margit / Reisenauer, Eveline (2013): Transnational migration. Cambridge u.a.: Polity Press (Immigration and society series).

FEISCHMIDT, Margit (2007): Ethnizität – Perspektiven und Konzepte der ethnologischen Forschung. In: Schmidt-Lauber, Brigitta (Hg.): Ethnizität und Migration. Einführung in Wissenschaft und Arbeitsfelder. Berlin: Reimer (Reimer Kulturwissenschaften), S. 51–68.

FRESNOZA-FLOT, Asuncion / Shinozaki, Kyoko (2017): Transnational perspectives on intersecting experiences. Gender, social class and generation among Southeast Asian migrants and their families. In: Journal of Ethnic and Migration Studies 43 (6), S. 867–884. Electronic source: https://doi.org/10.1080/1369183X. 2016.1274001

GLICK Schiller, Nina / Basch, Linda / Szanton Blanc, Cristina (1995): From Immigrant to Transmigrant: Theorizing Transnational Migration. In: Anthropological Quarterly 68 (1), S. 48–63.

KRAUSE, Ulrike (2017): Researching forced migration: critical reflections on research ethics during fieldwork. Refugee Studies Center Working Paper Series 123. https://www.rsc.ox.ac.uk/publications/researching-forced-migration-critical-reflections-on-research-ethics-during-fieldwork [Zugriff am 14.09.2017].

MECHERIL, Paul (2011): Wirklichkeit schaffen: Integration als Dispositiv – Essay. In: Aus Politik und Zeitgeschichte (APuZ) 61 (43), S. 49–54. http://www.bpb.de/apuz/59747/wirklichkeit-schaffen-integration-als-dispositiv-essay?p=all [Zugriff am 30.08.17].

PORTES, Alejandro; Zhou, Min (1993): The New Second Generation. Segmented Assimilation and its Variants. In: Annals of the American Academy of Political and Social Science 530, S. 74–98.

PRIES, Ludger (2015): Teilhabe in der Migrationsgesellschaft: Zwischen Assimilation und Abschaffung des Integrationsbegriffs. IMIS Beitrag 47. https://www.imis.uni-osnabrueck.de/fileadmin/4_Publikationen/ PDFs/imis47.pdf [Zugriff am 14.09.2017].

RUDOLF, Markus (2017): Gesucht: Gute Regierungsführung. Schutz von Minderheiten und Menschenrechten in der irakischen Region Kurdistan. BICC Policy Brief 2/2017. https://www.bicc.de/uploads/tx_bicctools/ policy_brief_2_17_de.pdf [Zugriff am 13.09.2017].

SCHERR, Albert (2017): The Meaning of Integration under the Conditions of Complex and Dynamic Societies. In: Nova acta Leopoldina 415, S. 23–29.

SCHÖNHUTH, Michael / Kievelitz, Uwe (1994): Participatory Learning Approaches. Rapid Rural Appraisal, Participatory Appraisal: An Introductory Guide. Rossdorf: TZ-Verlagsgesellschaft (Schriftenreihe der GTZ, no. 248).

SIMMEL, Georg, (1992 [1908]): Soziologie: Untersuchungen über die Formen der Vergesellschaftung. Frankfurt am Main: Suhrkamp.

Spiegel Online (2015): Politiker wollen Christen und Muslime getrennt unterbringen. Werden Christen in deutschen Flüchtlingsheimen von konservativen Muslimen drangsaliert? Politiker und Verbände behaupten das – und verlangen eine getrennte Unterbringung. In: Spiegel Online, 28.09.2015. http://www.spiegel.de/politik/deutschland/fluechtlinge-christen-und-muslime-getrennt-unterbringen-a-1054931.html [Zugriff am 04.05.2017].

VERTOVEC, Steven / Becker, Susanne / Fleischer, Annett / Schader, Miriam / Wari, Shahd (2017): Addressing the diversity of asylum-seekers needs and aspirations. A Report to the Volkswagen Foundation. Max Planck Institute for the Study of Religious and Ethnic Diversity (MPI-MMG). Working Papers 17-05, Göttingen. http://www.mmg.mpg.de/fileadmin/user_upload/documents/wp/WP_17-05_Vertovec_Addressing% 20the%20diversity%20of%20asylum-seekers%92%20.pdf [Zugriff am 07.09.2017].

VennMaker (2017): VennMaker: Akteurszentrierte Darstellung und Analyse sozialer Netzwerke. Online verfügbar unter http://www.vennmaker.com/ [Zugriff am 13.09.2017].

Interviews

105: Fokusgruppe mit wechselnden Teilnehmern.

107: Mitarbeiter einer Beratungsorganisation.

131: Bewohner einer kommunalen Unterkunft.

144: Mitarbeiterin einer Beratungsorganisation.

187: Fokusgruppe mit städtischen Angestellten, Sozialarbeitern, und Vertretern von Beratungsstellen.

Intercultural Competence Trainings for Organizations Working with the Newly Arrived Refugees in Germany

Noémie Hermeking

ABSTRACT: With the recently-arrived asylum seekers in Germany, the work of applied anthropologists has become more prominent and visible. Germany has not seen such a high influx of asylum seekers since the 1990's when refugees fled the wars in former Yugoslavia. Thus, a major shift in attitudes from the 1990's to today's world has taken place when it comes to refugees. "Since the September 11 attacks, some countries have curtailed their refugee-resettlement programs, others have tightened their border controls, and many are making an unwarranted link between the words 'refugee' and 'terrorist'" (Lubbers 2002:60), ultimately portraying refugees as a security risk. This branding but also the fear that is generated by the media and political campaigns show the importance of intercultural workshops, in order to foster cross-cultural dialogue and hence the integration process of the refugees. This paper will offer an insight into a research project that started end of 2015 in Munich, Germany, where most of the refugees arrived. Some of the following questions that will be addressed are: What kind of intercultural training is necessary to better prepare the organizations that work with the newly arrived refugees? Is an intercultural workshop for people working with refugee communities enough to foster the integration of the newly-arrived or have other resources to be put into place?

1. Background

According to anthropologist Dawn Chatty the consequences of political conflict in the 21st century are likely to amount to a "century of displacement and dispossession" (2010: 4), with 65,3 million people having been displaced in the year 2015 alone (UNHCR 2016); or roughly the equivalent of the population of France. According to the UNHCR Historical refugee data, the number of refugees has increased dramatically since 1960 (UNCHR 2017). Antje Krüger has noted that, "today, the main reasons for people fleeing from their countries are situations of war, political terror and violations of human rights" (2013:52). These scattered people add to the numbers of already existing diasporas in other parts of the world.[1] However, against much misinformation "only a small percentage of refugees make it to the developed world" (Lubbers 2002:63). Although there is a judicial difference between the terms "asylum seeker," "refugee," and "migrant," I will use these terms interchangeably to describe the newcomers fleeing their home country due to catastrophes and conflicts.[2] So, how is the migration issue handled in Europe, and specifically in Germany?

2. Importance of applied anthropology

The work of applied anthropologists, in Germany, has become more prominent and visible due to the recently arrived asylum seekers. Over the years the importance of "applied", "engaged", "activist" and "practical" anthropology has grown as it sheds new light into day-to-day contemporary issues and problems.[3] Applied anthropologists commonly work in the field of "public health, health services, agricultural development, natural resources, education" (Fiske 1991:vi), as well as "economics, politics, corporate organizations, communication, etc. (Nanda 2007:10-14). Hence, one of the primary goals of this anthropological engagement is to promote beneficial "social, economical and technical" change (Foster 1969:54). As agents of change, these anthropologists more often than not, become cultural brokers between the host society and the communities they serve. I will use the term applied anthropology more broadly to describe the knowledge that current anthropologists have acquired through research — such as methods, concepts, and field experiences. Ultimately, these principles are put into use in a practical manner and for the benefit of society. Intercultural training is one of many examples of applied anthropology.

In addition to the study of humankind, I believe that anthropologists can provide valuable input into developing intercultural competence training since they, themselves, have felt what it was like to be the "Other" while doing fieldwork in foreign settings. On top of that, anthropologists more often than not work with marginalized communities. By highlighting the minority's point of view, all voices are part of the discourse, making intercultural competence truly multi-vocal.

---

1   As an example German-Syrian associations were established in the late 1980s in Germany (Maastricht Graduate School of Governance 2013).

2   The word refugee was first applied in 1685, in reference to the French Huguenots fleeing oppression.

3   "The term "practical anthropology" was first used in 1860s by James Hunt, the founder of the Anthropological Society in London" (Eddy/Partridge 1987:4). Low and Merry distinguish between several forms of engagement, "sharing and support, teaching and public education, social critique, collaboration, advocacy and activism" (2010:203).

3. Reaction to the influx of migrants

According to the refugee convention of 1951, the migration crisis should be seen as a global and moral responsibility; instead it has created more divisions than collaboration among the member states (mostly disagreement between the 28 European member states resulting in unilateral decision-making).[4],[5] Welcoming these refugees has been left to few countries, while other nations have refused to either take them in, or they simply become overwhelmed by the situation.[6] What sets Germany apart, from other countries, is the fact that German asylum and refugee policies are not only based, simply, on the Geneva Convention, they are also mandated by the German constitution of 1949. More specifically Article 16a of the Basic Law provides "granting victims of political persecution an individual right of asylum" (Federal Ministry of the Interior). In 2015 over one million asylum seekers entered Germany. The main countries of origin were Syria, Albania and Kosovo (BAMF 2015).[7] Germany has not seen such a high influx of asylum seekers since the 1990's when refugees fled the wars in former Yugoslavia.[8]

However, there has been a major shift in people's attitudes from the 1990's to today's world in relationship to refugees. "After the September 11, 2001 attacks, some countries curtailed their refugee-resettlement programs, while others tightened their border controls, and many more are making an unwarranted link between the words 'refugee' and 'terrorist'" (Lubbers 2002:60), ultimately portraying refugees as a security risk (also see Huysmans 2006; Bail 2016).[9] As Migrantophobia is on the rise, it "is used [as] a classic theme by a right-wing constituency to justify immigration control" (Fassin 2015:364), accentuated by the coverage of Muslims as potential "terrorists" by the media (Saleem / Ramasubramanian 2017:2).

---

4   Zygmunt Bauman sees this humanitarian crisis not so much as a crisis that Europe has to face on its own, but one that involves all human species (2016:90).

5   The current refugee crisis is interpreted as a humanitarian problem, whereas refugees were seen as a military problem during and after WWII (see Malkki 1995:499).

6   For example humanitarian camps in Jordan, such as the Zaatari camp with over 80.000 people displaced, Turkey and Lebanon and Germany accepting most of the refugees within the European Union in 2015.

7   Only 300.000 entered Germany in 2016, due to new regulations and agreements. As of March 20th, 2016, Turkey takes back all the irregular migrants crossing from Turkey to the Greek islands, also the Balkan route has been closed.

8   Under the 1951 United Nations Convention on the Status of Refugees an asylum seeker is a person who has applied for asylum. Once his claim has been successful, he is then recognized as a refugee. The same convention further outlines that a refugee is a person with a "well-founded fear of being persecuted for reasons of race, religion, nationality, membership of a particular social group or political opinion..." Article 1A (2) (UNHCR). After being admitted into Germany under the Asylum Procedure Act (AsylVfG), the next application procedure will differ from Federal State to Federal State and will be decided by the Federal Office for Refugees and Migration (BAMF) (Federal Ministry of the Interior).

9   In Germany the events that occurred on New Year s Eve 2016 in Cologne surely intensified people s objection to take more people in and by the same token heightened prejudice towards refugees and asylum seekers in general.

Vitriolic accusations against refugees, generally speaking, result in what Eric Goffman has defined as "stigmatization", a way to distance ourselves, "the normals" (Goffman 1986:5) from others, the unwanted. To use Goffman's words: "by definition, of course, we believe the person with a stigma is not quite human. On this assumption we exercise varieties of discrimination, through which we effectively, if often unthinkingly, reduce his life chances. We construct a stigma-theory, an ideology to explain his inferiority and account for the danger he represents, sometimes rationalizing an animosity based on other differences" (Eric Goffmann 1986:5; also see Vertovec 2011). This branding of refugees as criminals, etc. as well as the fear generated by the media and political campaigns, show the importance of intercultural workshops in order to foster cross-cultural dialogue between the two sides and hence the integration process of the refugees.

4. How to respond to refugees entering Germany?

Due to the large number of refugees entering Germany, professional organizations and volunteer projects[10] alike, responded to the immediate needs of refugees and offered their assistance. Unfortunately, the voluntary workers, themselves, might have not received professional assistance to properly prepare them to assist with the challenges the newcomers might have suffered in their home country, during the often arduous migration journey, or other unknown difficulties, which the refugees might have been exposed upon arrival to the receiving country. During the reorientation process in the new country, asylum seekers have to deal not only with the loss of all things familiar, but they might also experience episodes of post-traumatic stress disorder (PTSD) (Krüger 2013: 56; Liedl et al. 2017). Hannah Arendt describes this liminality in her article "the Refugees" in 1943 (after she herself had left Europe for the USA) in the following way: "We lost our homes, which means the familiarity of daily life. We lost our occupation, which means the confidence that we are of some use in this world. We lost our language, which means the naturalness of reactions, the simplicity of gestures, the unaffected expression of feelings" (1943:110). Consequently, "to be rooted is perhaps the most important and least recognized need of the human soul," as Simone Weil writes during the wartime in England 1942 (1952:40).

Similar to the role of anthropologists, both the role of professional organizations and voluntary helpers are quintessential since they can function as „door openers" into German society. This is important since politicians, journalists and other key figures in host societies have acknowledged that a lot of the work could not be done without the help of the volunteer community (Diakonie Hessen 2016). Consequently, support and training

---

10 In general over 1/3 of the population in Germany is involved in any kind of volunteer work annually (Bundesamt für politische Bildung 2015).

measures are necessary and additional resources should be allocated for people who work within this field.

5. Gaining insights into refugee assistance work

Volunteering at the Munich train station, where most of the refugees arrived in 2015, gave me the possibility to see firsthand how organizations interact with the newcomers. Additionally, I researched on online blogs of rescue organizations to understand what kind of intercultural training is useful for the refugee aid workers. Furthermore, I confirmed and shared my research findings by giving lectures and workshops as well as training volunteers wishing to assist refugees in Germany.

In order to volunteer at the train station, an online calendar was made available, where members could sign up for specific time shifts or tasks. No prerequisites were needed (except when working with children; in those cases, the organization asked for a certificate of good conduct). While working as a volunteer at the Munich train station, after signing up for a four-hour shift, I was assigned and explained my duties, which included food distribution and required measures of hygiene due to the fact that there had been some rare cases of leukemia and other diseases.

In my experience at the train station, which echoes the recent study by Gerd Mutz et al., the typical volunteer in Munich is female, middle-aged, with a high level of education. About half of these women allocated about two hours weekly to help the volunteer community (2015:i). Many volunteers see in their help an opportunity, "to be useful, specifically to counterbalance societal deficits" (Mutz et al. 2015:i).

During my shifts at the train station, some helpers, all of whom were unpaid, shared with me that it was difficult to be fully prepared, since one could never know how many asylum seekers would arrive. Which of course led to some frustration, since many people could have signed up for a shift and then only a few asylum seekers would arrive that day. Since most of the helpers were not able to communicate in the refugees' language, such as Farsi, Arabic, Tigrinya or sometimes French, some of the information was also offered in simple drawing illustrations next to the words in German, Arabic, French and English. Allocating some time for volunteering at the train station was an effortless way to become active, without necessarily committing to donate a great deal of time in the long run. It goes without saying that the task of teaching the German language would require a more long-term commitment.

For three consecutive months, I also read daily, various comments on Internet blogs related to the arrival of refugees in Munich. The main online blogs I read were used primarily for organizing different tasks; they also functioned as self-help groups for different purposes and needs. With some 17,000 members, this specific blog I am referring to, (of course not all members were actively involved in volunteer work), one could hope that by posting a thread, someone had a solution or knew someone who would. The request ranged from: asking for drivers to deliver clothes or other items to a location within Munich or as far as France or Greece, seeking help for set ups, translations, food distribution, packing, cooking, etc. Sometimes refugees themselves used the blogs to ask for help in finding housing or some guidance on how to navigate bureaucratic procedures.

Since intercultural conflicts tend to be the result of misunderstanding (Jacquemet 1999:42-43) and "misperception of the opponent's goals, motives, and attributes" (Bartos / Wehr 2002:155) I decided to look for intercultural misunderstandings within the online community. These misunderstandings might happen when people do not abide or live by the same cultural variations and are not aware of the other person's cultural outlook. Therefore, I started to write down the apparent incompatibilities between the person who wrote the thread and the situation he/she was describing.

While reading the blogs, I realized that various comments were based on unintentional ethnocentric viewpoints of the writers, that is judging the other´s culture based on one's own values and standards. As an example, one person wrote: "Is it not common in Arabia to carry the baby in a carrycot?", judging a man who was using a baby tub to carry the baby around. Without a context about this situation it is hard to tell what the reasons were for this man to use this baby tub. Nevertheless, the man was reduced to a single identity, that of an "Arab man", and criticized by the fact that he did not have "adequate baby attire". Other examples of passing judgments include a woman who felt insulted that a man of Muslim origin did not want to shake hands with her, another comment saying that "women of Muslim origin were not allowed to leave the house" and assumptions that New Year's Eve (meaning December 31st) is celebrated in every country. This last comment not only shows insufficient knowledge of other cultures around the world, that is that not every society uses the Gregorian / western calendar, but also indicates that the person might not be aware that a refugee might associate all the noise of the fireworks and firecrackers with situations of war and the inherent bombing that comes along with it.

Although these were just some of the misunderstandings and potential conflict situations I noticed as an outside reader, one should not forget that the various actors involved might not even realize that something "went wrong" (Choi 2014:184; Beck-Gernsheim 2003:81), which can be harmful since it can reinforce common stereotypes and clichés and lead to ethnic reductionism (Baumann 1996:1). In addition, these situations also suggest what Ting-Toomey has described as the coming together of "contrasting cultural communities" and the "difference in interaction scripts" (2009:101). The majority of these misunderstandings, I found in this blog, can be described as thoughts written from an ethnocentric viewpoint. The problem with ethnocentrism is not the fact of being ethnocentric in itself, since it is a learned belief of one's cultural group as one's point of reference (Bertels / Bussmann 2013:69) "and all others are scaled and rated with reference to it" (Sumner 1940:27). It becomes problematic when ones ethnocentrism is not critically thought through and one's own cultural lens is not re-adjusted. One should keep this in mind specifically when looking at these intercultural encounters (the volunteer community on the one side and the refugees on the other) where there is, also, an inherent power structure bearing the potential of conflict based on the so-cial inequality of the "haves" and the "have nots". A lack of awareness of this inequality, similarly to ethnocentric bias, will certainly result in prejudice and the failure to ack-nowledge and appreciate the other person's human potential. To meet one another on equal grounds, it is essential to be aware of ones own perception and judgment, and to reevaluate and adjust our worldviews if need be. Thus, this is part of what Hunter et al. refer to as "global competencies," that "a person should attempt to understand his or her own cultural box before stepping into someone else's" (2006:279). Still, Georg Auernheimer reminds us that intercultural encounters quite often interplay with power asymmetry, collective experiences and images of others and different cultural patterns (2002:185, 2008:5), which might hinder us to really meet the other person at eye level.

6. Tailoring an intercultural workshop for German Language Teachers

These first encounters, both volunteering at the train station and reading these blog posts, gave me the opportunity to develop some ideas on how to tailor and adapt an in-tercultural workshop for people working with refugees as the target group.

Since there is "no one size fits all workshop", I will focus specifically on a workshop I developed for a language publishing company to train their teachers of German as a Second Language and German as a Foreign Language. My task was to deliver some key strategies for the teachers working with the newly arrived refugees. Even though, these teachers were not new to the job, nevertheless the challenges, so I was told, were quite different with the refugees that had just arrived in Germany compared to previous ones.

The desired goal of any intercultural workshop is to foster intercultural competence. Ideally, intercultural competence is a form of negotiation and bargaining whenever dif-ferent cultures are in contact, where the participants are flexible enough to write a communal script. Depending on the discipline, the country of origin and the context, multiple discourses of intercultural competence exist, resulting in a much-debated concept.[11] To use the intercultural philosopher's Ram Adhar Mall's definition of inter-cultural competence, "the question is not how to get rid of differences in this world, but how to better cope/live with them" (2014:29). Consequently, the overarching goal be-hind any intercultural training is to initiate a change of perspective and lessen the in-herent bias one might have towards cultural differences. In this regard, "intercultural

---

11 Different interpretations can be drawn form the fields of social studies, language studies, international management, education etc.

competence is an opportunity to learn to live and engage in an ever-changing world" (Waldhubel 2014:147), while "defusing conflicts and setting the foundations of peaceful coexistence" (UNESCO 2013:6). Furthermore, I believe it is also the task of an intercultural workshop to question the very essence of intercultural competence. To what extend has it not become just a buzzword to simply maintain the status quo (see also Gültekin 2009; Castro Varela 2009)? Do we really cherish otherness and cultural differences? French philosopher Alain Badiou might give an answer to the "imperative of a conquering civilization", which is to "become like me and I will respect your difference" (2001:24-25). In this regard, the purpose of intercultural competence is also to "challenge the legitimacy of dominant groups responsible for the reproduction of the status quo and embolden others who wish to redefine it" (Bail 2016:5).

The aim of an intercultural workshop should be that the participants go through different stages from awareness to self-reflection and finally to understanding, moving away from "a single story" to the understanding/appreciation of "multiple stories."[12] Because I was asked to develop an intercultural workshop that wouldn't exceed 180 minutes, the workshop was essentially limited to myself commenting on some key points:

1. Definition of intercultural competence and culture
2. Talking about the self and the other
3. Intercultural differences in the classroom
4. Conflict resolution strategies

1. Definition of intercultural competence and culture. Defining some goals of intercultural competence and explaining culture as dynamic, mosaic-like, multilayered and fluid arena gives a grasp of the overall direction of the workshop. At the same time it is important to note that it is impossible to simply hand out a fact sheet about a given cultural group. Behind every culture is an individual who interprets and lives according to his / her worldview and given context.

2. Talking about the self and the other is important to be able to reflect on the dichotomy of "we" versus "the others", in so doing, deconstructing stereotypes and becoming aware of ethnocentrism. Unfortunately, often times what we are unfamiliar with is what makes us unease and, therefore, unaccepting and judgmental. Ultimately, participants are invited to look beneath the surface and to be sensitive to other perspectives, hence putting themselves in their place.

3. Intercultural differences in the classroom looks at different cross-cultural educational cultures[13] and practices. For example, in Germany, there is a focus on a communication-oriented language class as a teaching method. Games can also be part of the instruction

---

12 Milton Bennett refers to this process as "different developmental stages of sensitivity" (2001).

13 Bildungskulturen in German.

to further or improve the participant's language skills. For participants who are used to a classroom, where the teacher is "lecturing" in the front, with little interactions, the "German method" can be quite challenging. There are many more cultural differences inside of the classroom that are relevant for teachers who want to understand where their students are coming from. Intercultural differences in the classroom can also vary in terms of "notions of time, communication style, gender, family", etc.

4. Conflict resolution strategies explains that different ways to approach and handle conflict exist on the personal and cross-cultural level. Even though, it is quite common to address a conflict overtly in Germany, this might not be the best option, when interacting with people who tend to place a great focus on "saving face". Again, this section is only used as an eye opener to explain the fact that different conflict resolution styles exist, not guaranteeing what the other person might use for a style, but being able to explore some alternatives.

As with any workshop, the success does not solely lie within the delivery of knowledge and the application of theory. A crucial part is also being able to apply the theory and back it up with examples of situations. Therefore, bringing back "stories from the field" is essential for running a successful training session. At the same time, the intercultural experiences of the participants add to an enriching learning experience.

7. Limitations of applied anthropology

It is needless to say that ethnography is the hallmark at the heart of anthropology. A holistic approach to research means to integrate multiple voices and perspectives into the anthropologist´s work. Doing research in our own backyard is rewarding though challenging and time consuming at the same time. Working as a freelance trainer, the additional research to gain a holistic picture can be quite challenging, because there is not sufficient time and, secondly, because the company who pays for the training itself is not interested in fieldwork. Certainly, for the language workshops it would have been beneficial to also talk to refugees who take these classes, in order to get their point of view, unravel misunderstandings, listen to their needs, fulfill their demands, and get a more contextualized picture. In that way, the refugees would have been brought from the periphery to the center. From solely "passive participants," they would have become "actively" involved in shaping the research and research outcomes at the same time.

8. Outlook

As previously stated, the insights gained by including the refugees' perspectives would be extremely valuable. In my case, I was fortunate enough to work for other long-term projects working with refugee teens. These projects gave me first-hand insights into the differences of seeking a job cross-culturally. The ultimate goal of these projects is to insert refugees into the job market, which is also a frequent topic of discussion in the language classes. For Lior (name changed), having to write a cover letter in Germany to apply for a job was a totally new experience. This is specifically the case, in Afghanistan, a country where one's identity is closely tied to that of one's family members and where job opportunities arise from these family ties, rather than on one's own merit. With this background information, one might better understand the attitudes of some participants during the language classes. I was able to use this and other examples for my trainings with the language teachers.

Nevertheless, more often that not I might not have access to this kind of data, simply because I am not paid to seek this kind of data. One avenue for addressing this challenge could be to collaborate with universities who teach applied anthropology classes and ask their students to participate in this kind of research. It might not help the trainer immediately, but in the long run it would be valuable knowledge she/he could insert in the trainings.

Certainly, this additional information gives a voice to the "Other" and let people speak for themselves. Only through a holistic approach — by integrating different perspectives and weaving them into our research — can the outcome truly reaffirm our difference from other fields.

9. Conclusion

Developing intercultural competence skills among individuals working with refugees can certainly help to uncover and unravel misunderstandings and reduce the dichotomy of „we" and „them". If the learner is open for such an exchange, it can also reduce the stress factor or even fear that is associated with the "unknown" (Bolten 2016). By internalizing intercultural competence "the other" is no longer considered a threat and an important step towards integrating "the other" can be made.

Still, integration should be seen as a two-way process. It is needless to say that intercultural trainings are also necessary for refugees in order to help the integration process, or as the politician Rita Süssmuth eloquently described it, "you cannot organize migration without putting the main emphasis on integration" (2002:66). Hence, there is an inherent problem to this premise when applied to the current refugee situation. Even though, integration can happen on the economic, social, cultural and political level (Hovil 2016: 489), many newcomers wait for the response of their asylum claims, before being eligible to use services that could foster their integration into society. A fitting example are the integration programs, such as language and orientation courses, but also the possibility to work all are only offered once the "asylum applicants have good certainty of staying"

(BAMF 2017; Liedl et al. 2017).[14] Baker, Cheung and Phillimore have shown how anti-integrative this liminal stage and restricted access to resources can be for the integration of refugees (2016). Consequently, pursuing livelihood is certainly an important factor towards inclusion into the host society.

Although this paper only gave a brief insight into the challenges affecting Germany due to the influx of refugees, I believe that intercultural competence must be regarded as a key qualification for all societies in the 21st century, not just for refugee organizations, but the society at large. Intercultural competence is a chance to learn from each other and to instigate dialogue. The refugee crisis is a challenge that will bring societal change, but it is also an opportunity for Germany worth pursuing. At the same time, it is a possibility for Germany to learn from previous immigration flows.[15] Herein lies the potential reward as well as the challenge of the refugee crisis. Yes, "integration takes place on a spectrum" (Hovil 2016:489), but "in the end it is the communities in which the refugees live that will be the strongest source of support" (Jacobsen 2016:109) to promote their integration. Therefore, intercultural competence can contribute and prepare German society to the changes of time in which we find ourselves.

Literatur

ARENDT, Hannah (1943): We Refugees. In: Robinson, Marc (Hg.): Altogether Elsewhere Writers on Exile. Boston: Faber and Faber, S. 110-119.

AUERNHEIMER, Georg (2002): Interkulturelle Kompetenz. Ein neues Element pädagogischer Professionalität? In: Auernheimer, Georg (Hg.): Interkulturelle Kompetenz und pädagogische Professionalität. Opladen: Leske und Budrich. S. 183-205.

AUERNHEIMER, Georg (2008): Diversity und interkulturelle Kompetenz: Quo vadis, Zuwanderungsland Deutschland? Perspektivenerweiterung bei der interkulturellen Öffnung der Regeldienste. Electronic source: http://www.wiki.psz-duesseldorf.de/images/f/f0/Georg_Auernheimer_2008.pdf [Zugriff am 05.07.2017].

BADIOU, Alain (2001): Ethics. An Essay on the Understanding of Evil. London: Verso.

BAIL, Christopher (2016): Terrified. How Anti-Muslim Fringe Organizations Became Mainstream. Princeton: Princeton University Press.

BAKER, Linda / Cheung, Sin Yi / Phillimore, Jenny (2016): The Asylum-Integration Paradox. Comparing Asylum Support Systems and Refugee Integration in the Netherlands and the UK. In: International Migration, 54 (4), S. 118-132.

BARTOS, Otomar / Wehr, Paul (2002): Using Conflict Theory. New York: Cambridge University Press.

BAUMANN, Gerd (1996): Contesting Culture. Discourse of Identity in Multi-Ethnic London. Cambridge: Cambridge University Press.

BAUMAN, Zygmunt (2016): Strangers at Our Door. Cambridge: Polity Press.

BECK-GERNSHEIM, Elisabeth (2003): Interkulturelle Missverständnisse in der Migrationsforschung. In: Leviathan, 31 (1), S. 72-91.

---

14 Depending on the country, asylum seekers may have to wait up to two years, before they can legally enter the job market.

15 First immigration from other European states to Germany was as early as in the 1950s, when Germany was relying on foreign workers to boost their economy.

BENNET, Milton (2001): Intercultural Competence for Global Leadership. Electronic source: http://www.idrinstitute.org/allegati/IDRI_t_Pubblicazioni/4/FILE_Documento.pdf [Zugriff am 05.07.2017].

BERTELS, Ursula/Bussmann, Claudia (2013): Handbuch Interkulturelle Didaktik. Münster: Waxmann.

BOLTEN, Jürgen (2012): Interkulturelle Kompetenz. Electronic source: http://www.ikkompetenz.thueringen.de/downloads/1210bolten_ik_kompetenz_vorversion_5aufl.pdf [Zugriff am 05.07.2017].

BOLTEN, Jürgen (2016): Umgang mit Flüchtlingen- Kulturwissenschaftler. Unterschiede zwischen Menschen anerkennen. Deutschlandfunk. Electronic source: http://www.deutschlandfunk.de/umgang-mit-fluecht-lingen-kulturwissenschaftler-unterschiede.694.de.html?dram%3Aarticle_id=334268 [Zugriff: 05.07.2017].

CASTRO Varela, María do Mar (2009): Interkulturelle Kompetenz, Integration und Ausgrenzung. In: Otten, Matthias / Scheitza, Alexander / Cnyrim, Andrea (Hg.): Interkulturelle Kompetenz im Wandel. Band 1: Grundlegungen, Konzepte und Diskurse. Berlin: LIT Verlag, S. 155–172.

CHATTY, Dawn (2010): Displacement and Dispossession in the Modern Middle East. Cambridge: Cambridge University Press.

CHOI, Jinchul (2014): Umgang mit kultureller Diversität in multinationaler Projektzusammenarbeit. Ein deutsch-koreanisches Fallbeispiel aus organisationsethnologischer Feldforschung. In: Moosmüller, Alois / Möller-Kiero, Jana (Hg.): Interkulturalität und kulturelle Diversität. Münster: Waxmann, S. 183–197.

Diakonie Hessen (2016): Flüchtlingshelfer. Viele Kommunen bei Flüchtlingsbetreuung auf Ehrenamtliche angewiesen. Frankfurt Neue Presse. Electronic source: http://www.fnp.de/rhein-main/Viele-Kommunen-bei-Fluechtlingsbetreuung-auf-Ehrenamtliche-angewiesen;art1491,1376632 [Zugriff am 08.07.2016].

EDDY, Elizabeth M. / Partridge, William L. (1987): Applied Anthropology in America. New York: Columbia University Press.

FASSIN, Didier (2015): Compassion and Repression. The Moral Economy of Immigration Policies in France. In: Cultural Anthropology: 20 (3), S. 362–387.

FISKE, Shirley (1991): NAPA Directory of Practicing Anthropologists. Washington: American Anthropological Association.

FOSTER, George M. (1969): Applied Anthropology. Boston: Little, Brown and Company.

GOFFMAN, Eric (1986): Stigma. Notes on the Management of Spoiled Identity. New York: Touchtstone.

GUDYKUNST, William B. (2005): Anxiety/Uncertainty (AUM) Theory of Effective Communication. Making the Mesh of the Net finer. In: Gudykunst, William B. (Hg.): Theorizing about intercultural communication. Thousand Oaks: Sage, S. 281–322.

GÜLTEKIN, Neval (2009): Pädagogische Professionalität in der pluriformen Einwanderungsgesellschaft. In: Leiprecht, Rudolf / Kerber, Annne (Hg.): Schule in der Einwanderungsgesellschaft. Ein Handbuch. Schwalbach: Wochenschau Verlag, S. 367–386.

HUNTER, Bill / White, George P. / Godbey, Galen C. (2006): What does it mean to be Globally Competent? In: Journal of Studies in Intercultural Education, 10, S. 267–285.

HOVIL, Lucy (2016) Local Integration. In: Fiddian-Qasmiyeh, Elenea / Loescher, Gil / Long, Katy / Sigona, Nando (Hg.): Refugee and Forced Migration Studies. Oxford: Oxford University Press, S. 488–498.

HUYSMANS, Jef (2006): The Politics of Insecurity. Fear, Migration and Asylum in the EU. London Routledge.

JACOBSEN, Karen (2016): Livelihoods and Forced Migration. In: Fiddian-Qasmiyeh, Elenea / Loescher, Gil / Long, Katy / Sigona, Nando (Hg.): Refugee and Forced Migration Studies. Oxford: Oxford University Press, S. 99–111.

JACQUEMET, Marco (1999): Conflict. In: Journal of Linguistics Anthropology, 9, S. 42–45.

KRÜGER, Antje (2013): Flucht- Räume. Neue Ansätze in der Betreuung von psychisch belasteten Asylsuchenden. Frankfurt: Campus.

LIEDL, Alexandra / Böttche, Maria / Abdallah-Steinkopf, Barbara / Knaevelsrud, Christine (2017): Psychotherapie mit Flüchtlingen-neue Herausforderungen, spezifische Bedürfnisse. Stuttgart: Schattauer.

Low, Setha M. / Merry, Engle (2010): Engaged Anthropology. Diversity and Dilemmas. An Introduction to Supplement 2. In: Current Anthropology, 51 (52), S. 203–226.

LUBBERS, Ruud (2002): Asylum for All. Refugee Protection in the 21st Century. In: Harvard International Review, 24 (1), S. 60–64.

MALKKI, Lisa (1995): Refugees and Exile. From „Refugee Studies" to the National Order of Things. In: Annual Review of Anthropology, 24, S. 495–523.

MALL, Ram A. (2014): Die Frage ist nicht, wie man Differenzen aus der Welt schafft, sondern wie man mit ihnen umgeht. Betrachtungen aus interkultureller Sicht. In: Moosmüller, Alois / Möller-Kiero, Jana (Hg.): Interkulturalität und kulturelle Diversität. Münster: Waxmann, S. 29–45.

MUTZ, Gerd / Costa-Schott, Rosario / Hammer, Ines / Layritz, Georgina / Lexhaller, Claudia / Mayer, Michaela / Poryadina, Tatiana / Ragus, Sonja / Wolff, Lisa (2015): Engagement für Flüchtlinge in München. Electronic source: http://www.b-b-e.de/fileadmin/inhalte/aktuelles/2015/10/newsletter-21-abschlussbericht.pdf [Zugriff am 05.01.2016].

NANDA, Serena / Warme, Richards L. (2007): Cultural Anthropology. 9th ed. Belmont: Thomas Wadsworth.

SALEEM, Muniba / Ramasubramanian, Srividya (2017): Muslim Americans' Responses to Social Identity Threats. Effects of Media Representations and Experiences of Discrimination. In: Media Psychology, S. 1–21.

SUMNER, William G. (1940): Folkways. Boston: Ginn.

SÜSSMUTH, Rita (2002): THE Immigration Issue in Germany. Presentation to the Secretary-Generals. In: Die Friedens-Warte, 77 (1/2), S. 65–69.

TING-TOOMEY, Stella (2009): Intercultural Conflict Competence as a Facet of Intercultural Competence Development Multiple Conceptual Approaches. In: Deardorff, Darla (Hg.): The Sage Handbook of Intercultural Competence. Thousand Oaks: Sage, S. 110–120.

UNHCR (2001): 50th anniversary edition. The Wall Behind which Refugees can Shelter. In: Refugees, 2 (123), S. 1–31.

VERTOVEC, Steven (2011): The Cultural Politics of Nation and Migration. In: Annual Review of Anthropology, 40, S. 241–256.

WALDHUBEL, Noémie (2014): Where are you from? Or the Importance of Intercultural Competence for Identity Construction. In: Lodz Papers in Pragmatics, 10 (1), S. 147–161.

WEIL, Simone (1952): The Need for Roots. London: Routledge.

Websites

BAMF (2017): Integration courses. What are they? Electronic source: http://www.bamf.de/EN/Willkommen/DeutschLernen/Integrationskurse/integrationskurse-node.html [Zugriff am 07.01.2017].

BAMF (2015): Das Bundesamt in Zahlen. Electronic source: www.bamf.de/SharedDocs/Anlagen/DE/ Publikationen/Broschueren/bundesamt-in-zahlen-2015.pdf?__blob=publicationFile [Zugriff am 05.07. 2017].

Bundesamt für politische Bildung (2015): Ehrenamt statt Sozialstaat? Kritik der Engagementpolitik. Electronic source: http://www.bpb.de/apuz/203553/ehrenamt-statt-sozialstaat-kritik-der-engagementpolitik?p=all [Zugriff am 04.01.2017].

Europa (2016): Eu- Turkey Statement. Questions and Answers. Europa. Electronic source: http://europa.eu/rapid/press-release_MEMO-16-963_en.htm [Zugriff am 01.08.2016].

Federal Ministry of the Interior. Electronic source: http://www.bmi.bund.de/EN/Topics/Migration-Integration/Asylum-Refugee-Protection/Asylum-Refugee-Protection_Germany/asylum-refugee-policy-germany_node.html [Zugriff am 08.01.2016].

Maastricht Graduate School of Governance: The Engagement of Syrian Diaspora in Germany in Peacebuildung. Electronic source: mgsog.merit.unu.edu/ISacademie/docs/PB13.pdf [Zugriff am 07.07.2017].

UNCHR (2015): Worldwide Displacement hits all-time High as War and Persecution Increase. News Stories. Electronic source: http://www.unhcr.org/558193896.html [Zugriff am 12.02.2016].

UNCHR (2016): Global forced displacement. Electronic source: http://www.unhcr.org/news/latest/2016/6/5763b65a4/global-forced-displacement-hits-record-high.html [Zugriff am 05.07.2017].

UNCHR (2017): UNCHR Historical refugee data. Electronic source: https://data.unhcr.org/dataviz/ [Zugriff am 22.07.2017].

UNCHR: Who are refugees? Electronic source: http://unhcr.org.ua/en/contact-us/basic-facts/8-stati-na-anglijskom/235-who-are-refugees [Zugriff am 05.01.2016].

UNCHR (2013): Intercultural Competences. Conceptual and Organisational Framework. Electronic source: http://unesdoc.unesco.org/images/0021/002197/219768e.pdf [Zugriff am 05.01.2016].

Interkulturelles Training und internationaler Personaltransfer. Ein Praxisfeld für Ethnolog*innen?

Alois Moosmüller

ABSTRACT: Interkulturelle Trainings werden in den meisten multinationalen Unternehmen standardmäßig durchgeführt, wobei die Auslandsvorbereitung im Rahmen internationaler Entsendungen die wichtigste Rolle spielt. Dabei ist allerdings zu kritisieren, dass die Trainings nur unzureichend oder sogar in einem kontraproduktiven Sinne auf die Herausforderungen der Lebens- und Arbeitssituation im Ausland vorbereiten, was in konzeptuellen Mängeln und strukturellen Problemen begründet liegt. In diesem Beitrag werden beispielhaft Aspekte der komplexen Lebens- und Arbeitssituation deutscher Fach- und Führungskräfte, die nach Japan entsandt wurden, in den Blick genommen, um daran aufzuzeigen, worauf sinnvolle auslandvorbereitende interkulturelle Trainings Bezug nehmen müssten und um zu verdeutlichen, dass dazu die Einbeziehung ethnologischer Wissensbestände und Heuristiken erforderlich ist.

1. Einleitung

Obwohl „Kultur" das zentrale Thema interkultureller Trainings ist, sind Ethnologinnen und Ethnologen in diesem professionellen Feld kaum tätig. Dafür gibt es verschiedene Gründe – auf zwei möchte ich kurz zu sprechen kommen. Zum einen orientieren sich interkulturelle Trainings an den Bedürfnissen der Kunden, was Vertrautheit mit den jeweiligen Handlungsfeldern voraussetzt. Trainingsanbieter verfügen daher in der Regel über Erfahrung in den entsprechenden professionellen Kontexten, etwa im internationalen Personalmanagement oder in der Führungskräfteentwicklung. Die beruflichen Erfahrungen in einem bestimmten professionellen Feld gelten hier mehr als ethnologisches Wissen und interkulturelle Erfahrungen. Zum andern ist festzustellen, dass methodisch-didaktische Aspekte für wichtiger gehalten werden als inhaltliche Aspekte. Letztlich werden interkulturelle Trainings danach beurteilt, wie zufrieden die Teilnehmer mit dem

Training sind. Die Auftraggeber von Trainings (z. B. Personalverantwortliche oder Unternehmensleitung) entscheiden vor allem auf der Grundlage solcher Trainingsbeurteilungen über die Güte einer Trainingsmaßnahme. Bevorzugt werden daher Trainer, die einen psychologischen oder pädagogischen Bildungshintergrund haben und über Erfahrung im Bereich Gruppenmoderation, Beratung, Coaching und Therapie verfügen. Üblicherweise kommen die meisten Trainer[1] aus dem Verhaltens-, Kommunikations- und Führungstraining, sind international erfahren und haben sich im Bereich interkulturelle Kommunikation bzw. interkulturelle Kompetenzentwicklung weitergebildet, was häufig jedoch nur sehr oberflächlich geschieht. Interkulturelle Trainings sind daher oft recht substanzlos, werden aber dennoch gut bewertet, wenn sie geschickt durchgeführt werden. Was müsste getan werden, damit der Qualität der Inhalte interkultureller Trainings mehr Bedeutung beigemessen wird? Dieser Frage möchte ich im Folgenden am Beispiel des internationalen Personaltransfers und der Entsendung von Mitarbeitern deutscher multinationaler Unternehmen nach Japan nachgehen.[2] Es gilt zu klären, wie in diesem Kontext interkulturelle Trainings inhaltlich gestaltet werden sollten, worauf Unternehmensmitarbeiter, die künftig als „Expatriates"[3] in Japan tätig sein werden, eigentlich vorbereitet werden sollen. Doch zunächst möchte ich kurz auf ein paar allgemeine Rahmenbedingungen für interkulturelle Trainings in multinationalen Unternehmen eingehen.

2. Anmerkung zur Geschichte interkultureller Trainings

Interkulturelle Trainings (Landis / Bhagat 1996) haben sich ursprünglich im Rahmen internationaler Personaltransfers entwickelt. Als sich nach dem Zweiten Weltkrieg die USA als neue globale Ordnungsmacht in Stellung brachten, wurden zahlreiche Berater und Wiederaufbauhelfer, Experten und Wissensvermittler, Strategen und Ideologen in verschiedene Weltregionen entsandten, um Demokratisierungs-, Entwicklungs- und Transformationsmaßnahmen durchzuführen. Am Foreign Service Institut der US-Regierung wurden Trainingsmaßnahmen entwickelt, in denen es darum ging, den zu entsendenden Personen ethnologisches Wissen über die Zielregionen zu vermitteln. Allerdings stellte sich heraus, dass der ethnozentrische Bias der Teilnehmer die Aneignung von ethnologischem Wissen verhinderte. In den Trainings wurden daher zunächst die eigenen „kulturellen Prägungen" thematisiert – was „Kultursensibilisierung" genannt wurde – um sich

---

1   Um den Text übersichtlich zu halten verwende ich für diesen und ähnliche Begriffe das generische Maskulinum.

2   Ich verwende dazu Ergebnisse aus Forschungen, die ich in Japan und Deutschland durchgeführt habe (Moosmüller 1997, 2003, 2007).

3   Expatriate (auch Expat) ist die im Unternehmenskontext übliche Bezeichnung für Mitarbeiter, die für eine begrenzte Zeit, meist drei bis fünf Jahre, in eine Tochter- oder Joint-Venture Firma im Ausland entsandt werden, um dort Aufgaben zu erfüllen, die von lokalen Mitarbeitern (angeblich) nicht erfüllt werden können. Darüber hinaus gibt es auch Expatriates, die in umgekehrter Richtung von ausländischen Tochter- und Joint-Venture Organisationen in die Firmenzentrale entsandt werden. Diese Gruppe spielt in diesem Text jedoch keine Rolle.

dann erst mit ethnologischem Wissen über die Zielregionen zu beschäftigen. Die wesentlichen Ziele interkultureller Trainings bestanden zum einen darin, Bewusstsein zu schaffen für die kulturell bedingte Limitierung des eigenen Wahrnehmens, Fühlens, Denkens und Handelns und zum anderen in der Vermittlung von Wissen über andere Kulturen sowie einer respektvollen Haltung gegenüber jeder Form von kultureller Andersheit. Mit dieser Verschränkung von eigen- und fremdkultureller Reflexion war die Grundidee des interkulturellen Trainings geschaffen worden (Rogers et al. 2002).

In Deutschland wurden interkulturelle Trainings erst gegen Ende der 1980er Jahre eingesetzt, als man sich in den großen, international tätigen Unternehmen im Zuge der „Globalisierung" darum bemühte, das Personal für „die Bewältigung der neuen Herausforderungen" zu qualifizieren. Interkulturelle Trainings wurden nun vor allem als Mittel gesehen, den Mitarbeitern interkulturelle Kompetenz zu vermitteln. Sie sollten fähig sind, sich in interkulturellen Situationen bzw. im Umgang mit kultureller Fremdheit „erfolgreich" (indem sie eigene Aufgaben und Interessen verwirklichen können) und „angemessen" (indem sie dabei nicht gegen die Normen, Werte und Gewohnheiten ihres Gegenübers verstoßen) zu handeln. Kultursensibilisierung und interkulturelle Kompetenz stellen bis heute die zentralen Anliegen interkultureller Trainings dar (Götz 2010).

3. Interkulturelle Trainings und internationaler Personaltransfer in multinationalen Unternehmen

Mit der Globalisierung hat sich die internationale Vernetzung unternehmerischer Aktivitäten verdichtet. Gab es Anfang der 1990er Jahre weltweit einige Tausend „multinationale Unternehmen" (Unternehmen, die über Tochter- oder Joint-Venture Firmen im Ausland verfügen), so waren es zur Jahrtausendwende annähernd Hunderttausend (bpb 2017; Scherer 2003). Im Unterschied zu nationalen Unternehmen haben multinationale Unternehmen den (zweifelhaften) „Vorteil", flexiblen Zugang zu Finanzressourcen zu haben, Handelshemmnisse und lokale Auflagen etwa durch umwelt- und lohnpolitische Standards, geschickter umgehen zu können etc. Allerdings wurde in den letzten Jahren verstärkt die Frage gestellt, ob mit dem Trend zur Wissens- und Informationsökonomie und zu einer verstärkten öffentlichen Wahrnehmung ethischer Standards die Nutzung solcher „Vorteile" nicht eher nachteilig sei und multinationale Unternehmen schlecht gerüstet seien, mit der größten Herausforderung durch die Globalisierung fertig zu werden, nämlich die Balance zwischen globaler Integration und lokaler Differenzierung herzustellen (Baars / Spicer 2017; Ghoshal / Westney 2005). Insbesondere seien multinationale Unternehmen nicht im Stande, ihre weltweit zerstreuten organisationsinternen Wissensressourcen zu nutzen, denn die asymmetrischen Machtbeziehungen zwischen den zentralen und peripheren Organisationseinheiten behinderten den freien Fluss von Information und Wissen im Unternehmen. Zudem könne das kreative Potential nicht genutzt werden, weil die Wertschätzung kultureller Diversität in den Unternehmen nicht strukturell verankert sei. Um das Problem zu lösen und global konkurrenzfähig zu bleiben, müssten sich multinationale Unternehmen in „global integrierte Unternehmen" transformieren, wozu unternehmensinterne Machtungleichheiten aufgelöst und die allseitige Mobilität von Information, Wissen und Wissensträgern (den Mitarbeitern) hergestellt werden müsste (Palmisano 2006).

Ausgehend von dem Konstrukt „global integriertes Unternehmen" lässt sich folgern, dass multinationale Unternehmen Mitarbeiter brauchen, die einen solchen transformativen Prozess aktiv mitgestalten können. Im Personalmanagement wird schon lange über den Idealtyp eines solchen Mitarbeiters nachgedacht. Dieser Typ ist „diversity-Liebhaber", der alles Fremde und Unvorhersehbare faszinierend und anregend findet, stets bestrebt ist, Neues zu lernen und sich gerne und jederzeit unbekannten Situationen aussetzt (Bennett 1998) und „globaler Nomade", der sich überall auf der Welt zu Hause fühlt (Pollock 1999). Er hat eine „proteische Persönlichkeit" und ist fähig, sich chamäleonartig an sich stets verändernde Umwelten anzupassen (Lifton 1993); er verfügt über „new management mentality" (Ghoshal / Bartlett 1998), „global literacy" (Rosen 2000), „global mindset (Jeannet 2000) und vor allem über „interkulturelle Kompetenz" (Deardorff 2009). Solche und ähnliche Konstrukte finden sich auch in den unternehmensinternen Personal-Anforderungsprofilen wieder (Thomas 2008). Vor allem von den im globalen Geschäft tätigen, hochqualifizierten Mitarbeitern wird erwartet, dass sie (zumindest ansatzweise) über die eben skizzierten idealtypischen Eigenschaften verfügen, was zur Folge hat, dass Mitarbeiter – allein schon um mögliche Karrierenachteile zu vermeiden – vorgeben, dem erwarteten Profil zu entsprechen, auch wenn dies nicht zutrifft. In der Konsequenz kommt es zur Herausbildung einer starken Unterströmung aus Ethnozentrismus, parochialem Denken und Opportunismus.

In dieser doppeldeutigen, widersprüchlichen Situation haben interkulturelle Trainings einen schweren Stand. Um interkulturelle Lern- und Entwicklungsmöglichkeiten zu schaffen, wäre es notwendig, die tiefe Kluft zwischen den überhöhten Ansprüchen sowie den daraus resultierenden unrealistischen Selbstauffassungen und den tatsächlichen individuellen und organisationalen Möglichkeiten zu thematisieren. Aber in den Unternehmen fehlt die dafür notwendige Offenheit und Aufrichtigkeit, was mit Blick auf den internationalen Personaltransfer sehr problematisch ist. Ein weiteres Spannungsfeld ist hier zu bedenken: Global integrierte Unternehmen brauchen loyale, langfristig an das Unternehmen gebundene Mitarbeiter, was insbesondere für internationale Personaltransfers gilt. Denn zum einen fallen sehr hohe Kosten an und zum anderen hängt der Erfolg interorganisationaler Austausch- und Standardisierungsprozesse vom Wissen und von der Erfahrung der Expatriates ab. Wenn man einbezieht, dass im „neuen Kapitalismus" die Fähigkeit der Menschen, vertrauensvolle und verlässliche soziale Bindungen einzugehen, generell stark nachgelassen hat, wie Richard Sennett (1998, 2005) feststellt, dann ist davon auszugehen, dass sich die Mitarbeiter unter Druck gesetzt fühlen, dem

Unternehmen dauerhafte Loyalität vorzutäuschen, wodurch das unterschwellige Bedürfnis, illoyal zu sein, nur verstärkt wird. Und tatsächlich haben multinationale Unternehmen das Problem, dass viele Expatriates noch während des Auslandsaufenthaltes oder kurz danach kündigen und zur Konkurrenz gehen (McNulty / Inkson 2013).[4]

4. Expatriates

Expatriates sind privilegierte Migranten; sie gehören mittleren bis oberen Sozial- und Bildungsschichten an und verfügen meist über eine akademische Ausbildung. Zahlreiche Publikationen, die zumeist betriebswirtschaftlich oder psychologisch orientiert sind, beschäftigen sich mit Expatriates, häufig mit Bezug auf spezifische Regionen, etwa über „Expatriates in China" (Boncori 2013), oder auf die „kulturelle Anpassung" von Expatriates und das „Management von Kulturschockerfahrungen" (Church 1982; Holtbrügge 2008). Vielfach geht es auch um persönliche Entwicklungsmöglichkeiten und die Situation begleitender Partner und Familienmitglieder (O'Reilly 2003) oder auch um die Frage spezifischer Kompetenzen, wie etwa der „interkulturellen Effektivität" in Arbeitskontexten (Morosini 1998). Ethnologisch orientierte Forschungen zur Lebens- und Arbeitssituation von Expatriates sind eher selten (Zorzi 1999; Moosmüller 1997). Genauere Angaben zur Anzahl von Expatriates können nicht gemacht werden (nach groben Schätzungen sollen zwischen 10 bis 40 Tausend Expatriates pro Jahr entsendet werden), was der Tatsache geschuldet ist, dass Unternehmen ihre Zahlen nicht öffentlich machen.[5]

Im Unterschied zu nicht-privilegierten Migranten, die durch existentielle Sorgen, niedrige Statuszuschreibung und Diskriminierung belastet sind und die zudem einem starken Anpassungsdruck an die Mehrheitsgesellschaft unterliegen, haben Expatriates weder existentielle Sorgen noch werden sie geringgeschätzt oder diskriminiert und sie spüren keinen Druck durch migrationspolitische Maßnahmen (Favell 2003). Dennoch bestehen auch für sie erhebliche soziale und psychische Risiken, insbesondere für die begleitenden Partner und Familienangehörigen. So ist z. B. bekannt, dass Scheidungen und Alkoholabhängigkeit unter Expatriates verstärkt auftreten (Kühlmann 1995; Matsumoto et al. 2004).

---

4 Nach eigener Information betrug die Zahl der Kündigungen von Auslandsrückkehrern in einem deutschen multinationalen Konzern Anfang der 2000er Jahre über 20 Prozent.

5 Mir liegen Daten vor, die in einem deutschen multinationalen Unternehmen in den Jahren 2006 bis 2013 erhoben wurden. Befragt wurden Mitarbeiter, die auf ihre Auslandsentsendung vorbereitet wurden. Die Daten repräsentieren etwa ein Viertel der insgesamt in diesem Zeitraum ins Ausland entsandten Mitarbeiter. Erfasst wurden 533 (100 Prozent) Personen mit Arbeitsvertrag (im weiteren „Expatriate") und 343 (100 Prozent) begleitende Partner. 91 Prozent der Expatriates waren männlich, 32 Prozent reisten als Single aus, 68 Prozent mit Partner bzw. Familie. Von den mitausreisenden Partner waren 9 Prozent weiblich, 3 Prozent männlich. 91 Prozent der Expatriates hatten einen akademischen Abschluss. 48 Prozent der Expatriates waren vor der anstehenden Entsendung noch nicht länger als drei Monate im Ausland.

5. „Anpassung an die Zielkultur"

In der interkulturellen Beratungs- und Trainingsarbeit in Unternehmen wird seit langem die Auffassung vertreten, dass Expatriates vor allem die Bereitschaft und die Fähigkeit mitbringen müssen, sich an die „Zielkultur" (ein im Trainingsjargon gängiger Begriff) anzupassen. Denn es wird davon ausgegangen, dass der berufliche Erfolg im Ausland ganz wesentlich vom Grad der Integration in die „Zielkultur" abhängt (Shay/Baack
2006). Interkulturellen Trainings kommt vor allem die Aufgabe zu, diese Voraussetzungen zu schaffen bzw. zu verbessern. Aber auch die Expatriates haben den Wunsch, sich
an die „Zielkultur" anzupassen. Sie wollen lokale Freunde finden und möglichst wenig
mit Expatriates aus ihrem Land zu tun haben. Sie wollen lokales Essen genießen und die
„kulturellen Gepflogenheiten" im Residenzland kennenlernen, die Landessprache lernen,
sich einen neuen Lebensstil aneignen und alte Gewohnheiten ändern.[6] Interkulturelle
Trainings sollen ihnen dabei helfen, diesen Anpassungsprozess zu erleichtern und zu beschleunigen.

Das Konzept „Anpassung an die Zielkultur", wie es von Unternehmen und Expatriates verstanden wird, ist allerdings von Wunschvorstellungen geleitet, oberflächlich und
undifferenziert. Hier zeigen sich Unkenntnis und Ignoranz gegenüber der tatsächlichen
Lebens- und Arbeitssituation der Expatriates. Interkulturelle Trainings, die lediglich versuchen, diese Wunschvorstellungen zu bedienen, – was häufig der Fall ist – sind nicht
wirklich sinnvoll. Notwendig wäre, dass die Trainings die Widersprüche und Probleme
der Rahmenbedingungen internationaler Personaltransfers thematisieren und sich auf
die reale Lebens- und Arbeitssituation der Expatriates beziehen. Denn das private Leben
der Expatriates findet im Kontext einer Diasporagemeinde statt und nicht, wie allgemein
angenommen und erwartet wird, inmitten einer fremden Gesellschaft und Kultur. Dasselbe gilt im Grunde für die Annahmen und Erwartungen bezüglich des beruflichen Lebens, das weder ganz in einer anderen Kultur noch ganz in der globalen Unternehmenskultur situiert ist, sondern im Kontext einer hybriden Arbeitskultur stattfindet, in der
globale Standardisierung und lokale Differenzierung im Widerstreit sind, wo unterschiedliche Routinen, Gewohnheiten, Arbeitsstile und Wertvorstellungen zusammenkommen und Machtasymmetrien zwischen Zentrale und peripherer Organisationsein-

---

6 In der oben erwähnten Befragung künftiger Expatriates wurden auch deren Erwartungen an den Auslandsaufenthalt erfasst. Drei Themen wurden vor allem genannt. Zum einen erwarten sie, dass sich die Karrieremöglichkeiten verbessern, dass es neue Aufgaben und mehr Gestaltungsspielraum gibt, dass sie mehr Verantwortung übernehmen und interessante neue Netzwerke aufbauen können. Zum zweiten erwarten sie Vorteile
   in der Begegnung mit der neuen Kultur; dazu gehört insbesondere, eine andere Lebensart kennenzulernen,
   Fremdsprachenkenntnisse zu erwerben bzw. zu verbessern, Freundschaften mit Einheimischen einzugehen
   und die eigene Kultur besser zu verstehen. Zum dritten erwarten die künftigen Expatriates vom Auslandsaufenthalt persönliches Wachstum, insbesondere Horizonterweiterung, Perspektivenwechsel, mehr Gelassen-
   heit, bessere Lernchancen und mehr Familienzusammenhalt. Befürchtungen im Hinblick auf die Entsendung
   wurden von den meisten als sehr gering und von ca. einem Viertel der Befragten als nicht existent bezeichnet.

heit eine wesentliche Rolle spielen. Die Bedeutung von „Zielkultur" ist daher vielfältig, und dabei spielt nicht nur die Frage der „Anpassung an die Zielkultur" eine Rolle – wovon in interkulturellen Trainings ausgegangen wird –, sondern auch die Frage der Nicht-Anpassung.

6. Deutsche Expatriates in Tokyo

Tokyo ist eine „globale Stadt" (Sassen 1991), in der internationale Einrichtungen und Strukturen vorhanden sind, die den vielen privilegierten Migranten ein komfortables Leben ermöglichen. Expatriates können in Tokyo ohne Schwierigkeit ein paar Jahre leben, ohne dass sie sich besonders um Anpassung bemühen und Japanisch sprechen müssten. Das private Leben der Expatriates findet zu einem wesentlichen Teil innerhalb nationaler Communities statt, die ich als „Diasporagemeinden" oder „Diasporanetzwerke" bezeichne. Das Netzwerk der „deutschen Community" spannt sich um die deutsche Schule, zwei deutsche Kirchen, das Goethe-Institut, deutsch-japanische Kulturvereine, die Botschaft, die Handelskammer, Clubs, Kneipen, regelmäßige Events wie Oktoberfeste, Weihnachtsmärkte etc. Für die ca. Zwei- bis Dreitausend Deutschen in Tokyo (in der Mehrzahl Expatriates) existiert ein gut ausgebautes Netz von Institutionen und Einrichtungen, das für sie als „home away from home" (Clifford 1994) fungiert. Angesichts des Wunsches vieler Expatriates, im Ausland gerade nicht nach gewohntem Muster leben zu wollen, klingt das paradox und in der Tat sind viele Expatriates selbst überrascht, wenn sie bereits nach wenigen Monaten in Tokyo das verstärkte Bedürfnis nach „heimischen" Dingen, Erlebnissen, Umgangsformen etc. verspüren. Dieses Verlangen – Avtar Brah (1996) hat es „homing desire" genannt – stellt ein wesentliches Motiv dar, sich im Diasporanetzwerk zu bewegen. Um dieses Verlangen zu stillen, wird nicht einfach auf einen (realen oder imaginierten) „Heimat-Stoff" zurückgegriffen, sondern es werden Elemente aus der Herkunfts- und der Residenzkultur ausgewählt und kombiniert.

Die Kontakte unter den Deutschen in Tokyo entwickeln sich ganz selbstverständlich über die vielen Begegnungsmöglichkeiten im Netzwerk, ganz besonders über die Beziehungen, die sich unter den Kindern und Jugendlichen an der deutschen Schule herausbilden. Die Anforderung, sich an die „Zielkultur" anzupassen, bedeutet vor allem. sich an die deutsche Community, an das Leben in der Diasporagemeinde, anzupassen. Bemerkenswert ist dabei, dass die Expatriates die Tatsache, in einer Diasporagemeinde zu leben, zumeist nicht sehen (wollen), sondern weiterhin die Idee von der „Anpassung an die Zielkultur" hochhalten. Das ist vor allem den Erwartungen der Unternehmen geschuldet, wonach sich die Expatriates so schnell wie möglich an die japanische Kultur anpassen und zu lokalen Experten werden sollen, um als Mittler zwischen der „Kultur des Stammlandes" und der „Zielkultur" fungieren zu können, bzw. die ihnen eigentlich zugedachte Rolle als Change-Agent einzunehmen und die notwendigen lokalen Verän-

derungen und Anpassungen an die global gültigen Standards im Unternehmen umzusetzen. Da auch die Expatriates das Narrativ von der Integration in die japanische Kultur
pflegen, werden die tatsächlichen Lebensbedingungen im Ausland zu wenig kommuniziert – mit der Folge, dass weder in den Unternehmen noch in den interkulturellen Trainings die Auslandssituation der Expatriates realistisch eingeschätzt wird.

Da Japan als Inbegriff des Fremden, Andersartigen, als prototypische Kontrastkultur
gilt, wird zu pauschalisierend verfahren. Interkulturelle Japantrainings bedienen sich gerne der im sogenannten nihonjinron – dem Japaner-Diskurs (Antoni 1995) – erzeugten
„authentischen Beschreibungen" der japanischen Kultur (im Sinne einer Selbstorientali-
sierung), die dazu benützt werden „japanischen Kommunikationsstil" mit dem „westlichen Stil" zu kontrastieren: Partner-orientierter versus selbst-orientierter Stil (Lebra
1993), Inklusions-Rhetorik versus Exklusions-Rhetorik (Gudykunst et al. 1993), Konflikt-
vermeidungskultur versus Streitkultur (Kitano 1993) etc. Diese Gegenüberstellung ist
nicht grundsätzlich falsch, aber die Pauschalisierungen verstärken dichotomisierende
Denkmuster, die interkulturelles Lernen, vor allem in alltäglichen Handlungssituationen, eher verhindern. Kulturelle Unterschiede spielen im Arbeitsalltag eine erhebliche
Rolle, werden aber von den Expatriates gerade nicht als klare Kontraste, sondern als dif-
fuse Vermischungen – eingebettet in alltägliche Handlungen, Prozessabläufe und Routinen – erlebt. Expatriates gehen selbstverständlich davon aus, dass für die technischen
und betriebswirtschaftlichen Prozesse im Unternehmen dieselben Standards wie überall auf der Welt gelten, dass mit denselben Maßstäben und Kriterien gemessen und beurteilt wird. Sie sind irritiert, weil sie erleben, dass dies nur eingeschränkt gilt. Sie wurden
nicht darauf vorbereitet, dass Technik und Ingenieurwesen, Logistik und Steuerung,
Rechnungswesen und Controlling etc. keine kulturfreien Zonen sind. Das in Vorberei-
tungstrainings präsentierte Wissen über „japanische Kultur" kann von den Expatriates
nicht auf Alltagsbegebenheiten bezogen werden – etwa darauf, wie Information strukturiert und präsentiert werden, wie über Sachthemen diskutiert wird und wie Entscheidungen zustande kommen, wie Absprachen getroffen und sicher gestellt wird, dass Zu-
sagen eingehalten werden, wie Arbeitsanweisungen gegeben und Prozesse begleitet werden, wie Fehler korrigiert und Feedback gegeben wird etc. Im Arbeitsalltag erleben die
Expatriates, dass Prozesse und Routinen anders ablaufen, als das ihrer Meinung nach
sein sollte, obwohl allem doch dieselbe Sachlogik zugrunde liegen sollte. Diese „Abweichungen" von vermeintlich universellen Standards werden (zunächst) nicht als Ausdruck anderer Handlungslogiken, Routinen und Kommunikationsgewohnheiten gesehen
und respektiert, die genauso viel (oder genauso wenig) Sinn machen, wie das, was Expatriates für „normal" halten – genau dies wäre ja die Haltung, die in interkulturellen
Trainings vermittelt werden sollte –, sondern sie werden als Verfehlungen gesehen, die
entweder in mangelnder Professionalität bzw. Qualifikation, in persönlichen Defiziten
oder in fehlender Motivation und Firmenloyalität begründet liegen – oder aber der „japanischen Kultur" bzw. der „Japanischheit" der Mitarbeiter zugeschrieben werden.

Ich möchte das Argument mit einem Fallbeispiel verdeutlichen, das mir von deutscher wie auch von japanischer Seite geschildert wurde. Ein Expatriate schildert seine Erfahrung als Projektleiter. Das Team, das er leitete, war aus Mitarbeitern verschiedener Fachabteilungen zusammengesetzt worden. Er war mit den Mitarbeitern sehr zufrieden. Die Vorgesetzten, die ihre Mitarbeiter in sein Projekt delegiert hatten, fand er dagegen weniger sympathisch. Sie hätten sich nicht für das Projekt interessiert, seien „stur, unkooperativ, eben typisch japanisch" gewesen. Und so habe er sich nicht weiter um Austausch mit ihnen bemüht. Die Vorgesetzten der Projektmitarbeiter waren verärgert, weil sie sich vom Projektleiter nicht genügend respektiert fühlten; schließlich hatten sie ja ihre Mitarbeiter für das Projekt abgestellt und hatten dafür erwartet, vom Projektleiter immer auf dem Laufenden gehalten zu werden und nicht zuletzt etwas Dankbarkeit gezeigt zu bekommen. Nachdem in den ersten Monate nach Projektstart alles sehr gut gelaufen war, stellten sich zunehmend Probleme ein: Arbeiten verzögerten sich, Projektmitarbeiter wurden von Ihren Vorgesetzten immer wieder für andere Aufgaben abgezogen, Termine platzten etc. Das Projekt konnte schließlich erst mit erheblichen Verzögerungen abgeschlossen werden.

Auch andere Expatriates erzählten von ähnlichen Erfahrungen. Japanische Manager würden Projekten zwar oberflächlich zustimmen, sie jedoch „hinten rum" boykottieren. Das in den Augen der Expatriates „irrationale Verhalten" der japanischen Manager wurde mit dem „autokratischen, hierarchischen, japanischen System" erklärt. Japanische Manager würden wie Despoten über ihre Untergebenen herrschen und könnten es nicht ertragen, wenn Leute aus ihrem unmittelbaren Herrschaftsbereich abgezogen und auch nur temporär einer anderen Führungskraft unterstellt werden. Die Expatriates betonten, auf solche „Eitelkeiten der japanischen Manager" keine Rücksicht nehmen zu wollen – im Gegenteil: Die müssten sich ändern, um „vernünftig arbeiten" zu können und damit das, was „sachlich richtig und notwendig" ist, auch durchgeführt werden könne.

Für Expatriates war es fast unmöglich nachzuvollziehen, wie sich japanische Unternehmensangehörige kognitiv und emotional in einem hierarchischen System verorten, wie sie Verhältnisse der Unterordnung (gegenüber älteren Kollegen) und Abhängigkeit (von Vorgesetzen) erleben, nämlich nicht als etwas Negatives (wie Expatriates annehmen), sondern als etwas Wünschenswertes. Auch nach jahrelanger Erfahrung in Japan gelang es Expatriates nicht, sich „japanische Befindlichkeiten" aus einer japanischen Perspektive vorzustellen, geschweige denn nachzuempfinden. Für sie war das hierarchische Alltagshandeln ein großes Rätsel oder ein Relikt aus vergangenen Zeiten oder der Ausdruck mangelnden Muts, sich gegen Unterdrückung zu wehren. In jedem Fall wurden die hierarchischen Strukturen und Gewohnheiten als das „Grundübel der japanischen Tochterfirmen" gesehen. Die „Unflexibilität des Hierarchieapparates" in den Unternehmen wurde angeprangert und japanische Manager galten in dieser Hinsicht einfach nur als „lächerlich und kindisch". Generell fiel es den Expatriates sehr schwer, „abweichende" Praktiken und Ideen im Arbeitsalltag nicht sofort als „falsch und unprofessionell" einzustufen. Die Fähigkeit, kulturelle Andersheit zu respektieren und die Perspektive des Gegenübers einzunehmen – die wesentlichen Ziele des interkulturellen Trainings – waren unter den Expatriates kaum ausgeprägt bzw. konnten im Kontext alltäglichen Handelns nicht zur Geltung kommen.

Expatriates sind sowohl der entsendenden Organisation – der Zentrale in Deutschland – als auch der aufnehmenden Organisation – dem Tochter- oder Joint-Venture Unternehmen in Japan – verpflichtet. Sie sind „Diener zweier Herren" (Stahl 1998), und was immer sie tun, kann von der einen oder anderen Seite als Loyalitätsbruch aufgefasst werden. Wenn Expatriates versuchen, die Perspektive zu wechseln und Verständnis für „die japanische Seite" zu zeigen, müssen sie damit rechnen, mit der Zentrale Probleme zu bekommen. Auf der „japanischen Seite" existiert ohnehin der Eindruck, dass Expatriates im Interesse der Zentrale handeln oder womöglich nur den eigenen Interessen folgen. Generell haben japanische Mitarbeiter eine ambivalente Einstellung zu den Expatriates, einerseits fühlen sie sich auf Expatriates angewiesen, misstrauen ihnen aber zugleich; sie respektieren durchaus das Engagement der Expatriates für das Wohl der gemeinsamen Firma, hegen aber zugleich den Verdacht, dass ihnen die persönliche Karriere wichtiger ist; sie begrüßen den „frischen Wind", den Expatriates in die Firma bringen, lehnen zugleich aber jeden Änderungsvorschlag der Expatriates ab; sie bewundern den fremden Lebensstil der Expatriates und den Mut, „mit Sack und Pack" nach Japan zu kommen, sind aber zugleich neidisch auf die Privilegien, die den Expatriates eingeräumt werden. Vor diesem Hintergrund macht die Formel „Anpassung an die Zielkultur" wenig Sinn. Hinzu kommt, dass multinationale Unternehmen weltweit dieselben Standards durchsetzen und lokale „Abweichungen" abschaffen wollen; ein Vorhaben, das ganz wesentlich zu den Aufgaben der Expatriates gehört. Hier kann es daher nicht um „Anpassung an die Zielkultur" gehen, sondern vielmehr um Nicht-Anpassung. Nicht die „Japanisierung" von Zielen, Strategien, Prozessen, Routinen und Arbeitsstilen wird im Unternehmen verlangt, sondern ein wirkungsvolles „Change Management", d. h. die Durchsetzung einer zentralistischen Unternehmenspolitik. Die Expatriates befinden sich quasi in einer double-bind Situation: Einerseits sollen sie sich an die „japanische Kultur" anpassen, andererseits wird genau das Gegenteil verlangt. Konsequenterweise müsste das zur Folge haben, dass auch die „Nicht-Anpassung an die Zielkultur" als Lernziel in das interkulturelle Training integriert wird.

7. Interkulturelles Training und angewandte Ethnologie

Auslandsvorbereitende interkulturelle Trainings können ihren Zweck, Expatriates und deren mitreisende Angehörige adäquat auf das Leben und Arbeiten im Ausland vorzubereiten, nur bedingt erfüllen. Dafür gibt es viele Gründe, auf drei möchte ich kurz eingehen: zum einen das Spannungsfeld Wunsch versus Wirklichkeit und Zentrale versus Auslandsniederlassung; zum zweiten die Tatsache, dass der realen Lebens- und Arbeitssituation der Expatriates zu wenig Beachtung geschenkt wird; und zum dritten der Bedarf, interkulturelle Trainings stärker auf Ethnologie und Ethnographie zu beziehen.

7.1 Spannungsfelder

Von Expatriates wird erwartet, interkulturell kompetent, weltoffen, flexibel und global minded zu sein. Interkulturelle Trainings sollen dazu beitragen, die Lernfähigkeit der Expatriates in der Entsendungssituation zu verbessern, was jedoch durch die strukturellen Probleme und Widersprüche erschwert wird. Aufgrund methodisch-inhaltlicher Mängel bleiben die Trainings zu sehr an der Oberfläche, und der persönliche Entwicklungsbedarf der Teilnehmer wird zu wenig thematisiert. Z. B. wird mit Erklärungsmodellen zur Anpassungssituation gearbeitet, die zu eindimensional sind und zu wenig Anregung für individuelles interkulturelles Lernen bieten – wie etwa das häufig in Trainings eingesetzte „Developmental Modell for Intercultural Sensitivity" (Bennett 1993), in dem interkulturelle Kompetenz als lineare Reduktion kulturzentrischer Einstellungen bzw. als kontinuierliche Zunahme kulturrelativer Einstellungen definiert wird. Realistischer wäre, davon auszugehen, dass interkulturelle Sensibilität und Kompetenz mit der Dauer und Intensität reflektierter Auslandserfahrungen nicht kontinuierlich zunehmen, sondern dass die Einstellungen und Handlungsweisen ständig zwischen kultursensibel-kompetent und unsensibel-inkompetent oszillieren. Diese Schwankungen werden – sofern sie bewusst wahrgenommen werden – als Symptom persönlicher Defizite erlebt. Eine sinnvolle interkulturelle Auslandsvorbereitung müsste darauf vorbereiten, dass diese Oszillationen und die damit einhergehenden „Wechselbäder der Gefühle" nicht nur normal, sondern wünschenswert sind, weil sie Symptome von Lernen, von persönlicher Weiterentwicklung, mithin von einem Zugewinn an interkultureller Kompetenz sind.

Die Machtungleichheit zwischen Zentrale und Auslandsniederlassung, die trotz des Anspruchs existiert, sich zu einem „global integrierten Unternehmen" zu entwickeln, stellt eine schwierige Situation für Expatriates dar, die „zwischen den Stühlen" sitzend in ihrer Rolle als Change-Agents fungieren sollen. Das in interkulturellen Trainings und in den Unternehmen allgemein vertretene Gebot, „when in Rome, do as the Romans do" löst sich im Kräftefeld struktureller Widersprüche auf und – verkehrt in ihr Gegenteil – erzeugt die Gefahr, dass sich gegenseitiges Unverständnis und Misstrauen hochschaukeln. Damit nimmt auch die Gefahr zu, dass nicht die strukturellen Widersprüche als eigentliche Problemursache gesehen werden, sondern die kulturellen Unterschiede. Interkulturelle Trainings müssen die Verschränkungen struktureller und kultureller Aspekte thematisieren, was nicht abstrakt und allgemein, sondern nur an konkreten Praxisbeispielen erfolgen kann, denn die Befindlichkeiten und unterschiedlichen Perspektiven der individuellen Akteure in konkreten Handlungssituationen müssen nachvollziehbar gemacht werden, damit alternative Handlungsmöglichkeiten vorstellbar werden.

7.2 Interkultureller Arbeitsalltag und diasporische Lebenssituation

Interkulturelle Auslandsvorbereitungstrainings sind nur dann sinnvoll, wenn die unrealistischen Vorstellungen von der Lebens- und Arbeitssituation und von den interkulturellen Herausforderungen im Ausland korrigiert werden und wenn thematisiert wird, wie Expatriates tatsächlich ihr privates Leben und ihren Arbeitsalltag gestalten. Dazu gilt es zu verstehen, wie Expatriates mit den erlebten „Abweichungen" von den Standards, Prozessabläufen, Routinehandlungen und Arbeitsgewohnheiten und den damit einhergehenden Irritationen umgehen. Irritationen wirken verunsichernd, werfen Fragen auf und erzeugen das Bedürfnis, Antworten zu finden und das durch sie gestörte innere Gleichgewicht wieder herzustellen. Die individuellen Akteure versuchen dies, indem sie „Erklärungen" für die Ursachen des „abweichenden" Handelns der anderen suchen. Fündig werden sie zunächst im eigenen Erfahrungs- und Wissensvorrat. Diese aus dem vorrätigen Wissen generierten Erklärungsversuche sind zunächst vorläufig, unsicher und bedürfen der Bestätigung durch andere Personen (die möglichst über ähnliche Erfahrungen verfügen, ähnliche Irritationen erlebt haben und ihrerseits „Erklärungen" konstruiert haben) bzw. deren „Erklärungen". Dazu werden die „Erklärungen" ausgetauscht und miteinander abgeglichen, modifiziert und schließlich zu relativ stabilen Modellen und Konzepten geformt. Das Diasporanetzwerk stellt das geeignete Forum zur Verfügung, in dem der Prozess des Herstellens von Erklärungsmodellen „abweichender" Begebenheiten, Handlungsweisen, Haltungen, Situationen und Zusammenhängen stattfinden kann.

Diese Konzepte und Erklärungsmodelle, die den beteiligten Akteuren nun als gesichertes Wissen gelten, werden in den Wissensvorrat (Schütz / Luckmann 1979) der Diasporagemeinde eingespeist. Auf diesen Wissensvorrat wird zurückgegriffen, um sich in der „fremden Kultur" zu orientieren, um Fragen zu beantworten, die sich im interkulturellen Alltag ergeben, um die Herausforderungen des Arbeitsalltags zu bewältigen etc. Die vom Wissensvorrat bereit gestellten Erklärungsmodelle sind in der Regel keine adäquaten Erklärungen, wie sie etwa auch unter Japanern konstruiert würden, sondern „viable" Erklärungen (Glasersfeld 1997). In jedem Fall spielt der Wissensvorrat der Diasporagemeinde eine zentrale Rolle, wenn es darum geht, die tatsächliche Lebens- und Arbeitssituation der Expatriates zu verstehen und auf dieser Basis sinnvolle interkulturelle Trainings zu gestalten. Um aber die Prozesse der sozialen Konstruktion des Wissensvorrats der Diasporagemeinde wie auch die Bedeutung dieses Wissensvorrats für die Expatriates zu verstehen, bedarf es ethnologischen Know-hows und ethnographischer Methodik.

7.3 Ethnologische Fundierung

Ein sinnvolles interkulturelles Auslandvorbereitungstraining müsste ethnologisch fundiert und unter Einbeziehung ethnographischer Methoden erfolgen. Das bedeutet als erstes, den Trainings ein differenzierteres und kritischeres Verständnis des Kulturbegriffs zugrunde zu legen.

Zum zweiten müsste Wissen über das tatsächliche Alltagsleben der Expatriates zur Anwendung kommen, insbesondere im Hinblick auf das Diasporanetzwerk, wobei vor allem folgende Themen wichtig sind: die Prozesse der Konstruktion des diasporischen Wissensvorrats, die soziale Struktur und Konstruktion kommunikativer Regeln und die damit erzeugten Ein- und Ausgrenzungen, die Machtasymmetrien und der daraus entstehende Meinungsdruck, die Konstruktion von „Heimat" und die Praxis der Befriedigung von „homing desire", die Konstruktion von Narrativen über das kulturelle Fremde und die kulturellen Selbstverortungen.

Drittens müsste versucht werden, die Erfahrung, Flexibilität und Lernhaltung des ethnologischen Feldforschers für die Expatriates nutzbar zu machen. Dazu müssten die Trainingsteilnehmer in ethnographischer Forschungsmethode geschult werden, was für die Orientierung im spannungsreichen, widersprüchlichen Geflecht multinationaler Unternehmen sehr hilfreich wäre.

Viertens müssten verstärkt ethische Fragen in interkulturelle Trainings einbezogen werden. Wichtig sind Fragen der unternehmensinternen Machtungleichheit, insbesondere im Zusammenhang mit dem Zukunftsmodell „global integriertes Unternehmen". Denn hier kommt es zu gravierenden Widersprüchen. Z. B. wird auf der einen Seite Demokratisierungsrhetorik betrieben, zugleich werden aber die zentralen Kontrollmaßnahmen verschärft. Das wirft die Frage auf, ob der vergleichsweise große organisationale Gestaltungsspielraum im Ausland, der für viele Expatriates ein wesentlicher Grund ist, sich für eine Stelle in der Auslandsniederlassung zu bewerben, auch in Zukunft noch bestehen wird, oder ob dieser „Spielraum" nicht auch bisher schon mehr Fiktion als Realität war? Generell mangelt es an Wissen darüber, wie die Rahmenbedingungen der Auslandsentsendung von den Expatriates gesehen werden und wie sie mit dem globalistischen Ideal der Firma umgehen. Interkulturelle Trainings, die vor allem die im Unternehmen kursierenden Wünsche und Illusionen bedienen, aber an der tatsächlichen Situation der individuellen Mitarbeiter vorbei gehen, sind ethisch fragwürdig und können den eigenen Bildungs- und Entwicklungsanspruch nicht einlösen.

Fünftens geht es um die Frage, welche Rolle Expatriates in Zukunft spielen werden. Wenn es zutrifft, dass sich multinationale Unternehmen in „global integrierte Unternehmen" transformieren wollen bzw. müssen, dann wäre anzunehmen, dass die Aufgabe der Expatriates als Change-Agents nicht nur darin besteht, für die Durchsetzung globaler Standards in den peripheren Organisationen zu sorgen. Vielmehr ist davon auszugehen, dass diese Aufgabe auch darin besteht, in die Gegenrichtung zu wirken und dafür zu sorgen, dass das lokale Wissen der peripheren Organisationen über Strategien, Märkte,

Netzwerke und Kreativitätspools oder über Handlungslogiken, Prozesse, Routinen, Werte, Einstellungen und Gewohnheiten etc., im gesamten Unternehmen nutzbar gemacht werden kann. Die im Grunde kolonialistische Funktion und Rolle des Change-Agents würde sich damit in die eines Mediators und Förderers verwandeln – vorausgesetzt, die Expatriates sind in der Lage, aufrichtig, wertschätzend und tatsächlich interkulturell kompetent mit den lokalen Partnern zu interagieren. Interkulturelle Trainings müssten sich an diesem Zukunftsbedarf orientieren. Das kann aber nur gelingen, wenn ethnographische Methoden einbezogen und die Inhalte mit ethnologischem Wissen erweitert werden. Insbesondere wäre aber notwendig, mittels angewandter Forschung – da in Unternehmen eine unabhängige Forschung so gut wie unmöglich ist – Daten zu generieren, um die hier skizzierten Wissenslücken zu füllen.

Literatur

ANTONI, Klaus (1995): Legitimation staatlicher Macht. Das Erbe der Kokutai-Ideologie. In: Foljanty-Jost, Gesine / Thränhardt, Anna-Maria (Hg.): Der schlanke japanische Staat. Wiesbaden: Springer, S. 48–68.

BAARS, Grietje / Spicer, Andre (Hg.) (2017): The Corporation. A Critical, Multi-Disciplinary Handbook. Cambridge: Cambridge Uniersity Press.

BENNETT, Milton (1993): Towards Ethnorelativism. A Developemental Model of Intercultural Sensitivity. In: Paige, Michael (Hg.): Education for the Intercultural Experience: 21–71. Yarmouth: Intercultural Press.

BENNETT, Milton J. (Hg.) (1998): Basic Concepts of Intercultural Communication. Yarmouth: Intercultural Press.

bpb (2017): Internationalisierung der Top 100 MNU: http://www.bpb.de/nachschlagen/zahlen-und-fakten/globalisierung/52630/internationalisierung [Zugriff am 18.2.2018].

BONCORI, Ilaria (2013): Expatriates in China. Experiences, Opportunities and Challenges. Basingstoke: Palgrave Macmillan.

BRAH, Avtar (1996): Cartographies of Diaspora. Contesting Identities. London: Routledge.

CHURCH, Austin T. (1982): Sojourner Adjustment. In: Psychological Bulletin, 91 (3), S. 540–72.

CLIFFORD, James 1994. Diasporas. In: Cultural Anthropology 9,3: 302–338.

DEARDORFF, Darla K. (Hg.) (2009): The Sage Handbook of Intercultural Competence. Thousand Oakes: Sage.

FAVELL, Adrian (2003): Games without Frontiers? Questioning the Transnational Social Power of Migrants in Europe. In: Archives Européennes de Sociologie, XLIV (3), S. 106–136.

GLASERSFELD, Ernst von (1997): Radikaler Konstruktivismus. Frankfurt: Suhrkamp.

GHOSHAL, Sumantra / Bartlett, Christopher (1998): Managing across Borders. The Transnational Solution. London: Random House.

GHOSHAL, Sumantra / Westney, D. Eleanor (Hg.) (2005): Organization Theory and the Multinational Corporation. Houndmills: Palgrave Macmillan.

GÖTZ, Klaus (Hg.) (2010): Interkulturelles Lernen, interkulturelles Training. 7. Auflage. Mehring: Hampp Verlag.

GUDYKUNST, William B. / Nishida, Tsukasa (1993): Interpersonal and Intergroup Communication in Japan and the United States. In: Gudykunst, William B. (Hg.): Communication in Japan and the United States. Albany: Suny Press, S. 149–214.

HOLTBRÜGGE, Dirk (2008): Cultural Adjustment of Expatriates. Theoretical Concepts and Empirical Studies. München: Hampp Verlag.

JEANNET, Jean-Pierre (2000): Managing with a Global Mindset. London: Financial Times.

KITANO, Harry H. L. (1993): Japanese American Values and Communication Patterns. In: Gudykunst, William B. (Hg.): Communication in Japan and the United States. Albany: Suny Press, S. 122–146.

KÜHLMANN, T. M. (Hg.) (1995): Mitarbeiterentsendung ins Ausland. Auswahl, Vorbereitung, Betreuung und Wiedereingliederung. Göttingen: Verlag für Angewandte Psychologie.

LANDIS, Dan / Bhagat, Rabi S. (1996): Handbook of Intercultural Training. 2nd Edition. Thousand Oakes: Sage.

LEBRA, Takie Sugiyama (1993): Culture, Self, and Communication in Japan and the United States. In: Gudykunst, William B. (Hg.): Communication in Japan and the United States. Albany: Suny Press, S. 51–87.

LIFTON, Robert Jay (1993): The Protean Self. Chicago: University of Chicago Press.

MATSUMOTO, David / LeRoux, J. / Bernhard, R. / Gray, H. (2004): Unraveling the Psychological Correlates of Intercultural Adjustment Potential. In: International Journal of Intercultural Relations, 28 (3–4), S. 281–309.

McNULTY, Yvonne / Inkson, Kerr (2013): Managing Expatriates. A Return on Investment Approach. New York: Business Expert Press.

MOOSMÜLLER, Alois (1997): Kulturen in Interaktion. Deutsche und US-amerikanische Firmenentsandte in Japan. Münster: Waxmann.

MOOSMÜLLER, Alois (2003): Interkulturelle Routinen in deutschen und amerikanischen Unternehmen in Japan. In: Ducke, Isa / Dolles, Harald (Hg.): Missverständnisse in der Begegnung mit Japan. Japanstudien Band 15. Jahrbuch des Deutschen Instituts für Japanstudien. München, S. 195–214.

MOOSMÜLLER, Alois (2007): Deutsche Expatriates in Japan. In: Kühlmann, Torsten / Müller-Jacquier, Bernd (Hg.): Deutsche in der Fremde. Assimilation – Abgrenzung – Integration. St. Ingbert: Röhrig, S. 105–130.

MOROSINI, Piero (1998): Managing Cultural Differences. Effective Strategy and Execution Across Cultures in Global Corporate Alliances. Oxford: Pergamon.

O'REILLY, Claire (2003): The Expatriate Life. A Study of German Expatriates and their Spouses in Ireland: Issues of Adjustment and Training. Frankfurt am Main: Peter Lang.

PALMISANO, Samuel J. (2006): The Globally Integrated Enterprise. In: Foreign Affairs, 85 (3), S. 127–136.

POLLOCK, David C. (Hg.) (1999): The Third Culture Kid Experience. Growing Up Among Worlds. Yarmouth: Intercultural Press.

ROGERS, Everett M. / Hart, William B. / Miike, Yoshitaka (2002): Edward T. Hall and the Origins of the Field of Intercultural Communication. In: Keio Communication Review, 24, S. 3–26.

ROSEN, R. (2000): Global Literacies. Lessons on Business Leaderships and National Cultures. New York: Simon & Schuster.

SASSEN, Saskia (1991): The Global City. New York: Princeton University Press.

SCHERER, Andreas Georg (2003): Multinationale Unternehmen und Globalisierung. Zur Neuorientierung der Theorie der Multinationalen Unternehmung. Heidelberg: Physica Verlag.

SCHÜTZ, Alfred / Luckmann, Thomas (1979): Strukturen der Lebenswelt. Band 1. Frankfurt: Suhrkamp.

SENNETT, Richard (1998): Der flexible Mensch. Die Kultur des neuen Kapitalismus. Berlin: Berlin Verlag.

SENNETT, Richard (2005): Die Kultur des Neuen Kapitalismus. Berlin: Berlin Verlag.

SHAY, Jeffrey P. / Baack, S. (2006): An Empirical Investigation of the Relationships Between Modes and Degree of Expatriate Adjustment and Multiple Measures of Performance. In: International Journal of Cross Cultural Management, 6 (3), S. 275–294.

STAHL, Günther (1998): Internationaler Einsatz von Führungskräften. München: Oldenbourg.

THOMAS, D. C. / Elron, E. / Stahl, G. / Ekelund, B. Z. / Ravlin, E. C. / Cerdin, J. / Poelmans, S. / Brislin, R. / Pekerti, A. / Aycan, Z. / Maznevski, M. / Au, K. / Lazarova, M. B. (2008): Cultural Intelligence. Domain and Assessment. In: International Journal of Cross Cultural Management, 8 (2), S. 123–143.

ZORZI, Olaf (1999): Gaijin, Manager, Schattenspieler. Eine Ethnographie Schweizer Expatriates in Japan. Dissertation Universität St. Gallen. Bamberg: Difo Druck.

Kooperation mit der Polizei –
Grenzen und Möglichkeiten einer praxisorientierten Forschung

FRANK MÜLLER

ABSTRACT: In meinem Beitrag berichte ich über eine Kooperation mit der Polizei in einer deutschen Großstadt, die seit mehreren Jahren besteht. Ziel der Zusammenarbeit ist es, die Auswirkungen der Diversifizierung der Gesellschaft auf die praktische Arbeit der Polizei zu untersuchen und gemeinsam mit Polizisten der Führungsebene Elemente zur Schulung und Unterstützung von Schutzpolizist*innen innerhalb der Organisation zu entwickeln. Mittels nicht-teilnehmender Beobachtungen und fokussierten Leitfadeninterviews erstelle ich ethnografische Beschreibungen des Arbeitsalltags der Schutzpolizist*innen, in denen Einblicke in aktuelle Problemlagen aus Sicht der unteren Ränge vermittelt werden, die sich über das Berichtswesen der Polizei normalerweise nicht ergeben. In gemeinsamen Besprechungen werden dann aktuelle Themen identifiziert und nach Lösungsstrategien gesucht. Im geplanten Buchartikel gehe ich auf folgende Fragen ein: Welchen Beitrag kann eine ethnologische Expertise mit ihrer dynamischen Konzeption von Kultur, ihrem Blick auf individuelle Lebenslagen und dem Wissen über Migrationsprozesse für praktische Felder wie die Verbesserung der Aus- und Fortbildung von Polizisten leisten? Welche Rollen nehme ich in der Zusammenarbeit ein und welche Rollen werden mir zugeschrieben? Und nicht zuletzt: Wo sehen die Kooperationspartner jeweils die Grenzen dieser Zusammenarbeit?

1. Einleitung

Die Ethnologie gewinnt durch die steigende Nachfrage nach interkultureller Kompetenz und ethnologischer Expertise in vielen Bereichen an Aufmerksamkeit. Dieser Band widmet sich den Fragen der Verortung des Fachs zwischen Wissenschaft, Öffentlichkeit und Arbeitswelt.[1] Im Folgenden werde ich über die Möglichkeiten und Grenzen einer Kooperation mit der Polizei berichten. Die Zusammenarbeit eines universitären Instituts mit

---

[1] „Verortungen. Ethnologie in Wissenschaft, Arbeitswelt und Öffentlichkeit" lautete auch das Thema der DGV-Tagung, 2.–5. Oktober 2013 an der Universität Mainz.

© Springer Fachmedien Wiesbaden GmbH, ein Teil von Springer Nature 2019
S. Klocke-Daffa (Hrsg.), *Angewandte Ethnologie*, https://doi.org/10.1007/978-3-658-25893-1_20

der deutschen Polizei ist bisher wenig erprobt. Die Ethnologie mit ihrer Ausrichtung auf marginalisierte Kulturen und Menschen und mit ihrer traditionell kritischen Perspektive auf Macht und Hegemonie in politischen Gebilden hat möglicherweise gut begründete Vorbehalte gegen eine Zusammenarbeit mit den Repräsentanten der Staatsgewalt. Von Seiten der Polizei war die ethnologische Expertise wahrscheinlich aufgrund dieser kritischen Haltung bisher wenig gefragt. Selbst die Zusammenarbeit mit universitären Instituten der Kriminologie und Soziologie ist in Deutschland für längere Zeit unterbrochen gewesen (vgl. Ohlemacher 1999).[2] Das Feld der Polizei ist andernorts allerdings schon häufig mit ethnografischen Methoden untersucht worden, und es gibt aktuelle gute Beispiele von ethnologischen Forschungen über die Polizei, auf die ich hier später kurz hinweisen möchte. Sicher gibt es auch Ethnolog*innen im Dienst der Polizei; über deren Arbeit wird allerdings wenig öffentlich berichtet. Lediglich aus Hamburg ist mir bekannt, dass das 2016 neu gegründete Institut für transkulturelle Kompetenz in der Akademie der Polizei von einem Ethnologen geleitet wird.[3] Welche Erwartungen stecken in der Anfrage nach interkultureller Kompetenz für die Polizei und ist es möglich, diesen in allen Bestandteilen – inter-, Kultur-, Kompetenz – problematischen Begriff in der Kooperation kritisch zu diskutieren? Im Vorfeld sollten die Erwartungen geklärt werden. Ginge es darum gruppenspezifische Verhaltenstipps zu geben, wie sie in vielen interkulturellen Trainings für international tätige Wirtschaftsakteure vermittelt werden, dann wäre eine Zusammenarbeit auf dieser Basis für mich sicher nicht sinnvoll. Eine Auseinandersetzung mit dem Kulturbegriff ist nicht nur eine Aufgabe in Schulungseinheiten für Polizist*innen, sondern auch Teil der Kooperation.

Das Ziel der hier dargestellten Zusammenarbeit zwischen dem Institut für Ethnologie und Kulturwissenschaft der Universität Bremen und der Polizei Bremen ist es, die Auswirkungen der Diversifizierung der Gesellschaft auf die Praxis der Polizei zu untersuchen und gemeinsam mit Polizist*innen der Führungsebene Elemente zur Schulung und Unterstützung von Schutzpolizist*innen innerhalb der Organisation zu entwickeln. Im Fokus steht auf der individuellen Ebene die Förderung der Sensibilität gegenüber der wachsenden Diversität der Gesellschaft und auf organisatorischer Ebene die Entwicklung von Maßnahmen, die das Problem des Ethnic Profiling thematisieren. Mit Ethnic Profiling wird eine Praxis beschrieben, bei der Entscheidungen der Polizei, zum Beispiel bei Personenkontrollen und Identitätsfeststellungen, allein auf Kriterien wie der Zuschreibung einer ethnischen Zugehörigkeit oder der Hautfarbe basieren. Internationale und europäische Gremien wie der UN-Menschrechtsausschuss oder der Europäische Gerichtshof für Menschrechte haben festgestellt, dass Ethnic Profiling gegen das Verbot rassisti-

---

2   Thomas Ohlemacher (1999) berichtete über ähnliche Gründe für die Zurückhaltung der Polizei gegenüber der Zusammenarbeit mit der Soziologie in Deutschland.

3   So berichtet u. a. Zeit Online, dass Wulf-Dietrich Köpke, der ehemalige Direktor des Hamburger Museums für Völkerkunde, die Polizei in transkultureller Kompetenz schult (Zeit Online 2016).

scher Diskriminierung verstößt. Als staatliches Exekutivorgan einer demokratischen Gesellschaft ist die Polizei dem Gleichheitsgrundsatz und der Nichtdiskriminierung verpflichtet. Statistische Erhebungen im Auftrag der Europäischen Union zeigen hingegen, dass die Wahrscheinlichkeit, von der deutschen Polizei kontrolliert zu werden, für eine Person mit „türkischem" Aussehen[4] mehr als doppelt so hoch ist wie für eine eher stereotyp „deutsch" wirkende Person (FRA 2010:8). Im Fokus der hier beschriebenen Kooperation steht deshalb das Anliegen der Polizei, ihr Personal für einen diversitätssensiblen Umgang mit einer heterogenen Bevölkerung zu qualifizieren. Der Erfolg der Polizei ist damit verknüpft, inwiefern es ihr gelingt, Vertrauen in allen Bevölkerungsgruppen aufzubauen, damit Straftaten angezeigt werden und Zeugen ungehindert aussagen können. Ausschlaggebend ist dafür, wie die verschiedenen Gemeinschaften von der Polizei behandelt werden und wie diese sich behandelt fühlen.[5] Seit einigen Jahren gibt es Bestrebungen der Polizei, durch eine gezielte Einstellungspolitik die eigene Diversität zu verändern. Die damit verbundenen Problematiken wurden bisher in zwei Studien untersucht (Hunold 2008; Theriault 2013). Beide Autorinnen zeigen u. a., dass Polizist*innen mit Migrationshintergrund die Rolle als Expert*innen für Interkulturelles zugeschrieben wird und diese damit nicht einverstanden sind und häufig schnell wieder aus dem Dienst ausscheiden. Im Prozess der Personalplanung sehe ich deshalb auch ein Feld, in dem ethnologische Expertise sinnvolle Hinweise geben könnte.

Im Folgenden gehe ich der Frage nach, wie die Zusammenarbeit zwischen Ethnologie und Polizei aussehen kann. Dazu stelle ich zunächst einige Ergebnisse ethnologischer und kriminologischer Forschungen zur Polizei dar, um einen analytischen Rahmen des Projekts zu geben. Anschließend skizziere ich Entstehung und Arbeitsweise der Kooperation und diskutiere mit Blick auf die Themen und Problemlagen innerhalb der Polizei, was der Beitrag der ethnologischen Expertise für dieses Feld sein kann. Danach reflektiere ich meine unterschiedlichen Rollen im Feld der Polizeiarbeit und beschreibe die ethischen und organisatorischen Grenzen dieser Kooperation. Zum Abschluss werde ich einige Vorschläge machen, welche Elemente der Lehre im Fach stärker integriert werden könnten, um Studierende auf Kooperationen ähnlicher Art vorzubereiten.

---

4 Interessant wären auch Zahlen zu schwarzen jungen Männer, die aber bisher nicht in einer Studie erhoben wurden. Bei einer Tagung zum Thema ethnic profiling berichteten sie von ihren Erfahrungen. Die große Häufigkeit regelmäßiger Kontrollen führe dazu, dass sie gewisse Stadtgebiete (Bahnhofsnähe, Innenstadt) versuchen zu meiden, obwohl sie dort wichtige Angelegenheiten erledigen müssen.

5 Den Nexus von Vertrauen und Erfolg in der Polizeiarbeit beschreibt Silvia Staubli (2017) ausführlich. Vor allem der persönliche Kontakt zur Polizei beeinflusst das Vertrauen in die Institution.

2. Ethnologische Forschungen zur Polizei

Die ethnografische Untersuchung von Polizist*innen, die den Dienst auf der Straße leisten, hat eine lange Tradition in den USA und in England. Vor allem in der Soziologie und der Kriminologie sind Studien entstanden, in denen mit ethnografischen Methoden gearbeitet wurde und die einen analytisch tiefgehenden wissenschaftlichen Diskurs und eine kritische Diskussion zur Praxis der Polizei hervorgebracht haben. Die Herausgeber*innen des „Sage Handbook of Global Policing" fassen die Fachgeschichte folgendermaßen zusammen:

> „There is a strong case for saying that the study of policing emerged out of sociology, was in subsequent decades informed by the work of lawyers, historians, political scientists and psychologists, but more recently has become all too often to be seen purely as a subfield of criminology" (Bradford et al. 2016:5).

In den letzten Jahren sei ein Trend zu erkennen, dass vor allem Forschung für die Polizei betrieben wird, die einen klaren Anwendungsbezug aufweist. Dagegen plädieren Bradford u. a. für die Weiterführung von theoretisch fundierten, interdisziplinären und kritischen Forschungen über die Polizei. An dieser Form der Auseinandersetzung beteiligen sich neuerdings auch Ethnolog*innen, wie der amerikanische Ethnologe Kevin Kapriak bemerkt:

> „The discipline of anthropology has only recently seen the emergence of a topical subfield interested specifically in the ethnographic description and broader theorization of policing" (Kapriak 2016:103).[6]

Ethnologische Arbeiten beziehen sich allerdings eher auf ein breiteres Verständnis von Kontrolle und Überwachung im Sinne der Arbeiten von Foucault. Typischerweise fokussieren die Studien Bevölkerungen, die Überwachung und polizeiliche Gewalt erleben, und es werden eher die politischen Logiken der Sicherheit analysiert als die konkrete Praxis von Polizist*innen (Karpiak 2016:103). Die Praxis der Polizei im engeren Sinn erforschen Ethnolog*innen z. B. auf dem afrikanischen Kontinent. Der deutsche Ethnologen Jan Beek (2016) forschte dazu in mehreren Ländern Westafrikas. Zusammen mit Mirco Göpfert (2012) analysierte er den Einsatz von polizeilicher Gewalt in Ghana und Niger. In einer umfassenden Studie fokussiert die niederländische Ethnologin Tessa Diphoorn die Rolle privater Sicherheitsunternehmen in Südafrika (2016) und deren problematische Übernahme staatlicher Aufgaben ohne Autorisierung und Legitimität. In Europa forschte der französische Ethnologe Didier Fassin bei einer Sondereinheit der Polizei in den

---

5 Der englische Begriff Policing ist nicht einfach im Sinne von „Polizeiarbeit ausführen" zu übersetzen. Er entspricht sowohl dem deutschen Überwachen als auch Kontrollieren. Die Bedeutungen sind damit aber noch nicht vollständig abgedeckt. Es sind neben den konkreten Praktiken der Polizei weitere staatliche institutionelle und technologische Maßnahmen mitgemeint.

Pariser Vorstädten. In seiner Monographie „Enforcing order" (Fassin 2013a) beschreibt er die Praxis der Polizisten nach den Unruhen in den Banlieus 2005. Bei anlasslosen Kontrollen wurden Jugendliche mit Migrationshintergrund häufig rassistisch beleidigt und nicht selten Opfer von Polizeigewalt. In seiner Analyse spricht Fassin von einer kolonialen Situation in den Pariser Vorstädten, in denen die Bevölkerung räumlich, sozial, ökonomisch und ethnisch segregiert, zum Sicherheitsrisiko erklärt und dann von den Sondereinheiten nahezu bekämpft wird. Fassins Arbeiten haben in der Folge eine breite wissenschaftliche Debatte und zudem eine öffentliche Diskussion über Rassismus in der französischen Polizei ausgelöst.[7] Viele Studien über die Polizei berichten über weniger drastische Ereignisse, zeigen aber häufig, wie Polizist*innen eine stereotype Sichtweise auf ihr Gegenüber entwickeln. Sowohl in US-amerikanischen Studien (Skolnick 1966; Bittner 1967) als auch in Studien zur Polizei in europäischen Staaten (vgl. Loftus 2009; Fassin 2013a; Behr 2000), sind es vor allem junge Männer, die in Konflikte mit der Polizei geraten. Sie halten sich an Orten auf, die als problematisch angesehen werden und aufgrund ihres Aussehens werden sie als nicht zur Mehrheitsbevölkerung gehörend wahrgenommen. Der Alltag der Polizisten, die vor allem auf der Straße arbeiten, scheint eine selektive Wahrnehmung zu befördern, die u. a. eine diskriminierende Kontrollpraxis zur Folge haben kann. Die stereotypen Sichtweisen der Polizist*innen werden als Ausdruck einer Kultur der Straßenpolizisten erklärt (Reuss-Ianni 1983; Behr 2000, 2006) oder – in ähnlicher Weise – als Ergebnis der beruflichen Sozialisation (van Maanen 1975). Dazu kommt die Fokussierung der Überwachung auf öffentliche städtische Räume, in denen sich vermehrt junge Männer benachteiligter Schichten aufhalten (Hunold 2015). Welche Kriterien in der Praxis den Ausschlag für die Kontrollen gegeben haben, ist nicht einfach festzustellen. Polizeiliches Handeln in einer konkreten Situation ermöglicht immer einen gewissen Handlungsspielraum. Anweisungen können immer unterschiedlich interpretiert und ihre Umsetzung kann letztlich nicht vollständig durch das Management kontrolliert werden. Dieses Grundproblem der polizeilichen Praxis nennt der deutsche Ethnologe Thomas Bierschenk die „Spannung zwischen gesetzlicher Ordnung und alltäglicher Praxis" (2016:156). In modernen Gesellschaften konstituieren sich Polizei und Staat gegenseitig. Staatliche Macht drückt sich in Gesetzen aus und die Polizei überwacht, schützt und verteidigt diese. In der praktischen Begegnung im Alltagsleben der Bürger*innen reicht dieser abstrakte Rahmen aber nicht hin, um die Rolle der Polizei zu verstehen. Bierschenk schreibt:

> "Police officers are not only 'law enforcement officials'; they also are, and perhaps primarily, 'upholders of social order', as well as, for some people, 'friends and helpers', 'educators' and 'knowledge workers' – while for other people, they may be 'occupiers', 'terrorists' or 'vigilantes'" (Bierschenk 2016:166).

---

7   Die Rolle der Ethnologie in der öffentlichen Debatte diskutierte Fassin in Cultural Anthropology (2013 b).

Polizist*innen sehen sich selbst auch nicht nur als Bürokrat*innen, sondern sie agieren in verschiedenen Rollen. Aufgrund der Rollenvielfalt lässt sich der Orientierungsrahmen, in dem sie sich bewegen, nicht ausschließlich auf die Rechtsordnung des Staates begrenzen. Als Freund und Helfer berufen sie sich auf ihren gesunden Menschverstand, in der Rolle des Pädagogen auf persönliche Erfahrungen und lokales Wissen. Diese informellen Leitlinien für das Handeln erlernen Polizist*innen in der praktischen Arbeit von älteren Kolleg*innen. Die berufliche Sozialisation in der Praxis beschreibt schon John van Maanen als wesentliche Quelle für die Ausbildung junger Polizist*innen (1975). Sie erlernen ein Repertoire an Handlungsschemata, die sie dann intuitiv einsetzen. Der amerikanische Polizeiforscher Georg Bittner (1967) spricht hier vom „playing by ear". Wie Jazzmusiker*innen improvisieren Polizist*innen im Rahmen dieser verschiedenen Grundlagen. Wie ist dieser Ermessensspielraum beschaffen und wie kann er so beeinflusst werden, dass dort kein Platz für diskriminierendes oder rassistisches Handeln entsteht? Fassin weist in seinen Arbeiten darauf hin, dass Polizeiarbeit in hohem Maße moralisch ist (Fassin 2013c, 2015). So zeigt er, dass innerhalb eines Polizeireviers moralische Vorstellungen herrschen können, die diskriminierendes Handeln rechtfertigen. Dennoch beobachtet er Subjekte, die diesen Vorstellungen widersprechen und letztlich durch nicht-diskriminierendes Verhalten anderer, die vielleicht nur aus Loyalität zur Gruppe diskriminierend handeln, ein positives Vorbild geben. Bierschenk führt mit Blick auf die Erfahrungen mit dem „Police and Criminal Evidence Act" (PACE) in England dazu weiter aus, dass Versuche, den Ermessensspielraum der Polizist*innen von Seiten des Managements zu kontrollieren, nicht effektiv sind. In den 1980er Jahren sollten z. B. die Anlässe für Kontrollen sehr genau dokumentiert werden. Ziel war es, die willkürlichen Kontrollen zu vermeiden. Das Verhalten habe sich dadurch aber kaum verändert, es sei eher die Idee der Polizei, die beeinflusst werden könnte. Die bürokratischen Auflagen waren anscheinend wenig geeignet, Einfluss auf die handlungsleitenden Überzeugungen auszuüben. Hier sehe ich eher eine Möglichkeit, eine Reflexion dieser Sichtweisen anzuleiten. Das Modell des Polizisten der discretion (sowohl im Sinne von Ermessen als auch im Sinne von Besonnenheit) und interaktive Fähigkeiten zur Bewältigung seiner Aufgaben nutzt, widerspricht einem bürokratischen Regelwerk, das versucht, die Praxis von oben zu regulieren. Die Gesellschaft entwickelt diskursiv eine gemeinsame Idee der Polizei. Dies ermöglicht einen Handlungsspielraum und ist gleichzeitig das Ergebnis von situativ gut bemessenem Handeln der Polizei und der Akzeptanz der staatlichen Interventionen durch die Bevölkerung. Im Fazit erklärt Bierschenk, dass das Spannungsfeld zwischen der gesetzlichen Ordnung und der polizeilichen Praxis nicht gelöst werden kann. "The tension produced between a legal order and police practice cannot be resolved, but only managed through good police work" (Bierschenk 2016:170). Aus dieser Analyse folgt, dass die Einflussnahme auf die Praxis der Polizei eine vielschichtige, politische wie auch gesellschaftliche Aufgabe ist und die Bemühungen nicht auf die Entwicklung von Maßnahmen innerhalb der Polizei beschränkt werden können. Die Kontrollpraxis ist als ein Kern der Polizeiarbeit vom subjektiven Verhalten und von Gruppenprozessen abhängig, die durch eine ethnografische Untersuchung herausgearbeitet werden können. Hier sehe ich deshalb einen guten Ansatzpunkt für eine Zusammenarbeit. Eine Veränderung kann polizeiintern nur durch einen komplexen organisatorischen Prozess bewirkt werden, bei dem vor allem die Führung der Polizei das Problem des Ethnic Profiling anerkennt und bereit ist, weitergehende Maßnahmen zu ergreifen und nicht zuletzt zu finanzieren. Die Entwicklung einer Fortbildungsmaßnahme kann somit lediglich als ein Baustein innerhalb dieses Prozesses betrachtet werden.

3. Darstellung der Kooperation

Der Zugang zur Polizei erfolgte über den Integrationsbeauftragten der Polizei, der über ein Kooperationsprojekt zum Thema „Diversity" den Kontakt zur Universität aufnahm. Im ersten Schritt ging es darum, die von ihm geleiteten Fortbildungen zur interkulturellen Kompetenz für Polizisten zu evaluieren. Die Übungen und Trainingseinheiten basierten früher auf den Theorien der Interkulturellen Kommunikation von Hofstede (1991) und Trompenaas (1995). Diese erschienen ihm letztlich aber ungeeignet, da die Konzeption von Nationalkulturen den multikulturellen Alltag einer Großstadt nicht annähernd beschreiben konnte und darüber hinaus bestehende Stereotypisierungen verstärkten. In ähnlicher Weise bewertet auch Gregor Sterzenbach, einer der wenigen Ethnologen, der in Deutschland bei der Polizei geforscht hat, die Relevanz dieser Modelle für die Polizeiarbeit:

> „Differenzmodelle von Hall und Hofstede betreffen eher die Makroebene kultureller Unterschiedlichkeit und eignen sich als interpretative Folie zur Deutung von interkulturellen Situationen – ein Denkansatz, den ich in dieser Studie angewendet habe. Insgesamt gesehen, muss der Wert solcher Ansätze für das Verstehen des interkulturellen Handelns kritisch gesehen werden; sie spielen für dieses Feld wahrscheinlich eine geringere Rolle, [...]" (Sterzenbach 2013:239).

Dieses Fazit seiner umfassenden Studie über interkulturelles Handeln zwischen Polizei und Fremden bei der Münchner Polizei ist umso bemerkenswerter, als er in seiner Studie zu Beginn eher beabsichtigt, den praktischen Nutzen der Theorien der interkulturellen Kommunikation für die Polizeiarbeit aufzuzeigen. Die Kritik an den theoretischen Grundlagen der zuvor bestehenden Trainings führte allerdings nicht automatisch zu neuen passenderen Schulungselementen. Mit Zustimmung der Polizeiführung wurde vereinbart, dass mit einer dichten Beschreibung des Arbeitsalltags der Schutzpolizist*innen die Grundlage für die Entwicklung neuer Methoden und Inhalte geschaffen werden soll. Mittels nicht-teilnehmender Beobachtungen und fokussierten Leitfadeninterviews erstelle ich ethnografische Beschreibungen des Arbeitsalltags der Schutzpolizei. Durch eine

Schutzweste mit dem Aufdruck „Polizei" bin ich für Außenstehende als zur Polizei gehörend erkennbar. Meine Teilnahme an den Situationen beschränkt sich also auf Anwesenheit, die sicher auch Auswirkungen auf das Verhalten der Beteiligten hat. In den Beschreibungen werden Einblicke in aktuelle Problemlagen aus Sicht der unteren Ränge vermittelt, die sich über das Berichtswesen der Polizei normalerweise nicht ergeben. In gemeinsamen Besprechungen werden, darauf basierend, aktuelle Themen identifiziert und
mögliche Maßnahmen diskutiert. Neben den praxisorientierten Ergebnissen benutze ich
die erhobenen Daten auch als Ausgangsmaterial für eine ethnologische Analyse der Organisation der Polizei. Konkret sieht mein Forschungsalltag so aus, dass ich nach Absprache mit der Dienststellenleitung eines Reviers den normalen Dienst einer Gruppe beobachte. Zu Schichtbeginn werde ich von der Leitung dem Team eines Streifenwagens
zugeteilt, das in einem festgelegten Bezirk den Streifendienst leistet. Im Verlauf eines
achtstündigen Dienstes kommt es aber immer vor, dass ich auch in anderen Teams mit-
fahre. In manchen Fällen fragen mich Polizist*innen explizit, ob ich die nächste Streifen-
fahrt mit ihnen machen wolle, sie würden mir auch mal etwas erzählen wollen. Vor allem die Erzählungen, Gespräche und Diskussionen im Streifenwagen bilden eine
interessante Quelle für meine Arbeit. Die beobachtbaren Ereignisse sind zwar ebenfalls
sehr relevant, die besondere Bedeutung der Erzählungen für die Werteorientierung und
Traditionsbildung einer Organisation sind für die Polizei schon mehrfach beschrieben
worden (vgl. van Maanen 1975; Behr 2000).

Meine schriftlichen anonymisierten Berichte leite ich an den Integrationsbeauftragten
weiter, und wir besprechen die daraus resultierenden Ideen. Beabsichtigt ist damit z. B.
die Ausrichtung der Fortbildungsthemen auf den Alltag der Teilnehmer*innen und die
Integration der Sichtweisen der Schutzpolizist*innen auf ihre Praxis. Die ethnologische
Arbeitsweise bietet die Möglichkeit – anders als die formalisierte interne Kommunikation
– der Organisation Erkenntnisse über die Arbeit an der Basis zu vermitteln. Das Problem
der Kommunikationsbarrieren zwischen Abteilungen und Hierarchieebenen ist in der Organisationsforschung hinlänglich bekannt, und mit diesem Vorgehen wird versucht, diese Barriere zu umgehen (vgl. Schein / Hölscher 2010).[8]

4. Themen und Herausforderungen

Ein Kernthema der Fortbildungen sind die täglichen Begegnungen der Polizist*innen mit
jungen Männern – die häufig einen sogenannten Migrationshintergrund haben – aus
unteren sozialen Schichten. Sie geraten durch die institutionelle Ausrichtung auf bestimmte Stadträume öfter in Kontrollen durch die Polizei. So beschreibt die Kriminologin

---

8   In ähnlicher Weise werden ethnografische Methoden auch in der Unternehmensberatung eingesetzt (vgl.
    Frenzel / Müller / Sottong 2004).

Daniela Hunold in ihrer Studie zur polizeilichen Handlungspraxis gegenüber Jugendlichen, dass die Polizeistrategie der Überwachung bestimmter städtischer Räume zu häufigeren Kontrollen sozial marginalisierter Gruppen führe (Hunold 2015:27). Bedingt durch die relativ hohe Kontrolldichte werden bei diesen Jugendlichen auch vermehrt kleinere Vergehen, wie z. B. der Besitz von geringen Mengen Cannabis, protokolliert. Die häufigen Begegnungen können im Laufe der Zeit zur Verfestigung eines bestimmten Bildes von potentiellen Tätern führen. Im Jargon der Polizist*innen werden Personen, die diesem Raster entsprechen, als „unsere Kundschaft", „unsere Pappenheimer" oder „das übliche Klientel" bezeichnet. Der amerikanische Pionier der Polizeiforschung Jerome H. Skolnick prägte für diese Form der Stereotypisierung den Begriff des Symbolic Assailant (1966:45-48). Die stereotype Wahrnehmung verstärkt sich möglicherweise auch durch die täglich über Funk kommunizierten Täterbeschreibungen. Während meiner Beobachtungen glichen sich die Beschreibungen der gesuchten Personen sehr häufig. Verdächtig waren meist junge „südländisch" aussehende Männer in dunkler Kleidung. In den Interviews bestätigten mir die Polizist*innen, dass die oft oberflächlichen Beschreibungen wenig aussagekräftig und zielführend sind. Außerdem sei auch nicht klar, was „südländisch" bezeichne. Wahrscheinlich ginge es dabei um eine dunklere Hautfarbe. So wenig wie sich diese Täterbeschreibungen für die Fahndung eignen, so stark neigen sie dazu, ein bestehendes Bild von potentiellen Tätern – junge Männer mit dunkler Haut – zu verfestigen.

Die tägliche Arbeit der Polizei bedingt es, dass sie immer wieder in Kontakt mit problematischen Jugendlichen kommt. Dies geschieht vor allem in benachteiligten Stadtteilen, in denen viele Familien leben, die seit zwei oder drei Generationen in Deutschland sind. Für viele erfahrene Polizist*innen stellt sich dadurch eine Verbindung von Migrationshintergrund und kriminellem Umfeld her. Im folgenden Zitat wird dies deutlich:

> „Ich betreue eine Förderschule. 80 bis 90 Prozent des Ärgers, der da entsteht, entsteht durch Ausländer. Das ist wirklich so. Da können sie mit dem Schulleiter sprechen, mit den Lehrern sprechen. Die, die in der Klasse stören, die, die da Theater machen, die, die sich prügeln, Gewalt, Drogen, alles was sie sich so vorstellen können, das kommt in fast allen Schulen vor und bei mir ist es zumindest so, dass ein Großteil von Migranten ausgeht" (Interview mit Kop 1).

In diesem Ausschnitt reduziert der Polizist die Problematik dieser Schule auf die Herkunft der Jugendlichen. Es wäre einfach, ihm eine von Vorurteilen gesteuerte Wahrnehmung zu unterstellen. Seine Beschreibung ist aber aus seiner Perspektive, wenn ich als Ethnologe den Perspektivwechsel ernst nehme, nachvollziehbar. Als Kontaktpolizist kennt er die Schule schon lange und wird zu den Konfliktfällen hinzugerufen. Wenn er anschließend das Gespräch mit den Eltern der jungen Menschen sucht, um mit ihnen über die Auffälligkeiten in der Schule zu sprechen, wird es häufig schwierig, sich überhaupt verständlich zu machen. Können die sprachlichen Barrieren ausnahmsweise mit einem Dolmetscher überwunden werden, verstehen die Eltern mitunter nicht, was ein Polizist mit der Schule zu tun hat, welche Rolle er da einnimmt, fragen sich vielleicht, ob er Geld von ihnen will. Missverständnisse und Kommunikationsbarrieren verhindern oft eine nachhaltige Lösung von Problemen.

Welche Erklärungen kann die Ethnologie in entsprechenden Situationen bieten und wie sind sie zudem vermittelbar? Der spezielle ethnologische Blick konzentriert sich zunächst auf die Mikroebene. Im dem betreffenden Stadtteil wohnen sehr viele Menschen, die in den letzten Jahrzehnten aus dem Ausland zugezogen sind. In diesem heterogenen Gebilde haben sich aufgrund mangelnder sprachlicher Integration einzelne bildungsferne Milieus entwickelt, in denen Jugendliche, unabhängig von der kulturellen Herkunft, statistisch betrachtet häufiger straffällig werden. Zu den Bedingungen von Armut, Bildungsferne und stadträumlicher Marginalisierung treten noch die psychologischen Herausforderungen einer Migration hinzu. Das Erleben von Schwäche und Ausgrenzung führt zur Verstärkung der Unsicherheit besonders bei Pubertierenden, was sich oft in Aggression äußert. So ist es kein Wunder, dass es Ärger gibt und absehbar, dass Jugendliche in diesem Stadtteil in Konflikte mit Autoritäten geraten.

Für die konkrete Arbeit mit den Polizist*innen besteht nun die Herausforderung darin, einerseits das Thema Ethnic Profiling klar zu benennen und andererseits die alltäglichen Erfahrungen nicht zu negieren oder zu ignorieren. Eine konfrontative Herangehensweise seitens der Schulenden in einer Fortbildung löst Abwehrreaktionen aus. Den Verlauf einer solchen Diskussion konnte ich in einem Fortbildungsseminar beobachten. Während der Seminarleiter mit Bezug auf die Zahlen der Kriminalitätsstatistik erklärte, dass es keine signifikant höhere Kriminalitätsrate bei Jugendlichen ohne deutschen Pass gäbe, widersprachen die Teilnehmer, in diesem Fall alles ältere erfahrene Männer, massiv mit Bezug auf ihre eigene jahrelange Berufserfahrung. Diese Form der einfachen Konfrontation und Diskussion empfand der Seminarleiter im Anschluss als ungeeignet und äußerst anstrengend. In der gemeinsamen Besprechung ergab sich die Idee, dass es sinnvoller wäre, eher konkrete Beispielsituationen zu bearbeiten, als allgemeine Diskussionen zu führen. Hier kann ein ethnologischer Blick auf die Stadtbevölkerung eine sinnvolle wissenschaftliche Basis bieten.[9] Negative Erfahrungen mit Jugendlichen können auf andere Faktoren zurückgeführt werden als auf die kulturelle Differenz. Wenn Kultur nicht mehr die Erklärung der Probleme bietet, rücken andere Sichtweisen in den Vordergrund. So wird eher deutlich, dass die Polizei mit ihren spezifischen Aufgaben in diesen Bezirken teilweise überfordert ist. Sie kann nicht strukturelle Defizite in der Sozialarbeit oder der Bildungsarbeit ausgleichen. Sie ist in der Lage, die Ordnung aufrecht zu erhalten, das Entstehen krimineller Biographien kann sie aber nur sehr bedingt verhindern.

---

9   Die Grundlagen können in der entsprechenden Literatur gefunden werden, da eine gleichzeitige stadtethnografische Studie in diesem Zusammenhang nicht von der gleichen Person geleistet werden kann und wahrscheinlich auch zu Rollenkonflikten im Forschungsfeld führt.

Ein weiteres Thema ist die Klage über den Verlust von Respekt gegenüber der Polizei. Die Begegnungen auf der Straße nutzen männliche Jugendliche als eine willkommene Gelegenheit zur Konfrontation mit staatlicher Autorität – oder allgemeiner: mit feindlichen Männern. Bei meinen Beobachtungen konnte ich erleben, dass Polizist*innen bei der normalen Ausführung ihres Dienstes beleidigt wurden. Vor allem betrunkene Männer und Jugendliche, gleich welcher Herkunft, folgten den Anweisungen nicht und äußerten sich beleidigend. In den meisten Situationen reagierten die Polizist*innen gelassen und ließen sich nicht provozieren, und meistens verzichteten sie auf Anzeigen gegen die Personen, da diese nur wenige Konsequenzen hätten. Neben diesen eher allgemeinen Respektlosigkeiten gegenüber den Uniformträgern beiderlei Geschlechts stellte sich die Respektlosigkeit gegenüber Polizistinnen als ein gesondertes Thema heraus.

> Eine Polizistin berichtete mir im Interview von einem Angriff auf sie.
> „... also wir sind dazwischen gegangen, mein Kollege und ich, weil die Familie eben immer wieder auf die beiden jungen Männer zugelaufen ist, und wir sind halt dazwischen, konnten nicht alles abwehren, weil wir eben nur zu zweit waren und dann hat sich eben der große Bruder irgendwann vor mir aufgebaut, hat gesagt: Von so einer Scheißdrecks Frau, Drecksbullin wie dir, lasse ich mir nichts sagen und hat mir dann in den Bauch geschlagen" (Interview Anne).

Solche massiven Übergriffe sind eher selten, aber es gab einige Erzählungen über Männer, meist mit Migrationshintergrund, die sich gegenüber Polizistinnen respektlos verhalten. Als Erklärung dafür wurde implizit die kulturelle Herkunft der Männer herangezogen. Sie hätten keinen Respekt gegenüber Frauen gelernt und könnten sie als Autorität nicht anerkennen. Der Religion des Islam wird hierbei in den Diskussionen unter Polizist*innen oft eine wesentliche Rolle zugeschrieben. Aus ethnologischer Perspektive erscheint es mir wichtig, den Anteil kultureller Prägung am Machogehabe nicht rigoros zu negieren. Auch hier kann der Blick auf die Mikroebene gerichtet werden. Es gibt patriarchale Familienstrukturen in bestimmten Milieus. Wahrscheinlicher ist noch die Sozialisation in Männergruppen, die wenig Bindung an ihre Familien haben, dafür aber Vorbilder im kriminellen Milieu, die zur Missachtung von Frauen beitragen. Mit ethnologischen Beispielen oder auch lokalen Repräsentant*innen einer Moschee ließe sich dann zeigen, dass die frauenfeindliche Haltung nicht aus den Grundsätzen der Religion des Islam resultiert.

Der allgemeine Respektverlust hat aber auch mit der Wahrnehmung der Polizei durch die Jugendlichen zu tun. Häufigere Kontrollen können zumindest zu einem Vertrauensverlust gegenüber der Polizei, wenn nicht sogar zum Gefühl der gezielten Diskriminierung führen. Auf beiden Seiten spielt es dann noch eine Rolle, inwiefern sich die individuelle Wahrnehmung des mangelnden Respekts einerseits bzw. der gezielten Diskriminierung andererseits auch auf nachprüfbare Erfahrungen beziehen.

5. Vorläufige Ergebnisse und Handlungsoptionen

Ein grundlegender Beitrag der ethnologischen Expertise in der Fortbildung ist sicher die Problematisierung des Kulturbegriffs. Eine dynamische Konzeption von Kultur, der ethnografische Blick auf individuelle Lebenslagen und das Wissen über Migrationsprozesse kann eine gute Grundlage dafür bieten, die Wahrnehmung der Mikroperspektive zu schärfen und verallgemeinernde Erklärungen zu hinterfragen. Polizeiarbeit hat ihre Grundlage in der Bearbeitung von Fällen. Den Blick für die Individualität bei problematischem Verhalten aufzuzeigen, entspricht somit auch der polizeilichen Arbeitsweise. Eine bewährte Maßnahme ist die Schulung von Polizist*innen gemeinsam mit anderen Berufsgruppen des öffentlichen Dienstes, die innerhalb eines Stadtteils arbeiten. Die unterschiedlichen Perspektiven von Lehrer*innen oder Verwaltungsbeamt*innen können dabei helfen, den spezifischen Blick von Polizist*innen auf besonders problematische Jugendliche zu relativieren, ohne dass dies immer die Seminarleitung übernehmen muss. Wenn es sich einrichten lässt, dass verschiedene Personen aus einem Stadtteil gemeinsam geschult werden, sollte auch versucht werden, Vertreter*innen der Bevölkerung aus den entsprechenden Stadtteilen in die Planung des Programms mit einzubeziehen. Sportvereine, Moscheevereine und politische Initiativen oder Menschen und Initiativen, die sich sozial im Stadtteil engagieren, können hier geeignete Ansprechpartner*innen sein. Ethnolog*innen können hier als Vermittler*innen auftreten und Kontakte herstellen. Die Bürger*innen, die sich hier beteiligen, sollten allerdings nicht Auskunft über bestimmte, vorgestellte (ihre) Gruppen innerhalb des Stadtteils geben, sondern sie können über ihre Erfahrungen mit den Behörden und der Polizei berichten und gemeinsam zu mehr Informationsfluss und Kommunikation im Stadtteil beitragen. Die Ergebnisse der Stadtethnologie zeigen, dass Migration ein zyklischer Prozess ist, bei dem es keine eindeutigen Gruppenbildungen gibt. Aussagen über eine ethnische Gruppe, wie z. B. „Eritreer sind neugierig", führen dann wieder zurück zu den Modellen von Nationalkulturen. Neben den ethnologischen Perspektiven hat sich in der Evaluation der Fortbildung auch gezeigt, dass Informationen über psychologische Aspekte der Marginalisierung als Input einen guten Perspektivwechsel ermöglichen. Wie ergeht es jungen Menschen, die in ein fremdes Land kommen, ihre Eltern als potentiell schwach erleben, die auch in der zweiten Generation auf dem Wohnungsmarkt oder Arbeitsmarkt zu spüren bekommen, dass sie nicht die gleichen Chancen haben? Diese Inhalte können auf Seiten der Polizist*innen zur Reflexion ihrer Rolle bei der Integration von Migranten beitragen. Eine Fortbildungsmaßnahme sollte sich zum Ziel setzen, negativen kulturellen Stereotypisierungen entgegenzuwirken und mit den Teilnehmenden einen Dialog über ihre Handlungsoptionen zu initiieren. Eine Konsequenz war die Ausrichtung der Fortbildungen auf bestimmte problematische Situationen. So heißt die Fortbildung nicht mehr „Interkulturelle Kompetenz", Inhalte und Konzepte haben sich so verändert, dass ein neues Angebot „Einschreiten in Familienclans" geschaffen wurde. Das Angebot ist wesentlich attraktiver und wird nun häufig freiwillig gewählt. Ein zentraler Punkt des Seminars ist die Reflexion der eigenen kulturellen Prägung und die Auseinandersetzung mit Stereotypen über andere Bevölkerungsanteile. Des Weiteren bietet sich hier ein Raum für die gemeinsame Bearbeitung problematischer Situationen im Sinne einer kollegialen Beratung mit Unterstützung eines sehr erfahrenen Seminarteams. Es werden konkrete Fälle besprochen und gute praktisch verwertbare Tipps gegeben, so jedenfalls lautet die Rückmeldung der Teilnehmer*innen auf dieses Angebot.

Fortbildungen können aber nur ein Bestandteil der Maßnahmen gegen Ethnic Profiling sein. Auf der Ebene der Organisationsführung können weitere Maßnahmen ergriffen werden, die eine Reduzierung von anlasslosen Kontrollen beabsichtigen. Hierzu gibt es eine Reihe von Beispielen aus anderen europäischen Ländern, die in einem Handbuch für Good Practices gesammelt wurden (Open Society Foundations 2012). Hier wird u. a. darauf hingewiesen, dass ein allgemeines „Diversity-Training" keinen nachweisbaren Effekt auf das Verhalten der Polizist*innen habe. Gute Beispiele seien dagegen z. B. die Einführung eines Monitorings, bei dem Richtlinien des Verhaltens festgelegt werden. Polizist*innen brauchen die Möglichkeit der Supervision und einen geübten Umgang mit gegenseitiger Kritik. Zudem benötigt eine Personalpolitik, die versucht, die Vielfalt der Organisation zu stärken, weitere Maßnahmen zur Begleitung und Unterstützung der neu gewonnenen Mitarbeiter*innen. Die Schwierigkeiten, mehr Vielfalt in der Organisation der Polizei herzustellen, beginnen mit der Suche nach geeigneten Bewerber*innen und den Hürden des Bewerbungsverfahrens. Dies schildern Daniela Hunold (2008) und Barbara Theriault (2013) in ihren Studien. Die Quotierung von Frauen hat die Organisation schon in erheblichem Maße verändert. Zu erforschen, wie sich dadurch die viel beschriebene männliche Cop Culture (vgl. Behr 2000, 2006) gewandelt hat, wäre eine weitere interessante Aufgabe für eine ethnografische Studie der Organisation.

6. Rolle des Ethnologen und ethische Fragen der Zusammenarbeit

Die möglichen Aufgaben, die Ethnolog*innen in der Kooperation mit der Polizei übernehmen können, möchte ich hier kurz zusammenfassen.

Wie oben beschrieben kann der ethnologische Blick auf die heterogene Bevölkerung eine theoretische Basis für die Schulungen und die Ausbildung von Polizist*innen bieten.

Ergebnisse stadtethnografischer Forschungen und Migrationsstudien können hier eine gute Basis bilden. Es geht weniger um konkrete Orts- oder Sprachkenntnis, die nicht in jedem Fall vorhanden sein kann. Darüber hinaus gibt die ethnografische Beschreibung der Organisation der Polizei Hinweise auf strukturelle Herausforderungen innerhalb der Polizei. In der ethnografischen Begleitung wurden mir gegenüber diverse Anliegen der Polizist*innen geäußert, die ich in meine Berichte an den Integrationsbeauftragten mit aufgenommen habe. Ein Problem betrifft die begrenzten Karriereoptionen. Polizeianwärter*innen haben alle eine hohe Ausgangsqualifikation, aber nicht alle haben die Chance, die gewünschte Position zu erreichen. Diese Situation kann zu wachsenden individuellen Frustrationen beitragen, wenn z. B. einzelne Personen die Beförderungswege als intransparent erleben. Mit Blick auf die Studien von Didier Fassin (2013 c) zeigt sich, dass unmoralisches Handeln der Polizei oft im Zusammenhang mit subjektiven Frustrationen zu sehen ist. Ein weiterer Punkt, der das Agieren in den Revieren beeinträchtigt, ist der Mangel an lokalem Wissen aufgrund der Arbeitsstruktur. Die Schutzpolizei arbeitet in vielen Revieren vermehrt nur noch eingehende Einsätze ab. Für den Kontakt mit der Bevölkerung sind andere Polizist*innen zuständig, deren Kenntnisse und Informationen oft nicht effizient für die Einsatzbearbeitung genutzt werden. In der Kooperation können auch diese Themen bearbeitet werden.

Ob Ethnolog*innen eine Vermittlerrolle zwischen Polizei und Bevölkerung einnehmen können, sehe ich eher mit Skepsis. Im geschilderten Fall betreibt der Integrationsbeauftragte die Kommunikation mit Vertreter*innen von Vereinen, Moscheen und anderen Organisationen in den Stadtteilen schon seit einigen Jahren. Er wird eindeutig als Repräsentant der Polizei wahrgenommen und nimmt auf Wunsch viele Termine in Uniform wahr. Die Rolle von Ethnolog*innen wäre hier vage, auch als Vermittler*innen im Auftrag bestimmter Bevölkerungsanteile kann ich sie mir nicht gut vorstellen.

Eine Kooperation mit der Polizei ist für die Ethnologie in Deutschland eher ungewöhnlich und auch mit grundsätzlichen ethischen Fragen verbunden. Es gibt sicher gute Gründe, eine Zusammenarbeit mit den machtvollen Vertreter*innen des Staates grundsätzlich abzulehnen. Wilson Pena-Pinzon (2015) macht darauf aufmerksam, dass bestimmte ethische Bedingungen für eine Kollaboration mit der Polizei gegeben sein müssen. Sie sei undenkbar in Staaten, in denen die Institutionen nicht demokratisch kontrolliert werden, wo die Polizeikräfte für politische Machtspiele missbraucht werden, wo Korruption oder irgendeine Form von Despotismus die Organisation beherrschen. Ethnolog*innen sollten genau prüfen, welche Bedingungen in ihrem Fall der Zusammenarbeit vorherrschen. Über diese grundsätzlichen Voraussetzungen hinaus ist die Nutzung konkreten ethnografischen Wissens für die Strafverfolgung mit wissenschaftlichen Grundsätzen unvereinbar und die stereotype Beschreibung von ethnischen Gruppen und ihren Handlungsweisen in der Schulung irreführend. Die Geschichte der Zusammenarbeit z. B. zwischen Ethnolog*innen und dem Militär zeigt, dass Vertrauensbrüche und ein unethischer Umgang mit Wissen in unserem Fach nicht ausgeschlossen sind.

Eine weitere Frage ist es, wie mit den gesammelten Informationen intern umgegangen wird. Anonymität und Vertrauenswürdigkeit gegenüber den beteiligten Polizist*innen ist eine notwendige Basis der Arbeit. In meiner Funktion als externer Berater unterliege ich der Schweigepflicht gegenüber Dritten; auch dies scheint mir selbstverständlich. Meine bisherigen Erfahrungen zeigen mir, dass ich zunächst eher als störend und „von oben kommend" wahrgenommen werde. Im Verlauf der Beobachtungen ändert sich die Wahrnehmung und meine Präsenz wird dazu genutzt, persönliche Perspektiven und Einschätzungen durch mich „nach oben" weitergeben zu können. Dieser indirekte Kommunikationsweg scheint mir ein wichtiger Beitrag innerhalb der Kooperation zu sein. Grundlage für diese Arbeit ergibt sich aus für mich typischen ethnologischen Fähigkeiten: Ethnolog*innen haben Erfahrung im Aufbau von verlässlichen Beziehungen. Sie lernen einen reflektierten Umgang mit Widersprüchen und den Umgang mit Ambivalenzen in der Feldforschung. Sie können Verhaltensweisen analysieren und die Arbeitskultur einer Organisation erfassen und reflektieren. Als Außenstehende sind sie in der Lage, Evidenzen des Alltags kritisch zu befragen und damit Reflexionsprozesse beim Gegenüber zu provozieren. In der geschilderten Form sehe ich die Möglichkeit für Ethnolog*innen, in der Zusammenarbeit mit der Polizei die notwendige „gute Praxis der Polizei", wie es Bierschenk nennt, zu unterstützen. Im besten Fall kann so die diskursiv erzeugte Idee der Polizei positiv beeinflusst werden.

7. Anregungen für die akademische Ausbildung

Zum Abschluss möchte ich darauf eingehen, welche Angebote in der Lehre ich als geeignet ansehe, um Studierende auf diese oder ähnliche Aufgaben vorzubereiten. Die klassischen Methoden der Ethnographie können im Zusammenhang mit einer Organisationsethnographie gelehrt werden. Hierfür eignen sich Organisationen mit niedrigen Zugangsschwellen. Im Rahmen von Lehrforschungsprojekten in Vereinen, Fußballfanclubs, Krankenhäusern oder Seniorenheimen[10] lassen sich teilnehmende Beobachtungen und das Führen von qualitativen Interviews gut üben. Anschließend kann eine Analyse der erhobenen Daten die tieferliegenden Strukturen der Organisation sichtbar machen. Die Vermittlung der methodischen Grundlagen in der Form des forschenden Lernens hat eine lange bewährte Tradition in der Ethnologie. Das Feld für den Aufgabenbereich einer angewandten Ethnologie in Organisationen liegt unmittelbar vor den Türen der Universität. Für Kooperationen im städtischen Raum können methodische und theoretische Erkenntnisse der Stadtethnografie vermittelt werden. Neben der Lektüre einschlägiger Studien bieten sich hier auch wieder Formen des forschenden Lernens an. Studierende entwickeln ein Projekt selbstständig und führen es anschließend durch. Ein letzter Bereich betrifft die Erarbeitung und Durchführung von Fortbildungsangeboten oder Schulungen für ein nicht immer akademisch gebildetes Publikum. Für den Bereich der sogenannten Interkulturellen Kompetenz gibt es hier eine Reihe von Übungen und Aufgaben, die in der Interkulturellen Kommunikation für Wirtschaftsunternehmen oder in der Jugendarbeit angewandt werden. Eine kritische Auseinandersetzung mit den hier angebotenen Lehrinhalten kann in einem Seminar stattfinden. Wichtig ist mir hier, dass Übungen selbst angeleitet und ausprobiert werden. Im Anschluss reflektieren die Stu-

---

10 Die Liste ist sicher unvollständig, bezieht sich hier nur auf eigene Erfahrungen.

dierenden gemeinsam die zugrundeliegenden Begriffe von Kultur oder andere problematische Bestandteile einer Übung. Verbesserte Werkzeuge der Vermittlung können dann wieder erprobt und auch an andere Studierende vermittelt werden. Auf dem Masterlevel können Studierende ihre Ergebnisse auch in der Praxis ausprobieren, sofern hierfür ein geschützter Rahmen geboten werden kann.

Literatur

BEEK, Jan (2016): Producing Stateness. Police Work in Ghana. Leiden: Brill.

BEEK, Jan / Göpfert, Mirco (2012): Police violence in West Africa. Perpetrators' and Ethnographers' Dilemmas. In: Ethnography, 14 (4), S. 477–500.

BEHR, Rafael (2000): Cop Culture. Der Alltag des Gewaltmonopols. Männlichkeit, Handlungsmuster und Kultur im Alltag der Polizei. Opladen: Leske und Budrich.

BEHR, Rafael (2006): Polizeikultur. Routinen – Rituale – Reflexionen. Bausteine zu einer Theorie der Praxis der Polizei. Wiesbaden: VS Verlag für Sozialwissenschaften.

BIERSCHENK, Thomas (2016): Police and State. In: Bradford, Ben / Juaregui, Beatrice / Loader, Ian / Steinberg, Jonny (Hg.): The Sage Handbook of Global Policing. Los Angeles: Sage, S. 155–178.

BITTNER, Egon (1967): The Police on Skid Row. A Study of Peace Keeping. American Sociological Review, 32 (5), S. 699–715.

BRADFORD, Ben / Juaregui, Beatrice / Loader, Ian / Steinberg, Jonny (Hg.) (2016): The Sage Handbook of Global Policing. Los Angeles: Sage.

DIPHOORN, Tessa (2016): Twilight Policing. Private Security and Violence in Urban South Africa. Oakland: University of California Press.

FASSIN, Didier (2013a): Enforcing Order. An Ethnography of Urban Policing. Cambridge: Polity Press.

FASSIN, Didier (2013b): Why Anthropology Matters. On Anthropology and its Publics. In: Cultural Anthropology, 28 (4), S. 621–646.

FASSIN, Didier (2013c): Die moralische Arbeit der Polizei. In: WestEnd. Neue Zeitschrift für Sozialforschung, 10. Jg., Heft 1, S. 103–110.

FASSIN, Didier (2015): Maintaining Order. In: Fassin et al. (Hg.): At the Heart of the State. The Moral World of Institutions. London: Plutopress.

FRA – Agentur der Europäischen Kommission für Grundrechte (Hg.) (2010): EU-MIDIS. Daten kurz gefasst. Polizeikontrollen und Minderheiten. Electronic source: http://fra.europa.eu/de/publication/2012/bericht-der-reihe-daten-kurz-gefasst-polizeikontrollen-und-minderheiten [Zugriff am 18.06.2018].

FRENZEL, Carolina / Müller, Michael / Sottong, Hermann (2004): Storytelling. Das Harun-al-Raschid-Prinzip. München: Hanser.

HOFSTEDE, Geert (1991): Cultures and Organizations. Software of the Mind. London: McGraw-Hill.

HUNOLD, Daniela (2015): Polizei im Revier. Polizeiliche Handlungspraxis gegenüber Jugendlichen in der multiethnischen Stadt. Berlin: Duncker und Humblot.

HUNOLD, Daniela (2008): Migranten in der Polizei zwischen politischer Programmatik und Organisationswirklichkeit. Frankfurt a. M.: Verlag für Polizeiwissenschaft.

KARPIAK, Kevin G. (2016): The Anthropology of Police. In: Bradford, Ben / Juaregui, Beatrice / Loader, Ian / Steinberg, Jonny (Hg.): The Sage Handbook of Global Policing. Los Angeles: Sage, S. 103–121.

LOFTUS, Bethan (2009): Police Culture in a Changing World. Oxford: University Press.

OHLEMACHER, Thomas (1999): Empirische Polizeiforschung in der Bundesrepublik Deutschland. Versuch einer Bestandaufnahme. Forschungsberichte Nr. 75, Kriminologisches Forschungsinstitut Niedersachen e. V. Hannover.

Open Society Foundation (Hg.) (2012): Reducing Ethnic Profiling in the European Union. A Handbook of Good Practice. New York: Open Society Foundation.

Pena-Pinzon, Wilson (2015): A Response to „Do police departments need anthropologists?" Electronic source: anthropoliteia.net/blog/2015/02/02 [Zugriff am 18.06.2018].

Reuss-Ianni, Elisabeth (1983): The two Cultures of Policing. Street Cops and Management Cops. New Brunswick, N.J.: Transaction Books.

Schein, Edgar H. / Hölscher, Irmgard (2010): Organisationskultur. The Ed Schein Corporate Culture Survival Guide. Bergisch Gladbach: EHP.

Skolnick, Jerome H. (1966): Justice without Trial. Law Enforcement in Democratic Society. New York: Wiley.

Staubli, Sylvia (2017): Trusting the Police. Comparisons across Eastern and Western Europe. Bielefeld: Transcript.

Sterzenbach, Gregor (2013): Interkulturelles Handeln zwischen Polizei und Fremden. Münster: Waxmann.

Theriault, Barbara (2013): The Cop and the Sociologist. Investigating diversity in German Police Forces. Bielefeld: Transcript.

Trompenaas, Fons (1995): Riding the waves of Culture. Understanding Cultural Diversity in Business. London: Brealey.

Van Maanen, John (1975): Police Socialization. A Longitudinal Examination of Job Attitudes in an Urban Police Department. In: Administrative Science Quarterly, 20 (2), Los Angeles: Sage, S. 207–228.

Zeit Online (2016): Polizei stellt Institut für Transkulturelle Kompetenz vor. Electronic source: http://www.zeit.de/hamburg/aktuell/2016-09/07/polizei-polizei-stellt-institut-fuer-transkulturelle-kompetenz-vor-07171006 [Zugriff am 24.08.2017].

Anschreiben gegen das Klischee:
Ethnologische Themen in den Medien

Simone Salden / Inka Schmeling

ABSTRACT: Ausgangspunkt des Kapitels ist die Tatsache, dass Ethnologen in Deutschland nur sehr selten in Publikumsmedien und damit in der Öffentlichkeit generell auftauchen – und was wissenschaftliche Vertreter*innen des Fachs Ethnologie ganz konkret tun könnten, um dies zu verbessern. Als Journalistinnen haben wir zahlreiche Erfahrungen im Austausch mit Ethnolog*innen und ethnologischen Themen gesammelt. Alle Anregungen in diesem Kapitel basieren daher auf Erkenntnissen aus der Praxis. Wir nehmen die Scheu vieler Ethnolog*innen ernst, im Austausch mit Medienvertreter*innen, ihre komplexe Forschungsarbeit vereinfacht und verkürzt darstellen zu müssen. Andererseits möchten wir dafür werben, mit Journalist*innen in Kontakt zu treten, sich konstruktiv mit ihren Fragestellungen auseinanderzusetzen. Gerade in Zeiten von AfD und Flüchtlingskrise können Ethnolog*innen eine sehr relevante Stimme in den Medien sein. Wir sind davon überzeugt, dass Ethnolog*innen und ihre Forschungsarbeit heute wichtiger sind denn je. Nach einer eingehenden Bestandsaufnahme widmen wir daher einen Großteil unseres Kapitels der Vermittlung konkreter Handreichungen für Ethnolog*innen, die ein breites Publikum auf ihre wissenschaftliche Arbeit aufmerksam machen wollen. Wir beantworten unter anderem folgende Fragen: Was kann man als Ethnologe ganz konkret tun, um die eigenen Themen einer breiteren Öffentlichkeit vorzustellen? Wie formuliert man Pressemitteilungen, eigene journalistische Texte oder bereitet sich auf Interviews vor. Welche sprachlichen „Codes" muss man dabei beachten bzw. beherrschen? Zum Abschluss geht es darum, wie man in der Lehre dieses Wissen mit Praxisbezug integrieren und vermitteln kann. Zwei Checklisten ergänzen das Kapitel.

1. Einleitung

Liebe. Geburt und Glaube. Tod und Teufel. Ethnologen beschäftigen sich mit den für Menschen existentiellen Themen. Dazu kommen noch aktuelle Felder wie Migration, Körperkult, Medizin oder Veganismus. Diese Themenfülle hat uns vor 20 Jahren bewogen, uns an der Ruprecht-Karls-Universität Heidelberg im Hauptfach Ethnologie einzuschreiben –

obwohl wir beide bereits wussten, dass wir später als Journalistinnen arbeiten wollten. Genau diese Kombination – Ethnologie und Journalismus – hielten wir für kongenial: Der ethnologische Blick auf eine so große Fülle von Themen und das Handwerk des Schreibens sind die ideale Verbindung. So dachten wir als junge Studentinnen und so denken wir bis heute, 20 Jahre und viele Berufserfahrungen später. Darum werben wir immer wieder in Seminaren und Workshops an Universitäten in ganz Deutschland und nun auch in diesem Beitrag für genau diese Verbindung. Wir möchten Ethnologen dazu ermuntern, mit Journalisten in Kontakt zu treten und als Experten, Interviewpartner, vielleicht auch als Gastautoren die deutsche Medienlandschaft zu bereichern. Und als Journalistinnen versuchen wir immer wieder, einen ethnologischen Blick auf aktuelle Themen in den Magazinen einzubringen, für die wir arbeiten. Wir, das sind: Simone Salden, die als Wirtschaftsredakteurin für das Nachrichtenmagazin DER SPIEGEL arbeitet. Und Inka Schmeling, die Heftredakteurin bei der Kultur- und Reisezeitschrift MERIAN ist und nebenbei als freie Autorin schreibt. Innerhalb des Journalismus haben wir uns also ganz für die Printmedien entschieden – und genau für diese Publikationen möchten wir in diesem Beitrag daher auch um mehr Teilhabe auf Seiten der Ethnologen werben.

Wir selbst machen immer wieder gute Erfahrung damit, die Themen, die uns als Journalistinnen begegnen, auch aus einer ethnologischen Perspektive zu beleuchten. Wenn etwa Inka Schmeling bei MERIAN eine Ausgabe zu Jerusalem betreut und dafür einen dortigen Koch porträtieren soll, spricht sie nicht nur mit dem Koch selbst, sondern auch mit einer Ethnologin. Die erklärt am Beispiel konkreter Rezepte, wie jüdische Gemeinden in der Diaspora immer neue Zutaten kennenlernten und kombinierten – zu der wohl ältesten Fusion-Küche der Welt. Dieser Ethnologin ist es zu verdanken, dass die Leser nicht nur einen Jerusalemer Koch etwas näher kennenlernen, sondern en passant mehr über die jüdische Geschichte lernen.

Wenn wiederum Simone Salden als SPIEGEL-Redakteurin gebeten wird, für ein Sonderheft über „Stress, Burnout, Depression" zu schreiben, dann steht ihr nicht nur vor Augen, wie sehr dieses Thema die (überwiegend deutschen) Leser des Heftes betrifft und bewegt. Sie fragt sich gleichzeitig, wie Menschen in anderen Kulturen mit solchen Phänomenen und Erkrankungen umgehen – und bittet einen Ethnologen, der zu diesem Thema forscht, um ein Interview.

2. Beziehungsstatus: Es ist kompliziert

Leider stehen wir beide, so sehr wir in unserem Berufsleben die Verbindung von Ethnologie und Journalismus schätzen und leben, immer wieder vor Gräben zwischen beiden Professionen. Die Schnelligkeit und Aktualität, unter der Journalisten arbeiten, ihr breites Themenspektrum, aber dafür oft auch ihr fehlendes Tiefenwissen irritiert Ethnologen. Und vermutlich ist Ihnen bei der Lektüre dieser ersten Zeilen bereits aufgefallen, dass wir als Journalistinnen von Ethnologen und nicht von Ethnolog*innen reden. Wir meinen damit Menschen jeglichen Geschlechts. Aber wir sind darauf geeicht, für ein großes Publikum zu schreiben – flüssig, leicht verständlich und damit dem gesprochenen Wort möglichst ähnlich.

Andererseits schrecken Journalisten vor seitenlangen Forschungsberichten voller Fachausdrücke, wie Ethnologen sie gerne vorlegen, zurück. Oder sie haben längst einen anderen Wissenschaftler kontaktiert, wenn sie auf ihre Anfrage zum Interview erst nach einigen Stunden oder gar Tagen eine Antwort erhalten. Allzu oft fehlt Ethnologen die Bereitschaft, sich auf die redaktionellen Zwänge von Journalisten einzulassen.

So etwa auch bei dem bereits erwähnten Interview über Stress, Burnout und Depression in anderen Kulturen: Der angefragte Ethnologe bestand darauf, dass in diesem Gespräch auch zwei weitere Kollegen zu Wort kommen müssten, die ebenfalls zu diesem Thema forschen. Wortlaut-Interviews mit gleich drei Personen sind jedoch schnell verwirrend für die Leser und deshalb sehr unüblich – gerade bei einem so komplexen Thema. Also blieb das breite Wissen des Experten erst einmal sein Privateigentum; alleine wollte er sich nicht äußern.

Es war eine von vielen verpassten Gelegenheiten, bei denen ein Ethnologe zu einem gesellschaftlich relevanten Thema seine Perspektive hätte einbringen können. Wegen ihrer unterschiedlichen Arbeitsweise finden Journalisten und Ethnologen bei weitem nicht so häufig zueinander, wie wir uns das zum Wohle der Leser – und damit der Gesellschaft – wünschen würden. Denn wir sind überzeugt davon: Ethnologische Themen und Fragestellungen sind heute aktueller und bedeutender denn je.

Je „kleiner" diese Welt wird angesichts von Globalisierung und Digitalisierung, desto wichtiger wird der Blick auf das „Fremde" und die „Fremden", darauf, was jeder Bürger aus diesem Kulturvergleich lernen kann.[1] Begegnungen mit Menschen aus anderen Kulturkreisen sind heute Teil unseres Alltags, im Berufs- wie im Privatleben. Und mit Blick auf extreme politische Entwicklungen wie den Wahlerfolg der AfD bei der Bundestagswahl 2017 erhält die Aufklärungsarbeit, an der Ethnologen sich aus unserer Sicht in so großem Umfang beteiligen könnten und müssten, eine noch größere gesellschaftliche und politische Dimension.

Sei es die Tagesschau, die Tageszeitung oder das Online-Nachrichtenportal: Überall sind andere Kulturkreise ein wichtiges Thema, und das betrifft nicht nur die sogenannte „Flüchtlingskrise" ab 2015. Sei es die Vertreibung der indigenen Rohinya-Minderheit aus Myanmar oder der Kampf der Kurden im Irak für einen eigenen Staat, sei es der Dschihadismus und extreme Islamismus oder der politische Konflikt zwischen Nordkorea und den USA oder die Gentrifizierungstendenzen in deutschen Großstädten – all das sind ethnologische Themen. Und sie finden ständig statt in den deutschen Medien. Doch wo sind die Ethnologen?

---

1 Über die Schwierigkeiten einer „interkulturellen Berichterstattung" hat etwa die Journalistin Charlotte Wiedemann geschrieben (2012/2018).

Obwohl sie zu all diesen Themen eine interessante Perspektive beisteuern könnten, sind sie – zumindest in Deutschland – als Experten im öffentlichen Diskurs wenig präsent. Sie haben hierzulande selten einen Platz in den politischen Talkshows, viel zu wenige Zeilen in den Tageszeitungen. Genau dort aber, in den Talkshows und Tageszeitungen, in Radiobeiträgen oder Magazin-Interviews, bildet sich in einer Demokratie die öffentliche Meinung.

Dass nicht nur wir mit unserer Journalistenbrille dieser Meinung sind, zeigt ein Interview mit dem britischen Anthropologen Nigel Barley in der Wochenzeitung Die Zeit. Auf die Frage, warum sich so wenige seiner Fachkollegen zu Flüchtlingsströmen, IS-Terror und kulturellen Verwerfungen auf dieser Welt zu Wort melden, antwortete er: „Das ist tatsächlich traurig: Derzeit hat die Ethnologie absolut nichts Wesentliches zu den aktuellen Problemen der Welt zu sagen. Natürlich würden meine Kollegen jetzt vor Empörung aufheulen: ‚Ich habe da doch diesen Artikel in jener Fachzeitschrift publiziert!' Aber ehrlich gesagt: Ich sehe nicht, dass sie etwas zu sagen haben, was eine große Öffentlichkeit interessiert" (Die Zeit, 30.07.2015). – Anders als Barley glauben wir durchaus, dass die Ethnologen hierzulande Spannendes zu sagen hätten. Aber sie tun es schlicht zu wenig.

Eine Analyse mithilfe von Digas – einer Pressedatenbank, mit der unter anderem Der Spiegel arbeitet und die mehr als 100 Millionen Artikel aus der deutschen und internationalen Presse erfasst – untermauert diesen Eindruck leider mit ernüchternden Zahlen. Von Beginn der so genannten „Flüchtlingskrise" im Sommer 2015 bis heute sind mit den Suchbegriffen „Flücht*" und „Ethnolog*" in engem inhaltlichem Zusammenhang nur rund 40 Treffer in den deutschen Quellen verzeichnet. Zum Vergleich: Sucht man nach einer äquivalenten Wort-Kombination, zum gleichen Zeitpunkt, in der ähnlich strukturierten Datenbank Factiva – die 28.000 Quellen in 23 Sprachen auswertet – erhält man insgesamt 408 Treffer in französischen und englischsprachigen Medien. Selbstverständlich mit den passenden Suchbegriffen in der jeweiligen Sprache. Das Ergebnis ist nicht repräsentativ, aber es zeigt, dass es für Ethnologen in den deutschsprachigen Medien durchaus noch Potential gibt.[2]

---

2 Wir haben mithilfe der SPIEGEL-Dokumentarin Mirjam Schlossarek insgesamt zwölf verschiedene Kombinationssuchen bei Digas und Factiva durchgeführt. Der gewählte Such-Zeitraum war jedes Mal der 01.08.2015 bis 10.10.2017. Bei der Suche haben wir nicht nur einfach mit dem Begriff „Flüchtlinge" gearbeitet, sondern auch mit den Stichworten „Asyl", „Geflüchtete", „Migration" oder „Flucht" in Kombination mit „Ethnologie" und „Ethnologe/in". Dabei sind wir nach den üblichen Methoden der Trunkierung vorgegangen. Selbstverständlich haben wir die Suchbegriffe in die jeweiligen Sprachen übersetzt. Deutsche Begriffe haben wir bei Digas nur in deutschen Quellen gesucht. Bei Factiva haben wir mit englischen Suchbegriffen in englischen Medien, mit französischen Suchbegriffen in französischen Medien gesucht. Man muss beachten, dass Digas und Factiva nicht äquivalent sind, da ihnen unterschiedlich viele Quellen zugrunde liegen, allerdings sind es die beiden relevanten Pressedatenbanken, in denen eine solche vergleichende Suche überhaupt realisierbar ist. Bei der Factiva-Suche auf Englisch und Französisch haben wir uns zur besseren Vergleichbarkeit zudem auf Publikationen begrenzt, die in Europa erscheinen.

Während also in Ländern wie Großbritannien oder den USA Ethnologen eine wichtige Stimme im öffentlichen Diskurs haben, halten sich ihre deutschen Kollegen auffällig zurück. Zu groß scheint einerseits bis heute die Scham darüber zu sein, wie Ethnologen sich und ihre Forschung einst im „Dritten Reich" in den Dienst der nationalsozialistischen Rassenideologie gestellt haben (vgl. Fischer 1990; Hauschild 1995; Schmul 2003; Streck 2000). Andererseits mögen frühere Kolonialmächte wie Frankreich oder Großbritannien geübter sein im Blick auf „fremde" Kulturen – und erfahrener darin, diesen Blick in politische, gesellschaftliche, ja auch religiöse oder wirtschaftliche Debatten mit einzubringen.

Aber uns geht es weder um den Blick in die Vergangenheit noch um eine Schuldzuweisung. Wir möchten um Verständnis werben und beide Seiten miteinander in Kontakt bringen. Damit wäre den Journalisten gedient, die immer auf der Suche sind nach interessanten Gesprächspartnern und Experten – und genau das sind Ethnologen. Auch den Ethnologen würde eine höhere öffentliche Aufmerksamkeit nicht schaden, wenn ihre Forschung im Kampf um Drittmittel kein Nischendasein führen soll. Am stärksten aber würde aus unserer Sicht die Gesellschaft profitieren: die Leser, Zuhörer, Zuschauer.

Darum richten wir uns in unserem Beitrag an Ethnologen, die mit den Medien kommunizieren wollen: an Professoren und Studienleiter ebenso wie an Studierende. Wir möchten Empfehlungen aus der Praxis geben, wie sie mit Journalisten in Kontakt treten und diese für ethnologische Themen oder den ethnologischen Blick auf ein aktuelles Thema sensibilisieren können. Dafür haben wir die wichtigsten Grundregeln der journalistischen Sprache und Textgattungen, der Themensuche, des Umgangs mit Interviewpartnern sowie der Platzierung von Pressemitteilungen zusammengestellt. Nehmen Sie es als eine Art Erstausrüstung für Angler: Wir möchten dabei helfen, dass auch andere Journalisten bei ethnologischen Themen „anbeißen".

3. Für welche Themen interessieren sich Journalisten?

Journalisten unterscheiden zwischen einer Idee („Ich möchte etwas über den Klimawandel machen") und einem echten Thema (etwa: „Es gibt in Stuttgart den Winzer Hans Müller, der auf den Klimawandel setzt und bereits jetzt südliche Rebsorten anbaut."). Damit eine Idee zum Thema wird, braucht sie eine von drei Qualitäten: Sie beinhaltet eine Nachricht, sie ist in sich eine spannende Geschichte oder sie steht für eine bestimmte These. Grundsätzlich bedeutet das: Für einen journalistischen Text wählt der Autor aus einem großen Thema (Klimawandel, Flüchtlingskrise, Gentrifizierung) eine bestimmte Person, Situation, Nachricht aus – wir nennen das „ein Thema zuspitzen".

Eine Idee ist dann zu einem Thema geworden, wenn sich daraus das formulieren lässt, was Stern-Gründer Henri Nannen in den 1950er Jahren den „Küchenzuruf" genannt hat. Sein Szenario, mit dem er als Chefredakteur jeden Text prüfte: Ehefrau Grete werkelt in der Küche, Gatte Hans blättert im Esszimmer nebenan die Illustrierte. Mitten in der

Lektüre aber ruft Hans hinüber in die Küche: „Mensch Grete, stell dir vor, … !" So altmodisch das Setting, so leserorientiert der Inhalt. Denn auch heute sollten sich Journalist*innen, aber auch Wissenschaftler fragen: Welches Thema bringt einen Leser dazu, die Zeitung oder Zeitschrift zu senken und von dem Gelesenen zu erzählen – voller Empörung oder Erstaunen, Neugier oder Begeisterung?

Der Küchenzuruf ist die Quintessenz eines Themas. Andernorts heißt diese Kernaussage auch „Fensterbrüller" (in der Werbebranche nennt man so den Satz, den ein Kunde aus dem Fenster rufen würde, wenn sich draußen auf der Straße eine große Menschenmenge versammelt hätte), „Elevator Pitch" (der Adressat hat nur die kurze Fahrt im Aufzug, um den Adressaten von seinem Thema zu überzeugen) oder „Honey Story" (Was interessiert einen Leser so sehr, dass er seiner Liebsten oder seinem Liebsten zuruft: „Honey, hast du schon gelesen…?").

An Ideen sind Ethnologen reich, alleine die Liste der aktuellen Master-Arbeiten am Institut für Europäische Ethnologie der Berliner Humboldt-Universität umfasst etliche Forschungsarbeiten, über die sich jede Berliner Tageszeitung freuen dürfte. Da geht es um Bloggerinnen und Foodtrucks, um die Start-up-Szene, Bürgerbeteiligung und Social Freezing.[3] Wer zu diesen Arbeiten nun auch noch in ein, allerhöchstens zwei Sätzen einen Küchenzuruf formulieren kann, der hat ein Thema.

4. Welches Medium passt zu meinem Thema?

„Es muss nicht immer Geo sein": So lautet der Untertitel der Seminare, die wir an ethnologischen Instituten geben. Denn nicht nur überregionale Magazine, Tages- oder Wochenzeitungen (ebenso wie Fernseh- oder Radiosender selbstverständlich, die jedoch nicht Teil unseres Berufslebens sind) sind gute Veröffentlichungsorte für ethnologische Themen. Egal ob in gedruckter oder digitaler Form – gerade auch lokale Publikationen regionale Tageszeitungen, aber auch Stadtmagazine, lokale Webseiten oder hyperlokale Blogs und Podcasts können dankbare Abnehmer dafür sein.

Dabei ist jedoch zu beachten: Lokalmedien sind darauf aus, einen lokalen „Dreh" bei ihren Texten und Themen zu finden oder große Themen auf ihre Region und Stadt „herunterzubrechen". Deshalb ist es immer sinnvoll, auf einen Lokalbezug zu verweisen. Das kann bei Ethnologen das eigene Forschungsgebiet sein („Wir haben die Foodtruck-Szene in Berlin genauer unter die Lupe genommen"), genauso aber auch die Herkunft des Ethnologen selbst („Was die Berliner Ethnologin Silvia Müller bei ihrer Arbeit in der Sahara erlebt hat").

---

3   Electronic source: www.euroethno.hu-berlin.de/de/archiv/masterarbeiten.

Ebenso können sich Ethnologen natürlich auch in überregionalen Medien zu Wort melden – in erster Linie als Experten, etwa in sogenannten Wortlaut-Interviews (in Frage- und Antwortform) oder als Zitatgeber in einem Lauftext. Auch Gastbeiträge sind möglich. Im Vergleich etwa zu einer Lokalzeitung ist es jedoch erheblich schwieriger, einen Kontakt zu einer überregionalen Tageszeitung zu etablieren; noch höher liegen die Hürden bei überregionalen Wochenzeitungen oder aber bei Magazinen, die wöchentlich, oft aber auch nur alle zwei Wochen oder monatsweise erscheinen. Je mehr Autoren und Experten um einen Platz in einer Publikation konkurrieren und je kleiner dieser Platz ist, desto schlechter ist die Chance, ein Stück davon zu ergattern. Hier ist ein bereits etablierter Kontakt zur jeweiligen Redaktion oder einem bestimmten Redakteur Voraussetzung; als Gastautor müssen Sie außerdem schreiberische Qualitäten nachweisen können, etwa durch bereits veröffentlichte Beiträge in anderen Medien.

5. Wie biete ich mein Thema an?

Gerade bei größeren Redaktionen sind Themen oft festen Ressorts zugeordnet, und in den jeweiligen Ressorts wiederum sind die Zuständigkeiten klar verteilt. Es ist daher immer sinnvoll herauszufinden, wer der zuständige Fach-Redakteur für ein spezifisches Themengebiet ist. Einen ersten Überblick kann das Impressum vermitteln: Gibt es ein Ressort „Wissenschaft", „Hochschule" oder „Vermischtes"? Ansonsten hilft ein Anruf im Sekretariat der Redaktion. Lassen Sie sich möglichst einen konkreten Ansprechpartner und dessen direkten Kontakt geben.

Dies gilt sowohl, wenn Sie sich als Experte als auch als Gastautor für ein bestimmtes Thema vorstellen wollen. Mit der Zeit etablieren sich oft gute Kontakte zwischen Journalisten und „ihren" Experten, wie wir selbst aus unserem Berufsleben wissen. Mit wem wir einmal ein interessantes Gespräch geführt haben, wer unkompliziert in der Zusammenarbeit war, wer den Themenbereich gut einordnen und auch für fachfremde Leser mit konkreten Beispielen und klaren Worten „übersetzen" konnte: Den kontaktieren wir immer wieder.

Bereits beim ersten Kontakt baut eine direkte Ansprache Brücken: Erklären Sie, warum Sie ausgerechnet diesen Redakteur anrufen oder anschreiben. Ein guter Einstieg ist etwa, wenn Sie einen ihrer oder seiner Artikel gelesen haben und dazu direkt Stellung beziehen („Ich habe Ihren Bericht mit Interesse / Wut / Begeisterung gelesen, und würde Sie gerne auf meine Forschungsarbeit aufmerksam machen."). Viele Publikationen räumen zu einem bestimmten Thema auch einen Schlagabtausch der Experten ein; zum Gastbeitrag eines Wissenschaftlers in der einen Woche ergreift in der Folgewoche eine andere Wissenschaftlerin das Wort – und bringt so oft eine gänzlich andere Perspektive in die Debatte mit ein.

6. Welche Texte könnte ich als Gastautor für eine Zeitung oder Zeitschrift schreiben?

In unseren Uniseminaren bringen wir den Teilnehmern anhand vieler praktischer Übungen die wichtigsten journalistischen Textgattungen näher. Dies erfordert jedoch viel Zeit und eine enge Begleitung während der Übungen, weswegen wir uns in diesem Beitrag darauf beschränken, einige wenige für Ethnologen relevante Textgattungen (vgl. für eine Übersicht Mast 2012; Raue/Schneider 2012) vorzustellen und weiterführende Lesetipps zu geben.

Die Meldung oder Nachricht (Ohler 2016): Sie ist quasi die Urform des Nachrichtenjournalismus – ob abends in den Tagesthemen oder in gedruckter Form morgens in den Zeitungen. Sie beantwortet die wichtigsten W-Fragen (wer, wie, wo, wann, warum?) in der Reihenfolge ihrer Relevanz. Das Wesentliche steht also immer am Anfang, dann kommt alles Erklärende, Einordnende, Hintergrundwissen und Nebensächliches.

Die Reportage (Haller 2006): Als sinnliche Beschreibung eines Ereignisses, Ortes, Erlebnisses ist sie die klassische Form des Reiseberichtes. In vielem ähnelt die journalistische Reportage der von Bronislaw Malinowski postulierten „teilnehmenden Beobachtung". Der Journalist taucht ein in die Szenerie, die er beschreibt. Er berichtet über sein Thema so detailliert wie möglich und spricht idealerweise alle Sinne an. Der Leser soll das Gefühl haben, selbst vor Ort zu sein.

Das Interview (Haller 2013): In der Regel als Wortlaut-Interview im Frage-Antwort-Modus geschrieben, ist es die einfachste Form, um sich als Experte in der Öffentlichkeit zu Wort zu melden. Wir werden in der Folge daher auf diese Textgattung noch ausführlicher eingehen.

Der Essay: Ein meinungsstarker Text eines Experten zu einem oft sehr speziellen Thema. Gerade Wochenzeitungen und Magazine räumen zu aktuellen Themen gerne Platz frei, damit Politiker, Soziologen, Wirtschaftswissenschaftler Stellung beziehen können. Warum nicht auch Ethnologen?

7. Wie werde ich als Ethnologe sichtbar?

Journalisten suchen ihre Interviewpartner danach aus, was diese bereits veröffentlicht haben. Auch an Fachartikeln, ja – aber nur, wenn sie sehr viel Geduld haben und sich tiefer in ein Thema eingraben. In der Regel suchen sie über Pressedatenbanken nach anderen journalistischen Texten zum Thema und darin dann nach Autoren von Gastbeiträgen oder aber nach Experten, die bereits interviewt wurden oder zu einem Thema Statements abgegeben haben. Wenn sie zu ihrem konkreten Thema keinen Ansprechpartner gefunden haben, suchen sie oft nach artverwandten Themen („Ich habe gesehen, dass Sie über arrangierte Ehen in Indien geschrieben haben. Kennen Sie sich auch mit arrangierten Ehen in anderen Ländern aus?").

Aber auch über Blogs, Online-Beiträge auf den Institutsseiten oder natürlich Buchpublikationen werden Wissenschaftler für Journalisten sichtbar. Die Institute selbst könnten außerdem dazu beitragen, dass ihre Mitarbeiter öffentlich wahrgenommen werden: Wer die jeweiligen Projekte ausführlich schildert, die Liste der Veröffentlichungen und Forschungen kontinuierlich pflegt und die Ethnologen des Instituts mit Foto, kurzem Porträttext und einer suchmaschinenfreundlichen Liste der jeweiligen Schwerpunkte vorstellt, wird im Netz schneller gefunden. Mindestens ebenso wichtig im journalistischen Alltag: Eine Kontaktmöglichkeit, unter der man potentielle Gesprächspartner möglichst rasch erreichen kann.

8. Was gehört in eine Pressemitteilung?

Sie haben ein Forschungsprojekt beendet und möchten einer breiteren Öffentlichkeit von Ihrer Arbeit berichten? In diesem Fall sollten Sie eine Pressemitteilung aufsetzen – wie Unternehmen für ein neues Produkt, Filmproduzenten zur Erstausstrahlung, Verlage bei der Neuerscheinung eines Buches. Die Liste ließe sich endlos fortsetzen, und genau das ist Ihr Problem: Journalisten erhalten im Laufe eines einzigen Arbeitstages oft mehrere Dutzend Pressemitteilungen. Warum also sollten sie ausgerechnet die Ihre lesen?

Pressemitteilungen, die unpersönlich formuliert und an einen großen Verteiler geschickt werden, haben quasi keine Chance, überhaupt geöffnet zu werden. Informieren Sie sich darüber – wie im vorletzten Absatz beschrieben – an wen genau Sie Ihren Text richten können, sprechen Sie den jeweiligen Redakteur direkt an und halten Sie Ihren Text persönlich („Sie haben ja vergangene Woche in Ihrem Ressort einen Artikel über die Situation von Frauen in Saudi-Arabien veröffentlicht. Ähnlich aktuell, aber in vielen Medien bislang noch kaum aufgegriffen, ist die Lage der Frauen im Jemen, zu der ich gerade eine mehrmonatige Forschungsarbeit abgeschlossen habe.").

Wichtig ist jedoch neben dem Adressaten auch die Botschaft – und die Art, in der sie verfasst ist. Der wichtigste Leitgedanke einer Pressemitteilung sollte der gleiche sein wie bei einem guten journalistischen Text: „Der Köder muss dem Fisch und nicht dem Angler schmecken!"

Das bedeutet konkret: Die Pressemitteilung muss sich in Inhalt und Form an den Bedürfnissen des Journalisten orientieren. Bei der Formulierung sollte der Autor den oft sehr stressigen Arbeitsalltag des jeweiligen Redakteurs im Hinterkopf haben: Fassen Sie sich kurz, formulieren Sie prägnant und wählen Sie einfache Worte, die ein Nicht-Ethnologe nicht erst nachschlagen muss – denn er wird es nicht tun.

Bedenken Sie außerdem, was das jeweilige Medium braucht, um Ihr Thema journalistisch aufzubereiten. Falls Sie sich etwa an ein Magazin wenden, ist gutes Fotomaterial unerlässlich. Sie müssen dieses nicht selbst produziert haben. Aber Sie können gleich im Textexposé die Redakteure darauf hinweisen, wo man passende Bilder finden könnte.

Wer sein Thema in einer Frauenzeitschrift platzieren möchte, braucht einen frauenspezifischen Anker, ein Regionalmedium fragt wiederum nach dem lokalen Bezug.

Der Journalist ist darüber hinaus in einen festen, zeitlichen Redaktionsrhythmus eingebunden und kann diesen nur bedingt durchbrechen: zu bestimmten Terminen finden Konferenzen statt, um eine festgelegte Uhrzeit ist Redaktionsschluss. Tageszeitungsredakteure etwa haben meist nur am Vormittag und am frühen Nachmittag Zeit für Telefonate, danach müssen sie unter Hochdruck ihre eigenen Texte für die aktuelle Ausgabe schreiben oder die Texte anderer Autoren redigieren und einpassen. Bei Journalisten eines Wochenmagazins ist in der Regel der letzte Produktionstag besonders stressig; bei einem Monatsmagazin ist es eine bestimmte Woche. Fragen Sie – vorab im Sekretariat oder spätestens im Gespräch mit dem jeweiligen Redakteur – wann die Gelegenheit für ein ruhiges Telefonat wäre. Im Zweifel können Sie auch selbst eine Deadline nennen, bis zu der Sie eine Rückmeldung brauchen, bevor Sie etwa Ihren Text bei einem anderen Medium anbieten. Genügend Vorlauf einzuplanen, gerade bei langfristigen und nicht aktuellen Themen, schont auf beiden Seiten die Nerven.

Es ist nicht das Ziel einer Pressemitteilung, im Wortlaut abgedruckt zu werden. Erfolgreich ist sie dann, wenn sie auf einen Termin oder ein Thema aufmerksam macht und den Journalisten zu weiteren Nachfragen, einer eigenständigen Recherche, zu einem Interview, einem Besuch bei einer ethnologischen Veranstaltung o. ä., animiert.

Es muss klar sein, wer hier welche Informationen weitergeben möchte und warum. Es geht darum, die Relevanz des Themas einzuordnen und konkrete, aktuelle (lokale, politische oder gesellschaftliche) Anknüpfungspunkte zu benennen. Der Fließtext sollte wie eine Nachricht strukturiert sein und die einzelnen Informationen in der Reihenfolge ihrer Relevanz nennen. Das hat zwei Vorteile: Selbst wenn der Journalist nicht bis zum Ende liest, hat er so trotzdem die wichtigsten Aspekte des Themas wahrgenommen. Wenn der Journalist wiederum Teile Ihres Textes übernehmen soll, dann ist es am besten, wenn er vom Textende her kürzen kann (vgl. z. B. Falkenberg 2013; Bischl 2015).

9. Wie formuliere ich meinen Text?

Der Autor soll sich quälen, nicht der Leser: Dieses Credo wird an den Journalistenschulen immer wiederholt. Tatsächlich ist ein gut lesbarer, verständlicher Text harte Arbeit. Wer nämlich auf Floskeln, Worthülsen, Phrasen, vage Fachbegriffe verzichtet, der muss nach konkreten Beispielen suchen, plastische Vergleiche finden, sich selbst immer wieder zu noch klareren, präziseren Formulierungen zwingen.

Diese Textarbeit erfordert Talent, ja, vor allem aber das richtige Handwerk (siehe Checkliste). Und die Bereitschaft, sich auf Augenhöhe mit den Lesern zu begeben: Kann ich meine Forschungsarbeit so erklären, dass ich nicht nur meine Kollegen mit einer Vielzahl an Fachbegriffen beeindrucke? Sondern so, dass auch Tante Erna oder Onkel Dieter verstehen, was ich da erfahren habe?

Wir hatten immer wieder Studierende in unseren Seminaren, die an diesem Punkt entgegnet haben: Sie würden gar nicht für fachfremde Menschen schreiben wollen. Wozu die Mühe, Tante Erna und Onkel Dieter die Ergebnisse ethnologischer Feldforschung nahe zu bringen? Als Ethnologinnen und als Journalistinnen sind wir dagegen der Meinung, dass es sich nicht ausschließt, zu ein- und demselben Thema sowohl einen sehr detaillierten Fachbeitrag für Kollegen zu schreiben – und außerdem eine leichter verständliche Version für ein größeres Publikum. Warum ein Entweder-oder wenn es ebenso ein Sowohl-als-auch geben kann?

10. Wie bereite ich mich auf ein Interview mit einem Journalisten vor?

In einem Interview ist es die Aufgabe des Journalisten, Fragen zu stellen. Im Vorfeld aber haben auch Sie die Gelegenheit, offene Punkte anzusprechen, um sich besser auf das Gespräch vorbereiten zu können. Haken Sie etwa bei diesen Punkten nach:

- Wie viel Zeit plant der Journalist für das Interview ein?

- Wird das Gespräch am Telefon geführt oder gibt es die Gelegenheit, sich persönlich zu treffen?

- Welche Textlänge (oder Sendezeit bei TV oder Radio) peilt der Journalist am Ende an? Welche Vorgaben hat er?

- Handelt es sich um ein direktes Wortlaut-Interview (Fragen und Antworten), oder werden Ihre Zitate in einen Fließtext eingebunden?

- Gibt es Zeit und Gelegenheit für ein Vorgespräch zu diesem Thema? Vielleicht bei einem kurzen Telefonat am Tag zuvor?

- Was sind die Kernfragen des Journalisten? Welche These verfolgt er? Kann er Ihnen bereits vorab einige Leitfragen zuschicken, damit Sie sich besser auf das Gespräch vorbereiten können?

- Welches Vorwissen hat er bei diesem Thema, welches Vorwissen haben seine Leser?

- Braucht der Journalist ein Foto? Falls ja: In welcher Auflösung? Gerade zu einem Interview ist oft ein Porträtbild wichtig, je nach Thema wird der Journalist auch auf der Suche nach dokumentarischen Fotos von der Feldforschung sein.

- Klären Sie auch bereits im Vorfeld ab, ob und in welcher Form Sie Ihre Zitate zur Autorisierung zugeschickt bekommen.

Journalisten sind in der Regel dazu bereit, ihrem Interviewpartner vorab einige Fragen zu nennen – schließlich haben sie ein Interesse daran, dass dieser auf das Gespräch vorbereitet ist. Erwarten Sie aber bitte kein komplettes Skript. Journalisten notieren in der Regel im Vorfeld nur ihre wichtigsten Fragen als Gerüst für das Gespräch; währenddessen halten sie dann die Ohren offen und fragen nach, gehen ins Detail, bitten um konkrete Beispiele.

Auch Sie selbst als Experte haben daher die Gelegenheit, das Gespräch mitzugestalten. Notieren Sie sich im Vorfeld Ihre wichtigsten Gedanken, Thesen, Erkenntnisse zu diesem Thema: die Punkte also, die Sie unbedingt im Interview ansprechen möchten. Fragen Sie sich vorab also auch selbst:

- Was ist meine Kernbotschaft bei diesem Interview?
- Was will ich unbedingt vermitteln oder erklären?
- Warum ist das für den Journalisten und den Leser wichtig zu wissen?

Notieren Sie sich diese Punkte am besten in Stichpunkten auf einem Zettel, damit Sie sie im Gespräch nicht aus dem Blick verlieren.

Aspekte dagegen, über die Sie sich nicht äußern wollen, sollten von Ihnen gar nicht erst angestoßen werden. Vorformulierte Antworten müssen Sie nicht parat haben, im Gegenteil: Es ist wichtig, dass Ihre Antworten authentisch sind und nicht „auswendig" gelernt klingen. Perfekte Interviews lassen Raum für Spontanität und individuelle Sprache. Leser bekommen sonst schnell das Gefühl, einem einstudierten Dialog beizuwohnen – und das langweilt.

Halten Sie sich bei Ihren Antworten an die gleichen Sprachregeln, die wir auch für das Verfassen von Pressemitteilungen oder Gastbeiträgen empfehlen (siehe Checkliste).

11. Habe ich nach dem Interview noch Einfluss auf den Text?

Es ist in der deutschen Presselandschaft üblich, wörtliche Zitate und Interviews vor der Veröffentlichung gegenlesen zu lassen. Eine presserechtliche Verpflichtung von Seiten des Journalisten gibt es dafür jedoch nicht; lediglich das gemeinsame Interesse daran, keine falschen Aussagen zu veröffentlichen. Bei einem Wortlaut-Interview ist es üblich, die kompletten Fragen und Antworten zu verschicken. Bei wörtlichen Zitaten werden diese weitergeleitet, aber nicht der gesamte Text, – in vielen Redaktionen ist dies sogar explizit untersagt. Während des Gesprächs können Sie außerdem Informationen „im Hintergrund" oder „unter drei" weitergeben: Das wird vom Journalisten nicht wörtlich zitiert oder Ihnen zugeschrieben, sondern dient lediglich seinem Hintergrundwissen.

Wenn Sie uns Journalisten die Arbeit erleichtern wollen, halten Sie sich beim Autorisieren Ihrer Zitate an folgende Spielregeln:

- Lassen Sie uns nicht lange auf Ihr Okay warten. Am besten fragen Sie am Ende des Interviews nach, wann Sie in etwa mit den Zitaten rechnen können und bis wann der Journalist dann Ihre Rückmeldung braucht.

- So wenige Änderungen wie möglich! Korrigiert werden sollten nur Zitate und Passagen, die faktisch falsch oder missverständlich sind. Die Autorisierung ist keine Einladung zur Umformulierung des gesamten Textes: Der Ethnologe ist der Experte für die Fakten, der Journalist für die Formulierungen.

- Schlagen Sie nur Änderungen für Ihre Antworten vor, nicht jedoch für andere Textpassagen oder für die Fragen des Autoren. Natürlich können Sie auf Fehler hinweisen, ohne jedoch direkt Verbesserungen vorzunehmen.

- Es ist sinnvoll, einen Korrekturmodus zu verwenden, damit der Redakteur Ihre Änderungen auf einen Blick erkennt.

Wissenschaftler, die zum ersten Mal von einem Journalisten interviewt werden, sind beim Anblick des fertigen Textes oft irritiert, dass ihre Antworten zum Beispiel nicht in der chronologischen Reihenfolge des Gesprächs wiedergegeben werden. Komplexe Themen müssen Journalisten auch für Leser ohne Vorwissen „übersetzen", aus Platzgründen können wiederum einzelne Aspekte verkürzt werden oder wegfallen. Ein journalistisches Interview ist kein wissenschaftliches Transkript. Es reduziert immer, wird dadurch aber prägnant, leicht lesbar, informativ und unterhaltsam. Wie bei anderen Textgattungen auch ist es die Aufgabe des Journalisten, das Interview in Sprache, Stil und Chronologie zu gestalten – dabei aber immer so nah am Originalgespräch zu bleiben wie möglich (vgl. z. B. Friedrichs 2015; Haller 2013; Müller-Dofel 2016).

12. Rückbezug auf die Lehre

Es geht uns darum, Ethnologinnen und Ethnologen den Umgang mit journalistischen Anfragen zu erleichtern oder ihnen das Rüstzeug mitzugeben, mit ihren Themen in der Öffentlichkeit präsent zu sein. Das Beste ist natürlich, mögliche Barrieren so früh wie möglich abzubauen – schon bei den Studierenden der Ethnologie. Das versuchen wir mit unseren Seminaren. Schließlich denken viele Studierende bei ihrem Berufswunsch an „irgendwas mit Medien" – ohne konkrete Vorstellungen, ob und wie sie ihr ethnologisches Fachwissen sinnvoll in diesen Beruf einbringen können.

Wir haben viele Seminare an verschiedenen Ethnologischen Instituten gegeben, allesamt Wochenend- bzw. Blockkurse mit einem klaren Praxisbezug. Wir konzentrieren uns dabei stets auf zwei Schwerpunkte: Zum einen auf die Vermittlung journalistischer Darstellungsformen, sprich konkrete Textarbeit (Reportage, Feature, Interview, Porträt). Zum anderen auf die Vermittlung von Wissen über den Arbeitsalltag von Journalisten. Unsere

Erfahrung: Vor allem der mitunter extreme Zeitdruck und die „echten" Deadlines, die zum Journalismus dazugehören, sind vielen Studierenden fremd.

In den vorangegangenen Kapiteln haben wir im Detail aufgeführt, welche Fragen sich Ethnologen stellen sollten, wenn sie Kontakt zu einem Journalisten aufnehmen. Die Medienlandschaft unterliegt einem steten Wandel. Welches Medium also gerade für welches Thema besonders geeignet ist, lässt sich daher nicht pauschal oder endgültig beantworten. Die zuvor genannten Fragen aber unterliegen keinen Trends.

Ein Text-Crashkurs, wie wir ihn immer in unseren Seminaren einbetten, kann keine journalistische Ausbildung ersetzen. Unser Fokus liegt darauf, zunächst grundsätzliche Regeln zu vermitteln, die beim journalistischen Schreiben zu beachten sind und den Studierenden die Gelegenheit zu geben, diese unter Anleitung selbst anzuwenden. Beim Verfassen von eigenen Texten erleben die Studierenden in der Regel zahlreiche Schwierigkeiten, die ihnen als Leser journalistischer Texte gar nicht bewusst waren: Wie distanziere ich mich als Autor von der Meinung oder dem Handeln eines Protagonisten? Wie erkläre ich dem Leser ihm völlig Unbekanntes, ohne es nur als fremd und skurril darzustellen oder auf der anderen Seite zu schwärmerisch davon zu berichten? Wie destilliere ich die spannendsten Informationen aus einem Gespräch, ohne wesentliche Aspekte unter den Tisch fallen zu lassen? Wie spitze ich eine Headline zu, ohne zu übertreiben? Und wie verkaufe ich mit diesem Wissen mein eigenes Thema? Wer sich diese Fragen einmal an einem eigenen Text gestellt hat, ist danach einen großen Schritt weiter.

Die Studierenden meistern mehrere kleine Schreibübungen und verfassen am Ende einen längeren Text zu einem explizit ethnologischen Thema, zu dem sie selbst geforscht oder recherchiert haben – oder jemand aus dem jeweiligen Institut. Wir ermutigen die Studierenden und geben Hilfestellung dabei, dass einige sehr gute Texte auch direkt veröffentlicht werden (u. a. in der FAZ, Uni-SPIEGEL, SPIEGEL-Online, Neon, in verschiedenen Regionalzeitungen, etc.). Diese Textarbeit ist auch für uns als Dozentinnen extrem betreuungs- und zeitintensiv. Aber nur so können die Studierenden unserer Meinung nach direkt aus ihren Fehlern lernen und sich schon innerhalb der Seminarteile mitunter enorm verbessern. Am Ende stehen dann natürlich keine perfekten Schreiber – aber Ethnologen, die keine Scheu mehr davor haben, mit ihren Themenideen an Journalisten oder die Öffentlichkeit heranzutreten.

13. Happy End

Journalisten und Ethnologen sind sich in puncto Hartnäckigkeit nicht unähnlich. Und so fand Simone Salden, als sie zum Thema Stress und Burnout recherchierte, nach der ersten Abfuhr dann doch noch eine Ethnologin, die ihr von ihrer Feldforschung berichtete. Sie diskutierten unter anderem über die Wirksamkeit von Sprechstunden in indischen

Tempeln und das Bruttonationalglück in Bhutan. Am Ende standen sechs Magazinseiten, die der Journalistin zahlreiche positive Leserzuschriften und ihrer Interview-Partnerin Glückwünsche von Kollegen einbrachten.

Win-Win-Situation nennen das die Ökonomen. Eine Strategie, die Journalisten und Ethnologen noch viel öfter verfolgen könnten.

DIE RICHTIGE SPRACHE

- Adjektive und Adverbien meiden: Sie sind nur nützlich, wenn sie tatsächlich neue Informationen liefern.

- Füllwörter meiden: Verzichten Sie auf „dann", „nun", „wohl", „eigentlich" & Co – diese Regieanweisungen des Autors braucht der Leser nicht.

- Verben statt Nominalstil: So werden Sätze verständlicher, spannender und weniger verschachtelt.

- Keine Passivkonstruktionen, kein „man": Beides schafft eine hohe Distanz zwischen dem Autor und dem Thema.

- Das in wissenschaftlichen Texten übliche Sternchen, etwa bei Ethnologe*innen" ist in journalistischen Texten nicht üblich. Aber auch unter Journalisten wird über gender-neutrale Sprache viel diskutiert, die Sensibilität wird in diesem Punkt immer größer.

- Weg mit Phrasen und abgenutzten Synonymen: Sätze wie „er ist durch die Hölle gegangen" oder „nichts wird mehr sein, wie es war" sind unkonkret.

- Deutsch schreiben: Fachbegriffe oder modernes Denglisch („Service Point" statt Informationsstand, „Meeting" statt Konferenz) sind schwer verständlich und nervig. Ausnahme: Gezielte Fremdwörter können gerade in ethnologischen Texte für Lokalkolorit sorgen („Datscha", „Finca", „big men").

- Kurze Sätze formulieren: Bei verschachtelten oder sehr langen Sätzen verliert der Leser den Faden.

Zum Weiterlesen: Der Profi Wolf Schneider gibt in verschiedenen Büchern praktische Anregungen für eine verständliche Sprache, etwa in „Deutsch für Profis" (2001), „Deutsch fürs Leben" (1994), „Deutsch für Kenner" (2005), „Wörter machen Leute" (1986). Unterhaltsam und lehrreich ist Sebastian Sicks Buch „Der Dativ ist dem Genetiv sein Tod" (2009) und die Folgebände.

EINE PRESSEMITTEILUNG VERFASSEN

- Persönliche Ansprechpartner in der Redaktion recherchieren: Unpersönliche Rund-mails gehen in der Info-Flut unter.

- Überschrift bzw. kurzer Vorspann: Soll den Leser neugierig machen und direkt auf das Thema hinführen. Kann auch eine provokante These („Wo leben die dicksten Men-schen? Wer jetzt „Amerika" denkt, liegt leider falsch ...") oder ein griffiges Zitat sein.

- Sprache: siehe Checkliste Nr. 1

- Für Nachfragen einen konkreten, gut informierten Ansprechpartner mit aktuellen Kontaktdaten und Erreichbarkeiten benennen (Email, Handy, Skype).

- Vor dem Versand: Text gegenlesen lassen, am besten von jemandem, der das Thema überhaupt nicht kennt. Ist der Inhalt auch für Laien verständlich?

- Nach dem Versand: Feedback einholen. Warum gab es wenig Resonanz?

- Es gibt für jedes Thema die richtige Zeit: Aktuelle politische Bezüge bzw. Kalender-daten/Jahrestage sind gute Aufhänger.

- Länge: Maximal eine DIN A4-Seite Text inklusive aller Informationen.

Literatur

BISCHL, Katrin (2015): Die professionelle Pressemitteilung. Ein Leitfaden für Unternehmen, Institutionen, Verbände und Vereine. Wiesbaden: Springer VS Verlag für Sozialwissenschaften.

DIE ZEIT (30.07.2015): „Da stimmt doch was nicht!". Electronic source: https://www.zeit.de/2015/31/ehtno-logie-nigel-barley-subjektive-wissenschaft-kultur.

Euroethno. Electronic source: www.euroethno.hu-berlin.de/de/archiv/masterarbeiten.

FALKENBERG, Viola (2013): Pressemitteilungen schreiben. Frankfurt: Frankfurter Allgemeine Buch.

FISCHER, Hans (1990): Völkerkunde im Nationalsozialismus. Aspekte der Anpassung, Affinität und Behaup-tung einer wissenschaftlichen Disziplin. Berlin: Dietrich Reimer.

FRIEDRICHS, Jürgen (2015): Das journalistische Interview. Wiesbaden: Springer VS Verlag für Sozialwissen-schaften.

HALLER, Michael (2006): Die Reportage. Konstanz: UVK Verlag.

HALLER, Michael (2013): Das Interview. Konstanz: UVK Verlag.

HAUSCHILD, Thomas (1995): Lebenslust und Fremdenfurcht. Ethnologie im Dritten Reich. Berlin: Suhrkamp.

MAST, Claudia (2012): ABC des Journalismus. Ein Handbuch. Konstanz: UVK Verlag.

MÜLLER-DOFEL, Mario (2016): Interviews führen. Ein Handbuch für Ausbildung und Praxis. Wiesbaden: Springer VS Verlag für Sozialwissenschaften.

OHLER, Josef (2016): Nachrichten. Klassisch und multimedial. Wiesbaden: Springer VS Verlag.

RAUE, Paul-Josef / Schneider, Wolf (2012): Das neue Handbuch des Journalismus und des Online-Journalis-mus. Reinbek: Rowohlt Verlag.

Schmuhl, Hans-Walter (2003): Rassenforschung an Kaiser-Wilhelm-Instituten vor und nach 1933. Göttingen: Wallstein Verlag.

Schneider, Wolf (1986): Wörter machen Leute. München: Piper Verlag.

Schneider, Wolf (1994): Deutsch fürs Leben. Reinbek: Rowohlt Verlag.

Schneider, Wolf (2001): Deutsch für Profis. München: Goldmann Verlag.

Schneider, Wolf (2005): Deutsch für Kenner. München: Piper Verlag.

Sicks, Sebastian (2009): Der Dativ ist dem Genitiv sein Tod. Köln: Verlag Kiepenheuer & Witsch.

Streck, Bernhard (2000): Ethnologie und Nationalsozialismus. Leipzig: Escher Verlag

Wiedemann, Charlotte (2012/2018): Vom Versuch, nicht weiß zu schreiben. Oder: Wie Journalismus unser Weltbild prägt. Köln: Papyrossa Verlagsgesellschaft.

Ethnolog*innen als Marketer –
von ethnologischen Arbeitsbereichen im Marketing und ihrer Umsetzung in Seminaren zur Angewandten Ethnologie

Katharina Zühlke

ABSTRACT: In Zeiten der Globalisierung wird für international agierende Unternehmen die gezielte Ansprache an Zielgruppen mit verschiedenen kulturellen Hintergründen immer wichtiger. Marketingkampagnen müssen auf die „interkulturellen Unterschiede im Konsumentenverhalten" der Zielgruppen abgestimmt und durchgeführt werden. Bereits Ende der 1990er, Anfang der 2000er Jahre wurde die Wirtschaftskommunikation als Arbeitsgebiet für Ethnolg*innen identifiziert. Trotzdem gibt es bis dato zum Thema Ethnologie und Marketing nur wenig deutschsprachige Literatur, was darauf schließen lässt, dass dieser Tätigkeitsbereich bisher keine größere Rolle für die Ethnologie in Deutschland spielt. Nach einer kurzen Analyse des Status Quo zum Thema Marketing in Seminaren im Fach Ethnologie gibt der Aufsatz einen knappen Überblick über unterschiedliche Strategien und Maßnahmen zum internationalen / interkulturellen Marketing. Er will aufzeigen, dass Ethnolog*innen für das Marketing wichtige Kompetenzen mitbringen und Anregungen liefern, wie diese in praktischen Seminaren geschult werden können. Der Aufsatz soll verdeutlichen, dass sich das Marketing als Arbeitsfeld für Ethnolog*innen eignet und daher mit ins Curriculum aufgenommen werden sollte.

1. Einleitung

Im Jahr 2017 veröffentlichte Audi in China den folgenden Werbeclip, um die Attraktivität von Gebrauchtwagen zu bewerben: Ein junges Paar steht vor dem Traualtar. Kurz vor dem Ja-Wort schreitet die Mutter des Bräutigams ein und unterzieht die Braut einer „Inspektion". Sie reißt ihr den Mund auf und nach einem gewissenhaften Blick auf das Gebiss erteilt sie ihrem Sohn die Erlaubnis, diese Frau zu heiraten. Der Kommentar aus dem Off: „Eine wichtige Entscheidung muss sorgfältig getroffen werden", anschließend der Hinweis auf Audi-Gebrauchtwagen (Spiegel Online 2017).

In den Medien stieß der Spot auf Empörung, Kunden verglichen die Szene mit dem Kauf von Nutzvieh (Spiegel Online 2017). Audi nahm den Spot zurück, wies aber darauf hin, dass er von einer chinesischen Marketingagentur stammte (Hannoversche Allgemeine 2017; Spiegel Online 2017).

Im Jahr 2008 bewarb der Automobilhersteller FIAT den neuen Lancia Delta mit einem Clip, in dem Richard Gere (praktizierender Buddhist und Tibet-Unterstützer) per Auto von Hollywood nach Tibet reisen sollte. Chinesische Kunden protestierten vehement und Fiat musste den Spot einstellen (Castonguay / Thomas 2008; Framowitz 2013). Laut Dalgic und Heijbloom (1996) floppte auch eine groß angelegte Werbekampagne einer Biermarke zur Weltmeisterschaft 1994. Hierin wurden die Nationalflaggen der beteiligten Nationen, unter ihnen Saudi-Arabien, auf der Innenseite des Kronkorkens abgedruckt. Da die saudische Flagge einen Koranvers beinhaltet, protestierten Muslime aus der ganzen Welt gegen die Verbindung des heiligen Verses mit einem alkoholischen Getränk. Der Konzern musste die Kampagne abbrechen.

Dies sind nur drei von etlichen Beispielen, in denen internationale Marketingaktivitäten für Affronts gesorgt haben. Das Marketing, dessen primäres Ziel es laut Nieschlag et al. ist, „Präferenzen beim Verbraucher zu bilden und Wettbewerbsvorteile gegenüber der Konkurrenz aufzubauen" (1991:8; Thieme 2000:26), hat hier offenbar versagt. Denn im Fokus des Marketings sollten die Bedürfnisse des Kunden stehen, die es zu befriedigen gilt, um das Unternehmen erfolgreich in den Markt einzuführen oder dort zu halten. Das Springer Gabler Wirtschaftslexikon definiert Marketing als „eine unternehmerische Denkhaltung [...] [und] eine unternehmerische Aufgabe, zu deren wichtigsten Herausforderungen das Erkennen von Marktveränderungen und Bedürfnisverschiebungen gehört, um rechtzeitig Wettbewerbsvorteile aufzubauen" (2017). Mithilfe des Marketing-Mix, bestehend aus Produkt-, Preis-, Kommunikations- und Vertriebspolitik (Springer Gabler 2017) und „vielfältigen Kommunikations- und Austauschprozessen [...] mit seinen Kunden bzw. potentiellen Kunden" (Thieme 2000:26) versuchen Unternehmen sich den o. g. Wettbewerbsvorteil zu verschaffen. In der globalisierten Welt stellt dies Marketer vor große Herausforderungen: Kommunikationskampagnen müssen in unbekannten, sich stetig verändernden Märkten geplant werden, und über soziale Netzwerke erreichen sie oft transnationale Zielgruppen. Trotz Globalisierung nähern sich die Bedürfnisse der Kunden aber nicht zwangsläufig einander an. Alcántara-Pilar et al. betonen, dass der Erfolg eines beworbenen Produkts bei Konsumenten stark von deren kultureller Sozialisation abhängt (2015:XVII). Auch Thieme verweist auf „interkulturelle Unterschiede im Konsumentenverhalten" (2000:29). Unternehmen müssen es also schaffen, multiethnische Zielgruppen effektiv anzusprechen und dabei die kulturellen Werte und Normen jedes Einzelnen zu berücksichtigen. Sie müssen in der Lage sein, attraktive Preisstrukturen für multiethnische Märkte zu entwickeln und Kommunikations- und Werbekampagnen zielgruppengerecht zu konzipieren, um das Unternehmen im jeweiligen Markt gut zu positionieren.

Der Aufsatz möchte zeigen, dass Ethnolog*innen an dieser Stelle gebraucht werden. Nach einer kurzen Analyse des Status quo der Lehrangebote in ethnologischen Studiengängen an deutschen Universitäten soll er erklären, warum Ethnolog*innen für das Marketing wichtig sind und wie Projektseminare anwendungsorientierte Inhalte vermitteln können. Beispielhaft werden hierfür Werbekampagnen und Messen skizziert.[1] Gleichzeitig soll geklärt werden, welche Aufgaben die Ethnologie nicht übernehmen kann. Da es bisher kaum deutschsprachige Literatur in der Ethnologie gibt, die sich mit dem Thema Ethnologie und Marketing beschäftigt[2], soll mit diesem Aufsatz ein erster Impuls gesetzt werden, das Marketing als Arbeitsgebiet für Ethnolog*innen zu entdecken.

2. Status quo – Marketing im ethnologischen Lehrangebot im WiSe 2016/17 und SoSe 2017

Obwohl bereits Anfang der 2000er Jahre Thieme (2000) das Marketing als potentielles Arbeitsgebiet für Ethnolog*innen identifiziert hat, scheint dieser Arbeitsbereich für das Curriculum der Ethnologie/Social Anthropology in Deutschland keine größere Rolle zu spielen.[3]

Im WS 2016/2017 wurde an 23 deutschen Universitäten im Bereich Ethnologie, Kultur- und Sozialanthropologie oder Kulturwissenschaften kein Kurs, im SoSe 2017 insgesamt nur fünf Kurse angeboten, in denen Marketingthemen adressiert wurden. An der Europa-Universität Viadrina vermittelte der Kurs „Kulturmarketing" die theoretischen Grundlagen des Kulturmarketings, und in anschließenden Fallstudien konnte das erworbene Wissen angewandt werden (Viadrina 2017:43). Auch an der Universität Koblenz-Landau konnten Studierende im Kurs „Kulturmanagement, Kulturmarketing, Kulturfinanzierung" und beim Tag der Kulturwissenschaft die Grundlagen des Kulturmanagements erlernen (Koblenz Landau 2017:44, 46). An der Johannes-Gutenberg-Universität Mainz wurde im Hauptseminar „Werbung als ethnologisches Forschungsfeld" auch das Potential als Arbeitsbereich für Ethnolog*innen beleuchtet. Allerdings untersuchte das Seminar schwerpunktmäßig, inwiefern Werbung „zur Perpetuierung und/oder Transformation kultureller Kategorien wie ‚Rasse', Klasse und Geschlecht beiträgt" (Johannes Gutenberg Uni Mainz 2017: Kurs N° 07.798.278).

---

1   Auch wenn Marketing weitere Themengebiete, wie z. B. Distributionswege, Produktentwicklung und Preisgestaltung umfasst, wird der Fokus dieses Aufsatzes sich vor allem mit Werbemaßnahmen und Messen als Mittel zur Kundenansprache beschäftigen.

2   Schugk (2004; 2014) gibt einen guten Überblick über die Wichtigkeit von interkultureller Kompetenz im Marketing, stellt allerdings keine Verbindung zum Studium der Ethnologie her.

3   Untersucht wurde das Angebot von anwendungsorientierten Kursen im Bereich Marketing/Eventmanagement anhand von Vorlesungsverzeichnissen des WiSe 2016/17 und des SoSe 2017 der ethnologischen/kulturwissenschaftlichen Institute an deutschen Universitäten. Eine Übersicht über sämtliche Institute und Universitäten in Deutschland mit ethnologischen Studiengängen bietet die Deutsche Gesellschaft für Völkerkunde (DGV 2017a).

Im Untersuchungszeitraum beschäftigten sich bundesweit sieben Kurse mit der Organisation verschiedener Events inklusive der Durchführung von Werbemaßnahmen und Public Relations.[4] Während Studierende der Uni Mainz sich analytisch mit Werbung beschäftigten, fand an anderen Universitäten die praktische Marketingarbeit lediglich in Managementkursen der Kulturwissenschaften statt. Angewandtes Marketing wurde also als Teilbereich des Kulturmanagements angeboten, aber nur in Mainz als für die Ethnologie relevantes Arbeitsfeld verstanden. Daher soll im Folgenden das Potential dieses Themenkomplexes für die angewandte Ethnologie herausgestellt werden.

3. Internationales Marketing – Herausforderung für die Wirtschaft

Bedingt durch soziale Medien, die Globalisierung der Märkte und kulturell vielfältiger werdende Gesellschaften können Marketer ihre Klientel nur noch durch immer komplexere Strategien erreichen (Cleveland 2015:148). Die Werbebotschaften müssen dabei so formuliert sein, dass sie von allen Mitgliedern der Zielgruppe verstanden werden. Bei Zielgruppen mit verschiedenen kulturellen Hintergründen ist dies schwierig, da „direkte Appelle [...] über die Kulturen hinweg nur bis zu einem gewissen Grad standardisiert werden [können]" (Schugk 2004:300). Der Grund hierfür liegt in der jeweiligen kulturellen Sozialisation der Zielgruppen, die im unterschiedlichen Verständnis für bestimmte Werbebotschaften und Zusammenhänge resultiert. Kultur wird also zum Schlüsselbegriff für erfolgreiches, internationales Marketing.

3.1. Kultur als Schlüsselbegriff für internationales Marketing

Wie bei Schugk deutlich wird, existiert keine generelle Definition des Begriffs der „Kultur" (2014:25-66). Nach Kluckhohn bilden "traditional (i. e. historically derived and selected) ideas and especially their attached values [...]" (Kroeber / Kluckhohn 1952:181; zitiert bei Spencer-Oatey 2012:2) das Zentrum der Kultur. Nach Goodenough wird Kultur durch äußere Lebensumstände beeinflusst, ist ein Pool an kollektivem Wissen mit normativem Charakter und beeinflusst das Verhalten der Gesellschaftsmitglieder (Schugk 2014:30). Beim symbolischen Kulturbegriff nach Clifford Geertz und George Herbert Mead entsteht Kultur durch die Interaktion zwischen verschiedenen Kulturvertretern und „aus der Wechselwirkung zwischen Umwelt, den Erfahrungen und einer menschengeschaffenen

---

4   In Münster und Tübingen organisierten Studierende der Ethnologie / Kultur- und Sozialanthropologie das Event „Ethnosport". An der Uni Hamburg wurden im Seminar „Kultur-Projektmanagement: Zwischen Struktur und Improvisation" anhand einer fiktiven Musiktournee erste Schritte im Eventmanagement besprochen, die die Studierenden anschließend in fiktiven oder selbstgewählten realen Projekten anwenden konnten. Darüber hinaus konnten Studierende der Universität Bayreuth im Kurs „Einführung ins Kultur- und Veranstaltungsmanagement" eigenständig ein Konzert organisieren. An der Europa-Universität Viadrina leiteten Studierende die Planungen des deutsch-polnischen UNITHEA-Festival #20.

Bedeutung" (Schugk 2014:32). Sie besteht aus Symbolen, denen die Menschen je nach Situation entsprechende Bedeutung zuweisen müssen. Da jede Kultur auf unterschiedliche Umstände reagieren muss, sind die Symbolsysteme der einzelnen Kulturen nie gleich (Schugk 2014:32). Will man also eine bestimmte Kultur kennenlernen, muss man sich mit ihrer Symbolik, ihren „Weltentwürfen, bzw. der Gedankenwelt und Bedeutungszuweisungen" (Thieme 2000:67) vertraut machen.

Nach Hofstede verfügen alle Mitglieder einer Gruppe über eine bestimmte „kollektive mentale Programmierung des Geistes" (Hofstede 2011:9; Schugk 2014:42), die dazu führt, dass sie in bestimmten Situationen immer in ähnlichen Mustern reagieren. Die Programmierung erfahren Menschen durch die Sozialisation in einem bestimmten Umfeld, sodass Angehörige der gleichen Kultur eine ähnliche Programmierung aufweisen. Gleichzeitig teilen Individuen mit der gleichen Programmierung/Kultur zusätzlich auch „gemeinsame Glaubens- und Wertevorstellungen, Ideen, Verhalten[sweisen]" (Schugk 2014:43). Familien, Medien, Schulen, kirchliche Einrichtungen oder Staatskörper sind besonders einflussreich in der Weitergabe der Wertvorstellungen (Okazaki/Mueller 2007:504). Diese „socializing agents" (Gronhaug et al. 1993:279) fungieren als Vorbilder für bestimmte gesellschaftliche Verhaltensweisen und haben Einfluss auf das Konsumentenverhalten eines Individuums (Sekhon 2015; Luna/Gupta 2001).

In allen Ansätzen wird Kultur von allen Kulturvertretern geteilt und ist kein individuelles Phänomen; gleichzeitig beeinflusst die Kultur das Verhalten der in ihr lebenden Individuen. Darüber hinaus ist das Verhalten der Mitglieder einer Kultur untrennbar mit dem jeweiligen Wertesystem verbunden (Schugk 2014:43). Daher argumentieren Japutra et al.: "A brand needs to understand the local culture since one successful strategy in one country may not be applicable to another country with different culture" (2015:105).

Marketer müssen also kulturelles Verständnis mitbringen, um erfolgreiche Kampagnen planen und durchführen zu können. Gleichzeitig stehen sie vor weiteren Herausforderungen, die im Folgenden beschrieben werden sollen.

3.2. Marketingaktivitäten in Zeiten der Globalisierung[5]
Durch die Globalisierung können Unternehmen neue Märkte erschließen, dort ihre Produkte vertreiben und Kunden in unterschiedlichen Regionen der Erde ansprechen. Gleichzeitig haben Medien wie das Internet, soziale Netzwerke oder Mobiltelefone Kommunikationsmuster stark verändert. Emigranten können einfacher den Kontakt zu Angehörigen im Heimatland – und kulturelle Verhaltensweisen – aufrechterhalten und gleichzeitig die des neuen Wohnorts annehmen (Sekhon 2015). Vertovec beschreibt dies als „superdiversity", die er wie folgt erklärt:

---

5   Die hier genannten Aktivitäten sind nur einige Beispiele für Marketingstrategien, um im globalen Markt schrittzuhalten. Sie zeigen aber deutlich, dass kulturelles Verständnis ein Hauptfaktor für den Erfolg der Aktivitäten ist.

"While migrants continue to feel powerfully bound to homelands and communities elsewhere, they are now more able to maintain and enhance these feelings while at the same time being quite capable of developing a new life, livelihood and social ties" (2010:93).

Die Herausforderungen, vor denen international agierende Marketer stehen, sind also a) eine vielschichtige, multikulturelle Klientel, b) die stetige Veränderung von Wertesystemen und die Verschmelzung oder Ausdifferenzierung von kulturellen Identitäten sowie c) die Aufgabe, auf all diese Veränderungen möglichst schnell und effektiv zu reagieren.

Eine Strategie, diesen Herausforderungen entgegenzutreten, hat sich vor allem in den USA, Kanada, Australien und Großbritannien entwickelt (Jamal et al. 2015). Mit dem *Ethnic Marketing* versuchen Unternehmen vor allem in den o. g. Märkten ethnische Minderheiten mit kulturspezifischen Kampagnen anzusprechen und so der Diversität der Gesellschaften Rechnung zu tragen (Mehmood et al. 2015:84). "The issue of cultural difference, interaction and change is at the heart of ethnic marketing research and practice [...]" (Jamal et al. 2015:4).

Ethnic Marketing konzentriert sich auf Merkmale, die die ethnische Minderheit vom Durchschnittsverbaucher unterscheiden. Es erlaubt, besonders auf der sozialen Ebene der Zielgruppe näher zu kommen, heikle Themen zu adressieren und die Zielgruppen so besser zu erreichen (Mehmood et al. 2015:89). Oft gehören die Marketer selbst der Zielgruppenminderheit an und kennen daher die kulturellen Hintergründe und Bedürfnisse besonders gut. Darüber hinaus nutzen Unternehmen auch kulturelle Botschafter (spokesperson) oder Models aus dem gleichen kulturellen Umfeld (Jinyoung / Lee 2015; Zúñiga / Torres 2015), die die Werbebotschaft übermitteln.[6] Allerdings führt diese Strategie nicht zwangsläufig zum Erfolg. Viel mehr spielen Faktoren wie der Grad der Anpassung an das (neue) kulturelle Umfeld, der Bildungsgrad oder auch die wirtschaftliche Position in einer Gesellschaft eine Rolle dabei, ob eine Zielgruppe auf speziell auf sie ausgerichtete Werbemaßnahmen reagiert. Ein hohes Bildungsniveau oder ein hoher Anpassungsgrad führen oft zum Misserfolg der Strategie (Jinyoung / Lee 2015; Zúñiga / Torres 2015).

Zusätzlich birgt das *Ethnic Marketing* viele Stolperfallen. Falsch betrieben kann es genau gegensätzliche Effekte auf die Zielgruppe haben: Die bewusste Anspielung auf Ethnizität in der Werbung kann dazu führen, dass sich Angehörige ethnischer Minderheiten Problemen wie "social exclusion and loss of self-esteem" (Jamal et al. 2015:11) ausgesetzt sehen, weil kulturelle Wünsche und Bedürfnisse nicht beachtet wurden. Auch die Tatsache, dass *Ethnic Marketing* ganz bewusst mit kulturellen Unterschieden spielt, wird oft kritisiert:

---

6 Viele Unternehmen arbeiten mittlerweile mit „Influencern", i. e. jungen Menschen mit Idol-Charakter, Sportlern, Künstlern etc., die in den sozialen Netzwerken in vermeintlich privaten Videos und Fotos bestimmte Produkte bewerben, ohne dabei explizit Werbung zu machen. Die Videos und Fotos erreichen eine breite Öffentlichkeit und werden von dieser als wegweisend angesehen.

"Some analysts consider that ethnic marketing is inherently unethical, because it recurrently distinguishes people by criteria such as their race and culture, invariably leading to allocations of people to cultures and to subcultures, with minorities (the subcultures) being relegated to second class status" (Pires / Stanton 2015:328).

Die Verwendung von Stereotypen, die Exotisierung der eigentlichen Zielgruppe, das bewusste Nicht-Erwähnen bestimmter ethnischer Gruppen oder übertrieben häufige Verwendung von Vertreter*innen ethnischer Minderheiten sind Negativbeispiele, die in der Werbung immer wieder beobachtbar sind (Pires / Stanton 2015:332).

Marketer, die sich um *Ethnic Marketing* bemühen, bewegen sich also auf schmalem Grat zwischen Berücksichtigung der Bedürfnisse einer ethnischen Minderheit und deren Diskriminierung. Erfolgreiches *Ethnic Marketing* benötigt daher – neben o. g. Informationen zur sozialen Situation der Gruppe – definitiv ein Feingefühl für und Kenntnis über die jeweiligen kulturellen Hintergründe, um eben diese Diskriminierung zu vermeiden. Darüber hinaus wird das *Ethnic Marketing* vor allem in multi-ethnischen Gesellschaften „zu Hause" angewandt, nicht aber für Kampagnen im Ausland.

Einige Unternehmen nutzen hierfür die Strategie der *Glocalization* und haben ihre Aktivitäten dem jeweiligen Zielmarkt angepasst: "Glocalization is a term that has been created to define the interjection and co-shaping of global brands into the local cultures through tailoring and advertising of brands to satisfy the local market" (Japutra et al. 2015:108). Internationale Marken orientieren sich an der lokalen Kultur des Ziellandes und stimmen ihre Produkte und Kampagnen darauf ab. So hat McDonalds sein Angebot in Indonesien den dortigen Essgewohnheiten angepasst und bietet Menüs mit Reis an, Coca-Cola rückte den Zusammenhalt der Großfamilie in Werbekampagnen in Indonesien in den Vordergrund, während in Großbritannien ein gesunder Lebensstil beworben wurde (Japutra et al. 2015). Nur wenn die Werbetreibenden um die lokalen kulturellen Werte wissen, können sie ihre Kampagnen erfolgreich daran anpassen.

3.3. Internationale Messen als Marketingaktivität

Marktforschungsaktivitäten oder Trackingfunktionen können den Erfolg von Kampagnen überprüfen. Außerdem bietet die Teilnahme an internationalen Messen den Firmen die Möglichkeit, mit ihren (potentiellen) Kund*innen in persönlichen Kontakt zu treten, direktes Feedback zu erhalten und einen Einblick in kulturelle Gegebenheiten zu bekommen.

„Unter Messen werden zeitlich begrenzte, aber regelmäßig wiederkehrende Veranstaltungen verstanden, im Rahmen derer eine Vielzahl von Ausstellern ihre Angebote darlegen" (Schugk 2014:478). Obwohl Schugk argumentiert, dass Messen von einem relativ homogenen Publikum besucht und entsprechend standardisiert geplant werden können (2014:874), sollte die Auswahl an Produkten, die Bildsprache und die Farbwahl am Stand auf das jeweilige Zielpublikum abgestimmt sein. Farben werden dazu verwendet, bestimmte Gefühle, Assoziationen oder Erwartungen zu wecken. Laut Aslam führt aber die oft eurozentristische Benutzung von Farben im Marketing zu Misserfolgen im internationalen Markt (Aslam 2006:15). In Indonesien sollte man z. B. auf die Verwendung der Farbe hellblau verzichten, da diese hier Tod und Trauer repräsentiert (Framowitz 2013; Aslam 2006:28).

Der Messestand ist das Aushängeschild für das Unternehmen. Er ist das erste, was die Besucher*innen sehen, muss sie ansprechen und neugierig darauf machen, was angeboten wird. Ein zu provokanter Stand oder unprofessionelles Standpersonal führen sofort zum Verlust von potentiellen oder bereits bestehenden Kund*innen. Klein verweist im Kontext von Kulturveranstaltungen darauf, dass die Rahmenbedingungen für ein Event genau analysiert werden müssen, damit es erfolgreich sein kann (2011:546). Gleiches gilt für einen erfolgreichen Messeauftritt: Aussteller müssen sich im Klaren darüber sein, wer warum zur Messe kommt und was vom Event erwartet wird. Eine genaue Kenntnis der jeweiligen Zielgruppen ist also unumgänglich.

3.4. Warum Ethnolog*innen für das internationale Marketing wichtig sind

Laut Kasemap zählen "Cultural knowledge and cultural competence" (2015:37) zu den Schlüsselbegriffen, die für ein erfolgreiches Unternehmen und entsprechend für erfolgreiches Marketing wichtig sind. Genau hierin liegt die Expertise der Ethnologie:

> „Die Ethnologie befasst sich mit der Vielfalt menschlicher Lebensweisen aus einer primär gegenwartsbezogenen Perspektive. Die Gegenstandsbereiche der Disziplin [...] umfassen die sozialen, wirtschaftlichen, politischen und religiösen Organisationsformen sowie die Norm- und Wertesysteme, die menschliches Handeln motivieren" (DGV 2017 b).

Wie oben bereits erwähnt, führen oft eurozentristische Weltbilder zum Misserfolg von Marketingstrategien und Werbekampagnen. Ethnolog*innen des 21. Jahrhunderts werden in einer Wissenschaft ausgebildet, die selbstkritisch darauf bedacht ist, Wissen außerhalb einer eurozentristischen Weltsicht zu schaffen (Schlehe 2013:98), über kulturelle Grenzen hinweg zu denken und *insider*- und *outsider*-Perspektiven[7] zu überwinden. So fordert Schlehe für die Ethnologie im 21. Jahrhundert:

> „*Insider, outsider* und dazwischenliegende Perspektiven und flexible, fließende und wechselnde Positionierungen sollten einander komplementär ergänzen, im Bemühen, die Dichotomie von eurozentristischen und Asien-, Afrika- oder anderweitig fixierten und zentrierten Blickweisen und methodologischen Nationalismen zu überwinden. Wir sollten mit Differenzen [...] und verschiedenen Blickweisen, In-

---

7   Als *outsider* werden Ethnolog*innen verstanden, die nicht in ihrem eigenen Kulturkreis forschen. *Insider* sind Ethnolog*innen, die den gleichen kulturellen Hintergrund haben, wie die zu erforschende Kultur. *Warum* diese Unterscheidung jedoch problematisch ist, beschreibt Schlehe (2013) ausführlich.

tentionen und Erfahrungszusammenhängen arbeiten oder besser: experimentieren und spielen" (2013:100-101).

Ethnolog*innen sollen also dazu ausgebildet werden, unterschiedliche Perspektiven einnehmen zu können und diese immer wieder zu hinterfragen. So können sie sich in komplexe Situationen hineindenken und sind Expert*innen für eine globale Sicht kultureller Zusammenhänge (sind *insider* und *outsider* zugleich). Laut Kohl ist diese Fähigkeit Alleinstellungsmerkmal der Ethnologie, denn nur hier findet sich ein „methodisches Vorgehen, das auf einem Überschreiten der Grenzen zwischen der Kultur des Forschers und der Kultur der Erforschten beruht" (2013:137). Dieser Perspektivwechsel vermittelt Ethnolog*innen „die Fähigkeit, unterschiedliche Sinndomänen zu begreifen und zu vergleichen, sie einzeln zu übersetzen, ohne sie gleichzuschalten" (Streck 2013:47). Sie sind darauf spezialisiert „[...] die Vielschichtigkeit von Interessenkonflikten zu erkennen und dabei die gebotene Objektivität und Zurückhaltung im Urteil zu bewahren" (Streck 2013:49).

Diese Objektivität zeigt sich u. a. in der Methode der qualitativen Interviews, in denen Befragte frei zu bestimmten Fragestellungen antworten können, ohne einen strikten, in eine bestimmte Richtung weisenden Fragenkatalog beantworten zu müssen. Hierdurch erschließt sich oft ein tieferer, umfassenderer Einblick in kulturelle Denkweisen (Schlehe 2008:121) und ermöglicht so ein besseres Verständnis für komplexe Zusammenhänge. Die Ethnologen und Unternehmensberater De Waal Malefyt und Morais stützen diese Aussage: Die von ihnen für Unternehmen zu Marketingzwecken offen geführten Interviews liefern oft ein weitaus dezidierteres Bild der Lebensumstände und Gewohnheiten einer Zielgruppe als die statisch formulierten Fragebögen einiger Partneragenturen (De Waal Malefyt/Morais 2012:57-58). Die ethnologische Expertise hilft ihnen, die Antworten der Befragten in einen kulturellen Kontext einzuordnen und Marketingaktivitäten besser darauf auszurichten:

> "Anthropological analysis, whether by focus groups, ethnography, or thoughtful cultural perspectives, can enhance advertising and marketing initiatives by offering a broader view of culture, from its fads and fashions to its deep enduring structures" (De Waal Malefyt/Morais 2012:149).

Durch Feldforschung – die zentrale Forschungsmethode der Ethnologie (Beer 2008:11), in der Ethnolog*innen in direkten Kontakt mit Vertreter*innen der zu erforschenden Kultur treten, sie interviewen und ggf. sogar auf Basis der beobachtenden Teilnahme mit ihnen zusammenleben – werden aber noch weitere Fertigkeiten geschult. Die Wissenschaftler*innen müssen kontinuierlich die Balance zwischen Nähe und Distanz zum/zur Gesprächspartner*in halten (Schlehe 2008:120) und eigene Sichtweisen zurückstellen. Wischmann (1999), Tolstikova (2012) und auch De Waal Malefyt und Morais (2012) führen darüber hinaus die Flexibilität an, die für Feldforschungen notwendig ist.

Das Ergebnis der Feldforschung kristallisiert sich erst im Prozess heraus, Methoden müssen kurzfristig angepasst, Ergebnisse immer wieder überdacht, anhand verschiedener Methoden kontinuierlich überprüft (Beer 2008:11) und anschließend überarbeitet werden. Laut Schlehe gehören außerdem „der Umgang mit kultureller Differenz, ein mehrfacher Perspektivwechsel und Fähigkeiten zum Dialog und zu kultureller Übersetzung sowie eine kritische Reflexion von Kulturalisierungen" (2013:106) zum Handwerkszeug der Ethnologen. Die selbstkritische Sichtweise sowie die Fähigkeit, kurzfristig Perspektivwechsel zu vollziehen und somit Strategien und Maßnahmen aus einem anderen Blickwinkel zu betrachten, sind für Marketingaktivitäten wertvolle Qualifikationen. Zwar geben Kennzahlen nach der Auswertung von Marketingkampagnen Aufschluss über Erfolg bzw. Misserfolg, die Gründe hierfür können jedoch so komplex sein, dass es nötig wird, über den Tellerrand zu schauen und seine eigene Arbeit kritisch zu hinterfragen bzw. für die Lösung des Problems die Perspektive der Zielgruppe einzunehmen. Die multiplen Perspektivwechsel, das Switchen über Kulturgrenzen hinweg und das „out of the box"-Denken kann kreativere Ansätze zu Tage bringen. Darüber hinaus verfügen Ethnolog*innen laut Schlehe über die Expertise, ihre Methoden dem jeweiligen Kontext anzupassen und zielgruppengenau zu adaptieren (2013:107).

Aufgabe der Ethnologie ist, so Bollig, „Regelmäßigkeiten und Variationen menschlichen Verhaltens festzustellen [...]" (2003:395). Der Vorteil von Ethnolog*innen für internationales Marketing ist daher, dass ihnen durchaus bewusst ist, dass bestimmte Maßnahmen in einigen Kontexten gar nicht funktionieren können und so bereits vor Scheitern einer Kampagne eine andere Lösung erarbeitet werden kann. Durch ihre Kenntnis kultureller Gepflogenheiten sind sie schneller in der Lage, konstruktives Feedback u. a. zu Werbemaßnahmen und Marketingwegen zu geben und diese ggf. mit Proband*innen zu erarbeiten.

4. Marketing und angewandte Ethnologie –
Praxisorientierte Projekte als Ideen für den Unterricht

Die folgenden Ideen sollen dazu anregen, Marketingprojekte in den Unterricht der angewandten Ethnologie zu integrieren. Studierende haben so die Möglichkeit, erste Erfahrungen auf diesem Gebiet zu sammeln und gleichzeitig erlernte Schlüsselkompetenzen anzuwenden.[8]

4.1. Die Mitgestaltung einer Kommunikationskampagne

Zahlreiche Unternehmen müssen international ausgelegte Kommunikationskampagnen planen und durchführen. Im Zuge eines zweisemestrigen Projektseminars wäre eine Kooperation zwischen einem Kurs (höheres Semester Bachelor oder Master)[9] und Unternehmen X denkbar, in der die Studierenden an der Planung und Durchführung einer Kommunikationskampagne beteiligt sind.[10] Unter Umständen könnte es sich hierbei um eine Kampagne für ein Produkt handeln, das sich an Studierende eines Fachbereichs richtet. Je nach Größe der Kampagne könnten die Studierenden zunächst eine empirische Zielgruppenstudie durchführen und bereits theoretisch erlernte Methoden anwenden. Sinnvoll hierfür wären die Entwicklung eines standardisierten Fragebogens (*quantitative Untersuchung*), die Durchführung von offenen Interviews (*qualitative Untersuchung*) und ggf. eine Zensuserhebung zur Feststellung der ökonomischen Situation der Zielgruppe. Die Studierenden könnten das Unternehmen auch bei der Erstellung des *Samples* unterstützen.

Im Zuge eines Blockseminars erhalten die Studierenden eine Einführung zum Produkt. Die wöchentlichen Sitzungen sollten dazu genutzt werden, Fragen zu klären, Probleme

---

8   Die Ideen sind aus der Praxis entstanden und müssten noch pädagogisch überarbeitet werden.

9   Theoretische Vorkenntnisse zu den Methoden der Feldforschung sollten bereits bekannt sein. Der Kurs könnte als Übungskurs für eine anschließende Feldforschung genutzt werden, um unterschiedliche Methoden zu trainieren und auszuprobieren.

10 Durch die Kooperation zwischen Studierenden und Unternehmen könnten Studierende bereits erlerntes Wissen im Kontext eines möglichen, zukünftigen Arbeitsumfeldes anwenden und praktische Erfahrungen sammeln. Für die Unternehmen entstünde ein Prestigevorteil, da sie sich als Förderer von Nachwuchswissenschaftler*innen positionieren und möglicherweise zukünftiges Personal akquirieren könnten. Durch die Einbindung der Untersuchungen in den universitären Lehrplan würden die Projekte neueste Forschungsergebnisse und -methoden beinhalten und den wissenschaftlichen Standards entsprechen. Die Studierenden müssten sich aktiv für das Seminar entscheiden, sodass die Motivation, am geplanten Projekt mitzuarbeiten, gegeben wäre. Ein weiterer Vorteil ergäbe sich für die Unternehmen darin, dass die Studierenden bereits Teil der zu erforschenden Zielgruppe der Studenten sind. So können sie noch andere Einblicke in die Gepflogenheiten der Zielgruppe liefern als eine Agentur mit etablierten Marktforscher*innen dies könnte. Sicherlich wäre auch der wirtschaftliche Aspekt nicht zu vernachlässigen: Unternehmen würden, ohne eine kostspielige Agentur engagieren zu müssen, eine „eigene", unabhängige, mehr oder weniger kostenfreie Studie und Input für eine Kampagne bekommen, die qualitativ hochwertig und aktuell wäre und allen wissenschaftlichen Standards entspräche.

und mögliche Lösungen zu erörtern und Teilergebnisse zu besprechen. Ziel des ersten Semesters ist es, ein detailliertes Bild der Zielgruppe „Studenten im Fachbereich X" zu erhalten, auf dessen Basis dann eine Werbekampagne geplant werden kann.

Eine Gruppe Studierender könnte einen *Zensus* erstellen um die ökonomische Situation der Studierenden zu analysieren; eine weitere Gruppe könnte während des Semesters eine *teilnehmende Beobachtung* durchführen, an Seminaren des Fachbereichs teilnehmen und die Gepflogenheiten der Studierenden anhand von Interviews und Fragebögen erörtern. Eine weitere Gruppe könnte die sozialen Netzwerke innerhalb der Studierendenschaft analysieren. Gegen Ende des Semesters müssten die Ergebnisse in Kleingruppen zusammengetragen und anschließend in Hausarbeiten ausgewertet werden. Die grundlegenden theoretischen Ansätze der durchgeführten Forschungsmethode (Fragestellung, Interview – standardisiert oder offen –, teilnehmende Beobachtung, Zensuserhebung), auftretende Probleme und mögliche Lösungsansätze sollten hier detailliert erläutert werden. Kulturelle Unterschiede könnten anhand zweier Zielgruppen – a) internationale Studierende und b) Studierende mit deutschem kulturellem Hintergrund – untersucht werden. Wichtige Fragen, die u. a. geklärt werden müssten wären: Wie ist die ökonomische Situation (könnten sich die Studierenden das zu bewerbende Produkt leisten)? Wie verbringen die Studierenden ihren Tag? Wo kann man sie am besten erreichen? Welche Kommunikationswege sind die besten? Wie ist die soziale Struktur, werden Informationen, Empfehlungen etc. untereinander ausgetauscht? Wo informieren sich Studierende über Neuigkeiten? Welche Interessen haben sie?

Auf Basis der erarbeiteten Ergebnisse wird im zweiten Semester eine Kommunikationskampagne erstellt. Die Absprache mit dem Unternehmen über die Ressourcen – welches Budget steht zur Verfügung? Gibt es Vorgaben in Bezug auf die Kommunikationsmittel? Gibt es ein bestimmtes Corporate Design (CD)? – erfolgt wieder in einer Blockveranstaltung. Die wöchentlichen Sitzungen dienen als Theorieblöcke, in denen verschiedene Methoden der Werbeansprache[11] und ihre Verwendung vorgestellt und analysiert werden. Die Kleingruppen entwickeln dann eine Kommunikationskampagne für die Zielgruppe. Die Erstellung von sogenannten *Personas* (Prototyp eines Vertreters der Zielgruppe) auf der Basis der im ersten Semester gewonnen Erkenntnisse hilft, ein besseres Bild der Zielgruppe zu erhalten, um sie gezielter ansprechen zu können (Hilker 2017:90). Gleichzeitig sollten sich die Studierenden Gedanken über die möglichen Konkurrenzangebote machen, gegen die man die *Unique Selling Proposition* (USP), also das Alleinstellungsmerkmal des eigenen Produkts, definieren müsste (Klein 2011). Das Ziel des Semesters ist es, im Zuge einer Präsentation vor Vertreter*innen des Unternehmens die entwickelte Kampagne vorzustellen.

---

11 Zum Beispiel aus dem Bereich der klassischen Werbung (wie Plakatwerbung, Anzeigen, Radiowerbung, Fernsehspots), Öffentlichkeitsarbeit (wie Kataloge, Flyer, Interviews) (Klein 2011:553), oder Gewinnspiele, Rabattaktionen, Messen, Festivals oder Content Marketing (Blogs, Tutorials) und Social Media.

4.2. Organisation und Bewerbung eines International Day

Bei dieser Idee handelt es sich um eine Erweiterung der an einigen Universitäten bisher schon existierenden Angebote zur Veranstaltungsplanung, um dem Eventmanagement außerhalb des Kulturbereichs etwas näher zu kommen. Auch der Rahmen hierfür – der International Day – ist an vielen Universitäten bereits etabliert, was eine Umsetzung unter Umständen vereinfacht.

In einem zweisemestrigen Praxiskurs könnte man das International Office bei den Planungen und Vorbereitungen der Veranstaltung unterstützen. Der International Day oder eine ähnliche Veranstaltung bieten sich an, um erste Erfahrungen in der Veranstaltungsplanung zu machen, da die Größe recht überschaubar ist, gleichzeitig aber die Gesamtheit der Studierendenschaft angesprochen werden soll, sodass eine angemessene Bewerbung des Events nötig ist. Die Studierenden können so außerdem „unter Anleitung" Einblicke in die Budgeterstellung und die Kostenkontrolle erhalten und sich in der Verwaltungsarbeit üben.

Sinnvoll ist der Beginn des Seminars unmittelbar nach der Vorjahresveranstaltung, da die Vorbereitungsphase ein komplettes Jahr in Anspruch nehmen kann. Um einen Mehrwert für die Besucher*innen zu bieten, können neben privatwirtschaftlichen Ausstellern (z. B. Studien- und Austauschorganisationen) auch internationale Studierende angeworben werden, die ihr Heimatland als Studiendestination vorstellen möchten. Die Studierenden haben so die Möglichkeit, Informationen direkt – und nicht durch die Vermittlungsagenturen gefiltert – zu erhalten und Erfahrungen für einen zukünftigen Auslandsaufenthalt auszutauschen. Die Veranstaltung kann gleichzeitig auch dazu genutzt werden, Austauschmöglichkeiten speziell für Ethnolog*innen an einem Messestand vorzustellen. Die Studierenden erarbeiten die wichtigsten Aspekte und wie sie sie zielgruppengerecht präsentieren können. Hierzu erstellen sie Informationsmaterial, gestalten Ausstellungsmaterialien (z. B. Roll Up-Banner, Poster, Give Aways) und das Standlayout.

Gleichzeitig können nationale Agenturen wie der Deutsche Akademische Austauschdienst DAAD, das Bundesverwaltungsamt mit der Zentralstelle für Lehrer im Ausland, der Pädagogische Austauschdienst, die Gesellschaft für Internationale Zusammenarbeit GIZ, Goethe Institute oder die EU-Kommission im Vortragsprogramm Informationen zu ihren Programmen wie Erasmus, Comenius, Austauschprogramme für angehende Lehrer oder Praktika und Berufsmöglichkeiten in der internationalen Zusammenarbeit geben, oder Vertreter der Kulturabteilungen der Botschaften liefern zusätzliche, nützliche Informationen rund um ausgewählte Zielländer.

Bei der Planung der Veranstaltung ergeben sich vielfältige Arbeitsbereiche: die Planung des Vortragsprogramms, die Aussteller- und Referentenakquise, die Koordinierung der Logistik vor Ort und die Planung und Durchführung von Marketingmaßnahmen. Einladungsschreiben (E-Mail oder Flyer) und Plakate sollten erstellt und z. B. an Schulen, Bahnhöfen, Mensen etc. verteilt werden. Genehmigungen müssen eingeholt, die Materialien in Druck gegeben und verteilt werden. All diese Aufgaben erfordern eine bewusste Auseinandersetzung mit der Zielgruppe der Veranstaltung.

Bei der Vielschichtigkeit der Aufgaben ist es sinnvoll, kleinere Projektgruppen zu bilden, die sich auf einzelne Bereiche spezialisieren. Die wöchentlichen Sitzungen sollten einen theoretischen Überblick über Themen aus dem Eventmanagement geben (z. B. Budgeterstellung und Controlling (Schneidewind 2011), Marketingaktivitäten, Zielgruppenanalyse, Dynamiken der Teamarbeit (Bemmé 2011), Projektplanung (Jürgens 2011; Klein 2011), Zeitmanagement (Jürgens 2011) etc.). Darüber hinaus sollten hier die Projektgruppen über den Status der jeweiligen Arbeitsschritte berichten, weitere Schritte planen, Zuständigkeiten klären und Deadlines definieren.

Bei der Planung und Durchführung solch einer Veranstaltung lernen die Studierenden nicht nur, im Team ein Projekt zu leiten, sondern können auch ihre ethnologische Expertise zum Ausdruck bringen, wenn sie das Vortrags- oder Kulturprogramm planen und mit internationalen Studierenden und Botschaftsvertreter*innen in Kontakt stehen. Als Vorbereitung auf späteres ethnografisches Arbeiten könnte eine Umfrage zur Zufriedenheit über das Event dienen, die entwickelt und anschließend zu Marketingzwecken ausgewertet wird. Die Organisation der Veranstaltung als solche ist eine gute Übung um Improvisation, eine selbständige Arbeitsweise und Durchhaltevermögen zu erlernen und zu trainieren. Wie in der Feldforschung, in der mögliche Forschungsfragen überarbeitet und neu gestellt werden müssen (Dellwing / Prus 2012:10; Wischmann 1999), ist Flexibilität für das Eventmanagement unerlässlich.

5. Die Grenzen des Fachs – Was angewandte Ethnologie in Bezug auf Marketing leisten kann

Wie deutlich geworden ist, eignen sich Projekte aus dem Marketing für Ethnologie-Seminare. Ethnologische Methoden helfen bei der Zielgruppenanalyse, und die Expertise über unterschiedliche kulturelle Hintergründe kommt den Studierenden bei Kommunikationsmaßnahmen zu Gute. Im Bereich des Eventmanagements ist die Ethnologie dabei hilfreich, kulturelle Hintergründe angemessen vorzustellen und einem breiten Publikum zu vermitteln.

Wichtig ist jedoch, dass angewandte Ethnologie sich immer noch mit kulturellen Phänomenen beschäftigt, die durch unterschiedliche Norm- und Wertesysteme bestimmt werden (DGV 2017b). Im Bereich des Marketings ist sie daher dort wichtig, wo es sich um Kommunikation mit und Verständnis für Zielgruppen mit unterschiedlichen kulturellen Hintergründen handelt. In der Zielgruppenanalyse fragt sie danach, mit wem man es zu tun hat, warum die Menschen so handeln, wie sie es tun, und wie man einander auf der kommunikativen Ebene (verbal/nonverbal) begegnen sollte. Ethnolog*innen können einen kulturkritischen Blick auf Werbekampagnen werfen, sie analysieren und anpassen. Die Überprüfung der Wirtschaftlichkeit von Kampagnen bzw. die strategische Ausrichtung eines Unternehmens kann die Ethnologie nicht leisten. Dieser Einschränkung kann aber mit Elementen aus der Wirtschafts- und Kommunikationswissenschaft begegnet werden, die man in Exkursen oder in fächerübergreifenden Seminaren erarbeitet.

6. Zusammenfassung und Ausblick

Anders als in den USA, wo bereits seit den 1920er Jahren Ethnolog*innen in der Wirtschaft tätig sind (Augustynek 2010; Wischmann 1999), beziehen sich die von den Universitäten ausgehenden Berufsempfehlungen für angehende Ethnolog*innen vor allem auf Bereiche wie Entwicklungszusammenarbeit, Museumsarbeit, PR und Öffentlichkeitsarbeit, Erwachsenenbildung oder Journalismus. Einige Universitäten schließen eine Tätigkeit in der freien Wirtschaft nicht aus, allerdings stellt dies eher eine Ausnahme dar.[12]

Möglicherweise ist die Voreingenommenheit der Ethnologie der Wirtschaft gegenüber, die Ritzer (1993), Falk (1999) und Wischmann (1999) beschreiben, noch nicht abgebaut.[13] Sie verweisen auf das Argument, dass Industrialisierung, Wirtschaft und Globalisierung dazu beigetragen haben, kleinere Ethnien zu verdrängen und Kulturen zu zerstören. Dieser Einwand bleibt wichtig und nachvollziehbar. Dennoch sollten gerade wegen der oben genannten Bedenken mehr Ethnolog*innen im wirtschaftlichen Bereich tätig sein, denn mit ihrer Expertise können sie Konzepte entwickeln, die die lokalen Kulturen in die jeweiligen Planungen einbeziehen. So können Erkenntnisse, die zuvor durch Marktanalysen gesammelt wurden, von Ethnolog*innen in den richtigen Kontext gebracht werden und die Unternehmenspolitik in wichtigen Punkten wie Marketing, Human Resources, Produktpalette, etc. beeinflussen.

Die eingangs genannten Werbeflops zeigen, dass ethnologische Expertise im Marketing wichtig ist, um eine Diskriminierung der Zielgruppe zu vermeiden. Ethnolog*innen sollten vor allem in die kommunikativen Prozesse eingebunden sein, denn „die Variable der Kultur [ist] so bedeutend, dass kulturspezifische Besonderheiten in der Gestaltung von Kommunikationsprozessen und -ergebnissen Berücksichtigung finden müssen" (Schugk 2004:267).

---

12 Untersucht wurden die Angaben der 23 Universitäten in Deutschland mit ethnologischem, sozialanthropologischem oder kulturanthropologischem Studienangebot. Nur drei Universitäten nannten das Marketing als Berufsfeld (Europa-Universität Viadrina, Johann Wolfgang Goethe Universität Frankfurt a. M. und Universität Koblenz-Landau). Fünf Universitäten gaben an, dass Absolventen des jeweiligen Studiengangs Berufsaussichten in Wirtschaftsberatungsunternehmen hätten (Universität Bayreuth, Johann-Wolfgang-Goethe-Universität Frankfurt a. M., Albert-Ludwigs Universität Freiburg, Martin Luther Universität Halle-Wittenberg, Universität Konstanz), und nur zwei sahen Möglichkeiten in der Marktforschung (RuB, Europa-Universität Viadrina).

13 Unter dem Motto „Wirtschaften" fand im Jahr 2017 der 41. Kongress der Deutschen Gesellschaft für Volkskunde in Marburg statt. Auf der Kongresshomepage heißt es: „Es [wirtschaftliches Handeln] bewegt sich zwischen der Schaffung von Wohlstand und der Ausbeutung von Menschen und Natur, es ist in Machtverhältnisse eingebunden, in denen Exklusion und Distinktion stattfindet, es ist krisenanfällig und kann scheitern – es zeigt stets eine Janusköpfigkeit funktionaler und dysfunktionaler Elemente" (Deutsche Gesellschaft für Volkskunde 2017).

Wie die Analyse der Vorlesungsverzeichnisse der ethnologischen Studiengänge ergeben hat, spielt dort Marketing als Arbeitsbereich noch keine große Rolle. Ethnolog*innen
bringen aber Kompetenzen mit, die für erfolgreiches Marketing unabdingbar sind: Sie beschäftigen sich mit dem Alltag und der Kultur von Menschen, verfügen über ausgeprägte kommunikative Fähigkeiten, sind flexibel und selbstkritisch. Sie können unterschiedliche Perspektiven einnehmen, Zusammenhänge von innen und außen betrachten und
dabei objektiv bleiben. Sie wissen um unterschiedliche Betrachtungsweisen von für den
Laien selbstverständlich erscheinenden Konzepten (z. B. Farbwahl, Tabuthemen, religiöse
Vorstellungen, soziale Strukturen etc.) und können diese im Marketingkontext erkennen
und anpassen. So können sie nicht nur erfolgreich Kampagnen planen, sondern auch die
Zielgruppe vor Diskriminierung oder Fehldarstellung schützen. Bei der Erstellung von
Werbekampagnen müssen zwangsläufig eigene Einstellungen zu bestimmten Verhaltensweisen und Denkmustern überdacht und hinterfragt werden. In ihren Forschungsprojek-
ten tun Ethnolog*innen dies konsequent und bringen daher wichtige Qualitäten mit,
die für erfolgreiches Marketing notwendig sind. Daher sollte sich auch die angewandte
Ethnologie verstärkt mit dem Bereich Marketing (im Kultur-, Non-Profit- oder Profit Bereich) auseinandersetzen und diesen Bereich als zukünftiges Forschungs- und Arbeitsfeld
erkennen.

Literatur

ALCÁNTARA-PILAR, Juan-Miguel / Barrio-García, Salvador / Crespo-Almendros, Esmeralda / Porcu, Lucia (2015):
Preface. In: Alcántara-Pilar, Juan Miguel / Barrio-García, Salvador / Crespo-Almendros, Esmeralda / Porcu,
Lucia (Hg.): Analyzing the Cultural Diversity of Consumers in the Global Marketplace. Hershey, PA: IGI
Global, S. xvi–xxi.

ASLAM, M. M. (2006): Are You selling the right Colour? A Cross-Cultural Review of Colour as a Marketing
Cue. In: Journal of Marketing Communications, 12 (1), S. 15–30.

AUGUSTYNEK, Marta (2010): Arbeitskulturen im Großkonzern. Eine kulturanthropologische Analyse organisatorischer Transformationsdynamik in Mitarbeiterperspektive. Münster: Waxmann.

BEER, Bettina (2008): Teilnehmende Beobachtung. In: Beer, Bettina (Hg.): Methoden ethnologischer Feldforschung. Berlin: Dietrich Reimer Verlag, 2. überarbeitete und erweiterte Auflage, S. 37–58.

BEMMÉ, Sven-Oliver (2011): Kultur-Projektmanagement: Kultur- und Organisationsprojekte erfolgreich managen. Wiesbaden: VS Verlag.

BOLLIG, Michael (2003): Interkulturelle Vergleichsverfahren. In: Beer, Bettina / Fischer, Hans (Hg.): Ethnologie. Einführung und Überblick. Berlin: Dietrich Reimer Verlag, S. 391–412.

CASTONGUAY, Gilles / Thomas, Sue (2008): Fiat Apologizes to China for TV ad. Electronic source: https://
www.reuters.com/article/us-fiat-china-idUSL2030648920080620 [Zugriff am 30.06.2017].

CLEVELAND, Mark (2015): Wanting Things and Needing Affiliation. Ethnic consumers and materialism. In:
Jamal, Ahmad / Peñaloza, Lisa / Laroche, Michel (Hg.): The Routledge Companion to Ethnic Marketing.
London: Routledge, S.147–182.

DALGIC, Tevfik / Heijblom, Ruud (1996): Educator Insights. International Marketing Blunders Revisited. Some
Lessons for Managers. In: Journal of International Marketing, 4 (1), S. 81–91.

DELLWING, Michael / Prus, Robert (2012): Einführung in die interaktionistische Ethnographie. Soziologie im
Außendienst. Wiesbaden: Springer VS.

DE WAAL MALEFYT, Timothy / Morais, Robert J. (2012): Advertising and Anthropology. Ethnographic Practice and Cultural Perspectives. London: Berg.

Europa-Universität Viadrina, Fakultät für Kulturwissenschaften (2017): Sommersemester 2017, Bachelor of Arts, Kommentiertes Vorlesungsverzeichnis. Electronic source: https://www.kuwi.europa-uni.de/de/studium/Vorlesungsverzeichnisse/archiv/SoSe_2017/BA_KVV_Komplett_SoSe-2017_27-03-2017.pdf [Zugriff am 24.09.2017].

FALK, Richard (1999): Predatory Globalization. Cambridge: Polity.

FRAMOWITZ, Mike (2013): Cultural Blunders. Brands gone wrong. Electronic source: www.campaignasia.com/article/cultural-blunders-brands-gone-wrong/426043 [Zugriff am 30.06.2017].

GRONHAUG, Kjell / Gilly, Mary / Peñazola, Lisa (1993): Barriers and Incentives in Consumer Acculturation. In: European Advances in Consumer Research, 1, S. 278–286. Electronic source: http://acrwebsite.org/volumes/11461/volumes/e01/E-01 [Zugriff am 15.09.2017].

Hannoversche Allgemeine (2017): Sexismus-Vorwürfe. Audi distanziert sich von eigener Werbung. 20.07.2017. Electronic source: http://www.haz.de/Nachrichten/Wirtschaft/Deutschland-Welt/Sexismus-Vorwuerfe-Audi-distanziert-sich-von-eigener-Werbung [Zugriff am 27.07.2017].

HILKER, Claudia (2017): Contentmarketing in der Praxis. Ein Leitfaden – Strategie, Konzepte und Praxisbeispiele für B2B- und B2C-Unternehmen. Wiesbaden: Springer Gabler.

HOFSTEDE, Geert (2011): Culture's Consequences. Comparing Values, Behaviors, Institutions and Organizations across Nations. 2. Auflage. Thousand Oaks: Sage Publications.

JAMAL, Ahmad / Peñaloza, Lisa / Laroche, Michel (2015): Introduction to Ethnic Marketing. In: Jamal, Ahmad / Peñaloza, Lisa / Laroche, Michel (Hg.): The Routledge Companion to Ethnic Marketing. London: Routledge, S. 3–14.

JAPUTRA, Arnold / Nguyen, Bang / Melewar, T. C. (2015): A Framework of Brand Strategy and the Glocalization Approach: The Case of Indonesia. In: Jamal, Ahmad / Peñaloza, Lisa / Laroche, Michel (Hg.): The Routledge Companion to Ethnic Marketing. London: Routledge, S. 101–125.

JINYOUNG, Jinnie / Lee, Wei-Na (2015): Multicultural Advertising. In: Jamal, Ahmad / Peñaloza, Lisa / Laroche, Michel (Hg.): The Routledge Companion to Ethnic Marketing. London: Routledge, S. 275–294.

Johannes-Gutenberg-Universität Mainz (2017): Sommersemester 2017, Vorlesungsverzeichnis. Electronic source: https://jogustine.uni-mainz.de/scripts/mgrqispi.dll?APPNAME=CampusNet&PRGNAME=COURSEDETAILS&ARGUMENTS=-N000000000000001,-N000849,-N0,-N362935507368377,-N362935 5073703 78,-N0,-N0,-N0 [Zugriff am 03.07.2017].

JÜRGENS, Ekkehard (2011): Managementtechniken im Kulturbetrieb. In: Klein, Armin (Hg.): Kompendium Kulturmanagement. Handbuch für Studium und Praxis. München: Franz Vahlen, S. 18–39.

KASEMAP, Kijpokin (2015): The Roles of Cross-Cultural Perspectives in Global Marketing. In: Alcántara-Pilar, Juan Miguel / Barrio-García, Salvador / Crespo-Almendros, Esmeralda / Porcu, Lucia (Hg.): Analyzing the Cultural Diversity of Consumers in the Global Marketplace. Hershey, PA: IGI Global, S. 37–59.

KLEIN, Armin (2011): Kulturmarketing. In: Klein, Armin (Hg.): Kompendium Kulturmanagement. Handbuch für Studium und Praxis. München: Franz Vahlen, S. 539–558.

KOHL, Karl-Heinz (2013): Die Zukunft der Ethnologie liegt in ihrer Vergangenheit. Plädoyer für das ethnologische Archiv. In: Bierschenk, Thomas / Krings, Mathias / Lentz, Carola (Hg.): Ethnologie im 21. Jahrhundert. Berlin: Dietrich Reimer Verlag, S. 131–146.

KROEBER, Alfred / Kluckhohn, Clyde (1952): Culture: A critical review of concepts and definitions. Cambridge, Mass.: The Museum.

LUNA, David / Forquer Gupta, Susan (2001): An Integrative Framework for Cross-Cultural Consumer Behaviour. In: International Marketing Review, 18 (1), S. 45–69.

MEHMOOD, Abid / Jamal, Ahmad / Ven, Sriram (2015): Ethnic Marketing, Ethnic Entrepreneurship and Social Innovation. In: Jamal, Ahmad / Peñaloza, Lisa / Laroche, Michel (Hg.): The Routledge Companion to Ethnic Marketing. London: Routledge, S. 84–96.

NIESCHLAG, Robert / Dichtl, Erwin / Hörschgen, Hans (1991): Marketing. Berlin: Duncker & Humblodt.

OKAZAKI, Shintaro / Mueller, Barbara (2007): Cross-Cultural Advertising Research. Where we have been and where we need to go. In: International Marketing Review, 24 (5), S. 499–518.

PIRES, Guilherme D. / Stanton, John (2015): Revisiting ethnic marketing ethics. In: Jamal, Ahmad / Peñaloza, Lisa / Laroche, Michel (Hg.): The Routledge Companion to Ethnic Marketing. London: Routledge, S. 327–342.

RITZER, George (1993): The McDonaldization of Society. Thousand Oaks, CA: Sage.

SCHLEHE, Judith (2008): Formen qualitativer und ethnographischer Interviews. In: Beer, Bettina (Hg.): Methoden ethnologischer Feldforschung. Berlin: Dietrich Reimer Verlag, 2. überarbeitete und erweiterte Auflage, S. 119–142.

SCHLEHE, Judith (2013): Wechselseitige Übersetzungen. Methodologische Neuerung in trans-kulturellen Forschungskooperationen. In: Bierschenk, Thomas / Krings, Mathias / Lentz, Carola (Hg.): Ethnologie im 21. Jahrhundert. Berlin: Dietrich Reimer Verlag, S. 97–129.

SCHNEIDEWIND, Petra (2011): Controlling im Kulturbetrieb. In: Klein, Armin (Hg.): Kompendium Kulturmanagement. Handbuch für Studium und Praxis. München: Franz Vahlen, S. 67–90.

SCHUGK, Michael (2004): Interkulturelle Kommunikation. Kulturbedingte Unterschiede in Verkauf und Werbung. München: Verlag Vahlen.

SCHUGK, Michael (2014): Interkulturelle Kommunikation in der Wirtschaft. Grundlagen und interkulturelle Kompetenz für Marketing und Vertrieb. München: Verlag Vahlen.

SEKHON, Yasmin K. (2015): Ethnic Consumer Decision Making. In: Jamal, Ahmad / Peñaloza, Lisa / Laroche, Michel (Hg.): The Routledge Companion to Ethnic Marketing. London: Routledge, S. 211–221.

SPENCER-OATEY, Helen (2012): What is Culture? A Compilation of Quotations. GlobalPAD Core Concepts. Warwick: GlobalPAD Open House. Electronic source: https://warwick.ac.uk/globalpad/openhouse/interculturalskills/global_pad_-what_is_culture.pdf [Zugriff am 22.08.2018].

SPRINGER Gabler Verlag (Hg.) (2017): Stichwort Marketing. In: Gabler Wirtschaftslexikon. Electronic source: http://wirtschaftslexikon.gabler.de/Archiv/1286/marketing-v9.html [Zugriff am 19.07.2017].

STRECK, Bernhard (2013): Das Auge des Ethnografen. Zur perspektivischen Besonderheit der Ethnologie. In: Bierschenk, Thomas / Krings, Mathias / Lentz, Carola (Hg.): Ethnologie im 21. Jahrhundert. Berlin: Dietrich Reimer Verlag, S. 35–54.

THIEME, Werner M. (2000): Interkulturelle Kommunikation und Internationales Marketing. Theoretische Grundlagen als Anknüpfungspunkt für ein Management kultureller Unterschiede. Frankfurt am Main: Peter Lang.

TOLSTIKOVA, Natalia (2012): Dove in Russia. The Role of Culture in Advertising Success. In: Peñaloza, Lisa / Toulouse, Nil / Visconti, Luca (Hg.): Marketing Management. A Cultural Perspective. London: Routledge, S. 78–92.

Universität Koblenz-Landau, Fachbereich Kulturwissenschaften (2017): Sommersemester 2017, Kommentiertes Vorlesungsverzeichnis zu den Lehrveranstaltungen im Bachelor und Master Kulturwissenschaft. Electronic source: https://www.uni-koblenz-landau.de/de/koblenz/fb2/ik/medienintern/medienkulturwissenschaft/veranstaltungsverzeichnis/KVV_SS17_endgueltig [Zugriff am 03.07.2017].

VERTOVEC, Steven (2010): Towards Post-Multiculturalism? Changing Communities, Conditions and Contexts of Diversity. In: International Social Science Journal, 61 (199), S. 83–95.

WISCHMANN, Maike (1999): Angewandte Ethnologie und Unternehmen. Die praxisorientierte ethnologische Forschung zu Unternehmenskulturen. Münster: Lit Verlag.

ZÚÑIGA, Miguel / Torres, Ivonne M. (2015): Demographics and Ethnic Minority Lifestyles. In: Jamal, Ahmad / Peñaloza, Lisa / Laroche, Michel (Hg.): The Routledge Companion to Ethnic Marketing. London: Routledge, S. 185–210.

Websites

Albert-Ludwigs-Universität Freiburg: Online Studienwahl Assistent. Kurzprofil Ethnologie. Perspektiven nach dem Abschluss: http://www.osa.uni-freiburg.de/ethnologie/resources/images/html/perspektiven_html.jpg [Zugriff am 28.07.2017].

Deutsche Gesellschaft für Völkerkunde (2017a): Links zur Ethnologie: Ethnologische Studiengänge in Deutschland, Österreich und der Schweiz. https://www.dgv-net.de/links/ [Zugriff am 30.06.2017].

Deutsche Gesellschaft für Völkerkunde (2017b): Was ist Völkerkunde? https://www.dgv-net.de [Zugriff am 03.07.2017].

Deutsche Gesellschaft für Volkskunde e.V.: Wirtschaften – 41. Kongresses [sic!] der Deutschen Gesellschaft für Volkskunde: http://www.wirtschaften-kongress.de/ [Zugriff am 20.08.2017].

Europa-Universität Viadrina: Studium im Bereich Kulturwissenschaften – Studien- und Berufsziele: https://study.europa-uni.de/de/kuwi/studienberufsziele/index.html [Zugriff am 28.07.2017].

Johann Wolfgang Goethe Universität Frankfurt am Main: OSA Ethnologie, Slide 36 – Berufsperspektive – Was kann man mit Ethnologie machen?: http://self-assessment.studiumdigitale.uni-frankfurt.de/courses/8746/132/lernbar/index.html?layout=infobox&lang=de&id=068059e2714b7da5d704037968ac2fc8e759 a1b929bc91bb7cb8c7348f1ae1370a2737142074a730bc8f4877d4d15bcc9642c3ebf921fefec01eb5ba712d26925a 90f269dd5d28b6d0d383325c9c1d4114 [Zugriff am 28.07.2017].

Martin-Luther-Universität Halle-Wittenberg: Institut für Ethnologie. Studienprogramm Ethnologie: http://wcms.itz.uni-halle.de/download.php?down=36737&elem=2386925 [Zugriff am 28.07.2017].

Rheinische Friedrich-Wilhelm-Universität Bonn, Abteilung für Altamerikanistik – Berufliche Perspektiven: https://www.iae.uni-bonn.de/fach/berufliche-perspektiven-1 [Zugriff am 28.07.2017].

Sozialwissenschaftliche Fakultät Universität Göttingen (2012): Mögliche Berufsfelder Ethnologie: http://www.uni-goettingen.de/de/document/download/fd9b8f77d68aeec836438d48d2b187db.pdf/Berufsfelder_Ethnologie.pdf [Zugriff am 28.07.2017].

spiegel TV: Sucht Ihr Vieh aus? Shitstorm gegen Audi Werbung in China: http://www.spiegel.de/video/audi-werbung-in-china-sexismus-provoziert-shitstorm-video-1784322.html [Zugriff am 21.07.2017].

Universität Koblenz-Landau: Online Self Assessment KuSa, Berufsfelder: https://osa.uni-koblenz-landau.de/kuwi/berufsfelder [Zugriff am 28.07.2017].

Kollaboratives Forschen und Wissen für die Öffentlichkeit: Gesellschaftliche Interventionen der Medizinethnologie

Hansjörg Dilger / Christiane Falge

ABSTRACT: In diesem Beitrag zeigen wir, dass eine intervenierende Medizinethnologie, die die Beziehung zwischen Hochschulen und gesellschaftlicher Praxis als Kontinuum und nicht als Gegensatz begreift, sowohl mit Blick auf ihren inhaltlichen Beitrag als auch in Bezug auf ihre strukturellen Rahmenbedingungen betrachtet werden muss. Zunächst geben wir einen Überblick über den Stand der „öffentlichen" oder „engagierten" Medizinethnologie und legen dar, in welchen Bereichen Medizinethnolog*innen heute praktisch tätig sind. Der Hauptteil des Beitrags richtet den Fokus sodann auf die Hochschulen selbst und verdeutlicht den Beitrag einer „theorieinformierten Praxis in der Medizinethnologie" zur gesellschaftlichen Öffentlichkeit mit Blick auf zwei Beispiele: 1. Das „Stadtteillabor" an der Hochschule für Gesundheit in Bochum, das Anwohner*innen, Geflüchtete und Studierende in der Gesundheitsförderung zusammenbringt; und 2. den seit 2014 bestehenden *Blog Medizinethnologie* der Arbeitsgruppe *Medical Anthropology in der Deutschen Gesellschaft für Sozial- und Kulturanthropologie e. V.* Der Text eruiert abschließend, welche Impulse diese Beispiele im Hinblick auf die öffentliche Positionierung der (Medizin-)Ethnologie im deutschsprachigen Raum insgesamt setzen können. Insbesondere betrachten wir dabei, welche Rolle die Lehre in diesem Zusammenhang einnimmt und inwiefern durch diese bereits Studierende ethnologischer und interdisziplinär-gesundheitswissenschaftlicher Studiengänge in verschiedene Formen der praktizierenden Medizinethnologie einbezogen werden können.

1. Einleitung

Die *Medical Anthropology* ist seit ihrem Entstehen im englischsprachigen Raum in den 1960er Jahren stark durch ihr anwendungsorientiertes Arbeiten geprägt. Von zentraler Bedeutung für die Konstitution der Subdisziplin war dabei die *Clinically Applied Medical Anthropology,* die die Herstellung „kultureller Kompetenz" in der Interaktion zwischen Patient*innen und Behandelnden – im Sinne der Verbesserung der Patient*innen-Compliance – im Blick hatte bzw. bis heute hat (vgl. Winkelman 2009:9). Erweitert wurde dieser Ansatz ab den 1980er Jahren durch die *Critical Medical Anthropology:* Sie verortete individuelle Interaktionen im Gesundheitswesen im Kontext politisch-ökonomischer Machtbeziehungen und rückte damit die Dynamiken sozialer Aushandlungen im Zusammenhang mit körperlicher bzw. mentaler Befindlichkeit in den Fokus (Scheper-Hughes 1990)[1].

Die kritische Sichtweise auf Befindlichkeit und Medizin in ihrer dialektischen Beziehung mit gesellschaftlichen und politisch-ökonomischen Prozessen prägte auch die Medizinethnologie seit ihrer Etablierung an den deutschsprachigen Hochschulen ab den späten 1990er bzw. frühen 2000er Jahren.[2] Auch hier spielte die „praktizierende Medizinethnologie" für einen Teil der Subdisziplin von Anfang an eine wichtige Rolle – wobei Stülb und Adam (2004:76) diesen Bereich in Anschluss an Antweiler (1998:224) als eine Kombination von wissenschaftlichem Sach- und Methodenwissen einerseits und Handlungs- und Umsetzungswissen andererseits definieren. Über die interkulturelle Vermittlungsarbeit in der klinischen Praxis hinaus (Stülb / Adam 2009) befassen sich praktizierende Medizinethnolog*innen im deutschsprachigen Raum heute mit dem Aufeinandertreffen unterschiedlicher Werte und Zielsetzungen im Kontext von *International, Public* und *Global Health* (vgl. Stülb / Adam 2004:78) und beleuchten gesundheitspolitische Interventionen auf der Basis sozial- und kulturwissenschaftlicher Theorie und Methodik (Obrist 2003:310).

In diesem Beitrag geben wir zunächst einen Überblick über die praktizierende Medizinethnologie im internationalen und deutschsprachigen Kontext und legen dar, in welchen Bereichen gesellschaftlichen Lebens und gesundheitspolitischer Praxis Medizinethnolog*innen heute „intervenieren". Der Hauptteil des Beitrags fragt sodann, welche Brücken die Medizinethnologie an Universitäten und Fachhochschulen in Deutschland aktuell in die Gesellschaft schlägt und welche neuen Formen des kollaborativen Arbeitens und der Wissensvermittlung sie hier entwerfen. Diesen Aspekt verdeutlichen wir an zwei Beispielen: 1. dem „Stadtteillabor" an der Hochschule für Gesundheit in Bochum, das Anwohner*innen, Geflüchtete und Studierende in der Gesundheitsförderung zuammenbringt, und 2. dem seit 2014 bestehenden „Blog Medizinethnologie" der Arbeitsgrup-

---

1 In diesem Beitrag beschränkt sich unser vergleichend-internationaler Blick auf die englischsprachigen *Medical Anthropologies* in Großbritannien und Nordamerika, die die deutschsprachige Medizinethnologie besonders geprägt haben. Unberücksichtigt bleibt somit u. a. die *Anthropologie de la Santé* im französischsprachigen Kontext.

2 Wesentlich für den Prozess der Institutionalisierung an den Universitäten waren dabei die Aktivitäten der Arbeitsgruppe Medical Anthropology in der Deutschen Gesellschaft für Sozial- und Kulturanthropologie e. V. (bis 2017 Deutsche Gesellschaft für Völkerkunde). In Deutschland und Österreich war seit den 1970er Jahren zudem die Ethnomedizin relevant für die Entwicklung der Subdisziplin – wobei diese jedoch vor allem in Deutschland nicht an den Hochschulen Fuß fasste. In der Schweiz wiederum erfolgte die universitäre Etablierung der Medizinethnologie insbesondere in Zusammenhang mit der *Medical Anthropology Switzerland* innerhalb der Schweizerischen Ethnologischen Gesellschaft ab den frühen 1990er Jahren.

pe *Medical Anthropology* der Deutschen Gesellschaft für Sozial- und Kulturanthropologie e. V. (DGSKA). Abschließend eruieren wir, welche Impulse diese Beispiele im Hinblick auf die öffentliche Positionierung der Medizinethnologie im deutschsprachigen Raum insgesamt setzen können.

2. Medizinethnologisch intervenieren – ein „Kontinuum der theorieinformierten Praxis"

In den vergangenen Jahrzehnten hat sich innerhalb der englischsprachigen Ethnologie eine Vielzahl von Strömungen formiert, die sich – ob als *engaged, public* oder *public interest anthropology* bezeichnet – häufig von der älteren *applied anthropology* abgrenzten, die sie für ihren Mangel an theoretischer Fundierung kritisierten (Rylko-Bauer et al. 2006:182). Auch innerhalb der deutschsprachigen Medizinethnologie bestanden und bestehen solche Trennungen zwischen Bereichen der Subdisziplin einerseits, die ethnologisches Wissen aktiv in die Praxis einbringen, und Ansätzen und Fachvertreter*innen andererseits, die für die Subdisziplin *innerhalb* universitärer Lehre und Forschung stehen. Stülb und Adam kritisierten bereits 2004 (Stülb / Adam 2004:76 mit Verweis auf Antweiler 1998: 230) das fehlende „intellektuelle Prestige" anwendungsbasierter Ansätze in der universitären Ethnologie und plädierten für einen Ausbau praxisorientierter Kompetenzen in der medizinethnologischen Lehre (Stülb / Adam 2004:84). Mit Bezug auf die USA wiederum sprechen Hahn und Inhorn (2009) von teils starken Vorbehalten an den Universitäten gegenüber der angewandten *Medical Anthropology*. Nach Auffassung dieser „praxis-aversen" Fachvertreter*innen sei ein solches Intervenieren nicht Aufgabe der universitären Ethnologie und verwische die Grenze zwischen der akademischen Subdisziplin und gesellschaftspolitischen Prozessen:

> "[Some anthropologists] regard the application of anthropology to the solution of real world problems as tainting the discipline with politics and values (as if their own studies were apolitical and value free)" (Hahn / Inhorn 2009:12).

Mit diesem Beitrag plädieren wir dafür, eine auf gesellschaftliches Intervenieren ausgerichtete Ethnologie als das *gesamte* Spektrum der in die Gesellschaft hineinwirkenden Ansätze des Fachs zu verstehen, die erst in ihrem Zusammenspiel ihr volles Potenzial innerhalb der Akademie und darüber hinaus entfalten können (Rylko-Bauer et al. 2006:179). Innerhalb eines solchen „Kontinuums der (theorieinformierten[3]) Praxis" (Rylko-Bauer et al. 2006:187), das die Dichotomie zwischen theoriegenerierender und angewandter Ethnologie überwindet (Rylko-Bauer et al. 2006:187), hat die Medizinethnologie eine wichtige, impulsgenerierende Funktion, insofern, als sie in besonderem Maße aus anwen-

---

3   Unsere Ergänzung.

dungsorientierter Forschung hervorgegangen ist (Rylko-Bauer et al. 2006:179). Gleichzeitig profitiert die Subdisziplin an den Hochschulen selbst enorm von der wechselseitigen Verzahnung von Lehre, Forschung und gesellschaftlichem Handeln und kann hierdurch die unproduktiven Dichotomien zwischen Theorie und Praxis, Akademie und Öffentlichkeit – oder aber zwischen (forschungsaffinen) Universitäten einerseits und (praxisorientierten) Fachhochschulen andererseits – überwinden.[4]

Ein grundlegendes Spannungsfeld, das sich dabei in der wechselseitigen Verzahnung von Forschung, Lehre und gesellschaftlicher Praxis im Bereich der Medizinethnologie auftut, ist das der Verkomplizierung versus der Vereinfachung von Inhalten und Wissen, das – sei es mit Blick auf klinische Praxis, öffentliche Gesundheitsförderung oder aber *International* bzw. *Global Health* – für alle involvierten Akteur*innen immer wieder neu ausgehandelt werden muss. Während somit beispielsweise Medizinethnolog*innen kritisieren, dass Ärzt*innen zuallererst handlungsorientiertes Wissen benötigen, das einer Art von „ethnischem Kochbuch" für den medizinischen Alltag gleichkomme, befürchten Ärzt*innen, dass der Ruf von Ethnolog*innen nach einem komplexeren Verständnis gesundheitsbezogener Interaktionen primär *Ambivalenzen* (aber keine *Lösungen*) in Bezug auf ihre Praxis produziere (Dilger / Hadolt 2017:346). Dieses Dilemma lässt sich nach Brigit Obrist als ein permanentes Spannungsfeld innerhalb der Medizinethnologie beschreiben:

> „Eine Spannung entsteht zwischen diesen Bereichen insofern, als die Alltagsrealität aus sozial- und kulturtheoretischer bzw. gesundheitspolitischer Perspektive aufgrund unterschiedlicher Werte und Zielsetzungen jeweils anders interpretiert wird. Da sich die Medizinethnologie mit beiden Perspektiven auseinandersetzen muss, bewegt sie sich in einem Spannungsfeld" (Obrist 2003:310).

Ein Aspekt, unter dem das von Obrist beschriebene Spannungsfeld für gesellschaftliche Interventionen der Medizinethnologie im heimischen Kontext relevant wird, ist die Reflexion über Kategorien und Normen der Gesundheitsarbeit, aber auch darüber, welche potenziellen Spannungen aus der Übersetzung zwischen unterschiedlichen Formen des Wissens und der Handlungsorientierung im Zusammenhang mit gesundheitsbezogenen Praktiken resultieren. Zentral für klinische Arbeit und Gesundheitsförderung – sowie die interkulturelle Pflegearbeit – im deutschsprachigen Raum ist des Weiteren die Reflexion über den Kulturbegriff, die sowohl den prozesshaften Charakter von Kultur als auch von „kulturvariable[n] Deutungsmuster[n]" und deren „individuelle[r] Ausgestaltung" (Stülb / Adam 2009:52) im Kontext gesellschaftlicher Machtdynamiken betont.

---

4   Eine weitere institutionelle Trennung besteht im deutschsprachigen Raum mit Bezug auf die nicht-universitären Forschungseinrichtungen, an denen die Ethnologie – unter anderem an den Max-Planck-Instituten in Göttingen und Halle – prominent vertreten ist. Während wir diesen Aspekt an dieser Stelle nicht vertiefen können, halten wir ein „Kontinuum theorieinformierter Praxis" in der Medizinethnologie auch hinsichtlich der Zusammenarbeit mit diesen Einrichtungen für wünschenswert.

Mit Blick auf die *internationale* Gesundheitsarbeit wiederum spielt die kritische Relexion über einen nicht-statischen, nicht-kulturalisierenden Kulturbegriff (Stülb /Adam 2009: 48) ebenfalls eine wichtige Rolle – ebenso wie die Tatsache, dass sich Medizinethnolog*innen kontinuierlich dafür einsetzen, dass die Bedeutung kultureller Kontexte in globalen Gesundheitspolitiken *überhaupt* berücksichtigt wird (Napier et al. 2017). Gleichzeitig befassen sich Medizinethnolog*innen im Kontext von *Global Health* aber auch mit der Analyse sprachlich-ideologischer Kategorien von Gesundheitspolitiken sowie den hieraus resultierenden Praktiken im Zusammentreffen von Menschen, Technologien, Ressourcen und Institutionen im Kontext globaler Abhängigkeiten (z. B. Brada 2011). Ebenso beleuchten sie, in welcher Weise globale Ressourcenflüsse und Prioritätensetzungen die Herausbildung von Gesundheitsinterventionen in spezifischen lokalen Zusammenhängen (nicht) befördern – und wie Prozesse medizinischer Globalisierung in einer postkolonialen Weltordnung das gesundheitsbezogene Handeln über *institutionalisierte Zusammenhänge hinaus* konstituieren (Dilger / Mattes 2018).

Während die Analyse von Diskursen, Praktiken und institutionellen Konfigurationen der Gesundheitsarbeit zentral für die Arbeit praxisorientierter Medizinethnolog*innen ist, bringen sie ihre Einsichten heute in den unterschiedlichsten Zusammenhängen zum „Wirken" (vgl. für die Tätigkeitsfelder der angewandten Medizinethnologie Stülb /Adam 2004:77-79). Gleichzeitig gibt es jedoch kaum Studien dazu, wie Medizinethnolog*innen im deutschsprachigen Raum in angewandten Kontexten *konkret* arbeiten. Ebenso beschäftigen sich nur wenige Studien mit der Frage, wie die Medizinethnologie ihr Wissen über den unmittelbaren Kontext von Gesundheitsprojekten hinaus in die Gesellschaft vermitteln kann. Im Folgenden führen wir an zwei Beispielen aus, wie Medizinethnolog*innen a) in einem kollaborativen Projekt der Gesundheitsförderung an der Hochschule für Gesundheit in Bochum tätig sind (Falge) und b) wie sie das Format sozialer Medien für die Weitergabe ihrer Forschungseinsichten in die Öffentlichkeit nutzen (Dilger). Auf dieser Basis führen wir im Anschluss aus, wie die Reflexion über solche gesellschaftlichen Interventionen von Medizinethnolog*innen zum Ausgangspunkt für deren nachhaltige Etablierung an den Hochschulen und darüber hinaus werden kann.

3. Stadtteillabor Bochum

Das Stadtteillabor Bochum ist thematisch im Themenfeld Migration und Gesundheit verortet und somit in einem Bereich, dem detaillierte gesundheitsbezogene Informationen fehlen, weil Migrant*innen bislang in amtlichen Statistiken, die oft nur nach deutscher und ausländischer Nationalität unterscheiden, nicht routinemäßig berücksichtigt werden (Razum / Saß 2015:513). Dies ist im Zusammenhang mit der Kombination der einerseits von gesundheitlicher Ungleichheit besonders betroffenen und zugleich schwer erreichbaren Gruppe der Migrant*innen signifikant. Medizinethnologische Studien kritisieren

zudem die vorliegenden, überwiegend epidemiologischen und Kohorten-bezogenen Studi-
en zur Gesundheit von Migrant*innen für ihren „Migrantismus". So weisen sie auf eine
epidemiologische *black box* hin, die statistische Korrelationen formuliert, ohne die zu
Grunde liegenden Antworten zu hinterfragen (Knipper / Bilgin 2009).

Abb. 1: Ein Blick auf die Community der inneren Hustadt (Foto: Sinan Yaman)

Das 2015 etablierte Stadtteillabor ist ein auf zwölf Jahre angelegter Ort der *gesundheitsbezogenen Langzeitforschung.* Es hat das Ziel, an der Schnittstelle zwischen Staat (= Hochschule) und Stadtgesellschaft neues Wissen zu produzieren. Im Stadtteillabor findet gesundheitsbezogene Lehre[5] und ethnografische Forschung mit einem lokalen Fokus und
„beyond the ethnic lens" statt (Glick Schiller et al. 2006). Auf „Augenhöhe" (s. u.) mit
Stadtteil-Akteur*innen soll eine *Vielstimmigkeit von Wissen* generiert werden, die im
Sinne einer angewandten Medizinethnologie verhältnispräventiv[6] gesundheitliche Ungleichheit im Stadtteil verringert.

---

5 Mit dem Ziel, neue Beziehungen zwischen Hochschule und Stadt herzustellen, mietet die Hochschule für Gesundheit einen Raum im Stadtteil zur Durchführung von Lehrveranstaltungen an.

6 Verhältnispräventive Maßnahmen zielen auf die Veränderungen äußerer gesundheitsschädigender oder ver-
   haltensmodifizierender Bedingungen und Einflüsse – wie etwa Reinhaltung der Luft (vgl. auch Hurrelmann
   1999:30) oder gute Arbeits- und Wohnbedingungen.

Das Labor befindet sich in der inneren Hustadt[7] ■ Abb. 1, einem multidiversen, margina-lisierten Teil Bochums mit einem Migrant*innenanteil von ca. 90 Prozent (Falge 2018 a). Hier agieren Studierende und Hochschullehrer*innen als „interface bureaucrats" (Bier-schenk 2010:4)[8], um sich auf *Augenhöhe* mit den Stadtteil-Akteur*innen einzubringen ■ Abb. 2. Der Begriff der *Augenhöhe* ist dabei vor allem als politischer Begriff zu verstehen, und zwar im Sinne eines *Anspruchs,* auf diese bestimmte Weise mit Stadtteil-Akteur*in-nen zu interagieren. Dies schließt nicht aus, dass der direkte Kontakt zwischen Forscher-*innen und Migrant*innen potentielle Machtgefälle auf zahlreichen Ebenen mit sich bringt. Es geht vielmehr um eine bestimmte Wirksamkeit auf Forschende und Stadtteil-Akteur*innen, etwa indem sich letztere ernst genommen und gehört fühlen. Wichtig ist in diesem Prozess, dass Forschende mit ihren unterschiedlichen Rollen, Identitäten und deren Wirkung auf die im Forschungsprozess entstehenden Begegnungen und Resulta-te kritisch-selbstreflexiv umgehen (vgl. auch Knierbein 2011:90). Die Auswahl des For-schungsortes begründet sich dabei mit der besonderen Vulnerabilität der Bewohner*in-nen, bei denen Armut mit einem hohen Migrant*innenanteil und gesundheitlicher Be-nachteiligung überlappt. So gehört die Hustadt zu den Bochumer Ortsteilen mit dem höchsten Index-Wert gesundheitlicher Herausforderungen (Stadt Bochum 2017:75). Der hohe *Superdiversity*-Index[9] von über 40 Herkunftsländern geht zudem einher mit einer besonderen Benachteiligung in den Bereichen Bildung, Gesundheit und Arbeit. Die Be-wohner*innen der Hustadt zeichnet aber auch das Vorhandensein wichtiger, gesundheits-förderlicher Ressourcen aus. So stellt sich der Stadtteil als ein Ort der Gemeinschaft dar, wo inter-ethnische soziale Beziehungen primär auf einem geteilten Interesse an mensch-lichen Gemeinsamkeiten und solidarischer Unterstützung bestehen.

Methodisch steht im Stadtteillabor das Forschungsinstrumentarium der Ethnografie mit der Methode der kollaborativen Feldforschung im Zentrum (Sykes / Treleaven 2009). Insbesondere steht dabei die Frage im Vordergrund, wie Wissen erzeugt werden kann, das gesellschaftliche Diversität repräsentiert und gesellschaftliche Veränderung mitbewirkt. Hierfür verbringen Wissenschaftler*innen und Studierende viel Zeit mit den Bewoh-ner*innen, um Vertrauen zu schaffen und einen Austausch zu ermöglichen, der Macht-gefälle zwischen Forscher*innen und Feldteilnehmer*innen möglichst geringhält bzw.

---

7   2017 wurde das Stadtteillabor mit seinem Kooperationspartner, dem Verein für multikulturelle Kinder- und
     Jugendhilfe – Migrationsarbeit (IFAK e.V.), in die Landesinitiative Gesundes Nordrhein-Westfalen aufgenom-
     men und als vorbildlich für die Weiterentwicklung des nordrhein-westfälischen Gesundheitswesens bewertet.

8   Inspiriert wurde dieser Begriff sowohl durch das Lipsky'sche Konzept des „street-level bureaucrat" (Lipsky
     1969:1) als auch durch den von Bierschenk (2010) entwickelten Begriff des „interface bureaucrat". Obwohl letz-
     terer vor allem durch die Dimensionen „niedriger Status" und „direkter Kontakt" zu Bürger*innen definiert wird,
     umfasst er auch Akteure, die nur einen Aspekt erfüllen. Kollaborativ arbeitende Hochschulprofessor*innen im
     Stadtteillabor können demnach *interface bureaucrats* sein, denn die kollaborative Methode ermöglicht einen
     direkten Kontakt mit den Bewohner*innen.

9   In den letzten drei Jahren sind auch einige Geflüchtete aus den syrischen Bürgerkriegsgebieten hinzugekom-
     men.

Abb. 2: Die Medizinethnologin im Feld — Forschen „auf Augenhöhe"
(Foto: Sinan Yaman)

bestehende Hierarchien transparent macht. Bewohner*innen werden mit Studierenden in Methoden qualitativer Datenerhebung geschult, um gemeinsam als *Stadtteilforscher*innen* Daten zu erheben. Entgegen der von Aktivist*innen im Kontext partizipativer Gesundheitsforschung geäußerten Kritik, werden Forschungsprojekte und daraus entstehende Interventionen somit nicht entkoppelt (Napier-Moore 2010), sondern in Form von Interventionen vor Ort implementiert. Kollaboratives Wissen entsteht im Prozess der *Stadtteilforscher*innen*-Schulung und den gemeinsam konzipierten Forschungsdesigns. Im Unterschied zur kritischen Distanzierung vom Feld fließen gemeinsam durchgeführte Analysen und Reflektionen in öffentliche Präsentationen der Forschungsergebnisse und in gemeinsame Publikationen (Falge et al. 2016).

Bisher fanden zwei Schulungen und daran anschließend kollaborative Erhebungen mit Anwohner*innen und Studierenden statt und zwei Fragebogen-basierte Erhebungen, die gemeinsam mit Bewohner*innen konzipiert wurden. Aus den Ergebnissen wurden unterschiedliche Interventionen entwickelt wie etwa ein im Stadtteiltreff des Migrant*innen-Vereins IFAK e. V. wöchentlich stattfindendes Sprach- und Begegnungs-Café für Frauen, zielgruppenspezifische Informations- und Beratungsangebote zur Prävention und Gesundheitsförderung in den Themenbereichen Krebs, Ernährung, Pflegeversicherung, Medienkonsum und Bewegung. Studierende erweiterten oder schufen gemeinsam mit

Bewohner*innen Zugänge für Familien mit Pflegebedürftigen, boten Bewegungsange-
bote vor Ort an und organisierten die psychotherapeutische Versorgung eines jungen,
suizidgefährdeten Geflüchteten. Anfang 2018 wurde in Kooperation mit dem Gesundheitsamt und der IFAK e. V. ein auf den Forschungsergebnissen basierender Projektantrag
an die Krankenkassenverbände in Nordrhein-Westfalen (NRW) gestellt, mit dem Ziel,
die Teilnahme der Bewohner*innen an Präventionsangeboten zu erhöhen. Ergebnisse dieses Projektes sollen direkt in die Gesundheitsberichterstattung einfließen und über die
Gesundheitskonferenz NRW in *policy-making* münden.

C. Falge führt darüber hinaus seit Oktober 2016 an drei Tagen der Woche eine kollaborative Feldforschung[10] in einer geflüchteten Familie aus Syrien durch (Falge 2018 b).
Diese eröffnet Einblick in Teilhabe-Barrieren, die die Familie beim Zugang in unterschiedliche gesellschaftliche Institutionen erfährt. Kollaborativ konnten einige dieser Barrieren
zwar aufgelöst oder verringert werden[11], doch mobilisiert das Betreten eines sozialen Raumes gleichzeitig Gefühle, verhandelt Identitäten und lässt Machtbeziehungen entstehen
(Tornaghi 2010:38). Machthierarchien zwischen Falge und der Familie wurden im Verlauf der Forschung zwar durch die Teilnahme an deren Leben und dem „Sich-einlassen
in das Feld" (Breidenstein et al. 2013) teilweise abgebaut. So wechselte Falge vom Status
einer Fremden nach einigen Monaten zu dem eines Familienmitglieds, indem sie als
„Schwester" des Familienvaters und „Tante" der Kinder angesprochen wurde. Als Teil der
kollaborativen Intervention erhielt zudem u. a. der behinderte Sohn einen Inklusionsplatz im Kindergarten, einen Pflegegrad und Schwerbehindertenausweis, was die Familie
finanziell erleichterte und emotional stärkte. Dennoch wurden Machtgefälle in diesem
Prozess auf unterschiedlichen Ebenen sichtbar. So etwa, als Falge zunächst *incognito* im
Kindergarten anrief, um das Anliegen der Familie nach einem Inklusionsplatz vorzubrin-
gen und dies mit der Begründung abgelehnt wurde, dass die Versorgung „dieser (behinderten) Kinder zu aufwändig sei". Erst beim zweiten Anruf als Professorin der Hochschule für Gesundheit erhielt sie einen persönlichen Gesprächstermin, der einen Prozess in
Gang setzte, an dessen Ende der benötigte Inklusionsplatz zur Verfügung gestellt wurde.
Gleichermaßen wurde der Pflegeantrag für den Sohn als Folge der Begutachtung im häus-
lichen Umfeld zunächst von der Gutachterin des medizinischen Dienstes nach einer 15-
minütigen Begutachtung und ohne eingehende Befragung der Eltern ablehnend beschie-
den. Die zweite Begutachtung, die in Folge des von Falge eingeleiteten Widerspruchsver-
fahrens in ihrer Anwesenheit stattfand, führte zur Genehmigung der Pflegestufe 2. Beide
Fälle verdeutlichen bestehende Machtgefälle zwischen der Professorin und einer geflüch-

---

10 Das kollaborative Moment dieser Forschung bestand u. a. darin, dass die Mutter des behinderten Sohnes der
   Familie C. Falge explizit zu der Forschung eingeladen hatte. Die Mutter verfolgte damit das Ziel, die gesundheitliche Situation ihres Sohnes zu verbessern.

11 Die Studierenden Maike Lippert, Melanie Hassforth, Saskia Brixel und Sophia Medellias führten ebenfalls zeit-
   intensive, unterstützende Interventionen in der Familie durch.

teten Familie. Die Versorgung des Kindes im Kindergarten ermöglichte es der Mutter schließlich, drei Jahre nach ihrer Ankunft in Deutschland einen Deutschkurs zu beginnen. Einhergehend mit der Genehmigung einer Pflegestufe löste dies bei der Familie Transformationen in Form von Vorstellungen über eine Zukunft mit zunehmender Handlungsfähigkeit aus (vgl. hierzu auch Pine 2014:98).

Die durch diese Interventionen entstandenen „kleinen Transformationen" sind nur bedingt nachhaltig. Die unten im Kapitel erwähnten „echten Transformationen" im Sinne struktureller Veränderungen könnten etwa durch die Etablierung eines neuen Berufsbildes in Form einer/eines „Gesundheitsmanager*in" entstehen, die/der die Aufgaben des Stadtteillabors übernimmt. Aktuell soll auf Basis der Ergebnisse ein Tool entwickelt werden, das sowohl ankommenden Migrant*innen als auch an der Inklusion beteiligten Institutionen zur Verfügung gestellt wird. Konkret sind dies für Migrant*innen etwa mehrsprachige Informationsbroschüren und -veranstaltungen (z. B. zur Pflegeversicherung, Behindertenausweis, inklusive Beschulungen) vor Ort, die die Navigation im Gesundheitssystem erleichtern. Für die Institutionen im Sozialraum würde dieses Tool zudem Trainingseinheiten zur interkulturellen Sensibilisierung und Öffnung vorsehen und neu ankommenden Migrant*innen die Inklusion in unterschiedliche gesellschaftliche Teilbereiche (Nieswand / Drotbohm 2014) erleichtern. Im Stadtteillabor steht somit vor allem die Reduzierung belastender Rahmenbedingungen im Sinne der Verhältnisprävention im Vordergrund. Die *Critical Medical Anthropology* stellt in diesem Rahmen ein Forum dar, die notwendigen Daten zu liefern und theoretisch zu reflektieren, die diese strukturellen Änderungen mit befördern.

5. Blog Medizinethnologie

Neben der Frage, wie die Medizinethnologie verstärkt mit kollaborativen Ansätzen arbeiten kann, besteht im Zusammenhang mit dem Aspekt der „Anwendungsorientierung" ein hoher Bedarf an neuen Formaten, um Forschungen und Wissen der Subdisziplin in die Öffentlichkeit hinein zu vermitteln. Im Dezember 2014 startete der Blog „Medizinethnologie: Körper, Gesundheit und Heilung in einer globalisierten Welt" – der von der Arbeitsgruppe Medical Anthropology in der Deutschen Gesellschaft für Sozial- und Kulturanthropologie e. V. betrieben wird[12] – mit einer Reihe von Texten zum Thema „Ebola". Auf der Höhe des Ausbruchs der Infektionserkrankung in West- und Zentralafrika war die Berichterstattung in den Medien zu diesem Zeitpunkt dabei stark von Stereotypen geprägt. Ebenso bestand der Bedarf, angesichts transnationaler Gesundheitsinterventionen – die oft wenig Wissen über die kulturellen Zusammenhänge, in die sie hineinzielten, demonstrierten – ein differenziertes Bild der sozialen und kulturellen Einbettung

---

12 www.medizinethnologie.net und www.medicalanthropology.de [Zugriff am 21.01.2019]

von Ebola in *spezifischen* Kontexten der Region zu vermitteln. Vor diesem Hintergrund zeigten die Blogbeiträge auf, wie lokale Praktiken im Umgang mit Kranken und Sterbenden bzw. Toten aussehen und warum unter den von Ebola betroffenen *communities* oft bereits vor Ausbruch der Epidemie Misstrauen gegenüber transnationalen Gesundheitsinterventionen bestand (Beisel / Dilger 2014; Menzel 2014). Ebenso beleuchteten die Texte, wie sich dieses Misstrauen auch auf staatliche Strukturen des Regierens in der Region selbst bezog (Schroven 2015) und wie religiöse Diskurse und Praktiken den Umgang mit Ebola(-Kampagnen) prägten (Ecke 2015). Den Abschluss der Reihe bildete eine (selbst-) kritische Reflexion darüber, wie begrenzt die Wirkungen medizinethnologischer Interventionen zu Ebola – die sich auch international massiv formiert hatten – hinsichtlich ihrer *tatsächlichen* Effekte auf öffentliche Debatten und Prozesse des *policy-making* letztlich blieben (Menzel / Schroven 2016).

Seit der Auftaktreihe zu Ebola im Winter 2014/15 hat der Blog Medizinethnologie sein Themenspektrum kontinuierlich auf Bereiche ausgedehnt, die körperliche und psychische Befindlichkeit im weitesten Sinne betreffen. Heute veröffentlicht er Analysen zu Initiativen und Gesundheitspraktiken im Zusammenhang mit *Global Health* sowie zu der Art und Weise, wie gesundheitspolitische Interventionen in verschiedenen Regionen der Welt mit lokalen Diskursen und Handlungsweisen in Bezug auf Gesundheit korrelieren. Eine wichtige Rolle spielt zudem die kritische Auseinandersetzung mit der Biomedizin und Dynamiken globaler (Bio-)Medikalisierung ebenso wie mit alternativen, „traditionellen" und / oder religiösen Bedeutungen und Handlungsweisen, auf die Menschen im Zusammenhang mit körperlicher und psychischer Befindlichkeit weltweit rekurrieren. Schließlich veröffentlicht der Blog Texte zum Thema „Flucht und Migration", über die sowohl die konzeptuellen als auch die empirisch-praktischen Kompetenzen von (Medizin)-Ethnolog*innen in diesem Bereich für eine weitere Öffentlichkeit sichtbar gemacht werden.

Das Thema „Flucht" ist dabei nicht unmittelbar in der Medizinethnologie angesiedelt. Allerdings sind die im Kontext ethnologischer Debatten über Flucht mobilisierten Konzepte wie *deservingness* – aber auch das Nachdenken über Differenz im Kontext politischer Interventionen, die über Leben und Tod entscheiden – sehr stark durch die Medizinethnologie bzw. *Medical Anthropology* geprägt worden (vgl. Holmes / Castañeda 2016). So präsentierte auf dem Blog beispielsweise eine Gruppe Studierender der Freien Universität Berlin die Ergebnisse und Empfehlungen, die sie im Rahmen einer – gemeinsam mit Dozent*innen und einer aktivistischen Organisation initiierten – Forschung zu den spezifischen Erfahrungen geflüchteter Frauen in Not- und Sammelunterkünften in Berlin erarbeitet hatten (Bräu et al. 2016). Astrid Bochow wiederum setzte sich mit der Rolle von Freiwilligennetzwerken in Niedersachsen im Kontext der Geflüchtetenarbeit auseinander und arbeitete die Unsicherheiten und Ambivalenzen heraus, die solche Initiativen – die oft aus großer Euphorie heraus entstanden waren – über die Zeit erzeugten (Bochow 2015). Nolan Kline schließlich ging der Frage nach, welche Rolle ein global vernetzter, wissenschaftlicher Aktivismus im Kontext forcierter Migration spielen soll, und welche

Herausforderungen aktivistische Forschung angesichts akademischer Erwartungen und Zwänge gerade für Nachwuchswissenschaftler*innen darstellt (Kline 2016) ■ Abb. 3.

Geschrieben werden die Blogtexte sowohl von „etablierten" Medizinethnolog*innen und disziplinär benachbarten Wissenschaftler*innen an Hochschulen oder anderen (Forschungs- bzw. Gesundheits-)Einrichtungen als auch von Studierenden, Promovierenden und Wissenschaftler*innen auf Postdoc-Niveau, die aus ihren Forschungen berichten

Medizinethnologie
Körper, Gesundheit und Heilung in einer globalisierten Welt

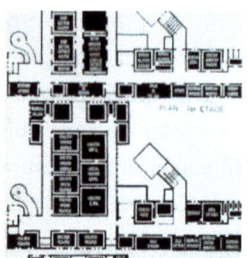

ABOUT   BLOG   BLOGROLL   AKTUELLES   FORMATE   KONTAKT

Embodied Belonging: In/exclusion, Health Care, and Well-Being in a World in Motion – Workshop Report

Caroline Meier zu Biesen

Archiv

Dezember 2018
Oktober 2018
August 2018
Mai 2018
März 2018
Januar 2018
November 2017
August 2017
Juni 2017
Mai 2017
April 2017
Januar 2017
Dezember 2016
November 2016
Oktober 2016
September 2016
August 2016
Juli 2016
Mai 2016
April 2016
März 2016

Abb. 3: Screenshot des Blogs „Medizinethnologie"
mit Bericht von einem Workshop der DGSKA-AG Medical Anthropology
im Jahr 2017.

oder *Think Pieces* zu aktuellen Themen verfassen. Während die Beiträge dabei explizit auch an ein inter- und transdisziplinäres Publikum gerichtet sind, heben sie sich hinsichtlich der Einbeziehung ethnographischer Kontexte und theoretischer Argumente stets von einer journalistischen Berichterstattung ab und zeigen den spezifischen Beitrag einer medizinethnologischen Perspektive auf. Des Weiteren sind die durch das Moderatorenteam begutachteten Texte sowohl auf Deutsch als auch Englisch verfasst, um so auch internationale Leser*innen zu erreichen, wodurch der Blog gerade für jüngere, aber auch „etablierte" Wissenschaftler*innen eine wichtige Plattform zur Sichtbarmachung ihrer Arbeit darstellt. Ergänzt werden Einblicke in aktuelle Forschungen durch Konferenzberichte, Ausstellungsberichte, Buchrezensionen und Interviews mit prominenten Fachvertreter*innen, die im Zusammenspiel einen breiten Überblick über medizinethnologisches Arbeiten geben. Ein attraktives Merkmal dieser verschiedenen Formate ist schließlich sowohl für die Autor*innen als auch die Leser*innen, dass die Texte zeitnah veröffentlicht werden und – anders als in einer Fachzeitschrift oder einem Fachbuch – nicht als „für die Ewigkeit geschrieben" gelten. Des Weiteren bedienen sich die meisten Autor*innen der Möglichkeit, ihre Analysen durch die Einbeziehung von Fotos oder Videos zu bereichern und damit für einen breiten Interessent*innenkreis ansprechend zu gestalten.

Es ist schwer zu beurteilen, wie wirksam die Blogtexte de facto als eine Form der „öffentlichen Gesellschaftswissenschaft" sind, insbesondere, wenn solche Interventionen – über die kritische Analyse hinaus – zu „echten Transformationen" führen wollen bzw. sollen (Selke/Treibel 2018:5). Einen Hinweis auf die Reichweite des Blogs geben die Besucher*innenzahlen, die seit 2014 eine konstante Nachfrage nach medizinethnologischen Beiträgen belegen und im Durchschnitt ungefähr 1400 Besuche pro Monat betragen. Diese Zahlen variieren dabei über die Zeit und zwischen den einzelnen Themen bzw. Beiträgen; zudem geben Klickzahlen allein wenig Aufschluss darüber, wie intensiv sich Leser*innen mit den Textinhalten selbst auseinandersetzen. Gleichzeitig machen einzelne Kommentierungen von Beiträgen und persönliche Rückmeldungen zum Blog jedoch deutlich, dass immer wieder interessierte Personen mit medizinethnologischen Ansätzen in Berührung kommen, die über rein akademische Publikationen nicht erreicht worden wären. Auch den Twitter- und Facebook-Auftritten des Blogs (https://twitter.com/medethnoblog; https://www.facebook.com/medizinethnologie/) folgen Personen und Organisationen aus unterschiedlichsten gesellschaftlichen und wissenschaftlichen Bereichen aus allen Teilen der Welt – und gerade die *Tweets* und *Posts* der sozialen Medien erfahren häufig hohe Resonanz und verweisen auf eine breite Zirkulation der auf dem Blog eingestellten Inhalte und weiterer medizinethnologischer Themen. Zusammengenommen ist die hier verzeichnete Nachfrage somit gerade für jüngere Wissenschaftler*innen ein Zeichen, dass ihre Arbeit von öffentlichem Interesse ist und kann bei ihnen die Bedeutung und Möglichkeiten einer öffentlichen Gesellschaftswissenschaft für ihre zukünftige berufliche Laufbahn nachhaltig verankern.

Trotz solcher möglicherweise positiven Effekte des *Blogging* und der sich hier abzeichnenden Resonanz medizinethnologischer Arbeit innerhalb der weiteren Wissenschaft und Gesellschaft sollte jedoch festgehalten werden, dass die Wirkungen von Blogs (als Ganzes ebenso wie in einzelnen Beiträgen) selbstverständlich begrenzt bleiben – worauf alleine die Tatsache verweist, dass viele Texte häufig überhaupt keine Kommentare erhalten bzw. nur wenige Leser*innen anziehen. Aus kritischer Sicht könnte dies zugespitzt als ein „Scheitern" zahlreicher Blogs verstanden werden, die die Aufmerksamkeit ihrer Zielgruppen nur begrenzt binden können. Gleichzeitig kann das Nicht-Kommentieren – und die damit fehlende *sichtbare* Resonanz auf Blogtexte – aber auch bedeuten, dass Leser*innen ihre Gedanken zu einem Beitrag nicht ebenso öffentlich wie der oder die Verfasser*in selbst äußern möchten. Im Hinblick auf die Ethnologie in Deutschland *im Allgemeinen* verweist der Blog somit sowohl auf die vielfältigen Möglichkeiten als auch die potenziellen Grenzen, sich als Disziplin öffentlich zu positionieren und Wissen in die Gesellschaft hinein zu vermitteln. Im Jahr der Gründung 2014 gab es im deutschsprachigen Raum kaum (mehr) aktive ethnologische Blogs, während dieses Format international fest etabliert ist und auch zahlreiche Blogs im Bereich der *Medical Anthropology* umfasst.[13] Gleichzeitig sind Blogs allerdings immer nur als *ein* Teil (medizin-)ethnologischer Interventionen zu sehen, die nur im Zusammenspiel von praxisorientiertem Forschen, konkreter Einmischung in Gesundheitsarbeit und verschiedenen Formen von *public* und *open science* zu Mobilisatoren der Vernetzung für eine intervenierende Wissenschaft werden können. Erst in dieser wechselseitigen Verzahnung werden medizinethnologische „Anwendungen" öffentlich sichtbar, stoßen neue Initiativen an (insbesondere, wenn sie in anderen Zusammenhängen sichtbar funktionieren), und wirken somit nicht nur in die Gesellschaft, sondern auch in die Wissenschaft selbst mit ihren Abläufen, Strukturen und Themensetzungen transformativ:

> "Public conversations about current issues are a key way we engage with audiences, inside and outside of our disciplinary confines. We see the future of anthropological publishing as one in which open access and social media work together to push the boundaries of conventional journal articles and reach audiences on a global scale" (Shaw / Agro 2017:o. S.).

---

13 Vgl. z.B. https://www.somatosphere.net sowie für einen Überblick über – zumeist internationale – (medizin-) ethnologische Blogs: https://www.medizinethnologie.net/blogroll/ und https://www.livinganthropologically. com [Zugriff am 21.01.2019].

6. Perspektiven: Intervenierende Medizinethnologie nachhaltig gestalten

Mit diesem Text haben wir gezeigt, dass eine intervenierende Medizinethnologie, die die Beziehung zwischen Hochschulen und gesellschaftlicher Praxis als Kontinuum und nicht als Gegensatz begreift, sowohl mit Blick auf ihren inhaltlichen Beitrag als auch in Bezug auf ihre strukturellen Rahmenbedingungen betrachtet werden muss. Inhaltlich entwirft die praktizierende Medizinethnologie dabei theorieinformierte Perspektiven auf *Public, International* und *Global Health* – und generell auf gesundheitsbezogene Phänomene in einer globalisierten Welt, die multiple Herausforderungen an individuelle und kollektive Befindlichkeit stellen. Strukturell wiederum ist ein Kontinuum der theorieinformierten Praxis in der Medizinethnologie heute mit einer Vielzahl von Optionen konfrontiert, die unmittelbare Kontexte der Anwendung in (kollaborativer) Gesundheitsarbeit ebenso umfassen wie die im Zuge einer öffentlichen Gesellschaftswissenschaft geschaffenen Formen des Publizierens und Kommunizierens.

Wie diese beiden Aspekte in der Reflexion über praktizierende Medizinethnologie zusammenkommen, haben wir an zwei Beispielen ausgeführt. Mit Verweis auf Prozesse des kollaborativen Forschens im Stadtteillabor in Bochum haben wir zum einen gezeigt, wie die Medizinethnologie wichtige Beiträge zur Wissensproduktion in hochdiversen gesellschaftlichen Kontexten leisten kann. Theoriengeleitete Interventionen entstehen hier, indem Wissenschaftler*innen mit Studierenden und Stadtteil-Akteur*innen Wissen produzieren und auf dieser Basis relevante gesundheitliche Interventionen durchführen. Solche medizinethnologischen und andere Forschungen benötigen zum anderen neue Formen der Wissensvermittlung in Gestalt von Blogs oder anderen Formaten, die Einblicke der Subdisziplin über den akademischen Rahmen hinaus in die Gesellschaft tragen und gleichzeitig auch mit Blick auf die *Grenzen* eines solchen Anspruchs reflektiert werden müssen (s. o.).[14] Innerhalb der deutschsprachigen Ethnologie befinden sich Debatten über diverse Formen öffentlicher Wissensvermittlung dabei noch am Anfang, und an den Hochschulen selbst besteht ein großer Bedarf am Experimentieren mit Formaten, über die gerade jüngere Forscher*innen ihre Ideen und Forschungen für ein größeres Publikum sichtbar machen können. All dies benötigt professionelle Betreuung und Förderung durch etablierte Wissenschaftler*innen, die ein solches Engagement innerhalb der Akademie erst nachhaltig verankern können. Insbesondere da an den Universitäten Gratifikationssysteme für das „engagierte Einmischen in öffentliche Angelegenheiten" fehlen (Selke / Treibel 2018:11), sind jüngere Wissenschaftler*innen mit großen Unsicherheiten – und oft einem hohen Druck – in Bezug darauf konfrontiert, wie sich ihre jeweiligen akademisch-gesellschaftlichen Engagements auf die berufliche Laufbahn auswirken weden (vgl. für die Medizinethnologie Dilger et al. 2015:3-4).

---

14 Auch das Stadtteillabor in Bochum ist bereits in der Öffentlichkeitsarbeit engagiert, u. a. über Twitter: #Stadtteillabor Bochum und Facebook https://www.facebook.com/StadtteillaborHustadt/ [Zugriff am 08.03. 2018].

Mit Blick auf die Ausbildung des wissenschaftlichen Nachwuchses wollen wir in unserem Beitrag daher abschließend die hohe Bedeutung von Lehre betonen, über die bereits Studierende in verschiedene Formen der praktizierenden Medizinethnologie einbezogen werden können. Hierbei beziehen wir uns zum einen auf ethnologische Studiengänge selbst, in denen Studierende zu Initiator*innen kollaborativen Arbeitens werden können, um – gemeinsam mit Dozierenden, Aktivist*innengruppen und anderen Organisationen – Gewohnheiten und Strukturen akademischer Forschung zu verändern (Dilger / Dohrn 2016). Die Dokumentation der Reflexion über spezifische Herausforderungen – und deren Lösung – in solchen Situationen stellt in diesem Kontext dabei einen wichtigen Ausgangspunkt dafür dar, solche Einblicke strukturbildend in die Verzahnung von Lehre, Forschung und gesellschaftlichem Engagement zu integrieren und Studierende hier als Multiplikator*innen einzubeziehen (Dilger et al. 2017).

Zum anderen sollte die Medizinethnologie in Zukunft eine noch stärkere Rolle in der Lehre medizinischer und gesundheitsbezogener Studiengänge selbst spielen, um zentrale Perspektiven des Fachs an diejenigen zu vermitteln, die später in der klinischen oder gesundheitsfördernden Praxis aktiv sind. Wie das Beispiel des Stadtteillabors in Bochum dabei zeigt, kann die Einbeziehung von Studierenden von *Community Health* in kollaborative Projekte nicht nur „kulturelle Kompetenzen" vermitteln, sondern über den Einsatz ethnographischer Methoden auch ein stärkeres Bewusstsein für Dynamiken kultureller Diversität im Kontext einer immer stärker vernetzten Welt schaffen. Knipper et al. (2010: 2) betonen berechtigterweise die Notwendigkeit, gerade in interdisziplinären Kontexten nicht in Stereotypenbildung bei der Auseinandersetzung mit kulturellen Aspekten gesundheitsfördernder und medizinischer Praxis zu verfallen (Knipper / Akinci / Soydan 2010:2). Gleichzeitig besteht für die Ethnologie und ihre Nachbardisziplinen aktuell eine große Chance, die Bedeutung von „Kultur" bereits auf der Ebene des Studiums von *Public* und *Global Health* stärker ins Bewusstsein zu rücken und das komplexe Zusammenspiel sozialer, religiöser, ökonomischer und rechtlicher Aspekte im Zusammenhang mit Medizin und Gesundheit systematischer in der Gesellschaft zu verankern (Knipper et al. 2010:4).

Danksagung

Wir bedanken uns bei Karoline Buchner für die Unterstützung bei der Literaturrecherche und bei Corinne Romahn für die Formatierung des Texts sowie bei David Napier und Anna Volkmann für die ehrenamtliche Unterstützung des Stadtteillabors Bochum. Ebenso danken wir Claudia Lang und den Gutachter*innen dieses Bands für hilfreiche Anmerkungen zu früheren Kapitelversionen.

Literatur

ANTWEILER, Christoph (1998): Ethnologie als gesellschaftlich relevante Humanwissenschaft. Eine Systematisierung praxisorientierter Richtungen und eine Position. In: Zeitschrift für Ethnologie, 123 (2), S. 215–255.

BEISEL, Uli / Dilger, Hansjörg (2014): Die Ebolakrise aus Sicht der Medizinethnologie. Von Misstrauen zu lokal angepasster Patientenversorgung. Electronic source: https://www.medizinethnologie.net/ebolakrise-aussicht-der-medizinethnologie/ [Zugriff am 08.03.2018].

BIERSCHENK, Thomas (2010): States at Work in West Africa. Sedimentation, Fragmentation and Normative Double-Binds. Arbeitspapiere 113. Mainz: Johannes-Gutenberg-Universität, Institut für Ethnologie und Afrikastudien.

BOCHOW, Astrid (2015): „We Are Only Helping!" Volunteering and Social Media in Germany's New „Welcome Culture". Electronic source: https://www.medizinethnologie.net/volunteering-and-social-media-in-germanys-new-welcome-culture/ [Zugriff am 08.03.2018].

BRADA, Betsey (2011): Not Here. Making the Spaces and Subjects of ‚Global Health' in Botswana. In: Culture, Medicine and Psychiatry, 35 (2), S. 285–312.

BRÄU, Miriam / Epstude, Katharina / Erlenmaier, Ana Mara / Nahrwold, Lena / Perusin Mysorekar, Maya / Sisnowski, Maja / Strott, Laura / von Hein, Camila (2016): „Starting below Zero". On the Situation of Women* in Refugee Camps in Berlin. Electronic source: https://www.medizinethnologie.net/starting-below-zero/ [Zugriff am 08.03.2018].

BREIDENSTEIN, Georg / Hirschauer, Stefan / Kalthoff, Herbert / Nieswand, Boris (2013): Ethnografie. Die Praxis der Feldforschung. Konstanz: UVK Verlags-Gesellschaft.

DILGER, Hansjörg / Mattes, Dominik (2018): Im/Mobility and Dis/Connectivity in Medical Globalization. How global is Global Health? In: Global Public Health, 13 (3), S. 265–275.

DILGER, Hansjörg / Dittmer, Cordula / Dohrn, Kristina / Lorenz, Daniel F. / Voss, Martin (2017): Studentisches Forschen in Not- und Sammelunterkünften für Geflüchtete. (Selbst-)Kritische Reflexionen aus der Sozial- und Kulturanthropologie und Katastrophenforschung. In: Z'Flucht: Zeitschrift für Flüchtlingsforschung, 1 (1), S. 124–139.

DILGER, Hansjörg / Hadolt, Bernhard (2017): Medizinethnologie. In: Beer, Bettina / Fischer, Hans / Pauli, Julia (Hg.): Ethnologie. Einführung in die Erforschung kultureller Vielfalt. Neunte Auflage. Berlin: Reimer Verlag, S. 335–351.

DILGER, Hansjörg / Dohrn, Kristina (Hg.) in Collaboration with International Women Space (2016): Living in Refugee Camps in Berlin: Women's Perspectives and Experiences. Berlin: Weißensee Verlag.

DILGER, Hansjörg / Huschke, Susann / Mattes, Dominik (2015): Ethics, Epistemology and Engagement. Encountering Values in Medical Anthropology. In: Medical Anthropology, 34 (1), S. 1–10.

ECKE, Jonas (2015): „Ebola is Real": Christliche Rhetorik und Wahrnehmungen des Dämonischen in Liberia. Electronic source: http://www.medizinethnologie.net/christliche-rhetorik-und-wahrnehmungen-des-daemonischen-in-liberia [Zugriff am 08.03.2018].

FALGE, Christiane (2018 a): Feldnotizen Hustadt 2016–2018. Unveröffentlichtes Forschungsmaterial.

FALGE, Christiane (2018 b). Dynamics of informal exclusion. Migrants' Health as experienced in the City Lab Bochum. In Kuehlmeyer, Katja / Klingler, Corinna / Huxtable, Richard (Eds.), Ethical, Legal and Social Aspects of Healthcare for Migrants: Perspectives from the UK and Germany. Oxford: Taylor & Francis Routledge.

FALGE, Christiane / Rosstem, Isra / Kelch, Jennifer (2016): Zur Gesundheit von Flüchtlingen in einer Zentralen Unterkunftseinrichtung in NRW. Zusammenfassung der Ergebnisse einer ethnographischen Studie. In: Infodienst Migration, Flüchtlinge und öffentliche Gesundheit, 5.

GLICK SCHILLER, Nina (2006): Beyond the Ethnic Lens: Locality, Globality, and Born-Again Incorporation. In: American Ethnologist, 33 (4), S. 612–633.

HAHN, Robert A. / Inhorn, Marcia (2009): Introduction. In: Hahn, Robert A. / Inhorn, Marcia (Hg.): Anthropology and Public Health. Bridging Differences in Culture and Society. Oxford: Oxford University Press, S. 1–44.

HOLMES, Seth / Castañeda, Heide (2016): Representing the European Refugee Crisis in Germany and Beyond. Deservingness and Difference, Life and Death. In: American Ethnologist, 43 (1), S. 12 – 24.

HURRELMANN, Klaus (1999): Gesundheitswissenschaften. Berlin: Springer Verlag.

KLINE, Nolan (2016): Structural Vulnerabilities and Global Migrant Crises. What Can Activist Scholars Do? Electronic source: http://www.medizinethnologie.net/structural-vulnerabilities-global-migrant-crises/ [Zugriff am 08.03.2018].

KNIERBEIN, Sabine (2011): Eine postdisziplinäre Positionierung in der Stadtforschung. Positionen zur Urbanistik I. In: Frey, Oliver / Koch, Florian (Hg.): Positionen zur Urbanistik I. Stadtkultur und neue Methoden der Stadtforschung. Münster: Lit Verlag, S. 79 – 104.

Knipper, Michael / Akinci, Secil / Soydan, Nedim (2010): Culture and Healthcare in Medical Education. Migrants' Health and Beyond. In: GMS Zeitschrift für Medizinische Ausbildung, 27 (3), Dok. 41.

KNIPPER, Michael / Bilgin, Yasar (2009): Migration und Gesundheit. Sankt Augustin: Konrad Adenauer Stiftung.

LIPSKY, Michael (1969): Toward a Theory of Street-Level Bureaucracy. Annual Meeting of the American Political Science Association, Commodore Hotel, New York, 02. – 06. September 1969. Washington: The American Political Science Association, University of Wisconsin.

MENZEL, Anne (2014): „Ebola ist nur eins unserer Probleme". Ebola-Bewusstsein, Misstrauen und Entwicklungshoffnungen in Sierra Leone. Electronic source: http://www.medizinethnologie.net/ebola-bewusstsein-misstrauen-entwicklungshoffnungen-in-sierra-leone/ [Zugriff am 08.03.2018].

MENZEL, Anne / Schroven, Anita (2016): The Morning After: Ethnologie mit Ebola-Kater. Electronic source: https://www.medizinethnologie.net/ethnologie-mit-ebola-kater/ [Zugriff am 08.03.2018].

NAPIER, David A. / Depledge, Michael / Knipper, Michael / Lovell, Rebecca / Ponarin, Eduard / Sanabria, Emilia / Thomas, Felicity (2017): Culture Matters. Using a Cultural Contexts of Health Approach to Enhance Policy-Making. Cultural Contexts of Health and Well-being, Policy Brief Nr. 1. Copenhagen: World Health Organization, Regional Office for Europe.

NAPIER-MOORE, Rebecca (2010): Research into Action. In: Alliance News. Principle and Practice. GAATW-IS Reflections on Feminist Participatory Action Research, S. 26 – 29.

NIESWAND, Boris / Drotbohm, Heike (2014): Einleitung: Die reflexive Wende in der Migrationsforschung. In: Nieswand, Boris / Drotbohm, Heike (Hg.): Kultur, Gesellschaft, Migration. Die reflexive Wende in der Migrationsforschung. Wiesbaden: Springer, S. 1 – 37.

OBRIST, Birgit (2003): Chance und Herausforderung. Ethnologie und International Health im 21. Jahrhundert. In: Lux, Thomas (Hg.): Kulturelle Dimensionen der Medizin. Ethnomedizin – Medizinethnologie – Medical Anthropology. Berlin: Reimer Verlag, S. 308 – 327.

PINE, Frances (2014): Migration as Hope. Space, Time and Imagining the Future. In: Current Anthropology, 55 (9), S. 95 – 103.

RAZUM, Oliver / Saß, Anke-Christine (2015): Migration und Gesundheit. Interkulturelle Öffnung bleibt eine Herausforderung. In: Bundesgesundheitsblatt, 58 (6), S. 513 – 514.

RYLKO-BAUER, Barbara / Singer, Merrill / van Willigen, John (2006): Reclaiming Applied Anthropology. Its Past, Present, and Future. In: American Anthropologist, 108 (1), S. 178 – 190.

SCHEPER-HUGHES, Nancy (1990): Three Propositions for a Critically Applied Medical Anthropology. In: Social Science & Medicine, 30 (2), S. 189 – 197.

SCHROVEN, Anita (2015): Ebola in Guinea: Zustandsanalyse eines erkrankten Staatskörpers. Electronic source: https://www.medizinethnologie.net/ebola-in-guinea/ [Zugriff am 08.03.2018].

SELKE, Stefan / Treibel, Annette (2018): Relevanz und Dilemmata Öffentlicher Gesellschaftswissenschaften. Ein Dialog über Positionen. In: Selke, Stefan / Treibel, Annette (Hg.): Öffentliche Gesellschaftswissenschaften. Grundlagen, Anwendungsfelder und neue Perspektiven. Wiesbaden: Springer Verlag, S. 1 – 17.

SHAW, Jennifer / Agro, Hilary (2017): Open Access Meets Social Media. In: Anthropology News, 58 (4), S. 129 – 131. Electronic source: doi:10.1111/AN.542 [Zugriff am 09.06.2018].

Stadt Bochum (2017): Basisgesundheitsbericht Bochum. Dezernat für Soziales, Jugend und Gesundheit. Gesundheitsamt, Stabsstelle Gesundheitsberichterstattung.

STÜLB, Magdalena / Adam, Yvonne (2009): Die Sicht der Patient/innen. Medizinethnologische Ansätze in der interkulturellen Kommunikation im Gesundheitswesen. In: Falge, Christiane / Zimmermann, Gudrun (Hg.): Interkulturelle Öffnung des Gesundheitssystems. Baden-Baden: Nomos Verlag, S. 41–55.

STÜLB, Magdalena / Adam, Yvonne (2004): Was arbeiten eigentlich Medizinethnologinnen? Herausforderungen im Spannungsfeld zwischen „Forschung" und Anwendung. In: Curare, 27 (1–2), S. 73–87.

SYKES, Chris / Treleaven, Lesley (2009): Critical Action Research and Organizational Ethnography. In: Ybema, Sierk / Yanow, Dvora / Wels, Harry / Kamsteeg, Frans (Hg.): Organizational Ethnography. Studying the Complexities of Everyday Life. London: SAGE, S. 215–230.

TORNAGHI, Chiara (2010): Forschungsethik. Experimenting Action Research in Planning Education. A Reflection. Wien: Magistratsabteilung 18. Wien: Referat Reprographie, Magistrat der Stadt Wien.

WINKELMAN, Michael (2009): Culture and Health. Applying Medical Anthropology. San Francisco: Jossey-Bass.

Medizinethnologie als Praxisfeld

Verena Keck / Julia Thiesbonenkamp-Maag / Franziska A. Herbst

ABSTRACT: Als Medizinethnologinnen wissen wir, dass Menschen verschiedener kultureller Herkunft Gesundheit und Krankheit höchst unterschiedlich verstehen und erleben. Wir sind darin ausgebildet, Erklärungen zu Erkrankungen und therapeutische Maßnahmen, die auf ganz anderen Logiken und Ursachenmodellen als auf unseren gewohnten oder „wissenschaftlichen" Erklärungsmodellen wie der Biomedizin beruhen, als gleichwertig zu erfassen. Für Ethnologinnen mit einer Spezialisierung in der Medizinethnologie – einer anwendungsbezogenen Wissenschaft – erschließen sich eine Reihe außeruniversitärer Tätigkeitsfelder im Gesundheitswesen, in denen ethnologische Kompetenzen gefragt sind: im Bereich der Internationalen Gesundheit und Public Health, der Gesundheitsversorgung „at home", und in interkulturellen Trainings (für Personal im Gesundheitsbereich oder Krankenhausdolmetscher zum Thema Migration und Gesundheit). Gerade der letzte Aspekt stellt ein zentrales Tätigkeitsfeld des Medizinethnologischen Teams, eines Zusammenschlusses dreier Medizinethnologinnen dar; das Team setzt medizinethnologische Ansätze in verschiedenen Bereichen in die Praxis um, indem ethnologisches Wissen an ganz unterschiedliche Zielgruppen in Gesundheitsberufen vermittelt wird. Beispiele dieser Wissensvermittlung, Interviews mit Medizinethnologinnen über ihre Berufsfelder und Kurzporträts eigener medizinethnologischer Forschungsprojekte zeigen einige der vielfältigen Tätigkeitsbereiche für Medizinethnologinnen.

1. Einleitung

Was sind die Ursachen meiner Krankheit? Wo finde ich den nächsten Arzt oder Heiler? Diese und ähnliche Fragen stellen sich Menschen weltweit, wenn sie selbst oder ihre Angehörigen erkrankt sind. Auch wir als Medizinethnologinnen setzen uns sowohl theoretisch als auch praktisch mit diesen Fragen auseinander. Wir wissen, dass Menschen verschiedener kultureller Herkunft Gesundheit und Krankheit höchst unterschiedlich verstehen und erleben. Wir sind darin ausgebildet, Erklärungen zu Erkrankungen und therapeutische Maßnahmen, die auf ganz anderen Logiken und Ursachenmodellen als auf unseren gewohnten oder „wissenschaftlichen" Erklärungsmodellen wie der Biomedizin beruhen, als gleichwertig zu erfassen. Für Ethnolog*innen mit einer Spezialisierung in der Medizinethnologie, einer anwendungsbezogenen Wissenschaft, erschließen sich eine Reihe außeruniversitärer Tätigkeitsfelder im Gesundheitswesen, in denen die ethnologischen Kompetenzen gefragt sind. Dazu zählen die Sensibilität für unterschiedliche Lebensformen (denn wir sind es gewohnt, uns in „andere Welten" hineinzudenken) oder die kompetente Vermittlung zwischen verschiedenen Perspektiven und die Arbeit als „kulturelle Dolmetscher" oder „cultural brokers" (Pfeiffer/Nichter 2008:410). Ethnographie ermöglicht eine Nahaufnahme der vielschichtigen sozialen Realität und die Perspektive des Patienten auf die Themenfelder Gesundheit, Krankheit und medizinische Versorgung zu verstehen (Knipper et al. 2010:3).

Zu einer anwendungsorientierten medizinethnologischen Tätigkeit kommen aber auch Anforderungen hinzu wie die Arbeit in interdisziplinären Teams. Weitere Fähigkeiten und Aufgaben sind die Beteiligung an Problemlösungsprozessen (auch auf der Basis sozialer und kultureller Sensitivität), Kommunikationsfähigkeit und – je nachdem – gute landesspezifische Kenntnisse und lokalsprachliche Fähigkeiten. Auch die Ausbildung von medizinischem Personal kann ein zentraler Aufgabenbereich sein.

Im folgenden Teil werden einzelne ausgewählte Arbeitsbereiche genauer vorgestellt: Zunächst werden interkulturelle Trainings für Personal im Gesundheitsbereich vorgestellt. Entsprechende Trainings stellen ein zentrales Tätigkeitsfeld des Medizinethnologischen Teams, einem Zusammenschluss der drei Autorinnen des vorliegenden Beitrags, dar. Die drei Wissenschaftlerinnen des Teams setzen medizinethnologische Ansätze in verschiedenen Bereichen in die Praxis um. Ethnologisches Wissen wird hierbei an ganz unterschiedliche Zielgruppen in Gesundheitsberufen vermittelt.[1] Anhand von Interviews, die mit anderen Medizinethnologinnen geführt wurden, werden weitere Arbeitsgebiete beleuchtet. Ausgewählte Berufsfelder, die ebenfalls anhand von Beispielen ausführlicher dargestellt werden, umfassen das nationale Gesundheitswesen („at home"), die Internationale Gesundheit und Public Health.

2. Arbeitsbereiche und Konzepte von Medizinethnologen

Ein Arbeitsbereich, in dem Medizinethnologen besonders gefragt sind (bzw. sein sollten), ist die Schulung von Mitarbeitenden im Gesundheitswesen. Ihnen wird von Medizinethnologen vermittelt, wie Menschen mit Migrationshintergrund Gesundheit und Krank-

---

[1]   Einen ähnlichen Ansatz hat AMIKO, ein von Ethnolog*innen begründetes Institut für Migration, Kultur und Gesundheit: https://www.amiko-institut.de/; Stülb/Adam 2004; vgl. allgemein auch Siegert/Czarnowski (2003).

heit verstehen und welchen Barrieren sie in unserem Gesundheitssystem begegnen. Zusätzlich an Relevanz gewonnen hat dieses Praxisfeld durch die globalen politischen Entwicklungen, die zur Aufnahme vieler Flüchtlinge und Asylsuchenden in Deutschland geführt hat. Diese Weiterbildungen beleuchten wir anhand zweier Beispiele.

Das Medizinethnologische Team, das die drei Autorinnen dieses Beitrags gegründet haben und das eine Ausgründung der Universität Heidelberg ist, entwickelt, organisiert und führt seit Juni 2012 Weiterbildungen und Lehraufträge für Dolmetscher, Ärzte, weiteres medizinisches Personal und Studierende aus den Gesundheitsberufen durch (http://www.medizinethnologischesteam.de). Beispielhaft seien hier ein Vortrag zu interkultureller Kompetenz im Gesundheitswesen für angehende Schiffsärzte, ein Workshop zum Thema „Interkulturelle Kompetenzen im Umgang mit Patienten" für Allgemeinmediziner oder ein Vortrag zur kultursensiblen Arzt-Patienten-Kommunikation für Kinder- und Jugendmediziner genannt. Inhalte, Ziele und Abläufe der Veranstaltungen sollen im Folgenden anhand des Beispiels von zwei universitären Seminarreihen, die das Medizinethnologische Team regelmäßig durchführt, erörtert werden. Übergreifendes Ziel aller Veranstaltungen ist die Vermittlung interkultureller Kompetenzen und die Sensibilisierung für andere Lebenswelten und Wertvorstellungen. Diskutiert wird der Einfluss der kulturellen Orientierungen von sowohl Patienten als auch Fachkräften des Gesundheitswesens auf das Krankheitserleben beziehungsweise die therapeutische und pflegerische Versorgung.

2.1. Interkulturelle Kompetenzen im Themenfeld Gesundheit und Krankheit

Das einsemestrige Seminar „Interkulturelle Kompetenzen im Themenfeld Gesundheit und Krankheit" am Institut für Übersetzen und Dolmetschen der Universität Heidelberg richtet sich an angehende Übersetzer und Dolmetscher, die Interesse an späterer Tätigkeit im Gesundheitsbereich, z. B. als Krankenhausdolmetscher, haben. Ziel der Lehrveranstaltung ist, die Studierenden als interkulturell kompetente Dolmetscher und Übersetzer zu qualifizieren, die über medizinethnologisches und kulturelles Wissen verfügen.

Der Ausgangspunkt liegt dabei in der Einsicht, dass die Medizinethnologie als Übersetzungswissenschaft von kulturell anderen Konzepten und Vorstellungen zu Körper und Person sowie Gesundheit und Krankheit prädestiniert ist. Ethnologie hinterfragt kritisch eigene kulturgebundene Annahmen – Vorurteile und Stereotypen – und ist offen für und interessiert an anderen Vorstellungen, Werten und Erklärungen der Alltagswelt. Für die Medizinethnologie gilt das im Kontext von Gesundheit und Krankheit.

In 15 doppelstündigen Einheiten lernen die Studierenden über Herausforderungen und Ansprüche des deutschen Gesundheitssystems für Menschen mit Migrationshintergrund. Grundlegendes Wissen über das Thema Migration und seine Formen sowie zur Migrationsgeschichte in Deutschland wird erarbeitet; thematisiert werden auch folgende Fragen: Wie kann der ungleiche Zugang zu den Gesundheitsdiensten für alle Menschen in Deutschland verbessert werden? Können Migranten ohne Aufenthaltsstatus die Gesundheitsdienste in Anspruch nehmen? Welche Folgen haben Kommunikationsprobleme zwischen Patienten, An- und Zugehörigen auf der einen und Ärzten und Pflegenden auf der anderen Seite? Fehldiagnosen führen zu Missmut, Frustration und Vertrauensverlust, medizinischer Minder- und Fehlversorgung und einer finanziellen Belastung für das Gesundheitswesen. Ein Pilotprojekt, das Migrationshintergrund als Ressource und nicht als „Problem" oder „Defizit" sieht, ist das EU-Projekt der migrantenfreundlichen, kultursensiblen Krankenhäuser (Schmidt et al. 2005). Als ein wichtiger Wirtschaftszweig und potentielles Arbeitsfeld für Dolmetscher wird im Seminar der Medizintourismus unter dem Stichwort „Medizinische Reisen" kritisch beleuchtet. Der Begriff des medizinischen Reisens wurde hierbei bewusst gewählt, um neben dem Medizintourismus auch weitere Bereiche wie Hilfseinsätze medizinischen Personals oder die globale Migration medizinischer Fachkräfte beleuchten zu können.

Eingebettet in diese theoretische Auseinandersetzung ist der Erwerb interkultureller Kompetenzen. Die Studierenden reflektieren über das Eigene und das Fremde sowie über ihre Wertehaltungen. Sie lernen, Gemeinsamkeiten zu erkennen und als Basis der Verständigung zu nutzen sowie Unterschiede anzuerkennen und zu respektieren – die Grenze zwischen universell menschlich und kulturell besonders. Sie setzen sich mit dem neueren ethnologischen Kulturbegriff auseinander. Er beinhaltet ein Verständnis von Kultur als prozesshafte, wandelbare Kategorie. Was sind Konsequenzen seiner Anwendung für den Berufsalltag? Beispielsweise liefert das Seminar keine „Rezeptsammlung"; eine Kulturalisierung[2] soll vermieden werden. Stattdessen rücken individuelle Biographien in den Fokus – nach unserer Erfahrung ist dieser strikt qualitative Zugang eine gute Methode zur Sensibilisierung für angehende Übersetzer und Dolmetscher, um ihre eigenen kulturgebundenen Konzepte zu hinterfragen.[3]

Anhand von Fallbeispielen, die neben anderen auch aus den eigenen Feldforschungen der Dozentinnen in Ozeanien oder bei philippinischen Migrant*innen in Deutschland stammen, werden kulturell geprägte und von der westlichen Schulmedizin abweichende Vorstellungen, Erklärungsmodelle und Ursachenkonzepte von Krankheit und Gesundheit diskutiert. Was bedeutet das subjektive Krankheitsempfinden für einen Patienten? Wie nehmen An- und Zugehörige die Krankheit wahr? Werden ihre Perspektiven zur Kenntnis genommen? Dabei spielen Körper- und Seelenvorstellungen, Gleichgewichtskonzepte und Organe als Symbole seelischer Befindlichkeit eine Rolle. Es gibt kulturell und subjektiv unterschiedliche Schmerz- und Symptomäußerungen. Welche Rolle spielen sozio- und individuumzentrierte Personenkonzepte für die Erklärung von Krankheitsursachen und für die Einbeziehung von An- und Zugehörigen in die Patientenversorgung? In vielen

---

2   Unter „Kulturalisierung" wird die auf kulturellen Vorurteilen basierende, stark vereinfachende Erklärung von auffälligen „Beobachtungen mit der angenommenen ‚Kultur' eines als fremd wahrgenommenen Menschen" verstanden (Knipper / Bilgin 2009:74; vgl. Verwey 2003:284-6).

3   Neben anderen bilden die Arbeiten von Althaus et al. (2010); Domenig (2007); Dreißig (2005); Ettling (2007); Stülb / Adam (2010) wichtige Grundlagen für diese Weiterbildungen.

pazifischen, eher soziozentrierten Gesellschaften wird Krankheit als Störung sozialer Beziehungen interpretiert. Die Wiederherstellung sozialer Harmonie ist Bedingung für die Genesung des Patienten.

Ein weiteres anschauliches Beispiel aus der medizinethnologischen Literatur, das in diesem Seminar behandelt wird, geht auf Fadiman ([1997] 2000) zurück. An ihm können zwei zentrale analytische Konzepte der Medizinethnologie erklärt werden – Krankheit („disease") und Kranksein („illness") (Kleinman 1980). Während Krankheit die biomedizinische Perspektive einer Erkrankung („sickness") bezeichnet, wird unter Kranksein („illness") das subjektiv vom Patienten und seinen Angehörigen geprägte Verständnis verstanden. Fadiman begleitete eine Hmong-Familie (ethnische laotische Minderheit), die in die USA geflohen war. Eine Tochter der Familie, Lia, war aus Sicht der sie biomedizinisch behandelnden Ärzte („disease"-Perspektive) an Epilepsie erkrankt. Die Familie brachte ihre Tochter nach einem epileptischen Anfall ins Krankenhaus. Bei wiederholten Begegnungen zwischen Lias Familie und dem medizinischen Fachpersonal kam es immer wieder zu Konflikten, die aus den unterschiedlichen Perspektiven auf die Erkrankung und Behandlung derselben resultierten. Lias Familie sah die medikamentöse Behandlung kritisch und interpretierte die Epilepsie einerseits als eine Fähigkeit zum „schamanischen Reisen" („illness"-Perspektive). Andererseits nahm sie das Leiden ihrer Tochter deutlich wahr. Das medizinische Personal stufte die Erkrankung eindeutig als Epilepsie ein und erfragte die subjektive Perspektive der Familie auf die Erkrankung nicht.

2.2. Short Course „Public Health Anthropology: Concepts and Tools"

Der 14 Tage umfassende, ganztägige englischsprachige Kurs wird in Kooperation mit dem Institute of Public Health am Universitäts-Klinikum Heidelberg veranstaltet und richtet sich an Personen aus den Gesundheitsberufen. Die Teilnehmenden stammen aus unterschiedlichen Ländern weltweit und belegen das Seminar mit dem Ziel, medizinethnologische Konzepte und Werkzeuge in ihrem Berufsalltag zu nutzen, um beispielsweise den Bedarf der Schwangerschaftsvorsorge von palästinensischen Frauen an einer Gesundheitseinrichtung zu erfassen oder die Gesundheitsversorgung in einem ländlichen nordindischen Berggebiet zu verbessern. Die Teilnehmenden lernen die Grundlagen der Public Health Anthropology und ihrer medizinethnologischen Methoden und Konzepte kennen und erfahren anhand praktischer Beispiele, wie Beschäftigte der öffentlichen Gesundheitsfürsorge sie sich zunutze machen können. Sie werden vertraut mit grundlegenden Prinzipien des Studiendesigns und unterscheiden zwischen qualitativen und quantitativen Methoden: Dazu zählt das Erstellen von Interviewleitfäden, die Erprobung von Tiefeninterviews und Fokusgruppendiskussionen, die Durchführung kurzer systematischer Beobachtungen und das Wissen um den Ansatz der Mini-Ethnographie (Kleinmann / Benson 2006). Sie lernen, ethnologische Methoden zu nutzen, um beispielsweise Thematiken der reproduktiven Gesundheit zu erforschen und sammeln Erfahrungen in der qualitativen Datensammlung, -sicherung, -analyse und -interpretation. Unterschiedliche

Methoden der Kommunikation für Gesundheitsteams sowie das Konzept der transkulturellen Kompetenz und ihre Komponenten sind ebenfalls Teil des Kurses.

Vergleichbare Seminare für Studierende in unterschiedlichen Gesundheitsberufen und angehende Ärzte, an denen sich das Medizinethnologische Team beteiligt, sind „Diversity und interkulturelle Kompetenz in klinischen Arbeitsfeldern" und das klinische Wahlfach „Gesundheit und medizinische Versorgung von Asylsuchenden" an der Universität Heidelberg.[4] Inhaltlich orientieren sich deren Inhalte an den beiden oben beschriebenen Lehrveranstaltungen.

Mit dem ethnologischen Ansatz einer holistischen Sichtweise und der Methode der teilnehmenden Beobachtung lassen sich hierbei Parallelen zu den Grundsätzen einer dem Individuum zugewandten Medizin aufzeigen (Kalitzkus 2009:353). Diese bestehen, so der Arzt und Ethnologe Robert A. Hahn (1995:274), im Zuhören: „Listening to others … is the hallmark of the anthropological perspective and practice. To understand how things look from the other's point of view" (Hahn 1995:274), das Verstehen des Kontextes, das Erkennen der intraethnischen Variabilität (der sozialen Charakteristika wie religiöse Orientierung, formale Erziehung, ländlicher oder städtischer Ursprung, Beruf und vieles mehr), die das Denken, die Werte und das Verhalten eines Patienten bestimmen. Hinzu kommen das Erklären, Übersetzen und Vermitteln. Alles sind grundlegende Fähigkeiten, die in einer ethnologischen Ausbildung vermittelt werden. Dieser Ansatz wurde von Arthur Kleinman (Kleinman / Benson 2006), neben anderen Medizinethnologen, als Mini-Ethnographie weiterentwickelt. Dabei werden die emische Sicht des Patienten („how things look from the other's point of view") und seine Erklärungsmodelle in das Patientengespräch zentral einbezogen. Wie Michael Knipper und Ahmet Akinci (2005:4) festhalten, schärft die Beschäftigung mit Medizin im Kontext von Migration und ethnisch-kultureller Vielfalt „den Blick für allgemeine Fragen und Probleme der Medizin. Denn der ‚Migrationshintergrund' ist stets nur ein Aspekt der individuellen Persönlichkeit eines Patienten und nur ein Aspekt unter vielen, die für die medizinische Behandlung von Bedeutung sind."

2.3. Das nationale Gesundheitswesen: Gesundheitsförderung und Prävention

Migranten haben häufig einen erschwerten Zugang zur Gesundheitsversorgung; sei es aufgrund mangelnder Information, aufgrund von Sprach- und Übersetzungsproblemen, aber auch begründet in anderen Vorstellungen von Krankheit und ihren Ursachen, die nicht in ein biomedizinisches Erklärungsmodell übersetzbar sind (Greifeld 2013:27). Auch die Medizinethnologen Hansjörg Dilger und Bernhard Hadolt konstatieren: „Ethnologisches Wissen ist zum einen in der Interaktion zwischen Gesundheitspersonal und

---

4   Als erste reguläre Lehrveranstaltung und damit als Pionierprojekt zu erwähnen ist die an der medizinischen Fakultät der Universität Gießen seit 2004 stattfindende Lehrveranstaltung „Medizin und ethnisch-kulturelle Vielfalt" im klinischen Wahlfach „Migrantenmedizin" (Knipper / Akinci 2005).

PatienInnen gefragt, die wiederum Fragen nach der inhaltlichen und sprachlichen Vermittlung von Gesundheitsangeboten sowie der Umsetzung bzw. Akzeptanz therapeutischer Leistungen aufwirft" (Dilger/Hadolt 2012:232). Für Patienten mit Migrationshintergrund hat die Medizinethnologin Martine Verwey (2003) eine migrationsspezifische Anamnese vorgestellt, in der auch die aktuelle Lebenssituation der Patienten, ihre Herkunfts-, Migrations- und Integrationsgeschichte exploriert werden.

Die Qualifikation von Medizinethnologinnen und Absolventinnen ähnlicher Fachrichtungen werden seit einigen Jahren auch von nationalen Gesundheitsinstitutionen, wie z. B. den Gesundheitsämtern größerer Städte, nachgefragt; dennoch werden die (wenigen) dortigen Stelleninhaber*innen bisher immer noch oft als „Exot*innen" betrachtet.

Mit einer dieser „Exot*innen", die seit 2015 im Gesundheitsamt einer Großstadt tätig ist und namentlich nicht genannt werden will, hat V. K. im Oktober 2017 ein Interview geführt, in dem die Gesprächspartnerin ihren Weg zum Beruf und die Aufgaben ihrer alltäglichen Arbeit beschreibt.

Nach einer Ausbildung als Berufsschullehrerin im Bereich Gesundheit und Pflege und entsprechender Lehrtätigkeit in verschiedenen gesundheitlichen Ausbildungsgängen war die Befragte im Rahmen der Entwicklungszusammenarbeit zur Frage der Schulqualität in Südostasien und in einem weiteren Schul- und später auch HIV/AIDS-Projekt im südlichen Afrika tätig. Es folgte eine Anstellung bei einer internationalen Nichtregierungsorganisation, bei der Themen wie „Globales Lernen" und „Soziale Determinanten von Gesundheit" sowie die Organisation entsprechender Veranstaltungen zu diesen Schwerpunkten zu ihrem Aufgabenbereich zählten. Daran schloss sich ein Masterstudium in Public Health an; die Masterarbeit basierte auf einer Forschung über das Gesundheitsverständnis von drogenabhängigen Prostituierten in Tansania. Nach einer kürzeren Tätigkeit bei einer Krankenversicherung im Bereich der Gesundheitsförderung nahm sie die heutige Stelle im städtischen Gesundheitsamt an. Ihre Arbeit ist vielfältig; sie koordiniert den Einsatz von interkulturellen Gesundheitslotsen für Geflüchtete. Die speziell ausgebildeten Gesundheitslotsen informieren die Migranten in der jeweiligen Muttersprache über das deutsche Gesundheitssystem sowie über Themen der Gesundheitsförderung und Prävention. Weitere Aufgaben umfassen die Zusammenarbeit mit verschiedenen kommunalen stationären und ambulanten Akteuren für Menschen ohne Krankenversicherung.

Zu den Herausforderungen der Tätigkeit in einer Behörde wie einem Gesundheitsamt zählt der Spagat zwischen der inhaltlichen Ebene und deren politischen Umsetzung, die Realisierung der eigenen Grenzen und die Rolle des Amtes, hinzu kommen die vielen kleinen, Geduld und Ausdauer erfordernden Schritte, die in einer stark hierarchisch strukturierten Behörde selbst für kleine Veränderungen nötig sind.

Als zusätzliche Qualifikation für ihre Tätigkeit nannte die Mitarbeiterin im Gesundheitsamt „Praxiserfahrung in den Ländern, in denen man selbst fremd ist" als Grundlage für ein besseres Verständnis von den Sorgen und Nöten der Personen (Menschen ohne gültige Aufenthaltsgenehmigung, „undokumentierte" Migranten), die spezifische Gesundheitshilfeangebote aufsuchen. Ein Studium oder eine Zweitausbildung in einem interdisziplinären Fach wie Public Health und die generelle Offenheit für interdisziplinäre Ansätze und Zusammenarbeit helfen dabei, unterschiedliche Perspektiven auf das Thema Gesundheit und Krankheit zu entwickeln.

Wünschenswert wäre in den Gesundheitsämtern, so V. K.s Gesprächspartnerin, die Anstellung weiterer Medizinethnolog*innen, die als Vermittler*innen verstärkt die Menschen erreichen können, die zu den existierenden Gesundheitsangeboten kaum Zugang haben. Eine angestrebte interkulturelle Öffnung von Ämtern und Behörden sollte sich auch in der Ausbildung (wie etwa einem Ethnologiestudium) der Mitarbeiter*innen wiederspiegeln.

3. Zwischen Forschung und Anwendung

Die Autorinnen nutzen ethnologische Methoden und Werkzeuge auf vielfältige Weise in ihrer wissenschaftlichen beruflichen Tätigkeit in Deutschland. Dabei führten sie als wissenschaftliche Mitarbeiterinnen an unterschiedlichen Institutionen und in verschiedenen Projekten Studien durch, in deren Mittelpunkt „Lebensprobleme von Patienten, Klienten oder Kunden stehen, nicht [aber] disziplinär erdachte ethnologische ‚Probleme'" (Antweiler 2015:18).

3.1. Medizinethnologische Ansätze in der Palliativmedizin
An der Forschungsstelle der Palliativmedizinischen Abteilung an der Medizinischen Fakultät der Friedrich-Alexander Universität Erlangen-Nürnberg untersuchte F. H. mit empirischen Methoden Arbeits-, Organisations- und Koordinationsformen hospizlich-palliativer Versorgungsnetzwerke (Herbst et al. 2017 a, 2017 b). In ihrer beruflichen Tätigkeit nutzte sie die während ihres Studiums und in der Promotionsphase erworbenen Forschungskompetenzen. Sie führte semistrukturierte Interviews, Fokusgruppen und Online-Befragungen mit Koordinatoren der Versorgungsnetzwerke sowie weiterer Experten aus dem Bereich der Netzwerkarbeit durch. Eine Handreichung zum Netzwerkauf und -ausbau wurde entwickelt. In einem zweiten Projekt befragte die Autorin gemeinsam mit Kolleg*innen aus benachbarten Disziplinen mittels leitfadengestützter Interviews, Fragebögen und Fokusgruppen Patient*innen, Angehörige, Teammitglieder und institutionelle Vertreter zum Thema multiresistente Erreger in der Versorgung am Lebensende (Heckel et al. 2017; Herbst et al. 2018).

Auch wenn bisher keine umfassende Untersuchung über die Anzahl der Menschen mit Migrationshintergrund in Deutschland, die einer spezialisierten Palliativversorgung bedürfen, vorliegt (Jansky/Nauck 2014:5-6), rücken Menschen mit Migrationshintergrund zunehmend in den Fokus der vergleichsweise jungen Disziplin Palliativmedizin. So widmen sich palliativmedizinische Studien (Jansky/Nauck 2014; Jansky et al. 2017; Migala et al. 2016; Zielke-Nadkarni 2013) der Erforschung der Versorgungsbedürfnisse von schwerstkranken und sterbenden Menschen mit Migrationshintergrund und deren Angehörigen. Jansky et al. (2017:48-50) zeigen, dass ein möglicher kulturell anderer Umgang mit Sterben und Tod von spezialisierten Palliativversorgern als Hürde der Inanspruchnahme beschrieben wird. Zudem benennen die befragten Versorger die aus anderen Bereichen der Gesundheitsversorgung bekannten Zugangsbarrieren (Borde et al. 2002; Razum et al. 2004), wie etwa fehlende Informationen über das deutsche Gesundheitssystem sowie Sprachbarrieren. Gerade jedoch in Situationen am Lebensende, mit denen oftmals das Überbringen schlechter Nachrichten einhergeht, ist die Einbindung geschulter Dolmetscher zentral. Angehörige belastet eine solche Situation oft stark, und sie können die Aufgabe des Dolmetschens daher nicht oder nur eingeschränkt übernehmen.

Aktuell gewinnt das Thema Palliativversorgung für Menschen mit Migrationshintergrund in pflegerischer Praxis sowie Aus- und Weiterbildung an Präsenz. So bietet das Johannes-Hospiz Münster ein Seminar „transkulturelle Pflegeanamnese in der Palliative Care" an. Zudem wurde ein durch migrationsspezifische Themen erweiterter Pflegeanamnesebogen für den Erwachsenen- und pädiatrischen Bereich entwickelt (Akademie am Johannes-Hospiz/DRK-Landesverband Westfalen-Lippe e. V. 2013). Die Palliativmedizinische Abteilung an der Medizinischen Fakultät der Friedrich-Alexander Universität Erlangen-Nürnberg bietet innerhalb des Wahlpflichtfaches Palliativmedizin interaktive Seminare zu sozial-medizinischen und kulturellen Themen an; F. H. führte im Rahmen der Veranstaltung Workshops zu den Themen „Palliativversorgung für Menschen mit Migrationshintergrund" und „Trauer und Bestattung im interkulturellen Vergleich" durch.

3.2. Medizinethnologische Forschungen in der Klinikseelsorge

Während ihrer Zeit als wissenschaftliche Mitarbeiterin an der FEST e. V.[5] war J. T. in ein interdisziplinäres Forschungsprojekt zur Seelsorge und Ethik eingebunden. Den Hintergrund der Studie bildete die Beobachtung, dass sich Klinikseelsorgende im Berufsalltag vermehrt mit medizinethischen Fragestellungen konfrontiert sehen (Moos et al. 2016; Thiesbonenkamp-Maag 2017) – sei es, dass sie im Ethikkomitee gemeinsam mit den Angehörigen und medizinischem Personal der Frage nachgehen, ob eine Person weiter künstlich ernährt werden soll oder sei es, wenn sie in Einzelgesprächen mit Angehörigen und

---

5 FEST ist die Abkürzung für die Forschungsstätte der Evangelischen Studiengemeinschaft; die Forschungsgruppe bestand aus einer Biologin und Theologin, einem Theologen, einem Theologen und Arzt sowie einer Medizinethnologin.

Patienten auf das Thema Lebensqualität eingehen. Die Studie verfolgte dabei zwei Ziele: Erstens wurde eine empirische Studie in verschiedenen Kliniken deutschlandweit durchgeführt. Teilnehmende Beobachtungen in Ethikkomitees und in der Begleitung der Klinikseelsorgenden im Berufsalltag wurden ebenso wie semistrukturierte Interviews eingesetzt. In der Auswertung der Daten kamen ethnologische Theorien wie beispielsweise Ansätze zum Personenkonzept oder zu Ritualen zum Einsatz (Mauss 1985; Turner 1989). Das zweite Ziel der Studie war, auf Basis des Materials ein Ausbildungsmodul für die Klinikseelsorgenden zu entwickeln.

3.3. Kultur als Risiko? Eine neurologische Erkrankung in Guam, Mikronesien

Nach jahrzehntelangen, medizinisch ausgerichteten und weitgehend ergebnislosen Forschungen zur möglichen Ursache einer neurologischen Erkrankung[6] bei den Chamorro, den indigenen Bewohnern der Insel Guam im westlichen Pazifik, rückten deren kulturelle Praktiken als möglicher Risikofaktor dieser Erkrankung als neue Hypothese in den Fokus. Das Forschungsprojekt war in den 1990er Jahren von den National Institutes of Health, der Mayo Clinic und den Micronesian Health Studies der Universität Guam gegründet und finanziert worden und sie stellten V. K. für eine medizinethnologische Forschung an. Ziel der transdisziplinären Zusammenarbeit zwischen der Neurologie und der Ethnologie war folgendes: Verschiedene Disziplinen, ihre unterschiedlichen Fragestellungen und Problemlösungen und ihre verschiedenen methodischen Vorgehensweisen sollten zu neuen Ergebnissen führen und neue Erkenntnisse über diese Krankheit ermöglichen, deren Erforschung mangels neuer Hypothesen zu dieser Zeit stagnierte.

Die Feldforschung konzentrierte sich auf zwei nur wenige Kilometer auseinanderliegende Dörfer. In beiden Gemeinden lebten und leben Angehörige einer großen Familie, der „Q"-Familie. In einem Dorf erkrankten die Mitglieder dieser Q-Familie extrem häufig an dieser Erkrankung, im anderen Dorf hingegen sehr viel seltener. Methodisch wählte V. K. ein qualitatives Vorgehen, verglich viele Lebensgeschichten der Bewohner der beiden Dörfer, versuchte Unterschiede (in der Ernährung, des Dorf- und Familienalltags, während der Zeit der japanischen Besetzung im II. Weltkrieg usw.) herauszufinden und entwickelte anhand von Archivmaterial die Geschichte und Entwicklung der beiden Dörfer seit den 1930er Jahren.

Mehr und mehr aber rückten im Lauf der Forschung auch andere Themen ins Zentrum des Forschungsinteresses: Eines war die Sicht der indigenen Heiler und die Einordnung bzw. Erklärung dieser Erkrankung in ihr medizinisches System, ein anderes die Auswirkungen der jahrzehntelangen medizinischen Forschungen mit ihrer Konzentration auf ein kleines Dorf, die daraus resultierende Stigmatisierung des Ortes und die lokale Rezeption dieser Erkrankung (Keck 2011).

---

6   Die Krankheit wird biomedizinisch „Amyotrophe Lateralsklerose / Parkinson-Demenz-Komplex" auf Guam (ALS / PDC) genannt; es ist eine komplexe neurodegenerative Erkrankung.

4. Internationale Gesundheit und Public Health

Vor dem Hintergrund globaler Gesundheitsprobleme wie HIV/AIDS, der Ebola-Epidemie oder aber auch Themen wie Zugang zu sauberem Wasser, sanitären Anlagen oder Impfprogrammen sind Medizinethnolog*innen auch beratend und evaluierend tätig.

Die Internationale Zusammenarbeit bietet ein weiteres wichtiges Berufsfeld für Medizinethnolog*innen. Ein auf einem Interview[7] basierendes Berufsporträt einer Medizinethnologin, die seit vielen Jahren in diesem Bereich arbeitet, beschreibt den (auch von Zufällen bestimmten) Werdegang und die Anforderungen für diese medizinethnologische Tätigkeit.

Nach einem Ethnologiestudium und Promotion über die Verquickung von Religion und westlicher Medizin in Mexiko und einer weiteren Feldforschung in Kolumbien zur sexuellen Gesundheit von Frauen bildete sich die Medizinethnologin als interkulturelle Trainerin weiter. Nach mehreren Jahren der universitären Lehre als Ethnologin folgte eine Zusammenarbeit (in Lehre und als Beraterin) im Public-Health-Bereich, eine Anstellung in einer auf die Internationale Public Health ausgerichtete Consulting-Firma und daran anschließend eine zweijährige Projektleitung für ein Mutter-Kind-Gesundheitsprojekt in Usbekistan. Danach machte die Medizinethnologin sich als unabhängige Gutachterin für die Entwicklungszusammenarbeit (mit dem Schwerpunkt auf Gender- und Gesundheitsprojekte) selbstständig. Zu ihren Tätigkeiten gehören Evaluierungen von Gesundheitsprogrammen (z. B. zur Tuberkuloseprävention oder im HIV/AIDS-Bereich), die Entwicklung von Projekten („Projektfindungen"), Bedarfsstudien, Kostenkalkulationen und Planungen zur Umsetzung. Themen und Projekte umfassen neuere Versicherungsansätze (wie z. B. Frauen vor der Geburt an einer gesundheitlichen Versorgung teilnehmen können), die Kostenabschätzung für die Weiterbildung von Pflegern bei der Versorgung Tuberkulosekranker oder auch die Gestaltung von Geburtsstationen, in denen Frauen sich wohlfühlen können. Dazu sind – ganz dem ethnologischen Ansatz verpflichtet – Gespräche mit allen Beteiligten zu ihren Bedürfnissen zentral, deren Meinung dann auch in den geplanten Projekten Eingang findet. Neben Evaluierungen und Beratungen werden (seltener) auch Forschungsaufträge, wie z. B. zu Krankheitskonzepten im Zusammenhang mit Malaria in West Papua (Indonesien) vergeben. Zu den Auftraggebern gehören kirchliche Organisationen wie Misereor oder Brot für die Welt oder staatliche Stellen wie die giz oder die Entwicklungsbank KfW.

An allgemeinen Qualifikationen sind in diesem Berufsfeld Teamfähigkeit (in internationalen und interdisziplinären Teams) wichtig, eine Offenheit gegenüber anderen Meinungen und

---

7   Das Interview wurde von V. K. im Juli 2017 geführt. Die Gesprächspartnerin wird im vorliegenden Beitrag auf eigenen Wunsch nicht namentlich genannt.

Perspektiven, aber auch das kritische Überprüfen unterschiedlicher Aussagen. So können Regierungsstellen bestimmte Interessen verfolgen, die nicht unbedingt mit denen der Bevölkerung oder auch der Auftraggeber übereinstimmen; hinzu kommen Verhandlungsgeschick und eine gewisse Beharrlichkeit, um Widerstände zu überwinden und eventuell an einer konträren Meinung festzuhalten. Der berufliche Alltag ist interessant und umfasst viele Gestaltungsmöglichkeiten, ist aber auch anstrengend und kann je nach Sicherheitslage im betreffenden Land nicht ungefährlich sein. Oft müssen in kurzer Zeit viele prägnant formulierte Berichte verfasst werden; Bürokratien grenzen den eigenen Spielraum immer mehr ein.

Für Medizinethnolog*innen, die sich auf diesen Bereich spezialisieren möchten, empfiehlt sie nach dem Master (oder der Promotion) in Ethnologie als Vorbereitung für die Entwicklungszusammenarbeit ein Aufbaustudium in Public Health oder der Agrarentwicklung. Wichtig sind darüber hinaus gute Sprachkenntnisse in den großen Weltsprachen, eine gute Vernetzung (z. B. über medizinethnologische Arbeitsgemeinschaften[8], durch Konferenzbesuche etc.) und Kenntnisse in der internationalen Gesundheit.

In diesen Zusammengang der Public Health gehört auch die Beratung und Vorbereitung von Expert*innen für ihren Auslandsaufenthalt. Diese beinhalten die Vermittlung von landeskundlichen Themen, Gender-Konzepten, religiöser Orientierung, Formen indigener Medizin und aktueller Gesundheitsprobleme – eine Beratungstätigkeit, die meist auf einer eigenen längeren Feldforschungskompetenz und guten Sprachkenntnissen zumindest in der Lingua franca des jeweiligen Landes basiert.

5. Fazit

Bis heute fehlt vor allem in der medizinischen Ausbildung eine differenzierte Auseinandersetzung mit den Themen Kultur und ethnische Diversität sowie der Vermittlung interkultureller Kompetenzen – erste Ansätze sind aber erkennbar. In freier Abwandlung des Slogans sollte heute für eine verantwortungsvolle medizinethnologische Vermittlungsarbeit gelten: „think global, teach local" (Knipper et al. 2010:3) – damit ist auch die An-

---

8   Wie die AG Medical Anthropology der (neu umbenannten) Deutschen Gesellschaft für Sozial- und Kulturanthropologie (bisher: Deutsche Gesellschaft für Völkerkunde) http://www.medicalanthropology.de/, die Arbeitsgemeinschaft Ethnologie und Medizin http://agem.de (sie gibt auch die medizinethnologische Zeitschrift CURARE heraus), das Medical Anthropology Network der European Association of Social Anthropologists https://www.easaonline. org/networks/medical/ oder die Medical Anthropology Switzerland (MAS) der Schweizerischen Ethnologischen Gesellschaft http://www.sagw.ch/seg/ commissions/MAS.html.

passung von Lehrinhalten zur Diversität und interkultureller Kompetenz an die lokalen Herausforderungen gemeint.

In der Reflektion unserer Erfahrungen und unseres Werdegangs und desjenigen einiger unserer medizinethnologischen Kolleg*innen trifft Christoph Antweilers Überlegung zum Spannungsfeld Forschung und Anwendung zu:

„Akademische Ethnologie und angewandte Ethnologie werden einander oft polar entgegengesetzt. Damit wird eine Dichotomie zwischen allgemeiner und praktischer Ethnologie aufgemacht. Ethnologie, die außerhalb der Universitäten praktiziert wird, ist aber weder dasselbe noch etwas ganz anderes als akademische Ethnologie. Realistischer ist es, ein Kontinuum zu sehen von theoretischer und ethnographischer Forschung über Forschung zu sozialen Fragen, Politikanalyse und angewandter akademischer Forschung bis hin zu praktizierender Ethnologie, verstanden als voll auf außerakademische Belange orientierte Tätigkeit" (Antweiler 2015:17). In anderen Worten: Die im Ethnologiestudium erworbenen Kompetenzen, das dort vermittelte Wissen und die erlernten Methoden eröffnen Medizinethnolog*innen eine Vielzahl interessanter, herausfordernder beruflicher Tätigkeitsfelder – Praktika, Eigeninitiative, Ausdauer und der Blick über den Tellerrand sind hilfreiche Voraussetzungen, um eine berufliche Anstellung zu finden.

Literatur

Akademie am Johannes-Hospiz / DRK-Landesverband Westfalen-Lippe e. V. (2013): Empfehlungen zur Hospiz- und Palliativbetreuung von Menschen mit Migrationshintergrund – eine Handreichung. Münster: Akademie am Johannes-Hospiz / DRK-Landesverband Westfalen-Lippe e. V. Electronic source: http://www.johannes-hospiz.de/cms/upload/pdf/01_Handreichung.pdf; http://www.johannes hospiz.de/cms/upload/pdf/03_Erwachsenenbereich_Fragebogen.pdf; http://www.johannes-hospiz.de/cms/upload/pdf/04_Paedriatischerbereich_Fragebogen.pdf.

ALTHAUS, Fabrice / Hudelson, Patricia / Domenig, Dagmar / Green, Alexander R. / Bodenmann, Patrick (2010): Transkulturelle Kompetenz in der medizinischen Praxis. Bedürfnisse, Mittel, Wirkung. In: Schweizerisches Medizin-Forum, 10 (5), S. 79 – 83. Electronic source: https://migesexpert.migesplus.ch/fileadmin/migesexpert/Dokumente/Transkulturelle_Kompetenz_in_der_medizinischen_Praxis1.pdf

ANTWEILER, Christoph (2015): Angewandte Ethnologie heute. Arbeits- und Minenfelder jenseits des Kokons. In: Ethnoscripts, 17 (2), S. 11 – 39.

BORDE, Theda / David, Matthias / Kentenich, Heribert (2002): Erwartungen und Zufriedenheit deutscher und türkischsprachiger Patientinnen im Krankenhaus. Eine vergleichende Befragung in einer Berliner Frauenklinik. In: Das Gesundheitswesen, 64 (8/9), S. 476–485.

DILGER, Hansjörg / Hadolt, Bernhard (2012): Medizinethnologie. In: Beer, Bettina / Fischer, Hans (Hg.): Ethnologie. Einführung und Überblick. Berlin: Reimer, S. 309–329.

DOMENIG, Dagmar (2007): Das Konzept der transkulturellen Kompetenz. In: Domenig, Dagmar (Hg.): Transkulturelle Kompetenz. Lehrbuch für Pflege-, Gesundheits- und Sozialberufe. Bern: Verlag Hans Huber, S. 165–189.

DREISSIG, Verena (2005): Interkulturelle Kommunikation im Krankenhaus. Eine Studie zur Interaktion zwischen Klinikpersonal und Patienten mit Migrationshintergrund. Bielefeld: transkript.

ETTLING, Silke (2007): Interkulturelle Kompetenz im Gesundheitswesen aus der Perspektive der Medizinethnologie. In: Otten, Matthias / Scheitza, Alexander / Cnyrim, Andrea (Hg.): Interkulturelle Kompetenz im Wandel. Band 2: Ausbildung, Training und Beratung. Saarbrücken: IKO, S. 129–145.

FADIMAN, Anne ([1997] 2000): Der Geist packt dich, und du stürzt zu Boden. Ein Hmong-Kind, seine westlichen Ärzte und der Zusammenprall zweier Kulturen, übers. L. von Reppert-Bismarck und T. Rütten. Berlin: Berlin Verlag.

GREIFELD, Katarina (Hg.) (2013): Einführung. In: Greifeld, Katarina (Hg.): Medizinethnologie. Eine Einführung. Berlin: Reimer Verlag, S. 13–37.

HAHN, Robert A. (1995): Sickness and Healing. An Anthropological Perspective. New Haven: Yale University Press.

HECKEL, Maria / Sturm, Alexander / Herbst, Franziska A. / Ostgathe, Christoph / Stiel, Stephanie (2017): Effects of Methicillin-Resistant Staphylococcus aureus / Multiresistant Gram-Negative Bacteria Colonization or Infection and Isolation Measures in End of Life on Family Caregivers: Results of a Qualitative Study. In: Journal of Palliative Medicine, 20 (3), S. 273–281.

HERBST, Franziska A. / Heckel, Maria / Stiel, Stephanie / Ostgathe, Christoph (2017a): Kompetent vernetzt – optimal versorgt! Förderliche Faktoren der Zusammenarbeit in hospizlich-palliativen Versorgungsnetzwerken in Bayern. In: Bundesgesundheitsblatt – Gesundheitsforschung – Gesundheitsschutz, 60 (1), S. 37–44.

HERBST, Franziska A. / Stiel, Stephanie / Heckel, Maria / Ostgathe, Christoph (2017b): Beschreibung und Analyse der Partner in Netzwerken der Hospiz- und Palliativversorgung in Bayern an der Schnittstelle ambulant-stationär. Eine Mixed-Methods-Studie. In: Zeitschrift für Palliativmedizin, 18 (6), S. 310–318.

HERBST, Franziska A. / Heckel, Maria / Tiedtke, Johanna M. / Adelhardt, Thomas / Sturm, Alexander / Stiel, Stephanie / Ostgathe, Christoph (2018): Perspectives on Multidrug-resistant Organisms at the End of Life. A Focus Group Study of Staff Members and Institutional Stakeholders. In: Zeitschrift für Gerontologie und Geriatrie, DOI: 10.1007/s00391-018-1378-8.

JANSKY, Maximiliane / Nauck, Friedemann (2014): Palliativ- und Hospizversorgung von Menschen mit Migrationshintergrund. Aktueller Stand und Handlungsempfehlungen für Hospiz- und Palliativversorger. Göttingen: Universitätsmedizin Göttingen, Niedersächsisches Landesamt für Soziales, Jugend und Familie.

JANSKY, Maximiliane / Owusu-Boakye, Sonja / Nauck, Friedemann (2017): Palliative Versorgung von Menschen mit türkischem oder arabischem Migrationshintergrund in Niedersachsen. In: Bundesgesundheitsblatt – Gesundheitsforschung – Gesundheitsschutz, 60 (1), S. 45–54.

KALITZKUS, Vera (2009): Als Ethnologin in der Medizin? Ein persönliches Resümee. In: Dickhardt, Michael / Hermann, Elfriede / Klenke, Karin (Hg.): Form – Macht – Differenz. Motive ethnologischen Forschens. Festschrift für Brigitta Hauser-Schäublin. Göttingen: Universitätsverlag, S. 347–355.

KECK, Verena (2011): The Search for a Cause. An Anthropological Perspective on a Neurological Disease in Guam, Western Pacific. Guam: Richard Taitano Micronesian Area Resource Center, University of Guam; Honolulu: University of Hawai'i Press.

KLEINMAN, Arthur (1980): Patients and Healers in the Context of Culture. An Exploration of the Borderland between Anthropology, Medicine, and Psychiatry. Berkeley: University of California Press.

KLEINMAN, Arthur / Benson, Peter (2006): Anthropology in the Clinic. The Problem of Cultural Competency and How to Fix It. In: Plos Medicine October, 3 (10), S. 1673–1676.

KNIPPER, Michael / Akinci, Secil / Soydan, Nedim (2010): Culture and Health Care in Medical Education. Migrants Health and Beyond. In: Zeitschrift für medizinische Ausbildung, 27 (3), S. 1–6.

KNIPPER, Michael / Bilgin, Yasar (2009): Migration und Gesundheit. St. Augustin: Konrad Adenauer-Stiftung. Electronic source: http://www.kas.de/wf/doc/kas_16451-544-1-30.pdf.

KNIPPER, Michael / Akinci, Ahmet (2005): Wahlfach „Migrantenmedizin". Interdisziplinäre Aspekte der medizinischen Versorgung von Patienten mit Migrationshintergrund. Das erste reguläre Lehrangebot zum Thema „Medizin und ethnisch-kulturelle Vielfalt" in Deutschland. In: GMS Zeitschrift für Medizinische Ausbildung, 22 (4), S. 1–5.

MAUSS, Marcel (1985): A Category of the Human Mind. The Notion of Person, the Notion of Self. In: Carrithers, Michael (Hg.): The Category of the Person. Cambridge: Cambridge University Press, S. 1–25.

MIGALA, Silke / Bakadorova, Olga / Dvurechenskaya, Elena / Sokolova, Olga / Flick, Uwe (2016): Palliative Care. Bedeutung des soziokulturellen Kontexts der Herkunftsgesellschaft für das subjektive Verständnis russischsprachiger Migrant_innen in Deutschland. In: Zeitschrift für Palliativmedizin, 17 (05), S. P162.

Moos, Thorsten / Ehm, Simone / Kliesch, Fabian / Thiesbonenkamp-Maag, Julia (Hg.) (2016): Ethik in der Klinikseelsorge. Empirie, Theologie, Ausbildung der Klinikseelsorge. Göttingen: Vandenhoeck & Ruprecht GmbH.

Pfeiffer, James / Nichter, Mark (2008): What can Critical Medical Anthropology Contribute to Global Health? A Health Systems Perspective. In: Medical Anthropology Quarterly, 22 (4), S. 410 – 415.

Razum, Olive / Geiger, Ingrid / Zeeb, Hajo / Ronellenfitsch, Ulrich (2004): Gesundheitsversorgung von Migranten. In: Deutsches Ärzteblatt, 101 (43), S. 2882 – 2887.

Schmidt, Werner / Kandel, Karoline / Kendlbacher, Bea (2005): Die Amsterdamer Erklärung für migrantInnenfreundliche Krankenhäuser in einem ethnisch und kulturell vielfältigen Europa. Deutsche Übersetzung. Electronic source: http://www.mfh-eu.net/public/files/european_recommendations/mfh_amsterdam_declaration_deutsch.pdf.

Siegert, Sonja / Czarnowski, Julia (2003): EthnologInnen ins Gesundheitswesen! In: Seiser, Gertraud / Czarnowsky, Julia / Pinkl, Petra / Gingrich, Andre (Hg.): Explorationen ethnologischer Berufsfelder. Chancen und Risiken für Universitätsabsolventinnen. Wien: WUV, S. 221 – 254.

Stülb, Magdalena / Adam, Yvonne (2010): Die Sicht der Patient/-innen. Medizinethnologische Ansätze in der interkulturellen Kommunikation im Gesundheitswesen. In: Falge, Christiane / Zimmermann, Gudrun (Hg.): Interkulturelle Öffnung des Gesundheitssystems. Baden Baden: Nomos Verlagsgesellschaft, S. 41 – 55.

Stülb, Magdalena / Adam, Yvonne (2004): „Was arbeiten eigentlich Medizinethnologinnen?" Herausforderungen im Spannungsfeld zwischen Forschung und Anwendung. In: Curare, 27 (1 – 2), S. 77 – 88.

Thiesbonenkamp-Maag, Julia (2017): „I am not here to repair but see the person as a whole". Pastoral Care Work in German Hospitals. In: Hadolt, Bernhard / Hardon, Anita (Hg.): Emerging Socialities in 21st Century Healthcare. Amsterdam: Amsterdam University Press, S. 123 – 128.

Turner, Victor (1989): Das Ritual. Struktur und Anti-Struktur. Frankfurt: Campus.

Verwey, Martine (2003): Hat die Odyssee Odysseus krank gemacht? Migration, Integration und Gesundheit. In: Lux, Thomas (Hg.): Kulturelle Dimensionen von Medizin. Ethnomedizin – Medizinethnologie – Medical Anthropology. Berlin: Reimer, S. 277 – 307.

Zielke-Nadkarni, Andrea (2013): Forschungsbericht zu den „Empfehlungen zur Hospiz- und Palliativbetreuung von Menschen mit Migrationshintergrund." Münster: DRK-Landesverband Westfalen-Lippe e. V. Electronic source: http://www.johannes-hospiz.de/cms/upload/pdf/02_Forschungsbericht.pdf.

Websites

AMIKO – Arbeitsgruppe Medizinethnologie und Interkulturelle Kommunikation): https://www.amiko-institut.de [Zugriff am 03.06.2018].

AG Medical Anthropology: http://www.medicalanthropology.de [Zugriff am 03.06.2018].

Arbeitsgemeinschaft Ethnologie und Medizin: http://www.agem.de [Zugriff am 22.01.2019].

Medical Anthropology Network der European Association of Social Anthropologists: https://www.easaonline.org/networks/medical/ [Zugriff am 22.01.2019].

MAS – Medical Anthropology Switzerland der Schweizerischen Ethnologischen Gesellschaft: http://www.sagw.ch/seg/commissions/MAS.html [Zugriff am 03.06.2018].

Medizinethnologisches Team: http://www.medizinethnologischesteam.de [Zugriff am 03.06.2018].

Der „Klassiker": das Museum als Praxisfeld der ethnologischen Wissenschaften[1]

Iris Edenheiser / Elisabeth Tietmeyer

ABSTRACT: Ethnologische Museen sind Kontaktorte, an denen sozial- und kulturanthropologisches sowie kulturhistorisches Wissen durch unterschiedliche Akteur*innen produziert, erworben und verhandelt wird und komplexe Inhalte auf einem allgemeinverständlichen Niveau popularisiert und visualisiert werden. Seit ihren Gründungen im 19. Jahrhundert sind die Museen darüber hinaus ein Ort der Forschung mit dem Fokus auf der materiellen Kultur zunächst als Zeugnisse ethnisch-kultureller Andersartigkeit, später von alltäglichen Lebenswelten und globalen Verflechtungen zwischen Europa und der Welt. Ihre anfänglich intendierte aufklärerische Rolle war häufig gepaart mit „Lobbyarbeit" für unterschiedliche, sich zum Teil diametral entgegenstehende Ziele – von der Propagierung und wissenschaftlichen Rechtfertigung (kolonial-) politischer Zwecke, der Förderung nationaler Identitätsfindung, über die kulturrelativistische Rehabilitierung indigener Gesellschaften bis hin zur Demokratisierung der Museumsarbeit durch Partizipation und soziale Inklusion.

Waren in der Anfangszeit die akademischen und musealen Tätigkeiten in den ethnologischen Wissenschaften noch aufs Engste miteinander verbunden, entwickelten sich diese im Laufe der Jahrzehnte auseinander. Die dadurch entstandene institutionelle Zweigleisigkeit besteht fort. Zwar wurden immer wieder von beiden Seiten Versuche unternommen, Forschung, Lehre und Vermittlung zu verzahnen – dies aber mit unterschiedlichem Erfolg und einer kaum bemerkenswerten Nachhaltigkeit. Seit geraumer Zeit bestehen allerdings ernstzunehmende Bestrebungen – nicht nur in den Fachdisziplinen – diese Dichotomie durch praxisorientierte Anforderungen in der universitären Forschung und Lehre einerseits und der strukturellen und finanziellen Förderung von Forschung in Museen und mit Sammlungen andererseits aufzuheben oder zumindest zu nivellieren.

© Springer Fachmedien Wiesbaden GmbH, ein Teil von Springer Nature 2019
S. Klocke-Daffa (Hrsg.), *Angewandte Ethnologie*, https://doi.org/10.1007/978-3-658-25893-1_25

1. Einleitung

Ethnologische Museen sind Kontaktorte, an denen sozial- und kulturanthropologisches sowie kulturhistorisches Wissen durch unterschiedliche Akteur*innen produziert, erworben und verhandelt wird. Eine ihrer Hauptaufgaben lag (und liegt) in der Wissensvermittlung, indem komplexe Inhalte auf einem allgemeinverständlichen Niveau popularisiert und visualisiert werden. Seit ihren Gründungen als eigene Museumsgattung im 19. Jahrhundert sind sie darüber hinaus ein Ort der Forschung mit dem Fokus auf materieller Kultur – zunächst als Zeugnisse ethnisch-kultureller Andersartigkeit, später von alltäglichen Lebenswelten und globalen Verflechtungen zwischen Europa und der Welt. Ihre intendierte aufklärerische Rolle war über die Zeiten häufig gepaart mit „Lobbyarbeit" für unterschiedliche, sich zum Teil diametral entgegenstehender Ziele – von der Propagierung und wissenschaftlichen Rechtfertigung (kolonial-)politischer Zwecke, der Förderung nationaler Identitätsfindung, über die kulturrelativistische Rehabilitierung indigener Gesellschaften bis hin zur Demokratisierung der Museumsarbeit durch Partizipation und soziale Inklusion.

Ethnologische Forschung begann an den Museen. Waren zunächst die akademischen und vermittelnden Tätigkeiten in den ethnologischen Wissenschaften noch aufs Engste miteinander verbunden, entwickelten sich diese im Laufe der Jahrzehnte auseinander. Die dadurch entstandene institutionelle Zweigleisigkeit besteht heute mehr oder weniger fort. Zwar wurden immer wieder von beiden Seiten Versuche unternommen, Forschung, Lehre und Vermittlung zu verzahnen – dies aber mit unterschiedlichem Erfolg und bisher mit einer kaum bemerkenswerten Nachhaltigkeit. Seit geraumer Zeit bestehen allerdings ernstzunehmende Bestrebungen – nicht nur in den Fachdisziplinen – diese Dichotomie durch praxisorientierte Anforderungen in der universitären Forschung und Lehre einerseits sowie einer Unterstützung der Forschung in Museen andererseits aufzuheben oder zumindest zu nivellieren.[2]

---

1   Hierunter sind die klassischen Wissenschaften der Völkerkunde und Volkskunde zu verstehen, die besonders zu Anfang ihrer Etablierung gemeinsame ideologische Wurzeln hatten, sich aber im Laufe der folgenden Jahrzehnte an verschiedenen Referenzdisziplinen orientiert und so eine jeweils eigene Fachgeschichte entwickelt haben. Dies schlug sich auch in der Gründung und Ausrichtung der jeweiligen Museen nieder. Einzige Ausnahme bildet in Deutschland das Museum Europäischer Kulturen der Staatlichen Museen zu Berlin (MEK), das seit 1999 infolge der Zusammenlegung des Museums für (Deutsche) Volkskunde mit den europäischen Sammlungen des damaligen Museums für Völkerkunde (seit 2001 ‚Ethnologisches Museum') beide wissenschaftlichen Ansätze in seinen Tätigkeiten vereint. Dies ist Ausdruck einer allgemeinen Tendenz der Annäherung zwischen den beiden Disziplinen, was sich nicht zuletzt in deren zum Teil überschneidenden Namensänderungen von der Volkskunde in „Europäische Ethnologie" bzw. „Kulturanthropologie" und der Völkerkunde in „Ethnologie" bzw. „Kultur- und Sozialanthropologie" widerspiegelt. – Die folgenden Ausführungen beziehen sich allerdings in der Hauptsache auf die „klassische Ethnologie" mit vereinzelten Referenzen zu kulturanthropologisch orientierten Museen in ihrem wissenschaftshistorischen Kontext.

2   Vgl. zu einer Kritik der Trennung von universitärer Forschung und musealer Praxis z. B. Suhrbier 2015.

1. Historischer Exkurs

1.1. Die Gründungsphase: „Kinder" des Industrie- und Kolonialzeitalters

Die meisten ethnologischen Museen im deutschsprachigen Raum sind in der zweiten Hälfte des 19. Jahrhunderts als Ausdruck des Industrie- und Kolonialzeitalters gegründet worden. Dies geschah in einem weltanschaulichen Kontext kulturevolutionären Denkens, das Menschen in statische und hierarchisch zueinander stehende „Rassen" und Kulturen einteilte. Die Sammlungen aus dieser Zeit bilden bis heute den großen Grundstock der meisten Museen. Sie bestimmten lange Zeit die Repräsentationen außereuropäischer Kulturen und Menschen für die deutsche Öffentlichkeit und spielten damit eine zentrale, auch als politisch zu verstehende Rolle in der Popularisierung wie auch der Produktion von Wissen. Sie waren damit an der Etablierung und Verbreitung kolonialer Denkmuster maßgeblich beteiligt. Dabei betrieben sie ein konsequentes *Othering,* das sich zum Teil als Erbe dieser Zeit bis heute in einigen Repräsentationen in ethnologischen Museen erhalten hat. Einerseits waren sie Profiteur und diskursive Stütze europäischer kolonialer Expansion; andererseits bestand bei nicht wenigen Museumsakteur*innen ein genuines und offenes Interesse an den als exotisch geltenden „Anderen". Im Geiste der *salvage anthropology* wollte man zumindest die materiellen Hinterlassenschaften der dem scheinbar sicheren Untergang Geweihten retten. Diese paternalistische und eurozentrische Haltung ist auch vor dem Hintergrund der Selbstrepräsentation europäischer Mächte als „Kulturnationen" zu lesen.

Der „Rettungsgedanke" motivierte aber auch andere engagierte Bürger zur Gründung von Museen, um an die durch die Industrialisierung zu verschwinden drohende „eigene" Kultur in Europa zu erinnern. Vorbildcharakter hatte das von Arthur Hazelius 1873 gegründete „Skandinavisch-ethnographische Museum", das heutige Freilichtmuseum Skansen in Stockholm. In der Folge wurden unterschiedliche kulturhistorische Museen im Sinne einer nationalen Identitätsfindung gegründet. Dazu gehörte auch das „Museum für deutsche Volkstrachten und Erzeugnisse des Hausgewerbes" (dem späteren Museum für Deutsche Volkskunde), auf privater Ebene 1889 von Rudolf Virchow ins Leben gerufen (Steinmann 1964:14-15) ■ Abb. 1. Diese Museen bedienten auch die nationalen ethnografischen Präsentationen der Weltausstellungen Ende des 19. Jahrhunderts, die weitere kulturhistorisch-volkskundliche Museumsgründungen zur Erinnerung an vermeintlich untergehende Lebenswelten zur Folge hatten (Wörner 1999:245-248).

So verfolgten völkerkundliche und volkskundliche Museen in ihrer Gründungsphase dasselbe Ziel, wobei das „ethnische Paradigma" (Kaschuba 2012:6-39) in beiden Ausrichtungen eine maßgebliche Rolle spielte; hier ging es um die Vorstellung kultureller Zusammengehörigkeit, die aus der Abgrenzung von anderen Gruppen definiert wurde. Dieses Prinzip wurde dann auf den Volksbegriff übertragen, bei dem die „blutsmäßige" Verbindung der Menschen in einer Abstammungs- und Territorialgemeinschaft im Vordergrund stand. In diesem Sinne fiel also insbesondere den volkskundlichen Museen

Abb 1: Präsentation: „Ostfriesische Winterküche" im Museum für
Deutsche Volkstrachten und Erzeugnisse des Hausgewerbes, Berlin, um 1908
© Museum Europäischer Kulturen – Staatliche Museen zu Berlin, Archiv

eine identitätsstiftende Aufgabe zu, indem sie rückwärtsgewandte Vorstellungen mit Begriffen wie „Volk", „Heimat", „Tradition" etc. belegte (Kaschuba 2012:137) und durch die
positivis- tische Darstellung mit Objekten manifestierte und stereotypisierte.

Ende des 19. Jahrhunderts entwickelten sich Völkerkunde und Volkskunde zunehmend
als eigene Disziplinen, nicht zuletzt beeinflusst von anderen Wissenschaften. Beide beschäftigten sich mit Menschengruppen im weitesten Sinne. Während für Erstere das
„kulturell Andere" im Vergleich zur „zivilisierten" eigenen Kultur Forschungsgegenstand
war, ging es für Letztere um die Darstellung der „nationalen Besonderheit" in Europa
(Imeri et al. 2010:305). Als universitäre Disziplinen waren diese Wissenschaften zu dem
Zeitpunkt allerdings noch nicht institutionalisiert. Die Wissensproduktion und die Sammlung von Objekten erfolgten vor allem in Vereinen als Träger der Museen und durch engagierte Personen. Die Museen selbst waren die Forschungszentren. Nach dem Ersten
Weltkrieg erfolgte eine zunehmende institutionelle, inhaltliche und personelle Differenzierung der Wissenschaften (Imeri et al. 2010:310).

1.2. Völkerkundliche und volkskundliche Museen
zur Zeit des Nationalsozialismus

Die nationalsozialistische Ideologisierung der ethnologischen Disziplinen sowie der Umgang der universitären Fachvertreter mit der Situation im „Dritten Reich" gestalteten sich unterschiedlich. Für das Regime war die Völkerkunde, die sich in erster Linie mit der Kultur außereuropäischer, vermeintlich geschichtsloser Völker beschäftigte, weit weniger von Interesse als die Volkskunde, die sich der Vergangenheit des „eigenen Volkes" widmete. Sie diente der wissenschaftlichen Legitimation der nationalsozialistischen Ideologie. Dazu gehörten die Glorifizierung des „deutschen Bauerntums", die Vorstellung einer kontinuierlichen Entwicklung der Kultur von der Zeit der Germanen bis zum „deutschen Volk", die Suche nach „Sinnbildern", die Wiederbelebung und Neuerfindung „alter Bräuche" sowie die besondere wissenschaftliche Hinwendung zu Auslandsdeutschen bzw. „Volksdeutschen" (Hausmann 2011:579). In der Forschungsgemeinschaft „Deutsches Ahnenerbe" e. V. wurde die Volkskunde als „völkische Wissenschaft" systematisch und strukturell der herrschenden Ideologie angepasst, teilweise unterstützt vom Amt Rosenberg.[3] Hier leitete der Volkskundler und Religionswissenschaftler Matthes Ziegler (1911–1992) die Abteilung „Volkskunde und Feiergestaltung". In dieser Funktion übte er nicht nur Einfluss auf das 1935 institutionalisierte Museum für Deutsche Volkskunde aus, sondern schürte auch Konflikte mit den Lehrenden des 1936 etablierten Seminars für Volkskunde an der Friedrich-Wilhelms-Universität in Berlin, wie Richard Beitl (1900–1982) und Adolf Spamer (1883–1953). Letzterer diente sich anfangs ebenfalls dem NS-Regime an, zog sich dann aber aufgrund von Angriffen gegen seine Person zurück (Tietmeyer / Vanja 2013:389-390). Bemerkenswert war die anwendungsorientierte Arbeit des Museums für Deutsche Volkskunde im Rahmen der Vermittlung kultur- und sozialhistorischer Kenntnisse. Mit der Einrichtung der Arbeitsstelle „Schule und Museum" erhielt der später als Mitglied des „Kreisauer Kreises" hingerichtete Pädagoge Adolf Reichwein (1898–1944) ein neues Betätigungsfeld am Museum (Vanja 2009). Die von ihm in Zusammenarbeit mit den Museumswissenschaftlern ausgerichteten vier „Schulausstellungen" zu den Materialien Holz, Keramik, Eisen und Textil mit den dazugehörigen Museumswerkstätten entsprachen der inhaltlichen Ausrichtung des Museums: Die Ergebnisse handwerklichen Arbeitens wurden unter pädagogischer Erläuterung ihrer Techniken immer auch im funktionalen und gestalterischen Kontext betrachtet (Amlung 2013:411-418).

Spielte zumindest anfänglich das Museum für Deutsche Volkskunde im NS-Regime noch eine Rolle, so galt dieses nur bedingt für die Völkerkundemuseen und ihre Disziplin. Aber auch hier gab es Vertreter, die sich der herrschenden Ideologie andienten, vor allem jene, die sich mit dem Studium Europas, insbesondere der „Ostforschung" (Ost- und Südosteuropa, Eurasien), befassten. Dabei engagierten sich u. a. Wilhelm Emil Mühl-

---

3 Dienststelle zur „Überwachung der gesamten geistigen und weltanschaulichen Schulung und Erziehung der NSDAP", geleitet vom NS-Chefideologen Alfred Rosenberg.

mann (1904–1988) und Hans Findeisen (1903–1968), die ab Mitte der 1930er Jahre theoretisch und praktisch für eine politische Anwendung völkerkundlicher Forschungen hinsichtlich der Bedürfnisse der nationalsozialistischen „Lebensraumpolitik" und der Pläne zu den „Völkerneuordnungen" im Osten Europas plädierten (Mühlmann 1936; Mosen 1992). Sie arbeiteten auch in der 1935 vom NSDAP-Mitglied Hermann Baumann (1902–1972) vor dem entsprechenden ideologischen Hintergrund gegründeten Abteilung Eurasien im Museum für Völkerkunde Berlin (Tietmeyer / Vanja 2013:400). Doch waren es vor allem die weitreichenden kolonialrevisionistischen Bestrebungen in Politik und Gesellschaft, die durch Völkerkundemuseen in der NS-Zeit mittels Ausstellungen, Publikationen, Vorträgen und Weiterbildungsangeboten, aber auch mit Beteiligungen an den Kolonialausstellungen unterstützt wurden, wobei sich besonders die Museen in Bremen und Köln (Pützstück 1995) hervortaten. Dabei konzentrierte man sich vor allem auf die ehemaligen deutschen Kolonien. Entsprechend dem gesellschaftlichen Kontext wurden in diesem Zusammenhang auch rassistische Perspektiven auf ethnologische Themen und Objekte angewendet und weitervermittelt (Schindlbeck 2013:376-377).

Darüber hinaus diente sich die Völkerkunde als Disziplin besonders in der engen Verschränkung mit Physischer Anthropologie und „Rassenkunde" der NS-Ideologie an. Die Völkerkundemuseen agierten auch auf diesem Feld als Forschungsorte und Popularisierer, die mit den entsprechenden Instituten kooperierten.[4]

1.3. Neuanfang nach 1945

Nach 1945 dauerte es vielerorts Jahre, bis sich auch die ethnologischen Museen von den materiellen und ideellen Kriegsschäden erholt hatten und wieder eine öffentlichkeitswirksame Arbeit betreiben konnten. Dies galt vor allem für das Museum für Deutsche Volkskunde, das durch den Bau der Mauer in Berlin 1961 – im Gegensatz zum Berliner Museum für Völkerkunde – geteilt wurde. Beide Institutionen gingen bis zur Wiedervereinigung 1992 getrennte Wege. Gemeinsam aber waren den Teilmuseen die Aufarbeitung der nationalsozialistischen Vergangenheit ihrer Vorläuferinstitution und die Verlagerung des wissenschaftlichen Fokus' von der Beschäftigung mit dem „Volksleben" (Geiger et al. 1970) hin zur Auseinandersetzung mit den soziokulturellen Folgen des Industriezeitalters in Europa, was sich auch in der Sammel- und Ausstellungspolitik widerspiegelte.

Ab den 1960er Jahren erfuhr die Museumspädagogik allgemein eine erhebliche Aufwertung und stärkere institutionelle und personelle Etablierung in den Museen, womit auch strukturell ein klares Bekenntnis zum öffentlichen Bildungsauftrag geleistet war, auch wenn nach wie vor bis heute die Vermittlungsbereiche in den meisten Museen den kuratorisch-wissenschaftlichen Belangen nachgeordnet sind. Erst seit einigen Jahren wird eine auch theoretisch untermauerte Debatte um das *a priori*-Zusammendenken von Kuratieren und Vermitteln geführt (Mörsch et al. 2016).

---

4   Weiterführende Literatur: Ute Michel 1992, Thomas Hauschild 1995.

In den 1970er und 80er Jahren gab es an einigen westdeutschen Völkerkundemuseen im Zuge einer *Action Anthropology* und im Nachgang der 68er-Bewegung eine Hinwendung zu politisch ausgerichteten Ausstellungen, die sich eindeutig positionierten und mit marginalisierten sozialen Gruppen, entrechteten indigenen Gesellschaften wie auch den afrikanischen Unabhängigkeitsbewegungen solidarisch zeigten. Zu nennen sind hier vor allem das Wirken von Herbert Ganslmayr am Übersee-Museum Bremen (von Paczensky / Ganslmayr 1984), Mark Münzel (1983) am Frankfurter Museum für Völkerkunde und Wolfgang Mey (1991) am Hamburger Museum für Völkerkunde oder auch Volker Harms als Kustos der ethnologischen Sammlung der Universität Tübingen, der schon frühzeitig – lange bevor das Thema im musealen Mainstream angekommen war – zu den Verstrickungen zwischen Ethnologie und Kolonialismus arbeitete (Harms 1984). An die ostdeutschen Völkerkundemuseen wurde die anti-koloniale Bewegung politisch von außen als Aufgabe der öffentlichen Bildung ebenso wie als Teil einer auswärtigen Kulturpolitik herangetragen und schlug sich in entsprechenden Ausstellungsthemen nieder.[5]

Wie in der angelsächsischen Welt vereinzelt bereits in den 1980er Jahren, so gerieten die ethnologischen Sammlungen mit den 1990er Jahren immer mehr in die Kritik. Ihr koloniales Erbe wurde zunehmend in den Blick genommen und die Legitimität seines Besitzes und der damit verbundenen Repräsentationspraxen hinterfragt. Die fachinterne „Krise der Repräsentation" (Clifford / Marcus 1986) und die Etablierung einer *Critical Museology* (z. B. Macdonald 2011; Shelton 2013; Witcomb 2003) trugen ebenso dazu bei. Indigene und afroamerikanische Aktivist*innen und Künstler*innen wie James Luna und Fred Wilson warfen Fragen nach Selbst- und Fremdrepräsentation im Museum sowie Repatriierung und Restitution von geraubten menschlichen Überresten und Objekten auf (McMaster 1995). Im deutschsprachigen Bereich sind es seit den 2000er Jahren Wieder- und Neueröffnungen mehrerer Museen[6], die die Legitimität und Sinnhaftigkeit des Typus „ethnologisches Museum" gerade auch in der nicht-akademischen Öffentlichkeit vielfach diskutieren. Dies gilt in besonderem Maße für die Einrichtung des Humboldt Forums im wiederaufgebauten Berliner Stadtschloss, das u. a. Ausstellungen des Ethnologischen Museums zeigen und Ende 2019 eröffnet werden soll (Bose 2016; König / Scholz 2012; No Humboldt 21! 2013).

---

5   Zur Geschichte der Ethnologie in der DDR mit Berührungspunkten zum Museum vgl. das laufende, von der VW-Stiftung geförderte Forschungsprojekt „Akteurinnen, Praxen, Theorien. Zur Wissensgeschichte der Ethnologie in der DDR" am Institut für Europäische Ethnologie, Humboldt-Universität zu Berlin, und am Institut für Archäologie und Kulturanthropologie, Universität Bonn.

6   Dazu gehören das Grassi Museum für Völkerkunde zu Leipzig (2006–2009), das Rautenstrauch-Joest-Museum – Kulturen der Welt (2010), das Museum der Kulturen Basel (2011) und das Völkerkundemuseum der Universität Zürich (2014).

2. Zur gesellschaftlichen Wirksamkeit von Museen und ihrer Methoden

Wenn ethnologische Museen gesellschaftlich relevant sein wollen, müssen sie Plattformen bieten, auf denen unterschiedliche Interessengruppen aufeinandertreffen können. Diese reichen von Partner*innen aus sogenannten Herkunftsgesellschaften[7] über Akteur*innen der jeweiligen lokalen Stadtgesellschaft bis hin zu global vernetzten Wissenschaftler*innen der ethnologischen und deren benachbarten Disziplinen. Zwischen all diesen Stakeholdern gilt es zu vermitteln und verschiedene Interessen zu berücksichtigen. Dabei lassen sich die potenziellen Konfliktfelder deutlich an den kontrovers und mit Leidenschaft geführten Debatten um die Errichtung des Berliner Humboldt Forums erkennen. Die in den Medien breitenwirksam ausgetragenen Meinungsverschiedenheiten sind neben den unterschiedlichen Positionierungen zum Umgang mit den kolonialen Sammlungen u. a. auch für die Wahrnehmung der Ethnologie als Disziplin essentiell. Diese findet im öffentlichen und politischen Diskurs derzeit insbesondere über die entsprechenden Museen statt, die sich dabei vielfach einer vereinfachenden Kritik ausgesetzt sehen, indem sie auf den Vorwurf einer ungenügenden Aufarbeitung der kolonialen Verstrickungen der Disziplin reduziert werden. Die universitären ethnologischen Wissenschaften sind hier aufgefordert, sich stärker in diese Debatten einzubringen, um gemeinsame Strategien im Umgang mit dem kolonialen Erbe zu entwickeln.[8] Dazu gehört auch eine gemeinsame Aufforderung an die politisch Verantwortlichen, die juristischen Grundlagen für eine mögliche Rückgabe von Objekten zu schaffen. Ebenso müssen zusätzliche finanzielle Mittel für eine umfassende Digitalisierung der Sammlungen und der Provenienzforschung bereitgestellt werden. Dies inkludiert damit einhergehende Forschungsaufenthalte von Ethnolog*innen und deren Partner*innen aus den Herkunftsländern.

2.1. Methoden: Historisierung der Sammlungen und neue Narrative

Die Aufarbeitung der Verflechtungen ethnologischer Museen und ihrer Disziplin in kolonialgeschichtlichen und postkolonialen Zusammenhängen gehört heute zu den zentralen Aufgaben und kann als Bestandteil einer allgemeinem Kolonialgeschichtsschreibung wie auch dekolonialer Bildungsarbeit betrachtet werden. Eine ethnologische Perspektivierung

---

7   Zur Problematisierung des englischen Begriffs source community, der auch in deutschsprachigen Publikationen häufige Verwendung findet und mit der Publikation von Peers/Brown (2003) in die Debatten um ethnologische Museen breiteren Eingang fand, vgl. z. B. Byrne et al. 2011.

8   In jüngster Zeit sind dazu bereits interessante Initiativen entstanden, allen voran der 2017 gegründete Blog „Wie weiter mit Humboldts Erbe? Ethnographische Sammlungen neu denken" der Universität Köln (https://blog.uni-koeln.de/gssc-humboldt/ [Zugriff am 06.05.2018]); verschiedene Aktivitäten der AG Museum der Deutschen Gesellschaft für Sozial- und Kulturanthropologie (DGSKA), z. B. die Tagung „Provenienzforschung in ethnologischen Sammlungen der Kolonialzeit" (07.–08. April 2017) am Museum Fünf Kontinente München und die daraus hervorgegangene Publikation (https://edoc.hu-berlin.de/handle/18452/19768) sowie des DGSKA-Vorstands, der die Podiumsdiskussion zum Humboldt Forum auf der DGV-Tagung vom 04.–07.10.2017 an der Freien Universität Berlin organisierte.

ist dabei besonders geeignet, die *agency* (Handlungsmacht) der „Besammelten" herauszuarbeiten und komplexe Geschichten zu erzählen. Dazu gehört auch die Provenienzforschung, die sich – jenseits der bereits seit Jahrzehnten stattfindenden Forschungen zu einzelnen Objekten und ihren Biografien – erst seit Kurzem systematisch in ethnologischen Sammlungen der Kolonialzeit zu etablieren beginnt.[9] In einem weniger akademischen denn gesellschaftspolitischen Sinne gehört dazu auch die Aufarbeitung von Traumata und Wiedergutmachung, z. B. durch ein besseres Zugänglichmachen der Sammlungen bis hin zu Repatriierung und Restitution von Sammlungsteilen oder Einzelobjekten. In der Vermittlung ist hier zudem das Herausarbeiten der Zusammenhänge zwischen aktueller globaler Ungleichheit sowie den weltweiten Migrationsbewegungen und deren historischer Begründung in der Kolonialzeit wichtig.[10]

Weiterhin gehört zu einer epistemischen Dekolonisierung die Reflexion der eigenen Institutionengeschichte und ihrer Repräsentationsmacht, die eng verwoben ist mit europäischer und eurozentrischer Wissensgeschichte. Das ethnologische Museum ist dabei unter den Museumstypen prädestiniert dafür, den Blick auf „das Andere" und damit auch auf „das Eigene" zu problematisieren.

Zudem können ethnografische Sammlungen einen Beitrag zu einer neuen Geschichtsschreibung der Moderne leisten: Im Zuge des evolutionären Denkens sind Geschichte und Gegenwart von nicht-westlichen Gesellschaften als jenseits der europäischen Moderne und in einem historischen Vorstadium befindlich beschrieben worden. Deren Beitrag zum europäischen Kolonial- und Modernisierungsprojekt wurde nicht analysiert, und lokalspezifische Versionen der Moderne blieben ungesehen (Fabian 1983). Mit der großen Anzahl von *entangled objects* (Thomas 1991) in ethnologischen Sammlungen lässt sich eine alternative Geschichte der Moderne im Museum neu erzählen (Modest 2012), vor allem, wenn sie thematisch sinnvoll mit Kulturzeugnissen aus Europa in Beziehung gesetzt werden können.

2.2. Methoden: Partizipatives Arbeiten und Kollaboration

Mit dem machtsensiblen Konzept des Museums als „transkultureller Kontaktzone" (Clifford 1997) rückten die Forderungen nach umfassender Zusammenarbeit mit Partner*innen aus sog. Herkunftsgesellschaften immer stärker in den Blick. Unter dem Schlagwort „Wer spricht?" (z. B. Fründt 2015) hatten sich die Museen ethischen Fragen nach der Deutungshoheit in Sammlungen und Ausstellungen sowie nach kultureller und politischer (Selbst-) Repräsentation zu stellen. In den englischsprachigen Siedlerstaaten sind

---

9   In vielen Museen gibt es mittlerweile eine*n Beauftragte*n für Provenienzforschung.

10 Der Report von Felwine Sarr und Bénédicte Savoy „Rapport sur la restitution du patrimoine culturel africain. Vers une nouvelle éthique relationnelle" (2018), der die Debatte um Restitution und Aufarbeitung der Kolonialzeit auch in Deutschland massiv befeuerte, ist erst nach Fertigstellung dieses Artikels veröffentlicht worden. Für einen Überblick zum jeweils aktuellen Diskussionsstand vgl. http://www.carmah.berlin/media-review-on-museums/

dazu in den letzten 20 Jahren spezifisch indigene Museologien (Phillips 2011; NMAI 2011; Hakiwai 2005) entstanden, die eine transkulturelle Museumspraxis bis ins Depot hinein fordern. Ein Reden über „die Anderen" ist so nur noch „mit" ihnen möglich: „Not about us without us" (Edenheiser 2017:24). Ist dies in den Siedlerstaaten naheliegenderweise von zwingenderer Dringlichkeit und leichter durchführbar, so setzt sich diese Handlungsmaxime trotz großer Einschränkungen durch andere geografische, politische und finanzielle Rahmenbedingungen auch langsam in deutschen ethnologischen Museen durch.

Aber die Idee der Teilhabe in Museen ist nicht neu: Im Rahmen der Neuen Museologie seit den 1970er Jahren und verstärkt seit Ende des 20. Jahrhunderts stehen die Fragen nach der gesellschaftlichen Relevanz und Verantwortung von Museen im Fokus einer allgemeinen Diskussion, die weit über die ethnologischen Museen hinausweist.[11] Konsequenterweise wurden Strategien und Methoden entwickelt, Interessierte aus der Öffentlichkeit, hier vor allem aus der Stadtgesellschaft, an musealen Aufgaben zu beteiligen. Mittlerweile ist das Thema „Partizipation im Museum" vor allem für die museologische[12] Lehre (und weniger für die ethnologischen Fachdisziplinen), aber auch für die Praxis relevant – davon zeugen eine Vielfalt an Publikationen und Tagungen, die gesellschaftspolitisch motivierten Projektaufrufe von Stiftungen, Museumsverbänden, Ministerien und der Europäischen Union sowie nicht zuletzt die Arbeit vieler Museen mit diesem Ansatz vor allem in den USA, Großbritannien und den Niederlanden.[13]

Schließlich ist das Ziel sozialer Inklusion im Museum nur durch Partizipation zu erreichen: Sie ist das Mittel, das den Involvierten Zugänglichkeit zu allen Museumsbelangen ermöglicht, so dass diese im Museum ernst genommen und repräsentiert werden (Sandell 1998:409; Jannelli 2012:343-356). Nur so kann sich das Museum von einer relativ hermetischen zu einer offenen demokratischen Institution entwickeln, die sich als Plattform für die Bedürfnisse nicht nur der Stakeholder und der Besucher*innen, sondern der Allgemeinheit anbietet.[14]

---

11 Die Menge der Publikationen ist unüberschaubar. Beispielhaft seien Sandell (2003) und Simon (2010) erwähnt. Einen guten Überblick bieten die Bibliografien in Mensch / Meijer-van Mensch (2011), Gesser et al. (2012) sowie Janelli (2012).

12 Z. B. an der Reinwardt Academy, Amsterdam University of the Arts (Master of Museology); University of Leicester (Museums Studies); Hochschule für Wirtschaft und Technik Berlin (Museumskunde, Museumsmanagement und -kommunikation).

13 Vgl. z. B.: Meijer-van Mensch / Tietmeyer (2013), basierend auf der gleichnamigen Tagung des Internationalen ICOM Komitees COMCOL (Committee for Collecting) in Berlin (2011); Krmpotich / Peers (2011); Pitt Rivers Museum, Oxford; Projekte des Research Center for Material Culture, Leiden / Niederlande: http://www.materialculture.nl/en/projects [Zugriff am 16.06.2018]; Projekt des Deutschen Museumsbundes „Hauptsache Publikum? Das besucherorientierte Museum": https://www.museumsbund.de/hauptsache-publikum/ [Zugriff am 16.06. 2018].

14 David Fleming: http://blog.liverpoolmuseums.org.uk/2014/07/dr-david-fleming-what-does-the-democratic-museum-look-like/ [Zugriff am 06.10.2015].

Ethnologische Museen bieten aber nicht nur eine Plattform der Repräsentation; es geht vor allem auch um Arbeit auf Augenhöhe – um Kollaboration, indem Wissen partizipativ generiert und vermittelt wird, was im besten Falle zu einer epistemischen Pluralisierung der Institution selbst und – so bleibt zu hoffen – über sie hinausweisend führt.

Ein Beispiel dafür war die von 2009 bis 2014 dauernde Kooperation zwischen dem ethnologischen Pitt Rivers Museum der Universität Oxford und der Haida First Nation aus British Columbia in Kanada. Hier ging es einerseits um Wissenserweiterung über die im-/materielle Kultur der Haida im und für das Museum sowie seine Besucher*innen, andererseits um die Etablierung einer professionellen und gleichberechtigten Partnerschaft. Dies bedeutete, dass die Museumsmitarbeiter*innen nicht als *broker* oder *facility manager* fungierten, sondern ihr zuvor erlerntes Wissen in das Projekt einbrachten und dieses durch die Spezialkenntnisse ihrer Haida-Partner*innen erweiterten. Das galt natürlich auch umgekehrt (Krmpotich / Peers 2011).[15]

Weitere Beispiele für kollaborative Projekte, die auf langfristige und nachhaltige Partnerschaften zielen, werden etwa am Ethnologischen Museum Berlin durchgeführt, z. B. das Projekt „Wissen teilen". Hier kooperiert das Museum mit der indigenen Hochschule Universidad Nacional Experimental Indígena del Tauca (UNEIT) in Venezuela sowie weiteren indigenen Organisationen und Bildungsinstitutionen in Venezuela und Kolumbien für die gemeinsame Beforschung eines Teils der sich im Museum befindenden „Amazonien-sammlung". Intensive gegenseitige Forschungsaufenthalte sowie die Möglichkeit der langfristigen transkulturellen Bearbeitung der Sammlungen durch den Aufbau einer interakti-ven Webplattform führen durch indigene Perspektiven zu einer Erweiterung des Wissens über die Sammlungsdinge in Berlin selbst. Für die Partner*innen aus Venezuela ist vor allem die Begegnung mit dem eigenen, zum Teil lokal nicht mehr existierenden kulturellen Erbe bedeutsam und führt vor Ort zu vielfältigen Reflexionen und Auseinandersetzungen mit der eigenen Geschichte und Identität (Scholz 2015; 2017) ■ Abb. 2.[16]

Eine andere Form der Partizipation zeigt das Beispiel eines Ausstellungsprojektes, das am Museum Europäischer Kulturen (MEK) in Berlin durchgeführt wurde. Dem Auftrag entsprechend, mit seiner Arbeit gegenwärtige soziale und kulturelle Prozesse zu begleiten, reagierte das Museum auf die seit 2015 aktuelle Situation von Geflüchteten in Deutschland und Europa. Die Kuratorinnen kooperierten mit KUNSTASYL, einer Initiative der Berliner Künstlerin Barbara Caveng sowie Kreativen und Asylsuchenden. Diese übernahmen im März 2016 leere Ausstellungsräume des MEK und hielten dort mit künstlerischen Mitteln ihre Erfahrungen, Wünsche, Lebensperspektiven und Wohnwelten fest. Sie realisierten die Präsentation in einem werkstattartigen Prozess, den die Besucher*innen vor Ort verfolgen und diskutieren konnten. Die Geflüchteten stammten aus Albanien, Afghanistan, Bosnien, Irak, Kosovo, Pakistan und Syrien. Die meisten wohnten damals

---

15 http://www.prm.ox.ac.uk/haidaproject.html [Zugriff am 14.04.2018].

16 Weitere Projekte vgl. Ivanov/Weber (2018).

Abb 2: Nider Jimenez, Schüler einer Partnerinstitution des Projektes „Wissen teilen", während eines Workshops in Makuku, Kolumbien, 2018" © und Fotograf: Orlando Villegas

Abb 3. Blick in die Ausstellung „daHEIM: Einsichten in flüchtige Leben", 2016
© Museum Europäischer Kulturen – Staatliche Museen zu Berlin, Fotografin: Ute Franz-Scarciglia

in einem Heim in Berlin; andere hatten dieses schon verlassen und konnten eine eigene Wohnung beziehen.[17] Die Aufgaben der Kuratorinnen des MEK bestanden einerseits in der organisatorischen Ermöglichung des Projekts innerhalb musealer Strukturen; andererseits erarbeiteten sie zeitgleich Biografien von Geflüchteten aus dem 19. und 20. Jahrhundert und integrierten sie in die Ausstellung mit der Aussage, dass Zuwanderung durch Flucht zum grundlegenden Verhalten von Menschen gehört (Tietmeyer 2016).

Motivisch war die Ausstellung mit dem Titel „daHEIM: Einsichten in flüchtige Leben" (21. 07. 2016 – 14. 07. 2017) geprägt von Menschen- und Wassermotiven sowie groß- und kleinformatigen Installationen mit Teilen von Bettgestellen, die aus Gemeinschaftsunterkünften stammten. Kontextualisiert wurde dies mit Fotografien, Filmen, Texten und persönlichen Objekten der Involvierten ■ Abb. 3.[18]

Darüber hinaus sind in den letzten Jahren auch an vielen anderen ethnologischen Museen kollaborative Arbeitsweisen erprobt worden, z. B. mit außereuropäischen und indigenen Künstler*innen in Ausstellungen und Veranstaltungen am Weltkulturen Museum in Frankfurt am Main, mit indigenen amazonischen Partner*innen am Museum der Kulturen in Basel oder auch mit Mitgliedern afrikanischer migrantischer Gemeinschaften am Linden-Museum in Stuttgart.[19] – Die hier beschriebenen Formen möglicher Partizipation bzw. Kollaboration gehören zu den wichtigsten und zukunftsweisenden Praktiken einer im Museum angewandten Ethnologie.

3. Zur Zusammenarbeit zwischen Universität und Museen

3.1. Geschichte und Status quo

Wie bereits erwähnt, gingen Museen und die universitäre Etablierung der ethnologischen Fächer Ende des 19. Jahrhunderts Hand in Hand, wobei die Gründung der Museen noch vor der Einrichtung entsprechender Lehrstühle erfolgte. Erst mit der Entwicklung der Feldforschung als einer der wichtigsten ethnologischen Forschungsmethoden und damit der Entstehung eines neuen Gelehrtentypus' – dem Feldforscher, der den „Lehnstuhlethnologen" ablöste – verloren die Völkerkundemuseen ihre vorrangige Position als Ort der Forschung (Förster 2015:198). Von diesem Paradigmenwechsel innerhalb der Disziplin haben sich die Museen nie richtig erholt, auch wenn es immer wieder Versuche der Annäherung zwischen der universitären und musealen Beschäftigung mit der Ethnologie gab (vgl. z. B. Kraus / Münzel 2003; Kraus / Noack 2015). Auch fanden sich vereinzelt

---

17 http://kunstasyl.net/ [Zugriff am 14.04.2018].

18 https://www.smb.museum/museen-und-einrichtungen/museum-europaeischer-kulturen/ausstellungen/detail/daheim-einsichten-in-fluechtige-leben.html [Zugriff am 14.04.2018].

19 Es gäbe an dieser Stelle eine Vielzahl an weiteren Projekten als Beispiele zu nennen. Für eine exemplarische, kritische Übersicht zu kollaborativen Projekten in der deutschsprachigen ethnologischen Museumslandschaft vgl. Andrea Scholz (in Vorbereitung).

Lehrstuhlinhaber*innen in ethnologischen Instituten, die zuvor als Kustod*innen in ethnologischen Museen gearbeitet hatten und daher in der Lehre den Arbeitsfeldern der Museen und der Materiellen Kultur gegenüber sehr aufgeschlossen waren[20], jedoch war dies der beruflichen Ausbildung der betreffenden Personen geschuldet und nicht der strukturellen Einbeziehung ethnologischer Praxis im universitären Rahmen.

Innerhalb der klassischen Volkskunde war das Verhältnis zwischen Lehre und Museen anfangs ebenfalls besser verzahnt, spielte doch die wissenschaftliche Beschäftigung mit der Materiellen Kultur als „Sachkulturforschung" in beiden Bereichen eine große Rolle. Aber mit der zunehmenden sozialwissenschaftlichen Ausrichtung der Disziplin, die sich nicht zuletzt in ihren vielen Umbenennungen widerspiegelte, entfremdeten sich die beiden Institutionen zusehends – die Sachkulturforschung wurde weitestgehend den Museen überlassen. Erst mit der Tagung der Deutschen Gesellschaft für Volkskunde zum Thema „Umgang mit Dingen" (Regensburg 1981) wurde die Forschung mit Objekten an den Universitäten wieder relevanter (Hennig 2004:138). Das wirkte sich allerdings wenig auf eine engere Zusammenarbeit zwischen Lehrenden und Kustod*innen aus, da sie nach wie vor von unterschiedlichen Fragestellungen ausgingen.[21] Dies zeigte sich nicht zuletzt darin, dass der Begriff „Volkskunde" Namensbestandteil der meist kulturhistorisch ausgerichteten Museen bzw. Sammlungen blieb. Einzige Ausnahme war das Museum für (Deutsche) Volkskunde der Staatlichen Museen zu Berlin, das sich 1999 infolge der Zusammenlegung mit der Europa-Abteilung des damaligen Museums für Völkerkunde und der inhaltlichen Neuausrichtung zum Museum Europäischer Kulturen (MEK) umbenannt hatte (Karasek/Tietmeyer 1999). Damit folgte es anderen Völkerkundemuseen in Deutschland, die sich mit dem Ablegen des Begriffes „Völkerkunde" zumindest namentlich gleich gänzlich der Disziplin entledigten. Forderungen aus Politik und Öffentlichkeit spielten hier eine Rolle; ebenso mag ein grundlegendes Unbehagen an der eigenen Fach- und Museumsgeschichte dazu beigetragen haben (Förster 2015:189). In jedem Fall verwies diese Entwicklung geradezu symptomatisch auf ein Auseinanderdriften von universitärer Disziplin und Museum.

Zumindest was ethnologische Lehrstühle und Museumsdirektionen bzw. Kustod*innenstellen betrifft, werden diese nur noch dann innerhalb der universitären Strukturen fortgeführt, wenn ein ethnologisches Institut auch über eine eigene Sammlung verfügt.[22]

---

20 Z. B. an den ethnologischen Instituten in Göttingen und Marburg oder dem Institut für Historische Ethnologie in Frankfurt a. M. in den 1990er Jahren.

21 Herausragende Ausnahme ist der Wissenschaftler Gottfried Korff, der sich wie kein anderer in seiner Disziplin der angewandten Forschung zur Materiellen Kultur gewidmet hat (Auswahl seiner Publikationen: http://www.wiso.uni-tuebingen.de/faecher/empirische-kulturwissenschaft/personen/emeriti/gottfried-korff/publikationen.html [Zugriff am 14.04.2018]).

22 Dies ist z. B. der Fall an der Universität Bonn, Abteilung für Altamerikanistik (Bonner Altamerika Sammlung); der Universität Göttingen, Institut für Ethnologie und Ethnologische Sammlung; Universität Marburg, Fachgebiet Kultur- und Sozialanthropologie; Universität Mainz, Institut für Ethnologie und Afrikastudien; oder am Völkerkundemuseum der Universität Zürich.

An diesen Orten wird z. T. auch in der Lehre mit Objekten gearbeitet, um die Studierenden an den Umgang mit Dingen wie auch die Besonderheiten musealen Arbeitens heranzuführen: Das geht von konservatorischen Belangen über ethische Fragestellungen bis hin zum Lesen von Objekten als Quellen, eng verbunden mit Material- und Technikkunde. Am Institut für Ethnologie der Universität Frankfurt a. M. existiert die einzige Professur für Ethnologie mit dezidierter Hauptausrichtung auf Materieller Kultur; das gilt jedoch nicht im selben Maße für das Thema „Theorie und Praxis ethnologischer Museen und Sammlungen".

Im Bereich der Europäischen Ethnologie gestaltet sich die Situation vergleichsweise besser: Mittlerweile gibt es an mehreren Universitäten BA- und MA-Studiengänge zur Museologie und Materiellen Kultur bzw. Museumswissenschaften, die eine große inhaltliche und personelle Nähe zur Disziplin und den entsprechenden Museen haben.[23] Allerdings überlassen Universitätsinstitute das Abhalten von Seminaren zur Materiellen Kultur in der Regel den Kustod*innen der Museen oder Museumsdirektor*innen erhalten eine Honorarprofessur, um den Arbeitsbereich „outzusourcen". Die Zusammenarbeit zwischen Universität und Museum ist bei größeren Museen wie dem MEK oder dem Ethnologischen Museum der Staatlichen Museen zu Berlin eher möglich, nicht zuletzt weil der Museumsverband Mitglied der Deutschen Forschungsgemeinschaft ist.[24] Allerdings basieren Kooperationen wie gemeinsame Studienprojekte mehr auf der persönlichen Initiative und gegenseitigen Sympathie der Akteur*innen als dass diese vertraglich festgelegt und damit institutionalisiert wären.

Erst allmählich wandelt sich das Verhältnis zwischen Universität und Museum in den ethnologischen Disziplinen. Dies hängt nicht zuletzt mit dem politischen Willen zusammen, einerseits die universitäre Lehre anwendungsorientierter zu gestalten, andererseits die Museen und ihre Sammlungen verstärkt zu öffnen und sichtbarer zu Orten der Forschung zu machen – auch mit zunehmender finanzieller Förderung.[25] Allerdings waren dort schon immer Forschungen an der Sammlung Ausgangspunkte für weitere Fragen und Grundlage für Ausstellungen; dennoch rückt mit dieser Entwicklung das Museum als Institution der praktischen Wissenschaft heute erneut in den Fokus. Universitär-museale Zusammenarbeit gelingt dabei dann besonders gut, wenn Fragestellungen mit der

---

23 Universität Würzburg, Institut für deutsche Philologie (Museologie, Europäische Ethnologie); Carl-von-Ossietzky Universität Oldenburg, Institut für Materielle Kultur (Museum und Ausstellung). Weitere vgl. http://museumswissenschaft.de/studium/ [Zugriff am 14.04.2018].

24 Hier erfolgt eine mehr oder weniger intensive Zusammenarbeit der Museen mit der Freien Universität, der Humboldt Universität, der Universität der Künste und der Hochschule für Technik und Wirtschaft in Berlin.

25 Z. B. das von der EU finanzierte Rahmenprogramm „Innovation und Forschung" (http://www.horizont 2020.de/einstieg-wg.htm; [Zugriff am 14.04.2018]); Volkswagen Stiftung: Programm „Forschung in Museen" (2008–15) (https://www.volkswagenstiftung.de/unsere-foerderung/unser-foerderangebot-im-ueberblick/forschung-in-museen; [Zugriff am 14.04.2018]); Bundesministerium für Bildung und Forschung: Programm „Die Sprache der Objekte – Materielle Kultur im Kontext gesellschaftlicher Entwicklungen" (https://www.bmbf.de/foerderungen/bekanntmachung-1363.html; [Zugriff am 14.04.2018]).

Sammlung verbunden werden können. Darüber hinaus wird im Rahmen der zunehmend wichtiger werdenden Provenienzforschung das Interesse an Materieller Kultur auch im universitären Rahmen wieder größer. Damit einher geht eine Hinwendung zu Sammler*innen und Sammlungsgeschichte wie auch zu den einzelnen Sammlungsdingen und den ihnen anhaftenden Geschichten (z. B. Förster et al. 2018). Dies gilt besonders vor der aktuell viel diskutierten Frage nach Restitution und Repatriierung, Repräsentationsmacht sowie der Historisierung von Sammlungen als Methode ethnologischer Darstellungen.

Darüber hinaus wird das Museum selbst – seine Geschichte, Ausstellungen und Arbeitsmethoden – als Forschungsobjekt verstärkt in den Blick genommen, worüber unzählige Abschlussarbeiten und Dissertationen sowie Artikel und Bücher Aufschluss geben.[26] Es scheint fast, dass mittlerweile mehr *über* das Museum als *im* Museum geforscht wird.

3.2. Museum und Universität: zwei Seiten einer Medaille

Die Universitäten gewönnen mit den musealen Sammlungen einen weiteren Quellenkorpus für Forschung und Lehre – jenseits der Materialien aus Feldforschungen und den Dokumenten aus Archiven – und mit den Kustod*innen das dazugehörige Know-how, diese Dinge anhand ihres Materials, ihrer Techniken, ihrer Bild- und Symbolsprache zu „lesen". Gerade für die historische Analyse und das Herausarbeiten außer-europäischer Positionen von Gesellschaften mit vornehmlich mündlicher Überlieferung oder mit zerstörter und „vergessener" Kulturgeschichte sind Objekte oftmals die einzigen Quellen. So lassen sich aus ihnen vielfältige Verflechtungsgeschichten herausarbeiten und mit ihrer Erforschung die Erinnerung an die kulturelle Vergangenheit wiederherstellen bzw. neu interpretieren.

Museen und ihre Sammlungen könnten außerdem helfen, Verbindungen „ins Feld" zu schaffen und dort Zugänge zu öffnen. Insbesondere die historischen Objekte in den europäischen Depots könnten in vielen Fällen lokal von Relevanz sein – doch Informationen darüber sind oftmals kaum vorhanden. Umso größer ist häufig das Interesse, wenn die Existenz dieser Sammlungen in den „Herkunftsregionen" stärker publik wird. Außerdem lässt sich konstatieren, dass sich zeitgenössische ethnologische Forschungen zu wenig in Ausstellungen niederschlagen. Der mittlerweile auch von vielen Geldgebern erhobenen Forderung nach Popularisierung der mit Fördergeldern erzielten Forschungsergebnisse kann zielführend auf ein breiteres Publikum mit dem Museum und seiner

---

26 Z. B. Forschungen des Centre for Anthropological Research on Museums and Heritage (CARMaH) am Institut für Europäische Ethnologie in Berlin, darunter http://www.carmah.berlin/making-differences-in-berlin/ [Zugriff am 14.04.2018]. Im Rahmen einer Masterarbeit verfolgte Anne Stabler die partizipative Ausstellung im MEK „Erfüllbare Träume. Italienerinnen in Berlin" (31. 05. 2015 – 08. 01. 2017) (https://www.smb.museum/museenund-einrichtungen/museum-europaeischer-kulturen/ausstellungen/detail/erfuellbare-traeume-italienerinnenin-berlin.html; [Zugriff am 14.04.2018]). Darüber hinaus sind diverse Forschungsarbeiten zur erwähnten Ausstellung „daHEIM: Einsichten in flüchtige Leben" im MEK in Arbeit.

Ausstellungspraxis nachgekommen werden. Dies würde allerdings den Willen beider Seiten voraussetzen, gemeinsam zu forschen und die Ergebnisse z. B. in Ausstellungen zu vermitteln sowie Museumssammlungen weiterzuentwickeln. Dies geschieht zwar schon in Einzelfällen[27], hat aber bislang wenig Auswirkungen auf eine Institutionalisierung der Zusammenarbeit. Um das zu gewährleisten, wäre einerseits die curriculare Einbindung der *material culture studies* und museologischer Praxen in den ethnologischen Universitätsdisziplinen nötig; andererseits erforderte dies für die Museumsebene eine erneute, zusätzlich vermehrte Hinwendung zur Forschung und eine institutionell verankerte Ausbildung von Studierenden, die über vereinzelte Angebote von Praktikumsplätzen und Volontariaten hinausginge.

4. Ausblick: Zukunftsbewegungen ethnologischer Museen

Ethnologische Museen sind in ihren Sammlungen derart vielfältig, dass für die einzelnen Häuser und Sammlungen unterschiedliche zukünftige Entwicklungen denkbar sind. Generelle Tendenzen sind jedoch eine Öffnung für Selbstrepräsentationen von *heritage communities,* das Zulassen von Multiperspektivität und eine Hinwendung zu aktuellen Themen. Dabei ist eine breite Zugänglichkeit zu ethnologischen Sammlungen die Grundvoraussetzung für Kooperationen, wobei hier vor allem die Digitalisierung enorme Chancen für globale Vernetzungen böte (Förster 2015:200), dies umso mehr, wenn die Informationen in einer sammlungsspezifischen *lingua franca* verfasst würden. Zudem besteht die Tendenz, dass Museen zunehmend wieder stärker als Orte der Forschung agieren; beispielhaft ist hier das Research Center for Material Culture an den ethnologischen Museen der Niederlande[28] ■ Abb. 4. In Deutschland steht die Einrichtung einer solchen museumsintegrierten Institution mit dezidiertem Forschungsprofil noch aus.[29]

Dennoch: Der immer noch bestehende, mehrheitlich historische Charakter der ethnografischen Sammlungen steht oft im Widerspruch zur universitären Orientierung der ethnologischen Disziplinen, die vor allem auf aktuelle Themen ausgerichtet sind. Die älteren Sammlungen sind für die Museen Fluch und Segen zugleich: Sie sind ihr Gründungsstock und bis heute ihr größtes Pfund; gleichzeitig lässt ihre Betreuung und Bearbei-

---

27 Vgl. Anm. 24.

28 http://www.materialculture.nl/ [Zugriff am 06.05.2018].

29 Seit März 2017 entwickelt die Stiftung Preußischer Kulturbesitz zusammen mit den Staatlichen Museen zu Berlin ein Konzept zur Nachnutzung einiger Gebäudeteile am Museumsstandort Berlin-Dahlem, die durch den Umzug der Sammlungen des Ethnologischen Museums und des Museums für Asiatische Kunst an das Humboldt Forum frei werden. Hier soll ein „Forschungscampus" entstehen, in dem die Zusammenarbeit vor allem zwischen der benachbarten Freien Universität und den am Museumsstandort verbleibenden Wissenschaftler*innen mit den Objekten und Bibliotheken der beiden Museen (und dem ohnehin in Dahlem verbleibenden MEK) verstärkt werden soll (https://www.tagesspiegel.de/kultur/hermann-parzinger-zu-dahlem-der-museumskomplex-soll-zum-forschungscampus-werden/19528986.html; [Zugriff am 14.04.2018]).

Abb 4: Während der Konferenz „Museums, Citizenship and Belonging in a Changing Europe" im Museum Volkenkunde, Leiden, Niederlande © Research Center for Material Culture, Leiden

tung nur bedingt Raum für Aktuelles, es sei denn, man entwickelt sie durch Reinterpretationen historischer Objekte und gegenwartsorientiertes Sammeln weiter. Dies erfordert neue Sammelkonzepte, die immer wieder angepasst werden müssen. Hier wäre eine engere Zusammenarbeit zwischen universitärer und musealer Ethnologie wünschenswert, z. B. durch museale Sammelaufträge für Feldforscher*innen.

Museen als Praxis-Orte der ethnologischen Wissenschaften können verschiedene Anwendungen der Disziplin entfalten: Wie insgesamt von Museen gefordert, so hat auch dieser Museumstyp das Potenzial, demokratisierende und diversifizierende Effekte gesellschaftlich zu generieren. Der disziplinäre Vorteil der ethnologischen Museen liegt in ihrer globalen Perspektive und ihrer Fähigkeit, den europäischen Blick auf das „Eigene" und das „Andere" zu reflektieren. Diese Museen sollten hier zum einen Vorreiter sein und sich selbstbewusst als ein *best practice example* gerade auch für die Kunstmuseen mit ihrem immer noch mehrheitlich eurozentrischen Kanon verstehen; zum anderen können sie selbst ein Experimentierort, z. B. für indigene Museologien oder Selbstdarstellungen, sein. Besonders in dieser Hinsicht kommt ihnen die Aufgabe eines „Möglichkeitsortes" anderer Perspektiven und Weltzugänge zu, die im Idealfall auf breiterer gesellschaftlicher Ebene zu einer Pluralisierung von Sichtweisen auf aktuelle Themen von globaler Relevanz führen könnte. In diesen isolationistischen Zeiten der Grenzziehungen, die auf vielen

Ebenen Ausschlüsse eines vermeintlich „Anderen" oder „Fremden" anstreben und das „Eigene" nicht hinterfragen, müssen ethnologische Museen eine Plattform für sich zunehmend diversifizierende Gesellschaften bieten. Hier können sie eine vermittelnde Funktion einnehmen und damit gegenseitiges Verstehen und voneinander Lernen ermöglichen – mit dem letztlich simplen Ziel: Respekt zu schaffen vor den vielen Spielarten menschlichen Daseins.

Literatur

AMLUNG, Ulrich (2013): Die Abteilung „Schule und Museum" am Staatlichen Museum für Deutsche Volkskunde in Berlin und ihr Leiter Adolf Reichwein 1939–1944. In: Grabowski, Jörn / Winter, Petra (Hg.): Zwischen Politik und Kunst. Die Staatlichen Museen zu Berlin in der Zeit des Nationalsozialismus. Köln: Böhlau, S. 409–426.

BOSE, Friedrich von (2016): Das Humboldt-Forum. Eine Ethnographie seiner Planung. Berlin: Kulturverlag Kadmos.

BYRNE, Sarah / Clarke, Anne / Harrison, Rodney / Torrence, Robin (2011): Networks, Agents and Objects. Frameworks for Unpacking Museum Collections. In: Byrne, Sarah / Clarke, Anne / Harrison, Rodney / Torrence, Robin (Hg.): Unpacking the Collection. Networks of Material and Social Agency in the Museum. New York: Springer, S. 3–26.

CLIFFORD, James / Marcus, George E. (Hg.) (1986): Writing Culture. The Poetics and Politics of Ethnography. Berkeley: University of California Press.

CLIFFORD, James (1997): Routes. Travel and Translation in the late Twentieth Century. Cambridge: Harvard University Press.

EDENHEISER, Iris (2017): Die Anderen gibt es nicht mehr. Ethnologische Museen im 21. Jahrhundert. In: museums.ch. Die Schweizer Museumszeitschrift, 12, S. 18–25.

FABIAN, Johannes (1983): Time and the Other. How Anthropology Makes its Object. New York: Columbia University Press.

FÖRSTER, Larissa (2015): Öffentliche Kulturinstitution, internationale Forschungsstätte und postkoloniale Kontaktzone. Was ist ethno am ethnologischen Museum? In: Bierschenk, Thomas / Krings, Matthias / Lentz, Carola (Hg.): Ethnologie im 21. Jahrhundert. Berlin: Reimer, S. 189–210.

FÖRSTER, Larissa / Edenheiser, Iris / Fründt, Sarah / Hartmann, Heike (2018): Provenienzforschung zu ethnografischen Sammlungen der Kolonialzeit. Positionen in der aktuellen Debatte. Berlin: Arbeitsgruppe Museum der Deutschen Gesellschaft für Sozial- und Kulturanthropologie. Electronic source: https://edoc.hu-berlin.de/handle/18452/19769.

FRÜNDT, Sarah (2015): Wer spricht? Ethnologische Museen und postkoloniale Herausforderungen. In: Hoins, Katharina / Mallinckrodt, Felicitas von (Hg.): Macht. Wissen. Teilhabe. Sammlungsinstitutionen im 21. Jahrhundert. Bielefeld: transcript, S. 97–108.

GEIGER, Klaus (Hg.) (1970): Abschied vom Volksleben. Tübingen: Tübinger Vereinigung für Volkskunde.

GESSER, Susanne / Handschin, Martin / Jannelli, Angela / Lichtensteiger, Sibylle (Hg.) (2012): Das partizipative Museum. Zwischen Teilhabe und User Generated Content. Neue Anforderungen an kulturhistorische Ausstellungen. Bielefeld: transcript.

HAKIWAI, Arapata T. (2005): The Search for Legitimacy. Museums in Aotearoa, New Zealand. A Maori Viewpoint. In: Corsane, Gerard (Hg.): Heritage, Museums and Galleries. An Introductory Reader. London: Routledge, S. 154–162.

HARMS, Volker (1984): Das historische Verhältnis der deutschen Ethnologie zum Kolonialismus. In: Zeitschrift für Kultur-Austausch, 34 (4), S. 401–416.

Hauschild, Thomas (Hg.) (1995): Lebenslust und Fremdenfurcht. Ethnologie im Dritten Reich. Frankfurt a. M.: Suhrkamp.

Hausmann, Frank-Rutger (2011): Die Geisteswissenschaften im „Dritten Reich". Frankfurt a. M.: Klostermann.

Hennig, Nina (2004): Lebensgeschichte in Objekten. Biografien als museales Sammelkonzept. Münster: Waxmann.

Imeri, Sabine / Kaschuba, Wolfgang / Knecht, Michi / Schneider, Franka / Scholze-Irrlitz, Leonore (2010): Volks-und Völkerkunde an der Berliner Universität bis 1945. In: Bruch, Rüdiger vom / Tenorth, Heinz-Elmar (Hg.): Geschichte der Universität Unter den Linden 1810–2010. Berlin: Akademie Verlag, S. 303–319.

Ivanov, Paola / Weber-Sinn, Kristin (2018): Shared Research. Zur Notwendigkeit einer kooperativen Provenienzforschung am Beispiel der Tansania-Projekte am Ethnologischen Museum Berlin. In: Förster, Larissa / Edenheiser, Iris / Fründt, Sarah / Hartmann, Heike (Hg.): Provenienzforschung zu ethnografischen Sammlungen der Kolonialzeit. Positionen in der aktuellen Debatte. Electronic source: https://edoc.hu-berlin.de/handle/18452/19769.

Jannelli, Angela (2012): Wilde Museen. Zur Museologie des Amateurmuseums. Bielefeld: transcript.

Karasek, Erika / Tietmeyer, Elisabeth (1999): Das Museum Europäischer Kulturen. Entstehung – Realität – Zukunft. In: Faszination Bild. Kultur Kontakte Europa. Potsdam: Unze, S. 13–25.

Kaschuba, Wolfgang ([1999] 2012): Einführung in die Europäische Ethnologie. München: C. H. Beck, 4. aktual. Auflage.

König, Viola / Scholz, Andrea (Hg.) (2012): Humboldt Forum. Der lange Weg 1999–2012. Berlin: Reimer.

Kraus, Michael / Münzel, Mark (Hg.) (2003): Museum und Universität in der Ethnologie. Marburg: Curupira.

Kraus, Michael / Noack, Karoline (Hg.) (2015): Quo vadis, Völkerkundemuseum? Aktuelle Debatten zu ethnologischen Sammlungen in Museen und Universitäten. Bielefeld: transcript.

Krmpotich, Cara / Peers, Laura (2011): The Scholar-Practitioner Expanded. An Indigenous and Museum Research Network. In: Museum Management and Curatorship, 26 (5), S. 421–440.

Macdonald, Sharon (Hg.) ([2006] 2011): A Companion to Museum Studies. Chichester: Wiley-Blackwell.

McMaster, Gerald (1995): Object (to) Sanctity: The Politics of the Object. In: International Journal of Canadian Studies, 12, S. 11–29.

Mensch, Peter van / Meijer-van Mensch, Léontine (2011): New Trends in Museology. Celje: Muzej novejse zgodovine.

Meijer-van Mensch, Léontine / Tietmeyer, Elisabeth (Hg.) (2013): Participative Strategies in Collecting the Present. Berliner Blätter. Ethnografische und ethnologische Beiträge, Heft 63, Berlin: Panama Verlag.

Mey, Wolfgang (1991): Vielleicht sind diese Dinge die einzige Spur, die wir hinterlassen. Die bedrohte Zukunft der Bergvölker in Bangladesh. Hamburg: Galgenberg.

Michel, Ute (1992): Wilhelm Emil Mühlmann (1904–1988) – ein deutscher Professor. Amnestie und Amnesie; zum Verhältnis von Ethnologie und Politik im Nationalsozialismus. In: Jahrbuch für Soziologiegeschichte 1991, 2, S. 69–117.

Modest, Wayne (2012): We have always been Modern. Museums, Collections, and Modernity in the Caribbean. In: Museum Anthropology, 35 (1), S. 85–96.

Mörsch, Carmen / Sachs, Angeli / Sieber, Thomas (Hg.) (2016): Ausstellen und Vermitteln im Museum der Gegenwart. Bielefeld: transcript.

Mosen, Markus (1992): Angewandte Ethnologie im Nationalsozialismus. Hans Findeisen und sein Eurasien-Institut. In: Jahrbuch für Soziologiegeschichte 1991, 2, S. 249–265.

Mühlmann, Wilhelm Emil (1936): Rassen- und Völkerkunde. Lebensprobleme der Rassen, Gesellschaften und Völker. Braunschweig: Vieweg.

Münzel, Mark (1983): Die Aché in Ostparaguay. Frankfurt a. M.: Museum für Völkerkunde.

NMAI – The National Museum of the American Indian (Hg.) (2011): Past, Present, and Future. Challenges of the National Museum of the American Indian. Washington, DC: National Museum of the American Indian.

No Humboldt 21! 2013. Moratorium für das Humboldtforum im Berliner Schloss. http://www.no-humboldt21.de/wp-content/uploads/2013/06/resolution.pdf, (Zugriff am 07.07.2018).

Paczensky, Gert von / Ganslmayr, Herbert (1984): Nofretete will nach Hause. Europa – Schatzhaus der „Dritten Welt". München: Bertelsmann.

Peers, Laura L. / Brown, Alison K. (Hg.) (2003): Museums and Source Communities. A Routledge Reader. London: Routledge.

Phillips, Ruth B. (2011): Museum Pieces. Towards the Indigenization of Canadian Museums. Montreal: McGill-Queen's University Press.

Pützstück, Lothar (1995): „Symphonie in Moll". Julius Lips und die Kölner Völkerkunde. Pfaffenweiler: Centaurus.

Sandell, Richard (1998): Museums as Agents of Social Inclusion. In: Museum Management and Curatorship, 17 (4), S. 401–418.

Sandell, Richard (2003): Social Inclusion, the Museum and the Dynamics of Sectoral Change. In: Museum and Society, 1 (1), S. 45–62. Electronic source: http://www2.le.ac.uk/departments/museumstudies/museumsociety.

Sarr, Felwine / Savoy, Bénédicte (2018). Rapport sur la restitution du patrimoine culturel africain. Vers une nouvelle éthique relationnelle. https://restitutionreport2018.com/

Schindlbeck, Markus (2013): Das Berliner Museum für Völkerkunde und seine Mitarbeiter 1933–1945. In: Grabowski, Jörn / Winter, Petra (Hg.): Zwischen Politik und Kunst. Die Staatlichen Museen zu Berlin in der Zeit des Nationalsozialismus. Köln: Böhlau, S. 369–385.

Scholz, Andrea (2015): Wissen teilen. In: Humboldt Lab Dahlem (Hg.): Prinzip Labor. Museumsexperimente im Humboldt Lab Dahlem. Berlin: Nicolai, S. 198–199.

Scholz, Andrea (2017): „Wissen teilen" als postkoloniale Museumspraxis – Ein Kooperationsprojekt zwischen der Universidad Nacional Experimental Indígena del Tauca (Venezuela) und dem Ethnologischen Museum Berlin. In: Sociologus, 67 (1), S. 59–82.

Scholz, Andrea (in Vorbereitung): Symbolpolitik oder epistemologische Pluralisierung? Transkulturelle Kollaborationen in der Museumspraxis. In: Edenheiser, Iris / Förster, Larissa (Hg.), Ethnografische Sammlungen und Weltkulturenmuseen. Eine Einführung. Berlin: Reimer.

Shelton, Anthony (2013): Critical Museology. A Manifesto. In: Museum Worlds: Advances in Research, 1 (1), S. 7–23.

Simon, Nina (2010): The Participatory Museum. Santa Cruz: Museum 2.0. Electronic source: http://www.participatorymuseum.org/.

Steinmann, Ulrich (1964): Die Entwicklung des Museums für Volkskunde von 1889 bis 1964. In: Museum für Volkskunde – Staatliche Museen zu Berlin (Hg.): 75 Jahre Museum für Volkskunde zu Berlin 1889–1864. Berlin, S. 7–47.

Suhrbier, Mona (2015): Lastenverteilung. Zum Verhältnis von Museum, Universität und Kunst nach der Krise der ethnographischen Repräsentation. In: Kraus, Michael / Noack, Karoline (Hg.): Quo vadis, Völkerkundemuseum? Aktuelle Debatten zu ethnologischen Sammlungen in Museen und Universitäten. Bielefeld: transcript, S. 93–109.

Thomas, Nicholas (1991): Entangled Objects. Exchange, Material Culture, and Colonialism in the Pacific. Cambridge: Harvard University Press.

Tietmeyer, Elisabeth / Vanja, Konrad (2013): Das Museum Europäischer Kulturen und der Nationalsozialismus. Eine Geschichte der Anpassung in zwei Teilen. In: Grabowski, Jörn / Winter, Petra (Hg.): Zwischen Politik und Kunst. Die Staatlichen Museen zu Berlin in der Zeit des Nationalsozialismus. Köln: Böhlau, S. 387–408.

Tietmeyer, Elisabeth (Hg.) (2016): Einsichten in flüchtige Leben / Glances Into Fugitive Lives. Heidelberg: Universitätsbibliothek. Electronic source: http://books.ub.uni-heidelberg.de/arthistoricum/catalog.

Vanja, Konrad (2009): Adolf Reichwein (3.10.1898–20.10.1944) und das Staatliche Museum für Deutsche Volkskunde in Berlin. In: Reichwein-Forum, 14, S. 11–16.

Witcomb, Andrea (2003): Re-imagining the Museum. Beyond the Mausoleum. London: Routledge.

Wörner, Martin (1999): Vergnügung und Belehrung. Volkskultur auf den Weltausstellungen 1851–1900. Münster: Waxmann.

Websites

Bundesministerium für Bildung und Forschung, Programm „Die Sprache der Objekte – Materielle Kultur im Kontext gesellschaftlicher Entwicklungen": https://www.bmbf.de/foerderungen/bekanntmachung-1363.html [Zugriff am 14.04.2018].

Der Tagesspiegel, Hermann Parzinger: https://www.tagesspiegel.de/kultur/hermann-parzinger-zu-dahlem-der-museumskomplex-soll-zum-forschungscampus-werden/19528986.html [Zugriff am 14.04.2018].

Deutscher Museumsbund: https://www.museumsbund.de/hauptsache-publikum/ [Zugriff am 16.06.2018].

Institut für Europäische Ethnologie, Humboldt Universität Berlin/Centre for Anthropological Research on Museums and Heritage (CARMaH): http://www.carmah.berlin/making-differences-in-berlin/ [Zugriff am 14.04.2018].

KUNSTASYL: http://kunstasyl.net/ [Zugriff am 14.04.2018].

Museum Europäischer Kulturen, Ausstellungen-Archiv: https://www.smb.museum/museen-und-einrichtungen/museum-europaeischer-kulturen/ausstellungen/detail/daheim-einsichten-in-fluechtige-leben.html, (https://www.smb.museum/museen-und-einrichtungen/museum-europaeischer-kulturen/ausstellungen/detail/erfuellbare-traeume-italienerinnen-in-berlin.html) [Zugriffe am 14.04.2018].

National Museums Liverpool, David Fleming: http://blog.liverpoolmuseums.org.uk/2014/07/dr-david-fleming-what-does-the-democratic-museum-look-like/ [Zugriff am 6.10.2015].

Pitt Rivers Museum, Oxford: http://www.prm.ox.ac.uk/haidaproject.html [Zugriff am 14.04.2018].

Studium der Museumswissenschaften: http://museumswissenschaft.de/studium/ [Zugriff am 14.04.2018].

Europäische Union, Rahmenprogramm „Innovation und Forschung": http://www.horizont2020.de/einstieg-wg.htm [Zugriff am 14.04.2018].

Research Centre for Material Culture, Leiden: http://www.materialculture.nl/ [Zugriff am 06.05.2018].

Universität Tübingen, Publikationen von Gottfried Korff: http://www.wiso.uni-tuebingen.de/faecher/empirische-kulturwissenschaft/personen/emeriti/gottfried-korff/publikationen.html [Zugriff am 14.04.2018].

Universität zu Köln, Blog „Wie weiter mit Humboldts Erbe? Ethnographische Sammlungen neu denken": https://blog.uni-koeln.de/gssc-humboldt/ [Zugriff am 06.10.2015].

Volkswagen Stiftung: Programm „Forschung in Museen" (2008–2015): https://www.volkswagenstiftung.de/unsere-foerderung/unser-foerderangebot-im-ueberblick/forschung-in-museen [Zugriff am 14.04.2018].

Unternehmenskultur zwischen akademischer Welt und betrieblicher Anwendungspraxis

FRAUKE MÖRIKE / SUSANNE SPÜLBECK

ABSTRACT: Organisationsethnologie beschäftigt sich damit, welche Bedeutung Menschen in organisationalen Zusammenhängen konstruieren, wie sie dies tun und worauf sie sich dabei beziehen. Die Organisationsethnologie nutzt als Teilgebiet der Ethnologie seit den 1920er Jahren die methodischen und theoretischen Ansätze, die Ethnolog*innen überall dort einsetzen, wo es darum geht, Kultur zu verstehen und zu beschreiben. Anhand zweier Beispiele aus Grundlagenforschung und Beratungspraxis wird aufgezeigt, wie diese Ansätze im organisationalen Kontext zur Anwendung kommen. Anschließend gehen die Autorinnen der Frage nach, wie sich Schnittstellen, Austausch und Positionierung der akademischen Ethnologie gegenüber einem anwendungsorientierten, organisationsethnologischen Berufsfeld manifestieren. Dabei geht es zunächst um die historische Dimension im deutschsprachigen Raum, die die Geschichte unseres Faches geprägt hat und gerade im Hinblick auf die Entwicklung der Organisationsethnologie deutliche Unterschiede zum angelsächsischen Raum aufweist. Daran anknüpfend folgt eine Auseinandersetzung mit den Diskursen und Positionierungsverhandlungen, die in der Begegnung zwischen akademischer Welt und organisationsethnologischer Anwendungspraxis zu beobachten sind. Vor diesem Hintergrund geht es in diesem Artikel darum, ein tieferes Verständnis für das Verhältnis einer anwendungsorientierten Organisationsethnologie zu den anderen Teilbereichen der Ethnologie zu erzeugen und mögliche Anknüpfungsstrategien für eine vielversprechende, gegenseitige Verzahnung aufzuzeigen.

1. Organisationsethnologie

Organisationsethnologie als Teilgebiet der Ethnologie ist beinahe so alt wie das Fach selbst, hat aber eine etwas bewegtere Geschichte als viele andere Teilgebiete. Organisationsethnologie[1] beschäftigt sich mit der Untersuchung und Beschreibung von Kultur in Profit- und Nonprofit-Organisationen, also damit, wie Kultur innerhalb von Arbeitswelt entsteht. Das spannende an der ethnologischen Perspektive auf Organisationskultur sind die klassischen ethnologischen Methoden, die hier ebenso zum Einsatz kommen wie die theoretischen Modelle der Ethnologie. Ethnologie als die klassische Beobachtungswissenschaft innerhalb der Sozialwissenschaften untersucht menschliches Verhalten nicht nur „unter dem Mikroskop", also z. B. durch Interviews oder der Analyse von Texten oder anderen Daten. Der ethnologische Zugang zeichnet sich vielmehr dadurch aus, dass der/die Forschende in das Unternehmen oder die Organisation geht und die Menschen, deren Kultur es zu verstehen gilt, im Arbeitsalltag begleitet, Arbeitsabläufe erlebt, kleine Interaktionssituationen, den Plausch an der Kaffeemaschine oder beim Mittagessen, Meetings begleitet und Mitarbeitende, Kolleg*innen und Führungskräfte ebenso im Miteinander erlebt wie ggf. externe Partner oder Kunden. Die teilnehmende Beobachtung im Arbeitsalltag ist zwar häufig eher eine Beobachtung (Czarniawska 2007) im Hinblick auf die operative Arbeit, allerdings in hohem Maße eine Teilnahme im Hinblick auf die soziale Interaktion. Und genau diese soziale Interaktion ist ein wesentlicher Gegenstand der ethnologischen Forschung und damit auch der organisationsethnologischen Forschung: Wie wird die Welt mit Bedeutung versehen, wie werden gemeinsam Bedeutungen verhandelt und hergestellt, welche Perspektiven werden eingenommen und welche Geschichten werden erzählt? Darüber hinaus erlaubt dieser Zugang den Einbezug auf die beobachtbaren, aber mit anderen Methoden nicht erfassbaren Rahmenbedingungen: Umgang mit Zeit, Raum, Symbolen, Entwicklung von Ritualen, nonverbale Kommunikation – um nur einige Beobachtungsschwerpunkte zu nennen. Oftmals sind die Verhandlungen der Bedeutungskonstruktionen wesentlich relevanter für den Erfolg einer Organisation als die Auseinandersetzung mit den faktischen, in Kennzahlen messbaren Rahmenbedingungen. So zeigte sich z. B. bei einer Studie über Gender und Karrieremöglichkeiten im Auftrag eines DAX-30-Unternehmen, dass die ökonomischen Rahmenbedingungen – z. B. Arbeitszeitmodelle, Elternzeit, Homeoffice, Teilzeitangebote für Männer und Frauen – durchaus eine gute Grundlage für die beruflich erfolgreiche Entwicklung unabhängig vom Geschlecht geboten hätte. Auch im Hinblick auf die beobachtbare Performance von Männern und Frauen in der formalen, professionellen Interaktion, z. B. bei Meetings, war von außen be-

---

1   Der Begriff „Organisationsethnologie" umfasst nach unserem Verständnis die Auseinandersetzung aus ethnologischer Perspektive mit Organisationskultur und bezieht sich sowohl auf Profit- als auch auf Non-Profit-Organisationen. Dem untergeordnet sind die Begriffe Unternehmenskultur, Betriebskultur oder im englischsprachigen Raum business anthropology oder corporate anthropology, die sich eher auf den Bereich der Profit-Organisationen beziehen. Allerdings findet sich in der Literatur keine klare Abgrenzung der Begriffe, was sicher nicht zuletzt damit zu tun hat, dass auch die Grenzen zwischen Profit und Non-Profit-Organisationen nicht eindeutig zu definieren sind, weil sie einerseits ein soziales Konstrukt sind und damit immer auch sozialen Aushandlungsprozessen unterliegen (auch in Non-Profit-Organisationen verdienen Menschen Geld und es gibt ökonomische Abhängigkeitsverhältnisse) und andererseits die wirtschaftsrechtlichen Rahmenbedingungen international unterschiedlich ausfallen.

trachtet im Hinblick auf Redeanteile und Durchsetzungsstärke der eigenen Vorschläge kein Genderbias zu bemerken. Dennoch war der Anteil der qualifizierten Frauen in
Führungspositionen immer noch erschreckend gering, was angesichts des demographischen Wandels nicht länger hinnehmbar erschien. Die Ursachen dafür blieben zunächst
unklar. Die verborgenen und unterschwellig erstaunlich wirksamen Muster in der Unternehmenskultur, die von den Mitarbeitenden als sehr konservativ eingeschätzt wurde,
zeigten sich erst bei der teilnehmenden Beobachtung in informellen Begegnungen, wenn
darüber gesprochen wurde, welche Perspektiven hinsichtlich der Rollenverteilung im Hinblick auf Familienarbeit und Erwerbsarbeit präferiert wurden und wie diese Rollenverteilung bewertet wurde. Hier wurde klar, in wie hohem Maß Karriere männlich und Familienarbeit weiblich gelabelt wurden und welchem Rechtfertigungsdruck berufstätige
Frauen und Mütter ausgesetzt waren. Erst nachdem diese Muster aufgedeckt waren, war
es auch möglich, sie zu besprechen und gezielte Maßnahmen zu entwickeln, um erfolgreich eine Veränderung zu bewirken. Hier wurde wieder einmal mehr deutlich, dass die
Stärke der teilnehmenden Beobachtung nicht zuletzt darin liegt, zu ermöglichen, dass die
verborgenen Muster der Unternehmenskultur sichtbar und – dadurch, dass sie transparent gemacht werden –, verhandelbar und somit veränderbar sind.

Die ethnologische Perspektive ist historisch zu einem nicht unwesentlichen Teil bei
dem Versuch entstanden, kulturelle Muster zu verstehen, die den zunächst westlichen
Ethnolog*innen besonders fremd waren. Dieser Fokus auf das aus westlicher Sicht „Fremde" bestimmte gerade im deutschsprachigen Raum lange das Selbstverständnis des Faches. So lernen wir in einem Einführungswerk „Völkerkunde" Ende der 1950er Jahre:
„Obwohl im Sinne unserer Wissenschaft unter ‚Völker' alle Völker [...] verstanden werden, befasst sich die völkerkundliche Forschung doch herkömmlicherweise aus praktischen und anderen Gründen bevorzugt mit den weniger komplizierten und daher der
Untersuchung zugänglicheren Naturvölkern" (Tischner 1959:7). Auch wenn diese Feststellung seinerzeit schon nicht mehr ganz zutreffend war – wie wir im Folgenden sehen
werden – sagt sie doch viel über die Entstehungsgeschichte des Faches. Das Spannende
an der ethnologischen Perspektive ist nicht zuletzt die Entwicklung der theoretischen
Modelle, gerade weil sie durch den Blick auf menschliche Kultur des besonders fremd Erscheinenden entstanden sind. Konzepte wie Ritualtheorie, die Bedeutung von Symbolen,
unterschiedliche Zeit- und Raumvorstellungen, die Auseinandersetzung mit Mythen, das
Storytelling oder unterschiedliche soziale Konstruktionen von Rollen, Macht und Res-
sourcenverteilung haben durch diese Verfremdung in der Theorieentwicklung ein außer-
ordentlich aussagekräftiges theoretisches Fundament für die Untersuchung und das Verständnis unterschiedlicher „selbstgesponnener Bedeutungsnetze", wie Clifford Geertz
Kultur treffend beschreibt, geliefert (Geertz 1987:9).

Inzwischen ist diese eher kolonialistische und ethnozentristische Perspektive weitgehend überwunden. Geht man also davon aus, dass Menschen immer und überall Menschen sind, die demzufolge vergleichbar sind und mit universellen menschlichen Strate-

gien als kulturschaffende Wesen der Welt Bedeutung geben, dann gelten theoretische Konzepte für die Erforschung, Analyse und das Verständnis menschlichen Verhaltens nicht nur für „Naturvölker". Damit wird die Ethnologie zu einer Wissenschaft, deren Konzepte neue und überaus spannende Perspektiven auf westliche bzw. metropolitane Kultur liefert. Das allerdings ist eine Sichtweise, die sich gerade im deutschsprachigen Raum nur schleppend durchgesetzt hat. Und gerade in Diskussionen und bei Vorträgen im akademischen Feld zeigt sich, dass es immer noch die Vorstellung gibt, dass es unterschiedliche sozialwissenschaftliche Disziplinen braucht – je nachdem, ob es um das Verhalten westlich geprägter Menschen oder um das von „Naturvölkern" geht.

Dabei war die Beschäftigung mit Organisationskultur beinahe von Anfang an Gegenstand der Ethnologie. Bereits 1924 erlangte die Hawthorne-Studie Berühmtheit, die in einem Produktionsbetrieb der Western Electric Co. in Hawthorne in der Nähe von Chicago stattfand. In dieser interdisziplinären Studie unter der Leitung des Psychologen Elton Mayo und mit maßgeblicher Beteiligung des Ethnologen W. Lloyd Warner ging es um den Einfluss unterschiedlicher Arbeitsbedingungen im Wechselspiel mit den strukturellen ökonomischen Bedingungen und dem Einfluss beider Faktoren auf die Arbeitsleistung und die Produktivität (vgl. Gamst/Helmers 1991; Walter-Busch 1989; Ouchi/Wilkins 1985).

In Folge dieser inzwischen klassischen Studie nahm der Begriff „Human Relations" sowohl in der Wissenschaft als auch in der Wirtschaft in den USA immer mehr an Bedeutung zu. Diese Bewegung, die sich vor allem mit Unternehmenskultur und den zwischenmenschlichen Beziehungen in Unternehmen und Organisationen beschäftigte, galt als Gegenbewegung zum Taylorismus. Frederic W. Taylor, ein US-amerikanischer Ingenieur, der heute als Begründer der Arbeitswissenschaften gilt, beschäftige sich damit, durch maximale Optimierung aller Arbeitsabläufe eine maximale Optimierung der Produktivität zu erreichen. Der organisationsethnologische Ansatz dagegen postulierte, dass Produktivität vor allem mit der Qualität der zwischenmenschlichen Beziehungen und der Unternehmenskultur korreliert. In den Anfängen der Organisationsethnologie war diese vor allem durch die enge Zusammenarbeit zwischen Psychologen und Ethnologen gekennzeichnet, hier auch wieder vor allem durch die Pioniere der Hawthorne Studie und der Human Relations Bewegung, Elton Mayo und W. Lloyd Warner (Gamst/Helmers 1991:28). 1943 gründete sich ein „Committee of Human Relations in Industry" unter dem Vorsitz von W. Lloyd Warner, kurz darauf wurde William F. Whyte, ein herausragender Vertreter der Chicago School of Sociology, Mitglied des Komitees.

Anfang der 1950er Jahre wurde die Hawthorne-Studie sowohl methodisch als auch im Hinblick auf die Validität der Ergebnisse zunehmend kritisiert. Zudem geriet beinahe zeitgleich die gesamte angewandte Ethnologie in massive Kritik, als bekannt wurde, welche Rolle US-amerikanische Ethnologen bei der Beratung des militärischen Geheimdienstes der USA während des Zweiten Weltkrieges gespielt hatten und welche dramatischen Folgen dies z. T. für die beforschten Menschen hatte. In Folge entbrannte im Fach eine wichtige Diskussion um die ethischen Grundlagen von ethnologischer Forschung. Beinahe schien es, als sei die Organisationskultur für einige Zeit als Teilgebiet der Ethnologie verschwunden, bis durch die erstaunlichen Erfolge aus japanischen Industrieunternehmen, insbesondere die Entwicklungen bei Toyota waren hier ausschlaggebend, deutlich wurde, welch großen Einfluss Unternehmenskultur auf den Unternehmenserfolg haben kann.

1.1 Wo steht die Organisationsethnologie heute?

Mit dem Aufkommen der Idee von Unternehmenskultur als relevantem „soft fact" für unternehmerischen Erfolg in populären Management-Bestsellern der 1980er Jahre (z. B. Peters/Waterman 1982) tritt auch die Organisationsethnologie nach zwei Jahrzehnten wieder mehr in den Vordergrund. Dies zeigt sich zum einen in Sammelbänden (z. B. Jones et al. 1988), aber auch in Ethnographien mit neuen Schwerpunkten wie etwa Besprechungen als zentrale Betrachtungseinheit (Schwartzman 1989).[2] Auch im deutschsprachigen Raum wurde das Thema Organisationskultur an ethnologischen Instituten in den 1990er Jahren in Monographien aufgegriffen (Bachmann 2014 [Monographie zur Feldforschung 1995–98]; Novak 1994; Szabo 1998; Wittel 1997) sowie parallel in Sammelbänden (Helmers 1993) und anwendungsorientierten Publikationen (Diel-Khalil/Götz 1999) gespiegelt. Die wachsende Gruppe interkultureller Experten, die (Organisations-)Kultur primär anhand nationaler Parameter verstanden, wurden von Ethnolog*innen kritisch begleitet (Dahlén 1997; dann im deutschsprachigen Raum: Frohnen 2005; Hüsken 2006) und das Thema zuletzt auch populärwissenschaftlich aufbereitet (Breidenbach/Nyíri 2008). Von den zahlreichen international erschienenen Sammelbänden mit unterschiedlich methodischer (Neyland 2007; Ybema et al. 2009) oder praxisorientierter Ausrichtung (Cefkin 2010) legten zuletzt Garsten und Nyquvist (2013) einen Fokus auf „komplexe Organisationen", die sich durch einen hohen Grad an interner Differenzierung auszeichnen (Garsten/Nyquvist 2013:12). Im deutschsprachigen Raum sind solche komplexen Organisationen als Forschungsfelder – etwa bei der Betrachtung bi-nationaler Zusammenarbeit und deren Grenzen – für Themen ethnographischer Studien relevant (Choi 2010; Mayer-Ahuja 2011), oder aber auch beim Wandel der Telekom von einer staatlichen Organisation zum Wirtschaftsunternehmen (Augustynek 2010). Weitere Themenfelder im deutschsprachigen Raum sind neuere Betrachtungen zur Entgrenzung der Arbeit in der Kreativindustrie (Huber 2012), „ethnic entrepreneurship" (Ülker 2016) und das „unternehmerische Selbst" im Kontext von akademischen Career Service Centern (Glauser 2016). In der ethnologischen Grundlagenforschung im deutschsprachigen Raum konnte sich die Organisationsethnologie also etablieren, und so gibt es inzwischen eine breite Basis von Studien in den unterschiedlichsten organisationalen Kontexten und

---

2 Dieser Schwerpunkt wurde fast drei Jahrzehnte später unter dem Stichwort „Meeting Ethnography" wieder in den Fokus gerückt (Sandler/Thedvall 2017).

thematischen Schwerpunkten. Im Bereich der universitären Ausbildung ist die Organisationsethnologie jedoch weniger breit etabliert. Während an der Universität Kopenhagen ein ganzer Masterstudiengang in Business- und Organisationsethnologie angeboten wird[3] und an der Universität Trondheim ein organisationsethnologischer Schwerpunkt besteht[4], so finden sich an deutschen Universitäten lediglich vereinzelt Seminare zu dem Thema – wenn auch in steigender Anzahl (im SoSe 2017 und WiSe 2017/18 z. B. an den Universitäten in Siegen, Frankfurt, Hamburg, Mainz und München).

Das Potenzial von Organisationsethnologie als Berufsfeld für Ethnolog*innen ist bereits seit den späten 1990er Jahren immer wieder aufgezeigt worden (Diel-Khalil/Götz 1999; Spülbeck 2009). Im Kontext der Business Anthropology bieten sich dazu noch breitere Möglichkeiten (Alfonso/Henkelmann 2015) – ein Blick auf die zahlreichen aktuellen Beispiele in dem *Handbook of Anthropology in Business* (Denny/Sunderland 2014) macht dies deutlich. Das Erkenntnisinteresse ist jedoch sowohl im Anwendungs- als auch Grundlagenbereich ähnlich, wie die folgenden zwei Beispiele aus Praxis und Grundlagenforschung zeigen.

2. Positionen und Perspektiven der Organisationsethnologie

2.1. Perspektivwechsel Steuerberatung: organisationsethnologische Unternehmensberatung

Im folgenden Fallbeispiel geht es darum, kurz zu skizzieren, wie eine Auftragsforschung in einem Beratungsprojekt umgesetzt werden kann und welche Konsequenzen sie haben kann. Im Rahmen eines Beratungsprojekts erhielten wir[5] als organisationsethnologisch arbeitendes Trainings- und Beratungsinstituts den Auftrag, ein umfassendes Führungskräfteentwicklungsprogramm für eine international agierende Wirtschafts- und Steuerberatungsgesellschaft zu entwickeln, die bundesweit zahlreiche Kanzleien hat. Führungskräfte in diesem Bereich sind in der Regel Steuerberater und/oder Wirtschaftsprüfer, die einerseits Mitarbeitende zu führen und andererseits als Führungskräfte die jeweilige Kanzlei nach außen zu vertreten haben, neue Mandanten akquirieren müssen und bereits bestehende Mandate gegen den massiven Wettbewerb in diesem Bereich an die Kanzlei zu binden versuchen. Der Marktdruck ist jedoch nicht nur im Hinblick auf die Mandate gewachsen, sondern durch demographischen Wandel und Fachkräftemangel hat sich das ökonomische Abhängigkeitsverhältnis zwischen Führungskräften und Mitarbeitenden zum Teil beinahe umgekehrt: wohl wissend, dass der Arbeitsmarkt leerge-

---

3 http://anthropology.ku.dk/studies/boa/ [Zugriff am 02.03.2018].

4 https://www.ntnu.edu/sosant/organizational-anthropology [Zugriff am 05.03.2018].

5 Dieses Projekt wurde von blickwechsel GmbH, Institut für Organisationsethnologie, Training und Beratung, umgesetzt.

fegt ist und Steuerfachgehilfen oder Steuerfachangestellte kaum zu finden sind, wissen Mitarbeitende inzwischen sehr genau, dass die Kanzlei mitunter in höherem Maß von ihnen abhängig ist als umgekehrt. Hinzu kommt, dass erfolgreiche Mitarbeitende nicht selten auch eine enge Bindung an die Mandate haben, die sie betreuen, so dass sie bei einem Wechsel in eine andere Kanzlei diese auch häufig mitnehmen, was für die betroffene Kanzlei zu erheblichen Umsatzeinbußen führen kann. Das stellt Führungskräfte vor neue Herausforderungen, zumal Führungskompetenz ohnehin selten oder gar nicht Teil der Ausbildung war.

Umso wichtiger war es der Geschäftsführung, ein Führungskräfteprogramm aufzulegen, das für diese Zielgruppe mit ihren besonderen Rahmenbedingungen passt. Hier war der organisationsethnologische Zugang ein ausgezeichnetes Instrument, um zunächst zu verstehen, was die Besonderheiten der Unternehmenskultur ausmacht und darauf aufbauend maßgeschneiderte Konzepte für die Führungskräfteentwicklung zu erstellen. Das Forschungsdesign sah vor, dass mehrere Kanzleien an regional sehr verschiedenen Standorten besucht wurden und mit den klassischen Methoden der Ethnologie untersucht werden sollten. Die teilnehmende Beobachtung, qualitative Interviews, informelle Gespräche, Storytelling, Triangulation, die Auseinandersetzung mit räumlicher Ordnung und symbolischem Ausdruck sind hier ebenso Teil der Methode wie in allen anderen Untersuchungsfeldern der Ethnologie auch. Die Steuerberatenden wurden im Arbeitsalltag begleitet; Gespräche mit Mandanten wurden damit ebenso zum Gegenstand der Forschung wie auch der Austausch zwischen den Steuerberatenden und ihren Mitarbeitenden über die Mandanten, informelle Gespräch mit allen Beteiligten waren ebenso Teil der Untersuchung wie die Möglichkeit, organisationale Abläufe zu beobachten, nonverbaler Ausdruck und nonverbale Interaktion zwischen allen beteiligten Akteuren (Führungskräfte, Mitarbeitende, Mandanten) konnten einbezogen werden. Dieser holistische Ansatz, der es erlaubt, eine systemische Perspektive zu entwickeln, die der hohen Komplexität des Untersuchungsgegenstandes gerecht wird, zeichnet die ethnologische Methode aus und ist auch bei der Untersuchung von Organisationen von großem Wert. Grundsätzlich wurden die besonders erfolgreichen Kanzleien ausgewählt, weil es nicht zuletzt darum ging, herauszufinden, was gerade sie so erfolgreich macht.

Zunächst wurde deutlich, dass gerade die Steuerberatenden der Tochtergesellschaften sich in hohem Maß mit den Werten der Gesamtgesellschaft identifizierten, die sich vor allem auf KMUs (Kleine und mittelständische Betriebe) und hier vor allem auf regionale Handwerksbetriebe spezialisiert hatte. Nicht wenige hatten zuvor bei einem der „Big Four" (den vier international größten Wirtschaftsprüfungs- und Beratungsgesellschaften) gearbeitet, wo Verdienst- und Karrieremöglichkeiten ungleich höher lagen. Als Grund für den Wechsel bezogen sich die Betroffenen vor allem auf die unterschiedlichen Werte, die Nähe zum Mandat, die Möglichkeit, mit ausreichend Zeit sorgfältig zu beraten und die deutlich bessere Work-Life-Balance – insbesondere im Hinblick auf die Relevanz von Familie und Vater-/Mutterrolle – die bei der Entscheidung ebenfalls eine wichtige Rolle für die vorwiegend männlichen Gesprächspartner spielte. Insgesamt war die Zufriedenheit mit dem Unternehmen, den organisatorischen Strukturen, der inhaltlichen Unterstützung bei besonders herausfordernden Fachfragen bei den erfolgreichen Kanzleien sehr hoch, eine Einschätzung, die sich später bei der Durchführung der Seminare im Kontakt mit weiteren Führungskräften erneut zeigte. Aus organisationsethnologischer Perspektive geht es stets darum, die emische Sicht der Akteure zu verstehen, und nicht darum, wie das Unternehmen „wirklich" ist. Denn genau das ist der Gegenstand der Ethnologie: die unterschiedlichen Perspektiven auf die Welt, in der wir als Menschen zurechtkommen müssen und die Bedeutung, die wir dieser Welt geben. Ethnologie ist, weil sie eine Wissenschaft vom Menschen ist, eine Disziplin, die Subjektivität zu ihrem Gegenstand gemacht hat. Hier ergaben sich eine Reihe von Hinweisen für das Unternehmen im Hinblick auf die Stärken der Unternehmenskultur, die es auch in der Zukunft weiter zu entwickeln gilt und die zu kennen für die erfolgreiche strategische Führung eine hohe Relevanz hatte.

Im Hinblick auf die Erfolgsfaktoren machten die Führungskräfte der herausragend erfolgreichen Kanzleien deutlich, dass insbesondere die Förderung der Eigenverantwortung der Mitarbeitenden mit allen Aspekten, die dazu gehören, aus ihrer Sicht der wichtigste Faktor für den Erfolg der Kanzlei seien. Dies umfasste eine Reihe von weiteren Aspekten; im Mittelpunkt stand dabei immer die hohe Qualität der Arbeit und die genaue Kenntnis der Verhältnisse des Mandanten, die ein wichtiger Garant für diese Qualität darstelle. Diese Aspekte lieferten eine wichtige Grundlage für die Konzeption der Führungskräfteentwicklung.

Das eigentlich erstaunliche Ergebnis war jedoch ein anderes: Im Rahmen der teilnehmenden Beobachtung wurde deutlich, dass die meisten Mandanten die Qualität der Arbeit ihres Steuerberaters/-beraterin überhaupt nicht beurteilen konnten. Und so offenbarte sich nach einiger Zeit ein bemerkenswerter Widerspruch: Die gesamte Konzentration der Kanzleien, Führungskräfte sowie Mitarbeitenden und damit auch die wesentliche Zielsetzung der Führungsarbeit, lag darin, eine qualitative hochwertige Beratung im fachlichen Bereich abzuliefern. Intensive Auseinandersetzung mit den sich ständig ändernden rechtlichen Rahmenbedingungen gehörte ebenso dazu wie ausführliche Besprechung, die sich fast ausschließlich um fachliche Themen drehten und stets die wirtschaftliche Lage des Mandanten zum Gegenstand hatte. Der Mandant als Persönlichkeit, seine individuellen persönlichen Eigenarten und Bedürfnisse waren – wenn überhaupt – Inhalt von Pausengesprächen oder anderen informellen Kommunikationssituationen. Keinesfalls wurden sie systematisch berücksichtigt und in die Beratungsvorbereitung einbezogen. Im Gegensatz zu diesem Fokus innerhalb der Kanzlei im Hinblick auf die Dienstleistung für den Mandanten wurde jedoch deutlich, dass der Mandant die Qualität dieser Dienstleistung gar nicht einschätzen konnte. Das zeigte sich zunächst in der teilnehmenden Beobachtung bei den Beratungsgesprächen, die oft bewiesen, dass die fachlich versierten Steuerberater oder deren Mitarbeitende die Mandanten im Gespräch inhaltlich überforderten und diese erkennbar nicht mehr folgen konnten bzw. sich nicht mehr auf das Gespräch konzentrierten. Auf Nachfrage erklärten dann auch die Mitarbeitenden der Kanzlei, dass die meisten Mandanten die Arbeit inhaltlich nicht nachvollziehen und daher fachlich die Qualität auch kaum überprüfbar sei. Damit stellte sich aus organisationsethnologischer Sicht im Hinblick auf unseren Auftrag die Frage, auf welcher Basis Mandanten denn dann die Entscheidung für oder gegen einen gerade für KMUs so entscheidenden Dienstleister – wie ihre Steuerberatung – treffen. Interessanterweise hatten die Mitarbeitenden und Berufsträger der Kanzleien dazu durchaus Antworten, allerdings war dieses Wissen eher implizit und kaum bewusst oder gar handlungsleitend. Hier lieferte auf der methodischen Ebene das Storytelling spannende Hinweise: Bei Geschichten, die davon handelten, warum Mandate andere Kanzleien verlassen hatten, ging es nie darum, dass fachliche Fehler ausschlaggebend gewesen waren. Im Gegenteil: Diese Geschichten handelten immer davon, dass Mandanten andere Kanzleien verlassen hatten, weil sie sich dort „nicht wohlgefühlt" haben. Demnach war es für die Mandanten wichtig, so wurde vermutet, wie sie empfangen wurden, ob sie am Empfang mit Namen begrüßt wurden, ob sie den Eindruck hatten, der Berater sei gut vorbereitet oder ob die Kanzlei ausreichend repräsentativ auf sie wirkte. Das Maß an Verständnis und Wertschätzung, das den Mandaten entgegengebracht wurde, war, so wussten die Mitarbeitenden ebenso wie die Steuerberater zu berichten, letztlich immer ausschlaggebend für die Mandanten und bei weitem entscheidungsrelevanter als die fachliche Qualität der Arbeit, die für sie eher eine „black box" darstellte. Dennoch beschäftigten sich alle Mitarbeitenden der Kanzlei samt Führungskräften beinahe ausschließlich mit der fachlichen Seite der Steuerberatung. Dieser Widerspruch wurde aber nicht thematisiert und war bis zu diesem Zeitpunkt auch nicht Gegenstand von strategischen Überlegungen, die dem Rechnung getragen hätten.

Dementsprechend war es einerseits überraschend ebenso für die beforschten Kanzleien wie auch für die Unternehmensleitung, welche Relevanz tatsächlich den „weichen Faktoren" für den Erfolg einer Kanzlei zukommt, andererseits zugleich sofort überzeugend, weil dieses Ergebnis an die Alltagserfahrung und damit das unterschwellige Erfahrungswissen aller Beteiligten anknüpfte. Es lieferte nicht nur die Grundlage für die Konzeption der Führungskräftetrainings, die nunmehr stets auch einen Schwerpunkt im Bereich der gezielten Mandantenbindung beinhaltete, sondern wurde auch relevant für eine Reihe weiterer Maßnahmen, die darauf abzielten, dass diese „weichen Faktoren" konkreter in die Zusammenarbeit mit den unterschiedlichen Mandanten einbezogen wurden.

Das Aufdecken derartiger Widersprüche, impliziten Wissens und verborgener Handlungsmuster stellt eine Besonderheit der organisationsethnologischen Forschung und Beratung dar. Unternehmen bestehen aus Menschen, nicht aus Zahlen, auch wenn das aus betriebswirtschaftlicher Sicht beinahe umgekehrt betrachtet wird. Ethnologie als eine Wissenschaft der Begegnung, die stets die handelnden Menschen in den Mittelpunkt stellt, liefert hier durch ihren theoretischen und methodischen Zugang wichtige Hinweise auf Organisations- und Führungskultur, die in der konkreten Beratung sowohl auf der operativen als auch auf der strategischen Ebene für Organisationen und Unternehmen von hohem Wert sind. Unternehmenssteuerung ohne Kenntnisse um die Unternehmenskultur ist eine Steuerung im Blindflug.

2.2 Liminalität und Zeitarbeit im Beratungsunternehmen: ein Dissertationsprojekt an der Universität Heidelberg

Nicht nur im Kontext von Beratungsprojekten, sondern auch in der Grundlagenforschung bietet die enge Verbindung von theoretischen Konzepten mit der erlebten Arbeitspraxis im Unternehmen eine wertvolle Grundlage für den organisationsethnologischen Zugang zu Unternehmenskultur, wie hier am Beispiel des Zusammenhangs zwischen Liminalität und Zeitarbeit in einem Beratungsunternehmen gezeigt wird. Turners Idee von „Liminalität" (1964) stammt zwar aus der Ritualtheorie, findet aber auch in der Organisationsforschung in großer Bandbreite Anwendung. Die Verwendung des Konzepts ist nicht einheitlich innerhalb der Organisationsethnologie; jedoch setzen viele der Studien einen Schwerpunkt auf die Erfahrung von Ambivalenz und Unklarheit der Akteure in Bezug auf organisationale Strukturen oder Rollen und die damit verbundene Unsicherheit.

Christina Garsten (1999 a) etwa hat am Beispiel von Arbeiter*innen mit zeitlich befristeten Verträgen bei dem IT-Unternehmen Apple gezeigt, wie diese den Status als „Temps"– (Kurzform für „temporary workers") wahrnehmen. Dabei konnte sie zwei unterschiedliche Perspektiven aufzeigen: zum einen die der bestens ausgebildeten, hoch bezahlten externen Berater*innen, „Freelancer" genannt, genannt, die selbst ihren Status gewählt haben und so die kurzzeitigen, häufig wechselnden Verträge als Lifestyle betrachten und zum anderen die Perspektive derjenigen, die als Aushilfen oder mit einfachen, administrativen Tätigkeiten auf befristeten Arbeitsverträgen die „regulären" Mitarbeiter*innen unterstützen. Letztere sehen ihre Situation nicht als selbstgewählten Lifestyle, sondern verstehen sich in einem Zwischenstadium auf dem Weg zu einer festen Stelle bei Apple. Dieser Wunsch nach einer festen Anstellung spiegelt sich in der Selbstzuschreibung „just a temp", also einer niedrigeren Jobkategorie innerhalb des organisationalen Gefüges wider. Dies wird durch die Organisation strukturell durch die Tatsache verstärkt, dass diese Gruppe von Mitarbeiter*innen nicht nur durch einen besonders gekennzeichneten Firmenausweis auf den ersten Blick zu erkennen ist, sondern auch keinen Zugang zu den Privilegien der regulären Mitarbeiter*innen – wie etwa Apple-interne Fortbildungen oder Informationsportale – hat. In der Hoffnung auf einen festen Job erleben die Mitarbeiter*innen ihre aktuelle Situation als liminal mit der verbundenen Unsicherheit.

Während Garsten die Situation der beiden unterschiedlichen Arten von zeitlich befristeten Mitarbeiter*innen bei Apple miteinander kontrastiert, haben Nigel Barley und Gideon Kunda (2006) in ihrer Monographie über eben solche vermeintlich selbstbestimmten „Freelancer" im Silicon Valley einige Jahre später eindrücklich die Herausforderungen und Ambivalenzen auch für hoch bezahlte Wissensarbeit illustriert. Ebenso können die wechselnden Projektsituationen von Berater*innen unter dem Blickpunkt Liminalität kritisch betrachtet werden (Borg / Söderlund 2013; Czarniawska / Mazza 2003; Winkler/Mahmood 2015). Diese erlebten Momente von Liminalität zeigt auch Spyridakis (2016) für Mitarbeiter*innen in der Fertigungs- als auch Wissensarbeit im krisengeschüttelten Griechenland auf. Außerhalb der Ethnologie beziehen sich im Organisationskontext auch Studien aus anderen Disziplinen auf das Konzept der Liminalität, wie etwa in der Betriebswirtschaftslehre (Kornberger et al. 2011; Sturdy et al. 2006).

Im Rahmen der elfmonatigen ethnographischen Feldforschung in einem multinationalen Beratungsunternehmen in Mumbai 2013/14 für ein Dissertationsprojekt am Institut für Ethnologie der Universität Heidelberg spielte neben Missverständnissen bei der Projektzusammenarbeit (Mörike 2017) das Konzept der Liminalität ebenfalls für Mitarbeiter*innen mit zeitlich befristeten Verträgen eine wichtige Rolle. In der für das hier diskutierte Fallbeispiel relevanten Abteilung für Projektkoordination und -administration waren von den 26 Mitarbeiter*innen lediglich 18 fest angestellt, acht arbeiteten unter unterschiedlich langen Zeitverträgen von sechs bis 18 Monaten als externe Kräfte. Ihr Status als externe/r Mitarbeiter*in war für alle Akteure weithin am Mitarbeiterausweis erkennbar: Im Gegensatz zu den Ausweisen der „regulären" Mitarbeiter*innen, die Foto und Namen des Besitzers zeigten, waren die Ausweise für die externen Kräfte nicht personalisiert, sondern trugen unter dem Firmenlogo lediglich das Wort „Consultant". Jeder mit einem solchen Ausweis war verpflichtet, sich jeden Morgen aufs Neue an der Rezeption in ein Besucherbuch einzutragen. Der Status als externe/r Mitarbeiter*in war also nicht nur über die speziellen Ausweise erkennbar, sondern wurde täglich wiederholt. Auch bei der Kommunikation per Email wurde über die Adresse der Status mitkommuniziert: Hinter dem Namen des/der Mitarbeiter*in wurde „consultant" hinzugefügt, sodass der Empfänger bereits mit einem Blick auf den Posteingang vor dem Öffnen der Email den Absender als externe/n Mitarbeiter*in identifizieren konnte. Auch hier wurde auf unterschiedliche Weise durch den von der Organisation gegebenen strukturellen Rahmen eine deutliche Unterscheidung zwischen regulären und zeitlich befristeten Mitarbeiter*innen kommuniziert.

Im Gegensatz zu der bei Garsten geschilderten Situation waren die Aufgaben der „Temps" allerdings identisch mit denen der Festangestellten in der Abteilung. Vielmehr verfügten zwei der externen Mitarbeiter*innen über immer wieder neu verlängerte Vertragslaufzeiten mit insgesamt zweieinhalb respektive drei Jahren in der Firma inzwischen über mehr Arbeitserfahrung als einige ihre festangestellten Kolleg*innen. Im Gegensatz zu ihren Kolleg*innen erhielten die externen Kräfte allerdings ein deutlich niedrigeres Gehalt ohne die in der Firma üblichen, leistungsbasierten jährlichen Gehaltserhöhungen und hatten kein Anrecht auf Sozialleistungen wie betriebliche Altersvorsorge. Ebensowenig war für die externen Mitarbeiter*innen eine Karriereentwicklung vorgesehen. Während die erfolgreicheren der festangestellten Teamkolleg*innen nach etwa ein bis zwei

Jahren einen Aufstieg in die begehrte Rolle eines/r Berater*in mit direktem Kundenkontakt schaffen konnten, verblieben die Externen auch nach drei Jahren in der Rolle der administrativen Projektunterstützung.

So erging es Parul, die während der Feldforschung nach über drei Jahren als externe Mitarbeiterin zu einem konkurrierenden Beratungsunternehmen wechselte, wo man ihr eine Position als festangestellte Mitarbeiterin angeboten hatte. Über die vergangenen drei Jahre hinweg, so berichtete Parul, habe sie ihren Status als temporäre Mitarbeiterin als Übergang in Richtung Festanstellung angesehen. Diese Hoffnung wurde über die Jahre durch mehrere Vertragsverlängerungen und die Übernahme anderer „Temps" in Festanstellungen aufrechterhalten. Zuletzt habe man ihr auch ganz konkret in Aussicht gestellt „to finally make it on payroll", also endlich eine Anstellung als feste Mitarbeiterin zu erhalten. Als jedoch wieder lediglich ein achtmonatiger Vertrag zur Unterschrift vorlag, entschied sie sich für ein anderes Unternehmen. Für gut drei Jahre hatte Parul den Status als „Temp" mit den gleichen Aufgaben wie ihre internen Kolleg*innen – die Situation als „betwixt und between" (Turner 1964) akzeptiert und unter der Vorstellung ihrer Situation als liminale Phase die temporäre Loslösung von sozialen Sicherungssystemen, organisationaler Zugehörigkeit und Karriereoptionen in Kauf genommen. Nur wenige Monate später verließ auch ihr Kollege nach zweieinhalb Jahren auf Zeitverträgen die Organisation.

Das Fallbeispiel zeigt mithilfe des Konzepts der Liminalität auf, dass sich Arbeitsmodelle nicht beliebig in das organisationale Gefüge integrieren lassen. Auch wenn die Idee von zeitlich befristeten Verträgen zu dem Anspruch einer „flexiblen Organisation" gehört (vergleiche dazu z. B. Krause-Jensen 2010) und Mitarbeiter*innen mit zeitlichen Verträgen das „elastische Band" der Personaldecke darstellen (Garsten 1999 b), so wird deutlich, dass diese Form der Arbeit nur selten mit den Vorstellungen der betroffenen Mitarbeiter*innen und einer tatsächlich gelebten Arbeitspraxis korrespondiert. Liminalität kann also im Organisationsumfeld als „longitudinal experience of ambiguity and in-betweenness in a changeful context" (Beech 2011) angesehen werden, was sicherlich für Turners Idee zu kurz greift, da etwa der Aspekt von *comunitas* als Konsequenz eines gemeinsam erlebten liminalen Status nicht mitberücksichtigt wird. Dennoch zeigt sich hier, wie in der Organisationsethnologie grundlegende ethnologische Konzepte zur Anwendung kommen und wie damit eine alternative Perspektive auf die gelebte Arbeitspraxis in Organisationen vermittelt werden kann.

2.3 Funktionale und Methodische Überlegungen

Nachdem hier die Verbindung zwischen dem theoretischen Werkzeugkasten der Ethnologie und der Organisationsethnologie sowohl für den Anwendungs- als auch den Grundlagenkontext gezeigt wurde, schließt sich in diesem Abschnitt 2.3. eine kurze Überlegung zu eventuellen funktionalen und methodischen Besonderheiten einer Organisationsethnologischen Forschung im Anwendungsbereich an. Zunächst ist der Zugang organisationsberatender Ethnolog*innen zu Unternehmen im Gegensatz zu ihren akademisch forschenden Kolleg*innen diametral verschieden: Im Falle einer Beratungsanfrage kommt in der Regel das Unternehmen auf den/die Ethnolog*in mit einer (mehr oder weniger) klar umrissenen Problemstellung zu. Organisationsethnolog*innen aus den universitären Instituten müssen dagegen aktiv auf Unternehmen zugehen und in mühsamen Verhandlungen um Feldzugang ringen, um eine möglichst ergebnisoffene Datenerhebung zu ermöglichen. Auch in Bezug auf die Resultate wird ein Unterschied schnell deutlich. Denn was für erfahrene Berater*innen zum Alltag gehört, ist für ihre akademischen Kolleg*innen eine neue Perspektive: Mit dem Eintritt in das Feld Wirtschaftsorganisation findet man sich in einer Welt aus „deliverables" – quantifizierbar lieferbaren Ergebnissen und Kennzahlen – wieder. Auftragsforschung hat das Ziel, ein gut erfassbares Ergebnis abzuliefern, oft in Bezug auf eine Empfehlung zur Intervention, Veränderung, Entschärfung oder Erhalt einer spezifischen Situation in der Organisation. „Deliverables" verlangen zudem nach einer kompakten Vermittlung in Form von zeitlich knapp bemessenen Präsentationen oder wenige Seiten umfassenden Berichten, die im Gegensatz zur akademischen Wissensproduktion zu stehen scheint. In der Praxis zeigen sich jedoch zahlreiche Mischformen beider Pole, wie etwa Masterand*innen und Doktorand*innen, die bei ihren jeweils beforschten Unternehmen angestellt sind (wie z.B. Marta Augustynek [2010] im Rahmen ihrer Dissertation bei der Telekom).

Dass Erfahrung aus der organisationsethnologischen Beratungspraxis auch fruchtbar in die akademische Forschung zurückgespielt werden kann, soll hier im Rahmen methodischer Überlegungen aufgezeigt werden: In Anlehnung an die Ergebnispräsentation von Auftragsforschungen in der Organisationsberatung wurden bei dem in 2.2. genannten Dissertationsprojekt im Beratungsunternehmen im Laufe der Feldforschung kurze Rückmeldungspräsentationen für die Akteure angeboten. Da sich nach sechs bis acht Wochen teilnehmender Beobachtung ein Wechsel der Arbeitsteams beziehungsweise der Abteilung anbot, wurde jeweils zum Ende des Forschungsabschnitts im Rahmen eines passenden Formats, wie z.B. der wöchentlichen Teamsitzung, eine zehnminütige Rückmeldung für die begleiteten Mitarbeiter*innen präsentiert. Diese waren eine gute Gelegenheit, erfasste Daten auf das eigene Verständnis hin zu prüfen und direkte Rückmeldung der Akteure dazu zu erhalten. Gleichzeitig konnte damit auch im Rahmen einer auf wissenschaftlichen Erkenntnisgewinn abzielende Arbeit der Frage „Und was bringt uns das jetzt?" kleinschrittig, kurzfristig und für die Mitarbeiter*innen (sowie „Temps") transparent begegnen.

Die in diesem Abschnitt ausgeloteten Überschneidungen werden im folgenden Abschnitt 3 um eine Betrachtung der Schnittstellen zwischen akademischer und anwendungsorientierter Organisationsethnologie selbst ergänzt.

3. Unsere Erfahrungen an den Schnittstellen zwischen akademischer und anwendungsorientierter Ethnologie

3.1 Begegnungen: Susanne Spülbeck

Die akademische Ausbildung innerhalb des Faches wird von vielen Studierenden – zumindest wird es von ihnen so beschrieben – immer noch als eine Ausbildung wahrgenommen, die vor allem darauf abzielt, für den akademischen Betrieb selbst auszubilden. Zugleich wird nicht selten vermittelt, wie überaus schwierig eine akademische Karriere sei und dass das Fach außerhalb der akademischen Welt kaum Relevanz habe, die Berufsaussichten also mehr als schwierig seien. Immer wieder erhalte ich Einladungen – nicht selten von der jeweiligen Fachschaft – zu Vorträgen über die Arbeit meines Instituts in der freien Wirtschaft, und nicht selten konfrontieren die Studierenden mich mit einem erstaunlich pessimistischen Bild hinsichtlich des Wertes unseres Faches außerhalb des akademischen Elfenbeinturms. Dieser Marginalisierungsdiskurs scheint häufig einherzugehen mit der Erfahrung der prekären Arbeitsverhältnisse, denen Ethnolog*innen sich in ihren akademischen Berufsbiographien oft über viele Jahre ausgesetzt sehen, und diese Erfahrung scheint die Haltung zu prägen, die den Studierenden im Hinblick auf berufliche Perspektiven immer wieder vermittelt wird. Dementgegen steht das wachsende Interesse an organisationsethnologischer Beratung im Bereich der Wirtschaft, das wir seit über 20 Jahren erleben und das zu einer ganzen Reihe von spannenden Forschungs- und Beratungsprojekten geführt hat.

In meinem beruflichen Alltag kann es mir dann manchmal passieren, dass ich mitten in einem Meeting einen Tagtraum habe: Ich stelle mir vor, wie die Kolleg*innen aus der akademischen Welt als teilnehmende Beobachter*innen dabei säßen und zuhören könnten, wie Juristen, Betriebswirte und Ingenieure mit leuchtenden Augen über diesen organisationsethnologischen Ansatz schwärmen, wo endlich mal nicht nur eine Umfrage gemacht wurde, sondern tatsächlich mit den Leuten gesprochen, tatsächlich hingeguckt wurde und nun endlich mal die Themen auf den Tisch kommen, die schon lange unter den Nägeln brannten, aber nicht so recht benannt werden konnten. Seit nunmehr 13 Jahren unterrichte ich als Dozentin für Organisationsethnologie an unterschiedlichen Universitäten, davon seit acht Jahren kontinuierlich mit einem Kurs „Methodentraining Organisationsethnologie" am Institut für Ethnologie an der LMU in München und seit sechs Jahren an der Universität St. Gallen mit Themen rund um Organisations- und Führungskultur, hier vornehmlich Studierende der BWL, VWL oder angehende Jurist*innen. Am Institut für Ethnologie der LMU München werden die Studierenden in einem zweisemestrigen Kurs zunächst auf ein vierwöchiges Forschungspraktikum vorbereitet, das sie dann anschließend in den Semesterferien unter Supervision in einem Unternehmen oder einer Organisation durchführen. Im Folgesemester werden die Ergebnisse gemeinsam ausgewertet und die Studierenden lernen, wie sie diese Ergebnisse in der beforschten Organisation präsentieren können. Der größte Teil der beforschten Unternehmen oder Organisationen ist in höchstem Maß interessiert an diesen Präsentationen; es sind inzwischen eine ganze Reihe von Bachelorarbeiten in diesem Zusammenhang entstanden. In einigen Fällen mündete das Praktikum in eine Einstellung.

Selbstverständlich bringt die Arbeit in einem machtdurchdrungenen Raum wie einem Wirtschaftsunternehmen ethische Herausforderungen mit sich. Es sind die gleichen, die sich auch in der ethnologischen Feldforschung finden. Der Unterschied besteht hier darin, dass die Folgen im Vergleich zu einigen anderen Forschungsfeldern[6] dahingehend divergieren, als dass die Menschen, um die es in der Forschung geht, in der Regel in öko-nomischen Abhängigkeitsbeziehungen stehen. Transparenz – die Verpflichtung, keine ver-deckte Forschung durchzuführen – und Verschwiegenheit gehören zu den grundlegenden Regeln unserer organisationsethnologischen Forschung, die die American Association of Anthropology seit 1948 in ihren Regularien definiert hat (vgl. Schönhuth 2005). Dass Ethnolog*innen in der Forschung sich stets ihrer ethischen Verantwortung im Hinblick auf die möglichen Folgen ihrer Arbeit und ihrer Forschungsergebnisse im Klaren sein müssen, ist nicht nur in der Organisationsethnologie von großer Bedeutung, sondern in beinahe allen ethnologischen Forschungsfeldern. Die Themen Macht, Abhängigkeit, Un-terdrückungsmechanismen und das Risiko der Instrumentalisierung von Ethnolog*innen spielen beinahe immer eine wichtige Rolle.

Umso wichtiger ist es daher, diese Rahmenbedingungen stets einzubeziehen, zu reflek-tieren und Forschung so zu gestalten, dass die Menschen, mit denen wir es in unseren Forschungsfeldern zu tun haben, durch die Forschung keinerlei Nachteile haben. Im Falle von organisationsethnologischen Beratungsprojekten bei Blickwechsel bedeutet das, dass wir immer eine Verschwiegenheitserklärung mit unseren Auftraggebenden vereinbaren, die deutlich macht, dass keinerlei personenbezogene Informationen an die Organisation kommuniziert werden – eine Vereinbarung, die nicht nur eine wichtige Grundlage für das notwendige Vertrauen bei der teilnehmenden Beobachtung im Arbeitsalltag ist, sondern die auch von Personal- und Betriebsräten zurecht eingefordert wird. Die Ergebnisse sind immer auf einer Metaebene angesiedelt, die keinerlei Rückschlüsse auf einzelne Personen zulässt. Darüber hinaus legen wir bei Blickwechsel Wert darauf, dass die Ergebnisse un-serer Forschung immer allen Beteiligten zur Verfügung gestellt werden, so dass auch für alle transparent wird, wie die Analyse und die daraus folgenden Handlungsempfehlungen für die Organisation aussehen, damit die Menschen, die zum Gegenstand der Forschung geworden sind, hier die Möglichkeit haben, sich kritisch mit den Ergebnissen und den möglichen Konsequenzen dieser Ergebnisse auseinanderzusetzen. Die ethischen Verpflich-tungen und Risiken ethnologischer Forschung ist keine Besonderheit der Organisations-ethnologie und die Auseinandersetzung damit sollte ein wichtiger Bestandteil der akade-mischen Ausbildung sein.

---

6 Dieser Vergleich sei hier in aller Vorsicht angestellt, denn ethnologische Forschungen finden ebenso in Gegen-den der Welt statt, wo aufgrund repressiver politischer Systeme die Verantwortung für das ethisch korrekte Verhalten in der ethnologischen Feldforschung sogar von lebenswichtiger Bedeutung für die Gesprächspart-ner*innen im Feld sein kann.

3.2 Positionierungsverhandlungen und ausstehende Debatten:
Frauke Mörike

Trotz der zahlreichen Schnittstellen und Austauschplattformen ist die Position von einer anwendungsorientierten Organisationsethnologie im Gefüge der akademischen Ethnologie nach wie vor unter Verhandlung, nicht zuletzt auch als Teil des ständigen Diskurses um angewandte Ethnologie im weiteren Sinne. Dies erscheint insofern überraschend, als die beruflichen Perspektiven für Ethnolog*innen zunehmend außerhalb der Universität zu finden sind und dies nicht nur im Bereich der Entwicklungszusammenarbeit, die in Deutschland eine Vorreiterrolle innehatte (Bierschenk 2016). Neben der Forderung, als Ethnolog*innen im öffentlichen Diskurs „relevanter zu werden" (Schönhuth 2009), schlägt auch Christoph Antweiler (2016) ein offeneres Herangehen der Ethnologie an die außerfachliche Welt vor, ähnlich wie Thomas Hylland Eriksens Forderung nach einer größeren öffentlichen Präsenz von Ethnolog*innen (2006).

Dass die Organisationsberatung ein wichtiges berufliches Feld für Ethnolog*innen darstellt und die Organisationsethnologie als Grundlage dafür relevant ist, wurde bereits mehrfach thematisiert (Spülbeck 2016; Weißköppel 2016). Wie die unterschiedlichen Schnittstellen illustrieren auch die Beispiele in diesem Artikel die enge Verzahnung von ethnologischer Theorie, ethnographischer Methode und (mehr oder weniger direkt) praxisrelevantem Erkenntnisgewinn in der Organisationsethnologie. Die Positionierung einer anwendungsorientierten Organisationsethnologie in den Kanon der ethnologischen Fachgebiete könnte also als näher angenommen werden, als es den Tatsachen der universitären Praxis entspricht. Eine organisationsethnologische Arbeit im Bereich der akademischen Grundlagenforschung hat im Gegensatz zu einer Auftragsforschung keinen unmittelbaren Interventionsanspruch, auch wenn die Frage nach der praktischen Relevanz bei der Suche nach Finanzierungsmöglichkeiten immer häufiger aufkommt. Aber schon bei der Konzeption inter- und transdisziplinärer Forschungsprojekte (LERU 2016) werden Ethnolog*innen mit akademischen Disziplinen wie etwa der Psychologie oder den Bildungswissenschaften konfrontiert, die häufig eine Intervention als Teil des Forschungsdesigns betrachten. Ähnlichen Herausforderungen begegnen Ethnolog*innen, die im Rahmen von Forschungsanträgen auf das positive Votum von Ethik-Kommissionen angewiesen sind, die nicht immer über Erfahrung mit ethnologischen Forschungsvorhaben verfügen (DGV Interna 2017).

Die Erfahrungen von Ethnolog*innen in der Organisationsberatung können hier auf verschiedene Weise für die akademische Grundlagenforschung fruchtbar gemacht werden. So verfügen diejenigen, die tagtäglich um Projektaufträge kämpfen, über viel Erfahrung damit, einen ethnologischen Ansatz und eine ethnographische Forschungsmethode in den Chefetagen von großen Organisationen mit wenigen Sätzen überzeugend darzulegen (Jordan / Dalal 2006) – eine Fähigkeit, die auch im interdisziplinären Forschungskontext wichtig ist. Ebenso bietet die praxisorientierte Organisationsethnologie direkte Einblicke in ein Feld, das nur den wenigsten der Lehrenden an den ethnologischen Instituten aus eigener Erfahrung bekannt ist (Bierschenk 2016), in welchem sich jedoch viele der Studierenden nach ihren Abschlüssen eine berufliche Zukunft erhoffen. Dadurch können bereits in den Seminaren an der Universität konkrete ethische Fragen rund um die Rollen und Grenzen einer/s Forscher*in als Dienstleiter*in geführt werden (vgl. z. B. Kitner 2014).

Nicht nur in der organisationsethnologischen Beratung, auch in anderen Feldern außerhalb der ethnologischen Institute ist Ethnographie als Methode ein „Exportschlager" (Krings 2013), wie ein Blick in aktuelle Stellenausschreibungen zeigt: User Researcher, Marktforscher*innen oder strategische Designer*innen – für all diese Positionen spielen Kenntnisse ethnographischer Methoden der Datenerhebung explizit eine Rolle. Ähnliche Erfahrungen habe ich auch im Rahmen meiner derzeitigen Tätigkeit als Wissenschaftliche Mitarbeiterin im Fachgebiet Arbeitswissenschaft der TU Berlin machen können. Hier biete ich Lehrveranstaltungen für den Masterstudiengang „Human Factors" an, in welchen Studierenden mit einem psychologischen bzw. ingenieurswissenschaftlichen Hintergrund Einblicke in Arbeits- und Organisationskontexte aus ethnologischer Perspektive vermittelt werden. Dazu werden sowohl theoretische als auch methodische Themen der Organisationsethnologie behandelt – ein Perspektivwechsel, den die Studierenden nach eigenen Angaben sehr schätzen und in den sie sich mit viel Engagement einbringen.

Aber auch implizit spielen ethnographische Methoden im Wirtschaftskontext schon länger eine Rolle. So habe ich etwa in den frühen 2000er Jahren als IT-Beraterin die jeweiligen zukünftigen Nutzer*innen eines neuen Systems bis zu einer Woche lang durch ihre Arbeitstage begleitet, ja teilweise sogar mit ihnen gemeinsam deren Aufgaben bearbeitet. Diese Erfahrungen wurden anschließend von mir für meine technischen Kolleg*innen als „day-in-a-life-of"-Beschreibungen dokumentiert, die damit ein besseres Verständnis für die Arbeitspraxis der Nutzer bekommen sollten, um ein System bestmöglich anzupassen. Erst Jahre später sollte ich überrascht in meinem Ethnologie-Grundstudium feststellen, dass sich für mein damals eher zufällig-intuitives Vorgehen eine systematischere Entsprechung im ethnographischen Methodenkasten finden lässt. Auch wenn die Vermittlung ethnographischer Methoden (noch?) nicht zum Curriculum von Wirtschaftsinformatik-Studiengängen gehört, ist doch Ethnographie als Schlagwort in dem Kontext immer mal wieder in Publikationen zu finden (z. B. Baskerville / Myers 2015).

Allerdings gilt auch hier die Feststellung, dass sich ein ethnologisch geprägtes Verständnis von Ethnographie oft substantiell von dem unterscheidet, was andere Disziplinen und Praxisvertreter*innen als ethnographische Forschung bezeichnen mögen (Krings 2013; Stewart / Aldrich 2015) und dass Ethnographie gar zu einem „modischen Ersatz[begriff] für qualitative" Methoden zu werden drohe (Ingold 2014). Auch wenn diese Fragen sicherlich eine wichtige, offene Debatte für unser Fach im Allgemeinen darstellen, die es zu führen gilt, zeigt sich hier am Beispiel der Organisationsethnologie und ihren angrenzenden Feldern im Bereich der Business Anthropology, dass wir mit unserem

Ansatz anderen Disziplinen und Organisationen eine Methode bieten können, die einen offensichtlich immer größer werdenden Bedarf nach emischen Perspektiven und Einblicken zu decken verspricht.

4. Fazit

Es bedarf vor diesem Hintergrund der engen Verknüpfung zwischen akademischem Diskurs zur Organisationsethnologie, akademischer Forschung in diesem Bereich und akademischer Ausbildung von Organisationsethnolog*innen einerseits und der praktischen, anwendungsorientierteren Organisationsethnologie andererseits. Eine solide akademische Ausbildung, die die anwendungsorientierte Ethnologie als Teilbereich der Ethnologie begreift und sich aus dem Marginalisierungsdiskurs befreit, dem das Fach innerhalb der akademischen Welt anscheinend immer noch gelegentlich erliegt, würde zunächst einmal dazu führen, dass gut ausgebildete Organisationsethnolog*innen in der Praxis eingesetzt werden können, die die methodischen Grundkompetenzen der Feldforschung und der Datenauswertung beherrschen. Zugleich braucht es aber auch die kritische Auseinandersetzung und die Denkmöglichkeiten außerhalb des Verwertungszwangs der Auftragsforschung, die auch die anwendungsorientierte Forschung und Beratung immer wieder theoretisch und methodisch vorantreibt und die Grundlagen dazu liefert.

In der Praxis ist eine solche enge Verknüpfung bereits an vielen Stellen zu beobachten: organisationsethnologische Bacherlorarbeiten, Masterarbeiten und Dissertationen, die im akademischen Bereich geschrieben werden und einen engen Anwendungsbezug haben oder gar in Kooperation mit organisationsethnologischen Beratungsunternehmen wie blickwechsel entstehen. So ist ein zunehmendes Interesse an gezielt anwendungsorientierten Seminaren im akademischen Betrieb der ethnologischen und nicht-ethnologischen Institute und auf allen Seiten das Interesse an Kooperation zu beobachten.

Literatur

ALFONSO, Carolin / Henkelmann, Martina (2015): Editorial: Business Anthropology. Ein neuer Arbeitsbereich für Ethnologen? In: Ethnoscripts. Zeitschrift für aktuelle ethnologische Studien, 12 (2), S. 3–11.

ANTWEILER, Christoph (2016): Angewandte Ethnologie heute. Arbeits- und Minenfelder jenseits des Kokons. In: Ethnoscripts. Zeitschrift für aktuelle ethnologische Studien, 17 (2), S. 11–39.

AUGUSTYNEK, Marta (2010): Arbeitskulturen im Großkonzern. Eine kulturanthropologische Analyse organisatorischer Transformationsdynamik in Mitarbeiterperspektive. Münster: Waxmann.

BACHMANN, Götz (2014): Kollegialität. Eine Ethnografie der Belegschaftskultur im Kaufhaus. Frankfurt am Main: Campus Verlag.

BARLEY, Stephen / Kunda, Gideon (2006): Gurus, Hired Guns, and Warm Bodies. Itinerant Experts in a Know-ledge Economy. Princeton: Princeton University Press.

BASKERVILLE, Richard L. / Myers, Michael D. (2015): Design Ethnography in Information Systems. In: Information Systems Journal, 25 (1), S. 23–46.

BEECH, Nic (2011): Liminality and the Practices of Identity Reconstruction. In: Human Relations, 64 (2), S. 285–302.

BIERSCHENK, Thomas (2016): Ethnologie und außeruniversitäre Praxis. In: Ethnoscripts. Zeitschrift für aktuelle ethnologische Studien, 17 (2), S. 40–46.

BORG, Elisabeth / Söderlund, Jonas (2013): Moving in, Moving on. Liminality Practices in Project-based Work. In: Employee Relations, 36 (2), S. 182–197.

BREIDENBACH, Joana / Nyíri, Pál (2008): Maxikulti. Der Kampf der Kulturen ist das Problem – zeigt die Wirtschaft uns die Lösung? Frankfurt am Main: Campus Verlag.

CEFKIN, Melissa (Hg.) (2010): Ethnography and the Corporate Encounter. Reflections on Research in and of Corporations. New York: Berghahn.

CHOI, Jinchul (2010): Organisationsethnographie im interkulturellen Kontext. Deutsch-koreanische Projektzusammenarbeit in multinationalen Unternehmen. Münster: Waxmann.

CZARNIAWSKA, Barbara (2007): Shadowing: And Other Techniques for Doing Fieldwork in Modern Societies. Kopenhagen: Copenhagen Business School Press.

CZARNIAWSKA, Barbara / Mazza, Carmelo (2003): Consulting as a Liminal Space. In: Human Relations, 56 (3), S. 267–290.

DAHLÉN, Tommy (1997): Among the Interculturalists. An Emergent Profession and its Packaging of Knowledge. Stockholm: Stockholm University.

DENNY, Rita / Dunderland, Patricia (Hg.) (2014): Handbook of Anthropology in Business. Walnut Creek: Left Coast Press.

DGV Interna (2017): Ethikbegutachtungen in der Ethnologie? Vorschlag für eine Positionierung der Deutschen Gesellschaft für Völkerkunde e. V. In: Mitteilungen der Deutschen Gesellschaft für Völkerkunde, 49, S. 5–11.

DIEL-KHALIL, Helga / Götz, Klaus (1999): Ethnologie und Organisationsentwicklung. München: Hampp.

ERIKSEN, Thomas Hylland (2006): Engaging Anthropology. The Case for a Public Presence. Oxford: Berg.

FROHNEN, Anja (2005): Diversity in Action. Multinationalität in globalen Unternehmen am Beispiel Ford. Bielefeld: Transcript.

GAMST, Frederic C. / Helmers, Sabine (1991): Die kulturelle Perspektive und die Arbeit. Ein forschungsgeschichtliches Panorama der nordamerikanischen Industrieethnologie. In: Zeitschrift für Ethnologie, 116, S. 25–41.

GARSTEN, Christina (1999a): Betwixt and Between. Temporary Employees as Liminal Subjects in Flexible Organizations. In: Organization Studies, 20 (4), S. 601–617.

GARSTEN, Christina (1999b): Loose Links and Tight Attachments. Modes of Employment and Meaningmaking in a Changing Labor Market. In: Goodman, Richard (Hg.): Modern Organisations and Emerging Conundrums. Exploring the Postindustrial Subculture of the Third Millenium. Lanham: New Lexington Press, S. 281–292.

GARSTEN, Christina / Nyqvist, Anette (Hg.) (2013): Organisational Anthropology. Doing Ethnography in and among Complex Organisations. London: Pluto.

GEERTZ, Clifford (1987): Dichte Beschreibung. Beiträge zum Verstehen kultureller Systeme. Frankfurt am Main: Fischer Verlag.

GLAUSER, Laura (2016): Das Projekt des unternehmerischen Selbst. Eine Feldforschung in der Coachingzone, 34. Bielefeld: transcript.

HELMERS, Sabine (Hg.) (1993): Ethnologie der Arbeitswelt. Beispiele aus europäischen und außereuropäischen Feldern. Bonn: Holos.

HUBER, Birgit (2012): Arbeiten in der Kreativindustrie. Eine multilokale Ethnografie der Entgrenzung von Arbeits- und Lebenswelt. Frankfurt am Main: Campus.

HÜSKEN, Thomas (2006): Der Stamm der Experten. Rhetorik und Praxis des Interkulturellen Managements in der deutschen staatlichen Entwicklungszusammenarbeit. Bielefeld: transcript.

INGOLD, Tim (2014): That's enough about ethnography! In: HAU. Journal of Ethnographic Theory, 4 (1), S. 383–395.

JONES, Michael Owen / Moore, Michael Dane / Snyder, Richard Christopher (Hg.) (1988): Inside Organizations. Understanding the Human Dimension. Newbury Park: Sage.

JORDAN, Brigitte / Dalal, Brinda (2006): Persuasive Encounters. Ethnography in the Corporation. In: Field Methods, 18 (4), S. 359–381.

KITNER, Kathleen (2014): The good Anthropologist. Questioning Ethics in the Workplace. In: Denny, Rita / Sunderland, Patricia (Hg.): Handbook of Anthropology in Business. Walnut Creek CA: Left Coast Press, S. 309–320.

KORNBERGER, Martin / Justesen, Lise / Mouritsen, Jan (2011): "When you make Manager, we put a big mountain in front of you". An Ethnography of Managers in a Big 4 Accounting Firm. In: Accounting, Organizations and Society, 36 (8), S. 514–533.

KRAUSE-JENSEN, Jakob (2010): Flexible Firm. The design of culture at Bang & Olufsen. New York: Berghahn Books.

KRINGS, Matthias (2013): Interdisziplinarität und die Signatur der Ethnologie. In; Bierschenk, Thomas / Krings, Matthias / Lentz, Carola (Hg.): Ethnologie im 21. Jahrhundert. Berlin: Reimer, S. 265–283.

LERU – League of European Research Universities (2016): Interdisciplinarity and the 21st Century Research-intensive University: www.leru.org.

MAYER-AHUJA, Nicole (2011): Grenzen der Homogenisierung: IT-Arbeit zwischen ortsgebundener Regulierung und transnationaler Unternehmensstrategie. Frankfurt am Main: Campus Verlag.

MÖRIKE, Frauke (2017): Working Misunderstandings and Notions of Collaboration. Towards a Framework of Working Misunderstanding as Analytical Category for Ethnographic Insight. In: Civilisations, 65, S. 145–160.

NEYLAND, Daniel (2007): Organizational Ethnography. London: Sage.

NOVAK, Andreas (1994): Die Zentrale. Ethnologische Aspekte einer Unternehmenskultur. Bonn: Holos.

OUCHI, Willliam G. / Wilkins, Alan L. (1985): Organizational Culture. In: Annual Review of Sociology, 11, S. 457–583.

PETERS, Tom / Waterman, Robert (1982): In Search of Excellence. Lessons from Americans Best Running Companies. New York: Harper & Row.

SANDLER, Jen / Thedvall, Renita (2017): Meeting Ethnography. Meetings as Key Technologies of Contemporary Governance, Development, and Resistance. New York: Routledge.

SCHÖNHUTH, Michael (2005): Entwicklung, Partizipation und Ethnologie. Implikationen der Begegnung von ethnologischen und partizipativen Forschungsansätzen im Entwicklungskontext. Habilitation an der Universität Trier. Electronic source: urn:nbn:de:hbz:385-3008; URL: http://ubt.opus.hbz-nrw.de/volltexte/2005/300/

SCHÖNHUTH, Michael (2009): Relevanter werden. Zum Verhältnis zwischen Ethnologie und Öffentlichkeit. Standortbestimmung und Perspektiven. In: Ethnoscripts. Zeitschrift für aktuelle ethnologische Studien. Ethnologie und Öffentlichkeit, 2, S. 12–38.

SCHWARTZMAN, Helen B. (1989): The Meeting. Gatherings in Organizations and Communities. New York : Plenum Press.

SPÜLBECK, Susanne (2009): Organisationsethnologische Forschung und Beratung. Neue Perspektiven in der Unternehmensberatung. In: Beer, Bettina / Klocke-Daffa, Sabine / Lütkes, Christiana (Hg.): Berufsorientierung für Kulturwissenschaftler. Erfahrungsberichte und Zukunftsperspektiven. Berlin: Reimer, S. 213–224.

SPÜLBECK, Susanne (2016): Organisationsethnologie als Grundlage von Organisationsberatung. In: Ethnoscripts. Zeitschrift für aktuelle ethnologische Studien, 17 (2), S. 147–155.

SPYRIDAKIS, Manos (2016): The liminal Worker. An Ethnography of Work, Unemployment and Precariousness in Contemporary Greece. London: Routledge.

STEWART, Alex / Aldrich, Howard (2015): Collaboration between Management and Anthropology Researchers. Obstacles and Opportunities. In: Academy of Management Perspectives, 29 (2), S. 173–192.

STURDY, Andrew / Schwarz, Mirela / Spicer, Andre (2006): Guess Who's Coming to Dinner? Structures and Uses of Liminality in Strategic Management Consultancy. In: Human Relations, 59 (7), S. 929–960.

Szabo, Erna (1998): Organisationskultur und Ethnographie. Fallstudie in einem österreichischen Krankenhaus. Wiesbaden: Springer.

Tischner, Herbert (1959): Völkerkunde. Frankfurt am Main: Fischer Verlag.

Turner, Victor (1964): Betwixt and Between. The Liminal Period in Rites de Passage. In: Spiro, Melford D. / Helm, June (Hg.): Symposium on New Approaches to the Study of Religion. American Ethnological Society, Pittsburg: Pittsburg University Press, S. 4 – 20.

Ülker, Baris (2016): Enterprising Migrants in Berlin. Bielefeld: transcript.

Walter-Busch, Emil (1989): Das Auge der Firma. Mayos Hawthorne-Experiment und die Harvard Business School. Stuttgart: Enke Verlag.

Weissköppel, Cordula (2016): Interkulturelle Öffnung in einem Sozialamt. Einblicke in die ethnografische Organisationsberatung. In: Ethnoscripts. Zeitschrift für aktuelle ethnologische Studien, 17 (2), 127 – 146.

Winkler, Ingo / Mahmood, Mustafa Khalil (2015): The Liminality of Temporary Agency Work. Exploring the Dimensions of Danish Temporary Agency Workers' Liminal Experience. In: 2015, 5 (1), S. 18.

Wittel, Andreas (1997): Belegschaftskultur im Schatten der Firmenideologie. Eine ethnographische Fallstudie. Berlin: Ed. Sigma.

Ybema, Sierk / Yanow, Dvora / Wels, Harry / Kamsteeg, Frans (2009): Organizational Ethnography. Studying the Complexity of Everyday Life. Los Angeles: Sage.

Ankommen im Sport:
Integrationsarbeit mit Geflüchteten
und der Beitrag der Ethnologie

LAURA VERWEYEN

ABSTRACT: Die Integration von Geflüchteten ist ein aktuelles politisches und gesellschaftliches Thema, das nach wissenschaftlichen Lösungsansätzen sucht. Der Artikel „Ankommen im Sport: Integrationsarbeit mit Geflüchteten und der Beitrag der Ethnologie" behandelt die Fragestellung, welche Rolle der Sport bei der gesellschaftlichen Integration von Geflüchteten in Deutschland spielen kann. Ein besonderer Fokus liegt dabei auf Mädchen und Frauen. Hierzu wird untersucht, wie die Kommunikation, Interaktion und der kulturelle und sprachliche Austausch im Sport gestaltet wird, damit Geflüchtete erfolgreich in den Sport und im nächsten Schritt in die Gesellschaft außerhalb des Sportvereins integriert werden können. Der Forschungsgegenstand und der Begriff der Integration wird aus dem Blickwinkel der Ethnologie untersucht, wobei die ethnologische Methode der systematischen bzw. teilnehmenden Beobachtung (von Trainings, Spielen und Freizeitaktivitäten), gekoppelt mit Interviews (aller involvierten Akteure: der Geflüchteten, aber auch Verantwortlichen im Verein, politischen Entscheidungsträgern und Integrationsbeauftragten in Sportämtern, Städten, Kommunen und Landessportbünden), eine zentrale Bedeutung spielen, um sowohl die emische Perspektive der Geflüchteten zu erheben als auch die Bedürfnislagen eines ethnologischen Integrationsleitfadens für den Sport ganzheitlich zu eruieren. Eine Fußballmannschaft mit Geflüchteten in München und ein anwendungsorientiertes Modellprojekt mit weiblichen Geflüchteten in Münster bilden dabei die empirische Grundlage des Artikels.

1. Einleitung

„Im Diskurs um ‚Fremde in Europa' spielen die Begriffe ‚Migration', ‚kulturelle Vielfalt' und ‚Integration' eine zentrale Rolle. Migration wird dabei als ein Faktor gesehen, der in allen europäischen Staaten, wenn auch mit unterschiedlicher Dynamik, zu einer so genannten ‚kulturellen Vielfalt' führt. Mit diesem Argument wird die Notwendigkeit einer Integration dieser Vielfalt gefordert, und zwar nicht nur auf der scheinbar unproblematischen, institutionell verfassten Ebene der Europäischen Union bzw. des Europarats, sondern v. a. auch auf der Ebene der alltäglichen Lebenswelt" (Thiel et al. 2007:14).

Der Sportwissenschaftler Ansgar Thiel greift in diesem Zitat (fast) alle für den vorliegenden Artikel relevanten Begrifflichkeiten auf und setzt sie in Beziehung zueinander. Die Notwendigkeit der Integration der Vielfalt Europas umfasst nach meiner Definition jegliche Art von MigrantInnen, also auch – und angesichts der aktuellen politischen und gesellschaftlichen Entwicklungen und Herausforderungen – vor allem Geflüchtete. Eine Ebene der alltäglichen Lebenswelt, durch die diese Integration umgesetzt und erzielt werden kann, ist der Sport[1] im Allgemeinen und der Vereinssport im Speziellen. Dieser ist wichtiger Teil, Vermittler und Mediator von Kultur[2] und Sprache sowie von Werten wie Disziplin, Fairplay, Respekt und Akzeptanz. Im Sport zeigen sich Gemeinsamkeiten ebenso wie Unterschiede von Gesellschaften. Der Sport bietet einen Ort des gemeinsamen Erlebnisses für Ausübende und Zuschauer, der spielerischen Auseinandersetzung und Annäherung von Menschen unterschiedlicher Kulturen. Vor allem bei internationalen Sportarten wie dem Fußball, dem Handball, dem Cricket etc. beruft sich der Sport auf ein international gültiges und anerkanntes Regelwerk, das auch als eine gemeinsame, übergreifende Sprache verstanden werden kann. Gleichzeitig bieten nationale Charakteristika von Sportarten die Chance zum Kennenlernen einer Gesellschaft durch den Sport:

„Sport scheint aufgrund seiner universellen Sprache ein ideales Medium für den Kontakt, gemeinsames Lernen und Identifizierungsprozesse mit dem (neuen) Lebensmittelpunkt der MigrantInnen zu sein – sei es die Stadt, die Region oder Nation […]" (Müller et al. 2016:13).

Darüber hinaus ist Sport Emotionsträger im positiven wie im negativen Sinne; er dient als Mittel der Selbstbestätigung und der Positionierung in einer Gruppe, und er kann auch persönliche Erfolgsquelle sein.

Von diesen Grundüberlegungen ausgehend, hat sich u. a. – vor knapp 30 Jahren – das bundesweite Programm „Integration durch Sport" (IdS) des Deutschen Olympischen Sportbundes (DOSB) entwickelt. Seine Ziele sind die Integration durch und in den Sport sowie die interkulturelle Öffnung der Vereine. Zielgruppen waren seit 1989 Spätaussiedler, Migranten, Ältere, Frauen und sozial schwache Gruppen (vgl. DOSB 2014). Erst in 2015 hat sich das Programm den aktuellen gesellschaftspolitischen Erfordernissen angepasst und sich auch Geflüchteten als weiterer Zielgruppe offiziell geöffnet.[3]

---

1 Wenn die Rede von „Sport" ist, umfasst dieser Begriff den organisierten Sport (Sport, der in Vereinen und Verbänden stattfindet, die vom Deutschen Olympischen Sportbund anerkannt sind) sowie den nicht organisierten Sport außerhalb dieser Organisationsstruktur.

2 Der Begriff „Kultur" ist hierbei im anthropologischen Sinne zu verstehen und bezieht sich auf menschliche Gemeinschaften wie Nationen und Ethnien, samt ihrer spezifischen Handlungs- und Denkweisen sowie materiellen Hervorbringungen.

3 Vom Innenminister Thomas de Maiziére am 16.04.2015 bei den Nürnberger Tagen für Integration postuliert.

Das Integrationskonzept des Deutschen Fußball-Bundes (DFB) von 2008 setzt auf „Interaktion und Identifikation" im Sinne eines Integrationsverständnisses von kultureller Vielfalt. Die Kommission „Migration und Integration" wurde eingerichtet und in jedem Landesverband Integrationsbeauftragte als Ansprechpartner eingesetzt. Gemeinsam mit dem DOSB wurde ein Informationsmodul Integration entwickelt, um Vereine und Verbände zu sensibilisieren (vgl. Dembowski 2010:88-89; Deutscher Fußball-Bund 2008).

Über diese großen, bundesweiten Programme hinaus gibt es eine Vielzahl von Initiativen, Sportvereinen und (kommunalen) Projekten, die Integration von MigrantInnen und Geflüchteten durch Sport zu ihrem Ziel erklärt haben – darunter auch Straßenfußballprojekte[4] und friedenspädagogische Projekte.[5] Die politische Aktualität des Themas beweisen auch zahlreiche Konferenzen[6] oder die Tagungen, Workshops und Seminare des Programms IdS in den Landessportverbänden aller Bundesländer und in der Zentrale des DOSB in Frankfurt (vgl. Integration durch Sport: online).

Der vorliegende Artikel beschäftigt sich mit der Fragestellung, welche Rolle der Sport bei der Integration von Geflüchteten in die deutsche Gesellschaft spielen und welchen Beitrag die Ethnologie mit ihren Methoden dazu leisten kann. Dabei wird Sport als „Übungsfeld" kultureller Begegnungen, sozialen Handelns und sprachlicher Fähigkeiten in den Blick genommen. Eine Fußballmannschaft mit Geflüchteten in München, ein anwendungsorientiertes Modellprojekt mit weiblichen Geflüchteten in Münster und Interviews mit weiteren Akteuren der (sportlichen) Integrationsarbeit bilden die empirische Grundlage des Artikels.

2. Integration, Sport und Ethnologie

Angesichts der Vielzahl von bestehenden Sport-Integrationsprojekten wird der Gegenstand „Integration durch Sport" durch SportwissenschaftlerInnen, (Sport-) SoziologInnen und EthnologInnen schon seit vielen Jahren intensiv wissenschaftlich erforscht. Auch eine Definition des Integrationsbegriffes wird in der einschlägigen Literatur immer wieder vorgenommen, jedoch ist er – ebenso wie die unterschiedlichen Integrationsstra-

---

4   „Buntkicktgut" ist ein mehrfach ausgezeichnetes Integrations- und Präventionsprojekt für Kinder und Jugendliche mit Fluchthintergrund (vgl. buntkicktgut: online). „Kickfair" ist ein gemeinnütziger Verein, der unterschiedliche Integrationsprojekte unterstützt, u. a. „Football – Learning – Global" (vgl. Kickfair: online). Dieses arbeitet mit drei zentralen Aspekten: Fairplay, Partizipation und Globales Lernen an sechs Lernorten: Verein, Bolzplatz, Stadion, Bildschirm, Schule, Internationaler Jugendaustausch bzw. -begegnung (vgl. Jäger 2008).

5   Die Berghof Foundation und das Institut für Friedenspädagogik in Tübingen haben unter anderem von 2004 bis 2006 das Projekt „WM-Schulen – Fair Play for Fair Life" durchgeführt (vgl. Berghof Foundation: online).

6   Wie der erste Berliner Flüchtlings-Sport-Kongress, der am 10.10.2014 vom Berliner Sportverein „Champions ohne Grenzen" durchgeführt wurde (vgl. Champions ohne Grenzen: online) oder der 5. Sportkongress des Deutschlandfunks am 05.11.2015 mit dem Fokus auf Geflüchtete (vgl. Deutschlandfunk: online).

tegien – umstritten. Im öffentlichen und politischen Sprachgebrauch werden Integration und Assimilation häufig sogar gleichgesetzt (vgl. Thiel et al. 2007).

Eine mögliche Definition des Begriffes Integration ist der Prozess der gegenseitigen Annäherung und Anerkennung, des Brückenbauens und der Identitätsformung in einer modernen Welt mit transnationalen Realitäten, der Auswirkungen auf beide Gesellschaften hat, auf die Aufnehmenden und die Ankommenden, und daher von beiden Seiten den Willen zur Anpassung und die gegenseitige Übernahme von Kulturelementen verlangt (vgl. Kora 2002; Giebenhain 1995). Unter Assimilation hingegen ist zu verstehen, dass die Minderheits-Gesellschaft ihre Kultur vollständig ablegt und die Kultur der Mehrheitsgesellschaft übernimmt (vgl. Giebenhain 1995). Häufig wird Integration auch im Sinne assimilatorischer Integrationsmodelle als „Gemeinsamkeit der Grundlagen" angesehen. Laut dem Ethnologen Martin Sökefeld ist dies darauf zurückzuführen, dass die Fremdheit von Eingewanderten in der Regel mit dem Verweis auf kulturelle Differenz erklärt wird (vgl. 2004; Thiel et al. 2007). Von Migranten wird eine zumindest teilweise Aufgabe ihrer Kultur und die Übernahme von Elementen der deutschen Kultur verlangt. Ein Kulturkonflikt kann entstehen, wenn durch die ständige Thematisierung von Defiziten innerhalb des Integrationsdiskurses diese stetig neu konstituiert werden (vgl. Sökefeld 2007).

Akteure aus der Integrationsarbeit in der Praxis definieren Integration als das Bilden einer „positive[n] Schnittmenge aus allen beteiligten Gesellschaften" (Städtischer Flüchtlingskoordinator am 11.03.2016), als einen „Öffnungsprozess von allen Seiten" (Städtische Mitarbeiterin im Bereich IdS am 19.04.2016), es hat „mit Chancengleichheit zu tun, mit gleichberechtigter Teilhabe, mit Augenhöhe, mit gemeinsam Dinge anzugehen, zu gestalten, Anderssein zu akzeptieren, [...] mit Dialog, mit Austausch [...], mit aktivem aufeinander zugehen" (Programmkoordinatorin von IdS am 13.05.2016).

Wie die EthnologInnen Müller, Ungruhe und Oehmichen hervorheben, sollte der Sport in der deutschsprachigen Ethnologie (neu) verortet werden, um seine vielfältigen Bedeutungen für gesellschaftliche Prozesse herauszustreichen (2016:3). Sie konstatieren, dass Sport heute eine Vielzahl von Bedeutungen hat: Er ist Freizeitaktivität, Beruf, Erziehung, Gesunderhaltung, Ausgleich, dient sozialen Kontakten, der Selbstverwirklichung, dem Nervenkitzel und Abenteuer ebenso, wie er identitätsstiftendes Element oder sozialisierendes Mittel ist (vgl. Müller et al. 2016:6). Dem Sport wird von SportwissenschaftlerInnen, (Sport-) SoziologInnen und EthnologInnen die Fähigkeit zur Überwindung von Rassismus und Geschlechterbarrieren gleichermaßen zugeschrieben, er wird als universelles Medium zur Völkerverständigung und der Integration von Menschen mit Migrationshintergrund betrachtet, aber auch als Gegenstück und Gegenentwurf zur Gesellschaft, als konkrete Utopie (vgl. Blecking / Dembowski 2010; Seibert / Thiel 2007). Andererseits wird konstatiert, dass der Sport Spiegel der Gesellschaft ist und die Probleme, Vorurteile, Gruppenzugehörigkeiten, kulturelle Herkunft und damit ethnisch-kulturelle Konflikte hier ebenso ausgetragen und gelebt werden (vgl. Dembowski 2010; Zick et al. 2010; Seibert / Thiel 2007). MigrantInnen sind jedoch in Sportvereinen als Teilnehmer-

Innen und als Ehrenamtliche oder höhere Funktionsträger häufig unterrepräsentiert (vgl. Seibert / Thiel 2007). Diese „Kollision von differenten Symbolsystemen" (Seibert / Thiel 2007:200), die Fremdheit im Sport, muss jedoch nichts mit Ethnizität oder Nationalität zu tun haben. Die unterschiedliche Partizipation am Sport kann als Ausdruck eines Lebensstilkonzeptes, als Geschmack und Prioritätensetzung interpretiert werden.

Der Fokus der sportwissenschaftlichen, (sport-) soziologischen und ethnologischen Studien zu Integration und Sport ist bislang in erster Linie auf MigrantInnen gerichtet; Geflüchtete sind in den wissenschaftlichen Studien bisher nur am Rande berücksichtigt. Mädchen und Frauen werden in speziellen Studien zu Sport mit MigrantInnen erfasst (vgl. Institut für Integration und Bildung: online; Gerbken / Vosgerau: 2010; Jäger 2008; Kleindienst-Cachay 2006), jedoch bei weitem nicht so intensiv wie Jungen und Männer. Es wurden auch schon Modellprojekte mit Migrantinnen entwickelt und von Universitäten begleitet und evaluiert[7], jedoch gibt es bislang noch kein Modellprojekt mit weiblichen Geflüchteten, das mit ethnologischen Fragestellungen und Methoden untersucht wurde.

Umso wichtiger ist es, den Beitrag, den die Ethnologie zum Themenfeld der Integrationsarbeit mit Geflüchteten im Sport liefern kann, hier herauszustellen: So erlaubt der starke Einbezug der emischen Perspektive der Geflüchteten, sportliche Angebote auf Basis ihrer Bedürfnisse zu gestalten und zu konzipieren. Auch werden Geflüchtete als aktive Gestalter des Integrationsprozesses in den Blick genommen und nicht als reine EmpfängerInnen von Angeboten, die (möglicherweise) an ihren Bedarfen vorbeigehen. Idealerweise werden sie selbst zu sportlichen Akteuren der Integrationsarbeit – als TrainerInnen, ÜbungsleiterInnen oder FunktionärInnen im Sportverein.

---

7   Das Institut für „Integration durch Sport und Bildung" in Oldenburg organisiert in Zusammenarbeit mit den Universitäten Oldenburg, Osnabrück und Duisburg-Essen Fußballprojekte und unterstützt die Förderung der Teilhabe von Mädchen mit Migrationshintergrund im Sport. Das Modell wurde 2006 vom DFB aufgegriffen und in den Folgejahren als Projekt „Soziale Integration von Mädchen durch Fußball" an diversen Standorten erfolgreich installiert (vgl. Institut für Integration durch Sport und Bildung: online; Gerbken / Vosgerau 2010; DFB 2008). Alle Projekte setzen sich aus den vier Bausteinen schulische AGs in den Grundschulen, Schulfußballturniere, Mädchenfußball-Camps und Ausbildung jugendlicher Mädchen zu Fußballassistentinnen zusammen. Der Sport wirkt sich dabei erwiesenermaßen stärkend auf die Identitätsbildung und das Selbstbewusstsein aus und dient als „Emanzipationsmotor" in Familien (Gerbken / Vosgerau 2010:121).

Die Sportwissenschaftlerin Prof. Dr. Claudia Kugelmann von der Universität Erlangen betreibt Forschungsprojekte zu Frauen- und Mädchenfußball. Die Chancen des Fußballs für Mädchen und Frauen bestehen nach Kugelmann im Zugang zu attraktiven und wichtigen Bewegungs- und Körpererfahrungen, die die Geschlechtsidentität und damit die Entwicklung einer individuellen Persönlichkeit fördern und dem Überwinden von Rollenklischees, dem Erlangen neuer sozialer Gruppenerfahrungen und der Steigerung des Selbstwertgefühls dienen (vgl. Jäger 2008).

Die Sportwissenschaftlerin Christa Kleindienst-Cachay von der Universität Bielefeld beschäftigt sich ebenfalls mit der Integration von Migrantinnen durch den Sport (vgl. Kleindienst-Cachay 2006).

Dieser ethnologische Ansatz spiegelt sich auch in der Konzeption des hier vorgestellten Modellprojektes „Integration of Women in Sports": Dieses basiert auf Informationen, die ich im Vorfeld durch zahlreiche Beobachtungen und Gespräche von und mit Geflüchteten in unterschiedlichen Sportvereinen und -projekten, wie dem ESV Neuaubing, gewinnen konnte. Das bestehende Projekt lebt von den Rückmeldungen, Wünschen und Anregungen seiner Teilnehmerinnen und entwickelt sich so kontinuierlich weiter. Die flexible Form soll die Teilnehmerinnen animieren, sich selbst verstärkt einzubringen und das Projekt laufend mit zu gestalten und zu formen.

3. Untersuchungsgegenstand und Methoden

Um die Rolle des Sports bei der Integrationsarbeit mit Geflüchteten zu eruieren, gliedere ich meine Untersuchung in zwei Teile: Zum einen erforsche ich verschiedene Sportvereine und -projekte (hier vorgestellt: Der ESV Neuaubing, den ich seit März 2016 begleite), die männliche und weibliche Geflüchtete in ihre Angebote integrieren. Zum anderen konzipierte ich auf Grundlage meiner daraus gewonnenen Erkenntnisse das Sportprojekt „Integration of Women in Sports" (IoWiS) und führe dies im Frauensportverein Münster (FSV) durch. Dieses nimmt nicht „nur" Geflüchtete in den Fokus, sondern darüber hinaus eine Zielgruppe, die im (organisierten) Sport doppelt unterrepräsentiert ist: geflüchtete Frauen.

Die ethnologische Methode der systematischen und teilnehmenden Beobachtung (von Trainings, Spielen, Turnierfahrten, Trainingslagern und Freizeitaktivitäten) sowie Interviews (mit allen involvierten Akteuren: mit SportlerInnen mit und ohne Flucht- oder Migrationserfahrung sowie mit Verantwortlichen im Verein, Integrationsbeauftragten in Sportämtern, Städten, Kommunen und Landessportbünden), spielen dabei immer eine zentrale Bedeutung, um sowohl die emische Perspektive der Geflüchteten zu erheben als auch die Bedarfslagen eines ethnologischen Integrationsleitfadens für den Sport ganzheitlich zu eruieren. Hierbei orientiere ich mich an Robert Sands, der die fokussierte Betrachtung sportlicher Praktiken und ihrer Kontexte sowie die Analyse kultureller Szenen als Methoden der Sportethnologie definiert (vgl. Sands 2002, Müller et al. 2016:8).

Mit der Durchführung und Anleitung eines eintägigen Workshops zu interkulturellem Lernen im Sport stellte ich vor Projektstart im März 2017 im FSV Münster sicher, dass der Verein und seine Trainerinnen für die Arbeit mit geflüchteten Frauen im Sport sensibilisiert sind, eine gemeinsame theoretische Grundlage zu Themen wie Kultur und Identität haben und Praxiswissen in der Anleitung von interkulturell zusammengesetzten Sportgruppen besitzen. Der Workshop lehnte sich an das Seminarkonzept „Fit für die Vielfalt" von IdS an, das von BildungsreferentInnen des Programms bundesweit zur Fortbildung und Lizenzverlängerung von ÜbungsleiterInnen und TrainerInnen im organisierten Sport gehalten wird.

4. Der ESV Neuaubing-München

Der ESV Neuaubing-München ist mit knapp 4.000 Mitgliedern und über 25 Abteilungen einer der größten Sportvereine in Oberbayern (vgl. ESV Neuaubing: online). Im Jahr 2015 nahm er 30 geflüchtete Männer in der Abteilung Fußball auf, die daraufhin die neue Herren-Fußballmannschaft des Vereins gründeten. Initiator dieser Entwicklung war Olaf Butterbrod, der im Sommer 2012 begonnen hatte, im Englischen Garten in München ein offenes Fußballtraining für Geflüchtete anzubieten. Nach über drei Jahren der offenen Trainings- und Spieltreffs machte er sich auf den Weg, einen Sportverein in München zu suchen, der bereit war, ihn und alle seine Spieler aufzunehmen. Der ESV Neuaubing bot an, mit allen interessierten Männern eine Kreisklasse-Mannschaft in der Saison 2015/16 zu melden. So wurde die Kreisklasse-C-Mannschaft des ESV Neuaubing-München zur ersten Fußballmannschaft im offiziellen Ligabetrieb des Bayerischen Fußball-Verbandes (BFV), die rein aus Geflüchteten bestand. Mit zunehmender (medialer) Bekanntheit des Projektes kehrten in der Folge auch ehemalige deutsche Spieler des ESV Neuaubing in den Verein und in die Mannschaft zurück.

4.1. Einblicke in die Entwicklung

Seit den Anfängen der Mannschaft in 2015 hat diese eine rasante Entwicklung mitgemacht: Der Ligabetrieb der Fußballabteilung, der noch zu Beginn 2015 aufgrund mangelnder Mitgliedszahlen in Auflösung begriffen war, besteht mittlerweile aus zwei Herrenmannschaften (in der Kreisklasse C und B), einer Mannschaft in der Freizeitliga des BFV sowie fünf Jugendmannschaften. Aktuell bestehen die drei Herrenmannschaften aus 40 geflüchteten (u. a. aus Afghanistan, Syrien, Eritrea, Mali, Nigeria) und zwei deutschen sowie acht deutschen Spielern mit Migrationshintergrund (u. a. aus der Türkei, Italien und Polen). In der Jugend spielen 15 Deutsche, 50 Migranten und 15 Geflüchtete. Alle Spieler, auch in der Jugend, sind Jungen und Männer. Eine Mädchen- oder Frauenmannschaft gibt es bisher noch nicht. Leiter der Abteilung Fußball ist Olaf Butterbrod, der Integration als „die größte gesellschaftliche Herausforderung, die wir gerade haben" bezeichnet (Butterbrod am 21.04.2016).

Unterstützt wird er durch einen ganzen Stab von Trainern und weiteren Ehrenamtlichen: Die Herrenmannschaften haben nach einigen Wechseln aktuell drei Trainer. Die fünf Jugendmannschaften werden von sieben verschiedenen Trainern geleitet. Ein Fokus der Integrationsarbeit des ESV Neuaubing besteht auch darin, die Geflüchteten selbst zunehmend zu Akteuren in der Integrationsarbeit zu machen. So sollen diese perspektivisch als Trainer im Jugend- und Erwachsenenbereich eingesetzt werden. Ein erster Schritt in diese Richtung war die Teilnahme von vier Spielern des ESV Neuaubing bei einem Einstiegskurs zur Ausbildung als „ÜbungsleiterIn interkulturell"[8]. Drei Afghanen und ein

---

8   Die Ausbildung als „ÜbungsleiterIn interkulturell" ist eine Kooperation zwischen dem Programm „Integration

Malier konnten damit schon die Jugendleiter-Card (Juleica), den bundesweit einheitlichen Ausweis für ehrenamtlich Tätige in der Jugendarbeit (vgl. Juleica 2016: online), erwerben. Einer dieser Absolventen wird aktuell schon als Assistenztrainer in einer der Jugendmannschaften eingesetzt.

4.2. Zwischenfazit: Interaktion als Schlüssel in der Integrationsarbeit

Wie es sich bei der Begleitung der Fußballmannschaften des ESV Neuaubing immer wieder zeigte, stellt die zwischenmenschliche Interaktion einen Schlüssel in der Integrationsarbeit mit Geflüchteten dar. Interaktion ist dabei als verbale, nonverbale und paraverbale Kommunikation[9], aber auch als soziale und kulturelle Interaktion zu verstehen. Olaf Butterbrod fasst die soziale Interaktion wie folgt zusammen:

„[Das Wichtigste ist] das Kameradschaftliche, hat man früher gesagt, jetzt Zusammenhalt, das Freundschaftliche, dass wir ganz viel neben dem Platz machen. Das heißt, dass wir in Theaterstücke gegangen sind, in Ausstellungen, ins Kino, wir gucken zusammen Champions League im Fernsehen, also gehen dafür in Kneipen und so. Das heißt, wir verbringen einfach viel Zeit miteinander" (Butterbrod am 21.04.2016).

Im ESV Neuaubing wurde bei der Arbeit mit Geflüchteten von Beginn an viel Wert auf jegliche Art des Austauschs gelegt: Freizeitaktivitäten jenseits des gemeinsamen Sporttreibens haben ihren festen Platz im Vereinsleben. Werte wie Respekt und Anerkennung des (kulturell) Anderen werden hochgehalten und finden ihren Ausdruck auch in nonverbaler Kommunikation wie bei der Begrüßung und Verabschiedung zwischen den Spielern und Trainern:

„Das drückt sich ja nicht nur verbal aus, sondern auch durch Gesten, wenn wir uns zur Begrüßung mindestens die Hand geben, wenn nicht umarmen. Alle jeden, also das finde ich schon echt sehr bemerkenswert, diesen respektvollen Umgang hier. [...] Also dieser Charakter, sich ordentlich zu begrüßen und sich ordentlich zu verabschieden, sich auf dem Platz ordentlich zu verhalten, Werte wie Fairplay und Respekt zu leben, das haben alle verinnerlicht" (Butterbrod am 21.04.2016).

Der Abteilungsleiter und die Trainer legen großen Wert darauf, dass die Spieler aus unterschiedlichen Kulturen stammen (vgl. Butterbrod am 21.04.2016). Gleichzeitig wird Deutsch als gemeinsame Verkehrssprache festgelegt: Alle Anweisungen erfolgen auf Deutsch, einige zusätzlich auf Englisch. Es wird aber auch unter den Spielern übersetzt und geholfen, wenn jemand etwas nicht verstanden hat: „Es gibt immer einen, der die Sprache kann. Und der halt das übersetzt. Und wenn nicht, dann halt irgendwie mit den Händen" (Spieler 4 am 23.08.2016). Zwar werden Spieler beim ESV Neuaubing nicht in alle Planungen und Entscheidungen der Trainer und des Abteilungsleiters mit einbe-

---

durch Sport" (IdS) und der Bayerischen Sportjugend (BSJ) im Bayerischen Landes-Sportverband e.V. (BLSV), der Münchner Sportjugend (MSJ) und dem Sportamt der Stadt München.

9   Verbale Kommunikation ist alles Sprachliche und Schriftliche, nonverbale Kommunikation bezieht sich auf Gestik, Mimik und Körpersprache, paraverbale Kommunikation umfasst Umfeld, Lautstärke und Betonung.

zogen[10], jedoch werden sie bei kleineren organisatorischen Entscheidungen wie bei der Organisation von Freizeitangeboten oder Freundschaftsspielen mit einbezogen (vgl. Butterbrod am 21.04.2016).

Akzeptanz und Respekt innerhalb der Mannschaft hingegen wird vor allem durch gutes Spiel, Leistung und Können auf dem Platz – unabhängig von der Nationalität – gewonnen. Übungen im Training werden bewusst immer über Ethnien hinweg gemischt durchgeführt, um die Interaktion der Spieler verschiedener Ethnien und Nationalitäten zu fördern: So betont ein Mannschaftskapitän, dass er in der Mannschaft viele Bekanntschaften geschlossen habe, die ihn bereichern und deren Geschichten und Hintergründe seinen Horizont erweitern (vgl. Spieler 3 am 18.08.2016). Ein anderer Spieler fasst zusammen, dass das Wichtigste für ihn beim Fußball der Spaß, der Respekt und das Zusammentreffen mit seinen Freunden sei (vgl. Spieler 5 am 02.03.2018).

Freizeitaktivitäten außerhalb des Trainings erfolgen häufig jedoch eher in sprachlich homogenen Gruppen, in geschlossenen Kreisen, vergleichbar mit der Cliquenbildung in jeder deutschen Mannschaft (vgl. Butterbrod am 21.04.2016).

Der Sport ist damit nur der Anlass, der Grund des Aufeinandertreffens; eigentlich geht es um mehr. Dieses „Mehr" ist die Schaffung von Kontakten und Bindungen zu Menschen der aufnehmenden Gesellschaft. Der Sport schafft dabei die Basis der Interaktion, aus der sich im Anschluss mehr entwickeln kann – aber nicht muss.

Bei einem Interview mit zwei afghanischen Spielern des ESV Neuaubing ist es daher interessant, dass die beiden immer wieder hervorheben, dass sie in erster Linie deshalb Fußball spielen, um Menschen kennenzulernen. Sie haben dabei viele Freunde gefunden, mit denen sie sich auch in der Freizeit treffen, und die ihnen bei Problemen organisatorischer und emotionaler Art helfen. Beide schätzen am Fußball die Ablenkung, die Entspannung vom Alltagsstress und den Sorgen sowie das Gemeinschaftsgefühl (vgl. Spieler 1 und 2 am 16.06.2016). Der gemeinschaftsstiftende Charakter des Sports in Deutschland wird von den beiden Interviewten immer wieder betont. Der Sport erfüllt offensichtlich das Grundbedürfnis nach Familie, Freunden, Hilfe und einer Gemeinschaft. Die Fußballmannschaft dient dabei gewissermaßen als Ersatz für die Großfamilie im Heimatland.

Dies wird auch durch die Aussage eines Mannschaftskapitäns untermauert: „Für mich ist die Mannschaft, ganz egal, wo die alle herkommen, eine Familie". Die Rolle, die Mannschaft und Fußball für sein Leben spielen, fasst er dabei wie folgt zusammen:

„Ich habe jetzt einen Nebenjob und ab und zu klappt es ja nicht, dass ich zum Training komme. Deswegen will ich auch kündigen, weil Fußball ist mir, ehrlich gesagt, wichtiger. (...) Weil, die Jungs hier will ich echt nicht verlieren. Die sind echt alle sehr nett" (Spieler 4 am 23.08.2016).

---

10 So erfolgt die Planung von medienwirksamen Aktivitäten wie dem Spiel gegen den Regionalligisten Unterhaching mit TV-Übertragung auf Sport 1 am 05.07.2016 (vgl. Sport 1: online) oder der Fahrt der Mannschaft nach Berlin auf Einladung eines Bundestagsabgeordneten für ein „Integratives Fußballturnier" am 18.07.2016 gegen drei andere Mannschaften mit Geflüchteten auf der Ebene der Funktionäre.

5. Das Projekt „Integration of Women in Sports" (IoWiS) im FSV Münster

Aufbauend auf den Erkenntnissen, die ich u. a. aus der Forschung beim ESV Neuaubing seit März 2016 und meiner Tätigkeit als Bildungsreferentin im Programm „Integration durch Sport" (IDS) im Bayerischen Landes-Sportverband (BLSV) gewinnen konnte, konzipierte ich gemeinsam mit den jetzigen Trainerinnen des Projektes und dem Vorstand des Vereins das Projekt IoWiS im FSV Münster. Es dient der Erprobung von zuvor herausgearbeiteten Instrumenten der Integrationsarbeit im Sport und ist darauf fokussiert, sich an den Bedarfen der teilnehmenden geflüchteten Frauen zu orientieren. IoWiS ist im FSVMünster angesiedelt, da sich in diesem Verein ideale Bedingungen zur Erprobung der Integrationsarbeit mit geflüchteten Frauen bieten. Denn hier gilt die Devise: Sport von Frauen für Frauen.

Das Projekt startete im März 2016 mit der Konzeption und dem Zusammenfinden der Ehrenamtlichen im Projekt. Es umfasst eine Reihe von Maßnahmen, die das Ziel haben, geflüchtete Frauen in Münster in den Sport und in den Frauensportverein zu integrieren und ihnen damit die soziale und kulturelle Teilhabe an der Münsteraner Gesellschaft zu ermöglichen. Darüber hinaus ist mit dem Projekt auch eine verstärkte interkulturelle Öffnung des Vereins beabsichtigt. Vorstand, Trainerinnen, Übungsleiterinnen, Sportlerinnen und Teilnehmerinnen des Projekts sollen diesen Prozess aktiv mitgestalten und formen.

Zentrales Instrument des Projekts ist der Sportkurs „Fitness und Entspannung für geflüchtete Frauen". Der erste zehnwöchige Kurs wurde von März bis Mai 2017 durchgeführt, der zweite Kurs mit zehn Trainingseinheiten lief vom 2. Oktober bis 18. Dezember 2017. Der dritte Kurs startete am 5. Februar und ist bis zum 9. Juli 2018 angesetzt. Der niedrigschwellige Zugang ist dabei wichtig: Die Sportkurse finden in der Gymnastikhalle der Marienschule (eine Mädchenschule) in Münster statt, werden von Frauen geleitet, sind kostenfrei und für 15 Teilnehmerinnen konzipiert. Parallel zum Kurs gibt es das Angebot einer Kinderbetreuung (in der Gymnastikhalle), um auch Frauen die Teilnahme zu ermöglichen, die keine andere Möglichkeit haben, ihre Kinder beaufsichtigen zu lassen. Inhaltlich setzt sich eine Kursstunde meist aus drei Teilen zusammen: Begonnen wird mit Sportspielen, deren Ziele gegenseitiges Kennenlernen, sprachliche Interaktion und Aufwärmen sind. Der zweite Teil besteht aus Fitness- und Aerobic-Übungen, der dritte Teil ist Yoga und Entspannung vorbehalten. In der Zeit des Ramadans gibt es seit dem dritten Kurs eine inhaltliche Konzentration auf Yoga und Entspannung, um fastenden muslimischen Sportlerinnen die Teilnahme zu erleichtern.

Im Sinne der interkulturellen Öffnung ist der Sportkurs „Fitness und Entspannung für geflüchtete Frauen" aber auch für alle anderen FSV-Frauen offen. Trainerinnen und Sportlerinnen des Vereins sind eingeladen, mit Voranmeldung (da nur ein begrenzter Raum zur Verfügung steht) in den Kursstunden des Projektes mitzumachen und Kontakte zu knüpfen.

Darüber hinaus werden Besuche in den anderen Sportangeboten des Vereins (Aikido, Bogenschießen, Chinesische Kampf- und Bewegungskünste, Gymnastik und Entspannung, Ju-Jutsu, Karate, Selbstbehauptung und Selbstverteidigung, Volleyball, Wandern, Yoga) organisiert (vgl. FSV: online). Interessierte Frauen können so – in Begleitung ihrer Kurstrainerinnen – auch in die anderen Sportarten des Vereins schnuppern. Die Idee ist, so einige Frauen auch für die anderen Sportangebote des FSV zu begeistern, ihnen zu ermöglichen, ihre Lieblingssportarten (wieder) durchzuführen oder diese überhaupt erst zu identifizieren. Die Begleitung stellt sicher, dass die Frauen eine bekannte Bezugsperson haben, die mit ihnen den ersten Besuch im neuen Sportangebot gemeinsam unternimmt. Die Hemmschwelle des Zugangs wird damit gesenkt. Durch das Kennenlernen des Trainings mit der Trainerin und den anderen Sportlerinnen soll darüber hinaus eine soziale Verbindlichkeit geschaffen werden, ein zusätzlicher Anreiz, um wiederzukehren und den Sport auf Dauer in kulturell gemischter Gruppe auszuüben.

5.1. Einblicke in Konzeption und Vernetzung

Gleichzeitig mit meiner Projektanfrage beim FSV im März 2016 erkundigten sich Privatpersonen und Organisationen aus Münster beim Verein bezüglich eines speziellen Sportangebots für geflüchtete Frauen. Der FSV traf also genau in dem Moment auf interessierte Personen und erste Ideen, in dem er sich selbst auf den Weg machte, ein Projekt zu initiieren. In der Folge gab es Treffen, Absprachen und Präsentationen[11], die zur Konzeption von IoWiS führten.

Im März 2017 startete das Projekt schließlich offiziell mit einem sechsstündigen Workshop zu interkulturellem Lernen im Sport für die Übungsleiterinnen und Trainerinnen des FSV. Kurz nach dem Seminar begann der erste Frauensportkurs für geflüchtete Frauen. Nach einer Nachbereitungsphase und der Aufnahme einiger inhaltlicher Veränderungen wurde der Kurs Anfang Oktober 2017 mit dem zweiten und Anfang Februar 2018 mit dem dritten Durchgang fortgesetzt.

Aktuell sind im Projekt fünf Ehrenamtliche im Sportkurs eingesetzt: Sportlich geleitet wird der Kurs von zwei Studentinnen der Sozialen Arbeit an der FH Münster und einer angehenden Yogalehrerin. Die Kinderbetreuung wird von zwei Studentinnen der Psychologie und der Kommunikationswissenschaft der WWU Münster übernommen. Das Projekt wird jedoch auch vom Vorstand, der Büroleitung sowie den Trainerinnen und Sportlerinnen aus den anderen Sportangeboten organisatorisch und ideell unterstützt. Dies entspricht auch der Idee des Projektes: Es soll vom kompletten Verein – vom Vorstand bis hin zu den Sportlerinnen – und nicht nur von einer kleinen Gruppe innerhalb des Vereins getragen werden.

---

11 U. a. bei der Mitgliederversammlung am 21. 06. 2016, der Zukunftswerkstatt am 04. / 05. 11. 2016 und bei diversen informellen Treffen von allen Beteiligten.

Direkter Kooperationspartner von IoWiS ist das Frauenbüro der Stadt Münster, das das Projekt auch finanziell unterstützt. IoWiS ist darüber hinaus mit diversen AkteurInnen im Bereich Sport und Integration der Stadt Münster vernetzt, darunter dem Projekt „Bildungskoordination für Neuzugewanderte – Sport, Sprache, Integration", dem Arbeitskreis für die Bedarfe geflüchteter Frauen der Stadt Münster sowie mit dem Kommunalen Integrationszentrum Münster und dem Stadtsportbund Münster und deren Qualifizierungsreihe „Sport und Sprache" für Ehrenamtliche.

5.2. Zentrale Merkmale des Projektes

Die Zielgruppe der geflüchteten Frauen wird bei Sportangeboten für Geflüchtete oftmals vernachlässigt. Breitensport ist vielen der Frauen aus ihren Herkunftsländern nicht vertraut, da dort z. T. nur Männer in der Öffentlichkeit Sport treiben oder in erster Linie Leistungssport betrieben wird. Auch die Institution des Sportvereins, wie er in Deutschland besteht, ist weltweit relativ einzigartig. Die Frauen sollten daher zunächst für die Möglichkeiten sensibilisiert werden, die Sportvereine in Deutschland für sie bereithalten. Im nächsten Schritt können diese Sportvereine Bedingungen schaffen, die es den Frauen ermöglichen, ihre Angebote wahrzunehmen (vgl. Programmkoordinatorin von IdS am 13.05.2016). Daher setzt IoWiS auf das kostenfreie Angebot, Kinderbetreuung, weibliche Trainer sowie zentrale und gut erreichbare Räumlichkeiten in einer Mädchenschule, in der die Frauen (von Männern) ungestört und unter sich Sport treiben können.

Das Konzept des Sports von und für Frauen ist dem Frauensportverein dabei nicht fremd. Der Verein ist seit seiner Gründung in den 1980er Jahren darauf ausgelegt, Frauen in Münster einen geschützten Raum zu bieten, in dem sie unter sich sein und ohne Leistungsdruck den Sport ausüben können, der ihnen Freude macht. Alle Übungsleiter und Trainer sind weiblich, selbst männliche Zuschauer werden in den Trainingsräumen nicht zugelassen. Gegenseitige Akzeptanz, Respekt und Offenheit gegenüber allen kulturellen, religiösen und sexuellen Orientierungen sind dabei fest verankert im Selbstverständnis aller FSV-Frauen (vgl. FSV: online).

Geflüchtete Frauen können sich somit im FSV und bei IoWiS sportlich und sozial orientieren, sich ausprobieren und ihrer Stärken bewusstwerden. Ein starker Fokus liegt dabei auf dem ständigen Austausch und dem Einbezug der Sichtweisen und Erwartungen aller Teilnehmerinnen. Großer Wert wird auf Sportspiele gelegt, die auf Interaktion und Sprachförderung ausgerichtet sind. Kontakt außerhalb des Sportkurses wird über eine Whatsapp-Gruppe und eine eigens für das Projekt erstellte Facebook-Seite (vgl. IoWiS: online) gehalten, die – zusammen mit Mailings an AkteurInnen in der Arbeit mit Geflüchteten – auch zur Bewerbung der Kurse dient. Dabei ist das Projekt in seiner Struktur sehr flexibel angelegt. Das Konzept ist nicht fest, sondern ständig in der Lage, auf Entwicklungen zu reagieren.

5.3. Zwischenfazit: Ziele des Projektes

Mit den drei Kursen wurden insgesamt bisher ca. 40 geflüchtete Frauen im Alter von 16 bis 65 Jahren sowie 15 Kinder im Alter von 0 bis 11 Jahren erreicht, die aus Afghanistan, Syrien, dem Iran, Guinea, Eritrea und Russland stammen. Sie nehmen teils regelmäßig, teils unregelmäßig am Sportkurs teil. So waren bislang bei den Terminen zwischen zwei bis 16 Frauen und keine bis acht Kinder anwesend. Die Deutschkenntnisse der Frauen sind sehr unterschiedlich und bewegen sich zwischen A1 und B1.

Der Aufbau der Kursstunden mit Kennenlern- und Kommunikationsspielen, Fitness und Aerobic sowie Yoga und Entspannung kommt bei den Frauen gut an. Bauch- und Rückenübungen sind sehr beliebt; nach gehäuften Rückfragen wurde schon zweimal eine externe Trainerin für Beckenbodenübungen eingeladen. Aus Gesprächen mit einzelnen Frauen wird deutlich, dass viele Frauen an weiterführenden Angeboten zu Aerobic und Fitness interessiert sind. Ein Sporttermin pro Woche ist ihnen häufig zu wenig (vgl. Kursteilnehmerin 1 und 2 am 14.12.2017). Auch das Interesse an Schwimmkursen und Sportangeboten in anderen Stadtteilen wird häufig geäußert.

Der Kontakt der Kursteilnehmerinnen untereinander konzentriert sich leider häufig noch auf die Angehörigen der eigenen Sprachgruppe(n): So konstatieren zwei eritreische Frauen, dass die unterschiedlichen Sprachniveaus im Deutschen eine tiefergehende Kommunikation mit Frauen anderer Sprachgruppen erschweren würden: „Andere Frauen sprechen meist nur Persisch oder Arabisch. Deshalb können wir uns nicht mit ihnen unterhalten". Sie hatten daher kaum intensiveren Kontakt mit afghanischen oder syrischen Frauen, brachten jedoch vermehrt eritreische Freundinnen zu den Kursstunden mit und äußerten großes Interesse an einem sprachlichen und privaten Austausch mit den Trainerinnen (vgl. Kursteilnehmerin 3 und 4 am 18.12.2017). Der Bezug auf die Trainerinnen als Bezugspersonen ist generell sehr stark, was auch in der Aussage der Kursteilnehmerin 3 – gerichtet an eine der Trainerinnen, die im dritten Kurs nur noch zeitweise dabei ist – deutlich wird: „Wenn du nicht mehr kommst, macht das keinen Spaß mehr" (am 18.12.2017).

Alle befragten Frauen empfinden die Kinderbetreuung im selben Raum während des Sports als störend. Sie möchten sich in dieser Zeit lieber ganz auf sich konzentrieren. Auch betonen alle Frauen, wie wichtig es für sie sei, dass der Kurs auf Deutsch gehalten werde, da sie so schon im Laufe eines Kurses ihre Sprachkenntnisse deutlich ausbauen konnten.

Einige der Trainerinnen anderer Sportangebote des FSV haben den ersten Sportkurs besucht und Einblicke in ihre Sportarten gegeben. Der Kontakt zu den anderen Sportlerinnen des Vereins und das Wissen über die Möglichkeiten, die es im Sport gibt, wurde damit angestoßen. Termine zu Besuchen in den Sportangeboten des Vereins wurden während des zweiten Kurses angeboten und zum Teil genutzt: Die Frauen zeigen dabei verstärktes Interesse an den Sportarten Volleyball und Yoga sowie am Wandern. Kampfsportarten wie Aikido, Karate, Ju-Jutsu und Chinesische Kampf- und Bewegungskünste wurden kaum bis gar nicht angenommen. Im dritten Kurs wird aktuell eine Mischung aus beidem geboten: Besuche von Trainerinnen des FSV wechseln sich mit Besuchen in anderen Trainings des FSV ab.

Bei IoWiS handelt es sich nicht um ein Projekt, an dessen Ende die erfolgreiche Integration einer bestimmten Zahl von Frauen steht (so ist aktuell erst eine geflüchtete Frau im Volleyballtraining des FSV angekommen), sondern Integration wird im Verein als stetiger und anhaltender Prozess verstanden, den dieser anstoßen, unterstützen und begleiten kann und möchte. Der FSV soll als ein Ort der Interaktion für geflüchtete wie deutsche Frauen und Migrantinnen etabliert werden, an dem sie Sport ausüben, soziale Kontakte schließen und sich auf kultureller Ebene austauschen können.

6. Die Rolle von Sport und Ethnologie bei der Integrationsarbeit mit Geflüchteten

Der Sport ermöglicht zwanglose Begegnungen zwischen Menschen unterschiedlicher kultureller, sozialer und religiöser Hintergründe. Die SportlerInnen teilen das Interesse an, die Begeisterung oder sogar die Liebe zu einem bestimmten Sport. Jedoch ist das reine gemeinsame Sporttreiben (meist) noch nicht gleichbedeutend mit wirklichem Interesse am Anderen oder ausreichend für den interkulturellen Austausch, die Bildung von Freundschaften oder gar die Integration in die Gesellschaft außerhalb des Sportvereins. Wichtig ist das soziale Miteinander jenseits des Sports. Das Davor und das Danach und auch Treffen, die abseits der Sporthalle oder des Sportplatzes erfolgen:

„Das Gesamtpaket zählt. Nicht nur die Zeit, die man auf den Platz verbringt, zumal da der Austausch doch auch eher gering ist [...] Wichtiger sind halt die Kabinengespräche, das Bier nach dem Training, diese diversen Unternehmungen" (Butterbrod am 21.04. 2016).

Der Sportverein, der die Integrationsarbeit mit Geflüchteten zielgerichtet und geplant angeht, den ganzen Verein, alle FunktionärInnen, TrainerInnen und Mitglieder auf diesem Weg mitnimmt und diesen Weg mit Aus- und Fortbildungen für geflüchtete, migrierte und deutsche Mitglieder begleitet, bietet demnach große Chancen für Geflüchtete und auch für die am Prozess beteiligten aufnehmenden Menschen. Der Verein kann dann als „Mikrokosmos" der deutschen Gesellschaft dienen, in dem sich Menschen unterschiedlicher Kulturen und Erfahrungshintergründe begegnen und aufeinander zugehen:

„Sportvereine sind demokratische Strukturen, wo ich unabhängig von meiner Nationalität völliges Mitbestimmungsrecht hab und Gleichberechtigung. Also jeder wählt den Vorsitzenden, den Abteilungsleiter [...] Vereine sind eben auch ein Spiegel der Gesellschaft" (Programmkoordinatorin von IdS am 13.05.2016).

Die durch die Teilhabe am Vereinsleben entstehenden Netzwerke, die über den Verein hinaus in die Gesellschaft reichen, bieten über die Integration in den Sport und den Verein hinaus die Chance zur Integration in die Gesellschaft außerhalb des Sportvereins:

„[...] dann kann der eine vielleicht noch eine Wohnung [...], der andere [...] vielleicht noch eine Arbeitsstelle vermitteln. [...] das kann dann auch nochmal eine ganz, ganz große Chance sein, sich in der Gesellschaft zu integrieren" (Städtische Mitarbeiterin im Bereich der Inklusion am 19.04.2016).

Wie bei der Beschreibung des Projektes IoWiS schon konstatiert, besteht ein Unterschied zwischen der Erreichbarkeit von Männern und Frauen durch das „Integrationsinstrument" Sport. Eine städtische Mitarbeiterin aus dem Bereich der Inklusion fasst dies wie folgt zusammen: „Also, ich glaube, die Integration kann, wenn sie gelingt, unabhängig vom Geschlecht gelingen. Aber ich glaub, dass die Frau dort erstmal hinkommt – das ist bei Frauen halt noch schwieriger" (Interview am 19.04.2016). Der zusätzliche Aufwand der Aktivierung der Frauen sollte jedoch von den Vereinen auf sich genommen werden, da sich dahinter auch der Zugang zu den Familien der Geflüchteten versteckt, wie eine Programmkoordinatorin des Programms IdS treffend formuliert:

„[...] da sehe ich schon eine Riesenchance, gerade auch weil in vielen Familien [...] die Frauen eher für die Kindererziehung verantwortlich sind. [...] und wenn gerade die Mutter die zentrale Ansprechperson für die Kinder ist, dann sehe ich da ein enormes Potenzial, dass eben Kinder auch an Sport 'rangeführt werden" (Interview am 13.05.2016).

Dennoch darf dem Sport auch nicht zu viel zugemutet werden. Er kann vieles, hat aber auch seine Grenzen. So wird er immer noch in erster Linie von Ehrenamtlichen geführt. Diese dürfen von den Ansprüchen und Hoffnungen, die dem Sport in der Arbeit mit Geflüchteten entgegengebracht werden, auch nicht überfordert werden. Netzwerkarbeit, die Aktivierung von Ressourcen aus dem Umfeld der Sportvereine, ein auf einem Konzept basierendes Vorgehen und das Bewusstsein, dass Integration ein Prozess und nicht auf schnelle Erfolge ausgerichtet ist, sind damit grundlegend für eine erfolgreiche Integrationsarbeit im Sport: „Der Sport ist kein Allheilmittel. [...] Und Sport ist nicht per se Integration, überhaupt nicht. Das ist ein Prozess, der einfach geführt und gelenkt werden muss, der muss gewollt sein!" (Städtische Mitarbeiterin aus dem Bereich IdS am 19.04. 2016).

Und dieser „gewollte Prozess der Integration" kann durch den ethnologischen Ansatz, wie er im Projekt IoWiS zum Tragen kommt, positiv befördert werden: Der Einbezug der emischen Perspektive der Zielgruppe in die Konzeption und Durchführung von Sportangeboten und -projekten führt zu passgenauen Angeboten, die ausgerichtet sind auf die Bedürfnisse und Motive der Geflüchteten. Ressourcen der Geflüchteten, wie sportliche Vorkenntnisse und Ausbildungen (u. U. als LeistungssportlerInnen oder TrainerInnen), können so erkannt und für beide Seiten gewinnbringend eingesetzt und genutzt werden. Geflüchtete werden so von passiven EmpfängerInnen zu aktiven MitgestalterInnen eines beidseitigen Integrationsprozesses.

Literatur

BLECKING, Diethelm / Dembowski, Gerd (2010): Die Vielfalt der Identitäten. In: Blecking, Diethelm / Dembowski, Gerd (Hg.): Der Ball ist bunt. Fußball, Migration und die Vielfalt der Identitäten in Deutschland, 1. Auflage. Frankfurt am Main: Brandes & Apsel Verlag GmbH, S. 14–19.

DEMBOWSKI, Gerd (2010): Ballfreiheit. Szenen aus Fußball und Migration im deutschen Amateurfußball. In: Blecking, Diethelm / Dembowski, Gerd (Hg.): Der Ball ist bunt. Fußball, Migration und die Vielfalt der Identitäten in Deutschland, 1. Auflage. Frankfurt am Main: Brandes & Apsel Verlag GmbH, S. 79–90.

Deutscher Fußball-Bund (Hg.) (2008): Integrationskonzept des Deutschen Fußball-Bundes. Electronic source: www.dfb.de/fileadmin/_dfbdam/13455-Integrationskonzept04-07-08.pdf.

DOSB – Deutscher Olympischer Sportbund (Hg.) (2014): Integration durch Sport. Programmkonzeption. Electronic source: https://cdn.dosb.de/user_upload/www.integration-durch-sport.de/Service/Info-Material/Programmkonzeption_Integration_durch_Sport.pdf.

GERBKEN, Ulf / Vosgerau, Julika (2010): Aus dem Abseits ins Leben. Soziale Integration durch Mädchenfußball. In: Blecking, Diethelm / Dembowski, Gerd (Hg.): Der Ball ist bunt. Fußball, Migration und die Vielfalt der Identitäten in Deutschland, 1. Auflage. Frankfurt am Main: Brandes & Apsel Verlag GmbH, S. 119–128.

GIEBENHAIN, Heinz (1995): Die gesellschaftliche Integration von Fremden durch den Sport. In: Müller, Siegfried / Ott, Hans-Uwe / Otto, Ulrich (Hg.): Fremde und Andere in Deutschland. Nachdenken über das Einverleiben, Einebnen, Ausgrenzen. Opladen: Leske + Budrich, S. 165–178.

JÄGER, Uli (2008): Fußball für Entwicklung. Wie durch Sport globales Lernen, Fair Play und friedliches Zusammenleben gefördert werden kann, 1. Auflage. Tübingen: Kickfair e. V. / Institut für Friedenspädagogik Tübingen e. V.

KLEINDIENST-CACHAY, Christa (2006): Expertise. Förderung des Sportengagements von Migrantinnen. Maßnahmen zur Verbesserung der Integration durch Sport. Bielefeld: Universität Bielefeld, Fakultät für Psychologie und Sportwissenschaft.

KORA, Maja (2002): Dilemmas of Integration. A case study of refugees from the post Yugoslav states in Rome. In: Binder, Susanne / Toši, Jelena (Hg.): Refugee Studies and Politics. Human Dimensions and Research Perspectives. Wien: Facultas Verlags- und Buchhandels AG, S. 25–60.

MÜLLER, Juliane / Ungruhe, Christian / Oehmichen, Christian P. (2016): Neue Perspektiven einer Ethnologie des Sports. In: Zeitschrift für Ethnologie, 141 (1), S. 1–18.

SANDS, Robert R. (2002): Sport Ethnography. Champaign: Human Kinetics.

SEIBERTH, Klaus / Thiel, Ansgar (2007): Fremd im Sport? Barrieren der Integration von Menschen mit Migrationshintergrund in Sportorganisationen. In: Johler, Reinhard / Thiel, Ansgar / Schmid, Josef / Treptow, Rainer (Hg.): Europa und seine Fremden. Die Gestaltung kultureller Vielfalt als Herausforderung. Bielefeld: transcript Verlag, S. 197–212.

SÖKEFELD, Martin (2004): Das Paradigma kultureller Differenz. Zur Forschung und Diskussion über Migranten aus der Türkei in Deutschland. In: Sökefeld, Martin (Hg.): Jenseits des Paradigmas kultureller Differenz. Neue Perspektiven auf Einwanderer aus der Türkei. Kultur und soziale Praxis. Bielefeld: transcript Verlag, S. 9–33.

SÖKEFELD, Martin (2007): Zum Paradigma kultureller Differenz. In: Johler, Reinhard / Thiel, Ansgar / Schmid, Josef / Treptow, Rainer (Hg.): Europa und seine Fremden. Die Gestaltung kultureller Vielfalt als Herausforderung. Bielefeld: transcript Verlag, S. 41–57.

THIEL, Ansgar / Walther, Andreas / Seiberth, Klaus / Johler, Reinhard (2007): Europa und seine Fremden. Migration, Integration und die Gestaltung kultureller Vielfalt. In: Johler. Reinhard / Thiel, Ansgar / Schmid, Josef / Treptow, Rainer (Hg.): Europa und seine Fremden. Die Gestaltung kultureller Vielfalt als Herausforderung. Bielefeld: transcript Verlag, S. 13–25.

ZICK, Andreas / Scherer, Judith / Winands, Martin (2010): Der Fußballplatz und das Sportgericht als ethnische Kampfarena. In: Blecking, Diethelm / Dembowski, Gerd (Hg.): Der Ball ist bunt. Fußball, Migration und die Vielfalt der Identitäten in Deutschland, 1. Auflage. Frankfurt am Main: Brandes & Apsel Verlag GmbH, S. 133–139.

Websites

Berghof-Foundation: www.friedenspaedagogik.de/themen/fair_play/wm_schulen/wm_schulen_fair_play_ for_fair_life [Zugriff am 30.10.2017].

Buntkicktgut: www.buntkicktgut.de [Zugriff am 30.10.2017].

Champions ohne Grenzen: www.championsohnegrenzen.com/fluechtlingssportkongress [Zugriff am 30.10.2017].

Deutschlandfunk: www.deutschlandfunk.de/5-sportkonferenz-im-deutschlandfunk-wo-der-sport-helfen. 2542.de.html?dram:article_id=336067 [Zugriff am 30.10.2017].

ESV Neuaubing: www.esv-neuaubing.de/der-verein/ueber-uns [Zugriff am 17.10.2017].

FSV – Frauensportverein Münster: www.fsv-muenster.de [Zugriff am 28.10.2017].

Institut für Integration durch Sport und Bildung: www.idsub.de [Zugriff am 30.10.2017].

Integration durch Sport: www.integration.dosb.de [Zugriff am 30.10.2017].

IoWiS – Integration of Women in Sports: www.facebook.com/IowisMuenster/ [Zugriff am 29.10.2017].

Juleica: www.juleica.de [Zugriff am 16.10.2017].

Kickfair: www.kickfair.org [Zugriff am 30.10.2017].

Sport 1: www.sport1.de/fussball/2016/07/grosser-auftritt-fuer-fluechtlinge-esv-neuaubing-spvgg-unter-haching-live-auf-sport1 [Zugriff am 30.10.2017].

Interviews

Olaf Butterbrod, Abteilungsleiter Fußball des ESV Neuaubing, Interview am 21.04.2016.

Programmkoordinatorin von „Integration durch Sport", Interview am 13.05.2016.

Spieler 1 und Spieler 2, Fußballspieler im ESV Neuaubing, Interview am 16.06.2016.

Spieler 3, Fußballspieler im ESV Neuaubing, Interview am 18.08.2016.

Spieler 4, Fußballspieler im ESV Neuaubing, Interview am 23.08.2016.

Spieler 5, Fußballspieler im ESV Neuaubing, Interview am 02.03.2018.

Städtischer Flüchtlingskoordinator, Interview am 11.03.2016.

Städtische Mitarbeiterin im Bereich Inklusion, Interview am 19.04.2016.

Städtische Mitarbeiterin im Bereich „Integration durch Sport", Interview am 19.04.2016.

Kursteilnehmerin 1 und 2, Teilnehmerinnen von IoWiS, Interview am 14.12.2017.

Kursteilnehmerin 3 und 4, Teilnehmerinnen von IoWiS, Interview am 18.12.2017.

Sport und die Überwindung von Differenz. Inszenierungen, Hemmnisse und ethnologische Potenziale am Beispiel Fußball und Integration

CHRISTIAN UNGRUHE

ABSTRACT: In den vergangenen Jahren rückte Sport in Deutschland und anderen europäischen Ländern als Mittel zur Förderung von Integration zunehmend in den Mittelpunkt der Maßnahmen von Politik und Praxis. Vor diesem Hintergrund dekonstruiere ich die verbreitete Annahme, dass Sport (angenommene) kulturelle und ethnische Differenzen überwinden und somit soziale Teilhabe befördern kann. Vielmehr stelle ich anhand von Fallstudien dar, dass Sport zunächst eher ein Feld der Austragung möglicher Konflikte ist als eines, das integrativ wirkt. Die Ethnologie kann jedoch produktiv eingesetzt werden, das durchaus vorhandene integrative Potential des Sports zu identifizieren und für die Praxis nutzbar zu machen. Wenn Integration als Wissenskommunikation und prozessuale Dynamik verstanden wird, ergibt sich ein Perspektivenwechsel, der erst die wertneutrale und – in einem zweiten Schritt – produktive Frage nach der Förderung sozialer Teilhabe durch Sport ermöglicht. Hieran zeige ich auf, wie sich Ethnolog*innen gewinnbringend in die sportliche Integrationsarbeit einbringen können. Zentral ist dabei eine Öffnung der Ethnologie als universitäre Disziplin nicht nur in Richtung Praxis, sondern auch in Richtung einer stärkeren Auseinandersetzung mit Sport.

1. Einleitung

Seit im Sommer 2015 im Zuge der sogenannten „Flüchtlingskrise" in Deutschland akute Maßnahmen zur Integration der ankommenden Migrant*innen gefragt waren, haben sich vornehmlich auch Sportvereine mit verschiedenen Initiativen und Programmen hervorgetan. Aus offensichtlich gutem Grund: Neben rechtlicher und struktureller Integration, beispielsweise durch Sprach- und Integrationskurse, in Schule und Arbeitsmarkt, wird insbesondere der sozialen und kulturellen Integration von Migrant*innen in der öffentlichen Debatte große Bedeutung zugeschrieben. Politik, Vereine und Verbände haben hier insbesondere den institutionalisierten Sport als geeignetes Medium identifiziert,

© Springer Fachmedien Wiesbaden GmbH, ein Teil von Springer Nature 2019
S. Klocke-Daffa (Hrsg.), *Angewandte Ethnologie*, https://doi.org/10.1007/978-3-658-25893-1_28

scheint er doch als Forum schichtübergreifender Interaktion, Vermittler zentraler gesell-schaftlicher Werte sowie als Ort, an dem Leistung und Erfolg mit Freude am Tun (wie der körperlichen Aktivität) verbunden ist, soziale Integration reziprok, beständig (beispielswei-se durch ein Kurs- oder Ligensystem) und in einem spielerischen Rahmen zu befördern.

Der Sport als Mittel der Integration ist keine Entdeckung der „Flüchtlingskrise", son-dern bereits seit mehreren Jahren auf verschiedenen Ebenen etabliert. Historisch betrach-tet geht die soziale Nutzbarmachung des Sports in Europa auf Entwicklungen im 19. und 20. Jahrhundert zurück, als Sport – im Sinne von Bewegung, körperlicher Ertüchtigung, Spiel und fairem Wettkampf – als wichtiges Medium zur Vermittlung gesellschaftlicher Normen und Werte identifiziert wurde (Messner 1992). Dass Sport im Laufe der Zeit zu-nehmend und heute nahezu flächendeckend in Schulen und allgemein in der Erziehung von Kindern und Jugendlichen eingesetzt wird, spiegelt diese Sicht und belegt seine insti-tutionelle Etablierung als zentraler gesellschaftlicher Wertevermittler. Darüber hinaus wird Sport zunehmend politisch instrumentalisiert, aus pädagogischer Sicht insbesonde-re als kostengünstige Alternative für Maßnahmen sozialer Prävention und Intervention in Zeiten sinkender sozialstaatlicher Fürsorge (Müller et al. 2008).

In neuerer Zeit ist die Sicht auf das integrative gesellschaftliche Potential des Sports nicht zuletzt auch Ausdruck seiner erfolgreichen medialen Inszenierungen. Hier haben sich insbesondere ausrichtende Verbände weltweiter Großveranstaltungen hervorge-tan. So ist beispielsweise der eigene Anspruch von Gastgeberländern an Fußballweltmeis-terschaften seit mehreren Jahren, das Bild einer weltoffenen, geeinten Nation zu vermit-teln, in der sich soziale, politische und ethnische Spannungen und Differenzen im Land im gemeinsamen Bezugspunkt Sport auflösen (vgl. Müller et al. 2016; Schediwy 2012). Dass dem Sport als Integrationsinstrument in der alltäglichen Praxis heute eine so große Bedeutung zugeschrieben wird, erscheint auch deshalb zunächst folgerichtig und erfährt so breite gesellschaftliche Zustimmung.

Die tatsächliche integrative Wirkmacht des Sports ist aber umstritten, sowohl als Aus-druck seiner medialen Inszenierung als auch in der alltäglichen Integrationsarbeit mit Migrant*innen. Nicht selten wird der Sport sogar als kontraproduktiv und segregierend betrachtet, der mitunter zur Marginalisierung von Migrant*innen beitragen kann (Alke-meyer / Bröskamp 1996; Seiberth / Thiel 2007; Braun / Nobis 2017). In diesem Beitrag möchte ich daher Sport am Beispiel Fußball als Mittel für die Überwindung von Differenz aus ethnologischer Perspektive kritisch betrachten und das Praxispotential einer Ethno-logie des Sports für die Integrationsarbeit mit Migrant*innen erörtern. Dabei werde ich Inszenierungen, Hemmnisse und Potentiale des Sports beleuchten und aufzeigen, wie der Sport aus einer ethnologischen Perspektive heraus zu gelingender Integration im Sinne sozialer Teilhabe von Migrant*innen im Alltag beitragen kann. Im Bewusstsein dessen, dass Integration als Konzept Gegenstand kontroverser akademischer Debatten als auch ein politisch aufgeladener Terminus ist (vgl. Hess et al. 2009; Klocke-Daffa 2014; Ager-gaard 2018), verzichte ich vorab auf eine weitere Problematisierung des Begriffs. Im Sinne einer praxisrelevanten Ethnologie erkenne ich „Integration" zunächst als gesellschaftliche Realität an und erörtere, wie sich eine praxisorientierte Ethnologie des Sports in dieser Realität bewegen und „Integration" in ihrem Verständnis befördern kann. Anschließend werde ich „Integration" kritisch reflektieren und eine alternative, ethnologisch-inspirierte Lesart des Begriffs vorschlagen.

2. Sport und die Überwindung von Differenz: eine Inszenierung

Wenn (zugeschriebene) soziale, kulturelle oder religiöse Differenz durch Sport überwunden werden und dieser so integrativ wirken soll, ist eine offene, Teilhabe befördernde Gesellschaft Voraussetzung. Zu keinem anderen Anlass wird diese so beständig und wirkmächtig inszeniert wie zu internationalen Großveranstaltungen im Sport. Insbesondere der Fußball nimmt hier eine Vorreiterrolle ein, wie sich an mehreren Weltmeisterschaften der Männer – den neben den Olympischen Spielen größten sportlichen Medienereignissen – der vergangenen zwanzig Jahre zeigen lässt.

Während beispielsweise die Weltmeisterschaft 1998 in Frankreich dem gastgebenden Verband sowie nationalen politischen Institutionen maßgeblich dazu diente, das ethnisch heterogene französische Nationalteam als Ausdruck der Überwindung sozialer und ethnischer Spannungen im Land zu propagieren, inszeniert der Deutsche Fußball-Bund seine Nationalmannschaft nicht zuletzt mit der Weltmeisterschaft 2006 als Symbol für ein gelungenes Zusammenleben „unterschiedlicher Kulturen" (siehe Müller et al. 2016; Schediwy 2012). Das deutsche „Sommermärchen" 2006 und der Titelgewinn der Équipe Tricolore 1998 können jedoch nicht darüber hinwegtäuschen, dass mediale Inszenierungen gelungener Integration und (sportliche) Integrationsarbeit im Alltag zwei unterschiedliche Paar Schuhe sind. Als es 2005 in den banlieues französischer Großstädte zu Gewaltausbrüchen kam, war dies nicht zuletzt Ausdruck der Frustration von Jugendlichen aus Migrant*innenfamilien über ihre strukturelle soziale Benachteiligung in der Gesellschaft. Wenn dieses Problem bis heute fortbesteht, lässt sich dies nicht der französischen Nationalmannschaft anlasten; als integratives Symbol hat sie jedoch stark an Wirkmacht eingebüßt. Darüber hinaus verstärkt medial inszenierter Integrationserfolg durch Sport mitunter gesellschaftliche Wahrnehmungen sozialer und ethnischer Differenzen, als dass er zu ihrer Überwindung beiträgt. So ist die multiethnische Zusammensetzung der deutschen Fußballnationalmannschaft vor allem deshalb gesellschaftlich akzeptiert, argumentiert Dagmar Schediwy (2012:223), weil sie größeren sportlichen Erfolg verspricht und ein besseres Bild von Deutschland im Ausland vermittelt. Eine höhere Akzeptanz erfahren Menschen aus Migrant*innenfamilien im Alltag durch sie aber nicht. Vielmehr führe ihre mediale Inszenierung als Ausdruck gelungener Integration eher zur einer Unterteilung in „gute", also leistungsbereite und -fähige, sowie „schlechte", weniger erfolgreiche oder leistungsorientierte Migrant*innen, so Schediwy (2012:223).

Die Weltmeisterschaft 2010 in Südafrika hat zudem vor Augen geführt, wie überladen Erwartungen an den Sport als Vehikel zur Überwindung von Differenz sein können. Das erste globale Fußballturnier auf afrikanischen Boden sollte nicht nur das Bild eines modernen, fortschrittlichen Kontinents befördern, sondern aus nationaler Perspektive insbesondere das politisch propagierte Bild einer Regenbogennation nach innen und außen transportieren. Mehr als einhalb Dekaden nach dem formellen Ende der Apartheid schien das Turnier die ideale Gelegenheit, das Bild eines neuen Südafrikas, das Rassismus institutionell und im Alltag überwunden hatte, zu bestätigen (vgl. Gruber 2008). Trotz massiver Investitionen, vor allem in Sicherheit und Infrastruktur des Landes, blieben Fragen der sozialen und ökonomischen Partizipation, insbesondere unter der Schwarzen[1] Bevölkerung, jedoch ungelöst. Mehr noch, die mit der Weltmeisterschaft verbundenen enttäuschten Erwartungen vieler Menschen verstärkten bestehende Differenzen in der Gesellschaft und zementierten ungleiche soziale und wirtschaftliche Verhältnisse. Weite Teile der Schwarzen Bevölkerung partizipierten nicht an den Investitionen und blieben sozial und ökonomisch marginalisiert. Ernüchterung und Frustration waren vielerorts die Folge (vgl. Alegi / Bolsmann 2013; Ndlovu-Gatsheni 2011). Hier hat die bildmächtige Inszenierung des Sports als vermeintlicher Motor von Integration und zur Überwindung von Differenz möglicherweise eher das Gegenteil von seinem zugeschriebenen integrativen Potential bewirkt.

Wenn nun solche professionellen Institutionen zur Integration und Überwindung von Differenz im Großen als Vorbilder für die alltägliche Integrationsarbeit vor allem inszeniert und mitunter kontraproduktiv sind, wie kann dann der Sport im Kleinen und in der oft mühsamen Arbeit im Alltag integrativ wirken?

3. Integration im Alltag: Hemmnisse und Grenzen des Sports

Entgegen der Euphorie, mit der Sport als Integrationsvehikel in öffentlichen Debatten propagiert wird, bleiben Zweifel, inwieweit er dieser Erwartung gerecht werden kann. So wird beispielsweise der Fußball, wie insbesondere im Zuge der sogenannten „Flüchtlingskrise" geschehen (vgl. Krüger / Gebken 2018), von Akteur*innen aus Sport, Politik und Zivilgesellschaft als Integrationsmotor im alltäglichen Zusammenleben beschrieben. Dies geschieht häufig aufgrund einer weit verbreiteten und geteilten Annahme, dass er (angenommene, konstruierte und im gesellschaftlichen Wissensvorrat verankerte) kulturelle und soziale Differenzen zwischen Menschen auflöst und sprachliche Barrieren (etwa durch Körpersprache und universelle sportliche Codes) in den Hintergrund treten (vgl. Müller et al. 2008). Aus dieser Prämisse ergeben sich zwei entscheidende Fragen: Existiert

---

1   Ich verwende die Großschreibung, um der sozialen Konstruktion einer Identität als Schwarze in der Eigenwahrnehmung und Fremdzuschreibung Rechnung zu tragen.

erstens im Sport ein solcher Raum, in dem Kategorien wie Herkunft, Zugehörigkeit, kulturelle Normen, Einstellungen oder sozialer Status keine Rolle spielen? Und, abhängig hiervon, wie ließe sich dann zweitens die (hier gewonnene) Überwindung von Differenz in den Alltag von Menschen außerhalb des Sports übertragen?

Die oben angestellten Überlegungen zur Inszenierung des Sports als Ort der Überwindung von Differenz lassen zunächst (und unabhängig von einer Übertragung in die Alltagswelt) vermuten, dass er tatsächlich einen „wertfreien" Raum konstituieren kann, in dem sich kulturelle und soziale Unterschiede auflösen. Sport (und Spiel) wären in dieser Lesart „Gegenwelten, abgegrenzt vom restlichen Leben" (Antweiler 2009:125). Wenn dies, wie Antweiler (2009:125) argumentiert, eine universelle kulturelle Erfahrung ist, dann wäre Sport tatsächlich ein einzigartiges Beispiel der möglichen Begegnung von Menschen, frei von kulturellen, sozialen, religiösen und politischen Prägungen. Gegenteilig ließe sich mit Clifford Geertz (1973) argumentieren. In seinem berühmten Essay über den balinesischen Hahnenkampf zeigt er den Sport nicht als Gegenstück zum realen Leben, sondern vielmehr als Dramatisierung des Alltags auf. Statusangelegenheiten, beispielsweise um Männlichkeit, werden hier (überbetont) ausgehandelt, und der Sport erfährt so eine kulturspezifische symbolische Aufladung. Inwieweit Geertz' Überlegungen zur Dramatisierung des Alltags dem Sport in all seinen Ausprägungen gerecht werden, mag fraglich sein. Zentral ist jedoch die Betrachtung von Sport als soziales und kulturelles Konfliktfeld, das dem Bild eines Ortes „wertfreier" Begegnung entgegensteht.

Tatsächlich haben in den vergangenen zehn Jahren mehrere ethnologische und soziologische Studien das Konfliktpotential des Sports hervorgehoben. Dieser wirke häufig, so der Tenor, eher segregierend als integrativ, wie die folgenden Beispiele darlegen. So hat Dariuš Zifonun (2008) am Beispiel türkischer Amateurfußballvereine in Deutschland aufgezeigt, dass diese und ihre Mitglieder zwar institutioneller Teil der hiesigen Sportstruktur sind, und sich so in die (Sport-)Gesellschaft integrieren. Im Fußballmilieu werde jedoch meist nicht das Verbindende betont, sondern ein Bild ethnisch-nationaler Stereotype gezeichnet, das türkische Vereine als von einer hiesigen gesellschaftlichen Norm abweichend klassifiziert. Dies äußere sich beispielsweise in der Zuschreibung ethnischer Charakterisierungen, mit denen türkische Fußballer vielerorts als „heißblütig" gelten. Ihre Spielweise sei daher, so die Interpretation, häufig geprägt von Härte und Unfairness. Türkische Migrantenvereine gelten demnach eher als konfliktbefördernd und stünden der sozialen Integration türkischstämmiger Freizeitsportler entgegen.

Andererseits zeigt das Beispiel der Zuschreibung bestimmter körperlicher und spielerischer Qualitäten Schwarzer Fußballer, wie positiv gedeutete spezifische Fähigkeiten ausländischer Athleten eher zu einer Manifestation von Differenz als zu ihrer Überwindung beitragen. So wird afrikanischen Profifußballern in Deutschland häufig ein Spielstil attestiert, der Spielfreude und Trickreichtum ausdrückt. Zwar erfahren Fußballer aus Afrika so Anerkennung und Bewunderung durch Mitspieler, Trainer, Fans und Medien. Diese spiegeln implizit jedoch eher Vorstellungen eines kolonialen Weltbildes, das Natürlichkeit und Infantilität suggeriert und Menschen aus Afrika auf einer niedrigen evolutionären Stufe ansiedelt, als dass sie sie als gleichwertige Mitglieder der Gesellschaft anerkennt. Um Erwartungen der relevanten Akteure gerecht zu werden und sich so erfolgreich im Profifußball zu etablieren, bestätigen afrikanische Fußballer den gesellschaftlichen Wissensvorrat über afrikanische Eigenschaften auf dem Platz und tragen so zur Reproduktion einer wertenden Differenzierung zwischen afrikanischen Migrant*innen und Einheimischen im Fußball sowie im allgemeinen gesellschaftlichen Kontext bei (Ungruhe 2013).

Juliane Müller (2013) zeigt am Beispiel lateinamerikanischer Migrantinnen in Spanien sowohl das Potential als auch die Hürden selbst organisierter Freizeitfußballligen für die Integration der Frauen auf. Während viele der Migrantinnen ohne gültige Aufenthaltserlaubnis im Land leben und ihr Alltag von harter, informeller Arbeit in der Altenpflege oder als Reinigungskraft geprägt ist, sind sie sozial weitgehend isoliert. Die Fußballligen bieten für die Zeit des Trainings- und Spielbetriebs einerseits kurzzeitige Fluchten aus der Isolation und schaffen neue Netzwerke in der Informalität, andererseits bleiben die Frauen gesellschaftlich marginalisiert. Die Ligen erfahren keine öffentliche Unterstützung, vielmehr besitzen die Spielerinnen kaum Mitspracherecht bei der Nutzung der kommunalen Plätze, müssen Miete für ihre Spielzeiten zahlen und haben keinen Zugang zu Ressourcen, wie beispielsweise Schiedsrichter*innen oder finanzielle Zuschüsse, die spanischen Vereinen zustehen. Die Ligen reproduzieren so die Informalität der Migrantinnen sowie deren Isolation in der spanischen Gesellschaft. Integration durch Fußball ist für die Frauen am Migrationsort daher kaum zu erreichen.

Am Beispiel eines Freizeitfußballturniers in Amsterdam zur Förderung der Begegnung von Menschen unterschiedlicher Nationalitäten und des gegenseitigen Respekts für kulturelle Unterschiede haben Floris Müller, Liesbet van Zoonen und Laurens de Roode (2008) aufgezeigt, wie Maßnahmen der Integration durch Sport von unterschiedlichen Interessen involvierter Akteure überlagert werden. Für die aktiven Teilnehmer des Amsterdam World Cups, die sich anhand ihrer Herkunft oder Nationalität in Nationalmannschaften organisierten, standen beispielsweise die Stärkung der eigenen nationalen Identität nach innen und deren Sichtbarkeit nach außen oder der schiere sportliche Erfolg im Vordergrund. Zuschauer*innen, die sich den jeweiligen „Nationalmannschaften" zugehörig fühlten, nannten insbesondere das Treffen mit Freund*innen und die Unterstützung des eigenen Teams als Motive ihrer Teilnahme. Als Ort interkultureller Begegnung nahmen Spieler und Zuschauer*innen das Turnier dagegen kaum in Anspruch. So bot das Turnier zwar eine Plattform für eine gemeinsame sportliche Aktivität, jedoch eine, die wahrgenommene eigene und zugeschriebene kulturelle Differenzen eher beförderte als sie zu überwinden half.

Abseits des Fußballs weisen zudem Debatten um ausgewiesene Schwimmzeiten in öffentlichen Badeanstalten für muslimische Frauen oder um deren angemessene Badebekleidung auf gegensätzliche und nur schwer vereinbare Interessen im Kontext sozialer Integration (vgl. SZ 2017). Sine Agergaard (2016, 2018) zeigt am Beispiel eines etablierten

women-only-swimming in Dänemark, wie der Versuch, öffentliche Angebote für musli-
mische Frauen zu schaffen, die aus religiösen oder kulturellen Gründen sonst kaum aktiv
Sport betreiben, deren sportliche Aktivität beförderte. Augenscheinlich wirkten diese
Angebote zudem sozial integrativ, war dies für viele muslimische Frauen offenbar die einzige Möglichkeit, außerhalb ihres Zuhauses mit anderen – auch nicht-muslimischen –
Frauen in Kontakt zu kommen. In einer zunehmend kontrovers geführten politischen
Debatte um Zuwanderung und Integration in Zeiten der sogenannten „Flüchtlingskrise"
wuchs die Kritik an der Geschlechtertrennung im öffentlichen Schwimmen, das in steigendem Maße als undänisch und gegen dänische Kultur und Tradition stehend galt und
daher eher Segregation als Integration befördere. Aufgrund des zunehmenden öffentlichen und politischen Drucks sahen sich dänische Kommunen daraufhin gezwungen, die
Praxis exklusiver öffentlicher Schwimmzeiten für Frauen wieder aufzuheben.

Sport, so ließe sich aufgrund der Beispiele festhalten, ist eher ein Feld der Austragung
möglicher Konflikte oder Manifestation „des Anderen" als eines, das Differenzen überwindet und integrativ wirkt. Er ist kulturell codiert und beruht auf lokalen Voraussetzungen, Werten, Normen, Zuschreibungen und Aushandlungen, die häufig kaum miteinander vereinbar erscheinen (Seiberth / Thiel 2007). Die genauen Mechanismen, wie Sport
integrativ wirken kann, bleiben daher oft unklar (vgl. Braun / Nobis 2017). Die verblei-
bende Frage nach der Übertragbarkeit des Integrationspotentials von Sport auf den Alltag
muss demnach anders gestellt werden: Wie lässt sich der Sport trotz seines inhärenten
Konfliktfeldes und über inszenierte Erfolgsvorbilder hinaus für die Integrationsarbeit
mit Migrant*innen im Alltag fruchtbar machen und was kann die Ethnologie hierzu
beitragen?

4. Perspektiven und Potentiale der Ethnologie

Ein erster Schritt zur Erörterung dieser Fragen ist die Klärung, was genau der Sport als Integrationsvehikel bewirken soll und kann. Zunächst muss definiert werden, was mit Integration in diesem Zusammenhang gemeint ist. Wenn der Begriff in der politischen und
öffentlichen Debatte mal mit Assimilation, mal mit einem multikulturellen Zusammenleben gleichgesetzt wird oder wahlweise strukturelle, rechtliche oder soziale Partizipation
von Migrant*innen meint, werden verschiedene Ebenen und Kategorien vermischt. Viele
dieser einzelnen Ansätze kann der Sport als Freizeitbeschäftigung oder Schulfach kaum
befördern, stellt er doch meist nur einen kleinen und zeitlich begrenzten Ausschnitt im
Leben von Menschen dar: Zweimal Vereinstraining oder Schulsport unter der Woche und
ein Wettkampf am Wochenende summieren sich meist nur auf wenige Stunden der
sportlichen Aktivität und Interaktion. Sicher kann Sport soziale Kontakte über den Sport-
platz hinaus befördern, aber auf das, was in der überwiegenden Zeit abseits dessen pas-
siert, hat er nur geringen Einfluss. Angenommene, verankerte und institutionalisierte

Differenz besteht in der Schule, am Arbeitsplatz und im allgemeinen sozialen Alltag in der Regel fort. Sport hat daher kein umfassendes gesellschaftliches Integrationspotential. Im Sport kann es daher, wie eingangs angedeutet, nur um die Förderung von Kommunikation zwischen Migrant*innen und Einheimischen in einem zwar formalisierten und kompetitiven, aber spielerischen Rahmen gehen. Sport kann unmittelbar also lediglich soziale Teilhabe befördern.

Um nun zu klären, wie sich der Sport aus ethnologischer Perspektive für die Integrationsarbeit mit Migrant*innen im Alltag fruchtbar machen ließe, erscheint es mir zentral, das Feld einer normativen und kontrovers debattierten Rationalität von Integration zu verlassen und den Blick auf die tatsächliche Praxis im Sportumfeld zu richten. Dies bedeutet in einer ethnologischen informierten Konzeption oder Untersuchung von Integrationsprojekten im Sport, Praktiken und Beziehungen nicht von Beginn an durch eine Integrationsbrille zu betrachten und so im Hinblick auf ihren integrativen Wert und Nutzen vorzustrukturieren. Um der Gefahr eines so eingeschränkten Blickwinkels vorzubeugen, schlage ich stattdessen einen offenen Ansatz vor, der die Akteur*innen und ihre Praxen, Lebenswelten und Weltanschauungen in den Mittelpunkt der Betrachtung stellt und ihren Dynamiken folgt. Dieser begleitende Ansatz sieht den Sport nicht zweckgebunden, sondern primär als Ort der Interaktion. Wenn soziale Interaktionen und ihre Bedingungen so in den Blick genommen werden, können sie in einem zweiten Schritt im Hinblick auf integrative und exkludierende oder trennende Prozesse hin untersucht werden.

Juliane Müller (2013) hat in oben erwähnter Studie einen ähnlichen Ansatz verfolgt. Durch die Integrationslinse bleiben die sportlich aktiven lateinamerikanischen Migrant*innen in Spanien sozial isoliert. Auf den Migrationsort bezogen, ist der informelle Ligabetrieb tatsächlich nicht integrativ. Werden aber, wie Müller es mit einer ethnologischen Herangehensweise praktiziert, die Akteur*innen begleitet und in den Mittelpunkt der Betrachtung gestellt, ohne permanent nach Integrationserfolgen oder -misserfolgen zu suchen, dann zeigt sich der Fußball als ein fortdauerndes, sinnstiftendes Erlebnis, das den Schwellenzustand einer mitunter gefährlichen und meist informellen Migration zu überwinden hilft. Die integrative Kraft des Spiels äußert sich dabei insbesondere in translokalen Verbindungen, wenn Frauen durch Fußball Anerkennung in ihrer Herkunftsgesellschaft erlangen. Ihre Familien in Lateinamerika deuten den Sport als Zeichen der sozialen Etablierung der Migrantinnen in Spanien und dass neben der harten Arbeit auch Raum für Vergnügen ist. Fußball ist hier demnach weniger eine Brücke zwischen Migrantinnen und der Aufnahmegesellschaft als vielmehr ein Forum der translokalen Auseinandersetzung um soziale Teilhabe.

Ein ethnologischer Blick stellt also statt der Vorstellung von Integration als Überwindung von Differenz die Beziehungen und Begegnungen von Migrant*innen in den Mittelpunkt, die dynamisch (und mitunter konfliktbehaftet) fortwährend neu ausgehandelt werden und eher das Potential vom Verbindenden als die Hemmnisse des Trennenden in

den Mittelpunkt rücken. Integration wird so als Beziehungsgeflecht multipler, aktiv ge-
stalteter und dynamischer Zugehörigkeiten betrachtet, die unterschiedliche Ausprägungen sozialer Teilhabe ermöglichen. Dass sich diese mitunter weniger am Migrationsort als
in translokalen Verbindungen äußern, richtet den Blick einer an Integrationspraxis orientierten Ethnologie auf Fragen, wie multiple Beziehungen der Zugehörigkeit verhandelt
werden und wie translokale Bindungen Austausch und Beziehungen auch am Migrationsort befördern können beziehungsweise, wo sich Hemmnisse identifizieren lassen.

Der Fokus auf translokale Beziehungen zeigt zudem die Bedeutung kultureller und sozialer Spezifika. Aber nicht als gegebene oder statische Kulturalismen, sondern vor dem
Hintergrund möglicher unterschiedlicher (aber dynamischer) Weltanschauungen und
Lebenswelten, die mitunter Hürden für Kommunikation und somit Integration sein mögen. Ausgehend von der Annahme, dass solche Spezifika insbesondere in ihren jeweiligen
kulturellen Kontexten (und in translokalen Beziehungen) verhandelt werden, ist es wichtig, kulturelles Wissen um diese vor Ort zu untersuchen, beispielsweise im Hinblick auf
die lokale gesellschaftliche Rolle von Sport, die oftmals andere Konnotationen als in
Europa beinhaltet (vgl. Ungruhe / Esson 2017 für Fußball in Westafrika) oder in Verbindung mit religiösen Werten gender-exkludierend sein mag (vgl. Agergaard 2016). Diese
können Kommunikation zu Werten und Vorstellungen im Kontext von Sport und Integration in europäischen Ländern erleichtern oder erschweren. Erst mit diesem lokal generierten Forscher*innenwissen, so meine ich, kann Sport in Europa als kommunikativ
und daran anschließend als integrativ gedacht werden – ein Ansatz, der in der Integrati-
onsforschung bisher stark vernachlässigt ist. Ethnolog*innen in der Integrationspraxis
sollten demnach in die Lage versetzt werden, spezifisches lokales Wissen nicht nur am
Ankunftsort, sondern auch in der Herkunftsgesellschaft der Migrant*innen selbst zu untersuchen. Mangelnde Ressourcen und die Notwendigkeit kurzfristiger Handlungsent-
scheidungen mögen diesem Ansatz in der Praxis häufig entgegenstehen. Hier wären daher auch Vertreter*innen der akademischen Ethnologie gefragt, die durch eine stärkere
Auseinandersetzung mit Sport und ihrer Institutionalisierung im Fach die notwendige Expertise für die Praxis generieren können.

Der Fokus auf lokales Wissen von und über Sport folgt einem Ansatz, der Integration
als intersubjektiven Prozess der Wissenskommunikation betrachtet (vgl. Soeffner / Zifonun 2008): welches Wissen (sowohl als gesellschaftliche Zuschreibungen als auch rechtlicher, sprachlicher und kultureller Art) ist vorhanden und zirkuliert zwischen Menschen
mit und ohne Migrationshintergrund im Sport? Wo gibt es diesbezüglich Konfliktlinien
und Räume des Zusammenfindens und wie drücken sie sich in der sozialen Praxis der Interaktion (im aktiven Sport und in seinem Umfeld) aus? Wie lassen sich diese dann in
Bezug auf soziale Integration – beispielsweise der Netzwerkbildung – moderieren und
nutzbar machen: Wie kann der Sport spezifisches kulturelles Wissen in Verbindung setzen und wie kann er so Kommunikation befördern, die auch außerhalb des Sports integrativ wirken kann?

Über diese Fragen und Ansätze hinaus sind bei der Untersuchung und Beförderung interkultureller Wissenskommunikation aus ethnologischer Perspektive weitere Überlegungen zentral: Zum einen muss die soziale, kulturelle und religiöse Heterogenität der Gruppe der Migrant*innen beachtet werden. Sportliche Integrationsangebote müssen daher spezifisch konzipiert sein oder sämtlichen relevanten Ausprägungen von Heterogenität Rechnung tragen. Zum anderen darf Differenz nicht Grundannahme interkultureller Begegnung sein (vgl. Braun / Nobis 2017). Ethnologische Integrationsarbeit im Sport (und über ihn hinaus) darf also (existierende Bilder von) Differenz nicht überbetonen und somit reproduzieren (vgl. Sökefeld 2007), muss aber gleichzeitig den Nuancen wahrgenommener Differenz gerecht werden, um Kommunikation zu ermöglichen.

Wenn der Mensch als Akteur in den Mittelpunkt ethnologischer Sportintegrationspraxis oder -forschung gestellt wird, dann sollten konzeptuelle und methodologische Grundpfeiler der Ethnologie zentral sein (vgl. auch Beitrag von Laura Verweyen in diesem Band). Die Methode der Teilnehmenden Beobachtung sollte auch für praktisch arbeitende Ethnolog*innen zentraler Ansatz sein, sowohl im sportlichen Kontext also auch im Alltag der Menschen. Die Begleitung der Menschen und die eigene körperliche Sportpartizipation der Forscher*in befördern die Erfahrung und Nachvollziehbarkeit der Praktiken und Räume, in denen kommuniziert und Integration verhandelt wird (vgl. Müller et al. 2016). Integrationsprojekte durch und mit dem Sport sollten zudem aus ethnologischer Perspektive nicht top-down konzipiert und implementiert werden, sondern partizipativ mit den betreffenden Akteur*innen, Migrant*innen, Sportvereinen und -verbänden sowie Schulen, zusammen. Zentral ist, dass in einem ersten Schritt Bedarf, Motive und mögliche Hemmnisse der Migrant*innen geklärt werden, bevor dann konkrete Projekte mit Vereinen, Verbänden und Schulen geplant und implementiert werden. Dabei ist wünschenswert, wenn breite Teile der Bevölkerung partizipieren, um die Kommunikation von Menschen mit und ohne Migrationshintergrund durch soziale Schichten und Lebensphasen hindurch in der Gesellschaft zu verankern. Sport – auf unterschiedlichen Ebenen – bietet sich hierfür als Mittel an, weil er Menschen schichtübergreifend und über unterschiedliche Stufen des Lebensalters zusammenbringt (vgl. Braun / Nobis 2011). Inwieweit diese breite Interaktion auf dem Papier jedoch auch in der Praxis Kommunikation über Altersgrenzen und Schichtzugehörigkeiten hinaus befördert (und somit integrativ wirken kann), muss im jeweiligen Fall zunächst genauer betrachtet werden.

Praxisorientierte Ethnolog*innen können das Feld Integration und Sport also bereichern, wenn sie existierende populäre Zuschreibungen auf das Integrationspotential von Sport wie das Paradigma konfliktfreier Begegnung und dessen Inszenierung hinterfragen. Integration muss dabei als reziproker und gleichberechtigter Annäherungsprozess und nicht als eine Defizit überwindende migrantische Anpassungsleistung gedacht werden (Klocke-Daffa 2014). Zentral ist zudem die Operationalisierung eines zugleich bescheidenen und weiten Integrationsbegriffs, der Wissenskommunikation in den Vordergrund stellt, die auch solche Zugehörigkeiten und Beziehungen befördern kann, die in der Diaspora oder der Translokalität und so auch außerhalb populärer Integrationsdefinitionen verbleiben. Praxisorientierte Ethnologie kann demnach nicht nur Problemfelder und ihre Hintergründe in einem zunehmend an Bedeutung gewinnenden Feld Integration durch Sport aufzeigen, sondern hat das Potential, durch spezifische eigene Ansätze zur Verbesserung der Arbeit in der Praxis beizutragen. Ethnolog*innen sind dabei nicht auf die hier beispielhaft genannte Projektarbeit in Vereinen, Verbänden und Schulen beschränkt. Ebenso könnten sie in der Ausbildung von Trainer*innen und Sportlehrer*innen sowie in der Konzeption von Angeboten und dem Aufbau langfristiger Strukturen auf kommunaler und (über-)regionaler Verwaltungsebene geeignete Felder zur Förderung von Integration durch Sport finden.

5. Schlussüberlegungen

Ethnolog*innen sollten auch in der Praxis auf Grundpfeiler des Faches bauen und mit einem mikroskopischen, akteurszentrierten Blick auf Phänomene schauen, existentes „Wissen" der Praxis und den eigenen Standpunkt hinterfragen und in kleineren analytischen und handlungsrelevanten Schritten denken. Auf diese Weise hat die Ethnologie beispielsweise in Bezug auf Sport und Integration großes Potential, bestehende, oft normative Grundsätze des Feldes kritisch zu beleuchten und mit neuen Einsichten zu bereichern, die über einen engen Integrationsfokus hinaus Menschen, ihre Beziehungen und Kommunikationen in den Mittelpunkt stellen.

Sicher ist es in der Berufspraxis ein schwieriges Unterfangen, Prämissen einer eher nachdenklichen und langsamen Wissenschaft wie der Ethnologie verbunden zu bleiben. Dennoch ist es aus Perspektive des Fachs zentral, dass praktisch arbeitende Ethnolog*innen Teilnehmende Beobachter*innen bleiben und Menschen und soziale Phänomene verstehen lernen, bevor sie praxisrelevante Entscheidungen treffen. Das Eintauchen ins Feld und die beständige Reflexion über Beobachtetes und die eigene Rolle sollten in der Praxis zentrale Zugänge bleiben, dann kann auch die ethnologische Ausbildung in Arbeitsfeldern außerhalb der Universität – beispielsweise als Projektreferent*in in der (Sportintegrations-)Praxis – wichtig sein. In diesem wünschenswerten Fall wäre viel gewonnen, sowohl für die Praxis als auch für das Fach.

In vielen Praxisfeldern müssen sich jedoch auch Ethnolog*innen an Gegebenheiten in der „realen Welt" anpassen, soll das Fach praktische Relevanz besitzen. Dies gilt auch und insbesondere für das Feld von Integration und Sport. Integration ist heute ein Schwerpunkt ethnologischer Arbeit, wohingegen der Sport sowohl institutionell als auch durch praktisch arbeitende Ethnolog*innen erst allmählich an Bedeutung gewinnt – was angesichts der großen sozialen und kulturellen Bedeutung von Sport bedauerlich ist. Sowohl aus eigenem Interesse als auch für das immer wichtiger werdende Feld Integration durch Sport sollten Ethnolog*innen den Sport daher auch institutionell stärker berücksichtigen.

Literatur

AGERGAARD, S. (2016): Religious Culture as a Barrier. A Counter-Narrative of Danish Muslim Girls' Participation in Sport. In: Qualitative Research in Sport, Exercise and Health, 8 (2), S. 213–224.

AGERGAARD, S. (2018): Rethinking Sports and Integration. Developing a Transnational Perspective on Migrants and Descendants in Sports. London: Routledge.

ALEGI, P. / Bolsmann, C. (Hg.) (2013): Africa's World Cup. Critical Reflections on Play, Patriotism, Spectatorship, and Space. Ann Arbor: University of Michigan Press.

ALKEMEYER, T. / Bröskamp, B. (1996): Einleitung. Fremdheit und Rassismus im Sport. In: Bröskamp, B. / Alkemeyer, T. (Hg.): Fremdheit und Rassismus im Sport. Tagung der dvs-Sektion Sportphilosophie vom 9. bis 10.9.1994 in Berlin. Sankt Augustin: Academia Verlag, S. 7–40.

ANTWEILER, C. (2009): Heimat Mensch. Was UNS ALLE verbindet. Hamburg: Murmann.

BRAUN, S. / Nobis, T. (2017): Migration and Integration in Germany. In: Nauright, J. / Wiggins, D. K. (Hg.): Routledge Handbook of Sport, Race and Ethnicity. London: Routledge, S. 186–198.

BRAUN, S. / Nobis, T. (Hg.) (2011): Migration, Integration und Sport. Zivilgesellschaft vor Ort. Wiesbaden: VS Verlag.

GEERTZ, C. (1973): Deep Play. Notes on the Balinese Cockfight. In: Geertz, C.: The interpretation of cultures. New York: Basic Books, S. 412–453.

GRUBER, M. (2008): Fußball in Südafrika. In: Journal Ethnologie. Electronic source: http:// www.journal-ethnologie.de/Deutsch/Schwerpunktthemen/Schwerpunktthemen_2008/Afrika._Aspekte/Fussball_in_Suedafrika/index.phtml [Zugriff am 29.03.2018].

HESS, S. / Binder, J. / Moser, H. (Hg.) (2009): No integration?! Kulturwissenschaftliche Beiträge zur Integrationsdebatte in Europa. Bielefeld: transcript.

KLOCKE-DAFFA, S. (2014): Migration als Thema und Herausforderung der Ethnologie. In: Bertels, U. (Hg.): Einwanderungsland Deutschland. Wie kann Integration aus ethnologischer Sicht gelingen? Münster: Waxmann, S. 31–52.

KRÜGER, M. / Gebken, U. (2018): Fußballspielen mit Geflüchteten. Die Essener Initiative „(Fuß-) Ball, Sport, Bewegung und Sprachförderung". In: Gramespacher, E. / Schwarz, R. (Hg.): Bildungspotentiale des Fußballs. Soziokulturelle Projekte und Analysen. Wiesbaden: Springer VS, S. 149–168.

MESSNER, M. A. (1992): Power at Play. Sports and the Problem of Masculinity. Boston: Beacon Press.

MÜLLER, F. / van Zoonen, L. / de Roode, L. (2008): The Integrative Power of Sport. Imagined and Real Effects of Sport Events on Multicultural Integration. In: Sociology of Sport Journal, 25 (3), S. 387–401.

MÜLLER, J. (2013): Migration, Geschlecht und Fußball zwischen Bolivien und Spanien. Netzwerke – Räume – Körper. Berlin: Reimer.

MÜLLER, J. / Ungruhe, C. / Oehmichen, C. P. (2016): Neue Perspektiven einer Ethnologie des Sports. In: Zeitschrift für Ethnologie, 141 (1), S. 1–18.

NDLOVU-GATSHENI, S. J. (2011): The World Cup, Vuvuzelas, Flag-Waving Patriots and the Burden of Building South Africa. In: Third World Quarterly, 32 (2), S. 279–293.

SCHEDIWY, D. (2012): Ganz entspannt in Schwarz-Rot-Gold? Der Neue deutsche Fußballpatriotismus aus sozialpsychologischer Perspektive. Berlin: Lit.

SEIBERTH, K. / Thiel, A. (2007): Fremd im Sport? Barrieren der Integration von Menschen mit Migrationshintergrund in Sportorganisationen. In: Johler, R. / Thiel, A. / Schmid, J. / Treptow, R. (Hg.): Europa und seine Fremden. Die Gestaltung kultureller Vielfalt als Herausforderung. Bielefeld: transcript, S. 197–212.

SOEFFNER, H.-G. / Zifonun, D. (2008): Integration. An Outline from the Perspective of the Sociology of Knowledge. In: Qualitative Sociology Review, 4 (2), S. 3–23.

SÖKEFELD, M. (2007): Zum Paradigma kultureller Differenz. In: Johler, R. / Thiel, A. / Schmid, J. / Treptow, R. (Hg.): Europa und seine Fremden. Die Gestaltung kultureller Vielfalt als Herausforderung. Bielefeld: transcript, S. 41–57.

SZ (2017): Muslimische Schülerinnen müssen mit Jungen schwimmen. Electronic source: http://www.sueddeutsche.de/bildung/schule-muslimische-schuelerinnen-muessen-mit-jungen-schwimmen-1.3326745 [Zugriff am 24.5.2017].

UNGRUHE, C. (2013): "Natural Born Sportsmen". Processes of Othering and Self-Charismatization of African Professional Footballers in Germany. In: African Diaspora, 6 (2), S. 196 – 217.

UNGRUHE, C. / Esson, J. (2017): A Social Negotiation of Hope. Male West African Youth, 'Waithood' and the Pursuit of Social Becoming through Football. In: Boyhood Studies, 10 (1), S. 22 – 43.

ZIFONUN, D. (2008): Stereotype der Interkulturalitat. Zur Ordnung ethnischer Ungleichheit im Fußball-milieu. In: Neckel, S. / Soeffner, H.-G. (Hg.): Mittendrin im Abseits. Ethnische Gruppenbeziehungen im lokalen Kontext. Wiesbaden: VS Verlag, S. 163 – 175.

Tourismus – Praxis – Ethnologie
Impulse zur Anwendung ethnologischer Theorien, Methoden und Kompetenzen in der touristischen Praxis

JARA SCHREIBER / JANA SCHREMPP

Die Autorinnen sind Mitglied des Vereins GATE Netzwerk, Tourismus, Kultur e. V., der sich für sozial- und umweltverträgliches Reisen engagiert. Dieser Beitrag reflektiert die Arbeitserfahrungen der Autorinnen in NGOs, Forschung, Weiterbildung in tourismusrelevanten Settings und soll Impulse für Ethnolog*innen aus der Perspektive zweier Praktikerinnen liefern. Ethnolog*innen können im Bereich Tourismus mit ihrem ethnologischen Wissen und ihrer spezifischen Methodik Kompetenzen einbringen, die andere Fachdisziplinen so nicht abdecken und die zur Lösung praktischer Probleme und Anliegen beitragen können.

ABSTRACT: In der Angewandten Ethnologie geht es um die Bereitstellung und Nutzung von ethnologischen Theorien, Methoden und wissenschaftlichen Erkenntnissen zur Lösung praktischer Probleme und Anliegen. In diesem Beitrag wird analysiert, inwieweit dies im Tourismus derzeit gegeben ist und welche Potentiale es gibt. Dabei reflektiert er die Arbeitserfahrungen der Autorinnen in NGOs, Forschung, Weiterbildung in tourismusrelevanten Settings und soll Impulse für Ethnolog*innen aus der Perspektive zweier Praktikerinnen liefern. Die Autorinnen machen deutlich, dass Ethnolog*innen im Bereich Tourismus mit ihrem Wissen und ihrer spezifischen Methodik Kompetenzen einbringen, die andere Fachdisziplinen so nicht abdecken und die zur Lösung praktischer Probleme und Anliegen beitragen können.

1. Einleitung

Die Welttourismusorganisation bezeichnet Tourismus[1] als „key to development, prosperity and well-being" (UNWTO 2017:2). Als Indiz hierfür werden die Schaffung von Arbeitsplätzen, Infrastruktur-Ausbau sowie Deviseneinkünfte und die stetig wachsende Zahl der internationalen Ankünfte von Tourist*innen benannt.[2] Im Jahr 2012 wurde

---

1 Wie international üblich, bezieht sich der Begriff „Tourismus" auf Urlaubs- als auch auf Geschäftsreisen.

2 Die UNWTO beziffert die stetig steigenden internationalen Tourismusankünfte wie folgt: „25 million globally

erstmals die Eine-Milliarde-Marke überschritten. Doch diese Reisen, oftmals vom globalen Norden in den globalen Süden, sind kein Garant für wirtschaftliche und schon gar nicht für eine nachhaltige Entwicklung im Reiseland. In quantitativer Hinsicht ist der positive Beitrag des Tourismus zur Schaffung von Arbeitsplätzen unbestreitbar. Die Qualität oder Stetigkeit der geschaffenen Arbeitsplätze und ihre Auswirkungen auf die lokale Bevölkerung werden jedoch in der Regel nicht berücksichtigt. Tourismus ist – heute mehr denn je – eine Ressourcen verbrauchende, schnell wachsende profitorientierte Industrie, die erhebliche Ausbeutungsrisiken auf vielen Ebenen (politisch-gesellschaftlich, ressourcenbezogen, arbeitsrechtlich etc.) in den Destinationen birgt.[3] Es ist daher notwendig, diese Debatte in einen breiteren und komplexeren Kontext zu stellen, anstatt die einfache Messung der geschaffenen Arbeitsplätze und des wirtschaftlichen Profits als Argumentationsgrundlage heranzuziehen.

Tourismus ist weltweit relevant, betrifft sehr viele Menschen und stellt ein vielschichtiges Forschungs- und Praxis-Feld dar – auch für Ethnolog*innen. Die Tourismusethnologin Amanda Stronza beschreibt Tourismus als Universalie, da Tourismus in (fast) allen Gesellschaften der Welt eine Rolle spiele (vgl. Stronza 2001:264). Dies lässt Tourismus als prädestiniertes Betätigungsfeld für Ethnolog*innen erscheinen, vor allem, da im Tourismus viele Kernthemen ethnologischen Interesses eine Rolle spielen.

> "[T]he truth is that tourism can be an ideal context for studying issues of political economy, social change and development, natural resource management, and cultural identity and expression. Indeed, many of the major questions that concern cultural anthropologists appear in the study of tourism" (Stronza 2001:261).

Laut der Ethnologin Valene L. Smith reisen Tourist*innen mit dem Ziel der Rückkehr an einen anderen Ort, um eine Veränderung zum Alltagsleben zu erfahren: „… a temporarily leisured person who voluntarily visits a place away from home for the purpose of experiencing a change" (Smith 1989:2). Diese Definition ist sehr weit und umfasst alle internationalen Urlaubstourist*innen von Pauschal- bis zu Backpackerreisenden. Hinzuzunehmen wären auch Geschäftsreisende, die auch in den UNWTO-Analysen berücksichtigt werden und einen nicht unerheblichen Teil des weltweiten Reiseaufkommens ausmachen, sowie inländische Reisende. Da den Autorinnen keine ethnologischen Arbeiten zu regionalen oder dienstlichen Reisen bekannt sind, werden diese im Folgenden eher ausgeklammert (auch wenn es natürlich weitere interessante Fragestellungen bieten würde).

---

in 1950 to 278 million in 1980, 674 million in 2000, and 1,235 million in 2016" (UNWTO 2017:2). Bis zum Jahr 2030 – so schätzt die Welttourismusorganisation (UNWTO) – dürfte die Zahl der Touristen, die Auslandsreisen machen, weltweit auf 1,8 Milliarden ansteigen.

3   Die Internationale Arbeitsorganisation (ILO) definiert in ihrer „Agenda für menschenwürdige Arbeit" vier Säulen: Schaffung von Arbeitsplätzen, sozialer Schutz, Rechte bei der Arbeit und sozialer Dialog. Diese Aspekte sind integrale Bestandteile der UN-Agenda 2030 für nachhaltige Entwicklung (ILO).

Neben den Tourist*innen selbst spielen im Tourismus vor allem die lokale Bevölkerung und in erheblichem Maße wirtschaftliche und politische Faktoren sowie soziale und ökologische Fragen eine Rolle. Die touristische Situation in ihrer Gesamtheit ist also komplex und divers, vor allem aber sehr kontextgebunden und kann in ihrer vollen Vielschichtigkeit nur multidisziplinär erfasst werden. Da es in der angewandten Ethnologie um die Bereitstellung und Nutzung von ethnologischen Theorien, Methoden und wissenschaftlichen Erkenntnissen zur Lösung praktischer Probleme und Anliegen geht, wird in diesem Beitrag analysiert, inwieweit dies im Themenfeld Tourismus derzeit gegeben ist und welche Potentiale und Einschränkungen es gibt.

1.1 Ethnologie und Tourismus

Gerade in der deutschsprachigen Ethnologie stellt Tourismus noch ein eher junges Thema dar. Oft wird dies mit einer generellen Abneigung gegenüber touristischen Entwicklungen begründet, da Tourismus lange Zeit als „Kulturzerstörer" wahrgenommen wurde: Durch die Kommodifizierung[4] ihres Lebens würden der lokalen Bevölkerung die Bedeutungen ihrer Kultur und kulturellen Produkte genommen werden (vgl. Greenwood 1989: 179-180). Mittlerweile schreiben Ethnolog*innen selbstironisch über diese einseitige Betrachtung von Tourismus und die Idealisierung eines vermeintlich „echten" prätouristischen Zustandes.

> "The story is familiar to us all: once there was a pristine and natural place outside the West; then tourism arrived; now what was once pure and authentic has become spoiled and commodified" (Shepherd 2002:183).

Dabei kann Tourismus lediglich als mitverantwortlich für gesellschaftliche Wandlungsprozesse gesehen werden. Gesellschaftlicher Wandel findet sowohl mit als auch ohne Tourismus statt (vgl. Burns 1999:94), und auf der Grundlage dieser Erkenntnis hat sich die Tourismusethnologie etabliert, die nicht mehr mit der moralischen Grundsatzfrage hadern muss, ob Ethnolog*innen dieses Forschungsfeld eigentlich „beackern" dürfen.

> „Ethnologen, die meinen, sie müßten die einheimische Bevölkerung vor den negativen Folgen des Tourismus beschützen, müssen endlich die paternalistische Haltung einer in der Kolonialzeit entstandenen Wissenschaft ablegen, die Wünsche der Betroffenen ernst nehmen und sie als Personen mit eigener Meinung respektieren" (Kahrmann 1995:8).

Seither hat sich die Tourismusethnologie zu mehr als nur Tourismuskritik entwickelt. Tourismus als Forschungsfeld erscheint zu vielfältig und relevant für eine moderne Ethnologie, als dass es weiterhin auszuklammern wäre (vgl. Antweiler 2006:1).

---

4 Der Begriff „Kommodifizierung" meint die Kommerzialisierung, das „Zur-Ware-werden" von etwas: „commoditization is said to destroy the authenticity of local cultural products and human relations; instead a surrogate, covert ‚staged authenticity' (MacCannell 1973) emerges" (Cohen 1988:372).

1.2 Zentrale Fragestellungen und Herausforderungen

Tourismus als wissenschaftliches, aber auch als Praxisfeld ist äußerst vielschichtig und vereint zahlreiche verschiedene Themen und Fachgebiete. Die touristische Ausbildung in Deutschland legt den Fokus jedoch noch immer meist auf wirtschaftswissenschaftliche Elemente: Touristische Studiengänge sind häufig im Bereich Betriebswirtschaftslehre oder International Management angesiedelt. Dabei stellt die touristische Praxis sehr unterschiedliche Ansprüche an Akteure. Dies wird deutlich bei der Nennung einzelner touristischer Betätigungsfelder wie Reiseveranstalter, Reiseleitung, Zulieferer, Hotelmanagement, Versicherer, Fluggesellschaft, etc. Und darüber hinaus spielen ja nicht nur touristische Fachleute eine Rolle. Es lohnt die Inblicknahme von weiteren Beteiligten, die im touristischen Feld agieren: die lokale Bevölkerung (direkt oder indirekt in touristisches Geschehen involviert), die Reisenden, lokale Behörden, Entwicklungsorganisationen, zivilgesellschaftliche Akteure, soziale Projekte etc.

Langsam lassen sich Veränderungen beobachten: Studiengänge wie der Master „Nachhaltiges Tourismusmanagement" (HNE Eberswalde) setzen neue Maßstäbe. Themen der Nachhaltigkeit spielen bei touristischen Unternehmen zunehmend eine Rolle – wenn auch vor allem aus wirtschaftlichen Gesichtspunkten: Es geht weniger um eine ethische Ausrichtung des eigenen unternehmerischen Handelns als um marketingstrategische Entscheidungen. Der Erfolg touristischer Angebote – auch wenn sie nachhaltig genannt werden – bemisst sich nach wie vor an seiner Profitabilität und nicht an seiner Nachhaltigkeit entlang der gesamten Wertschöpfungskette. Das Wort Nachhaltigkeit ist häufig ein positiv besetztes und wenig hinterfragtes *Buzzword*. Ein tiefer Einstieg in die Begrifflichkeitsdiskurse würde zu weit greifen, jedoch sei an dieser Stelle Nachhaltigkeit im Tourismus als ein Leitbild für politisches, wirtschaftliches und ökologisches Handeln verstanden. Diesem folgend werden in nachhaltigen touristischen Entwicklungen ökonomische, ökologische und soziale Aspekte gleichermaßen berücksichtigt.[5] Im Sinne der Nachhaltigkeit ist das Konzept Tourismus natürlich auch ganz generell zu hinterfragen. Tourismus ist ein Wohlstands-Phänomen. Menschen, die den Luxus haben, als Tourist*innen zu reisen, treffen in vielen Destinationen auf Menschen, die nicht einmal einen freien Tag im Jahr haben. Milliarden von Menschen können nicht reisen, sind aber vom Tourismus betroffen. Die Tourismusbranche hat daher eine besondere Verantwortung, sicherzustellen, dass Menschen, Umwelt und Klima nicht weiter beeinträchtigt werden, und bereits angerichteten negativen Entwicklungen entgegenzuwirken.

Was kann, darf und sollte in dieser Entwicklung nun ein ethnologischer Beitrag sein? Natürlich muss jede*r Einzelne entscheiden, in welchen beruflichen Feldern er bzw. sie sich beteiligt. Den Autorinnen erscheint jedoch plausibel, dass im Vordergrund der Blick

---

5   Siehe auch die UN-Definition von Nachhaltiger Entwicklung: „Humanity has the ability to make development sustainable to ensure that it meets the needs of the present without compromising the ability of future generations to meet their own needs." (UN Documents). Weiterführende Informationen unter: https://www.nachhaltigkeit.info/artikel/definitionen_1382.htm [Zugriff am 08.05.2018].

auf einen ethnologischen Beitrag für eine Tourismusentwicklung steht, die sich an den Zielen der Agenda 2030 für nachhaltige Entwicklung (Agenda 2030) orientiert. Das Jahr 2017 wurde von den Vereinten Nationen zum „Internationalen Jahr des nachhaltigen Tourismus für Entwicklung" erklärt (UNWTO 2017). Auch wenn es viel Kritik an diesem Instrument gibt und sich Fragen nach der Sinn- und Zielhaftigkeit eines solchen „Jahres" stellen, zeigt sich hier ein Wandel der Tourismusbranche, der in besonderem Maße von ethnologischen Herangehensweisen profitieren könnte.

Wenn Tourismus über seine Wirtschaftlichkeit und mögliche Profitabilität hinausgedacht wird, lassen sich umfängliche interessante ethnologische Fragen ableiten. Aus der Arbeitserfahrung der Autorinnen bieten sich drei Ebenen entlang der Akteure an, auf denen Kernfragen angesiedelt werden können: Wie können touristische Entwicklungen so gestaltet werden, dass

- sie die Bedürfnisse der Tourist*innen erfüllen?
- sie die Bedürfnisse der lokalen Bevölkerung berücksichtigen und diesen entsprechen?
- Unternehmen erfolgreich nachhaltige touristische Produkte vermarkten können?

Die zentrale Herausforderung ist sicherlich der schnelle Wandel touristischer Entwicklungen – seien es regionale Schwerpunktsetzungen der Tourist*innen (bspw. aufgrund von Sicherheitsbedenken, die sich u. a. in den touristischen Entwicklungen in der Türkei oder Nordafrika seit 2015 sowie dem damit einhergehenden Boom in Spanien zeigen), Umorientierungen durch touristische Unternehmen oder Änderungen der lokalen Gegebenheiten. Nicht nur Krisen oder Naturkatastrophen (bspw. der Tsunami 2004), sondern auch gesellschaftliche Transformation und soziale Entwicklungen (bspw. Flüchtlinge auf griechischen (Urlaubs-)Inseln) zeigen deutlich die vielen Variablen, von denen touristische Entwicklungen abhängen. Zusätzlich dazu müssen sich Ethnolog*innen mit der Kritik an der Kooperation mit (gegebenenfalls ausbeutenden) Unternehmen oder Entwicklungsorganisationen und der Thematik der Auftragsforschung auseinandersetzen (siehe auch Beitrag von Nicole Häusler in diesem Buch).

2. Beispielhafte Anwendung ethnologischer Theorien im Tourismus

Um die vorangegangen Überlegungen nun konkret zu machen, wird im Folgenden auf die ethnologische Magisterarbeit „Tourismus auf Sansibar – Lokale Perspektiven und kulturelle Konzepte im Kontext des Souvenirmarktes" der Autorin Jana Schrempp Bezug genommen. Dieses Beispiel ist sehr spezifisch (Sansibar und Souvenirmarkt) und seine wissenschaftliche Relevanz begrenzt (es handelt es sich nur um eine Magisterarbeit). Nichtsdestotrotz eignet sich das Beispiel, um aufzuzeigen, wie theoriegeleitete Empfehlungen – entsprechend einer angewandten Ethnologie – für die Praxis entwickelt werden können. Drei theoretische Ansätze haben sich aus der zugrundeliegenden Feldforschung herauskristallisiert, die die Analysebezugspunkte der Forschungsarbeit darstellen: Ritualtheorien, das Konzept der „Authentizität" sowie Ansätze zu Ethnizität.

Die Fragestellung der Magisterarbeit „Inwieweit beeinflussen kulturelle Konzepte den Umgang mit Tourismus auf Sansibar?" wurde wissenschaftlich bearbeitet, wobei die gewonnenen Erkenntnisse in einer Auftragsstudie für die niederländische Entwicklungsorganisation SNV (The Netherlands Development Organisation) Eingang fanden. Nachdem SNV 2009 eine Studie über den gesamten Tourismussektor auf Sansibar gemacht hatte, um festzustellen, wie hoch der (wirtschaftliche) *benefit* des Tourismus für die lokale Bevölkerung ist, wollte SNV Genaueres über den Souvenirmarkt erfahren. Dieser sehr spezifische, aber bedeutsame Bereich touristischer Realität wurde als eine gute Möglichkeit zur Einkommensgenerierung betrachtet. Für die Studie über den Souvenirmarkt auf Sansibar sollten die Wertschöpfungsketten der Souvenirprodukte dargestellt werden, um herauszufinden, welche Akteure wo und in welchem Maße profitierten. Es sollte weiter analysiert werden, welche Barrieren bestünden und wie diese die Beteiligungen sansibarischer Akteure einschränkten. Ziel der Studie war es, Empfehlungen zu entwickeln, wie in einem entwicklungspolitischen Projekt sansibarische Akteure in ihrem Bestreben unterstützt werden könnten, sich stärker am Souvenirgeschäft zu beteiligen und wirtschaftlich zu profitieren.

Methodisch wurde nach dem Prinzip der „Perspektiven-Triangulation" (Flick 2009:136) über einen Zeitraum von drei Monaten mit einer Kombination aus teilnehmender Beobachtung, (informellen) Gesprächen, Expert*innen-Interviews, einer umfänglichen „Tourist-Exit-Survey" (mit fast 400 ausreisenden Tourist*innen) und einem „Validation Meeting" der vorläufigen Ergebnisse gearbeitet. Ausgewertet wurde nach der qualitativen Inhaltsanalyse von Philipp Mayring.

2.1 Die Reise als Ritual – Ritualtheorien

Die Interpretation von Tourismus als Pilgerreise und die Betrachtung touristischer Phänomene aus ritualtheoretischer Perspektive fokussiert vor allem die Tourist*innen und gibt wichtige Analyse- und Interpretationsansatzpunkte über die Bedeutsamkeit des Reisens für sie. Dieser theoretische Ansatz war ein tourismusethnologischer Meilenstein. Der Ethnologe Nelson Graburn griff Émile Durkheims Dichotomisierung von profan versus sakral für die Unterteilung von Arbeits- und Urlaubszeit auf (vgl. Graburn 1977: 33). Dies stellt eine wichtige Erklärungsmöglichkeit für Tourismus und touristisches Verhalten dar und kann nach Arnold van Gennepals ein Passageritual analysiert werden. Victor Turners Ritusanalyse lässt sich auf den Reiseablauf anwenden und ermöglicht eine symbolfokussierte Erklärung touristischen Verhaltens: So schließt sich an die Trennungsphase von Zuhause und Alltagsleben, die durch Reiseplanung und Kofferpacken gekennzeichnet ist, eine liminale Phase an. Diese ist stark durch touristische Symbole markiert. In ihr verändern sich die Reisenden und begeben sich in eine andere Rolle. Der Lebensrhythmus verändert sich, alltägliche Dinge wie Essen und Schlafen gewinnen an Wichtigkeit. Doch auch die Rückkehr ist Teil des Rituals. Denn die Tourist*innen kommen nicht zurück wie gegangen sind, sondern mit einem neuen Status. Sie gehören nun zu den „Weitgereisten", den „Afrika-Liebhaber*innen" oder den „Brasilien-Fans" und durch ihre eigene touristische Erfahrung bekommen ihre Meinungen oder Positionen mehr Gewicht. Als eine Art Trophäe und als Beleg dienen die zahlreichen mitgebrachten Fotos und Souvenirs (vgl. Moser / Seidl 2009:11; Köstlin 2007:2). Mit diesem Ansatz ließen sich das touristische Verhalten der Tourist*innen auf Sansibar in der Souvenirkonsumption sowie diesbezügliche touristische Bedürfnisse einbetten, erläutern und tief begreifen.[6] Die Bedeutungsebene der Reise für die Tourist*innen konnte in den Vordergrund gestellt werden, wobei das Konzept der „Authentizität" in diesem Zusammenhang besonders relevant erschien.

2.2 Das Konzept der „Authentizität"

Wird das Konzept der „Authentizität"[7] auf touristische Phänomene angewandt, geht es um die glaubwürdige Echtheit von Erfahrungen und Erlebnissen – beispielsweise die Echtheit von touristischen Plätzen, Souvenirprodukten oder auch von Interaktionen zwischen Reisenden und lokalen Akteuren. In den 1960er Jahren entstand eine scharfe Tourismuskritik – vor allem am Massentourismus –, dessen „kulturzerstörende Wirkung" als unbestritten galt und dessen touristische Produkte als inauthentische Inszenierungen verurteilt wurden (vgl. Enzensberger 1962). Seit Mitte der 1970er Jahre erfährt Authentizität in der Tourismusforschung Beachtung. Grundlage für die Debatte ist vor allem der Beitrag des Soziologen Ervin Goffmann: Menschen versuchen durch impression management den Eindruck anderer zu beeinflussen und konstruieren dadurch ihre soziale Identität. Seiner Theatermetapher zufolge, die zwischen „Vorder- und Hinterbühne", also veröffentlichten und verborgenen Handlungen unterscheidet, wird versucht, einen authentischen Eindruck der eigenen Handlungen zu vermitteln. Akteure versuchen die „Hinterbühne" zu verbergen, während die Adressat*innen der Handlungen diese auf Authentizität hin überprüfen und sich bemühen, einen Blick „hinter die Fassaden" zu erhaschen (vgl. Vester 1993:122). Der Soziologe Erik Cohen beschreibt Authentizität als „eminently modern value" (Cohen 1988:373), der aus dem Wandel der Gesellschaften, aus denen die Tourist*innen kommen und ihrer zunehmenden Individualisierung entspringt. Er beschreibt Reisende auf der Suche nach authentischen Erfahrungen „in der Fremde", da sie diese in ihrem Alltagsleben nicht (mehr) finden: "„those modern seekers who desire to overcome the opposition between their authenticity seeking self and society have to look elsewhere for authentic life" (Cohen 1988:373). Cohens Kritik am

---

6   Viele Tourist*innen schließen einen Strandurlaub auf Sansibar an eine Safari-Reise auf dem tansanischen oder kenianischen Festland an. Für die meisten Tourist*innen ist die Bezugsgröße „Afrika" und nicht Sansibar. Dies ist bedeutsam in Bezug auf den Kontakt zwischen lokaler Bevölkerung und Tourist*innen, da sich viele Sansibaris eben explizit nicht als Afrikaner*innen, sondern als Sansibaris mit einem starken Bezug zur arabischen Halbinsel sehen.

7   Der Begriff stammt vom griechischen Wort „authentikos", was so viel meint wie „gültig, echt, glaubwürdig".

Authentizitätskonzept ist die, dass es unreflektiert aus der Philosophie übernommen wurde. Er versteht Authentizität aber nicht als gegeben, sondern als ein soziales Konstrukt, das verhandelbar ist.[8] Eine ethnologische Perspektive auf Authentizität schließt sich dieser Darstellung an.

> „Ethnologen interessieren sich für die Perspektiven der Anderen. Sie fragen also nicht nach der Echtheit des Gegenstandes im europäisch-amerikanischen Sinn. Vielmehr fragen sie nach der jeweiligen Konstruktion von ‚Echtheit'" (Flitsch / Isler / Wu 2010:10).

Der Soziologe Ning Wang entwickelt weiter das Konzept der erlebnisbezogenen Authentizität. Dabei geht es um authentische Erfahrungen, die sich aus der Anerkennung von Objekten als authentisch ergeben, die wiederum in einem museologischen Sinne als inauthentisch betrachtet werden können. In diesem postmodernen Verständnis von Authentizität erscheint Inauthentizität nicht mehr als Problem, wie in der Tourismuskritik der 1970er. Wang pointiert, dass letztlich sogar Tourist*innen selbst die Inauthentizität suchen, da sie beispielsweise nicht im lokalen Fast-Food-Restaurant essen wollen, sondern eine für sie inszenierte „Lagerfeuerromatik" bevorzugen (vgl. Wang 1999:357). Mit dieser theoretischen Grundlage konnten Bedürfnisse der befragten Tourist*innen analysiert werden. Die touristische Sehnsucht nach „Afrika-Exotik" einerseits und die Ablehnung oder Skepsis gegenüber dem Islam andererseits beeinflusst die touristische Inszenierung auf Sansibar, wie der Historiker Abdul Sheriff im Interview deutlich macht:

> "And you can see this for example at the Sauti za Busara (Musik-Festival auf Sansibar). You don't see taarab (traditionelles sansibarisches Orchester) there, but what you see are the big African drums, because the tourists think they come to Africa so they except big drums. But taarab with the orchestral style you won't hear." (Schrempp 2011:94).

2.3 Tourismus und Ethnizitätsforschung

Eine weitere Richtung der ethnologischen Tourismusforschung, die für die Studie relevant wurde, ist der Themenkomplex von Tourismus und Ethnizität. Ethnizität soll im Folgenden als eine Form sozialer Identifikation verstanden werden, die „durch Selbstdefinition und Fremddefinition bestimmt ist: Man kann keine Volkszugehörigkeit haben, die weder einem selbst noch anderen bekannt ist" (Schlee 2006:9). Ethnizität fand in den 1960er Jahren als Konzept Einzug in ethnologische Forschung und Theoriebildung. Der Ethnologe Frederik Barth thematisierte Ethnizität als eine Form der sozialen Organisation und fokussierte stark die Grenzziehungsprozesse zwischen Gruppen. Der Zusammenhang von Ethnizität und Tourismus ist ein eher wenig beachtetes Thema in der Tourismusethno-

---

8   Als Beispiel führt er Disneyland an, das erst als artifizielle Tourismusattraktion gesehen wurde und nun Bestandteil zeitgenössischer amerikanischer Kultur geworden ist.

logie. Aber da sich nach Barth Ethnizität nicht im ethnisch homogenen Raum abspielt, sondern verstärkt an Grenzen stattfindet, fordert die Komplexität der Globalisierung eine verstärkte Beschäftigung mit Fragen der Ethnizität. Der Ethnologe Günther Schlee versteht Tourismus als ein Symptom der Globalisierung und folgert:

> „Ein Bereich, in dem solche Überlappungen von Markt, Staat und Wissenschaft in der globalisierenden Spirale der Fremd- und Selbstbeschreibungen besonders intensiv kultiviert werden, ist der Tourismus" (Schlee/Werner 1996:25).

Aufgrund der interethnischen Beziehungen im Tourismus spielt die Ethnizitätsforschung in diesem Zusammenhang eine wichtige Rolle. Nach Barth könnte in dem Erkennen eines „gemeinsamen Feindes", beispielsweise die Tourist*innen, eine neue Basis für den Zusammenschluss unterschiedlicher lokaler Gruppen entstehen (ethnic fusion). Tourismus kann also als eine „special form of ethnic relations" (van den Berghe/Keyes 1984:343) verstanden werden.

> „Überträgt man das Konzept der Ethnizitätsforschung auf die Tourismusforschung, so müssen sowohl die Wahrnehmungen der Auswirkungen des Tourismus durch die Einheimischen als auch ihre Reaktionen auf diese untersucht werden. Sie sind (wiederum) Ausdruck ihrer Ethnizität." (Kahrmann 1995:23).

In dem Diskurs um Tourismus und Ethnizität erscheint jedoch die Fokussierung auf die Tourist*innen als die andere „ethnische Gruppe" zu kurz gedacht. In der Analyse ethnischer Identifikationen auf Sansibar stellten die Tourist*innen zwar eine wichtige Gruppe, aber nur eine unter vielen, dar. Arbeitsmigration vom tansanischen Festland durch vornehmlich christliche Männer und Frauen spielte für die lokalen Akteure beispielsweise eine viel gewichtigere Rolle. In ihrer Studie über Arbeitsmigration im Zuge touristischer Entwicklungen auf Sansibar beschreiben Stefan Gössling und Ute Schulz, dass Sansibaris im formellen Tourismussektor aufgrund ihrer geringeren Bildung und Fremdsprachenkenntnisse im Vergleich zu den Arbeitsmigrant*innen vom Festland benachteiligt würden (vgl. Gössling/Schulz 2005:51).

2.4 Analyse

Während die ersten beiden theoretischen Ansätze Erkenntnisse lieferten, um touristisches Handeln tiefer zu begreifen sowie Empfehlungen zu entwickeln für eine erfolgreiche (an den Bedürfnissen der Tourist*innen sowie den Wünschen und Kompetenzen der lokalen Akteure orientierte) Beteiligung, zeigte sich in der Debatte um Ethnizität, wie doing ethnicity (vgl. Brubaker 2007:22) zur relevanten Größe für sansibarische Akteure wird, um sich – oder eben nicht – am touristischen Geschehen zu beteiligen. Die Inszenierungen im Souvenirbereich finden (fast) ohne Sansibaris statt, zum einen, da diese trotz ähnlicher Geschäftsstrategien im direkten Verkauf nicht so erfolgreich und kooperativ wie andere Gruppen im Souvenirgeschäft agieren. Dies hängt auch mit strukturellen Aspekten, wie höheren Preisen durch den Import der Rohmaterialien, zusammen. Zum anderen wird die Partizipation beziehungsweise Nicht- Partizipation von Sansibaris im Souvenirbereich maßgeblich durch kulturelle Konzepte beeinflusst. Auf Grundlage dieser theoretischen Reflexionen wurde deutlich, dass die Arbeitsmigrant*innen häufig sehr viel erfolgreicher die Bedürfnisse der Tourist*innen nach „authentischer Afrika-Erfahrung" bedienen konnten als die lokalen sansibarischen Akteure, die häufig zwar „realere" aber von den Tourist*innen als weniger authentisch wahrgenommene Produkte anboten. Deutlich wurde, dass für die Tourist*innen die relevante Größe „bought in Zanzibar" war. Ob die Produkte wirklich aus Sansibar stammten oder nicht, wurde kaum hinterfragt. Arbeitsmigration wurde durch die Tourist*innen nicht reflektiert, sondern alle Akteure als Sansibaris wahrgenommen (auch wenn sie sich als Massai[9] inszenierten). Sansibarische Akteure, die sich im Souvenirgeschäft beteiligen wollen, fordern zum einen eine Bevorteilung durch die sansibarische Regierung, zum anderen suchen sie ihre eigenen „sansibarischen Nischen" im Souvenirgeschäft, wie beispielsweise die Entwicklung eines Labels für sansibarische Produkte („made in Zanzibar").

Die durch den ethnologischen Zugang gewonnen Erkenntnisse wurden mit großem Interesse von den verschiedenen Akteuren (Auftraggeber SNV, sansibarische Tourismusbehörde, Verbände von Kunsthandwerker*innen, einzelne Verkäufer*innen etc.) aufgenommen. Durch das ethnologische Wissen konnten neue multiperspektivische Einblicke geschaffen werden, die die Bedürfnisse von Tourist*innen darstellten, aber auch lokale Akteure und deren Perspektiven sichtbar machten.

---

9   Massai – eine ethnische Gruppe, die viele Untergruppen unter sich vereint – repräsentieren im (ostafrikanischen) Tourismus den „edlen Wilden" und „die Krieger" und agieren sehr erfolgreich im touristischen Geschehen, obgleich sie kulturell eigentlich keinen Bezug zu Sansibar haben, sondern sich als Arbeitsmigranten saisonal dort aufhalten.

3. Anwendung ethnologischer Methodik und Kompetenz

Die Nutzbarmachung ethnologischer Theorien wurde unter Punkt 2 am konkreten Beispiel Sansibar deutlich gemacht. Inwieweit ethnologische Methodik und Kompetenzen im Tourismus genutzt werden, wird im Folgenden umrissen. Selbstverständlich gibt es keinen abgeschlossenen, allgemeingültigen Katalog ethnologischer Kompetenzen. Der Begriff der Kompetenz[10] eignet sich aber gut, um Anknüpfungspunkte und Potentiale ethnologischer Ansätze in der touristischen Praxis in den Blick zu nehmen. Dies erfolgt beispielhaft aus der beruflichen Erfahrung der Autorinnen.

3.1 Ethnologische Methodik im Tourismus

Die Möglichkeiten ethnologischer Feldforschung unter Nutzung „klassischer" Methodik wurden auch im Sansibar-Beispiel deutlich. Darüber hinaus scheint die Klärung touristischer Fragestellungen häufig einen Methoden-Mix sowie interdisziplinäre Ansätze notwendig zu machen. Eine kritische Einschätzung zur Anwendbarkeit von akademischer Forschung im touristischen Praxis-Setting findet sich in dem Beitrag von Nicole Häusler in diesem Buch im Kapitel zu Methodik.

Nicole Häusler, Ethnologin und Tourismusberaterin, stellt deutlich dar, dass Dauer und Kosten ethnologischer Forschung häufig nicht den Praxisgegebenheiten angepasst sind und plädiert für eine Adaption. Sie zeigt am konkreten Beispiel der „Reflexive Organisational Cultural Appraisal"-Methode (ROCA), wie in einem Zeitraum von vier Wochen eine Kultur- und Organisationsanalyse bei lokalen Gemeinden und Privatunternehmen durchzuführen sei. Diese Methode hat sie im Rahmen ihrer Doktorarbeit entwickelt, um eine Cultural Due Dilligence[11] zwischen einer lokalen Gemeinde und einem Reiseveranstalter in Thailand durchzuführen, die gemeinsam seit über zehn Jahren eine Lodge betreiben. ROCA kann vor allem von Ethnolog*innen angewendet werden, die im Tourismusbereich – aber auch in anderen Bereichen der Entwicklungszusammenarbeit und der Organisationsberatung – als Kurzzeitexperten arbeiten. ROCA ist eine anwendungsorientierte Methode, deren konzeptionelle Ausgestaltung auf wissenschaftlichen Theorien beruht. Sie beinhaltet nicht nur die klassischen Instrumente der ethnologischen Feldforschung, sondern integriert auch ethische und Fragen der Selbstreflexion in ihr Modell.

Durch ethnologische Methodik können erfolgreich partizipative Ansätze in der Tourismusentwicklung umgesetzt werden. Lokale Perspektiven werden sichtbar gemacht und somit zentrale Akteure in den Blick genommen, die häufig zu wenig Beachtung finden. In ihrem Artikel „Anthropology of Tourism: Forging New Ground for Ecotourism and Other Alternatives" (2001) kritisiert Stronza die bisherige Trennung der Perspektiven von lokaler Bevölkerung und Reisenden. Sie fordert, die Perspektiven zusammen zu bringen.

---

10 Von lateinisch competentia: „Eignung".

11 Identifikation potentiell problematischer Aspekte in der künftigen Zusammenarbeit.

Es würde vorrangig nur die Auswirkungen des Tourismus für die lokale Gesellschaft thematisiert und andererseits auf die Motive der Reisenden geschaut. Sie fordert eine holistische Perspektive der Tourismusforschung (vgl. Stronza 2001:261). Dieser berechtigten Kritik der starken Fokussierung der Tourismusforschung auf die Tourist*innen kann gezielt durch die Sichtbarmachung lokaler Perspektiven durch ethnologische Feldforschung begegnet werden.

3.2 „Kulturvermittlung" als Übersetzung

„Die Ethnologie als die wissenschaftliche Disziplin, die sich mit fremden Kulturen beschäftigt, wird zu jedem Zeitpunkt ihren Hauptbeitrag im Anwendungsbereich also immer darin finden, das Fremde verständlich und verstehbar zu machen, zu ‚übersetzen'" (Fischer 1998:17).

Hier können Ethnolog*innen auch im Tourismus ansetzen, indem sie die agierenden Menschen mit ihren Vorstellungen in den Vordergrund stellen (vgl. Neudorfer 2004:30-31). Die Funktion als „Übersetzende", die bspw. Reiseleitungen innehaben können, sieht der Reiseveranstalter und Reiseleiter Jens Heimendahl[12] differenziert. Er kritisiert, dass häufig – gerade im Kurzzeittourismus – die Kontakte zwischen Reisenden und lokaler Bevölkerung oberflächlich blieben, es viele Missverständnisse gäbe und Vorurteile bestätigt würden. Kenntnisse über die Strukturen und Merkmale der bereisten Kultur können bei den Reisenden nicht vorausgesetzt werden. Cultural performances würden oft von Reisenden als inauthentisch wahrgenommen, und gerade bei indigenen Gruppen sei zu problematisieren, wenn lokale Mittler*innen aus der Mehrheitsgesellschaft genutzt würden, die die jeweilige Kultur kaum kennen und/oder diese geringschätzen.

Dabei wünschten sich die Reisenden, so die Erfahrung von Jens Heimendahl, das Fremde erst einmal verstehen zu können (unabhängig davon, ob es dann bei ihnen auf Akzeptanz stößt). Sie erwarten Orientierung. Natürlich könnten Reisende nicht davon ausgehen, ein Dorf beim ersten Kurzbesuch in seiner Komplexität zu verstehen: Die Besuchten verhalten sich in Gegenwart der Besucher*innen selbstverständlich anders als im Alltag, und in kurzer Zeit können die verschiedenen Wertesysteme nicht abgeglichen werden. Tänze und Rituale, die nicht spezifisch für Tourist*innen performt werden, würden die meisten auch nicht verstehen. Wie könnten Reisende nun die gewünschte Orientierung erhalten? Hier benennt Jens Heimendahl zwei Faktoren als relevant: Die Vorbereitung der Reisenden vor der Reise und dabei insbesondere die Reflexion des Thema Fremdheit (bspw. sich das Fremde in sich selbst bewusstmachen, auf Fremdes offen zugehen und die

---

12 CROSS BORDER-Travels ist ein Reiseveranstalter, der sich explizit dieser Vermittlung lokaler Verhältnisse an Reisende verschrieben hat. Ziel ist es, einen „ungeschminkten Blick in die Verhältnisse im Süden der Welt zu ermöglichen". Jens Heimendahl ist Gründer, Inhaber und Reiseleiter von CB-Travels: http://www.cbtravels.de/; seine Einschätzungen basieren auf einem Vortrag im Rahmen eines GATE-Themenabends zu „Ethnotourismus" http://www.gate-tourismus.de/ [Zugriff am 19.10.2017].

Begegnung sowie die Interaktion in den Mittelpunkt stellen anstatt die Andersartigkeit des Gegenübers). Wenn durch einen ethnologischen Zugang das Konzept der Fremdheit genutzt würde, könne durch dessen Akzeptanz eine Form von Gemeinsamkeit entstehen. So könnten die Reiseleitungen eine Art „Vorbildrolle" für die Tourist*innen einnehmen: zeigen, wie man sich verständigen kann, wie Wertschätzung und Respekt geäußert werden können und wohin man gehen darf. Das Ziel dieser „Übersetzungsleistung" sei es, Reisenden einen ethnologischen Blick auf „fremde" Menschen und deren Kultur zu ermöglichen. Wenn die Reisenden Vertrauen darin entwickeln, dass das Fremde nicht bedrohlich ist und sie es aus sich selbst heraus – dem Beispiel der Reiseleitung folgend positiv wahrnehmend – verstehen möchten, so könne ein Kontakt stattfinden, der für alle Beteiligten positiv besetzt sei. Daraus könne sich gegenseitige Akzeptanz entwickeln.

Die Erwartungen, die die unterschiedlichen Akteure der lokalen Bevölkerung an Begegnungen mit Reisenden haben, ist ein weiteres wesentliches Thema in diesem Zusammenhang. Auch hier könne – nach Heimendahl – ein ethnologischer Zugang hilfreich sein, um Kenntnisse über die Reisenden zu vermitteln, die „Fremdartigkeit" der Tourist*innen für die lokalen Akteure zu reflektieren sowie Erwartungen und Wünsche zu klären. Ein komplexes Zusammenspiel von ökonomischen Zwängen, Erwartungen und Ungleichheiten stelle große Herausforderungen für Begegnungen dar. Es zeige sich in der Praxis, dass aufgrund der marktwirtschaftlichen Orientierung touristische Begegnungen sehr viel stärker an den Bedürfnissen der Reisenden ausgerichtet seien, als dass Perspektiven der lokalen Bevölkerung miteinbezogen würden. Dass diese häufig auch an kulturellem Austausch mit den Reisenden interessiert wären, werde kaum berücksichtigt. Hier lägen Möglichkeiten, die Partizipation lokaler Akteure durch ethnologische Herangehensweisen zu erhöhen.

3.3 Multiperspektivität und Multiprofessionalität

Eine nachhaltige Tourismusentwicklung benötigt sowohl Tourist*innen als auch touristische Unternehmen, die die Bedürfnisse der lokalen Bevölkerung berücksichtigen, Sprache und Kultur des Gastgeberlandes respektieren und sich damit auseinandersetzen. Dies einzufordern, kann Aufgabe der Ethnolog*innen im Tourismus sein. Der in der Ethnologie praktizierte Perspektivenwechsel zwischen der Innen- und Außensicht kann als eine Kernkompetenz betrachtet werden, die dabei relevant ist. Die Multiperspektivität, wie sie in der Ethnologie vertreten wird, kann touristischen Anbietern dabei helfen, einen verbesserten Dialog sowie mehr Sozialverträglichkeit im Tourismus zu erreichen und entsprechende touristische Produkte zu entwickeln, die auch realistische Marktchancen bieten (vgl. GATE e. V. 2004 b:83). Doch dies bezieht sich nicht nur auf die drei Ebenen Tourist*innen, lokale Bevölkerung und Unternehmensakteure. Wie zu Beginn des Beitrags benannt wurde, kommen im Tourismus ganz unterschiedliche Akteure und Professionen in Kontakt miteinander. Daraus ergibt sich, dass ebenso unterschiedliche Fach-Perspektiven eine Rolle spielen. Konkret wurde beispielsweise das Thema Kinderschutz im Tourismus durch die internationale Kinderrechts-Organisation ECPAT Deutschland e. V. (Arbeitsgemeinschaft zum Schutz der Kinder vor sexueller Ausbeutung), die seit über 25 Jahren die Ausbeutung von Kindern durch Reisende problematisiert, in die Tourismusbranche eingebracht. Doch von einem einzelnen Akteur ließen sich nur begrenzt Lösungsmöglichkeiten entfalten. So wurden multiprofessionelle Partnerschaften eingegangen zwischen Ministerien, Strafverfolgungsbehörden, zivilgesellschaftlichen Akteuren sowie der Tourismusbranche. Eine gemeinsame Kampagne fordert von allen Beteiligten Aktivitäten in ihrem jeweiligen Geltungsspielraum zu entwickeln sowie die unterschiedlichen Perspektiven zu verstehen und alle Ebenen in den Blick zu nehmen. Ethnologische Kompetenzen wie Diplomatie, Ambiguitätstoleranz sowie der Versuch, fremde (Professions-)Kulturen aus sich selbst heraus zu verstehen, sind der Schlüssel für erfolgreiche, multiprofessionelle Kooperation.

3.4 Menschenrechtlich orientierte Haltung

Mehr als 240 Millionen Menschen weltweit verdienen ihren Lebensunterhalt direkt oder indirekt in der Tourismuswirtschaft. Daneben tangiert der Tourismus die tägliche Lebenswelt von Milliarden Menschen (EED 2011:1): Dies sind – zu kleinem Teil – die Reisenden selbst und diejenigen, die in den touristischen Zielgebieten leben. Die Tourismusbranche kann zudem als Katalysator für soziale, kulturelle, ökologische und wirtschaftliche Veränderungen von Regionen betrachtet werden, die auch diejenigen Menschen erleben, die sich nicht in räumlicher Nähe zu touristischen Zentren befinden.

Menschenrechtsthemen haben zahlreiche Anknüpfungspunkte zur Tourismusindustrie: Einerseits können Reiseangebote durch eine besondere Sorgfalt der Veranstalter und aller beteiligten Dienstleister und Akteure zur Einhaltung und Umsetzung von Menschenrechten in den Destinationen beitragen. Andererseits profitiert die Tourismusbranche häufig dort, wo grundlegende Rechte missachtet oder Menschenrechte verletzt werden. Die Branche untergräbt oft die grundlegenden Rechte derer, die kaum oder gar nicht am Tourismus teilhaben. Viele dieser Menschen, die unter touristischen Auswirkungen leiden, leben in Ländern des globalen Südens. Die gegenwärtigen Tourismusformen gefährden grundlegende Menschenrechte: Die Diskriminierung von Menschen, die Missachtung der Meinungsfreiheit und Enteignung von Bauern- und Fischerfamilien, die Vertreibung indigener Gemeinschaften von ihrem Land, die Verwehrung von Zugang zu Wasser, die sexuelle Ausbeutung von Kindern oder die Missachtung deren Rechts auf Bildung sind nur einige wenige Beispiele von Menschenrechtsthemen, die Tourismus betreffen (vgl. EED 2011:7 ff).

Zahlreiche Ethnologie-Studierende interessieren sich für Themen mit Bezug zu Menschenrechten, sozialer oder ökonomischer Gerechtigkeit oder zum Schutz der ökologischen Vielfalt. Ethnologie als Studienfach kultiviert vielerorts eine solidarische Haltung mit unterdrückten Gruppen, was zu einer Verwischung der Grenzen zwischen Forschung und Aktivismus führen kann (vgl. Rieck / Stange 2013:25). Diese Haltung kann als Kompetenz verstanden werden, die auch in der touristischen Anwendung genutzt werden kann. Gleichzeitig knüpfen hier zahlreiche ethische Fragen an. Gerade die Verantwortung von Ethnolog*innen gegenüber lokalen Vertrauenspersonen muss in den Blick genommen werden. Auch ist Reflexion darüber nötig, dass die Grenzen zwischen Forschung und marktkonformem Verhalten verwischen, sobald Ethnolog*innen beauftragt und bezahlt werden: Wem sind sie verpflichtet und wie neutral können sie in diesem Kontext arbeiten?

3.5 „Soft Skills"

Für eine nachhaltige, zukunftsfähige Ausrichtung touristischer Produkte und Angebote ist ein gegenseitiges Bewusstsein für die Erfordernisse im Umgang mit unterschiedlichen Werte- und Normenvorstellungen und deren relativer Gültigkeit nötig. Dies gilt nicht nur für das unmittelbare Zusammentreffen von Tourist*innen mit der lokalen Bevölkerung sowie touristischen Anbietern vor Ort, sondern betrifft auch diejenigen, die in der Tourismuswirtschaft, in der Entwicklungszusammenarbeit oder entwicklungspolitischen Bildungsarbeit arbeiten, aber auch Ethnolog*innen selbst (vgl. GATE e. V. 2004 a:17). Ethnolog*innen sollten durch ihre Ausbildung angeregt werden „Soft-Skills" wie (inter-)kulturelle Kompetenzen und Verständnis, Perspektivwechsel, Ambiguitätstoleranz, Selbstreflexionsfähigkeit, Weitsicht und Offenheit sowie Flexibilität und ein schnelles Einarbeiten in neue Themengebiete zu vertiefen. Besonders relevant erscheint auch eine hohe Kooperationsfähigkeit, die durch partizipative Methodenkenntnisse und die Bereitschaft, von Anderen zu lernen, umgesetzt werden kann. Natürlich kann eine solche Auflistung nie Vollständigkeit beanspruchen. Das prozessorientierte Arbeiten im touristischen Sektor erfordert über theoretisch-akademisches Know How hinaus etliche Kompetenzen.

Mit diesem „weichen" Fachwissen können Ethnolog*innen bei zahlreichen soziokulturellen Fragestellungen im touristischen Bereich Unterstützung liefern, z. B. im Monitoring von Tourismusprojekten in Zusammenarbeit mit der lokalen Bevölkerung – sowohl auf Seite der Entwicklungszusammenarbeit als auch des Privatsektors (vgl. Häusler 2004:53).

4. Ausblick

Die Tourismusbranche wird in vielerlei Hinsicht als eine Art „Echte-Welt-Ethnologie" (Smith 2005:252) betrachtet und bietet zunehmende Chancen für eine bedeutende Entfaltung der angewandten Ethnologie.

Um einen Beitrag zu einer nachhaltigen Tourismusentwicklung leisten zu können, müssen Ethnolog*innen Wege für die Praxis finden: Sie stehen vor der Aufgabe, verständlich, praxisnah und angebotsorientiert zu arbeiten. Sie müssen verstärkt in andere Bereiche hineinschauen, einen kreativen Ansatz zu konkreten touristischen Themen finden und ihr fachliches Know How auf eine breite Basis stellen. Ethnolog*innen können nur dann einen nutzbringenden Beitrag im Tourismus leisten, wenn sie sich über ihr ethnologisches Fachwissen hinaus mit tourismusrelevanten Qualifikationen wappnen: Hierzu zählen vor allem Kenntnisse in den Feldern Tourismusmarketing, Management und Organisation, Umwelt- und Naturschutz sowie rechtliche Grundlagen.

Partizipation wird als Schlüsselgrundlage für eine nachhaltige Entwicklung des Tourismus und nachhaltige Tourismusangebote betrachtet.[13] Und um Partizipation in den Vordergrund zu stellen und lokale Perspektiven zu betonen, eignen sich ethnologische Theorien, Methoden und Kompetenzen in besonderem Maße. Darüber hinaus können ethnologische Beiträge mit einer kultursensiblen, menschenrechtlichen Orientierung für die Ausgestaltung von unternehmerischer Sorgfaltspflicht einen positiven Impuls bieten. Der ethnologische Anspruch, unterschiedliche Perspektiven und Ebenen im Blick zu haben, bietet sowohl multiperspektive wie auch multiprofessionelle Zugänge, die einen wichtigen Beitrag für eine nachhaltige Tourismusentwicklung bieten können.

Wenn ethnologische Theorien und Methoden also so gewinnbringend in der touristischen Praxis Anwendung finden können, stellt sich natürlich auch berechtigterweise die Frage nach dem Rücktransfer in die ethnologische Lehre und Forschung. Dafür muss Tourismus als Forschungs-, Anwendungs- und Praxisfeld anerkannt werden.

Als herausfordernd für die Einbindung von Ethnolog*innen in die touristische Praxis erweist sich, dass Ethnolog*innen sich – aufgrund der vermittelten ethnologischen Arbeitsweise im Studium – häufig schwer damit tun, konkrete Empfehlungen oder Prognosen (z. B. über zu erwartende soziokulturelle Auswirkungen touristischer Entwicklungsmaßnahmen) abzugeben. Dies gilt insbesondere dann, wenn derartige Aussagen auf Grundlage kurzzeitiger bzw. kurzfristiger Analysen getroffen werden sollen.

Wie auch in der Einleitung zu diesem Buch thematisiert wird, ist die „Übersetzungsleistung" ethnologischer Analysen auch für ein nicht fachkundiges Publikum eine Herausforderung, für die konkrete Lösungsvorschläge noch ausstehen. Denkbar wäre beispielsweise die Integration von Schreib- und Präsentationskursen in die Ethnologie-Studiengänge, die eben nicht auf den wissenschaftlich-akademischen Betrieb fokussieren, sondern die Anwendung in den Vordergrund stellen. Um Studierende zu befähigen, darin kreativ und lösungsorientiert aktiv zu werden, braucht es spezifische Angebote in der Lehre, die auf eine tourismuspraktische Anwendbarkeit fokussieren. Dafür könnten Seminare sich – der Fragestellung der angewandten Ethnologie folgend – auf die Anwendbarkeit und Nutzbarmachung ethnologischer Theorien und Methoden ausrichten. Inputs aus der touristischen Praxis könnten angefragt, Praxisbesuche oder eigene kleine Feldforschungsprojekte im Rahmen der Seminare realisiert werden. Auch Hausarbeitsthe-

---

13 Mehr als 30 Vertreter*innen von Zivilgesellschaft und Wissenschaft aus 19 Ländern haben bei einem Treffen vom 3. Bis 6. März 2017 die Berlin-Deklaration „Transforming Tourism" („Tourismuswende") erarbeitet und unterzeichnet. Sie identifizieren konkrete Stellschrauben für einen Wandel im Tourismus und benennen zentrale Punkte. An erster Stelle wird Partizipation benannt: http://www.transforming-tourism.org/ [Zugriff am 19.10.2017].

men zu anwendungsbezogenen Schnittstellenthemen (gegebenenfalls mit Betreuung durch Praktiker*innen) bieten eine gute Möglichkeit für Studierende, praktische Perspektiven stärker kennenzulernen und vor diesem Hintergrund theoretische Ansätze zu reflektieren. Gleichzeitig kann diese Herangehensweise Praktiker*innen helfen, komplexe Fragestellungen oder festgefahrene Strukturen aus einem wissenschaftlicheren Blickwinkel zu hinterfragen, neu zu bewerten und entsprechend zu handeln. Die von der touristischen Arbeitswelt von Ethnolog*innen erforderten Fertigkeiten, die unter Abschnitt drei aufgegriffen wurden, könnten bereits im Studium mit in die Lehre eingeflochten werden.

Diese Aspekte sind in keiner Weise umfassend oder vollständig, sondern sollen als Impuls verstanden werden, Anforderungen der touristischen Praxis in die akademische Ethnologie zu übernehmen, wenn eine Beschäftigung mit touristischen Fragestellungen erfolgt. Dies erfordert eine Öffnung der Lehre: weg von rein wissenschaftlichem Denken hin zur Einflechtung und aktiven Vernetzung der entsprechenden Akteure. Dazu ist ein weites Verständnis, was ethnologische Themen sein „dürfen", zuträglich. Es scheint jedoch, dass die Ethnologie hier auf einem guten Weg ist – wie nicht zuletzt dieses Buch zeigt.

Literatur

ANTWEILER, Christoph (2006): Tourismusethnologie. Anregungen für einen ethnologischen Forschungsbereich. In: Museum der Weltkulturen (Hg.): Schwerpunktthemen 2006. Frankfurt / a. M., Electronic source: http://journal-ethnologie.de/Deutsch/Schwerpunktthemen/Schwerpunktthemen_2006/Ethnologie_und_Tourismus/Tourismusethnologie/index.phtml [Zugriff am 19.10.2017].

BARTH, Frederik (Hg.) (1969): Ethnic groups and boundaries. The Social Organization of Culture Difference. Bergen: Universitetsforlaget

BURNS, Peter M. (1999): An Introduction to Tourism and Anthropology. London: Routledge.

BRUBAKER, Rogers (2007): Ethnizität ohne Gruppen. Hamburg: Hamburger Edition.

COHEN, Erik (1988): Authenticity and Commoditization in Tourism. In: Annals of Tourism Research, 15 (3), S. 371–386.

EED – Evangelischer Entwicklungsdienst e. V. (Hg.) (2011): Alles was Recht ist – Menschenrechte und Tourismus. Impulse für eine menschenrechtlich orientierte Tourismusentwicklung. Electronic source: https://www.tourism-watch.de/files/Alles_was_Recht_ist.pdf

ENZENSBERGER, Magnus (1962): Eine Theorie des Tourismus. In: Enzensberger, Magnus: Einzelheiten I. Bewußtseins-Industrie. Frankfurt a. M.: Suhrkamp.

FISCHER, Hans (1998): Was ist Ethnologie? In: Fischer, Hans (Hg.): Ethnologie. Einführung und Überblick. Ethnologische Paperbacks. Berlin: Dietrich Reimer Verlag.

FLICK, Uwe (2009): Qualitative Sozialforschung. Hamburg: Rowohlt Verlag.

FLITSCH, Mareile / Isler, Andreas / Wu, Xiujie (2010): Einführung. In: Völkerkundemuseum der Universität Zürich (Hg.): Die Kunst des Verfälschens. Ethnologische Überlegungen zum Thema Authentizität. Supplement zur Ausstellung „Die Kunst des Fälschens – untersucht und aufgedeckt" des Museums für Asiatische Kunst, Staatliche Museen zu Berlin, 29.1.–30.05.2010 im Völkerkundemuseum der Universität Zürich.

GATE e. V. (2004 a): Einführung. In: GATE e. V. (Hg.): Ethnologie und Tourismus. Chancen, Perspektiven und Voraussetzungen für eine verstärkte Zusammenarbeit. S. 10–12. Electronic source: http://www.gate-tourismus.de/downloads/gate_konferenz04_dokumentation.pdf

GATE e. V. (2004 b): Kernergebnisse der Konferenz und Handlungsempfehlungen. In: GATE e. V. (Hg.): Ethnologie und Tourismus. Chancen, Perspektiven und Voraussetzungen für eine verstärkte Zusammenarbeit. S. 83–89. Electronic source: http://www.gate-tourismus.de/downloads/gate_konferenz04_dokumentation.pdf

GOFFMAN, Erving (1959): Wir alle spielen Theater. München: Piper.

GÖSSLING, Stefan / Schulz, Ute (2005): Tourism-Related Migration in Zanzibar, Tanzania. In: Tourism Geographies, 7 (1), S. 43–62.

GRABURN, Nelson (1977): Tourism. The Sacred Journey. In: Smith, Valene L. (Hg.): Hosts and Guests. The Anthropology of Tourism. Philadelphia: University of Pennsylvania Press, S. 33–47.

GREENWOOD, Davydd J. (1989): Culture by the Pound. An Anthropological Perspective on Tourism as Cultural Commoditization. In: Smith, Valene L. (Hg.): Hosts and Guests. The Anthropology of Tourism. Philadelphia: University of Pennsylvania Press, S. 171–185.

HÄUSLER, Nicole (2004): Dringend gesucht: Tourismusberater / in mit Allroundkenntnissen. In: GATE e. V. (Hg.): Ethnologie und Tourismus. Chancen, Perspektiven und Voraussetzungen für eine verstärkte Zusammenarbeit. S. 53–55. Electronic source: http://www.gate-tourismus.de/downloads/gate_konferenz04_dokumentation.pdf

KAHRMANN, Christiane (1995): Hoffen auf den reichen Strand. Tourismus in der Südsee – Die einheimische Perspektive. Berlin: Dietrich Reimer Verlag.

KÖSTLIN, Konrad (2007): The Artefact Designs the User. In: Centre for Tourism and Cultural Change (Hg.): Things that Move. The Material World of Tourism and Travel. Konferenzdokumentation, Leeds, S. 1–6.

MAYRING, Philipp (2008): Qualitative Inhaltsanalyse: Grundlagen und Techniken Weinheim; Basel: Beltz Verlag.

MOSER, Johannes / Seidl, Daniella (2009): Dinge auf Reisen. Kulturwissenschaftliche Perspektiven auf die materielle Kultur in der Tourismusforschung. In: Moser, Johannes / Seidl, Daniella (Hg.): Dinge auf Reisen. Materielle Kultur und Tourismus. München: Waxmann (Münchener Beiträge zur Volkskunde), S. 11–24.

NEUDORFER, Corinne (2004): Von der Theorie zur Praxis. Ethnologische Feldforschung im Bereich Tourismus. In: GATE e. V. (Hg.): Ethnologie und Tourismus. Chancen, Perspektiven und Voraussetzungen für eine verstärkte Zusammenarbeit. S. 30–31. Electronic source: http://www.gate-tourismus.de/downloads/gate_konferenz04_dokumentation.pdf

RIECK, Katja / Stange, Gunnar (2013): Advocacy and Activism. In: Institut für Ethnologie (Hg.): Ethnologie-Studierende – Go Job. Broschüre zum Seminar „Berufsfelder der Ethnologie", Goethe-Universität Frankfurt a. M., S. 25–26. Electronic source: https://www.uni-frankfurt.de/53462038/Broschuere-go-Job.pdf

SCHLEE, Günther / Werner, Karin (1996): Inklusion und Exklusion. Die Dynamik von Grenzziehungen im Spannungsfeld von Markt, Staat und Ethnizität. In: Schlee, Günther / Werner, Karin (Hg.): Inklusion und Exklusion. Die Dynamik von Grenzziehungen im Spannungsfeld von Markt, Staat und Ethnizität. Köln: Rüdiger Köppe Verlag, S. 9–36.

SCHLEE, Günther (2006): Wie Feindbilder entstehen. Eine Theorie religiöser und ethnischer Konflikte. München: C. H. Beck.

SCHREMPP, Jana (2011): Tourismus auf Sansibar – Lokale Perspektiven und kulturelle Konzepte im Kontext des Souvenirmarktes. Magisterarbeit, Eberhard Karls Universität Tübingen, Philosophischen Fakultät, Abteilung für Ethnologie. Auf Anfrage über jana.schrempp@posteo.de.

SHEPHERD, Robert (2002): Commodification, Culture and Tourism. In: Tourist Studies, 2, S. 183–201.

SMITH, Valene L. (Hg.) (1989): Hosts and Guests. The Anthropology of Tourism. Philadelphia: University of Pennsylvania Press.

SMITH, Valene L. (2005): Anthropologists in the Tourism Workplace. In: Wallace, Tim (Hg.): Tourism and Applied Anthropology. NAPA Bulletin, 23, S. 252.

STRONZA, Amanda (2001): Anthropology of Tourism. Forging New Ground for Ecotourism and Other Alternatives. In: Annual Review of Anthropology, 30, S. 261–183.

TURNER, Victor (2005): Das Ritual: Struktur und Anti-Struktur. Frankfurt a. M.: Campus Verlag (Erstausgabe 1969).

UNWTO (2017): Tourism Highlights. Electronic source: http://mkt.unwto.org/publication/unwto-tourism-highlights

VAN DEN BERGHE, Pierre / Keyes, Charles (1984): Tourism and Re-Created Ethnicity. In: Annals of Tourism Research, 11, S. 343–352.

VAN GENNEP, Arnold (2005): Übergangsriten. Frankfurt a.M.: Campus Verlag (Erstausgabe 1909).

VESTER, Heinz-Günter (1993): Authentizität. In: Hahn, Heinz / Kagelmann, Hans-Jürgen (Hg.): Tourismuspsychologie und Tourismussoziologie. Ein Handbuch zur Tourismuswissenschaft. München: Quintessenz Verlag, S. 1220–124.

WANG, Ning (1999): Rethinking Authenticity in Tourism Experience. In: Annals of Tourism Research, 26 (2), S. 349–370.

Websites

Agenda 2030 Ziele für nachhaltige Entwicklung: http://www.bmz.de/de/ministerium/ziele/2030_agenda/index.html [Zugriff am 08.05.2018].

CROSS-BORDER-Travels: http://www.cbtravels.de/ [Zugriff am 19.10.2017].

ECPAT Deutschland e. V. – Arbeitsgemeinschaft zum Schutz der Kinder vor sexueller Ausbeutung: www.ecpat.de [Zugriff am 19.10.2017].

GATE Netzwerk, Tourismus, Kultur e. V.: http://www.gate-tourismus.de/ [Zugriff am 19.10.2017].

HNE Eberswalde, Hochschule für Nachhaltige Entwicklung: Masterstudiengang Nachhaltiges Tourismusmanagement: http://www.hnee.de/de/Studium/Master-Studiengaenge/Nachhaltiges-Tourismusmanagement/Nachhaltiges-Tourismusmanagement-K146.htm [Zugriff am 19.10.2017].

ILO – International Labour Organisation: http://ilo.org/global/topics/decent-work/lang–en/index.html [Zugriff am 05.05.2018].

Lexikon der Nachhaltigkeit: https://www.nachhaltigkeit.info/artikel/definitionen_1382.htm [Zugriff am 08.05.2018].

SNV – The Netherlands Development Organisation: http://www.snv.org/about-us/organisation [Zugriff am 19.10.2017].

Transforming Tourism. Berlin Declaration: http://www.transforming-tourism.org/ [Zugriff am 19.10.2017].

UN Documents: Report of the World Commission on Environment and Development: Our Common Future: http://www.un-documents.net/ocf-ov.htm [Zugriff am 08.05.2018].

UNWTO – United Nations World Tourism Organisation 2017: 2017 is the International Year of Sustainable Tourism for Development: http://media.unwto.org/press-release/2017-01-03/2017-international-year-sustainable-tourism-development [Zugriff am 19.10.2017].

TEIL III.
ANWENDUNGSORIENTIERTE ETHNOLOGIE IN DER HOCHSCHULE

Ethnologie: Studium und Berufsausbildung.
Verwobene Wissenspfade

Anette Rein

ABSTRACT: „Trotz Ethnologie-Studium erfolgreich in der nicht-akademischen Arbeitswelt". Liest man / frau Angaben zu den Kompetenzen, die Studierende der Ethnologie erwerben, so erscheint die Vielzahl des Könnens und der nach dem Studium offenstehenden Möglichkeiten schier unbegrenzt. Gleichzeitig wird betont, dass das Studium nicht für einen Beruf ausbildet, sondern im Denken in beweglichen Kultur-Horizonten schulen soll. Was sich genau in dieser Lücke zwischen Studienplan und Möglichkeiten auf dem Arbeitsmarkt befindet, soll in dem Artikel beschrieben werden – inklusive der Vorschläge, wie ein Ethnologie-Studium sich zu einer Berufsausbildung wandeln könnte.

1. Die Ausgangslage

Das Fach Ethnologie ist aufgrund der seit Jahren anwachsenden Studierendenzahlen (s. u.) kein „Orchideenfach" mehr. Diese Tatsache muss auch im Bewusstsein der Fachvertreter*innen ankommen. Für die vielfältig kombinierbaren Studiengänge müssen zeitnah unterschiedliche Ausbildungsperspektiven entwickelt werden. Nur der kleinste Teil der jetzt Studierenden kann später an einer Universität in einer unbefristeten Position arbeiten, was bedeutet, dass das Fach Ethnologie auch außerhalb einer akademisch-theoretischen Ethnologie Berufsperspektiven für eine angewandte Ethnologie oder eine ethnologische Praxis anbieten muss.

In ihrer Habilitationsschrift unterscheidet Sabine Klocke-Daffa (2015:40) drei Bereiche, in denen sich Ethnologie als Erwerbstätigkeit bewegt: die akademisch-theoretische Ethnologie, die „angewandte Ethnologie" und die „ethnologische Praxis" (praktische Ethnologie / practicing anthropology). Dabei sind die ersten beiden Begriffe eher als Oberbegriffe zu sehen, die sich in weitere Teilbereiche unterteilen lassen. Wie bei der Aufschlüs-

© Springer Fachmedien Wiesbaden GmbH, ein Teil von Springer Nature 2019
S. Klocke-Daffa (Hrsg.), *Angewandte Ethnologie*, https://doi.org/10.1007/978-3-658-25893-1_30

selung hinsichtlich von Methodik und Analyseverfahren deutlich wird (2015:40-41), handelt es sich vor allem um einen Perspektivwechsel, der zwischen der akademisch-theoretischen Ethnologie auf ihrem Weg über die angewandte Ethnologie hin zur ethnologischen Praxis vollzogen wird – vom akademischen Problem weg, hin zum Klienten (vgl. auch Antweiler 2015:18). Während die Vertreter*innen von rein wissenschaftlich begründbaren Fragestellungen und Hypothesen ausgehen, allgemeine Forschungsfragen stellen und diese an Fallbeispielen präzisieren, von Einzelfällen abstrahieren, Zusammenhänge erklären und Wissen erzeugen, tun dies Vertreter*innen einer angewandten Ethnologie in der außeruniversitären Praxis auch. Sie machen es jedoch mittels konkreter Untersuchungsfragen, welche sie in der Praxis an Einzelfällen entwickeln, um das erzeugte Wissen und den aufgezeigten Nutzen wieder in die Wissenschaft zurückzuführen. Was nicht heißen soll, dass die Ethnolog*innen der ersten Gruppe dies nicht auch können. Die ethnologische Praxis wiederum geht direkt von sozialen Problemen und konkreten Anliegen aus, stellt an diese präzise Untersuchungsfragen und sucht nach Lösungen für Einzelfälle. Hier wird Wissen mit praktischen Handlungsanleitungen umgesetzt.

Es sind vermeintlich voneinander getrennte Bereiche, die bei genauer Betrachtung jedoch in verschiedenen Aspekten eng miteinander verwoben sind. Während die akademisch-theoretische Ethnologie in dieser scharfen Abgrenzung an das Herder'sche Kugelmodell von einander abstoßenden „Kulturen" erinnert, überlappen die Denk- und Handlungsgrenzen der angewandten Ethnologie in vielen Bereichen mit denen der akademischen Perspektive und der ethnologischen Praxis. Die ethnologische Praxis hingegen erscheint auch wie eine singuläre Kugel, da sie (zumindest laut dieser Tabelle 1 in Klocke-Daffa 2015:40-41) nur Wissen in Praxis umsetzt, nicht aber Wissen für die weitere Forschung generieren soll.

Folgt man jedoch den Spuren ethnologischer Theorienbildung, so stand an den Ursprüngen der Entwicklung einer Ethnologie als akademischem Fach im 19. Jahrhundert zunächst die Praxis, z. B. die Arbeit für US-amerikanische Indianerbehörden. Alle Theorien beruhen auf Erhebungen / Feldforschungen über und mit Menschen zu ihren vielfältigen Lebens- und Handlungskonzepten. In der Folge jedoch entzweiten sich die Ansätze scheinbar, die laut Nancy Scheper-Hughes (1995:414, 418) wie zwei „heilige Kühe" der Wissenschaft nun eine gebotene Distanzierung von den Interessen der Forschungspartner forderten sowie im unbeteiligten Abwarten an einem moralischen und kulturellen Relativismus festhielten. Mit anderen Worten: Nur keine eigene (= unwissenschaftliche) Meinung äußern oder gar aktiv in ein gesellschaftliches Geschehen eingreifen und eine Situation dadurch entscheidend verändern – bloß keine eindeutige, gar beratende, lösungsorientierte Position beziehen!

Vertreter*innen der angewandten Ethnologie und der ethnologischen Praxis gelten häufig noch immer als diejenigen, die es „nicht geschafft" haben, eine der begehrten Stellen als „reine" Ethnolog*innen an den Universitäten – zeitlich unbefristet oder befristet – zu besetzen (Lipp 2015:174). Laut Auskunft der Gewerkschaft Erziehung und Wissenschaft (GEW) stellt sich das Verhältnis von Festanstellungen zu befristeten Positionen an den deutschen Hochschulen von eins zu neun dar; d. h. auf eine Festanstellung kommen neun befristete Verträge (Naase 2018).

Diese Abgrenzungsbemühungen, die vor allem von der akademisch-theoretischen Ethnologie ausgehen, enden laut Klocke-Daffa (2015:31) in einem „verwirrenden Begriffskonglomerat", das mit der Absicht entwirrt werden muss, die angewandte Ethnologie als eigenen akademischen Teilbereich zu etablieren – um diesen eindeutig vom außerakademischen Bereich der ethnologischen Praxis, die anderen Fragestellungen folgt und Auftraggebern verpflichtet ist, unterscheiden zu können. Dabei gehören laut Klocke-Daffa bereits diverse Subdisziplinen, die heute schon an einzelnen Universitäten studiert werden können, zur angewandten Ethnologie: Entwicklungsethnologie, Medizinethnologie, visuelle Ethnologie und Organisationsethnologie.

Nicht geklärt wurde bis jetzt, warum der Wissensfluss nicht auch von der Ethnologischen Praxis systematisch in die akademisch-theoretische Ethnologie zurückfließen kann. Warum werden mit ethnologischen Methoden Daten und Informationen erhobene oder auch schriftlich fixierte Beobachtungen und Erfahrungen aus diesem Praxisbereich nicht als gleichwertig anerkannt und verwertbar für Theorienbildung wertgeschätzt? Handelt es sich dabei vielleicht in erster Linie um ein Arbeitsplatzstatusproblem? (Klocke-Daffa 2015:31). Christoph Antweiler (in diesem Band) verweist eindeutig auf die Bedeutung der angewandten Ethnologie und die ethnologische Praxis für die Theoriebildung der Ethnologie als akademische Disziplin. Die einzelnen Bereiche sind voneinander nicht trennbar, sondern bereichern sich, was die Wissensproduktion angeht, in vielen Punkten.

Sobald Studierende die spezifischen Methoden der Ethnologie studiert und erprobt haben, können sie diese geschulten Perspektiven der Betrachtung und Beurteilung zwischenmenschlicher Handlungen, gesellschaftlicher Ereignisse und globaler Zusammenhänge nicht mehr ignorieren. Ein ernst genommenes Ethnologiestudium prägt das eigene Denken und die Sicht auf die Welt – unabhängig davon, wo sich der spätere Arbeitsplatz befindet!

Bezogen auf diejenigen Ethnolog*innen, die sich für die Praxis entschieden haben, muss gefragt werden, ob es nicht vor allem ein finanzielles und zeitliches Problem ist, warum sie aufgehört haben, zu publizieren. Wenn Ethnolog*innen, in einem nicht-akademischen Umfeld tätig, für einen gewissen Zeitraum mit einem festen Budget freigestellt würden, um ihre Erfahrungen aus der Praxis auszuformulieren, lägen vermutlich viel mehr auch akademisch verwertbare Berichte für eine Theorienbildung vor. Denn:

> „Praktische Probleme liefern oft theorierelevante Daten einer Art, die in rein akademischer Forschung sonst überhaupt nicht generiert würden" (Antweiler in diesem Band).

Die „Krise der Ethnologie", die in der Öffentlichkeit kaum wahrgenommen wird, beruht vor allem auch darin, dass die Fachvertreter*innen die Bedeutung des Fachs zur Bearbeitung aktueller zivilgesellschaftlicher Problemfelder, z. B. durch Migration und Flüchtlinge, in der Öffentlichkeit nicht herausstellen. Dies ist auch Ausdruck des Beharrens auf einer „überlegenen" Rolle der akademisch-theoretischen Ethnologie. Durch das ziemlich konsequente und mit nur wenigen Ausnahmen ausdrückliche Fernhalten der Disziplin von einer ethnologischen Praxis wird jene als Ganzes geschwächt und hat schon zur Zusammenlegung des Universitätsfachs Ethnologie mit anderen sogenannten „Orchideenfächern" geführt.[1]

Aus eigener Praxiserfahrung weiß ich, dass die Ethnologie mit ihren speziellen Kompetenzen als beratendes Wissensfach dringend für Analysen vieler aktueller Probleme gesellschaftlichen Zusammenlebens gebraucht wird.[2] An dieser Stelle ist das große Engagement von Susanne Schröter, Leiterin des Frankfurter Forschungszentrum Globaler Islam, zu erwähnen, die sich als Ethnologin parallel auf mehreren Handlungsebenen einerseits für die akademische Ausbildung ihrer Studierenden einsetzt und andererseits durch eine intensive Öffentlichkeitsarbeit und durch Beratungen und Schulungen (z. B. der Polizei) auf Themen rund um Islam / Migration / Integration nicht nur aufmerksam macht, sondern auch breit gefächert informiert und in den Medien Stellung bezieht.

„Das Frankfurter Forschungszentrum Globaler Islam versteht sich als Think Tank, das diese Dynamiken und andere aktuelle Entwicklungen in der islamischen Welt wissenschaftlich analysiert und ihre Relevanz für Deutschland herausarbeitet. Es verbindet regionale und nationale mit transnationalen und globalen Perspektiven und ist in der Lage, Zusammenhänge herzustellen und staatliche so wie zivilgesellschaftliche Akteure zu beraten".[3]

Dieses Beispiel weist auf das weite Spektrum von Handlungspraktiken in der Öffentlichkeit auf unterschiedlichsten Ebenen hin, auf die die Studierenden durch ihr Studium vorbereitet werden müssen, um später durch die aktive Nutzung ihres erworbenen ethnologischen Wissens auch zu Prozessen gesellschaftlicher Entscheidungsfindung aktiv und selbstbewusst beitragen zu können.

---

1   Das Institut für Ethnologie an der Universität Marburg wurde z. B. zu einem Fachgebiet des Instituts für vergleichende Kulturforschung unter dem Namen „Kultur- und Sozialanthropologie". Das zweite Fachgebiet des Instituts ist die „Religionswissenschaft". Electronic source: https://www.uni-marburg.de/fb03/ivk/ [Zugriff am 24. 02. 2018].

2   Vom 01. 01. 2017 bis 30. 06. 2017 konzipierte und organisierte ich als Projektleiterin für den ZAN e. V. in Frankfurt am Main das Projekt „Afghanische Frauen mit Fluchterfahrungen orientieren sich in einer neuen Welt". Es handelte sich hierbei um ein Integrationsprojekt mit einem ganzheitlichen Ansatz, der nicht nur Sprachkenntnisse, sondern auch Einblicke in das Lebensumfeld der Stadt Frankfurt am Main vermittelte.

3   Electronic source: http://www.ffgi.net/zentrum.html [Zugriff am 24. 02. 2018].

2. Das Ethnologie-Studium – eine Berufsausbildung?

Bisher wird ein Ethnologiestudium noch immer nicht als eine Berufsausbildung definiert und es gibt auch noch kein klares Berufsbild, wo Ethnolog*innen nach ihrem Studium für ihren Lebensunterhalt arbeiten können.[4] Die Aussage in der Broschüre der Goethe-Universität Frankfurt, die aus dem Seminar „Berufsfelder der Ethnologie" 2013 entstanden ist, findet sich so oder in Varianten immer wieder:

> „Was machen Ethnologinnen und Ethnologen eigentlich beruflich und wo übt man den Beruf aus? ... Theoretisch [ist] diese Frage sehr leicht zu beantworten: Wer Ethnologie studiert hat, kann sich in fast allen Berufsfeldern erfolgreich etablieren und Ethnologinnen und Ethnologen können sich von fast jeder Stellenanzeige angesprochen fühlen. Ethnologie ist ungemein vielseitig, und leider ist gerade das in Deutschland weitgehend unbekannt. Besonders die Studierenden der Ethnologie sind verunsichert und trauen sich oft nicht, auf Stellenanzeigen zu antworten" (Fritz 2013:4).[5]

Wie werden Studierende an den Instituten für Ethnologie (Kultur- und Sozialanthropologie, Sozial- und Kulturanthropologie[6]) auf die verschiedenen (außerakademischen) Tätigkeitsfelder, in denen sie sich mit ihrem Wissen einbringen können, vorbereitet? Das Studium vermittelt in erster Linie soziale Handlungs- und Denkstrukturen, Methoden der Datenerhebung und Tools wissenschaftlicher Recherche und Analyse. Das alles ist vor allem eine Vorbereitung auf eine spätere Tätigkeit an einer Universität. Darüber hinaus wird aus der Perspektive späterer beruflicher Kontexte eine regionale Spezialisierung gewünscht, ist aber nicht mehr unbedingter Bestandteil der Ausbildungspraxis.[7] Der Großteil aller Studierenden wird nach dem Studium in anderen Kontexten arbeiten, die in den meisten Fällen nichts mit der akademischen Ethnologie zu tun haben, wo jedoch ethnologisches Wissen in den (oft selbstständigen) Berufsalltag eingebracht wird.[8]

---

4   Vgl. Bollig 2013:176.

5   Vgl. auch Schönhuth 1998.

6   Im Weiteren benutze ich nur den Begriff Ethnologie, der aber die anders benannten Studiengänge des Fachs mit einbezieht, ohne auf inhaltliche Unterschiede einzugehen.

7   Das zunehmende Fehlen einer regionalen Spezialisierung wurde in den vergangenen Jahren von ethnographischen Museen beklagt, die vergebens qualifizierte Kurator*innen für ihre regionalen Sammlungsschwerpunkte suchten (Inès de Castro, mündliche Mitteilung 2016). Auf einen Zusammenhang mit der Bologna-Reform gehe ich an dieser Stelle nicht weiter ein.

8   Laut Andreas Ackermann, Universität Koblenz, „ist Ethnologie ganz grundsätzlich vor allem eine Praxis, sei es bei der Teilnehmenden Beobachtung, sei es in meinen Gesprächen mit Studenten über Rassismus, mit ehrenamtlichen Mitarbeitern in der Flüchtlingshilfe über (vermeintliche) kulturelle Differenzen oder im Workshop mit Sommeliers über körperliche Wahrnehmung" (E-Mail 11. 01. 2018).

3. Wieviele Studierende hat das Fach Ethnologie an deutschen Universitäten?

Aufgrund der interdisziplinären Orientierung sind eindeutige Zahlen schwer zu benennen (vgl. Bollig 2013:165, 171). Beim BA wird zwischen Kernfach, Beifach und Modulangebot unterschieden. Laut der Studienkoordinatorin Angelika Wolf am Institut für Sozial- und Kulturanthropologie in Berlin müsste streng genommen differenziert werden zwischen der offiziellen Zahl der Studienplätze, der tatsächlich belegten Plätze oder der ggf. überbuchten Plätze. Eine Aufnahme von Zahlen findet in dem jährlich stattfindenden Institutsleitertreffen statt, woraus die unten angegebene Gesamtsumme entnommen wurde. Das Studienfach wird teilweise als Kombinations-Bachelorstudiengang angeboten.

> „Ein Kombinations-Bachelorstudiengang umfasst in der Regel zwei Studienfächer („Zwei-Fach-Bachelorstudiengang"), in Einzelfällen auch drei Fächer. Dabei können z. B. zwei Fächer als Hauptfächer studiert werden oder ein Fach als Hauptfach und ein bzw. zwei Fächer als Nebenfächer".[9]

„Diese bunte Mischung aus unterschiedlichen und uneinheitlichen Angaben erlaubt eigentlich keine Aussage über die Anzahl der Studierenden bzw. der tatsächlichen Plätze" (Wolf, E-Mail 26.02.2018). Bis heute gibt es noch keine bundesweite Erfassung der Studierendenzahlen vom Fach Ethnologie mit entsprechenden Kombinationen von Modulen. Nur für 22 Institute liegen mir konkrete Zahlen für 2017/18 vor. Zusammen addiert ergibt sich unverbindlich für den BA ungefähr eine Studierendenzahl von 6.115 und für den MA 786.[10] Mit insgesamt 1.430 hat das Institut für Ethnologie der Goethe- Universität Frankfurt am Main die meisten Studierenden (BA 1.282, MA 47, Magister 101).[11]

---

9   Electronic source: https://berufenet.arbeitsagentur.de/berufenet/faces/index;BERUFENETJSESSIONID=ahPbuU
    jmJoTe8Ahl_5k7mdnWUvWHc3T1xIDcD-buXfvL_Zyc-KYW!-1908374156?path=null/kurzbeschreibung&dkz=93990
    [Zugriff am 28.02.2018].

10 Die Arbeitsagentur listet für den Bildungsbereich „Ethnologie (grundständig)" 27 Kombinationsmöglichkeiten
    für einen BA-Abschluss in Deutschland. Electronic source: https://kursnet-finden.arbeitsagentur.de/kurs/kurs
    Detail.do?seite=1&anzahlSeite=200&gv=HA+91264-908&ss=HA+91264-908&anzahlGesamt=1&ae=27&anzahl-
    ProSeite=200&gpBy=gbZiel&doNext=detail&out=gbZiel [Zugriff am 28.02.2018] und 7 Typische Branchen mit
    Fotobeispielen auf. Electronic source: https://berufenet.arbeitsagentur.de/berufenet/faces/index?path=null/
    kurzbeschreibung&dkz=58698 [Zugriff am 28.02.2018].

11 Ich danke allen Kolleg*innen, die mir auf meine kurzfristige Anfrage Zahlen aus ihren Instituten zugeschickt
    haben. Die folgenden Angaben haben keinen Anspruch auf Vollständigkeit. Sie sollen vor allem die Schwierig-
    keiten bei der Erhebung eines Gesamtüberblicks dokumentieren: FU Berlin: 742 Studierende, davon BA: 670
    Studierende (332 Kernfach+224 Modulangebot), MA: 114 SKA+72 Visual Anthropology. Goethe-Uni: BA 1282,
    MA 47, Magister 101. Göttingen: BA124, BA mit 2 Hauptfächern 186, MA 32, Promotion 11 keine Zahlen über NF
    Studierende; Freiburg: BA (Hauptfach): 107 (darunter 3, die jeweils zweimal eingeschrieben sind im HF Ethno-
    logie), BA (NF): 68 (ebenfalls 3, die jeweils doppelt eingeschrieben sind, teils auch im HF), im MA: 26. Für das
    Studienfach Europäische Ethnologie habe ich keine Zahlen erfragt. Mainz: inkl. PhD 637, im BA-Programm 596
    (davon 231 Kernfach), 365 im Beifach; MA 29, Magister 15, PhD 25. Bayreuth: BA Ethnologie (HF): 55, BA Ethno-
    logie (Kombifach): 12, BA Kultur und Gesellschaft (Fachstudium Ethnologie): 54, MA Kultur- und Sozialanthro-
    pologie: 10, Doktorand*innen: 22. Für weitere Informationen vgl. auch Bollig 2013:171–175. Tübingen: 400 Stu-

An den ausbildenden ethnologischen Universitätsinstituten (ohne die Europäische Ethnologie[12]) gibt es nur ca. 60 Professuren und sonst überwiegend zeitlich befristete (Projekt-)Stellen für die über 7.000 Studierenden des Fachs Ethnologie (Bollig 2013:166). Die zukünftige Entwicklung von unbefristeten Stellen im Mittelbau – etwa 37 Postdoktorandenstellen (Bollig 2013:170) – ist gleichfalls nicht verlässlich planbar (aufgrund von weiterem Stellenabbau, einer Entfristung von unbefristeten Stellen oder der Einrichtung von neuen Stellen).[13] Hinzu kommt, dass die Exzellenzinitiative, welche die Beschäftigungssituation derzeit positiver aussehen lässt, bald auslaufen wird.

Diese Situation verlangt es, endlich anzuerkennen, dass die wenigsten der heute Ethnologie Studierenden später im akademisch, universitären Bereich oder auch in Museen eine verlässliche Arbeitsperspektive haben. Es liegt in den Händen der heute an den Universitäten Ausbildenden, Verantwortung für ihre Studierenden zu übernehmen und ihnen – neben der akademisch-theoretischen Wissensvermittlung – gleichermaßen den Zugang zum Erwerb vielfältiger Kompetenzen für eine spätere Berufspraxis als wertgeschätzte Ethnolog*innen zu ermöglichen. In einer Situation, in der ethnologisches Wissen dringend gebraucht wird, um glokale gesellschaftliche Prozesse und Beziehungen nicht nur zu analysieren, sondern auch mit zu steuern, ist eine solche Meidung ethnologischer Praxis nicht mehr zu vertreten. Die Gefahr droht, dass das Fach, in dieser – größtenteils *selbst gewählten* – gesellschaftlichen Bedeutungslosigkeit, hinsichtlich seiner Alltagstauglichkeit und seiner Transferleistungen zu gesellschaftlich aktuellen Fragestellungen und Problemlösungen (ethnologische Praxis), trotz einer hohen Zahl an Studierenden weiterhin in der Position als universitäre Randerscheinung verharren wird. Dieser Gefahr einer weiteren Abkoppelung der Studiengänge von einer gesellschaftlichen Praxis sollte u. a. durch die Bildungsreform im Jahre 1999 mit dem Bologna-Prozess begegnet werden.

---

dierende für HF und NF, davon rund die Häl-fte im Hauptfach. Electronic Source: https://www.uni-tuebingen. de/index.php?eID=tx_securedownloads&p=597&u=0&g=0&t=1520894904&hash=921f94930d91a76cb7e3fbf2ba29 788b7c162cd5&file=/fileadmin/Uni_Tuebingen/Dezernate/Dezernat_II/studentenstatistiken/statistik-ws-2017 2018.pdf [Zugriff am 13. 03. 2018].

12 Eine aktuelle Zahl über ethnologische Universitätsinstitute, reine Forschungsinstitute und Europäische Ethnologie liegt leider bisher nicht vor. Auch auf der Website der DGSKA (Fachvereinigung von Ethnologinnen und Ethnologen für die Förderung von Forschung, Lehre und die Verbreitung ethnologischen Wissens), electronic source: https://www.dgv-net.de/dgv/ [Zugriff am 28.02.2018] finden sich keine Angaben dazu. Eine ausführliche Liste zu ethnologischen Instituten unter electronic source: http://www.bundesverband-ethnologie. de/ethnologie-im-web [Zugriff am 28.02.2018]

13 Die Zahl der Mittelbaustellen hängt u. a. vom Verhandlungsgeschick von Dekanen, von Umverteilungen innerhalb einer Fakultät oder auch von Berufungsverhandlungen ab. Laut Bollig (2013:170) arbeiteten zum Zeitpunkt der Veröffentlichung in den Instituten 274 angestellte oder verbeamtete Wissenschaftler*innen, sowie 57 Personen, nicht-wissenschaftliches Personal (Sekretär*innen, Bibliothekar*innen – oft auf halbierten oder geviertelten Stellen).

4. Ein engerer Praxisbezug durch die Bologna-Reform

Mit dem Bologna-Prozess wurde ein Praxisbezug von den deutschen Universitäten in ihren Studiengängen politisch eingefordert. Dies hat die nur schwer nachzuvollziehende – in der Ethnologie in Deutschland auch nicht einstimmig vertretene – Praxismeidung akademisch lehrender Ethnolog*innen etwas gelockert. In den Beratergremien der Bologna-Reform saßen u. a. der europäische Arbeitgeberverband BusinessEurope und der pan-europäische Gewerkschaftsverbund Education International (EI).[14] Diese europäische Studienreform

> „leistet mit dem Austausch von Studierenden und Hochschulpersonal einen Beitrag zur Weiterentwicklung der nationalen Hochschulsysteme in Europa, zur Qualifizierung von Fachkräften für den Arbeitsmarkt sowie des wissenschaftlichen Nachwuchses".[15]

Zugänge zu Erfahrungen in einer späteren Berufswelt sollten in der Ethnologie vor allem durch Praktika und Lehrforschungen in den neuen Studienordnungen verankert werden.

Trotz der Kritik von Julian Nida-Rümelin (Rüskamp 2017) über den „instrumentalisierten Zugriff der Wirtschaft auf die Bildung" und damit die „Ökonomisierung der Universitäten" bietet dieser Anspruch zugleich eine Chance, die Wissenspfade universitärer ethnologischer Ausbildung hin zur ethnologischen Praxis zu erweitern. Dies wird seitdem an den Universitäten und Instituten unterschiedlich gehandhabt – um im Folgenden nur einige Beispiele zu nennen:

„Die meisten Studienfächer weisen im BA-Studium ca. 10 bis 30 ECTS (von 180 ECTS) für Praxis relevante Anteile aus. Diese Praxismodule werden unterschiedlich benannt, z. B. Schlüsselqualifikationen an der Universität Leipzig, Schlüsselkompetenzen an der Universität Kassel, Allgemeine Berufsvorbereitung an der FU Berlin. Gemeinsam bilden diese Module einen verpflichtenden Anteil des Studiums für Praktika oder Seminare zu Diversität, IT-Technologie, Schreibtechniken oder Kommunikationstechniken. Darüber hinaus bieten einige Universitäten ergänzende Veranstaltungen an" (Wolf, E-Mail 12. 03. 2018).

Informationsveranstaltungen über eine spätere Berufspraxis bieten die Career Centers an den Universitäten an, um die Studierenden z. B. durch Vortragsreihen mit Redner*innen aus unterschiedlichsten Sparten über Arbeitsplätze außerhalb der Universitäten zu informieren. Die Rückmeldungen über diese Vortragsreihen sind gemischter Natur. Mir gegenüber klagten Studierende des Fachs Ethnologie der Goethe-Universität, dass es sich dabei eher um Werbeveranstaltungen einzelner Firmenvertreter*innen handelte als um die Darlegung konkreter Perspektiven und Handlungsfelder der Ethnologie.

---

14 Electronic source: https://www.bmbf.de/de/der-bologna-prozess-die-europaeische-studienreform-1038.html [Zugriff am 28. 02. 2018].

15 Electronic source: https://www.bmbf.de/de/der-bologna-prozess-die-europaeische-studienreform-1038.html [Zugriff am 28. 02. 2018].

Fachspezifische Praxisangebote kommen auch von den Instituten selbst, wie folgende drei Beispiele zeigen: Zwischen dem SoSe 2013 und dem SoSe 2017 wurde am Institut für Ethnologie der Goethe-Universität das Seminar „Berufsfelder der Ethnologie" angeboten.[16] Im Wintersemester 2017/18 startete das Freiburger Institut für Ethnologie ein neues Format mit Ethnolog*innen aus der Ethnologischen Praxis. Eröffnet wurde die Reihe von mir mit einem Vortrag über den Bundesverband freiberuflicher Ethnolog_innen e. V.[17] Im Anschluss an den Vortrag im kleinen Seminarkreis wurde eine zweite offene Veranstaltung im Format eines Erzählcafés zu „Wege in die Selbstständigkeit für Ethnolog*innen" angeboten.[18]

Während diese Berufsfelder bezogenen Präsentationen von eher volatilem Charakter sind, wurde am Institut für Ethnologie der Universität Tübingen ein dauerhaftes Angebot eingeführt. Es ist der bereits 2014 etablierte Schwerpunktbereich Angewandte Ethnologie (Praktische Ethnologie oder Anwendungsorientierte Ethnologie) als dritte Säule neben den beiden regionalen Schwerpunkten Süd- und Zentralasien sowohl in den BA-Studiengängen als auch den MA-Studiengängen (Klocke-Daffa 2015:2).[19] In diesem Studienangebot der Angewandten Ethnologie liegt die Betonung weiterhin auf der Forschung und der Auswertung von Daten. Ein Angebot für die Praxis Ethnologie, in dem nicht allein Forschung das Ziel ist, sondern vor allem die Förderung von Methodenkompetenz und praktischem Wissen um lösungsorientiertes Handeln, orientiert an den Notwendigkeiten und Bedürfnissen vor Ort, fehlt auch hier.

Deshalb lautet mein Vorschlag: Um tatsächlich Ethnolog*innen nicht nur für eine Karriere in der akademisch-theoretischen Ethnologie resp. der Angewandten Ethnologie auszubilden, sondern auch die ethnologische (außeruniversitäre) Praxis von Anfang an mit im Blick zu haben, sollten sich die Universitäten anderen Ausbildungsmodellen bzw. anderen Institutionen, die solche Angebote bereits haben, öffnen. Hierfür bietet sich vor allem das Format „Duales Studium" an, welches an Hochschulen bzw. Universities of Applied Sciences – als ein typisch deutscher Ausbildungsweg sehr erfolgreich – als eine wissenschaftlich fundierte und zugleich praxisnahe Ausbildung Programm ist (vgl. auch Hansjörg Dilger und Christiane Falge [in diesem Band]).

---

16 Das Konzept für das Seminar „Berufsfelder der Ethnologie" für den BA-Studiengang wurde im Sommersemester 2013 von Gunnar Stange und Katja Rieck konzipiert, von Bettina Volk-Kopplin und mir jeweils weiter entwickelt. Die Fortführung dieses Fach-Praxisangebots ist zurzeit offen.

17 www.bundesverband-ethnologie.de

18 Electronic source: http://www.ethno.uni-freiburg.de/berufsorientierte-praxis/erzaehlcafe [Zugriff am 27. 02. 2018].

19 Vgl. auch electronic source: https://www.uni-tuebingen.de/fakultaeten/philosophische-fakultaet/fachbereiche/aoi/ethnologie/studium/lehre/angewandte-ethnologie.html [Zugriff am 25.02.2018].

5. Ethnologie „goes dual" – Eine Öffnung zur Praxis hin

Ein duales Studium ist weder ein klassisches Studium an einer Universität noch eine Berufsausbildung, sondern verbindet mit seinem Angebot Aspekte beider Seiten. Es ist eine Verknüpfung von Theorie und Praxis über einen Zeitraum von ca. 3,5 Jahren mit einem BA-Abschluss.[20] Gemäß dem Hauptgeschäftsführer der Handwerkskammer Rhein-Main Christof Riess (2018) vereinigt das duale Studium zwei Systeme unter einem Dach: die Arbeitswelt und das Bildungswesen (Praxis und Theorie). Das duale Studium lebt von der vertraglich geregelten Kooperation dreier Partner: Studierende, Unternehmen und Hochschule / Berufsakademie.[21]

Ohne Frage unterscheiden sich in Deutschland die verschiedenen Bildungsinstitutionen wie Universität und Hochschulen (Universities of Applied Sciences) durch ihre unterschiedlichen Organisationsstrukturen, Leitbilder und Zielgruppen voneinander. An der FH studieren Praktiker, Uni-Studenten pauken Theorie – so lautete die ursprüngliche Aufgabenverteilung zwischen den Bildungsinstitutionen. Seit der Bologna-Reform ist dies nun anders geworden: auch die Studiengänge an den Universitäten sollen stärker auf den Beruf vorbereiten.

Weiterhin herrscht noch das Vorurteil von Universitäten gegenüber Studierenden an den Fachhochschulen, dass diese nicht das „Zeug" für ein Uni-Studium hätten. Die 20. Sozialerhebung des Deutschen Studentenwerks aus dem Jahre 2012 widerlegte dieses Stereotyp, indem sie die unterschiedliche soziale Herkunft von Studierenden und nicht mangelnde Fähigkeiten als Ursache für die Entscheidung gegen ein Universitätsstudium nachwies.[22]

Es finden sich auch eindeutige Unterschiede zwischen Fachhochschulen und Universitäten sowohl in der intensiveren Betreuung und den kleineren Gruppen an den FHs als auch bei den Lehrenden: Dozent*innen an Fachhochschulen müssen mindestens fünf Jahre hauptberuflich gearbeitet haben – drei Jahre davon außerhalb der Hochschule. Solche Vorschriften gibt es an den Universitäten nicht: Hier können MA-Absolvent*innen oder Doktorand*innen direkt nach der Promotion auf einer Stelle oder mit einem Lehrauftrag mit der Lehrtätigkeit beginnen.

---

20 Electronic source: https://de.wikipedia.org/wiki/Duales_Studium [Zugriff am 26.02.2018].

21 Vgl. auch Kriterienkatalog zum Dualen Studium Hessen von 2010. Electronic source: https:// wissen-schaft. hessen.de/studium/studieren-hessen/duales-studium-hessen [Zugriff am 26.02.2018]. „In Deutschland haben sich inzwischen zwei Modelle dualer Studiengänge etabliert: Bei einem Verbundstudium schließt der Student gleichzeitig mit dem Hochschulstudium einen staatlich anerkannten Ausbildungsberuf in einem Betrieb ab, bei einem Studium mit vertiefter Praxis wird die wissenschaftliche Ausbildung mit ausgedehnten Praxiszeiten im Unternehmen verknüpft" (Hutschenreuter 2018:C7).

22 Die Erhebung wurde durchgeführt von dem HIS-Institut für Hochschulforschung. Electronic source: https:// www.studentenwerke.de/de/content/20-sozialerhebung-des%C2%A0deutschen-studentenwerks [Zugriff am 05.03.2018].

Die Bologna-Reform wird dazu beitragen, dass sich die Unterschiede zwischen Fachhochschulen und Universitäten strukturell zusehends vermischen. Es herrscht ein verstärktes Ringen um Hochschulprofile, Abschlusstitel und das Promotionsrecht.[23] Mit der Einführung der Masterabschlüsse wurde das Hochschulsystem in Deutschland vereinheitlicht, denn man kann sie sowohl an einer Universität als auch an einer Fachhochschule erwerben. Beide berechtigen zur Promotion, und am Ende ist für Außenstehende nicht erkenntlich, wo man den Titel erworben hat. Eigentlich steht einer gegenseitigen Wertschätzung und einem interinstitutionellen Austausch von Kompetenzen nichts mehr entgegen. Deshalb im Folgenden Vorschläge zu einer Öffnung des Ethnologiestudiums hin zur Ethnologischen Praxis:

■ Entwicklung eines eigenen dualen Studienangebots an der Universität für das Fach Ethnologie. Eine mehrjährige Praxiserfahrung ist Voraussetzung für die Dozierenden im Studienbereich ethnologische Praxis, die eng mit Institutionen, Unternehmen und potentiellen Arbeitgebern kooperieren.

■ Entwicklung von praxisbezogenen Verbundstudiengängen zwischen Universitäten und Fachhochschulen.

■ Die akademisch-theoretische Ethnologie bietet spezielle Module (u. a. Kompetenzen in System- und Kulturanalyse) auch an Fachhochschulen an.

Um etwaigen Missverständnissen gleich vorzubeugen: Es geht mir um Perspektiven einer erweiterten Gestaltung des Studienangebots für das Fach Ethnologie – auf drei gleichwertigen Säulen: die akademisch-theoretische Ethnologie, die Angewandte Ethnologie und die ethnologische Praxis. Laut Uta Glaubitz qualifiziere ein geisteswissenschaftlicher Abschluss allein nicht für einen Beruf. Es sei notwendig, sich zu überlegen, was man später machen wolle und wie man das erreichen könne. „Jedes Ziel erfordere eine andere Strategie" (Glaubitz in Janert 2018:C2). Ethnologische Kompetenzen – wie analytisches Denken für ein besseres Verstehen von Welt mit ihren vielfältigen Formen sozialen Zusammenlebens – werden in allen Bereichen gesellschaftlichen Handelns gebraucht und auch gesucht. In vielen Arbeitsfeldern rund um Migration und Integrationsmanagement arbeiten bereits Ethnolog*innen. Warum sollen qualifizierende Kenntnisse für diese Arbeitsbereiche nicht auch im Fach Ethnologie (z.B. in Verbundstudiengängen) angeboten werden wie Interkulturelle Mediation, Gewaltfreie Kommunikation, Systemisches Coaching[24], Internationales Recht, Verwaltung, interkulturelle medizinische Grundkenntnisse, Management?

---

23 Electronic source: https://www.berlin.de/special/jobs-und-ausbildung/uni-und-studium/studentenleben/1129 854-1018135-masteranderuniwasfhabsolventenbeachtenm%C3%html [Zugriff am 05. 03. 2018].

24 Systemische Coaches berufen sich u. a. auf Gregory Batesons Theorien (Thorsten Isack, https://www.business-coach.online/systemisch/systemische-timeline/ [Zugriff 03. 07. 2018]).

Ethnolog*innen sind darin geschult, kulturelle Muster zu erkennen und diese mit dem daraus folgenden Handeln miteinander in Beziehung zu setzen – ohne dabei Kultur als feststehende Entitäten festzuschreiben, sondern individuelle Entscheidungsmöglichkeiten mitzudenken (vgl. auch Rein 2016, 2017). Eine Ausbildung zur Ethnolog*in sollte über eine reine Wissensarbeit hinaus zugleich auch eine Lehre zur praktischen Gestaltungsarbeit sein! Wenn es gut durchdacht und organisiert ist, ist vieles möglich, um Studierende während ihrer jahrelangen Ausbildung auf verwobenen Wissenspfaden nicht nur für akademisch ausgerichtete Arbeitsbereiche, sondern auch für erfolgreiche Tätigkeiten in einer (selbstständigen) Ethnologischen Praxis zu begleiten.[25]

Literatur

ANTWEILER, Christoph (2015): Angewandte Ethnologie heute. Arbeits- und Minenfelder jenseits des Kokons. In: Ethnoscripts, 17 (2), S. 11–39.

ANTWEILER, Christoph (2018): Ethnologie braucht die Praxis. Der Beitrag der angewandten Ethnologie für die akademische Ethnologie. In: Klocke-Daffa, Sabine: Angewandte Ethnologie. Bielefeld: transcript.

BOLLIG, Michael (2013): Ethnologie in Deutschland heute. Strukturen, Studienbedingungen, Forschungsschwerpunkte. In: Bierschenk, Thomas / Krings, Matthias / Lentz, Carola (Hg.): Ethnologie im 21. Jahrhundert. Berlin: Dietrich Reimer, S. 165–188.

DILGER, Hansjörg; Christiane Falge (2018): Kollaboratives Forschen und Öffentlichkeit: Gesellschaftliche Interventionen der Medizinethnologie. In: Klocke-Daffa, Sabine: Angewandte Ethnologie. Bielefeld: transcript.

FRITZ, Philipp / Weber, Manuela / Schmidt, Georgij / Vock, Dominik / Ebert, Julia Eva / Kruse, Kora / Maguire, Tamara / Clasen, Levana / Dzambo, Marica / Rückert, Alisa / Mundelius, Patricia / Binnemann, Frauke (2013): Ethnologie-Studierende go job. Broschüre zu dem Seminar Berufsfelder der Ethnologie. Von Studierenden für Studierende und alle Interessierten. Frankfurt am Main: Goethe Universität, Institut für Ethnologie. Electronic source: https://www.uni-frankfurt.de/53462038/ Broschuere-go-Job.pdf [Zugriff am 16.03.2018].

HUTSCHENREUTER, Stefanie (2018): Die Schule geschafft – und jetzt? In: Frankfurter Allgemeine Zeitung 09./10.03.2018, S. C7.

JANERT, Josefine (2018): Endstation Call Center. In: Frankfurter Allgemeine Zeitung 59, 10./11.03.2018, S. C2.

KLOCKE-DAFFA, Sabine (2015): Angewandte Ethnologie. Zwischen anwendungsorientierter Wissenschaft und wissensorientierter PraxiS. In: Klocke-Daffa, Sabine: Angewandte Ethnologie. Perspektiven einer anwendungsorientierten Wissenschaft. Tübingen: Eberhard Karls Universität (unveröffentlichte Habilitationsschrift), S. 1–64.

LIPP, Thorolf (2015): Macht ernst mit der Ethnologie, sonst sind wir verloren! Warum es den Bundesverband freiberuflicher Ethnolog_innen e. V. braucht. In: Ethnoscripts, 17 (2), S. 166–180. Electronic source: https://journals.sub.uni-hamburg.de/ethnoscripts/article/download/907/872 [Zugriff am 21.8.2018]

NAASE, Karin (2018): Das Bunte in der Ethnologie. In: Newsletter des Bundesverbands freiberuflicher Ethnolog_innen e. V., Nr. 9. Electronic Source: http://www.bundesverband-ethnologie.de/bfe-newsletter [Zugriff am 21.8.2018].

---

25 Für kritische Kommentare und weiterführende Anmerkungen danke ich Christoph Antweiler, Susanne Schröter, Angelika Wolf und Reiner Zapf.

REIN, Anette (2016): Den Eisberg wahrnehmen. Ein Vermittlungsansatz für Begegnungen mit Geflüchteten in beweglichen Kultur-Horizonten. In: Kultur Verrückt, 1, S. 1–2. Electronic source: http://www.bundes-verband-ethnologie.de/kunde/assoc/15/pdfs / Rein-2016-Den-Eisberg-wahrnehmen.pdf [Zugriff am 21. 8. 2018].

REIN, Anette (2017): Zwei Kulturbegriffe – und was dahintersteckt. Eine ethnologische Annäherung. In: MUSEUM AKTUELL, 239, S. 9–15. Electronic source: http://www.bundesverband-ethnologie.de/kunde/assoc/15/ pdfs/ Rein-2017-Zwei-Kulturbegriffe.pdf [Zugriff am 21. 8. 2018].

RIESS, Christof (2018): Die duale Ausbildung. Eine Hauptsaule des deutschen Bildungssystems. Vortrag am 30.01.2018 in der Wirtschaftspolitischen Gesellschaft von 1947 e. V., unveröffentlichtes Manuskript.

RÜSKAMP, Wulf (17. 01. 2017): Es ist nicht alles verloren. Der Philosoph und frühere Staatsminister Julian Nida-Rümelin spricht in Freiburg über die „Krise der akademischen Bildung". In: Badische Zeitung. Electronic source: http://www.badische-zeitung.de/kultur-sonstige/es-ist-nicht-alles-verloren--132490937.html downloadpaper [Zugriff am 21. 8. 2018].

SCHEPER-HUGHES, Nancy (1995): The Primacy of the Ethical. Propositions for a Militant Anthropology. In: Current Anthropology, 36 (3), S. 409–440.

SCHÖNHUTH, Michael (1998 [2003, 2009]): Entwicklungsethnologie in Deutschland. Eine Bestandsaufnahme. In: Schönhuth, Michael: Entwicklung, Partizipation und Ethnologie. Eine Bestandsaufnahme aus Sicht der Arbeitsgemeinschaft Entwicklungsethnologie und ein Vergleich mit internationalen Entwicklungen. In: Zeitschrift für Entwicklungsethnologie, 7 (1), S. 11–39. Electronic source: https://www.uni-trier.de/fileadmin/fb4/ETH/Aufsaetze/Entwicklungsethnologie_in_Deutschland_-_Eine_Bestandsaufnahme.pdf [Zugriff am 21. 8. 2018].

Möglichkeiten einer Angewandten Ethnologie an der Hochschule

Ursula Bertels

ABSTRACT: Seitdem Interkulturelle Kompetenz zu einer gesellschaftlich anerkannten Qualifikation geworden ist, widmen sich unterschiedlichste Wissenschaften der Vermittlung dieser Kompetenz. Auch die Ethnologie positioniert sich immer mehr in diesem Bereich. Die Folgen hiervon sind durchaus positiv: Zum einen kann die Ethnologie durch die Auseinandersetzung mit diesem Thema ihren Ruf als „Orchideenfach" widerlegen und sich in der Öffentlichkeit als gesellschaftsrelevante Wissenschaft präsentieren. Zum andern bietet gerade die Vermittlung von Interkultureller Kompetenz die Möglichkeit, ethnologische Theorien, Methoden und wissenschaftliche Erkenntnisse zur Lösung praktischer Probleme und Anliegen bereitzustellen. Der am Institut für Ethnologie der Westfälische Wilhelms-Universität Münster ansässige Verein Ethnologie in Schule und Erwachsenenbildung (ESE) e. V. vermittelt seit 1992 Interkulturelle Kompetenz auf der Basis von ethnologischem Wissen. Ein Schwerpunkt der Arbeit von ESE liegt in der Vermittlung von Interkultureller Kompetenz an der Hochschule. Anhand von Beispielen zeigt der Aufsatz auf, welche Möglichkeiten die Angewandte Ethnologie nicht nur im eigenen Fachbereich, sondern auch interdisziplinär und international an der Hochschule hat: (a) als Bestandteil des Bachelor- und Masterstudienganges, (b) im interdisziplinären Projektseminar „Deutsch für Geflüchtete", (c) als Grundlage für praktizierende Ethnologie an der Hochschule.

1. Einleitung

Seitdem Interkulturelle Kompetenz zu einer gesellschaftlich anerkannten Qualifikation geworden ist, widmen sich unterschiedlichste Wissenschaften der Vermittlung dieser Kompetenz. Wie viele der Beiträge in diesem Band zeigen, positioniert sich auch die Ethnologie immer mehr in diesem Bereich. Die Folgen hiervon sind durchaus positiv: Zum einen kann die Ethnologie durch die Auseinandersetzung mit diesem Thema ihren Ruf als „Orchideenfach" widerlegen und sich in der Öffentlichkeit als gesellschaftsrelevante

Wissenschaft präsentieren. Zum anderen bietet gerade die Vermittlung von Interkultureller Kompetenz die Möglichkeit, ethnologische Theorien, Methoden und wissenschaftliche
Erkenntnisse zur Lösung praktischer Probleme und Anliegen bereitzustellen.

Doch wie kann angewandte Ethnologie im Rahmen des Studiums der Kultur- und Sozialanthropologie bzw. der Ethnologie behandelt werden, um Studierende auf ein Berufsfeld in der praktizierenden Ethnologie vorzubereiten? Und welche Möglichkeiten gibt es,
durch angewandte Ethnologie zu verdeutlichen, dass das Fach Ethnologie im interdisziplinären und internationalen Umfeld an der Hochschule wichtige Aufgaben übernehmen
kann? Anhand der Arbeit des Vereins Ethnologie in Schule und Erwachsenenbildung
(ESE) e. V. mit Sitz am Institut für Ethnologie in Münster werden im Folgenden die Möglichkeiten einer angewandten Ethnologie im Themenbereich Interkulturelle Kompetenz
an der Hochschule vorgestellt.

2. Von der Theorie in die Praxis und zurück –
Der Verein Ethnologie in Schule und Erwachsenenbildung (ESE) e. V.

Der Verein Ethnologie in Schule und Erwachsenenbildung (ESE) e. V. wurde 1992 von
Ethnologinnen und Pädagoginnen mit dem Ziel gegründet, durch die Vermittlung von
Interkultureller Kompetenz der zunehmenden Fremdenfeindlichkeit in der Gesellschaft
entgegenzuwirken.[1] Schnell wurde jedoch deutlich, dass praktizierende Ethnologie nur
durch ein ständiges Reflektieren der in der Praxis gemachten Erfahrungen in Hinblick
auf die wissenschaftlichen Erkenntnisse der Ethnologie möglich ist. Im Rahmen der von
der VW-Stiftung geförderten Studie „Die Relevanz ethnologischer Themen für die Vermittlung von Interkultureller Kompetenz in der schulischen Sozialisation" (2000–2002)
erhielt ESE in Kooperation mit dem Institut für Ethnologie die Möglichkeit, die theoretischen Grundlagen, die die Ethnologie für die Vermittlung von Interkultureller Kompetenz
bietet, zu erarbeiten.[2] Um die Arbeit von ESE evaluieren zu können, entstanden im Rahmen dieser Studie die Arbeitsdefinition von Kultur und die Definition von Interkultureller Kompetenz, mit denen ESE bis heute arbeitet und die im Folgenden vorgestellt werden.

2.1. Was ist Kultur? – Eine Arbeitsdefinition

Bekanntlich ist der Begriff Kultur bis heute nicht eindeutig definiert. Gerade für Ethnolog*innen ist es sehr schwierig, den Kulturbegriff mit all seinen Facetten und Kontexten
zu definieren.[3] Moosmüller fasst dies wie folgt zusammen: „Während die einen zupa-

---

1   Zu den Tätigkeiten von ESE s. www.ese-web.de.

2   Zum Projektdesign und den Ergebnissen der Studie s. Bertels et al. (2004).

3   Einen guten Überblick über die Diskussionen des Kulturbegriffs in der Ethnologie geben Beer (2003) und
     Lentz (2013). Zum Kulturbegriff in interkulturellen Trainings vgl. u. a. Moosmüller (2004) und Latorre (2004).

ckend (oder naiv?) das Rätsel Kultur angehen, werden die anderen nicht müde, auf die Gefahren hinzuweisen, die auf den lauern, der das Rätsel lösen wird" (2004:46).

Trotz dieser Schwierigkeiten ist es für die Arbeit im Bereich der Vermittlung von Interkultureller Kompetenz notwendig, den Begriff Kultur zu definieren. ESE arbeitet daher mit folgender Arbeitsdefinition (vgl. Bertels / Bußmann 2013:13):[4]

- Kultur ist die vom Menschen geschaffene Welt.
- Sie verändert sich ständig und folgt weder starren Regeln noch ist sie an Grenzen gebunden.
- Menschen unterscheiden sich in ihrer Kultur. Sie leben und interpretieren sie auf ihre eigene Weise.

Diese Arbeitsdefinition beruht auf einem dynamischen Konzept von Kultur, das gerade im Kontext von Migration immer mehr an Bedeutung gewinnt. Gleichzeitig betont diese Definition die jeweils individuelle Form von Kultur, die von jedem in dem Kontext gelebt wird, in dem er sich gerade befindet.[5]

Legt man diese Kulturdefinition zugrunde, so wird deutlich, dass Interkulturelle Kompetenz nicht nur bei dem Zusammentreffen von Menschen unterschiedlicher Herkunft eine Schlüsselqualifikation ist, sondern auch im Hinblick auf die Begegnungen u. a. zwischen Jung und Alt, Frau und Mann oder Menschen mit und ohne Behinderung.[6]

2.2. Interkulturelle Kompetenz – ein ethnologischer Ansatz

Die von ESE unter Berücksichtigung von ethnologischen Aspekten erarbeitete Definition lautet:[7] *Interkulturelle Kompetenz ist die in einem Lernprozess erreichte Fähigkeit, im mittelbaren oder unmittelbaren Umgang mit Mitgliedern anderer Kulturen einen möglichst hohen Grad an Verständigung und Verstehen zu erreichen.* Einige Begriffe dieser Definition werden zur besseren Verständlichkeit im Folgenden erläutert.

- **Lernprozess:** Der Erwerb Interkultureller Kompetenz wird als lebenslanger Lernprozess betrachtet, da immer wieder kulturelle Missverständnisse auftreten können.
- **Unmittelbar/mittelbar:** Unmittelbarer Umgang meint die persönliche Begegnung mit Menschen anderer Kulturen, mittelbarer Umgang den Umgang mit „Wissen" über diese Kulturen, z. B. in Form von Medienberichten.

---

4   Nähere Erläuterungen zu dieser Definition finden sich bei Bertels et al. (2004:34-35). Diese Arbeitsdefinition von Kultur ist auch die Grundlage für das Verständnis von multikulturell, interkulturell und transkulturell, mit dem ESE arbeitet, s. Bertels (2011).

5   Vgl. auch Antweiler (2009:56).

6   Vgl. auch Allgemeines Gleichbehandlungsgesetz (AGG) § 1. Aufgrund dieser Arbeitsdefinition von Kultur konnte ESE 2014 bis 2016 das von der Aktion Mensch geförderte Projekt „Vielfalt unterstützen – Vielfalt leben: kulturelle Identitätsförderung in inklusiven Klassen" durchführen (s. auch Bertels et al. 2016 b).

7   S. auch Bertels/Bußmann (2013:33-35). Zur Entwicklung der Definition und der im Folgenden vorgestellten Lernziele s. auch Bertels et al. (2004:32-62).

- **Verständigung:** Verständigung mit Menschen anderer Kulturen ist notwendig, um mit ihnen erfolgreich zusammenarbeiten oder zusammenleben zu können.
- **Verstehen:** Ein vollkommenes Verstehen von Menschen anderer Kulturen ist nicht möglich, da schon das Verstehen von Personen mit gleichem kulturellem Hintergrund schwierig sein kann. Interkulturelle Kompetenz macht aber eine Annäherung möglich.

Zur Vermittlung von Interkultureller Kompetenz wurden folgende Lernziele formuliert:

**Lernziel 1: Aneignung und Beschaffung von Informationen
sowie Entwickeln von Interesse**

Bei diesem Lernziel stehen ethnologische Informationen im Vordergrund. Meist handelt es sich um Informationen zu den Gesellschaften, in denen die Trainer*innen von ESE ihre Feldforschung durchgeführt haben. Diese Informationen werden nicht dazu genutzt, um kulturspezifische Informationen zu vermitteln, sondern um – ohne zu exotisieren – Interesse zu wecken.[8] Die Erfahrung von ESE zeigt, dass gerade die authentischen Berichte geeignet sind, für andere Denk- und Lebensweisen zu sensibilisieren.[9] Darüber hinaus wird anhand der Informationsauswahl verdeutlicht, wie wichtig es ist, immer wieder zu reflektieren, woher Informationen stammen und deren Wahrheitsgehalt zu hinterfragen.

Lernziel 2: Einüben des Perspektivenwechsels

Der Perspektivenwechsel nimmt für Interkulturelle Kompetenz einen zentralen Stellenwert ein. Grundlage für den Perspektivenwechsel ist die Gegenüberstellung von „emisch" und „etisch", die für jede ethnologische Forschung unerlässlich ist.[10] Im Kontext der Vermittlung von Interkultureller Kompetenz ist weniger die etische als vielmehr die emische Sicht einer anderen Kultur von Bedeutung. Durch eine emische Sichtweise, die durch ethnologisches Wissen über andere Kulturen vermittelt werden kann, lässt sich der Perspektivenwechsel einüben und so die eigene Sichtweise relativieren.[11] Für die Vermittlung dieses Lernziels ist der in der Ethnologie ständige Wechsel zwischen Innen- und Außensicht, zwischen Distanz und Nähe[12], mit dem Ziel, eine andere Kultur verstehen zu wollen, eine wichtige Grundlage.[13]

---

8   In diesem Zusammenhang sei darauf hingewiesen, dass ESE nur in Ausnahmefällen, in denen Pauschalisierungen vermieden werden, kulturspezifische Trainings durchführt. Im Vordergrund der Arbeit von ESE steht eine kulturgenerelle Sensibilisierung.

9   Zu der Diskussion, ob im interkulturellen Bereich eher die Unterschiede oder die Gemeinsamkeiten zwischen verschiedenen Kulturen dargestellt werden sollen, s. auch Bertels et al. (2004:38-40). Nach Antweiler sollte „die Ethnologie [...] kulturelle Vielfalt und daneben explizit auch die Einheit der Menschheit thematisieren" (2015:22).

10 Vgl. auch Pike (1967).

11 Ausführliche Erläuterungen zu diesem Lernziel finden sich in Bertels/Lütkes (2001).

12 Vgl. auch Jost (1998:212).

13 Zu den Erfahrungen der Feldforschung und dem daraus resultierenden Perspektivenwechsel s. auch Krings (2013:266 und 273).

Lernziel 3: Erkennen und Überwinden von Ethnozentrismus

Der Ethnozentrismus und vor allem der wertende Ethnozentrismus[14] verhindert eine gelingende interkulturelle Begegnung. Die Vermeidung von Ethnozentrismus stellt im Bereich der Vermittlung von Interkultureller Kompetenz eine besondere Herausforderung dar. Wichtig ist es, dafür zu sensibilisieren, eigene Werte und Verhaltensweisen als relativ zu begreifen und vorsichtig mit schnellen Einschätzungen und Urteilen zu sein.[15]

Lernziel 4: Reflektieren von Situationen des interkulturellen Umgangs

Bei diesem Lernziel steht der kompetente Umgang mit Mitgliedern anderer Kulturen im Vordergrund. Konkrete Situationen der interkulturellen Begegnung werden analysiert und reflektiert. So können Handlungsstrategien trainiert werden, die auch in einer klassischen Feldforschungssituation zur Verständigung beitragen wie z. B. zu beobachten, nachzufragen oder Informant*innen einzubeziehen.

Lernziel 5: Fördern von Einstellungen und Werten

Werte und Einstellungen (wie z. B. Offenheit, Toleranz, Akzeptanz und Respekt) sind als Grundhaltung zum Erwerb von Interkultureller Kompetenz notwendig. Da sich Werte und Einstellungen jedoch nur durch einen umfassenden und lang andauernden Prozess verändern lassen[16], sind langfristig sicherlich nur Tendenzveränderungen zu erzielen.

2.3. Der Ansatz der Dritt-Kultur-Perspektive

Ethnologisches Wissen über fremde Kulturen, die zunächst einmal keinen Bezug zum Lebensalltag der Zielgruppe zur Vermittlung von Interkultureller Kompetenz haben, kann explizit dafür genutzt werden, um sich relativ unvoreingenommen auf eine andere kulturelle Sichtweise einzulassen. ESE arbeitet daher seit seiner Gründung mit der so genannten Dritt-Kultur-Perspektive.

Die Dritt-Kultur-Perspektive beinhaltet, dass man anhand von kulturellen Aspekten, zu denen man keinen persönlichen Bezug hat, Handlungsstrategien für den interkulturellen Umgang erlernt und diese Handlungsstrategien dann in einem zweiten Schritt auf den eigenen Berufs- und Lebensalltag überträgt.[17] Vorteile der Dritt-Kultur-Perspektive sind darüber hinaus, dass alle Teilnehmenden gemeinsam etwas Neues lernen und Teilnehmende mit Migrationsvorgeschichte sich nicht exponiert fühlen. Gleichzeitig wird diesen jedoch die Möglichkeit gegeben, auf freiwilliger Basis eigene kulturelle Aspekte in die Diskussion einzubringen.[18]

---

14 Vgl. auch Sumner (1906:13).

15 ESE selbst vertritt einen gemäßigten Kulturrelativismus s. auch www.ese-web.de – Leitbild.

16 Vgl. u. a. (Schlöder 1988).

17 Dieser Ansatz wurde in Anlehnung an Gudykunst et al. (1977) entwickelt.

Durch den Einsatz der Dritt-Kultur-Perspektive werden andere Denk- und Lebensweisen verständlich vermittelt (s. auch Lernziel 1) und in Bezug zu den eigenen Denk- und Lebensweisen gesetzt (s. auch Lernziel 2), ohne dass es zu einer Abwertung der anderen Denk- und Lebensweisen kommt (s. auch Lernziel 3).[19]

Abb: Aus der Ferne in die Nähe: die Dritt-Kultur-Perspektive. Quelle: ESE

2.4 Zusammenfassung

Die vorgestellten theoretischen Grundlagen der Arbeit von ESE verdeutlichen, dass eine praktizierende Ethnologie ohne die wissenschaftlichen Erkenntnisse der Ethnologie (wie z. B. Umgang mit Fremden, Migration oder Kulturwandel) nicht gelingen kann. Genauso wichtig ist es jedoch für die angewandte Ethnologie, sich mit den Erfahrungen und Ergebnissen aus der Arbeit im außeruniversitären Rahmen auseinanderzusetzen. Nur durch diese Rückkopplung ist es möglich, Studierende auf ein mögliches Berufsfeld vorzubereiten und das Fach Ethnologie im interdisziplinären und internationalen Umfeld der Hochschule zu platzieren.

Angewandte Ethnologie ist demnach als eigenständiger Bereich zwischen der angewandten akademischen Forschung und der praktizierenden Ethnologie zu sehen (Klocke-Daffa 2015:7 sowie Klocke-Daffa in diesem Band).

---

18 Eine ausführliche Darstellung der Umsetzung der Dritt-Kultur-Perspektive im Schulunterricht findet sich in Bertels (2016a). Für den Ansatz der Dritt-Kultur-Perspektive erhielt ESE 2003 den Preis für Innovationen des Deutschen Instituts für Erwachsenenbildung.

19 Hauser-Schäublin (1997:7) formuliert dieses als einen zentralen Punkt ihres Verständnisses vom Fach Ethnologie.

3. Angewandte Ethnologie an der Hochschule

Seit 1992 besteht eine enge Kooperation zwischen ESE und dem Institut für Ethnologie der Westfälischen Wilhelms-Universität (WWU) in Münster. Unter anderem beinhaltet diese Kooperation die Durchführung von Drittmittelprojekten zum Themenbereich Interkulturelle Kompetenz sowie die auch von ESE übernommene Lehre in Bereich der angewandten Ethnologie. Anhand ausgewählter Beispiele werden die Tätigkeiten von ESE im Bereich der angewandten Ethnologie an der WWU im Folgenden vorgestellt.

3.1. Angewandte Ethnologie als Bestandteil des Bachelor- und Masterstudiengangs

Seit der Reakkreditierung des Bachelor-Studienganges Kultur- und Sozialanthropologie im Jahr 2013 ist die Arbeit von ESE im Bereich angewandte Ethnologie sowohl im Modul 4 als auch im Modul 5 ein Bestandteil des Studiengangs.

Im Modul 4 übernimmt ESE eine Übung im Bereich Berufsfelder. In den Übungen in diesem Bereich „erlernen die Studierenden den praxisorientierten Transfer kultur- und sozialanthropologischer Positionen und Herangehensweisen zu gesellschaftlichen Bedarfslagen."[20] Ziel der Übungen im Bereich Berufsfelder ist es, dass „die Studierenden über organisatorische, konzeptuelle, arbeitstechnische und inhaltliche Kompetenzen in einschlägigen Berufsfeldern der Kultur- und Sozialanthropologie [verfügen] [...] und ihre fachliche Expertise wissenschaftlich wie gesellschaftlich reflektiert einsetzen [können]."[21] Diese Modulbeschreibung verdeutlicht, dass es vor allem darum geht, den Studierenden ihre im Studium erworbenen bzw. noch zu erwerbenden Kompetenzen aufzuzeigen und diese zu vertiefen und sie so auf eine Tätigkeit der praktizierenden Ethnologie vorzubereiten.

Im Mittelpunkt der von ESE übernommenen Übung steht dabei das Berufsfeld Schule. Da die Schulen sich zunehmend mit Forderungen von politischer Seite nach interkulturellem und globalem Lernen auseinandersetzen müssen, werden immer mehr „Experten" eingekauft, die die Schüler*innen für dieses Thema sensibilisieren. Neben Vertretern von Nicht-Regierungs-Organisationen können sich auch Ethnolog*innen in diesem Bereich positionieren. Auch ESE entwickelt seit vielen Jahren Konzepte zum interkulturellen und globalen Lernen.

Nach einem theoretischen Einstieg in die Thematik interkulturelles und globales Lernen wird im Rahmen der Übung diskutiert, welchen Beitrag die Ethnologie zur Vermittlung des Themas leisten kann. Hierbei werden anhand der oben vorgestellten Lernziele

---

20 http://www.uni-muenster.de/imperia/md/content/ethnologie/studieren/bachelor/studienordnung_okt_2016.pdf – Seite 9 [Zugriff am 06.11.2017].

21 http://www.uni-muenster.de/imperia/md/content/ethnologie/studieren/bachelor/studienordnung_okt_2016.pdf – Seite 9 [Zugriff am 06.11.2017].

die Kompetenzen, die Ethnolog*innen für diesen Bereich mitbringen, verdeutlicht. Zudem werden die Studierenden dazu aufgefordert, Projekte aus dem Bereich des interkulturellen und globalen Lernens mit ihrer fachlichen Expertise zu beurteilen. Im Mittelpunkt stehen dabei die Fragen, ob das jeweilige Projekt wirklich zum interkulturellen Lernen anregt und inwieweit das Projekt die Schüler*innen dazu veranlasst, über globale Zusammenhänge nachzudenken. Zum Abschluss der Übung stellen die Studierenden von ihnen entwickelte Unterrichtskonzepte vor. Bei dieser Konzeption können sie zum einen auf das im Studium erworbene Wissen zurückgreifen, zum anderen können sie die in der Übung diskutierten Themen der angewandten Ethnologie durch die Erstellung des Konzeptes und dessen Vorstellung und Reflexion in der Studierendengruppe in die Praxis umsetzen.

Ziel der Übung ist es zudem, den Studierenden zu verdeutlichen, dass für eine Tätigkeit in der praktizierenden Ethnologie wissenschaftliche Erkenntnisse nicht ausreichend sind. Gerade im Bereich der Schule können Konzepte zum interkulturellen und globalen Lernen nur erfolgreich erstellt und umgesetzt werden, wenn man über Grundkenntnisse in der Methodik und Didaktik verfügt. Dies bedeutet nicht, dass man eine pädagogische Ausbildung benötigt. Es ist aber hilfreich, wenn man viele Methoden kennt, kreative Arbeitsmaterialien erstellen und auf unterschiedliche Schüler*innengruppen eingehen kann. Für Ethnolog*innen, die in diesem Bereich tätig werden möchten, sollten diese Kenntnisse in der Methodik und Didaktik aber immer als Zusatzqualifikation gesehen werden. Ausschlaggebend für diese Tätigkeit sind das ethnologische Wissen und die Auseinandersetzung mit der angewandten Ethnologie.[22]

In Modul 5 des Bachelor-Studienganges Kultur- und Sozialanthropologie übernimmt ESE ein Themenseminar. Der thematische Schwerpunkt des Seminars ist es, „ein Forschungsfeld der globalisierten Moderne" zu vertiefen.[23] Thema des von ESE durchgeführten Seminars ist daher „Interkulturelle Kompetenz als praktische Umsetzung von ethnologischem Wissen in einer globalisierten Welt". Im Rahmen des Seminars wird zunächst auf theoretischer Ebene durch die Darstellung der unterschiedlichen Sichtweisen verschiedener Wissenschaften (u. a. Pädagogik, Psychologie und Ethnologie) die Bedeutung Interkultureller Kompetenz in der Gesellschaft verdeutlicht. Die Studierenden erhalten so zum einen umfangreiches Wissen zu den Definitionen, den Zielsetzungen und der Umsetzung von Interkultureller Kompetenz, zum anderen erfahren sie, dass die Vermittlung von Interkultureller Kompetenz interdisziplinär angelegt ist und die Ethnologie in dieser interdisziplinären Auseinandersetzung wichtige Beiträge leisten kann. So können die in vielen Wissenschaften wichtigen Begriffe wie z. B. Perspektivenwechsel, Ethnozentrismus oder Kultur durch ethnologisches Wissen ergänzt und vertieft werden.

---

22 Ergänzend zu den vorgestellten Übungen haben die Studierenden zudem die Möglichkeit, ein Praktikum bei ESE zu absolvieren, das im Rahmen des Moduls 4 eine der vorgegebenen Übungen ersetzen kann.

23 http://www.uni-muenster.de/imperia/md/content/ethnologie/studieren/bachelor/studienordnung_okt_2016.pdf – Seite 11 [Zugriff am 06.11.2017].

Um die Perspektive zu erweitern, werden darüber hinaus Konzepte von Interkultureller Kompetenz in anderen Ländern (z. B. Mexiko) behandelt. Ziel ist es, zu verdeutlichen, dass sich nicht nur die „klassischen" Einwanderungsländer mit diesem Thema beschäftigen, sondern die Diversität einer Gesellschaft – z. B. in Hinblick auf indigene Gruppen – ebenfalls eine Auseinandersetzung mit dem Thema fordert.[24]

Nach diesem eher theoretischen Teil erhalten die Studierenden ein Training zur Vermittlung von Interkultureller Kompetenz, das ESE für unterschiedliche Zielgruppen in der Erwachsenenbildung anbietet. Das Training verfolgt folgende Ziele:

1. Die Studierenden werden in Interkultureller Kompetenz geschult.
2. Die Studierenden werden aufgefordert, aufgrund des vermittelten theoretischen Wissens die Methoden und Inhalte des Trainings kritisch zu hinterfragen – insbesondere in Hinblick auf die ethnologischen Aspekte.
3. Die Studierenden lernen ein mögliches Berufsfeld kennen.
4. Die Studierenden lernen Methoden zur Vermittlung von Interkultureller Kompetenz kennen.
5. Die Studierenden erfahren, dass bei einer Tätigkeit z. B. in der Erwachsenenbildung ethnologisches Wissen allgemein verständlich und z. T. sehr verkürzt dargestellt werden muss (vgl. u. a. die Definition von Kultur).

Gerade das fünfte Ziel verdeutlicht eindrücklich eine Aufgabe der angewandten Ethnologie: die Fähigkeit wissenschaftliche Erkenntnisse allgemein verständlich und vor allem kurz zu formulieren. Dies fällt vielen Ethnolog*innen sehr schwer, werden sie doch im Studium immer wieder dazu angehalten, unterschiedliche Perspektiven zu berücksichtigen und Aussagen zu relativieren. Denn „[...] kurz können wir nicht" (Klocke-Daffa 2004:18). In der praktizierenden Ethnologie ist die Berücksichtigung von zu vielen unterschiedlichen Perspektiven und das Relativieren von Aussagen allerdings eher verwirrend als zielführend. Wenn die angewandte Ethnologie also dazu dient, die Studierenden auf eine berufliche Tätigkeit in der praktizierenden Ethnologie vorzubereiten, sollten die Studierenden darin trainiert werden, u. a. Begriffe so definieren zu können, dass es mit den wissenschaftlichen Erkenntnissen vereinbar, aber trotzdem verständlich ist. Oder wie Antweiler es formuliert: „Im öffentlichen Raum müssen wir verständlich reden und schreiben. Dabei sollten wir den Mut haben, zu vereinfachen, ohne dabei populären Festschreibungen aufzusitzen" (2015:abstract).

Auch im Masterstudiengang Ethnologie übernimmt ESE eine Lehrveranstaltung. Teil des Moduls 2 ist die Übung Interkulturelle Kommunikation, in der sich die Studierenden mit „der Anwendung ethnologischen Wissens in Situationen interkultureller Kommuni-

---

24 Vgl. auch die in Abschnitt 2.1 vorgestellte Arbeitsdefinition von Kultur, die der Arbeit von ESE zugrunde liegt.

kation"[25] auseinandersetzen. Ziel dieser Übung wie auch der anderen Übungen des Moduls 2 ist es, dass „die Studierenden die notwendigen Kenntnisse [erwerben], um rechtzeitig eine fundierte Entscheidung für die Durchführung eines Master-Abschlussprojekts (forschungs- oder anwendungsorientiert) treffen [...] zu können."[26]

Durch Praxisberichte aus der Arbeit von ESE werden den Studierenden Möglichkeiten für ein Projekt im Rahmen der praktizierenden Ethnologie aufgezeigt. Im Mittelpunkt der Übung stehen jedoch die Fragen der angewandten Ethnologie (Definitionen, Methoden etc.), um die Studierenden auf die Herausforderungen und Chancen der praktizierenden Ethnologie vorzubereiten.

Die Übungen stoßen bei den Studierenden auf großes Interesse, wie folgende Zitate aus den Evaluationen der Übungen im Wintersemester 2016/2017 und in den Sommersemestern 2016 und 2017 verdeutlichen:

- „Ethnologie anwendbar zu gestalten, also einen Übertrag zur Praxis zu schaffen, ist eine wertvolle Ressource, die im Studium eingeübt werden sollte."

- „Gerne mehr Veranstaltungen, die einen Einblick in später mögliche Arbeitsfelder geben, um sich beruflich zu positionieren."

- „[...] denn sie [die Veranstaltungen] bieten eine praktische Anwendungsmöglichkeit der Kernkompetenzen aus dem Studium [...]."

- „Es wurde mir mal wieder bewusst, warum dieses Studienfach das richtige für mich ist."

- „Mir hat besonders gut gefallen, dass ich Einblicke in berufliche Möglichkeiten bekommen habe."

Zudem zeigen die Zitate, dass viele Studierende in der praktizierenden Ethnologie ein mögliches späteres Berufsfeld sehen. Auch heute noch wird oft von Familie und Freundeskreis hinterfragt, welche beruflichen Chancen mit dem Studium der Ethnologie verbunden sind. Die Vermittlung von Interkultureller Kompetenz ist sicherlich eine mögliche Antwort. Daher ist es auch Ziel der vorgestellten Übungen, den Studierenden zu verdeutlichen, dass für die Vermittlung von Interkultureller Kompetenz ihre im Studium der Ethnologie erworbenen Kenntnisse und Fähigkeiten eine sehr gute Grundlage sind. So werden die Studierenden darauf vorbereitet, diese Kenntnisse und Fähigkeiten als großen Vorteil in der Vermittlung von Interkultureller Kompetenz wahrzunehmen und auch entsprechend weiterzugeben. 2004 schrieb Klocke-Daffa: „Damit weiß ich mich allerdings in guter Gesellschaft mit all den Kollegen, die wie ich nicht eingestellt wurden, weil sie

---

25   http://www.uni-muenster.de/imperia/md/content/ethnologie/studieren/master/re-akk_master_module_descriptions__from_ws_2016_17_.pdf – Seite 106 [Zugriff am 06.11.2017].

26   http://www.uni-muenster.de/imperia/md/content/ethnologie/studieren/master/re-akk_master_module_descriptions__from_ws_2016_17_.pdf – Seite 106 [Zugriff am 06.11.2017].

Ethnologen sind, sondern obwohl" (2004:13). Wenn es gelingt, die Studierenden davon zu überzeugen, dass sie im Bereich der Vermittlung von Interkultureller Kompetenz erfolgreich tätig werden können, weil sie Ethnolog*innen sind, wäre dies für die angewandte Ethnologie in Deutschland sicherlich ein Erfolg.[27]

3.2. Angewandte Ethnologie im interdisziplinären Projektseminar „Deutsch für Geflüchtete"

Seit Herbst 2015 ist die Anfrage nach Seminaren zur Vermittlung von Interkultureller Kompetenz für Ehrenamtliche in der Flüchtlingshilfe stark angestiegen. Ein großer Bereich dieser ehrenamtlichen Tätigkeit ist die Durchführung von Deutschunterricht. Aufgrund der Berichte von Ehrenamtlichen sowie der Erfahrungen der Trainer*innen von ESE, die die Seminare für Ehrenamtliche durchführen, entstand in Kooperation des Instituts für Ethnologie mit dem Germanistischen Institut der WWU die Idee für ein Projektseminar. Im Rahmen dieses Seminars, das von der Universitätsgesellschaft der WWU gefördert wurde, begleiteten (Bachelor- und Master-)Studierende des Instituts für Ethnologie Studierende der Germanistik, die in einer Flüchtlingsunterkunft der Flüchtlingshilfe Münster einmal wöchentlich Deutsch als Fremdsprache unterrichteten. Ziel war es, durch teilnehmende Beobachtung interkulturelle Missverständnisse zu analysieren, die während der Lehr- und Lernsituation entstehen.

Die Studierenden der beiden Fächer wurden jeweils fachspezifisch auf ihre Tätigkeit vorbereitet und während des Projektes begleitet. Während die Germanistik-Studierenden in Bezug auf die Vermittlung von Sprache vorbereitet wurden, erhielten die Studierenden der Ethnologie[28] zunächst eine theoretische Einführung in die Methode der teilnehmenden Beobachtung. Diese Einführung wurde durch praktische Übungen – kleinere Beobachtung z. B. in einem Café unter einer bestimmten Fragestellung – ergänzt. Auch die Dokumentation von Beobachtungen sowie das Verfassen von entsprechenden Berichten wurden angesprochen. Darüber hinaus erfolgte eine Einführung in die Lern- und Lehrformen in unterschiedlichen Gesellschaften, um die Studierenden für Unterschiede und damit mögliche Forschungsfragen zu sensibilisieren. Im Anschluss an diese einführenden Sitzungen wurden Leitfragen für die teilnehmende Beobachtung erstellt, um die Ergebnisse der verschiedenen Beobachtungen vergleichbar zu machen.

Nachdem alle am Projekt beteiligten Studierenden gemeinsam ein Training zur Vermittlung von Interkultureller Kompetenz erhalten hatten, wurden insgesamt neun Gruppen (jeweils zwei Germanistik-Studierende und ein Ethnologie-Studierender) gebildet,

---

27 Wie viele Ethnolog*innen bzw. Studierende der Ethnologie die Vermittlung von Interkultureller Kompetenz als Berufsfeld sehen, wird auch daran deutlich, dass bei der Ausbildung zur/zum Trainer*in für Interkulturelle Kompetenz, die ESE seit 2013 anbietet, von den jeweils maximal zehn Teilnehmenden bisher in jedem Durchgang drei bis fünf Personen aus dem Bereich der Ethnologie kamen.

28 Die Bachelor-Studierenden konnten sich die Teilnahme am Projektseminar als im Modul 4 vorgesehenes Praktikum anerkennen lassen, die Master-Studierenden erhielten eine Teilnahmebescheinigung.

die von da an gemeinsam einmal wöchentlich in der Unterrichtssituation zusammenarbeiteten. Die im Unterricht gemachten Erfahrungen wurden in gemeinsamen Reflexionssitzungen, die von den Projektleitenden von ESE und vom Germanistischen Institut moderiert wurden, zusammengetragen und analysiert.

Durch die teilnehmende Beobachtung und die Analyse der Ergebnisse konnten einige Handlungsempfehlungen erarbeitet werden, die für die weitere Durchführung von Deutschunterricht für Geflüchtete relevant sind. So wurde z. B. deutlich, dass das Alphabet oft anhand von Begriffen vermittelt wird, die weit vom kulturellen Umfeld der Geflüchteten entfernt sind (z. B. Clown für C). Auch wurde deutlich, wie wichtig es ist, die Personen, die Deutsch unterrichten, für die Unterschiede zwischen direkter und indirekter Kommunikation zu sensibilisieren. Auch Vorinformationen zu unterschiedlichen Familienkonstellationen sind als hilfreich einzustufen. So unterstützte eine Ethnologie-Studierenden aktiv mit Erklärungen, als es bei dem Thema Familie und Verwandtschaftsbezeichnungen zwischen den Lehrenden und den Lernenden zu Missverständnissen kam.[29] Das Ziel des Projektseminars, durch teilnehmende Beobachtung interkulturelle Missverständnisse zu analysieren, die während der Lehr- und Lernsituation entstehen, wurde somit erreicht.

Darüber hinaus diente das Projektseminar jedoch auch dazu aufzuzeigen, dass angewandte Ethnologie für andere Fachbereiche hilfreich sein kann und im interdisziplinären Kontext Gewinn bringend eingesetzt werden kann. Oder wie Bollig es formuliert: „Ethnologie sollte ihr komparatives und interkulturelles Potential nutzen" (2013:168). Gerade dieses Potential wurde auch den am Projekt teilnehmenden Ethnologie-Studierenden verdeutlicht, die nach eigenen Aussagen nicht nur hilfreiche Erfahrungen in der Methode der teilnehmenden Beobachtung sammelten, sondern auch den Stellenwert der Ethnologie im interkulturellen Kontext wahrnahmen. Zusammenfassend wird dies in dem Zitat einer Studierenden deutlich: „Die teilnehmende Beobachtung ist im interkulturellen Kontext ein nützliches Instrument."

3.3. Angewandte Ethnologie als Grundlage für praktizierende Ethnologie an der Hochschule

Laut Ervin (2004:2 zitiert in Antweiler 2015:17) ist praktizierende Ethnologie eine auf außerakademische Belange orientierte Tätigkeit. Gerade im Bereich der Vermittlung von Interkultureller Kompetenz kann sich die praktizierende Ethnologie jedoch auch im universitären Umfeld positionieren.

Auch an Hochschulen wird Interkulturelle Kompetenz immer mehr als Schlüsselqualifikation eingestuft.[30] Grundlage hierfür ist insbesondere die zunehmende Internationalisierung der Forschung und Lehre. Studien- und Forschungsaufenthalte an internationa-

---

29 Nähere Informationen zu diesem Projektseminar finden sich in Binanzer/Wecker (2018).

30 S. hierzu unter anderem Schumann (2012) und Hiller/Vogler-Lipp (2010).

len Partneruniversitäten, Gastforscher und -dozenten aus unterschiedlichen Ländern sowie internationale Studierendenaustauschprogramme prägen inzwischen den Alltag an der Hochschule. Das Arbeiten in einem multikulturellen Team ist daher sowohl für Studierende als auch für Lehrende selbstverständlich geworden. Auch die Angestellten der Verwaltung haben durch die zunehmende Internationalisierung immer häufiger Kontakt mit Lehrenden und Studierenden unterschiedlicher Kulturen. Interkulturelle Kompetenz dient somit dazu, das Arbeiten, Lehren und Studieren an der heute von Diversität geprägten Hochschule zu erleichtern.

ESE führt seit einigen Jahren für unterschiedliche Zielgruppen an der WWU Trainings zur Vermittlung von Interkultureller Kompetenz durch. Einige Beispiele:

- Um den Studierenden aller Fachrichtungen die Möglichkeit zu geben, ein Training zur Vermittlung von Interkultureller Kompetenz zu besuchen, werden in Zusammenarbeit mit dem International Office der WWU in den Allgemeinen Studiengängen Workshops zu den Themen Interkulturelle Kompetenz, Multikulturelle Gesellschaft und Kulturelle Vielfalt angeboten.

- Darüber hinaus wird seit 2015 als Kooperation zwischen dem Institut für Ethnologie und dem International Office eine Summer School zum Thema Interkulturelle Kompetenz durchgeführt. Unter dem Thema „European Campus of Intercultural Perspectives" setzen sich Studierende unterschiedlicher Fachrichtungen der Partneruniversitäten der WWU mit interkulturellen Aspekten auseinander.

- Seit dem Wintersemester 2017/2018 wird gemeinsam mit dem International Office die Incoming Week „Make Münster Yours" für internationale Studierende angeboten. Ziel ist es, sie auf das Studieren an einer deutschen Hochschule und das Leben in einer anderen Gesellschaft vorzubereiten.

- Seit dem Wintersemester 2017/2018 wird ein Training zur Vermittlung von Interkultureller Kompetenz auch im Studium im Alter angeboten.

- In Kooperation mit dem International Office ist ein Training zur Vermittlung von Interkultureller Kompetenz in das Fortbildungsprogramm für Lehrende sowie Mitarbeiter*innen der WWU aufgenommen worden.

Diese Beispiele zeigen, dass die von Ervin (2004:2 zitiert in Antweiler 2015:17) vorgenommene Trennung zwischen angewandter akademischer Forschung und praktizierender Ethnologie – verstanden als auf außerakademische Belange orientierte Tätigkeit – nicht durchgängig einzuhalten ist, sondern dass gerade im Bereich der Vermittlung von Interkultureller Kompetenz praktizierende Ethnologie, aufbauend auf der angewandten Ethnologie, in der Hochschule ein wichtiges Themenfeld besetzen kann.

4. Fazit

Wie die oben beschriebenen Beispiele zeigen, ist die Lehre von angewandter Ethnologie nur möglich, wenn theoretische Ansätze und Konzepte mit Erfahrungen im praktischen Bereich (z. B. Erstellung von Konzepten oder Erprobung von Methoden) verbunden werden. Das bedeutet: Praktizierende Ethnologie ist ohne die Lehre von angewandter Ethnologie nicht sinnvoll, aber auch angewandte Ethnologie benötigt Praxiserfahrungen, um das notwendige Wissen und die erforderlichen Kompetenzen für eine Tätigkeit in der praktizierenden Ethnologie lehren zu können.

Für das Thema Interkulturelle Kompetenz als Bereich der angewandten bzw. praktizierenden Ethnologie lässt sich für den Bereich Hochschule zudem Folgendes festhalten:

- Angewandte Ethnologie ist dazu geeignet, Studierende auf eine Tätigkeit in der praktizierenden Ethnologie vorzubereiten.

- Das Fach Ethnologie kann sich durch angewandte Ethnologie (z. B. durch die Methode der teilnehmenden Beobachtung) in interdisziplinären Projekten positionieren.

- Durch praktizierende Ethnologie im Bereich der Vermittlung von Interkultureller Kompetenz wird die Internationalisierung von Forschung und Lehre unterstützt.

- Durch eine auf angewandter Ethnologie basierende praktizierende Ethnologie kann gerade im Bereich der Vermittlung von Interkultureller Kompetenz die gesellschaftliche Relevanz des Fachs Ethnologie verdeutlicht werden.

Literatur

ANTWEILER, Christoph (2009): Heimat Mensch. Was uns alle verbindet. Hamburg: Murmann.
ANTWEILER, Christoph (2015): Angewandte Ethnologie heute. Arbeits- und Minenfelder jenseits des Kokons. In: Ethnoscripts, Bd. 17 (2), S. 11–39. Electronic Source: https://journals.sub.uni-hamburg.de/ethnoscripts/article/view/895/861 [Zugriff am 02.11.2017].
BEER, Bettina (2003): Ethnos, Ethnie, Kultur. In: Fischer, Hans/Beer, Bettina (Hg.): Ethnologie. Einführung und Überblick. Berlin: Dietrich Reimer, S. 53–72.
BERTELS, Ursula/Lütkes, Christiana (2001): Perspektivenwechsel als Grundlage interkultureller Kompetenz. Erfahrungen des Projektes „Ethnologie in der Schule". In: Internationale Schulbuchforschung (Zeitschrift des Georg-Eckert-Instituts für internationale Schulbuchforschung), Bd. 4, S. 453–464.
BERTELS, Ursula/Eylert, Sabine/Lütkes, Christiane/de Vries, Sandra (2004): Ethnologie in der Schule. Eine Studie zur Vermittlung Interkultureller Kompetenz. Münster: Waxmann.
BERTELS, Ursula (2011): Einleitung. In: Bertels, Ursula/Hellmann de Manrique, Irmgard (Hg.): Interkulturelle Streitschlichter. Interkulturelle Kompetenz als Schlüsselqualifikation für Jugendliche. Münster: Waxmann.
BERTELS, Ursula/Bußmann, Claudia (2013): Handbuch Interkulturelle Didaktik. Münster: Waxmann.
BERTELS, Ursula (2016a) Gemeinsam etwas Neues lernen. Der Ansatz der Dritt-Kultur-Perspektive zur Vermittlung von Interkultureller Kompetenz. In: Standbein Spielbein Museumspädagogik aktuell, Bd. 105, S. 7–9.
BERTELS, Ursula/Krüsmann, Tania/Norrie, Katharina (Hg.) (2016b): Vielfalt unterstützen – Vielfalt leben. Kulturelle Identitätsförderung in inklusiven Klassen. Münster: Waxmann.

BINANZER, Anja / Wecker, Verena (2018): Deutsch für Geflüchtete. Zweitsprachenerwerb in Theorie und Praxis. In: Bußmann, Claudia / Bertels, Ursula (Hg.): Neue Nachbarn – die Welt in Bewegung. Flucht und Migration aus unterschiedlichen Perspektiven. Münster: Waxmann, S. 152–161.

BOLLIG, Michael (2013): Ethnologie in Deutschland heute. Strukturen, Studienbedingungen, Forschungsschwerpunkte. In: Bierschenk, Thomas / Krings, Matthias / Lentz, Carola (Hg.): Ethnologie im 21. Jahrhundert. Berlin: Dietrich Reimer, S. 165–188.

GUDYKUNST, William B. / Hammer, Mitchell R. / Wisemann, Richard L. (1977): An Analysis of an Integrated Approach to Cross-Cultural Training. In: International Journal of Intercultural Relations, Bd. 1, S. 99–109.

HAUSER-SCHÄUBLIN, Brigitta (1997): Blick zurück im Zorn. Ethnologie als Kulturkritik. In: Zeitschrift für Ethnologie, Bd. 122, S. 3–17.

HILLER, Gundula Gwenn / Vogler-Lipp, Stefanie (Hg.) (2010): Schlüsselqualifikation Interkulturelle Kompetenz an Hochschulen. Grundlagen, Konzepte, Methoden. Wiesbaden: Verlag für Sozialwissenschaften.

JOST, Susanne Christina (1998): Keine Angst vor Kultur. Eine Empfehlung. In: Preisler, Gerhard / Rinschede, Gisbert / Sturm, Werner / Vossen, Joachim (Hg.): Global denken – Lokal handeln. Regensburger Beiträge zur Didaktik der Geographie 4, I., Regensburg, S. 207–217.

KLOCKE-DAFFA, Sabine (2004): Ethnologie. Was ist das denn? In: Bertels, Ursula / Baumann, Birgit / Dinkel, Silke / Hellmann, Irmgard (Hg.): Aus der Ferne in die Nähe. Neue Wege der Ethnologie in die Öffentlichkeit. Münster: Waxmann, S. 13–20.

KLOCKE-DAFFA, Sabine (2015): Angewandte Ethnologie. Perspektiven einer anwendungsorientierten Wissenschaft. Tübingen: Eberhard Karls Universität (unveröffentlichte Habilitationsschrift).

KRINGS, Matthias (2013): Interdisziplinarität und die Signatur der Ethnologie. In: Bierschenk, Thomas / Krings, Matthias / Lentz, Carola (Hg.): Ethnologie im 21. Jahrhundert. Berlin: Dietrich Reimer, S. 265–283.

LATORRE, Patricia (2004): Was heißt eigentlich „Kultur"? Anthropologische Fragen an die interkulturelle Kommunikationsforschung. In: Bolten, Jürgen (Hg.): Interkulturelles Handeln in der Wirtschaft. Positionen, Modelle, Perspektiven, Projekte. Sternenfels: Wissenschaft & Praxis, S. 25–39.

LENTZ, Carola (2013): Kultur. Ein ethnologisches Konzept zwischen Identitätsdiskursen und Wissenschaftspolitik. In: Bierschenk, Thomas / Krings, Matthias / Lentz, Carola (Hg.): Ethnologie im 21. Jahrhundert. Berlin: Dietrich Reimer, S. 111–129.

MOOSMÜLLER, Alois (2004): Das Kulturkonzept in der Interkulturellen Kommunikation aus ethnologischer Sicht. In: Lüsebrink, Hans-Jürgen (Hg.): Konzepte der interkulturellen Kommunikation. Theorieansätze und Praxisbezüge in interdisziplinärer Perspektive. St. Ingbert: Röhrig Universitätsverlag, S. 45–67.

PIKE, Kenneth L. (1967): Language in Relation to a Unified Theory of the Structure of Human Behavior. Den Haag: De Gruyter Mouton.

SCHLÖDER, Bernd (1988): Soziale Vorstellungen als Bezugspunkte von Vorurteilen. In: Schäfer, Bernd / Petermann, Franz (Hg.): Vorurteile und Einstellungen. Köln: Deutscher Instituts-Verlag, S. 66–98.

SCHUMANN, Adelheid (Hg.) (2012): Interkulturelle Kommunikation in der Hochschule. Zur Integration internationaler Studierender und Förderung Interkultureller Kompetenz. Bielefeld: Transcript.

SUMNER, William (1906): Folkways. A Study of Sociological Importance of Usages, Manners, Customs, Mores and Morals. New York: Dover Publications.

Zwischen Beobachtung und Teilnahme – Herausforderungen einer Angewandten Ethnologie der Flucht, des Asyls und der Integration

Nora-Christine Braun

ABSTRACT: Unter den Geflüchteten, die während der sogenannten „Flüchtlingskrise" Deutschland erreichten, befand sich auch eine große Zahl von Minderjährigen, die ohne ihre Erziehungsberechtigten migriert waren und deshalb vom Jugendamt in Obhut genommen wurden. Die Betreuung dieser unbegleiteten minderjährigen Ausländer (UMA) stellte Jugendhilfeeinrichtungen in Deutschland vor ihnen bis dahin weitgehend unbekannte Herausforderungen. Aus diesem Grund beschloss die Leitung einer südwestdeutschen Jugendhilfeeinrichtung, sich von Tübinger Ethnologen beraten zu lassen. Der Artikel schildert die Bemühungen der bis zum Beginn der Kooperation hauptsächlich an der Universität tätigen Ethnologen, eine Brücke zwischen wissenschaftlichem Elfenbeinturm und Praxis herzustellen. Er analysiert die Chancen, ethischen und methodologischen Stolpersteine und Grenzen ethnologischen Arbeitens, das sich zwischen der Beobachtung institutioneller Praktiken und der Teilnahme an institutionellen Praktiken bewegt.

1. Einleitung

Im Zuge der sogenannten „Flüchtlingskrise" sahen sich Jugendhilfeeinrichtungen in Deutschland plötzlich vor die Aufgabe gestellt, sehr viele unbegleitete minderjährige Flüchtlinge bzw. Ausländer (UMA) zu betreuen. Um diese Aufgabe zu meistern, entschloss sich die Leitung einer südwestdeutschen Jugendhilfeeinrichtung (im Folgenden Baden-Württembergische Jugendhilfe BWJH genannt)[1], Ethnologen[2] zu Rate zu ziehen.

---

1. Zur Wahrung der Anonymität der Akteure habe ich alle Namen von Personen und Institutionen geändert und auf genaue Ortsangaben verzichtet.
2. Der besseren Lesbarkeit wegen verwende ich in diesem Artikel hauptsächlich die männliche Form, meine damit aber alle Geschlechter.

Dieser Artikel berichtet von der Zusammenarbeit zwischen der Jugendhilfeeinrichtung und den Ethnologen.

In diesem Erfahrungsbericht stelle ich die ethischen und methodologischen Herausforderungen dar, die sich ergeben, wenn Ethnologen gleichzeitig Erforscher institutioneller Praktiken und in institutionelle Praktiken involvierte Akteure sind. Es geht um die „Übersetzungsleistungen" im weitesten Sinne, die die Ethnologen erbringen mussten, um ethnologisches Wissen für die Praxis nutzbar zu machen, und um die Frage, wie die Erfahrungen aus der praktischen Nutzbarmachung ethnologischen Wissens in die Wissenschaft und Lehre „zurückübersetzt" werden können (Rottenburg 2002: 14-17). Nicht zuletzt schildere ich den holprigen Weg der Ethnologen zur Erkenntnis darüber, worin ihre praxisrelevante ethnologische Expertise im Kontext von Flüchtlingsarbeit und Jugendhilfe eigentlich besteht.

Nach einer Beschreibung der Ausgangslage stelle ich den Ablauf unserer Zusammenarbeit dar und erörtere ihre Herausforderungen. Abschließend gehe ich auf die Lehren ein, die sich aus dieser Erfahrung für Forschung und Lehre in der Angewandten Ethnologie ergeben.

2. Ethnologische Expertise für die Jugendhilfe

2.1. Ausgangslage: Unbegleitete minderjährige Geflüchtete in der Jugendhilfe

Unter der großen Zahl an Menschen, die in den letzten Jahren auf der Flucht vor politischer Verfolgung, vor Gewalt und/oder wirtschaftlicher Not nach Deutschland gekommen sind, befindet sich ein beträchtlicher Anteil an Minderjährigen, die ohne Begleitung ihrer Eltern migriert sind (BAMF 2017; Bundesregierung 2017; Statistisches Bundesamt 2016). Ist der Minderjährige[3] einmal in Deutschland eingereist, ist eine Abschiebung nicht möglich, und das Kind bzw. der Jugendliche hat Anspruch auf Inobhutnahme durch das Jugendamt. Dieses hat ihm einen persönlichen Vormund zuzuweisen und für seine Unterbringung in einer Einrichtung der Kinder- und Jugendhilfe zu sorgen (BMFSFJ 2014; SGB VIII 1990). Aufgrund des sprunghaften Anstiegs der Zahl minderjähriger Geflüchteter im Jahr 2015 mussten die Jugendhilfeeinrichtungen ihre Kapazitäten innerhalb kürzester Zeit stark erhöhen.

Dies geschah auch in der BWJH. Bei dieser handelt es sich um eine seit vielen Jahrzehnten bestehende Jugendhilfeeinrichtung, die unter anderem „aus der Bahn geworfene" Jugendliche in Wohngruppen betreut. Ab 2014 nahm die Zahl der von ihr in Obhut genommenen UMA zu; seit 2015 fand eine massive Zunahme statt. Dies bedeutete eine neue

---

3   Tatsächlich sind es mehrheitlich männliche Kinder und Jugendliche, die ohne Begleitung Erwachsener als Asylsuchende nach Deutschland kommen bzw. geschickt werden (Jehles / Pothmann 2016: 39).

Herausforderung für die Mitarbeiter in den Wohngruppen, die bisher nur gelegentlich mit UMA zu tun gehabt hatten.

Konflikte und Missverständnisse unter den Jugendlichen ebenso wie zwischen UMA und Betreuern waren an der Tagesordnung. Die Schwierigkeiten, auf die sie bei der Betreuung der geflüchteten Jugendlichen stießen, führten die Sozialarbeiter – neben der Sprachbarriere - auf die kulturelle Herkunft der UMA zurück. Diese Annahme bewog die Leitung der BWJH dazu, Ethnologen als wissenschaftliche Berater anzufragen. Die Ethnologen sollten kein „herkömmliches" interkulturelles Training für die Mitarbeiter durchführen, sondern eine auf den Auftraggeber zugeschnittene Beratung, und dazu zunächst mit Hilfe einer Kurzzeitfeldforschung die Situation in den Wohngruppen analysieren. Es ging also – im Unterschied zu einem „herkömmlichen" interkulturellen Training – um eine Auftragsforschung mit dem Ziel, Lösungsansätze zu erarbeiten und diese den Mitarbeitern der BWJH sowie gegebenenfalls auch den UMA zu vermitteln. Wie solch ein Auftrag konkret und sinnvoll umgesetzt werden konnte, klärte sich erst im Laufe vieler Folgegespräche und Missverständnisse.

2.2 Akteure, Auftrag und Ablauf

Die BWJH wandte sich mit ihrer Anfrage zunächst an die Abteilung Ethnologie des Asien-Orient-Instituts der Universität Tübingen. Dieses hatte selbst keine Kapazitäten, einen solchen Auftrag zu übernehmen. Es fand sich aber eine Gruppe aus ehemaligen wissenschaftlichen Mitarbeitern, Lehrbeauftragten, Absolventen und Doktoranden des Instituts (AKIV)[4], die eine entsprechende regionale und thematische Expertise besitzen, u. a. zu Afghanistan und zu den Themen „Kindheit", „Jugend", „Islam", „Flucht", „Flüchtlingshilfe" und „Integration". Zwei Ethnologinnen waren selbst als Betreuerinnen in Wohngruppen für UMA tätig.[5] Für alle von uns war die Aufgabe, Forschungsergebnisse in konkrete praktische Handlungsanweisungen umzusetzen, allerdings ein neues Betätigungsfeld.

In einem ersten Treffen erläuterte uns der Leiter der BWJH die Situation der Jugendhilfe angesichts der hohen Zahl an zu betreuenden UMA. In der Obhut der BWJH befanden sich hauptsächlich männliche Jugendliche im Alter von 12 bis 17 Jahren. Die Jugendlichen stammten v. a. aus Afghanistan, Syrien und Eritrea, einige wenige kamen aus anderen (v. a. afrikanischen) Ländern. Anfangs wurden sie in gemischten Wohngruppen untergebracht, das heißt, gemeinsam mit einheimischen (männlichen und weiblichen) Jugendlichen, später begann man mit der Einrichtung von Wohngruppen nur für UMA.

---

4   Im Folgenden werde ich die Gruppe AKIV (Arbeitskreis für interkulturelle Verständigung) nennen. Die Anzahl der beteiligten Ethnologen änderte sich im Laufe der Zeit. Am Ende bestand der „harte Kern", der die Workshops durchführte, aus drei Ethnologinnen und einem Ethnologen, die von insgesamt drei Dolmetschern unterstützt wurden.

5   Viele Jugendhilfeeinrichtungen stellten in dieser Zeit aufgrund des akuten Personalbedarfs auch nichtpädagogisches Personal ein. Ein Einstellungskriterium für die Arbeit mit UMA war „interkulturelle Kompetenz". Hierdurch gelangten auch zunehmend Ethnologen in die Jugendhilfeeinrichtungen.

Wie uns die Leitung und die Betreuer berichteten, durchlebten die UMA in der ersten Zeit nach ihrer Ankunft in den Wohngruppen eine Phase des Hochgefühls, die nach einigen Wochen bei vielen von ihnen in eine tiefe Krise mündete. Der BWJH stellte sich die Frage: Wie kann die Perspektivlosigkeit der jungen Geflüchteten aufgefangen werden und wie kann ihnen ein reales Bild ihrer Perspektiven in Deutschland vermittelt werden? In Bezug auf das Leben in den Wohngruppen ging es der BWJH darum zu erfahren, welche Faktoren ein gelingendes Zusammenleben in den Wohngruppen förderten und welche kontraproduktiv waren. Unsere Beratung sollte dazu dienen, gute Beziehungen auf Zeit zwischen den Betreuern und den UMA herzustellen und die Perspektivfindung der Jugendlichen zu unterstützen.

Mit der BWJH-Leitung wurde vereinbart, dass AKIV über vier Monate hinweg regelmäßig in den Wohngruppen teilnehmend beobachten – in der Sprache der BWJH „hospitieren" – sollte, um sich ein Bild von der Situation dort zu machen. Die Ergebnisse der Feldforschungsphase flossen in die Ausarbeitung von Workshops ein. Diese sollten den Betreuern – so die Hoffnung der BWJH-Leitung – „ethnologische Fähigkeiten"[6] vermitteln, die sie im Arbeitsalltag anwenden konnten. Zudem sollten Workshops mit den Jugendlichen deren Prozess des Ankommens in Deutschland sowie deren Perspektiven für die Zukunft beleuchten. Die Betreuer, die ebenfalls an den Workshops für die Jugendlichen teilnahmen, sollten dadurch zusätzliche Erkenntnisse darüber erhalten, wie sie die Jugendlichen beim „Ankommen" unterstützen konnten.

3. Herausforderungen

Wie gesagt, stellte unsere Tätigkeit für die BWJH eine Auftragsforschung dar, die zum Ziel hatte, institutionelle Praktiken zu verbessern. Es handelte sich um eine lösungsorientierte Forschung, was für uns, die wir bisher vor allem im „rein" wissenschaftlichen Kontext gearbeitet hatten, mit einer ganzen Reihe von Herausforderungen verbunden war. Diese stelle ich im Folgenden dar.[7]

---

6   Tatsächlich versäumten wir es, bereits zu Anfang der Kooperation zu klären, was der Auftraggeber unter „ethnologische Fähigkeiten" verstand bzw. was in seinen Augen Ethnologen zur Beantwortung seiner Fragen und Lösung seiner Probleme beitragen konnten. Was er von uns erwartete und was wir tatsächlich bieten konnten, klärte sich erst im Laufe eines mehrmonatigen Prozesses mit einigen Missverständnissen und Irrwegen.

7   Auf die gruppeninternen Faktoren, die das Verhältnis zum Auftraggeber und die Zusammenarbeit ebenfalls beeinflussten, werde ich hier nicht weiter oder nur kurz eingehen. Dazu gehörten z. B. gruppendynamische Faktoren, wie die in der ersten Zeit stark fluktuierende personelle Zusammensetzung von AKIV und die für Ethnologen eher ungewöhnliche Erfahrung, im Team zu forschen, sowie unsere weitgehende Ahnungslosigkeit in finanziellen und allgemein unternehmerischen Fragen und davon, was in der Welt außerhalb der Universität unter „Dienstleister" und „Dienstleistung" verstanden wird und welche Erwartungen daran geknüpft sind.

3.1 Zeit- und Gelddruck

Aufgrund der Dringlichkeit des Problems erwartete die BWJH von AKIV zeitnahe und praxistaugliche Ergebnisse. Dies sollte zudem möglichst kostengünstig geschehen, da der BWJH nur begrenzt finanzielle Mittel für das Projekt zur Verfügung standen. Der begrenzte zeitliche und finanzielle Rahmen bedeutete, dass wir unsere Beobachtungen und Interviews in – im Vergleich zu „klassischen" ethnologischen Feldforschungen – sehr kurzer Zeit durchführen und auswerten mussten. Konnten wir auf dieser Grundlage überhaupt solide „ethnologische" Aussagen treffen? Aus der Sicht eines Ethnologen warfen die Hospitationen in den Wohngruppen mehr Fragen auf, als sie beantworteten. Zudem wäre es sehr wichtig gewesen, die Perspektive der Jugendlichen mit Hilfe von Interviews und unter Einsatz von Dolmetschern systematisch aufzunehmen. Aus Zeit- und Kostengründen hatten wir nur wenige Stunden, in denen wir die UMA nach ihrer Sicht der Dinge fragen konnten, weshalb die Perspektive der Jugendlichen während der Kooperation viel zu kurz kam. Dies lag auch daran, dass es nicht einfach war, die Jugendlichen zu interviewen, ohne Gefahr zu laufen, an traumatische Erlebnisse zu rühren.

Der BWJH-Leitung lag zwar viel an einer *wissenschaftlich fundierten* Beratung, jedoch ging es ihr nicht um wissenschaftliche Details, sondern um praxisrelevante Ergebnisse und Handlungsempfehlungen. Im Laufe des Prozesses mussten wir lernen, auf diese Erwartungen einzugehen und nicht als Geisteswissenschaftler mit der ihnen eigenen Tendenz zur Relativierung und Betonung der Komplexität der Welt, sondern als Berater zu agieren. Das bedeutete u. a. komplexe Sachverhalte verständlich darzustellen und eindeutige Aussagen zu wagen. Dieser Spagat zwischen unserem eigenen wissenschaftlichen Anspruch und der Forderung nach klaren Aussagen seitens des Auftraggebers kostete einige Überwindung und viel Kommunikationsarbeit zwischen uns und der BWJH.

Allerdings war schon allein die Tatsache, dass die BWJH eine Feldforschung als Grundlage der Beratung gefordert hatte, etwas Besonderes im Bereich der interkulturellen Beratung. Die meisten Beratungen und Trainings dieser Art finden nicht auf der Grundlage von Feldforschungen statt, die der Berater selbst im Vorfeld im Arbeitsbereich des Kunden durchgeführt hat. Sie sind damit nur begrenzt auf die Situation des Kunden zugeschnitten. Zudem machte sich die Feldforschung in den Wohngruppen auch deshalb bezahlt, weil wir dadurch „street credibility" erhielten. Dass wir in den Wohngruppen gewesen waren und, wenn auch nur kurz, das Leben dort miterlebt hatten, verlieh unserer Beratungsarbeit in den Augen der Betreuer Glaubwürdigkeit.

3.2 Die Machtlosigkeit der Ethnologie gegenüber strukturellen Rahmenbedingungen

Ein zentrales Ergebnis unserer Feldforschung war, dass „kulturelle" Faktoren zwar durchaus eine Rolle spielten bei den Problemen, die bei der Betreuung der UMA auftraten, dass aber institutionelle und juristische Rahmenbedingungen eine mindestens genauso große, wenn nicht sogar größere Bedeutung hatten. Diese prägten die Beziehungen zwischen

Betreuern und UMA auf entscheidende Weise und machten einen bedeutenden Teil der Probleme zwischen ihnen aus.

Erstens waren die Wohngruppen, in denen UMA lebten, mit (interkulturell) qualifiziertem Personal unterbesetzt. Zweitens war der regelmäßige Einsatz von entsprechend geschulten Dolmetschern, der die Sprachbarriere zu überwinden geholfen und beispielsweise auch einen Dialog mit der Herkunftsfamilie ermöglicht hätte, aus Kostengründen und auch, weil es zu wenig geeignete Dolmetscher in der Gegend gab, nicht möglich. Nicht zuletzt spielte die rechtliche Situation der Jugendlichen eine entscheidende Rolle: Als Asylsuchende befanden sie sich in einem „rechtlichen Schwebezustand"; es war ungewiss, ob sie nach Erreichen des achtzehnten Lebensjahres in Deutschland bleiben durften, und noch viel ungewisser, ob sie ihre Familien nachholen konnten. Dieser Zustand allgemeiner Ungewissheit wirkte sich negativ auf das seelische und körperliche Befinden der Jugendlichen aus. Um die Jugendlichen vom Grübeln abzuhalten und abzulenken, waren Freizeitaktivitäten hilfreich, die sie sinnvoll beschäftigten und in Kontakt mit einheimischen Jugendlichen brachten. Solche Freizeitaktivitäten durchzuführen, überstieg aber oft die Kapazitäten der Betreuer. Hier stießen wir an die Grenzen unserer Beratungsmöglichkeiten: die wenigen Betreuer, die u. a. mit administrativen Aufgaben überlastet waren, hatten überhaupt nicht die Kapazitäten, unsere Empfehlungen umzusetzen. Zudem bedeutete dies, dass ein kulturelles Verständnis bzw. der Erwerb interkultureller Kompetenz keine Allzweckwaffe zur Lösung der Probleme der BWJH mit den UMA darstellte.

Damit standen wir vor folgendem Problem: Die UMA erlebten, wie die Betreuer es formulierten, einen „Absturz", waren lustlos und unmotiviert. Die Betreuer verstanden nicht warum, weshalb die BWJH-Leitung Ethnologen zu Rate zog. Diese machten auf die oben beschriebenen strukturellen Rahmenbedingungen aufmerksam, die von ihnen allerdings nicht geändert werden konnten.

Das Problem des Personalmangels war der Leitung der BWJH zudem längst bewusst, erklärte uns die Projektleitung, als wir mit ihr unseren Bericht durchsprachen. Die Leitung wolle diesen Punkt aber nicht weiter mit den Mitarbeitern erörtern, da das zu viele Diskussionen auslöse. Das hieß, es war letztlich unerwünscht, dass AKIV auf strukturelle Mängel aufmerksam machte. Wir sollten „Ethnologen" sein und uns auf das „Kulturelle" beschränken.[8]

8 Hier wäre interessant zu untersuchen, welche Vorstellungen vom „Kulturellen" im Spiel waren.

3.3 Ethnologen als „Lückenfüller": Rollenverwirrung und ethische Dilemmata

Im Nachhinein betrachtet waren es nicht zuletzt die personelle Unterbesetzung und die Überlastung der Betreuer, die dazu führten, dass wir im Verlauf der Kooperation in die Rolle von „Lückenfüllern" hineinrutschten, die Aufgaben übernahmen, die die Betreuer nicht übernehmen konnten, die aber für eine gute Unterstützung der UMA wichtig waren. Damit ging einher, dass wir – manche von uns mehr, manche weniger – bereits während der Feldforschungsphase die Rolle des „reinen" Beobachters[9] verließen. Dies führte nicht zuletzt zu ethischen Problemen.

Das erste Problem entstand daraus, dass AKIV im Zuge der Hospitation regelmäßige Rückmeldungen an die Wohngruppenleiter und die BWJH-Projektleitung geben sollte. Dies war zum einen deshalb problematisch, weil die von uns erhobenen Daten nur begrenzt aussagekräftig und repräsentativ waren und daher eine fundierte Beurteilung der Arbeit der Betreuer und der Situation in den Wohngruppen schwierig war. Zum anderen erwies sich eine Anonymisierung von Ereignissen und deren Akteuren im „kleinen Feld" der Jugendhilfeeinrichtung als kaum möglich, so dass wir nur mit Mühe dem Grundsatz der Vertraulichkeit gerecht werden konnten. Manche Dinge gaben uns die Betreuer ebenso wie die UMA nur im Vertrauen weiter. Besonders dann, wenn sie die Möglichkeit hatten, mit uns in ihrer Muttersprache zu sprechen (sei es, weil wir Dolmetscher mitbrachten, sei es, weil wir sie selbst beherrschten), betrachteten uns die Jugendlichen als ihre Vertrauten und Fürsprecher. Bei den Rückmeldungen bestand die Gefahr, dieses uns entgegengebrachte Vertrauen zu verletzen. Zudem kam es vor, dass sich Betreuer durch unsere Rückmeldungen kritisiert und in der Folge während unserer Anwesenheit in den Wohngruppen unter Beobachtung fühlten.

Anfangs hatten alle Betreuer die Anwesenheit der Ethnologen in den Wohngruppen begrüßt. Dabei war ihnen einerseits klar, dass wir Beobachter sein sollten, die sich in ihre pädagogische Arbeit nicht einmischten. Andererseits waren sie beispielsweise froh darüber, in einem von uns einen Afghanistan-Kenner und Dolmetscher für drei Sprachen gefunden zu haben, der einen guten Zugang zu den afghanischen UMA hatte. Vor allem bei diesem Kollegen begannen sich die Rollen zu vermischen: Vom reinen Beobachter wurde er zum Dolmetscher, dem die afghanischen Jugendlichen ihre Sorgen und ihren Ärger anvertrauten, und zum Vermittler, der den Betreuern deren unverständliche Verhaltensweisen erklären konnte. Dank seiner Sprach- und regionalen Kenntnisse baten die Betreuer vor allem ihn um Vermittlung bei Konflikten innerhalb der Wohngruppen. Einige Probleme erschienen als so drängend, dass wir uns dem Eingreifen nur schwer entziehen

---

9   Tatsächlich war das Spannungsverhältnis von Beobachter-/Forscherrolle versus Beraterrolle bereits im Auftrag der BWJH angelegt, auf der Grundlage einer Feldforschung eine Beratung für ihre Mitarbeiter (und die UMA) zu konzipieren und durchzuführen. Als Ethnologen, die bisher nur in der Wissenschaft tätig gewesen waren und keine Beratungserfahrung hatten, wurde uns dies – und vor allem die daraus resultierenden konkreten Auswirkungen – jedoch erst im Laufe des Projektes klar.

konnten. Bei manchen Betreuern entstand so der Eindruck, die Ethnologen seien – wie es manch einer der UMA gerne gehabt hätte – zu „Anwälten" der Jugendlichen geworden. Dies hatte zur Folge, dass bei ihnen die anfängliche Begeisterung über unsere Anwesenheit nachließ.

Nach einiger Zeit wurde es daher notwendig, unsere Rolle in den Wohngruppen zu klären. AKIV und die BWJH verständigten sich darauf, dass die Stärke der Ethnologen in der Beratung läge, nicht in der Vermittlung zwischen Jugendlichen und Betreuern. Bis klar wurde, was das genau bedeutete, kam es jedoch zu weiteren Missverständnissen.

3.4 Unklare Erwartungen und unausgereifte Angebote

Die Rollenverwirrung und die damit verbundenen ethischen Dilemmata ergaben sich zum einen aus unserer eigenen Unklarheit darüber, worin die Expertise von Ethnologen besteht. Wir diskutierten darüber innerhalb von AKIV, bezogen aber keine klare Stellung gegenüber dem Auftraggeber, sondern versuchten, seinen Wünschen gerecht zu werden.

Zum anderen bestanden unterschiedliche Vorstellungen des Auftraggebers darüber, worin unsere Dienstleistung als Ethnologen bestehen sollte. Mit der Zeit wurde deutlich: Die homogene Einheit „Auftraggeber" existierte nicht. Vielmehr handelte es sich bei der BWJH um eine Einrichtung, die – wie alle Organisationen – aus einer Vielfalt von Akteuren mit unterschiedlichen Vorstellungen und Interessen bestand. Dementsprechend unterschiedlich waren die Erwartungen an uns: Die Betreuer erhofften sich anderes von unserer Anwesenheit als die BWJH-Leitung. Während die BWJH-Leitung „ethnologische"[10] Handlungsempfehlungen oder gar -richtlinien für die Betreuer erwartete, hofften die Betreuer auch darauf, dass wir Aufgaben übernahmen, die sie selbst nicht übernehmen konnten.[11] Dies wurde besonders deutlich, als es um die Planung und Durchführung der Workshops für die UMA ging.

Auf Wunsch der BWJH führten wir in den Sommerferien für vier Gruppen von Jugendlichen den Workshop „Zukunftsperspektiven" durch. Das übergeordnete Thema wurde von der BWJH-Leitung vorgegeben; die Inhalte orientierten sich an den Wünschen, die vor allem aus den Reihen der Betreuer kamen: Wir erläuterten das Asylverfahren und das deutsche Bildungs- und Schulsystem und sprachen mit den Jugendlichen über ihre Zukunftsvorstellungen und ihre Vorstellungen von Deutschland. Unterstützt wurden wir bei der Durchführung des Workshops von Dolmetschern. Insgesamt erhielten wir positive Rückmeldungen von Seiten der Betreuer und der Jugendlichen. Die Betreuer berichteten uns, die Jugendlichen hätten die Workshops „gut" gefunden; für die Betreuer, die

---

10 Zu diesem Zeitpunkt war uns nicht klar, welche Art von Expertise die BWJH von Ethnologen erwartete (siehe FN 7). Zudem waren wir uns selbst nicht darüber im Klaren, worin unsere ethnologische Expertise bestand bzw. hatten wir in dem Bestreben, dem Auftraggeber etwas zu liefern, aus den Augen verloren, was wir tatsächlich leisten konnten und was nicht.

11 Tatsächlich ist diese Unterteilung in Leitung und Betreuer ebenfalls eine Vereinfachung. Es gab auch Unterschiede innerhalb der Leitung und unter den Betreuern, was die Erwartungen uns gegenüber anging.

als Beobachter bei den Workshops dabei gewesen waren, war es spannend gewesen, mehr über die Zukunftsvorstellungen und Hoffnungen der Jugendlichen zu erfahren.

Dennoch gab es einige verbesserungswürdige Punkte, von denen ich hier lediglich einen erwähnen möchte.

Als wir den Jugendlichen erläuterten, wie das Asylverfahren funktioniert und was die Bedingungen für den Familiennachzug sind[12], verunsicherte dies einen Jugendlichen so sehr, dass er vorzeitig den Workshop verlassen musste. Er bat darum, nach Hause gehen zu dürfen, weil die Information, dass er nur wenige Aussichten habe, seine Mutter nachzuholen, ihn so durcheinanderbringe, dass er nun Kopfschmerzen habe. Diese für im akademischen Kontext arbeitende Ethnologen eher ungewohnte Erfahrung, dass ihr berufliches Handeln unmittelbare Auswirkungen und potenziell unangenehme oder gar negative Konsequenzen hat, ließ uns mit der Frage zurück, wie man auf sensible Art traurige oder frustrierende Informationen vermittelt. Hier wäre eine gut vorbereitete Kooperation mit Psychologen oder Seelsorgern wichtig gewesen.

Im Gegensatz zur positiven Rückmeldung der Betreuer und der UMA stand die der BWJH-Leitung. Ein Vertreter der Projektleitung, der erst während der dritten Workshop-Runde anwesend war, äußerte sich in einer der Pausen sehr erstaunt darüber, dass wir Ethnologen das Thema „Asylverfahren" behandelten, wo das doch überhaupt nichts mit unserer Fachexpertise zu tun habe. Dies verband sich mit der Verwunderung darüber, dass wir Freizeitbeschäftigungen für die Jugendlichen anbieten (wollten) – uns als „Lückenfüller" anboten. Auch wir waren nun verwundert, da wir aus unserer Sicht lediglich die Wünsche der BWJH aufgegriffen hatten. Nach und nach wurde deutlich, dass es sowohl innerhalb der BWJH ein Kommunikationsproblem gab – zwischen Leitung und Wohngruppenbetreuern – als auch zwischen der BWJH und uns.

Die Wohngruppenbetreuer hatten deutlich den Wunsch geäußert, dass wir den UMA das Asylverfahren und das deutsche Bildungssystem erläuterten, wofür sie selbst nie Zeit hatten. Denn das fehlende Wissen darüber führte immer wieder zu Konflikten zwischen Betreuern und UMA: So meinten einige UMA, die Betreuer, der Vormund im Jugendamt oder auch der Anwalt könnten das Asylverfahren bzw. das Verfahren zum Familiennachzug beschleunigen oder positiv beeinflussen, sie würden sich aber nicht genügend dafür einsetzen. In Bezug auf das Thema Bildung waren sich die UMA nicht im Klaren darüber, welch langen Weg es bedeutete, Arzt oder Ingenieur zu werden. Die Workshops sollten in den Augen der Wohngruppenbetreuer die Gelegenheit dazu bieten, diese Unklarheiten auszuräumen. Diesem sehr konkreten Anliegen der Betreuer stand die abstraktere Erwartung der BWJH-Leitung gegenüber, mit den Jugendlichen das Thema „Perspektiven"

---

12 Da wir keine Rechtsanwälte sind, konnten wir den Jugendlichen nur einen Überblick über die Grundzüge des Verfahrens geben. Dieser Überblick war jedes Mal mit dem deutlichen Hinweis versehen, dass sie sich für konkrete und detaillierte Informationen zu ihren jeweiligen Situationen auf jeden Fall an einen Rechtsanwalt wenden sollten.

zu besprechen. Die Themen „Asylverfahren" und „Bildung" sind entscheidende Faktoren im Hinblick auf die Perspektiven der Jugendlichen, weshalb es uns bei der Planung der Workshops nicht als Widerspruch erschien, die Wünsche der Betreuer im Workshop zu „Zukunftsperspektiven" aufzugreifen. An diesem Punkt wäre es sicherlich gut gewesen, ein klärendes Gespräch mit Betreuern und BWJH-Leitung bezüglich der Inhalte des Workshops zu führen.

3.5 Ethnologen als Ethnologen: Ethnologische Fachexpertise in der Jugendhilfe

Nach diesen Missverständnissen entschied die BWJH, keine weiteren Schulungen für die Jugendlichen durchführen zu lassen.[13] Stattdessen sollten wir baldmöglichst die Workshops für die Betreuer durchführen und uns von nun an auf unsere ethnologische Expertise konzentrieren. Neben den Workshops sollten wir den AK „Perspektiven für UMA" ethnologisch beraten und wurden zudem um Fachvorträge gebeten, die, wie das auf sie folgende Feedback deutlich machte, nicht zuletzt deshalb gut ankamen, weil unsere Feldforschung in den Wohngruppen uns „street credibility" verlieh. Auch wenn wir zunächst enttäuscht darüber waren, keine Workshops für die UMA mehr durchführen zu können, ermöglichte uns diese Veränderung des Auftrags, nun tatsächlich unsere ethnologische Expertise einzubringen.

Fortan bestand die Beratung darin, unter Rückgriff auf die Beobachtungen in den Wohngruppen Arbeitskonzepte der Jugendhilfe unter die Lupe zu nehmen. Ein sehr gutes Beispiel für fruchtbare Zusammenarbeit und gelungene Beratung waren die Treffen mit dem AK „Perspektiven" der BWJH. Hier unterstützten wir die AK-Mitglieder dabei, gängige Konzepte der Jugendhilfe, wie etwa die Begriffe „Jugend", „Selbstständigkeit / Verselbstständigung" und „Perspektiven", die dahinterliegenden Vorannahmen und kulturellen Selbstverständlichkeiten zu hinterfragen und zu erkennen, dass diese Begriffe in den unterschiedlichen Regionen der Welt ganz unterschiedlich oder gar nicht verstanden werden.

An diesem Punkt wurde zudem Folgendes deutlich: Möchte man eine fundierte ethnologische Problemanalyse und Beratung anbieten, muss man nicht nur das Problem untersuchen, wie es vom Auftraggeber formuliert wurde, sondern die Fragestellung selbst sowie alle am Problem beteiligten Akteure. In diesem Fall hieß das, wir hätten die UMA, die Betreuer *und* die Jugendhilfeeinrichtung als Ganzes, d. h. also auch den Auftraggeber, untersuchen müssen. Wir hätten Feldforschung über die Institution „Jugendhilfe" betrieben und deren emische Begriffe, Leitwerte und Grundannahmen unter die Lupe nehmen müssen. Das Versäumnis dessen war ein zentraler Grund für die Kommunikationsschwierigkeiten zwischen uns und der BWJH. Erst in der Zusammenarbeit mit dem AK „Perspektiven für UMA" ging uns auf, dass es ein zentraler Punkt ethnologischen Arbeitens ist, sich eben nicht von der Fragestellung des Auftraggebers vereinnahmen zu lassen,

---

13 Die Kosten spielten dabei auch eine Rolle. Für die BWJH lohnte es sich mehr, mit Schulungen in ihre Mitarbeiter zu investieren, als in die UMA, die die Einrichtung in absehbarer Zeit wieder verlassen würden.

sondern diese mitsamt der ihr zugrundeliegenden zentralen Begriffe und Annahmen zu hinterfragen.

In den Workshops für die Betreuer konnten wir ebenfalls die Kernkompetenzen der Ethnologie einbringen und die Betreuer dazu anregen, Selbstverständlichkeiten zu hinterfragen, ethnozentrische Vorannahmen aufzudecken, unvoreingenommen an fremde Denk- und Handlungsweisen heranzugehen und die Perspektive des Anderen einzunehmen. Nicht zuletzt ging es um das Hinterfragen der Annahme, die UMA seien grundsätzlich fremd und die Probleme mit ihnen seien auf jeden Fall „kulturell" bedingt. Mit Hilfe des „Kulturkrise"-Konzeptes (Oberg 2006) gaben wir den Betreuern ein Werkzeug an die Hand, um die Verhaltensweisen der Jugendlichen in der Auseinandersetzung mit der lokalen „deutschen" Kultur besser nachvollziehen zu können und um ihre eigenen Gefühle und Reaktionen gegenüber den als fremd empfundenen Jugendlichen zu verstehen.

Etwa die Hälfte der Workshops bestand aus der Besprechung konkreter Fälle, die den Betreuern auf der Seele brannten. Diese Fallbesprechungen gründeten auf der Annahme von AKIV, dass unter den Mitarbeitern der Jugendhilfe bereits praktikable Lösungen zu zahlreichen Problemen existierten. Oftmals jedoch konnten die Mitarbeiter diese nicht benennen, einschätzen oder untereinander austauschen. Unsere Rolle bestand in der eines Moderators, der durch Inputs zu Diskussionen unter den Teilnehmern anregt. Teil des Inputs waren auch Anregungen zur Vernetzung und Zusammenarbeit mit anderen Experten, wie z. B. islamischen Seelsorgern[14], und die Vermittlung von Ethnologen, die zu Herkunftsländern der UMA arbeiten. Am Ende standen gemeinsam erarbeitete Lösungsideen, die ethnologische und pädagogische Expertise vereinten. Diese Herangehensweise ermöglichte es, deutlich zu machen, dass es keine „Rezepte" für den Umgang mit „anderen Kulturen" gibt, sondern dass jeder Fall – ganz im Sinne ethnographischen Arbeitens – ein genaues Hinschauen erfordert. Sie ermöglichte es AKIV, als „Anwalt kleiner Maßstäbe" (Antweiler 2015: 29-30) aufzutreten.

4. Lehren für Forschung und Lehre in der Angewandten Ethnologie

Welche Lehren lassen sich aus den hier dargestellten Erfahrungen ziehen? Wie aus dem Vorangegangenen deutlich wurde, ist der Schritt von einer forschungsorientierten zu einer anwendungsorientierten Ethnologie, den wir im Rahmen der Kooperation mit der BWJH tun mussten, nicht einfach. Die Missverständnisse und Stolpersteine, die unsere Zusammenarbeit begleiteten, resultierten vor allem daraus, dass wir uns sehr schwer damit taten, unsere gewohnte Rolle des „reinen" Wissenschaftlers zu verlassen und die des Beraters einzunehmen. Für diesen Schritt erwies sich Folgendes als notwendig:

---

14 Die Idee einer islamischen Seelsorge in Deutschland ist noch sehr jung. Das Zentrum für Islamische Theologie der Universität Tübingen ist meines Wissens bisher das einzige, das islamische Seelsorger ausbildet.

Erstens mussten wir uns selbst darüber klarwerden, was die Ethnologie für die Praxis, in diesem Fall die Jugendsozialarbeit, leisten kann und was nicht, und dies dem Auftraggeber vermitteln. Wie dieser konkrete Fall deutlich macht, ist ethnologische Beratung hilfreich und sinnvoll, wenn es darum geht, bestehende Konzepte, Methoden und Lösungsansätze zu hinterfragen und zu reflektieren. Auf dieser Grundlage können in einem interdisziplinären Dialog mit den Kooperationspartnern neue Lösungsansätze und Handlungsempfehlungen entwickelt werden, die dann – nicht von den Ethnologen, sondern von den Kooperationspartnern selbst – umgesetzt werden können.

Zweitens mussten wir die Angst vor dem Vorwurf der „Unwissenschaftlichkeit" überwinden, mit dem die Angewandte Ethnologie von Seiten der forschungsorientierten Ethnologie gerne konfrontiert wird (Antweiler 2015). Diese Angst ging mit der Tatsache einher, dass unsere Feldforschung aufgrund finanzieller und zeitlicher Grenzen nicht die Standards akademischer ethnologischer Feldforschung einhalten konnte, und damit, dass wir als Berater aufgefordert waren, definitive Aussagen zu treffen – trotz der begrenzten Aussagekraft unserer Erkenntnisse und der Komplexität der untersuchten Situationen. Hilfreich für die Überwindung dieser Angst ist es sich klarzumachen, dass Auftragsforschung nicht per se unwissenschaftlich ist. Antworten auf dringende Fragen der Gesellschaft können nicht nach jahrelanger Forschung kommen. Der Gefahr der „Unwissenschaftlichkeit" bzw. Oberflächlichkeit lässt sich zudem durch eine enge Verzahnung mit der universitären Ethnologie begegnen. Eine universitäre Angewandte / Anwendungsorientierte Ethnologie kann hier als „Brückenbauerin" fungieren und viel Fundierteres leisten als die längst etablierte „interkulturelle Beratung". Wie unsere Erfahrung gezeigt hat, sind fundiertes regionales und theoretisches Wissen nötig, um die Fragen des Auftraggebers beantworten zu können. Die Erfahrung aus den Workshops hat zudem deutlich gemacht, dass gerade die Kombination aus ethnologisch-wissenschaftlichem Input und Besprechung konkreter Fälle den Blick der Teilnehmer für andere Perspektiven und Handlungsmöglichkeiten öffnet.

Schließlich könnte eine enge Verbindung von außeruniversitärer und universitärer Angewandter Ethnologie dafür sorgen, dass die freiberufliche angewandte Tätigkeit als Ethnologe zu einem essenziellen Teil des hermeneutischen Zirkels wird: In der Auseinandersetzung mit den Fragestellungen der Projekt-/Workshopteilnehmer, durch die Evaluierung der umgesetzten Ergebnisse und gegebenenfalls erneuten Kurzzeit- oder auch längeren Feldforschungen ergeben sich neue Fragestellungen für die Wissenschaft[15], die mittels Langzeitforschungen und mit gründlicheren Methoden untersucht werden können.

---

15 Ausgehend von dem hier beschriebenen konkreten Fall könnten beispielsweise die Rolle der Institution Jugendhilfe bei der Integration von geflüchteten Jugendlichen, die Entstehung bzw. Veränderung von Zugehörigkeitsgefühlen bei den Jugendlichen, die Beziehungen zwischen Jugendhilfeeinrichtungen und den Herkunftsfamilien, die Migration von Jugendlichen als Überlebensstrategie von Familien untersucht werden.

Hier würde sich eine fruchtbare Symbiose freiberuflicher, angewandter Tätigkeit und der Ethnologie als (Grundlagen-)Wissenschaft ergeben.[16]

Zwar noch nicht auf der Ebene der universitären Forschung, aber auf der Ebene universitärer Lehre konnte ich mit dieser Verzahnung von außeruniversitärer und universitärer Angewandter Ethnologie bereits gute Erfahrungen machen. So ergab sich in den Workshops für die Betreuer die Möglichkeit, Erkenntnisse und Ideen auszuprobieren, die Studierende im Rahmen eines Seminars zum Thema „Flüchtlingshilfe" entwickelt hatten. Die Studierenden hatten Feldforschungsübungen bei Institutionen der ehren- und hauptamtlichen Flüchtlingshilfe durchgeführt und ihre Ergebnisse den Feldforschungspartnern in einem Vortrag vorgestellt. Diese Ergebnisse ließ ich in die Konzeption der Workshops für die BWJH einfließen und entwickelte sie auf Grundlage der Workshop-Ergebnisse weiter, um sie wiederum in Seminare zu den Themen „Flüchtlingshilfe" und „Integration" einfließen zu lassen.

Drittens erfuhren wir, wie grundlegend es ist, sich gut auf die ethischen und emotionalen Herausforderungen einer Angewandten Ethnologie vorzubereiten, die über die einer rein wissenschaftlichen Ethnologie hinausgehen. Ebenso wie man in der Beratungsarbeit lernen muss, komplexe und komplizierte wissenschaftliche Erkenntnisse auf eine verständliche praxisbezogene Darstellungsweise herunterzubrechen, muss man lernen, mit den Konsequenzen von Aussagen und Stellungnahmen umzugehen. Es geht darum, Verantwortung für sein berufliches Handeln und dessen Folgen, die man nur bedingt kontrollieren kann, zu übernehmen (Fassin 2013). Dies kann auch emotional aufreibend sein.

Im Laufe des Kooperationsprozesses mit der BWJH haben meine Kollegen und ich etwas gelernt, was man im Rahmen eines herkömmlichen Ethnologie-Studiums nicht lernt: Wir lernten, wie ethnologisches Wissen in die Gesellschaft zurückgegeben werden kann, und haben dabei erfahren, was Ethnologen in der Praxis leisten können. Gleichzeitig erfuhren wir, dass das auch beinhaltet, Stellung zu beziehen zu konkreten gesellschaftspolitischen Fragen, über die ethische Dimension angewandter Ethnologie nachzudenken *und* entsprechende konkrete Konsequenzen sowohl während der Forschung als auch beim Transfer von Wissen zu ziehen. Diese Erfahrungen und Lehren gebe ich den Studierenden mit Hilfe des Formats Service Learning[17] weiter.

---

16 Diese Überlegungen verdanke ich Andreas Dürr.

17 Service Learning bezeichnet ein Lehrformat, bei dem die Studierenden sich in Auseinandersetzung mit gesellschaftsrelevanten Fragen Fachinhalte erarbeiten. Zentral ist dabei die Zusammenarbeit mit gemeinwohlorientierten Institutionen, deren konkrete Probleme und Fragen im Seminar aufgegriffen und mit dem Ziel, gemeinsam Lösungsideen zu entwickeln, bearbeitet werden. Bei den von mir durchgeführten Seminaren handelte es sich um eine Kombination aus Service Learning und Forschendem Lernen/Lehren. Siehe zu den beiden Lehrformaten Altenschmid/Miller 2016; Huber 2014; Reiber 2007; Sonntag et al. 2016.

5. Fazit

Abschließend möchte ich die zentralen Erkenntnisse zusammenfassen, die sich aus unserer Kooperation mit der Jugendhilfeeinrichtung im Hinblick auf eine Angewandte Ethnologie ergeben haben.

Erstens erhielten wir durch den Prozess der Zusammenarbeit eine Antwort auf die Frage, was Ethnologen für einen Kooperationspartner aus der Praxis zu bieten haben. Ihre empirische Arbeitsweise ermöglicht es ihnen, eine Nähe zur Alltags-/Arbeitswelt des Kooperationspartners herzustellen und sich eine gewisse „Feldkompetenz" anzueignen, die nicht nur für den Erkenntnisgewinn relevant ist. Sie schafft „street credibility", die eine wichtige Grundlage für den weiteren Beratungsprozess darstellt. Dieser Beratungsprozess – in Form von Vorträgen, Workshops, Fallbesprechungen, Gruppendiskussionen – zielt nicht nur darauf ab, bei den Kooperationspartnern einen Perspektivwechsel im Sinne eines „Sich in den Anderen Hineinversetzen" anzuregen, sondern bietet auch eine Plattform für den moderierten Austausch zwischen Experten – in diesem Fall Ethnologen, Sozialpädagogen, Erzieher, Psychologen – von Ideen zur Lösung praktischer Probleme. Darüber hinaus besitzen Ethnologen das theoretische und methodische Handwerkszeug, um in Rückbezug auf thematisch relevante ethnologische Literatur die Vorannahmen des Kooperationspartners, dessen Fragen und Problemwahrnehmung zu hinterfragen und ihm damit neue Blickwinkel auf ein Phänomen zu eröffnen. Dem Ethnologen bietet sich dadurch die Möglichkeit, neue wissenschaftliche Fragestellungen zu entwickeln.

Um diesen Beratungsprozess gut durchführen zu können und auf die Stolperfallen anwendungsorientierten ethnologischen Arbeitens vorbereitet zu sein, ist, zweitens, eine entsprechende Ausbildung notwendig.[18] Wie unsere Erfahrung gezeigt hat, kann jeder Ethnologe – auch der, der hauptsächlich in der Forschung tätig ist – in eine Situation geraten, in der anwendungsorientiertes Arbeiten gefragt ist. Jedoch bieten bestehende Studiengänge der Ethnologie bisher kaum systematische Vorbereitung darauf. Das Studium lehrt Forschungstheorien und -methoden und wie man sich wissenschaftlich mit Regionen und Themen befasst. Was fehlt, ist eine Behandlung der Frage, wie Erkenntnisse ethnologischer Forschung für die Praxis nutzbar gemacht werden können, und eine Reflexion der theoretischen, methodologischen und ethischen Implikationen dieser Transferleistung. Beides sollte fest in das Studium der Ethnologie integriert werden, um Studierende auf das Berufsleben außerhalb von Universitäten und anderen Forschungseinrichtungen vorzubereiten und um zu verhindern, dass unversehens in die Praxis geworfene Forscher mehr Schaden als Nutzen stiften.

---

18 Den folgenden Gedankengang verdanke ich ebenfalls Andreas Dürr.

Literatur

Altenschmid, Karsten / Miller, Jörg (2016): Service Learning. Ein Konzept für die dritte Mission. In: Die Hochschule, 1, S. 40–51.

Antweiler, Christoph (2015): Angewandte Ethnologie heute. Arbeits- und Minenfelder jenseits des Kokons. In: EthnoScripts, 17 (2), S. 11–39.

BAMF (2017): Zugangszahlen zu unbegleiteten Minderjährigen. Electronic Source: https://www.bamf.de/SharedDocs/Anlagen/DE/Downloads/Infothek/Asyl/um-zahlen-entwicklung.html [Zugriff am 31.10.2018].

BMFSFJ (Bundesministerium für Familie, Senioren, Frauen und Jugend) (2014): Übereinkommen über die Rechte des Kindes. VN-Kinderrechtskonvention im Wortlaut mit Materialien. Electronic Source: www.bmfsfj.de/blob/93140/8c9831a3ff3ebf49a0d0fb42a6efd006/uebereinkommen-ueber-die-rechte-des-kindes-data.pdf [Zugriff am 31.10.2018].

Bundesregierung (2017): Bericht über die Situation unbegleiteter ausländischer Minderjähriger in Deutschland. Drucksache 18/11540, 15.03.2017. Electronic Source: dipbt.bundestag.de/doc/btd/18/115/1811540.pdf [Zugriff am 31.10.2018].

Fassin, Didier (2013): Why Ethnography Matters. On Anthropology and Its Publics. In: Cultural Anthropology, 28 (4), S. 621–646.

Huber, Ludwig (2014): Forschungsbasiertes, Forschungsorientiertes, Forschendes Lernen. Alles dasselbe? Ein Plädoyer für eine Verständigung über Begriffe und Unterscheidungen im Feld forschungsnahen Lehrens und Lernens. In: HSW, 1+2, S. 22–29.

Jehles, Nora / Pothmann, Jens (2016): Mengen, Verteilungen und Durchschnittswerte. Ausgewählte Daten zu unbegleiteten minderjährigen Flüchtlingen. In: Fischer, Jörg / Graßhoff, Gunter (Hg.): Unbegleitete minderjährige Flüchtlinge. In erster Linie Kinder und Jugendliche! Sozialmagazin 1, Sonderband 2016. Weinheim: Belz / Juventa, S. 33–43.

Oberg, Kalervo [1960] (2006): Cultural Shock. Adjustment to New Cultural Environments. In: Curare, 29 (2/3), S. 142–146.

Reiber, Karin (Hg.) (2007): Forschendes Lernen als hochschuldidaktisches Prinzip. Grundlegung und Beispiele. Tübinger Beiträge zur Hochschuldidaktik, 3 (1). Tübingen: Arbeitsstelle Hochschuldidaktik. Electronic Source: http://hdl.handle.net/10900/43870 [Zugriff am 31.10.2018].

Rottenburg, Richard (2002): Weit hergeholte Fakten. Eine Parabel der Entwicklungshilfe. Stuttgart: Lucius & Lucius.

SGB VIII [1990] (2017): Kinder- und Jugendhilfe (Art. 1 des Gesetzes vom 26. Juni 1990, BGBl. I S. 1163, zuletzt geändert durch Art. 10 Abs. 10 G v. 30.10.2017 I 3618). Electronic Source: http://www.gesetze-im-internet.de/sgb_8/ [Zugriff am 31.10.2018].

Sonntag, Monika / Reuß, Julia / Friederici, Kathrin / Deicke, Wolfgang / Ebert, Carola (2016): Forschendes Lernen im Seminar. Ein Leitfaden für Lehrende. Berlin: bologna.lab, Humboldt-Universität.

Statistisches Bundesamt (2016): Unbegleitete Einreisen Minderjähriger aus dem Ausland lassen Inobhutnahmen 2015 erheblich ansteigen. Pressemitteilung Nr. 268/16 vom 02.08.2016. Electronic Source: https://www.destatis.de/DE/PresseService/Presse/Pressemitteilungen/2016/08/PD16_268_225.html [Zugriff am 31.10.2018].

Danksagung

Ich danke Andreas Dürr, der mir sein Vortragsskript zu seinem Vortrag „Zwischen der Beobachtung von und der Teilnahme an institutionellen Praktiken: Ethnologische forschungsbasierte Beratung in der Sozialarbeit für unbegleitete minderjährige Geflüchtete" (Workshop „Entgrenzungen und die Konstitution von Zugehörigkeiten im Feld der Migrationspolitik: Herausforderungen für die Angewandte Ethnologie", DGV-Tagung, 4.–7.10.2017, FU Berlin) zur Verfügung gestellt hat. Es bildet die Grundlage für diesen Artikel. Zudem danke ich ihm für die Kommentare zum ersten Entwurf dieses Artikels, die mir sehr geholfen haben, unsere zentralen Einsichten aus der Kooperation mit der BWJH zu formulieren.

Anthropology meets Library

SEBASTIAN NIX / KERSTIN SCHOOF /
FRANK SEELIGER

„Die Leihbibliotheken studiere, wer den Geist des Volkes kennen lernen will."
(WILHELM HAUFF, 1802–1827)

ABSTRACT: Bibliotheken sind ein ideales Betätigungsfeld für Ethnolog*innen: Sie unterliegen im digitalen Zeitalter einem rapiden Veränderungsdruck hinsichtlich ihrer Serviceangebote, was sich erheblich auf die etablierten Arbeitsweisen und -inhalte der Mitarbeitenden auswirkt. Diese müssen die Grundlage ihrer Arbeit kontinuierlich reflektieren und lernen, auf permanente und sich verstärkende Veränderungstendenzen zu reagieren. Zugleich müssen Bibliotheken auf den gesellschaftlichen Wandel reagieren; dies betrifft sowohl die Alterung der Gesellschaft als auch ihre zunehmende Plurikulturalität. Es gilt, die spezifischen Bedarfe und Denkweisen einer älter und zugleich kulturell diverser werden Nutzerschaft grundlegend zu verstehen, um darauf mit bedarfsgerechten Angeboten antworten zu können. Hier kann die Anwendung ethnologischer Methoden substanziell dazu beitragen, mit diesen Herausforderungen angemessen umzugehen. Das wird anhand verschiedener Beispiele aus dem Bereich wissenschaftlicher Bibliotheken exemplarisch dargestellt, wobei diese Beispiele im Kern aber auch auf öffentliche Bibliotheken übertragbar sind. Zugleich kann die ethnologische Befassung mit beruflichen Praktiken und normativen Haltungen im Bereich der Bibliotheken sowie mit den sich unter dem Vorzeichen einer ubiquitären Digitalisierung wandelnden Bedarfen einer alternden und sich kulturell diversifizierenden Gesellschaft prototypisch dazu beitragen, die Angewandte Ethnologie anzureichern mit potenziell generalisierbaren methodologischen und theoretischen Erkenntnissen. Diese erwachsen aus einer exemplarischen Befassung mit Phänomenen, die von universeller Reichweite sind und insoweit über die Domäne des untersuchten Felds der Bibliotheken hinausreichen.

© Springer Fachmedien Wiesbaden GmbH, ein Teil von Springer Nature 2019   659
S. Klocke-Daffa (Hrsg.), *Angewandte Ethnologie*, https://doi.org/10.1007/978-3-658-25893-1_33

1. Vorbemerkung

Im Sommersemester 2014 wurde in Tübingen das Seminar „Angewandte Ethnologie: Kultur als Beruf" durchgeführt, wozu der namentlich zuletzt genannte Autor dieses Beitrags als Referent eingeladen wurde. Es fand nicht zum ersten Mal statt, und es war auch nicht zum ersten Mal jemand aus der der „Bibliothekszunft" hinzugebeten worden. Während der Präsentation und besonders anhand der aufgeworfenen, vielen Fragen in der Diskussion bemerkte man schnell, wie dynamisch der Abgleich von Erfahrungs- und Erwartungshaltungen des Auditoriums mit der vorgetragenen Realität an Informationseinrichtungen stattfand. Somit entstand in der Nachlese dieses kurzen Aufeinandertreffens die Idee, schriftlich zu fixieren, was ein Brückenschlag von der Ethnologie zur Bibliothek sein könnte; der vorliegende Beitrag ist die konkrete Umsetzung eben dieser Idee.

Er versammelt letztendlich drei Herangehensweisen und Perspektiven, wie es einer Wissenschaftsdisziplin dieser Art, die den different point of view gezielt kultiviert und pflegt, gut zu Gesicht steht.

Die Autorin des vorliegenden Beitrags studierte Kulturwissenschaft und Soziologie. Erst arbeitete sie an einer großen Universitätsbibliothek, aktuell leitet sie eine Spezialbibliothek. Der zweite Autor ist Sozialwissenschaftler und sammelte Erfahrungen sowohl an Spezialbibliotheken als auch an einer Staatsbibliothek in der Dimension eines Großunternehmens. Er leitet ebenfalls aktuell eine Spezialbibliothek einer außeruniversitären Forschungseinrichtung. Und der Dritte im Bunde studierte „Ethnologie unter der besonderen Berücksichtigung der Altamerikanistik", blieb in seiner Promotion der Kulturanthropologie mit Blick auf den Westhimalaya-Raum treu und leitet in der Kontinuität von zwölf Jahren eine klassische Fachhochschulbibliothek. Der berufliche Werdegang der Autor*innen ist im Übrigen auch der Grund dafür, dass sie keine eigenen, praktischen Beispiele für den Brückenschlag zwischen Ethnologie und Bibliothek aus dem Bereich öffentlicher Bibliotheken beisteuern können. Gleichwohl ist auch dieser Bibliothekstyp ein ergiebiges Feld für ethnologische Arbeit, und die nachfolgenden Fallbeispiele aus dem Bereich wissenschaftlicher Bibliotheken dürften teilweise leicht auf öffentliche Bibliotheken übertragbar sein.

Dankbar nahmen alle drei Autor*innen die Herausforderung an, Einblick in ihr Metier zu geben, um die Schnittmengen beider Professionen – von Ethnologie und Bibliothek – aufzuzeigen. Die unterschiedlich eingenommenen Positionen und beruflichen Kontexte bedingen drei Fragmente, die das Thema verschieden ausleuchten. Sie stehen ganz im Sinne Friedrich Nietzsches „Die fröhliche Wissenschaft", wo es im dritten Buch und Aphorismus 260 beim Einmaleins treffend heißt: „Einer hat immer Unrecht: aber mit zweien beginnt die Wahrheit. – Einer kann sich nicht beweisen: aber zweie kann man bereits nicht widerlegen" (Nietzsche 2016:3. Buch, Absatz 260). Die drei Fragmente hält gleichfalls die Intention zusammen, für Interesse am Tätigkeitsfeld Bibliothek zu werben.

2. Bibliotheken heute: Informationsservices von Menschen für Menschen

Bibliotheksarbeit bedeutet Arbeit mit und für Menschen. Insofern ist die Institutionsbezeichnung verkürzt. Denn egal, ob man im Deutschen „Bibliothek" oder das englische „library" betrachtet: Beide verweisen etymologisch lediglich auf das Medium Buch. Das griechische Wort βιβλιοθήκ bedeutet wörtlich in etwa „Buch-Behälter", und das lateinische Nomen liber heißt schlicht „Buch".

Damit hebt der Begriff ganz klar ab auf das immer weiter verfeinerte und jahrhundertelang bewährte Geschäftsmodell der Institution „Bibliothek": die Ermöglichung eines möglichst geordneten Zugriffs auf das in Form physischer Medien – Bücher, Zeitungen, Zeitschriften, später auch Audio- und Videokassetten, CDs, DVDs, Blu-ray Discs usw. – zugängliche Menschheitswissen, sei es nun zum Zweck der Unterhaltung oder der Bildung. Kern dieses Geschäftsmodells war die Erkenntnis, dass es für Einzelpersonen aus praktischen Erwägungen gar nicht leistbar ist, alle individuell und oft nur vorübergehend benötigten „Wissensmedien" selbst zu besitzen.

Gleichzeitig war und ist es Aufgabe von Bibliotheken, solche Wissensmedien zu sammeln und so aufzubereiten, dass das gerade benötigte Medium – Buch, Film, Computerspiel usw. – möglichst rasch aufgefunden werden kann. Deshalb gab und gibt es Bibliothekskataloge, und analoge Medien werden in Bibliotheken heute so präsentiert, dass sie möglichst leicht auffindbar sind. Öffentliche Bibliotheken organisieren Veranstaltungen, um Angehörige unterschiedlicher Zielgruppen – Kinder, Jugendliche und Erwachsene, Menschen mit Migrationshintergrund usw. – an spezifische Medienangebote heranzuführen. An wissenschaftlichen Bibliotheken, z. B. an Hochschulen, wird Literatur für teilweise hochspezialisierte Forschungsfragen gesammelt. Zugleich wirken dort Bibliothekar*innen daran mit, Studierende an Techniken des wissenschaftlichen Arbeitens und vor allem an die effiziente Recherche nach wissenschaftlicher Literatur zu bestimmten Themen heranzuführen.

Doch dieses bewährte Geschäftsmodell gerät aus verschiedenen Gründen unter Druck. An erster Stelle ist hier der digitale Wandel zu nennen. So werden in einem 2013 publizierten „Trend Report" der Internationalen Vereinigung bibliothekarischer Verbände und Einrichtungen (vgl. IFLA 2013) fünf für Bibliotheken künftig prägende Trends[1] benannt, die ihre Wurzeln sämtlich in der umfassenden Digitalisierung der Trägermedien menschlichen Wissens einerseits und der umfassenden Digitalisierung von Arbeitszu-

---

1   Der „Trend Report" thematisiert die folgenden fünf Haupttrends, auf die allerdings an dieser Stelle nicht weiter eingegangen werden soll:

1. Erweiterung, aber auch Einschränkung des Informationszugangs durch neue Technologien.
2. Demokratisierung, aber auch Beeinträchtigung der weltweiten Bildung durch E-Learning.
3. Neubestimmung der Grenzen von Privatsphäre und Datenschutz.
4. In hyper-vernetzten Gesellschaften verschaffen sich neue Stimmen und Gruppen Gehör.
5. Transformation der weltweiten Informationswirtschaft durch neue Technologien.

sammenhängen andererseits haben. Damit einher geht eine zunehmende Auflösung des
etablierten Geschäftsmodells von Bibliotheken. Menschen benötigen nicht länger zwingend einen Zugriff auf physische Wissensträger. Das E-Book und, vor allem im Wissen-
schaftsbereich, elektronische Zeitschriften sind auf dem Vormarsch. So stieg im Jahr 2017
der Absatz von E-Books am Publikumsbuchmarkt trotz einer Abnahme der Zahl der Käufer*innen um eine Million auf 29,1 Millionen Exemplare in Deutschland.[2] Noch sehr viel
deutlicher schlägt sich diese Entwicklung im Bereich der wissenschaftlichen Bibliotheken
in Deutschland nieder: Dort sind mittlerweile mehr als 57 Prozent der jährlichen Erwer-
bungsausgaben für digitale Medien vorgesehen (vgl. DBV 2017:4). Gleichzeitig bedarf es
nicht mehr zwingend der Bibliotheken als intermediärer Instanz, um den Zugriff auf digitale Inhalte zu ermöglichen: Online-Buchhändler bieten Vertriebsmodelle an, die zu einem monatlichen Festpreis den unbegrenzten Zugriff auf eine unüberschaubare Zahl
von E-Books und andere Medien ermöglichen. Ähnliche Angebote gibt es für Filme, die
über kostenpflichtige Internet-Streamingdienste bezogen werden können. Die Produ-
zent*innen digitaler Inhalte entscheiden heute selbst, auf welchen Vertriebswegen und zu
welchen Konditionen sie diese Inhalte zugänglich machen wollen.

Doch die umfassende Digitalisierung aller Lebenszusammenhänge ist nur eine von
mehreren Herausforderungen, die, gerade in Deutschland, auch für die Arbeit in Bibliotheken prägend ist. Hinzu kommen weitere Rahmenbedingungen, die großen Einfluss
auf die bibliothekarische Arbeit haben werden. Zu denken ist hier besonders an die wachsende Plurikulturalität der Gesellschaft. So gibt das Statistische Bundesamt für das Jahr
2016 an, dass bei einer Gesamtbevölkerung von 82,4 Mio. Menschen allein 18,6 Mio.
Menschen über einen Migrationshintergrund verfügten; ihre Zahl hatte damit im Vergleich zum Vorjahr um 8,5 Prozent zugenommen.[3] Diese Menschen mit ihren jeweiligen
kulturellen sowie sprachlichen Prägungen und Bindungen sind auch potenzielle und tatsächliche Nutzer*innen bibliothekarischer Dienstleistungen. Eine repräsentative Untersuchung der Nutzer*innen öffentlicher Bibliotheken in Berlin im Jahr 2013 ergab beispielsweise, dass gut jede/r fünfte Bibliotheksnutzer*in einen Migrationshintergrund
hatte (vgl. Hardtke-Flodell / Puchta 2015:296). Aus der 21. Sozialerhebung des Deutschen
Studentenwerks geht hervor, dass im Sommersemester 2016 ein Fünftel der immatriku-
lierten Studierenden – mithin der potenziellen Nutzer*innen u. a. von Hochschulbiblio-
theken – einen Migrationshintergrund hatte, davon 69 Prozent mit deutscher, 19 Prozent
mit ausländischer und zwölf Prozent mit der deutschen und einer anderen Staatsangehö-
rigkeit (vgl. Middendorff et al. 2016:11). Auch wenn Migrationsbewegungen zu einer
punktuellen Verjüngung der Gesamtbevölkerung in Deutschland führen, ist davon aus-

---

2   Vgl. boersenblatt.net: E-Book Markt 2017. Zahl der Käufer sinkt: https://www.boersenblatt.net/artikel-e-book-
    markt_2017.1434008.html [Zugriff am 25.03.2018].

3   Vgl. Statistisches Bundesamt: Bevölkerung mit Migrationshintergrund um 8,5 Prozent gestiegen: https://www.
    destatis.de/DE/PresseService/Presse/Pressemitteilungen/2017/08/PD17_261_12511.html [Zugriff am 25.03.2018].

zugehen, dass die seit Jahren zu beobachtende Tendenz zur Alterung der Gesellschaft anhalten wird.[4] Diese Entwicklung spiegelt sich auch wieder in der Altersstruktur der Menschen, die in Bibliotheken und ähnlichen Einrichtungen tätig sind oder diese Einrichtungen nutzen. So ist zwischen 1999 und 2011[5] der Anteil der in diesem Segment Berufstätigen im Alter ab 50 Jahren von 31,0 Prozent auf 43,2 Prozent angestiegen.[6] Schließlich müssen Bibliotheken auf die anhaltende Verstädterung (vgl. dazu Milbert 2017) reagieren, die auch in Deutschland dazu führt, dass die Gewährleistung einer angemessenen öffentlichen Daseinsvorsorge – zu der hier explizit auch Angebote von Bibliotheken in öffentlicher Trägerschaft gezählt werden sollen – auch im ländlichen Raum eine wachsende Herausforderung darstellt.

Die genannten Rahmenbedingungen erzeugen einen multiplen Veränderungsdruck, dem sich – auch – Bibliotheken stellen müssen. Das betrifft zunächst das Verhältnis zwischen Nutzer*innenverhalten und -bedarfen auf der einen und bibliothekarischen Serviceangeboten auf der anderen Seite. So müssen Bibliotheken auch in einem privatwirtschaftlich geprägten Umfeld Mehrwerte auch für die sogenannten „digital natives" anbieten können, für die es von Kindesbeinen an eine Selbstverständlichkeit ist, jegliche Art von Inhalten – häufig im Rahmen personalisierter, auf individuelle Bedarfe zugeschnittener Angebote – nahezu jederzeit und an jedem Ort auf verschiedenen Endgeräten online nutzen zu können. Dabei dürfen sie jedoch auch jene Menschen nicht aus dem Blick verlieren, für die der Umgang mit digitalen Angeboten eben noch keine Selbstverständlichkeit darstellt. Gleichzeitig versuchen sie, sich mit spezifischen Angeboten als „dritter Ort" neben dem Zuhause einerseits und dem Arbeitsumfeld andererseits zu platzieren.[7] Zudem stehen sie vor der Aufgabe, mit ihren Medien und sonstigen Angeboten, beispielsweise Publikumsveranstaltungen, der Plurikulturalität ihrer Nutzer*innen Rechnung zu tragen. Das setzt neben Sprachkenntnissen auch Wissen um kulturelle Prägungen voraus. Nicht zuletzt muss es ihnen gelingen, trotz Urbanisierung attraktive Angebote auch für die Bevölkerung des ländlichen Raums bereitzustellen.

Bibliotheken haben daher heute und in Zukunft einen beachtlichen Spagat zu bewältigen: Digitale und analoge Serviceangebote müssen mit begrenzten Personal- und Sachmitteln stetig an die wechselnden Bedürfnisse einer ausgesprochen heterogenen Nutzer*innenschaft angepasst werden. Diese Services werden erbracht von Mitarbeitenden, deren Durchschnittsalter steigt und die zugleich im Zuge sukzessiver Neueinstellungen

---

4   Vgl. Statistisches Bundesamt: Alterung der Bevölkerung durch aktuell hohe Zuwanderung nicht umkehrbar: https://www.destatis.de/DE/PresseService/Presse/Pressemitteilungen/2016/01/PD16_021_12421.html [Zugriff am 25.03.2018].

5   Die entsprechenden Zahlen liegen nur bis 2011 vor.

6   Vgl. Institut für Arbeitsmarkt- und Berufsforschung: http://bisds.infosys.iab.de/bisds/result?region=19&beruf=BO823&qualifikation=2 [Zugriff am 25.03.2018].

7   Vgl. dazu vertiefend die Beiträge in Umlauf et al. (2016).

hinsichtlich ihres kulturellen Hintergrunds die Plurikulturalität der Gesamtgesellschaft stärker wiederspiegeln werden. Daraus ergibt sich absehbar die Notwendigkeit einer systematischen Organisationsentwicklung in Verbindung mit der Notwendigkeit einer dauerhaften, berufsbegleitenden Weiterentwicklung und Diversifizierung nicht nur fachlicher, sondern auch soziokultureller Kompetenzen.

Damit stellen sich für Bibliotheken mit Blick auf ihre Zukunftsfähigkeit zahlreiche erfolgskritische Fragen, die einerseits die Weiterentwicklung der Services betreffen und bei

SERVICEBEZOGENE FRAGEN	MITARBEITERBEZOGENE FRAGEN
■ Wie können die Angebote von Bibliotheken den vielfältigen sprachlichen und kulturellen Prägungen der Menschen in einer plurikulturellen Gesellschaft Rechnung tragen?	■ Welche sprachlichen und interkulturellen Kompetenzen werden benötigt, um in einem von wachsender kultureller Heterogenität geprägten Arbeitsumfeld erfolgreich agieren zu können?
■ Wie müssen digitale Angebote gestaltet sein, damit sie sowohl von „digital natives" als auch von „digital immigrants" genutzt werden?	■ Wie kann die Kund*innenperspektive systematisch und dauerhaft in die Entwicklung und Evaluierung bibliothekarischer Serviceangebote integriert werden?
■ Wie beeinflusst die Digitalisierung von Inhalten und Arbeitsprozessen die wissenschaftliche Forschung, und wie wirkt sich dies auf die Arbeitsweise von Forschenden und deren Erwartungen an bibliothekarische Dienstleistungen aus?	■ Wie können Arbeitszusammenhänge im Sinne eines aktiven Veränderungsmanagements so gestaltet werden, dass sie ein flexibles Reagieren auf unterschiedliche, sich dynamisch verändernde Nutzer*innenbedürfnisse ermöglichen? Was bedeutet dies mit Blick auf interne Hierarchien?
■ Wodurch unterscheiden sich die Fachkulturen verschiedener Wissenschaftsdisziplinen, und was bedeuten diese Unterschiede mit Blick auf bibliothekarische Services im analogen und virtuellen Raum? Inwieweit können Bibliotheken hier aber auch zum Brückenschlag über Disziplingrenzen hinweg beitragen?	■ Welches sind prägende Merkmale der Arbeitskultur und Bibliotheken, und wie kann diese Arbeitskultur fruchtbar gemacht werden für die Weiterentwicklung vorhandener bzw. die Entwicklung neuer Services?
■ Wie kann die Bibliothek als Ort so gestaltet werden, dass sie möglichst unterschiedlichen Bedarfen Rechnung trägt, beginnend von der Stillarbeit am Einzelarbeitsplatz über Gaming-'Angebote für verschiedene Zielgruppen bis hin zu Lesenächten für Kinder? Wie positionieren sich Bibliotheken mit ihren Angeboten im Umfeld anderer Kultureinrichtungen wie Theatern, Museen usw.?	■ Wie kann ein zielorientiertes Zusammenwirken von Bibliotheksmitarbeitenden aus verschiedenen Arbeitskulturen – z. B. Bibliothekswesen, Informatik, Design, Architektur – nachhaltig organisiert und institutionell abgesichert werden?

denen es andererseits um die Menschen geht, die als Bibliotheksmitarbeiter*innen Verantwortung für diese Serviceangebote tragen. Gerade zur Beantwortung dieser Fragen kann die Angewandte Ethnologie im Bereich von Bibliotheken einen substanziellen Beitrag leisten, indem sie Erkenntnisse über die vielfältigen kulturellen Praktiken und Bedarfe einer immer stärker diversifizierten Nutzer*innen- und Mitarbeiter*innenschaft generiert und Mitarbeitende in Bibliotheken zugleich für diese Vielfalt sensibilisiert. Einige dieser Fragen seien nachfolgend beispielhaft genannt:

3. Der mögliche Beitrag Angewandter Ethnologie zur Weiterentwicklung der bibliothekarischen Arbeit

Zur Beantwortung von Fragen wie den eben skizzierten kann die Angewandte Ethnologie als Bindeglied zwischen anwendungsorientierter Wissenschaft und wissenschaftsorientierter Praxis vielfältige Beiträge leisten. Möglicherweise eignen sich Bibliotheken aufgrund ihrer Zahl, ihrer gesellschaftlichen Verortung und Aufgabe sowie ihrer inneren personellen Verfasstheit besonders als exemplarisches Betätigungsfeld Angewandter Ethnologie, und zwar aus folgenden Gründen (vgl. zu den nachfolgend genannten Zahlen: Bericht zur Lage der Bibliotheken 2017/2018:4):

- Sie sind als Institutionen mit ca. 10.000 Standorten in Deutschland räumlich nahezu flächendeckend verbreitet.
- Bibliotheken haben mit 219 Mio. Besuchen im Jahr 2016 und über 10 Mio. aktiven Nutzer*innen eine hohe soziale Relevanz.
- Sie stehen prototypisch für Einrichtungen, deren professionelle Logik aufgrund sich rapide verändernder gesellschaftlicher Rahmenbedingungen einem erheblichen Anpassungsdruck unterliegt.
- Als Zielgruppen bedienen sie eine von wachsender Plurikulturalität und demografischen Veränderungsprozessen gekennzeichnete Gesellschaft und spiegeln in ihren Belegschaften diese gesellschaftlichen Gegebenheiten auch (perspektivisch) wieder.
- Bei ihrem professionellen Handeln folgen sie ethischen Prinzipien, wie sie beispielsweise im „Code of Ethics for Librarians and other Information Workers"[8] der Internationalen Vereinigung bibliothekarischer Verbände und Einrichtungen (IFLA) formuliert sind.

Obwohl also Bibliotheken mit ihren so unterschiedlichen Kund*innen und Mitarbeitenden, deren kulturelle Praktiken einem hohen Veränderungsdruck unterliegen, ein gewinnbringendes Betätigungsfeld für eine Angewandte Ethnologie sein könnten, sind entsprechende Initiativen in Deutschland bislang eher vereinzelt zu beobachten. Dies mag

---

8 Vgl. International Association of Library Associations and Institutions: IFLA Code of Ethics for Librarians and other Information Workers (full version). https://www.ifla.org/publications/node/11092 [Zugriff am 03.06.2018].

auch daran liegen, dass die deutsche Bibliothekslandschaft mit Blick auf die Träger der entsprechenden Einrichtungen – Kommunen, Bundesländer, Bund, ebenso private Träger – durch eine sehr große Heterogenität geprägt ist. Hinzu kommt, dass im deutschen Bibliothekswesen eine zentrale Einrichtung fehlt, die bundesweit koordinierende Aufgaben für öffentliche und wissenschaftliche Bibliotheken unter anderem im Bereich des Qualitätsmanagements und hinsichtlich der Modernisierung bibliothekarischer Angebote wahrnimmt. Auch finden sich in Bibliotheken selbst kaum institutionelle Anknüpfungspunkte für ethnologische Forschung, beispielsweise in Form von Organisationseinheiten, die sich systematisch und nachhaltig mit Fragen von Qualitätsmanagement, Nutzerforschung oder Organisationsentwicklung befassen. Andere Länder, namentlich die USA, sind hier weiter: Unter dem Begriff „library assessment" finden sich dort Ansätze unter anderen zur institutionalisierten Einbeziehung der Kundenperspektive in die Entwicklung bibliothekarischer Services. So dürfte es kein Zufall sein, dass gerade in den USA Ansätze auch ethnografiebasierter Nutzerforschung seit Mitte der Nullerjahre des 21. Jahrhunderts auf fruchtbaren Boden fallen (vgl. dazu auch Haas 2014).

Was den deutschen Sprachraum anbelangt, findet sich immerhin in dem 2013 publizierten „Handbuch Methoden der Bibliotheks- und Informationswissenschaft" ein eigenständiger Beitrag „Ethnomethodologie" (vgl. Seadle 2013), dessen Verfasser[9] allerdings US-Amerikaner ist, und die seinen Beitrag illustrierenden Fallstudien sind gleichfalls in den USA entstanden. Mittlerweile haben entsprechende Seminare Eingang in das Curriculum zumindest einiger einschlägiger Fachbereiche in Deutschland gefunden.[10] Ethnologische Methoden bahnen sich so allmählich ihren Weg in das deutsche Bibliothekswesen. Das ist allerdings noch keineswegs gleichbedeutend mit einem Ausgreifen der Angewandten Ethnologie auf die Domäne von Bibliotheken und verwandten Einrichtungen. Vielfach fehlt es hier noch an einer konsequenten Rückbindung entsprechender Initiativen an die akademisch-theoretische Ethnologie. Dennoch – und das soll anhand der nachfolgenden Fallbeispiele greifbar werden – liegen in einer Institutionalisierung nachhaltiger, länger andauernder Kooperationsbeziehungen zwischen den Trägern einer akademisch-theoretischen Ethnologie und Bibliotheken bzw. Informationseinrichtungen Potenziale, um durch die Bearbeitung von gleichermaßen aus der Praxis motivierten wie von theoriegetriebenen Problemstellungen in einem konkreten Feld wechselseitigen Nutzen zu stiften.

---

9 Michael Seadle, der selbst promovierter Historiker und seit 2006 Inhaber des Lehrstuhls für „Digitale Bibliotheken" am Institut für Bibliotheks- und Informationswissenschaft der Humboldt-Universität zu Berlin ist, fungiert als wichtiger Vermittler zwischen der US-amerikanischen „Ethnography" und dem deutschen Bibliothekswesen. Er war vermutlich der erste Bibliothekswissenschaftler, der explizit ethnologische Ansätze in seine Lehrveranstaltungen zur bibliothekarischen Nutzerforschung aufnahm.

10 Zu nennen wären u. a. Lehrveranstaltungen von Prof. Ursula Schulz und Prof. Christine Gläser an der Hochschule für Angewandte Wissenschaften in Hamburg sowie Module von Frank Seeliger und Kerstin Schoof an der Fachhochschule Potsdam und an der Stuttgarter Hochschule der Medien.

4. Feldforschung in der Bibliothek

4.1 Unter Studierenden – Ethnologie in der Universitätsbibliothek

Das Beispiel par excellence für ein groß angelegtes ethnologisches Projekt in der Bibliothek ist das Engagement von Nancy Fried Foster, deren Studien und die daraus resultierenden bibliothekarischen Anwendungen an der University of Rochester über die USA hinaus, auch in Deutschland, ein breites Echo fanden. Im Unterschied zu den meisten Initiator*innen zahlreicher Folgestudien, die an anderen Bibliotheken durchgeführt wurden, wurde Nancy Fried Foster explizit als Ethnologin mit der Stellenbezeichnung „Director of Anthropological Research for the University of Rochester's River Campus Libraries" eingestellt und mit den Bereichen Nutzerforschung, Participatory Design und User Experience betraut. Mit einem Diploma in Social Anthropology der University of Oxford und einem PhD in Applied Anthropology der Columbia University weist Foster einen klassischen Hintergrund in der Angewandten Ethnologie auf.

Ihre Aufgabe bestand zunächst in der Ermittlung von Anforderungen der Wissenschaftler*innen an ein Hochschulrepositorium (Foster/Gibbons 2005), woraus sich ein größeres Projekt zur Entwicklung eines „eXtensible catalog (XC)" (Foster/Gibbons 2005, Foster et al. 2012, Foster 2013) in Kooperation mit u. a. den Universitäten Cornell und Yale entwickelte Vom Nutzen ethnologischer Praxis überzeugte sie die bibliothekarische Community eindrucksvoll mit der Publikation „Studying Students" (Foster/Gibbons 2007). Diese verschiebt den Fokus von Wissenschaftler*innen auf Studierende und stellt eine Vielzahl von Nutzerstudien an der Universitätsbibliothek in Rochester vor, die sich mit der Verortung der Bibliothek im Tagesablauf der Studierenden, ihren Strategien beim Verfassen von Hausarbeiten sowie Lerngewohnheiten allein und in der Gruppe befassen. So konnte beispielsweise die bibliothekarische Fachauskunft in den Abendstunden (die sogenannten „Night Owl Librarians") evaluiert und mit den Studierenden gemeinsam ein neuer Bibliotheksraum gestaltet und eingerichtet werden. Über konkrete Anregungen für die bibliothekarische Praxis hinaus ermöglichten Fosters Studien Einblick in die studentische Nutzung von Technologie und physischem Raum, in das Verhältnis der „Millennials" zur Elterngeneration und ihre Einstellung zu Karriere und Freundschaftsbeziehungen.

Die hierfür gemeinsam mit den Bibliothekar*innen angewandten Methoden reichen von Befragungen über Expert*innen-Interviews mit Lehrenden bis hin zu Interviews, die auf der Grundlage von Fotografien geführt werden, die die Teilnehmer*innen zuvor anhand einer Themenliste angefertigt hatten. In Design Workshops wurden die Studierenden gebeten, einen neuen Bibliotheksraum mitzugestalten; in einer weiteren Teilstudie zeichneten sie ihren Tagesablauf auf dem Campus-Plan ein. Diese letztgenannten Methoden – Photo Surveys, Library Design Workshops und Mapping Diaries – gehen über die klassische Ethnologie weit hinaus, sind inspiriert u. a. durch die Visual Anthropology und die visuelle Arbeitssoziologie von Douglas Harper (2012), beziehen zahlreiche Medien und kreative Ausdrucksformen ein und können wohl durchaus als „Freestyle Anthropology" bezeichnet werden. Aber auch wenn Photo Surveys, Library Design Workshops oder Mapping Diaries einen unkonventionellen Methoden-Mix darstellen, lassen sie sich alle auf die Grundformen ethnologischer Forschungsmethoden zurückführen: auf die (teilnehmende) Beobachtung, das Feldtagebuch und das qualitative Interview. Angereichert durch Elemente des Design Thinking, das Problemlösungs- und Entwicklungsstrategien durch die jeweils betroffenen Akteur*innen selbst vorschlägt, entwarf Foster Strukturen und Workflows, die die Beteiligung der Nutzer*innen an bibliothekarischen Gestaltungsprozessen im Sinne des Participatory Design organisatorisch in der Institution verankerten (Foster et al. 2008). So wurde u. a. ein Usability Testing Team gebildet, das die Aufgabe hat, die Bibliotheksnutzer*innen in jeder Phase eines Entwicklungsprozesses einzubeziehen und gewonnene Erkenntnisse an die weiteren Projektteams zu melden. Während diese Vorgehensweise insbesondere mit Blick auf IT-Projekte etabliert wurde, findet sie jedoch auch Anwendung in der Entwicklung nicht primär technischer Service-Angebote der Bibliothek ▪ Abb. 1.

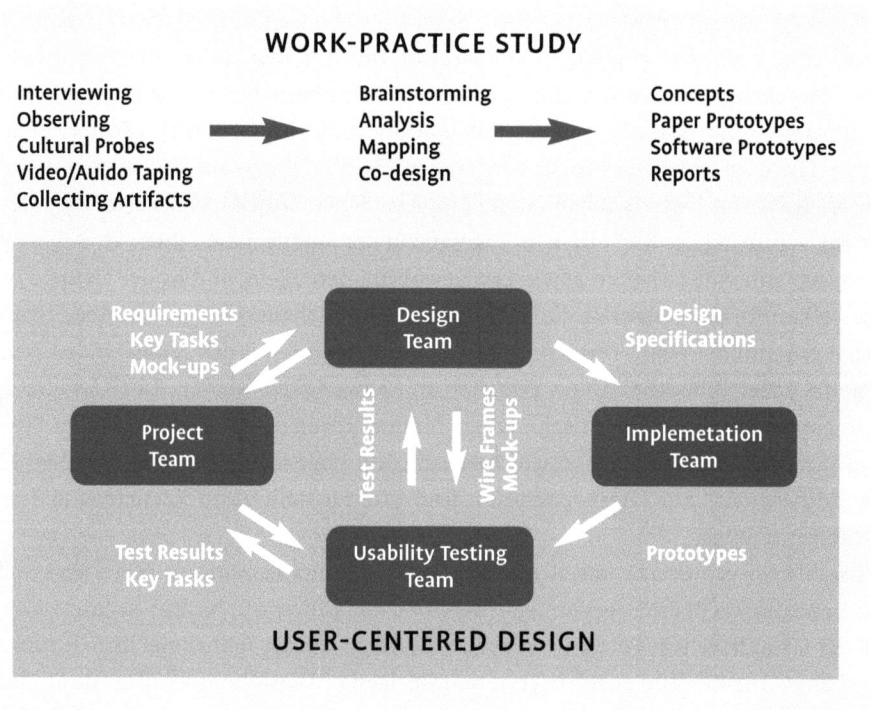

Abb. 1: Workflows zur Nutzerbeteiligung in Gestaltungsprozessen
an der University of Rochester. CC BY 3.0 US: David Lindahl / Nancy Fried Foster,
University of Rochester © Jörg Aufdemkamp

Dem Beispiel Fosters folgend wurden auch in Deutschland ähnliche Studien durchgeführt, beispielsweise an der Universität Oldenburg. Kerstin Schoof hat dort im Rahmen ihrer Tätigkeit als Wissenschaftliche Bibliothekarin mit einem Hintergrund in Kulturwissenschaft, Soziologie und Medienwissenschaft Fosters Ansatz der Nutzerforschung selbst zunächst im universitären Kontext auf Fragestellungen der Lernraumgestaltung sowie des Designs der Bibliothekswebsite und des Discovery Systems Primo angewandt (Schoof 2010; Schimpf / Schoof 2013; Schoof et al. 2013, Diekmann / Schoof 2013). Während eines Fachaufenthalts hatte sie schließlich Gelegenheit, drei Wochen in Nancy Fosters Team an den River Libraries der University of Rochester zu verbringen (Schoof 2012) und weitere Anregungen aus der dortigen Praxis als Beauftragte für User Experience am Bibliotheks- und Informationssystem Oldenburg in ihrem Aufgabenfeld einzusetzen. So konnten in Foto-Interviews und Design Workshops beispielsweise der Bekanntheitsgrad und der Nutzen neu eingerichteter Gruppenräume für die Studierenden eruiert werden. Hinweise der Studierenden führten zur Modifizierung von Nutzungsregeln, zur Verbesserung des Buchungssystems sowie des vorhandenen Infomaterials und – zum Austausch von Türen: In den Interviews war mehrmals zur Sprache gekommen, dass arbeitende Gruppen aufgrund der fensterlosen Türen oftmals durch Kommiliton*innen gestört wurden, die von außen nicht einsehen konnten, ob der jeweilige Raum bereits belegt war. Der Einbau kleiner Fenster konnte hier schnell Abhilfe schaffen.

Was genau macht nun den Einsatz ethnografischer Methoden in den genannten, aber auch in zahlreichen weiteren Fällen an der (Universitäts-)Bibliothek immer wieder lohnenswert? Hier können sehr klar drei Aspekte benannt werden: die Nähe zu und die Einbindung der Nutzer*innen; die Kreativität des Methodenspektrums, das Studienteilnehmer*innen auf vielfältige und für sie ungewohnte Weise anspricht und fordert; und die Anschaulichkeit des Materials, das im Prozess ethnografischer Studien entsteht und Bedarfe, Wahrnehmungen und Sachverhalte auf plastische Weise sicht- und greifbar sowie an Kolleg*innen und Unterhaltsträger kommunizierbar macht. In der Kombination aus Bildmaterial, Interviewaussagen und Zeichnungen entsteht eine vielstimmige Collage, die im Idealfall – bzw. durch eine/n geschulten Ethnolog*in – zu einer „dichten Beschreibung" (Geertz 1987) ausgearbeitet werden kann. Wird die Cafeteria im Foto-Interview zu den unterschiedlichsten Themen fotografiert, als Ort zum Treffen von Freund*innen, für Pause und Gruppenarbeit, aber auch als Einzelplatz, als Ort zum Ausruhen oder als Beispiel für „etwas in der Bibliothek, das eher nervt", so ergibt sich aus all diesen Puzzleteilen das Bild eines äußerst ambivalenten Ortes, dessen intendierte Nutzung unklar ist und daher für Spannungen und Konflikte sorgt. Nicht nur die unterschiedlichen Vorlieben und Gewohnheiten der Studierenden in der Bibliothek werden so erfahrbar, sondern auch Theorien zum eigenen Lernprozess oder Strategien, widersprüchliche Interessen mit den Kommilitonen z. B. in Bezug auf die Nutzung des Bibliotheksraums auszuhandeln:

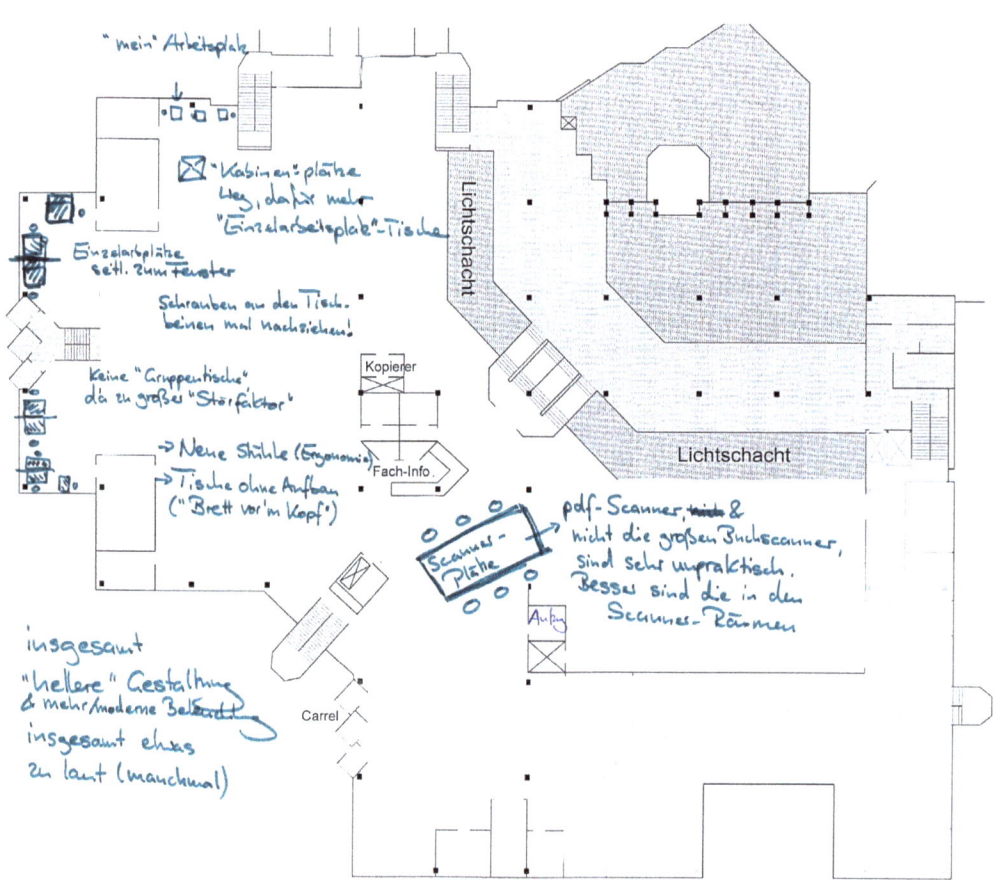

**Abb. 2: Ein Ergebnis aus Library Design Workshops
am Bibliotheks- und Informationssystem (BIS) der Universität
Oldenburg (Schoof 2010).** © Kerstin Schoof

„Ich brauche absolute Ruhe und werde auch ziemlich schnell pampig, wenn es nicht ruhig ist [...] ich will hier keine Freunde machen, ich will arbeiten." – „[Dann bin ich lieber am Lichtgraben, wo man] zwischendurch mal ein Wort wechseln kann, ohne dass man dann gleich von der Seite mit einem ‚Schschsch' bedacht wird." – „Bei mir ist es so, ich kann mir am besten etwas merken, wenn ich damit etwas Hörendes in Verbindung bringen kann. Also, wenn ich dann weiß, an der Stelle, da hat ja jemand einen Kaffeebecher fallen lassen, dann merke ich mir das besser, als wenn ich jetzt einfach zu Hause sitze und lese" (Schoof 2009: 40-41, 91).

In Oldenburg wurde aus diesen Ergebnissen die Schlussfolgerung gezogen, die Cafeteria im Sinne einer funktionalen Zonierung der Bibliothek effektiver von anderen, ruhigen Lernbereichen abzugrenzen. Durch eine Teilverglasung konnte der Geräuschpegel gesenkt und zugleich der offene Charakter des Gebäudes erhalten werden. Dem oftmals geäußerten Bedürfnis nach Stille in der Bibliothek begegnete die Bibliotheksleitung zudem in Form einer Kooperation mit der „AG Hörsensible Uni", die Beratung zu Maßnahmen der Lärmreduktion bot und eine Kartierung der Bibliothek in Zonen unterschiedlicher Lautstärke vornahm.

Nicht alle Bibliotheksnutzer*innen lassen sich ein auf den erhöhten Aufwand oder den intensiveren Kontakt, den ein Foto-Interview oder ein Design Workshop gegenüber dem Ausfüllen eines Online-Fragebogens bedeutet. Mit den Teilnehmer*innen, die zu einer solchen Form der Partizipation bereit sind, ist es jedoch oftmals möglich, qualitativ anders gelagerte und sehr aussagekräftige Ergebnisse für eine nutzerorientierte Bibliotheksarbeit – analog und digital – zu erzielen, die die im Bibliothekswesen etablierten Methoden der quantitativen empirischen Sozialforschung bereichern und komplimentieren. Der ethnologische Blick, der die Bereitschaft ebenso wie die erlernte Kompetenz beinhaltet, sich in andere Perspektiven und andere Lebenswelten hinein zu versetzen, ist hierbei unverzichtbar, um im Kontakt zu den Nutzer*innen und in der Auswertung des erhobenen Materials fundierte, valide und bereichernde Ergebnisse zu erarbeiten.

4.2 (More than) Two Cultures –
Wissenschaftliche Forschung und ihre Fachkulturen

Ein weiterer Einsatzbereich für Ethnolog*innen in der Bibliothek eröffnet sich überall dort, wo es um die Unterstützung spezialisierter Forschung und die Bedarfe unterschiedlicher Fachkulturen geht. C. P. Snows einflussreiche Kategorisierung der Wissenschaft in zwei Kulturen – Natur- und Geisteswissenschaften (Snow 1993) – lässt sich in der Praxis deutlich weiter ausdifferenzieren und wird aufgrund steigender Interdisziplinarität der Fächer zunehmend komplexer. Der ethnologische Blick, der eine Sensibilität für Alltagspraktiken, Rituale, Mechanismen von Anerkennung und Strukturen sozialer Beziehungen aufweist, scheint hier besonders geeignet, um Bibliothekar*innen in der Entwicklung von Services für einzelne Disziplinen zu unterstützen.

Jedes Fach bildet eigene Forschungsmethoden und Arbeitsweisen heraus, die sich z. B. in der Nutzung der Bibliothek als Raum niederschlagen. Ob Forschende in der Bibliothek im Team oder in Stille allein arbeiten möchten und welche technische Infrastruktur hierfür benötigt wird, hängt mit einer Vielzahl an Faktoren zusammen: mit mehr oder weniger projektbezogenen, kooperativen Arbeitsformen; dem Vorhandensein von alternativen Räumlichkeiten wie Laboren, Lounge-Bereichen oder PC-Pools, oder auch mit der Karrierephase, in der sich ein/e Forschende*r gerade befindet.

Ähnlich bringen die verschiedenen Disziplinen spezifische Publikationskulturen hervor, die unterschiedliche Rezeptionsweisen von wissenschaftlicher Literatur – Monografien oder Zeitschriftenartikel, Material aus Preprint-Repositorien, eine jeweils eigene Zusammensetzung aus analogen und digitalen Quellen – oder den Umgang mit Forschungsdaten bedingen. Hat sich in einer Fachkultur das Publizieren im Open Access bereits etabliert, oder befindet sich das Publikationsverhalten im Umbruch? Beschäftigt sich die Forschung mit urheberrechtlich geschützten Kulturprodukten und benötigt möglicherweise beratende Unterstützung durch die Bibliothek? All diese Faktoren sind essentiell für die sinnvolle Gestaltung einer Spezialbibliothek und erfordern ein entsprechend flexibles Wissen der Bibliothekar*innen über die sich konstant im Wandel befindenden Arbeitsweisen der Wissenschaftler*innen. Für den „embedded librarian" (Shumaker 2012) ist die teilnehmende Beobachtung daher ein integraler Bestandteil des alltäglichen Aufgabenspektrums, der entsprechend methodisch reflektiert sein sollte.

Herausgeber*innen und Anbieter*innen von Nachweisinstrumenten haben die fachspezifischen Anforderungen im Bereich der Recherche- und Publikationskultur traditionell in Form entsprechend aufbereiteter Fachbibliografien und -datenbanken berücksichtigt. Im Zuge der Integration von Bibliotheken in die übergeordneten Informationsinfrastrukturen des Internets wird oftmals versucht, die Kleinteiligkeit des wissenschaftlichen Informationssystems zu überwinden und Sucheinstiege wie Recherchewege zusammenzuführen und zu vereinheitlichen. Ein Beispiel hierfür sind sogenannte Discovery-Systeme, die den Bibliothekskatalog mit Artikeln und Datenbankinhalten anreichern und durch Suchmaschinentechnologie besser auffindbar machen. Ob diese „One-Stop-Solution" jedoch die Bedarfe aller Fachgebiete gleichermaßen gut abdeckt, ist eine berechtigte Frage: So hat Mieke Roscher in ihrer Studie zum Thema diverse Unterschiede im Nutzen der Systeme für Geistes- und Naturwissenschaftler*innen festgestellt (Roscher 2014).

Wenn es auch grundsätzlich den Anbieter*innen von Bibliothekssoftware obliegen mag, ihre Produkte intensiv in Usability-Studien und durch Nutzerforschung zu testen, so bleiben für Bibliotheken doch substanzielle Aufgaben in der Anpassung der jeweiligen Anwendungen an ihren fachlichen und institutionellen Kontext bestehen. Insbesondere die Gestaltung der eigenen Website, die die Auswahl vor Ort relevanter Informationsressourcen und die Präsentation spezifischer Sammlungen und Services beinhaltet, ist nicht vollständig (z. B. durch Leitfäden zu Usability und Schreiben im Web, vgl. auch Redish 2012) standardisierbar. So wurden für die Spezialbibliothek des Max-Planck-Instituts für empirische Ästhetik (MPIEA) Studien zum Design der Bibliothekswebsite durchgeführt, die zunächst mittels Videofeedback-Interviews den subjektiven Eindruck der Forschenden, ihre Orientierung auf der Seite sowie Anmerkungen und Änderungsvorschläge erfragt haben. Die Teilnehmenden sollten zudem kleine Aufgaben absolvieren, um die Funktionalität der Website zu testen. Mit einer Software wie Camtasia werden hierbei die Person ebenso wie der Bildschirm als Video aufgezeichnet, um neben verbalen Aussagen auch Aspekte der Mimik, zeitliche Verzögerungen, Cursorbewegungen und Scrollen über die Website erfassen zu können ▪ Abb. 3. Anschließend hatten die Teilnehmer*innen die Gelegenheit, ungestört und in ihrem eigenen Zeitrahmen Anmerkungen und Änderungswünsche auf einem Ausdruck der Einstiegsseite einzuzeichnen ▪ Abb. 4. Insbesondere dieser zweite Schritt stellt eine einfache, aber sehr hilfreiche und auch für technisch nicht versiertes Personal durchführbare Pen-and-Paper-Methode dar, um digitale Interfaces zu evaluieren und zugleich Vorschläge zur Neugestaltung einzuholen.

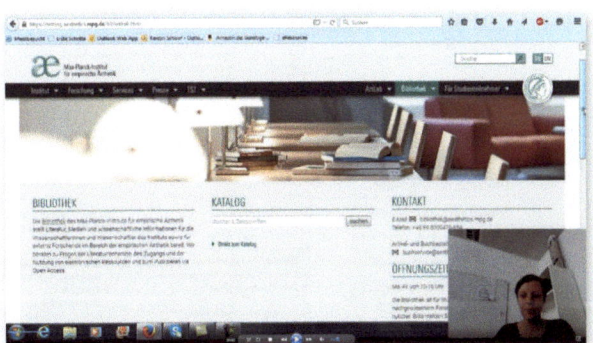

Abb. 3: Mehrstufiger Usability und Design Workshop zur partizipativen Gestaltung der Website der Institutsbibliothek des MPIEA im Jahr 2015 – Teil 1.
© Kerstin Schoof

Das Terrain reiner Usability-Tests überschreiten Ansätze wie dieser immer dann, wenn die Durchführenden der entsprechenden Nutzerstudie die Alltagspraktiken, die „Lebenswelt" (Flick 2015) und Aspekte der Fachkultur der teilnehmenden Wissenschaftler*innen berücksichtigen sowie Informationen hierüber situativ erfragen und durch Beobachtung im Umfeld der Teilnehmer*innen im Sinne eines „Contextual Interviews" (Beyer / Holtzblatt 1998) ermitteln. Wie ist die Bibliothek im Verhältnis zu anderen Ressourcen on- und offline verortet, die Wissenschaftler*innen nutzen? Welche Tools, soziale Netzwerke, Recherchemittel o. ä. spielen hierbei eine Rolle? Wie sieht der „Information Horizon" (Sonnenwald / Wildemuth 2001) der Studienteilnehmer*innen aus? Arbeiten sie alleine, in einem Gemeinschaftsbüro, zuhause; wen sprechen sie an, wenn sie Hilfe benötigen? Welche Beziehungen zur und Vorstellungen von der Bibliothek hat der/die betreffende Wissenschaftler*in? Eine ethnografisch informierte Annäherungsweise kann die Funktionalitätsprüfung einer Website zum Anlass nehmen, um Einblicke in die Forschungsziele, Arbeitsweisen, Werkzeuge und Kommunikationskulturen der beteiligten Wissenschaftler*innen zu bekommen, die das bibliothekarische Verständnis der eigenen Nutzer-Community langfristig fördern.

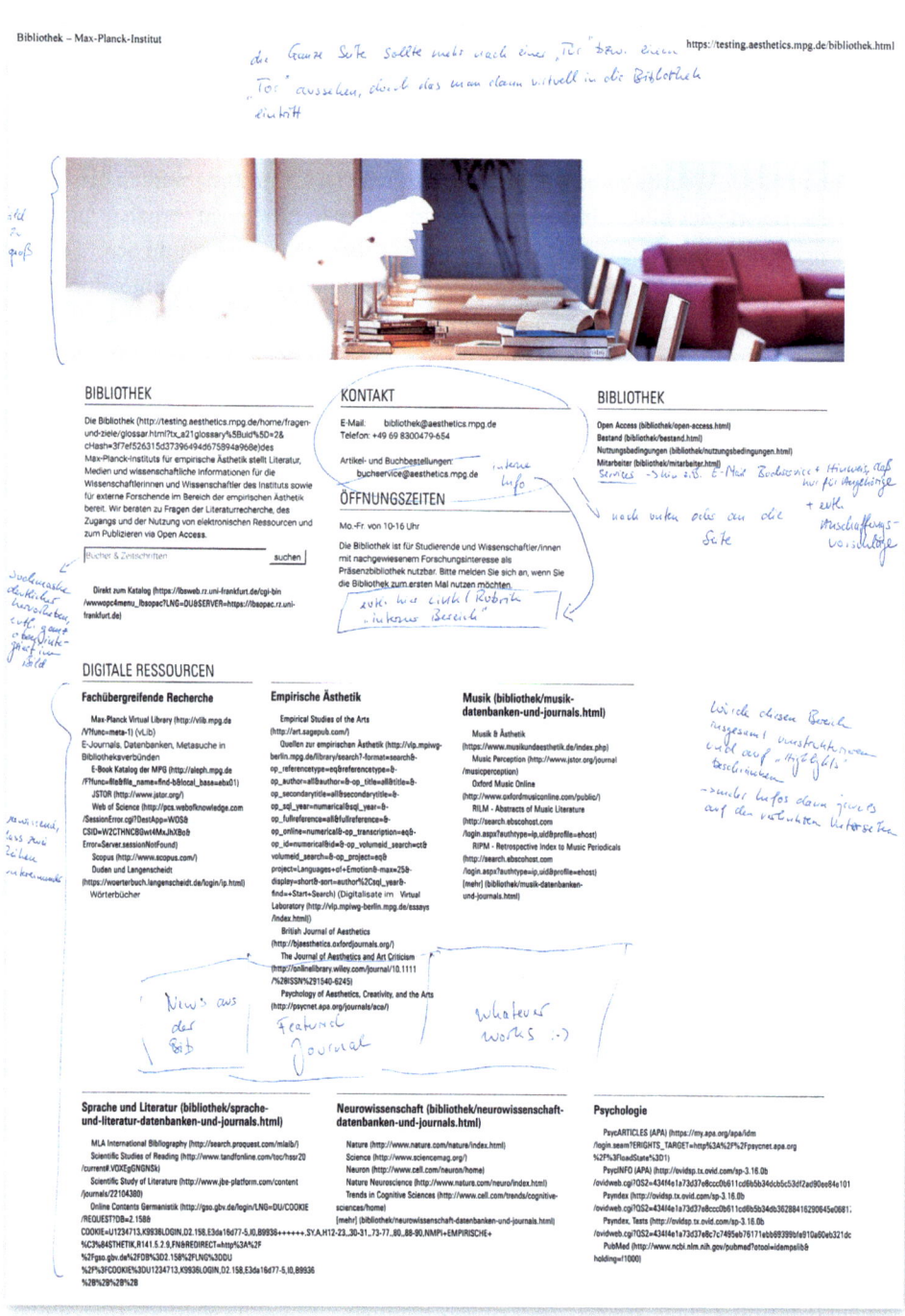

**Abb. 4: Mehrstufiger Usability und Design Workshop
zur partizipativen Gestaltung der Website der Institutsbibliothek
des MPIEA im Jahr 2015 – Teil 2.** © Kerstin Schoof

5. *Variatio delectat:* Ein Plädoyer aus Sicht der Wildauer Hochschulbibliothek

Jeder Problemaufriss, so lapidar er erscheinen mag, steht oder fällt mit der individuellen Verfasstheit und den Persönlichkeitsmerkmalen der betreffenden Person, die sich eines Themengebietes annimmt. Gestattet man diesen individuellen Bezug und setzt die Absolvierung einer ethnologischen „Schule" voraus, stellt sich eine ganz eigene Gretchenfrage: Hat man die Ethnologie im Rückspiegel oder auf dem Head-up-Display? Mit welchem Blickwinkel betrachtet man seine zurückliegende ethnologische Sozialisierung im akademischen Werdegang? Ist sie Rucksack oder Ziel bzw. hilft der Rucksack ein solches Ziel zu erreichen?

Die eigene ethnologische Ausbildung mit zudem historischer Fokussierung liegt für den Autor dieses Beitragsteils drei Vollzeitstudium-Generationen zurück. Seitdem überformt das prägende berufliche Umfeld mit bibliothekarischen Themen diese frei gewählte und wichtige bildungsbiographische Phase. Der konsekutive Lebensabschnitt bot kaum Chancen, im Rahmen lebenslangen Lernens beruflichen Anschluss an aktuelle Theorie- und Methoden-Debatten der Ethnologie zu halten. Gelegentliche Fachlektüre, kaum in den gängigen Medien, der Blick auf institutionelle Webseiten des Faches oder ein zufälliges Fachsimpeln – wie z. B. mit der Herausgeberin dieses Buches – boten sich als Surrogat für systematischere und reflektierende Beschäftigung. Es bleibt ein Desideratum, kontinuierlichen Anschluss an diese Fachdomäne zu halten.

Hat man einmal das Schwimmen erlernt, so die Binsenweisheit, verlernt man es nicht mehr. Aber wie kann man bei aller philanthropischer Neigung noch auseinanderhalten, was weiland akademisch internalisiert wurde und was feste Persönlichkeitsstrukturen und Attitüden aus anderen Erfahrungsschätzen wurden? Diese Zuspitzung als Gretchenfrage erreicht fast den Debattenlevel des Disputes *nature or nurture*.

Anschlussversagen und Überlagerung bieten nicht zwangsläufig die besten Voraussetzungen dafür, in diesem Band Anregungen für das Interdisziplinäre von Ethnologie, Informationswissenschaft und Bibliothek zu geben. Dass es dennoch einen kleinen Beitrag an dieser Stelle gibt, ist – neben der Präsenz zwei weiterer einschlägiger Autor*innen – einer einfachen Tatsache geschuldet: In dieser Nische – die mit Blick auf die oben genannten Zahlen doch nicht ganz einer *quantité négligeable* entspricht – gibt es einen enormen Bedarf an Kolleg*innen, die sich auf das Fremde verstehen, bei denen das Fremde einen vorbereiteten Geist trifft!

5.1 Wo begegnet man kulturell Fremden in der brandenburgischen Speckgürtelprovinz?

Der tagesaktuelle Blick auf die zur Zeit den Diskurs dominierenden und erwähnten Herausforderungen auf kommunaler, bildungs- bis parteipolitischer und gesellschaftlicher Ebene bedarf an dieser Stelle keines zusätzlichen Kommentars. In der Bibliothekswelt formte diese Herausforderung unter anderem und seit mittlerweile fünf Jahren den

Neologismus „Asylothek". Neben dem Verleih von Medien und Dingen (i. d. R. Geräte für Haushalt und Handwerk) stehen weitere Dienstleistungen im Kontext des Bildungsauftrages auf dem dortigen Programm, z. B. das Ausfüllen von Formularen und Anträgen.

Für die Hochschullandschaft zeigt sich noch ein weiterer Aspekt, teils im Zuge des demographischen Wandels, mit dem gerade die neuen Bundesländer mit ihren abnehmenden Studierendenzahlen zu kämpfen haben. Über zahlreiche Initiativen und Kooperationen werden Studiengänge internationalisiert, und damit ebenfalls die Studierendenlandschaft. Von 2,8 Mio. Studierenden in Deutschland stammen über 350.000 aus dem Ausland. Der Campus Wildau hat sich dabei überdurchschnittlich positioniert mit einem Anteil von 20 Prozent ausländischer Studierender.

Ein Blick in eine kleine Hochschulbibliothek wie die im Brandenburgischen Wildau gelegene mit 4.000 Studierenden reicht, um das konkret Greifbare vor Augen zu führen: Als studentische Hilfskräfte arbeiten in dieser mit 5,7 Vollzeitäquivalenten ausgestatten Bibliothek eine Studierende aus El Salvador, zwei aus Jemen, je einer aus Syrien, aus Indien, aus Kirgistan und aus Kasachstan. Im letzten Jahr hielten sich in der gleichen Einrichtung für ein Praktikum angehende Kolleg*innen aus Litauen und Kroatien auf. Ist das kulturell Fremde bei uns zu Hause angekommen?

Definiert man das kulturell Fremde so umfassend, dass es in der eigenen Gesellschaft ansetzen kann, so muss man als Mittvierziger die altersbedingte Differenz zur Zielgruppe einer Hochschulbibliothek mit anführen. Zwischen uns liegen in aller Regel zwanzig Jahre oder – in anderer Währung ausgedrückt – vier Vollzeitstudium-Generationen. Die Distanz hat ihren inhaltlichen Bezug in verschiedenen Kontexten der lebensweltlichen und bildungsbiographischen Sozialisierung. Die Digital Natives und die Generation Y teilen sich vermutlich sprachenübergreifend in ihrem Verhalten, zu kommunizieren und mit Medien zu arbeiten, mehr Gemeinsamkeiten, als Jung und Alt mit gleichem Sozialisierungshintergrund.

Mit der gleichen weit gefassten Definition des Forschungssubjektes im Fach Ethnologie liegt ein zweites Forschungsfeld vor: das verschiedener Fachkulturen (s. o. Tabelle). Was benötigen sie an Informationen und Unterstützung vom Dienstleister Bibliothek? Hierfür zirkuliert im weiteren Sinne der Terminus technicus *embedded librarian* in einschlägigen Publikationen, wie er ebenfalls in diesem Beitrag schon angerissen wurde.

Kurzum, diese wenigen Beispiele der kulturellen Differenzen führen immer wieder vor Augen, wie gern man sich an die „brotlose" Beschäftigung mit der Ethnologie von einst erinnert. Wo jedoch liegen praktische Beispiele der methodischen Wertschätzung des Ethnologischen? Keinem Geringeren als Albert Einstein wird das Bonmot zugeschrieben: „Nicht alles, was zählt, kann man zählen. Und nicht alles, was man zählen kann, zählt." In einer Bibliothek wird viel gezählt, so viel, dass man wie im Fach Soziologie manchmal meinen könnte, das Empirische und Quantitative stelle allein das Faktische dar. Denn schwer tut man sich mit Argumentationsketten vor Entscheidern bei der Deutung des unrepräsentativ Qualitativen, des – wenn auch umso anschaulicheren – Einzelfalls. Aber ein jeder weiß auch um die Schwächen und das Unzulängliche im Faktischen, selbst in einer zunehmend von Null und Eins geprägten Informationslandschaft, in der Digitalisierung und Automatisierung Hand in Hand gehen. Aber wo bleibt da der Mensch – und speziell gefragt: Wie geht es an der Mensch-Maschinen- Schnittstelle zu?

Die ehrlichste Antwort für das Umfeld der überschaubaren Wildauer Hochschulbibliothek liegt darin, einfach die letzten zehn Jahre dahingehend Revue passieren zu lassen, wo das Ethnologische bewusst Bibliotheksarbeit traf!

5.2 Technik trifft Ethnologie

Im Rahmen der nicht veröffentlichten Masterarbeit an der Humboldt-Universität zu Berlin zur Schnittstelle Mensch-Maschine wurde im Jahr 2008 eingehend die Interaktion von Nutzern mit sogenannten Selbstbedienungsterminals beobachtet. Mit Radiowellen zur Objekterkennung unter dem Label RFID (radio-frequency identification) bzw. NFC (near field communication)-ausgestattete Automaten erlauben in vielen Bibliotheken das selbstständige Ausleihen und Zurückbuchen von Medien, auch im Stapel. Die Dokumentation des Verhaltens von Studierenden vor den Automaten, ihre Handlungen, die Informationsaufnahme etc. wurden analysiert – wie bei so vielen anderen digitalen Projekten (Seeliger 2008).

Die Nutzer- und Usability-Forschung, d. h. Betrachtungen zum Informationsverhalten von Bibliothekskunden, gerade auch an der Nahtstelle zur Maschine, steht im Fokus informationswissenschaftlicher Untersuchungen. Do-it-yourself lebt von der Annahme, dass ein Service akzeptiert und der Mehrwert für die Kund*innen offensichtlich ist; insofern steht diese im Mittelpunkt der Betrachtung. Selbstbedienung anzubieten oder an Webschnittstellen oder Geräte auszulagern lebt davon, dass dieser Mehrwert an ersparten Personalkapazitäten auch den Kund*innen zugutekommt in Form von Qualität, bestenfalls intuitiv erschließbarem Bedienkomfort und Zuverlässigkeit. Und für diesen Zirkelschluss steht der/die verständige Prozessbeobachter*in. Für viele derartige Dienstleistungen stellen Ansätze der Beobachtung und Analyse die Voraussetzung für Veränderung und Erfolg erst sicher. In dieser Grundüberzeugung laufen als weiteres Beispiel alle Versuche in Wildau, einen humanoiden Versuchsroboter der Marke Pepper einzusetzen. Seit 2016 im Dienst, soll er im Rahmen der unbemannten Bibliothek zu Nacht- und Feiertagszeiten einfache Services für Kund*innen abdecken. Noch vollzieht sich das Erbringen von Dienstleistung im Rahmen der regulären Öffnungszeiten (Seeliger 2018).

Eine im Grundsatz ähnliche Methode wird als „Count the Traffic" oder „Track the Traffic" bezeichnet und geht auf Tord Høivik vom Oslo University College zurück. Mit ihr wird der Raum der Bibliothek und seine Nutzung, z. B. der bibliotheks- oder kundeneigenen Rechnertechnik, die in festen Kategorien vorgegeben ist, als Momentaufnahmen analysiert.[11]

---

11 Vgl.: https://www.hioa.no/tilsatt/tord.

5.3 Workshops zu ethnologischen Methoden für Bibliothekar*innen (2012 und 2014)

Eine allgegenwärtige Aufgabe des bibliothekarischen Berufsstandes ist es, Raum und Service mit partizipativen Ansätzen kundennah, gemeinsam, kurzum: in der Teilhabe zu entwickeln. Nachzuweisende Nutzungen in Form von Besuchen im Raum oder Inanspruchnahme virtueller Dienstleistungen sind die mit Abstand bilanzierungswichtigste Währung einer Informationseinrichtung. Nach diesen Quantitäten fallen Entscheidungen. Die Aufgabe der beiden Workshops lag darin, sich der Unterschiede von Selbst- und Fremdbild bewusst zu werden, um über diese Verortung den anderen Blick auf das Eigene zu erlangen. Der unverstellte Blick auf das Vertraute ist Voraussetzung für wirklich gelebte Partizipation mit den Zielgruppen im Rahmen von Dialogen auf Augenhöhe, Fokusgruppen etc. An junge Menschen gerichtet, muss man die Einsicht voranstellen, dass das Sehen von dem, was in den Jahren einem gewohnt und vertraut worden ist, keine leichte Übung darstellt und als Herausforderung an einen selbst über den Ansatz des einfachen Rollenspiels hinausgeht.

Aufschlussreich waren im Rückblick die Diskussionen in den Workshops darüber, wie man sich innerhalb der Zunft selber sieht, welche Grundeinstellungen sich alle Kolleg*innen teilen, und wie man von außen gesehen wird. Eine Spielzeugfigur – die „Nancy Pearl Librarian Action Figure", die als prominentes Beispiel seit vielen Jahren auf dem Markt ist – bot sich für die Übung als Projektionsfläche außerhalb des eigenen Ichs an, auch dafür, solche Termini wie „Bibliotheksangst", wie er in den 1980er Jahren von Constance Mellon eingebracht wurde, zu behandeln (Mellon 1986).

Entstanden aus dem Seminar ist u. a. ein nachlesbares Themenheft des Open Access Journals 027. 7 Journal for Library Culture (2013/3) unter dem Titel „Vom Willen zu verstehen".[12]

5.4 Feldforschungspraktikum in der Bibliothek (2016) durch Studentin der LMU München

Eine Studentin aus München analysierte auf Grundlage ihrer teilnehmenden Beobachtungen, Aufzeichnungen und Interviews die interne Kommunikation des Bibliotheksteams und die Interaktion mit den Kund*innen. Eine Fragestellung war, wie mit den Veränderungen im Zuge von Automatisierung, Digitalisierung und Virtualisierung des Arbeitsumfeldes als Veränderungsprozesse umgegangen wird. Gibt es Verunsicherung oder Überforderung, fällt die Identifikation mit dem Berufsbild schwer, mit der Verortung der selbst erbrachten Dienstleistung? Die Studierende und ihre Betreuerin beobachteten den Orientierungssinn der Kolleg*innen in einer stets komplexer werdenden Arbeitswelt, bei der es durch zahlreiche Routinen eine Herausforderung bleibt, stets den neuesten Stand der Entwicklungen als zeitgemäße Arbeitstechnik verinnerlicht zu haben.

---

12 Vgl.: http://0277.ch/ojs/index.php/cdrs_0277/issue/view/17/showToc [Zugriff am 10.7.2018].

Wie lassen sich solche Prozesse organisationsethnologisch betreuen, Sicherheiten gewinnen, die helfen, Innovationen zum Tragen zu bringen? Unter anderem stand die Frage im Raum, wie Übergänge im Sinne von rites de passage zu gestalten sind, somit der alte Zopf abgeschnitten wird und das Neue eine Chance bekommt.

5. Fazit

Im Ergebnis sollte deutlich geworden sein, dass das Berufsbild von Bibliothekar*innen sich nicht auf die Arbeit mit Medien reduzieren lässt. Vielmehr geht es um die Erbringung informationsbasierter Services für Menschen. Bibliotheken setzen sich im Team aus Mitarbeiter*innen ganz unterschiedlicher kultureller und beruflicher Herkünfte zusammen; insofern ist Vielfalt ein prägendes Merkmal vieler Bibliotheksteams. Hierzu sollten im Idealfall auch studierte Ethnolog*innen gehören. So ergab eine Bonner Umfrage zum beruflichen Verbleib der Studierenden des Magisterfachs „Ethnologie unter besonderer Berücksichtigung der Altamerikanistik" für den Zeitraum 1995 bis 2010, dass von den knapp einhundert Rückmeldung gebenden Absolvent*innen immerhin mehr als drei ihr berufliches Fortkommen in einer Bibliothek fanden, darunter natürlich eine/r der drei Autor*innen dieses Beitrages. Dennoch dürfte – auch wenn es dazu keine gesicherten Zahlen gibt – die Zahl der als Ethnolog*innen mit einschlägigen Arbeitsschwerpunkten an deutschen Bibliotheken tätigen Personen insgesamt noch vergleichsweise gering sein. Das ist umso bedauerlicher, als gerade auch ethnologische Kompetenz in einem bibliothekarischen Umfeld dringend gebraucht wird, um die in diesem Beitrag dargestellten Herausforderungen – demografischer Wandel, wachsende Plurikulturalität der Gesellschaften, umfassende Digitalisierung, Wettbewerb mit privaten Informationsdienstleistern – erfolgreich zu bewältigen. Damit ist gerade nicht nur gemeint, dass Ethnolog*innen in Informationseinrichtungen arbeiten, um ethnologische Sammlungen und Kollektionen zu kuratieren und zu kommunizieren. Sie werden dringend benötigt, um den Kontakt zu und zwischen den Menschen, im eigenen Team wie zu den unterschiedlichen Kund*innen, gewinnbringend für beide Seiten zu entwickeln und auf diese Weise einen substanziellen Beitrag dazu zu leisten, dass Bibliotheken den Anforderungen des digitalen und demografischen Wandels gerecht werden können. Die Bereitschaft, sich in die Perspektive des Anderen zu versetzen, spielt hierbei eine ebenso große Rolle wie die vielfältigen methodischen Kenntnisse, mit denen Ethnolog*innen die klassischen Instrumente der bibliothekarischen Nutzerforschung bereichern können. Das Fach Ethnologie schult das Denken in Alternativen, womit ein weiterer Aspekt im Anforderungsprofil an Bibliothekar*innen zumindest genannt ist. Kurzum, es lohnt sich der Blick hinter die Kulissen!

Literatur

Beyer, Hugh / Holtzblatt, Karen (1998): Contextual Design. Defining Customer-Centered Systems. San Francisco: Morgan Kaufmann Publishers.

DBV – Deutscher Bibliotheksverband (2017): Bericht zur Lage der Bibliotheken 2017/2018. Berlin: Deutscher Bibliotheksverband. Electronic source: http://www.bibliotheksverband.de/fileadmin/user_upload/DBV/publikationen/dbv_Bericht_2017_Web.pdf

Diekmann, Bernd / Schoof, Kerstin (2013): Digitale Dienstleistungen und ihre Nutzung. Wie erfahren wir mehr über Nutzerwünsche online? Electronic source: http://hdl.handle.net/2003/30124

Flick, Uwe (2015): Qualitative Forschung. Ein Handbuch. Reinbek bei Hamburg: Rowohlt-Taschenbuch-Verlag.

Foster, Nancy Fried / Gibbons, Susan (2005): Understanding Faculty to Improve Content Recruitment for Institutional Repositories. In: D-Lib Magazine, 11 (1). Electronic source: https://dx.doi.org/10.1045/january 2005-foster.

Foster, Nancy Fried / Gibbons, Susan (Hg.) (2007): Studying Students. The Undergraduate Research Project at the University of Rochester. Chicago: ACRL Publications. Electronic source: http://www.ala.org/acrl/sites/ala.org.acrl/files/content/publications/booksanddigitalresources/digital/Foster-Gibbons_cmpd.pdf

Foster, Nancy Fried / Clark, Katie / Tancheva, Kornelia / Kilzer, Rebekah (Hg.) (2012): Scholarly Practice, Participatory Design and the eXtensible Catalog. Chicago: ALA Publications.

Foster, Nancy Fried / Dimmock, Nora / Bersani, Alison (2008): Participatory Design of Websites with Web Design Workshops. In: Code(4)lib Journal, 2. Electronic source: http://journal.code4lib.org/articles/53

Foster, Nancy Fried (2013): What Researchers Do. Briefs on User Research for the eXtensible Catalog. Rochester, NY: RCL Publications, Papers, and Presentations. Electronic source: http://hdl.handle.net/1802/12376

Geertz, Clifford (1987): Dichte Beschreibung. Beiträge zum Verstehen kultureller Systeme. Frankfurt a. M: Suhrkamp.

Haas, Corinna (2014): Wozu Ethnografie in Bibliotheken? In: Bibliothek Forschung und Praxis, 38 (2), S. 185–189.

Hardtke-Flodell, Charlotta / Puchta, Thomas (2015): Die Studie „Nutzungsmonitoring für Bibliotheken". Hintergrund, Verlauf und Ergebnisse. In: Bibliotheksdienst, 49 (3), S. 287–299.

Harper, Douglas (2012): Visual Sociology. London: Routledge.

IFLA – International Federation of Library Associations and Institutions (2013): Riding the Waves or Caught in the Tide? Navigating the Evolving Information Environment. Insights from the IFLA Trend Report. Den Haag: IFLA. Electronic source: https://trends.ifla.org/files/trends/assets/insights-from-the-ifla-trend-report_v3.pdf

Mellon, Constance (1986): Library Anxiety. A Grounded Theory and its Development. In: College & Research Libraries, 47 (2), S. 160–165.

Middendorff, Elke / Apolinarski, Beate / Becker, Karsten / Bornkessel, Philipp / Brandt, Tasso / Heißenberg, Sonja / Poskowsky, Jonas (2016): Die wirtschaftliche und soziale Lage der Studierenden in Deutschland 2016. Zusammenfassung zur 21. Sozialerhebung des Deutschen Studentenwerks, durchgeführt vom Deutschen Zentrum für Hochschul- und Wissenschaftsforschung. Berlin: Bundesministerium für Bildung und Forschung (BMBF).

Milbert, Antonia (2017): Wie viel (Re-)Urbanisierung durchzieht das Land? Bonn: Bundesinstitut für Bau-, Stadt- und Raumforschung.

Nietzsche, Friedrich (2016): Die fröhliche Wissenschaft. Berlin: Contumax.

Redish, Janice (2012): Letting Go of the Words. Writing Web Content that Works. Cumming: Interactive Technologies.

Roscher, Mieke (2014): Fachdisziplinäre Bedürfnisse in der Gestaltung von Discovery-Lösungen. Wirklich ein Katalog für alle? Berlin: Humboldt-Universität zu Berlin, Philosophische Fakultät I, Institut für Bibliotheks- und Informationswissenschaft. Electronic source: http://dx.doi.org/10.18452/2099

Schimpf, Antje / Schoof, Kerstin (2013): Webdesign. Eine Kernkompetenz für Bibliothekare? In: BuB – Forum Bibliothek und Information, 65 (7/8), S. 514–517. Electronic source: http://www.b-u-b.de/pdfarchiv/Heft-BuB_07_2013.pdf

SCHOOF, Kerstin (2010): Kooperatives Lernen als Herausforderung für Universitätsbibliotheken – Veränderungen in der Konzeption und Nutzung von Lernräumen. Berlin: Humboldt-Universität zu Berlin, Philosophische Fakultät I, Institut für Bibliotheks- und Informationswissenschaft. Electronic source: https://edoc.hu-berlin.de/handle/18452/2670

SCHOOF, Kerstin (2012): Bericht zum Fachaufenthalt. University of Rochester, River Campus Libraries, University of Toronto. BI International. Electronic source: http://www.bi-international.de/download/file/Bericht_BI_Rochester_Toronto_Fachaufenthalt_KSchoof.pdf

SCHOOF, Kerstin / Bauer, Christoph / Braun, Salina / Gläser, Christine / Franke, Fabian / Kannenberg, Susanne / Weckmann, Hans-Dieter (2013): Die Hochschule zum Lernraum entwickeln 2013. Empfehlungen der DINI-AG „Lernräume" (Deutsche Initiative für Netzwerkinformation). Kassel: Kassel University Press GmbH. Electronic source: http://nbn-resolving.org/urn/resolver.pl?urn=urn:nbn:de:0002-36551

SEADLE, Michael (2013): Ethnomethodologie. In: Umlauf, Konrad / Fühles-Ubach, Simone / Seadle, Michael (Hg.): Handbuch Methoden der Bibliotheks- und Informationswissenschaft. Bibliotheks-, Benutzerforschung, Informationsanalyse. Berlin: De Gruyter Saur, S. 315–337.

SEELIGER, Frank (2008): „RFID & Bibliotheken. Eine „dichte Beschreibung" der situativen Kontexte von a priori bis a posteriori". Unveröffentlichte Master-Thesis am Institut für Bibliotheks- und Informationswissenschaft an der Humboldt Universität zu Berlin.

SEELIGER, Frank (2018): Die Welt spielt Roboter. In: BuB – Forum Bibliothek und Information, 70 (2), S. 120–123.

SHUMAKER, David (2012): The Embedded Librarian. Innovative Strategies for Taking Knowledge where It's Needed. Medford: Information Today.

SNOW, C. P. ([1959] 1993): The Two Cultures and the Scientific Revolution. Cambridge: Cambridge University Press.

SONNENWALD, Diane H. / Wildemuth, Barbara M. (2001): Investigating Information Seeking Behavior Using the Concept of Information Horizons. Chapel Hill: University of North Carolina, School of Information and Library Science. Electronic source: http://citeseerx.ist.psu.edu/viewdoc/summary?doi=10.1.1.26.2993

Umlauf, Konrad / Werner, Klaus Ulrich / Kaufmann, Andrea (Hg.) (2016): Strategien für die Bibliothek als Ort. Festschrift für Petra Hauke zum 70. Geburtstag. Berlin: De Gruyter.

027.7 Journal for Library Culture (2013/3) unter dem Titel „Vom Willen zu verstehen. Electronic source: http://0277.ch/ojs/index.php/cdrs_0277/issue/view/17/showToc

Websites

boersenblatt.net: E-Book Markt 2017: Zahl der Käufer sinkt: https://www.boersenblatt.net/artikel-e-book-markt_2017.1434008.html [Zugriff am 25.03.2018].

Institut für Arbeitsmarkt- und Berufsforschung: http://bisds.infosys.iab.de/bisds/result?region=19&beruf=BO823&qualifikation=2 [Zugriff am 25.03.2018].

International Association of Library Associations and Institutions: IFLA Code of Ethics for Librarians and other Information Workers (full version): https://www.ifla.org/publications/node/11092 [Zugriff am 03.06.2018].

Statistisches Bundesamt: Alterung der Bevölkerung durch aktuell hohe Zuwanderung nicht umkehrbar. https://www.destatis.de/DE/PresseService/Presse/Pressemitteilungen/2016/01/PD16_021_12421.html [Zugriff am 25.03.2018].

Statistisches Bundesamt: Bevölkerung mit Migrationshintergrund um 8,5% gestiegen: https://www.destatis.de/DE/PresseService/Presse/Pressemitteilungen/2017/08/PD17_261_12511.html [Zugriff am 25.03.2018].

Ausblick: Optionen einer anwendungsorientierten Ethnologie für die Hochschule: drei Modelle

Sabine Klocke-Daffa

ABSTRACT: Die Vision einer Angewandten Ethnologie als integriertem Teil der Allgemeinen Ethnologie in Deutschland erscheint heute realistischer als je zuvor. Dazu beigetragen haben sowohl die internationalen Entwicklungen im Fach selbst als auch die politischen Ereignisse der jüngsten Zeit. Angesichts der heutigen gesellschaftlichen Probleme und Aufgaben ist deutlich geworden: Die Ethnologie wird gebraucht und hat etwas zu bieten. Dieser Beitrag zeigt drei Modelle auf, wie eine institutionelle Anbindung der Angewandten Ethnologie aussehen könnte.

1. Perspektiven

In Deutschland ist die Angewandte Ethnologie an vielen ethnologischen Instituten bereits in der einen oder anderen Form vertreten, wenn auch meist unter einem anderen Label. Die Fokussierung auf einzelne Teilbereiche unter Umgehung des Begriffes „Angewandt" bietet den Vorteil einer stärkeren thematischen und inhaltlichen Konzentration und umschifft die historisch bedingten Vorbehalte gegenüber den Untiefen einer potenziellen Instrumentalisierung der Ethnologie, die schon in ihrem Namen auf „Anwendung" verweist. Dem stehen jedoch Beispiele aus anderen europäischen und außereuropäischen Ländern entgegen, denen der Spagat zwischen akademisch-theoretischer und praktischer Ethnologie gelungen ist (ob in jedem Falle erfolgreich, wäre noch zu überprüfen).

Dass die Angewandte Ethnologie international zunehmend gefragt ist, schlägt sich in den Publikationen der vergangenen Jahre nieder. Um nur ein Beispiel zu nennen: Allein der im Segment Applied Anthropology führende Londoner Routledge-Verlag hat seit 2015 insgesamt elf Buchveröffentlichungen zur Angewandten Ethnologie herausgebracht (Broadbent 2016; De Waal Malefyt / Morais 2017; Butler 2016; Denny 2016; Eversole 2018;

Ferraro / Briody, 2017; Mc Cabe 2017; Nahm / Hughes Rinker 2015; Nolan 2017; Pelto 2016; Plemmons / Baker 2017; ohne Gewähr auf Vollständigkeit).

Es gilt also nachzuziehen, um den internationalen Anschluss nicht zu verpassen. Der Versuch einer stärkeren Institutionalisierung der Angewandten Ethnologie in Deutschland hätte sowohl für die Wissenschaft als auch für die außeruniversitäre ethnologische Praxis einen Mehrwert: Für die akademisch-theoretische Ethnologie bieten sich große neue Datenquellen, die Möglichkeit des Testens theoretischer Ansätze in der Praxis und die Chance auf neue Theorien aus der Praxis heraus; für die ethnologische Praxis bedeutet die Rückkopplung an die theoretische Ethnologie die Chance auf kontinuierlichen Austausch zugunsten einer effizienteren Praxis und größeren Professionalisierung. In der Angewandten Ethnologie kommen theoretische und praktische Formen der Ethnologie zusammen. Davon kann die Ethnologie insgesamt profitieren, da sie – nicht zuletzt aufgrund des Agierens in Projekten in der eigenen Gesellschaft – in stärkerem Maße als bisher zu öffentlichen Auftritten veranlasst ist.

Einzufordern sind dafür, dass (a) Theorie und Praxis sich stärker als bisher gegenseitig respektieren und inspirieren, und (b) dass Ethnolog*innen ihren Elfenbeinturm in größerer Zahl als bisher verlassen, um sich einer interessierten – und kritischen – Öffentlichkeit zu stellen. Das erfordert Mut und Standhaftigkeit, um ggf. auch unbequeme Positionen zu vertreten. Einzufordern ist ferner, dass (c) die Praxis der Ethnologie außerhalb der Universitäten an die Forschungs- und Theoriediskurse innerhalb des eigenen Faches angebunden bleibt, wie das in vielen anderen Berufszweigen selbstverständliche Realität ist, umgekehrt aber ihren wertvollen Erfahrungsschatz in Forschung und Lehre zurückfließen lässt und damit die Entwicklung neuer theoretischer Ansätze beflügelt.

2. Perspektiven und Modelle einer Angewandten Ethnologie

Wie könnte eine Angewandte Ethnologie aussehen? Derzeit agiert sie als wenig geschütztes außerakademisches Berufsfeld oder ist lediglich als Teilbereich im akademischen Bereich vertreten (z. B. als Medizinethnologie und Public Health, Entwicklungsethnologie, Medienanthropologie oder Intercultural communication). Im besten Falle sind die das Fach vertretenden Wissenschaftler*innen *gleichzeitig* in Praxisprojekten aktiv, so dass sie (auch) problem- und anwendungsorientierte Forschungen durchführen, Lehrprojekte anschließen und bei der Ausarbeitung von Lösungsoptionen mitwirken können. Damit ist die Angewandte Ethnologie jedoch noch nicht institutionalisiert und in starkem Maße vom Engagement Einzelner abhängig. Häufig erfolgt die Verbindung von Theorie und Praxis lediglich über Vorträge und Lehraufträge, die zwar die Studienangebote ergänzen, aber nicht strukturell eingebunden sind. Sie können kurzfristig anberaumt und wieder abgesetzt werden und sind prinzipiell nicht auf Nachhaltigkeit von Forschung, Lehre und Anwendung ausgelegt. Das hängt auch mit der besonderen Struktur des deutschen Hochschulsystems zusammen: Wissenschaftler*innen genießen die Freiheit, ihre Arbeit selbst organisieren zu können (und müssen dies auch aufgrund der spezifischen Anforderungen), sind aber nicht verpflichtet, neue Arbeitsfelder zu etablieren. Die im akademischen Feld agierenden Ethnolog*innen sind zum überwiegenden Teil nicht permanent in der Praxis tätig und sollen/wollen dies auch nicht. Das Innovationspotenzial der Institute konzentriert sich auf die inhaltliche Ausgestaltung der *Forschung* in den vorhandenen wissenschaftlichen Positionen, nicht auf strukturelle Innovationen im Bereich von Lehre und Anwendung. Universitäten definieren sich zudem explizit als Forschungs-Institutionen in Konkurrenz zu den Fachhochschulen (die sich als *Universities of Applied Science* bezeichnen können). Im Bereich der Geisteswissenschaften sind in aller Regel weder die praktische Ausbildung der Studierenden noch die Anwendungsbezogenheit der Forschung Bestandteil des universitären Selbstverständnisses.

Angewandte Ethnologie erfordert jedoch nicht nur die strukturelle Zuordnung im System, sondern wegen der besonderen Anforderungen anwendungsorientierter Ethnologie auch personelle, finanzielle und curriculare Anpassungen. Als weitere Schritte erscheinen notwendig:

- Positionen in Forschung und Lehre, die explizit für den Arbeitsbereich der Angewandten Ethnologie vorgesehen sind, mit Option auf eigens dafür konzipierte Studiengänge,

- wissenschaftlich geschultes Personal für die organisatorische Abwicklung der zeit- und betreuungsintensiven Praxisseminare, der aufwändigen anwendungsorientierten Forschung und der sie begleitenden Öffentlichkeitsarbeit,

- eine solide finanzielle Grundausstattung zur Einbeziehung praktizierender Ethnolog*innen aus dem außerakademischen Bereich als regelmäßig in Lehre und Forschung auftretende Referent*innen,

- interdisziplinär ausgerichtete Lerneinheiten, die auch für andere ethnologisch relevante Studiengänge geöffnet sind, z.B. Kommunikationswissenschaften, Empirische Kulturwissenschaft, Archäologie, Erziehungswissenschaften, Soziologie u.a.,

- neue methodische Herangehensweisen an die Lehre, z.B. durch Team-Teaching mit Referent*innen aus der Praxis, e-learning u.a.,

- Trainings in computergestützten Methoden und Analysetechniken, die speziell für die Praxis entwickelt worden sind,

- Einsatz der Studierenden bei der Recherche in praxisorientierter Forschung,

- angepasste Leistungsanforderungen mit praktischen Aufgaben,

- flexiblere Studiengangsmodule mit Streckung der Praxisseminare über mehrere Semester oder Einbezug der Semesterferien.

Die hier aufgeführten Punkte sind jeder für sich bereits an vielen Universitäten umgesetzt worden oder werden ähnlich auch in den regulären Modulen von BA- und MA-Studiengängen berücksichtigt (insbesondere Methodentrainings, Lehrforschungen, e-learning-Angebote, interdisziplinäre Kooperationen). In summa sind sie hingegen selten zu finden, und es mangelt an der dazu erforderlichen Ausstattung. Zudem werden die großen Forschungsverbünde in Deutschland nicht verpflichtet, ihre Forschungsergebnisse in die reguläre Lehre zurückfließen zu lassen (anders als etwa in den Niederlanden), schon gar nicht in Lehrprojekte zur Angewandten Ethnologie. Entsprechende Angebote sind fakultativ.

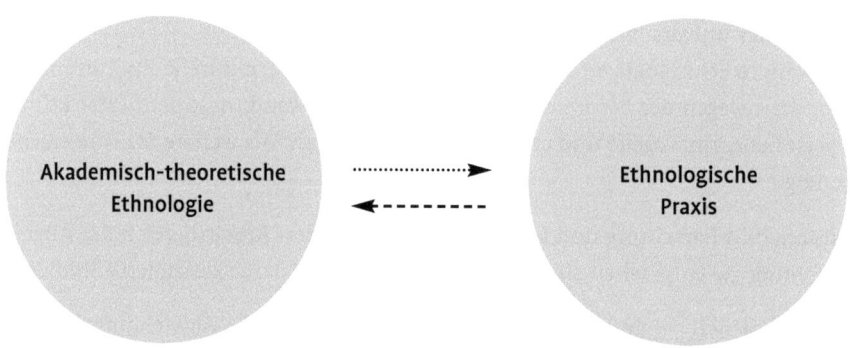

Abb 1: Modelle
Angewandter Ethnologie:
Dialog

Perspektivisch bieten sich drei Modelle als Optionen für die Etablierung einer Angewandten Ethnologie in Deutschland an:

1) Das Dialogmodell: Unter den gegebenen Bedingungen ist ein Dialogmodell zu favorisieren, das aus zwei nebeneinander existierenden Bereichen besteht ■ Abb. 1.

Kennzeichen dieses Modells sind:

■ Akademisch-theoretische Ethnologie und Ethnologische Praxis bestehen nebeneinander und ergänzen sich sporadisch, wenn auch ohne systematische Kooperationen; beide Seiten sind frei in der Umsetzung ihrer Fachkenntnisse,

■ die *Anbindung der Praxis* an die akademische Ethnologie erfolgt hauptsächlich über Vortragsreihen und Lehraufträge,

- die *Anbindung der Theorie* an die ethnologische Praxis erfolgt über Vortragspublikationen, die auf ein außerakademisches Publikum zugeschnitten sind, Inputreferate für Trainings und Fortbildungen von Praktiker*innen sowie Beratungstätigkeiten, Evaluierungen oder Programmentwicklungen, die als nebenberufliche Tätigkeiten realisiert werden,

- möglich sind temporäre Kooperationen zwischen akademisch-theoretischer und praktischer Ethnologie, die im Idealfall von ein und denselben Personen vertreten werden,

- es besteht jedoch kein institutionalisierter Austausch, z. B. über Fachzeitschriften (mit Ausnahme von *Entwicklungsethnologie*), Kooperationen zwischen akademisch und freiberuflich ausgeübter Ethnologie (z. B. mit dem Bundesverband freiberuflicher Ethnolog_innen e. V.) oder innerhalb eines Fachverbandes der DGV/DGSKA (bisher keine Arbeitsgemeinschaft Angewandte Ethnologie).

Das Modell lässt beiden Seiten ein hohes Maß an Unabhängigkeit, erschwert aber die kontinuierliche, auf Nachhaltigkeit von Forschung, Lehre und Praxis angelegte Zusammenarbeit.

2) Das Kooperationsmodell: Für die Etablierung einer Angewandten Ethnologie ist ein Kooperationsmodell ∎ Abb. 2, denkbar, das der Angewandten Ethnologie einen Platz innerhalb der akademischen Ethnologie zugesteht und zugleich externe Kooperationspartner einbezieht.

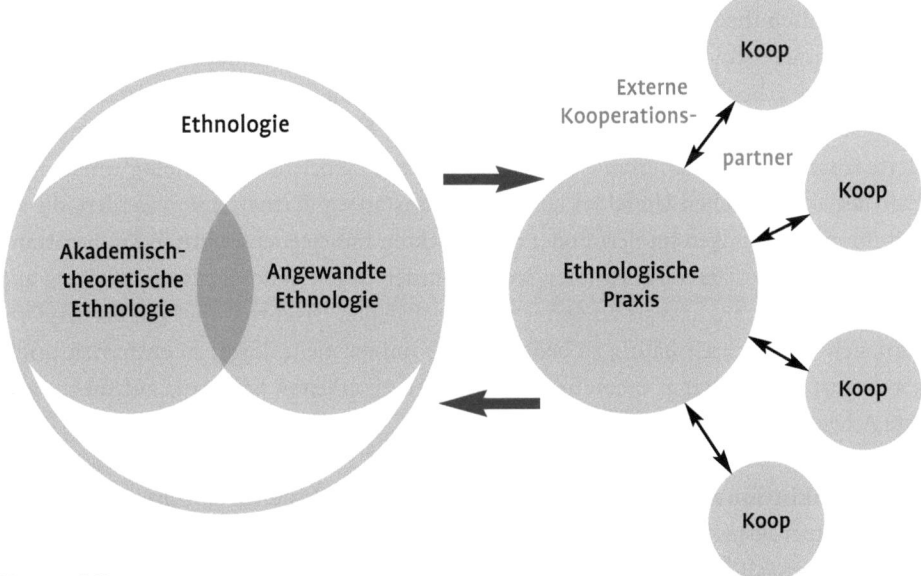

Abb 2: Modelle
Angewandter Ethnologie:
Kooperation

Kennzeichen dieses Modells sind:

- Die Zusammenfügung von Akademisch-theoretischer und Allgemeiner Ethnologie unter einem gemeinsamen Dach ermöglicht die Erweiterung und Stärkung der Allgemeinen Ethnologie – auf diese Weise kann sichergestellt werden, dass praxisorientiertes ethnologisches Arbeiten nicht außerhalb jeglicher akademischer Diskurse, Erkenntnisse und Rückbezüge existiert,

- die Integration der Angewandten Ethnologie in die universitäre Ethnologie setzt Synergien frei, die eine gegenseitige Förderung aller Seiten ermöglichen und damit einen für alle gemeinsamen Nutzen bringen,

- möglich werden längerfristige Kooperationsprojekte,

- damit werden ethnologische Projekte auch für außeruniversitäre Drittmittelgeber interessant.

Nicht nur wäre durch die institutionelle Einbindung das *standing* der Angewandten Ethnologie ein anderes als im außerakademischen Umfeld. Auch ihr gesellschaftlicher Nutzen ist potenziell größer, da sich eine wissenschaftlich angebundene Angewandte Ethnologie mehr Gehör verschaffen könnte. Dieses Potenzial zu nutzen ist umso erfolgversprechender, je stärker sich die Ethnologie auch der ethnologischen Forschung im eigenen Land öffnet und damit zu aktuellen Problemen, Fragen und Anliegen Stellung beziehen und Lösungsvorschläge ausarbeiten kann.

Akademisch-theoretische und Angewandte Ethnologie würden sich damit unter einem Dach zusammenfinden und in mehr oder weniger großen Teilen überschneiden: Für die Angewandte Ethnologie liegt die Schnittstelle im Bereich der Methoden und theoriegeleiteten Forschung, für die Allgemeine Ethnologie im Nutzen der durch anwendungsorientierte Forschungen generierten empirischen Daten. Praktizierende Ethnolog*innen außerhalb des akademischen Umfeldes können zu konstanten Partner*innen werden, die sich mit ihren Erfahrungen im Beruf oder aus Projekten mit eigenen externen Kooperationen einbringen. Praktizierende Ethnolog*innen würden durch diese Art der Anbindung auch dadurch profitieren, dass sie an den wissenschaftlichen Diskursen im Fach partizipieren, statt sich – wie derzeit häufig zu beobachten – immer mehr davon zu entfernen und irgendwann mit veralteten theoretischen Ansätzen zu arbeiten bzw. ganz auf theoriegeleitete Arbeit zu verzichten.

3) Das Inklusionsmodell: Als Zielmodell wäre die Inklusion aller ethnologischen Bereiche anzustreben ■ Abb. 3, wie das auch in anderen universitären Fächern, etwa der Medizin, der Fall ist. Erst dadurch ist sicherzustellen, dass die Allgemeine Ethnologie nicht ihre gesellschaftliche Relevanz verliert, die Praxis an die aktuelle Forschung angeschlossen bleibt und die Identifizierung aller mit der ETHNOLOGIE gelingen kann.

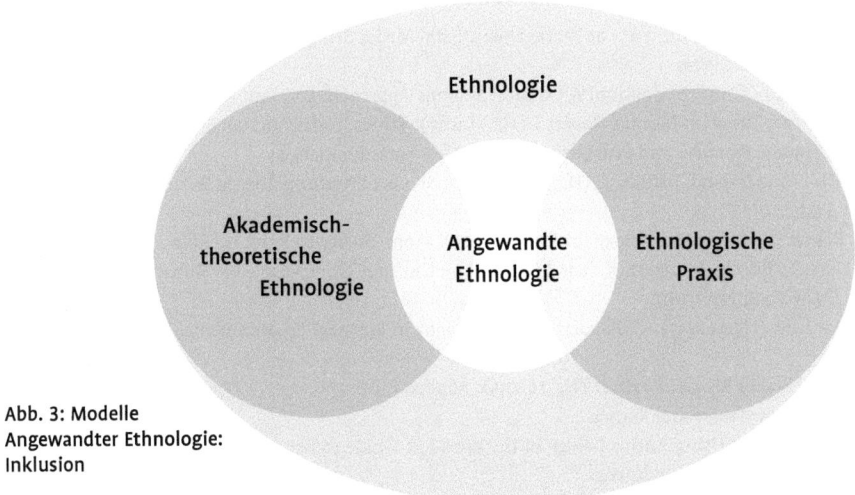

**Abb. 3: Modelle
Angewandter Ethnologie:
Inklusion**

Auf diese Weise wären für die Angewandte Ethnologie neben den auch heute schon in reduzierter Form oder nebenberuflich ausgeübten Arbeiten zusätzliche Optionen geschaffen:

- Grundlagenforschung und aufbereitete Daten als Vorlage für die Praxis,

- bedarfs- und problemorientierte Untersuchungen, Expertisen, Evaluationen und Lösungsoptionen im Rahmen von Auftragsproduktionen durch öffentliche Auftraggeber,

- Einbeziehung der Studierenden in praxisorientierte Forschung,

- Studium mit praxisorientierten Methoden- und Theorieanteilen,

- Kooperation von akademischer und praktischer Ethnologie in gemeinsamen Projekten,

- Input-Workshops für praktizierende Ethnolog*innen,

- Öffentlichkeitswirksame Medienarbeit, Ausstellungen, Veranstaltungsreihen.

Damit kann sichergestellt werden, dass das Label „Ethnologie" eine *geschützte Berufsbezeichnung* wird, die nur mit einer entsprechenden Ausbildung benutzt werden darf. Um das hier entworfene Konzept einer Angewandten Ethnologie in ihrer Schnittstellenfunktion zwischen Wissenschaft und Praxis umzusetzen und nachhaltige Arbeit leisten zu können, braucht die Angewandte Ethnologie die akademisch-theoretische und die ethnologische Praxis. Beide Seiten sind notwendig, um anwendungsorientierte ethnologische Arbeit aus dem universitären Bereich heraus leisten zu können. Beide Seiten profitieren aber auch von der Mittlerstellung der Angewandten Ethnologie, indem sie sich gegenseitig bereichern und ergänzen. Das könnte langfristig gesehen die dringend erforderliche gesellschaftliche Relevanz der Ethnologie stärken und ein Berufsfeld Ethnologie schaffen, das nicht „irgendwie" existiert, sondern anerkannt und berufsständig geschützt ist.

Literatur

BROADBENT, Stefana (2016): Intimacy at Work. How Digital Media Bring Private Life to the Workplace. Walnut Creek: Left Coast Press.

BUTLER, Mary Odell (2016): Evaluation. A Cultural Systems Approach. London: Routledge.

DE WAAL MALEFYT, Timothy/Morais, Robert J. (Hg.) (2017): Ethics in the Anthropology of Business. Explorations in Theory, Practice, and Pedagogy. London / New York: Routledge.

DENNY, Rita M. / Sunderland, Patricia L. (Hg.) (2016): Handbook of Anthropology in Business. Walnut Creek: Taylor & Francis.

EVERSOLE, Robyn (2018): Anthropology for Development. From Theory to Practice. Abingdon Routledge.

FERRARO, Gary P. / Briody, Elizabeth K. (eds.) (2017): The Cultural Dimensions of Global Business. 8th ed. London / New York: Routledge.

McCABE, Maryann (Hg.) (2017): Collaborative Ethnography in Business Environments. London / New York: Routledge.

NAHM, Sheena/Hughes Rinker, Cortney (Hg.) (2015): Applied Anthropology: Unexpected Spaces, Topics and Methods. London: Taylor and Francis.

NOLAN, Riall W. (2017): Using Anthropology in the World. A Guide to Becoming an Anthropologist Practitioner. London / New York: Routledge.

PELTO, Pertti J. (2016): Applied Ethnography. Guidelines for Field Research. London: Routledge, Taylor & Francis.

PLEMMONS, Dena/Barker, Alex W. (Hg.) (2017): Anthropological Ethics in Context: An Ongoing Dialogue. London: Routledge, Taylor & Francis.

MIX
Papier aus verantwortungsvollen Quellen
Paper from responsible sources
FSC® C105338

If you have any concerns about our products,
you can contact us on
ProductSafety@springernature.com

In case Publisher is established outside the EU,
the EU authorized representative is:
Springer Nature Customer Service Center GmbH
Europaplatz 3, 69115 Heidelberg, Germany

Printed by Libri Plureos GmbH
in Hamburg, Germany